U0569744

永康市陈亮研究会　编

陈亮与永康学派研究

张宏敏　章锦水　主编

纪念陈亮诞辰880周年暨永康学派与中华民族现代文明学术研讨会论文集

·杭州·

图书在版编目（CIP）数据

陈亮与永康学派研究 ：纪念陈亮诞辰 880 周年暨永康学派与中华民族现代文明学术研讨会论文集 / 张宏敏，章锦水主编. -- 杭州 ：浙江工商大学出版社，2024. 10. -- ISBN 978-7-5178-6176-8

Ⅰ. B244.915-53

中国国家版本馆 CIP 数据核字第 2024UX9087 号

陈亮与永康学派研究

——纪念陈亮诞辰 880 周年暨永康学派与中华民族现代文明学术研讨会论文集

CHEN LIANG YU YONGKANG XUEPAI YANJIU

——JINIAN CHEN LIANG DANCHEN 880 ZHOUNIAN JI YONGKANG XUEPAI YU ZHONGHUA MINZU XIANDAI WENMING XUESHU YANTAOHUI LUNWEN JI

张宏敏　章锦水 主编

责任编辑　张晶晶
责任校对　杨　戈
封面设计　彩地图文
责任印制　祝希茜
出版发行　浙江工商大学出版社
（杭州市教工路 198 号　邮政编码 310012）
（E-mail：zjgsupress@163.com）
（网址：http://www.zjgsupress.com）
电话：0571-88904980，88831806（传真）
排　　版　杭州朝曦图文设计有限公司
印　　刷　杭州高腾印务有限公司
开　　本　710mm×1000mm　1/16
印　　张　53.25
字　　数　775 千
版 印 次　2024 年 10 月第 1 版　2024 年 10 月第 1 次印刷
书　　号　ISBN 978-7-5178-6176-8
定　　价　148.00 元

龙川先生像

纪念陈亮诞
永康学派与中
学术
2023年10月21

辰880周年
民族现代文明
讨会
卯九月初七日）

本书系浙江省哲学社会科学规划领军人才培育专项课题“浙学的创造性转化和创新性发展研究”的阶段性成果

永康市陈亮研究会纪念陈亮诞辰880周年主题研究课题成果

陈加元

盛世豪

王海涛

施礼干

陈永革

领导讲话

章锦水

张宏敏

本次研讨会会务总协调人
永康市人大常委会党组成员、副主任
永康市陈亮研究会会长
章锦水

本次研讨会学术召集人
浙江省社会科学院哲学所副所长、研究员
张宏敏

会议现场

上级领导讲话
浙江省政府原副省长、党组副书记
浙江省政协原副主席、党组副书记
陈加元

上级领导讲话
浙江省政府原副省长、党组副书记
浙江省政协原副主席、党组副书记
陈加元

章梅芳

夏 虹

吴 光

陈卫平

葛　荃

高瑞泉

何　俊

周　膺

邱　阳

潘广俊

分会场

金香花

陈国灿

陈敏思

成立海

蒋伟胜

赖功欧

林桂榛

孙海燕

赵瑶丹

龙川著作

陈龙川集要

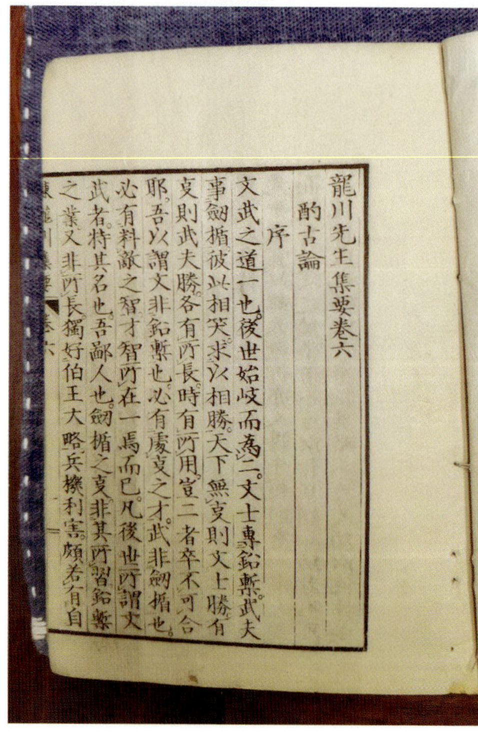

龍川先生集要卷六

酌古論

序

文武之道一也。後世始歧而爲二。文士專鉛槧。武夫事劍楯。彼此相笑。求以相勝。天下無事則文士勝。有事則武夫勝。各有所長。時有所用。豈二者卒不可合耶。吾以謂文非鉛槧也。必有處事之才。武非劍楯也。必有料敵之智。才智所在一焉而已。凡後世所謂文武者。特其名也。吾鄙人也。劍楯之事非其所習。鉛槧之業又非所長。獨好伯王大略兵機利害。頗若有自

陳龍川集要　卷六

龙川先生集要

陈龙川文钞

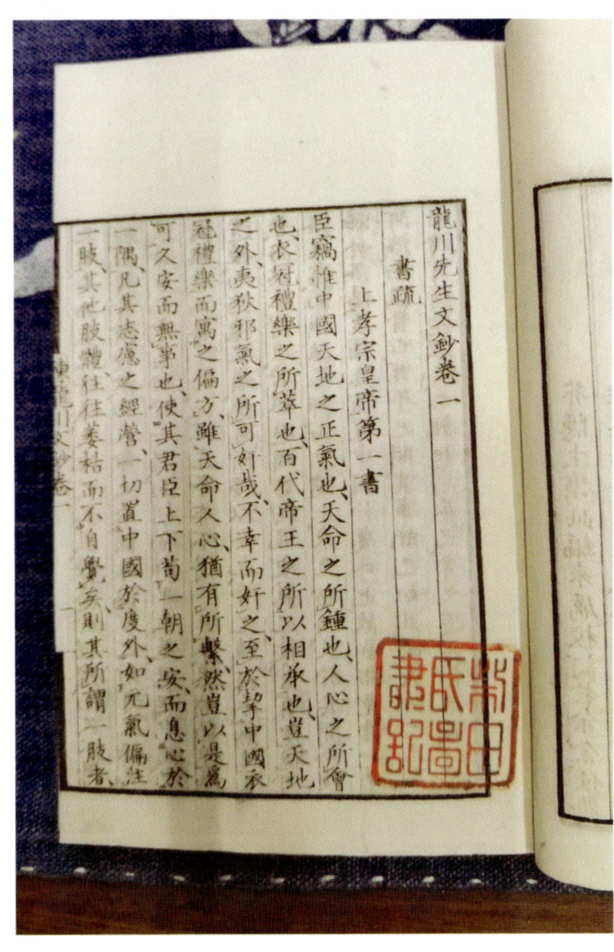

龍川先生文鈔卷一

書疏

上孝宗皇帝第一書

臣竊惟中國天地之正氣也、天命之所鍾也、人心之所會也、衣冠禮樂之所萃也、百代帝王之所以相承也、豈天地之外、夷狄邪氣之所可奸哉、不幸而奸之、至於挈中國衣冠禮樂而寓之偏方、雖天命人心猶有所繫、然豈以是爲可久安而無事也、使其君臣上下苟一朝之安、而息心於一隅、凡其志慮之經營、一切置中國於度外、如元氣偏注一肢、其他肢體往往萎枯而不自覺矣、則其所謂一肢者、

陳龍川文鈔卷一

龙川先生文钞

陈亮雕像

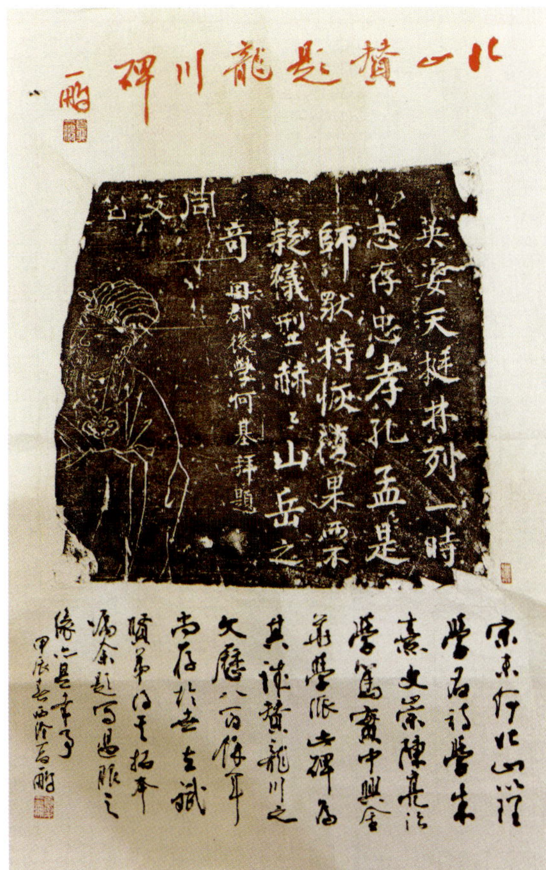

北山赞题龙川碑

学易斋

会议地址：君尚云郦酒店（南宋国宾馆之班荆馆原址）

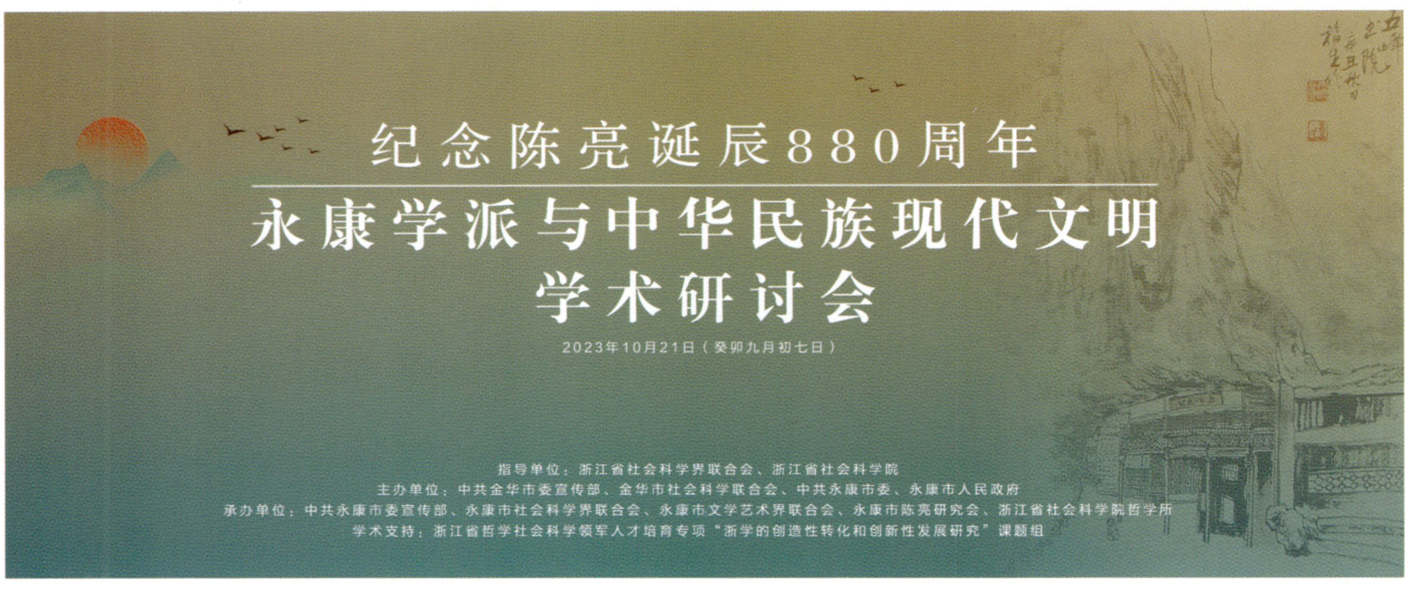
纪念陈亮诞辰880周年
永康学派与中华民族现代文明
学术研讨会
2023年10月21日（癸卯九月初七日）
指导单位：浙江省社会科学界联合会、浙江省社会科学院
主办单位：中共金华市委宣传部、金华市社会科学联合会、中共永康市委、永康市人民政府
承办单位：中共永康市委宣传部、永康市社会科学界联合会、永康市文学艺术界联合会、永康市陈亮研究会、浙江省社会科学院哲学所
学术支持：浙江省哲学社会科学领军人才培育专项“浙学的创造性转化和创新性发展研究”课题组

会议海报

前　言

陈亮思想的丰富内涵及其时代价值

——“纪念陈亮诞辰880周年暨永康学派与中华民族现代文明学术研讨会”综述

浙江省社会科学院哲学所副所长、研究员　张宏敏

“龙川文脉千秋贯，文明江河万古流。”

2023年10月21日（农历九月初七）系南宋时期永康学派创始人、哲学思想家陈亮诞辰880周年纪念日，由浙江省社会科学界联合会、浙江省社会科学院指导，中共金华市委宣传部、金华市社会科学联合会、中共永康市委、永康市人民政府主办，浙江省哲学社会科学领军人才培育专项“浙学的创造性转化和创新性发展研究”课题组提供学术支持的“纪念陈亮诞辰880周年暨永康学派与中华民族现代文明学术研讨会”在杭州举行，来自北京、上海、天津、广东、江苏、山东、河北、辽宁、吉林、江西、湖北、陕西、福建、广西、浙江等15个省、自治区、直辖市高校科研机构的120多位专家学者相聚于杭州城北望宸阁下，围绕陈亮生平事迹、学术交游研究，陈亮与朱熹“王霸义利之辨”研究，陈亮哲学、事功伦理、政治、文学、商业、法律思想及其现代价值研究，陈亮与浙东学派综合研究，陈亮与永康学派研究学术史的回顾与展望等5大议题展开热烈讨论，把陈亮思想与永康学派的丰富内涵及其时代价值的研究推向了一个新的高潮。

一、陈亮生平事迹、学术交游研究

永康市陈亮研究会名誉会长成立海在论文《陈亮和陈亮的事功学说》中

指出，陈亮从复仇驱虏、收复中原的现实出发，提出了事功学说，在社会上吹起一股强劲的“飓风”，挑战理学的地位，产生了巨大的影响。陈亮事功学说的确立在于它所包含内容的体系化，体现在哲学、政治、法律、教育、经济、军事、文学等方面。在哲学思想上，陈亮主张功到成处便是有德，事到济处便是有理。他认为盈宇宙者无非物，日用之间无非事，世界的本质在于其物质性。物质世界具有一定的规律性，其作为道常行于事物之间，天下不存在无规律可言的事物。人们只有在现实生活中，接触事物，才能认识道理、增长才干。人性的欲求并不与天理相悖，可以并行，“得其正则为道，失其正则为欲”。在政治社会思想上，提出增损祖宗之法，治天下必须任贤使能、简法重令、信赏必罚、朝行暮效。他主张进行政治改革，缓和社会矛盾，富国强兵，抗击侵略，统一国家。在法律思想上，主张礼、乐、刑、政并出而用之。他认为“正纪纲，修法度”为治国之本，治国必须以法为依据，以法为公，严守法制；同时认为“持法深者无善治”“法足以使之畏则已”，主张执法适度。在教育思想上，重视理论与实践结合，历史与现实结合。他主张造就“非常之人”以完成收复失地、重整山河的重任；他主张“业贵其专”，强调针对年龄段的特点和实际进行教育。讲求个人涵养，不可“纵欲”，也不必“灭欲”。在经济思想上，强调功利的意义与作用。他重视商人在社会历史发展中的作用和地位，将商与官、民、农并列，认为经济运行中不能将“义”与“利”割裂和对立，应做到“制”取合于“义”。在军事思想上，提出战争是否正义决定战争胜负，正确的战略战术是取得胜利的重要保证，强调处事之才和料敌之智的文武之道合一。在文学思想上，主张“文以载道”，强调“理得而辞顺”，“意与理胜，则文字自然超众”。陈亮的事功学说，在一定程度上突破了儒家正统派的束缚与局限，在中国思想史上独树一帜。有学者认为，陈亮对南宋浙东学派及其学说的形成厥功至伟，对清代经世致用之学的形成功不可没，对浙江地区的经济社会发展影响深远，为当今道德体系的建设提供了参考。

浙江师范大学人文学院教授赵瑶丹与浙江师范大学人文学院博士研究生陈敏思合作的《陈亮与婺州科举社会》指出，陈亮作为南宋浙东事功学派之永康学派的代表人物，其事功、气节、文章皆对家乡婺州的社会文化发展产生了不可忽视的正面影响。陈亮胸怀抗金救国、奔走四方之志，在十八九岁写出《酌古论》，以一介布衣连续五次上书孝宗，其家国情怀令人感佩。他坎坷且传奇的求学应举历程，为世人树立了坚韧、勤奋的榜样。永康学派流传千古的事功思想是中国古代思想史上的一颗璀璨明珠。陈亮的万古心胸、龙虎之志感召世人，其爱国忧民、敢于担当、胸怀天下的精神，在现实与精神诸层面对婺州社会皆产生了深远影响。布衣陈亮中状元，不仅是其事功思想的践行，亦成为婺州科举之风兴盛的典型代表，集中体现了婺州地区积极奋进、重文兴教的社会文化风貌。分析陈亮的人生际遇、人际关系、应试经历与科举文章、教育观念、人才思想等方面的关系，不仅有助于深入剖析产生“经世致用”事功思想的社会根源，而且从中可以清晰地看出南宋婺州科举社会的诸多面向。

浙江省社会科学院研究员徐吉军的会议发言题目是《陈亮与南宋都城临安》。他认为，南宋都城临安是当时全国的文化中心，可以说，当时著名的文化人，大多到过都城临安。如李清照、朱熹、陆游、范成大、吕祖谦、周必大、辛弃疾、文天祥等，陈亮自然也不例外。他们在都城临安活动活跃，并留下了许多佳话和文学作品，大大丰富了杭州的历史文化内涵。

中国矿业大学马克思主义学院副教授胡可涛的会议论文《陈亮的死亡观探微》认为，死亡问题是人生的终极问题，也是哲学无法绕开的一个主题。在以“生命的学问”为核心的中国文化里，虽然诸家对死亡的态度不一，但是对死亡的关注和思索却是永恒的。作为事功学派的代表人物——陈亮，其学术思想与朱子形成了鲜明的对比，但是对于死亡问题，却同样非常关注。虽然，陈亮对此问题的认识并不系统，但是其态度和立场却较为鲜明。陈亮的死亡观实际上延续了传统儒家的死亡观。其家族成员不同寻常的死命以及其个人命运的多舛，使其对死亡有着较为深刻的体验。从陈亮对死亡焦虑的认识来看，大体上这种焦虑主要导源于“濒死之痛”“幻灭之痛”与“被抛之痛”。在陈亮看来，世俗社会的人们沉溺于物质欲望而不能自拔，不明白生命的意义，更无暇思考死亡问题。而要获得生命的意义，就必须肯定死亡。在认识死亡的基础上，反省活着的意义。在活出意义的基础上，则可以更好地面对死亡。一方面，“识死”可以“起生”；另一方面，“起生”也可以“识死”。进而，在跳出生死二元对立思维的基础上，人们还需要“尽人道”，以此实现生命的意义，并克服死亡所造成的焦虑。在这方面，有三种超越生死的途径，即心理式超越、道德式超越和族类式超越。作为事功学派的代表人物之一，陈亮非常肯定建功立业对生命的意义。当然，他最为关注的就是抗金问题，他甚至认为为了忠君报国，牺牲自我的生命，走向死亡，恰恰在最大程度上实现了生命的价值。很显然，这样的死亡观难免带有明显的政治化与道德化的特征。罗光认为："在哲学方面，陈亮没有深入的思想。"这一结论对于陈亮对死亡问题的看法，大体是适用的。诚然，陈亮没有如朱熹那般在理气的架构之下建构生死问题的形上基础，其对生死问题的思考也缺乏体系性，但是，陈亮对死亡问题的思考却是富有特色的。

《长春师范大学学报》编辑部副编审邱阳的参会论文《陈亮与叶适交游考》指出，陈亮与叶适作为浙东学派与文坛之中坚人物，由于地缘与学术旨趣相近，在二十余年的交游过程中始终保持较深厚的情谊，共同促成了浙东学派与文坛之繁荣。也正由于陈亮与叶适对浙东学术的巨大贡献，历来论者多称扬二人之私谊，而往往忽略双方关系中之微妙一面。梳理陈亮与叶适交游之迹便可发现，二人早年确系志趣相投、私交甚厚；但随着人生境遇的变化及各自思想的发展，双方的治学路数差异便逐渐显露，而这难免对私谊的深化产生一定影响。陈亮一生对叶适之人品才学极尽欣赏与信任，后者对前者则未必尽然。但总体而言，叶适堪称陈亮之挚友。

温州市图书馆古籍部图书馆员潘猛补以《叶适与陈亮〈龙川词〉二题》为题进行小组学术发言，他指出，陈亮和叶适是南宋时浙东学派的代表，二人交往紧密、志同道合、友情深厚。陈亮卒后，叶适曾整理《龙川文集》，对陈亮《龙川词》有"微言"，而陈亮在《龙川词》中有多首涉及叶适的词作，今人不解，对"微言"有误读。特作二题解之，一是叶适和陈亮在文学观上有异同，而叶适不善词，故有微言；二是对陈亮词做一点补笺。

金华职业技术大学师范学院教授沈志权的会议论文《陈亮与吕祖谦的情谊》指出，在南宋儒林中，若论朋友情深，吕祖谦与陈亮当位居前列。两人自南宋绍兴三十二年(1162)相识以来，赤诚相待、相互敬重，开展了频繁深入且充满情谊的交往，成了生活中的挚友，学术上的诤友。

浙江师范大学江南文化研究中心特聘研究员王文政的论文《邓广铭点校〈陈亮集〉(增订本)补遗》指出，有五篇诗文或可补邓广铭点校《陈亮集》增订本(河北教育出版社2003年版)之遗，或可补附录。《江南序》《归途咏》，可作《龙川词》补遗；吕祖谦两铭《陈同甫厉斋铭》《陈同甫恕斋铭》，可作"附录"补遗。

二、朱陈“王霸义利之辨”研究

复旦大学哲学学院教授何俊做了题为《王霸义利之辨与现代文明探索》的大会主旨发言，指出“王霸义利之辨”的焦点问题首先涉及对“道”的不同看法，以及由此产生的对三代、汉唐两个历史时期的道德原则和治道方面的分歧。“王霸义利之辨”是中国文化发展中的著名论辩，它的现实意义在于事功精神和道德实践在现代的应用。它不仅为我们探索12世纪中国的社会思想提供了线索，而且还激励我们去反思人类面临的共同问题。因此，我们今天来理解“王霸义利之辨”，对我们现代文明的探索来说，不能忌讳现代文明是在个体独立的基础上建立起来的文明。这就要求我们应该激励对功利的追求，同时倡导德性主义，为促进经济良性发展和解决人类面临的一些问题提供道德指引。

江西省社会科学院哲学所研究员赖功欧向会议提交的论文是《陈亮何以推崇文中子王通——“王霸并用”观的“正道”取向》。他认为，文中子王通对陈亮的深刻影响，主要见于《类次文中子引》一文。陈亮以其独特眼光与洞察力而发掘出文中子《中说》思想，他极为推崇文中子，并界定其书为“王氏正书”；王、陈二人在根底上有着思想理念上的认同与合拍。整体来看，陈亮思想颇富正气、正体、正心的“正”道之论，而这正是其“王霸并用”观的基础与取向；“义利双行，王霸并用”则可视为其重要哲学命题。作为南宋儒家阵营中一位以崭新思维而凸显的人物，陈亮应被界定为正道功利派思想家，其思想资源值得我们进一步挖掘与探究。

浙江师范大学江南文化研究中心教授陈国灿的论文题目是《略论“朱陈之辩”》。论文指出，“朱陈之辩”是宋孝宗统治后期理学大家朱熹和浙东著名事功学者陈亮之间的一场思想论战，一度在当时社会思想领域引起广泛反响。这场论战的核心是从“道”的认识和诠释出发，进而拓展到“王道”与“霸道”、义理与利欲、成人之道等问题，其背后是双方在哲学观、历史观、价值观、人生观等方面的理论思想分歧。从宋代学术思想史的角度来讲，“朱陈之辩”反映了南宋前期理学和事功之学两种思潮的对立，实质上是传统儒学在新的历史环境下发展形态的内在分化，并与当时南宋王朝所面临的统治危机和社会困境等现实问题交织在一起。

广东省社会科学院哲学与宗教研究所副研究员孙海燕的论文题目是《人性的整全与历史的势运——朱、陈“王霸义利之辨”再省思》。他认为，朱子与陈亮的“王霸义利之辨”，可以在人性与历史的坐标中得到新的解读。朱子的人性理想，是成为“人欲净尽，天理流行”而又能开物成务的圣贤。陈亮的人性理想，则是成为富有仁义智勇之德，同时能够扭转时局的“成人”。与朱子认为三代专以“天理行”、汉唐专以“人欲行”的历史观相比，陈亮对三代和汉唐的议论无疑更符合历史的真实。就人性的纵深而言，朱子的圣人、“醇儒”的位格确实高于陈亮的“成人”或“英雄”；然而，就人性的广度而言，陈亮携带了“感性”“气质”的英雄人格，更富有原始儒家的生命力。朱子理学的出现，自有其学理的因缘，这要完成对佛老心性之学的挑战；而陈亮的功利主张，同样有其历史的因果，是基于历史和时局，对道学过于讲求心性修养而导致“内圣强外王弱”的一种“对治”与纠偏。

南京航空航天大学教授何邦武的参会论文《在晦庵与龙川“王霸义利之辨”中反思现代性》指出，朱熹与陈亮之间的“王霸义利之辨”肇因于南宋蹇迫的国运，也是唐宋以降中国社会向近代变革所致的世道人心变化的投影。然而，在看似对立的两极中，实际潜藏着因缺乏对对方因素的考量而一脚踏空的危险。因此，仅将现代性视为一种在一维的时间中展开的东西，而具有天然的先进性、正当性和不可逆性且与传统截然两分的观点，本身就因抽离了其应该有的德性而暗藏某种知识陷阱，不足为训，反思现代性的应然传统及其德性基础并重新使其媒接于传统，深有必要。

浙江工业大学马克思主义学院副教授赵帅锋的会议发言题目是《人不立则天地不能以独运——从“朱陈之辩”看陈亮哲学中的生存论意蕴》，在他看来，陈亮以其“道在事中”的“事功论”思想，对以普遍性之“道”的建构为宗旨的程朱理学展开批判。“事功论”内涵的英雄主义以及“人不立则天地不能以独运”“推倒一世之智勇，开拓万古之心胸”等说法所具有的意志主义，对程朱理学所构建的先验的普遍性之“道”构成了强有力的冲击。然而，由于陈亮对“道在事中”之“道”所具有的“在世”意涵缺乏充分的领会，难以在与“他者”交互共在的基础上对“普遍性”问题进行有力回应，并可能进一步滑向英雄史观。而其“学为成人”“岂必其儒哉”的哲学主张相较于朱子的

“醇儒”人格理想看似有所区别，但就其抽象建构性而言其实并无二致，从而也就难以在根本上对程朱理学构成真正的挑战。陈亮以“事功论”作为其哲学思想的核心主张，并以此与朱子展开论辩，这对当时以及后世哲学思想都有非常深远的影响。而之所以如此，其中一个很重要的原因就在于，一旦遭逢社会失序、价值重建之时代，“人不立则天地不能以独运”“推倒一世之智勇，开拓万古之心胸”等说法所内蕴的涤荡陈规陋俗、彰显人自身生命意志等思想的光辉就会迸发出来。而无论对个体的实际生存过程还是对抽象的哲学思考，个体性力量的绽显，首先要面对的就是个体存在的根基性问题，而这在朱陈之辩中是通过对“道”的讨论而得以展开的。

三、陈亮哲学、事功伦理、政治、文学、商业、法律思想及其现代价值研究

（一）陈亮哲学思想研究

华东师范大学哲学系教授陈卫平在大会主旨发言《“实事求是”与经世致用》中指出，在中国哲学史上存在着“实事求是”的优秀传统。陈亮就是这个传统的重要代表。从历史上看，“实事求是”思想凸显在经世致用思潮高涨的先秦、南宋和明清之际。这意味着“实事求是”和“经世致用”是紧密联系在一起的：后者是前者的价值取向，前者是后者的认识路线。这正如明清之际经世致用思潮的重要代表黄宗羲在《今水经序》中所说：“古者儒墨诸家，其所著书，大者以治天下，小者以为民用，盖未有空言无事实者也。”其实，不仅儒、墨，还有其他诸子，不仅先秦，还有南宋、明清之际，立于经世致用潮头的哲学家都是如此，即以把握“事实”为如何“治天下”“为民用”的出发点和落脚点。

华东师范大学哲学系教授高瑞泉在大会主旨发言《陈亮的哲学贡献及其现代价值》中指出，我们纪念永康学派的代表、著名思想家陈亮，可以更加澄明陈亮对中国哲学的贡献及其当代价值。陈亮生活的南宋时代，朱熹创造了堪称精微的理学体系，流行一时；但是也面对了同时代陆九渊的挑战，由此形成以“道问学 VS 尊德性”为标志的理学与心学的分流。几乎同时，陈亮以“务实经世”的态度对朱熹的理学提出异议。因此，陈亮的哲学贡献在

与朱熹的论战中有集中的体现。朱熹要陈亮“绌去义利双行、王霸并用之说，而从事于惩忿窒欲、迁善改过之事，粹然以醇儒之道自律”。全面分析来看，它包含了朱陈之间的三大争论，陈亮在哲学思想上的贡献也由此得到体现。

东南大学教授魏福明与宁波财经学院讲师伍强胜合作的论文《陈亮哲学思想探索》，通过对“道常行于事物之间”“事功有德有理”“心者治之原”等三个方面的阐述，揭示陈亮事功学说的哲学基础理论、义利学说的主要观点，以及陈亮事功学说兼具道德性命之说的特色。

曲阜师范大学孔子文化研究院教授林桂榛的会议发言题目是《陈亮天道论人性论之述评》，他指出，陈亮的天道论与周敦颐、朱熹等主流道学家的天道论并无实质区别。在人性论方面，陈亮改造了朱子派所崇所祖的孟子人性论，把孟子本末颠倒、性义混淆的二性论重新解释颠覆回一元的肉体自然人性论，即荀子式本能人性论。陈亮成熟时期的人性观以及他对社会实际问题的沉痛反省，注定了他与大讲“道德性命—尽心知性”的道学家道不同不相为谋乃至分庭抗礼的局面。

浙江工商大学马克思主义学院教授蒋伟胜的论文《陈亮工夫论的两种面向》认为，陈亮以儒家之道的道德和功利两种面向为基础，提出儒家工夫理论可以分为正心的内圣面向和礼乐实践的外王面向两种。陈亮提出的正心工夫以“一人之心”，也就是帝王之心为对象，认为君主通过涵养道德、培养意志，以及发挥智识能力三种正心工夫，达到理想的尧舜之治。陈亮从道的功利属性出发，认为人具有追求感性欲望的倾向，但不能让人“自徇其欲”，要信赏明罚、惩恶扬善，加强对欲望的约束与引导，把欲望节制在合理的范围之内。陈亮工夫论的两种面向，是他理解的儒家之道在工夫实践上的体现。他重视的礼乐教化工夫，是克服了心性工夫的主观性与神秘性，为寻求儒家工夫理论的确定性开展的有益尝试。

北京师范大学历史学院教授姜海军的书面发言《陈亮经学的传承、解释及其新儒学思想》指出，陈亮倡导为学要经世致用，其事功思想与南宋时期的朱熹理学、陆九渊心学相并立，这使其成为南宋时期最重要的思想家之一，而经学是陈亮事功思想的基础与源泉。陈亮中年之前，其经学及其思想基本上恪守二程洛学理学化经学体系，注重“四书”及以此为基础的心性理命之学，并推尊二程及其洛学思想体系，也可以说基本上奉行二程内圣外王之政治思想体系。但是在中年之后，亦即淳熙之后，陈亮日渐改变了往昔对心性理命的关注，而转向“六经”及以此为基础的事功之学。陈亮思想重心的转变，也促成了他在经典认识、诠释与理论建构上的调整，他不仅不再认同二程、朱熹等人所强调的“四书”及心性之学，而且还以“六经”、史学为基础重新建构事功思想体系。陈亮政治理念尽管发生了转变，并促使他在经学诠释及思想方面做了很大的改变，但受到时代思潮的左右，陈亮依旧没有跳出二程洛学、朱熹闽学、张栻湖湘学、陆九渊江西之学等所建构的理论框架及相关范畴命题。而与二程、朱熹、张栻、陆九渊等注重“体”“内圣”及与之相关的“格君心之非”的核心政治理念不同的是，他更强调“用”“外王”，更注重当时社会经济、政治文化中所出现的具体问题。他们同为儒家，同样致力于大一统帝国下社会政治问题的解决，但在政治理论与方法上却表现出极大的差异，不仅如此，这种差异也深刻地反映在他们对儒家经典的认识与诠释思想之上。

西北大学中国思想文化研究所博士研究生刘育的参会论文题目是《陈亮无神论思想及其对儒教的批判》，他指出，陈亮的无神论思想是中国无神论史的重要组成部分，也是中国古代儒学发展的重要一环。陈亮从唯物主义认识论的角度出发，对“天”“道”“天理”等儒学概念进行考察，反对“天人之际”神秘而不可知的论调，消除了儒教中的神秘因素，促进了传统儒学的健康发展。以否定儒家圣人的神圣性与儒家经典的神秘性为理论基础，陈亮对儒教的批判落实于对人的价值的突出与强调，他肯定人的合理欲求，强调人在改造世界及社会具体活动中的作用，渴望从神学的束缚中解放个人，以此来否定神而肯定人的存在。以陈亮为代表的中国古代无神论者致力于从儒学内部进行学术修正，一定程度上阻止了儒学的完全宗教化，对当今传承中华优秀传统文化具有重要启示。

（二）陈亮事功伦理思想研究

辽宁大学哲学院教授金香花的论文《基于事实的立场——陈亮的成人说与勇德之发现》指出，朱陈之辩以三代与汉唐为历史素材，通过王霸义利问题，展现二者对道、德性与事功之不同理解与倾向。论辩中陈亮主张有别于成圣之道的成人之道，以及勇德、智德对成人的必要性。勇德、智德在陈亮看来是成人的、外王的重要条件，因陈亮本人个性鲜明，他对智德、勇德的讨论往往被人看作才高气粗的豪言，体现了与理性生命对照的"英雄情欲生命"（牟宗三语）。实际上，陈亮的批判矛头指向主流儒家伦理内圣外王之统合困难。在宋儒主流伦理思想中，才、智、勇等外王所要具备的内容被涵化到内圣体系中隐而不显。对此，学界也有"政治的归政治，德性的归德性"的声音。陈亮的成人之道与对智勇的讨论是有启发意义的，它为儒家内圣与外王之紧张提供了一种解释。一般而言，由内圣至外王是概念逻辑，而从历史发生学上看，事功不必然由内圣产生。基于事实的立场，陈亮对宋儒塑造的概念逻辑提出了挑战，揭示了理学中伦理学的仁、义与才、智、勇等外王之德性的分离倾向。这为儒家伦理体系的自我检省提供了有益的思路。

浙江旅游职业学院马克思主义学院教授石群的会议论文《陈亮事功伦理思想探析》认为，陈亮以义利观为核心的事功伦理思想独树一帜，勇敢地站在了当时的"显学"即理学的对立面。陈亮事功伦理思想的核心是义利观，理论基础是人性论和天道观，其义利统一、注重事功的伦理思想，落实在个体道德实践和人生理想的终极目标上，就是"学为成人"。

（三）陈亮政治思想研究

山东大学教授葛荃的大会主旨发言《陈亮"倡事功"思想析论》认为，学界一般认定陈亮为思想家、文学家，中国古代政治思想研究将陈亮归为"事功学派"。在南宋理学一脉中，陈亮的政治思想确实很有特色。陈亮政治思想最显著的特点是倡行事功、反对空论、积极进取，在南宋程朱理学一片"格物穷理"的吟诵声中，它唱出了一曲富有生气的主旋律。可悲的是，南宋王朝已走到末路穷途、大厦将倾、独木难支的境地，陈亮"中兴"大业的理想只能落空。可即便如此，陈亮的事功之学接续先贤实学思想，在古代政治思想史上延续了治世思想，对后世依然有着深远的影响。事功思想体现着某种反思和批判精神，作为学术大家，陈亮"倡行事功"的政治思想突破了南宋程朱心性之学的笼罩，成为现代浙江精神的深厚文化底蕴，需要我们站在建设文化强国和构筑中华民族现代文明的高度，予以发掘弘扬，将这一中华优秀传统文化传承下去，为推进中国式现代化和建设中华民族现代文明提供力量。

杭州市社会科学院研究员周膺在大会主旨发言《陈亮对王安石新学的承继与驳正》中指出，陈亮在很大程度上是王安石事功思想的承继者，但其理论旨趣却与王差异较大。在南宋乾淳之际，陈亮更全面深刻地认识到熙宁变法的问题，因而在将事功作为理论纲领的同时对其价值取向做了深入思考。尽管这种思考总体上仍囿于“富国”层面，但价值目标却转向富民。他极力强调“其政出于为民”，认为只有以民为本，才能更好地实现富国强兵。在财税观上，重新论证了“藏富于民”的富民思想，主张“薄赋节用”；在商业观上，主张“农商相藉”，论证了商业利民的合理性，提出“农商本一体”的主张；在农业观上，倡导厚本兴农、爱养民力，强调农业资本的优化配置。

（四）陈亮文学思想研究

《长春师范大学学报》编辑部副编审邱阳在大会主旨发言《文学史观流变视野下的陈亮文学成就及影响》中指出，在中国思想史、文学史上，陈亮是一个极其特殊的存在。陈亮凭借为数不多的感情激越的抗金爱国词历来被人称道，从而跻身辛派词人群骨干成员位置。他主张词作应重视韵律和节奏，并借用黄庭坚之语，认为词中佳作应做到“抑扬顿挫，能动摇人心”。无论为人、为学还是为诗、为词，陈亮在当时及后世皆不乏真诚赏识者及激烈反对者。相对于其为人、为学、为诗、为词，陈亮在为文方面所受的争议最少，这在一定程度上也说明了其文章成就之高，同时在一定程度上反映出当今学界对南宋文章研究的热度尚不算高。陈亮词的研究也面临同样的局面。作为个案的重要词人，陈亮的词作在学术繁荣的今天几乎已经被“一网打尽”，留给年轻学人的突破空间非常有限。所以，未来的陈亮词研究只能放在更宽广的视域下进行。可以预料，未来涉及陈亮词的比较研究、群体研究、跨学科研究将不断涌现。

浙江海洋大学师范学院教授闵泽平的参会论文《陈亮的英雄气质与文章风格》强调陈亮本天纵英豪，自许“人中之龙，文中之虎”，具有浓郁的英雄气质。他对汉唐功业“光明盛大”的肯定，对汉唐君主“本领宏阔，工夫至到”的颂扬，固然出于其进步的历史观和鲜明的功利主义思想，但其间也不无英雄主义的因子。难以消磨的英雄情结，也使陈亮偏嗜阳刚之美，行文崇尚爽朗健拔，具有一种震慑人心、不可阻遏的恢宏气势。

浙江科技大学教授胡浙平的《陈亮咏梅词浅论》一文指出，对梅花的歌咏，是我国古代诗坛上的一大传统。从《诗经》到汉魏乐府、六朝诗作，直到唐宋诗词，作品众多，屡见佳作。即便是陈亮，他自己曾经说是不喜欢作诗的，但在他留下来的目前所见四首诗歌中，就有一首咏梅诗，而在其曲子词中，更是存有一部分咏物词，其中咏梅或与梅相关的词就达十一首之多，占其全部词作的七分之一还多。这些词从总体上说虽然同是咏梅，但姿态各异，值得品读。

《长春师范大学学报》编辑部副编审邱阳的另一篇参会论文《稼轩词与龙川词比较研究》指出，作为辛派词人群成员之一，陈亮在20世纪以来文学史及词史著作中的地位经历了从不受重视到极受关注的较大变化。这种地位反差在一定程度上反映了文学史家研究观念的变化，和政治环境的变迁也具有相当密切的关系。从文学创作角度出发，探寻陈亮与辛弃疾在词学创作方面的异同，方能准确地为陈亮进行词史定位。

（五）陈亮商业思想研究

杭州市社会科学院经济研究所助理研究员刘航的会议发言题目是《论陈亮的重商思想与促进民营经济发展》，他认为，陈亮与朱熹的辩论，明确天理人欲可以统一、义理利欲可以兼顾，突破道德第一、财富第二的传统伦理财富观，为其重商思想奠定了哲学基础。陈亮重商思想以"农商一事""农商互藉"为重点，要求工商业者"义利统一""末作有察"，与当前促进民营经济发展的"两个毫不动摇""两个健康"具有高度内在契合性，是"两个结合"的生动思想资源，不仅激发了中华优秀传统经济思想的生命力，也有利于促进民营经济发展壮大。

浙江海洋大学师范学院教授程继红的论文《论陈亮对义乌富商"义利和合"精神之揭示》指出，陈亮与朱熹有过多次"王霸义利之辨"，是故长期以来学界多认为陈亮对待义利问题，属于言利派。从陈亮与义乌富商的交往以及他对这些富商的评价来看，其实陈亮的思想并非以言利为主，而是主张义利和合。

(六)陈亮法律思想研究

杭州师范大学沈钧儒法学院教授余钊飞的会议论文《试论陈亮法律思想的渊源》,围绕陈亮的两本编著《类次文中子》《欧阳文忠公文粹》展开,认为陈亮法律思想中"道在事中"、重视"通变之道"的哲学观及"文以载道"、重视"议论说理"的文学表达范式,很大程度上学习自王通、欧阳修;同时期的吕祖谦与陈亮亦师亦友,陈亮与叶适也是如此,师友之间的书信往来、交游互通对陈亮的为人及思想产生了重要影响;陈亮基于与朱熹展开的长达三年的"王霸义利之辨"所述王霸、义利本就同出一元。

西北政法大学法学博士研究生罗爱军的会议论文《陈亮法律思想研究的基本脉络及其主要内容——基于学术文献研究的考察》指出,陈亮区别于其他思想家的最大不同,便是曾亲历牢狱,并有一定的经商经历,对宋代的法制有更为切身的认识。如今以陈亮为代表人物的思想在当前"浙江精神"、法治建设与社会治理的实践中焕发着鲜活的生命力,目前学界对陈亮法律思想研究关注度还有待提高。

杭州师范大学枫桥经验与法治建设研究中心研究员张潇丹的论文《试论陈亮法律思想的主要特征》指出,陈亮的"义利双行,王霸并用",推尊汉唐,是以功效、事功本领为历史评判标准,对儒学思想秩序的公然挑战。其在精神方面主张求实效,并且欲矫"祖宗之法"之偏失的思想,也形成陈亮法律思想的两个重要特征,即功利性以及辩证性。

(七)陈亮现代价值研究

浙江省委党校社会学文化学教研部副教授葛亮的参会论文是《从宋韵文化理解陈亮思想的当代价值》,他指出,陈亮及其永康学派是宋韵文化的思想形态之一,总结提炼宋韵文化内涵特质,是继承和弘扬中华优秀传统文化的切实之举。作为科学原则,"寻找时代的共通性、发挥文化的有效性、展现文化的现代性"应当贯穿其中。有必要基于南宋时期的历史条件,从各种实践形态中抽取具有跨时代意义的共同思想、共同理念、共同价值构成精神内核,即宋韵文化的内涵特质,并使其充分蕴含当代效用。

浙江省委党校教授董根洪的参会论文《陈亮思想蕴含着建设中华民族

现代文明的重要启迪》指出，中华优秀思想文化包含着建设中华民族现代文明的深厚思想底蕴，而陈亮的事功之学从四个层面丰富了这一底蕴，坚信圣人之道，增强文明自信；重视事功实利，建设物质文明；坚持以民为本，坚守文明价值；坚持实事求是，展现文明特性。陈亮的思想丰富而深刻，在今天努力建设中华民族现代文明的进程中，提供了一份不可多得的宝贵的精神资源和思想底蕴，值得我们珍视，值得挖掘利用。

浙江省司法厅原副巡视员潘广俊在大会主旨发言《浅谈陈亮思想的现实价值——以“王霸义利之辨”为中心》中，结合自己长期从事法治建设实践和社会治理工作，提出学习“王霸义利之辨”的思想内涵，交流“经世致用、求真务实”的可贵精神、历史地位和时代价值，有助于我们更好地总结浙江经验，提炼浙江精神，取得创造性成果，为浙江经济发展、社会进步、文化繁荣提供重要的精神动力。今天，我们要用系统思维弘扬陈亮的优秀思想文化，就要以协同思维做好陈亮思想传播工作，即突出职责分工有序、整体运转高效，实现地区、部门间和个人协作、企业社会联动。以“究天人之际，通古今之变”的态度，弘扬陈亮思想价值，指导服务于现实社会发展进步。

徐州工程学院人文学院心学教育研究中心主任刘蓉蓉的会议发言《陈亮事功思想对生命教育的启示》认为，长期以来儒家的道统思想视心性之学为正统，对荀子一脉的“外王”之学则常常贬黜。陈亮的思想属于儒家脉络中的一支，其源头可追溯至荀子，以陈亮为代表的事功学派，在宋代与朱熹等理学家分庭抗礼。陈亮的思想中，主张在王道中杂以霸道，以外在的规则节制人欲，以法律规范人心等，展现出儒家思想“外王”的一面，并对现代人的生命教育具有高度的启示作用。

四、陈亮与浙东学派综合研究

浙江省社会科学院哲学所研究员吴光在大会主旨发言《浙学简史——兼论浙学视域中的陈亮及其思想的时代价值》中指出，从广义上来讲，“浙学”指的是渊源于古越、兴盛于宋元明清而绵延于当代的浙江学术思想传统与人文精神传统。而说到“浙学”，“陈亮”是绕不开的名字。从陈亮“王霸并用”“义利双行”这些思想来看，陈亮的思想其实是一种多元包容的思想，他反对把王道和霸道对立起来，他与“浙学”开拓者、启迪者王充一样，都有一种兼容的思想内涵。从另一个角度来看，陈亮的《中兴五论》呈现出他一腔热血和想要报效国家的思想，体现了他强烈的爱国主义精神，这也是“浙学”精神的重要组成部分。陈亮思想的当代价值主要体现在民本和仁政观念上，同时，他思想中的求是、批判精神，在现在依然是非常有指导意义的。当代浙江创业者“干在实处、走在前列、勇立潮头”的浙江精神，便是以开拓进取的“事功思想”为学术“基本功”，是活力浙江经久不衰的发展动能。

杭州师范大学中国哲学与文化研究所所长、教授朱晓鹏的论文《略谈南宋浙学的思想史意义》指出，南宋浙学的研究一直是中国哲学史、学术思想史上的一个重要问题，以往的有关研究虽然对此做了很重要的资料积累，对某些学术思想史做了梳理和概括，但目前这方面的研究却还有许多不足。我们有必要通过厘清若干思想学术史上的是非和模糊之处，探求南宋浙学独特的思想内涵、历史作用和现代价值，挖掘出南宋浙学及整个浙学中所蕴含的根本性的“本土性问题”及问题意识和解决方案，揭示其所具有的重要的现代性意义和普适性价值。

南昌大学哲学系主任、教授张新国的发言题目是《浙东事功学的问题与方法》，他认为，我们今天对所谓永康、永嘉学派成员的选择工作本身，就隐含性地带入了我们对什么是儒学，什么是永嘉、永康之学的某种标准性的东西。这种标准性的东西，可能并非单一的“教旨”“宗旨”，在其本然的意义上，往往呈现为一种开放性的意义承诺。这种意义承诺兼顾学问的历史意味，同时也必然性地带有言说者自身存在志向的自我肯认与塑造。

温州大学国学研究院院长、教授陈安金的参会论文《永嘉学派与永康学派事功思想之异同及其价值》指出，作为首批“浙江文化印记”名单中浙东学派的核心流派，永嘉学派和永康学派事功思想是当代浙江人“敢为天下先”创业创新精神的源头活水。它们都从属于“浙东学派”，皆主张“事功”、反对空谈心性。之所以又别为两派，说明其学术旨趣亦有不同之处。

浙江建设职业技术学院马克思主义学院讲师邓伟峰的论文《永康学派与永嘉学派的交涉——以陈亮为中心》围绕陈亮与郑伯熊、郑伯英、薛季宣、陈傅良、叶适等永嘉学者的交涉，透过信、词、祭文等内容，梳理了陈亮与永嘉学者之间的思想情感交流，展现了南宋浙江区域性的学术争鸣局面。

武汉大学哲学学院副教授连凡的论文《〈宋元学案〉中南宋浙东学派的诠释与评价——以永嘉学派与永康学派及其同调为中心》指出，《宋元学案》的编纂者明确了永嘉学派分三个支流，一支以叶适为代表，一支以薛季宣、陈傅良为代表，一支以徐谊、黄中为代表，其源头都是二程洛学。黄宗羲肯定了永嘉之学倡导经世致用是为了纠正道学末流的空疏弊病，同时指出事功之学的流弊有陷入刑名之学的危险。全祖望指出永嘉之学虽以礼乐制度为主而追求体现于事功之中，但也兼顾主敬涵养，至叶适将内圣道德作为外王事功之根本，从而修正了薛季宣、陈傅良等重事功轻内圣的偏向。黄宗羲从道德与事功并重的立场出发，调和了永康学派代表人物陈亮与朱熹的王霸义利之辨。全祖望以陈亮晚年迎合光宗博取功名为例对其人品节操提出非议。对于永嘉学派的同调唐仲友，全祖望肯定其经制之学的学术地位，并认为朱熹、唐仲友的交恶两人应该平摊责任。

河北师范大学马克思主义学院副教授李雪辰的会议发言题目是《南宋事功学派的道器观》，他指出，在宋代学术语境中，与道相对应的概念有器、气、理、心等，理学家大都将道与理、器与气视为一回事，不能离道言器。以陈亮、叶适等人为代表的南宋事功学派也主张道器相即不离，不过他们并不赞成朱熹所谓器赖道以存的观点，而是将道寓于有形事物之间，力图消解理学形上之“道”的神秘性。在道与人的关系上，认为道既不独立于人的行为之外，也不违背人的合理情感和欲望，提出了缘物求道、以人行道的践行途径，从而为其变革现实社会的诉求奠定了理论基础。

浙江省社会科学院哲学所研究员张宏敏的参会论文《“事功实学”——南宋浙学的理论形态》，主要以南宋“浙学”的三大主流学派永嘉学派、永康学派、金华学派为参照，来观照南宋浙学的基本理论特质，进而指出南宋浙东学派就是“事功实学”的卓越代表与学术理论形态。

淮阴师范学院教育科学学院副教授贾志国以《儒者之效——浙东学派教育家精神的课程解码》为题进行了学术发言，他指出，从南宋开始，中国传统书院教育家精神呈现出鲜明的区域性特征。以吕祖谦为核心，辅之以永康陈亮和永嘉陈傅良、叶适为主要成员的浙东学派教育家，坚持体用并举、内圣外王结合，以“儒者之效”为价值统整，在12世纪掀起了一股科举课程范式革命，其逐渐形成自下而上的科考成功标准，编制了一批具有广泛影响的科考教材，开展了"'博''巧'济'用'"的专题性教学等。以吕祖谦为例，基于浙东学派教育家精神——"儒者之效"的课程解码行动具体表现在儒者气象下的经典阅读指南，"薄俗"刺激下的强集体规约，"经疑"类型的策题出题方式，家国同构伦理下的"官箴"教化等。

杭州市西湖区灵隐街道办事处副主任、复旦大学文学博士朱光明的论文《从学派到文派——宋元时期浙东学派转型及其影响》强调，浙东学派是南宋以来的重要学派，对元明清学术及文学产生了深远影响。吕祖谦对唐宋文统的发掘、叶适对永嘉四灵的表彰和陈亮及后学一脉文学活动的开展，推动着学派的转型，导致学术色彩逐渐淡化，呈现出更多的文学色彩。浙东学派在元代中叶基本完成了从学派到文派的转型，黄溍等人成为天下文坛的领袖。其弟子宋濂、王祎等文士继承黄溍文学思想，并成为朱明王朝重要文人集团，在文学创作、礼乐文化的制定等领域发挥重要作用，同时浙东文士大力倡导馆阁文风，梳理唐宋文章统绪，对有明一代的文学发展具有奠基性的导向作用。

同济大学哲学系中国哲学专业博士研究生牛伟的会议发言题目是《浙东学术向明代气学的渗透与流贯——以陈亮对王廷相"事功思想"的影响为例》，他认为，明代气学的典型代表王廷相的哲学思想具有很强的"事功"色彩。学界大多将王廷相的事功思想根源追溯至宋代永康学派陈亮，但从未厘清二者之间究竟存在何种具体联系。事实上，王廷相曾问学于浙东学派理学家谢铎。谢铎不仅尊崇程朱理学，而且也具有很强的浙东学派重视事功的思想倾向。梳理王廷相哲学思想形成前期的相关文献，可以察见王廷相的事功思想确实来源于浙东学派特别是永康学派，注重事功是王廷相哲学的思想根底。这也说明浙东学派具有强大的感染力，直接影响到明代前中期兴起的气学思潮。

浙江省社会科学院哲学所研究员张宏敏的另一篇参会论文《事功向心性的转换——阳明心学在永康的传播与发展》指出，学术界一般界定以南宋永康学者陈亮为代表的事功学派为永康学派。对于南宋永康学派之命题是否成立，学界存有争议，但是明代永康阳明学的命题则是成立的。该文试图对明代中后期活跃于浙中金华府永康县域，高举阳明良知心学旗帜，围绕五峰书院进行持续会讲活动的阳明学群体进行梳理，在论证"永康阳明学"这一地域阳明学命题成立的同时，总结阳明学地域化传播的基本规律与特征。

五、陈亮与永康学派研究学术史的回顾与展望

扬州大学哲学系副主任、副教授樊沁永的论文《邓广铭先生〈陈龙川传〉读记——古典学视域下的理学重构》指出，人类文明的知识从来都有显隐两种存在方式以成其太极生生的活力。现代学科建构的知识谱系是显性的学科应对时代的需求和问题。隐性的“文献”（经典文字系统和传承者）以更为复杂的样态呈现着各种歧出的理论资源。哲学视域下的理学作为传统正史中的史传和私家著述的学案的现代呈现形态，对历史的理解呈现了时代性的哲学史、观念史、思想史形态。前辈学者最为典型的诸如冯友兰先生，建构中国哲学史学科的过程已经成为现代中国思想的一部分，塑造了当代中国学术哲学训练的基本底色。20 世纪前叶，显性的时代需求和问题是回应西方，抉择宋明理学是因为其融摄佛老的文化经验具有很好的参考价值。近代学术的显学从共生的角度分别从程朱、陆王，裹挟着佛学对抗和消化着西方。这很大程度构成了我们今天哲学界理解中国传统的基本样态。同时，文学和历史专业除了现代显性的建构之外，还保留了一定的隐性的传统，仍然在跨学科的时代呼声中，回荡起对传统学术整全性的复归。邓广铭《陈龙川传》的研究恰恰在此处提供了一个绝佳的切入点，可以让我们在 21 世纪的学术敏感中开发出一种重构的可能，即古典学意义上对中华文明道统的重塑，而不只是哲学史中学者耳熟能详的理学家的道统。

浙江大学哲学学院特聘研究员李明书的会议发言《中国台湾地区陈亮研究综述》指出，陈亮是儒家事功学派的代表人物之一，其理论体系虽不如朱子来得博大精深，但借由其与朱子的对话，以及鲜明的爱国、重视事功的立场，其研究在许多领域仍具有一定的价值，并且不断有学者关注。若以中国大陆与台湾两地的研究概况而言，中国大陆的研究成果体量较为丰硕，在陈亮的文学、经学、哲学、思想史、文献等各领域均持续出现成果，而台湾地区的陈亮研究虽然也涉及各个领域，数量上却十分有限，而且近期的研究似有颇为乏力的现象。

厦门大学外文学院教授吴光辉的参会论文是《陈亮在日本——以日本

学者的最新研究为核心》。该文指出，陈亮在日本的研究，究其轨迹，应该说接续于明治时代以来的以京都学派为代表的日本汉学研究，突破了明治儒学研究以“朱子学与阳明学”为书写对象的框架，建构起宋学体制下的作为朱子“论敌”的陈亮研究，并以“道学的形成”或者“南宋道学的展开”这一范畴来界定陈亮的历史地位。陈亮在日本的研究呈现出多样化、多角度的研究范式，或是区别于传统的训读诠释的方式而采取了考据诠释学的方式，或是突出了陈亮的学问与生活的专题性研究，或是以追根溯源、时代比较、后世影响的核心内容而采取了比较思想史的研究方法，或是以专著的形式尝试构建起陈亮在日本的研究谱系。围绕陈亮的研究，尤为突出了历史观念、事功思想、变通之理、道学意识等系统性的核心内容，也潜在地落实到“浙学”一类的地方学问谱系之中，更展现出明治时期以来日本的中国儒学研究的宏大叙事，潜藏着超越前人、不断拓展的创新意识。

浙江省人民政府地方志办公室副研究员吕克军与人合作的论文《陈亮研究的新进展》，以 2018—2023 年的陈亮研究为关注重点，认为近年的陈亮研究呈现出亮点纷呈、选题多元的基本特征。学术界主要围绕陈亮的生平事迹、学术思想的定位以及他的哲学、伦理（事功、功利）思想、政治思想、经济思想、军事思想、教育思想、文学思想（词论）、豪杰人格、“成人”思想，还有陈亮与朱熹的比较研究以及陈亮学术交游、陈亮文献的辑佚与编校等主题而展开，并取得了丰硕的研究成果。这也为我们下一步开展陈亮学术思想的综合研究以及陈亮思想在新时代的创造性转化、创新性发展，做足了学术研究的铺垫。我们也深信，在永康市陈亮研究会的组织协调下，在学界同人的共同努力下，陈亮与永康学派的学术研究事业能取得更大的业绩，进而建构起新时代的“永康事功学派”。

六、结语

2004 年 10 月 27 日，时任中共浙江省委书记习近平同志在《致陈亮国际学术研讨会组委会的贺信》中指出：“（陈亮）创立的永康学派，强调务实经世，为‘浙江精神’提供了重要的历史文化内涵。研究陈亮学说，就是要探寻浙江优秀文化传统，在研究浙江现象、总结浙江经验、提炼‘浙江精神’方面取得创造性成果，为我省经济发展、社会进步、文化繁荣，提供重要的精神动力。”

浙江省政协原党组副书记、副主席陈加元在本次大会开幕式上致辞，对永康市委、市政府高度重视陈亮文化研究工作，以及开展纪念陈亮诞辰880周年的系列活动给予了充分肯定。他强调，永康要在新的发展征程中以文铸魂，擦亮陈亮文化这张“金名片”，为建成“世界五金之都　品质活力永康”做出卓著的贡献。陈亮研究要赓续文化自信自强的历史根脉，激活中华优秀传统文化的强大生命力。聚集时代发展的现实需要，把优秀文化历史意义转化为当下社会价值，为加快建设中华民族现代文明提供强大思想引领。陈亮研究要注重文本的研究，加强挖掘和阐发，深度解码文化基因，提炼、萃取传统文化精华。

对于这场“纪念陈亮诞辰880周年暨永康学派与中华民族现代文明学术研讨会”的现实意义，**永康市人大常委会副主任、永康市陈亮研究会会长章锦水**在闭幕式上总结道，永康学派与中华民族现代文明学术研讨会是一次解码文化基因的活动。研讨会邀请了来自五湖四海各大院校、研究院所的专家学者参加，可谓群贤毕至。在短短一个月的时间内，能在全国范围内征集到这么多的学术论文，且其中不乏《陈亮在日本——以日本学者的最新研究为核心》等论文，将学术目光由国内转向国际，说明这是一场名副其实的文化盛会。此次盛会学者云集、高朋满座，内容丰富、交流深入。来自全国各地的研究陈亮文化的专家学者共聚一堂，与“永康学派”的专家学者共同研究讨论陈亮学说，探寻浙江优秀传统文化，在思想碰撞中升华对陈亮学说的认识。

目　录

致辞与讲话

主旨报告

陈亮生平事迹、学术交游研究，朱陈“王霸义利之辨”研究

陈亮哲学、事功伦理、文学、商业、法律思想及其现代价值研究

陈亮与浙东学派综合研究

陈亮研究学术史的回顾与展望

附录 媒体报道

致辞与讲话

在“纪念陈亮诞辰 880 周年暨永康学派与中华民族现代文明学术研讨会”上的致辞

中共永康市委副书记、政法委书记

王海涛

尊敬的陈加元主席、盛世豪主席，各位领导、来宾，专家学者们：

大家上午好！

今日云景好，水绿秋山明。在这秋高气爽、风物宜人的美好时节，非常有幸能与大家相约杭州，一同怀着对先贤陈亮的追慕之心和景仰之情，共赴“纪念陈亮诞辰 880 周年暨永康学派与中华民族现代文明学术研讨会”。这里，我谨代表永康市委、市政府对此次研讨会的顺利开幕表示热烈的祝贺！向长期关心支持永康学派和陈亮文化研究的各界人士，致以诚挚的感谢和崇高的敬意！

2023 年 9 月，习近平总书记在浙江考察时强调，要赓续历史文脉，推动优秀传统文化创造性转化、创新性发展。10 月，全国宣传思想文化工作会议首次提出的习近平文化思想，用“明体达用、体用贯通”8 个字回答了赓续中华文脉的现代意义。此次研讨会以永康学派与中华民族现代文明为主题，就是深入贯彻落实习近平总书记重要指示要求、更好担负起新时代新文化使命的生动实践和有益探索。

溯源永康学派，传承先贤风骨。陈亮作为永康学派的代表人物，倡言“功利”、强调“实用”，敢为当时经世致用思想、躬行实干精神的“先锋”，发出“事上理会，步步着实”的时代先声，成就了永康学派义利并举的事功思想。陈亮所创立的永康学派，以务实求新、重商重利的精神，丰富了浙江精神的内涵，跨越时空滋养着一代又一代浙江人，成为补给浙江经济社会持续发展的重要精神动力。

钩沉千年文脉，擦亮文化底色。近年来，永康紧紧围绕浙江省第十五次党代会提出的“实施宋韵文化传世工程”，积极推进陈亮文化研究传承工作，出版长篇著作《陈亮年谱长编》，《陈亮事迹著作编年》成书列入“宋史研究丛书·第五辑”，设立“浙学源头·永康学派”求学馆、宋史文化展示馆等，持续擦亮状元故里拜谒求学的文化品牌，陈亮文化的知名度和影响力不断提升。

疏源浚流，与古为新。我相信通过今天研讨会上各位专家学者的齐聚论道，一定能探寻到陈亮文化更丰富的时代价值，采集到“永康学派”更耀眼的精神之光，迸发出传统文化更璀璨的新时代火花，让文化思想的笔墨浸透中国式现代化浙江新篇章，助推中华文明重焕荣光。

最后，预祝本次研讨会圆满成功！祝各位来宾、朋友身体健康、工作顺利、生活幸福！谢谢大家！

在“纪念陈亮诞辰 880 周年暨永康学派与中华民族现代文明学术研讨会”上的致辞

浙江省政协常委、文化文史和学习委副主任

浙江省社科联主席　盛世豪

尊敬的各位领导、专家，同志们：

大家上午好！

很高兴参加“纪念陈亮诞辰 880 周年暨永康学派与中华民族现代文明学术研讨会”。首先，我代表浙江省社会科学界联合会对研讨会的召开表示热烈祝贺！向长期关心、支持和参与浙学研究的各位领导、专家学者致以诚挚的感谢！

陈亮是南宋状元，也是浙江历史上著名的思想家、文学家，他创立的永康学派与永嘉学派并称为“事功学派”，是浙学的重要流派。陈亮提倡“事功学说”，主张“王霸并用，义利双行，农商相藉”，倡导“义利并举、农商并重”“实事实功、经世致用”；陈亮推崇“经世致用”，指出“世之学者，玩心于无形之表，以为卓然而有见……岂不可哀也哉？”主张“治者，实也”，强调“为士者”要有良好的品行，“居官者”要有处理政事的本领，只有功成事济做出成绩，才是有德有理，体现了实干精神；陈亮主张唯物主义，认为“天下岂有道外之事哉！”，但“道”不是先于事物、超越事物而独立存在的，“而常行于事物之间”；人与道不可分离，天、地、人三者构成宇宙统一体；等等。这些思想与朱熹理学、陆九渊心学截然不同，但同样影响深远，成为与理学、心学三足鼎立的“事功”学派，并深深地融入浙江区域文化之中，成为浙江人文品格和浙江精神的重要基因。这也是改革开放以来，浙江之所以能从一个资源小省发展成为经济大省的重要文化力量。

陈亮思想是中华优秀传统文化的重要组成部分，2004 年，时任中共浙江省委书记的习近平同志在给“陈亮国际学术研讨会”的贺信中，高度肯定了陈亮的历史贡献和现实意义。近年来,我省高度重视历史文化研究工作,习近平同志倡导并推动实施的浙江文化研究工程,目前正在开展的第三期研究项目中就包括了永康学派、金华学派、永嘉学派等相关研究课题。浙江省社会科学界联合会还将一如既往地支持推动相关研究工作。

不久前,习近平总书记在考察浙江时明确要求我省在建设中华民族现代文明上积极探索。中华民族现代文明是中华民族伟大复兴的文化实践,是中国式现代化的文化形态。中华文明的连续性,从根本上决定了中华民族必然要走自己的路。如果不从源远流长的历史连续性来认识中国就不可能理解古代中国,也不可能理解现代中国,更不可能理解未来中国。浙江是中华文明的重要发祥地,历史文化底蕴深厚,包括陈亮和永康学派在内的浙学,是我们深刻理解当代中国、当代浙江的重要思想基础。建设中华民族现代文明,我们要有文化自信,但更要"守正创新",守正不守旧、尊古不复古,面向未来不惧挑战、勇于开拓,我们要充分运用包括陈亮和永康学派在内的优秀传统文化的宝贵资源,探索面向未来的理论和制度创新,主动为建设中华民族现代文明贡献力量。

应该说,我们今天召开永康学派与中华民族现代文明学术研讨会,恰逢其时、十分必要。希望各位专家学者能够在不断深挖陈亮文化与永康学派思想精髓的同时,追溯浙学之源,赓续浙江区域发展的文化根脉,在以"两个先行"打造"重要窗口"的过程中,共绘浙学新篇。

谢谢大家!祝大家工作顺利、身体健康!

在"纪念陈亮诞辰 880 周年暨永康学派与中华民族现代文明学术研讨会"上的讲话

浙江省政府原副省长、党组副书记
十一届浙江省政协原副主席、党组副书记
陈加元

各位领导、嘉宾、教授、专家：

上午好！

昨天到这里报到，听陈亮研究会会长章锦水介绍，这个酒店是在南宋时期的国宾馆班荆馆原址上建设的，这里是皋亭山风景区的范围。南宋时，皋亭山发生过很多的故事，宾馆边上的上塘河是当时唯一入杭城的水路，而且附近还有龙山、虎山两个公园，选择这么一个地方为人龙文虎陈亮庆生，与其说是巧合，不如说是冥冥之中的缘分。陈亮是南宋时期著名的爱国主义者、思想家、文学家，是一位非常值得我们研究的历史名人。他是浙学演进发展中绕不开的一个人物。以陈亮、叶适为代表的浙东事功学说，在扎实考证和理论建构上，在与理学的辩论中脱颖而出，不仅影响了南宋的学术思想和文化思潮，而且成为清代经世致用之学的先导。它通过史学研究以达于经世，以实学、实事、实功为归宿。这种学术思想，在当时无疑有利于复国中兴，有利于民生事业；于现在，仍可资借鉴学习。习近平总书记在浙江任职期间，对陈亮的赞评讲道："他创立的永康学派，强调务实经世，为'浙江精神'提供了重要的历史文化内涵。"

作为陈亮故里人，这些年我很欣慰与自豪。一方面，先贤陈亮作为一介布衣超越了底层的思维，把自己的思想提升到治国理政的高度，深受孝宗、光宗的赞许，他的思想是浙学的重要基础，至今仍然闪烁着智慧的光芒。最近，我在学习习近平总书记的一系列文章时，发现习近平总书记在讲话中多次引用了陈亮的金句。如 2022 年 1 月 11 日，他在对全国省部级正职领导讲话时摘用了陈亮《酌古论·光武》中的一句："有一定之略，然后有一定之功。略者不可以仓卒制，而功者不可以侥幸成也。"强调领导干部要善于进行战略思维，善于从战略上看问题、想问题；并指出，策略是在战略指导下为战略服务的。另一方面，在永康市委、市政府高度重视下，这些年陈亮文化被列入永康市文化发展战略，陈亮的研究如火如荼。全国有很多专家学者在关注陈亮、研究陈亮；家乡的陈亮研究会自2021年春换届后所呈现的工作状态是积极的、主动的，成果也是喜人的。陈亮研究会活动多、讲座多，出刊出书，成果多，对陈亮做到了很好的研究与传扬。

今年是陈亮先生诞辰880周年。陈亮故里永康今年举办了一系列纪念活动，我对《陈亮研究》杂志、"龙川文脉"微信公众号、朋友圈都比较关注。如年初的"之江问道·咏梅寻芳　首届龙川梅花节暨文化艺术周"活动搞得有声有色，七个项目文雅别致，以文化人；10月10日"宋韵·浙学溯源——陈亮主题书画作品展"在省浙江展览馆隆重开幕，我们省政协诗书画之友社联合永康市委、市政府，围绕陈亮的生平学术思想和文章诗词进行总体策划，并采用命题创作的方式，邀请省内著名的书画艺术家进行创作，以水墨丹青为礼致敬先贤，影响很大；10月18日，在永康方岩五峰书院，陈亮、朱熹、吕东莱、叶适曾经讲学的地方，举行"五峰会祭讲论"活动，恢复了宋明以来的书院"岁会"制度，还以书院琅琅书声；我还了解到11月下旬，将要举办"万古心胸·龙虎之志——陈亮主题歌诗会"，以歌咏、诗朗诵及情景剧表演等形式来传扬陈亮文化。当然，特别值得称道的是，今天的永康学派与中华民族现代文明学术研讨会，邀请了这么多来自五湖四海，各大院校、研究院所的教授专家参加，可谓群贤毕至。另外，这个研讨会主题确立得好，穿透历史、当下与未来，契合时代发展的要求，是学习贯彻10月7日全国思想文化工作会议上首次提出的习近平文化思想的一种举措，是坚定文化自信，落实"两个结合"的工作载体。研讨会开得很及时，既有政治上的考量，更有学术上的深耕。昨天，我拿到沉甸甸的两袋会议资料，一些是陈亮研究近年的成果，还有一本是本次会议的论文集。据介绍，这本论文集是短短一个月征集时间中在座各位呈现出的成果。单凭这个喜人的成果，这次的研讨会就可以说取得了成功。在此，我向各位专家表达我的敬意与谢意。

朋友们，"文化关乎国本、国运"，习近平总书记在今年6月2日举办的全国文化传承发展座谈会上讲道:“中国文化源远流长,中华文明博大精深。只有全面了解中华文明的历史,才能更有效地推动中华优秀文化创造性转化、创新性发展,更有力地推进中国特色社会主义文化建设,建设中华民族现代文明。”我想,习近平总书记为我们的文化研究指明了方向:一是要赓续文化自信自强的历史根脉,激活中华优秀传统文化的强大生命力;二是要聚集时代发展的现实需要,把优秀文化历史意义转化为当下社会价值,古为今用,完成真理与价值在不同时空、维度上的交汇,实现马克思主义科学理论同中华优秀传统文化在新时代背景下的交融,为创造新时代社会主义新文化,凝心聚力奋进新征程,加快建设中华民族现代文明提供强大思想引领。沿着这个方向,我想,我们的陈亮研究一是要注重文本的研究,加强挖掘和阐发,深度解码文化基因,提炼、萃取传统文化精华;二是要及时实现文化基因当代价值的创造性转化与创新性发展;三是要做好陈亮文化的传播,担当新时代新的文化使命。我相信,永康在新的发展征程中,一定会以文铸魂,擦亮陈亮文化这张“金名片”,为建成“世界五金之都　品质活力永康”做出卓著的贡献。

最后,预祝大会圆满成功,取得丰硕成果!并祝大家身体健康,哲思泉涌!

在“纪念陈亮诞辰880周年暨永康学派与中华民族现代文明学术研讨会”闭幕式上的答谢词

本次研讨会会务协调人，永康市人大常委会党组成员、副主任
永康市陈亮研究会会长
章锦水

尊敬的各位领导、各位来宾，同志们、朋友们：

经过大家的共同努力，为期一天的“纪念陈亮诞辰880周年暨永康学派与中华民族现代文明学术研讨会”已完成全部议程。会议期间，各位专家学者围绕“永康学派与中华民族现代文明”的主题开展了研讨，交流思想、溯源理论。在此，我谨代表中共金华市委宣传部、金华市社会科学联合会、中共永康市委和永康市人民政府对在百忙之中拨冗与会的各位领导、各位来宾、同志们、朋友们，表示诚挚的感谢和由衷的敬意！同时，我也想借此机会表达心里的“三个感谢”。

首先，我想向研讨会的指导单位浙江省社会科学界联合会和浙江省社会科学院表示感谢。刚刚，省社会科学院哲学所副所长张宏敏研究员对此次研讨会做了学术总结，张宏敏副所长的总结内容鞭辟入里、切中肯綮，从学术角度总结了永康学派与中华民族现代文明的关联，也为大家研究陈亮学说提供了新的思路。让我们再次用热烈的掌声感谢张宏敏研究员的精彩总结！

其次，我想向积极参与研讨会的各位专家与学者表示感谢。上午，吴光研究员、陈卫平副主任等8名专家学者做了以“陈亮与浙学传统”“陈亮与中国哲学中的‘实事求是’传统”等为主题的精彩发言；下午，60多位学者分三组研讨，并做小组讨论。这是一场名副其实的文化盛会，学者云集、高朋满座，内容丰富、交流深入。感谢来自全国各地研究陈亮文化的专家学者共聚

一堂，和永康学派的专家学者共同研究讨论陈亮学说，探寻浙江优秀文化传统，在思想碰撞中升华对陈亮学说的认识。

最后，我想向浙江省政府原副省长、党组副书记，十一届浙江省政协原副主席、党组副书记陈加元，浙江省社科联主席、浙江省政协常委盛世豪，浙江省社科院副院长许军表示衷心的感谢！感谢四位领导对此次活动的重视与支持，为我们接下来的工作明确了方向和目标。我们定会坚定工作信心，将永康学派学术研讨会越办越好，让永康学派的影响力越来越大，为中华民族现代文明谱写新篇章。

习近平总书记说过："研究陈亮学说，就是要探寻浙江优秀文化传统，在研究浙江现象、总结浙江经验、提炼'浙江精神'方面取得创造性成果，为我省经济发展、社会进步、文化繁荣，提供重要的精神动力。"今后我们将继续坚持以习近平新时代中国特色社会主义思想为指导，结合实际经验，更好地丰富"浙江精神"的历史文化内涵，打造永康乃至全国的文化高地，奋力推动我市哲学社会科学事业迈上新台阶。

最后，再次对在百忙之中不辞辛劳与会的各位专家和朋友，表示衷心的敬意和谢意！祝福各位永葆安康！

主旨报告

浙学简史

——兼论浙学视域中的陈亮及其思想的时代价值

浙江省社会科学院哲学所研究员、浙江省文史研究馆馆员

吴　光

浙学以东汉王充为开端，大致可以分为五个发展阶段，即汉唐时期、宋元时期、明代时期、清代时期和近现代时期。

一、浙学的缘起：王充的“实事疾妄”与汉唐经学

严格地说，浙江在先秦时代只是受到儒风流韵的影响，还没有独立的儒学体系和儒学家。研究浙学，不能不将王充(27—约97)放在一个开拓者和启迪者的地位。我们从《后汉书·王充传》和《论衡·自纪篇》中可知，王充出生于一个尊奉儒家价值观的家庭，少年时代就学于书馆，不仅获得“乡里称孝”的道德声誉，还打下了良好的儒学根底，得到荐入太学学习的机会。一方面，入太学后，他拜当时名儒班彪(班固之父)为师，并受太学名师桓谭的指点，于是成长为一位博学多才的古文经学家。另一方面，王充显然也深受吴越文化熏陶。《论衡》中多处记载着范蠡、子贡的故事，可见王充是深知范蠡的。范蠡亦儒亦道的思想风格在王充思想中多有体现。王充自称其论“虽违儒家之说，合黄老之义也”(《论衡·自然篇》)，是渊源有自的。或许可以说，王充正是在南北学术文化的碰撞与交融中，兼收并蓄，走出了一条兼容南北学风的独特学术道路。他超越了世儒的眼界和局限，以古之圣人事业的继承者为己任，以“通儒”的姿态吞吐百家、考论五经，确立了自己“实事疾妄”(《论衡·对作篇》)的治学宗旨，成就了名垂千古的《论衡》。

王充的学说，是一个复杂而深邃的思想体系。其学术精神影响后来浙学发展者主要有三：一是“实事疾妄”精神；二是“经世致用”精神；三为兼取

众长、多元包容的精神。

王充在《论衡·对作篇》中，阐述了自己“一以贯之”的学术宗旨。他写道：“是故《论衡》之造也，起众书并失实，虚妄之言胜真美也。故《论衡》者，所以铨轻重之言，立真伪之平，非苟调文饰辞为奇伟之观也。……冀悟迷惑之心，使知虚实之分。实虚之分定，而华伪之文灭。华伪之文灭，则纯诚之化日以孳矣。”可见王充著书立说，就是为了评定虚实，匡正是非，启蒙解惑，治国化民。篇末，王充画龙点睛地指出：“《论衡》实事疾妄……无诽谤之辞。”这句话，点明了全书的宗旨大纲，也恰当地概括了其学说的根本特点。这里所谓“实事”是探寻、确定事物的真相，坚持实事求是；所谓“疾妄”，就是批判虚妄迷信。这充分体现了王充的求实批判精神，也集中代表了东汉初期以“实事求是”(《汉书·河间献王传》)为导向的实学思潮。

王充“实事疾妄”的精神对后世浙学的思想传统产生了重要影响。我们从叶适对董仲舒“正其谊不谋其利，明其道不计其功”思想的批判中隐约看到王充“实事疾妄”的思路，从黄宗羲“经世应务”的学说宗旨中也可看到从东汉王充、南宋浙学到清代实学的思想传承脉络，而近现代浙学代表章炳麟则对王充的表彰不遗余力。章炳麟赞扬王充说：“王充……作为《论衡》，趣以正虚妄，审乡背，怀疑之论，分析百端，有所发擿，不避孔氏，汉得一人焉，足以振耻！”(《訄书·学变》)这一评价可谓高矣。

王充的“经世致用”思想，一则体现于他兼融儒法的政治观。他说：“治国之道，所养有二：一曰养德，二曰养力。养德者养名高之人，以示能敬贤；养力者养气力之士，以明能用兵。此所谓文武张设，德力具足者也。”(《论衡·非韩篇》)“养德敬贤”是儒家“德治”思想，“养力用兵”是法家奖励耕战之论。在王充看来，儒法兼用，德力具足，才是真正的文武之道。故学术旨在治国，儒法皆应实用。二则体现在他对待文章用世的态度。他说：“(文章)为世用者百篇无害，不为用者一章无补。如皆为用，则多者为上，少者为下。”(《论衡·自纪篇》)这是典型的学以致用思想。王充推崇的是“好学勤力、博闻强识”又能“著书表文、博通能用”的“文人鸿儒”，那些不能学以致用的人，就像虽知树木长短却不能伐木建屋、虽识花草大小却不能采草药的人一样，正是“孔子所谓诵诗三百，授之以政，不达”者也(《论衡·超奇篇》)。这也揭示了王充学说的“经世致用”特色。

以往论者往往以王充为杂家[①]，其实所谓“杂”者，正反映了王充多元包容，“博通众流百家之言”（《后汉书·王充传》）的治学特色。王充的思想学说，是以儒学为基础兼收博采法家、道家、墨家、阴阳家之说而自成一家之言。例如，其“德力具足”的政治论兼采儒家的德治与法家的“耕战”思想，其“天道自然”观兼采了黄老道家的“自然无为”论，其“情性”论兼采了道家和阴阳家的“阴阳调和”思想，其“薄葬”论吸取了墨家的“节葬”说，如此等等，都反映了王充学说的多元包容特色。

上述王充的思想学说标志着浙学的成形，为后世浙学的发展贡献了丰富的思想资源和精神财富，奠定了浙学求实、批判、民本、创新、兼容的基本精神。对于王充思想在浙学史上的地位与影响，我在1993年的陈亮思想研讨会上首先提出了“王充是浙学开山祖”的观点，并在《试论“浙学”的基本精神——兼论“浙学”与“浙东学派”研究现状》（《浙江学刊》1994年第1期）、《简论“浙学”的内涵及其基本精神》（《浙江社会科学》2004年第6期）、《浙学的时代价值》（《浙江日报》2017年2月13日）等系列文章中做了具体论述，在此恕不详述。

东汉魏晋时期是浙学的成形期，主要是王充的“实事疾妄”之学，其次是汉末三国时期余姚虞翻（164—232）的经学。还有撰著《越绝书》的袁康、吴平和《吴越春秋》的赵晔等史学家，都属于东汉时期的儒家代表人物。

《三国志》及其注载，虞翻为《周易》《尚书》《老子》等书做过训注，有《上易注二奏》和《上书注奏》，并著《明扬释宋》以正郑玄、宋忠解易之谬。虞翻于《周易》造诣最深。其学源于家传《孟氏易》及当时诸家易学。孙权曾称赞他“不及伏羲，可与东方朔为比矣”。虞翻晚年在交州期间，讲学不倦，门生有数百人，形成了一个虞氏经学学派。虞氏有易学论著多种，惜皆亡佚。清人辑有虞翻《周易注》十卷等多种，民国徐昂撰《周易虞氏学》六卷，对虞氏易学皆有阐发，虞氏易学在清代、民国均有影响。

西晋永嘉之乱后，衣冠南渡，学术文化中心随之南移，浙江也成了中原学术文化精英避难的理想之地，北方望族王氏、谢氏等都有不少成员移居浙

---

① 如《隋书·经籍志》和《四库全书·子部》都将王充的《论衡》归入“杂家”类，中国台湾现代新儒家徐复观等也视王充为杂家，见徐复观著《汉代思想史》卷二“王充论考”。

江，为浙江带来了文化的繁荣，促进了儒学的发展。如王羲之还曾经担任会稽内史，一生多在浙江活动。王氏思想虽然也受玄学影响，但总体上仍然以儒学为根基。

南朝时期，浙江经学占有重要地位。梁武帝天监四年(505)复设五经博士，浙江有其二，即吴兴沈峻、会稽贺玚。《南史》儒林传共记25人，其中浙籍就有14人，浙学在南朝时期的重要地位可见一斑。

南朝齐时，重要的儒家人物有吴兴姚方兴、武康沈麟士、盐官顾欢、义乌楼幼瑜和余姚虞愿。

南朝梁时，山阴五经博士贺玚长于三礼，有《周易讲疏》《丧服义疏》《礼记新义疏》《礼论要抄》等；贺琛精于三礼，兼明《古文尚书》，著有《尚书义》等多种；武康有叔明、沈峻、沈重皆为五经博士，为一时名儒。

南朝陈时，浙江儒者人才辈出。《陈书》儒林传中，浙籍儒者有9人。其中，吴兴沈氏沈文阿等4人为一时名儒，且有著作传世。

隋唐统一后，中国文化中心仍在北方。浙江的文化中心由会稽、吴兴向湖州转移，同时向南扩散到金华的义乌，比如有名的骆宾王。唐朝初年浙江出现了几个能影响全国的人物，如虞世南、褚亮、徐坚、许敬宗。值得一提的还有中唐时期的嘉兴名儒陆贽(754—805)，他擅长奏议政论，时相权德舆比之于贾谊，称其“榷古扬今，雄文藻思”，有《陆宣公翰苑集》传世。除以上名儒外，还有孟郊、顾况、钱起、贺知章、褚遂良、罗隐等以诗文名世的儒者，以及曾寓居浙江的名儒，如颜真卿、白居易等，都对浙学的发展有过一定贡献。

总体而言，三国两晋南朝隋唐时期的浙学，虽然人才辈出，但缺乏真正有独立思想体系的名儒大家，略可称道者，只有虞翻及其经学一脉而已。这与儒学在这个时期的整体性衰落也是密切相关的，何况当时的浙江并未处在中国学术文化的中心，而属于中华文化的边陲。

二、宋元时期的浙学：浙学的兴盛

如果说，浙学在汉唐时期尚处在个体成长而无群体学派的时期，那么到两宋时代就出现学术蜂起、学派林立的繁荣局面了。

中国由唐入宋，进入了一个“黄金时代”。而浙江自五代以来，即逐渐成为经济文化的中心，从而带动了学术的兴盛和繁荣。两宋王朝在政治上的相对开明状态，也为儒学的多元创新发展铺平了道路。而杭州作为南宋政治中心和教育文化中心，也为浙学的繁荣发展创造了优越条件。陈亮、叶适、吕祖谦、朱熹、陆九渊等南宋大儒敢于大胆向朝廷建言，体现了南宋政治的开明和儒者地位的尊崇，这些都是浙江成为南宋重镇的有利条件。

（一）北宋：安定湖学与永嘉、明州之学

两宋时期，出现了儒学复兴运动，形成了儒学新形态。如宋初三先生之一的胡瑗即在湖州府学教授任上开创了以重六经义理为特色的“湖学”。欧阳修论曰：“（胡瑗）其湖州之学，弟子去来常数百人，各以其经转相传授，其教学之法最备，行之数年，东南之士莫不以仁义礼乐为学。……于是建太学于京师，而有司请下湖州取先生之法以为太学法。”显然，胡瑗的“湖学”和教学法，在宋初儒学发展中影响深远。胡瑗后来被朝廷延请至太学讲学，弟子甚众，连理学奠基人程颐也曾到太学受教。可以说，湖学是宋代浙学的先导，也是宋代理学的先导。

继胡瑗之后，永嘉儒者王开祖（约 1035—1068）在南方首倡“道学”。乃有所谓永嘉之学。王开祖在永嘉（今温州）东山书院授徒讲学，“受业者常数百人”，堪称北宋永嘉学派的开山领袖。

王开祖之后，又有元丰时期（1078—1085）的永嘉九先生（周行己、许景衡、刘安节、刘安上、蒋元中、沈躬行、戴述、赵霄、张辉），他们都曾到北宋首都汴京的太学学习，学成后回到永嘉地区传播张载的关学、二程的洛学和王安石的“新学”，因而形成了北宋永嘉学派。九先生中，以许景衡最知名，他可谓儒学名臣。

与永嘉九先生相媲美的，是北宋明州（今宁波）地区的庆历五先生（慈溪的杨适、杜醇，鄞县的王致、王说，奉化的楼郁）。全祖望在《宋元学案·士刘诸儒学案》中说：“庆历之际，学统四起……浙东则有明州杨杜五子、永嘉之儒志、经行二子，浙西则有杭之吴存仁，皆与安定湖学相应。”“五先生”执教于郡学和县学，弟子众多，对儒学在浙东的传播发挥了极大作用。

(二)南宋浙学

南宋时期,是浙学的鼎盛时期。南宋的浙江是全国政治、经济、文化中心。一方面,浙江活跃着南宋儒学各大流派,如程朱理学派、象山心学派都在浙江有其代表。另一方面,在浙江本土出现了几位大儒以及若干重要的学术流派,如以薛季宣、陈傅良、叶适为代表的南宋永嘉学派,以陈亮为代表的永康之学,以吕祖谦为代表的婺学,以北山四先生为代表的金华朱学,以浙东明州四先生为代表的四明心学。尤其是叶适的永嘉学派,被全祖望誉为与朱、陆二派"遂称鼎足",吕祖谦则与当时大儒朱熹、张栻并称为"东南三先生"。他们在浙学史上均有显赫地位。

(三)元代浙学

元王朝由于是少数民族入主中原,对于汉族精神支柱的儒学有一个消化适应的过程,加上其分国人为四等的政策,客观上儒学的发展趋于低落。但由于儒学在社会中长期形成的意识形态作用与制度惯性,元统治者对于儒学总体上也采取因循态度,使一些儒者得以继续弘道。元代的浙江,仍然是儒学重镇,尤以金华、宁波著名。明儒王祎评论金华儒学说:"有元以来,仁山金文安公(金履祥)以其传于北山何文定公(何基)、鲁斋王文宪公(王柏)者,传之白云许文懿公(许谦),实以道学名其家……悉为世大儒,海内咸所宗师。"(黄宗羲编《明文海》卷二八六王祎《送胡先生序》)可见元代浙江的大儒"踵武相望"、接连不断,构成了元代儒学的基本演进脉络。在诸多大儒中,最有影响的有四位,即婺州的许谦、宋濂和四明的史蒙卿、程端礼。

许谦的儒学思想主要继承光大了朱子理学,同时又吸收了陆九渊的心学,体现出"和会"朱陆的特色。

元代的四明儒者史蒙卿,作为王应麟的弟子,一改家乡宗陆之风,潜心研究朱子理学,"务明体以达用",但是他对朱学并不盲从,间有发挥,开创了"静清学派"。而史蒙卿的鄞州弟子程端礼,作为元末著名的四明儒者,与其弟程端学被时人称为"洛下之二程再现",可见其弘扬程朱学的特色。程端礼曾从事四十年儒学教育,著有《读书日程》,它在明清的家塾、书院教学中发挥了重要作用,成为儒学教育的工具书。

三、明代的浙学:浙学的巅峰

明代儒学思潮在中国儒学发展史上具有特殊位置,其最具时代意义和价值的地方在于从程朱理学向阳明心学的转化及其阳明学在中国诸地域及周边区域的传播和展开。所谓"阳明学",就是由王阳明奠基,由其弟子、后学充实发展的"良知心学"。它形成于明代中期,发展分化于明末清初,复兴于清末民初,转型于现当代而传播于东亚与欧美。阳明心学是在中国传统儒学及程朱理学的基础上发展而来,并且汲取了佛教和道教的丰富思想资源,因此在理论形态和思想内涵上又实现了浙学史的一次历史性飞跃,为浙学史翻开了崭新的一页,同时也是浙学向周边区域传播进而形成异国阳明学派的一个成功范例,也是浙学对中华文明乃至人类文明史的重要贡献。

明代的浙学,可以说是以宋濂、刘基开其端,以方孝孺继其绪,而由王阳明成其大,刘宗周殿其后。

一是明初浙学三大儒:一曰宋濂(1310—1381),字景濂,浙江浦江人,学者称"潜溪先生"。他是元末明初的儒学家。为学既宗理学,也宗心学,具有调和朱、陆之学又融合事功之学的倾向。二曰刘基(1311—1375),字伯温,浙江青田南田村人,以字行。刘基兼融儒道、讲求事功、博学多才,是一位"通儒"。三曰方孝孺(1357—1402),字希直,号逊志,学者称其为"正学先生"。浙江海宁县人。他是宋濂的学生,以刚直闻名天下,因不肯为明成祖朱棣篡位起草诏书,被"磔于市,坐死者八百七十三人",酿成了历史上"灭十族"惨案。

二是王阳明与浙中王门。阳明心学的兴盛与浙中王门的形成,标志着浙学走向了巅峰状态。

王阳明(1472—1529),名守仁,字伯安,浙江余姚人。他生于浙江余姚,卒于江西南安,归葬于浙江山阴洪溪乡(今绍兴市柯桥区兰亭街道仙霞山)。生前获封新建伯,官至南京兵部尚书。后遭人诬陷,恤典不行。卒后三十八年,即明隆庆元年(1567),被追赠为新建侯,谥"文成"。曾自号阳明子、阳明山人,学者称其为"阳明先生"。

王阳明虽然在少年时期立下"读书学圣贤"的大志,但在青年时期,因感

"圣贤难做",故长期浸淫于辞章之学,"出入于佛老者久之"。直到弘治十八年(1505),阳明三十四岁时,才真正归本儒学。王阳明一生历经磨难,经历了龙场悟道、南赣剿匪、南昌平叛、广西定乱等事件,成就了"立德立言立功"的"真三不朽"业绩,创立了以"良知即天理""知行合一""致良知""明德亲民"为主要命题的良知心学,并通过在各地讲学,创立了遍布南北的王门八派。[①] 八派之中,由王阳明在浙江的讲学活动形成的王门学派称为"浙中王门"。阳明良知心学的形成,为浙学史翻开了崭新的一页,同时也是浙学走向巅峰并向周边传播进而形成异国阳明学派的一个成功范例,也是浙学对中华文明乃至人类文明史的重要贡献。

黄宗羲在《明儒学案·浙中王门学案》序文中说:"姚江之教,自近而远,其最初学者,不过郡邑之士耳。"说明浙中是王学的发祥地和最早的传播地。他在《浙中王门学案》中罗列了徐爱、蔡宗兖、朱节、钱德洪、王畿、季本、黄绾、董沄、陆澄、顾应祥、黄宗明、张元冲、程文德、徐用检、万表、王宗沐、张元忭、胡翰等十八人为浙中王门弟子,又在《泰州学案》《甘泉学案》中为周汝登、陶望龄、刘塙、唐枢、蔡汝楠、许孚远等浙籍王门弟子立传。这些浙籍王门弟子中,尤以徐爱、钱德洪、王畿、黄绾最为著名。徐爱是王阳明《传习录》上卷的记录整理者。钱德洪,号绪山,余姚人;王畿,号龙溪,绍兴人,他们在王门中"所得最深",然二人对阳明学的领悟各有深浅。诚如黄宗羲所论:"先生(钱德洪)之彻悟不如龙溪,龙溪之修持不如先生,乃龙溪竟入于禅而先生不失儒者之矩矱。"[②]黄绾字叔贤,号久庵,台州黄岩人,官至礼部尚书。黄绾初闻阳明致良知之教,叹"先生真吾师也"[③],乃称门弟子。阳明死后,仍遭朝中大臣恶意中伤,致使朝廷恤典不行,并下诏禁"伪学"。黄绾上疏力辩,说:"臣所以深知守仁者,盖以其功与学耳。然功高而见忌,学古而人不

① 黄宗羲著《明儒学案》按地域记载了王门七派,即浙中、江右、泰州、南中、北方、粤闽、楚中王门七大派,20世纪80年代,贵州学者张新民、王晓昕等搜集大量资料论证了黔中王门的存在,故学界一般称为"王门八派"。

② 黄宗羲:《明儒学案》卷十二"浙江王门学案二·钱德洪传",载《黄宗羲全集》第七册,浙江古籍出版社2005年版,第254页。

③ 黄宗羲:《明儒学案》卷十三"浙江王门学案三·黄绾传",载《黄宗羲全集》第七册,浙江古籍出版社2005年版,第318页。

识，此守仁之所以不容于世也。”[①]疏中列举王阳明四大功、三大学术旨要，他可以说是阳明心学的捍卫者。

三是明朝中晚期的唐枢、许孚远和刘宗周。

唐枢(1497—1575)，字惟中，号一庵，浙西归安(今属湖州)人。他标举“讨真心”三字为学术宗旨。其学兼宗王阳明、湛甘泉。

许孚远(1535—1604)，湖州德清人。他是唐枢的弟子，又是刘宗周的老师。他笃信良知之说，但反对援良知入佛。提倡“止至善”，以矫正王学流弊。其学术人格对刘宗周影响尤大。

刘宗周的“慎独”之学，是阳明后学的一大亮点。刘宗周(1497—1575)，字起东，号念台，学者称“念台先生”，又称“蕺山先生”，山阴县(今属绍兴市)人。他开创的蕺山学派，在浙学史和中国儒学史上都具有承先启后的作用。他一方面对王阳明的“致良知”说给予高度评价，称：“(阳明)先生承绝学于词章训诂之后，一反求诸心，而得其所性之觉曰‘良知’，因示人以求端用力之要，曰‘致良知’。‘良知’为知，见知不囿于闻见；‘致良知’为行，见行不滞于方隅。即知即行，即心即物，即动即静，即体即用，即工夫即本体，即下即上，无之不一，以救学者支离眩骛、务华而绝根之病，可谓震霆启寐、烈耀破迷，自孔孟以来，未有若此深切著明者也！”[②]但另一方面对王阳明的良知“四句教”提出了尖锐的批评与修正。批评阳明“致良知”说有“择焉而不精、语焉而不详”之病，其四句教“将意字认坏，故不得不进而求良于知；仍将知字认粗，故不得不进而求精于心。非《大学》之本旨明矣！”[③]。蕺山对阳明的批评与修正表现在：第一，标举“慎独”宗旨，用“独体”和“意体”代替阳明的“心体”和“良知”，并用“慎独”“诚意”的修养论代替“致良知”的修养论；第二，将阳明“四句教”修正为蕺山新版“有善有恶者心之动，好善恶恶者意之静，知

① 钱德洪：《阳明先生年谱三》引黄绾疏辞。载吴光、钱明、董平、姚延福编校：《王阳明全集》卷三十五，上海古籍出版社2012年版，第1092页。

② 《黄宗羲全集》第七册，《明儒学案·师说》，第14页。

③ 黄宗羲：《明儒学案》卷六十二“蕺山学案·良知说”，载《黄宗羲全集》第八册，第975页。

善知恶者是良知,有善无恶者是物则"①。刘宗周对王阳明的批评不一定切合阳明学本意,但实质上是针对王学末流蹈空袭虚、佞佛近禅之病起而施治,从而为清初实学开辟了新思路。

四、清代的浙学——浙学的转型(上)

明清易代之际,理学批判思潮、经世实学思潮同时在中国特别是浙江蓬勃兴起。由明末大儒刘宗周开创的蕺山学派在清初发生了学术分化:(1)以张履祥为代表的浙西学者"由王返朱",而形成清初浙西理学派;(2)以黄宗羲为代表的浙东学者沿着王阳明"五经皆史"、蕺山学"开物成务"的路径发展而形成以"明经通史""经世应务"为特色的清代浙东经史学派;(3)浙西的另一位蕺山弟子陈确,则是特立独行的儒者。他们在反思宋明理学的过程中,都批判了"空谈误国"的弊端,而推崇经世致用之实学,进而助力"明清之际实学思潮"的形成。而与黄宗羲同时代的毛奇龄、胡渭、朱彝尊等人也有梳理经史的大著,陈确则是公开否定儒家经典《大学》《中庸》的儒者,他们共同助力"清初疑古思潮"的兴起,进而汇流于清代中前期的乾嘉考据学,由此也形成了"浙派"考据学。而在明清之际批判心学、反思理学进而重建儒家意义世界的过程中,浙东学者张岱、朱舜水、潘平格等则形成了既不同于浙西理学派,也不同于浙东经史学派而有独特学术风格的儒学思想,故有清代浙江"诸儒之学"。

(一)黄宗羲与清代浙东经史学派

黄宗羲继刘宗周之后,"以六经为根底"来重建思想世界。他认为晚明思想世界处于没有统一根底的碎片化状态,使得儒道丧失了支撑世道人心的功能,于是发生"天崩地解"之巨变。因此,黄宗羲以重建倒塌的思想世界为使命:"儒者之学,经纬天地。"他既认同"盈天地皆心也""圣人之学,心学也",但又力图弥补心学空疏之弊,鄙视逃避现实、沦为"道学乡愿"的理学与

① 上引蕺山语录散见于《明儒学案·蕺山学案·语录》,载《黄宗羲全集》第八册,第896、901、904页。

心学，而建立了以“明经通史”、经史并重为特色的“清代浙东经史学派”。

清代浙江经史学派的活动区域，以浙东的宁波、绍兴为中心而扩展到浙西，甚至全国；其主要代表人物，除了其学术领袖黄宗羲之外，以经学为主兼治史学的有黄宗炎、万斯大，以史学为主兼治经学的有万斯同、邵廷采、全祖望、章学诚，经史兼治而偏重文学的有李邺嗣、郑梁、郑性，偏重自然科学的有黄百家、陈讦、黄炳垕，偏重考据的有邵晋涵、王梓材。

（二）张履祥与清初浙西朱学

张履祥是刘宗周的弟子，也是清初浙西朱学的领袖人物。其儒学思想主要表现在明清易代之际，他能恪守遗民志节，以耕读著述名世。他曾师从刘宗周，然亡国之痛促使他深刻反思王学，最后摒弃王学，一意归本程朱理学，是典型的由王返朱的学者。他作为理学家，不尚空谈、践履笃实，为廓清明末王门后学清谈杂禅之风做出了重要贡献。他对程朱理学在清初浙西的复兴起到了重要作用。

吕留良是浙西桐乡人，也曾师从刘宗周，与黄宗羲过从甚密。但后来与黄氏分道扬镳，成为张履祥的忠实信徒。其思想成就，主要表现为主张“严夷夏之防”及“尊朱辟王”论。

陆陇其是浙江平湖人，也是清初浙西名儒。其根本宗旨是“尊朱黜王”。陆陇其将明朝的灭亡归咎于阳明学术的风行，认为阳明心学之所以致明覆灭，主要在于其空疏之弊。他批评阳明“致良知”教与佛教的“本来面目”如出一辙，流于空疏寂灭。因此，他痛斥阳明心学是以禅之实而托儒之名。

（三）清代浙江诸儒之学

除上述以黄宗羲为首的浙东经史学派和以张履祥为领袖的浙西朱学之外，清代浙江还有几位特立独行的儒者如陈确、谈迁、张岱、查继佐、潘平格、毛奇龄、朱彝尊、胡渭，另有几位以考据训诂著称的乾嘉考据学派如杭世骏、陈鳣、严可均等，值得一表。

陈确（1604—1677），字乾初，浙江海宁人。他虽与黄宗羲同门，但特立独行。其名著《大学辨》，第一次提出《大学》“非圣经”之说，并激烈批评理学禁欲主义，提出“人欲即是天理”的命题，为明清实学思潮的兴起做出了贡献。

谈迁(1593—1657),字孺木,浙江海宁县人。所著编年体明史《国榷》凡500万字,是研究明史的必读书。

张岱(1597—1679),字石公,号陶庵,浙江山阴(今绍兴)人。其代表作《四书遇》继承发展了孟子的“民贵君轻”论,提出“予夺之权,自民主之”的民主启蒙思想命题——与黄宗羲的“天下为主,君为客”命题有异曲同工之妙。

查继佐(1601—1676),清初海宁人,其《罪惟录》是明清之际浙江史学的力作,在史学史上占有重要地位。他从事明史编撰,编撰的《鲁春秋》流露出强烈的故国情怀,为后世所称颂。

潘平格(1610—1677),字用微,浙江慈溪人。其学初宗程朱,继从陆王,并出入于佛老,而归本于“孔孟之道”,以“求仁”为学问主旨,代表作是《求仁录》十卷。

毛奇龄(1623—1716),字大可,号秋晴,浙江萧山人。清初著名古文经学家,学者称“西河先生”。其著述极富,所著《西河合集》凡四百余卷。学宗阳明而黜朱子。学识渊博,然恃才傲物,往往有过激之论。

朱彝尊(1629—1709),字锡鬯,号竹垞,秀水(今嘉兴)人。康熙十八年(1679)举博学鸿儒,授翰林院检讨,与修《明史》。所著《经义考》三百卷,实开清代考据学之先河。另有《日下旧闻》等,与顾炎武、阎若璩齐名。

胡渭(1633—1714),字朏明,号东樵,德清人,清初著名经学家。其代表作为《禹贡锥指》《易图明辨》。梁启超对其评价甚高。

杭世骏(1695—1773),著有《道古堂集》《榕桂堂集》等。其《石经考异》为一时名作。所参修之《三礼义疏》与独纂之《续礼记集说》,史料价值颇高。

陈鳣(1753—1817),博学好古,尤专心训诂之学。经十余年撰成《说文正义》《说文声系》。著述宏富,阮元称其为“浙西诸生经学中最深者”。

严可均(1762—1843),精于文献、考据,著有《说文长编》四十五册,编辑《全上古三代秦汉三国六朝文》,收录3000余家,均附作者小传。影响极大。

五、近现代浙学——浙学的转型(下)

近代以来,儒学在东西方文化交融的历史条件下发生了深刻的变化,其主要趋势表现为向经世致用、兼收并蓄、中西会通方向的转变。这一时期，浙江依然涌现了很多杰出的学者与儒家思想家，著名的有龚自珍、黄式三父子、俞樾、孙诒让、章太炎、马一浮等。他们继承了浙学的优良传统，一方面注重阐发经学义理；另一方面注重会通中西、经世致用，值得大书特书。

（一）龚自珍的“改革”“更法”思想

龚自珍（1792—1841），字璱人，号定庵，仁和（今杭州）人。他是清末道光年间著名的启蒙思想家和文学家，曾被柳亚子誉为“三百年来第一流”。

龚自珍思想的最大特色是富有批判精神。他不仅深刻批判了封建君主专制制度，而且批判了日益僵化虚伪的科举取士制度，同时大力倡言社会的“改革”与“更法”。龚自珍的“更法”改革思想对戊戌变法维新运动起了积极促进作用。诚如梁启超《论中国学术思想变迁之大势》所言，“光绪间所谓新学者，大率人人皆经过崇拜龚氏之一时期”，称龚氏乃“近代自由思想之向导”。

（二）黄式三、黄以周的经学成就

黄式三、黄以周父子是晚清公认的经学大师，成就卓然。黄式三（1789—1862），字薇香，号儆居，定海人。他博览经史，三十岁后研读《论语》，五十岁后专治《尚书》，晚年好《礼》，著有《论语后案》与五经杂说等书凡一百一十卷。其子黄以周（1828—1899），字元同，号儆季。子承父业，著有《礼书通故》一百卷等书。黄式三学术的重要特点是“崇礼”。在《论语后案》中，黄式三强调以“礼”为本，在清中叶以来推崇礼学的学术思潮中，黄式三有着独特的贡献。

黄以周的礼学思想近受其父影响，远承顾炎武“经学即理学”的思想。他循着顾炎武“经学即理学”的思路，上追孔门之遗言，形成了“以礼学为理学”的思想命题，从而独树一帜，成为一代经学大师。

黄氏父子经学的特色有三：一是经史并治；二是汉宋兼采；三是强调经世致用。其经史研究发扬光大了浙东学术“实事求是”的优良传统。

（三）俞樾的通经致用思想

俞樾（1821—1906），字荫甫，号曲园，德清人。道光三十年（1850）进士，授翰林院编修，后任河南学政。后被罢职归里，专意治经，旁及诸子，曾主讲于苏州紫阳书院、上海求志书院，又主持杭州诂经精舍三十余年，为晚清一代经学大师。所著《群经平议》《诸子平议》各三十五卷、《古书疑义举例》七卷，是其朴学代表作。因其在经学领域的成就与声望，时人誉其为“山中宰相”。

俞樾作为晚清有重要影响的东南大儒，在学术研究和教学过程中所表现的求新求异倾向，兼容并包、崇尚实证的精神，直接影响了江浙一带的一大批学人和他们的学风。章太炎、梁启超、顾颉刚、陈寅恪等都对俞樾有高度评价，公认其为晚清最有声望的经学家。胡适则称俞樾的治经方法“是科学方法的出产品”。

（四）孙诒让与晚清朴学研究

孙诒让（1848—1908），字仲容，号籀庼，瑞安人。同治六年（1867）中举人，官刑部主事，后辞归，专事著述，晚年主讲温州师范，为浙江教育会会长。

孙诒让以《周礼正义》《墨子间诂》等名著而享誉学界，并推动了墨学的复兴。

他还撰写了《兴儒会略例二十一条并叙》。该文标明兴儒会宗旨：“以尊孔振儒为名，以保华攘夷为实。”在晚清变法浪潮和近代西方政治思想的双重刺激下，孙诒让从纯粹“考礼”向大胆“议政”转变，形成了系统而别致的政治改革思想。

孙诒让治学范围甚广，涉及经学、史学、文字学、考古学、方志学以及考据、校勘、目录等众多学科，他都取得了显著成绩。所以，章太炎誉之为“三百年绝等双”的朴学大师。

（五）章太炎对学术转型的贡献

章太炎（1869—1936），名炳麟，字枚叔，号太炎，浙江余杭人。他从小受家学熏陶，打下了良好的基础。读《东华录》，即生排清思想。他广泛涉猎了乾嘉学派著作，在杭州诂经精舍师从俞樾，经历八年，又向孙诒让、黄以周等大儒请教，深得乾嘉朴学精髓。所著《膏兰室札记》和《春秋左传读》，堪称朴学代表作。

章太炎曾自述其思想演变云:“始则转俗成真,终乃回真向俗。”[①]这个转折的关键点在于1903年因苏报案入狱和1913年被袁世凯囚禁。1903年之前,章太炎独以荀卿、韩非之说为“不可易”。入狱三年,通过研读佛典,改变了昔日观念,而以唯识学为核心融合庄子齐物论,这是“转俗成真”的过程。1913年后被袁世凯囚禁,章开始演《易》,回归孔子和儒家,即所谓“回真向俗”。

章太炎的政治思想,以“种族革命”“五无论”及反对代议制最为著名。种族革命就是号召被统治的汉族向清政府复仇,以恢复人权平等为目的,且以暴力为必要手段。章氏民族主义是以独立、平等及自由为核心。但章太炎反对孙中山等的代议制主张,认为代议制不能真正实现民权平等和民生幸福。章太炎认为最好的民主政府应该是行政权、立法权、司法权、教育权四权分立,从而保障个体真正的独立、自由、平等。然而,章太炎的最高理想又是无政府、无聚落、无人类、无众生、无世界的“五无论”,这看上去是乌托邦,但其实是其强烈的众生平等意识和绝对自由观念的产物。

(六)马一浮的新经学

马一浮(1883—1967),幼名福田,字耕余。浙江上虞人。二十岁前后,连遭父、姐、发妻丧亡之痛,乃倾心佛老,取《庄子》所谓“其生若浮,其死若休”义,改名为浮,字一佛。后又改字一浮,号湛翁,遂以字行。

马先生是现代杰出的国学大师暨新儒家哲学家。他博古通今,学贯中西,于诸子百家、儒、佛、道乃至考据、医学、西学等皆有探究,兼擅诗词、书法。中年以后,归本儒学,专研六经,成为一代儒宗。同时大儒梁漱溟盛赞马一浮为“千年国粹,一代儒宗”,当代儒学泰斗汤一介敬称马一浮与梁漱溟、熊十力为“现代新儒家三圣”,可见其学术地位之崇高。

马一浮思想中的千言万语,可以归结为一句话,即“六艺该摄一切学术”。在马先生的著作中,最重要的是《泰和会语》《宜山会语》《复性书院讲录》和《尔雅台答问》四种,而以《泰和会语》居首。这部著作是其为浙江大学开设“国学”讲座的讲义,在卷端引语之后,首揭“横渠四句教”,即宋代大儒

---

① 章太炎:《菿汉微言结语》,刘梦溪主编:《中国现代学术经典·章太炎卷》,河北教育出版社1996年版,第641页。

张载所谓“为天地立心，为生民立命，为往圣继绝学，为万世开太平”四句话，勉励学生立志济世。接着“楷定国学名义”，称“国学者六艺之学也”，而所谓“六艺”就是指儒家的《诗》《书》《礼》《乐》《易》《春秋》“六经”。进而揭示其学术宗旨，提出“六艺该摄一切学术”的命题，声称“六艺不惟统摄中土一切学术，亦可统摄现在西来一切学术”。所以，可以说，马氏之学是以经学为主导的现代新经学。

马一浮对待西学的态度与王国维恰恰相反。他虽通西学而拒斥之，归本六艺而发明之。他精通多国语言，熟悉西学经典，但其旨趣并不在于融会西学，他坚决反对用科学方法研究儒学。在马一浮看来，唯有“六艺之道”是至真、至善、至美之道，是真正的自由、平等之道，西方哲人所说的真、美、善，皆包含于六艺之中。他断言：“世界人类一切文化最后之归宿必归于六艺，而有资格为此文化之领导者，则中国也。”又批评说：“今人舍弃自己无上之家珍，而拾人之土苴绪余以为宝，自居于下劣，而奉西洋人为神圣，岂非至愚而可哀！”（《泰和会语·论西来学术亦统于六艺》）凡此种种，都显示出马一浮拒斥西学而弘扬国学的根本旨趣。

马一浮新经学的方法论特色是以德解经。他认为六艺总为德教，并以知、仁、圣、义、中、和六德配六经，这抓住了六经思想的核心价值，揭示了中国传统文化就是德文化。汤一介先生在所撰《马一浮全集·序》中指出：“六艺之道即是此性德中自然流出的，性外无道也。从来说性德者，举一全该则曰仁，开而为二则为仁知（智）、为仁义；开而为三则知（智）、仁、勇；开而为四则为仁、义、礼、知（智）；开而为五则加信而为五常；开而为六则并知（智）、仁、圣、义、中、和而为六德。就其真实无妄言之，则曰‘至诚’；就其理之至极言之，则为‘至善’。”[①]这一段话是马一浮对“六艺”根本思想之精辟阐述。

马一浮高扬六经的价值和意义，针对的是当时国家被日寇侵略之难和中国传统文化被忽视之难，这使得其新经学思想具有鲜明的时代价值和意义。他通过对经典核心价值的诠释来透视我们时代的精神和灵魂。为儒学的当代发展提供了一个新方向。这正是马一浮以德解经的价值和意义所在。

---

① 汤一介：《马一浮全集·序》，载吴光主编《马一浮全集》第一册上，浙江古籍出版社2013年版，第8页。

六、余论

最后，我要说的是，谈到“浙学”，“陈亮”是绕不开的名字。从陈亮“王霸并用”“义利双行”这些思想的角度上看，陈亮的思想其实是一种多元包容的思想，他反对把王道和霸道对立起来，他与“浙学”开拓者、启迪者王充一样，都有一种兼容的思想内涵。从另一个角度看，陈亮的《中兴五论》呈现出了他一腔热血，想要报效国家的思想，体现了他强烈的爱国主义精神，这也是“浙学”精神的重要组成部分。陈亮思想的当代价值主要体现在民本和仁政观念上，同时，他思想中的求是、批判精神，在现在依然是非常有指导意义的。当代浙江创业者“干在实处、走在前列、勇立潮头”的浙江精神，便是以开拓进取的“事功思想”为学术“基本功”的。陈亮精神也是活力浙江经久不衰的发展动能。

“实事求是”与经世致用

尼山世界儒学中心学术委员会副主任、华东师范大学哲学系教授
陈卫平

在论及马克思主义中国化“第二个结合”时，都会提到对于传统的“实事求是”的吸取，流行的说法是：实事求是原本为传统的治学方法。言下之意，实事求是不是中国哲学的传统。这样的看法是不准确的，因为事实上在中国哲学史上存在着实事求是的优秀传统。陈亮就是这个传统的重要代表。从历史上看，实事求是思想凸显在经世致用思潮高涨的先秦、南宋和明清之际。这意味着实事求是和经世致用是紧密联系在一起的：后者是前者的价值取向，前者是后者的认识路线。这正如明清之际经世致用思潮的重要代表黄宗羲所说：“古者儒墨诸家，其所著书，大者以治天下，小者以为民用，盖未有空言无事实者。”（《今水经序》）其实，不仅儒、墨，还有其他诸子；不仅先秦，还有南宋、明清之际，立于经世致用潮头的哲学家都是如此：以把握“事实”为如何“治天下”“为民用”的出发点和落脚点。

一

“实事求是”语出《汉书・河间献王传》，说汉景帝的三儿子刘德“修学好古，实事求是”，这是大家所熟知的。需要指出的是，实事求是在刘德那里是具有哲学意蕴的，即由研究实际事物而把握认识对象的真实形态。刘德致力于汉初的儒学复兴。他说：“学圣人之道，譬如日焉；静居独思，譬如火焉。”前者是丽日光耀万丈的“大知”，后者是爝火所照有限的“见小”，而“惟学问可以广明德慧也”（《说苑・建本篇》）。《春秋繁露・五行对》记载了刘德与董仲舒的讨论：“《孝经》曰：‘夫孝，天之经，地之义。’何谓也？”思考孝之天经地义的人性根据是什么。显然，求索光明德慧的性与天道的学问，是刘

德“修学好古”的内容,而“实事求是”是如何求索的认识论。唐代颜师古注释《汉书》,解释“实事求是”为“务得事实,每求真是”,以“事实”诠释“实事”,表示认识的出发点不是某个事物(实事),而是事物所处的真实情况(事实);以“真”修饰“是”,强调不能停留于表面之“是”,而应揭示事物的本质、规律(真是)。这样的解释进一步突出了实事求是的哲学意味。《汉书·河间献王传》还说,刘德与汉武帝商议治国对策,“推道术而言,得事之中”,以理论为依据而切中实际事情,经世致用的品格跃然可见。

刘德的集实事求是与经世致用于一身,其实是对先秦诸子的继承。在先秦的社会剧烈变革中,“阴阳、儒、墨、名、法、道德,此务为治者也”(司马谈《论六家要旨》)。“务为治”就是经世致用,诸子的治道各异,对“事实”的阐发亦各有侧重。儒家的孔子以“复礼”即复兴周代礼乐文明为治道,看重周代文献记载的事实。他说:“夏礼吾能言之,杞不足征也;殷礼吾能言之,宋不足征也。文献不足故也,足则吾能之矣。”(《论语·八佾》)夏、殷的礼制到了它们的后代杞国、宋国,已经没有文献依据了,即使“能言之”,也不足为信,此即《中庸》所讲的“无征不信”。行“仁政”是孟子的治道,其哲学根据是性善说,即人人皆有善端,所以可以行仁政。《孟子·告子上》指出,告子的“生之谓性”,以为人与生俱来的食、色等本能就是性;而动物也有同样的本能,这岂不是说“牛之性,犹人之性与?”即混淆了两者的本质区别;只有以凡人皆有善端为人性,才能将人在事实上和动物区别开来。就是说,“性”是表示事物本质的范畴。孟子关于人和动物本质区别之所在的看法不完全正确,但其中包含着合理的观点:把握事实必须从事物的表面而深入其本质。荀子的治道是“礼义者,治之始也”(《荀子·王制》)。他的《非十二子》和《解蔽》指出,其他诸子虽然“持之有故,言之成理”,但“皆道之一隅”,只看到事物的某个片面,这犹如暗夜行路,误认卧石为伏虎,“冥冥而行者,见寝石以为伏虎”,即把假象看作事实。所以,“治之要在于知道”“壹于道而赞稽物”,即荀子以为自己的治道是用“道”全面地把握万物。姑且不论他是否做到了这一点,重要的是他认识到:事实是对事物的全面性的断定。可见,在孔、孟、荀经世治道的背后,是他们从不同角度对事实的认知和把握。

墨、道、法也是如此。墨子以兼爱为治道,注重将其落实于行动。因此,他指出,盲人也会说白黑之名的区别,但把白黑之物混在一起请他选择,他就茫然不知所措了，所以说盲人不知白黑，“非以其名也，以其取也”（《墨子·贵义》）。是否贯彻兼爱，同样是如此。这样的“以实取名”，意味着是从事实出发还是空谈名称，必须在实际行动中经受检验；否则，就会被盲人也能识别白黑这类说法所愚弄。道家的治道是“无为而治”，其重要原则是反对将自己的主观意愿强加于治理对象，庄子将此概括为“顺物自然而无容私焉，而天下治矣”（《应帝王》）。他的不少寓言讽刺了违背事物本性的愚蠢举动。如“鲁侯养鸟”，说的是鲁侯把鸟供养在庙堂，为它奏“九韶”之乐，让它吃“太牢”筵席，结果鸟被吓得不饮不食，三日而死。庄子称这是“以己养鸟也，非以鸟养鸟也”（《至乐》）。只凭主观意图而不分析不同事物的个性，最终将走向良好意愿的反面。可见，道家从反对主观性的“无容私”的角度，说明了从事实出发就是要“顺物自然”，即依从不同事物的各自本性。法家以变法为治道，主张正视现实情况，打破陈规陋习，韩非的“郑人买履”阐述了这一点。郑国某个愚人去市场买鞋，先记录了脚的尺码，但到了市场发现忘带了，又赶回家去拿，等到再回到市场时，鞋店关门了。有人问他：何不用自己的脚来试呢？他答曰：“宁信度，无自信也。”（《外储说左上》）这揭露了无视鲜活事实的重要认识根源是本本主义：迷信书本上规定的“尺码”。墨、道、法从不同角度揭示了三种认识之“愚”，说明正常的认识活动必须以尊重事实为基础。名实之辩是先秦哲学的中心论题，涉及名（名称、概念）和实（实物、实体）的关系。上述先秦诸子对事实的认知和把握，正是回答名实之辩的题中之义。这表明实事求是思想在中国哲学的源头就确立了根基。

二

实事求是思想在南宋经世致用思潮中再次得到集中体现，这就是以陈亮、叶适为代表的事功之学。《宋元学案·龙川学案》把他们的思想凝练为“事功”两字，既有以事实为认识出发点和落脚点的实事求是精神，又有注重行动和效果的经世致用取向。他们胸中有恢复失地、“中兴”社稷的豪情，如辛弃疾在与陈亮诗词唱和中所道：“看试手，补天裂。”（《贺新郎·同父见和再用韵答之》）他们批评理学以心性修养为价值优先，导致了鄙视实务、高谈性理的空虚之风。陈亮说：“自以为得‘正心诚意’之学者，皆风痹不知痛痒之人。”(《上孝宗皇帝第一书》)他们貌似高远,但“卒不着实而适用”(《与朱元晦书》)。叶适说:“专以心性为宗主,致虚意多,实力少。”(《习学记言》卷十四)因此,他们力图以事功之学予以匡正。黄宗羲说:“永嘉之学,教人就事上理会,步步着实,言之必使可行,足以开物成务。”(《宋元学案·艮斋学案》按语)这说的是叶适,也适用于陈亮。

这样的实事求是思想,体现在当时哲学的三个中心论题即道器之辨、知行之辨和义利之辨上。道器之辨论争的是普遍性观念(道)与具体事物(器)的关系。陈亮强调道在事中:“夫道非出于形气之表,而常行于事物之间者也。”(《勉强行道大有功》)因此,必须从事中见道。叶适说:“非知物者不能知道。”(《习学记言》卷四十七)正确的认识路线就应当“以物用而不以己用”,以外在之物而不是以自己的主观作为认识的出发点;否则,“自用则伤物”(《进卷·大学》),即歪曲了对事物的认识。这根源在于“人之所甚患者,以其自为物而远于物”(同上)。人们的毛病就在于自己本身属于广义的物,还要远离物。这里深刻地指出了物质世界对人的认识活动的根本制约,阐明了事中见道、因物知道的实事求是的本体论根据。在知行之辨上,陈亮指出,以合眼冥悟的心性修养,“安坐感动者,是真腐儒之谈”“天下,大物也,须是自家气力可以干得动,挟得转”,成就天下之事必须靠行动。叶适进而指出,只有通过行动,事物的功用才能转化为事实,好比人要以“求水”之“勤劳”而获得水之用,“天下之物,未有人不极其勤而可以致其用者也”(《习学记言》卷三)。离开了“求”的“极其勤”的实践活动,事物的功用价值无法转变为现实形态,即开物成务。这在知行之辨上论证了实事求是与经世致用价值取向的统一。义利之辨是辨析道义(道德原则、道德规范)与功利(利益、功效)的关系。叶适指出,董仲舒的“正谊不谋利,明道不计功”,以义否定利,“后世儒者行仲舒之论,既无功利,则道义者,乃无用之虚语”(《习学记言》卷二十三)。即功利是评价道义实际价值的标准。陈亮更突出了这一点,其思想被他朋友概括为“功到成处,便是有德;事到济处,便是有理”(陈傅良:《致陈同甫书》)。道器之辨、知行之辨是宋明时期的哲学主要论题,而义利之辨贯穿于整个中国哲学史,陈亮、叶适在这些重要哲学论题中传承、发展了实事求是的思想。而颜师古对于他们从哲学意义上阐释实事求是做了思想铺垫。

三

明清之际，震惊于社会危机和明朝覆亡的“天崩地解”（黄宗羲语），经世致用思潮奔涌而兴，显露出某些走向近代的因素。中国传统哲学在此时期进入批判总结阶段，王夫之、黄宗羲、顾炎武是最重要的代表。他们反省宋明理学“明心见性之空言”（《日知录》卷七），以“六经责我开生面”（王夫之语）为理论抱负；这既与南宋的经世致用一脉相承，又有别开之新面。他们的经世致用以“天下兴亡，匹夫有责”相号召[①]，这天下不是一姓之王朝而是万民之生存，超越了为君王朝廷的“补天裂”。他们的经世致用以“实学”为标识，更显示了与实事求是的关联。王夫之以扭转“废实学，崇空疏”（《礼记章句》）为担当；黄宗羲指出，“致之于事物，致字即是行字，以救空空穷理”（《明儒学案·姚江学案》）；顾炎武倡导“修己治人之实学”（《日知录》卷七）。他们的崇实黜空将实事求是思想提升到了新高度。

首先，从“实事”而言，强调了实证的可靠性。明清之际，科学家把传入的西方科学称为“格物穷理”；哲学家方以智指出西方科学“详于质测”（《通雅》卷首三），即注重实际验证。王夫之将这两者贯通：“盖格物者，即物以穷理，惟质测得之。”（《搔首问》）事物之理唯有经过实际验证才是可靠的。因此，他批评以往论述天地构造、运行的象数学是“猜拟比量，非自然之理也”，“皆成戏论，非穷物理者之所当信”（《思问录·外篇》）。黄宗羲与方以智交谊甚笃，以为西方科学开辟了实证化的认识道路：“西人汤若望，历算称开辟。为吾发其凡，由此识阡陌。”（《赠百岁翁陈赓卿》）顾炎武赞扬西洋的“善天文”在于“其多验”（《日知录》卷二十九）。这样的实证求物理，为实事求是增添了科学实证的新内涵。以后清代的阮元就把科学（包括西方实证科学）称为“儒流实事求是之学”（《畴人传序》）。他们强调实证的可靠性，还注重亲自调查。王敔说其父王夫之“欲尽废古今虚浵之说而返之实”，于是，“喜

---

① 顾炎武在《日知录·正始》中指出：“亡国”是朝代兴亡，而“亡天下”是天下民众无法生存，“保天下者，匹夫之贱，与有责焉耳”。后来梁启超在《痛定罪言·三》中将其概括为“天下兴亡，匹夫有责”。

从人间问四方事”,对于文献记载,“更以见闻证之”(《大行府君行状》)。黄宗羲的《四明山志》《今水经》等著作,都经过实地考察,以避免“空言而无事实”(《今水经序》)。顾炎武时常向普通百姓实地调查,检验相关认识和书本记载,他将此喻为直接“采铜于山”(《与人书十》)。这样的亲历采事实,体现了以实际调查作为达到实事求是基本途径的新观念。

其次,从“求是”而言,突出了实践的有效性。对此王夫之从实践性知识优越于书本知识予以阐述,他以下棋为例:“格致有行者,如人学弈棋相似,但终日打谱,亦不能尽达杀活之机,必亦与人对弈,而后谱中、谱外之理,皆有以悉喻其故。”因此,“致知之功,非抹下行之之功于不试”(《读四书大全说·大学》)。一味研究棋谱而不与人对弈,永远学不会下棋;只有通过“行之之功”的实践,才能理解书本的知识和得到书本之外的知识,从而真正把握事物之“理”。黄宗羲则指出只有以实践形式展开认识活动才有认识真理的可能,“道无定体,学贵适用”,不应将“学道与事功判为两途”;如果“道不达之事功,论其学则有,适于用则无”(《姜定庵先生小传》)。真理(道)并非预定固立,学道即对真理的认识必须在事功实践中展开;否则,就沦为空洞无用。顾炎武从认识由具体到抽象的过程,阐述了实践的有效性,“非器则道无所寓”,抽象原理寓于具体事物之中,正确的认识途径是“下学而上达”,由具体上升为抽象;但这只有通过实践才能实现,好比“孔子学琴于师襄”,通过“习其数”即练琴的实践,才能“得志”即把握蕴含琴曲中的情志,进而“得其为人”即体会作曲者的人格(《日知录》卷一)。分析“实事”是为了“求是”,王夫之、黄宗羲、顾炎武从不同方面强调实践对于“求是”的有效性,意味着把实践作为实事求是的根本属性。

康熙年间的颜元和戴震继续以经世致用的“实学”为旗帜,发展了实事求是思想。颜元以为宋明理学导致了空谈心性的弊病,“救蔽之道,在实学”(《存学编》卷三);“以实药其空,以动济其静”(《存人编》卷一)。“实”与“动”(行)并举,强调格物是亲身接触“实事实物”,“犯手实做其事”(《四书正误》卷一)。戴震被乾嘉汉学尊为继承刘德实事求是的典范。然而,他的实事求是不是限于考据之类的“为学”,而是走向了“为道”:“曰道,指其实体实事之名。”“语道于天地,举其实体实事而道自见。”“语道于人,人伦日用,咸道之实事。”(《孟子字义疏证·道》)“物者,指其实体实事之名;……实体实事,罔非自然；而归于必然，天地、人物、事为之理得矣。”（《孟子字义疏证·理》）从自然存在的“实体实事”，把握寓于其中的“道”即必然之理，它包括了天道的必然规律和人道的当然准则。以认识天道、人道的普遍之理为实事求是的宗旨，意味着戴震将其作为“性道之学”认识论的最高总结。

龚自珍在晚清经世致用思潮再度兴起而传统哲学终结之时，更清楚地指出了这一点：“道载乎器，礼征乎数……莫遁空虚，咸就绳墨，实事求是，天下宗之。”（《阮尚书年谱第一序》）“夫读书者实事求是，千古同之，此虽汉人语，非汉人所能专。”（《与江子屏笺》）他认为实事求是虽然语出汉代，但从具体事物（器）和具体时空（数）中把握性与天道的实事求是思想，“天下宗之”和“千古同之”，是贯通中国哲学千百年的共同传统。从上述可见，龚自珍的概括是合乎历史事实的。而与之相联系的经世致用则体现了家国情怀的道德担当，儒家自先秦以来形成了仁智统一即伦理学和认识论相结合的传统①，而实事求是与经世致用的互相联系，正是这个传统的具体展示。

---

① 陈卫平：《见闻之知、德性之知与中国传统致知之道的嬗变》，吴震主编：《宋明理学新视野》下册，商务印书馆2021年版。

陈亮“倡事功”思想析论

山东大学教授
葛　荃

学界一般认定陈亮为思想家、文学家，中国古代政治思想研究将陈亮归为“事功学派”。在南宋理学一脉中，陈亮的政治思想确实很有特色，其学说以“谈天说霸”“专及事功”为特色，又力主“中兴”，“期于开物成务”（《奏请谥陈龙川劄子》）。曾赴京师“伏阙上疏”（淳熙五年，1178），条陈国政、言辞恳切，宋孝宗深为所动，欲将所上书张榜朝堂，以励群臣，又拟重用陈亮，陈亮却说：“吾欲为社稷开数百年之基，宁用以博一官乎。”（《陈亮集》，附《宋史》本传。下引同书只注篇名）竟渡江南归。

陈亮个性彰显、思想特异、言无忌讳，“人不以为狂，则以为妄”，深为当权者妒恨，曾三次受诬身陷囹圄，几乎丧生。为此而一生多坎坷，“行年五十，犹一布衣”（《祭陈同甫文》）。自言“唯秉性之至愚，故与人多忤”（《自赞》）。唯与吕祖谦、薛季宣、叶适、辛弃疾等人相师友，又与张栻、朱熹论学频繁。他学无师承，“其说皆今人所未讲”（《龙川文集序》），自成一派。这里约略梳理，就教于学界方家。

一、倡行事功之学

陈亮政治思想最显著的特点是反对性理空论，倡行事功。

他从南宋的政治现实出发，认为当今内忧外患已十分严重，形势岌岌可危。他说：“文恬武嬉，今亦甚矣，民疲兵老，今亦极矣。”（《壬寅答朱元晦第二书》）“未闻有如今日之岌岌然。以北方为可畏，以南方为可忧，一日不和则君臣上下朝不能以谋夕也。”（《戊申再上孝宗皇帝书》）可是，南宋朝廷的传统指导思想是“以儒道治天下，以格律守天下”（《戊申再上孝宗皇帝书》）。

学者士人只知读经书，试科举，不懂事功，不晓形势，一旦出现“艰难变故”，士大夫们胸无点策，只会空发议论，必然无济于事。究其原因，皆在于性理空谈，祸国误民。鉴于此，陈亮对性理之学的危害进行了深刻的揭露和批评。

陈亮说：“二十年来，道德性命之学一兴，而文章政事几于尽废。”（《廷对》）具体言之，性理之学讲求正心诚意，人们若专心研习性理问题，必然陷于修身养性，不重务实，成了“风痹不知痛痒之人”（《上孝宗皇帝第二书》）。陈亮认为，“天下岂有身外之事，而性外之物哉”（《问答九》）。在他看来，人之为人“不可以赤立也”，必赖衣服、食物、室庐等方能生存。这些所谓“外物”缺一不可，否则，“人道为有阕，是举吾身而弃之也”（《问答九》）。因而凡以为“身与心，内也；夫物皆外也。循外而忘内，不若乐其内”（《问答九》）的认识都是荒谬的。性理之学引导人们“乐内”而“忘外”，“低头拱手以谈性命”（《上孝宗皇帝第一书》），必然导致空谈务玄的恶果，致使“为士耻言文章行义，而曰‘尽心知性’；居官者耻言政事书判，而曰‘学道爱人’，相蒙相欺，以尽废天下之实，则亦终于百事不理而已”（《送吴允成运干序》），人人都来空谈心性，不过是空头理论家，结果是置国家政事于不顾，又怎么摆脱和克制内忧外患？

陈亮尖锐地指出，性理之学以追寻“圣人之道”“先王之道”为目的。在这样的学风之下，人们表面上只会熟读经书，实为抱残守缺，“以端悫静深为体，以徐行缓语为用，务为不可穷测，以盖其无，一艺一能皆以为不足自通于圣人之道也”（《送吴允成运干序》）。人们实际具有的聪明才智被“圣人之道”所束缚，“法不得自议其私，人不得自用其智”（《戊申再上孝宗皇帝书》），以致思想教条和政治低能。“奇论指为横议，庸论谓有典则”（《戊申再上孝宗皇帝书》），“论恢复则曰修德待时，论富强则曰节用爱人，论治则曰正心，论事则曰守法，君以从谏务学为美，臣以识心见性为贤”（《上孝宗皇帝第二书》）。长此以往，国家政事愈发不可收拾。

陈亮呼吁人们经世务实，讲求功利。他说：“禹无功，何以成六府？乾无利，何以具四德？”（《宋元学案·龙川学案》）功利二字圣贤尚且无避讳，何况今人。陈亮以除患安民的实事实功为己任，说：“夫以天下之大而存乎吾之志，则除天下之患，安天下之民，皆吾之责也。”（《酌古论·吕蒙》）表现出强烈的务实精神和社会责任心。

先秦孔儒一脉是关注现世，讲求学以致用的。程朱理学专注于心性修习，与实学思潮愈显疏远。陈亮倡行事功之学接续先贤实学思想，在古代政治思想史上延续了治世思路，对后世有着深远的影响。

二、杂用王霸、贯通义利

陈亮不同意程朱理学关于“道”的认识。程朱认为道是排除了任何利欲杂质的超物质的理性原则，陈亮则认为“道非出于形气之表，而常行于事物之间者也”(《勉强行道大有功》)。天地万物，人情利欲无不函容于道，“天下岂有道外之事哉”(《勉强行道大有功》)。在他看来，道贯穿于一切事物，任何事物都是道的体现：“道之在天下，何物非道。”(《与应仲实孟明》)“赫日当空，处处光明，闭眼之人，开眼即是。”(《又乙巳秋书》)在这里，陈亮对于道的解读有三个要点。

其一，道不能脱离人类社会而独立存在。“人之所以与天地并立而为三者，非天地常独运而人为有息也。人不立则天地不能以独运，舍天地则无以为道矣。”(《又乙巳春书之一》)道贯通天地自然和人类社会，在具体历史过程中，表现为人道。“道之在天下，平施于日用之间”，它“与生俱生，固不可得而离也”(《经书发题·诗经》)。道在日用之间的认识，很具有穿透力，可以视为明代泰州学派“百姓日用即道”思想之渊薮。

其二，人的喜怒哀乐爱恶等情欲皆属自然生成，并非如程朱所言与道绝对对立，而是“得其正则为道，失其正则为欲”(《勉强行道大有功》)。因而就个人言，“夫道岂有他物哉！喜怒哀乐爱恶得其正而已”。如何才能“得其正”？要之，修习本性，扩充本心，施于他人。陈亮举例说，“齐宣王之好色，好货，好勇，皆害道之事也。孟子乃欲进而扩充之。好色，人心之所同，达之于民无怨旷”，如此则“非道之害也”(《勉强行道大有功》)。陈亮肯定了情欲的存在具有某种合理性，但必须予以一定的管制，对统治者来说，这意味着不可随心所欲。

其三，人道的实践内含功利。陈亮认为，道的传延并不像程朱所说的那样，“二千年间世界涂涴、而光明宝藏独数儒者自得之”(《又乙巳秋书》)，而是由“英雄豪杰之尤者”通过功利展现出来。英雄豪杰“有时闭眼胡做，遂为圣门之罪人；及其开眼运用，无往而非赫日之光明，天地赖以撑拄，人物赖以生育”(《又乙巳秋书》)。譬如汉唐之君并非如程朱所说，专以智力把持天下，亦非专以人欲行事，而是建立了不朽功业。汉唐时期“贤者在位，能者在职，而无一民之不安，无一物之不养，则大有功之验也”(《勉强行道大有功》)。陈亮给出的判断是英雄的功业恰恰是道的具体体现。

以上三层认识扭转了程朱一派的认知，道在人间，融于百姓日用，其具体体现则是建功立业。这是陈亮倡行事功的立论依据。为此他重新辨析王霸义利关系，认为其间自有贯通之处。

陈亮认为，王与霸、义与利是同一事物的不同表现。“诸儒自处曰义曰王，汉唐做得虽甚好，做得亦不恶，如此欲是义利双行，王霸并用。”(《勉强行道大有功》)在理论上称为王道，实践中则表现为霸道。如果进一步剖析历史上的王道政治，如被程朱津津乐道的三代之世，其中也杂有霸道。陈亮举出夏启灭有扈氏、武王伐纣、周公平定三监之乱等史实，认为三代之世攻伐纷争，直接导源于三皇五帝。“使若三皇五帝相与共安于无事，则安得有是纷纷乎！”(《又乙巳春书之一》)三代之纷争又开启五霸争强斗狠；“五霸之纷纷，岂无所因而然哉！”(《又乙巳春书之一》)因而王、霸之道本就混然相杂，因循往复，并无根本区别。

而且，王道与霸道在立道为“公”的前提下可以统一起来。陈亮说：“道之在天下，至公而已。”(《又丙午秋书》)“至公”就是判定王、霸的准绳。譬如，汉唐之君其心“发于仁政”“禁暴戡乱 ”“爱人利物”(《又乙巳春书之一》)，“无一念不在斯民也”(《策·萧曹……何以独名于汉唐》)，陈亮认为这种“至公之心”正是道的体现。所以，他说“有公则无私，私则不复有公。王霸可以杂用，则天理人欲可以并行矣”(《又丙午秋书》)。

陈亮辨析王霸之道的用意在于进一步完善事功理论。他在“至公”的前提下混同王、霸，肯定了利欲的合理性。“天理人欲并行”的判断在程朱之学如日中天的时代可谓振聋发聩，在政治思想上和学术史上均有突破性。陈亮虽然并没有完全否定理学的修身之道，但在一定程度上抨击了程朱理学专事正心诚意、穷演义理的理学认知，“原心于秒忽，较礼于分寸，以积累为功，以涵养为正”(《又甲辰秋书》)，努力倡导在政治上“穷天地之造化，考古今沿革之变，以推极皇帝王伯之道”（《上孝宗皇帝第一书》），力求积极进取，以扭转南宋王朝之颓势，完成“中兴”大业。

三、君公臣忠，重用豪杰

陈亮是尊君论者。他说：“天生一世之人，必有出乎一世之上者以主之。”（《问答一》）他认为君臣体制的出现具有必然性，因为君主具备优于常人的才能和品德。陈亮说：“昔者生民之初，类聚群分，各相君长。其尤能者，则相率而听命焉。曰皇曰帝，盖其才能德义足为一代之君师，听命者不之焉则不厌也。”（《问答一》）臣的出现也是如此，“方天地设位之初”，人们“奉其能者为之辅相”（《问答六》）。君和臣都是凭借自身优越条件而受到“天下之人”的拥戴，“非其自相尊异，以据乎人民之上也”（《问答六》）。因此，君臣作为统治者乃顺乎民心，合乎“天地之大义也”（《问答六》），其合理性可溯源于“道”。

此后，在人类社会历史长河中，君臣成为定制，“法度既成，而君臣之有定位”（《问答六》），受到一系列制度的维护，“非天下之人所得而制也”（《问答一》），君主的权威及君臣制度的合法性形成传统，其合理性毋庸置疑。

陈亮认为，在社会政治生活中，君主的职责是“辨邪正，专委任，听政之大体，总权之大纲”（《论执要之道》），执掌天下最高权力。臣的职责为忠于君主，“公家之事，知无不为”（《论正体之道》）。君和臣形成配合默契的政治团体，同心协力，“君行恩而臣行令”（《论正体之道》），如此方能建立功业。陈亮说：“臣闻上下同心，君臣勠力者，事无不济；上下相蒙，君臣异志者，功无不隳。”（《论励臣之道》）如何调顺君臣关系与建立功业至关重要，为此陈亮提出了三点要求。

其一，君主执掌大权不可过于专断。南宋的朝政状况是“发一政，用一人，无非出于独断；下至朝廷之小臣，郡县之琐政，一切上劳圣虑”（《论执要之道》）。北宋初年即实行高度集权，本于匡正五代“兵财之柄，倒持于下”的弊端，可是“后世不原其意，束之不已，故郡县空虚而本末俱弱”（《上孝宗皇帝第三书》）。这一判断至为允当。在陈亮看来，权力过于集中，必然形成君主一人专断，不免纰漏百出。他指出：“（立国）正患文为之太密，事权之太分，郡县太轻于下而委琐不足恃，兵财太关于上而重迟不易举。”（《上孝宗皇帝第一书》）为免除纰漏，君主掌控权力应当以“好要”“不好详”为原则，就是君主从总体上做全面统筹，郡县地方也拥有一定的财、政、军实力，中央与地方“本末”俱强，充分发挥地方政府的行政功能，才能真正实现“上下同心”，如此方能建立功业。

其二，君主须以天下为公，摒弃私心私利。陈亮以刑赏为例说：“君制其权，谓之赏罚；人受其报，谓之劝惩。”（《问答七》）君主主宰天下，拥有最高刑赏权。然而，君主不可凭个人好恶喜怒来施赏用刑，而是要把握一个“公”字。陈亮说：“私喜怒者，亡国之赏罚也；公欲恶者，王者之赏罚也。”（《问答七》）施用赏罚要符合人之本性和社会一般准则，如此方可成就事功。为了防范君主以私害公，陈亮还要君主授权于臣，与其个人决断，“不如付之有司之犹有准绳也”（《廷对》）。

其三，君主应罢退书生，重用豪杰奇才。陈亮说：“有非常之人，然后可以建非常之功。”（《戊申再上孝宗皇帝书》）可是如今庸才当道，他们“拘文持法”，不知变通，“平居则何官不可为，缓急则何人不退缩”（《论开诚之道》）。在朝廷上，“大事必集议，除授必资格，才者以跅弛而弃，不才者以平稳而用；正言以迂阔而废，巽言以软美而入，奇论指为横议，庸论谓有典则”（《戊申再上孝宗皇帝书》），如此上下苟安，功业势必难成。针对这种情况，陈亮屡次上书，敦请孝宗启用豪杰之士、非常之才。他指出，若“求非常之功而用常才，出常计，举常事以应之者，不待智者而后知其不济也”（《戊申再上孝宗皇帝书》）。可是，如今天下“雄伟英豪之士”并没能汇集到君主身边，主要原因是君主不能“开心见诚”。陈亮说：“何世不生才，何才不资世。”（《论开诚之道》）天下豪士未尝不延颈待用，关键要看君主态度如何。因为真正的英才豪士并不是高官厚禄可以网罗的，如果人主不能推诚以待，“雄伟英豪之士有穷饿而死尔”（《论开诚之道》）。那些可以诱以爵禄者，绝非“英豪之士”。为此，陈亮提醒君主，若想招徕非常之才，必须开心见诚，用则勿疑，“与其位，勿夺其职；任以事，勿间以言”（《论开诚之道》）。君臣之间相互信任，臣才会尽心竭力报效君主。

同时，君主还要因才任职，据功升迁，“大臣必使之当大责，迩臣必使之与密议。才不堪比，不以其易制而姑留，才止于此，不以其久次而姑迁”（《论开诚之道》)。这样“君臣之间,相与如一体,明白洞达,豁然无隐”(《论开诚之道》),君臣相互沟通,则何事不济,中兴之功,可立而待。

陈亮坚决维护君主的利益,将不能尽忠的臣子斥为“禽兽”,主张“诛之杀之,何所不可”(《论开诚之道》)。同时又给君主提出许多要求,期待形成精明强干的统治集团,重振国威,将南宋王朝从颓败之中拯救出来。陈亮在学术史上地位超然,其与朱熹论学多有睿见;在国家治理、改除弊端,期许重振国威等政治认知方面也深有洞见。然而,陈亮的政治期盼是不可能实现的。南宋末年,政治积弊已深入膏肓,并非倡行公心,启用几个奇才所可扭转的。这是陈亮思想的历史局限,也是他的悲剧所在。

四、反对苟安,企望中兴

陈亮一生念念不忘“君父之仇”“国家之耻”,视徽、钦二宗“北狩”,宋廷偏安为奇耻大辱,痛心疾首。他在淳熙五年伏阙上书,开篇即言:“臣窃惟中国,天地之正气也,天命之所钟也,人心之所会也,衣冠礼乐之所萃也,百代帝王之所以相承也,岂天地之外,夷狄邪气之所可奸焉。”(《上孝宗皇帝第一书》)他坚决反对求和苟安,说:“翌日之苟安,数百年之大患也。”(《上孝宗皇帝第一书》)认为求和意味着年年输送岁币,长此以往,国力虚空,民财几殆尽。他指出:“南方之红女,积尺寸之功于机杼,岁以输虏人,固已不胜其痛矣;金宝之出于山泽者有限,而输诸虏人者无穷。十数年后,岂不遂就尽哉!”(《戊申再上孝宗皇帝书》)国家年复一年将大量资财拱手相送,致使夷狄势力愈强,势难驱除。

陈亮指出,凡主张通和者都是为了求得一时之安,“积财养兵以待时”。自从朝廷与辽、金和好之后,十余年来,“府库充满,无非财也;甲胄鲜明,无非兵也”(《上孝宗皇帝第一书》)。可是,长年苟安一隅之地,财资虽广,国力日衰;甲兵虽众,却军力不强。再加上领兵将帅多是庸碌之辈,只会“守格令,行文书,口奉陛下之使令”(《上孝宗皇帝第一书》),一旦真的开启兵端,“则其逆败矣”(《上孝宗皇帝第一书》),根本无力收复失地。再者,长年苟安,人乏斗志。南渡既久,“中原父老日以殂榭”,后生之辈“生长于戎,岂知有我”(《中兴论》),收复中原的向往日渐淡漠,又怎能实现中兴大业!

陈亮先后几次上书，又进《中兴论》，言辞恳诚，请求孝宗以复兴国势、收回失地作为基本国策。“赤子嗷嗷无告，不可以不拯；国家凭陵之耻，不可以不雪，陵寝不可以不还，舆地不可以不复。”他明确提出，全国要积极备战，常备不懈，“使朝野常如虏兵之在境”（《上孝宗皇帝第一书》），随时准备进兵中原。他还要求孝宗废除和约，以彰明决心，“誓必复仇，以励群臣，以振天下之气，以动中原之心”（《上孝宗皇帝第一书》）。陈亮认为，北图中原越早越好，不可再拖。如若“过此以往而不能恢复，则中原之民乌知我之为谁，纵有倍力，功未必半”（《中兴论》）。陈亮反对苟安，坚决主战，表现出儒生所特有的强烈的民族气节、忧国忧民的社会责任感和爱国主义精神。

陈亮是南宋永康学派的代表人物，他的事功思想体现着某种反思和批判精神。他倡行事功，反对空论，积极进取，在南宋程朱理学一片“格物穷理”的吟诵声中，唱出了一曲富有生气的主旋律。可悲的是，南宋王朝已走到末路穷途，大厦将倾，独木难支，陈亮“中兴”大业的理想只能落空。

五、历史评价

陈亮首先是位学术大家，他的倡行事功思想突破了南宋程朱心性之学的笼罩，接续了先贤实学思想，在古代政治思想史上延续了治世思路，对于后世有着深远的影响。

但需要订正的是，陈亮事功思想指向高远，涵指圣人之功业，所谓：“禹无功，何以成六府？乾无利，何以具四德？”（《宋元学案·龙川学案》）他不主张心性空谈，与朱熹辩诘，以为空谈误国、倡行事功方能利国惠民。由学术思辨而入时政，陈亮秉承了先秦孔儒一脉的学以致用精神，有承前启后之功。学界有观点认为实学思潮起始于宋，兴盛于明清。陈亮事功思想显然是推动这一思想肇始的主力之一。

孔子没有明确说过学以致用，但是确有精神意向。《论语》有载：“子夏曰：‘仕而优则学，学而优则仕。’”（《论语·子张》）可知孔子教书以政治实践为培养目标，弟子学成后的职业选择是参与政治、入仕为官，这里即蕴含学以致用思想，对后世士人品性有着直接的影响。另外，孔子也表达读书贵在能用的理念，他说：“诵《诗》三百，授之以政，不达；使于四方，不能专对；虽多，亦奚以为？”（《论语·子路》）陈亮延续了先秦儒学宗师的学以致用精神，呼吁君王重用豪杰奇才，改换南宋王朝颓势，振兴纲纪，祈望中兴。他的事功思想最终落实在除患安民上，将传统的士人社会责任表述得十分切实，“除天下之患，安天下之民，皆吾之责也”（《酌古论·吕蒙》），读之令人振奋。

先秦儒学并不排除利益选择，只不过义与利相较，义在利先，以义制利。故而孔子曰：“不义而富且贵，于我如浮云。”（《论语·述而》）汉儒董仲舒也认为人生而有义利之需：“天之生人也，使人生义与利，利以养其体，义以养其心，心不得义，不能乐，体不得利，不能安，义者、心之养也，利者、体之养也，体莫贵于心，故养莫重于义，义之养生人大于利。”（《春秋繁露·卷九·身之养重于义》）既然义最重要，那么董仲舒便提出了仁德的最高要求，否定了功利的正当性。他说：“夫仁人者，正其谊（义）不谋其利，明其道不计其功。”（《汉书·董仲舒传》）这一主张从重义轻利发展到了否定功利，随着儒家思想上升为国家政治指导思想，汉儒的义利观影响到了统治者及其政论家们的政治视野和政策选择。

不过也有明智的思想家提出了不同见解，典型者如北宋李觏。他认为孔孟都没有排斥利[①]，而是有所节制而已。在他看来，义与利有统一性。如果在礼的节制下，人们“不贪不淫”而不可言利，“无乃贼人之生，反人之情”（《直讲李先生文集·原文》）。就治国来看，财力是立国的根基。儒生们言必称道德教化，“然《洪范》八政，一曰食，二曰货。孔子曰：足食足兵，民信之矣。是则治国之实，必本于财用”（《直讲李先生文集·富国策第一》）。为此他提出王霸道统一论，力主富国强兵。

陈亮的义利思想接续了李觏的认识，提出“义利双行，王霸并用”，王霸可以杂用，则天理人欲可以并行。他呼吁人们经世务实，讲求功利，认为“功利”二字圣贤尚且无避讳，何况今人。他在给皇帝的上书中就明确提出：“人才以用而见其能否，安坐而能者不足恃也；兵食以用而见其盈虚，安坐而盈者不足恃也。”（《上孝宗皇帝第一书》）这样的思想传播开来，对本土文化影

---

① 李觏：《直讲李先生文集·原文》：“孔子七十，所欲不逾矩，非无欲也。”“孟子谓何必曰利，激也。焉有仁义而不利者乎？其书数称汤、武将以七十里、百里而王天下，利岂小哉。”

响至深。

古圣贤大多品性端方、志向高远，为官一地，造福一方。北宋初张载“学古力行，为关中士人宗师”(《宋史·张载传》)，曾在关中读书、授徒经年，史载“关中风俗为之一变”。陈亮也是如此。他的事功思想与叶适相呼应，与朱熹论辩，他被称为宋代理学“功利学派”的代表人物之一，他的思想影响江浙一带亚文化的走向，直贯近代。誉之圣贤，孰曰不当！

时值当下，习近平总书记概括的浙江精神——“干在实处、走在前列、勇立潮头”是对中华优秀传统文化的凝练，其中内含对陈亮倡行事功思想的肯认。也就是说，陈亮的“倡行事功”政治思想成为现代浙江精神的深厚文化底蕴，我们应站在建设文化强国和构筑中华民族现代文明的高度，予以发掘弘扬，将这一中华优秀传统文化传承下去，为推进中国式现代化和建设中华民族现代文明谱写新的璀璨华章。

陈亮的哲学贡献及其现代价值

华东师范大学哲学系教授
高瑞泉

中国文化有伟大、悠久的传统，它之所以可“大”可“久”，就在于它是一体多元、生生不息的活体。“一体”，意味着有共同的特质，使得它足以寄托人心、维系秩序。“多元”，意味着中国文化内部互相激荡、融通，推动传统与时俱进地演化。在这样一个大历史观的视野中，我们纪念永康学派的代表、著名思想家陈亮，可以更加澄明陈亮对中国哲学的贡献及其当代价值。

在陈亮生活的南宋时代，朱熹创造了堪称精微的流行一时的理学体系。但是也存在同时代陆九渊的挑战，由此形成以“道问学 VS 尊德性”为标志的理学与心学的分流。几乎同时，陈亮以“务实经世”的态度对朱熹的理学提出异议。因此，陈亮的哲学贡献在与朱熹的论战中有集中的体现。朱熹要陈亮“绌去义利双行、王霸并用之说，而从事于惩忿窒欲、迁善改过之事，粹然以醇儒之道自律”。从整体上来说，它包含了朱陈之间的三大争论，陈亮在哲学思想上的贡献也由此得到体现。

一、义利双行与重义轻义

“义利之辨”从先秦以来就是重要的价值争论。在朱熹看来，王霸、义利之辨直接指向了“理欲之辨”，他的处理方式是天理与人欲的对立。三代是天理流行，汉唐是人欲横流，理学家把天理与人欲二分，在其一元论的思维框架内，其末流或极端即受到后学广泛批评的“存天理、灭人欲”论。

陈亮认为，三代行王道，其实三代必有人欲。天理不在别处，就在人的喜怒哀乐之中。“夫道岂有他物哉？喜怒哀乐爱恶，得其正而已；行道岂有他事哉？审喜怒哀乐爱恶之端而已。”人道就是情感欲望皆得其“中正”，而不是消灭人的自然情感和合理的欲望。天理与人欲不能截然二分,故应该“义利双行”,而不是专门空谈心性或者闭门修养。

二、王霸并用与专言王道

朱熹认为,三代是天理流行,汉唐是人欲横流,汉唐虽然强盛,却不能“以成败论是非”。朱熹在衡量历史人物的时候,使用的是意图伦理。

陈亮以为,汉唐都是“王霸杂用”,“谓之杂霸者,其道固本于王矣”“儒者专言王道,而趋事功者必曰霸王之杂”。“本朝专用儒以治天下,而王道之说始一矣。然而德泽有余而事功不足,虽老成持重之士犹知病之,而富国强兵之说,于是出为时用,以济儒道之所不及。”(《问皇帝王霸之道》)

“义利、王霸”之辨源远流长。在秦孝公时代,商鞅变法“为田开阡陌封疆”(《史记商君列传》);而孟子曾说“故善战者服上刑,连诸侯者次之,辟草莱、任土地者次之”。汉代以后有作为的政治家走的是另一条路,正如汉文帝所言,是“王霸道杂用”。儒家社会实际奉行的常常是“儒表法里”,儒家的“仁政”理想从未真正实现过。因为一切政治国家都必须以合法的暴力为依托。所以,朱陈之争,从理论形态来看,朱熹代表了理想主义的政治哲学,陈亮则代表了现实主义的政治思想;从思想实质来看,朱熹以高严的伦理学遮蔽了传统王权政治的内核,陈亮的“王霸并用”论蕴含着现代“国家”的双重原则:国家既要有“光荣”“合法性”乃至“神圣性”,也要有实际的“效用”,二者缺一都不能维持国家的稳定存在,国家就会失败。现代国家依然如此。如何将此两者有效地结合而不偏废,陈亮给“传统的创造性转化和创新性发展”提出了有价值的思路。

如果我们把陈亮的“事功”与其“农商互藉”的社会构想结合起来,就可以更多地看到其思想的现代性。余英时曾经论述过,从16—18世纪,商人的社会地位在上升,传统的四民观,从“士农工商”转变为“士商农工”,转而“士商相杂”。其实,早在南宋时期,陈亮等就主张士农工商均为“齐民”。他说“商藉农而立,农赖商而行,求以相辅,而非求以相病,则良法美意,何尝一日不行于天下哉”。传统社会重农抑商,商人的政治地位与商业的发展形成了张力。宋代的一大变化就是商品经济高度发达,承认商人的社会地位和发展商品经济对于“富强”的作用是至关重要的，故有的历史学家将宋代视为“中国现代的拂晓”，其要旨也在于此。

近代以来“富强”有了“救亡”的目标，功利主义开始获得合法性的辩护，毛泽东等提倡“革命的功利主义”，是“为最大多数人民谋福利”，利益主体是人民，现代文明是建立在物质生产和人民生活水平高速增长的基础上的。今天“富强”占据着社会主义核心价值观之首位。为人民谋福利既是“立功”又是“立德”。在实践论的视域中，“立德”不是孤立的私人修养，我们在社会实践中为人民“立功”的同时也成就个人的德性，故可以谓之“成己成物”。

三、豪杰 VS 醇儒

朱熹要陈亮“粹然以醇儒之道自律”。所谓“醇儒”是朱熹的理想人格，他强调只要自己能“明明德”，就能修炼到纯乎天理而无一毫人欲，像足赤纯金一样的完人、圣人。强调个人德性和目的伦理学，也可以说“高严之伦理学”。

陈亮却在《上孝宗皇帝第一书》中表示：“臣不佞，自少有驱驰四方之志，常欲求天下豪杰之士而与之论今日之大计。”他期望出现能让“天下雄伟英豪之士必有能奋然出力”的局面。但是现实却是另一种面貌，“今世之儒士自以为得正心诚意之学者，皆风痹不知痛痒之人也”。他又说：“夫人之所以与天地并立而为三者，仁智勇之达德具于一身而无遗也。”“故后世所谓有才而无德，有智勇而无仁义者，皆出于儒者之口；才德双行，智勇仁义交出而并见者，皆非诸儒有以引之乎！故亮以为：学者学为成人，而儒者亦一门户中之大者耳。秘书不教以成人之道，而教以醇儒自律，岂揣其分量则止于此乎？不然，亮犹有遗恨也。”（《甲辰答朱元晦书》）比起追求成为“足金”一般的“醇儒”，陈亮以为“才德双行”的“豪杰”更是时代所需。

陈亮的学说在宋代虽然不如朱熹一派强势，但也并非完全后继无人，明清之际的黄宗羲就主张豪杰论。他认为，他的理想人格不是朱熹的“醇儒”，而是建功立业、经纬天地的“豪杰”。“儒者之学，经纬天地。而后世乃以语录为究竟，仅附答问一二条于伊、洛门下，便厕儒者之列，假其名以欺世”“徒以‘生民立极、天地立心、万世开太平’之阔论钤束天下”，真正天下有事时，则“蒙然张口，如坐云雾”。在近代的地平线上，龚自珍以“剑气箫心”慷慨论天下事，呼唤力可创造天地的“众人”成为“才士”“才民”，实际上重提“豪杰”理想。梁启超在19世纪和20世纪之交——“救亡”危机最为深重的时机——所作的《新民说》中，也一再提倡“豪杰”。他把那个时代称为“过渡时代”，说“故过渡时代者，实千古英雄豪杰之大舞台也”。它们都是在历史的维度中、在时代变局中、在理想人格问题上对陈亮的回望和响应。

古代“太上有立德，其次有立功，其次有立言”的价值排序，在近代尤其是现代化的过程中，实际上有了新的调整，这和毛泽东提出的“革命的功利主义”是内在一致的，成为中国式现代化强劲的精神动力。这也说明了陈亮哲学的现代价值，在“百年未有之大变局”的今天，它应该得到我们更多的阐发和弘扬。

陈亮对王安石新学的承继与驳正

浙江省历史学会副会长、杭州市社会科学院研究员　周　膺
浙江省社会科学院历史所研究员　吴　晶

陈亮与王安石一样是宋代持有锐气的改革主张者，但他们虽学有传承、气性接近，价值目标却有很大不同。陈亮对王安石的批判既是对其变法后果的历史性反思，也是宋代的一种共识性驳正。

一、王安石变法及其后果

宋代发生过两次非常著名的变法运动，即范仲淹的“庆历新政”和王安石的“熙宁变法”。庆历新政的核心是革新吏治，解决冗官、冗兵和冗费问题。熙宁变法的目标也是解决冗官、冗兵和冗费问题，但侧重于从体制改革的角度重构社会经济关系。两次变法都体现了“变更天下之弊法”①的通变思想，但也都有较大的局限性，因而最后均以失败告终。

庆历新政的主题是“明黜陟、抑侥幸、精贡举、择官长、均公田、厚农桑、修武备、减徭役、覃恩信、重命令”②，改革涉及面非常广泛，几乎面面俱到，主要着眼点是“整顿吏治”，它在官僚集团中引起巨大震动。新政仅进行1年4个月，十事基本未得实施。庆历新政发生时，王安石已23岁。“安石议论高奇，能以辨博济其说，果于自用，慨然有矫世变俗之志。”③他在《祭范颍州文》中称范仲淹为“一世之师”，但他也亲历过庆历新政的实施过程，对其失败原

① 王安石：《临川先生文集》卷三九“上仁宗皇帝言事书”，《四部丛刊》初编，商务印书馆民国十一年(1922)版。

② 范仲淹：《范仲淹全集》之《范文正公政府奏议》卷上“答手诏条陈十事”，李勇先、刘琳、王蓉贵点校，中华书局2020年版。

③ 脱脱等：《宋史》卷三二七“列传第八十六”，中华书局1977年版。

因及经验教训应做过深入细致的研究和思考。从后来的改革方案可以看出，熙宁变法绕开了庆历新政的吏治整顿，主要从经济制度改革入手。熙宁变法的主要内容包括：一是经济方面实行青苗法（每年二月、五月粮食青黄不接时，由政府给农民贷款、贷粮，每半年取利息20％至30％，分别随夏秋两税归还）、募役法（又称“免役法”。将按户轮流服差役改为由政府雇人承担，不愿服差役的民户按贫富等级交纳免役钱）、方田均税法（核实田地所有者，并按土质好坏将田地分为五等，作为征收田赋的依据）、农田水利法（鼓励垦荒，兴修水利，费用由当地住户按贫富等级出资，也可向政府贷款）、市易法（在都城开封设置市易务，出钱收购滞销货物，市场短缺时卖出）、均输法（设发运使，掌握东南6路的生产和流通情况，按照“徙贵就贱，用近易远”的原则统一收购和运输①）；二是军事方面实行保甲法（乡村民户10家设1保，家有两丁以上抽一为保丁，农闲时接受军事训练）、裁兵法（整顿禁军和厢军，规定士兵50岁后必须退役。并对士兵进行测试，禁军不合格者改为厢军，厢军不合格者改为民籍）、将兵法（废除北宋初年订立的更戍法，将各路驻军分为若干单位，每单位置将和副将各1人负责训练）、保马法（将政府牧马或监养马改为保甲民户养马，不久改行民牧制度）、军器监法（监督兵器制造）；三是用人方面改革科举制度（颁布贡举法，废除明经科，进士科考试改以经义和时务策论为主。增加法科）、整顿太学（实行上、中、下太学三舍法。以平日考核取代科举考试，成绩优异者不经科举考试可直接为官。设提举经义局，修撰儒家经典，编纂《三经新义》。设武学、医学、律学专科学校）、唯才用人（按才能和贡献对中下级官员进行选拔及任用）。王安石的改革比范仲淹的更富有想象力。如“重农桑”在范仲淹的政治设计中还只是一个弹性很大的概念性口号，怎么个“重”法缺乏操作性，而王安石将它化为“青苗法”“农田水利法”等具体措施。

通过熙宁变法，北宋财政收入大幅度增长，富国强兵的目标在一定程度上实现了，西北边防长期以来屡战屡败的被动局面在某种程度上扭转了，但诸多负面效应也存在。庆历新政主张节流，熙宁变法则以开源为主导。王安石在《上仁宗皇帝言事书》中就说：“因天下之力，以生天下之财。取天下

---

① 徐松辑：《宋会要辑稿·职官五》，中华书局1957年版。

之财，以供天下之费。”[①]这种开源法依据市场原理，听起来很有道理，然而实际操作上变成政府的垄断和掠夺。中国古代的生产只是一种简单再生产，主要依靠人力、畜力，生产力的发展和财富增加不可能奇迹般飞跃，通过提高生产率来增加财政收入的效果是十分有限的。最终的结果只能是巧立名目增加税收，扩大征税范围，实质上是在社会财富总量不变的情况下，运用政治权力强制进行社会财富的重新分割。除农田水利法之外，其余青苗法、免役法、方田均税法、均输法、市易法都带有很浓厚的敛财色彩。加之在变法中用非其人，导致这些措施在推行过程中扭曲变性，甚至沦为巧取豪夺。地方政府或官员大搞“抑配”即强制摊派，“青苗钱”“免役宽剩钱”“市易息钱”变成变相的税收。如实行青苗法的初衷是限制高利贷，实施结果却是乡村上户、下户和客户甚至城市坊郭户都被抑配，完全异化为公开的掠夺。又如实行免役法时，当役钱固定后，不少地方不仅尽量扩大自愿投名、不支雇钱者的名额，还干脆取消耆长、户长、壮丁等乡役人，以保甲制度履行差役。王安石变法虽然打着“摧抑兼并”的旗号，但在实施中却“大小通吃”，对第四等以下贫困户照样没有放过。如实行免役法，虽然下户纳钱不多，但由于户数量大，这一阶层所纳役钱占役钱总数约一半。不少史料记载，免役法一出，连担水、理发、茶贩之类的小买卖不交免疫钱都不许经营，百姓叫苦不迭。地方官吏一有机会就向商贩索要市利钱，甚至税额比本钱收得还多。所以，有的商人甚至以死相争。不管如何，“凡此皆以为民，而公家无所利其入”[②]，但神宗府库里积攒下来的钱物增加是事实。熙宁六年(1073)王安石曾提到：“两浙自去岁及今岁各半年间，所增盐课四十万，今又增及二十五万缗。”元丰七年(1084)廉正臣又说：“先提点在京仓场，首尾六年，收出剩粮三十四万石、草二百五十九万束。”[③]“收出剩粮”即收支后积攒下来的余粮、余草。这些数据只是缩影，据《续资治通鉴长编》《宋会要辑稿》等资料，仅熙宁八年(1075)冬到熙宁九年秋，也就是1年左右的时间，开封都市易司就收得

---

① 王安石：《临川先生文集》卷三九“上仁宗皇帝言事书”，《四部丛刊》初编，商务印书馆民国十一年(1922)版。

② 徐松辑：《宋会要辑稿·食货四》，中华书局1957年版。

③ 李焘：《续资治通鉴长编》卷二四七、三四四，上海师范大学古籍研究所、华东师范大学古籍研究所点校，中华书局2004年版。

息钱和市例钱1332000余贯。在熙宁十年1年之内又收得息钱1430350余贯、市例钱98000贯左右。神宗子哲宗即位的十多年后，户部尚书李常算过一笔账，“今天下常平、免役、坊场积剩钱共五千六百余万贯，京师米盐钱及元丰库封桩钱及千万贯，总金、银、谷、帛之数复又过半”①，总计在1亿贯以上。而这还是在神宗对西北用兵、开疆拓土、长期消耗之后剩下来的钱物。王安石变法的失败有过于理想化的原因，更有立足点的问题。他于庆历七年至九年(1047—1049)在鄞县任县令推行青苗法获得成功，是由于在“国计”与“民生”的天平中偏向“民生”。而他任宰相后实施变法，却将天平严重地推向“国计”。变法对全国各个阶层甚至每个家庭都进行了财富切割，虽然在短时间内增加了财政收入，却导致国富民贫，国家税基被破坏，国家根本被动摇。正因为如此，熙宁变法遭到全国各阶层的强烈反对，最后只能以失败告终。

熙宁变法不仅给宋代社会经济带来了伤害，而且破坏了政治生态，更为后代改革提供了极具危害的先例。北宋至仁宗朝时政治格局已比较接近于中国古代社会的理想状态。一是国家制度设计精良。较好地实现了分权制衡，基本消除了强藩、宦官、权臣、外戚等因素对国家统一和皇权稳定的干扰。二是政策制定顾及社会的承受能力。在国家利益与社会利益之间寻求到了平衡，避免过度扰民，所谓“出政发令之间，一以安利元元(按：百姓)为事”②。三是批评纠错机制实施有效。这套机制包括复杂精密的舆论、监察、信息沟通制度，以及包容批评的思想基础和政治风气③。虽然还有其他多种社会因素的作用，但熙宁变法改变了政策倾向，导致了政治格局的逆转。法家缔造了专制帝国，汉代以后儒家非常艰难地将自己的思想融入这种国家政权。唐代颁布《唐律》，法家国家才实现了一定意义上的儒家化。而北宋中期以后的政治重新转向。神宗与王安石相得“如一人”的千古君臣知遇，被当时的宰相曾公亮叹为天意。实则这天意的背后，是君臣间共同的思想

① 李焘：《续资治通鉴长编》卷四〇七，上海师范大学古籍研究所、华东师范大学古籍研究所点校，中华书局2004年版。

② 王安石：《临川先生文集》卷四一“本朝百年无事札子”，《四部丛刊》初编，商务印书馆民国十一年(1922)版。

③ 赵冬梅：《王安石变法下的大宋之变》，《中国青年报》2020年8月18日第10版。

基础。王安石与神宗都受到法家的深刻影响。苏轼《王安石赠太傅制》称王安石“少学孔孟，晚师瞿聃。罔罗六艺之遗文，断以己意；糠秕百家之陈迹，作新斯人”①。《续资治通鉴长编》卷二〇六记录了一个耐人寻味的细节：即位之前，神宗曾亲自抄写《韩非子》让府僚们校对。从某种意义上说，是王安石和神宗共同造成了北宋政治的法家转向。王安石主张“天变不足畏，祖宗不足法，人言不足恤”②，实际上减弱了对皇权的约束，破坏了宽容的政治共识，动摇了批评纠错机制得以发挥作用的思想基础。具体而言，一是在施政方式上，从北宋前期的“异论相搅”③转向“一道德以变风俗”④，开创了“国是”新模式。其特点是排斥异己，群臣异论空间被大大压缩。王安石将变法等同于“国是”，重用支持者，排斥异见者，甚至用雕版印刷这种新技术来打击政敌。韩琦上书反对青苗法，王安石让一位官员写文章批驳，还亲自调包，然后将这篇檄文雕版印刷发给一定级别的官员。司马光反对变法，神宗给他一个枢密副使（副宰相级）的高位，条件是让他停止对变法的批评。司马光拒绝，离开京城去了长安，后来回到洛阳。老臣富弼后来也回到洛阳。洛阳变成“在野党”的根据地。二是在政策倾向上，从“不扰”转向“富国”，服务“强兵”。熙宁变法不久，司马光连续3次给王安石写信，批评变法“侵官、生事、征利、拒谏”，以致天下怨谤。王安石作《答司马谏议书》逐一反驳，并批评士大夫阶层因循守旧，表明坚持变法的决心。《宋史》卷三三六《列传第九十五·司马光（子康）、吕公著（子希哲、希纯）》记载了一段著名的对话：“安石曰：‘……且国用不足，非当世急务。所以不足者，以未得善理财者故也。’光曰：‘善理财者，不过头会箕敛尔。’安石曰：‘不然，善理财者，不加赋而国用足。’光曰：‘天下安有此理？天地所生财货百物，不在民，则在官。彼设法夺民，其害乃甚于加赋！’”⑤司马光点到了“夺民”（掠夺百姓）危害胜过

---

① 苏轼：《苏轼文集》卷三八“王安石赠太傅制”，孔凡礼点校，中华书局1986年版。

② 脱脱等：《宋史》卷三二七“列传第八十六”，中华书局1977年版。

③ 李焘：《续资治通鉴长编》卷二一三，上海师范大学古籍研究所、华东师范大学古籍研究所点校，中华书局2004年版。

④ 李焘：《续资治通鉴长编》卷二一五，上海师范大学古籍研究所、华东师范大学古籍研究所点校，中华书局2004年版。

⑤ 脱脱等：《宋史》，中华书局1977年版。

“加赋”(增加赋税)的危害。三是在价值取向上,从“道德”转向“功利”。王安石的新法中很多现在看来似乎非常“先进”或具有“现代性”,比如青苗法像小额信贷、免役法像现代税制,其本质却似是而非。当时政府和官员的工具性被增强了,乃至新法推行人员违规操作对社会造成损害,王安石也基本上置之不理,只问其“实利”多少、“功状”如何。如处理程昉淤田“广害民稼”案、王广渊在开封强制推行青苗贷款案皆如此类。吴居厚任京东路转运使,增收酒税等175.9万,他的前任则亏21万,相差近200万。神宗大加褒奖,升其为天章阁待制,而老百姓则对他恨之入骨。四是在权力设置上,从相对分权转向集权,并构造了皇权加相权的集权体制。在王安石的鼓励、纵容下,神宗甚至也不再承认批评是一种正向的力量,斥之为“流俗”。仁宗朝欧阳修称道的那种“但民称便,即是良吏”的为官理念和“不见治迹,不求声誉,宽简而不扰”的行政作风逐渐消失。①

熙宁变法引发了新旧党争,乃至形成“一唱百和,唯力是视,抑此伸彼,唯胜是求。天子无一定之衡,大臣无久安之计,或信或疑,或起或仆,旋加诸膝,旋坠诸渊,以成波流无定之宇”②的局面。北宋士大夫群体的“恶性分裂”出现在哲宗亲政以后,然而论其根源则要上溯至熙宁变法。王安石开创了一种鼓励高效推行圣意、迎合圣意的政治风气,同时建设了一支不鼓励独立思考、非常善于执行、高度工具化的官僚队伍,并排斥持不同政见者。神宗的两个儿子哲宗和徽宗基本上沿用神宗的政策,而且越走越远。元祐年间(1086—1094),哲宗登基,他的祖母高太后垂帘听政,旧党执政,尽废新法。到绍圣年间(1094—1098)哲宗亲政,重新起用新党,绍述(继承)其父皇神宗的遗志与事业。徽宗建中靖国年间(1101—1101)神宗皇后向太后召回旧党余部,排斥绍圣新党,出现了政治迫害。等到权臣蔡京独揽国政,重用新党,揭开了打击元祐旧党最为残酷的一幕,甚至在全国张布政治黑名单残酷打击政治对手。有学者甚至认为,北宋灭亡的原因正是熙宁变法。③《宋史》王

① 朱熹辑:《宋名臣言行录》后集卷二“欧阳修文忠公”,永瑢、纪昀等编纂:《文渊阁四库全书》,上海古籍出版社2012年版。

② 王夫之:《宋论》卷四,舒士彦点校,中华书局1964年版。

③ 赵冬梅:《王安石变法下的大宋之变》,《中国青年报》2020年8月18日第10版。

安石本传言:“朱熹尝论安石:‘以文章节行高一世,而尤以道德经济为己任。被遇神宗,致位宰相,世方仰其有为,庶几复见二帝三王之盛。而安石乃汲汲以财利兵革为先务,引用凶邪,排摈忠直,躁迫强戾,使天下之人,嚣然丧其乐生之心。卒之群奸嗣虐,流毒四海,至于崇宁、宣和之际,而祸乱极矣。’此天下之公言也。昔神宗欲命相,问韩琦曰:‘安石何如?’对曰:‘安石为翰林学士则有余,处辅弼之地则不可。’神宗不听,遂相安石。呜呼!此虽宋氏之不幸,亦安石之不幸也。”①

二、王安石变法凸显的问题与陈亮的共识性驳正

熙宁变法实施时遭到各种批评,它是宋代政治或学术论争的主要论题之一。除王安石新学(荆公学)外,宋学还有以司马光为代表的朔学,以程颢、程颐为代表的洛学,以张载为代表的关学,以苏轼为代表的蜀学等。朔学、洛学、关学、蜀学强调经世致用和革新时弊,主张各不相同,但均反对王安石以激进的、唯利是求的方式变法。朔学主张基于历史经验进行社会改良,反对彻底变革。司马光指出:“治天下譬如居室,敝则修之,非大坏不更造也。”②二程认为得贤才、正人心才是实现王治理想的根本所在,主张“尚德”,而非新学的“兴利”。张载主张“渐化”,而非新学的“顿革”。他评价王安石变法云:“世学不明千五百年,大丞相言之于书,吾辈治之于己,圣人之言庶可期乎?顾所忧谋之太迫则心劳而不虚,质之太烦则泥文而滋弊。”张载与司马光一样以惠民为变法革新的终极目标,所谓“利于民则可谓利,利于身利于国皆非利也”③,反对王安石以“理财”“通变”富国强兵。张载的崇高理想是“为天地立心,为生民立命,为往圣继绝学,为万世开太平”④。苏轼也反对王安石变法,且态度较激烈,但又主张革新,强调实际做事。二程认为性善情恶,苏轼主张性情统一。其实激进与保守的宋学都有其积极的历

① 脱脱等:《宋史》卷三二七“列传第八十六”,中华书局1977年版。

② 脱脱等:《宋史》卷三三六“列传第九十五”,中华书局1977年版。

③ 张载:《张载集·张子语录·语录中》,章锡琛校,中华书局1978年版。

④ 张载:《张载集·拾遗·近思录拾遗》,章锡琛校,中华书局1978年版。

史作用，激进容易失误，保守可以减少失误。所以，朔学、洛学、蜀学与新学在当时的斗争中具有历史价值。漆侠的《宋学的发展和演变》一书指出："不论苏氏父子在宋学上的成就如何，就其学术思想而言，则是立足于儒而摄取其他诸家学说的。从政治上看，在变法反变法斗争的过程中，苏轼是多变的。这种变是倒退和前进兼而有之。就其思想状态看，儒、释、老庄思想是色色俱全的，往往随着他的政治经历以及倒退和前进多变之中表现在他的作品中，从而在瑰丽恢奇之中夹杂着无名的衰飒。"①

不过，无论如何，王安石变法还是将商品经济作为一个重大历史命题空前凸显出来，义利之辨成为宋学实质性或根本性问题。朱熹尝谓："义利之说，乃儒者第一义。"②英国汉学家伊懋可(Mark Elvin)在《中国往古的模式》一书中提出中国"中古时期的经济革命"即"宋代经济革命"的论点。"宋代经济革命"主要表现为农业革命、水运革命、货币和信贷革命、市场结构和城市化革命、科学技术革命。③ 宋代以前的中国社会主要建立在自给自足的经济基础之上，交换或商业活动起辅助作用。城市手工业虽然有官营手工业、私营手工业等形态，但被官营手工业所主导或垄断，手工业的商品化受到较大限制；农产品由于缺乏市场渠道，商品化的可能性更小。不过中唐后商业禁区已被不断打破。到了北宋，官方虽然在政治主张上未必做过确定的昭示，在实际作为上以商为纲的经济策略却是既定的，只是主要奉行的是国家重商主义政策。王安石的"市易法"即是以"商"的原理调节生产和流通的实验，"募役法"则以"商"调节徭役，一改过去过度依赖政治强制的做法，遵循的是一种以"商"治国的理念。但王安石变法实际上试图将政府改造成为超级公司乃至社会财富的聚敛机器。其国家重商主义类似17世纪英国重商主义时代的资本主义。这种重商主义并不尊重民间工商业，而重在政府对工商业的管制和垄断。官办商业主体既不与民间主体平等，也很少承担公共福利责任。但在客观上，它也推动了经济市场化。政府由竞逐财货而需要

---

① 漆侠：《宋学的发展和演变》，河北人民出版社2002年版，第27页。

② 朱熹：《晦庵先生朱文公文集》卷二四"与延平李先生书"，载朱熹：《朱子全书》，朱人杰、严佐之、刘永翔主编，上海古籍出版社、安徽教育出版社2002年版。

③ Mark Elvin: *The Pattern of the Chinese Past*, Stanford, CA: Stanford University Press, 1973, pp. 113－199.

发展市场，以致推行重商主义政策以鼓励民间贸易。具体来说，为增加财政收入，政府将征税重点从数量有限、征收成本又高的农业税转移到商业税；而为了征收到更多的商业税，又鼓励发展工商业、维持市场繁荣；为了发展工商业，则积极修筑运河等交通设施，开放港口，增加城乡商业设施乃至取消时空限制，铸造更多的铜钱、发行信用货币或有价证券建设金融网络，完善民商法化解日益复杂的利益纠纷，保护个人财产权和人身自由；等等。约瑟夫·阿洛伊斯·熊彼特(Joseph Alois Schumpeter)将14—16世纪的欧洲历史视为由领地国家向税收国家转化的过程。具有利用信用工具举公债能力的税收国家则发展为财政国家。财政国家指能够从市场源源不断大量汲取财政资源的国家体制。刘光临等认为财政国家须符合以下5项条件：(1)财政收入高度货币化；(2)间接税(包括消费税、通过税、坑冶矿课)在税收中占主要份额；(3)具有流通性的债务票据在公共财政中扮演重要角色；(4)财政管理体制高度集权化和专业化；(5)政府公共开支足以支持国家政策对市场(如通货膨胀、投资和实质工资)发挥直接显著的作用。在北宋熙宁十年(1077)的赋税收入中，两税(农业税)收入仅约占国家赋税收入的1/3，且除了两税外大部分赋税收入都以货币交纳。即便两税，也有1/3至1/2是货币。与此同时，间接税占国家赋税收入的2/3，其中消费税逾三成，是间接税的大宗。北宋已成为税收国家。由于北宋政府始终可以维持收支平衡，即所谓“平衡预算”，不愿贸然介入并依赖金融市场，所以信用工具只限于作为税收以外的补充手段。但北宋末期对金战争引致军费急剧增加，政府面临前所未见的财政危机，被迫通过公共债务加以解决。至南宋宁宗嘉定年间(1208—1224)，会子流通量已远超赋税收入。政府债券成为筹措军费的主要手段，标志宋朝完成了由税收国家向财政国家的过渡。宋朝是中国历史上唯一的以间接税为税源基础的政权，祛除了对劳役制和土地税的依赖，成为世界史上第一个可持续的财政国家。其他朝代，包括其后的明、清两代，田赋还都是最主要的财政收入来源。① 南宋时重商主义成为社会性的策略，可称之为“社会重商主义”。所谓“社会重商主义”，即在“大官僚—大地主—大商人”国家经济主体之上确认民间经济主体的社会主张。

① 刘光临、关棨匀：《唐宋变革与宋代财政国家》，《中国经济史研究》2021年第2期。

从制度经济学的角度来看，发生上述变革的另一个重要原因是北宋以来出现了产权结构明晰、市场交易成本下降的市场环境和自发成长的商业，使经济规模空前增大并导致国家权力的削弱。南宋时国家土地所有制进一步衰落，土地或财产私有制强化，并成为一种社会制度。北宋时纺织业、印刷业、酿酒业等手工业均出现产权较为明晰的作坊。特别是盐业，除了解州、安邑池盐仍由国家直接通过劳役制经营外，四川井盐和两浙、淮东海盐大多由井户或亭户经营。海盐亭户甚至拥有自己的盐田。南宋时政府不仅对诸如盐业等垄断行业的控制进一步削弱，而且失去了对私营手工业作坊的绝对控制权。相对于北宋，南宋政权通过征收赋税或直接占有等方式获取资源的能力也在减弱。坊市制度至南宋彻底瓦解，经济活动空间已基本没有限制。赋税货币化等经济政策的推行，则又在客观上形成政府倒逼经济市场化的强制力。市场空间因此被逐渐打开，市场规律开始较为充分地发挥作用。大量行商坐贾打通各个环节，编织了全国性深入城乡社会的营销网络系统，开创了由生产者、店商、牙行、钱庄、当铺、货栈、船行等组成的便于商品流通的有机体系。整个经济体系日益资本化，乃至形成“人家有钱本，多是停塌解质，舟行往来兴贩。岂肯闲着钱，买金在家顿放”的局面。“富人必居四通五达之都，使其财布于天下，然后收以收天下之功。”①

北宋以来，社会重商主义的形成又与反王学的主张有关，其中浙东学派是最为激进的。经六朝以来的发展，两浙地区已经成为全国的经济中心，南宋时更是成为全国的政治中心，发展经济的欲求也特别强烈。浙东学派倡言功利，主张实事实功、开物成务、经世致用，反对虚妄不实的空谈，代表了发展经济的这种价值取向。永嘉学派“以经制言事功”，永康学派则“专言事功”，金华学派则“兼永嘉、永康之所长”②。黄宗羲指出：“永嘉之学教人就事上理会，步步着实，言之必使可行。足以开物成务。”③说明浙东学派也是重“理”的，只是着眼点与程朱理学等有所不同。王安石早期在浙东鄞县（今浙

---

① 徐梦莘：《三朝北盟会编》卷二九、一八〇，上海古籍出版社1987年版。

② 黄宗羲辑，全祖望订补，冯云濠、王梓材校正：《宋元学案》卷五六“龙川学案”，《续修四库全书》第519册，上海古籍出版社1995年版。

③ 黄宗羲辑，全祖望订补，冯云濠、王梓材校正：《宋元学案》卷五二“艮斋学案”，《续修四库全书》第519册，上海古籍出版社1995年版。

江省宁波市鄞州区）进行变法实验，其功利思想则下启浙东学派。南宋时两浙商品经济活跃、私有制不断发展，壮大了商人阶层。陈亮和叶适认识到其合理性，并从思想或学术上加以论证。他们认为义与利是相容的，不对立也不矛盾，不赞同“重义轻利”“先义后利”“以义制利”等传统观念，强调“成其利，致其义”①，以为“古人以利和义，不以义抑利”②。他们确认经济行为和措施的有效性、实用性和对他人、社会和国家的有利性，不纠缠于伦理道德准则。陈亮甚至认为，不计功利，就没有道德仁义的存在。所以，陈傅良把他的思想概括为“功到成处，便是有德；事到济处，便是有理”③。浙东学派还提出了具体的功利主义主张，如倡导“农商一事”“扶持商贾”。

浙东学派强调“道不离器”，肯定人欲并主张“王霸并用、义利双行”，其功利思想是在对“道”与“利欲”关系的阐发基础上得来的。朱熹认为道是某种观念的存在物，是天理的代名词，其本质属性是纯粹的至善。浙东学派却认为道在事中，事外无道，道是不能脱离具体的事物和人而存在的。陈亮指出：“夫道之在天下，何物非道？千途万辙，因事作则。”④“天地之间，何物非道；赫日当空，处处光明。闭眼之人，开眼即是。”⑤陈亮对“道”的阐发，是为其功利思想立论的。陈亮否定“天理”与“人欲”的截然对立，承认人追求物质利益的欲望是天性，否定存在脱离人的实际物质利益的超功利的“义理”，认为义就在利中。所谓“行道”，质原不在于内心的体察涵养，更在于尽心尽力，使天下人的喜、怒、哀、乐、爱、恶之情都能得其正。陈亮还认为，不管是“王”还是“义”，都必须与“霸”“利”相结合。“王”与“义”只有具体落实到实践中，才有存在的价值。他主张正“义”要谋其“利”，明“道”也要计其“功”，“义”在“利”中，“道”在“功”中。陈亮提出“王霸并用、义利双行”，将义利相

① 叶适：《习学记言序目》卷二三“汉书三”，中华书局 1977 年版。

② 叶适：《习学记言序目》卷二七“魏志”，中华书局 1977 年版。

③ 陈亮：《陈亮集》（增订本）卷二九“书 · 附陈傅良《致陈同甫书》”，邓广铭点校，中华书局 1987 年版。

④ 陈亮：《陈亮集》（增订本）卷二七“书 · 与应仲实”，邓广铭点校，中华书局 1987 年版。

⑤ 陈亮：《陈亮集》（增订本）卷二八“书 · 又乙巳秋书”，邓广铭点校，中华书局 1987 年版。

统一。①

陈亮在要求变革和重视功利方面与王安石的"祖宗不足法"有相似之处,政治改革意识较为强烈。其《上孝宗皇帝第一书》云:"艺祖经画天下之大略,太宗已不能尽用……维持之具既穷,臣恐祖宗之积累亦不足恃也。"②他在《中兴论》一文中指出:"今宜清中书之务以立大计,重六卿之权以总大纲;任贤使能以清官曹,尊老慈幼以厚风俗;减进士以列选能之科,革任子以崇荐举之实;多置台谏以肃朝纲,精择监司以清郡邑;简法重令以澄其源,崇礼立制以齐其习;立纲目以节浮费,示先务以斥虚文;严政条以核名实,惩吏奸以明赏罚;时简外郡之卒以充禁旅之数,调度总司之赢以佐军旅之储;择守令以滋户口,户口繁则财自阜;拣将佐以立军政,军政明而兵自强;置大帅以总边陲,委之专而边陲之利自兴;任文武以分边郡,付之久而边郡之守自固;右武事以振国家之势,来敢言以作天下之气;精间谍以得虏人之情,据形势以动中原之心。"③在重事功等问题上陈亮继承了王学,在很大程度上可以说陈亮的学说是在李觏、王安石的启发下形成的,但陈亮对熙宁变法提出多重批判。《上孝宗皇帝第一书》又云:"王安石以正法度之说,首合圣意。而其实则欲籍天下之兵尽归于朝廷,别行教阅以为强也;括郡县之利尽入于朝廷,别行封桩以为富也。青苗之政,惟恐富民之不困也;均输之法,惟恐商贾之不折也。罪无大小,动辄兴狱,而士大夫缄口畏事矣;西北两边,至使内臣经画,而豪杰耻于为役矣。徒使神宗皇帝见兵财之数既多,锐然南征北伐,卒乖圣意,而天下之势实未尝振也。彼盖不知朝廷立国之势,正患文之太密,事权之太分,郡县太轻于下而委琐不足恃,兵财太关于上而重迟不易举。祖宗惟用前四者以助其势,而安石竭之不遗余力。不知立国之本末者,真不足以谋国也。"④陈亮对王安石的理财动机也予以否定。其《书欧阳文粹后》

① 陈亮:《陈亮集》(增订本)卷二九"书·附陈傅良《致陈同甫书》",邓广铭点校,中华书局1987年版。

② 陈亮:《陈亮集》(增订本)卷一"书疏·上孝宗皇帝第一书",邓广铭点校,中华书局1987年版。

③ 陈亮:《陈亮集》(增订本)卷二"中兴论",邓广铭点校,中华书局1987年版。

④ 陈亮:《陈亮集》(增订本)卷一"疏·上孝宗皇帝第一书",邓广铭点校,中华书局1987年版。

云:“公于是时,独以先王之法度未尽施于今,以为大阙。其策学者之辞,殷勤切至,问以古今繁简浅深之宜,与夫周礼之可行与不可行。而一时习见百年之治,若无所事乎此者。使公之志弗克遂伸,而荆国王文公得乘其间而执之。神宗皇帝方锐意于三代之治,荆公以霸者功利之说饰以三代之文,正百官,定职业,修兵民,制国用,兴学校,以养天下之才。是皆神宗皇帝圣虑之所及者,尝试行之,寻察其有管、晏之所不道,改作之意盖见于末命,而天下已纷然趋于功利而不可禁。”①认为王安石理财思想杂有霸者功利之说。陈亮主张义利统一,讲求事功和重视理财,但不赞成管仲、商鞅、桑弘羊、刘晏、王安石等人以经营国家的方式扩大政府经济收益的理财方法。青苗法是抑制高利贷的,其矛头直指高利贷者;均输法、市易法则将开阖、敛散之权从富商大贾手中夺归政府,它们都是王安石变法过程中摧抑兼并的重要举措。

陈亮将百姓生活安定和富裕视作国家持久强盛的前提和确保财政收入持续增长的基础。对百姓横征暴敛虽能增加一时赋税,但无异于饮鸩止渴、竭泽而渔。“地半于承平之时,岁入倍之,财于何而生?”②“秦始皇为己而忘民,厚己而刻民,重赋苛敛以肆其欲”“一旦民力竭,而秦亦亡。”汉文帝采取休养生息、保护农民的政策,“不求富国而求富民,故为治之先,勤勤于耕农是劝”,使萧条的社会经济得以恢复,西汉王朝也开始兴盛。③ 陈亮主张“用民,岁不过三日,什一而税;不立意以罔民利,不喜察以导民争”。“使之各力其力以业其业,休戚相同,有无相通”“裕用于上下交窘之时,布信于法禁之所不及”,如此则“民是用宁,礼义是用兴”④。陈亮在强调农本的同时又明确地提出“农商一事”“农商相藉”的观点,认为农业和商业都是社会经济不可缺少的组成部分,两者并无高低轻重之分。“官民一家也,农商一事也。上下相恤,有无相通。”“商藉农而立,农赖商而行,求以相补,而非求以相

① 陈亮:《陈亮集》(增订本)卷二三“序跋说·书欧阳文粹后”,邓广铭点校,中华书局1987年版。

② 陈亮:《陈亮集》(增订本)卷一“书疏·上孝宗皇帝第一书”,邓广铭点校,中华书局1987年版。

③ 陈亮:《陈亮集》(增订本)卷二〇“汉论”,邓广铭点校,中华书局1987年版。

④ 陈亮:《陈亮集》(增订本)卷二四“送丘秀州宗卿序”,邓广铭点校,中华书局1987年版。

病……官民农商，各安其所而乐其生，夫是以为至治之极。”歧视和压制商业，使“农与商不复相资以为用，求以自利”，结果只能是“农商盻盻相视，以虞其龙断而已”①。陈亮肯定商人的社会作用，主张提高他们的社会地位、减轻盘剥，积极推动商业发展。所谓“于保民之间而获其利焉，则必有道也”②。陈亮也主张“贫富相资”，以缓解当时人地矛盾问题。他认为富民与佃农的关系并不是绝对对立的，而是相辅相成的。正如邓绾所说：“富者所以奉公上而不匮，盖常资之于贫；贫者所以无产业而能生，盖皆资之于富。稼穑耕锄，以有易无，贸易其有余，补救其不足，朝求夕索，春贷秋偿，贫富相资，以养生送死，民之常也。”③贫富不均是一种社会现实，“贫富之不齐当亦听其自耳”④。这种认识来自他的亲身经历。陈亮曾三度入狱，家境凋落，无奈之下只得经商。发家致富后购买200亩土地用于租佃，成为中小地主。他切身感受到，置产可“使主客有相依之道，贫富有相依之法”⑤。

陈亮认为财政问题的出现除中央政权机构重叠、政出多门外，也与中央与地方财权分配失衡有关，这实际是政府间的盘剥。地方政府没有财权，会陷于财政空竭、疲于应付的境地。宋初在加强地方控制的同时又采取“宽郡县”政策，熙宁变法后则“郡县空虚，而本末俱弱”，南渡以后依然“藉天下之兵以为强，括郡县之利以为富”⑥，造成“郡县无遗财，诸司无宽用”⑦。由于财力极度匮乏，各地政府便巧立名目搜刮百姓。“租入加耗之无算，义仓支移之不时；利和籴之赢，取力胜之利。法禁非不严，议论非不切，而郡县恬若

① 陈亮：《陈亮集》（增订本）卷一二“四弊”，邓广铭点校，中华书局1987年版。

② 陈亮：《陈亮集》（增订本）卷一四“问榷酤之利病”，邓广铭点校，中华书局1987年版。

③ 李焘：《续资治通鉴长编》卷二六九，上海师范大学古籍研究所、华东师范大学古籍研究所点校，中华书局2004年版。

④ 陈亮：《陈亮集》（增订本）卷一三“策问·问汉豪民商贾之积蓄”，邓广铭点校，中华书局1987年版。

⑤ 陈亮：《陈亮集》（增订本）卷一三“策问·问道释巫妖教之害”，邓广铭点校，中华书局1987年版。

⑥ 陈亮：《陈亮集》（增订本）卷一“书疏·上孝宗皇帝第一书”，邓广铭点校，中华书局1987年版。

⑦ 陈亮：《陈亮集》（增订本）卷一三“策问·问理财”，邓广铭点校，中华书局1987年版。

不闻，而行之若当然者。”[①]陈亮提出了两个解决办法：一是分拨部分杂税留藏于州县，同时严格禁止地方额外科敛。如经总制钱一项，削其1/3以缓民力，其他2/3“以其一起发”，上交中央。“以其一别立库藏之郡”，并具体规定“大郡若干，小郡若干”，“皆以丞贰掌之，使郡县不忧仓卒之变”。[②] 二是整顿和恢复传统的常平、义仓制，改变长期以来各级政府借常平、义仓之名变相搜括百姓的局面，使之在预防天灾人祸、备荒济民方面充分发挥作用。陈亮还就减少财政支出提出见解。在他看来，要真正从根本上解决支出增长过快问题，仅从财政角度进行整顿是不够的，还必须进行政治、军事等体制改革，重点围绕三方面展开：一是整顿官制，裁汰冗员，以削减庞大的“百官有司之奉”；二是裁减“郊祀宾客之费”，罢撤一切冗滥支出；三是改革军制，恢复传统的兵农合一制，辅以募兵制。

陈亮对王安石变法思想的批判实际上是当时大多数人的共识，与朔学、洛学、关学、蜀学的主张相一致。范镇的《论青苗之害疏》和司马光的《乞罢条例司常平使疏》反对青苗法摧抑兼并。苏辙的《诗病五事》一文云：“王介甫小丈夫也，不忍贫民而深疾富民，志欲破富民以惠贫民，不知其不可也。方其未得志也，为《兼并》之诗……及其得志，专以此为事，设青苗法以夺富民之利，民无贫富，两税之外皆重出息十二，吏缘为奸至倍息，公私皆病矣。”[③]司马光云：“善治财者，养其所自来，而收其所有余，故用之不竭而上下交足也。不善治财者反此。夫农工商贾者，财之所自来也。农尽力，则田善收而谷有余矣；工尽巧，则器斯坚而用有余矣。商贾流通，则有无交而货有余矣。彼有余而我取之，虽多不病矣。”[④]苏轼则认为“广取以给用，不如节用以廉取之为易”[⑤]，主张汰除冗官冗兵和减轻各种征敛，废除政府控制的各项专利制度。陈亮生活于南宋，吸纳各家，对王安石变法进行了更为全面系统的批判。

---

① 陈亮：《陈亮集》(增订本)卷一二“四弊”，邓广铭点校，中华书局1987年版。

② 陈亮：《陈亮集》(增订本)卷一四“策问·问古今财用出入之变”，邓广铭点校，中华书局1987年版。

③ 苏辙：《栾城集》三集卷八“诗病五事”，曾枣庄、马德富校点，上海古籍出版社1987年版。

④ 司马光：《司马光奏议》卷八，王根林点校，山西人民出版社1986年版。

⑤ 苏轼：《明成化本东坡七集》之《应诏集》卷四“策别”，国家图书馆出版社2019年版。

三、陈亮经济思想对当代的启示

朱熹与陆九渊等道德性命学者在王安石变法失败后总结教训，认为内圣之学较之于事功的外王之学具有绝对的优先性。陈亮继承了李觏、王安石的事功思想，创立了永康学派。“是时陈同甫亮又崛兴于永康，无所承接，然其为学，俱以读书经济为事，嗤黜空疏、随人牙后谈性命者以为灰埃。”[①]陈亮以事功之学为本源，对王安石改革进行了客观审察，并进行理性批判和驳正，从养民角度提出了系统的经济和民生思想，主张重视农业、发展商业、改革财税，以应社会现实之需和百姓冀求。他极力强调“其政出于为民”[②]，认为只有以民为本，才能更好地实现富国强兵。相对于其他思想家，陈亮的思想更具现实性。在财税观上，重新论证了“藏富于民”的富民思想，主张“薄赋节用”，从“取”和“用”两个关系命题出发对赋税征收和理财之法做了思辨性论述。在商业观上，主张“农商相藉”，论证了商业利民的合理性，提出“农商本一体”的主张。在农业观上，倡导厚本兴农，爱养民力，强调农业资本的优化配置，使富民与重农相结合。这些方面至今也值得我们深思，今日之政治仍未实现这一目标。

熙宁变法对财政国家的建立也有不少启示。在分析“税收国家”这一概念时，熊彼特(Jeseph Alois Schumpeter)曾特意加上“危机”概念，其论文名为《税收国家的危机》。该文一开始就强调，中央集权型政府特别是税收国家的出现，是君主面临持久的财政危机和沉重的债务负担被迫不断尝试创新的结果，最终使现代国家崛起。他还特别指出，要区分制度运作的事件性(偶然性)崩溃和制度运行原则的内在冲突导致的必然性失败，才不至于将税收国家的进步和作为其成立背景和演进动力的全面性财政危机混淆在一起。[③] 宋代财政政策的核心特点与在某一时期推行的竭泽而渔的理财之术

---

① 黄宗羲辑，全祖望订补，冯云濠、王梓材校正：《宋元学案》卷五六“龙川学案”，《续修四库全书》第519册，上海古籍出版社1995年版。

② 陈亮：《陈亮集》(增订本)卷三“问答上”，邓广铭点校，中华书局1987年版。

③ Joseph Alois Schumpeter: *The Crisis of the Tax State*, INTERNATIONAL ECONOMIC PAPERS, No. 4(1954).

当然是有区别的。某一时段募兵制引发的公共财政扩张也许是过度的，但是与税收货币化特别是榷卖制度并行而来的财政危机也是国家能力创新提升的必要背景。我们不能否认税收(财政)国家机制对社会发展的巨大推动作用，但防范其危机却始终是难以解决的历史课题。改革往往肇因于政府缺钱，而改革越多政府却越缺钱，政府发展经济和与民争利扩大税基的动力不断增强，最后却换来经济发达与社会贫困、生态环境恶化并存的悖论。现代发达国家甚至还可能是收不抵支的债务国家。这个结在古代集权或专制政体缺乏民主制约的条件下不可解，即便在现代民主社会也是难题。在这种意义上，对王安石或也可以有更多的理解和体谅，但是总是需要客观认识、恰当解释和尽力把握的，而不能盲目肯定、模仿乃至于盲从。陈亮的功利思想总体上局限于"富国"层面，但对王安石改革的问题进行批判驳正，尤其是将国家与社会或百姓联系起来思考在思想进路上是先进的，这在今天也是值得借鉴的。

尽管庆历新政和熙宁变法都失败了，但它们显示了宋代君主和士人勇于作为、人格磊落的一面。范仲淹"先天下之忧而忧，后天下之乐而乐""居庙堂之高则忧其民，处江湖之远则忧其君""不以物喜，不以己悲"[①]"宁鸣而死，不默而生"[②]的仁人志士节操，山高水长。范仲淹一生因坚持原则3次被贬，始终"不以毁誉累其心，不以宠辱更其守"[③]。每贬一次，时人都赞他"光"(光耀)一次，依次称之为"极光""愈光""尤光"。他在后世甚至得到从祀于历代帝王的人臣最高评价和荣誉。而即使是历史上风评褒贬不一的"拗相公"王安石，也是风骨凛然。元祐元年(1086)王安石去世，反对新法甚烈的宰相司马光身体已经非常不好，无法上朝，仍手书致函另外一位宰相吕公著，言"介甫(按：王安石)文章、节义过人处甚多，但性不晓事……今方矫其

---

① 范仲淹：《范仲淹全集》之《范文正公文集》卷三"岳阳楼记"，李勇先、刘琳、王蓉贵点校，中华书局2020年版。

② 范仲淹：《范仲淹全集》之《范文正公文集》卷一"灵乌赋"，李勇先、刘琳、王蓉贵点校，中华书局2020年版。

③ 范仲淹：《范仲淹全集》之《范文正公文集》卷一六"邠州谢上表"，李勇先、刘琳、王蓉贵点校，中华书局2020年版。

失、革其弊,不幸介甫谢世”,建议“朝廷特宜优加厚礼,以振起浮薄之风”①。王安石才华横溢、人格高尚,虽主持改革有失误,而司马光不以事论人,显示了一代政治家的胸怀和价值观念。引人深思的是,弊政恰恰可能来自好人的善意。不能因政废人,但如何行善政、良政需要倍加斟酌。陈亮将人与事乃至事之不同方面分开,对王安石和熙宁变法进行客观评价,用今天的话来说这是一种科学的学术态度。陈亮气锐文雄,他与宋学各家一样批评当朝政治,或证明宋代政治制度之可取。由于政见不同得罪了人和其他原因,陈亮曾三度入狱,绍熙四年(1193)仍被光宗擢为状元,受签书建康府判官公事,不过未及就任而逝,年五十二。正因为有这样的典范和先进的政治制度,有宋一代才有可能对改革进行多次驳正纠错。

---

① 李焘:《续资治通鉴长编》卷三七四,上海师范大学古籍研究所、华东师范大学古籍研究所点校,中华书局2004年版。

文学史观流变视野下的陈亮文学成就及影响

《长春师范大学学报》编辑部编审
邱　阳

很荣幸能在丹桂飘香的金秋时节、风景秀丽的皋亭山下，与大家共赴盛会，纪念陈亮诞辰880周年。陈亮的思想家、文学家身份，已经人所共知，对陈亮思想、文学的探讨、研究，千百年来也未曾中断，时至今日更是形成了一定规模和气候，在宋代思想和文学研究领域形成了一个具有相当影响力的研究阵地。当今时代，我们国家政治统一、经济发达、军事实力强盛，内足以安民、外足以御侮，这是八百多年前的陈同甫梦寐以求却一生求之未得的局面。生逢盛世，众多学者、文人济济一堂、共缅先贤，既是我辈的荣幸，亦是对陈同甫先生的最大告慰。

本次会议发起人——永康市陈亮研究会会长章锦水、浙江省社会科学院哲学所研究员张宏敏委托我对“文学视域中的陈亮”做一次发言，我接到任务之后诚惶诚恐，感觉非常惭愧，在座诸位专家学者的学识和能力在我之上者所在多有。而受此重托，却之又显不恭，只能不揣浅陋，谈一下个人在对陈亮进行研究过程中的感受和体会，请大家不吝指正。

由于陈亮传世诗作不多，别集中仅收录了四首。近年来一些学者通过辑佚，在不同文献中又发现了陈亮的一些佚诗，但这些佚作是否真正算是陈亮的作品还未得到学界的一致认可。2022年由上海古籍出版社出版的《陈亮集》收集的诗作仍然是四首，可作为明证。即使算上存疑的佚作，现存陈亮诗歌也仅有十余首。客观来说，陈亮在诗歌史上的影响还是有限的。所以，我主要从文章和词这两个方面谈一下陈亮的成就、影响以及学界的研究概况。

一、陈亮的文章成就及影响

陈亮与陈傅良同在太学期间（二十余岁）便以文章驰名天下，被时人并称为“二陈”。“龙川同调”倪朴称赞陈亮的文章成就说：“今之世以文章名天下，足下一人而已。”叶适称赞陈亮之文“极天下之奇险”。陈亮友人韩元吉之子韩淲称：“当今天下文章，陈亮、叶适。”可以看出陈亮的散文成就得到了时人的高度肯定与评价。元人方回称赞陈亮之文为“时文之雄”。明人方孝孺读陈亮上孝宗四书，“不觉慨然而叹，毛发森然上竖”。王文禄、袁宏道也分别称赞陈亮文章，“文之妙者，……宋得六人焉：李觏、司马光、苏洵、苏轼、陈无几、陈亮是也……”；“气魄豪荡，明允之亚”，更是将陈亮的散文成就抬到了全宋散文精英的地位。《四库全书总目提要》对陈亮的政论文、史论之雄放气势也予以认同：“就其文而论，则所谓开拓万古之心胸，推倒一时之豪杰者，殆非尽妄。”可以看出，当时和后世文人对陈亮的文章成就评价甚高。而陈亮本人亦颇自负，曾自诩“文中之虎”。单从数量来看，陈亮之文的数量占其别集作品的十分之九，其分量之重不言自明。但是受多重因素影响，历来学者多将目光聚焦于其以上孝宗皇帝四书及《中兴五论》为代表的政论上，称颂之词不绝于书，而对其史论、策问、序跋记文、表启书疏、墓志祭文等缺乏足够的关注。此外，对“时文”的概念以及“时文”与“古文”的区别，当前学界仍没有完全一致的意见。所以，今人对陈亮文章成就的认识更多地局限于其政论文，甚至有直接称呼其为“政论家”者。

基于陈亮文章数量庞大这一情况以及学界的研究现状，为了探讨陈亮在不同阶段的创作意图及其文学观念演变，我在博士论文《陈亮及其文学研究》中将陈亮的文章分为时文和古文，分别予以探讨。所谓“时文”，是指陈亮为准备科举考试而写作或用来指导士子的文章；而“古文”是指能自由抒发思想且富有文采的以散行单句为主要特征的传统体裁文章。在确定时文与古文分野的基础上，我将陈亮的时文分为四大类：一是史论，具体包括《酌古论》《史传序》《三国纪年》和《汉论》；二是十二道“问答”，主旨在于阐发圣人之道；三是策问，内容涉及人才培养、官员选拔、保护民生、治天下之道等方面；四是为数不多的其他时文，包括针对经书内容而阐扬思想见解的经论、针对现实问题而作的“策”和儒家经典导读——《经书发题》。同时，将陈亮的古文分为三大类：一是以《中兴五论》和四上孝宗皇帝书为代表的奏疏政论；二是祭悼之文，包括数量较大的墓志和祭文；三是其他古文，包括序跋、祝祷之文以及少量韵文。在此基础上对陈亮的文章观进行总结。不论在时文还是古文创作方面，陈亮皆秉持儒家立场，力图使文章发挥补世道、振奋人心、补偏救弊、传承儒道等的积极作用。在此过程中，其“文以载道”的主张得到充分展现。这一主张，与北宋以来儒家学者积极倡导的宗经明道、经世致用是一脉相承的。

总体而言，陈亮的时文成就不及陈傅良，古文成就不及吕祖谦、叶适，但这并不影响他成为南宋文学史乃至中国文学史上的名家。生当南宋乾淳时期，陈亮与当时第一流的文人皆有密切交往，共同促成了乾淳文坛盛世局面之形成。这是陈亮之幸，也是中国文学之幸。

二、陈亮“龙川词”的成就及影响

在南宋文坛，陈亮不仅以文闻名，且兼擅词的创作。千载以下，其词人身份甚或较其文章作家身份更为大众所津津乐道。今本《陈亮集》仅录陈亮传世词作74首，因此单以数量而论，陈亮并非高产词人。对于“龙川词”的成就，历代评论更是褒贬不一。称赞者说其词“疏宕有致”(周密)、“若天衣飞扬，满壁飞动”(张德瀛)、“作词乃复幽秀”(徐铣)、“感奋淋漓，眷怀君国”(刘师培)；否定者说其词“极不工，不可晓”(陈振孙)、“合者寥寥，则去稼轩远矣”(陈廷焯)、“骨理粗”(沈增植)。对陈亮词总体评价不高的晚清著名词家陈廷焯亦未对其词做全面否定，他在评论陈亮《水调歌头·送章德茂大卿使虏》一词时说：“精警奇肆，几于握拳透爪。可作中兴露布读。”对陈亮词作中洋溢的高昂爱国情怀给予了充分肯定。可见在对陈亮词的评价方面，历代学者存在较大分歧。褒者扬之入天，贬者语带鄙夷。这种现象不得不让我们深思：对于同一词人的词作，后世评价为何反差如此巨大？要解答这一问题，须从词评家的评判标准入手。距陈亮生活时代较近的陈振孙在词学观方面主雅声、反俚俗，要求词不仅文采艳丽，且应合乐谱、切声律。此外，陈振孙在品评词人作品时间杂有对词人品格的评判。连柳永这样“音律谐婉，语意妥帖”的词人尚且被陈振孙视为“词格不高，其人不足道”，陈亮这种性格粗豪，并不着意于作雅词的词人得到陈振孙的恶评亦属必然。到了明代，张綖在《诗余图谱》中提出词体二分法，即婉约与豪放，对后世产生了深远影响。张綖所谓“婉约”与“豪放”本来是指词体，清人王士祯则在《花草蒙拾》中将张綖之语强改为“词派”，说：“张南湖论词派有二，一曰婉约，二曰豪放……婉约以易安为宗，豪放惟幼安称首。”至此，将词分为婉约、豪放两派，并相应地将词人划归两大阵营，成为数百年来相沿之文学史抒写传统。此外，四库馆臣的推波助澜及近代以来风云变幻的政治局势，使辛派词人渐成词史研究一大热门。而陈亮词从饱受争议到逐渐跻身辛派词人研究核心圈位置，其背后反映的是词评家评判标准的变迁。

明代著名藏书家、出版家毛晋面对陈亮“龙川词”散佚严重的情况，已经意识到“龙川词风”并不单一这个事实。然而近代以来国家多难、政治斗争接连不断，客观上促使诸多学者将兴趣聚焦于辛派词人及其慷慨激昂的抗金爱国词作，对陈亮及其词作的研究也正是在20世纪渐成热点并蔚为大观的。

陈亮是辛派词人群中的重要成员，如今这已成为词学界的共识，然而学界对陈亮在词史中地位的重视与对辛派词人的整体关注是不同步的。“对辛派词人的全面关注应在20世纪以来，主要标志是一系列文学史和词史的出现。”比如胡适的《国语文学史》中多次出现“辛派”这一表述，“这种称谓对后世文学史起了话语典范作用”。胡云翼的《宋词研究》作为“词学史上第一部系统全面研究宋词的专著”，也列专章讨论“辛派的词人”。然而尴尬的是，这两部在20世纪具有开山意义的著作对陈亮均采取几乎无视之态度。胡适的《国语文学史》这样写道：“南宋的‘时代的文学’自然是陆游、杨万里的诗与辛弃疾一派的词。张孝祥（于湖词）、张元干（芦川词）、陈亮（龙川词）、刘过（龙州词）、刘克庄（后村词）都属于这一派。”除了这句一笔带过的表述外，胡适对“龙川词”再未着墨。也许因为在胡适眼中，“逼真辛派”词人是刘过，因而他对陈亮的关注似乎颇为吝啬。胡云翼的《宋词研究》则直言：“属于辛弃疾一派的词人，有陆游、刘过、刘克庄。”陈亮的姓名甚至都未见诸其笔端。与这两位胡姓著名学者态度相仿，民国时期的文学史及词史著作谈及辛派词人时对陈亮采取忽视甚至无视态度并非个案。比如王易的《词曲史》介绍张孝祥、范成大、陆游、刘过与刘克庄词后说道:"辛派尚有……陈亮字同甫,永康人,有龙川词。"郑振铎的《插图本中国文学史》将陆游视为与辛弃疾齐名的词人,对陈亮也是一语带过。陆侃如、冯沅君的《中国文学史简编》叙述辛派词人,亦仅叙"最负盛名"的四人:朱敦儒、陆游、刘过、刘克庄。钱基博的《中国文学史》对陈亮稍有提及,但仅将其作为朱熹、吕祖谦之附庸,略阐其为学、为文的特点且评价不高,对其词则只字未提。可见民国时期的文学史家对辛派词人群具体成员的理解虽略有差异,但对陈亮在该群体内的地位普遍认同度不高。

新中国成立后,文学史及词史著作一改此前风貌,陈亮一跃而升至辛派词人群除稼轩以外主力成员之位置。比如刘大杰的《中国文学发展史》将陈亮视为辛派词人最重要成员的理由是其"和辛弃疾同时,并和辛有深厚的友谊,有共同的政治抱负,有共同的词风",而颇受民国文学史家青睐的陆游、刘过退居辛派附庸地位。其后,游国恩版《中国文学史》,章培恒、骆玉明版《中国文学史》,陶尔夫、刘敬圻的《南宋词史》,刘扬忠的《唐宋词流派史》等影响较大的文学史、词史著作均将陈亮视为辛派词人群最重要成员;程千帆、吴新雷的《两宋文学史》,杨海明的《唐宋词史》等著中,陈亮在叙述次序上亦被高置于辛派词人第二位(仅次于辛弃疾)。

陈亮在20世纪前后半叶文学史及词史著作中的巨大反差,在一定程度上反映了文学史家研究观念的变化,当然这也和政治环境的变迁具有相当紧密的关系。不可否认,在战乱频仍的时代,吟唱爱国词作,对其倾注更多研究热情,确实可以起到振衰起懦、引领时代风潮的积极作用,但身处和平年代的学者更应多一份冷静、多一番思考。毕竟,词史上大部分词人的风格并不是单一的。只以一种面目视古人,既是对古人之不恭,亦是对今人的不负责。何况,所谓豪放词并不是陈亮全部词作之主流,其咏物、羁旅、艳情等题材词作,与其抗金爱国词中高喊"于中应有,一个半个耻臣戎"的风格截然不同,其境界甚至不逊色于婉约名家。

陈亮凭借为数不多的感情激越的抗金爱国词而历来为人称道,从而跻身辛派词人群骨干成员位置。他主张词作应重视韵律和节奏,并借用黄庭坚之语,认为词中佳作应做到"抑扬顿挫,能动摇人心"。在宋代文人作词逐渐脱离声律束缚,尤其是南宋恶劣的政治军事环境使词这一文体逐渐走向案头化道路的过程中，陈亮这位向来被视为辛派豪放词人的作家，其推尊词体、重视音律的词学观竟与南渡词人尤其是李清照一息相通，这是一件耐人寻味之事。然而陈亮在推尊词体、重视音律方面的词学主张比李清照要模糊一些，他并没有提出切实可行的具体创作指南，甚至并未完全践行自己的创作主张，散文化、议论化、口语化的句式入词及不注重平仄等疏失使其相当一部分词作失去了词体应有之美感。对词作数量本就不丰的陈亮而言，这些弊病是其难以位列一流词人队伍的重要原因。值得一提的是，章锦水会长结合自己的作诗经验和对陈亮作品的深入品读，近年来对陈亮词进行了一番系统的诗译工作。名为“译”，实际上是在尊重原作内涵的基础上对陈亮词的意境进行深入阐发，并寄寓了自己的情怀和抱负。章会长此举既是在跟八百多年前的陈亮进行对话，也为传承发扬陈亮文化做出了积极贡献。

三、陈亮研究展望

我在博士论文后记中曾这样写道：“在中国思想史、文学史上，陈亮是一个极其特殊的存在。无论为人、为学还是为诗、为词，陈亮在当时及后世皆不乏真诚的赏识者及激烈的反对者。……相对于其为人、为学、为诗、为词而言，陈亮在为文方面所受的争议最少，这在一定程度上说明了其文章成就之高，同时在一定程度上反映出当今学界对南宋文章研究的热度尚不算高。”陈亮生活的时代（主要是孝宗时期）是宋代散文继北宋六大家之后的第二个高潮期，这一时期散文作家人数众多、作品卷帙浩繁，个人散文作品之富甚至略胜于北宋散文作家，因此孝宗时期也被学界称为“宋文的中兴期”。在北宋散文始终作为研究热点、南宋散文关注度持续提升的时代背景下，应该如何加强南北宋散文的对比研究，或者说从影响和接受角度更多关注南北宋散文之间的继承和演变轨迹，或许是今后学界应该认真思考并努力探索的课题。

陈亮词的研究也面临同样的局面。陈亮作为个案的重要词人，其词作在学术繁荣的今天几乎已经被“一网打尽”，留给年轻学人的突破空间非常有限。所以，未来的陈亮词研究只能放在更宽广的视域下进行。可以预料，未来涉及陈亮词的比较研究、群体研究、跨学科研究将不断涌现。

浅谈陈亮思想的现实价值

——以“王霸义利之辨”为中心

浙江省司法厅原副巡视员

潘广俊

陈亮(1143—1194),字同甫,号龙川,南宋时期著名的思想家、文学家、教育家,是浙东永康学派的创始人。陈亮与朱熹的“王霸义利之辨”,作为陈亮学术思想最为集中的一次表达,不但相对系统地阐述了宋代“浙学”的核心思想内容,更是两宋性理之学与事功之学论战的最高峰。我通过学习陈亮思想,结合自己长期从事的法治建设实践和社会治理工作,谈谈对其思想现实价值的认识,旨在抛砖引玉。

一、当代发展视角下的陈亮思想意义

陈亮思想研究的意义不仅在学术研究方面,陈亮所体现的家国情怀、民本意识、经济理论、法治思想等,是宋韵文化的核心精髓,是浙江精神的重要渊源,也与社会主义核心价值观相吻合。陈亮主张“义利双行,王霸并用”(朱熹评语),永嘉学派代表人物陈傅良将陈亮之学的特质归纳为:“功到成处,便是有德;事到济处,便是有理。”与“求真务实”的浙江精神在思想内核上是一脉相承的。研究“王霸义利之辨”思想内涵,交流“经世致用、求真务实”的可贵精神、历史地位和时代价值,有助于我们更好地总结浙江经验,提炼“浙江精神”,为浙江经济发展、社会进步、文化繁荣提供重要的精神动力。

(一)“义利王霸之辨”源起

南宋孝宗淳熙九年(1182)正月,陈亮与朱熹初次相见之后,陈亮向朱熹寄去《问答》十篇、策论两道,王霸义利之辨的直接导火索是其中的一道策论

《问皇帝王霸之道》，朱熹和陈亮这次具有历史意义的辩论也由此得名。淳熙十一年(1184)春，陈亮因受乡人诬告而被送进牢房，做了将近百日的囚徒才获释放。朱熹闻悉陈亮入狱时并未设法营救，事后给陈亮写信进行规劝，要陈亮“绌去义利双行、王霸并用之说，而从事于惩忿窒欲、迁善改过之事”。陈亮针对朱熹奉劝，提出一系列反驳和诘难，双方进行数轮书信辩论，持续将近三年之久，最终不了了之。它是南宋思想界一起重要事件，在当时思想界搅起了一大波澜，对此后思想界也具有很大影响。

(二)“理一分殊”下辩证唯物观

在儒家重义轻利的传统和程朱“理一分殊”的辩证框架下，陈亮试图用荀子的儒学范式释解“义”与“利”、“王”与“霸”之间的张力。“王霸义利之辨”涉及性理之学的两个关键论证：第一，“天理”是具备价值意义的道德本体；第二，在性理之学的逻辑中，“天理”是与人性相通的。朱熹将人性等同于天理，认为天理是人性的形而上根本标准，而人性则是天理的形而下体现。陈亮在《论·勉强行道大有功》中指出：“天下岂有道外之事哉，而人心之危不可一息而不操也。不操其心，而纵容乎声、色、货、利之境，以泛应乎一日万机之繁，而责事之不效，亦可谓失其本矣。”陈亮认为治理天下离不开对欲望、功利的把握和运用，强调“道”的运行离不开具体的事物，“道”是道德与功利的统一。功利对于道德而言是必要的，要实现道德，关键的问题不是不切实地去消灭欲望和功利，而是使它们“得其正”。

(三)“义本利末”下的功利思想

“王霸义利之辨”中，朱熹的立场代表中国人日常思维中一种普遍的“非黑即白”的二分法以及对动机的高度关注，对陈亮的“金银钢铁”之喻进行批评。陈亮思想基本特征体现在：首先，“义”与“利”都是本体——“气”(事物)的组成部分；其次，在“义”“王”对应，“利”“霸”对应的框架下，虽然“义”与“利”、“王”与“霸”之间可以并存，但并不认为这两种不同的体系是互不影响和互不干涉的，而是强调“义”对“利”、“王”对“霸”具有“本”的主导作用。就“义”与“利”关系问题，陈亮并没认可朱熹“义利双行”的批评，而是强调两者之间不矛盾，功利对于道德而言是必要的，并非要在伦理层面突破“义本利末”的儒家底线。而陈傅良的总结——“功到成处，便是有德；事到济处，便是有理”，更接近陈亮本意。后人对永康学派、永嘉学派的义利观认识往往是片面的，甚至是错误的，认为“利”重于“义”，这既与历史事实不符，也不利于社会主义精神文明建设。特别是永康、温州理论界学者和民众，在商品经济快速发展的氛围中，要重申陈亮对“义”的主导作用，澄清现实社会中一些人认为经济利益高于一切的错误思想。

（四）现实政治中保守与改革的分歧

陈亮在“王霸义利之辨”中表达三个方面思想：第一，天理不在形而上世界中，不是虚空世界的本体，而是现实世界的规律；第二，既然“天理”是客观的、经验的规律，那么统治者就不能坐而等待“天理”的决定性作用，要积极地运用自身的主观能动性与客观力量来进行政治治理；第三，在主动积极的治理活动中，统治者要把握功利的规律，从而有为、有效地调动天下、成就事功。陈亮不仅仅看到南宋统治的弊病，并且深刻指出这些弊病的意识形态根源，就是盲目崇拜“天理”，贬低现实功能与功利的性理之学。这对当前坚持实事求是学风、批评形式主义具有现实意义。

二、推进宋韵文化研究中的陈亮思想价值

习近平同志在《与时俱进的浙江精神》中强调：“尤其是南宋定都杭州以后，风云际会，政治调整、经济更新、文化重建等各种要素的整合，将两浙地区的社会整体发展提升到了全国的最高水平，并在这个基础上造就了各领域的人才精英群体。”近年来浙江省委十分重视文化建设，宋韵文化是其中的重要内容。以朱熹为代表的理学、以陆九渊为代表的心学、以吕祖谦为代表的金华学派、以陈亮为代表的永康学派、以叶适为代表的永嘉事功学派，呈现出生机勃勃、百家争鸣的活跃局面。以陈亮为代表的永康学派、以叶适为代表的永嘉事功学派独树一帜，把功利主义学说推向一个新水平，确立了与理学、心学鼎足而立的地位。

反对轻视功利，反对空谈义理，注重在实际事物上的功用和效果，这是陈亮事功之学的根本特点。“浙学”的本质就是“事功实学”，“实”字，也是浙

江精神一以贯之之道。习近平同志对浙江新期望中的“干在实处永无止境”，浙江精神表述语中的“求真务实”，浙江党员干部“唯实惟先、善作善成”的团队文化，均有一个实处。《浙江历史人文读本》(金声玉振卷)总结出浙江历史八种文化精神，其中包括义利双行、达观通变的商业伦理。陈亮事功之学对浙江历史传统文化精神影响较大，然而与其学术地位不相称的是关注陈亮、研究陈亮的文章不多，这亟待重视。近日，我通过“中国知网”查询：研究朱熹的文章有10900篇，研究王阳明的文章有6543篇，研究陈亮的文章有964篇，研究叶适的文章有714篇，研究陈傅良的文章有141篇。

弘扬和提升陈亮思想影响力，助推新时代“浙学精神”的文化建设。永康市重视陈亮思想研究，开工建设陈亮文化馆，打造浙江宋韵文化展示高地，以五峰书院为陈亮文化的物质载体和平台，在龙川公园以通俗图文形式传播陈亮事迹，弘扬优秀传统文化。要在历史长河中获得更多的权威史实，站在时代高度了解陈亮活动轨迹史料，这是陈亮思想研究者共同面对的任务与挑战。比如将陈亮与朱熹辩论“王霸义利”问题的书信用白话文通俗化，让更多人系统学习了解其精神内核，推进陈亮思想历史文化研究进程。

三、借鉴陈亮思想推进国家治理现代化和法治浙江建设

国家治理现代化是我国政府治理方式的重大创新，党的十九届三中全会部署“坚持和完善中国特色社会主义制度推进国家治理体系和治理能力现代化”治国方略。宋代士人群体的努力及其取得的成就，使得儒家思想切实渗透进社会民众的日常生活，他们下沉乡村，致力于与国家政权相疏离的乡村社会秩序的重建，使地方自治力量得以成长，也有效加强了基层社会的凝聚力与稳定性。宋代十分注重内治，其职官制度、科举制度、监察制度、法律制度及军事制度等一整套政治制度，整体运行呈现“上下相维，轻重相制，如身之使臂，臂之使指”的良好局面。鉴古知今，研究陈亮思想，能够传承“开放包容”的社会品格，健全共建共治共享的社会治理制度，政府在基层治理中能做到“更少的强制，更多的同意”，“寓管理于服务之中”，提升社会治理效能。

借鉴历史“王道”与“霸道”并用的经验，深化我省“自治、法治、德治、智

治”相结合的基层社会治理创新。“王道”与“霸道”是儒家论证的经典问题，“王道”就是以道德的动机、措施进行政治治理，“霸道”则是以功利的动机、措施进行政治治理。传统中国在2000多年的治国理政过程经常在两者之间摇摆，有时涉及《周礼》与《春秋》的对立。两者的关键区别在于是否强调以道德规范进行政治统治，《周礼》通过展示国家领袖在建立一系列政治、经济和社会制度方面的积极领导来颂扬古时的周朝，这些制度规范人民生活各个方面；《春秋》是指导政治行为的主要经典，为通过孔子本人肯定的道德原则来评判行为树立典范，这些道德原则被认为是万世通用的普遍真理。社会文明进步仅靠法制不能解决社会的所有问题，唐朝的《唐律疏议》提出“德礼为政教之本，刑法为政教之用”。“自治、法治、德治”相结合的治理模式与“德礼政刑”的多维度社会治理模式有相通之处，这项治理模式源于2013年浙江省桐乡市，被写入党的十九大报告，是法治浙江的创新亮点。在推进法治浙江建设进程中，陈亮的“明德慎罚，简法轻刑；礼法交修，归于王道；德法相辅，以人行法；以法经世，尚功通变”的法制思想有待进一步挖掘。要结合当地实际，发挥自治基础、法治保障、德治引领、科技支撑作用。创新自治基础作用方式，要完善村民自治机制，加强村民自治组织建设，创新发展武义“后陈经验”；丰富村民自治形式，推广象山“村民说事”制度，充分发挥村民议事会、村民理事会等的作用，不断丰富基层民主协商的实现形式。

四、用系统工程思维弘扬陈亮的优秀思想

“王霸义利之辨”是陈亮学术思想的基本特征，陈亮作《中兴五论》提出一系列富民强国、抗金雪耻的政治军事主张，注重事业功利，重视国计民生的“事功之学”，涉及领域广。要在党委政府领导下，各方力量积极参与，以“究天人之际，通古今之变”态度，揭示陈亮思想价值，指导服务于现实社会的发展进步。

（一）以整体思维研究陈亮思想的当代学术价值

整体思维，即践行“一盘棋”理念，使陈亮思想学术研究从“碎片化”转变为“一体化”。一是放在宋朝以来的社会发展中进行综述研究。宋朝重视制

度设计，开放包容的社会风貌，繁荣发展的商品经济，百姓过着丰盈快乐的生活，彰显人文之美、生态之美、和睦之美。研究陈亮思想要在宋朝学术思想领域思辨之韵的背景下展开，丰富宋韵文化内涵。二是放在推进法治浙江建设和基层治理现代化背景下研究。以法治建设为例，要按照浙江省委坚持的利民为本、法治为基、整体智治、高效协同的理念，努力建成科学立法、严格执法、公正司法、全民守法，全社会既规范有序、又充满活力的法治浙江。三是放在金华、永康与温州、瑞安、永嘉等不同地域进行研究。研究陈亮思想必须要打破观念的局限，跳出小圈、融入大局，陈亮是事功之学的一棵大树，与永嘉学派的陈傅良、叶适等思想一并研究，就能成就事功之学的森林。两宋时期的功利思想对性理之学进行了有力批评，这些批评者包括温州地区的周行己、许景衡以及后来的陈傅良、陈亮等，他们从形而上"天理"怎么会决定形而下"人性"的问题出发，提出了一系列具有唯物色彩的观点。如周行己、许景衡是将"理"置于事物之中，而陈亮则是在"理"在事物之中的观点基础之上，进一步将功利置于天理之中，认为功利本身也是一种"理"，将两宋功利思想推向顶峰。

（二）以系统思维谋划陈亮思想的现实社会作用

系统思维，即坚持统筹兼顾，发挥综合效应，达到整体优化。要围绕国家大政方针，立足金华、永康本土文化开展研究。近年来，永康市创新发展"枫桥经验"，形成多元化解矛盾纠纷的"龙山经验"，获评浙江省改革突破提名奖。从历史维度来看，这项改革源自中国古代儒家法思想的"无讼"文化，在一定程度上反映出"永康学派""实事实功"回响千年的深厚底蕴。发挥文化铸魂作用，为建设"世界五金之都　品质活力永康"注入文化力量，改革创新，需要开放包容，大力弘扬新时代五金精神，唤醒"行担天下、义利并举"的永康基因，共建共享多赢理念、公平正义的法治精神，创造最优营商环境。

（三）以协同思维做好陈亮思想传播工作

协同思维，即突出职责分工有序、整体运转高效，实现地区、部门与个人、企业社会的联动。当地党委、政府领导统筹，发挥引导作用，落实具体单位工作任务，谋划实施。借助院校和科研机构学术优势，提升当代学术价值。依托新闻媒体传播功能，提升社会关注度。永康市工业发达，要引导企业界等乡贤，提供人脉、资金等支持，扩大影响力。利用市场经济力量，获得一定经济效益，弥补经费的不足。

总之，陈亮一生所学广博，在思想、政治、经济、法律、历史、文学等方面均有较深的造诣。我只是从“义利王霸之辨”着手讨论其现实价值，论述不全面、论据不一定准确、观点不成熟，班门弄斧，希望得到各位专家学者的批评指正，以深化自己对陈亮思想的认知。

陈亮生平事迹、学术交游研究，朱陈『王霸义利之辨』研究

陈亮和陈亮的事功学说

永康市陈亮研究会名誉会长

成立海

宋代,学术界呈现出百家争鸣的景象,经过士人的不懈努力,释、道衰微,儒学回归主导地位,却因侧重面不同,形成了以朱熹为代表的理学、以陆氏兄弟为代表的心学、以陈亮为代表的事功学三足鼎立的局面。理学讲求的是“正心诚意”的个人内心修养,消极面世,甘于现状,忘国仇家恨,乐居东南一隅,成为“风痹不知痛痒者”。陈亮从复仇驱虏、收复中原的现实出发,提出了事功学说,在社会上吹起一股强劲的飓风,挑战了理学的地位,产生了巨大的影响。

一、陈汝能求学

永康陈氏,大概来自吴兴。陈叔宝亡国,王室被隋俘获而押送开封,未被俘之王室遗族四处逃生,大约其中有来永康者,然而究竟都是谁避居永康,不得而知。因而陈后主之后至陈亮可上溯八代的陈通之前 200 多年时间,历史成为空白。

陈亮八世祖名陈通,居前黄,从事农业劳作。六世祖陈援生有四个儿子,陈家宗族开始壮大,陈援的第三子陈贺即为陈亮的高祖(五世祖),陈贺因早亡,而只留下一个儿子,名知元,为陈亮的曾祖。陈知元宣和(1119—1125)年间因为隶属武官,所以随武官赴开封防守京城。靖康元年十一月,金人攻陷京城,守卫京城的陈知元战死于固子门外,尸骨无存。时年,陈知元的长子、陈亮的祖父陈益年仅 14 岁。陈益少年时就以正直而豪放的性格、积极而向上的气概而自豪。其 20 岁时娶了本邑敦武郎、训武公黄琫之女为妻。妖贼炽甚时,黄琫以死捍卫乡里,是永康黄氏名人。陈益十分用心于读书习武，曾通过考试进入太学，专注于科举考试，然而每次考试都差那么一点点。文举不就，又改为武举，希望能在武事上奋斗出一番事业，但都没有如愿。

陈益发现了离前黄老家数里处有众山回环，若蹲若伏，地势有如藏龙之处的风水宝地，谓之“龙窟”。窟有水出，谓之“龙川”。陈益于绍兴初年举家迁徙于此。陈益有子次尹，成人后娶舅父、合门宣赞舍人、武经郎黄大圭之长女为妻。黄大圭“亦能擒虏别将以自见”（《龙川文集·周夫人黄氏墓志铭》卷之三十）。时年，黄大圭之女才13岁，次年生陈亮。陈益将科举及第的希望寄托于陈亮身上，一见孙子出生“目有芒”，心中窃喜，认为此子必能从众多士子中脱颖而出，拔得魁首。他给孙子取名为“汝能”，心中认定孙子定能科举中状元，还做了一个梦，梦见状元就是汝能，而且时不时地将梦境讲给人听，哪怕人家听了加以取笑也无所谓。

祖父、祖母将全部的希望寄托在孙子身上，于是亲自教育与抚养。陈亮稍懂事，他们就跟他讲曾祖在抗击金人中壮烈殉国的家仇和赵宋王朝的皇帝被掳、国土沦丧的国恨，还跟他讲外太公、外公以死捍卫乡里和擒拿金军别将的英雄故事，使得陈亮明白，以前家庭的不幸遭遇以及家庭今后的幸福，都与国家的乱和治、弱与强息息相关。陈益将平生所学倾囊相授，不仅让年纪轻轻的陈亮学习文化知识，而且也以武学相授，对孙子的超强的记忆力和敏捷的思辨力，心中赞许不已，深信祖坟与居住风水都将应验在陈亮身上。陈益常常陪着孙子躲进离家不远的山洞中读书，陪着孙子到不远处的普明寺与寺僧们交流。小小年纪的陈亮沉浸在知识的海洋里不能自拔。稍长，陈亮常常独自在山中读书，只要有所得，便与祖父或陈述或论辩。常常是边饮酒边讨论，喝酒喝得尽兴时，一讲到三国陈登屡破孙吴，周瑜大败曹操，就会高兴得大声喊叫，以吐露对英雄的赞许与感慨。

陈益孝敬尊长、慈爱晚辈、聪明机敏、勇敢果断，有着与生俱来的资质。然而，其晚年意志消沉，沉迷酒水，喝够酒就大声歌吟呼号，遇到客人，无论是谁，一定要与之尽醉而止。在陈亮的心里，祖父是一位了不起的人才，只是时运不济，湮没无闻。尤其是对自己的抚育培养所倾注的心血，陈亮铭刻于心。陈亮思想与性格形成都深受祖父的影响。

陈亮约在17岁时，就已知道这样的道理：“为士者必以文章行义自名，居官者必以政事书判自显，各务其实而极其所至，人各有能有不能，卒亦不敢强也。”于是陈亮来到了清渭何子刚的门下。何子刚，是陈亮真心钦佩的隐世高人。在陈亮心目中何子刚的形象十分完美。“以德不以力，以义不以势，此古今之通论，而无力无势者所借以安也。公家资数十万，不可谓无力矣；结姻于朝列，不可谓无势矣。而甘心自屈于乡之暴有力者，犹不必其势，悖言恶动，不与其较，则公之诚心为善，尚不以德义自居，而何问势力之所在乎！亮之心降而诚服，不可谓无所自也。”①

陈亮来到了何子刚的“馆舍”就学。何子刚对陈亮十分赏识，不把陈亮当作一般学子看，在学习、生活中加倍照顾，常常与陈亮对酒论学，不亦乐乎。

此间陈亮创作了留世的第一篇作品《谪仙歌》，倾尽了对李白的崇拜之情。

陈亮在何子刚处所得匪浅，不但在学问上得到指教，而且在为人处世上得以教益，并有了与乡贤元老游学的机会。开始虽然没有多少人了解自己，却得到了年长自己 17 岁的陈元嘉、年长自己 5 岁的应孟明和小自己 2 岁的徐子才的认可。陈元嘉的善于与人交往，应孟明的独善其身，徐子才的不随波逐流，陈亮认为都很值得自己学习。陈亮以狂放豪迈的姿势在“伯王大略，兵机利害”领域纵横自如，并重视语言修辞的学习，同时不失时机地从乡贤元老处获得知识营养。乡贤元老与同乡们有的因陈亮的直率、自负、傲气而对之鄙视，也有的因陈亮表现出不同常人的才华而嫉妒，但更多的却认为陈亮必定有出息而予以认可。陈亮常随祖父、父亲离家游学，开阔眼界，增长见识。

二、《酌古论》出惊郡守，事功学说露端倪

陈亮十八九岁就“慨然有经略四方之志”，常与大家谈古论今，探讨称王称霸的战略，钻研用兵计谋，总结前人战争得失。他将自己的学习、探讨、研究的心得记录下来，并以此为素材，写成了第一本书《酌古论》。这一年他才

① 陈亮：《龙川文集·祭何子刚文》卷二三，陈广寒、成立海点校。

19岁。

陈亮在《酌古论》序中开宗明义，提出了“文武之道一也”，说明了写作《酌古论》的目的。《序》云：

“文武之道一也，后世始歧而为二：文士专铅椠，武夫事剑楯。彼此相笑，求以相胜。天下无事则文士胜，有事则武夫胜。各有所长，时有所用，岂二者卒不可合耶？吾以谓文非铅椠也，必有处事之才；武非剑楯也，必有料敌之智。才智所在，一焉而已，凡后世所谓文武者，特其名也。

“吾鄙人也，剑楯之事，非其所习；铅椠之业，又非所长。独好伯王大略，兵机利害，颇若有自得于心者。故能于前史间窃窥英雄之所未及，与夫既已及之而前人未能别白者，乃从而论著之，使得失较然，可以观，可以法，可以戒，大则兴王，小则临敌，皆可以酌乎此也。命之曰《酌古论》。”

由序可见，他作《酌古论》的目的在于为“兴王”“临敌”提供借鉴，也就是在于“实用”。他从历史中发现英雄们没有涉及的、已经涉及的，而前人未能分辨明白的，并进行论辩著述，使远大谋略与机谋好坏得失一目了然。大处来说可以作为创立王家基业的借鉴，小处来说可以作为用兵对敌的借鉴。

陈亮认为文武之道应当合二为一，文道指人处事之才，武道指有料敌之智，而处事之才与料敌之智又为一事的两个方面。陈亮说自己没有世俗所谓的文和武之能，但于王霸大略与兵机利害却又自得于心。此时的陈亮就已经有了豪侠之气和恢复中原以建立功业的报国之情。《酌古论》首先强调了“人谋”在战争中的重要意义，提出“略不可仓卒制，功不可以侥幸成”；其次，强调了战略是战争胜败的关键，只有懂得“审敌情，料敌势，观天下之利害，识进取之缓急”之大战略，只有具备平定天下之能，又有统一天下之智，才能把握一统天下之机会；再次，提出有志于天下者的职责就是“除天下之患，安天下之民”；最后，辅佐君主的英雄必须能“以制天下之变，以息天下之争”，军事奇才乃“善攻者，攻敌之所不守”，“善守者，守敌之所不攻”，良将即“修德行义”“推诚示信”。总之，《酌古论》通过对历史人物事件的分析阐述，从谋天下的战略到具体的战役战术，从有志之帅、奇才良将到谋士，都进行了全面论述。从独特的角度提出具有创见性的观点，展露了陈亮的才能，也显示了陈亮军事思想中“以古鉴今”“古为今用”的基本特点，其中还可以看出这是陈亮希望报效国家的能力准备。《酌古论》也是陈亮关注“驱除外虏”

“收复中原”等国家大事的成果。陈亮认为金国侵占宋朝中原，导致宋朝丧权辱国，其祸根就在“借夷狄以平中国”的唐高祖、郭子仪、桑维翰。陈亮的激奋之情溢于言表，借对历史人物的抨击，斥责当时的主和派、投降派。

《酌古论》是陈亮的第一部著作，也是他的成名作。它代表了陈亮年轻时的军事思想。《酌古论》从战术的角度来谈论战争，强调军国大事之必然性，而否认偶然性，善于以严密的逻辑推理来展示解决问题的路径，体现了陈亮强烈的民族自信心和深刻的忧患意识。

《酌古论》一出，马上引起了广泛的关注。其同乡吕皓给陈亮写信说：“近见执事酌古著论，虽孙吴不能远过。”（吕皓《云溪稿·与陈龙川先生书》）吕皓给予了极高的评价。后来，《酌古论》传到了时任婺州知州的周葵耳中。周葵得到《酌古论》后，马上约见了陈亮，并对之提出疑问，与之进行了辩论。周葵为陈亮的才华而惊异，感叹说：“他日国士也。”于是陈亮成为婺州知州的尊贵客人。周葵有心对之进行培养，希望将陈亮培养成真正的“国士”。

周葵调任参知政事后，将陈亮带到了京城，为陈亮提供了广交各界、了解时政的机会。凡是进京向周葵请示汇报工作的，周葵都让这些大小官员先与陈亮相谈。在周葵的多方引荐下，陈亮在京得以“交一时豪俊”。周葵授陈亮《中庸》《大学》二书，并告之“读此可精性命之说”。陈亮开始专心攻读儒学经典，周葵亲自授课。陈亮“朝暮以听”，周葵“随事而诲”，陈亮感到“虽愚必灵”。周葵是陈亮人生道路上的重要导师，对陈亮的充分肯定，激发了陈亮向着“国士”目标努力的信心；周葵利用自己崇高的地位，将陈亮推入精英阶层，开阔了陈亮的视野和心胸；周葵的儒学启蒙，使陈亮进入一个新领域，潜心于研究，为以后创立“事功学说”打下了理论基础。

在京城客居周葵府第期间，20岁的陈亮参加了一次由转运司组织的考试——“漕试”，这次考试他虽然没有考上，却与同试“漕台”的吕祖谦结识，并结下了深挚的友谊。从此，二人展开了频繁深入且充满友情的学术交流。吕祖谦出身于家世显赫、家学深厚的官宦之家，创立婺州学派，与朱熹、张栻并称为“东南三贤”。其学术领域为中原文献之学，是以广大为心，以践履为实。他主张学者应摒除门户之见，做到泛观广接，多与异道相处，提倡践履，以用为学之最终目的。践履的内容为“成己”和“成物”。成己就是育德修身。人要通过学习而逐渐变化气质，使自己趋向于圣人之境。成物即指“振民”“临事”，提倡为有用之学。他竭力鼓励人们参与政事，反对独善其身；认识上提倡务实作风，达到明理躬行；提出“当如身在其中”的史学方法，从历史客观实际来分析和考察问题；在总结经验中，锻炼处世应事能力。他认为历史发展的沿革，在于君臣能否“合群策、集事功”，通“世务民情”。对于政治，他强调民为邦本和抗金雪耻，指出百弊俱极之时，只有进行改革，才能宁邦本、雪国耻。吕祖谦的这些思想对陈亮的事功思想形成与发展起着重要作用。

由于受到周葵的欣赏，陈亮的名气也越来越大。绍兴三十年登进士第的义乌何茂恭，虽然与陈亮素昧平生，却十分赞赏陈亮的才华，千方百计促成侄女何淑真与陈亮结秦晋之好。何茂恭家为义乌首富，此时的陈亮家境清贫，并且也未获取功名，亲戚朋友都认为这门亲事不合适。可是何茂恭坚定地认为错过陈亮这个良婿将是遗憾。何茂宏的妹夫武义刘叔向也竭力赞成这桩婚事，并催促陈亮父亲快送聘金早予订婚。何茂宏出于兄弟情义，答应了这桩婚事。1164年十一月，周葵罢参知政事。陈亮返回永康，父母让其完婚成家。次年，陈亮前往义乌成亲。

隆兴初，孝宗皇帝锐意恢复，出师渡江，虽初战获胜，终因李显忠与邵宏渊两将不协，导致符离兵溃。隆兴二年(1164)，宋金议和。乾道元年正月，送国书与金，宋纳岁币20万，称金皇帝为“叔”，孝宗自称“侄”。

宋金议和，朝野上下都很高兴，认为国家可以获得平安，而百姓可以休养生息。陈亮却认为这是丧权辱国。他针对抗金失败后的社会现况进行了深层次的思索。在陈亮看来，“创业之事，苟非上圣，必由英豪”，改变抗金失败的局面和恢复中原，需要皇帝的圣明之智和士大夫的英豪之才。陈亮编纂了《英豪录》等系列历史丛书，“备录古之英豪之行事，以当千里马之骨”。《中兴遗传》序指出“自己不能办却讨厌他人能办，而诬称天下没有人才，期冀国事一定不能成功”的现状，堵塞了发现人才、使用人才的道路。要行驱虏之事，成恢复中原之功，必须有各方面的英豪相辅。于是他编撰了利益不能变更其操守，名誉不能淹没其真心，“养性以安命、修道以成德”，不与颓波靡俗同流合污的《高士传》；殒首而不顾，扶国之倾身之危的《忠臣传》；有立人之大节，明君臣之大义的《义士传》；“智不劳而事迎解，功已成而无后患”的《谋臣传》；通两国之情，释仇而约，易憾而欢的《辩士传》。陈亮编著系列史传丛书，希望为统治者提供求贤之参酌。这表现了陈亮以实践之能作为人才标准的基本思想，同时袒露了自己为“雪国耻，复中原”建功立业之抱负。

义乌成亲可以说是陈亮人生的一个高峰。从祖父母的启蒙教育，到何子刚馆舍，再到客周葵府第，再与义乌首富家的千金结亲，一路走来，可以说是顺风顺水。然而，陈亮完婚后不久，母亲黄氏因病而故。此时，结婚花费，母亲生病求医问药的花费，使原本清贫的家境雪上加霜，陈亮再无力按照永康习俗安葬母亲，只能把母亲的棺材停放于草房中，等到有经济能力时再进行安葬。宋朝习俗，父母亡故须守丧三年。而在守丧期间，陈亮父亲又陷入监牢。乾道二年(1166)，陈亮家童杀了人。这个被杀的人恰巧曾经侮辱过陈亮父亲，于是其亲属怀疑该家童是受陈亮父亲指使。于是报官府，官府抓了人。官府对家童严刑拷打，家童多次被打得昏死过去，又被水喷醒过来，然而始终没有屈服，没有招供诬陷陈亮父亲。但官府还是将陈亮父亲送往婺州的监狱中关押。祖母、祖父经受不了这样沉重的打击，分别于乾道三年六月和十二月相继谢世。陈亮坠入了苦难的深渊。祖父、祖母入殓后，三具棺材停放于草房中。面对悲惨境况，凄苦无言。自幼生长于富贵之家的妻子何淑真被接回义乌娘家，弟弟陈充也带着妻子离开家而居住到路边的小屋子里。此时，陈亮无法拘守于居家守丧的古礼，为营救父亲四处奔走。陈亮凭借客居京城所结交的人脉关系，最后找到了右丞相叶衡、刑部侍郎汪大猷和吏部侍郎陈俊卿，在他们的援助下，终于为父亲洗清了不白之冤，父亲于乾道四年(1168)四月十二日出狱。父亲出狱后，陈亮专门作谢启，感谢两位侍郎的援救之恩。

但此时，陈亮的家庭已经山穷水尽，“三丧未葬，而无寸土可耕”①。陈亮心心念念通过科举考试一途改变境况。

三、穷史究经溯本源，上书皇帝《中兴五论》，事功学说已初成

乾道四年(1168)九月，陈亮第一次参加婺州组织的选拔考试，取得了第

① 《龙川文集·与叶丞相又书》卷二一，陈广寒、成立海点校。

一名的成绩，被有司录取，成为太学生。

次年，陈亮以婺州解元的身份被推荐参加礼部的考试，希望通过考试，获得进见孝宗皇帝的机会，为朝廷贡献自己的才智。出乎意料的是，陈亮因答卷不为考官认可而落第，陈亮只能“索手东归”。回永康后，陈亮对自己的所学进行了深刻的反思，坚信自己对今天的朝廷的恢复大计是有补益的，对孝宗皇帝的决策一定会有帮助。强烈的使命感与责任感，促使陈亮排除疑虑，毅然进京“输肝胆，效情愫”，上书孝宗皇帝，进献《中兴五论》。《中兴论》阐明了“治国之大体，谋敌之大略”。根据南宋存在的政治弊端，提出了政治、经济、财政、军事、科举等体制改革的主张。根据宋金双方的军事形势，主张重镇荆楚襄阳，迁都建业，筑行宫于武昌，充分利用地形之大势，形成军事上对敌的阻碍与限制，促成形势向有利于我方转变，进而达到恢复中原的目的。针对孝宗皇帝的专权、事事躬亲、大臣缺责的现况，陈亮在《论开诚之道》中提出了对人才“虚怀易虑，开心见诚，疑则勿用，用则勿疑”“任其事，勿间其言”的主张，《论执要之道》《论励臣之道》《论正体之道》主张君主应“总揽权纲”，分权于大臣；强调君主须以身作则，励精图治，上下同心，君臣一体，君仁臣忠，“君行恩，臣行令”，君臣形成和谐的政治局面，才有凝聚力。陈亮针对现实，提出变弊为利的改革主张；认为只有君臣形成合力，才有望实现恢复中原之功。

虽然上书没有任何结果，但从中可以看到陈亮第一次明确表达了对国家政治的根本观点，表现出其对国家政局敏锐的洞察力与准确的判断力，也体现了其求真务实的政治主张。

上了《中兴五论》后，陈亮在太学居住了一段时间，钻研理学经典，并跟祭酒芮烨学《易》，跟郑伯熊学经义。

乾道七年(1171)秋，陈亮赴临安，参加国子监组织的考试，同样未被录取。陈亮再次上书孝宗皇帝：请皇帝迁都金陵，以系中原人民的期盼；全部清除钱塘的浮华奢侈风气，君臣上下脚踏实地做实事，担当起恢复中原的重任；像现在这样苟安于东海一角落，士大夫沉溺在湖山风光和歌舞娱乐中，这不是祖宗们希望看到的。“况有大纲大领，又非纸笔所能尽。宜谕宰臣，呼臣至都堂，应所以问。”①孝宗皇帝让丞相虞允文召陈亮到都堂，问大纲领的内容。允文召亮问，陈亮回答说：“先罢科举。百余年朝廷内外专以厉兵秣马为务，以实心实意行实事，庶几良机至而可为。秀才徒能多言，无补于事。”②允文很赞同陈亮的意见，而状元出身的参政梁克家不认可。次日朝堂上，孝宗向允文询问情况，允文还没有上奏，克家就抢着说：“只不过是秀才说说罢了。”③孝宗听了沉默无言。这次陈亮不仅给孝宗皇帝上书，提出了“实心实意行实事”的观点，还给虞允文丞相上书道：“公忠贯日月，采石之勋已著。而规恢之任，在公一身，若迁延岁月而不是究是图，何以系中原士民之望？何以雪祖宗二百年之辱？何以副主上宵旰之托？当丞相有可为之时，尚不能为，则后之人子安能为此哉？”④次年九月，虞允文罢相，充四川宣抚使，“累欲表亮以舍法，特补官入幕府。亮对众辞焉，曰：‘候丞相进取中原，亮赴廷对，为汴京状首！’允文击节再三”⑤。与虞允文凛然正气的对话，足见陈亮对“报仇复土”的期望和冲天豪气。

当时几年讲学之风极盛，南宋先后出现了250多家书院。各种学术门派大讲其学，在朝任职的张栻、吕祖谦、朱熹也都纷纷开办书院，收徒讲学，同时出现了一种趋势附和的不良风气。而陈亮为自己不宣传事功之学感到自责，决定向他们学习，于乾道八年(1172)，开始聚徒讲学，宣传自己的思想。

陈亮将学习所得融入为教授学生编写的教材，分别作《书经》《诗经》《周礼》《春秋》《礼记》《论语》《孟子》等儒学经典发题。陈亮认为《书经》是古代历史的记录，《诗经》是有关人情方面的记录，《周礼》是国家制度的记录，《春秋》是古代天子之事的文献记录，《礼记》是日常生活中礼仪制度的记录，《论语》是孔子与学生交流的记录。在陈亮看来，“六经皆史”体现了特定历史时期的社会实际情况，集中表述了这一时期人们对天道的理解与实践。“六经载道”，与历朝的史学著作的功用价值是相同的。陈亮认为“充满宇宙的都是物，日用之间都是事”。天下皆道，道在日常生活中，没有本末内外的区

① 孛兰肹等：《元一统志・陈亮传》卷八。
② 孛兰肹等：《元一统志・陈亮传》卷八。
③ 孛兰肹等：《元一统志・陈亮传》卷八。
④ 孛兰肹等：《元一统志・陈亮传》卷八。
⑤ 孛兰肹等：《元一统志・陈亮传》卷八。

别。在陈亮看来，道是具体的而不是抽象的，因此是唯物的而非唯心的。以《孟子》发题第一次提出“义利之辨”概念。同时陈亮对北宋以来的儒学进行了深入的研究，编《欧阳文忠公文粹》130篇并作跋文，编《三先生论事录》《伊洛正源书》并作序；刊程颐《易传》、杨时《中庸》、胡安国《春秋传》，又作《杨龟山中庸解》序。陈亮认为欧阳修的文章，以仁义道德为根本而通政治教化之理，完全可以辅助“六经”而传之万代。陈亮编刊他们著作的目的，就是对当时的学风进行批评，欲以此加以纠正，指出理学家只讲心性不讲典章制度，自以为继承了程学，究心于道德性命的空谈，实际上远远背离了二程为学之宗旨。陈亮明确为学的目的，无论是史学还是哲学，都是为了今用，为了解决当时的社会政治实际问题，为了实现“恢复中原”之大功。

《大学》中有8目，即为“格物、致知、诚意、正心、修身、齐家、治国、平天下”，而朱熹重点解释的只是“格物致知，诚意正心”，而理学就变成了专讲“正心诚意”的修身之道，而不再讲治国和平天下。因此，陈亮感到理学造就的“徒能多言，无补于事”的秀才，对国恨家仇而不觉的“醇儒”，都是对人才的浪费。“为士者耻言文章、行义，而曰‘尽心知性’；居官者耻言政事、书判，而曰‘学道爱人’。相蒙相欺以尽废天下之实，则亦终于百事不理而已。”(《龙川文集·送吴允成运干序》)为了扭转这一风气，陈亮一是开办学校，二是刊印书籍；三是与学术界交流。办学扩大了事功思想的影响力，刊书纠正了理学学术之片面，交流促进了与以吕祖谦、唐仲友为代表的金华学派，以陈傅良、叶适为代表的永嘉学派的融合，形成了以以史为鉴、经世致用、好兵机、讲恢复为特色的浙东学派。

陈亮从学而致用的事功思想出发，教学突出理论与实践的结合。这一年作《策问》36篇，针对社会的方方面面借古鉴今，提供讲友与学子思考问题与解决问题的思路，通过与教学的结合，陈亮形成了独特的思想。

在人才观上，陈亮认为“一世之才自足一世之用”，平时就要重视发现与培养，到需要时就可以量才使用。科举制度不根据现实情况进行改革，才智之士老死于山林，而圣上有恢复中原之志，人才却不应其手，将动摇国家时政。其主张任用官吏制度的增损盈虚，与时偕行。任官以授德，处事以使能。治贪吏，要立制度。在治国之道上，反对泥古不变，主张因时而变，认为历史的典章制度，不是一成不变的，各朝各代都是根据当时的实际情况进行损益才适应了治国的需要。强调治国之要在于“实”，主张“王霸之杂，事功之会”“禆王道之阙”，改变“正心诚意”“修身而天下平”而造成的事功不显，人才萎靡的现状。认为仁义法制，是帝王之所以维持天下之凭靠，主张“综核名实，信赏必罚，朝行暮效”。针对书过详、法过密，导致“事功愈以不成，天下愈以不理”的现状，主张“穷则变，变则通，通则久”，精书简法。在经济上，陈亮认为“财者天下之大命”，不赞成“抑兼并、困商贾”；认为国家出现紧急情况时，可以令强宗豪族庇其乡井，富商大贾策应朝廷仓卒之需求。主张财政统一出入，给予地方一定的经济自主权，提出当前解决民困财竭的财政政策要“行之不骇于民，不损于用”。反对历史循环论，古今损益，历史就是对以往的典章制度进行损益而来的。

这些策论是陈亮这段时间对历史研究与社会现实探索的成果，是陈亮事功思想走向成熟的体现。

淳熙二年（1175），陈亮深入研究历史，编《三国纪年》并作序，目的是“观天下之变”。魏、蜀、吴三国鼎立与当时宋、辽、金鼎立局面，具有相似处，有着借古鉴今的作用。陈亮编订《类次文中子》稿，并作《类次文中子引》和《书文中子附录后》。陈亮认为“仲淹之学如日星炳然”①，其学术思想超过荀况与扬雄，文中子的续经，继续了孔子之志。陈亮不但给予文中子以孔子思想发扬者的评价，并接受了文中子维护国家统一、安天下之危、正天下之失的大有功之“明王道”的思想；通古今之变，因时因地予以变通，“惟变所适，惟义所在”的思想；激扬道义而鼓励功利的义利思想；儒释道三教合一的学术包容思想。他对文中子思想的传播发挥了重要作用。此后，他还刊行《三先生论事录》《伊洛礼书补亡》等程氏学说，对当时学术界片面解说进行补正，说明程氏学说并非单纯对道德性命的阐析，同时也有切合于现实事务的观点。

四、上孝宗书、辨王霸义利，事功学说成体系

淳熙四年（1177），陈亮再入太学，参加了国子监组织的考试，直斥时弊

① 《龙川文集·书类次文中子后》卷一六，陈广寒、成立海点校。

的大胆言论成为整个太学的热点，以至于朝廷震动，而学官也不知如何处理。在策论中陈亮指出“国子试之别头，其文尽废”，认为选拔用人上的襟带制，不利于人才的发现与任用。《春秋》著述了“通百代之变”，只有王通懂得，而今天下人“只诵先儒之说”，注疏虽详，却忽略源流的讨论，导致人心日以偷懒，风俗日以浅薄。主张革治水之弊，“以公天下之心而观天下之大势，合天下之水相其所趋”。在论《铨选资格》中更是直言不讳，“铨选资格之法，其弊不可胜言”，“法愈详其弊愈极”，认为“人情不易尽，而法不足恃”，朝廷“以资格从事，下人轻上爵，小臣与大计”，造成了当今“徇私苟求，浮伪偷惰之风”。陈亮居家苦读十年，自认为本次考试是针砭时政的真知灼见，发自内心地希望朝廷革除时弊，以促成复中原之功，却仍未被考官认可，没有被录取。这对陈亮无疑是很大的打击，吕祖谦写信劝慰，“只是唱高和寡耳”，考官也是无意。

强烈的使命感与责任感让陈亮再下决心，冒着违犯太学生不得上书言政的禁令风险，向“百代英主”毕陈百年大略。

陈亮曾是太学上舍生，姓名已在太学之籍，当时太学仍延续秦桧的禁令，太学生不得上书议论国事，因而淳熙五年(1178)正月，其改名为“同”，诣阙上书。

《上孝宗皇帝第一书》指出：中原是天地正气荟萃之地，而现在他们却流落在江南偏安，这是奇耻大辱；南北对峙，偏安既久，人们淡忘了国耻，恢复大业处于艰难境地；朝廷上下苟且偷安，到处奢靡成风，“和议”恶果严重；中央集权太过，用人制度弊端凸显。上书对政治、经济、财政、军事等方面提出一系列改革主张，并提出“人才以用而见其能否，安坐而能者不足恃也；兵食以用见其盈虚，安坐而盈者不足恃也”的实践是检验标准的思想。

陈亮认为孝宗皇帝虽有“大有为”之志却孤立无助，希望得到孝宗接见，当面陈述“大有为”之略以助南宋重开二百年之基业。陈亮在理学钻研上耗费了大量时间，对“道学”走向儒学的片面感到愤慨，对不讲报仇复国的所谓“醇儒”大加鞭挞，对孝宗皇帝迁延大有为岁月的现状而愤懑。

上书八天，没有回音，于是陈亮又上第二书。首先以周平王的前车之鉴和孔子的《春秋》笔法阐明“尊王攘夷”之义；其次严厉抨击朝政之弊与朝臣的庸腐，强调清明吏治，损益变通祖宗家法，实行政治制度、用人制度的改革，否则“迁延之计遂行，陛下大有为之志乖矣”。

陈亮连上二书之后，孝宗非常震动，想要将上书张贴到朝堂上以激励朝臣，并准备用种放上书的先例，破格提拔起用陈亮，下旨命陈亮听候尚书省的考察。这事朝中大臣都不知道，只有孝宗身边的宠臣曾觌知道。曾觌暗自前往陈亮住处欲结交陈亮，陈亮耻于与曾觌相见，翻墙跳走了。曾觌对陈亮躲避不见非常不高兴。在审察的过程中，陈亮的对答又触怒了考察的大臣。因有内外大臣的合力阻挠，他想面见孝宗以陈国家大计的愿望终究未能实现。“都堂审察”之后，陈亮又等了十天，朝廷并无消息传出，遂再至阙下，三上其书。陈亮首先对当前政治制度提出了批评，认为必须要实行制度改革，否则国家政治便难以为继。接着概括了在“都堂审察”时他对大臣所说的三项主要内容，一论仇耻之当复；二论制度之当变；三论人才当不次拔擢，再次表达了希望得到孝宗召见的愿望。这封书奏上以后，“帝欲官之。亮笑曰：‘吾欲为社稷开数百年之基，宁用以博一官乎！’亟渡江而归”[①]。陈亮三次上书轰轰烈烈的举动，虽也曾感动孝宗，震撼朝野，但终究未有任何结果。他不得不重新回到龙窟山下，躬耕于畎亩，并与他的讲友弟子砥砺于学术。

陈亮的上书在朝野引起了不小的反响，陈亮心情难平，常在与朋友交流的书信往来中倾诉本次际遇。吕祖谦致书劝慰陈亮，“百围之木，近在道隅，不收为明堂清庙之用，此自将作匠之责耳”[②]“闻便欲为陶朱公调度，此固足少舒逸气，但田间虽曰伸缩自如，然治生之意太必，则与俗交涉，败人意处亦多，久当自知之”[③]。吕祖谦除了相劝陈亮看开不被朝廷所用之事，同时婉转告诫陈亮，“经商务农”不一定适宜，当心被世俗淹没。

淳熙八年(1181)九月，朱熹提举两浙东路常平茶盐公事。淳熙九年(1182)正月，朱熹巡历到武义县，往明招山哭祭吕祖谦。陈亮拜访朱熹于明招堂，两人相聚十天，进行学术交流，然后朱熹随陈亮来到永康龙窟家中做客。也许是经过陈亮的介绍推动，吕约、吕皓的父亲吕师愈捐粮济灾，朱熹

---

① 《宋史·陈亮传》卷四三六，陈广寒、成立海点校。

② 吕祖谦：《东莱吕太史外集·与陈同甫》卷五。

③ 吕祖谦：《东莱吕太史别集·与陈同甫》卷十。

据“赈济赐爵”的规定，为吕皓奏得一官。

明招堂相会之后，陈亮将讲论内容整理成12篇文章，取名为《问答》，阐释汉唐仁义虽不如三代，但在立国久远，得到民众拥戴方面却不低于夏商，认为汉唐定有其值得推崇的经验；认为圣人治理天下亦需依靠赏罚之制度，奖赏劝人为善，处罚惩人为恶，则奖罚也是一种利，人君若是因人之欲恶而节制之就是王者的赏罚，用赏罚来治理天下就是霸者的统治术。此时，陈亮明确反对以为三代与汉唐有根本不同的看法。所以，学者们认为朱陈“王霸义利之辨”肇始于明招堂。

淳熙十年(1183)七月，朱熹巡视台州，六上奏状弹劾王淮姻亲前知州唐仲友贪污不法。唐仲友之兄唐仲义与陈亮为连襟，于是请托陈亮从中说情，而陈亮没有答应请托。于是唐仲友怀疑是陈亮向朱熹进谗。而后就有唐仲友与陈亮不协，唐仲友与陈亮争妓之说泛滥于社会。王淮以朱熹与唐仲友乃因学术之争而结案。有学者认为，朱熹弹劾唐仲友实是出于打压浙学。而后就有王淮使吏部尚书郑丙、监察御史陈贾上疏禁道(理)学。陈亮趁朱熹生日之际，作《水调歌头》以贺，并附札论唐仲友事，表明自己的态度，倾诉遭人误会的郁闷。信札中还告诉朱熹，自己忙于建房子之事。根据陈亮与朋友的通信与其出狱后所作谢启，约略可以推知陈亮的致富是通过行动来实践自己经济思想的过程，主要的途径就是从商(外有子贡之形，陶朱公调度)，出借放贷(通里闾之缓急)，下闱授徒，农业生产。陈亮短短数年就获得了家庭致富的成功。

淳熙十一年(1184)，陈亮因药毒死人之罪名而入大理狱，后又牵涉了“酒醉戏言”。陈亮学生吕约与卢氏父子因不满百钱的纠纷而结仇，于是卢氏屡假是非诬陷吕约及家人。先是卢氏同陈亮、吕约与歌妓饮酒，故意以吕约为君，以己与陈亮为相，歌妓为妃为戏。尔后告吕约谋逆。后卢氏之父与吕约父亲吕师愈、陈亮一起参加乡人宴会。卢氏之父半月之后得病而死，死后又过十日，卢氏突然说陈亮与吕师愈在宴会上毒死了他的父亲。于是吕师愈一家和陈亮都被捕入大理狱。陈亮经罗点、辛弃疾相救，又有王淮为之说了好话而幸免；吕师愈、吕约则经过吕皓四处上书，并以官职换取了出狱。对卢氏诬陷的查证原本并不难，案情却变得如此复杂，其原因陈亮心知肚明。他在给朱熹的信中说：“当路之意主于治道学耳，亮滥膺无须之祸，初欲以杀人残其命，后欲以受赂残其躯，推狱百端搜寻，竟不得一毫之罪。”①从信中可以看出陈亮的狱事与朱熹有关，与陈亮的财富有关。与朱熹密切交往，被投入了朱熹道(理)学门；借贷给里邻被称为“豪强”；帮助亲戚朋友被称为“任侠”，陈亮被怀疑财富来源和使用不正当。由此可见，新兴的地主商人与传统的地主豪绅之间矛盾尖锐。

淳熙十一年(1184)秋开始，陈亮与朱熹通过书信的方式展开了一场在思想史上具有十分重要意义的“王霸义利”的辩论。

朱熹自以为得道统之真传，居思想界之巅峰，欲在学术界以“理学”一统天下，于是对其他学术流派大加挞伐。

淳熙十一年(1184)五月二十五日，陈亮出狱，从义乌回永康的途中，竟遭到强盗聚众追杀，他们要打死陈亮，这足以说明陈亮与敌对势力的结怨之深。同年九月，陈亮作词送礼为朱熹55岁祝寿，同时给朱熹写了一封信，对自己的过往发了牢骚并做了解释。接着申明了自己与自谓儒者的区别：“研究义理之精微，辨析古今之同异，原心于秒忽，较礼于分寸，以积累为功，以涵养为正，睟面盎背，则亮于诸儒诚有愧焉；至于堂堂之阵，正正之旗，风雨云雷交发而并至，龙蛇虎豹变见而出没，推倒一世之智勇，开拓万古之心胸，如世俗所谓粗块大脔，饱有余而文不足者，自谓差有一日之长。”(《龙川文集·又甲辰秋书》)意思是儒者只是死钻故纸堆，求的是个人心灵的修养，而自己讲究的是现实的伟大事业，在于造福社会，为人民求得功利。在陈亮心中，理论是为实践服务的。

这封信拉开了“王霸义利之辨”的大幕。次年(1185)春，陈亮生了一场病，怕死后无得辩白，于是抱病写了长信，希望死后人们能明白其思想。信写好后压枕头下二十天，身体居然康复了。接着先后与朱熹书信往还作“王霸义利之辨”，一直到淳熙十三年底才告一段落。

三代汉唐的“王霸义利之辨”主要集中在以下几方面。

(1)朱熹认为三代行天理，汉唐行人欲。陈亮认为三代与汉唐都是天理与人欲并行。

自从孟子与荀子论义利王霸，汉唐的儒者没有深入阐明其说，而到了宋

① 陈亮：《龙川文集·又甲辰秋书》卷二一，陈广寒、成立海点校。

代程颢程颐才开始辨析天理人欲,王霸义利之说于是大明。说是三代以道治天下,汉唐以智力把持天下。到了朱熹这里就成了三代专以天理行,汉唐专以人欲行。朱熹认为“汉唐之君全体却只在利欲上”,唐太宗每一个念头都是出于“人欲”,用虚假的仁义来实现私欲,所以历史退化了,汉唐不如三代。朱熹认定汉唐并没有一点本领,只是追随世俗,偶尔与天理暗合,就获得了功业成就,实质上仍在功利与人欲场中走。陈亮认为,汉唐君主本领强大,故能让国家与天地同立,而人民赖以生息。如果像诸儒那样用“专以人欲行”来判断汉唐,就太冤了。陈亮认为本领强大,素养达到最高造诣,便能做到三代;有本领而缺素养,就只能做到汉唐。汉高祖、唐太宗最终抑制强暴势力,平定叛乱,爱护人民,让人民获取利益,是因为他们的本领强大。王通用仁爱正义、公正宽厚、统一天下来评价两汉,而朱熹等一定要用伪装仁慈忠义、全体只在利欲上来评判汉唐君主,那就显得见识贫乏、心胸太过狭窄。陈亮说:朱熹认为三代以前都没有利欲,都是不要富贵的人,《诗》《书》记载都非常洁净,这只是符合当时法度的强大本子。“有人心便有许多不净洁”,自然界与社会变革的规律也只停留在人们认识和改正错误思想的层面上,而且也不是都称圣人心的。圣贤建起的仁义道德规范,使后代子孙受到了庇护,孔子又将“不洁净”之事全部进行了清洗,所以经孔子整理的《诗》《书》的历史能够这样净洁。现在正需要朱熹等儒者“点铁成金”,像孔子一样将两千年的历史中“不洁净”之事清洗掉,那样就会发现,汉唐的历史也就成为像三代一样的“光明宝藏”。

陈亮在这里站在历史唯物论的角度论辩三代与汉唐,从汉唐君主所获得的实际社会效果,来肯定汉唐与三代本质上是一样的。儒者所谓的“三代以天理行”,只不过是从《诗》《书》这些正大本子中得来的结论,事实上三代与汉唐都是天理与人欲同时存在的。

(2)朱熹认为三代存天道,三代以下没有天道。陈亮认为天道一直存在于现实世界中。

朱熹认为,判断是否行天道,不能以成败论英雄,而要判别其出发点是否正当。千百年来,虽然有过汉唐的盛世,而尧、舜、三王、周公、孔子获得的“天道”,没有一天在天地间运行过。“道”是圣贤们获得的,因此“道”是不变的。“道”只存在于三代及之前,三代以后就没有实行过“道”。是不是实行

“道”，必须看其出发点，不能看结果。道可以离开人单独存在，不是人能干预的。三代以后的千五百年间“架漏牵补过了时日”。

陈亮认为，天地万物之间都存在道。道就像天上红日，照得到处光明，闭着眼睛的人，只要睁开眼就能看见。道在现实中不能做到尽善尽美，但不会处于长期泯息中；典章制度可能不完备，但不可能处于长期的废弃中。人与天地并立而为“三才”，不能天地独自运行而人却停止活动。道存在于客观现实中，而客观现实就是人道的世界，因而道是不可能离开人本身而存在的。人是构成道的核心要素，因此人能干预道的存在状态。看是不是行道，也不能拘泥于三代之“道”。

在陈亮看来，道是与自然世界与人类社会同时存在的，因此道的内涵也是随历史的发展而变化的。以三代之道来衡量，只是三代做得尽善尽美，而汉唐做不到尽善尽美。两者的差别只在于程度不同。如果从汉唐的道来看，两者实质上是一样的。

(3)朱熹认为三代王道，汉唐霸道。陈亮认为三代、汉唐都是王道、霸道杂用。

朱熹认为，三代行王道，汉唐行霸道。陈亮认为，三代与汉唐都是王霸杂用，均是先以霸道统一国家，然后以王道治理国家。三代与汉唐的区别只在于程度不同而已。历史是发展的，汉唐的社会生活、人民群众的生活水平都超过了三代。“谓之杂霸者，其道固本于王也。”杂霸之道本来就源于王道，所谓三代“王道”盛世也不是一个干净的世道。夏商周都是通过霸道(武力)的手段来实现的。不借助霸道，就不会有王道治世的出现。刘邦、李世民救民于水火，创造了太平盛世，但与儒家所推崇的行王道的汤、武相比，没有很大的差别。陈亮继承了王通“明王道”的思想，王通评价“王道”的三条标准：一是国家一统；二是实行“德治”；三是实施“仁政”。王通认为汉代“大哉七制之主！其以仁义公恕统天下乎！其役简，其刑清；君子乐其道，小人怀其生；四百年间，天下无二志，其有以结人心乎？终之以礼乐，则三王之举也”[①]。七制之主，指的是西汉的高祖刘邦、文帝刘恒、武帝刘彻、宣帝刘询，东汉的光武帝刘秀、明帝刘庄、章帝刘炟。王通认为这七位君主如果能够自

① 王通：《中说 · 天地篇》卷二，郑春颖译注。

始至终崇尚礼乐，那就是三王的壮举了。也就是说，“七制之主”有别于三王之处就在于礼乐制度。王通以为“七制之主”实施的王道与三王是一样的，只是礼乐制度的实施存在不足。陈亮以为时代变了，评判“王道”的标准，也应有所修正。陈亮认为汉唐盛世完全符合“王道”的标准。

（4）朱熹认为做人就要做个醇儒。陈亮认为做人要做成人。

朱熹让陈亮纯粹以醇儒的标准约束自己，做到独善其身。朱熹以为，成人只有通过儒学的学习来达到，否则就会背弃和脱离规矩与法度。既做不成“君子”，也做不成“小人”。陈亮认为天地人“三才”是并列而不可分割的，人集“仁知勇之达德”于一身。如果没有对天下责任的担当与对天下事业的开拓，就谈不上人的社会价值。只要做到仁、知（智）、勇，在内在的品德与外在的行为上都发挥积极的社会作用，就可以称为“成人”。“天地人为三才，人生只是要做个人。圣人，人之极则也。”“学者，所以学为人也，而岂必其儒者哉!”实现成人之道并不只有儒学一途。况且儒者只是儒学门户中一大者。朱熹“不教以成人之道，而教以醇儒自律”，其眼界太窄了。陈亮自称学成人，只是“要以适用为主耳”。

朱熹主张从学修身养性、独善其身、墨守成规，被动参与国家事务，因而每当朝廷召用，都要再三辞命。而陈亮认为从学是为了建功立业，应主动投身“齐家、治国、平天下”，因而“六达帝廷，二讥丞相”，不顾个人安危。

朱陈之辩中，朱熹直接指责陈亮“畔弃绳墨，脱略规矩”，挖苦、讽刺、斥责之语跃然纸面，似乎失却了儒学大师的涵养和包容，陈亮深感“言以人而废，道以人而屈”，欲“助秘书之正学”，而朱熹却“不深察其心”。

陈亮与朱熹反复辩论三代与汉唐的实质就是通过历史功过得失的争论，探讨立身处世的道理。陈亮的意图在于为解决现实的社会和民族危机建立适用的理论学说。朱熹的目的在于确立人道理想，为历史谋求合于洁净之理的理想世界。

“王霸义利之辨”中，从历史观来看，正统派儒家一直坚持的形而上学历史观，到二程、朱熹则更加绝对化，形成历史倒退论；就论辩来看，朱熹对历史采取的是虚无主义的态度，他认为，“看史只如看人相打，相打有甚好看？陈同甫（亮）一生被史坏了”“东莱（吕祖谦）教学者看史，亦被史坏”（黄士毅《朱子语类》）。所以，朱熹对历史的评论多显得主观武断。陈亮则坚持东汉王充以来的历史进化论的观点，认为历史是前进的。陈亮研究汉史作《汉论》，以两汉皇帝之治的历史事实否定了两汉“以智力把持天下”“全体只在利欲上”的观点。从认识方法来看，朱熹从动机来考察以识别王霸义利，而陈亮则是从动机结合效果来判断王霸义利。在论辩过程中，前者为动机论，属于唯心主义认识路线；而后者则可称为动机与效果统一论，属于唯物主义认识论。

陈亮把与朱熹来往的书信内容抄给好友陈傅良，陈傅良看后写信给陈亮，欲调停朱陈的矛盾。陈傅良说：“以不肖者妄论：功到成处，便是有德；事到济处，便是有理。此老兄之说也。”“功有适成，何必有德；事有偶济，何必有理。此朱丈之说也。”（《止斋集·答陈同甫》）陈亮感到陈傅良没有真正理解自己的思想，复回信说：“亮与朱元晦所论，本非为三代汉唐，设且欲明此道在天地间，如明星皎月，闭眼之人开眼即是，安得有所谓暗合者乎！天理人欲岂是同出而异用？只是情之流乃为人欲耳，人欲如何主持得世界！亮之论乃与天地日月雪冤。”（《龙川文集·与陈君举》）陈傅良复信支持陈亮的观点，并说：“此亦分晓，不须多论。”（陈傅良《止斋集·与陈同甫》）

淳熙十三年（1186），陈亮复朱熹书，说是论辩公开后，朱熹门下无理相向，并再次申明自己的观点：“有公则无私，私则不复有公。王霸可以杂用，则天理人欲可以并行矣。”（《龙川文集·丙午复朱元晦秘书书》）

至此，陈亮与朱熹的论辩告一段落。两人的学说更加明晰。

淳熙十四年（1187）春，陈亮参加礼部考试，临考试时却得了一场重病，抱病完成了考试。他在策论《四弊》中主张“官民一家，农商一事”，提出“商藉农而立，农赖商而行”，而达到“展布四体，通其有无，官民农商，各安其所而乐其生”的治国之极致；提出改革财政制度的主张，“财利之本源，法制之根柢”，应根据客观实际，对原制度“增损盈虚”，以收到财政一日比一日丰裕，财用一日比一日富足的功效。他在《制举》中分析时弊后，提出制举要能够选拔出能贯彻孝宗皇帝“报仇雪耻，恢复中原”的政治思想主张，完成国家统一大业的特殊人才。考试仍未中，而庶弟陈昭甫却因迎接陈亮回永康染病而死。

十月，高宗去世，陈亮认为孝宗没有北伐是受制于高宗。高宗死了，他看到了北伐的希望。冬，陈亮亲自到金陵、京口实地考察山川地理形势。淳熙十五年(1188)二月,金国因高宗去世而遣使来吊,来使态度倨傲,祭文寥寥数语,陈亮以为这是莫大耻辱,欲借此激起孝宗的北伐之志,遂于四月下旬到临安作《再上孝宗皇帝书》。陈述复仇之大义,纵论天下大势,希望孝宗废除和议,经营建业,打破常规用人,建立非常之功,却因孝宗早已失去年轻时的锐气,正准备传位给光宗,于是上书无果。

淳熙十五年(1188)冬天,陈亮从永康前往江西铅山看望他的好友辛弃疾,并约了朱熹相会于闽赣相邻的紫溪。辛弃疾陪着陈亮同憩鹅湖山水,共饮瓢泉甘泉,同叙缠绵友情,共述时政见解,同发怀才不遇的感慨。停留了十天,在紫溪等待朱熹而未至,于是陈亮告别了好友,独自返回永康。陈亮离开的第二天,辛弃疾眷恋不舍,沿着陈亮返回之路,冒雪一直追到鹭鸶林,因雪厚泥滑,无法行走而作罢。辛弃疾独自饮酒方村,半夜投宿吴氏泉湖四望楼,闻听隔壁笛声,深感悲伤,写《乳燕飞(贺新郎)》词以表达心绪。五天后收到陈亮来信索词,两人虽隔千里,两心相通如此。于是词作往来,成为文学史上的佳话。“稼轩与同甫,为并世健者,交谊之深厚,文章之振奇,可称词坛瑜、亮。”(俞陛云《唐五代两宋词选释》)陈亮寄辛弃疾的词成为“文以载道”的政论词巅峰之作。

绍熙元年(1190)底,陈亮因乡民吕兴、何廿四殴打吕天济致其死亡而入狱(也许因为吕兴曾经做过陈亮家童而被无辜牵涉)。时任御史中丞何澹衔恨而从中作梗,不仅指使酷吏拷问,而且多方罗织罪名,欲置其于死地;平时与陈亮结仇者纷纷出言毁谤。虽然,陈亮的学生和朋友纷纷出面救援,却没有什么效果。绍熙二年(1191)八月,随着何澹去职,陈亮狱情稍缓。年末,大理寺少卿被侍御史林大中严厉弹劾而出任地方官,郑汝谐由江西转运使入为大理寺少卿。“少卿郑汝谐阅其单辞,大异曰:‘此天下奇材也。国家若无罪而杀士,上干天和,下伤国脉矣。’”(《宋史·陈亮传》)在郑汝谐主持公道下,陈亮终于洗清冤情,于绍熙三年(1192)二月,被无罪释放。

绍熙四年(1193)二月,陈亮赴临安,参加省试。此次省试,礼部奏名第三。

同年四月,光宗策进士,问礼乐刑政的要旨,陈亮从南宋的社会实际情况出发,以“君道”“师道”来破解光宗提出的现实困境,得到了光宗的赞赏,被亲擢为进士第一,授签书建康府判官厅公事。由于陈亮在狱中受尽折磨,出狱后紧张备考，中状元后进行繁重的礼仪交往，精神一直处于亢奋中。精神一松下来，身体就不行了，终于没能履行“复仇”的平生志愿，于绍熙五年(1194)正月病故于龙窟家中。

五、结语

陈亮事功学说的确立在于它所包涵内容的体系化，并体现在哲学、政治、法律、教育、经济、军事、文学等方面。

在哲学思想上，陈亮主张功到成处才是有德，事到济处才是有理；认为盈宇宙者无非物，日用之间无非事，世界的本质在于其物质性。物质世界具有一定的规律性，作为道常行于事物之间，天下不存在无规律可言的事物。人们只有在现实生活中，接触事物，才能认识道理，增长才干。人性的欲求并不与天理相悖，可以并行，“得其正则为道，失其正则为欲”。在政治思想上，提出增损祖宗之法，治天下必须任贤使能，简法重令，信赏必罚，朝行暮效。主张进行政治改革，缓和社会矛盾，富国强兵，抗击侵略，统一国家。在法律思想上，主张礼、乐、刑、政并出而用之。认为“正纪纲，修法度”为治国之本。治国必须以法为依据，以法为公，严守法制。同时认为“持法深者无善治”，“法足以使之畏则已”，主张执法适度。在教育思想上，重视理论与实践结合，历史与现实结合。主张造就“非常之人”以完成收复失地、重整山河的重任，主张“业贵其专”，强调针对年龄段的特点和实际进行教育。讲求个人涵养，不可“纵欲”，也不必“灭欲”。在经济思想上，强调功利的意义与作用。重视商人在社会历史发展中的作用和地位，将商与官、民、农并列。在经济运行中，认为不能将“义”与“利”割裂和对立，应做到“利”取合于“义”。在军事思想上，提出战争是否正义决定战争胜负，正确的战略战术是取得胜利的重要保证，强调处事之才和料敌之智的文武之道合一。在文学思想上，主张“文以载道”，强调“理得而辞顺”，“意与理胜，则文字自然超众”。

陈亮的事功学说，在一定程度上突破了儒家正统派的束缚与局限，在中国思想史上独树一帜。有学者认为，陈亮对南宋浙东学派及其学说的形成厥功至伟，对清代经世致用之学的形成功不可没，对浙江地区的经济社会发展影响深远，为当今道德体系的建设提供了参考。

陈亮与南宋都城临安

浙江省社会科学院研究员、杭州市历史学会会长
徐吉军

陈亮(1143—1194),原名汝能,后改名"亮",字同甫,号龙川,婺州永康(今浙江永康)人。南宋后期著名思想家、教育家,永康学派的代表。所作政论气势纵横,词作豪放,有《龙川文集》《龙川词》,《宋史》有传。

南宋都城临安是当时全国的文化中心。可以说,当时著名的文化人,大多到过都城临安,如李清照、朱熹、陆游、范成大、吕祖谦、周必大、辛弃疾、文天祥等,陈亮自然也不例外。他们在都城临安活动活跃,并留下了许多佳话和文学作品,大大丰富了杭州的历史文化内涵。

一、陈亮来临安的时间及政治活动

根据《陈亮集》等的记载,再参以《宋史·陈亮传》,可知陈亮曾数次前往临安。

绍兴末年,陈亮曾客居临安三年。① 对此,陈亮曾做过详细记载,如他说:

> 绍兴辛巳、壬午之间,余以极论兵事,为一时名公巨臣之所许……道德性命之学亦渐开矣。又四五年,广汉张栻敬夫,东莱吕祖谦伯恭,相与上下其论,而皆有列于朝。新安朱熹元晦讲之武夷,而强立不反,其说遂以行而不可遏止。齿牙所至,嘘枯吹生,天下之学士大夫贤不肖往往系其意之所向背,虽心诚不乐而亦阳相

① 《陈亮集》卷三八"刘夫人何氏墓志铭",中华书局1987年版,第500页。

应和……①

陈亮上面所说的“绍兴辛巳、壬午”，即绍兴三十一年(1161)和三十二年(1162)；“又四五年”，即孝宗乾道二年(1166)和三年(1167)。

隆兴初年(1163)，20岁的陈亮曾参加科举考试，却未能中第。他自己曾对此有载，说：“亮二十岁时，与伯恭同试漕台，所争不过五六岁，亮自以姓名落诸公间……陆沉残破，行不足以自见于乡闾，文不足以自奋于场屋，一旦遂坐于百尺楼下。行路之人皆得以挨肩叠足，过者不看，看者如常，独亮自以为死灰有时而复然也。”②正在这时，宋金再次议和，且于次年达成宋金和议，金宋以叔侄之国相称。南宋统治集团为此非常高兴，认为国家得到了休养生息的宝贵时间，但陈亮坚持抗金，反对和议。③ 他痛言：“海内涂炭四十余载矣。赤子嗷嗷无告，不可以不拯；国家凭陵之耻，不可以不雪；陵寝不可以不还；舆地不可以不复。”④因此，他向孝宗上《中兴五论》，详尽地分析了当时抗金斗争的整个形势，提出一系列为抗金斗争服务的政治、经济、军事等措施，并揭露了朝中位高权重的公卿的投降主义倾向，矛头直指当权者。但宋孝宗对陈亮的抗金主张充耳不闻，于是陈亮只好“退修于家，学者多归之，益力学著书者十年”⑤。

在此期间，针对宋高宗逝世后孝宗壮志求伸的情况，陈亮立即上书：

> 高宗皇帝春秋既高，陛下不欲大举以惊动慈颜，抑心俯首以致色养，圣孝之盛，书册之所未有也。今者高宗皇帝既已祔庙，天下之英雄豪杰皆仰首以观陛下之举动。⑥

乾道四年(1168)，25岁的陈亮被录为太学生员。次年，他应礼部试而被

① 《陈亮集》卷三六“钱叔因墓碣铭”，中华书局1987年版。

② 《陈亮集》卷二八“又甲辰秋书”，中华书局1987年版，第337页。

③ 《陈亮集》附录八“陈同甫王道甫墓志铭”，中华书局1987年版，第534页。

④ 《陈亮集》卷二“中兴论”，中华书局1987年版，第22页。

⑤ 《宋史》卷四三五“儒林六·陈亮传”，第12929页。

⑥ 《陈亮集》卷一“戊申再上孝宗皇帝书”，中华书局1987年版，第16页。

黜,“未能高飞远举”,这对他是个很大的打击。于是他省悟到在是非利害荣辱之场奔竞,并非自己的志向,遂不满太学,厌恶科举,“来秋决去此矣”①。

乾道五年(1169)正月,陈亮首应礼部试,不第,遂上《中兴五论》。②

淳熙四年(1177),陈亮入太学,为太学上舍生,补博士弟子员。陈亮因考试被学官何澹黜落,遂对何澹不满,有斥责之语。关于这一点,陈亮在《上孝宗皇帝第三书》中曾有披露:“臣本太学诸生,自忧制以来,退而读书者六七年矣。虽蚤夜以求皇帝王伯之略,而科举之文不合于程度不止也。去年一发其狂论于小试之间,满学之士口语纷然,至腾谤以动朝路,数月而未已。而为之学官者,迄今进退未有据也。臣自是始弃学校而决归耕之计矣。”于是,他愤而“弃学校而决归耕之计”。次年正月二十一日丁巳,陈亮以一介平民的身份伏阙上书,十日之内,三次上书皇帝,坚决反对苟且一隅,强烈主张中兴、复仇。③ 但由于一些大臣的阻挠,奏书连上而终不得面见孝宗,孝宗乃欲议与一官,陈亮遂谓:“岂有欲开社稷数百年之基,乃用以博一官乎?”亟渡江而归。④

二、陈亮对南宋定都临安的意见

绍兴八年(1138)三月,高宗宣布正式定都临安前,宋、金对峙的局面已经形成,南宋政权也已稳定下来,因此确定都城的所在地便成为南宋朝廷的首要问题。其时,可供统治者选择的都城所在地主要有两个,即建康和临安。

建康为六朝都城的所在地,其历史地位在宋代以前一直优于杭州,因此南宋有许多大臣主张定都建康。如观文殿大学士、提举淮安府洞霄宫李纲说:

---

① 《陈亮集》卷二九“与叶丞相又书”,中华书局1987年版,第377页。

② 《陈亮集》卷二“中兴五论”题跋,中华书局1987年版,第30页。

③ 《陈亮集》卷一“上孝宗皇帝言事书”,中华书局1987年版,第5页。

④ 《陈亮集》卷二七“复何叔厚书”,中华书局1987年版,第328至329页;《宋史》卷四三六“儒林六·陈亮传”,第12940页。

愿陛下驻跸建康，料理荆、襄以为藩篱，葺理淮南以为家计。俟防守既固，军政既修之后，即命诸将分道攻讨，乃为得计。此二者，守备攻战之序也。夫淮甸、荆襄，东南之屏蔽也。六朝之所以能保守江左者，以强兵巨镇，尽在淮南、荆襄间。今当于淮南东西及荆襄，置三大帅，屯重兵以临之。以扬庐、襄阳为帅府，分遣偏师，进守支郡，卜筑城垒，如开新边，朝廷应付钱粮，谓如淮东则以江东路财用给之，淮西则以江西路财用给之，荆襄则以湖北路财用给之。徐议营田，使自赡养。遇有敌马，则大帅遣兵应援，稍能自守，商旅必通，乃可召人来归，渐次葺理，假以岁月，则藩篱成矣。近年以来，大将握重兵于江南，将吏守空城于江北，虽有天险，初无战舰水军之制，故敌人得以侵扰窥伺。欲为守备无他，反此而已。守备既成，然后可以议攻战之利，亦当分责于诸路大帅，虽因敌决胜，不可预图。臣愿窃以为献者，勿失机会而已。若夫措置之方，则臣愿先定驻跸之所。临安、平江皆泽国褊迫，所据非用武之地，莫若权宜且于建康驻跸，控引二浙，襟带江湖，漕运财谷，无不便利。使淮南有藩篱形势之固，然后建康可都，愿陛下与大臣熟计之。①

资政殿大学士、知福州张守认为：

防江不若防淮，防淮然后可以驻跸建康，驻跸建康然后可以经营中原。②

资政殿大学士、提举临安府洞霄宫李邴认为：

建康，古所建国，山川盘络，漕运便利。陛下欲图中原，必驻跸

① 李心传：《建炎以来系年要录》卷八七，“绍兴五年三月癸卯”条。

② 徐梦莘：《三朝北盟会编》卷一七四“炎兴下帙七十四”，起绍兴七年正月十五日丁丑尽其日，上海古籍出版社 1987 年版，下册，第 1257 页。

于建康，此不易之论也。①

资政殿大学士、提举临安府洞霄宫王绹认为：

所谓规度驻跸之地，臣窃尝伏思：汴都京庙、洛邑陵寝，咸在中原。洛、汴之在天下，犹水木之有本源，网裘之有纲领。诚复中原而都之，则临莅四方，举而措之，无复难者。睿意所向，未尝不在于此，可谓得其要矣。将复中原，蚤定驻跸之地，稽之古昔，揆之时宜，驻跸之地，未有过于建康。何以言之？昔曹氏先有中原，孙仲谋遂据武昌，七八年间，山川地形，势在江表，观览规度，至详熟矣。未几迁居建业，使曹氏父子必睥睨逡巡而不敢进。后五胡浊乱河洛，元帝南渡，王导相之，虽叛臣剧贼陵犯之频，终不肯舍此而他涉。由是观之，将图恢复中原，驻跸之地，信未有过于建康者，岂钱塘、苏台所可比拟！②

在他们议论定都建康之前，即在建炎年间(1127—1130)，许多官员也提出过定都建康的建议。如卫尉少卿卫肤敏曾数次上书，曰："今汴都蹂践之余，不可复处。睢阳驻跸，咸以为宜，但城不高，池不深，封域不广，不足以容千乘万骑，而又逼近河朔，敌易以至。况我斥堠不明，烽燧不谨，万一奄至，将如之何？建康实古帝都，外连江、淮，内控湖、海，负山带海，为东南要会之地。"中书舍人刘珏也曰："金陵天险，前据大江，可以固守。东南久安，财力富盛，足以待敌。"③张邵曰："非保东南，无以为陛下之资；非据建康，无以镇东南之势。建康之地，龙盘虎踞，古称帝都，却依大江，险实天设；荆湖、巴蜀，实居上流，无事则漕挽足以给费，有警则召兵足以戡难，顺流而下，不淹浃旬；吴越、闽岭，实财货所出，摘山煮海，其利不赀。"又曰："钱塘僻在海隅，

① 徐梦莘：《三朝北盟会编》卷一七三"炎兴下帙七十三"，起绍兴七年正月十五日丁丑尽其日，上海古籍出版社1987年版，下册，第1249页。

② 徐梦莘：《三朝北盟会编》卷一七五"炎兴下帙七十五"，起绍兴七年正月十五日丁丑尽其日，上海古籍出版社1987年版，下册，第1263—1264页。

③ 李心传：《建炎以来系年要录》卷七，"建炎元年七月癸丑"条。

其地狭小”，“失襄汉、唐、邓，则川陕之运不通；失武昌、蕲、黄，则荆湖之运不通；失九江、采石，则江淮之运不通；失淮西、庐、寿，则淮阳、历阳可以南渡，而江左震矣。就令能保钱塘，彼将出豫章、九江，涉当涂、京口，数道并进，南厄饶、信，北攻苏、秀，绝我援兵，梗我粮道，无地自处，诚非持久之便”。① 马扩说：“臣愿选吏以抚淮甸，破金人，是为上策。建都武昌，襟带荆湖，控引川广，招集义兵，屯布上流，扼据形势，密约河南诸路豪杰，许以得地世守，用为屏翰，是为中策。驻跸金陵，备御江口，通达漕运，亟制战舰，精习水军，厚激战士，以幸一胜；观敌事势，预备迁徙，是为下策。若贪顾江湖陂泽之险，纳探极之虚言，缓经营之实绩，倚长江为可恃，幸金兵之不来，犹预迁延倏至秋冬使金兵再举驱虏舟楫淮江千里，数道并进，方当此时，然后又悔，是为无策。”②

总之，在绍兴八年(1138)以前，官员们的公开议论都是主张以建康为都而反对迁都临安的。即使在南宋朝廷定都临安已成既定事实以后，迁都建康之议也时有出现。绍兴三十二年(1162)一月丁亥，高宗就驻跸建康还是临安，命侍从、台谏同赴都堂集议，定回銮临安之议。在此之前，殿中侍御史吴芾言大驾宜留建康以系中原之望。而给事中金安节等言：“惟建康江山险固，从昔以为帝王之都。盖以南控楚越，西连巴蜀，北接中原，最为形胜，实东南之要会也。今将图维经略，指挥号令，固宜驻跸于此。然而两淮师旅之后，藩篱未立，自昔所以壮根本而固形势者，一切未备。至于宗庙、宫室、官寺、城壁、仓库、营垒，皆非仓卒所能办集。然民思拯援，如在焚溺。比闻大驾进临江表，方徯来苏，至于淮堧疮痍之人，甫遂归业，亦赖声势，以幸安堵。一旦闻戎辂还轸，恐乖始望。臣等谓宜颁诏旨，明谕以建康、临安犹唐之东西都，今虽暂还临安，自此当往来巡幸，不常厥居。”③隆兴元年(1163)，陆游在《上二府论都邑札子》中慷慨激昂地指出：“某闻江左自吴以来，未有舍建康他都者。吴尝都武昌，梁尝都荆渚，南唐尝都洪州，当时为计，必以建康距

① 徐梦莘：《三朝北盟会编》卷二二二“炎兴下帙一百二十二”，起绍兴二十六年七月尽其月，上海古籍出版社 1987 年版，下册，第 1599 页。

② 徐梦莘：《三朝北盟会编》卷一二三“炎兴下帙二十三”，起建炎三年二月十九日戊辰尽三月二日庚辰，上海古籍出版社 1987 年版，下册，第 903 页。

③ 李心传：《建炎以来系年要录》卷一九六。

江不远，故求深固之地。然皆成而复毁，居而复徙，甚者遂至于败亡。相公以为此何者？天地造设，山川形势，有不可易者也。车驾驻跸临安，出于权宜，本非定都；以形势则不固，以馈饷则不便，海道逼近，凛然常有意外之忧。”①

淳熙五年(1178)，陈亮也在《上孝宗皇帝第一书》中极力反对定都临安，指出：

> 夫吴、蜀，天地之偏气也；钱塘，又吴之一隅也。当唐之衰，而钱镠以闾巷之雄起王其地，自以不能独立，常朝事中国以为重。及我宋受命，俶以其家入京师而自献其土。故钱塘终始五代被兵最少，而二百年之间，人物日以繁盛，遂甲于东南。及建炎、绍兴之间，为六飞所驻之地。当时论者固已疑其不可以张形势而事恢复也。秦桧又从而备百司庶府以讲礼乐于其中，其风俗固已华靡；士大夫又从而治园囿台榭以乐其生于干戈之余，上下宴安，而钱塘为乐国矣。一隙之地本不足以容万乘，而镇压且五十年，山川之气盖亦发泄而无余矣。故谷粟桑麻丝枲之利岁耗于一岁，禽兽鱼鳖草木之生日微于一日，而上下不以为异也。公卿将相大抵多江、浙、闽、蜀之人，而人才亦日以凡下；场屋之士以十万数，而文墨小异已足以称雄于其间矣。陛下据钱塘已耗之气，用闽、浙日衰之士，而欲鼓东南习安脆弱之众，北向以争中原，臣是以知其难也。②

但他们的这些建议都没有被高宗采纳，这是为什么？其实原因很简单，那就是都城的安全性。

① 陆游：《渭南文集》卷三，载《陆游集》第5册，中华书局1976年版，第2000页。

② 陈亮：《陈亮集》(增订本)卷一“书疏”，中华书局1987年版，上册，第7页。

陈亮何以推崇文中子王通

——“王霸并用”观的“正道”取向

江西省社会科学院哲学所原所长、研究员

赖功欧

在陈亮的文献及书信中，有多处涉及文中子王通其人、其思想，他坚认文中子已然胜过荀子、扬雄，甚至达到“荀扬非其伦也”[①]之地步，以致喜做折中的吕祖谦也深觉其“抑扬过当”[②]。吕祖谦自然感觉陈亮已不是一般性的评价，而是一种对文中子的推崇甚至崇扬。不错，陈亮确实存在崇扬文中子王通的取向，但其内在缘由却是深值追究的。

一、《类次文中子引》对文中子的崇扬性表征

在笔者看来，《类次文中子引》一文，虽未在宋明后的儒学思想史上引起重视，然其对陈亮本人而言，却异常重要；因从中不仅可发现陈亮对王通其人极度重视，更可发掘文中子思想对陈亮的深刻影响。事实上，文中子对陈亮成长及其思想成型，起到极为关键的作用。

此文的面世，颇有些曲折经历。这是一篇“序言”之作，陈亮在撰写初稿后，即征求吕祖谦意见，经与吕祖谦讨论而写出定稿，吕氏所言“抑扬过当”即是在书信来往中表达的意见。有意思的是，初稿中陈亮对文中子的赞誉，不过是用了“荀扬不足胜”[③]这般表彰性的界定。而在最后的定稿中，则用了

---

① 陈亮：《类次文中子引》，见《陈亮集》上册，中华书局1974年版，第169页。

② 吕祖谦：《答陈同甫书》，见《陈亮集》上册，中华书局1974年版，第170页。

③ 吕祖谦：《答陈同甫书》，见《陈亮集》上册，中华书局1974年版，第170页。

极表肯定的“荀扬非其伦也，仲淹岂隐者哉”①的崇扬之语。这就完全是一种取向式的表态了；显然，其背后深藏着的是陈亮对其思想理念的高度认同。这里，说文中子为“隐者”，其实是小程子伊川对王通的一种表征：“独伊川程氏以为隐君子，称其书胜荀扬。”②可见，小程子也是在做出比较后而高度肯定文中子王通的学术思想的。不过，在中国思想史、学术史上如此赞誉王通，已属罕见。而陈亮则是立于小程子立场，且更超越小程子而坦然做出一种崇扬性的表态了。即便后来王阳明赞赏王通，也只是认为王通是远超韩愈的“贤儒”而已，《传习录》载：“（徐）爱问文中子、韩退之。先生曰：‘退之文人之雄耳。文中子贤儒也。后人徒以文词之故推尊退之，其实退之去文中子远甚。’”③显然，在儒学史上，只有陈亮对王通，才称得上“崇扬”二字。何出此言？请再看陈亮题跋中的《书类次文中子后》竟然用了“日星炳然”四字来赞誉文中子之学：“然仲淹之学如日星炳然。”④《书文中子附录后》更直树“文中子之道”大旗：“夫文中子之道，岂待诸公而后重哉！”⑤

无论如何，这充分显示出陈亮的一种不同于他人的独特眼光，并体现了他的洞察力。

然而必须提及的是，仅从陈亮对《类次文中子引》一文的谨慎态度而言，亦可看出陈亮此文在学术史、思想史上的双重意义。故陈文着笔，即简明绍述文中子“讲道”及其“高弟”董常、程元、仇璋等人如何将文中子学说缀集为《中说》一书；并从文献目录学角度，记述了自己是如何“参取阮氏、龚氏本，正其本文，以类相从，次为十六篇”⑥的。在做出自己的编次选定后，确定性地“以为王氏正书”⑦。以“正书”二字界定文中子《中说》，这无疑是一种非常严肃的学术态度了，但从中更可见其对文中子学说的肯定与褒扬。一个“正”字，何其了得！我们千万不要小看陈亮何以要在此处用一“正”字，此中

---

① 陈亮：《类次文中子引》，见《陈亮集》上册，中华书局1974年版，第169页。
② 陈亮：《类次文中子引》，见《陈亮集》上册，中华书局1974年版，第169页。
③ 《传习录》上，见吴光等编校《王阳明全集》上册，上海古籍出版社1992年版，第7页。
④ 陈亮：《书类次文中子后》，见《陈亮集》上册，中华书局1974年版，第193页。
⑤ 陈亮：《书文中子附录后》，见《陈亮集》上册，中华书局1974年版，第193页。
⑥ 陈亮：《类次文中子引》，见《陈亮集》上册，中华书局1974年版，第168—169页。
⑦ 陈亮：《类次文中子引》，见《陈亮集》上册，中华书局1974年版，第169页。

深藏着陈亮一生凝聚的思想理念。后面我们还会专门看他文献中如何以“正”字凸显正道。

此处，笔者将全文重要段落转引如下：

及陆龟蒙、司空图、皮日休诸人，始知好其书。至本朝阮氏、龚氏、裘氏，遂各以其所得本为之训义。考其始末，要皆不足以知之也。独伊川程氏以为隐君子，称其书胜荀扬。荀扬非其伦也，仲淹岂隐者哉！犹未为尽仲淹者。

自周室之东，诸侯散而不一，大抵用智于寻常，争利于毫末，其事微浅而不足论。齐桓一正天下之功大矣，而功利之习，君子羞道焉。及周道既穷，吴越乃始称伯于中国。《春秋》天子之事，圣人盖有不得已焉者。战国之祸惨矣，保民之论，反本之策，君民轻重之分，仁义爵禄之辨，岂其乐与圣人异哉！此孟子所以通《春秋》之用者也。“故事半古之人，功必倍之。”孟子固知夫事变之极，仁义之骤用而效见之易必也，纪纲之略备而民心之易安也。汉高帝之宽简，而人纪赖以再立；魏武之机巧，而天地为之分裂者十数世。此其用具之《春秋》，著之《孟子》，而世之君子不能通之耳。故夫功用之浅深，三才之去就，变故之相生，理数之相乘，其事有不可不载，其变有不可不备者，往往汩于记注之书。天地之经，纷纷然不可以复正。文中子始正之，续经之作，孔氏之志也。世胡足以知之哉！经曰：“天地设位，圣人成能。”传曰：“天下之生久矣，一治一乱。”是以类次《中说》而窃有感焉。淳熙乙巳十一月既望，永康陈亮书。①

此中已十分明确地道出文中子《中说》不仅可作为“续经之作”，且承继接续了“孔氏之志”。更为重要的是，陈亮崇仰其作为“文中子始正之”的经典之作，其中列举之《春秋》《孟子》，实透露陈亮深心所在也。而其“功利”一语，亦在此文中得到正式标举：“齐桓一正天下之功大矣，而功利之习，君子羞道焉。”须知，这一对“功利”的标举，意味着对当时理学正统的突破。当

① 陈亮：《类次文中子引》，见《陈亮集》上册，中华书局1974年版，第169—170页。

然，从学理逻辑上，陈亮以其整体“正学”“正道”来支撑这一思想突破，甚至极富深意地提及“正命”一语，诚如其所说：“顺其正命而行，则不失其所从。”①文中子俨然续经之作，实是顺正命而承孔子之志。

如此看来，就有必要追究文中子其人其学对陈亮真有何影响。

王通(584—617)，字仲淹，道号文中子，隋朝河东郡龙门县通化镇(今山西省万荣，另一说为山西河津)人，是隋朝著名思想家与教育家，学生中有房玄龄、魏徵、杜如晦、李靖等人。一生著有《续书》《续诗》《元经》《礼经》《乐论》《赞易》等书，然它们均已在唐代失传。所传《文中子说》一书，为其与门人之问答笔记。而极富学术史价值的是，其《礼乐篇》中竟然有“经济”一词出现，其言“皆有经济之道，谓经国济民”。须知，此实为中国古代文献中第一次真正提出“经济”概念，此前的古文献出现的只是“经世济民”“经邦治国”概念。试想，此对于敢直接大声疾呼“功利”口号的陈亮来说，岂能不心动?

事实上，文中子弟子门人整理出的《中说》，是以《论语》为模本的，记载文中子王通言行及其门人问答等，全书共十卷，涵括王通在哲学、伦理、历史、政治、文学诸方面观念思想，呈现出隋末唐初之历史文化及其士人状况。

要之，文中子当年上奏隋文帝的《太平十二策》即已提出“尊王道，推霸略，稽古验今，运天下于指掌”的主张，且深得文帝赞赏。此中“王道、霸略”理念，之于陈亮王霸之道岂无传承之迹?而如文中子《中说》中的《王道篇》所言“帝王之道”，《天地篇》所言“执明王之法”，《事君篇》所言“化人之道，正其心”，《周公篇》所言“帝者之制，恢恢乎其无所不容”，《问易篇》所言“元亨利贞。运行不匮者，智之功也”，《礼乐篇》所言“君子不受虚誉”，《述史篇》所言“非君子不可与语变”，《关朗篇》所言“苟正其本，刑将措焉”，全然可在陈亮文献中找到对应之论，此足证陈氏对文中子整体思想把握之到位。

究其实，二人在根底上，思想合拍，理念趋同。以下笔者所拈出陈亮之论，均可透视其与文中子王通一一对应之处。《宋元学案》龙川学案载：“崛兴于永康，无所承接。然其为学，俱以读书经济为事，嗤黜空疏、随人牙后谈

① 陈亮：《西铭说》，见《陈亮集》上册，中华书局1974年版，第168页。

性命者，以为灰埃。亦遂为世所忌，以为此近于功利，俱目之为浙学。”[①]说其“无所承接”并非全对；在某种程度上，陈亮可谓直承文中子王通其人，如陆象山直承孟子一般。而其谓“经济”“功利”，实为到位之语，可见陈亮直承文中子的思想源头。陈亮在南宋大儒中，是思想广杂从而颇具综合性的一位，再看一看后面其极富表征性的自画像便可知。

二、“正”道之论：正气、正体、正心、正命

在文中子《中说》中，其“正”之一字，通贯全篇。而陈亮亦如是：其王霸之道，义利之行，实以正道范畴及其“正”论体系为前提。

陈亮的《上孝宗皇帝第一书》开篇首句即言：“臣窃惟中国，天地之正气也，天命之所钟也，人心之所会也，衣冠礼乐之所萃也……”[②]此篇在陈亮文献中列入卷之一首篇，其重要性不言而喻。在当时的历史条件下，陈亮坚认“振天下之气”[③]，唯树“天地之正气”方可。

然“正气”之得否，须依于人心之正：“喜怒哀乐爱恶一失其正，则天下之盛举皆一人之欲心也，而去道远矣，有功亦止于美观耳。”[④]“夫喜怒哀乐爱恶，欲之所以受形于天地而被色而生者也。六者得其正则为道，失其正则为欲。”[⑤]陈亮深识孟子“正心”之理，而慨叹“人心之难正也”，“故善观孟子之书者，当知其主于正人心；而求正人心之说者，当知其严义利之辨于毫厘之际”[⑥]。然而，义利的毫厘之辨，当从事上辨出；所有天下的“正大之理”，都须从事中见出，不能于事上达理，则为“迂阔”。他言之凿凿：“夫渊源正大之理，不于事物而达之，则孔孟之学真迂阔矣，非时君不用之罪也。”[⑦]据此，陈亮在反思时代风气时对当时儒士精神面貌颇有批判之意：“始悟今世之儒士

① 黄宗羲：《宋元学案》第三册，中华书局1986年版，第1832页。
② 陈亮：《上孝宗皇帝第一书》，见《陈亮集》上册，中华书局1974年版，第1页。
③ 陈亮：《上孝宗皇帝第一书》，见《陈亮集》上册，中华书局1974年版，第4页。
④ 陈亮：《勉强行道大有功》，见《陈亮集》上册，中华书局1974年版，第98页。
⑤ 陈亮：《勉强行道大有功》，见《陈亮集》上册，中华书局1974年版，第97页。
⑥ 陈亮：《孟子》，见《陈亮集》上册，中华书局1974年版，第105页。
⑦ 陈亮：《勉强行道大有功》，见《陈亮集》上册，中华书局1974年版，第98页。

自以为得正心诚意之学者，皆风痹不知痛痒之人也。”[①]这种口气实有不屑之感。须知，陈亮本人亦一大儒也，他不仅强调人心之正，且从治事视角深论“正心”之重要：“论治则曰正心，论事则曰守法。”[②]“夫人心之正，万世之常法也。”[③]可见，制度范畴之“常法”，须以“人心之正”为根本前提。陈亮此语，实足为一哲学命题——人心之正为万世常法。陈亮的结论是，“正人心以立国本”故又须“同风俗以正人心”“风俗固不期而正”，从而期待“人心之正有日矣”，“趋向一于正”[④]。此呈示出其大中至正之道的逻辑理路。《廷对》属策问之文，陈亮在此文中大显“正”之不可或缺，甚至从学理上追溯到“数之正”，“先儒以为五十有五乃天地之正数”[⑤]。诚可谓用心至深至艰！

有此视角，故陈亮能更深刻地认识到其时最为重要者，其实是“正纪纲，修法度”[⑥]之事。此可谓明眼人也！如全然陷于谈心性玄理，必于事无补；陈亮与吕祖谦一样，为通透历史的大儒，故其特强调纲纪制度之重要性——其一“正”字，显为此中前提。如古代中国的谏议制，君从谏而得其正；陈亮就十分看重这一制度的重要之所在：“君以从谏务学为美，臣以识心见性为贤……举一世谓之正论。”[⑦]此中不仅言及君之于“谏”的意义所在，且以“正论”二字，凸显出“正”之价值。据此，陈亮能面对皇帝而大有无畏之正气，能指责皇帝“卒不免笼络小儒，驱委庸人，以迁延大有为之岁月”[⑧]。此确然是明明白白地批判皇帝延误了最佳时机，若无有正气而不敢担当之人，能出此言？当然，陈亮亦不否认皇帝有恤民之德：“陛下励志复仇，有大功于社稷；笃意恤民，有大德于天下。”[⑨]须知，在儒家义理中，“恤民”乃为治政之德，故同时代的朱熹、吕祖谦都大有“恤民”之谈，且朱熹为恤民赈济之策而特设“社仓”之建。于此可透见，古代中国儒家的保民养民思想中，其“恤民”之

---

① 陈亮：《上孝宗皇帝第一书》，见《陈亮集》上册，中华书局1974年版，第8页
② 陈亮：《上孝宗皇帝第二书》，见《陈亮集》上册，中华书局1974年版，第10页。
③ 陈亮：《问答》下，见《陈亮集》上册，中华书局1974年版，第46页。
④ 陈亮：《廷对》，见《陈亮集》上册，中华书局1974年版，第116—118页。
⑤ 陈亮：《量度权衡》，见《陈亮集》上册，中华书局1974年版，第124页。
⑥ 陈亮：《上孝宗皇帝第一书》，见《陈亮集》上册，中华书局1974年版，第9页
⑦ 陈亮：《上孝宗皇帝第二书》，见《陈亮集》上册，中华书局1974年版，第10页。
⑧ 陈亮：《上孝宗皇帝第二书》，见《陈亮集》上册，中华书局1974年版，第11页。
⑨ 陈亮：《上孝宗皇帝第二书》，见《陈亮集》上册，中华书局1974年版，第11页。

意，实在儒家“正德”范畴之中。不过，区别在于，陈亮从不虚谈，更不玄谈，其所言及者，全然落实在治政制度之中。故其面对皇帝亦慨叹而曰：“陛下将以办天下之大计，而大义未足以震动天下，亦执事者之所当蚤正而预计也。”①显然，这是一种落到实处的根本态度，强调“执事者”的“预计”，且是一种归入“正”道的制度性谋划。千万不要忘记，此中陈亮仍在凸显一“正”之义理价值。他十分清晰地透见：“本朝以儒立国，而儒道之振独优于前代。”②而他能独以制度构建之正，立儒家“正”义，确属难能可贵了。

这里需要特别注意，陈亮又是个极能呈现儒家“变通”义理之儒者，即便上奏皇帝，亦念念不忘于此：“然而变通之道有三：有可以迁延数十年之策，有可以为百五六十年之计，有可以复开数百年之基。”③此决然为极开阔视野下之高论。在此同一上奏中，更言及“惟在变而通之耳”。此已然为俯瞰之见了。然此同样以“正”为基，这正是中国古代儒道二家共有文献《易经》之正道也。陈亮于《易经》亦有两句名言：“天下之理具于易。”④“昔者圣人以道揆古今之变。”⑤前者为后者之逻辑前阶。“定理”“定数”⑥之类的概念，也在其文献中出现。下面这段极为重要的上孝宗皇帝书中的言论，可知陈亮于当时事境中言“变”之深心所在：

> 本朝以儒道治天下，以格律守天下，而天下之人知经义之为常程，科举之为正路，法不得自议其私，人不得自用其智，而二百年之太平由此而出也。至于艰难变故之际，书生之智，知议论之当正而不知事功之为何物，知节义之当守而不知形势之为何用，宛转于文法之中，而无一人能自拔者。⑦

---

① 陈亮：《上孝宗皇帝第二书》，见《陈亮集》上册，中华书局1974年版，第12页。

② 陈亮：《上孝宗皇帝第三书》，见《陈亮集》上册，中华书局1974年版，第13页。

③ 陈亮：《上孝宗皇帝第三书》，见《陈亮集》上册，中华书局1974年版，第13页。

④ 陈亮：《告先圣文》，见《陈亮集》下册，中华书局1974年版，第340页。

⑤ 陈亮：《书经》，见《陈亮集》上册，中华书局1974年版，第100页。

⑥ 陈亮：《萧曹丙魏房杜姚宋何以独名于汉唐》，见《陈亮集》上册，中华书局1974年版，第134页。

⑦ 陈亮：《戊申再上孝宗皇帝书》，见《陈亮集》上册，中华书局1974年版，第20页。

这段奏议，深刻而允当；其前提当然仍为儒家“守正”之义，然于“艰难变故之际”如何守正，则应“知议论之当正”而更深入到“知事功”“知形势”之层次，而绝不是全然不变地死守其正而不能自拔——变通而为大中，至于中正，此易之根本义理：“以大公至正之道而察天下之不协于极、不罹于咎者，悉比而同之，此岂一人之私意小智乎！无偏无党，无反无侧，以会天下于有极而已。”①此中“大公至正之道”一语即为其“正道”论出处的最有力佐证与根据（而绝不仅仅是《论正体之道》一文而已）。如此，我们才能更到位地理解陈亮为何要在其“中兴论”中标帜高论：

> 臣闻治国有大体，谋敌有大略。立大体而后纲纪正，定大略而后机变行，此不易之道也。②

此种标示式的高论，全然透显出在“纲纪”（制度）之正的前提下定大略而后“机变”之行，是何其重要，此方为“不易”之至正之道也。故其特撰“开诚之道”而呼之曰：“臣尝观自古大有为之君，慷慨果敢而示之以必为之意，明白洞达而开之以无隐之诚；故天下雄伟英豪之士，声从响应，云蒸雾集，争以其所长自效而不敢萌欺罔之心，截然各职其职而不敢生不满之念。故所欲而获，所为而成，而卓乎其不可及也。”③此全以一片赤诚之心而疾呼赤诚同道。

正道治政，固为儒家基本理念，然大中至正之道前提下，其治事范畴仍有制度性的“执要之道”，陈亮专此论之，从中可知其实属“以事显理”的儒者，绝非迂腐求玄的空谈儒者。其《论执要之道》说：

> 自祖宗以来，军国大事，三省议定，面奏获旨。差除即以熟状进入，获可始下中书造命，门下审读。有未当者，在中书则舍人封缴之，在门下则给事封驳之，始过尚书奉行。有未当者，侍从论思

① 陈亮：《廷对》，见《陈亮集》上册，中华书局1974年版，第114页。
② 陈亮：《进中兴五论劄子》，见《陈亮集》上册，中华书局1974年版，第21页。
③ 陈亮：《论开诚之道》，见《陈亮集》上册，中华书局1974年版，第25页。

之，台谏劾举之。此所以立政之大体，总权之大纲。端拱于上而天下自治，用此道也。今朝廷有一政事而多出于御批，有一委任而多出于特旨。使政事而皆善，委任而皆当，固足以彰陛下之圣德，而犹不免好详之名。万一不然，而徒使宰辅之避事者得用以借口。……凡一政事，一委任，必使三省审议取旨，不降御批，不出特旨，一切用祖宗上下相维之法。

史之称光武曰："明谨政体，总揽权纲。"政体者，政之大体也；权纲者，权之大纲也。臣愿陛下立政之大体，总权之大纲，辨邪正，专委任以幸天下，得操要之实而鉴好详之弊。则天下雄伟英豪之士，必有能奋然出力以办今日之事者。①

显然，此中所议，并非陈亮有意反对以往制度之规，而是基于“执要之道”反对“好详之弊”。在制度的根本前提下，他仍然坚持“立政之大体，总权之大纲”，且须力“辨邪正”而终“操要之实”，这当然是一种以制度而治政事的“执要之道”。此中极富思想启示之点，不仅是以事显理的儒者视角，更有一种“正道”在其中。如此看来，陈亮特撰《论正体之道》就绝非偶然了，其全然是从治政之事中，总结出“正体之道”之正道。其中对“仁”与“忠”的诠释，极富思想史意义：“臣闻君以仁为体，臣以忠为体。遍覆包含，如天地之大，仁也。公家之事，知无不为，忠也。”②此与前此儒家对君仁臣忠的解释，视角全新而内涵极深，亦极富启示意义；即便今天从现代文明视角做一透视，亦绝不过时。其继言“正君臣之体而为百世不易之家法也”③，则是又一次从儒家“正道”观审视君臣之道的治政理念。

进言之，陈亮言“公道”，其实质亦属于“正道”范畴，如《问答》上言及“圣人之公道”④，《问答》下即有：“孔子之作《春秋》，公赏罚以复人性而已……外赏罚以求君道者，迂儒之论也；执赏罚以驱天下者，霸者之术也。”⑤赏罚之

① 陈亮：《论执要之道》，见《陈亮集》上册，中华书局 1974 年版，第 27、28 页。
② 陈亮：《论正体之道》，见《陈亮集》上册，中华书局 1974 年版，第 29 页。
③ 陈亮：《论正体之道》，见《陈亮集》上册，中华书局 1974 年版，第 30 页。
④ 陈亮：《问答》上，见《陈亮集》上册，中华书局 1974 年版，第 38 页。
⑤ 陈亮：《问答》下，见《陈亮集》上册，中华书局 1974 年版，第 41 页。

下，自在人心，此公道亦正道也。故“后世之欲行恩义于《春秋》之外者，徇人心而欺天下者也”①。在儒学史上，孔子的《春秋》之作，目的就在以“正道”而正执政者之心。更须注意，此中不仅出现了“迂儒”之说，更推出“霸者之术”；而霸者之术，王者之业，均不离正道。这也是笔者下面所述要点。

在总体上，陈亮以其较富体系的“正道”论，呈现出其与文中子“化人之道，正其心”论的异曲同工之妙。

三、“王霸并用”亦大中正道：天理人欲并行

陈亮亟欲推出孟子“王道”之论，不为无故，其视王道为正道，而王道之正切于事情：

> 天下岂有道外之事哉！
>
> 夫道非出于形气之表，而常行于事物之间者也。
>
> 孟子之言王道，岂为不切于事情！梁惠王问利国，未为戾于道也；移民移粟，未为无意于民也。孟子皆不然之，而力以仁义为言。盖计较利害，非本心所宜有。其极可以至于忘亲后君，而无可达于事物之理，非好货好色之比，而况不忍一牛之心乎！圣贤之所谓道，非后世之所谓道也。为人上者，知声色货利之易溺而一日万几之可畏，强勉于其所当行，则庶几仲舒之意矣。夫天下岂有道外之事哉！②

此中已两次慨叹“天下岂有道外之事哉”！其深意当在：王道至正之所在，当于事上见出；确定了王道之正，则须勉强而大力行之，对人君而言，尤当如此。

陈亮的“酌古论”，多从历史人物入手而论及王霸之道。如《诸葛孔明》

① 陈亮：《问答》下，见《陈亮集》上册，中华书局1974年版，第45页。

② 陈亮：《勉强行道大有功》，见《陈亮集》上册，中华书局1974年版，第97、99页。

上下篇，多言及“帝者之政”“王者之事”①，甚至于动情之处又有溢于言表者：“吾愤孔明之不幸，故备论之，使世以成败论人物者其少戒也。”②而其“正道”之论，更凸显于此：“故夫谲诈者，司马仲达之所长也。使孔明而出于此，则是以智攻智，以勇击勇，而胜负之数未可判。孰若以正而攻智，以义而击勇？”③可见，陈亮即便论及战争，仍是以正道为其大前提。甚至于言及三国霸业时，亦有“兴典礼，修正乐”④“正四代礼乐之志”⑤之语。何其“正”论如此系其心头也！

即便于战争用兵之道，陈亮亦称扬用正兵之道，如《李靖》一文所言：“兵有正有奇，善审敌者，然后识正奇之用……太宗问何以讨高丽，则欲用正兵。此其意晓然可见矣。……正兵以临之，则彼无所用其能矣。故吾尝谓诸葛孔明所用之兵无非正，靖所用之兵无非奇。……其阵堂堂，其旗正正，此非正兵不能然也。”⑥可见，陈亮仍将正兵之道属之于儒家整体理念中的“正道”范畴。尽管其早已洞见：“奇兵之效捷，正兵之效迂。”⑦而“善用兵者，因其势而顺导之”⑧。须知，此因势利导之论，仍在其正道范畴之内，“导”者，依势变通而导入其“正”。此故知陈亮仍以正兵之道而优先。

陈亮是儒家人物中颇有史识的史家，尤钟情于三国史；陈亮的《三国纪年序引》中有两句极为著名的话语：“天下不可无正也。”“魏终不足以正天下矣。”⑨而此二语亦见于吕祖谦与他讨论的书信⑩中，吕氏甚赞其曰：“盖得太史公笔法。”⑪

---

① 陈亮：《诸葛孔明》下，见《陈亮集》上册，中华书局 1974 年版，第 72 页。

② 陈亮：《诸葛孔明》下，见《陈亮集》上册，中华书局 1974 年版，第 73 页。

③ 陈亮：《诸葛孔明》上，见《陈亮集》上册，中华书局 1974 年版，第 70 页。

④ 陈亮：《诸葛孔明》上，见《陈亮集》上册，中华书局 1974 年版，第 72 页。

⑤ 陈亮：《萧曹丙魏房杜姚宋何以独名于汉唐》，见《陈亮集》上册，中华书局 1974 年版，第 134 页。

⑥ 陈亮：《李靖》，见《陈亮集》上册，中华书局 1974 年版，第 80 页。

⑦ 陈亮：《李靖》，见《陈亮集》上册，中华书局 1974 年版，第 82 页。

⑧ 陈亮：《封常清》，见《陈亮集》上册，中华书局 1974 年版，第 83 页。

⑨ 陈亮：《三国纪年・序》，见《陈亮集》上册，中华书局 1974 年版，第 137 页。

⑩ 吕祖谦：《答陈同甫书二》，见《陈亮集》上册，中华书局 1974 年版，第 150 页。

⑪ 吕祖谦：《答陈同甫书二》，见《陈亮集》上册，中华书局 1974 年版，第 150 页。

正是在王道至正的范畴中，陈亮在与朱熹的书信交流中极为真切而又大胆地亮出了自己的鲜明观点：

> 王霸可以杂用，则天理人欲可以并行矣。亮所以为缕缕者，不欲更添一条路，所以开拓大中，张皇幽眇而助秘书之正学也，岂好为异说而求出于秘书之外乎！不深察其心，则今可止矣。①

此中所谓“开拓大中”，无疑是开拓王霸大中正道；中国古代文献《洪范》《周易》中的“大中”之道，均有“正道”之意谓。而此处以“正学”一词，十分鲜明地支撑此正道。后面针对朱熹的话则说得颇为严肃，意即秘书(指朱熹)你并未深察吾心，吾之说全然是助你之“正学”正道，而你却始终认我为异端。如此，其言可止矣。其实，陈亮言王霸杂用，天理人欲并行是有其逻辑基础的，其逻辑在：“谓之杂霸者，其道固本于王也。”②陈亮深以为霸者之道，其源于王道之正也！故其干脆大力宣称：“义利双行，王霸并用。”③此耀眼八字，纯然成为陈亮命题，当然，这也是历史中最有争议的一个儒家思想命题；然而这对陈亮而言，是一种自然而朴素的史观。深言之：以汉唐心迹而接续三代心迹，只要“本领闳阔，工夫至到，便做得三代”④。此已然成为一种逻辑的自然贯通了。钱穆谓：“龙川大意，只谓三代以下，未必全是利欲。非可与三代以前，判然划分为两世界。其实此意，亦可以象山抚学来证成。”⑤钱穆真可谓陈亮的千年隔代知音了。

据此，陈亮又在与朱熹书信中明确以文中子王霸之论表达自己的鲜明取向：

> 王通有言：“皇坟帝典，吾不得而识矣。不以三代之法统天下，

---

① 陈亮：《丙午复朱元晦秘书书》，见《陈亮集》下册，中华书局1974年版，第295页。

② 陈亮：《又甲辰秋书》，见《陈亮集》下册，中华书局1974年版，第281页。

③ 陈亮：《又甲辰秋书》，见《陈亮集》下册，中华书局1974年版，第281页。

④ 陈亮：《又乙巳秋书》，见《陈亮集》下册，中华书局1974年版，第292页。

⑤ 钱穆：《象山龙川水心》，见钱穆《中国学术思想史论丛》卷五，安徽教育出版社2004年版，第269页。

> 终危邦也。如不得已,其两汉之制乎!不以两汉之制辅天下者,诚乱也已。”仲淹取其以仁义公恕统天下,而秘书必谓其假仁借义以行之。心有时而泯可也,而谓千五百年常泯可乎?法有时而废可也,而谓千五百年常废可乎?至于“全体只在利欲上”之语,窃恐待汉唐之君太浅狭,而世之君子有不厌于心者矣。①

此中已然认同王通汉唐之制可辅天下的王霸之论,且指责朱熹对汉唐认识过浅。质言之,陈亮取向鲜明:汉唐之制依然是大中正道。

朱熹的回复则不仅语意坚定,甚至触及了陈亮深心所喜的文中子王通,其言:“帝王本无异道,王通分作两三等,已非知道之言;且其为道,行之则是,今莫之御而不为,乃谓不得已而用两汉之制,此皆卑陋之说,不足援以为据。若果见得不传底绝学,自无此蔽矣。”②果然是大儒的道义之正,甚至用上了“正知见”③一语。而此俨然是针对王通、陈亮王霸之论的。而朱熹此说,实亦证实了文中子王通与陈亮实有理念相通相同之处。

论及于此,我们就有必要推出陈亮的自画像了:“亮昔尝与伯恭言:‘亮口诵墨翟之言,身从杨朱之道,外有子贡之形,内居原宪之实。’”④这是他对吕祖谦说的大实话,此全然一幅埋头实事,不求人识,而既不损己又全心为民致福的事理皆具的英才之像。伟哉!陈亮。

四、余论

笔者于陈亮文献中,几近囊括“正”字之能事,无非证其不愧为一代英才大儒也。读陈亮与朱熹、吕祖谦文献,可知三人虽同为大儒与史家,陈亮偏重于事中见史显道,吕氏偏重史中见事示道,而朱熹则为兼重事理者,然朱子毕竟更推崇形上之理而透见于史者。此实为南宋时三大儒不同特色之

---

① 陈亮:《又乙巳春书之二》,见《陈亮集》下册,中华书局 1974 年版,第 290 页。

② 朱熹:《寄陈同甫书》,见《陈亮集》下册,中华书局 1974 年版,第 308 页。

③ 朱熹:《寄陈同甫书》,见《陈亮集》下册,中华书局 1974 年版,第 308 页。

④ 陈亮:《又甲辰秋书》,见《陈亮集》下册,中华书局 1974 年版,第 280 页。

所在。

然而至为可惜的是:“龙川此等理论,早已超出了当时理学正轨,朱陈异同,较之朱陆异同,在思想冲突上应是更严重。王霸义利,乃宋学一绝大中心论点。陈龙川的力量,到底推不倒这一个传统。”①此中“正轨”二字,无非是在表征当时儒学正统。而事实上,陈亮文献,处处都在凸显儒家正统思想中的此一“正”字。按陈亮自己的说法,他要做的是,拓开一条新时代条件下的“大中”正道。至此,我们可以说,陈亮——南宋儒家阵营中一位以崭新思维而凸显的人物——是正道功利派思想家,其思想资源值得我们进一步挖掘与深究。

---

① 钱穆:《象山龙川水心》,见钱穆《中国学术思想史论丛》卷五,安徽教育出版社2004年版,第270页。

略论“朱陈之辩”

浙江师范大学江南文化研究中心教授
陈国灿

南宋前期，随着学术思想领域的不断分化，不同思潮和学派之间的思想争鸣十分活跃，理学大家朱熹与著名事功学者陈亮的大论战就是在这种背景下发生的，史称“朱陈之辩”。从宋孝宗淳熙十一年（1184）到十三年（1186），“朱陈之辩”前后持续三年，在当时思想领域引起广泛反响，不仅显示了朱熹与陈亮在理论思想和现实问题上的不同思考，更反映出理学与事功之学两种思潮的内在分歧和对立。

一、事功之学的兴起与“朱陈之辩”

事功之学是南宋前期兴盛于浙东（今钱塘江以东）地区的社会学术思潮，是入宋以来新型功利主义思想与浙东地区经世致用的传统学风相结合的产物。

赵宋王朝建立后，各种政治和社会矛盾日益显现，到11世纪中期，王朝逐渐陷入内外交困的统治危机。面对这种现状，部分学者积极思考，致力于强国安邦、兴世济民道路的探索，提出了一系列具有功利色彩的理论观点和主张。如李觏从强烈的富民安民思想出发，提出了“人非利不生”“焉有仁义而不利者”[①]的义利统一观；王安石从变法图强的观念出发，积极倡导“治天下国家，在于安危治乱，不在于章句名教”[②]的实学思想。这些学者倡言功利，并不是否定和抛弃传统儒学的基本原则，而是希望将儒家原则落实于追

① 李觏：《盱江集》卷二九“原文”，清文渊阁《四库全书》本。

② 王安石：《临川文集》卷四一“上五事札子”，清文渊阁《四库全书》本。

求民富国强的具体实践之中，即以“义”来规范“利”的方向，以“利”来体现“义”的价值。这与具有纯实用倾向的传统功利主义显然是有所不同的，它实际上是儒学理论与功利思想的有机结合。

与此同时，浙东地区求实致用的学风日趋兴盛。活跃于明州（今浙江宁波市）地区的杨适、杜醇、楼郁、王致、王说等学者，“讲贯经史，倡为有用之学”①，为时人所重，尊为“庆历五先生”。温州地区先后有以“皇祐三先生”（王开祖、林石和丁昌期）和“永嘉九先生”（周行己、刘安节、刘安上、沈躬行、许景衡、戴述、赵霄、张辉、蒋元中）为代表的一批学者，他们反对空谈义理，认为坚持“孔孟之道”的关键在于联系现实并付诸实施，若将孔子学说教条化，则“六经之道反不如今之著”②；强调“道与时变，法随俗易”，不仅统治方式要因时而变，礼义规范也应顺势而异，做到“因时以制礼，因礼以定名”③。这些浙东学者强烈的经世致用思想和他们的教育与传学活动，直接为之后事功之学的兴起奠定了基础。

正是上述两方面因素的结合，宋室南渡后，面对严峻的外来威胁和内在统治危机，部分浙东学者基于求实致用的传统学风，传承北宋中期以来变革图强的功利思想，积极探讨中兴国家的革新方案和实践路径，浙东事功之学由此逐渐兴起，进而形成“唐氏之学”“永康之学”“永嘉之学”等诸多事功学派。“唐氏之学”由婺州金华（今浙江金华市）学者唐仲友所创，他以倡明儒学和辨析治乱为己任，重视理财、艺事等实学，讲求诸家之融合。其学“上自象纬、方舆、礼乐、刑政、军赋、职官，以至一切掌故，本之经史，参之传记，旁通午贯，极之茧丝牛毛之细，以求见先王制作之意，推之于后世，功见之施行”④，被时人称为“经制之学”，在浙东事功之学中独树一帜。永康之学是由婺州永康（今浙江永康市）学者陈亮创立和发展起来的，他在深入分析社会现状的基础上，“穷天地造化之初，考古今沿革之变，以推极皇帝王伯之道”⑤，形成了有关哲学、伦理学、史学、文学、政治、经济、军事、文化、教育等

---

① 黄宗羲等：《宋元学案》卷六“士刘诸儒学案”，中华书局1986年版。

② 王开祖：《儒志编》，《永嘉丛书》本。

③ 刘安节：《刘左史集》卷二“时见日会”，《永嘉丛书》本。

④ 黄宗羲等：《宋元学案》卷六〇“说斋学案”，中华书局1986年版。

⑤ 《陈亮集》（增订本）卷一“上孝宗皇帝第一书”，中华书局1987年版。

诸多方面的理论观点和主张，建立起较为系统的事功学说。“永嘉之学”由温州学者薛季宣开创，经陈傅良发展，至叶适时蔚为大观。史称：“乾、淳诸老既殁，学术之会，总为朱、陆两学，而水心（叶适——引者）斸斸其间，遂称鼎足。”①

崛兴于浙东地区的诸家事功之学基于强烈的经世致用观念，积极倡导讲实事、究实理、重实功、求实效的学风，表现出强烈的实学倾向，从而与热衷于谈道说理、讲性论命的理学诸流派，尤其是作为理学主流的朱学发生了激烈的思想冲突。薛季宣明确指出理学家们大肆宣扬的儒学“道统说”漏洞百出，存在着明显的“记事参错”②；批评理学学者热衷于清谈脱俗之论而流于空疏虚妄，“诚未能无恶”③。唐仲友严厉抨击部分理学学者夸夸其谈的学风，指斥一些理学家脱离实际而空言道德性命，“其学荒唐而无统，其言诡诞而无当，其行诡谲而不情，其心矫伪而不慤。平居听其议论若无所不能，及措诸事业，往往不及古人万分之一”④。陈亮作为事功思潮的代表性学者，其反理学态度尤为激烈，对理学思想和学风的批评十分尖锐。在淳熙五年(1178)给孝宗皇帝的两次上书中，他一再痛斥空谈性命之学的疏阔学风：“今世之儒士自以为得心诚意之学者，皆风痹不知痛痒之人也。举一世安于君父之仇，而方低头拱手以谈性命，不知何者谓之性命呼！”⑤“论恢复则曰修德待时，论富强则曰节用爱人，论治则曰正心，论事则曰守法……夫岂知安一隅之地则不足以承天命，忘君父之仇则不足以立人道。”⑥在写给友人应仲实的信中，陈亮以更为峻激的言辞指出：“世之学者，玩心于无形之表，以为卓然而有见，事物虽众，此其得之浅者，不过如枯木死灰而止耳；得之深者，纵横妙用，肆而不约，安知所谓文理密察之道？泛乎中流，无所底止，犹自谓其有得，岂不可哀也哉！”⑦

---

① 黄宗羲等：《宋元学案》卷五四“水心学案”，中华书局 1986 年版。

② 薛季宣：《浪语集》卷二八“策问二十道”，清文渊阁《四库全书》本。

③ 薛季宣：《浪语集》卷二五“抵杨敬仲简书”，清文渊阁《四库全书》本。

④ 唐仲友《说斋文钞》卷八“学论”，《续金华丛书》本。

⑤ 《陈亮集》(增订本)卷一“上孝宗皇帝第一书”，中华书局 1987 年版。

⑥ 《陈亮集》(增订本)卷一“上孝宗皇帝第二书”，中华书局 1987 年版。

⑦ 《陈亮集》(增订本)卷二七“与应仲实书”，中华书局 1987 年版。

对于讲求实事实功的事功之学，朱熹一直持批评态度。他指责事功之学“专去利害上计较”“大不成学问”①；认为事功学者“草率苟简，未曾略识道理规模”，便“高自标置，下视古人”，所论“全是含胡影响之言，不敢分明道着实处”②。乾道(1165—1173)、淳熙(1174—1189)年间，随着事功之学日趋活跃，影响不断扩大，朱熹的批评态度也越来越激烈。在他看来，陆学之流的偏差不过是行圣王之道的不得法，而事功之学则是重功利而大违圣王之义，极易误人。“江西之学(陆学——引者)只是禅，浙学(事功之学——引者)却专是功利。禅学后来学者摸索一上，无可摸索，自会转去；若功利，则学者习之便可见效，此甚可忧。”③特别是陈亮，“才太高，气太锐，论太险，迹太露”，且信奉者日众，尤其值得惊觉。“陈同甫(陈亮——引者)学已行到江西，浙人信向已多，家家谈王伯，不说萧何、张良，只说王猛；不说孔孟，只说文中子，可畏！可畏！”④显然，朱熹对事功之学的批评并不只限于学风层面，而是涉及理论思想的一系列根本性问题，陈亮作为当时社会影响最大、反理学态度最为激烈的事功学者，自然成为朱熹斥责事功之学的主要对象。因此，“朱陈之辩”的发生，正是事功思潮兴起发展并与理学发生激烈争鸣的反映。

二、“朱陈之辩”的核心问题

陈亮与朱熹的论战，表面上看是围绕对三代、汉唐历史的不同看法展开的，实际是由双方在一系列根本性理论问题上的重大分歧所致。诚如陈亮后来在给陈傅良的信中所说：“亮与朱元晦所论，本非为三代、汉唐设。”⑤

对“道”的认识和理解，是引发“朱陈之辩”的首要问题。朱熹把孔子所强调的“道”说成超越自然和社会而独存的先验性东西，是“非人所能预”的“亘古亘今常在不灭之物”⑥。陈亮则认为，所谓“道”不是抽象和观念性的

① 黎靖德编：《朱子语类》卷三七、卷一二二，中华书局1986年版。
② 朱熹：《晦庵集》卷五六“答叶正则”(四)，《四部丛刊》本。
③ 黎靖德编：《朱子语类》卷一二三，中华书局1986年版。
④ 黎靖德编：《朱子语类》卷一二三，中华书局1986年版。
⑤ 《陈亮集》(增订本)卷二九“与陈君举”，中华书局1986年版。
⑥ 朱熹：《晦庵集》卷三六“答陈同甫”(第六书)，《四部丛刊》本。

“无形之物”，而是存在于天地万物之中的内在本质和规律，是任何人都可以体察和认识到的。“夫道，非出于形气之表，而常行于事物之间者也。”①“天地之间，何物非道？赫日当空，处处光明。闭眼之人，开眼即是。”②

基于对“道”的不同解释，朱熹和陈亮进而就“王道”与“霸道”问题展开激烈辩论。朱熹认为，“道”为尧、舜、汤、文、武、周公等圣人施行于天下，由此形成了以义理之心为基础的“王道”。但三代以降，利欲炽盛，王道不行，“道未尝息而人自息之”③。至于汉祖唐宗，则更是假借仁义之名而行霸道之实。显然，朱熹的这种观点，实际上是对孟子崇王贱霸思想的继承和发展，亦即《孟子·公孙丑上》所说：“以力假仁者霸，霸必有大国；以德行仁者王，王不待大。”陈亮则认为，“道”既存在于万事万物之中，其在不同的历史环境下有着不同的表现形式。“伏羲、神农用之以开天地，则曰皇道；黄帝、尧、舜用之以定人道之经，则曰帝道：禹、汤、文、武用之以治天下，则又曰王道；王道衰，五霸迭出，以相雄长，则又曰霸道。”④因此，王道也好，霸道也罢，只是形式上的差异，而非实质上的区别。事实上，王道和霸道是可以互相结合的。王道借霸道而行，霸道本王道而立。“谓之杂霸者，其道固本于王也。”⑤显然，在陈亮看来，尊王贱霸是一种主观之见，而以此崇三代而贬汉唐，更是无视历史发展实际的片面观念。

与“王霸之争”相联系，义理和利欲问题是“朱陈之辩”的又一个争论焦点。从尊王贱霸的思想出发，朱熹进而将义理和利欲完全割裂及对立起来，强调“行义理，灭人欲”，将义理上升到本体论的高度，视之为世界的本质和为人的根本，而利欲是与此背道而驰的，即便是人赖以存在的基本物质欲望，也有碍义理之心的纯正。他指责陈亮等事功学者所倡导的实事实功思想有违义理之本，其“立心之本在于功利”⑥。陈亮则坚持认为，“义”和“利”是一个事物的两个侧面，彼此是合为一体的。义必须通过实际的利来体现，

---

① 《陈亮集》(增订本)卷九“勉强行功大有道”，中华书局1987年版。

② 《陈亮集》(增订本)卷二八“又乙巳秋书”，中华书局1987年版。

③ 朱熹：《晦庵集》卷三六“答陈同甫”(第八书)，《四部丛刊》本。

④ 《陈亮集》(增订本)卷一五“问皇帝王霸之道”，中华书局1987年版。

⑤ 《陈亮集》(增订本)卷二八“又甲辰秋书”，中华书局1987年版。

⑥ 朱熹：《晦庵集》卷三六“答陈同甫”(第八书)，《四部丛刊》本。

没有利，也就无所谓义。事实上，即便是上古三代的圣王也并不讳言对功利的追求。“禹无功，何以成六府；乾无利，何以具四德，如之何其可废也？”[①]仁义并不是空洞的抽象之物，而是体现于实实在在的事功之中。“非以空言动人也，人道固如耳。”[②]同样，“理”与“欲”也绝非水火不相容的，“才有人心，便有许多不净洁”[③]。人们生活于世，都会有相应的物欲，这是客观存在的自然之理。“耳之于声也，目之于色也，鼻之于臭也，口之于味也，四肢之于安佚也，性也，有命焉。”[④]因此，理学家所谓“三代以前都无利欲，都无要富贵”的说法是根本不可信的，属于有违历史实际的主观虚构。

王霸和义利之争，归根到底是如何做人的问题。因此，围绕“成人之道”，朱熹和陈亮也展开了激烈辩论。朱熹强调，成人当“以儒者之学求之”，否则，“恐其畔弃绳墨，脱略规矩，进不得为君子，退不得为小人”[⑤]。而且，这种“儒者”应该“尽心尽性”，做到“穷理修身，学取圣贤事业，使穷而有以独善其身，达而有以兼善天下”[⑥]。对于朱熹所推崇的这种成人目标，陈亮颇不以为然。在他看来，理学家津津乐道的“醇儒”，不过是只知“研究义理之精微，辨析古今之异同，原心于秒忽，较礼于分寸，以积累为功，以涵养为正”，却不知“事功之为何物”“形势之为何用”的迂腐之流，根本不值学习和仿效。因此，“学者，所以学为人也，而岂必其儒哉”[⑦]，真正的“成人”，应该是将仁义和事功结合起来，做到“仁智勇之达德具于一身”，具有“堂堂之阵，正正之旗，风雨云雷交发而并至，龙蛇虎豹变见而出没，推倒一世之智勇，开拓万古之心胸”的气势，做到“与天地并立而为三”[⑧]。

---

① 黄宗羲等：《宋元学案》卷五六“龙川学案”，中华书局1986年版。

② 《陈亮集》（增订本）卷二四“赠楼应元序”，中华书局1987年版。

③ 《陈亮集》（增订本）卷二八“又乙巳秋书”，中华书局1987年版。

④ 《陈亮集》（增订本）卷四“问答下”，中华书局1987年版。

⑤ 朱熹：《晦庵集》卷三六“答陈同甫”（第八书），《四部丛刊》本。

⑥ 朱熹：《晦庵集》卷三六“答陈同甫”（第十书），《四部丛刊》本。

⑦ 《陈亮集》（增订本）卷二八“又乙巳春书之一”，中华书局1987年版。

⑧ 《陈亮集》（增订本）卷二八“又甲辰秋书”，中华书局1987年版。

三、“朱陈之辩”的理论思想分歧

从朱熹和陈亮各自所代表的理论学说和思想体系来看，两人的论战主要基于彼此在哲学观、历史观、价值观、人生观等方面的分歧与对立。

在哲学观方面，朱熹倡导的是理本气末、理气对立的本体论，强调理是宇宙之本、万物之源，它无形、永恒、至善，属于善美之源，具有绝对性、至上性和神圣性。“未有天地之先，毕竟也只是理。有此理便有此天地，若无此理便亦无天地，无人无物，都无该载了。有理便有气流行，发育万物。”①理表现在人身上，便是天地之性，亦即作为人性之本的“道心”，是纯然至善之“未发”。本于道心而推及天下，就是“王道”，在社会活动中便衍化为仁、义、礼、智等一系列伦理道德规范。与理相对应，气既源于形而上的理，又离异于理，它有形、粗陋、混杂、多变，是丑恶之源。气表现在人身上便是气质之性，亦即性、欲之“已发”。因此，理气对立反映在实际生活中，就是仁义与利欲的对立。行仁义必先去利欲，去利欲才能存仁义。陈亮所坚持的是道存于物、道物合一的本体论，强调在宇宙和社会历史中，除了实实在在的物与事之外，不存在其他任何独立的抽象东西。“盈宇宙者无非物，日用之间无非事。”②道也一样，只能存在于事物之中，而且必然与事物融合于一体，并通过事物的演变——具体讲也就是天、地、人三者的互动——表现出来。道不可能独立于天、地、人三者的活动之外，特别是独立于作为社会历史主体的人的活动之外而独存。“人之所以与天地并立而为三者，非天地常独运而人为有息也，人不立则天地不能以独运，舍天地则无以为道矣。”因此，“若谓道之存亡非人所能与，则舍人可以为道，而释氏之言不诬矣”③。由此可见，朱熹所说的“道”是指“天理之道”，属于绝对先验性的形而上逻辑本体；陈亮所说的“道”是指“社会历史之道”，属于客观性的形而下物质本体。

在历史观方面，朱熹从先验本体论出发，将“道”与社会历史割裂开来，

---

① 黎靖德编：《朱子语类》卷一“理气上 · 太极天地上”，中华书局 1986 年版。

② 《陈亮集》(增订本)卷十“六经发题 · 书”，中华书局 1987 年版。

③ 《陈亮集》(增订本)卷二八“又乙巳春书之一”，中华书局 1987 年版。

把两者视为彼此独立的系统。在他看来，汉唐以降千百年间，“只是架漏牵补过了时日，其间虽或不无小康，而尧、舜、三王、周公、孔子所传之道，未尝一日得行于天地之间”。但这并不意味着道已灭绝，“若论道之常存，却又初非人所能预，只是此个自是亘古亘今常在不灭之物，虽千五百年被人作坏，终殄灭他不得”①。由此出发，朱熹坚持汉唐不及三代的历史观，认为三代是天理大行的“王道盛世”，汉唐虽间或与“道”有“偶合”之处，但毕竟是利欲横流的“霸世”，与三代有着天壤之别。陈亮则认为，既然道不能离开人们的活动而独存，则历史的演进是不以人的意志为转移的内在必然性与人的主体能动性相结合和统一的结果，只不过在不同历史时期和不同社会环境下，这种结合和统一的具体表现形式有所差别而已。一切历史事物的产生和存在都有其合理性，无论是社会的源起、国家的诞生、王朝的兴衰，还是君臣的定位、法度的建立，或者家天下格局的形成等，既非偶然现象，更非个人意志所加，而是属于历史发展之必然。就三代、汉唐来说，不过是历史发展过程中先后经历和展现的两个阶段，道既存在于三代，则当存在于汉唐。如果说道不存于汉唐，“千五百年之间，天地亦是架漏过时，而人心亦是牵补度日，万物何以阜藩”②。因此，汉祖唐宗决不应该是被贬斥的对象，他们所建立的历史功绩，使“天地赖以常运而不息，人纪赖以接续而不坠”③，如此“大功大德”，足以与三代圣王相匹配。

在价值观方面，朱熹从天理的绝对性、至上性和神圣性角度出发，主张以绝对的伦理道德价值为标准，来评价人的一切活动。他强调：“立心之本，当以尽者为法，而不当以不尽为准。”④也就是说，区别善恶好坏，绝不能掺杂一丝人欲之心，必须出于纯而又纯的“天理之心”。如果有一丝“不尽”，就会差之毫厘谬以千里，以致“将圣人事业去就利欲场中比并较量”⑤。陈亮则认为，一切道德原则都不过是人们活动的产物，也只有适应社会之需要并产生一定的实际效果才具有真正的价值。理学家所谓绝对的、至善的道德原则

---

① 朱熹：《晦庵集》卷三六“答陈同甫”（第六书），《四部丛刊》本。

② 《陈亮集》（增订本）卷二八“又甲辰秋书”，中华书局1987年版。

③ 《陈亮集》（增订本）卷二八“又乙巳春书之一”，中华书局1987年版。

④ 朱熹：《晦庵集》卷三六“答陈同甫”（第八书），《四部丛刊》本。

⑤ 朱熹：《晦庵集》卷三六“答陈同甫”（第九书），《四部丛刊》本。

以及在此基础上产生的“圣人之心”在社会历史中并不存在，其实质不过是一种主观构造和美化的虚幻之物。因此，评判人活动之善恶好坏不能仅看其道德动机和出发点，更应注意其活动的具体效果。可见，在价值观上，朱、陈的分歧主要在以下两点。其一，历史与道德作为价值评判的标准，何者更重要？朱熹主张的是绝对道德标准论，陈亮主张的是历史本位的道德原则，认为道德作为历史活动的产物，只具有相对的价值，亦即为历史所规定的并与历史相关联的价值，故评价人的核心在于其对社会贡献的大小。其二，如何看待社会实践中人们行为的动机与效果的主次关系？朱熹从动机价值论出发，认为人的内在动机是最重要的。“天理、人欲二字，不必求之于古今王伯之迹，但反之于吾心义利邪正之间。”[①]也就是说，实践活动之成功与否并不能说明实践主体内在动机的纯正高尚与否，故价值评价只能依据其内在动机的“义利邪正”和“善与不善”，至于实践效果好坏，则属于另外一事。陈亮从动机与效果相统一的价值论出发，反对只以动机衡量人之功过，认为仁义道德绝不只是个人的内心修养，而是必然发为天下之事功。一个人若无智、无才、无勇、无功，“则亦何有于仁义哉”。

在人生观方面，基于历史观和价值观的对立，朱熹和陈亮所设计和推崇的理想人格也是迥然有异。朱熹所敬仰的是以道德自律、以道及天下的“圣贤”，因而特别注重人的内在自觉性和自律性，强调成人之道应以学儒为先，学儒才是做人根本，否则就不可能获得成就。“后世之所谓英雄豪杰者，亦未有能舍此理而得有所建立成就者。”因此，不以修身养性为本的人格追求，就好像“弃舍自家光明宝藏而奔走道路，向铁炉边碴矿中拨取零金”[②]。陈亮所推崇的是在历史上为社会建立奇勋伟业的英豪人杰，提出为人要做“人中之龙”，为文要成“文中之虎”。因此，他特别强调人的能动性、创造性和进取性，认为人的最高价值在于取得突出的成就，为社会做出独特的贡献。“要之，天下不可以无此人，亦不可以无此书，而后足以当君子之论。”[③]由此，他反对朱熹所倡导的“穷理修身”，先“独善其身”，再“兼善天下”的人生哲学，

① 朱熹：《晦庵集》卷三六“答陈同甫”（第六书），《四部丛刊》本。

② 朱熹：《晦庵集》卷三六“答陈同甫”（第九书），《四部丛刊》本。

③ 《陈亮集》（增订本）卷九“扬雄度越诸子”，中华书局 1987 年版。

强调人生之路并不仅限于学儒一途，而是依据社会的需求有多种道路，就像金银铜铁做成的各式器具，只要适用便是有用。社会分工和从业领域的多样化，决定了人生道路的多样化。一个合理的社会，应该是人尽其才、物尽其用。至于朱熹所说的超越于社会之上的“圣贤”，是根本不存在的。他尖锐地指出：“人只是这个人，气只是这个气，才只是这个才。譬之金银铜铁，只是金银铜铁，炼有多少，则器有精粗，岂其于本质之外换出一般，以为绝世之美器哉！”①

四、“朱陈之辩”的实质

朱熹与陈亮的论战，是当时学术思想领域颇具影响的理学（尤其是朱学）和事功之学理论分歧及思想对立的反映，两者的思想争鸣固然超越了理学思潮内在分化的范畴，但并没有上升到儒学与反儒学思想冲突的层面。从宋代学术思想史的角度来看，无论是以朱熹为代表的理学主流，还是以陈亮为代表的事功之学，就本质而言都属于新的历史环境下儒学发展的新形态，只不过彼此对传统儒学的改造重点和发展方向有所差异而已。

事功学者虽然对理学家以及历史上的部分儒家学者多有非议和责难，但这并不意味着他们对传统儒家学说持否定态度。恰恰相反，事功学者处处以传统儒学的正统传承者自居。薛季宣一再强调：“学者为道而舍经，犹工人而去其规墨也，虽有工倕之指，其能制器乎？”②陈傅良也明确表示：“凡不本于孔子而敢为异说者，岂不甚可畏哉！”③陈亮则更是宣称，自己的学说是“发出三纲五常之大本，截断英雄差误之几微”④，以达到“立大体”“定大略”的目的。事实上，事功学者明确坚持传统儒学以仁义、纲常为核心的道德价值理论，认为仁义道德既是引导人们正确做人的关键，也是治国平天下的基本原则。“礼乐刑政，所以董正天下而君之也；仁义孝悌，所以率先天下

① 《陈亮集》（增订本）卷二八“又乙巳春书之一”，中华书局1987年版。

② 薛季宣：《浪语集》卷三〇“论语直解序”，清文渊阁《四库全书》本。

③ 陈傅良：《止斋集》卷二八“经筵孟子讲义”，清文渊阁《四库全书》本。

④ 《陈亮集》（增订本）卷二八“又甲辰秋书”，中华书局1987年版。

而为之师也。”①这种认识与理学家的观点并不矛盾，所不同的是陈亮等人注重道德规范与社会实际相结合，反对仁义纲常的先验化和虚无化。事功学者坚持传统儒学的民本观和仁政思想，认为导致国势日衰的根源之一是“变生养之仁为渔食之政”，政治腐败、弊端丛生，故中兴国家的关键在于树立以民为本的观念，施行仁政，由安民而安邦，富民而富国。这种思想与理学家的主张也是一致的，所不同的是陈亮等人将民本和仁政与抗金复土的现实结合起来，反对脱离实际的说教。事功学者继承了传统儒学的“夷夏观”，并以此作为反和主战、追求“中兴”国家这一最大事功的理论依据，这与理学家所提出的“修政事，攘夷狄”的主张并无本质区别。所不同的是，朱熹等人将重点放在“华夏”自身的“心正行纯”，而陈亮等人则注重对“夷狄”的揖攘。

当然，事功学者在坚持儒学基本理论和思想的同时，也积极吸收了传统功利主义思想的不少内容，并试图将两者有机地结合起来，以此改变汉唐以来经学化的儒学日趋空洞、教条、神秘的发展倾向，使之走上“义利合一”的现实主义道路。正因为如此，朱熹等人一直将陈亮等人的事功之学视为纯实用主义的功利之说，认为此学流行于世，必致人心混乱。但朱熹没有认识到，陈亮等事功学者所倡导的功利主义，实际上是一种儒学化的功利主义，如同理学是对汉唐经学的反动一样，事功之学也是对汉唐经学的一种反动，只是彼此在对经学改造的方向、方法和途径上有所不同罢了。

进一步来看，引发“朱陈之辩”的不仅仅是朱熹所代表的理学和陈亮所代表的事功之学在理论思想上的分歧，更涉及两种思潮在看待和解决现实社会问题上的不同认识与主张。

在朱熹等理学家看来，赵宋政权被迫南迁，僻处东南一隅，其统治陷入内外交困之地，究其根源，在于人心之不正，纲常之不振，礼义之颓废，这也是三代以下，尤其汉唐以来利欲滋盛、王道衰微的必然结果和表现。因此，要从根本上解决国家统治危机，摆脱现实社会困境，首要问题不是抗金复土和中兴国家，而在于正人心、振纲常、兴礼义。“纲维解弛，衅孽萌生，区区东南事犹有不胜虑者，何恢复之可图乎？”②正是基于这种认识，朱熹主张在暂

---

① 《陈亮集》(增订本)卷一一“廷对”，中华书局 1987 年版。

② 朱熹：《晦庵集》卷一一“戊申封事”，《四部丛刊》本。

时维持南北之间和局的基础上，朝廷应先求得东南之治。“只是讲明义理以淑人心，使世间识义理之人多，则何患政治之不举耶。”[①]也就是说，如果追求道德博化和人心“向善”，那么东南一隅之安的局面自当稳固，抗金复土和中兴国家的大业自然也可以实现。

陈亮等事功学者对现实问题的看法与朱熹等理学家截然不同。他们从“道在物中”的哲学本体论和“义利合一”的价值观出发，强调历史发展的必然性，倡导“因事作则”、奋发有为的人生道路，追求实事实功的人生价值，其目的在于说明国家统一是历史大势所趋，也是“道”与“义”的集中体现。“仁人正谊不谋利，明道不计功。此语初看极好，细看全疏阔。古人以利与人不自居其功，故道义光明；后世儒者行仲舒之论，既无功利，则道义者乃无用之虚语尔。”[②]因此，当权者若继续一味苟且偷安，满足于偏安一隅的现状，就不能承历史潮流顺“道”前行，最终“必将有承之者”。相反，朝廷若能弃苟安之策，励志图强、革弊布新、奋发有为，并广泛地调动广大民众的激情和力量，抗金复土，积极倡导为国建功、为民谋利的事功观念，则统治危机可除，国家之势可兴，社会可盛，民心可安，仁义礼智之伦理亦可深入人心，三代圣王之盛世可以重现于时。

应该说，朱熹等理学家的现实主张与那些屈膝投降以求苟且偷安的思想有着本质性的区别，他们的目标与陈亮等人是一致的，即重振国势、中兴国家，进而再现圣王盛世。但在当时南北对峙且南宋处于守势的形势下，朱熹等人的设想又不免具有不切实际的理想化倾向，而且客观上也容易为苟且偷安者提供理论上的依据和借口，这显然是陈亮等事功学者所不能认同和容忍的。为此，在分析各种时弊时，陈亮将理学学者空谈性命之学的风气视为弊中之最，认为理学学者曰性曰命，热衷于脱离实际的人心修养，结果是“舍实事而希影像，弃有用而为无益”。他指出：“道德性命之说一兴，迭相唱和，不知其所从来，后生小子读书未成句读，执笔未免手颤者，已能拾其遗说，高自誉道，非议前辈以为不足学矣。”[③]正是在这种风气的影响下，上自朝

① 朱熹：《朱子全书》卷三“学三”，清文渊阁《四库全书》本。

② 叶适：《习学记言》卷二三“前汉书”，清文渊阁《四库全书》本。

③ 《陈亮集》（增订本）卷二四“送王仲德序”，中华书局1987年版。

廷,下至士夫,无不高谈阔论,务虚自欺。“为士者耻言文章、行义,而曰‘尽心知性’;居官者耻言政事、书判,而曰‘学道爱人’。相蒙相欺以尽废天下之实,则亦终于百事不理而已。”[1]诚如另一位著名事功学者叶适所说,理学思潮“其本少差,其末大弊”[2]。

---

① 《陈亮集》(增订本)卷二四“送吴允成运干序”,中华书局1987年版。

② 叶适:《水心文集》卷二七“答吴明辅书”,《四部丛刊》本。

人性的整全与历史的势运

——朱、陈“王霸义利之辨”再省思

广东省社会科学院哲学与宗教研究所副研究员
孙海燕

在儒家思想史上，南宋学者陈亮主要是因与朱子在“王霸义利之辨”中正面肯定“霸”“利”之价值而闻名于世的。由于朱子在道学史上的尊崇地位，后世儒者论及这场争论，无疑多数站在朱子一边，陈亮思想也被贴上“义利双行，王霸并用”的“反理学”标签，成为圣人之学的“异端”。进入现代，学者们分别从“道统论”“历史观”“人生观”“政治哲学”等视角对这场论辩进行了深入研究，陈亮及其思想又被贴上“事功学派”“实用主义”“功利主义”“英雄主义”等标签。

笔者认为，陈亮与朱熹的“王霸义利之辨”，表面上是一种王霸义利的历史观之争执，其背后则源自彼此对古今人性本质的认知差异。鉴于陈亮思想在学术史上的独树一帜，吾人讨论这场争论，不仅要研究两者所阐述的思想本身，还应借此了解儒家心性世界中的人性整全，以及人性各层面的“绽放”与具体的历史势运之复杂关系。本文的论说，可以分解为四个问题：何谓“人性的整全”？朱子、陈亮历史观的客观性如何？陈亮重视“事功”的合理性何在？如何看待朱子对陈亮的批评？

一、“人性整全”视域下儒家的“王霸义利说”

事物的由来即事物性质的由来，复杂多样的“人性”，也是人类在漫长历史中不断生成和丰富的。在广义的人性中，既有与一般动物相同的生理成分，也有一般动物远不具备的高远成分，譬如理性等，后者又常被理解为狭义的人性。由于人性是多层面的统合体，人性中这些与动物一样的生物本能，也因更高人性需求的渗透、调节而具有独特风貌。从人性欲求的不同层面看，生理层面是人性的基础，主要通过物理、化学的能量维持生命本身，既包括人们平时不注意的呼吸、运动等需求，也包括饮食等生理欲求，在这种层面，人性是具有强烈的自我中心性的。随着人类心智的进化，尤其是长时记忆的出现，人类在生理欲求基础上又延伸出了情感欲求——这里所谓的“情感欲求”，不是喜怒哀乐等情绪类型，而是依恋感、同情感、爱慕感等社会化情感，诸如亲情、爱情和友情就是常见的感情。这类感情的出现，使人类在一定程度上超越了生理欲求。大体来看，情感是人类与动物的分水岭。尽管一些高级的哺乳动物也具备了情感心理，但远不如人类发达。其后，人类在情感欲求的基础上又孕育了理性欲求，自觉做一个有德之人，就是一种理性欲求。理性欲求不仅超越了生理欲求的行为直接性，而且超越了情感欲求的形象间接性，又是对形象和过程的一种抽象符号化，其本质是一种观念的信仰和欲求。

毫无疑问，任何民族文化的起源，都是随着本民族之整体人性之理性化出现的，是人类理性发展到某种程度的产物。这种理性化，体现在道德伦理上，一大规则是超越个人的利益，讲究群体或整体利益。其分别落实到中国，最典型的就是儒家思想中的“义利之辨”。先秦儒家代表人物孔孟荀逐渐彰显的这种义利之辨，是儒家思想史的一大论题。那么，究竟何者为“利”，何者为“义”？这里无法仔细分说，因为“义”本身来自“利”，从一种朴实的分解来说，“利”最核心的一点，就是为了满足一己的物质性欲望（私），即生理欲求，诸如追求食色财货之类，这都是求“利”。那么，何者为“义”，即为了更多人的利益（公）而制定的抽象规则，自己应该如何做，这就是道义。用这种抽象原则控制生理欲望，则是道德理性。此诚如陈来先生说：“在公—私的紧张中如何界定‘私’的范围以肯定人的生命需要与社会发展活力尚需研究，但道德的本质是对感性冲动加以限制，其限制的具体程度与范围随社会变迁而变化，而伦理学中理性与感性的张力是永恒的，这也正是人之高于鸟兽而为万物之灵的地方。”要补充说明的是，儒家的“义”顺着现实的人情而来，这种人情，既有对生理欲求的承认，又有对情感欲求的顺应。儒家讲究“孝道”，认为这是人子必须遵守的天经地义之道，这种道义就源自父母对儿女的生养之恩。譬如孝道只是一种基本的“义”，还不是普适性的“正义”原则，更高的价值是“仁”，仁虽仍有着极强的情感性，但本身已是一种更具综合性的道德诉求。

在儒家创始人孔子这里，“义”与“利”对立的观念已十分显著。总体来说，孔子“罕言利”，更重视“义”，他认为“君子喻于义，小人喻于利”，这是延续了周代德礼之制的基本精神。当然，与后来的儒者相比，孔子在义利之辨问题上比较中庸，主张“见利思义”，又所谓“富与贵，是人之所欲也，不以其道得之，不处也”，追求一种义利的统一。孔子虽主张“为政以德”，但没有直接讲到“王霸之辨”，实际上他至少不完全否认“霸道”。典型的例子是他一方面批评管仲“不知礼”，这其实在批评管仲于“义”有缺，但他又评价管仲“如其仁”，正面肯定管仲“九合诸侯，不以兵车”的历史功勋，所谓“管仲相桓公，霸诸侯，一匡天下，民到于今受其赐。微管仲，吾其被发左衽矣。岂若匹夫匹妇之为谅也，自经于沟渎而莫之知也?”到了孟子，事情发生了微妙变化，孟子羞言五霸，咄咄逼人地大呼“何必曰利”，则把“义”提高到与“仁”并立的程度。他从“人之异于禽兽者几希”的立场提出的性善论更是把人性先验化。我们说，人类经过漫长进化，一方面发展出生物学上高度发达的神经系统;另一方面，又自觉不自觉地接受了文化遗传。但孟子把这种道德意识先验化了。先天的良知良能，虽然不符合人性发展的自然流程，却具有伟大的意义。孟子的性善论是儒家对人性的伟大洞见。此洞见的意义在于，他认识到人类与动物的根本性不同，动物再怎么生长和被教化，也不会发展出仁义礼智等道德理性。这就为人类的道德救世找到了天道和人性的依据。

按照黄俊杰先生的归纳，孟子对自己所处时代环境的体认有以下三大特征:一是“急功近利的社会风气”，这使得孟子对梁惠王说出“王何必曰利?亦有仁义而已矣”(《孟子·梁惠王上》);二是“王道政治的失落”;三是“攻伐征战的频繁”，这使他将王道与霸道分割开来，他在感愤之心的催迫下，“不得已”批判这个时代，导引时代走向他理想的正途。① 可以说，到了孟子，“王霸义利之辨”才被真正地显题化。当然，这种严格的义利之辨，都是对统治者或士人而言的，而不是针对普通民众的，因为按照孟子的看法，有“恒产者”才能有“恒心”。这一点显示出儒家伦理的精英主义特色。随着时局的

① 黄俊杰:《孟子》，生活·读书·新知三联书店2013年版，第10—13页。

变化，时间到了荀子，道德理想被残酷的现实主义所替代。相较于孟子，荀子无疑对“利”有较积极的看法。一方面，他认为“义与利者，人之所两有也”，肯定了利的现实合理性；另一方面，他又认为“先义而后利者荣，先利而后义者辱”，肯定了仁义对功利的优先性。认同道德义务的同时，不能否认功利性的一面。荀子之后的汉唐儒家，保持了重义轻利的思想倾向，其中以董仲舒“夫仁人者，正其谊不谋其利，明其道不计其功”最为人所熟知。在明面上，汉唐之君主乃以儒家德政为统治思想，实际上则是“霸王道杂之”。

随着道学在宋代的兴起，周敦颐提出的“志伊尹之所志，学颜子之所学”成为儒者的理想追求。儒者一方面要“致君尧舜”，辅佐君主恢复三代之治；一方面又要寻求“孔颜乐处”，追求“惟精惟一”的内圣修养。在复杂的政治、学术环境，尤其是与荆公新学的斗争中，张载、二程兄弟强化了一种“外王必由内圣而致”的思维逻辑，追求内圣实际上成为更重要的目标。与传统儒者的博文约礼不同，主静、体仁、涵养、体察等对内心的克制审察工夫成为心性修养的基调。道学家一方面要反对佛老的异端思想以及世俗的功利主义，另一方面又反对儒家内部的传统章句注疏和辞章之学。这实际上把传统儒家的博文约礼之教压缩到对人内在意识的调控上。在这场儒学复兴中，以二程为首的洛门师弟，分明开展了一场以成圣为目标，以“存天理、灭人欲”为工夫内容的“修道运动”，使传统的“义利之辨”升格为“理欲之辨”。道学家要“灭”的，当然是不合“理”的“人欲”，不是人的正常欲求；但不得不说，在道学家这里，义与利或者说理与欲对立变得更尖锐了。在理性与感性的张力中，道学家显然被“收紧”了许多，这不仅由于唐末五代以来人伦崩坏的刺激，还由于佛老戒律和修养的影响。如果说“寡欲”“节欲”“导欲”是儒家对感性欲望的基本态度，程颐的“存理去欲”就多少带有禁欲色彩了。这一倾向不仅表现在“饿死事极小，失节事极大”等价值剖判上，或者像门人谢良佐自觉断绝“色欲”这类事上，更表现在对“义”作为道德信念之纯粹性的强调上。程颐说：“不独才利之利，凡有利心，便不可。如作一事，须寻自家稳便处，皆利心也。圣人以义为利，义安处便为利。如释氏之学，皆本于利，故便不是。”这简直是诛心之论。“义利之辨”的本质，表现为公私、人我之间的利益取舍，“理欲之辨”则是要在“心窝子里杀贼”了。在程颢处，“欲”还有一更深的含义，指向一种“意欲”或“安排”（近于禅家的“拟议”或“分别心”），所谓

“大抵学不言而自得者，乃自得也，有安排布置者，皆非自得”，故“人心不可有所系”。只有做到心无所系，才能臻于“由仁义行，非行仁义”的圣境。与之相应，他反对文章之学、功利之学，反对佛老之学。总体上说，朱子继承了程颐的“存天理、灭人欲”的工夫，这就是“醇儒”。应该说，人性的整全方面，陈亮较为注重中下层的人欲，而程朱则重视性命之学。陈亮的人性有广度，但深度上不够。程朱理学不仅比陈亮思想更深刻、系统，而且在人性境界上也更优。陈亮也承认，圣人的人格高于英雄。

二、朱子、陈亮的历史观之争

陈亮与朱子对三代和汉唐王霸历史的争论，表面上看是历史观的争论，深层次上却是人性观的争论。事实上，认为三代是王道、汉唐是霸道，是道学家的一大历史观念。程颢曾说：“三代之治，顺理者也；两汉以下，皆把持天下者也。”(《程氏遗书》卷十一)这是宋代道学家王霸之辨的根据。三代之所以是“王”，乃因为道统和治统合二为一；汉唐之所以是“霸”，是因为进入一种有势无理的状态。南宋理学家把这一论点推到了极端，“遂谓三代专以天理行，汉、唐专以人欲行”。陈亮极力否认这一论调。在陈亮这里，义与利、王与霸不必做刻意的区分。双反之间并无根本性对立。义是容纳利的，王是容纳霸的。他反对程朱理学的“道统说”，认为“三代做得尽”“汉唐做不到尽”，不能说汉唐之君只行霸，否则，汉高祖、唐太宗建国立业，又传至久远，其中岂能全无道在？而朱子则极力反对之，“千五百年之间……尧舜三王、周公、孔子所传之道，未尝一日得行于天地之间”(《龙川文集》卷三十六《答陈同甫》第六书)。

他甚至认为，三代圣王，实际上经过孔子的美化。因为人生来总是有欲。应该说陈亮的说法，比较符合现代人的认知。道学家所描述的尧舜三代，我一直有个离经叛道的见解，那就是，三代之人心较为浑朴。这个浑朴，正是以“理性”的不成熟为前提的。这种古朴的人心，可说是人类的“童心”，固不会有后世那么多阴谋诡计。但也绝不是后来所形容的“至德”时代，只是心智开化得不够，知识积累得不多而已，不如今天有些人那么坏罢了，要说古人的道德如何高尚，则远远未必。我想那时肯定是残酷的，很不人道的，只是不被人所知或故意忽视罢了。至于尧舜这种德性完备的圣王，主要是在后世口头传说的基础上，不断予以历史文化建构的结果，这种建构，主要发生于以德制开国的周代。

陈亮认为三代圣王，也是王霸兼用的。他以为“汉唐之君本领非不洪大开阔，故能以其国语天地并立，而人物赖以生息，惟其时有转移，故其间不无渗漏”的看法，其实是为三代的圣王之治撕开了一道口子。这是符合历史事实的。用余英时的话说，“从现代人的历史知识出发，我们认同在陈而不在朱，这是毫无问题的”①。应该说，无论是程朱理学还是陆王心学，都有这样一个基本的预设，那就是他们对“道”大行于三代的传说深信不疑。而陈亮对此看法是有疑问的。“尽人皆知，理想化的古史已为现代考古学与史学所彻底摧破，上古‘道统’无论作为信仰或预设显然失去了存在的基础。”②

三、陈亮重视“事功”的合理性何在

与朱子的先验“道统论”相比，陈亮的历史观无疑更符合历史的真实。相比而言，朱子追求“圣人”人格（包括“醇儒”），代表了人性的纵深，在此人性的纵深之中，“道德理性”占据了绝对性地位，生理欲望乃至各种情感、才力都相对处于被宰制的地位。相比之下，陈亮标榜的“英雄”人格更彰显了人性的广度与力度。这种圣人气象和英雄胆略各有特色与用武之地。就南宋内外交困的时局来看，正需要讲究功利实用的英雄气概。而朱子的思想，则有另一番历史气运，那就是佛老心性工夫论的影响，王安石变法失败以及北宋的覆亡、北伐失败等多种因素，日益强化了道学家“外王必由内圣而出”的思维逻辑。儒家的德治思想，在乱世中本有“迂阔”的一面，道学在吸收佛老之后，固然开辟出一个更为超越幽深的心性境界，但此境界与经世致用的功利取向却愈发遥远了。可以说，儒家“为己之学”的优越性与局限性，在程朱理学中被空前放大了。就其优越性而言，儒家的外王学固然有了深刻的

① 余英时：《朱熹的历史世界：宋代士大夫政治文化的研究》，生活·读书·新知三联书店2011年版，第19页。

② 余英时：《朱熹的历史世界：宋代士大夫政治文化的研究》，生活·读书·新知三联书店2011年版，第29页。

人性基础；而就其局限性而言，则越来越扼杀人性综合的生命力，“内圣强而外王弱”的格局终难以避免。如果说，历史中的人性就像汉语的“人”字，朱子以理性主义笔墨写下浓郁的一“撇”，陈亮则以充满才略、肝胆、豪气的英雄主义笔墨写下一“捺”。在此人性的撇捺之间，最足以让人低回反思。

说到底，儒家的道德理想主义是慢性的，总有一些人无法教化。往往不得不诉诸刑罚，乃至军事战争，就是“王霸兼用”。事实上，宋代有偏颇之处。这就形成了“外王必须由内圣而来”的观念。《大学》有言：“古之欲明明德于天下者，先治其国。欲治其国者，先齐其家；欲齐其家者，先修其身；欲修其身者，先正其心；欲正其心者，先诚其意；欲诚其意者，先致其知，致知在格物。”

四、如何看待朱子对陈亮的批评

程朱理学对身心性命要求极高，这种心性之学是一种更高的人性证成，有着永恒意义。但这种证成，是陈亮等事功学派的人体悟不到的。陈亮所呼唤和努力实践的，是能撼动时代的救世英雄。注重功利的思想家，曾痛责道学家性命之学的空疏无用，这也只能就其流弊而言。为奠立“三代之治”的德性基础，道学家注重体仁，追求孔颜乐处，将义利之辨升格为理欲之辨，反对训诂与辞章之学，以静坐澄心来“体验未发”等，在人性开拓上大有突破，此当然是鞭辟入里的“实学”。在这点上，濂溪、二程等人对儒家内圣学的继承与发明，所触及人性问题之深刻，实非陈亮一辈人所能企及。但换个角度来看，道学家为了“明体达用”，多少又染有禅佛的“求深”之弊，譬如大讲“理气”“性命”等话题（理学家尤其如此，而不如此实不足以对抗佛老义理之深邃透辟），高则高矣，在融摄生理、情感等功利方面确实有所欠缺，下焉者则难免“袖手谈心性”之讥。故标榜“学以成圣”之道学，诚乃学以致用之实学也，只是其所追求之“实”，乃偏重纵贯的内在心性，而非横摄的外在事功。

在晦庵与龙川“王霸义利之辨”中反思现代性

南京航空航天大学教授
何邦武

南宋隆兴元年(1163)四月，继位不久的宋孝宗，为了改变在对金国关系中的颓势，决心派兵渡过淮河北进，对金一战。可惜，天不遂人愿，冷兵器时代草原骑兵的碾压性态势，使以步兵为主的南宋大军在符离(今安徽宿州市北)大败，形势随之急转直下。在金国一边，大概也是天意，金国大军因连年征战而致人困马乏，而南宋虞允文率兵击败金军的进攻取得“采石大捷”。双方在力不从心中，再度休战议和。这就是历史上著名的“隆兴和议”。虽然宋金在和议中的不平等依旧，但较之此前的“绍兴和议”，南宋受侮虐的地位稍稍有些改变。“隆兴和议”之后，直到韩侂胄发动开禧北伐，宋金两国之间近40年均无战事。南宋在宋孝宗治理之下，政治转向清明，高宗朝贪污腐败的局面有所改变，加上宋室南渡时大量掌握先进手工业和农业生产技术的北方人口南迁，人口和技术带来的红利，以及海上贸易的启动，治下本就富庶的南方，经济一时呈繁盛之势，社会太平、百姓安乐，史称“乾淳之治”。

然而，终南宋一朝，边患始终是悬在其头上的一把达摩克利斯之剑，亡国灭种之忧的交逼，有时甚至让人产生一种窒息感。毕竟，靖康之耻就在不久之前，亡国丧家之痛仍如锥尖直刺人心。对于一向有着明夷夏之辨、严夷夏之防的汉族士人而言，兴王师以北定中原、雪洗前耻，是念兹在兹，即便亡身也会附之于魂灵的执念——“王师北定中原日，家祭无忘告乃翁”。这种执念和灼痛，还与富国强兵、重振国运并彻底弭除边患一起形成叠加效应，促成了士人对作为王朝治道运行根基的王霸之术、事功之道的再度反思。南宋历史上著名的朱陈“王霸义利之辨”，用今人所熟悉的话语来说就是关于真理标准问题的大讨论，就此拉开序幕。

乾道八年(1172),陈亮在浙东永康寿山石洞内设帐授学,以他自己所期许的“推倒一世之智勇,开拓万古之心胸”的气势,向被他视为“风痹不知痛痒”的理学发起挑战。随后,吕皓、吕祖谦、叶适、时少章等人纷纷来此讲学,四方学子慕名前来。南宋淳熙九年(1182),朱熹应陈亮所邀,曾在此讲学数月,听课者多达数百人。朱陈在寿山的这段讲学传道论辩,一时盛况空前。

需要说明的是,朱陈一方面因道不同而诤于公义;另一方面,二人又保持了一定的私谊,学术上的相互攻讦并不妨碍性格迥异的二人在人格上的相互尊重。这跳出了“文人相轻,自古而然”的怪圈,成为历史上不同学派学者之间学术论争的一段佳话①。

一、争辩了什么

王霸之辨是关于两种统治方法的争论,王道与霸道作为统治者的统治之术,还涉及法律和政治的哲学思考;义利之辨则是个人行为的道德准则与功利目标相互关系的争论,其形上部分属于道德和伦理观念的范畴,作为一种形下的行为规则,同样可以将其归结为制度的德性问题。正因为二者在争点上的同质性,中国古代往往把这两种问题合在一起讨论,统称“王霸义利之辨”,它是帝制中国持久争论的话题。其中,王道从非功利主义的伦理观出发,主张以仁义治天下;霸道则从功利主义的伦理观出发,主张以赏罚刑政治天下。义利则是关于道德行为与物质利益之间的关系问题。义要求人们的思想、行为符合一定的道德标准。可以看出,“王霸义利之辨”涉及如何在思想和行动中处理道德伦理的问题。

陈亮与朱熹之间的“王霸义利之辨”是以书信往来的方式进行的。争辩

---

① 1181年,在陈、朱共同的朋友吕祖谦的葬礼上,二人第一次相遇。葬礼后几个月,朱熹顺路到永康拜访了陈亮。后来陈亮回访朱熹,两人在一起待了十天。第二年,陈亮作词《水调歌头》回忆会面情景。之后两人书信往来频繁,讨论学术、土地、旱灾、地方官员等问题。即使在进行“王霸义利之辨”时,二人仍互致问候,每逢朱熹生辰,陈亮都要派人致寿词、送礼品等。绍熙四年(1193),陈亮中举后也及时写信告诉朱熹。陈亮虽与道学思想有很深的分歧,但他佩服朱熹的人品,称其为“人中之龙”。朱熹则称陈亮“志大宇宙,勇迈终古”,在长期的辩论中,鲜见陈亮对朱熹人身攻击的言辞。

起因于陈亮衔冤入狱，朱熹知悉后，以规劝的口吻给陈亮发了第一封信。信中除了一些安慰的话外，还委婉地分析了陈亮入狱的原因，意在以此规劝陈亮：“观察老兄平时自处于法度之外，不乐意闻听儒生礼法之论……老兄高明刚决，不善于改过，我愿以愚言相告，除去‘义利双行’‘王霸并用’之说，尽力节制欲望，注意迁善改过，以醇儒之道自律，就可以免除一些人为之祸。”朱熹这样的分析与劝诫虽然言语不多，但涉及陈亮的为人、思想等，这对于刚洗清了不白之冤的陈亮来说是根本无法接受的。他便复信展开辩论，从淳熙十一年(1184)到淳熙十三年(1186)，往返的重要信件有十几封之多，各自阐述观点，但二人谁也说服不了谁，始终没能就王霸义利的关系问题达成共识。

朱陈之争，由王霸之辨开始，在论辩过程中同时触及义利问题。朱熹从道德理想主义的角度出发，认为义利、王道霸道都是各自分离的，应该坚持义和王道。在朱熹看来，上古及至夏商周三代，统治者为圣王，圣王之间以“道心”相传，心术纯正，所以社会天理流行，是“王道政治”。而三代之后，由于道心的失传，所以汉唐的帝王没有道心，只知道利益和人欲，他们所做的仁义之举，只是恰好与上古圣王的道心一致的偶然之举。因为没有道心，所以汉唐是“霸道”。“其全体只有利欲上。”(《朱子文集·答陈同甫书》)也就是说，三代的王道本乎天理，而汉唐的霸道，则是“利欲之心”使然，朱熹因此在歌颂王道、拒斥霸道的同时，崇义黜利，认为义利不可两立。这是因为夏、商、周三代之帝王能承接“尧舜禹相传之密旨”，而“惟有天理而无人欲”。三代以后，天理失传，汉唐之君所行只是霸道，而非王道。对此，陈亮明确表示反对，并从功利主义视角出发，主张义利、王道霸道是统一的，利与霸道是手段，而义与王道是目的，经由利能实现义，通过霸道可以实现王道。他在给朱熹的信中强调，刘邦、李世民的事功，“其德义真足以君天下”，因而他们与汤、武等三代之君没有差别，可以直接三代的王道，王道正是通过霸道来实现的。显然，与朱熹王霸对峙不相融的观点不一样的是，陈亮认为，霸道本于王道，王道霸道统一，“霸道”辅助“王道”。同理，与朱熹耻言事功且义利不两立不同，在义利关系上，陈亮认为，利欲本乎人心，是“生民”的自然需要。认为义要体现在利上。但他所说的利，并非一己私利，而是泛指“生民之利”。针对朱熹所说的汉唐“无一念不出于人欲”的观点，陈亮反其道而行之,他认为从汉高祖、唐太宗的“真心”来看,“无一念不在斯民”,内中其实承载着三代的义理。陈亮就此主张,义理就在利欲中,利体现了义,人欲体现了天理,因此明确反对朱熹颂王贬霸、贵义贱利的观点,主张“义利双行,王霸并用”,认为“霸道”本乎“王道”,后者需要以前者彰显自身,故王霸并用。

陈亮进而指出,如果“三代专以天理行,汉唐专以人欲行”,万物何以蕃衍不绝,道何以常存不息。即便三代亦不免于人欲,只是“三代做得尽,汉唐做得不尽”。刘邦、李世民“禁暴战乱,爱人利物”,体现了其恻隐之心。正因为有“大功大德”的“救民之心”,所以“汉唐之君本领非不大洪开廓”,故能使其国与天地并立。刘、李的功业与汤、武无异,其心可以上接夏、商、周三代。管仲助齐称霸,也是仁者之事,是王道的需要。基于王霸并用的理论,还认为义要体现在利上,义利并行,缺一不可。假如禹无功业,不能成六府(形成天地万物的水、火、木、金、土、谷);乾(天)无利,不能具四德(元、亨、利、贞)。(《陈亮集·又甲辰秋书》)

朱陈的“王霸义利之辨”,关涉人在现实社会中如何立身处世,如何做人即成人之争的问题。关于“成人之道”,朱熹要人安坐不动,不问国家存亡,生民之利,只须“独善其身”,做道德自我完善的君子儒。陈亮针锋相对,指出要做“志在天下”和“大有为”的英雄豪杰。这样的人才能“推倒一世”“开拓万古”,才是大智大勇、才德双行之人。陈亮认为朱熹的王霸义利之说,割断历史,“架漏过时”“不能使人心服”(《陈亮文集·又甲辰答朱元晦书》);激言儒者应该以天下为己任,关心天下国家大事,做“大有为”的“英雄豪杰”;针对当时颓废不振的风气,提倡“各务其实”的功利主义,指斥世儒自以为得正心诚意者,实皆麻木不仁,“举一世安于君父之仇,而方低头拱手以谈性命”(《上孝宗皇帝第一书》),不讲求治国之实效,实是用空言掩饰无能,不是真正的“成人之道”。

朱陈之争本质上是“道”上的分歧,涉及“人”与“道”之间关系的根本思考。朱熹主张道是一种客观的存在,离人而存,虽然看不到,摸不着,但是它始终存在,如果哪天人们失去了义理之心,那么人道也就消失了;而当人们能够砍掉人欲,那么人们就可以去认识道,去履行道。而陈亮则认为,道的存在离不开人。人不立则天地不能以独运,舍天地则无以为道。道依人而存,因而三代与汉唐时期,只是道德实现程度不同,而其道的本质并没有什么不同。由于对“人”与“道”之间关系的认知不同，二者主张的实践方式也自然不同。朱熹认为，道是客观存在的，那么，便存天理，灭人欲，引导人们去把握天理，正人心，明道心。陈亮则主张，“天地之间，何物非道；赫日当空，处处光明。闭眼之人，开眼即是，岂举世皆盲，便不可与共此光明乎！”因此，他的主张是“事功主义”，鼓励人们敢于去“争道”（《陈亮集·又乙巳秋书》）。

二、为什么要争辩

“王霸义利之辨”由来已久，是中国历史上的轴心时代即已开始争论的话题，集中于原始儒学和法家之间的相互辩诘中。为了尽可能还原朱陈“王霸义利之辨”的历史场景，这里仍需就王霸义利思想发展的历史做一简要梳理，以期初步澄清朱陈争辩的思想渊源以及该思想演进的历史逻辑。

作为王道思想的始作俑者，孔子主张“为政以德”（《论语·为政》）。相传由孔子编纂的《尚书》，记录了对王道的最早观点，即“无偏无陂，遵王之义；无有作好，遵王之道；无有作恶，遵王之路。无偏无党，王道荡荡；无党无偏，王道平平；无反无侧，王道正直”（《尚书·洪范》）。孟子第一次把“王”和“霸”对举，明确提出尊王贱霸的思想，批评法家的霸道主张。提出“以力假仁者霸，霸必有大国；以德行仁者王，王不待大，汤以七十里，文王以百里，以力服人者，非心服也，力不赡也；以德服人者，中心悦而诚服也”（《公孙丑上》）。以王道反对霸道，认为三代实行王道，五霸奉行霸道，“五霸者，三王之罪人也”（《告子下》）。认为只要“谨庠序之教，申之以孝悌之义，颁白者不负戴于道路矣。老者衣帛食肉，黎民不饥不寒，然而不王者，未之有也”（《孟子·梁惠王上》）。商鞅则最早提出霸道思想，认为“法令者，民之命也，为治之本也”（《商君书·定务》），主张“当时而立法，因事而制礼”（《更法》）。韩非依据性恶论，进一步论证了实行霸道的必要性。他认为人们都是以“计算之心”相待，“吾以是明仁义受惠之不足用，而严刑重罚之可以治国也”（《韩非子·奸劫弑臣》）。

关于义和利之间的关系，孔子重义轻利，但这种义利关系实际根植于其关于君子、小人的分野。因为坚信“君子喻于义，小人喻于利”（《论语·里仁》),所以主张"君子义以为上"(《论语·阳货》)。其背后的执念是为了实现对君君臣臣社会秩序的维护。孟子认为提倡利将会引起人们利己的欲望,从而导致社会的混乱,使天下不得安宁,因而劝诫梁惠王:"王何必曰利,亦有仁义而已矣。"(《孟子·梁惠王上》)在原始儒学之后,义利关系观对后世影响最大的是董仲舒,董氏提出"正其谊(义)不谋其利,明其道不计其功"(《汉书·董仲舒传》),将义利关系对立化。尽管有研究者认为,根据董氏此话的语用逻辑,董氏对义利关系的理解并非如后世所说的彻底割裂对立,甚至与义利本身无关,董氏对立二者的关系实属后人对其思想的误读,但被误读的董氏此话在后世的影响极为深远,尤其为宋儒程、朱等人所崇奉。①

得益于宋代理学的发达,两宋理学家们再度复兴"王霸义利之辨",并使其更加抽象化和哲理化。用诠释学的理论来说就是,通过文本内部整体与部分的循环,文本与语境之间的整体与部分的循环,以及当代语境与文本历史之间的整体与部分的循环,实现了"王霸义利之辨"意义的不断生成(创新)。程颢坚持"得无理之正,极人伦之至,尧舜之道也;用其私心,依仁义之偏者,霸者之事也"的观点(《论王霸札子》),继续阐扬王霸义利之争中的王道、义理一面,甚至主张"灭私欲,则天理明矣",因而必须惩忿窒欲,使王霸义利成为不可调和的对立理论。而到了朱熹那里,这种王霸义利不并立的理论更加缜密精致,并上升到"道"的高度。毕竟,因其理学的精粹,朱熹在当时已经名气很大,因而其思想被人称为"道学",仅凭这一光环,人不能对其王霸义利的思想有半点轻忽。

除了外患这样的外部压力,以及思想史上由于自身不断被演绎诠释,某种思想理论或知识体系从而逐渐丰富的内在动因,朱陈的这场争辩还是一种时代的风云际会的必然产物。

1910年,京都中国史学派的创始人内藤湖南在日本《历史与地理》第9卷第5号上发表《概括的唐宋时代观》,提出唐和宋在文化的性质上有显著差异。唐代是中世纪的结束,而宋代则是近世的开始。这就是内藤氏著名的"唐宋变革论"。基于新的历史分期方法,内藤氏认为:"由于过去的历史家大多以朝代区划时代,所以唐宋和元明清等都成为通用语,但从学术上来说

① 秦进才:《正谊明道与董仲舒义利观关系新探》,《衡水学院学报》2023年第3期。

这样的区划法有更改的必要。不过，为了便于讨论，在这里暂且按照普通的历史区划法，使用唐宋时代一词，尝试综合说明从中世转移到近世的变化情形。”①据此，内藤将中国历史的时代划分为“上古(至后汉中叶)、中世(中古，从五胡十六国至唐中叶)、近世(前期为宋元，后期为明清)”。其后，宫崎市定进一步指出古代、中世、近世的三分法亦适用于东洋史，并从世界史的角度重新解释“近世”概念，认为宋以后是中国的近世文艺复兴时代，并断言“中国文明在开始时期比西亚落后得多，但是以后这种局面逐渐被扭转。到了宋代便超越西亚而居于世界最前列”②。

作为一种解释学问的人文社会科学，虽有一定之规，但并无也不求一成不变之论，且必须对研究结论持开放的态度(波普尔)，否则只能窒抑自身的研究。我们不妨试用京都中国史学派的观点，将两宋视为中国近世的开端，引入“现代性”的理论，将这一新的视角，运用于“王霸义利之辨”的分析。

在西方的思想史研究中，“现代”(modern)一词最早可追溯至中世纪的经院神学，其拉丁词形式是“modernus”。德国解释学家姚斯在《美学标准及对古代与现代之争的历史反思》一书中对“现代”一词的来历进行了权威性的考证，他认为它于10世纪末期首次被使用，它用于指称古罗马帝国向基督教世界过渡的时期，目的在于把古代与现代区别开来。按照“现代性”最权威的理论家哈贝马斯的说法，“现代”一词可看作古往今来变化的结果，是指自启蒙时代以来新的世界体系生成的时代。现代性表征着一种持续进步的、合目的性的、不可逆转发展的时间观念，并随着内容的更迭变化而反复表达了一种与古代性的过去息息相关的时代意识。然而，笔者认为，在时间的维度之外，现代性本质上表征着对以人本主义为核心的人文精神的确立和弘扬，标志着人的主体性地位日渐得到认同，人的主体性意识不断觉醒，人性的张扬使世俗化的价值观念和审美认知方式开始浸入社会，推动了社会观念、生活与行为方式、组织制度等多方面的蜕变，因此现代性，是一种在社会诸多方面展开的一项强大而长期的社会变革和精神变革。

---

① 刘俊文主编:《日本学者研究中国史论著选译》，中华书局1992年出版，第10页。

② 转引自李伯重:《“选精”、“集粹”与“宋代江南农业革命”》，《中国社会科学》2000年第1期。

陈寅恪先生曾经说过，“华夏民族之文化，历数千载之演进，而造极于赵宋之世”（陈寅恪：《邓广铭〈宋史职官志考正〉序》）。以现代性的标尺衡量两宋，其社会组织、社会思想观念中确实蕴藏着诸多现代性的因子。

一方面，有宋一代，商业经济的发达催生了社会生活和交往中个人主体意识的觉醒，精英阶层在传统的义利之辨中必然需要眼光向下，直面俗世的权利、义务观念与思想并做出回应。另一方面，宋太祖确立的与士大夫共同治天下的治国策略，激发了士大夫阶层的事功意识，推动了本有入世倾向的传统儒家思想更加积极地向入世转变。在儒家思想之外，自唐开始的佛教世俗化（士大夫创立的中国禅）的变革以及本土道教本已蕴含的与时俱进的变革机理，最终使释道两家也与儒家思想一起，推动了整个社会宗教伦理、商人精神的世俗化。[①] 宋室南渡，以经济一向发达的江南为中心，复使上述经世致用的思想观念有了地利之便。浙东学派因缘际会，其思想得以迅速传播，并在全社会拥有了更多的话语权和社会民众基础。与此相对，理学那套由不得人身和人性的所谓“惩忿窒欲”的抽象说教因不得人心，走向社会边缘。这倒不是说理学的官家意识形态的领导地位发生了变化，而只是就其实际影响力来说的。理学依旧为官方所提倡，只是因其不识时务而不入世道人心。至今存活在民间话语中的假道学，讥讽某人时所用的道貌岸然等话语，或可看出其尴尬的社会地位。

三、孰是孰非

先说一段公案，1182年，40岁的陈亮前往台州游玩。作为老乡，47岁的台州知州唐仲友出面接待。接风宴上，台州官妓的歌舞表演给陈亮留下了深刻印象，特别是官妓严蕊的出场更是打动了陈亮孤独的心，使其有了为严蕊脱籍（赎身）的想法，并正式向唐仲友提出要替严蕊脱籍。作为知州的唐仲友也对严蕊十分倾心，且二人早已暗通款曲，遂暗中告诉严蕊陈亮生活穷困窘迫的事实，目的是暗中阻挠。陈亮获悉后，便跑到以提举浙东常平茶盐

---

① 余英时先生在其《中国近世宗教伦理与商人精神》中对此有过详细的分析考证，此处不赘述。余英时：《士与中国文化》，上海人民出版社2003年版。

公事身份巡视台州的朱熹处，告了唐仲友的黑状。对一向反对理学的唐仲友心存芥蒂的朱熹为了扳倒唐，于是搜集唐的罪证，向朝廷连上六道奏章弹劾唐仲友，罪名包括促限催税（比朝廷要求的时间提前催税）、违法扰民、贪污、蓄养亡命、偷盗官钱、伪造官会（纸币）、与官妓有染等。

关于唐仲友与严蕊的问题，朱熹的弹劾材料列举得非常详细，获知以下事实：唐、严二人在公务接待时经常搂抱调情，酒后公然同宿。每逢休假日，唐仲友回家沐浴，也要带上严蕊等人侍候。唐仲友用公款为严蕊等人购物，其中有一次，因制作名贵衣物就花费近 70 万文；另有一次，为准备次子的婚礼，唐仲友用公款购买了近 400 匹高级布料，公然在政府大院里染色，并按照级别为严蕊等 40 多名官妓（一个台州府起码有官妓 40 人消耗公帑）量身定做服装，引得“一州惊骇”。1182 年 5 月 16 日，唐仲友接到朝廷公文，被提拔为江西提刑官。考虑到即将离开台州，唐仲友连夜与严蕊商议，准备以她年纪已大、不适合继续做官妓为名，为她脱籍赎身。5 月 23 日，在还未办理脱籍手续的情况下，唐仲友急不可耐地派出“公车”（轿船），将严蕊连同部分公款送回老家婺州。唐仲友在院子里摆酒席大宴宾客，不顾议论，高调为严蕊饯行，公然违反当时的法律，把严蕊送回老家“包养”。

严蕊打着唐仲友的旗号为自家人谋利，还曾插手案件收取贿赂。例如，临海县贴司（低级文员）徐新被县政府派往国营酒店卖酒，并管理城外的两个小酒店。因为州、县政府都酿酒私卖以补充小金库，国营酒店销售困难，徐新常常要自己贴钱抵税。为了摆脱这个职务，徐新托人牵线找到严蕊。事成之后，严蕊收取 4 万余文报酬。宁海县有人私藏偷娶官妓，事发之后向严蕊行贿 10 万文免去处罚。

七月中旬，朱熹派人将严蕊从婺州押到台州下辖的黄岩县进行审讯。为了坐实严蕊与现任知州唐仲友妨碍风化的罪名，根据法律，必须获取严蕊的口供，以求证供一致。为此，负责审讯的官员对严氏进行刑讯以逼取口供。但严氏对其与唐仲友的关系始终没有招供。于是，朱熹把她转到绍兴，异地审问，结果依旧没有获得严氏口供。孝宗皇帝视此案为唐仲友和朱熹之间的“秀才争闲气”，又见朱熹长期审不出结果，便另派岳霖（岳飞的儿子）重审此案。岳霖接手后，应该是熟知此案背后复杂的人事纠葛，便对此案低调处理，在对严蕊简单询问后便予以释放，并判她从良。临去之际，严蕊作词一首以表达自己的感慨："不是爱风尘，似被前缘误。花落花开自有时，总赖东君主。去也终须去，住也如何住！若得山花插满头，莫问奴归处。"

历史上的这段公案因当事人的弱女子身份，以及一首凄婉的自述词而被演绎成有情有义的才女个人身世的不幸、品行的节烈、志趣才情的高洁，以及朱熹的假道学和挟私报复，还有世人基于严蕊身世的想象而对其产生的无限同情（后者大概十分契合男权主义社会对此类女子所抱有的类似钟摆一般的心理）。不过，在笔者看来，揭开关于此案故事性叙述的文学性和修辞性面纱后，可以肯定的是，即使此案关于唐仲友与严蕊之间徇私的事实因缺乏口供未能坐实，即使不能排除其间复杂的案外因素，朱熹秉公办案的形象仍然难以撼动。于是，"王霸义利之辨"的两方竟然走到自己的对立面，主张道学、弘扬德义的理学大师在行动中务求事功，以实现法律的必治主义。而主张事功、追求个人利益，甚至高扬个人自由、蔑视抽象的道德仁义说教的陈亮等则因对既有法律规则的破坏而成为某种精致的利己主义者。显然，在看似对立的两极中，实际潜藏着因缺乏对对方因素的考量而一脚踏空的危险。那么，二者之间应然且理想的状态应该是怎样的呢？长期处在争论之中的分析实证主义法学与自然法学派之间应然的立场或可提供启示。

自哈特发表《实证主义与法律和道德的分离》一文以后，法律与道德的分离命题（separation thesis）被视为哈特乃至法律实证主义的一项基本主张，并由此开启了两大主流法学理论的旷世之争。然而，围绕法律与道德关系这一主题所进行的哈特与富勒的论战，德沃金对哈特理论从法律原则固有的政治道德内涵立场出发所进行的批判，以及来自实证主义法学阵营的拉兹、科尔曼等人对实证主义法学基本主张的捍卫和理论的修正，虽然确曾构成一个乱花渐欲迷人眼的"法律的现代性剧场"（强世功），但其中上演的则是现代性法律以反讽的方式展开的一次自我表演的喜剧，二者的争论不过是在捍卫现代性的法律意识形态，即自由主义法治的两种不同的策略路线而已。经过这场旷日持久的论战，法理学的两大阵营——实证主义法学和自然法学——均走向反思、整合之路，呈现出调和与折中的色彩：实证主义法学在论争中出现了排他性实证主义与包容性实证主义流派的分化，但都正视法律中道德因素存在的事实。自然法则几乎是主动地、不知不觉地讨好实在法,向实在法靠拢,并试图将自己的合理性建立在实在法的技术平台上。①

实际上,早在原始儒学那里,就已经开始探索二者之间的媾和。荀子将王道和霸道综合起来,提出“隆礼尊贤而王,重法受民而霸”的主张。他认为王霸不是对立的,可以互相补充,所谓“粹而王,驳而霸,无一焉而亡”(《荀子·强国》)。并且认为义和利是每个人都有的,而且是天生的,尧、舜圣君不能去掉人民的欲利之心。桀、纣暴君也不能去掉人民的好义之心。但是,在民心中的义与利对立双方的胜负决定了风气的好坏、社会的治乱。“上重义则义克利”“义胜利者为治世”;“上重义则利克义”“利克义者为乱世”(《荀子·大略》)。因此,荀子主张:义利两者,义重于利。

正是由于王霸义利之间在实践上的互补性,历代统治者在处理王霸义利之间关系时,多采取折中的方法。汉宣帝即明确表达了这种立场:“汉家自有制度,本以霸王道杂之。”(《江书·元帝记》)随着中国古代法律不断的儒家化,德礼刑罚成为并用的手段,被称为法律的原则:“德礼为政教之本,刑罚为政教之用,犹昏晓阳秋相须而成者也。”(《唐律·名例律·序疏》)正如鲁迅所说:“在中国的王道,看去虽然好像是和霸道对立的东西,其实却是兄弟,这之前和之后,一定要有霸道跑来的。”(《且介亭杂文·关于中国的两三件事》)

于是,将朱陈之争置于更为宏阔的背景(布兰顿所谓“语义推论方法的语用场景”),可以发现,在迂阔的王道理想与积极入世的事功主张之间,二者并非势同水火,没有因前者的信古和后者的趋新而使正当性评判的天平倾斜于某一方,而是实际存在很大的转圜空间,蕴藏着向对方转换的契机,其间的复杂性与多面孔很难以某种划一的标准做出判断。或者说,踏着现

---

① 参见强世功:《法律的现代性剧场》,法律出版社 2006 年版,第 83 页以下。需要说明的是,这里所谓的实在法(posited law),其真正含义并非实际存在的法律,而是人所制定的法律。换言之,实证法的外延不限于事实上曾经存在和现行有效的所有法律,还包括将来可能存在的以及即使将来不会存在但在逻辑上可能存在的、由人所制定的法律体系。因此,其外延实际超越了概念本身。See H. L. A. Hart, *Positivism and the Separation of Law and Morals*, in his Essays In Jurisprudence and Philosophy. Oxford : Clar-endon Press, 1983.

代性战车的武士们，在向他们宣称的古堡冲锋陷阵时，在其披挂着的现代性斗篷下，会时不时露出一件看上去十分古旧又似曾相识的马甲。现代性自其肇端以来，这样的戏剧性事件已经不止一次上演过。因此，承浙东学派余绪的章太炎先生就曾对所谓的“现代性”有过当头棒喝，而其后发生的事情似乎也印证了太炎先生的判断。当然，其背后的极端虚无的社会理念另当别论。

这就是说，仅将现代性视为一种在一维的时间中展开的东西，因而具有天然的先进性、正当性和不可逆性且与传统截然两分的观点，本身就因抽离了其应该有的德性而暗藏着某种知识陷阱，不足为训。一个令人同情的理解可能是，如同江湖上的卖艺者，为了使自己的吆喝能吸人眼球，故意摆出与对手势不两立的架势，其实这更多是一种伪饰。然而，问题在于，当言说者别有用心时，如果听闻者因不明就里竟信以为真，极有可能就有了种种对现代性的误读甚至基于某种误读而产生的可怕的实践行动。而这，正是列奥・施特劳斯毕生拼力对现代性进行批判的原因所在，不唯如此，施特劳斯在关于权利与正义概念之间关系的辨析中，主张德性在权利之上。① 对此，我们在王霸义利之辨中，可以找到某些与其近似的同质性元素，因而能够获得更多具有启发性的思考。因此，施氏的观点值得认真对待：现代性不应也不能用“进步还是反动”的区别取代“好与坏”的区别，现代人也不应用“新”替代“好”来衡量事物，因为只有先有“好坏”的标准才有可能判断某一历史变革究竟是人类的进步还是败坏。②

① 列奥・施特劳斯：《自然权利与历史》，彭刚译，生活・读书・新知三联书店2016年版，第121页以下。

② Strauss, *What is Political Philosophy*?（The University of Chicago Press, 1959）, p. 10.

人不立则天地不能以独运

——从“朱陈之辩”看陈亮哲学中的生存论意蕴

浙江工业大学马克思主义学院副教授
赵帅锋

陈亮以其“道在事中”的“事功论”思想，对以普遍性之“道”的建构为宗旨的程朱理学展开批判。“事功论”所内含的英雄主义以及“人不立则天地不能以独运”“推倒一世之智勇，开拓万古之心胸”等说法所具有的意志主义，对程朱理学所构建的先验的普遍性之“道”构成了强有力的冲击。然而，陈亮由于对“道在事中”之“道”所具有的“在世”意涵缺乏充分的领会，难以在与“他者”交互共在的基础上对“普遍性”问题进行有力回应及可能进一步滑向英雄史观，而其“学为成人”“岂必其儒哉”的哲学主张相较于朱子的“醇儒”人格理想看似有所区别，但就其抽象建构性而言其实并无二致，从而也就难以在根本上对程朱理学构成真正的挑战。

陈亮以“事功论”作为其哲学思想的核心主张，并以此与朱子展开论辩，这对当时以及后世哲学思想都有着非常深远的影响。而之所以如此，其中一个很重要原因就在于，一旦遭逢社会失序、价值重建之时代，“人不立则天地不能以独运”“推倒一世之智勇，开拓万古之心胸”等说法所内蕴的涤荡陈规陋俗，彰显人自身生命意志等思想的光辉就会迸发出来。而个体性力量的绽显，无论对个体的实际生存过程还是对抽象的哲学思考，其首先要面对的就是个体存在的根基性问题，而这在朱陈之辩中是通过对“道”的讨论而得以展开的。

一、“何物非道”与“醇儒之道”

在朱熹看来，“道”是一种因其超越时空性而有的普遍性的存在，“道者，日用事物当行之理，皆性之德而具于心，无物不有，无时不然，所以不可须臾离也”①。“道”作为一种“无物不有”“无时不然”的超时空的存在，并由此为现实的事物提供着一种普遍的根本性的依据。因此，唯有了然这种根本性之道，现实之人的生存、展开才是可能的。

“非心通于道，而无疑于天下之理，其孰能之。”(《四书章句集注》)

同时这种可能性经由“存天理、灭人欲”的一系列涵养工夫才能最终成为一种现实。因此，“道”所涉及的一个根本性问题就是作为个体之人如何成就自身，而这一问题，通过陈亮的如下诘问得到豁显。

“亮以为：学者学为成人，而儒者亦一门户中之大者耳。秘书不教以成人之道，而教以醇儒自律，岂揣其分量则止于此乎。”②

“如亮之本意……盖将发其所未备，以窒后世英雄豪杰之口而夺之气，使知千途万辙，卒走圣人样子不得。”③

“学者，所以学为人也，而岂必其儒哉？”④

简言之，陈朱之辩的关键点在于“学者”所学究竟何为，即要成为一个什么样的人。

这个问题，在朱熹那里的答案是成为“醇儒”，这种醇儒的根据是以“天理”为核心的普遍性之“道”，如此不仅可以免于人道之祸，同时可以建立功业。

“而从事于惩忿窒欲，迁善改过之事，粹然以醇儒之道自律，则岂独免于人道之祸，而其所以培壅本根，澄源正本，为异时发挥事业之地者，益光大而高明矣。”⑤

而该问题在陈亮那里的答案则是成为能够建功立业的“豪杰”之士，其根据则是“因事作则”“何物非道”之“道”，“夫道之在天下，何物非道，千途万辙，因事作则”⑥，换言之，事功之中自然就蕴含着“道”，而不必一定要符合某

---

① 朱熹：《中庸章句》。
② 陈亮：《又甲辰秋书》，载《陈亮集》卷二八。
③ 陈亮：《又乙巳春书之二》，载《陈亮集》卷二八。
④ 陈亮：《又乙巳春书之一》，载《陈亮集》卷二八。
⑤ 朱熹：《与陈同甫》。
⑥ 陈亮：《与应仲实》，载《陈亮集》卷二七。

种普遍性之道，“卒走圣人样子”。乍一看，这似乎是一种后果主义的功利论，所以朱熹批评陈亮之说“此正是以成败论是非，但取其获禽之多而不羞其诡遇之不出于正也”[①]。

但，无论如何，一个很显然的事实是，无论陈亮还是朱熹都注意到了自我的生存展开都必须经由“道”方才成为可能，其分歧点则在于“道”的意涵究竟是什么，或者说人生在世的根据(基础)究竟是什么。

就人的原始境遇而言，人的存在首先是一种在世的存在。“此在在世，总是已经寓于物而在，总是已经与他人共在这。此在原始地与世界是一个整体。世界之为世界(世界性)正由于此在在，同样，此在之为此在，正由于它总是已经在世界中。”[②]

简言之，人之存在的最原始的境域就是人已经存在于世界之中，“实际的主体应该首先有一个世界，或在世界上存在，也就是在自己的周围应该有一个意义系统，其对应、关系和分享不需要被阐明就能被使用”[③]，亦即海德格尔所谓的“融身在世界之中”[④]，此即人之存在的最本真的生存性境域。

而作为对此“生存性境域”的言说或指谓之“世界”，即所谓“道之在天下”。更准确地说，“天下”即万物所融身于其中之“世界”，而“道”即是对“此所融身之世界”与“融身于此世界之人”所具有的“本根性意义”的一种语言上的指谓，在此意义上，“何物非道”就指涉了这种人与世界之间的浑然一体性，这种浑然一体性先在于任何具有某种特殊规定性之“道”。

质而言之，具有本真性意义之“道”固然总是被领会为某种“道”，但被领会之某种“道”并不就是“道之在天下”之“道”本身，而陈亮对朱熹的“岂必其儒哉?”的诘问，其所豁显出的就是以某种被领会之“道”作为必然的普遍性之“道”，并进而“窒后世英雄豪杰之口而夺之气”，这一进路中蕴含着荒谬性。

---

① 朱熹:《答陈同甫》。

② 孙周兴:《消解与重构——海德格尔对主体形而上学的批判》,《学术月刊》1992年第3期。

③ 莫里斯·梅洛-庞蒂:《知觉现象学》,商务印书馆2001年版,第173页。

④ 海德格尔:《存在与时间》,陈嘉映、王庆节合译,生活·读书·新知三联书店1987年版,第68页。

"朱熹道德哲学的突出之点就在于：在每一个体得以自为成就之先，先行确定清晰无误的、作为所有个体或整体的人之类（乃至于所有物）的确切无疑的'本质规定性'。"①

当朱熹以其所谓"醇儒之道"来重新规定人与世界之关系，进而在人生展开之前就对其赋以某种先验规定，势必造成对个体生命的锢锁与湮没，这同时也意味着朱熹必将面对鲜活的殊异的个体生命该如何与某种先验的普遍规定性相适应这一诘问，而陈亮"自做个人"的呐喊，则为此问题的解决提供了启示。

二、"自做个人"与"心通于道"

企图以某种抽象的普遍性来规定繁然万殊的现实人生，必然会脱离于具体的生存情境，进而因着这种普遍规定性抹杀个体之特殊性。当朱熹以他的超越时空的具有普遍性的"醇儒之道"来观照历史时，自然也就会得出"三代共通于道"，而"汉唐一出于私"的结论，或者说历史只有三代和汉唐这样的"出于理"还是"出于欲"的分别，而三代之中的尧、舜、禹与汉唐之中的汉高祖与唐太宗却并无太大的差别，也即在历史演进更替的进程中，只不过表现为理欲的差别对立，除此之外，再无差别。

"尝谓'天理''人欲'二字，不必求之于古今王伯之迹，但反之于吾心义利邪正之间……老兄视汉高帝唐太宗之所为而察其心，果出于义耶，出于利耶？出于邪耶，正耶？若高帝，则私意分数犹未甚炽，然已不可谓之无。太宗之心则吾恐其无一念之不出于人欲也……千五百年之间，正坐如此，所以只是架漏牵补，过了时日。其间虽或不无小康，而尧、舜、三王、周公、孔子所传之道，未尝一日得行于天地之间也。"②

"夫人只是这个人，道只是这个道，岂有三代、汉唐之别？但以儒者之学不传，而尧、舜、禹、汤、文、武以来转相授受之心不明于天下，故汉唐之君虽

---

① 郭美华：《道德存在的普遍性维度及其界限——朱熹对孟子道德哲学的"转换"与"曲通"》，《哲学动态》2019年第6期。

② 朱熹：《答陈同甫》。

或不能无暗合之时，而其全体却只在利欲上。”[①]

换言之，在朱熹那里，历史更多的是一种“道”的承载者，“道”借由历史来显现自身，而朱熹所要做的是穿透历史把握那个在历史之前就已经存在的“道”，而历史本身的丰富多样性，对朱熹来说其实并不那么重要，所以钱穆说朱熹不是以史论史，而是以道论史。[②]

但陈亮不同，陈亮所关注的问题是面对当下的时代困境，作为具体的人应该怎么做，他要做的是从历史那里寻找当下问题的解决方案。

“如果说朱子是以先验的眼光来看待历史的话，那么陈亮则是基本以经验的眼光来看历史。”[③]

因此，陈亮就一定要注意到历史的差别性，更具体来说就是一定要去发掘不同的人在其不同的历史境域有着怎样不同的应对策略，只有这样，陈亮才能为突破其所遭遇的现实困境，找到合适的参照，所以对朱熹这样的从“以道论史”的视角而来的既无法说明三代内部的差别，也无法说明汉唐各个帝王不同程度的差别的说法极其敏感而且不认同，并发出如下诘问：“不知高祖太宗何以自别于魏宋二武哉?”[④]

也即，陈亮就是要突破所谓“醇儒”的门户之见，回到现实的生存境域之中，直面人生的现实困境，并由此成就自身为可以对此境域有所补益的、与天地并立的英雄豪杰：“人之所以与天地并立而为三者，非天地尝独运而人为有息也。人不立则天地不能以独运，舍天地则无以为道矣。”[⑤]而不是做一个“自以为得正心诚意之学”[⑥]，自以为“心通于道，而无疑于天下之理”[⑦]就能够“安坐而感动之”[⑧]的腐儒，这其实不过是“风痹不知痛痒之人”[⑨]罢了。

---

① 朱熹：《答陈同甫》。

② 钱穆说，朱子“其论史精神，则全是论道精神”（钱穆《朱子新学案》，下册，第1622页），即为此意。

③ 张汝伦：《朱陈之辩再思考》，《复旦大学学报》（社会科学版）2012年第3期。

④ 陈亮：《又乙巳春书之二》，《陈亮集》卷二八。

⑤ 陈亮：《又乙巳春书之一》，《陈亮集》卷二八。

⑥ 陈亮：《上孝宗皇帝第一书》。

⑦ 朱熹：《四书章句集注》。

⑧ 陈亮：《又癸卯秋书》，《陈亮集》卷二八。

⑨ 陈亮：《上孝宗皇帝第一书》。

因此,陈亮就一定要超越由所谓"儒者"所建立的普遍规定性,回到深沉广阔的人之本身:"管仲尽合有商量处,其见笑于儒家亦多,毕竟总其大体,却是个人,当得世界轻重有无,故孔子曰'人也'。亮之不肖,于今世儒者无能为役,其不足论甚矣,然亦自要做个人,非专徇管萧以下规摹也,正欲揽金银铜铁镕作一器,要以适用为主耳……人只是这个人,气只是这个气,才只是这个才。譬之金银铜铁,只是金银铜铁,炼有多少则器有精粗,岂其于本质之外换出一般,以为绝世之美器哉。故浩然之气,百炼之血气也,使世人争骛高远以求之,东扶西倒而卒不着实而适用,则诸儒所以引之者亦过矣。"①

不以某种抽象的本质规定性来规定自身,而是在现实的生存境域中来生成自身,这被海德格尔称为:"在一世界一之中一存在。"

"由于超越构成此在之基本状况,首先属于其存在而不仅仅是某种外加的行为,并且由于这种原始的此在之存在作为逾越而越向某个世界,我们用'在一世界一之中一存在'这个术语来标画此在之超越的基本现象。就此在生存,也就是说,就生存性地'在一世界一之中一存在'而言,存在者(自然)同样已经被越过,存在者就这样维持着自在地敞开自身的可能性。"②

也即,自我成就之本真性就在于不拘于某种规定性,不拘于某种"规摹",但又并不脱离自身的生存性境域,而是恰恰就在此生存性境域中"揽金银铜铁镕作一器","自要做个人",从而使得自身之可能性得以敞开而表现为某种生存性。

因此,"人不立则天地不能以独运,舍天地则无以为道矣",所揭示的人通过参与到其所融身其间的世界(天地)运化中而成就自我,而不仅仅是局限于某种外在于自身的规定性,就此而言,陈亮注意到了"人生在世"之属己性之一面,从而展现出对于朱子意义上的"心通于道"的超越。

然而,陈亮并未注意到人所融身其间之世界中的他者维度,一方面使得他对"人"这一指谓难以做多层次的区分;另一方面又使得他的"自做个人"

① 陈亮:《又乙巳春书之一》,载《陈亮集》卷二八。

② 海德格尔:《从莱布尼茨出发的逻辑学的形而上学始基》,赵卫国译,西北大学出版社2015年版,第234页。

难以建立在与他者交互共在的基础上。这两方面又共同导致了他的“自做个人”有了唯意志式的英雄主义色彩（“心”在陈亮那里很大程度上指人的主观意志[①]），并进一步导致其以肯定事功的方式过分拔高某个历史人物的作用，从而表现出一定程度的结果论的功利主义[②]而蕴含有某种“事功即道”的意味，这在当时即遭到包括朱熹在内的时人以及后人的批评。

“若以其能建立国家、传世久远，便谓其得天理之正，此正是以成败论是非，但取其获禽之多而不羞其诡遇之不出于正也。”[③]

“功到成处，便是有德，事到济处，便是有理，此老兄之说也。”[④]

“他讲‘人不立则天地不能以独运’，‘道之存亡’是‘人之所能预’，显然是把人的作用夸大过头了，过分强调了人的主观能动作用，滑向了主观唯心主义。其实，即使是‘人道’（人类社会历史发展规律也不是依人的意志为转移），并非人所能所以改变和干预的。”[⑤]

简言之，通过“自做个人”，陈亮表现出对抽象的普遍性规定的突破，强调在经验世界生成自身的哲学取向，从而表现出对朱熹的“醇儒之道”的超越；但由于其缺乏对“人”的概念的层次分疏，缺乏对他者的重视，过分夸大个体的意志作用，过分强调人力、事功，这导致其在以“何物非道”超越狭隘的“醇儒之道”的同时，又从“道在事中”走向了“事功即道”，从而在对“道”的理解上表现出含混摇摆而难以对人的生存根基做出清晰的抉发，由此也就难以对朱子作为对普遍性建构之道形成真正有力的冲击，而这要在叶适那里才开始得到进一步的澄清。

---

① 董平、刘宏章：《陈亮评传》，第215—217页。

② 田浩就认为陈亮的思想的是一种“效果伦理学”，以区别其所谓的朱熹的“动机伦理学”。详见田浩《政治中的道德问题》，《功利主义儒家——陈亮对朱熹的挑战》。此说当然有不确之处，但也确实反映出陈亮事功论中的效果导向或者说结果导向。

③ 朱熹：《答陈同甫》。

④ 陈傅良：《答陈同父书》。

⑤ 冯契：《中国古代哲学的逻辑发展》（下），上海人民出版社1985年版，第867页。

三、“因事作则”与“吾与物皆至”

如前所论，作为人的生存性展开之根据的“道”，其所要指向的是人于其所融身于其间的世界中如何成就自身的问题，而无论是抽象的形上建构还是片面强调个人意志，最终都将滑向某种超越于具体个人之上的抽象之“道”，进而导致对人与世界的浑然一体性的割裂。换言之，正是因为人在尝试把握世界的过程中割裂了人与世界的浑然一体性，不得不以建构抽象“普遍性”的方式来弥合人与世界之间的整全性。所不同的是，朱熹是通过“醇儒之道”，陈亮则是希望通过“天地赖以撑住，人物赖以生育”的豪杰人格。

然而，陈亮虽然从历史的角度对朱熹的“醇儒之道”所内蕴的抽象规定性予以了有力的破除，并在哲思的层面提出了“无物非道”“因事作则”来为其“事功论”做辩护，但因其“豪杰说”本身所蕴含的过分夸大意志主义的倾向，“他者”在其哲学思考中难以获得合理的安顿，导致“无物非道”只能走向“因事作则”，而这又进一步导致他的“事功豪杰”论缺乏内在的一贯性，表现出某种“偶合”性。在朱陈之辩中，朱熹敏锐地抓到了这一重大的理论缺陷，并给予了猛烈的批评。

“然自孟子既没，而世不复知有此学，一时英雄豪杰之士或以资质之美、计虑之精，一言一行偶合于道者，盖亦有之，而其所以为之田地根本者，则固未免乎利欲之私也。”①

“夫人只是这个人，道只是这个道，岂有汉唐、三代之别？……却就汉祖、唐宗之心术微处痛加绳削，取其偶合而察其所自来，黜其悖戾而究其所从起，庶几天地之常经、古今之通义有以得之于我；不当坐谈既往之迹，追饰已然之非，便指其偶同者为全体，而谓其真不异于古之圣贤也。”②

简言之，在朱熹看来，陈亮的“事功论”缺乏内在的一贯的理论准则，只不过是对偶然的历史进行的追饰美化，其实质上是“以成败论是非，但取其

---

① 朱熹：《答陈同甫》。

② 朱熹：《答陈同甫》。

获禽之多而不羞其诡遇之不出于正也”[①]，也即，陈亮的“因事作则”恰恰是缺乏政治原则的表现，“他（陈亮）更在意的是为政者（君主）实际的政治行为和操作。这样他的政治哲学的中心不能不落在政治实践而不是政治原则上……他（陈亮）更看重的是具体的政治措施（治道与治术），而不是政治原则”[②]。

如实而言，“人的存在的原始现象是，他自始至终都是带着他的‘此（Da）’而存在”[③]。而无论是政治原则还是政治措施，其深层意蕴都关涉这样一个问题：人如何在人与他者已然共在的这一本真性境域中让每一个个体得以如其所是地成就自身。

从生存论的角度来看，人之为人，首先在于人自身之超越性，“主体作为主体超越者，如果它不超越者，就不是主体，也就是说：此在绝不是生存着，然后偶尔才实施某种逾越，而是说，生存活动就意味着原始的逾越，此在本身就是逾越”[④]。也即，主体始终敞开于“在—世界—之中—存在”这样的生存性境域之中，“此在之所以‘在—世界—之中—存在’，不是因为它恰恰实际地生存着，而是相反，它可以作为此在实际地生存，只是因为其本质是‘在—世界—之中—存在’”[⑤]。个体自我成就的真正含义即主体在此生存性境域生存着——不断地展开自身，而这种生存展开就是超越，而“超越并不是一个形而上学地构造出来的概念，而是他对此在在世界中生存和打交道活动的描述”[⑥]。

而与陈亮并称为“事功学派”的叶适称此过程为“吾与物皆至”。

“是故君子以物用而不以己用。喜为物喜，怒为物怒，哀为物哀，乐为物乐……而不自用也。自用在伤物，伤物则己病矣。夫是谓之格物。《中庸》

① 朱熹：《答陈同甫》。

② 张汝伦：《朱陈之辩再思考》，《复旦大学学报》（社会科学版）2012年第3期。

③ 朱清华：《海德格尔对主体“自我”的解构》，《世界哲学》2009年第6期。

④ 海德格尔：《从莱布尼茨出发的逻辑学的形而上学始基》，赵卫国译，西北大学出版社2015年版，第232—233页。

⑤ 海德格尔：《从莱布尼茨出发的逻辑学的形而上学始基》，赵卫国译，西北大学出版社2015年版，第238页。

⑥ 朱清华：《海德格尔对主体“自我”的解构》，《世界哲学》2009年第6期。

曰:'诚者物之终始,不诚无物'是故君子不以须臾离物也。夫其若是则知之至者,皆物格之验也。有一不知,是吾不与物皆至也。"①

虽然,叶适不可能把"以物用而不以己用"的原则贯彻彻底,然而此处已然构成了对朱熹和陈亮二人的同时回应,一方面,"以物用而不以己用"意味着不以某种抽象原则来规定、闭锁物之为物,而让物得以展现自身,这就回应了朱熹对抽象的普遍性之道的建构;另一方面,"君子不以须臾离物"则意味着通过与"物"的交互作用——"内外交相成之道"②,在显现他者的过程中显现自身,如此则"物与吾皆至",这就回应了陈亮对意志的过分夸大,对具体之物的交互生成之过程的忽视。

因此,朱熹的"醇儒之道"固然是基于认知主义立场的"将具体性情境抽象化为单一的精神规定性……从而陷入了从内在精神规定性推扩到外在经验行动的动力难题"③,但他毕竟捕捉到了个体的自我成就所必须有的普遍性的根基,尽管这一根基并不是某种抽象规定性,但在认知主义的理路下,朱熹仍然能够借此建构起具有普遍性的政治原则。

陈亮未能提出一套具有普遍性的政治原则的原因就在于——其在哲思层面尚没有进入自我与他者共在的境域……还没有充分领会到个体的自我成就是一个在与他者交互的过程中通过对他者的显现使自身得以显现(成就)的过程,自我的成就并不仅仅是某种意志性力量的孤立作用,其所谓"人不立则天地不能独运"之"人"缺乏走向群体性之可能。

质言之,正是陈亮对个体在其所融身其间之世界中如何成就自身这一问题所必然遭遇到的普遍性维度缺乏充分的把握,导致其在面对这一问题时不得不转向某种超越之道,以期通过这种超越之道来获得某种普遍性根据,并由此避免滑向相对主义的窘境。陈亮在对"道"的理解上从以"何物非

---

① 叶适:《进卷·大学》,《叶适集》。

② 叶适:《习学记言》卷一四。

③ 郭美华:《道德存在的普遍性维度及其界限——朱熹对孟子道德哲学的"转换"与"曲通"》,《哲学动态》2019年第6期。

道”对“醇儒之道”的破除，到“因事作则”的相对主义，再到所谓“助秘书之正学”①，而其对“道”的理解也与其所批判的“醇儒之道”其实也确实具有很大的相似性。

“夫子之道即尧舜之道，尧舜之道即天地之道。天地以健顺育万物，故生生化化而不穷；尧舜以孝悌导万民，故日用饮食而不知；夫子以天地尧舜之道诏天下，故天下以仁义孝悌为常行。”②

总之，陈亮的事功论思想就抽象的普遍性之道对人的生存展开的锢蔽作用有着难得且珍贵的破除之功，其“自做个人”的哲思呐喊哪怕在今天都是非常不易的，同时，只有使个体的生存境域中的自我与他者的交互作用充分豁显，方能避免在回应个体生存的普遍性根基这一问题时重回所谓“醇儒之道”的窠臼。

① 陈亮曾明确向朱子表明其既不反对儒学，甚至也不反对道学的心迹：“亮所以为缕缕者，不欲更添一条路，所以开拓大中，张皇幽眇，而助秘书之正学也，岂好为异说而求出于秘书之外乎。”（陈亮：《丙午复朱元晦秘书书》，载《陈亮集》卷二十八）

② 陈亮：《高帝朝》，《陈亮集》（增订本）。

陈亮“义利之辨”解析

武义县政协提案委员会主任
钟朝辉

宋朝是思想相对开放的时代，似乎回到了春秋战国时期的百家争鸣。这个时期，理学、心学相继产生或萌发。南宋时，在闽学与浙东学派之间，一度有“义利之辨”的历史佳话，值得向往，值得解析。

何谓“义”？古者威仪字作义，今仁义字用之。繁体字从羊、我，羊在上，左右对称，象征公平；下边是人手持戈，象征威仪。意思为事之宜，公正合宜的道理或举动，正义，道义，义务。简单地说，一个人活在这个世上，要讲人之道，什么应该做，什么不应该做，要有判断和遵循，要有规矩和方圆，要有威仪与尊严。

何谓“利”？会意字，从刀，从禾，表示以刀断禾、收获谷物的意思。后引申为刀锋快、帮助、好处、利益。在义利之辨的概念中，“利”更多的指向个人利益。

为什么会有义利之辨？

义利思想是中国古典政治思想基础理论的重要组成部分，是儒家政治思想中的核心问题。从孔子开始，到孟子、荀子，一直到朱熹，有大量关于义利观点的表述。

孔子思想的核心，是克己复礼，是忠恕仁义，而“义”字更为突出。在孔子生活的那个年代，先王之道不被重视，礼义废弛，战乱争夺是社会的主基调。孔子敏锐地察觉到，要重建社会秩序，就应该施行仁义，恢复周朝的礼仪，特别是每个人要克己，要讲“义”，讲义才是君子，否则就是小人。子曰：“君子喻于义，小人喻于利。”义的核心，就是规范、规矩，就是正气威仪，就是舍小家为大家。因此，孟子喊出了“舍生取义”的口号。孟子说：“生，我所欲也；义，亦我所欲也。二者不可得兼，舍生而取义者也。”荀子主张先义后利：

“先义而后利者荣，先利而后义者辱。”站在儒家的立场角度，突出义，大家为义献身，从而实现王道，实现社会的大同，这是完全可以理解的。但舍生取义了，社会秩序重建了，那个人利益怎么办？舍生，舍生取义就应该吗？在春秋战国时期，就已经有人提出不同意见了。杨子认为应该全性保真、贵己为我，重视生命的意义，注重个人利益，甚至认为应该“一毛不拔”。墨子同样激烈地反对儒家思想，站在儒家的对立面，提出“兼爱”的社会治理主张。历史上著名的杨墨之辩、儒墨之争，为后来的义利之辨吹响了号角。

儒家思想在战国时代不被重视采纳，到了西汉的董仲舒这里，向汉武帝提出“天人三策”，独尊儒术，儒家思想成为全社会的普遍意识形态。董仲舒概括孔孟的义利观，提出“正其谊（义）不谋其利，明其道不计其功”的思想。东汉以降，乱世苦难，儒家思想受到质疑，玄学在魏晋南北朝走向兴盛。到唐宋时期，儒学、佛学、玄学，儒释道是在融合中共同兴盛的。也就是说，社会上意识形态是多样的，儒学似乎不占主导。其实，自汉以来，儒家思想就一直占中国意识形态的主导地位，哪怕到了玄学最兴盛的时候，大家的心灵深处还是根植着儒家思想的基因。但不管怎么说，儒学不时地受到道家和其他思想流派的挑战。

到了南宋，儒家思想由盛转衰，在与释道的争锋中，义理方面的缺陷不断暴露出来。重振儒学的重任，历史地落在新儒家这里。程颢、程颐、朱熹、陆九渊等坚持董仲舒的观点，认为道义和功利是互相排斥的。朱熹说：“义利之说，乃儒者第一义。”陆九渊说：“学无深浅，首在辨义利。”大家知道，理学就是义理之学，朱熹是集大成者。朱熹要弥补儒学在义理方面的不足，理所当然要特别强调义，而且把义上升为天理，提出“存天理、灭人欲”，把人欲灭了，人欲没了，不就把利灭了吗？在朱熹这里，为什么义与利是对立的？因为“三纲五常”是天理，集中反映到义，这个义是群体性的、社会性的，是大义，是牺牲个人。在朱熹的思想体系中，如果重视个人利益，那义就没有基础与根基了。

但陈亮、叶适则认为道义和功利并不矛盾，功利体现在道义之中，离开功利无所谓道义。叶适说：“古人以利与人，而不自居其功，故道义光明。……既无功利，则道义者乃无用之虚语耳。”陈亮则旗帜鲜明地提出“王霸并用，义利双行”的论点。“天理人欲可以并行。”这句话，是呐喊，是争鸣，从南宋的时空一直回响到现在，振聋发聩，余音绕梁。可以说，陈亮的这种言论，在当时是十分惊世骇俗的。朱熹希望陈亮能够放弃义利双行的想法，以“醇儒”自律，而陈亮则反唇相讥，所谓“醇儒”不过是“风痹不知痛痒之人”。

朱熹、陈亮由王霸之争进而延及义利问题的争辩。陈亮不同意朱熹关于义、利关系的理解，为了配合“王霸并用”之说，提出了“义利双行”的主张。陈亮认为，“义利双行”原本就是夏、商、周三代王道盛世的题中应有之义，那个时代并非只有义理之心，毫无利欲之心，三代也有利欲，但是三代的圣王们懂得合理地运用“利”，从而做到“义利双行”。陈亮进一步提出，在“义利双行”之中，“利”是用来补充和辅助“义”的，否则“利”就容易滑向私心杂欲的陷阱。

而在朱熹看来，“义利双行”这种思想会使得人只顾追求功利，而忘记道义。通过与朱熹的论战，陈亮构建了以“事功”为核心的崭新的思想体系。同是讲道，理学家们强调离器言道、悬道器外，把道说成先于事外、超出形体、主宰万物的绝对精神；与之相对立，陈亮提出了形上之道寓于形下的事物之间，事外无道，道外无事的观点。“盈宇宙者无非物，日用之间无非事。”“道”是事物的客观法则，离不开具体事物，人与道不可分离，天、地、人三者构成宇宙统一体。理在事中，道在物中，不能离开事物去谈论理和道，强调事以尽道，大道流行于日用之间，体现了朴素唯物主义的立场。

义利问题和义利关系在人类伦理思想与价值观中是极为重要的。南宋义利之辨重新评估“义”与“利”的关系，一度产生了“义利并重”“农商并重”的思想火花。但思想火花仅仅是“火花”，没有引发思想解放的熊熊大火，而是重新回到黑幕遮挡的时空。

义利之辨的焦点在哪里？

我们要解析义利之辨，必须要把争论的焦点搞清楚，也就是把争论的核心问题搞清楚，否则，是解析不清楚的。在这里，我讲两个概念，大家就会明白争论的焦点。一个概念，“大利与小利”，集体利益与个人利益的关系问题；另一个概念，“群体与个体”，群体与个体的关系问题。这两个概念，引出义利之辨的两个焦点。

焦点一，大利与小利。其实，义就是大利，就是集体利益，义仅仅是大利的华丽衣裳。义利之辨，就是大利与小利的关系之争。义是群体性的应有之义，是人类因群体性而产生的行为规矩和方圆。问题来了，大利重要还是小利重要？小利是个人利益，大利是社会有序，小利与大利是矛盾的对立统一。一方面，小利倾向于损害大利，因为在损害大利基础上的小利往往容易得到，比如偷盗抢掠、贪污受贿，互损互害，最后大家都得不到小利，或者说无法实现普遍性的小利最大化，这是对立的一面；另一方面，在维护大利前提下的小利，才是永续的、普遍的、均衡的，也就是说，社会的有序性是大家实现小利的前提和现实途径，这是统一的一面。对立性、统一性，个人的私欲和算盘就在那里，对立性成为自然状态，你争我夺的混乱成为原始生态。这种情况下，就看人类社会的理智与治理了，有序性、合理性、规则性，“事之宜”就呼之欲出了。义，就是让利的索求合规合矩，让大家的利普遍可以获得，这就是人类社会的有效治理。小利与大利，始于利，终于利，路上立着一个义。

焦点二，群体与个体。是群体为了个体，还是个体为了群体？这个问题，是义利之辨的本质所在。其实又可以归结为人类社会的一个根本性问题：社会治理是从群体到个体，还是从个体到群体？也就是说，群体治理与个体发展，哪个是目的，哪个是手段？在儒家那里，群体治理是目的，个体发展是手段，义代表群体，利代表个体，因此义大于利，舍生取义，舍小利为大利。而陈亮、叶适看到了个体发展的重要性，认为群体治理是为了个体发展，个体发展是目的，群体治理是手段，因此要义利双行。目的与手段，手段为目的服务，把群体治理作为目的，还是把个体发展作为目的，是完全不一样的。比如，如果把群体治理作为目的，个体最终是为了群体，灭人欲的主张就出来了；如果把个体发展作为目的，群体最终是为了个体，灭人欲的主张是不可能提出的，否则，逻辑上就矛盾了。从中也可以看出，义利之辨是根本性的社会治理路径之争，两者是难以调和的。朱熹与陈亮，中间本来有吕祖谦作为和事佬，在吕祖谦死后，两人就彻底分道扬镳了。

如何认识义利之辨？

观点之一，辩论双方追求真理的精神是值得称道的。宋朝的一位位思想大师，有如一座座山峰，高高耸立在历史的天空中。他们思想观点的是非对错，谁又说得清呢？庄子就认为是分辨不出来的。但以朱熹、陈亮为代表的大师对真理的渴望与追求，他们严谨的治学态度，他们对自己思想的守护,让人尊崇,令人神往。其实,他们两个人在那个时代混得都不太好,但他们在逆境中坚持,在压力中坚韧。朱熹的学说,被当时批为"伪学",他郁郁不得志,但在离世的前一天,还在修改著作,一生执着写出巨量的文字,并使之系统化、集成化。朱子的学说得到认可,是他死后几十年的事情。陈亮也一生坎坷、怀才不遇,还几次入狱,考取状元后,又死在赴任的路上,但他突破时代的束缚,敢说人不敢说,有着巨大的理论勇气,其思想观点至今闪耀着真理的光芒。如果有可能,我愿意穿越时空,当朱熹或陈亮的一名弟子,坐在某个角落,听听他们的旁征博引,感受观点的激烈碰撞,不亦乐乎!

观点之二,义利之争其实是个伪命题。义利没有轻重之分,没有君子小人之分,义利是一体的。义不大于利,利也不大于义,义利是同一问题的两个方面,是一张纸的各一面,相互依存,相互联系。大家知道,一张纸必须要有两个面,少了一个面,纸就不存在了。利是个体性的应有之义,义是群体性的应有之义。群体到个体,群体为个体服务,这是人类社会的本质所在。大家在一起,讲仁义,讲仁爱,讲兼爱,讲大爱,最终是为了个体的全面发展,最终是为了个体之利。群体之爱,相互保护与共济,指向个体利益的最大化,指向个体利益的现实途径。义是理智,义是治理。利是目的,义是手段,手段为目的服务。大家想想看,一个是目的,一个是手段,不同性质不同类别,放在一起争论,争哪个重要,又怎么争论得清楚呢?讲义,是为了利,不是不要利;讲利,要通过义才能实现,也需要义。

观点之三,义利双行更接近真理。孟子说,执中为近之。义利双行就是"执中"。讲义的是君子,讲利的是小人,这应该是偏颇的,恰恰就是孟子自己强力批判的"执一"。中庸之道,义利双行就是中庸。义利本来就是并行的,一定是并行的,若不并行,那义利两个方面都是无法实现的。前面说了,利是目的,义是手段,没有义,人类社会就无序了,纷乱纷争,大家的利又怎么实现得了呢?没有利,社会发展的目的何在?动力何在?目的与手段,彼岸与路径,又怎么可能不同在呢?双行成为应有之义。

观点之四,舍生取义是人类社会的特殊性,义利双行是人类社会的普遍性。舍生取义,是有号召力的,是壮怀激烈的,也是现实需要的。在人类的历史长河中,在中华民族的发展历程中,多少英雄豪杰,多少牺牲奉献,正是有这些杀身成仁、舍生取义的人,我们才能走到今天。但从哲学思想考察,从人类社会的普遍性考察，这只能是特殊，是普遍性与特殊性的辩证统一。“舍小家为大家”“牺牲我一个幸福十亿人”——大家耳熟能详——其实已经把道理若隐若现地展现出来了。舍生取义的崇高性，不能取代义利双行的普遍性。每个人都舍生，能行吗？人都没了，还取什么义呢？利都不讲了，大家都舍生取义了，这个“义”又依附在哪里呢？舍生取义还有意义吗？普遍性是家长里短，是大家的日常生活；特殊性是号召鼓励，是一种理智和现实需要。

观点之五，义利双行的思想基因已经深深地融入浙江人的血液中，浙江精神就是一种体现。浙商、民营经济，这些字眼的集中指向，就是浙江人会做生意。经商做生意，本质还不是逐利吗？还不是司马迁所倡导的“货殖”吗？利润是商业的生命和灵魂。既然是利字当头，义利双行就呼之欲出了。浙江精神，表述多样，说来说去，还不是一个字：“义。”义乃威仪，义乃应该，义乃事之宜，义乃人之理。勤劳致富、守法经营是义吧？敢闯敢冒、敢为人先是义吧？“四千”精神是义吧？走遍千山万水、想尽千方百计、说尽千言万言、吃尽千辛万苦，这样赚到的钱，才是义的，是合理合法的，是利有所归的。我们通过义来实现利，义利双行，这是以吕祖谦、陈亮、叶适为代表的浙东学派留给我们的极其宝贵的思想文化遗产。义利思想从历史的时空中闪现，不知不觉进入大家的观念，成为浙江人文精神的重要组成部分，一旦有了像改革开放这样的有利时机，我们浙江人就如鱼得水。饮水不忘挖井人，浙江之所以取得巨大发展成就，最根本的一点，就是浙江的人文精神，以及因这种精神创造的良好营商环境。从这一意义上说，我们又怎么能忘记他们呢？又怎么能不抬头仰望天空中闪耀着的这几颗思想星星呢？

观点之六，“事功之学”是对真理的本质性认识，浙江经验就是一种诠释。本体论是哲学的躯体，认识论是哲学的灵魂。认识论更是我们每个人认识世界、自立于社会的方法论，是内心深处的“武器和工具”。关于认识论，我认为我们整个人类社会至今还处于混沌状态，并没有走出误区，并没有走向清澈。古往今来，大家争论的焦点有四：其一，天之理、心之理，这个世界到底有几种理，是一种还是两种？其二，天底下的道理，到底是天之理，还是心之理？两者是什么关系？天理在哪里，是不是大家心里想出来的？理学与心学的根本分歧何在？其三，真理的“一与多”如何解释？朱熹认为，天下一理而已，又认为万物皆有理，君臣有君臣之理，桌子有桌子之理，那一理与万理的关系如何？一理怎么分解到万理？理学用佛学的"月印万川"加以解释，应该是有问题的。其四，真理是一直在那里的，还是随时随地变化的？朱熹认为是寂然不动的，也就是说君臣还没出现，君臣之理就已经存在了。对于事物的变化，他用"人跨马"比喻解释，人不动，理不动，马在动，看起来人也在动。而陈亮的事功学说，就直指朱熹的固化僵化之理。陈亮认为，"理一"所以为"分殊"者，理并不是超然于物外的绝对体，万物并不由理分割而殊，理即物而在，主张"功到成处，便是有德；事到济处，便是有理"。真理存在于事物的发展变化中，与事物同时产生、同时发展变化、同时消亡。只有去做事，只有去实践，才会产生真理。实践不但检验真理，也创造真理！这是陈亮的厉害之处，他点到了认识论的"穴位"。固化比之于变化，创新相对于守旧。浙江人传承义利双行观，创新创造，用改革开放的伟大实践创造了浙江经验，先行示范，引领潮头。这种经验是真理，是实践中创造的，是实践中检验的，是事功之学的真正践行。义利双行，从范蠡泛舟太湖时一路前行，从"鸡毛换糖""磨剪子、戗菜刀"中一路蝶变，我们行走在义利的大道上。

陈亮与婺州科举社会

浙江师范大学人文学院教授　赵瑶丹

浙江师范大学人文学院博士研究生　陈敏思

宋代是典型的尚官社会，因社会各阶层对科举的重视，科举对社会产生了很深的影响，宋代常被称为“科举社会”。在强烈的时代氛围影响下，金榜题名对读书人产生了无与伦比的诱惑力。对于科举出身的士大夫，朝廷十分尊重，社会也寄予厚望。① 永康学派的代表人物陈亮②，作为科举大军中

---

① 梁庚尧:《中国社会史》，东方出版中心 2021 年版，第 178 页。

② 南宋时期，浙学发展迅速，以陈亮为首的永康学派在当中独树一帜，以事功之学对当世产生重大影响，亦为后世的儒学发展提供了助力。新中国成立以来，与陈亮相关的研究方兴未艾，许多成果涌现，涉及各个方面，包括陈亮年谱与传记、陈亮交游情况、陈亮的思想、陈朱“王霸义利之辨”与相关研究、陈亮的文学成就、陈亮对后世的影响等。其中，陈亮与科举、教育相关的研究，主要涉及几个方面。其一，陈亮与科举。朱瑞熙的《陈亮与科举》(载赵敏、胡国钧主编《陈亮研究论文集》，杭州大学出版社 1994 年版)详细阐析了陈亮的应举过程和应举目的、陈亮对科举的独特看法以及陈亮对八股文雏形的贡献。其二，陈亮的教育思想与人才观念。方如金的《陈亮人才思想述评》(载赵敏、胡国钧主编《陈亮研究论文集》，杭州大学出版社 1994 年版)详细探究了陈亮的人才思想，通过分析陈亮的一系列奏议、诗文、书信、祭文、墓志铭等，对陈亮的人才理论加以总结。方如金等著《陈亮与南宋浙东学派研究》(人民出版社 1996 年版)的第十一章“陈亮的教育思想”详细探究了陈亮的教育思想，对陈亮教育思想的形成与发展、教育思想的主要内容、教育思想的理论与现实基础等要点进行详细分析。第十二章“陈亮的人才思想”对陈亮人才思想的时代背景和认识基础、人才标准和“用人之道”、改革旧制和选拔人才等几个方面进行了详细梳理并阐析。其三，关于宋代科举社会的相关研究。何忠礼的《科举与宋代社会》(商务印书馆 2006 年版)全方位探析了科举与宋代社会间的相互关联。梁庚尧的《宋代科举社会》(东方出版中心 2017 年版)深入探究宋代科举制度的运行模式，从多个角度阐析此制度对社会的影响与科举文化的形成。近藤一成的《宋代科举社会的形成——以明州庆元府为例》(《厦门大学学报》2005 年第 6 期)，吴铮强的《宋代科举与乡村社会》(浙江大学 2006 年博士学位论文)，赵瑶丹的《谣谚中的宋代科举社会》(《东岳论丛》2009 年第 3 期)等，从不同的视角探究宋代科举社会及其特点。关于陈亮生平事迹、思想等，学界已进行了深入的研究。但将人物思想、活动轨迹置于社会文化中进行分析，尚存在较大空间。讨论陈亮其人、其思想与社会的互动，无论是对推动人物思想的研究，还是对拓展社会史研究，皆提供了一种新的视角，是有益的尝试。

的一员，渴望通过进入仕途以光耀门楣，期望借此实现光复中原的终极理想，其一生一直积极参与科举考试。不过，现实际遇并非一帆风顺，一次又一次落榜，眼睁睁看着叶适、陈傅良等好友接连中举，内心苦楚。直至绍熙四年(1193)状元及第前，他已参加过多次科举考试，积累了丰富的考试经验。虽偶有灰心丧气之时，但“推倒一世之智勇，开拓万古之心胸”[①]的人生志向一直激励着他，经世致用的事功思想一直指引着他，使他在科场上屡败屡战直至最终成功。自称“人中之龙，文中之虎”[②]的陈亮的坎坷的应举经历、坚韧不拔的精神，对他的朋友、弟子乃至后世的婺州社会都产生了积极影响，使他成为婺州科举史上的一位典型代表。

一、事功气节文章的典范:陈亮重学为文应举对婺州社会风气的影响

从南宋社会角度分析，绝大多数学子读书的主要目的在于参加科举，或为实现胸中抱负以成就家国理想，或为家族荣耀使之获得社会阶层的提升，或为生活所迫力图改变现实处境。陈亮应举，亦难以逾越这几道鸿沟。与此同时，陈亮的同乡前辈、好友与弟子，多为应举读书群体，其中较为典型的有“乌伤四君子”以及他的同乡弟子喻侃等人。

“乌伤固多士，而称雄于其间者，余熟其四人焉，盖非特乌伤之雄也”[③]，这是陈亮对“乌伤四君子”——喻良能、喻良弼、何恪、陈炳的评价。四人为陈亮的前辈，且皆中进士，名动婺州。除何恪(茂恭)与陈亮有姻亲关系外，陈亮与他们之间的联结纽带主要在学术方面。四人的学术文章，皆对陈亮产生一定的正面影响。

在四人中，喻良弼(字季直)与陈亮最亲善。陈亮曾赞美他:“遇人无亲疏贵贱皆与之尽，而于余尤好;其文蔚茂驰骋，盖将包罗众体，而一字不苟，

① 陈亮著，邓广铭点校:《陈亮集》卷二八“又甲辰秋书”，中华书局1987年版，第339页。
② 《陈亮集》卷一〇“自赞”，第114页。
③ 《陈亮集》卷二五“题喻季直文编”，第286页。

读之亹亹而无厌也。”[①]陈亮回忆，喻行之（良弼亲族）曾向陈亮展示喻良弼旧文一篇，陈亮“耸然观之，如得所未尝”[②]。在陈亮心中，喻良弼之文“蔚茂驰骋”“包罗众体”且“一字不苟”“观之耸然”，具有重要的学术价值。季直兄喻良能（字叔奇）与陈亮妻叔何恪（字茂恭）友善，亦与陈亮相识。陈亮曾称赞喻良能“于人煦煦有恩意，能使人别去三日念之辄不释”[③]“其为文，精深简雅，读之愈久而意若新”[④]，足见其对喻良能文章的评价之高。此外，现有史料虽无法证明陈炳（字德先）与陈亮在现实生活中有交集，但陈炳的学术能力为陈亮所肯定。陈亮曾拜读过陈炳的文章，认为其文“清新劲丽，要不可少”[⑤]，他也对青年陈亮产生一定影响。

婺州自古名人能臣辈出，社会重学风气盛行。子弟应举，事关家族荣耀，被视作家族要事，族中长辈通常十分重视。陈亮状元及第，就离不开妻叔何恪（字茂恭）的赏识和帮助。因何茂恭力荐，其兄何恢（字茂宏）终将次女嫁给陈亮。陈亮能多次走出人生低谷，并最终及第，妻叔的力挺以及岳父家族的物质、精神支持亦不可或缺。对于何茂恭这位妻叔兼伯乐，陈亮终生感念。在茂恭去世后，陈亮回忆往昔，感激他对自己的帮助，同时为自身科举道路的不顺感到羞愧，以至于“羞拜公之墓”[⑥]。幸亏在绍熙四年（1193）夏天，“亮以累举见录于春官，使得奉大廷之对。天子躐取于众中，许以渊源而置之选首，众欢曰宜”[⑦]，在历尽失败后成功登科，终偿夙愿。何茂恭的赏识，显然是陈亮能够在科举考试中折而不挠的重要精神支柱。在陈亮的遗文中，与妻族相关的文章数量不少，纪念何茂恭的文章就有《代妻父祭弟茂恭文》《祭何茂恭文》《祭妻叔文》三篇。其中《代妻父祭弟茂恭文》《祭何茂恭文》作于中举之前，感念何茂恭的恩情并表达悲痛之情，“顿足呼天，长号大

① 《陈亮集》卷二五“题喻季直文编”，第 286 页。

② 《陈亮集》卷二五“题喻季直文编”，第 286 页。

③ 《陈亮集》卷二五“题喻季直文编”，第 286 页。

④ 《陈亮集》卷二五“题喻季直文编”，第 286 页。

⑤ 《陈亮集》卷二五“题喻季直文编”，第 286 页。

⑥ 《陈亮集》卷三〇“祭妻叔文”，第 411 页。

⑦ 《陈亮集》卷三〇“祭妻叔文”，第 411 页。

恸，问子能自宁于九泉否”[①]“昔公于某，面未觌而神已交，语言未通而肺肝相与，誉之诸公之间，妻以其兄之女。君子或以为难，世俗谓之过举。属憸谗之相间，而至情之疑阻。要不能无遗憾于死生，安得取而投之豺虎！虽此心之昭然，顾有口而莫吐”[②]等语句，表明陈亮亦背负了沉重的思想包袱。他一方面痛心妻叔离世之早，另一方面也担心无法中举而辜负妻叔乃至整个妻族的期望。陈亮坦率地承认，倘若无法金榜题名，就无法证明妻叔眼光的精准，无法洗刷世俗之人对妻叔为一介布衣的自己“誉之诸公之间，妻以其兄之女”的非议。他对应举之事甚急，以至于“顾有口而莫吐”。陈亮在绍熙四年（1193）及第后，以状元之身祭拜茂恭于墓前，“酌酒酹公”[③]，如释重负，坦承往昔“岂敢徒以冠裳与公之姪女拜公之墓”[④]的困窘心态，告慰妻叔“开公兄弟之一笑于九原之上耳”[⑤]。此时的陈亮，祭祀妻叔时的释怀与心满意足、尊敬和感激溢于言表。

在南宋时期的婺州学坛，陈亮与诸多同时代的优秀学者一样，在继承前辈优良学术传统的同时，以学术为纽带，为后学们传道授业。陈亮一生门人弟子众多，当中优秀者有喻侃、钱廓、吴深等。他们在陈亮的教导下，在竞争激烈的科举考试中脱颖而出。婺州喻家，为当地出名的书香门第，族中子弟良能、良倚、良弼等人皆中进士。陈亮与喻氏有姻亲关系，何茂恭之妻喻氏（陈亮妻叔母）应为喻氏家族之人。喻侃在陈亮去世后曾“登庆元己未进士第”[⑥]，与陈亮有着深厚感情。陈亮下狱时，喻侃为营救陈亮出力很多。钱廓为陈亮的优秀弟子，其与陈亮共学“六经诸史”“反复推究”[⑦]，以“自奋”[⑧]见长，于“癸卯之秋，与其侪辈试漕台，亦复得之”[⑨]。可惜钱廓过早去世，其学

---

① 《陈亮集》卷三一“代妻父祭弟茂恭文”，第417页。

② 《陈亮集》卷三一“祭何茂恭文”，第416页。

③ 《陈亮集》卷三〇“祭妻叔文”，第411页。

④ 《陈亮集》卷三〇“祭妻叔文”，第411页。

⑤ 《陈亮集》卷三〇“祭妻叔文”，第411页。

⑥ 黄宗羲著，全祖望补修，陈金生、梁运华点校：《宋元学案》卷五六“签判喻芦隐先生侃”，中华书局1986年版，第1850页。

⑦ 《陈亮集》卷三六“钱叔因墓志铭”，第484页。

⑧ 《陈亮集》卷三六“钱叔因墓碣铭”，第484页。

⑨ 《陈亮集》卷三六“钱叔因墓碣铭”，第484页。

术能力尚未完全展现，陈亮深憾之，认为其“不但侪辈之所不能及，固吾尊行之所共畏也”①。

吴深，是陈亮女婿，在诸多弟子中显得与众不同。关于吴深的史料存世不多，他在求学时“急于饥渴，篝镫挟册，疾病不休，倦则假寐凝思，以求圣贤之心。有疑则进而质之父师，退而与其弟沈私相讲辨”②，具有强烈的进取心。与钱廓相似，吴深虽勤学刻苦，深得陈亮喜爱，但“年二十一卒”③，未能展现其学术才华。

陈亮对弟子的教育内容范围广博，不过，参加科举考试确为教学的主要目标之一。陈亮曾撰写多篇科举范文以供学生参考。陈亮才华横溢，但科举之路甚是坎坷，其坚韧顽强，屡败屡战最终状元及第，从而为婺州的科举史增添了浓墨重彩的一笔。陈亮参加科举考试的种种过往与轶事，常为后学所津津乐道。元代白珽的《湛渊静语》曾记录陈亮状元及第时的情景：

> 陈同甫，名亮，婺女人。绍熙癸丑大魁，作报家书云：“我第一，滕强恕第二，朱质第三，乔行简第五。”其时三魁与第五名皆婺人，盛哉！④

绍熙四年（1193）的陈亮榜，状元、榜眼、探花与第五名皆为婺州士子。榜眼滕强恕曾任著作郎、袁州知府、江西转运判官。⑤ 探花朱质为吕祖谦门

① 《陈亮集》卷三六“钱叔因墓碣铭”，第 485 页。

② 王梓材、冯云濠编撰：《宋元学案补遗》卷八二“北山四先生学案补遗”，沈芝莹、梁运华点校，中华书局 2012 年版，第 4922—4923 页。

③ 王梓材、冯云濠编撰：《宋元学案补遗》卷八二“北山四先生学案补遗”，沈芝莹、梁运华点校，中华书局 2012 年版，第 4923 页。

④ 白珽：《湛渊静语》卷二，金少华点校，王国平总主编：《杭州文献集成·武林往哲遗著（二）》，杭州出版社 2014 年版，第 15 册，第 519 页。

⑤ 参见陈骙、佚名：《南宋馆阁录·续录》卷八“官联二”（中华书局 1998 年版，第 296 页）：“滕强恕，字仁伯，婺州金华人，绍熙四年陈亮榜进士及第，治礼记。二年三月除，十二月为著作佐郎。”

人，后受业于唐仲友，累官至右正言、左司谏兼侍读，权吏部侍郎。① 乔行简为理宗朝重臣，嘉熙年间拜平章政事。同榜四人皆出身婺州，可见婺州学子能力之强，折射出一地浓厚的尚学尚文之风。陈亮积极进取的内在特质，面对困境时百折不挠的精神，为后学们提供了精神支持。

理宗时，同榜宰相乔行简上节《奏请谥陈龙川札子》，高度评价陈亮的学术水平：

> 其遗文为世所珍重。其渊微英特之论，雄迈超脱之气，由晋、宋、隋、唐以后自成一家。惜不究其所蕴，而仅见诸空言也。②

乔行简称陈亮有“渊微英特之论，雄迈超脱之气”，“究皇帝王霸之略，期于开物成务，酌古理今，其说盖近世儒者之所未讲”③，以“特出之才”持“卓绝之识”④。他对陈亮的学术思想进行了精妙概括：

> 臣窃谓亮之学，有遗文具存，学者尚知所宗。至若当渡江积安之后，首劝孝宗以修艺祖法度，为恢复中原之本，将以伸大义而雪仇耻，其忠与汉诸葛亮、本朝张浚相望于后先，尤不可磨灭。当今国家多事，所少者忠义之士，苟褒其人，亦足以激昂人心。其人生长于婺，臣少壮接闻，取为模范。今独后死，遭时窃位，倘不引义一陈于上，使表见于明时，非惟有愧于前贤，抑亦无以垂示于后学。况如亮者，非所谓一乡一国之士，乃天下之士。⑤

乔行简于“少壮皆闻”陈亮事迹，并“取为模范”以自勉。乔行简认为陈亮“非所谓一乡一国之士，乃天下之士”，倘若不对陈亮加以褒扬，则“非惟有

---

① 参见黄宗羲：《宋元学案》卷七三“侍郎朱先生质”，全祖望补修，陈金生、梁运华点校，第2439页。

② 乔行简：《奏请谥陈龙川札子》，《陈亮集》附录，第546页。

③ 乔行简：《奏请谥陈龙川札子》，《陈亮集》附录，第546页。

④ 乔行简：《奏请谥陈龙川札子》，《陈亮集》附录，第546页。

⑤ 乔行简：《奏请谥陈龙川札子》，《陈亮集》附录，第546页。

愧于前贤，抑亦无以垂示于后学”，特恳请“迹其所立，实应得谥”①。乔行简作为婺州后学的代表，表达了对陈亮及其思想的尊敬与推崇。

乔行简奏请追谥陈亮还有一个重要原因，即其虽“未经小用而不禄”②，但状元及第且“遗文为世所珍重”③。倘若陈亮未能参加绍熙四年（1193）科考，就不可能被光宗皇帝“亲擢进士第一”④，恐怕即使有文集传世，他的声名也绝不会如此显赫，当然更不可能获赐“文毅”谥号。在婺州士子心中，陈亮被视作锲而不舍的精神代表，是当地学人的榜样，其影响已远远超越了单纯的学术。

婺州学者中除乔行简外，元代吴师道⑤亦曾上奏元顺帝《请谥陈亮吕祖俭札子》。此文以乔行简的《奏请谥陈龙川札子》为蓝本，加入陈亮挚友吕祖俭生平，将两者并称为“贰臣”。吴师道坦言“贰臣者皆生于婺，臣少长皆闻，取为模范”⑥，“倘不引义一陈于上，使获表见于明时，非惟有愧于前贤，抑亦无以垂示于后学”⑦。吴师道与乔行简皆认为，定谥以后“庶几天下之士，知朝廷风动之意，翕然有所兴起”⑧，从而起到褒奖示范的作用。

以乔、吴二人为代表的婺州学者对陈亮推崇备至。在陈亮去世后，天下士子对他的尊崇亦丝毫不逊色。《宋史》将陈亮列入《儒林传》，对其评价道：

> 陈亮字同父，婺州永康人，生而目光有芒，为人才气超迈，喜谈

---

① 乔行简：《奏请谥陈龙川札子》，《陈亮集》附录，第 547 页。

② 乔行简：《奏请谥陈龙川札子》，《陈亮集》附录，第 546 页。

③ 乔行简：《奏请谥陈龙川札子》，《陈亮集》附录，第 546 页。

④ 乔行简：《奏请谥陈龙川札子》，《陈亮集》附录，第 546 页。

⑤ 宋濂等：《元史》卷一九〇“吴师道传”，中华书局 1976 年版，第 4344 页。“吴师道字正传，婺州兰溪人。……登至治元年进士第，授高邮县丞……丁内忧而归，以奉议大夫、礼部侍郎致仕。”

⑥ 吴师道：《请谥陈亮吕祖俭札子》，曾枣庄、刘琳主编：《全宋文》卷六六四六“乔行简”，上海辞书出版社、安徽教育出版社 2006 年版，第 150 页。

⑦ 吴师道：《请谥陈亮吕祖俭札子》，曾枣庄、刘琳主编：《全宋文》卷六六四六“乔行简”，上海辞书出版社、安徽教育出版社 2006 年版，第 150 页。

⑧ 乔行简：《奏请谥陈龙川札子》，《陈亮集》附录，第 547 页。吴师道：《请谥陈亮吕祖俭札子》，曾枣庄、刘琳主编：《全宋文》卷六六四六“乔行简”，上海辞书出版社、安徽教育出版社 2006 年版，第 150 页。

兵，论议风生，下笔数千言立就。……已而退修于家，学者多归之，益力学著书者十年。①

值得注意的是，在元人所编的《宋史》中，将陈亮的《上孝宗皇帝第一书》大体收录，只在个别地方进行简化，删改部分对元廷统治不利的词语，如将"东晋百年之间，未尝与虏通和也"②改为"东晋百年之间，南北未尝通和也"③等。由此可见，陈亮的《上孝宗皇帝第一书》具有重要的政治意义，在学界的影响力一直在延续。

《宋史·陈亮传》还记载了陈亮及第之后的情况，呈现了其家族浓厚的科举观念。

亮之既第而归也，弟充迎拜于境，相对感泣。亮曰："使吾他日而贵，泽首逮汝，死之日各以命服见先人于地下足矣。"④

陈亮面对迎拜自己的弟弟(陈充)，鼓励道："使吾他日而贵，泽首逮汝，死之日，各以命服见现人于地下足矣。"陈亮参加科举以光宗耀祖的追求，可见一斑。自宁宗后期开始，科举考试中程朱理学的内容占比逐渐增大，而永康学派功利实学的内容并未纳入科举考试范围，陈亮的学术思想自然很难受学子们重视。

陈亮存世之作大多收录在《陈亮集》中，由其子陈沆所辑，叶适作序，由婺州州学刻印文集四十卷与外集(词集)四卷。陈亮词集主要有明代毛晋汲古阁本，此后《四库》本与《金华丛书》本皆以此为蓝本。陈亮文集在南宋时有陈振孙辑《龙川集》四十卷，元时已佚，在元时无新本刊刻，直至明代成化年间由朱润、王海重新收集并刻印三十卷本。此后陆续有万历王世德本、崇祯邹质士本、康熙姬肇燕本、道光陈坡本、同治胡凤丹本、同治王柏心本、同

① 脱脱等:《宋史》卷四三六"陈亮传"，第12929页。

② 《陈亮集》卷一"上孝宗皇帝第一书"，第4页。

③ 脱脱等:《宋史》卷四三六"陈亮传"，第12932页。

④ 脱脱等:《宋史》卷四三六"陈亮传"，第12943页。

治应宝时本等。另据宗廷辅的《龙川文集札序记》，嘉靖时亦有晋江史朝富本，但此本包含序跋在内全部失传。[①] 邓广铭先生指出，成化年间的朱润、王海刻本存在很大问题，“在书的前后，他们不但没有写一篇序跋文字……在校勘方面他们也没有认真进行，以致脱漏错讹之处甚多。而尤其荒谬的是：为求阿附当时崇尚程朱理学的流俗之见，竟将陈亮的文章肆意篡改，不惜厚诬陈亮，贻害读者。而它又成为其后明清诸刻本所共同遵奉的一个祖本，谬种流传”[②]。囿于理学昌盛时事功之学受到打压导致史料散碎、被篡改的无奈现实，相比于同时代其他史书中零星散碎的记录，这些刻本的序与跋中相对系统地保存了明清时期金华及其他地区的学者们对陈亮的评价，从中可窥见陈亮思想对后世的影响。

王世德为陈亮同邑后学，其在《万历刻本龙川文集跋》中指出，《陈亮集》在明代时已经“世迁板毁，书亦散佚，间有存者，复为当道持去，而原本不概见矣”[③]。陈亮本人的思想与事迹已经很少有人知道，“先生实录，粗载文史，兹不复详；其生平学问，止得大头段”[④]。作为陈亮的同乡，王世德坦诚他刊刻《陈亮集》的原因：

> 余忝官于楚，所其书者甚众，遂举家藏书趣之梨枣以公同好。[⑤]

王世德指出，即使陈亮的事功之学与科举考试无关，但依然有一些“同好”对陈亮的文集感兴趣，认为陈亮的学术思想“日星河岳，万古常新，则当世之识者自知之，非后学所敢测议也”[⑥]。

---

① 参见宗廷辅：《龙川文集札序记》，《陈亮集》附录，第 571 页。

② 邓广铭：《〈陈亮集〉（增订本）出版说明》，《陈亮集》，第 2 页。邓广铭先生曾辑录婺州学者王世德、姬肇燕、陈坡、胡凤丹、应宝时等人为《陈亮集》所作序跋，这对探究陈亮对婺州后学们的影响有所助益。

③ 王世德：《万历刻本龙川集跋》，《陈亮集》附录，第 565 页。

④ 王世德：《万历刻本龙川集跋》，《陈亮集》附录，第 565 页。

⑤ 王世德：《万历刻本龙川集跋》，《陈亮集》附录，第 565 页。

⑥ 王世德：《万历刻本龙川集跋》，《陈亮集》附录，第 565 页。

清康熙四十八年(1709),永康县姬肇燕[①]重刻《陈亮集》三十卷,对同乡陈亮大加褒扬:

> 宇宙之垂以不朽者三,曰事功,曰气节,曰文章。三者合而分、分而合者也。事功不立,其气节可知;气节不立,其文章可知。然求之古今,往往难其人。窃谓永邑同甫陈公可以当之。[②]

姬肇燕将事功、气节、文章称作"宇宙之垂以不朽者",认为陈亮三者皆有。论事功,陈亮"解头而魁多士,于书无所不读,无奇不搜,紫阳诸公往往敬而崇之"[③]。论文章,陈亮"为文汗牛充栋,其美不暇概述"[④]。论气节,陈亮"虽屡刑狱,而百折不回……所谓真英雄、真豪杰、真义士、真理学者"[⑤]。"岂与庸庸碌碌之辈,低头而谈性命无补于时者,所可同日语哉?"[⑥]

姬肇燕评价陈亮为"真理学者",此语尤为微妙。众所周知,陈亮的事功之学提倡实事求是,与唯心空泛的程朱理学大体相悖,"道学""理学"二词在明清时几乎是朱子学的专称。朱熹的唯心主义与陈亮的朴素唯物主义在南宋时就已发生过激烈碰撞,"王霸利义之辨"的影响不可谓不深远。姬肇燕用"真理学者"评价陈亮,表明在清康熙时期,确实有学者对朱熹理学产生怀疑。由于理学不强调解决实际问题,且存在因循守旧、束缚人性、思想僵化等缺陷,在占据主流思想位置几百年后,其自身的弊病渐渐暴露,以至于姬肇燕等人开始质疑理学。由于科举考试离不开朱子之学,故一部分善于独立思考的学者不得不一边学习朱熹的著作,一边勉力探索事功之学,这进一步加深了他们对学术思想的重新思考。承载事功思想的《陈亮集》能被明清时期的学者重视、研习,在高压下多次刊刻并作序、作跋,确为中国思想文化

---

① 姬肇燕:《康熙刻本龙川文集序》,《陈亮集》附录,第567页。康熙四十八年岁次己丑菊月,后学永康县事金台姬肇燕鹤亭题于桃溪署中。

② 姬肇燕:《康熙刻本龙川文集序》,《陈亮集》附录,第566页。

③ 姬肇燕:《康熙刻本龙川文集序》,《陈亮集》附录,第566页。

④ 姬肇燕:《康熙刻本龙川文集序》,《陈亮集》附录,第566页。

⑤ 姬肇燕:《康熙刻本龙川文集序》,《陈亮集》附录,第566页。

⑥ 姬肇燕:《康熙刻本龙川文集序》,《陈亮集》附录,第566页。

史之幸事。

道光年间，义乌陈坡在刊刻《陈亮集》时指出，其“在永康间向有刻本，板凡数易”①，自己“尝觅得三种，惟得于金郡者刻最工”②。即使当时理学盛行，婺州学界（包括刻工在内）依旧对陈亮的作品持尊重态度。陈坡在整理、订正的过程中，发现“内有脱句，苦无善本可。及阅朱文公集有附刻工原作……即从旁添注，以完文义”③。他由此感慨道：“足见公当日虽与诸公各行其是，而仍不废往复讲明，无所为门户之见也。”④实际上，陈亮与朱熹的关系虽在“朱陈之辩”后不复以前，但是陈亮与朱熹两位儒学大家被公认为德行高尚之人，二人之间自始至终都不曾有私人仇怨。朱陈矛盾只限定于学术领域，属于儒学内部的争议，而不明就里的后学们往往将二人的学术分歧极端化、扩大化，导致理学长时间打压事功之学，从而对事功之学的传承造成了负面影响，这确实是学术领域的遗憾。

清同治七年（1868），婺州学者胡凤丹刊刻《陈亮集》三十卷。在序中，他坦诚自己“家藏书数千百卷，忆自髫龄就外传，心独嗜陈氏文，时时诵习，窃向慕之”⑤。需要注意的是，他在书后的跋中遗憾地指出，“是刻其显然讹舛者，校正一二，其间深奥而湮晦者仍从其旧，以俟世之博学者讲求而质正焉”⑥。《陈亮集》在明清时期之所以被刊刻多次仍有错误，根本原因在于其母本质量不过关，这使后学在刊刻之时，必须“反覆推求”，即使“漏至三下”亦不得不“秉烛搜寻，得味外味”⑦。同时代的婺州学者应宝时也遭遇了同样的困境，他“尝考先生平生著述，《三先生论事录》及《礼书补亡》皆当时手刊行世，《伊洛遗礼》即附《补亡》后，亦当刊行。《孟子提要》《伊洛正源书》《类次文中子》俱经东莱论定，其刊否不可知。《三国纪年高士》以下诸传则固仅

① 陈坡：《道光刻本龙川文集跋》，《陈亮集》附录，第567页。

② 陈坡：《道光刻本龙川文集跋》，《陈亮集》附录，第567页。

③ 陈坡：《道光刻本龙川文集跋》，《陈亮集》附录，第567页。

④ 陈坡：《道光刻本龙川文集跋》，《陈亮集》附录，第567—568页。

⑤ 胡凤丹：《同治壬辰重刊龙川文集序》，《陈亮集》附录，第568页。

⑥ 胡凤丹：《龙川文集辩讹考异跋》，《陈亮集》附录，第569页。

⑦ 胡凤丹：《龙川文集辩讹考异跋》，《陈亮集》附录，第569页。

成赞序，未有完书。乃细检《宋史》，并无一卷著录，何也？”①即使经过多次整理校对，陈亮的原作仍旧“十佚其三”②，以至于应宝时不得不在文末发出“于先生之王霸作用未能窥见万一，谨著覆刊之由于简末，以俾有志斯道者得所辩正云”③的感慨。

陈亮的文集虽然被刊刻多次但仍旧存在谬误散佚的问题，通过分析婺州后学整理时所作序、跋，可知他们仍对陈亮的学术思想秉持尊重态度，所以他们能够顶住高压，尽力搜集陈亮遗文，纠正其中的谬误，以求恢复陈亮应有的学术地位。在他们的努力下，《陈亮集》在经历元代与明前期的流失散佚后，得以不断辑佚、刊刻，并逐渐恢复原本的光芒。

科举考试是塑造宋代社会特性的重要因素④，陈亮坎坷且传奇的科举经历为宋代婺州社会的重学风气增色添彩，推动了家乡学人对他本人及其学术思想的崇敬，以及明清时期同乡后学对他作品的抢救性整理，足见陈亮对婺州社会重学风气的深刻影响。

二、实事实功实学的呈现：陈亮科举文章中的社会思想

南宋时期的科举考试，主要分为诗赋和经义两科，两科进士均须考“论”。这一文体多围绕国家、社会治理中存在的问题并要求给出有针对性的解决方案，在科举考试中具有重要地位。

作为曾参加过多次科举并成为天子亲擢的状元，陈亮在“论”这种文体的撰写上颇有心得。对于如何写出高质量的“论”，他认为：

> 大凡论不必作好语言，意与理胜则文字自然超众。故大手之文，不为诡异之体而自然宏富，不为险怪之辞而自然典丽，奇寓于纯粹之中，巧藏于和易之内。不善学文者，不求高于理与意，而务

---

① 应宝时：《同治乙巳覆刊龙川文集跋》，《陈亮集》附录，第570页。

② 应宝时：《同治乙巳覆刊龙川文集跋》，《陈亮集》附录，第570页。

③ 应宝时：《同治乙巳覆刊龙川文集跋》，《陈亮集》附录，第571页。

④ 梁庚尧：《宋代科举社会》，东方出版中心2021年版，第5页。

求于文彩辞句之间，则亦陋矣。故杜牧之云：“意全胜者，辞愈朴而文愈高；意不胜者，辞愈华而文愈鄙。”昔黄山谷云：“好作奇语，自是文章一病，但当以理为主。”理得而辞顺，文章自然出群拔萃。①

“不必作好语言，意与理胜则文字自然超众”，不仅是陈亮作“论”的观点，亦是他的文学创作原则。综观陈亮的存世文章，可知他对“诡异之体”与“险怪之辞”持摒斥态度。其许多文章具备“意”的朴实与“理”的精妙，成为影响当世的佳篇。

朱瑞熙先生考证，陈亮曾撰写了一些科举文章以及有关的重要段落，至少有“论”四篇和《春秋属辞》三卷等。四篇“论”今存于《陈亮集》卷九，题为“谢安比王导”“王珪确论如何”“扬雄度越诸子”“勉强行道大有功”②，这四篇“论”应是陈亮私拟的“论”题和答案。③ 四篇文章借古喻今，提出了很多与南宋现实社会有关的论点，展现了陈亮深刻且长远的社会观念。

在《谢安比王导》一篇中，陈亮结合历史事实，着重阐析了杰出人才的培养对社会的重要性：

方刘石交乱中原，晋之藩镇相继覆没，人心虽未忘晋，非有英豪绝世之才，不能驻足于北方也。……当是时，元帝名论尤轻。导能重之；诸名胜未附，导能致之。法令宽简，庶事草创。宫室不修，军国之仪不备，示若不安于此者；以扬州为京畿，穀帛所资皆出焉。以荆州为重镇，甲兵所聚尽在焉。故江左之势遂强。举大纲于其上，而二千石守长往往得以自行其意；将帅之有功者，人才之不羁者，族望之盛者，民之豪强者，与夫户口之能自隐匿者，又皆得以自舒于其下。……造端于其初者无以开其后也。④

① 《陈亮集》卷二五“书作论法后”，第 287 页。

② 朱瑞熙：《陈亮与科举》，赵敏、胡国钧主编：《陈亮研究论文集》，杭州大学出版社 1994 年版，第 115 页。

③ 朱瑞熙：《陈亮与科举》，赵敏、胡国钧主编：《陈亮研究论文集》，杭州大学出版社 1994 年版，第 116 页。

④ 《陈亮集》卷九“谢安比王导”，第 94—95 页。

"交乱中原""藩镇相继覆没""法令宽简，庶事草创""宫室不修，军国之仪不备"所述虽为东晋初建时的社会现实，但当中的种种惨淡景象却可类比南渡后的南宋社会。在陈亮的观念中，东晋就是另一个时空下的南宋，两者面对的社会现实是如此相似，以至于陈亮在行文中不自觉地将东晋故事代入南宋社会，"当是时，南师不出盖四十年矣"，"有如径诣长安，则豪杰响应，西北郡县谁非效功之人"①。陈亮对宋廷不思恢复中原感到失望，点明只有北方沦陷区人心思汉，当地人才可以为北伐所用。陈亮亦强调了扬州与荆州的重要性，这是因为南朝北伐时，历来以荆、扬二州相对雄厚的人力物力为基础，桓温、刘裕北伐时的辉煌成果，就离不开荆、扬二州士民的贡献。虽然陈亮力求以史为鉴，期望能够解决南宋社会面临的人才短缺、物力匮乏等现实问题，但随着金国在中原统治的基础逐渐牢固，南宋想要凭借东南一隅的力量去消灭一个统一的北方政权，这一希望实现的概率确实很渺茫。

陈亮在《谢安比王导》第一段开宗明义，"故当时有谢安比王导之论，请因史臣所载而申之"②。在《王珪确论如何》中，他详细阐析了君臣之间的"信任"对国家稳定、社会发展的重要性：

> 夫宠利所在，至可畏也。功名之际，至难居也。君臣上下相与共乐之，而无异同疑间之论，则为可愿耳。汉高帝所借以取天下者，固非一人之力，而萧何、韩信、张良盖杰然于其间。天下既定而不免于疑，于是张良以神仙自脱，萧何以谨畏自保。韩信以盖世之功，进退无以自明，萧何能知之于未用之先，而卒不能保其非叛，方且借信以为保身之术。然则人才之获尽其用，乃一身之至忧也，则亦何乐于功名宠利之际哉！故李泌极论李晟马燧于德宗之前，而贰臣为之感泣。使泌如张延赏，则晟方欲死而不可论；至于此，则同列之公论岂不甚可乐哉！吾之所长既已暴白于天下，而犹眷眷于同列之公论，固非沾沾自喜之为也。盖同体共事之人，其论易以

① 《陈亮集》卷九"谢安比王导"，第95页。

② 《陈亮集》卷九"谢安比王导"，第94页。

不公，而人主之听易以入。此自古之所通患，而其来非一日矣。①

陈亮阐析了君主政治中存在已久的信任问题。他以古为鉴，发现一旦社会安定、政局平稳，人主对臣下的信任度就会下降，而臣子们在觉察后往往会选择消极对抗，如此很容易对国家的发展产生不良影响。针对这一问题，他在文中列举汉唐旧事，以汉太祖的创业与唐德宗的守业为典型事例，将目光聚焦在国家这个“大社会”之中，强调了信任对军国大事的重要性。他指出，只有上下之间充分信任，方能“人才获尽其用”。

陈亮谈道，王珪作为贞观年间的宰相，虽自身才华突出，但是他的成功同样离不开唐太宗的信任。陈亮指出，王珪与魏徵“均为诤臣，而忠直剀切，大略亦相当也”②。太宗“以王珪善人物，使之庭论诸公之才，而珪一二辩数，皆足以尽其长而中其心”③。对此，陈亮感叹道“彼其同心以济天下之事，至是可以释然而自慰矣”④。王珪的公正有赖于他与太宗之间的相互信任，这正呼应了陈亮在文中第一段提到的“王珪确论如何，于是始有可论者”⑤。陈亮所论虽为汉唐之事，但意图在于借此揭示南宋政治中存在的普遍问题。陈亮在文中有些伤感地提到政治中的信任危机，“自古之所通患，而其来非一日也”⑥。面对这种情况，他颇感遗憾。

南宋时期理学发展迅速，由于理学自北宋二程起就立足于唯心主义，理学家往往“空谈义理”且轻视实际。加上朱子之学在南宋思想界的竞争中占据上风，对社会的发展产生消极影响。故陈亮等浙东学者摒弃理学，尝试为学界的发展开辟一条新道路。陈亮从唯物主义的角度出发，对朱熹理学进行批驳。陈亮认为“理”本是世间万物的存在形式，虽看不见，却是一种真实的、物质性的存在。故“伏羲氏始画八卦，假象以明理”⑦，即八卦的卦象可用

① 《陈亮集》卷九“王珪确论如何”，第 96—97 页。

② 《陈亮集》卷九“王珪确论如何”，第 97 页。

③ 《陈亮集》卷九“王珪确论如何”，第 97 页。

④ 《陈亮集》卷九“王珪确论如何”，第 97 页。

⑤ 《陈亮集》卷九“王珪确论如何”，第 96 页。

⑥ 《陈亮集》卷九“王珪确论如何”，第 97 页。

⑦ 《陈亮集》卷九“扬雄度越诸子”，第 98 页。

来表示“理”的存在。他强调“理”是真实存在且变化的，是物质世界的组成部分，自伏羲以后“天下之开物成务者宗焉”，“言术数者宗焉”，“著书立言者宗焉”[①]，而孔、孟二圣为“发挥之大者也”[②]。陈亮强调，西汉扬雄之所以能够“度越”诸子，在于其对“理”的认知是以唯物主义为基础的。由于“理”是真实存在且变化的，扬雄担心“天下之人不足以通知其变，故因天地自然之数，覃思幽眇，著为太元，以阐物理无穷之妙，天道人事之极”[③]。加之陈亮对唯心的理学本就持否定态度，故以扬雄为例，对空泛的唯心主义加以否定。关于扬雄的《太玄经》（文中为避宋圣祖赵玄朗之讳，改为《太元》），陈亮以为“虽人道之所不可少，而犹有待于后至君子也”[④]。关于扬雄的“越度诸子”，陈亮认为“天下不可以无此人，亦不可以无此书，而后足以当君子之论”[⑤]。在陈亮的观念中，扬雄“自通于圣人者也，安得而不度越诸子哉”[⑥]。这样杰出的学者对整个社会的发展具有重要意义。

陈亮的朴素唯物主义思想，对南宋理学的一家独大构成了挑战，使得当时的社会思想不会因为理学的盛行而完全掉入唯心主义的桎梏中。在当时的社会中，朱子理学“理在事先”[⑦]的观点十分盛行，陈亮在《勉强行道大有功》中，对此观点进行批驳。“勉强行道”本出自董仲舒的《举贤良对策》——“强勉学问，则闻见博而知益明；强勉行道，则德日起而大有功”[⑧]，意在勉励人们要勤勉做学问，勤于修身养性，这样就会变得聪明睿智且德行高尚。需要指出的是，依据叶适弟子吴子良的《荆溪林下偶谈》的记载，一般认为此篇

---

① 《陈亮集》卷九“扬雄度越诸子”，第98页。

② 《陈亮集》卷九“扬雄度越诸子”，第98页。

③ 《陈亮集》卷九“扬雄度越诸子”，第98页。

④ 《陈亮集》卷九“扬雄度越诸子”，第100页。

⑤ 《陈亮集》卷九“扬雄度越诸子”，第100页。

⑥ 《陈亮集》卷九“扬雄度越诸子”，第100页。

⑦ 朱熹：《答陈安卿》，曾枣庄、刘琳主编：《全宋文》卷五五六九“朱熹一四二”，上海辞书出版社、安徽教育出版社2006年版，第248册，第259页。

⑧ 班固著，颜师古注：《汉书》卷五六“董仲舒传第二十六”，中华书局1962年版，第2498页。

“论”是陈亮在绍熙四年(1193)省试中所作的。[①]

在《勉强行道大有功》中，陈亮对“道”做出了新的阐释。他认为真正的“道”与理学家们眼中空泛的“道”是两种不同的概念。他认为“道”的内涵很大，以至于“天下岂有道外之事哉”[②]。他强调“夫道，非处于形气之表，而常行于事物之间者也”[③]，即道是真实存在的物质，对国家、社会有很大的影响。“道”与“理”同，“惟理之徇，惟是之从，以求尽天下贤者之心……天下固无道外之事也”[④]。陈亮以己意解读“道”和“理”，认为“道理”之所以为“道理”：一是因为“天下岂有道外之事”；二是因为真正的“理”乃“渊源正大之理”[⑤]，与“道”一样是物质性的。一旦“不于事物而达之”，则“孔孟之学真迂阔矣”[⑥]。齐宣王“好色、好货、好勇”，这些“皆害道之事也”[⑦]。

陈亮指出，在“道”的范畴中，“王道”的存在具有重要意义：

> 孟子之言王道，岂为不切于事情？梁惠王问利国，未为戾于道也；移民移粟，未为无意于民也；孟子皆不然之，而力以仁义为言。盖计较利害，非本心之所宜有，其极可以至于忘亲后君，而无可达于事物之理，非好货好色之比，而况不忍一牛之心乎？[⑧]

陈亮以孟子见魏惠王的故事为引，指出“王道”的施行需要“切于事情”，君王行“王道”时切勿“计较利害”，若能做到这些，就“可达于事物之理”。基于此，陈亮呼吁君主：“为人上者，知声色、货利之易溺而一日万几之可畏，强

---

① 吴子良：《荆溪林下偶谈》卷三《陈龙川省试》，王水照编：《历代文话》，复旦大学出版社2007年版，第1册，第565—566页载：“陈龙川自大理狱出，赴省试……举第二场《勉强行道大有功论》破云：‘天下岂有道外之功哉？’……既而果中榜。”

② 《陈亮集》卷九“勉强行道大有功”，第100页。

③ 《陈亮集》卷九“勉强行道大有功”，第100页。

④ 《陈亮集》卷九“勉强行道大有功”，第100页。

⑤ 《陈亮集》卷九“勉强行道大有功”，第102页。

⑥ 《陈亮集》卷九“勉强行道大有功”，第102页。

⑦ 《陈亮集》卷九“勉强行道大有功”，第102页。

⑧ 《陈亮集》卷九“勉强行道大有功”，第102页。

勉于其所当行，则庶几仲舒之意矣。夫天下岂有道外之事哉!”[①]在陈亮的观念中，真正的“道”是物质的，是经世致用的，与理学家唯心的“道德性命之学”是截然相反的概念。君主所要秉持的“王道”能够“切于事情”，是一种真实存在的“事物之理”。

殿试时，光宗出题：在策问中列举临政五年来的困惑，希望各位士子“稽古今之宜，推治化之本，凡可以同风俗、清刑罚、成泰和之效者，悉意而条陈之”[②]。陈亮所作廷对，属于他诸篇时务策中最精彩、最具现实主义特色的一篇。文中“人主以厚处其身，而未尝以薄待天下之人，故人皆可以为尧舜”[③]“夫所谓教化之实，则不可以颊舌而动之矣。仁义孝悌，以尽人君之所谓师道可也”[④]等论，大多中肯。其中，最得圣心之处乃陈亮在文中为当时光宗与寿皇(孝宗)之间的父子矛盾进行的巧妙辩护。

由于光宗身体欠安，加上“惧内”与立储等问题的重压，其长期不去重华宫探望寿皇，群臣为此多次上谏，朝堂议论纷纷。陈亮则在廷对中为光宗辩护道：

> 臣窃叹陛下之于寿皇，莅政二十有八年之间，宁有一政一事之不在圣怀，而问安视寝之余，所以察词而观色，因此而得彼者，其端甚众，亦既得其机要而见诸施行矣。岂徒一月四朝而以为京邑之美观也哉。[⑤]

光宗览后“乃大喜，以为善处父子之间”[⑥]，并“奏名第三，御笔拔擢第一”[⑦]。由于试卷采用糊名制，光宗起初并不知道此篇为何人所作，当得知作

---

① 《陈亮集》卷九“勉强行道大有功”，第102页。

② 《陈亮集》卷一一“廷对”，第116页。

③ 《陈亮集》卷一一“廷对”，第116页。

④ 《陈亮集》卷一一“廷对”，第117页。

⑤ 《陈亮集》卷一一“廷对”，第116页。

⑥ 脱脱等：《宋史》卷四三六“陈亮传”，第12943页。

⑦ 脱脱等：《宋史》卷四三六“陈亮传”，第12943页。

者为陈亮后，喜道：“朕擢果不谬。”[1]其赐第告词中写道：

> 尔蚤以文艺首贤能之书，旋以论奏勤慈宸之听。亲阅大对，嘉其渊源，擢置举首，殆天留以遗朕也。[2]

在陈亮的这些“论”之中，蕴含着强烈的功利主义倾向。在经世思想的加持下，物质性的“道理”呈现了现实社会中的问题。他在提出问题的同时，亦给出鞭辟入里的剖析，展现了其经世致用思想的唯物主义底色。

三、功利主义人才观的践行：陈亮经世致用教育思想对婺州社会的影响

陈亮在为家乡培养人才的实践过程中，逐渐形成了功利主义的人才观，这构成陈亮事功思想的重要组成部分。陈亮认为，科举是为社会选拔人才的重要途径，但中举是结果，而非人才培养的过程。陈亮指出，人才不仅需要发掘、重视与保护，更需要接受合适的教育，这样才能保证人才培养在质量、数量上均取得成功。以此为基础，可以使社会发展获得源源不断的人才保障。

这种教育观念的产生，以重视人才，承认人才对国家和社会具有重要作用为前提。陈亮上书时，提到“伏以天之生才，实系国家之造；人之用世，亦关时运之兴”[3]，认为国家培养人才事关政通、人和，人才之用牵系国力强盛。对于用人，陈亮认为，“夫任人之道，非必每事疑之而后非无隐之诚也”[4]。他建议皇帝，“勿以其可以爵位诱，奴使而婢呼之”[5]，“虚怀易虑，开心见诚，疑

---

① 脱脱等：《宋史》卷四三六“陈亮传”，第 12943 页。

② 脱脱等：《宋史》卷四三六“陈亮传”，第 12943 页。

③ 《陈亮集》卷二六“皇帝正谢表”，第 288 页。

④ 《陈亮集》卷二“论开诚之道”，第 26 页。

⑤ 《陈亮集》卷二“论开诚之道”，第 26 页。

则勿用，用则勿疑”①，尊重与信任人才。“虽不必高爵重禄而可使之死”②，在赢得人才拥护的同时，减少政府的内耗，提高行政效率。由于南宋在与金的战争中长期处于下风，社会对未来南宋普遍存在沮丧情绪。陈亮则乐观地认为，“自古乱离战争之际，往往奇才辈出”③。他呼吁朝廷在外敌未靖、民生凋敝的客观情况下应该重视人才的价值，并做好人才的选拔、教育工作。他在致信参知政事周葵时，明确表示“今丑虏未灭，边防尚忧，财匮兵乏，士怨民离。执事方当大政，宜日夜搜求人才，致之于朝，以共办兹事”④。他清楚地认识到“中兴非一士之力也”⑤，强调在挖掘人才后，需要对人才进行教育，以期更好地提高人才质量。关于如何培养人才，陈亮认为需要经过三个重要环节，即“非常”且务实的教育目标、不拘一格的教学内容、求真与批判并举的教学方法。

（一）“非常”且务实的教育目标

在陈亮的观念中，有教无类固然重要，但因材施教对培养人才更具有现实意义。教育目标是培养人才的先决条件，也是为整个社会培养人才的最本质宗旨。他在《戊申再上孝宗皇帝书》中开宗明义指出这一点。

> 臣闻有非常之人，然后可以建非常之功。求非常之功而用常才、出常计、举常事以应之者，不待智者而后知其不济也。⑥

培养“非常之人”、建“非常之功”乃陈亮教育人才的主要目标。“非常之人”应该做到“治国有大体，谋敌有大略”⑦，“饥寒迫于身，视天下尤吾事

---

① 《陈亮集》卷二“论开诚之道”，第26页。
② 《陈亮集》卷二“论开诚之道”，第26页。
③ 《陈亮集》卷二二“中兴遗传序”，第242页。
④ 《陈亮集》卷二七“与周立义参政”，第308页。
⑤ 《陈亮集》卷一三“问老成新进之士”，第146页。
⑥ 《陈亮集》卷一“戊申再上孝宗皇帝书”，第15页。
⑦ 《陈亮集》卷二“中兴五论序”，第21页。

也”①，在处理具体事务时能做到“理繁剧则庖丁之解牛也，处危疑则匠石之斫鼻也”②。如此之人心怀天下，能从容应对诸多杂碎疑难之事，理当着重培养，委以重任。当然，这个目标并不容易达到，拥有这种资质的人凤毛麟角。陈亮也提出了一个相对现实的目标，即希望人才可以通过教育“学为成人”③，成为纯粹的、实际的人，而非理学家们推崇的、只会空谈性命之学的所谓“醇儒”。他指出，学者“所以为学人也，而岂必其儒哉”④，将事功主张与教育思想相融合，期望凭借教育将人才培养成“堂堂之阵，正正之旗”⑤且能够“当得世界轻重有无”⑥的务实之人。陈亮提出明确的人才教育目标——培养能建非常之功的非常之人，这也成为永康学派事功思想的重要组成部分。

（二）不拘一格的教学内容

陈亮强调学贵务实，认为教学内容应该与教育目标合二为一，共同完成救国之大目标。“智者之所以保其国者无他，善量彼己之势而已矣”⑦，他认为想要做到“善量彼己之势”就需要灵活的思想与广泛的知识储备，因而教学内容要博观约取。他提到，“天子设学校于行都，使之群居切磨，朝暮讲究，斥百家之异说而不以为诞，言当今之利害而不以为狂，所以养成其才而忠其气也”⑧，倡导诸学说融会贯通。

在陈亮看来，在教与学的过程中切不可千篇一律无所变通，“夫心之用有不尽而无常泯，法之文有不备而无常废。人之所以与天地并立而为三者，非天地常独运而人为有息也”⑨。若想达到救国之目的，仅钻研儒家经典显然不够，历史、地理、军事等多领域的知识，对于解决现实问题都具有重要意义。在《中兴论》中，陈亮展现了深厚的多领域知识储备，为学子做出了表

---

① 《陈亮集》卷二二“英豪录序”，第 240 页。
② 《陈亮集》卷二二“英豪录序”，第 240 页。
③ 《陈亮集》卷二八“又甲辰秋书”，第 341 页。
④ 《陈亮集》卷二八“又乙巳春书之一”，第 346 页。
⑤ 《陈亮集》卷二八“又甲辰秋书”，第 339 页。
⑥ 《陈亮集》卷二八“又乙巳春书之一”，第 346 页。
⑦ 《陈亮集》卷七“酌古论三・苻坚”，第 71 页。
⑧ 《陈亮集》卷二七“与徐彦才大谏”，第 312 页。
⑨ 《陈亮集》卷二八“又乙巳春书之一”，第 345 页。

率。他的文章，以"救国"为主要目的，以务实为哲学基础，征引历史、地理、军事、政治诸材料，其内涵之广博是仅读经典的"醇儒"无法企及的。陈亮认为在"海内涂炭，四十余载"①的现实情况下，国家的形势已是"赤子嗷嗷无告，不可以不拯；国家凭陵之耻，不可以不雪；陵寝不可以不还，舆地不可以不复"，国家困境"三尺童子之所共知"②。为解决系列问题，陈亮提议：在教育领域"减进士以列选能之科，革任子以崇荐举之实"③；在政治领域"清中书之务以立大计，重六卿之权以总大纲"④，用人要"任贤使能以清官曹"⑤；在礼法方面"简法重令以澄其源，崇礼立制以齐其短"⑥。他尤其强调，在对外战争方面，要多管齐下，以最佳的战备状态迎击入侵者。陈亮指出，首先，要扩大兵源，"时简外郡之卒以充劲旅之数，调度总司之赢以佐军旅之储"⑦。其次，要增加人口和财力，"择守令以滋户口，户口繁而财自阜"⑧。再次，要构建军队的指挥体系，"拣将佐以立军政，军政明而兵自强"⑨。为应对可能发生的边境冲突，国家需要"置大帅以总边陲，委之专而边陲之利自兴；任文武以分边郡，付之久而边郡之守自固"⑩。同时要注意情报的搜集，"精间谍以得虏人之情"⑪。如此，可做到军力强盛、士气重振，则"据形势以动中原之心"⑫，"中兴之功，可跷足而须也"⑬。

除了在政治、经济等方面有独到的见解，陈亮在地理学领域也有一定的造诣。陈亮总结分析了历代的军事地理、农业地理、经济地理经验，提出了具有现实主义色彩的对金方略。

---

① 《陈亮集》卷二"中兴论"，第22页。
② 《陈亮集》卷二"中兴论"，第22页。
③ 《陈亮集》卷二"中兴论"，第23页。
④ 《陈亮集》卷二"中兴论"，第23页。
⑤ 《陈亮集》卷二"中兴论"，第23页。
⑥ 《陈亮集》卷二"中兴论"，第23页。
⑦ 《陈亮集》卷二"中兴论"，第23页。
⑧ 《陈亮集》卷二"中兴论"，第23页。
⑨ 《陈亮集》卷二"中兴论"，第23页。
⑩ 《陈亮集》卷二"中兴论"，第23页。
⑪ 《陈亮集》卷二"中兴论"，第23页。
⑫ 《陈亮集》卷二"中兴论"，第23页。
⑬ 《陈亮集》卷二"中兴论"，第23页。

> 窃尝观天下之大势矣。襄汉者，敌人之所缓，今日之所当有事也。控引京洛，侧睨淮蔡，包括荆楚，襟带吴蜀。沃野千里，可耕可守；地形四通，可左可右。……夫伐国，大事也。昔人以为譬拔小儿之齿，必以渐摇撼之。一拔得齿，必且损儿。今欲竭东南之力，成大举之势，臣恐进取未必得志，得地未必能守。邂逅不如意，则吾之根本撼矣。此岂谋国万全之道？臣故曰：攻守之间，必有奇变。①

按陈亮的规划，朝廷应该努力巩固现有的疆域，以襄、汉地区为缓冲，整合荆、楚、吴、蜀等产粮区，积蓄人力物力，积极备战，以求收复失地。他前瞻性地提到，倘若国家疆域局限在东南一隅，则战略上就会处于被动地位。缺乏战略纵深的后果就是一旦军事受挫，就会“根本撼矣”，丧失战略主动权，这一高屋建瓴的观点在百余年后元军南侵时果真应验。

陈亮基于军事地理、农业地理等领域的知识和经验，提出了防守—整合—反击的战争模式。这种模式的背后，是丰富的多领域知识与经验的储备。除《中兴论》以外，诸如《酌古论》《三国纪年》《汉论》等文章均涉及、横跨多个知识领域。要在各个领域达到广通博洽的境界，就需要在教学中融入百家之学，不论是政治、军事、历史、地理还是农工商方面的知识，但凡符合救国强兵的原则，皆应该在教学中有所涉及。只有在教学的内容上不拘一格，读书时不拘泥于儒家经典，才能培养出力挽狂澜、拯救国家于危难的“非常之人”。

（三）求真与批判并举的教学方法

陈亮认为，顺应时代需要的教学方法应当以求真务实为基准。在教学中不仅要授人以鱼，更要授人以渔，让学生们踏入自我探索的道路，而非一味在老师的带领下琢磨脱离实际的学术。他强调“道之在天下，何物非道，

① 《陈亮集》卷二“中兴论”，第 24—25 页。

千途万辙，因事作则”①，认为教学要以社会的实际需求为出发点。施教者要培养学习者务实的学习精神，同时也要教授他们解决各种社会现实问题的能力。只有踏踏实实地做学问，才能够在金国强大的军事压力下，为“救国”这一大目标做出力所能及的贡献。

在具体的教学方法上，陈亮强调教育者要从实际出发，根据人的不同发展阶段，在实际教学中侧重于不同的重点。他认为，“童子以记诵为能，少壮以学识为本，老成以德业为重。年运而往，则所该愈广，所求愈众”②。人的领悟力在不同年龄阶段存在差异，故教育者应该秉持务实的原则，顺应各个年龄阶段的特点，采用合适的教学方法。陈亮认为教育者应该培养后学的批判性思维，对此他本人身体力行。在学术上，陈亮不拘泥于古之圣贤留下的金科玉律，除了对当时盛行的理学思想加以批判外，他甚至对经典的六经也持怀疑态度，他“口诵墨翟之言，身从杨朱之道”③，以道学家眼中的“异端”自居，展现了他独特且务实的教学理念和无畏的疑古精神。陈亮之所以这样做，是因为古时墨子的政治、军事、科学思想以及杨朱的“贵己”思想均有务实且疑古的特点。学习时的疑古精神是学术创新的源泉，教学中的务实精神是经世致用思想的延伸，二者皆契合陈亮人生哲学的功利主义底色。陈亮认为，在教学中凡是符合现实需要的东西，均可以吸收采纳；而不符合现实需求的，都需要批判摒弃。这种教学思想与方法具有鲜明的事功特点，有助于学习者培养独立思考、创新的能力，具有积极的现实意义。

（四）功利主义人才观对婺州社会的影响

功利主义人才观是陈亮事功思想的重要部分，其主要目标是为社会培养能办实事、办大事的实用性人才，并凭借人才的数量与质量优势，在未来的对金斗争中取得优势。

陈亮科场失意，在家乡授徒教学长达十余年，门生遍布八婺大地。他在教学实践过程中，将人才教育分为三个层次：一是重视人才的有用性、适用

---

① 《陈亮集》卷二七“与应仲实”，第 319 页。

② 《陈亮集》卷二四“赠武川陈童子序”，第 268 页。

③ 《陈亮集》卷二八“又甲辰秋书”，第 339 页。

性。陈亮十分看重人才在社会中的实用度和适配度，把能否满足社会需要和解决实际问题作为衡量人才的根本标准。二是尊重人才的现实处境。陈亮人才观中的一个闪光点就是他理解弟子们的客观情况，承认他们在阶级、家庭、经济等方面的现实差异，具有较强的同理心。三是坚持人才选用时的多样化。陈亮主张不拘一格选用人才，在人才的培养、选拔、使用上打破唯学校人才论，唯儒学人才论，唯资格人才论。[①] 在陈亮的教学生涯中，先后从其学者有二三十人。[②] 依照他的观点，为发掘弟子们的能力，培养他们成为对社会有用的人，应首先保证他们能够“从予游”[③]，以便在日常培养中考察、发掘他们的潜力。在他的培养下，喻侃、钱廓、吴深等人均取得了不错的成就。作为导师，他尊重弟子们的现实处境，在教学时采取柔性且灵活的方式，从不迫使他们为科举放弃一切。如教授楼应元时，陈亮将其留在身边，与之共学。一年后，应元因事而去，此后三四年间，应元逢时节必来拜访陈亮，携文请教。陈亮指出，其文“方进而未已”。后来应元因身穷不足恤，欲奉养老母，故卒其学业以终父志。陈亮虽未坚持阻拦，但仍旧为此事感到悲伤与遗憾，坦言自己对应元“期以厚”，但在现实面前不得不承认“人道固如此耳”[④]。另一位弟子钱廓于世故淡泊、孝友慈爱，求学于陈亮贫困之时。师徒在共学时“六经诸史，反复推究”，陈亮逐步“知人之职分”，而钱廓亦勉力奋进，学问逐步精进。对于钱廓的刻苦努力，陈亮评价“不但侪辈之不能及，固吾尊行之所共畏也”，故其能够在淳熙十年（1183）癸卯漕试中脱颖而出。钱廓在考中后，尚未来得及参加省试，便于当年冬十一月去世。陈亮对钱廓极为看重，曾在钱廓去世后对叶适坦言“有遗恨于廓”[⑤]。以钱、楼二人的求学历程为例，可知陈亮在教学中能够以身作则，为弟子树立榜样。他尊重客观现实，尽心教育但不强求弟子，师门来去自由，氛围开明、民主。在人才的

---

① 董根洪：《陈亮的人才观及其现实意义》，卢敦基、陈承革主编：《陈亮研究——永康学派与浙江精神》，上海古籍出版社2005年版，第111页。

② 《陈亮集》卷二八“又乙巳春书之一”（第271页）：“今年不免聚二三十小秀才，以教书为行户。”

③ 《陈亮集》卷三五“陈性之墓碑铭”，第464页。

④ 《陈亮集》卷二四“赠楼应元序”，第272—273页。

⑤ 《陈亮集》卷三六“钱叔因墓碣铭”，第484—485页。

选用上，陈亮认为应当“破去旧例，以不次用人”[①]。对于宋代选官过分重视资历的现象，陈亮抨击其阻碍了真才实学者的上进之路。

> 本朝之制，大抵尚循唐旧，盖六世而天下病之……阶官，则升改于荐削而叙进于年劳；列职，则平进于资格而躐用于堂除……此尚可久而不变乎？[②]

陈亮痛陈论资排辈之弊，认为：“资格、堂除之法，若之何而可久？”[③]他认为，要对尸位素餐的上位者加以制衡，这展现出其功利主义的人才观。

遗憾的是，陈亮科举不顺，没有机会将自己的人才观在官场中加以实践。但幸运的是，承载其功利主义人才观的作品流传至今，证明南宋时期的婺州社会拥有产生这种观念、思想的土壤。正是在这种思想土壤的培育下，诞生了陈亮这位以天下为己任的学者。他在备考科举的过程中，以婺州作为平台，为当地学子传授学术思想，提升了社会的重学风气，为社会的发展做出了贡献。此外，陈亮亦强调珍惜、锻炼人才的重要性。在他看来，统治者或许可以“求之山林薮则之间”，但如果“不次而用之”，则“伊尹太公不可得”[④]，会导致人才资源的极大浪费。陈亮新颖、务实的人才教育观念，在当今社会发展中依然具有借鉴意义。

综上，陈亮的人才观念以现实主义、功利主义为宗旨，以求选拔、培养实用性人才，实现救国的最终目的。这种功利主义的人才观念，是陈亮爱国主义思想在社会领域中的生动映现。陈亮虽考运不济，但是他并未气馁，在为家乡培养人才的过程中，贯彻功利主义人才观念，力求为社会培养有用之人。功利主义的人才观构成其事功思想的重要方面。

---

① 《陈亮集》卷一“上孝宗皇帝第一书”，第6页。

② 《陈亮集》卷一四“问任官之法”，第159页。

③ 《陈亮集》卷一四“问任官之法”，第159页。

④ 《陈亮集》卷一三“问人才”，第144页。

陈亮“周而不比”之风骨

浙江省钱塘江文化研究会副会长　陈荣高
《家传》编辑部创始人　朱子一

子曰：“君子周而不比，小人比而不周。”这是孔子《论语·为政第二》中的一句名言。南怀瑾先生说，“周”的意思就是包容万物，虚怀若谷；“比”则形容两人关系亲密，彼此依附。“周而不比”，就是指君子以其胸怀博采众长，但又不依附一方，行事偏狭而丧失自我。“君子周而不比”，是由于天下没有两个人对真理的理解是完全一致的，实事求是的君子只能以人之长补己之短，而永远无法与他人形成共进退的同盟，否则就是背叛自己所相信的真理。我们常说“君子不群”，就是这个道理。真正的君子，因为坚持内心中独特的真理，总显得与他人格格不入、不合其群。用“周而不比”来概括陈亮之风骨再合适不过了。

一、为人与为政

“穷困而不忘天下事”是陈亮的座右铭。怀着对天下的忧虑和对自己才能的信心，陈亮在二十七岁的时候毅然北上临安（今杭州），向宋孝宗赵昚递上他的《中兴五论》。以布衣的身份上书，陈亮承受着很大的压力。当时稍有修养的人讥讽他标新立异，而修养不足的小人则怀疑他心术不正，意图吸引朝野目光而为自己谋取一官半职。比附世俗的小人，会在行事之前揣度他人的想法。说到底，这样的人是利益至上的，要求他们做“逆行者”是南辕北辙。但陈亮敢冒天下之大不韪，而问心无愧：“有君如此而忠言之不进，是匿情也。己无他心，而防人之疑，是自信不笃也。”如果内心赤诚、一腔热血，那还犹豫什么呢！

这次陈亮上书，并未收到太大的成效。但陈亮并未因挫折和流言而自我怀疑，九年之后，再次向孝宗皇帝上书。在上书中，他竟把全天下的读书人痛骂了一遍："今天下之士熟烂委靡，诚可厌恶。"而本朝对官员们的任命，更是"委任庸人，笼络小儒"。陈亮言辞大胆而激昂，后世名臣方孝孺称读罢"不觉慨然而叹，毛发森然上竖"。

纵观其一生，陈亮六次上书皇帝，陈对国策，但终不为国朝所用。究其因，大概就是陈亮"周而不比"的气节。一天，孝宗命丞相王淮召见陈亮，询问中兴之策。王淮与陈亮本为同乡，若陈亮是个趋炎附势之人，正可以乘此机会附王淮之势，以求飞黄腾达。但陈亮是一个不愿攀援附会的君子。早在此次对话之前，他就因正直而两次开罪王淮。第一次是他在向孝宗的上书中痛斥王淮尸位素餐，无所作为。

第二次更曲折些。当时朱熹巡历台州，发现台州太守唐仲友贪墨情节，便连续上文六道参劾他。但王淮因与唐仲友有亲戚之谊，一力将此事压了下来。陈亮也是唐仲友的外戚，但与王淮不同，陈亮赞扬朱熹秉公办事而无所偏私。这一点在王淮眼中已经不可容忍。于是，孝宗询问时，王淮轻描淡写地说陈亮"只是秀才说的话罢了"。孝宗因之以为陈亮不过一介书生，也就不再费力召见。

如果只有高洁的风骨，那只是做到了"周而不比"里的"不比"。如果只有"不比"，陈亮仍无法达到"推倒一世之智勇，开拓万古之心胸"的高度。陈亮之所以为陈亮，在于他在"不比"的同时又涵盖充周，兼容并包。赴京上书之后，陈亮受到许多冷言冷语，其中有许多出自他的好友。言辞最激烈的，当数吕皓。吕皓给陈亮去了一封信，其中大意为：从前的高士们，如伊尹、姜子牙、诸葛孔明，都是别人三番四次相请才出世辅佐的。如果不请自来，非要登门传授，那么大材小用，到真正需要大才的时候就没什么可以用的了。我与同辈们在背后笑话过你，但你别放在心上。如果你确有大才，让人一笑何妨？

换作常人，上书不见用后看了这封信，必然气血上涌，发泄一番。然而陈亮的回信却仍心平气和。"被示缕缕，具悉雅意"，然而"吾人之用心，若果坦然明白，虽时下不净洁，终当有净洁时；虽不为人所知，终当有知时"。陈亮的回答，仍是在向好友坦陈自己"周而不比"的追求。受如此嘲弄仍能沉声静气地披露心迹，这也正昭显着他宽厚的胸怀。

二、为学与交友

“君子周而不比”,是因为客观来说,真理是天下万民与万物的真理,所以君子必须能够“周”,从与自己不同的观点、行为中领悟关于世界的真理。但真理又是主观的,是一个人对世界的看法。别人对真理的理解也许并没有我对真理的理解深刻,或者也许我的理解可以补充别人片面的理解,因此随波逐流又是不可取的。孔子所谓周而不比,是寻求真理的不二法门,而陈亮的治学之路正是这句话最好的注解。

青年陈亮写就《酌古论》的时候,他所追求的“道”完全是实用主义的,无论一事正义与否,只要对自己的目标有帮助就是好的。比如他对曹操的评述。我们知道,古代文人们一直以来习惯于在道德上否定曹操,如朱熹就说曹操是“窃圣人之法”的国贼,罗贯中的评价较为中正,但也是“功首罪魁非两人,遗臭流芳本一身”。与他们不同,青年陈亮的着眼点在于曹操使用的战略战术。他批评曹操“得术之一二而遗其三四”。如果没有战术失误,曹操必能得天下。

然而,纯粹的实用主义并没有在他的治学生涯中存留太久。陈亮为当时的名臣大儒周葵所赏识,招他至府邸,传授《大学》《中庸》等经籍。周葵所宗的学术,是主流理学的格物致知:“方其格物,物我为二。及其物格,则自视无我,何有于物?是谓知至。”所谓物我合一的“知至”境界,就是“止于至善”。万物虽然纷杂,但道理是一致的。所以,物我不和谐,是因为我对物的理解出现了偏差。只有物我相谐时,才是知觉万物道理的至善境界。

这种观点与青年陈亮的实用主义有着根本的区别。陈亮追求的实用并不是要达到什么至善之境,而是满足人一时的追求,比如曹操想要称霸,并且其手段是“术”,是一种和道德无甚关联的策略。而格物致知,则要求从道德出发,问自己:“这件事该做吗?这件事该这样做吗?”

虽然与周葵的思想不一致,但对于周葵引导他学习的理学,陈亮并未一味抵触,而是以自己的观点为本,辩证地加以采纳。多年后,在回忆这段时光时,陈亮说:“《中庸》《大学》,朝暮以听。随事而诲,虽愚必灵。行或不力,敢忘其诚。”受周葵的耳提面命,陈亮受益匪浅。但他又未全盘接受周葵的观点。这一点，可以从他自周葵府邸回乡后的作品中看到。例如在《谋臣传》中，他在褒贬古今以智谋闻名于世的人物时，“术”仍是主要的一点，但周葵教授他的“至善”也成为重要的部分。“其奇可资以集事，其贼可以戒。”与青年时期单纯的实用主义相比，陈亮对谋士的“贼”的批判标志着他的进益：他开始意识到，有才而无德是危险的。这一进步令他得以与主流学术对话，而终成一家。

陈亮与朱熹也常有往来，这在我们末学后进看来甚为奇特：二人在学术上互不相让，在生活琐事中也锱铢必较，但却能保持长久的友谊。可以说，二人都是有“万古心胸”的君子，他们的论争远不在一时之气，而在于对他们各自相信的真理的共同探索。今人多以为陈亮的观点属于“唯物主义”，但当我们看陈亮与朱熹的论争时可以发现，因为积极研究理学观念，陈亮的思想中“理”也占重要的位置。但相较于朱熹超脱于现实的“理”，陈亮的“理”是蕴藏在历史中的。历史人物的功业无不有“理”的成分，因此发现“理”的过程不在于静思，而在于对历史的钻研，并将成果付诸实践。正是在这个意义上，“义”与“利”是合一的。正因对“周而不比”的坚持，陈亮在与朱熹的论战中完善了自己的思想体系，成为研究中国思想史过程中不得不提的一位人物。

三、为实与传世

陈亮“周而不比”之独特思想，融化为独立精神。一是陈亮爱国至上的“献身精神”。陈亮一生不忘被金人占去的半壁河山，终身倡言恢复。乾道五年，他向孝宗进《中兴五论》，阐述抗金中兴的基本纲略。淳熙五年，他在一月之内三次向孝宗上书，纵论恢复之道。淳熙十五年，他再次诣阙上书，激励孝宗收拾河山。陈亮还作有《制举》《廷对》《四弊》《国子》等策文，为南宋王朝收复中原、洗尽前耻而殚精竭虑、出谋划策。无论形势如何变化、家庭如何不幸，陈亮始终把恢复之事当作自己的事业，号呼不辍、奋斗不止、正气不衰、气节不移。那种高屋建瓴的非凡气势、爱国至上的献身精神，胸怀正义而神态庄严，令人敬畏。二是陈亮务实求真的“事功精神”。陈亮说：“天下，大物也，须是自家气力可以干得动，挟得转，则天下之智无吾之智力。形同趋而势同利，虽异类可使不约而从也。若只欲安坐而感动之，向来诸君子固已失之偏矣。”陈亮不仅在理论上力辨义利关系，而且寻找历史的依据，来论证“事功”符合“道”德的准则。他认为古代圣贤在历史上凡有所作为的总是离不开事功，提出“禹无功，何以成六府”的观点。他认为立国之本在于“顺民心”“重民力”“厚民生”；兴国之道在于施“宽仁之政”，行“惠民之策”。陈亮认为，百姓的富足是国家持久繁荣的前提和基础。陈亮特别从农商关系和经济发展的角度来认识商业的重要性，强调“商藉农而立，农赖商而行”。陈亮追求务实求真的价值取向，创立了浙东学术的一枝奇葩——永康学派。它慢慢地滋养着一方水土，渐渐形成自强不息、坚韧不拔、勇于创新、讲求实效的浙江精神。三是陈亮刚正不屈的“勇敢精神”。陈亮冒杀头之险，五次上书，六达帝廷，逆批龙鳞，直陈当朝皇帝用人不当，需“励志复仇，大功于社稷”。陈亮博览群书，特别善于研究历史，重视国家命运和民生，一生无所师承，却创立了影响后世的永康学派。历史已经证明，陈亮真的很伟大。他对社会发展的看法，很有先见之明。陈亮是永康历史上最伟大的人物之一，实际上也是义乌乃至浙东地区伟大的历史人物之一，是中国思想史上极富个性的大思想家。四是陈亮强毅习精的“奋斗精神”。陈亮的一生颇多坎坷，仕途上一直命运不济，在乡间又屡屡遭人暗算，“祸患百罹、惊扰万状”，“奇穷祸患、何所不有”。纵然如此，他亦始终保持着自己为人的风范节操。无论面临的人生何等困惑，经历多少次挫折，道路如何艰难，他仍然期望着渺茫的曙光。他坚信自己唯有坚强，才能披荆斩棘，扫平坎坷，走到路的尽头。正如邓广铭先生所称，陈亮“是一个奇特强毅的英雄豪杰人物”。他倔强自立，奋斗不息，若认定一个目标，就始终不弃，坚持到底。尽管“涉历家难，穷愁困顿，零丁孤苦，皆世人耳目之所未及尝者”，但其爱国统一的志向和经国济世之怀以及关注“学问文章、政事术业”的信念始终坚定如初。

陈亮设学讲读，他所创立的“永康学派”高足云集。桃李不言，下自成蹊。义乌是陈亮的第二故乡，究其一生，其活动区域大都在义乌。他少年时代在义乌求学，23 岁娶义乌首富何茂宏之女何淑真为妻后，常在义乌讲学，与义乌何恪(字茂恭，绍兴三十年进士)、喻良能、喻良弼、陈炳生活于同一年代。四人品行清高、志趣相吻，交往甚密，均以文名于世，尤工于诗，被陈亮称为“乌伤四君子”，真可谓陈亮“周而不比”的代言人。

陈亮敬“四君子”的人品和文才，他在《题季直文编》中除全面评述外，还说“四君子者，尤工于诗，余页未能学也。然皆喜为余出，余亦能为之击节。余穷滋日甚，索居无赖，时一作念，顾茂恭之骨已冷，而三山（福建代称，此指良能）相去逾千里，德先（陈炳）季直（良弼）虽宿春可从其游，而出门辄若有絷其足者，喻行之收之，出季直旧文一编示余，耸然观之如得所未尝”。其字里行间，足见对“四君子”的感情是很深的。

陈亮的学生们，不仅继承了陈亮的哲学思想，也继承了陈亮“周而不比”的门风。如王自中，他学贯古今，不仅吸收了理学“内圣外王”的思想，也坚守着永康学派实用主义的根本。在信州知州任上，他用仁政的方式解决了税银积欠的问题。当时税收欠款已至三十万两，而王自中到任后反而放宽缴纳期限，不许官吏多取分毫。富民们被王自中的行为感动，争相付税，欠款问题反而得到了解决。朱熹主张“为政以德，则无为而天下归之，其象如此”，即说有德行的官员不需要做什么事情，万民就会自觉归附于他。王自中虽为陈亮门生，却也从朱熹的思想中汲取养分，将朱熹的主张变成实用的政策并身体力行。他的兼收并蓄，证明了他深得陈亮真传。“周而不比”，此之谓也。

陈亮的女婿厉仲方，亦承袭陈亮“周而不比”的箴言。厉氏是一个文武全才，年少时曾从陈亮、叶适治学，后以文进武，成一代将才。金人南下，厉仲方负责守御建康（今南京），他下令屯田种植桑麻，发明守城器械战车、九牛弩。一时城池固若金汤，金军大败而还。不仅如此，厉仲方还知人善任，推荐田琳戍守合肥，从此朝廷不再忧心于合肥防务。有宋一朝，大臣们主和派居多。若能享一时富贵，谁会甘冒风险收复失地以雪国耻呢？然而，在朝堂众臣苟且偷生、沉溺荣华之时，厉仲方会同韩侂胄力主出兵北伐，恢复大宋失地。他才兼文武，任用贤能，陈亮“周而不比”的风骨，也一直激荡于那些受其感召的士子们的内心。

陈亮的四子陈涣出生在义乌西门，其子孙在义乌绣湖一带繁衍生息。陈涣儿子陈林，南宋进士，仕之都昌县令，其务实之风赢得百姓爱戴。原义乌绣湖建有陈林进士祠祀。陈亮之九世孙陈诚宇祠祀，载明陈道益，拾重金归还失主，县侯亲送“还金堂”牌匾。陈节孝祠祀，载节妇陈介之妻刘氏，翁五代同堂百余人，刘氏悉心调护无差错。这三座祠，既是绣川陈氏的精神支柱，也是孝文化的真实体现，更是传承陈亮思想的根基。义乌西门绣川陈氏是陈亮后裔繁衍最多的一支，达2万多人，分布于义乌境内70余个村落。陈亮“周而不比”的思想精神和家风美德传承各地。

陈亮“周而不比”的风骨，更砥砺着中华后世。他的思想鼓舞着浙江一代代的实干家。新华社评论浙江精神，用“四个敢”概括：干部敢为，地方敢闯，企业敢干，群众敢首创。浙人的勇敢，并非横冲直撞、刚愎自用，而是放眼世界、学习百家后的勇于创新。无论是官员、企业家还是群众，浙人们都在践行着“周而不比”的准则。他们或许并未读过陈亮的作品，但他们与陈亮出生在同一片土壤上，这片土壤以其特殊的气韵，孕育着代代英豪。“周而不比”的精神，也将浙江建设成了中国复兴之路的桥头堡，带动着历史的列车，滚滚向前。

陈亮与叶适交游考

《长春师范大学学报》编辑部副编审
邱　阳

在永嘉学派诸代表人物中，惟叶适（1150—1223）较陈亮晚出，陈亮（1143—1194）目睹其从年轻后生至学派中坚的成长历程。二人交游时间长、关系密，历来研究多着眼于二人思想之同异。而梳理其交游之迹，对理解二人思想发展历程乃至两派学术思想之同异显有必要。

一、前期交游：亦师亦友亦兄弟

历来学者文人多将陈亮、叶适并提，既是出于对二人思想、文学主张相近的考虑，也是由于二人始终保持较为密切的往来。在不少学者文人看来，叶适乃陈亮最密切之挚友。从二人早期交游之迹看，此种认识并不算偏颇。

乾道四年（1168），陈亮首贡于乡。① 是年春夏间，叶适离家，游学婺州。适致书前辈薛季宣，欲从其游，并因家贫望薛氏在经济方面施以援手，未果。② 陈亮在《祭叶正则母夫人文》中追溯自己与叶适交游之始时言："昔余识夫人之子于稺年，固已得其昂霄耸壑之气。"③周梦江先生以"稚年"之谓，将陈叶二人之相识系于此年，因叶适此年尚未弱冠也。

乾道八年（1172），叶适母杜氏得疾，适返家侍母。母谓己疾非旦暮可愈，徒守无益，令叶适复游学婺州以谋取生计。再度游婺期间，适曾客居永

① 陈亮《告祖考文》："及亮年二十有六，易名曰亮，而首贡于乡。"

② 叶适致书薛季宣乞援及薛氏回书细况，详参周梦江：《叶适年谱》，浙江古籍出版社2006年版，第27—28页。

③ 陈亮：《陈亮集》卷三三，河北教育出版社2003年版，第348页。

康陈亮家中。寄人篱下之苦、思念病母之痛使叶适寝食难安。“自其客居永康，每一食未尝不东向凄然，有时继以泪下，曰：‘吾家甚贫而吾母病，饮食医药宜如何办？又以劳吾父之心，吾将何以为人子！’”[①]眷眷思亲之情、拳拳孝子之心溢于言表。而此时陈亮之处境同样甚为栖遑，其祖父母及母亲三丧迁延多年未葬，其间又历父遭冤狱之苦况。故而对于叶适之思亲心情，陈亮有痛彻的体会与同情。

乾道九年(1173)，叶适赴行在临安，并于次年(淳熙元年，1174)上书签书枢密院事叶衡[②]，纵谈天下大势及南宋振衰起敝之策，表现出强烈的事功思想。然叶适上书之时即已决意“收拾废放，将就陇亩”，故书上之后即返永嘉。在临安约一年时间里，叶适“自度无以求知于当世君子……未尝有所诣”，与其游处者，仅知有台州黄岩人丁希亮(1146—1192)[③]。淳熙三年(1176)，叶适于乐清(永嘉地，今属温州)雁荡山授徒讲学，丁希亮不顾“年已尊老”(长叶适四岁)前来就学。淳熙四年(1177)，希亮易名赴永康龙窟从陈亮学。陈亮见之颇为惊叹：“是人目荦荦，神谔谔，非妥帖为学徒者。且吾乡里不素识，得非岩穴挺出之士耶！”希亮读书有年，然行为举止异于常人，其不仅从学于陈、叶二人，亦曾就学于吕祖谦，可谓学无专主。其弃叶从陈，更多的当是其与陈亮在精神气质上颇为接近，并不意味着陈氏学问远在叶氏之上。[④]

---

① 叶适：《叶适集·水心文集》卷二十五“母杜氏墓志”，中华书局2010年版，第510页。

② 叶适《上西府书》：“某瓯粤之鄙人，行年二十有五……在京逾年。”知叶适此书作于淳熙元年(1174)，而其赴行在乃在此前一年，即乾道九年(1173)。

③ 叶适《丁少詹墓志铭》：“希亮字少詹，台州黄岩人。……少詹生二十九年，余遇之于钱塘。……绍熙三年七月十一日卒，年四十七。”据此可知叶适于淳熙元年在临安与丁氏相识。

④ 周梦江先生在《叶适年谱》中认为叶适于淳熙二年(1175)再赴婺州与陈亮相聚，因证据不足，故不采纳。

淳熙四年(1177)初秋，叶适因吕祖谦之托，携书、香、茶过永康访陈亮。① 因科举之途坎坷，陈亮此时心中颇多不平之气。叶适在转达吕氏宽慰之意的同时，必然也有类似话语相劝。

淳熙五年(1178)春，吕祖谦为殿试考官。② 是年四月，叶适进士及第(榜眼)。③ 由于吕祖谦之提携，陈亮对叶适之高中并未感到意外："廷试揭榜，正则、居厚、道甫皆在前列，自闻差考官，固已知其如此。"④对于比自己年少的叶适，陈亮是满怀赞赏之情的。故叶适高第之后，陈亮在致石斗文(字天民)、吴儆之书中均表达了自己的激动欣喜之情，如"正则、居厚、道甫皆前列"⑤，"叶正则俊明颖悟，其视天下事有迎刃而解之意……此君更过六七年，诚难为敌"⑥。在陈亮看来，叶适高中进士，与其数年来博览古今之书、会通圣贤之用心以及英雄豪杰之行事的辛苦付出是分不开的，然其缺点是"力量有所不及"。对叶适而言，陈亮亦师亦友亦兄长。陈亮于本年正月三次上书孝宗皇帝而不报，加之科场不利，心志颇为消沉，故其对叶适之未来发展抱有深深期望。叶适于殿试中既得吕祖谦之提携，其学问、仕途前景自然仍需这位身为著作郎的饱学之士加以引导。陈亮在致吕氏书中极力请其提举叶适："正则才气俱不在人后，非公孰能挈而成之?"殷切之情、弟昆之义跃然

---

① 吕祖谦《东莱吕太史外集》卷五与陈同甫第三书："今正则又赴约，握手剧谈，亦是快事。……清馥香一贴，凤团一斤，漫为山中之信。其他正则自能详道。"陈亮《与吕伯恭正字》第三书："正则来，又承专书，副以香、茶之贶，甚珍。……亮平生本不种得秀才缘，而春首之事，自侍从之有声名者固已文致于列，亮亦岂恋恋于鸡肋者乎……大著新迁，且应从容其间耳。"按陈亮于淳熙四年参加礼部试，不中。是年，吕祖谦以与修《徽宗皇帝实录》有劳，转承议郎，罢检讨，仍兼史职，亮所谓"大著新迁"即指此事。颜虚心《陈龙川年谱》及周梦江《叶适年谱》将陈亮此书系于淳熙五年，皆误。

② 吕祖俭:《东莱吕太史年谱》，吴洪泽、尹波主编:《宋人年谱丛刊》第10册，四川大学出版社2003年版，第6399页。

③ 《宋史》卷三五"孝宗本纪三"："(淳熙五年夏四月)赐礼部进士姚颖以下四百十有七人及第、出身。"《南宋馆阁续录》卷八"秘书郎"："叶适……淳熙五年姚颖榜进士及第。"叶寀《叶文定公圹记》："先公姓叶，讳适，字正则。……淳熙五年戊戌，廷对第二人赐第。"

④ 《陈亮集》卷二七"与吕伯恭正字又书"，第254页。

⑤ 《陈亮集》卷二九"与石天民"，第313页。

⑥ 《陈亮集》卷二九"与吴益恭安抚又书"，第307—308页。

纸上。

叶适中进士之后，授文林郎、镇江府察推。[①] 然仕途甫一起步即遭打击——淳熙五年(1178)闰六月二十三日，母杜氏病逝[②]，叶适返家丁忧。陈亮为叶母作祭文，极力颂扬叶适之孝心及学行。陈氏之赞语固然有出于祭文文体特殊性考虑之因素，然亦确系真情流露。叶适的治学路数与陈亮多有契合，而其为人行事亦深为陈氏所钦敬赞赏。对陈亮而言，叶适已成为其除吕祖谦、陈傅良之外最亲密的朋友之一。叶适丁忧期间，陈亮曾遣人慰问，叶亦接连致书回敬[③]，惜二人之通书今已无从得见。

叶适在家居丧期间，陈亮作《踏莎行·怀叶八十推官》一词，以表思念之情。词云：

> 书册如仇，旧游浑讳，有怀不断人应异。千山上去梦魂轻，片帆似下蛮溪水。
>
> 已共酒杯，长坚海誓，见君忽忘花前醉。从来解事苦无多，不知解到毫芒未？[④]

关于此词中之“叶八十推官”，夏承焘、姜书阁二先生皆认为指叶适。按叶适于淳熙五年授镇江府察推后丁母忧；淳熙八年除服，差武昌军节度判官。[⑤] 陈亮于淳熙五年致韩元吉书中云：“百念灰冷，不复与士齿。今但与妻孥并力耕桑以图温饱，虽书册亦已一切弃去。”[⑥]与词中“书册如仇，旧游浑讳”之语意颇相合。词中“有怀不断人应异”“已共酒杯，长坚海誓”等语亦关合叶适与陈亮之亲密关系。故夏、姜二先生之推论当为确论。结合陈亮赴

---

① 《宋史》本传载，叶适中进士后授平江节度推官，有误。顾吉辰在《〈宋史〉比事质疑》(书目文献出版社 1987 年版，第 606 页)一书中对此有考证。

② 《叶适集·水心文集》卷二五“母杜氏墓志”：“(淳熙五年)闰月二十三日，竟卒。”是年闰六月。

③ 《陈亮集》卷二七“与吕伯恭正字又戊戌冬书”，第 256 页。

④ 《陈亮集》卷三九，第 406 页。

⑤ 《东莱集》附录卷二有叶适祭吕祖谦文，云：“淳熙八年十月二十九日，门人文林郎新差武昌军节度推官叶适。”

⑥ 《陈亮集》卷二七“与韩无咎尚书”，第 406 页。

永嘉之时间①,可知该词盖作于淳熙五年(1178)或六年(1179)。

约淳熙八年(1181),叶适赴浙西提刑司干办公事任②,淳熙十二年(1185)离任③。在此期间,陈亮邻人王仲德(生平事迹不详)赴姑苏向叶适问学(约在淳熙十年)。叶适家居时,作为后辈学子的仲德即从其学,"尽友交永嘉之俊造"④。叶适丁忧服除走上仕宦之路后,学问日进的仲德再度追随,足可见叶适之学问与人格魅力已然达到较高的境界,亦证同甫当年所谓"更过六七年,诚难为敌"之语并非虚誉。此时的陈亮已年届不惑,他对理学的迅猛发展表示严重担忧,认为空谈议论会动摇社会秩序,为国家治理增加难度。而陈亮对自己的学说并未有足够自信,"亮老矣,将赖其邻以自强。……其归也,必有以复我",表明其对同样主张经世致用的叶适永嘉之学抱有深深的期望。

二、后期交游:治学路数显分歧

随着人生境遇的变化及各自思想的发展,陈亮与叶适在思想方面的差异渐渐显露。陈对叶之欣赏之情一如既往,而叶适心底却泛起一波微澜。

淳熙十二年(1185),脱狱后的陈亮聚徒授业,经济状况已颇有改善,其于本年在与朱熹书(《又乙巳春书之一》)中便曾不无得意地进行炫耀。在陈亮苦心经营的楼台园囿之中,有柏屋三间,名曰"抱膝"。亮自言不擅吟诗,耿耿之情无以抒发,故请好友叶适、陈傅良、勾昌泰为作《抱膝吟》。叶适作两首,其一云:

---

① 周梦江、陈凡男:《陈亮永嘉之行及其目的》,《浙江社会科学》2005年第6期。

② 《宋史》本传载:"少保史浩荐于朝,召之不至,改浙西提刑司干办公事。"《叶文定公圹记》所载与此同。然皆未载叶适任浙西提刑司干办之时间。《宋史》卷三五"孝宗本纪三"载,淳熙八年(1181)六月戊辰,史浩荐薛叔似、叶适等十六人并赴都堂审查,则叶适赴浙西提刑(治所为平江府,今江苏苏州)干办任必在此之后。孙锵鸣《陈文节(傅良)公年谱》认为叶适赴任时间为淳熙八年冬(笔者按:陈傅良有《送叶正则赴浙西宪幕》一诗,然作年不详),周梦江《叶适年谱》则将其系于淳熙九年。皆未有直接文献资料证明,今姑从孙说。

③ 《叶适集·水心别集》卷一五"外稿"自跋:"淳熙乙巳,余将自姑苏入都。"

④ 《陈亮集》卷二四"送王仲德序",第215—216页。

昔人但抱膝，将军拥和銮；徒知许国易，未信藏身难，功虽愆岁晚，誉已塞世间。今人但抱膝，流俗忌长叹；儒书所不传，群士欲焚删；讥诃致囚箠，一饭不得安。珠玉无先容，松柏有后艰。内窥深深息，仰视冥冥翰；勿要两髀消，且令四体胖。徘徊重徘徊，夜雪埋前山。①

此诗以诸葛亮躬耕陇亩、抱膝长啸之典故，描述陈亮曾经之遭遇，赞扬其高洁之志行，并勉励其保重身体。其二则赞扬陈亮“匹夫负独志，经史考离合”之勇气，并于诗之最后规劝其“宁为楚人弓……莫作隋侯珠”。

叶适之诗作虽摹写甚工，然朱熹及陈亮本人皆不甚满意。朱熹云：“所惜不曾向顶门上下一针，犹落第二义也。”②陈亮此时正与朱熹进行王霸义利之辨，二人思想分歧甚大。相较于朱氏而言，叶适之学显然同陈氏更近，故朱对叶氏流于表面之规劝颇感遗憾与不满。而陈亮认为，叶氏之诗囿于诸葛亮之典，未能尽畅抱膝之深意。至于陈亮对叶之赠诗真正不满的原因，身为叶适门人的吴子良之表态颇堪玩味：

龙川才高而学未粹，气豪而心未平，水心每以为然也。作《抱膝轩》诗，镌诮规责，切中其病。是时水心初起，而龙川已有盛名。龙川虽不乐，亦不怒。③

吴子良“长登叶适之门”，叶对其文学成就评价甚高。④ 从吴氏与叶适之关系看，其对龙川与水心二人交往之迹的记载可信度很高，由此可知此时叶适已对陈亮性格及为学之弊病有了清醒认识并加以规劝。陈亮虽不悦，然未尝挂怀，且其对叶适之学问表现出肯定态度：“正则学识日以超颖，非复向

① 《叶适集·水心文集》卷六“陈同甫抱膝斋二首”，第37页。

② 朱熹：《朱熹集》卷三六“答陈同甫”，郭齐、尹波点校，四川教育出版社1996年版，第1595页。

③ 吴子良：《荆溪林下偶谈》卷二“水心合铭陈同甫王道甫”，影印文渊阁《四库全书》第1481册，台北商务印书馆1985年版，第496页。

④ 沈翼机、傅王露、陆奎勋：《浙江通志10清雍正朝》，中华书局2001年版，第5116页。

时建宁相见之正则也。"①淳熙十三年(1186),陈亮致朱熹书中言因与其辩论遭致晦庵门人张体仁等之侧目,欲往武夷当面化解尴尬局面,而叶适以为"秘书不求容于世,吾人不当为姑息之爱以相累"②,可谓知朱子之心。对于叶适之谏言,陈亮亦认为"良有理"。可知此时陈、叶二人之关系已非初识之况:陈亮对叶适日益精进的学问赞赏有加;叶对陈氏学问之弊虽有不满,却碍于情分不便直言。故从表面而言,此时二人之关系尚算融洽。

淳熙十四年(1187),陈亮在致右丞相王淮书中极力颂扬叶适文学成就及为人,称其"极有思虑,又心事和平,不肯随时翻覆"。然而叶适俟于逆旅已两月有余,陈亮认为王淮作为丞相既已深知叶之才能,基于格例对其进行拔擢易如反掌。以叶适之为人,其被拔擢之后必会报效国家,发挥其所长。值得指出的是,历来不少学者,如顾吉辰、周梦江等先生认为叶适任太学正系王淮听取陈亮建议后所拔擢。然叶适任太学正事在淳熙十三年(1186),而陈亮致王淮书在次年,故此观点难以成立。按叶适于淳熙十四年升任太学博士,继任右丞相的周必大于淳熙十五年所谓"叶适是王淮用为学官"(《缴荐士奏·再贴黄》)当指此事。对于所荐之叶适、薛叔似二人,陈亮甚至在书中敢"以五十口保任其终始可信也",其对叶适之赏识与信任可谓无以复加。

淳熙十五年(1188)六月,朱熹因足疾拒赴兵部郎官任,遭兵部侍郎、王淮党人林栗奏劾。朝中众臣畏于林之强势,"莫敢深论",然时任宣教郎、太常博士叶适挺身而出主持正义,上书力辩朱熹不赴任确因足疾,而林栗所"言熹罪,无一实者"③,纯属挟私报复。叶适为朱熹辩护,并非某些学者所言"在思想上、政治上倾向道学"④。叶适本人已在《辩状》中明言:"'谓之道学'一语,则无实最甚。利害所系,不独朱熹,臣不可不力辩。……近创为'道学'之目,郑丙倡之,陈贾和之,居要津者密相付授,见士大夫有稍慕洁修,粗能操守,辄以道学之名归之。以为善为玷阙,以好学为过愆,相为钩距,使不

① 《陈亮集》卷二八"(与朱元晦)又乙巳春书之一",第275页。
② 《陈亮集》卷二八"丙午复朱元晦秘书书",第281页。
③ 《叶适集·水心文集》卷二"辩兵部郎官朱元晦状",第16页。
④ 周梦江:《叶适年谱》,浙江古籍出版社2006年版,第75页。

能进；从旁窥伺，使不获安。于是贤士…… 销声灭影，秽德垢行，以避此名。”[①]显然，叶适辩护之首要动机并非倾向于朱熹及其理学立场，而是反对王淮、林栗等人借“道学”之名铲除异己之行为。其后，胡晋臣、许及之、薛叔似等人亦上书弹劾林栗，终致其罢知泉州，而朱熹得祠。对此事件之结局，陈亮亦觉大快人心，其在与尤袤书中欢欣鼓舞地表示：“林黄钟得郡之明日，朱元晦得祠，庙堂行遣，甚惬人意。”[②]然袁枢、叶适等人纷纷求外任[③]，陈亮认为周必大独居相位，理应对贤才有所措置，不致使其闲置或流落。陈亮此时虽自言“衰落至此，不复与世人较是非”，然其功名仕进之心并未彻底泯灭，其对好友之前途命运亦始终给予极大关注。[④]

淳熙十六年(1189)五月，陈亮自金陵返永康。自临安欲赴湖北江陵任[⑤]的叶适返永嘉探亲，途经永康，于陈亮处借宿一日即行。[⑥] 对于未能与吕祖谦晤面，叶适托陈亮再三致意，并致书相约六月半再过永康，期冀一见。六月十一日，叶适自永嘉赴江陵，如约再经永康与陈亮相会。亮作《祝英台近・六月十一日送叶正则如江陵》一词相送：

驾扁舟，冲剧暑，千里江上去。夜宿晨兴，一一旧时路。百年忘了旬头，被人馋破；故纸里，是争雄处！

怎生诉？欲待细与分疏，其如有凭据。包裹生鱼，活底怎遭

① 《叶适集・水心文集》卷二“辩兵部郎官朱元晦状”，第 19 页。

② 《陈亮集》卷二九“与尤延之侍郎”，第 306 页。此书作于淳熙十五年，然赵维平《尤袤年谱》(上海三联书店 2012 年版，第 170—171 页)将此书系于淳熙十六年五月，误。

③ 按淳熙十五年十月，袁枢等人上章荐朱熹，监察御史陈贾以“徇私”之名劾之，枢贬两职罢归。(参见束景南《朱子大传》相关考证，商务印书馆 2003 年版，第 829 页)然其与叶适求外之事，史书记载不详。

④ 淳熙十五年四月，陈亮曾再上孝宗皇帝书，留临安二十余日。周梦江《叶适年谱》认为陈亮与叶适或曾见面，然未有文献依据，故存疑。

⑤ 《叶文定公墓志》：“(淳熙)十六年…… 乞补外，添差湖北安抚司参议。”《南宋馆阁续录》卷八“秘书郎”：“(叶适)十六年五月除，是月为湖北参议官。”

⑥ 据陈亮《复吕子约》，其五月二十四日到家，叶适接踵而至。二人至永康时间仅差一两日。

遇！相逢樽酒何时？征衫容易，君去也，自家须住。[①]

此词字里行间流露出对好友远行之不舍与怅惘，亦倾诉自身之遭遇，从而奠定了词的感伤基调。末尾几句，以略带怨艾的口气表达对重逢之日的期待，可见词人对好友感情之真挚。

绍熙元年(1190)十月，叶适差知蕲州。赴任前，由江陵返永嘉省亲，并接家眷。绍熙二年(1191)春，适之岳母翁氏送女(叶适夫人高氏)于江滨。翁氏因感己之将终，“有诀别语，盖知其不再见也”[②]。叶适省亲期间，陈亮尚在狱中。据宋濂《喻南强传》载，陈之弟子喻南强赴永嘉见叶，备陈其师之冤情。叶赞南强曰：“子真义士也!”遂作书数通付之。“南强遂持书走越，见诸台官，诵言无忌，卒直亮之冤。”[③]依此记述，叶适在绍熙年间解救陈亮脱狱一事中发挥了相当关键之作用。清人孙衣言对此表示认同：“同甫最后下大理……在光宗绍熙二年。时水心由江陵归永嘉，故南强求救。”[④]然今存陈亮文集中其脱狱后所作众多谢启并无一言谈及叶适，叶适文集中亦未见相关叙述，则宋濂所记是否属实颇成疑问。[⑤]

绍熙三年(1192)三月，叶适岳母翁氏卒，十一月葬。陈亮为作祭文，赞叶适为“第一辈人”，并称二人“义同弟昆”[⑥]。虽不能排除客套之嫌，但仍可看出陈亮对叶适才学之推崇及其对二人关系之乐观。

绍熙四年(1193)，陈亮弟子钱廓(字叔因)病卒。钱廓生前淡泊世故、孝友慈爱，出于天资，亮曾与叶适论后来学者，“而有遗恨于廓”。为免其湮没

---

① 《陈亮集》卷三九，第405页。姜书阁《陈亮龙川词笺注》将此词系于绍熙元年(1190)，误。按：送别叶适者尚有张镃(张俊之孙)，其有诗《送叶正则秘郎参议湖北帅幕》赠别。

② 《叶适集·水心文集》卷一四“高夫人墓志铭”，第251页。此书作于绍熙三年(1192)，书中言“去岁”来蕲阳及翁氏送别事，知叶适于绍熙二年赴任。

③ 《宋濂全集·喻侃传 附喻南强传》，第2042页。

④ 孙衣言：《瓯海轶闻》(上)，上海社会科学院出版社2005年版，第220页。

⑤ 叶绍翁《四朝闻见录》虽亦记陈亮狱事，然系狱时间、缘由均有舛错，其关于陈亮在与辛弃疾书中抱怨叶适未出手相救之事亦未足信。

⑥ 《陈亮集》卷三三“祭叶正则外母高恭人翁氏文”，第353页。

无闻，陈亮为作墓碣铭，并求叶适书之。①

三、阴阳殊途：叶适对陈亮之评价

绍熙五年（1194），陈亮未及赴建康任便卒。垂死之际，嘱叶适为作墓铭，并曰：“铭或不信，吾当虚空中与子辩。”②同甫临终却对好友发出此等遗言，背后玄机耐人寻味。清人姚范曾言：“古人于朋友故旧之文，哀其死而著其善，未有借之以自尊所学而为名者。昔陈同甫将没，谓叶正则曰：‘铭若不实，吾将空中与子辩。’此亦立言者之鉴也。”③叶适与陈亮思想分歧之大于此可明。陈亮卒后，叶适为其作墓铭，然因疾失之。而在祭同甫文中，叶适确乎秉承了“必信”之态度。其不仅赞扬同甫“气足盖物，力足首事”，亦未讳言同甫系狱之祸。对于同甫之临终托付，叶适“畴昔之言，余不敢苟”，然“子有微言，余何遽知”之语却引发后人诸多评议。其于嘉泰四年（1204）所作《龙川文集序》中又云：“予最鄙且钝，同甫微言，十不能解一二，犹以为可教者。病眊十年，耗忘尽矣。”何谓“微言”？叶适于嘉定六年（1213）所作《书龙川集后》中自云：“同甫集有《春秋属辞》三卷，仿今世经义破题④，乃昔人连珠急就之比，而寄意尤深远。又有长短句四卷，每一章就，辄自叹曰：‘平生经济之怀，略已陈矣！’余所谓微言，多此类也。”联系其下文所言“若其他文……回漩起伏，萦映妙巧，极天下之奇险”等语，可知叶适对陈亮之“微言”是持基本否定态度的。陈振孙在《直斋书录解题》中对陈亮之学术、词作成就做了较中肯的品评，并云叶适序跋中之言语“皆含讥诮”⑤。陈振孙乃与叶适同时代而稍后之著名藏书家与目录学家，其对陈、叶二人之评价代表了当时学界之

---

① 《陈亮集》卷三六“钱叔因墓碣铭”，第 383 页。

② 吴子良：《荆溪林下偶谈》卷二“水心合铭陈同甫王道甫”，影印文渊阁《四库全书》第 1481 册，第 496 页。

③ 姚范：《援鹑堂笔记》卷四三，续修四库全书本。

④ 祝尚书先生认为此文当是陈亮准备经义考试破题的习作。见祝尚书：《宋代科举与文学》，中华书局 2008 年版，第 326 页。

⑤ 《直斋书录解题》卷一八“《龙川集》四十卷、《外集》四十卷”载：“亮才高而学驳，其与朱晦翁往返书，所谓‘金银铜铁混为一器’者可见矣。平生不能诗，《外集》皆长短句，极不工而自负，以为经纶之意俱在是，尤不可晓也。”第 548 页。

主流观点。在叶适及后世一些学者眼中，陈亮之不足主要有二：一是学问未粹，二是词律不工。因而，李贽所言"始终知公(陈亮)者叶"[①]并非确当之论，此评价用在吕祖谦身上则更适合。[②]

嘉定十四年(1221)正月，陈亮已故去二十余年，叶适亦入垂暮之年。亮之子再度求作墓铭，叶适用《史记》将老子、韩非及鲁仲连、邹阳同传之意，开创性地合陈亮、王自中(字道甫)之墓铭为一，冀同甫以死后余力使道甫亦传名后世。清人阎若璩对此举给予高度评价："古之君子悼贤人志士之抑没，而唯恐其不得而信也，其用心至于如此！"[③]

四、结语

由于地缘及学术崇尚相近，陈亮与叶适在长达二十余年的交游中音讯不断，共同促成了浙东学派与文坛之繁荣，在学术史及文学史上留下了千古佳话。毋庸讳言，叶适虽少从陈亮游，然其仕进之路比陈亮顺利得多，心态自然也更为平和。随着学问的日益精进，其对陈亮之粗豪稍有不喜亦在情理之中，但这并不影响二人为一生挚友之事实。由于吕祖谦早卒，陈亮与叶适之友情在淳熙年间的学界与文坛显得更加醒目。

---

① 李贽：《藏书》卷一六，《李贽文集》第2卷，社会科学文献出版社2000年版，第333页。

② 吴子良《荆溪林下偶谈》载水心曾言："同甫之学惟东莱知之……而予犹不晓。"

③ 阎若璩：《潜邱札记》卷一，影印文渊阁《四库全书》第859册，第419—420页。

叶适与陈亮《龙川词》二题

温州市图书馆古籍部图书馆员
潘猛补

陈亮和叶适是南宋时浙东学派的代表，两人交往紧密、志同道合、友情深厚。陈亮《祭叶正则母夫人文》等云“昔余识夫人之子于稚年”，当在乾道四年(1168)叶适初游学婺州时，“自其客居永康”①，曾一度在陈亮家中寄食，“亮忝交久，义同弟昆”②，结为挚友。叶适多次到陈亮的家乡永康访问，而陈亮也多次前往永嘉(今浙江温州)与叶适相会。叶适一生得到陈亮很大帮助，对陈亮也很尊重。陈亮死后，叶适写祭文祭奠，并两次为其写墓志铭，序跋《龙川文集》，还为其子争取恩荫。故明李贽在评陈亮时有“终始知公者叶(适)”③之叹。不过叶适对陈亮的《龙川词》却有“微言”，而陈亮在《龙川词》中有多处涉及叶适的词作，今人不解，特作二题分析之。

一、叶适微言《龙川词》

《龙川词》是陈亮的词集。陈振孙《直斋书录解题》卷十八著录并云陈亮“平生不能诗，《外集》皆长短句，极不工而自负，以为经纶之意具在是，尤不可晓也。叶适未遇时，亮独先识之，后为集序及跋皆含讥诮，识者以为议”④。现存《龙川词》，有吴讷《百家词》本、毛晋汲古阁本(收词 37 阕)，四印斋本《龙川词补遗》26 阕。夏承焘《龙川词校笺》64 阕。唐圭璋《全宋词》收词 74

① 陈亮：《陈亮集》，邓广铭点校，中华书局 1987 年版，第 440 页。
② 陈亮：《陈亮集》，邓广铭点校，中华书局 1987 年版，第 446 页。
③ 李贽：《藏书》卷十六，中华书局 1959 年版，第 2 页。
④ 陈振孙：《直斋书录解题》，上海古籍出版社 1987 年版。

阕。对此邓广铭先生在《陈龙川文集版本考》中认为："可以证知，从南宋末年到元朝末年，世上所流传的陈亮文集，一直还只是由陈沆编定、由叶适作序、由丘真长刊行的那一个四十卷本。"[①]可见这《外集》四卷本的佚失。陈亮词留存不多，与叶适将其摒于正集之外且评价不高有很大的关系。

夏承焘在《月轮楼说词》中说："陈亮平生自负是：'人中之龙，文中之虎。'自负其文是：'堂堂之阵，正正之旗，推倒一世之智勇，开拓万古之心胸。'很少作诗，却有四卷《龙川词》。""《四库提要》对《龙川词》也多不满的微词，并且有意诬蔑他的人格。"[②]夏承焘对《龙川词》的评价非常高，他在《论陈亮的〈龙川词〉》中说《龙川词》不仅在艺术上有很高的造诣，而且在思想上也有深刻的内涵，具有非常重要的历史和文化价值，认为"他的词结合他的政治议论"，但"不曾有人把它列举出来和他的词篇对读。他的好友叶适也不曾这样做。所以'自叹'认为是'不能解'的'微言'"[③]。叶适在整理陈亮文集过程中是加入了自己的思想观念的，他在《书龙川集后》中提到陈亮"有长短句四卷，每一章就，辄自叹曰：平生经济之怀，略已陈矣，余所谓微言，多此类也"[④]，暗寓其不满之意。夏先生这序写于20世纪60年代，当时强调文艺为政治服务，这不仅是出于对《龙川词》的喜爱，更是出于对叶适乡贤的敬重，曲意回护叶适之所谓"微言"是由于没有对读全文所致。

对此胡善兵的《今人对叶适〈龙川文集序〉及〈书龙川集后〉的误读》一文，在论证今人误读"微言"二字为褒义之误外，对夏先生这一观点也产生了疑问，认为叶适不可能没有认真读过陈亮这区区四卷几百阕词作，其"微言"主要是"叶适非但在学术和政治立场上与陈亮相左，其对陈亮词成就的评价亦并不高"[⑤]。其实胡文只讲对了后一半，他的主要观点是"叶适对陈亮的学

---

① 陈亮：《陈亮集》，邓广铭点校，中华书局1987年版，第5页。

② 夏承焘：《月轮楼说词》，《浙江日报》1961年3月25日。

③ 夏承焘：《龙川词校笺》，上海古籍出版社1982年版，第8页。

④ 叶适：《叶适集》，刘公纯等点校，中华书局1961年版，第597页。

⑤ 胡善兵：《今人对叶适〈龙川文集序〉及〈书龙川集后〉的误读》，《文教资料》2010年第9期，第19—20页。

说及议论，是有很大不满的”[①]，这是不能成立的，是缺乏对浙东学派的全面了解。叶适和陈亮都是浙东事功学派的代表人物，他们的观点在很多方面是相似的，虽然在某些具体问题上，他们存在一些分歧，但这些分歧并不是根本性的。他们都主张“经世致用、义利并举”的事功思想，这与朱熹道学、陆九渊心学的分歧倒是十分明显，而陈亮和叶适两人怎么可能会在经世济民问题上有很大的分歧呢？“微言”二字，并不是胡文所言的叶适对陈亮坚持“经济之怀”的学说暗寓不苟同甚至批评之意，并不是说自己“不能解”陈亮的四卷长短句。恰恰相反，叶适“微言”主要集中在对陈亮词的评价上，这与二人文学观的异同有关，与二人对词这种文学体裁的态度有关。

陈亮词最突出的特点是直抒胸臆、极少矫饰。他自觉地把词作为表达自己经世济民的政治抱负，抒发抗战爱国激情的工具。叶适说陈亮每写完一阕词便自叹：“平生经济之怀，略已陈矣！”对这种将政治议论入词的词风，叶适不会理解也不苟同。毛晋《龙川词》跋称陈亮从来“不作一妖语媚语”[②]。《词征》认为其将“肮脏不平之气，辄寓于长短句中。读其词，益悲其人之不遇已”[③]。历来崇尚婉约的词论家对《龙川词》评价不高，如陈廷焯在《白雨斋词话》中一方面承认它“精警奇肆”，另一方面又贬它为“中小兴露布”，“就词论，则非高调”[④]，讥其非雅词。陈亮的文学观是传统的“文以载道”观，以“明道致用”“意与理胜”。而叶适虽也主张“德艺兼成”[⑤]，但更加注重文学的艺术性和审美价值，其“又谓洛学兴而文字坏”[⑥]的论断，抨击理学对文学的伤害。他追求的是我国传统的“中和之美”，主张不应该将政论文与文学作品混为一谈，反对将政治语汇入词中，不应为标张功利之学使词作成为政治工具。相比之下，陈亮的文学观更加注重政治和社会问题，强调文学的政治教

① 胡善兵：《今人对叶适〈龙川文集序〉及〈书龙川集后〉的误读》，《文教资料》2010年第9期，第20页。

② 夏承焘：《龙川词校笺》，上海古籍出版社1982年版，第71页。

③ 张德瀛：《词征》，《词话丛编》，中华书局1986年版。

④ 陈廷焯：《白雨斋词话》，《词话丛编》，中华书局1986年版。

⑤ 叶适：《叶适集》，刘公纯等点校，中华书局1961年版，第613页。

⑥ 刘克庄：《迂斋标注古文序》，《后村先生大全集》卷九六，《四部丛刊》缩印本，第829页。

化和现实意义。正如陈亮在《与郑景元提干书》中阐述的自己写词的用意:“本之以方言俚语,杂之以街谭巷歌,抟搦义理,劫剥经传,而卒归之曲子之律,可以奉百世豪英一笑,顾于今未能有为我击节者耳。”[①]这种以政论为词怎能不被叶适所“微言”。

在宋代,词是一种非常流行的文学形式,但是有些人对它并不感兴趣,只看重诗,将词视为诗之余,认为它过于感性和矫情。从叶适的诗歌创作和其对其他文学形式的关注来看,他有着崇律体、倡唐诗的诗学取向。我们发现叶适一生中竟只作一阕《西江月·和李参政》而已。这可以看出叶适对词的态度比较冷淡,或者可以说叶适不擅长词的创作,这必然体现在他对陈亮词的评价上。同时也体现在他所一手提携鼓吹的永嘉四灵的创作上,四灵中只有徐照留下五阕词,其他三人竟不见一阕,这表明叶适也并未积极推崇或倡导永嘉四灵的词创作,这也可能是他对词的冷淡态度所致。

二、《龙川词》中的叶适

虽然叶适“微言”《龙川词》,但陈亮在词中却“重视”叶适。在陈亮现存的词中,有七阕与温州人有关,而涉及叶适的竟有三阕,可见二人关系之密切。姜书阁的《陈亮龙川词笺注》对此有详细的笺注,然有未尽处,略补笺如下。

第一阕是《南乡子·谢永嘉诸友相饯》:“人物满东瓯,别我江心识俊游。北尺平芜南似画,中流,谁系龙骧万斛舟?去去几时休,犹自潮来更上头。醉墨淋漓人感旧。离愁,一夜西风似夏不?”

姜书阁《陈亮龙川词笺注》认为“此词当作于淳熙六年或七年秋初七月间”[②]。陈亮在《与郑景元提干书》中提道:“子宜兄相约会于永嘉邑中。”[③]这次邀陈亮游永嘉者是平阳的徐谊,陈亮还带来了吕祖谦致叶适的书信。陈亮离开永嘉时,在江心孤屿的饯别宴上填了此词,盛赞温州人才辈出,江心

① 陈亮:《陈亮集》,邓广铭点校,中华书局1987年版,第390页。
② 姜书阁:《陈亮龙川词笺注》,人民文学出版社1980年版,第11页。
③ 陈亮:《陈亮集》,邓广铭点校,中华书局1987年版,第390页。

风景秀丽，并追记建炎四年(1130)二月初，宋高宗御舟移泊温州江心寺下的往事。所谓“人物满东瓯”，是指当时同席的除居家守制的叶适外，还有知宁国府秩满归乡的郑伯熊和“授宁德县丞福建提刑司干官，犹不行”[①]在温侍母的胞弟郑伯英；有罢官在家的陈傅良、徐元德；以及刚“教授宁国府，未行”[②]的陈谦、与叶适同榜而未上任的戴溪；等等。《陈亮龙川词笺注》漏了一位重要人物许及之。许及之《涉斋集》卷九“中川席上送陈同甫”也记录了这场饯宴：“眼底男儿隘六区，似君豪气有谁如。中原赤子头今白，天下苍生力未纾。北阙有书流涕上，西山无地带经锄。共谈世事何时了，劝子加餐返故庐。”[③]诗中言及陈亮淳熙五年服阙上书事。时许及之守丧刚满，将知袁州分宜县，仍在家中，故亦参加叶适等人为陈亮饯行之会。姜先生《陈亮龙川词笺注》未及，当补。陈亮见到这么多朋友，不禁赞叹温州人才济济，对叶适等人表示感谢，词中抒发了与诸友诗词酬答异别之情。末句“一夜西风似夏否”点出饯别的时间是在淳熙七年的初秋七月。时间甚明，当可确定。

第二阕是《踏莎行・怀叶八十推官》：“书册如仇，旧游浑讳，有怀不断人应异。千山上去梦魂轻，片帆似下蛮溪水。已共酒杯，长坚海誓，见君忽忘花前醉。从来解事苦无多，不知解到毫芒未?”

此词表达陈亮对叶推官的怀念之情：自己不欲亲近书册，便抛书不读了，并久已疏远昔日游友，但仍对你有所思念，你是多么异于他人。回忆相识于稚年，我们友谊笃深，那思念之情如梦魂上山，如孤帆入溪，轻举神驰。我们见面时交谈滔滔不绝，竟忘了花前饮酒，因为我心中不同之见，唯有你才能解之。

这个叶八十，陈亮以行第代名字，可见两人关系甚密。据姜书阁《陈亮龙川词笺注》：“以词意及词语境观之，必为同甫密友，而交久情深者，志同道合，语无虚饰，故疑为叶适。惟乏其行弟为八十之佐证耳。”[④]考陈亮生平，他与叶姓推官有交集的唯叶适，而叶适又曾两任推官之职。一为淳熙五年

① 叶适：《叶适集》，刘公纯等点校，中华书局 1961 年版，第 415 页。
② 叶适：《叶适集》，刘公纯等点校，中华书局 1961 年版，第 502 页。
③ 许及之：《涉斋集》卷九，文渊阁《四库全书》本，第 12 页。
④ 姜书阁：《陈亮龙川词笺注》，人民文学出版社 1980 年版，第 82 页。

(1178),叶适进士及第,六月即被任命为文林郎、镇江府观察推官,叶适回家探亲,拜祭祖先,途中经过永康,看望好友陈亮。二为淳熙八年十月三日,吕祖谦安葬在武义明招山祖茔,叶适曾赶赴金华参加葬礼,并约陈亮等一同前往明招寺哭吕祖谦,并撰祭文,以“叶推官正则”为题云:“维淳熙八年十月二十九日,门人文林郎、新差武昌军节度推官叶适,谨以清酌庶羞之奠,敬祭于近故主管直阁大著郎中一丈先生之灵。”①这段文字《叶适集·祭吕太史文》中无。叶适在《习学记言序目》中谈及当时情景:“吕氏既葬明招山,亮与潘景愈使余嗣其学。余顾从游晚,吕氏俊贤众,辞不敢当。”②可见陈亮对叶适之器重。又史浩《鄮峰真隐漫录》卷九《陛辞荐薛叔似等劄子》云:“新鄂州推官叶适,资禀甚高,博记能文,其学进而未已。”③南宋的鄂州即为武昌,叶适为推官甚明,《宋史·叶适传》作“武昌军节度判官”④误。叶适为推官时与陈亮交往极深,当时称叶适为叶八十推官十分自然。故此词所怀叶八十推官者当为叶适无疑。淳熙九年(1182)叶适已任浙西提刑司干办公事之职,此词写作时间当在此年前。

第三阕为《祝英台近(六月十一日送叶正则如江陵)》:“驾扁舟,冲剧暑,千里江上去。夜宿晨兴,一一旧时路。百年忘了旬头,被人馋破;故纸里,是争雄处!怎生诉?欲待细与分疏,其如有凭据。包裹生鱼,活底怎遭遇!相逢樽酒何时?征衫容易,君去也,自家须住。”

姜书阁《陈亮龙川词笺注》将此词系于绍熙元年(1190)。然《宋史全文》记载,淳熙十六年五月间,周必大免去相职,“时罗点以奉常兼修注,上密遣访可为言事官者,点荐叶适等八人,皆意向与必大类者,由是不果用”⑤。叶适被迫离朝,自叹“周丞相既罢,因以去者多善士”⑥。据《中兴阁馆续录》卷八“秘书郎”条,淳熙以后有叶适“十六年五月除,是月为湖北参议”的记录。⑦

---

① 吕祖谦:《东莱吕太史文集》卷三十八,日本江户写本。

② 叶适:《习学记言》,上海古籍出版社1992年版,第444页。

③ 史浩:《鄮峰真隐漫录》卷九,文渊阁《四库全书》本,第2页。

④ 脱脱:《宋史》,中华书局1977年版,第12894页。

⑤ 《中兴馆阁续录》卷八,文渊阁《四库全书》本,第8页。

⑥ 叶适:《叶适集》,刘公纯等点校,中华书局1961年版,第315页。

⑦ 《宋史全文》,汪圣铎点校,中华书局2016年版。

可见叶适自求外调，由秘书郎出任湖北江陵参议，在赴任途中，经永康与陈亮见面，六月十一日陈亮作词相送。此词当作于淳熙十六年(1189)。《陈亮龙川词笺注》又云，“‘馋破’，义未详。疑是宋代浙江方言俗语，今无可考”，于是强解为叶适“急于仕进，实只受人招聘，作幕宾”，是“馋诱于微名薄利，而无补于百年大计”[①]。此解有违词意及叶适本意，当不可取。我怀疑“馋”为“谗”之形近而讹，“被人谗破”即“被人谗毁”，言叶适被所人进谗毁谤，被迫外调。这与叶适任职江陵幕的原因正合，亦与张镃《送叶正则秘郎参议湖北帅幕》所言“桂隐无期报，朝贤去却知。累年艰特荐，一事必忧时。盛世未应尔，重来犹可为。相过非为数，公论合勤思”[②]的诗意合，更与“亮为是语，既以赠适，亦以自勖，虽不无愤愤之情，似未可谓其非出自本心”[③]之意合。我的判断似可成立。

---

① 姜书阁:《陈亮龙川词笺注》，人民文学出版社 1980 年版，第 70 页。

② 张镃:《南湖集》卷四，文渊阁《四库全书》本，第 13 页。

③ 姜书阁:《陈亮龙川词笺注》，人民文学出版社 1980 年版，第 71 页。

陈亮与吕祖谦的情谊

金华职业技术学院师范学院教授
沈志权

在南宋儒林中，若论朋友情深，吕祖谦与陈亮当位居前列。两人自绍兴三十二年(1162)相识以来，赤诚相待，相互敬重，开展了频繁深入且充满情谊的交往，成了生活中的挚友、学术上的诤友。

吕祖谦(1137—1181)，字伯恭，婺州(今金华)人，世称东莱先生。他博学多识，主张明理躬行、学以致用，开浙东学派之先声。他创立的"婺学"(又称金华学派)，是当时最具影响的学派，在理学发展史上占有重要地位。有《东莱集》等传世。

陈亮(1143—1194)，字同甫，一作同父，婺州永康人，学者称龙川先生。"为人才气超迈，喜谈兵，论议风生，下笔数千言立就。"主张事功之学，是永康学派的代表人物。著有《龙川文集》《龙川词》等。

吕祖谦与陈亮订交始于绍兴三十二年(1162)。这一年，两人同试漕台，同时榜上有名。吕祖俭、吕乔年《(吕东莱)年谱》绍兴三十二年："是岁，发两浙转运司解。"陈亮在给朱熹的《又甲辰秋书》中亦云："亮二十岁时，与伯恭同试漕台，所争不过五六岁。亮自以姓名落诸公间，自负不在伯恭后。"是年，吕祖谦二十六岁，陈亮二十岁。吕祖谦博学多识，陈亮才气超迈，两人早已互有耳闻，加上又是婺州同乡，因此相见时格外亲切，从此结下了深挚友谊。

吕祖谦与陈亮相识后，陈亮敬重吕祖谦的人品与学识，吕祖谦看重陈亮的才情与胆略，两人交往十分密切。在学术上，两人互相欣赏，互相切磋，互相诫勉。吕祖谦对陈亮的才情高论由衷赞赏："四铭皆妙，而喻夫人志，范蔚宗所谓'笔势纵放，实天下之奇作也'。《易》《春秋》《周礼》，恨未得即听教。……而兄横飞直上，凌厉千载之表，具可谓大矣！"对于陈亮求教新作，吕祖谦以为是“爱望之厚”，每每予以仔细审读，并做认真点评，做到褒奖不吝、批评不避：“示及近作，展玩数过，不能释手。如《邓耿赞》断句抑扬有余味，盖得太史公笔法。《武侯赞》拈出许靖康成事，尤有补于世教。独《陈思王赞》旧于河汾之论，每未敢以为安，当更思之。章、何两祭文奇作也。《广惠祈雨文》骎骎东坡在凤翔时风气。《跋喻季直文编》语固嘉，但起头数句，前辈似不曾如此道定。或云‘以予所闻者几人’，或云‘予所知者几人’，众不可盖故也。所见如此，未知中否？恃爱望之厚，不敢不尽耳。”

对于陈亮的转变与进步，吕祖谦则满心欢喜：“垂谕，倍悉雅意，再三玩怿，辞气平和，殊少感慨悲壮之意，极以为喜。驱山填海未足为勇，惟敛收不可敛之气，伏槽安流，乃真有力者也。”陈亮则对吕祖谦称颂有加，希望吕祖谦在职为官，为同道主持公道，“大著未有当去之理，只得安坐。同类散落，非所当问。公家有所谓‘敬而无失，恭而有礼’，何往而非吾类乎！去就只看自家今日地位耳。……千万为世道崇护”。陈亮每有新作出则向吕祖谦求教，凡吕祖谦批评的文字，陈亮或存、或改、或删，无不虚心接受，认真修改；对于吕祖谦的不足之处，陈亮也会直言指出，而吕祖谦同样会虚心接纳：“所谕随高低说话之病，自省亦诚有之。盖寻常与朋友讲论，每欲俟其意到乃发，故多有将护之病，自此当力除之。”

吕祖谦不仅在学术上与陈亮相与切磋，商讨问题，互邀论学，而且如兄长般对陈亮“诱之掖之”。对陈亮的恃才傲物，吕祖谦循循善诱，告诫他要心平气和、气象宏裕：“畎浍之水，涓涓安流，初何足言，唯三峡九河，抑怒涛而为伏槽循岸，乃可贵可重耳！”陈亮科举落榜，吕祖谦即致函陈亮勿以试闱得失为念，并托叶适带书、茶给陈亮，以示慰问；淳熙五年春，陈亮至临安更名同，连上中兴三论，言复仇大计，为孝宗皇帝所赏识，意引面对，却为朝臣所阻，议欲予一官，以塞上意，陈亮愤而归，吕祖谦为陈亮不得施展才华深感惋惜，并致书宽慰：“谕及近况之详，慨然浩叹者久之。百围之木近在道隅，不收为明堂清庙之用，此自将作大匠之责耳，如彼木者，生意濯濯，未尝不自若也。‘井渫不食，为我心恻。’盖非《井》爻之盛，而兄以此自处乎？惟冀益加宽裕从容自颐，以慰见慕之徒之心，幸甚！”吕祖谦还为陈亮题写斋铭，为其祖父作墓志铭，《东莱集》今存《陈同甫厉斋铭》《陈同甫恕斋铭》和《永康陈君迪功墓志铭》；直至病重期间，吕祖谦仍想着要见陈亮：“渴望一见，得暇能命驾否？城隅穷巷，落叶满庭，亦无异游山也。手弱不能多及，悉留面布。”

陈亮则视吕祖谦为唯一知己，心中有郁愤牢骚只向吕祖谦倾吐，而且也只有吕祖谦才能理解他：“海内知我者，惟兄一人，自余尚无开口处。”“丈夫出处自有深意，难为共儿曹语，亦难以避人谤毁也。此怀惟吕丈知之。”乾道三年(1167)，吕祖谦为母亲曾氏在明招山庐墓守丧，陈亮多次上山探望吕祖谦，参与吕祖谦的明招讲学，并举荐永嘉叶适拜入吕祖谦门下。乾道八年(1172)，吕祖谦丧父，陈亮既写祭文又前往金华祭吊，并赶往明招山，与在此结庐守墓的吕祖谦一起讲学论课。乾道九年冬，吕祖谦接受师友的劝告，拟于明年正月遣散诸生停止办学，专心守墓以尽“纯孝之心”，于是询问陈亮：“永康亦有同志可以共讲贯者否？”陈亮立即与在方岩五峰书院办学的永康老乡吕皓商议，顺利接收了从明招山遣散的部分学生，此后又与吕祖谦、叶适一起去五峰书院讲学，使五峰书院成为继明招讲院之后的又一南宋知名书院。吕祖谦病重期间，陈亮不仅自己多次前往探望陪伴吕祖谦，而且与徐居厚结伴去金华吕府，给重病中的吕祖谦带去慰藉：“居厚无他苦否？五月间联骑相过，甚幸。病中尤思朋友旦夕之望。”吕祖谦去世，陈亮既为之“奔哭其柩”，又为之“陈薄币于庭再拜，遣香烛茶酒之酹”，且为之两作祭文，给予极高评价：“伯牙之琴已分其不可复鼓，而洞山之灯，忍使其遂无所承耶！眇方来之难恃，尚既往之有灵。”“惟兄天资之高，地望之最，学力之深，心事之伟，无一不具，其来未已。群贤凋谢，屹然山峙。兄又弃去我存曷以！一代人物，风流尽矣。生也何为？莫解此理。彼岂无人，惧非书耳。昔兄之存，众慕如蚁。我独纵横，无所统纪：如彼扁舟，乱流而济，观者耸然，我行如砥。事固多变，中江乃尔。三日新妇，请从今始。念此哽咽，泪落如洗。卮酒肉豆，非以为礼。”

吕祖谦出身名门贵胄，自幼恩受祖荫，长而科举顺遂，仕途畅达，而陈亮“家仅中产”，科举屡试不第，仕途无望，命途多舛，好不容易在吕祖谦去世十余年后状元及第，却在赴任途中病逝。在世俗的眼里，两人的差距可谓远矣。对此，陈亮自有切身体会：“伯恭遂以道德为一世师表，而亮陆沉残破，行不足以自见于乡闾，文不足以自奋于场屋……伯恭晚岁亦念其憔悴可怜，欲扙拭而俎豆之，旁观者皆为之嘻笑，已而叹骇，已而怒骂。虽其徒甚亲近者亦皆睨视不平，或以为兼爱太泛，或以为招合异类，或以为稍杀其为恶之心，或以为不遗畴昔雅故，而亮又戏笑玩侮于其间，谤议沸腾、讥刺百出。”然而，不管世俗如何评说，对陈亮“吕东莱特重之”（朱熹语），而陈亮更视吕祖谦为“唯一知己”。两人相识相知近二十年来，亲如兄弟，情同手足，肝胆相照，至死不渝，终成南宋儒林一段佳话。

论吕祖谦之学与宋代婺州地方社会

浙江师范大学人文学院博士研究生　夏　悦
浙江师范大学人文学院教授　赵瑶丹

南宋乾道、淳熙年间，是中国古代学术发展史上的一个高潮时期。在此期间，诸子学术争鸣，出现了众多地域学派：以朱熹为代表的闽学，以张栻为代表的湖湘之学，以陆九渊兄弟为代表的江西学派，以及以金华吕祖谦为代表的婺学，以永康陈亮为代表的永康学，以温州薛季宣、陈傅良、叶适为代表的永嘉学所组成的浙东实学。这些学术流派互相交流、争锋，促进了当时学术的繁荣。其中，金华学派（又称"婺学"）的开创者和代表人物吕祖谦，为人平易淳厚、待人以诚，学识渊博而持论公允，在学术上博综百家、兼容并包，能够与其他学术流派人物平心交流，起到了"桥梁式"的作用。而他又以经史并重、躬行实践、重视事功等思想主张，深刻地影响了浙江学术的特质和发展。后人谈论浙学，吕祖谦都是无法绕过的核心人物。吕祖谦(1137—1181)，字伯恭，金华人，谥"成"，世称吕成公，因出身东莱吕氏，后世又称之为东莱先生。作为南宋著名理学家、史学家、教育家，其与同时代的张栻、朱熹并称"东南三贤"。在历来的南宋乃至中国古代文化史、思想史、哲学史的研究中，备受中外学者重视。当代吕祖谦研究取得了相当丰富的成绩，研究成果可谓浩如烟海，关于他在婺州的讲学活动、门人情况以及吕学在元明清的传承方面，亦不乏研究。但细究以往吕祖谦的相关成果，大都集中在他的哲学思想、教育思想，以及与同时代其他哲学家的学术交流等问题上①，对吕祖谦之学对婺州地方社会的影响，尤其是对社会文化方面的影响较少关注。本文基于这一角度，从吕祖谦对金华士子的培养出发，分析其门人的家族背景、社会关系，探查他们由师友、家族、婚姻等关系所构成的学术网络，并在这一网络之下，如何传承、传播和践行吕氏之学，使东莱之学继续对后世婺州，乃至浙东学术发挥影响力。

一、吕祖谦对金华士子的培养

吕祖谦是一个拙于言辞的人，他自认为“某天资涩讷，交际酬酢，心所欲

① 论述吕祖谦的教育实践活动，有李光生《吕祖谦的教育实践及影响》(《内蒙古师范大学学报(教育科学版)》2010 年第 8 期)、郭颖《论吕祖谦“婺学”派教育践行及影响》(《兰台世界》2014 年第 28 期)等文。丽泽书院是吕祖谦创建的书院，作为南宋四大书院之一，其声名远播，对当时及后世影响颇巨。丽泽书院的相关研究亦十分丰富，如秦玉清、张彬《吕祖谦与丽泽书院》(《杭州师范学院学报》1992 年第 2 期)介绍了丽泽书院，并指出丽泽书院之所以影响深远在于吕学的博大精深。王旭栋《丽泽书院沿革研究》(浙江工商大学硕士学位论文，2015 年)翔实地考察了丽泽书院由宋至明的沿革及管理事业等内容。吕祖谦教育实践的一大成就就是培育了一大批有真才实学、有作为的才俊。作为南宋中期最负盛名和影响的教师，吕祖谦门人众多，在吕祖谦去世后，他们迅速成长起来，不仅在当时政治、社会、文学等领域有相当成就，而且将婺学及婺学“经史并重”“明理实用”的学风传播、传承下来，对整个浙江学术发展史都有深远的影响。关于吕祖谦教育实践影响及其门人的研究，学界也颇为重视。王凤贤、丁国顺《浙东学派研究》(浙江人民出版社 1993 年版)最早简介了吕学的影响、演变和传承情况。董平《南宋婺学之演变及其至明初的传承》[刘东主编:《中国学术(第 10 辑)》，商务印书馆 2002 年版]翔实地考察了婺学的影响和传承，认为婺学传承有北山四先生到明初学者宋濂、王袆的“金华系”，以及通过四明四先生传承的“四明系”，婺学历元至明，实际并未断绝。杜海军《吕祖谦门人及吕学与浙东学术的发展关系》[《浙江师范大学学报(社会科学版)》2014 年第 2 期]不仅考证了有名姓记录的吕祖谦门人共 219 人，还对这些门人的政治、学术、文学、教育等成就进行了讨论，并论述了他们对浙东学术发展的巨大影响。马艳辉《吕祖谦门人及后学研究》(广西师范大学博士学位论文，2018 年)对吕祖谦门人的家族背景、交游情况、著述成就，以及吕氏门人对吕学的传承等方面进行了细致翔实的考证与分析。

言，口或不能发明”①，朱熹也称他“不会说话”“声音难晓”②。但“语言木讷”的他却成为南宋乾道、淳熙年间最受欢迎且成就最高的老师。③ 吕祖谦除在外任学官外，一生过半时光都在婺州讲学授业。当时，吕祖谦的讲学活动引起轰动，远近来学者络绎不绝，一时规模空前。据吕祖谦同年兼好友楼钥回忆，“自建炎南渡，（吕祖谦）父祖始寓于婺，假官屋以居，其地在光孝观之侧。入仕虽久，而在官之日仅四年，故在婺之日最多。四方学者几于云集，横经受业，皆在于此”④。其中，尤以武义明招山和金华丽泽书院讲学最盛。在明招山讲学时，吕祖谦谈到“近日士子相过，聚学者近三百人”⑤，在金华城内及丽泽书院讲学时，从教者更是达千余人，其中大半为金华本地士人。

根据当今学者的考证，吕祖谦门人姓名可考者，并受吕氏亲炙者达219人，其中名列《宋元学案》的便有88人之多⑥，可谓俊杰满门。吕祖谦生于婺州，又长期在婺州从事讲学活动，故而其门人大半为金华本地士人。按《宋元学案》所列举之东莱门人一共88人，其中籍贯为金华者54人，占3/5。根据现代学者的统计，明确东莱门人籍贯者近166人，而婺州籍者就有95人，亦约占六成。⑦ 其中，婺州及附近各县，有全门阖族，甚至几代人来追随吕祖谦从学的。如东阳郭氏、巩氏，兰溪时氏，义乌楼氏、龚氏，等等，纷纷慕名而来问学，这无疑为婺州的文教事业与学术发展起到了重要作用，使得婺州在此后赢得了“小邹鲁”的美誉。吕祖谦门人时澜之子，曾担任过丽泽书院山长的时少章，在写于宋理宗宝祐四年（1256）的《书王木叔〈秘监文集〉后》中记述了自己家族追随吕祖谦问学的场景：

---

① 吕祖谦：《东莱吕太史集》卷八“祭张荆州文”，《吕祖谦全集》第1册，浙江古籍出版社2017年版，第116页。

② 黎靖德编：《朱子语类》卷九五“程子之书一”，中华书局1986年版，第2458页。

③ 田浩：《朱熹的思维世界》，陕西师范大学出版社2002年版，第101页。

④ 楼钥：《楼钥集》卷五二“东莱吕太史祠堂记”，浙江古籍出版社2010年版，第971页。

⑤ 吕祖谦：《东莱吕太史集》别集卷九“与刘衡州”，《吕祖谦全集》第1册，浙江古籍出版社2017年版，第417页。

⑥ 杜海军：《吕祖谦门人及吕学与浙东学术的发展关系》，《浙江师范大学学报》（社会科学版）2014年第2期。

⑦ 参见马艳辉：《吕祖谦门人及后学研究》附录一，广西师范大学博士学位论文，2017年，第182—189页。

往时东莱先生讲道金华，吾宗人尊老翕然从之。叔祖铸寿卿、锜长卿实为之领袖，而寿卿与先生同为癸未进士，先生盖兄视之，而视长卿若弟。伯父沄子云、泾仲渊及吾先人则日在讲下，课试常最诸生……子云筑室，扁曰“学古”，前植丹桂，后倚苍柏，大皆敝牛。每休日，则永嘉人憬集□□叶公正则始介陈公同甫以来，已而戴公肖望、钱公□□□徐公居厚最后来，而刘公茂实、蒋公行可、陈公顺刚则又往来其间，薛公士龙访先生，留数月。先生挟以游学古，从容竟日，欲去，尚自顾不忍舍发。吾宗人是时皆饶于财，夙戒世毳，候诸公至，争先迎致之。日渐月染，至自忘其乡音，相见类作温语，而日所啖大半温产也。①

时氏为兰溪士人家族，其宗人“皆饶于财”，属本地富民阶层。他们不仅举家从吕祖谦学，更是对来访学者“争先迎致之”，有的还提供住行衣食等便利。这无疑说明，吕祖谦在金华的讲学活动受到了本地士人的欢迎与支持。这不仅展示了吕祖谦在学术名誉上的声望，更说明一个区域文教事业的发展，在依靠文化和学术人才的培养的同时，也是与本地士绅富民的支持相辅相成、互为促进的。从后世影响来看，吕祖谦的门人及续传成为金华学术与文化发展的主流。如宋末元代的金华北山四先生，明初的宋濂、王祎，皆发扬和光大吕祖谦之学。正如宋濂所说：“吾乡吕成公实接中原文献之传，公殁始余百年而其学殆绝，濂窃病之。然公之所学，弗畔于孔子之道者也，欲学孔子，当必自公始。此生乎公之乡者所宜深省也。”②

吕祖谦的讲学活动最吸引人的是他讲授科举应试方面的学问。在对待科举上，朱熹与吕祖谦有不同的看法。吕祖谦虽和朱熹一样认为，学子应当在“天理性命”的道德修养上下功夫，但有所区别的是，朱熹全然反对学子学

① 时少章：《书王木叔〈秘监文集〉后》，曾枣庄主编：《宋代序跋全编》卷一八七“题跋九一”，齐鲁书社 2015 年版，第 5339—5340 页。

② 宋濂：《潜溪前集》卷七“思嬇人辞”，《宋濂全集》第 1 册，浙江古籍出版社 2014 年版，第 208 页。

习科举时文等“奸巧文字”，认为这会使学子被科举等功利性的外物所干扰，而不能专一于性命之学。反观吕祖谦，他对科举的态度较为温和，他虽然清楚科举的弊端，说“科举之习，于成己成物诚无益”，但在时代背景下，这是知识分子出人头地、获得身份地位的不易之选，科举对士人的吸引力无疑是相当强大的。基于此，吕祖谦以务实的态度主张应对士子的举业提供必要的帮助。早在乾道二年(1166)，吕祖谦守母丧并于武义明招山讲学时，他的讲课内容就以儒家典籍、史学文献为主，兼及科举考试内容，“时文十日一作，使之不废而已”①。因此，也吸引了不少婺州士子往明招山就学，吕祖谦称“近日士子相过，聚学者近三百人”，其中就包括金华士人家族的潘景宪兄弟。② 乾道五年(1169)，吕祖谦就任严州州学，亦开有“举业一路”，将科举考试内容列入教学。③ 为了更好地为士子应试提供便利，吕祖谦还编写、选辑并刊印了许多用于课试的讲义、参考书。如乾道四年(1168)冬，吕祖谦居于东阳武川，在曹家巷授业，为学生讲授《左传》，以资课试，后被东莱编订为《左传博议》，因其不论经旨，专门为举子们科举考试服务，所以传播颇广，很受读书人欢迎。④ 再如淳熙元年(1174)，吕祖谦又选录时文、古文之类，并付建阳刊刻，以“特为举子辈课试计”。⑤ 杜海军认为此即后日流行的《古文观止》。⑥ 朱熹对吕祖谦此举持批评态度，云：“向令请问选录古文之意，不知曾语之否？此间与时文皆已刊行，于鄙意殊未安也。近年文字奸巧之弊熟矣，正当以浑厚朴素矫之，不当崇长此等，推波以助澜也。”⑦此外，吕祖谦还刊有

---

① 吕祖谦:《东莱吕太史集》别集卷九“与刘衡州”,《吕祖谦全集》第1册,浙江古籍出版社2017年版,第417页。

② 吕祖谦:《东莱吕太史集》别集卷九“与刘衡州”,《吕祖谦全集》第1册,浙江古籍出版社2017年版,第417页。

③ 吕祖谦:《东莱吕太史集》别集卷七“与朱侍讲”,《吕祖谦全集》第1册,浙江古籍出版社2017年版,第363页。

④ 吕祖谦:《左氏博议·序》,《吕祖谦全集》第6册,浙江古籍出版社2017年版,第558页。

⑤ 朱熹:《晦庵先生朱文公文集》卷三三“答吕伯恭”,朱杰人、严佐之、刘永翔主编:《朱子全书》第21册,上海古籍出版社、安徽教育出版社2002年版,第1452—1453页。

⑥ 参见杜海军:《吕祖谦年谱》,中华书局2007年版,第132页。

⑦ 吕祖谦:《东莱吕太史集》别集卷八“与朱侍讲”,《吕祖谦全集》第1册,浙江古籍出版社2017年版,第384页。

用于应试的古文选《精骑》[①]。对于《精骑》的刊行，朱熹大为震惊，说：“此书流传，恐误后生辈，读书愈不成片段也。”[②]正是由于吕祖谦将举业纳入教学内容，使得吕祖谦在短期内便得到婺州及周边地域学子的青睐，纷纷来学，以求有助于自身举业。有的士人家族甚至举族来学。如朱子，尽管十分反感吕祖谦教授举业，但他为了子弟和门人的仕途，还是主动将儿子朱塾，门下弟子刘爚、刘炳兄弟等遣至吕祖谦身边学习举业，他们最终都顺利中举。这也从侧面反映出吕祖谦在科举应试方面有着丰富的经验和水平，在当时有目共睹，这是他能够成为南宋乾道、淳熙年间最受欢迎教师的重要原因。

此外，作为浙东经世之学重要代表人物的吕祖谦，在培养后学中特别强调“讲实理”“求实用”。他认为读书就是要实用，上可美政治、移风俗，下可用于日常起居生活，一切道德学问，都需在日常生活中付诸实践，在实践中内化为一种素养，从而提升自身的道德气质。因此，吕氏十分重视门人在日常生活中的洒扫应对、待人接物等方面的训练，要求门人将儒家的礼仪付诸行动。“古人之为学，十分之中，九分是动容周旋、洒扫应对，一分在诵说。今之学者，全在诵说，入耳出口，了无涵蓄工夫”，这种读书方式简直是“德之弃也”。[③] 又说：“如事亲从兄，处家处众，皆非纸上所可记。此学者正当日夕点检，以求长进门路。”[④]吕祖谦将这些观念融入学习内容中，在乾道四年、五

---

① 北宋秦观有《精骑集》，但不知二者是否为同一书，杜海军认为可能皆为吕祖谦所选古文，用以作为举子们科举考试的参考。朱熹曾致书于他询问：“近见建阳印一小册，名《精骑》，云出于贤者之手，不知是否？”（《晦庵先生朱文公文集》卷三三“答吕伯恭”，朱杰人、严佐之、刘永翔主编：《朱子全书》第 21 册，上海古籍出版社、安徽教育出版社 2002 年版，第 1445 页）但吕祖谦并未回复。又，生活在孝、光、宁时代的东阳人俞成有《萤雪丛说》，其中载：“东莱先生吕伯恭尝教学者作文之法：先看《精骑》，次看《春秋》权衡，自然笔力雄健，格致老成，每每出人一头地。”（俞成撰、李伟国等整理：《萤雪丛说》卷下“东莱教学者作文之法”，《全宋笔记》第 69 册，大象出版社 2019 年版，第 291 页）俞成大约与吕祖谦同时代，他的记载还是有一定可信度的。

② 朱熹：《晦庵先生朱文公文集》卷三三“答吕伯恭”，朱杰人、严佐之、刘永翔主编：《朱子全书》第 21 册，上海古籍出版社、安徽教育出版社 2002 年版，第 1445 页。

③ 吕祖谦：《丽泽论说集录》卷五“门人集录礼记说”，《吕祖谦全集》第 2 册，浙江古籍出版社 2017 年版，第 144 页。

④ 吕祖谦：《东莱吕太史集》别集卷一〇“与学者及诸弟”，《吕祖谦全集》第 1 册，浙江古籍出版社 2017 年版，第 469 页。

年所列的《学规》中，他要求学生必须在日常生活中践行儒家礼仪，入则孝悌，出则友顺。此外，他还编订教材，要求学生诵读和实践儒家礼仪规范。如乾道六年(1170)，他取经、史诸书可为法者，编为《阃范》，以助于学子在日常洒扫应对、持礼养性等道德修养上下功夫。他要求门人学习《阃范》，曾对弟子潘景宪说："旦夕当据已刊者印数十板去，恐令女、令嗣亦要诵也。"①吕氏《阃范》的刊行，受到了吕祖谦好友张栻的肯定，亲为之序，并要求儿女皆要诵读《阃范》，以资修养。② 不过，这又遭到反对学问博杂枝蔓、主张向内复心复性的朱熹的反对③，亦可见朱吕治学的异同。

二、吕祖谦门人与婺学学术网络的构建

家族文化扎根于中国的乡土社会，在不同的历史环境下顽强地延续下去，一直是中国文化中最主要的一个柱石。唐宋之际，从汉末魏晋以来形成的、具有一定政治特权的士族门阀逐渐走向衰落，而平民式的宗族重新崛起于宋代的乡土之间，并在宋儒的努力下完成了文化意义上的重构，成为地方社会儒学复兴的重要载体。加之宋代施行右文政策及科举的制度化、扩大化，读书仕进成为宗族掌握一定政治社会地位的重要因素。故而，这些地方性质的平民宗族不仅需要广泛地结交士大夫以求得到读书仕进的资源与帮助，更是在跻身士夫家族后，通过相互结交，达成师友、学生乃至婚姻等关系，构成地方宗族的交际网络，凭借这一网络相互援引，追求更高更多的政治或文化上的资源与权力。正如黄宽重先生所说："经由同学、同乡、同年、交游乃至婚姻等方式，建立与其他个人或家族之间紧密的人际关系，不仅培养共同兴趣，成为学业、事业上的同道，更可以作为相互援引、追求迈向中央执政的资源。"④通过对门人的家族背景的分析，能够反映出吕祖谦及其师

---

① 吕祖谦：《东莱吕太史集》别集卷一〇"答潘叔度"，《吕祖谦全集》第1册，浙江古籍出版社2017年版，第450页。

② 张栻：《张栻集》卷一四"阃范序"，中华书局2015年版，第967—968页。

③ 朱熹：《晦庵先生朱文公文集》卷三一"与张敬夫"，朱杰人、严佐之、刘永翔主编：《朱子全书》第21册，上海古籍出版社、安徽教育出版社2002年版，第1334页。

④ 黄宽重：《宋代的家族与社会》，(台北)东大图书股份有限公司2006年版，第7页。

友、门生和姻亲所构成的婺学学术网络及其互动情况，是婺学发展与传承的重要媒介。

上文提到吕祖谦在婺州讲学，因其讲授科举内容，吸引了全国各地士子到婺州从学，金华一地大量的全门阖户，甚至几代人来追随吕祖谦问学。以潘景宪家族为例，潘氏家族世居处州松阳，到潘景宪之父好古时，迁居金华，成为婺人，余诸叔父辈依旧留松阳。潘景宪高祖潘干，“以耋老望其里”；曾祖珂，“以谨力厚其家”；祖父潘宗回，以通儒学起家，吕祖谦称赞他“以文艺官，其族传三世而门益大”；父潘好古，“校中秘书，浸光显矣。中更忧患，无复当世意，专林丘之乐者数十年”①。

潘氏家族崛起并跻身士人阶层是在潘宗回一代。潘宗回（1101—1170），字几仲，以儒学起家，政和二年（1112）进士，官至左朝奉大夫。吕祖谦称：“松阳之潘，自复州使君宗回以进士起家，而族浸大。”②之后，潘氏家族便世代有读书仕进者。潘宗回弟潘宗说（？—1134），任严州寿昌县丞，子好谦（1117—1175），字伯益，一字损之，松阳人，官严州寿昌县丞，性闲淡淳厚。生有四子，其中景夔、景尹越数百里从吕祖谦学。潘宗回长子潘好古（1101—1170），字处之，金华人，少游太学，但试礼部不中，后居乡著书，平时“务赈恤，乐施予”，喜赈济乡民，对潘景宪的影响颇大。好古生子六人，平时笃于教子，训导严饬，家教有方。其中潘景宪、景愈兄弟皆从吕祖谦学。潘景宪（1134—1190），字叔度，金华人，与吕祖谦同年，隆兴元年（1163）进士，官至太平州学教授，虽与吕祖谦同岁，但仍以弟子礼事之。景宪勤奋好学，考订搜辑《书》《史》，铅黄朱墨，未尝去手，尤精于程氏《易》，成为吕祖谦最重要的门人与学友。吕祖谦因认识朱熹，二人志气相投，遂结为姻亲，嫁其女于朱熹长子朱塾。潘景愈，字叔昌，有意务实。兄弟俩都颇得吕学经史并重、躬行务实的学风。吕祖谦外出游学，亦常将景宪兄弟带在身边。如淳熙二年（1175），朱熹偕景愈自婺州入闽访朱熹，又至鹅湖，参加鹅湖之会，与

① 吕祖谦：《东莱吕太史集》卷一〇“朝散潘公墓志铭”，《吕祖谦全集》第1册，浙江古籍出版社2017年版，第132页。

② 吕祖谦：《东莱吕太史集》卷一二“潘朝散墓志铭”，《吕祖谦全集》第1册，浙江古籍出版社2017年版，第170页。

朱、陆相与论学。另外，潘好古幼子潘景良还迎娶了吕祖谦长女。自此，潘氏家族与当时著名学者朱熹、吕祖谦皆为姻亲，门生之外再加上婚姻这层关系，从而深受吕学、朱学影响，成为当地知名的理学家族。潘景宪长子潘自厚，字身甫，绍熙元年(1190)进士，其字为潘景宪请吕祖谦所取；次子潘自牧，字牧之，庆元二年(1196)进士，官至福州教授，编撰《记纂渊海》195卷，是南宋著名的类书。

潘氏家族本就是松阳右族，财力丰厚，因潘宗回跻身士夫家族后，七代人中有八人考中科举，无疑是地方望族之一。潘好古迁居金华后，其子潘景宪兄弟从学于浙东学派的吕祖谦，并结亲于闽学朱子，形成了师生同门与姻亲相结合的关系。而这种关系并不罕见，也出现在吕祖谦其他门人中，如吕学另一位高徒巩丰。

巩氏亦本中原士人家族，世为真定人，以诗书传家。建炎南渡后，迁居婺州武义，自此后世居之。巩丰祖父庭芝，字德秀，绍兴八年(1138)进士，官至左承议郎，太中大夫，著有《山堂类稿》60卷。巩庭芝为道学人士，武义人知义理之学，自庭芝始。巩丰伯父巩湘(1119—1191)，字采若，少年聪慧，年二十三便中进士，官至两浙东路提刑、广东经略安抚使兼知广州。其善作诗，与杨万里、喻良能等诗人相唱和。湘有三子，其中嵴、峤皆登进士第，仲子巩岘从吕祖谦学，考进士不中。巩丰父亲巩法，乡贡进士，丰三岁时便早逝，由妻子杨氏将巩丰、巩嵘兄弟抚养长大。巩丰(1148—1217)，字仲至，淳熙十一年(1184)进士，以文学称。弟巩嵘(1151—1227)，字仲同，淳熙二年进士，官至太学博士、大理石丞，知严州，爵须城县开国男。巩丰少时与堂兄岘、弟嵘一同从吕祖谦学，为东莱早期门人。巩嵘之妻何氏，为东阳富户，积资巨万，其兄弟何逮与巩氏兄弟一起从东莱学。

再如时澜、时沄兄弟。时氏祖先为开封人，五代中原战乱，南迁避居于婺州兰溪清江里，至南宋时已成当时望族，所谓“婺之群室，以地系姓者，皆其闻家。清江之时，盖其一也。清江于婺为近郊，时氏之居，百年于此矣”①。时氏家族中，有较为详细文献记载的祖先为时汝功与时汝翼兄弟。时汝功

---

① 吕祖谦：《东莱吕太史集》卷一二“金华时君德辅墓志铭”，《吕祖谦全集》第1册，浙江古籍出版社2017年版，第167页。

(1108—1175)，字德懋，时澜祖父，性淳质无逸习，吕祖谦为其撰《金华时君德懋墓志铭》。时汝翼(1110—1174)，字德辅，汝功之弟，为人庄重寡言，吕祖谦为其撰《金华时君德辅墓志铭》，称其善于教子，“子孙胜衣冠以上，皆使之从师肄习。晨起盥栉，未问家事，亟往劳来之。在塾者以次侍，各陈其业，或当其意，欣然为之忘食”①。时汝功生子三人，鉴、铸、镇，仲子时铸，字寿卿，与吕祖谦为同年进士，二人私交甚好，汝功病逝，吕祖谦亦亲往凭吊。时汝翼生子三人，镐、锜、錝。时澜(1156—1222)，字子澜，时鉴之子，淳熙八年(1181)进士，官至通判台州。时澜，为时氏子弟中学名最显著者，与时镐之子时沄、时淇、时泾及弟时源等从学于吕祖谦，源后学于朱熹。时氏家族通过吕祖谦、朱熹，成为理学家族，一时子弟深受朱吕影响，《宋元学案》在《丽泽诸儒学案》中列了时氏两代三人(时澜、时沄及澜子少章)，并称“时氏家学”。

时氏自时铸与吕祖谦交好以来，带动了大批时氏子弟从学于东莱。时氏子弟多出于东莱之门，且在经术、诗文方面有杰出成就，故而能在南宋婺州学术发展的脉络中占据一席之地，成为后世梳理和研究婺学传承中不可忽视的一部分。正如明初王祎所说：

> 古今文章作者众矣，未易悉数也，试自吾婺而论之。宋南渡后，东莱吕氏绍濂洛之统，以斯道自任，其学粹然一出于正。说斋唐氏则务为经世之术，以明帝王为治之要。龙川陈氏又修皇帝王霸之学，而以事功为可为。其学术不同，其见于文章，亦各自成家。而香溪范氏(范浚)、所性时氏(时少章)先后又间出，皆博极乎经史，为文温润缜练，复自为一家之言。②

时澜为吕氏高足，在学术与诗文方面皆有很大成就。在东莱殁后，他增补《东莱书说》，完成先师遗志。其子时少章(1199—?)，字天彝，亦以文学称

① 吕祖谦：《东莱吕太史集》卷一二“金华时君德辅墓志铭”，《吕祖谦全集》第1册，浙江古籍出版社2017年版，第167页。

② 宋濂：《宋濂全集》第8册“潜溪录卷四”，浙江古籍出版社2014年版，第2694页。

于世。在学风上，时氏继承了吕祖谦经、史并重，博综百家的特质，如时少章“博极群书，谈经多出新意，而子史学尤精”①，显出吕学风格。不仅如此，时少章与当时婺州的理学家，“北山四先生”之中的何基、王柏交好，三人既有同乡之谊，又在学问与诗文方面相互交流、唱和，少章子侄辈如时充之亦与王柏交流频繁，二人常常唱和诗文，互赠什物。何基、王柏虽为朱熹传人，但王柏祖父师愈、父瀚皆为吕祖谦门人，其学自然受到吕学影响，有吕学色彩（下文有详论，此处不做展开）。也就是说，王柏家族与时氏家族皆有从学于东莱之人，两家本就有师友之谊，故而在学问上也能相互影响，将吕学特质吸收传承下去。

除金华潘氏、武义巩氏、兰溪时氏外，婺州本地宗族求学于吕祖谦者，还有义乌徐氏的徐侃、徐倬兄弟，义乌楼氏的楼孟恺、仲恺、叔恺、季恺兄弟，武义刘邦瀚诸子即刘粹中、敏中、允中、时中兄弟，金华戚氏的戚如圭、如玉、如琥兄弟，金华汪氏的汪大亨、大明、大度、大章兄弟，等等。在吕祖谦的巨大影响力下，金华士人家族纷纷将自家子弟遣往东莱处问学。在这些家族中，既有潘氏、时氏这类本就是当地土生富民的，于本乡中富有声望，地位本就较高；亦有如巩氏这类两宋之际南迁移民的。这些移民客居他乡，自然会面临一系列困境，他们需要通过修儒业、求仕进的方式，获得政治与文化资源，在婺州站稳脚跟。但无论土、客，他们的需求是一致的，他们需要通过读书仕进，提升家族的政治地位和地方话语权力，而吕祖谦的讲学活动正好满足了他们这一需求。另一方面，吕祖谦之学也使他的讲学授徒，在这些家族的世代推崇中传续下去。吕氏门人或在家族内部向下传续东莱之学的学术旨趣和治学方法，如王柏虽游于朱熹门下，但其父王瀚是吕氏高足，使王柏学术有兼顾朱、吕的特点；或继续广延门徒，出任各地书院山长，将吕学传承与传播开来，对后世浙东学术产生巨大影响，如吕祖谦胞弟吕祖俭赴四明讲学，使四明学术兼染吕学特质。总之，通过探讨分析吕祖谦部分婺州门人的家族背景，表明当时以吕祖谦及其门人为代表的婺州士大夫，通过师徒、同道及婚姻等关系，构成了一张庞大而复杂的学术和仕宦网络。因他们大都出仕为官，上能够与政治高层发生频繁互动，下也能够通过地方士人的关系

① 黄宗羲:《宋元学案》卷七三“丽泽诸儒学案”，中华书局1986年版，第2457页。

网络影响地方社会，从而构建起具有金华特质的学术网络，而这一网络能得以构成的关键，无疑是围绕吕祖谦讲学活动展开的，也就是以吕学为中心构建出来的。

三、吕学门人与金华地方社会

吕祖谦虽天不假年，但从其学者云屯雾集，其学术影响广被东南。“天下之士靡然从之，而其所居乡诸生能自表见者为多”①，其影响不仅在于传播学术，更是养成了金华人习学之风，婺州自此成为学术昌隆之地。正如上文所述，在吕祖谦的影响下，婺州名士班班，出现一批相互之间有共同的师承，治学方式与文章旨趣大体相同，又交游密切，甚至互通婚姻的士人群体。他们结成了以吕学为中心的学术网络，继续传播、践行和传承吕祖谦之学，在金华地方社会中发挥着积极的作用。通过对吕氏门人生平活动的考察，可以发现，他们对金华地方社会的影响：一方面通过传播和再传吕氏之学，将吕学风格内化进金华学术的肌理之中；另一方面，他们积极参与社会治理，在经世方面建立事功，践行吕氏“明理躬行”的教诲。

（一）在婺传播和传承吕氏之学

1. 整理、增修和刊印吕祖谦遗著

东莱殁后，其门人开始整理其遗著，续写其未成之旧编。史载东莱“遗文及所纂集者尚众，以未伦次，皆藏于家”②，据当代学者考证，吕祖谦一生所编纂、撰述和整理的著作近 60 种。③ 这些遗著皆由其胞弟吕祖俭及其他门人共同整理并刊刻。吕祖谦文集《东莱集》40 卷由吕祖俭及其子吕乔年整理，未及刊刻，祖俭便病逝于贬所。嘉泰四年（1204），吕乔年依据其父生前整理本刊行于世。《丽泽论说集录》10 卷为东莱讲学说经的语录，由吕祖谦

① 陈傅良：《陈傅良文集》卷四八“何君墓志铭”，浙江大学出版社 1999 年版，第 604 页。

② 吕祖俭：《圹记》，吕祖谦：《东莱吕太史集》文集附录卷一，浙江古籍出版社 2017 年版，第 693—694 页。

③ 吕祖谦：《东莱吕太史集》第 1 册，浙江古籍出版社 2017 年版，前言第 28 页。

门人所录，后由吕乔年编次，刊行于世。宁宗嘉定三、四年（1210—1211），婺州郡丞詹义民主持刊刻了东莱的《吕氏家塾读诗记》7卷、《左传类编》6卷、《观史类编》6卷、《欧公本末》4卷，并刊行于世，书板则留在丽泽书院内的吕氏祠堂。詹义民伯兄詹子齐亦问学于吕祖谦，为东莱门人，不幸早逝，吕祖谦为他撰写过墓志。其后，丽泽书院继续刊刻吕祖谦的遗文，嘉定八年（1215），吕氏祠堂刊刻有《吕氏童蒙训》3卷，《东莱吕太史文集》15卷、《别集》16卷、《外集》5卷、附录3卷和附录拾遗1卷。除了刊印吕祖谦遗著外，吕祖谦尚有不少著述未及完成，其门人有为继承东莱遗志，为之续作者。如吕祖谦的《东莱书说》，本是吕祖谦的私塾讲义，其书前13卷为吕祖谦亲撰，未完成而于东莱病卒。其弟子时澜根据吕氏私塾讲义增补了22卷，合为《增修东莱书说》35卷，成为现在的通行本。

2.向外传播吕祖谦之学

除整理、增修和刊印东莱遗著外，吕氏门人积极传播婺学，不仅将吕氏学术承续下来，还将其向婺州之外传播开去。如吕祖俭（1146—1200），是东莱胞弟，但受业于祖谦，如诸生。他不畏权势、耿介敢言，宁宗时，韩侂胄用事，大搞党禁，迫害道学官僚，祖俭仗义上书直言抑制权奸，被贬韶州。朱熹因此大有愧疚之意，致书祖俭云："熹以官则高于子约，以上之顾遇恩礼则深于子约，然坐视群小之为，不能一言以报效，乃令子约独舒愤懑，触群小而蹈祸机，其愧叹深矣。"①吕祖俭在东莱卒后，与其他门人一起整理东莱遗著。他在读书上以《论语》为主，践以毋自欺为本②，继承了乃兄的学术衣钵。可惜吕祖俭的文集已佚，不能窥知其学术全貌。但他曾到四明任仓官长达6年，在此期间与四明诸生论学，传播吕学。尤其他与陆九渊门下的"四明四先生"讲学切磋，开展了充分的学术交流，四明学术也因而在不同程度上呈现出重视文献、经史并重以及讲求经世实用的吕学特征。③ 故而清人全祖望

① 脱脱等：《宋史》卷四五五"吕祖俭传"，中华书局1985年版，第13368—13370页。

② 王梓材、冯云濠等编：《宋元学案补遗》卷五一"东莱学案补遗·忠公吕大愚先生祖俭"，中华书局2012年版，第3014页。

③ 讨论吕学与四明学术的相关研究可参阅陈晓兰：《南宋四明地区教育和学术研究》，凤凰出版社2008年版，第114—137页。

在《吕忠公祠堂碑文》中称赞他：“忠公以明招山中父兄中原文献之传，左右其间，其功无所见于官守，而见之讲学。”以其讲学于鄞日久，可以与甬上四先生杨简、袁燮、沈焕、舒璘并列。[①]

3. 传承东莱学术绵延不绝

吕祖谦去世后，东莱门人散于四方，其中不少金华门人仿照吕氏建精舍、辟书院以教授生徒。金华人叶邽“受业吕成公之门”，以其得于吕祖谦者，教授了后来的南宋名臣、朱子高足徐侨。[②] 金华人叶秀发“师事东莱”，著《论语讲义》以教训诸弟子，“一时巨儒皆相器重，愿与之交”。[③] 婺学在吕祖谦卒后，最为知名的后学为北山四先生。清人王崇炳曾指出：“婺州之学，至何、王、金、许而盛，而东莱吕成公首浚其源。”[④]说的就是宋末元初的北山四先生——何基、王柏、金履祥、许谦。

何基（1188—1269）虽从朱熹学，但主张“力学以致其知，躬行以践其实”[⑤]，亦不悖于东莱之学，董平也指出他虽出自朱学，但终不失其乡先贤吕祖谦等所倡导的浙东学派之基本精神。[⑥]

王柏（1197—1274）学于何基，但其祖父师愈、父瀚皆为吕祖谦门人，王柏必有家学之传承，他少年时“慕诸葛亮为人，自号长啸”[⑦]，慨然有经世之志。年逾三十后，始知家学之源，捐去俗学，勇于求道。他生于金华，祖、父两辈师从于东莱，还担任过丽泽书院的山长，他既有朱学之渊源，也受吕学

---

① 黄宗羲：《宋元学案》卷五一“东莱学案·忠公吕大愚先生祖俭”，中华书局 1986 年版，第 1681 页。

② 黄宗羲：《宋元学案》卷七三“丽泽诸儒学案·主簿叶先生邽”，中华书局 1986 年版，第 2434 页。

③ 黄宗羲：《宋元学案》卷七三“丽泽诸儒学案·知军叶南坡先生秀发”，中华书局 1986 年版，第 2439 页。

④ 吕祖谦：《东莱吕太史集》新增附录“清王崇炳重刻吕东莱先生遗集叙”，《吕祖谦全集》，浙江古籍出版社 2017 年版，第 1 册，第 910 页。

⑤ 黄宗羲：《宋元学案》卷八二“北山四先生学案·文定何北山先生基”，中华书局 1986 年版，第 2726 页。

⑥ 董平：《南宋婺学之演变及其至明初的传承》，《中国学术（第 10 辑）》，商务印书馆 2002 年版，第 198 页。

⑦ 脱脱等：《宋史》卷四三八“王柏传”，中华书局 1985 年版，第 12980 页。

的影响，主张学有体用，即“可以行所学而见于用”[①]，将所学付诸齐家治国平天下的经世实践，这与浙东实学之精神是相合的。

金履祥(1232—1303)师事何基、王柏，不仅尊奉朱学传统，亦兼综吕学，慨然有经世之志，“凡天文、地形、礼乐、田乘、兵谋、阴阳、律历之书，靡不毕究”[②]，浙东学术的重实学特征十分明显。

许谦(1270—1337)为金履祥弟子，并将金履祥之学发扬光大，《元史》本传记载：“何基、王柏及金履祥殁，其学犹未大显，至谦而其道益著，故学者推原统绪，以为朱熹之世适(嫡)。”[③]作为朱学再传，他虽致力于辨“理一分殊”，但他尊朱子却无门户藩篱之见，其治学“先生于天文、地理、典章、制度、食货、刑法、字学、音韵、医经、数术，靡不该贯”。[④] 为学者师垂四十年，从学者千余人，他“遂其材分，咸有所得”，于典礼政事，“观其会通而为之折中，闻者无不厌服”。[⑤] 其语学者，“必顺天地之理，酌古今之宜，使通于上下，皆可尊用”[⑥]，这与吕学的重文献与经世务实的治学精神是契合的。[⑦] 故而，北山四先生之学推其学源，皆得力于东莱对理学的倡导及对婺州学术风气的涵养，吕学特质实际已融入婺学根底。

到明代，金华学者宋濂(1310—1381)、王祎(1322—1373)亦高举吕学大旗。宋濂说：“吾乡吕成公实接中原文献之传，公殁始余百年而其学殆绝，濂窃病之。然公之所学，弗畔于孔子之道者也，欲学孔子，当必自公始。此生乎公之乡者所宜深省也。”[⑧]从师承来看，宋濂、王祎皆师事元代学者义乌人

---

① 王柏：《上王右司书》，曾枣庄、刘琳主编：《全宋文》卷七七八九“王柏二”，上海辞书出版社、安徽教育出版社2006年版，第82页。

② 黄宗羲：《宋元学案》卷八二“北山四先生学案·文安金仁山先生履祥”，中华书局1986年版，第2737页。

③ 宋濂等：《元史》卷一八九“许谦传”，中华书局1976年版，第4320页。

④ 黄溍：《黄溍集》卷二一“白云许先生墓志铭”，浙江古籍出版社2013年版，第774页。

⑤ 宋濂等：《元史》卷一八九“许谦传”，中华书局1976年版，第4320页。

⑥ 黄溍：《黄溍集》卷二一“白云许先生墓志铭”，浙江古籍出版社2013年版，第774页。

⑦ 马艳辉：《吕祖谦门人及其后学研究》，广西师范大学博士学位论文，2017年，第135页。

⑧ 宋濂：《潜溪前集》卷七“思嫩人辞”，《宋濂全集》第1册，浙江古籍出版社2014年版，第208页。

黄溍,黄溍曾执弟子礼于其舅石一鳌,石一鳌少从王世杰问学,王世杰为徐侨门生,徐侨虽游于朱熹之门,但少年时从学于吕祖谦门人叶邽,可视为吕祖谦的再传。又,宋濂不名一师,除黄溍外,他又从学于柳贯,柳贯为北山四先生之一金履祥的弟子,金履祥师事何基、王柏,与吕学甚有渊源。故而,宋濂、王祎可谓东莱之再传,并非妄言。正如清人王梓材所云:“东莱学派,二支最盛,一自徐文清(侨)再传而至黄文献(溍)、王忠文(祎),一自王文宪(柏)再传而至柳文肃(贯)、宋文宪(濂),皆兼朱学,为有明开一代学绪之盛。”[①]宋濂虽以文为一代宗师,但其兼善史学,曾长任太史,明初编纂的《元史》实出于他之手。宋濂博闻强识,对历代典仪制度了然于胸,明朝之礼乐制度亦多为他考定。王祎说他“于天下之书无不读,而析理精微,百氏之说,悉得其指要”[②]。这与吕祖谦博综百家、经史并重的治学风格一致。王祎与宋濂同门,效仿宋濂,也以振兴吕学为志向。“(吕祖谦)本诸家庭文献之渊源,博诸四方师友之讲习,其学以孝弟忠信为本,收敛持养为要,会诸理以成身,推诸己以成物……其著书立言,皆以羽翼六经,而尤长于史,无非明民至理,经世大法。推而广之,足以尊主而庇民,引而远之,足以立教而垂世……呜呼!吕氏之学可不讲乎!”[③]于是王祎亦通经、史,以“涉事耦变以适世用”为学术志趣,反对“穿凿性命,穷高极远,徒骛于空言”[④],这种将圣贤之道致用于世的治学用事态度,显然与朱子之学不合,而更近似于明理致用的吕学与讲求事功的永康、永嘉之学,可见金华学术传承之延绵与坚韧。

4.丽泽书院薪火相传,成为婺学传续的重要场所

无论在时间、教学深度上,还是在影响上,吕祖谦创办与讲学的丽泽书院,都是他学术生涯中最浓墨重彩的部分。所谓“丽泽”,出自《易经》兑卦:“丽泽,兑,君子以朋友讲习。”[⑤]吕祖谦云:“夫兑,说也。天下之可说者多矣,而只说朋友讲习一事者,盖他物则不可说。惟讲习,则是德义之事,故尽说

① 黄宗羲:《宋元学案》卷七三“丽泽诸儒学案”,中华书局 1986 年版,第 2434 页。

② 王祎:《王祎集》卷二一“宋太史传”,浙江古籍出版社 2016 年版,第 627 页。

③ 王祎:《王祎集》卷八“思嫩人辞后记”,浙江古籍出版社 2016 年版,第 230 页。

④ 王祎:《王祎集》卷六“送顾仲明序”,浙江古籍出版社 2016 年版,第 165 页。

⑤ 王弼注:《周易注》,中华书局 2011 年版,第 308 页。

则尽不妨。"[①]讲习乃增进"德义"之事,吕祖谦以"丽泽"名其讲堂,表达了他希冀各家学术思想交锋融汇、博综众说的学术理念。丽泽书院前身为吕祖谦的书堂"丽泽堂",乾道六年(1170)八月,吕祖谦集众会讲于此,并颁布学规《乾道六年规约》,后逐渐演变扩大成书院,成为吕祖谦以私学的形式开展讲学活动的重要场所。从此以后,除了去往临安短暂居官外,至他去世为止,前后大约十年时间,吕祖谦的讲学活动大多集中于此。

丽泽书院虽与湖南岳麓书院,江西白鹿洞书院、象山书院并称南宋四大书院,但规模并不大。据楼钥的记述,丽泽书院本是吕祖谦生前租借的官屋,位于金华县城西光孝观之侧。在吕祖谦生前,此处虽作为四方学者云集受业于此的书屋讲坛,但并未有书院之称。直到祖谦去世二十余年后的嘉定元年(1208),乡之士大夫及吕氏门人改其旧居为祠堂,才加"丽泽书院"之匾额。此外,嘉定元年,由官方出资翻新扩建后,"为屋才十余楹"[②]。丽泽书院屋宇规模不大,居然能集四方求学者,可谓当时讲坛之盛事。田浩统计,吕祖谦在丽泽书院这十年间所授学生,加上明招山讲学及任教严州州学时的学生,总数至少上千人,这和吕氏门人叶适所说之"近世大儒吕公出,而人以理著,四方英俊,岁常数百千人"[③]相互印证。若取这上千人的三分之二,吕祖谦一生在丽泽书院所教导的学生也有七八百人之多,难怪田浩称赞吕祖谦无疑是12世纪70年代最受欢迎的老师。[④]

在吕祖谦声誉的影响下,赴丽泽书院求学者络绎不绝,其中不乏日后的知名学者,如葛洪、乔行简、王介、吕祖俭、吕祖泰、朱熹之子朱塾等。永嘉学派的叶适弱冠时慕名而来从学,永康学派的陈亮多次到书院与吕祖谦论学。正如后来光绪《金华县志》称赞的:"东莱吕子,其会友之堂曰'丽泽',一时人士倾心向往,道统学脉灿然昌明,名儒蔚兴,踵武相接,天下称婺州为小

① 吕祖谦:《左氏博议》卷一〇,《吕祖谦全集》第6册,浙江古籍出版社2017年版,第236页。

② 楼钥:《楼钥集》卷五二"东莱吕太史祠堂记",浙江古籍出版社2010年版,第971页。

③ 叶适:《叶适集》卷一一"宝婺观记",中华书局2010年版,第194页。

④ 田浩:《朱熹的思维世界》,陕西师范大学出版社2002年版,第101页。

邹鲁。”①

吕祖谦于东莱病逝后，胞弟吕祖俭继续主持丽泽书院，书院得以薪火相接，此后学者何基、王柏、袁桷等相继担任山长。嘉定元年(1208)，经金华本地乡绅士夫及吕氏门人请求，由官府出资翻修书院，并在前堂题匾“丽泽书院”，还专门建造一束阁收藏吕祖谦遗作，并造祠室以奉祀吕祖谦。理宗端平年间，吕氏门人将祠室扩建为吕公祠，其弟吕祖俭配祀。淳祐六年(1246)，知婺州许应龙将书院迁往双溪之畔，并奏请理宗赐额。度宗时，书院迁回原址。元明两代，丽泽书院经历多次被毁和重建，直至彻底毁于明末兵燹。丽泽书院在宋元明时期风薪相传，递传不替，清人全祖望称其“历元至明未绝，四百年文献之所寄也”②。书院虽毁于明末战乱，但婺学之传未绝，依旧对清代的浙东史学派发挥影响。后世吕学传人及其崇信者，为表对吕祖谦之人之学及丽泽书院的敬仰，纷纷开办书院，并直接以“丽泽”命名。有学者统计，宋元明清出现了12所以“丽泽”为名的书院，分布在浙江、湖南、两广、甘肃等地，可谓遍及全国。③ 吕祖谦教育实践所倡导的务实躬行的学风，被后世学者传承下来，并用以继续培养儒学人才，对浙东学术乃至中国学术产生了重要影响。

(二)婺州门人实践东莱经世之学

1.在政治事功方面

吕祖谦曾倡导实学，主张经世实用，以见“儒者之效”，故而其门下弟子多关切国事，出为显宦、为国谋策、为民谋福者。首先，由于吕祖谦在讲学实践中兼及科举内容，这使婺州士人接踵而来，而吕祖谦的举业教学无疑是相当成功的，东莱门人大多通过科举入仕。据学者李兵统计，在南宋四大书院中，尤以东莱门人的进士及第率最为出彩，远远高于其他三家。④ 其中，部分

① 邓钟玉:《(光绪)金华县志》卷一三“吕成公祠”，影印民国二十三年金震东石印本，第92页。

② 黄宗羲著，全祖望补修，陈金生等点校:《宋元学案》卷七三“丽泽诸儒学案·序录”，中华书局1986年版，第2434页。

③ 秦玉清、张彬:《吕祖谦与丽泽书院》,《杭州师范学院学报》1999年第2期，第34页。

④ 李兵:《书院与科举关系研究》，华中师范大学出版社2005年版，第9页。

士人家族有举家中举者，如：金华潘氏景宪、景愈、景良兄弟相继中进士，景宪子侄辈的潘自牧、自厚亦中进士，一门几代人相继中举，使潘氏一跃成为婺州望族；金华戚氏的戚如圭、如玉、如琥兄弟亦相继中举；金华兰溪的时澜、时沄等兄弟四人从学于东莱，中进士者三人；等等。这说明吕祖谦讲学的影响不仅体现在学术方面，在地方社会上，亦使金华从此名士班班，逐渐成为知名的文化之邦。

其次，吕祖谦的门人或成为政坛显宦，或成为治世之臣，继续在浙江地区乃至全国发挥吕学"经世致用"的影响力。东莱门人入《宋史》传者，就有葛洪、乔行简、陈傅良、叶适、吕祖俭、楼钥、巩丰、李诚之等人，其中以东阳籍门人最为杰出。明代宋濂称："吾婺自东莱吕成公传中原文献之正，风声气习，蔼然如邹鲁，而其属邑东阳为尤盛。有若李正节侯茂钦、信国葛端献公容甫、监察御史乔公世用、通判眉州赵公周锡，皆成公之高第弟子，或以忠义显，或以政事称，或以文学著，传之当世，布之简书，相去一百余载，人犹象而法之。"①如葛洪（1152—1237），字容甫，东阳人，"始于弱冠登东莱先生门，四方从游之士以千计，人受其教，如群饮于河，随其分量充然，各有所得。其后出处虽不同，至莅官行法，多有足观者，人望之，知其为吕氏之学子也"②。葛洪于淳熙十一年（1184）中进士，在地方做官时，颇有政声。后官至参知政事、资政殿学士，端平四年卒，谥端献，赠太师，封信国公。又如乔行简（1156—1241），字寿朋，东阳人。绍熙四年（1193）进士，官至左丞相，拜平章军国政事。卒，赠太师，鲁国公，谥文惠。他早年学于吕祖谦之门，行简"历练老成，识量弘远，居官无所不言"，又好荐士，如钱时、吴如愚，"皆当时隐逸之贤者"。③ 再如李诚之（1153—1221），字茂钦，东阳人。少受业于吕祖谦，乡举、太学舍选皆第一。嘉定十年（1217），任蕲州知州，时金兵渡淮南侵，李诚之到任后加紧巩固城防，厉兵备战。嘉定十四年（1221），金兵十余万攻打蕲州，李诚之拼死抵抗，城陷后仍率兵巷战，与子士允力战而死。朝廷闻知

① 宋濂著，徐儒宗等点校：《宋学士文集·芝园后集》卷八"题蒋伯康小传后"，《宋濂全集》第5册，浙江古籍出版社2014年版，第1637—1638页。

② 楼镛：《葛洪生祠记》，曾枣庄、刘琳主编：《全宋文》卷六七〇六"楼镛"，上海辞书出版社、安徽教育出版社2006年版，第347页。

③ 脱脱等：《宋史》卷四一七"乔行简传"，中华书局1985年版，第12495页。

后，“赠朝散大夫、秘阁修撰，封正节侯，立庙于蕲，赐名褒忠”①。

2. 在社会治理方面

吕祖谦门人积极参与婺州的公共事业。如潘景宪参与婺州社仓的建设。淳熙二年(1175)四月，吕祖谦至福建崇安五夫访朱熹，相与从游论学。其间，在五夫观看了朱熹社仓赈贷，欲归后聚集士友，自出谷物，赈恤乡民，效法为之。朱熹在《婺州金华县社仓记》中详细记载了此事：

> 淳熙二年，东莱吕伯恭父自婺州来访余于屏山之下，观于社仓发敛之政，喟然叹曰：“此《周官》委积之法，隋唐义廪之制也。然子之谷取之有司，而诸公之贤不易遭也。吾将归而属诸乡人士友，相与纠合而经营之，使闾里有赈恤之储而公家无龠合之费，不又愈乎?”然伯恭父既归，即登朝廷，舆病还家，又不三年而卒，遂不果为。其卒之年，浙东果大饥，予因得备数推择，奉行荒政。按行至婺，则婺之人狼狈转死者已籍籍矣。予因窃叹，以为向使伯恭父之志得行，必无今日之患。既而尚书下予所奏社仓事于诸道，募民有欲为者听之。民盖多慕从者，而未几予亦罢归，又不果有所为也。是时伯恭父之门人潘君叔度感其事而深有意焉，且念其家自先大夫时已务赈恤，乐施予，岁捐金帛不胜计矣，而独不及闻于此也，于是慨然白其大人，出家谷五百斛者，为之于金华县婺女乡安期里之四十有一都，敛散以时，规画详备，一都之人赖之。而其积之厚而施之广，盖未已也。②

可惜吕祖谦因公务繁忙又中风生病耽搁，直至七年后病逝也未施行。淳熙八年(1181)，正是吕祖谦去世这一年，浙东大饥，朱熹赶到婺州时，已是饿殍枕藉，朱熹为此感慨地说：“向使伯恭父之志得行，必无今日之患。”欲在

① 脱脱等:《宋史》卷四四九“李诚之传”，中华书局 1985 年版，第 13243—13244 页。

② 朱熹:《晦庵先生朱文公文集》卷七九“婺州金华县社仓记”，朱杰人、严佐之、刘永翔主编:《朱子全书》第 24 册，上海古籍出版社、安徽教育出版社 2002 年版，第 3775—3776 页。

此复行社仓,但因罢归作罢。淳熙十二年(1185),潘景宪继承其父“务赈恤,乐施予”之志,深入了解朱熹社仓之法后,在婺州建立社仓,也完成了乃师吕祖谦的遗愿。朱熹回忆十年前吕祖谦来访观看五夫社仓的情景,肯定了潘景宪“以承先志,以悦亲心,以顺师指”的行为,并写下了这篇社仓记。

四、结语

吕祖谦之学前承吕氏家学,后启丽泽诸儒,因吕祖谦早逝,其后学发展不如朱学兴盛。在东莱殁后,“婺之言性理者,悉本于紫阳朱文公”①,婺州人士多从游朱熹门下,婺学受到了朱子学的熏染。但这其实说明了浙东学术在吕氏之后的发展过程中,出现了既宗朱子而又继承吕氏兼重经史的学风,而不能说婺学宗师朱子后就与浙东学术的精神相背离。相反,正如上文所述,吕学在东莱殁后,依旧向外传播、向下传承,其传承的脉络依旧清晰可见,婺学传人仍然保持着诸多属于吕学的学术传统,学派特征依旧明显。正如明人陈相所说:

> 吾婺道学之传,自宋东莱吕成公以身任其道,倡鸣于南渡之后,卓乎不可及已。元有仁山金文安公(履祥),以其传于北山何文定公(基)、鲁斋王文宪公者(柏),而传之白云许文懿公(谦)。盖北山得于勉斋黄氏(干),而勉斋实出考亭朱子之门。故传得其正,粹然以道名家……及国朝学士景濂宋公(濂)、待制子充王公(祎),皆以斯文羽翼其道者也。②

清代全祖望亦称:“明招诸生历元至明未绝,四百年文献之所寄也。”③

综上,金华学术自吕祖谦讲学婺州后,婺州及周边各县士人闻名而来者

---

① 黄溍:《黄溍集》卷三三“张子长墓表”,浙江古籍出版社2013年版,第1209页。

② 许谦著,蒋金德点校:《许谦集》,浙江古籍出版社2015年版,序言,第881页。

③ 黄宗羲著,全祖望补修,陈金生等点校:《宋元学案》卷七三“丽泽诸儒学案”,中华书局1986年版,第2434页。

络绎不绝，尤其是婺州本地士人家族纷至沓来，甚至举族几代人来学。吕祖谦之学也因此得到广泛传播，形成独具特质的婺州之学。在此基础上，婺州以吕祖谦为中心，通过师友、家族、同道、婚姻等关系，逐渐结成了一个有源头有传承的学术网络，并通过师承与家学向后世传续下去，影响了一代又一代婺州学子。这一治学志趣与方法皆别具一格的学术网络，在浙江学术乃至整个中国古代学术发展史上都是罕见的。虽然在南宋中后期以后，朱学被列为儒学正统，为官方所推崇，朱子又常以吕学言事功、重史学为病，与吕学在性理论上亦各执一说，宋元之际包括婺学在内的浙东学术亦渐趋为朱学所染。不过，金华诸子依旧坚持博综文献、注重制度、经史并重，强调躬行务实的治学之风和学术传统，这是与以吕学为中心的金华学术传承的持续影响密不可分的。吕祖谦之学自南宋到明初，其在婺州的传承犹如“源头活水”，从未衰歇中断，其博综百家、经世并重的学术风格与治学取向一直扎根于并涵养着这方土地。直到明末清初以降，在以黄宗羲、万斯同、全祖望为代表的浙东史学派的身上，依然能看到东莱之学的特质，足见金华学术对浙学的影响之大之久。

邓广铭点校《陈亮集》(增订本)补遗

浙江师范大学江南文化研究中心特聘研究员
王文政

邓广铭先生点校的《陈亮集》增订本(河北教育出版社2003年版),是精品范本。翻阅多了,渐感亦略有遗憾。拙意有五篇诗词,或可补遗,或可补附录。

一、陈亮两词《江南序》《归途咏》,可作《龙川词》补遗

武义水帘亭,这里遗留了朱熹(1130—1200)、吕祖谦(1137—1181)、陈亮(1143—1194)、巩丰(1148—1217)四先生各自两阕逸词。

巩丰(1148—1217),武义县泉溪曲湖儒官,教育家巩庭芝之孙。其兄弟三人均师从吕祖谦。诗作多达三千多首的巩丰,其诗才被陆游极赞。从今武永公路或泉溪镇往南,转走千年古驿道,穿过茶亭自然村,水帘洞瀑布就在这个好客的小村后的仰天饭甑山(又名金柱山)松林山坳深处。水帘洞瀑布落差约三十米。村里传说东汉皇帝刘秀打天下时因躲入瀑布后的奇洞而逃过王莽的追兵。瀑布前有一块10余平方米见方的巨石,距石北20余米的斜坡上,乃实实在在的水帘亭旧址。此处正好观瀑听泉。巩丰曾邀不少文人游而观瀑,互相作诗,唱和不止。① 不过据说金柱山是五进士之家刘宅刘氏之祖坟山。更称奇的是,在仰天饭甑山与茶亭村之间,还深埋着一座千年金柱寺的盛衰故事,后唐时代德谦禅师与另一温州义照禅师兴建了金柱寺。此地离隔江的讲堂山直线距离约11里,离泉溪曲湖约8里。2005年12月笔者曾随几位同道专访,那是晴天,水帘洞上洒水珠,下结白冰,也属难得

① 《武义县志》,浙江人民出版社1990年版,第758页。

景象。

据记载，吕祖谦、朱熹、陈亮等人受朱、吕门人巩丰的邀请，曾忙中偷闲赴武义水帘亭一游。[①] 此游时间大约在淳熙三年(1176)，或时在淳熙元年(1174)二月[②]，或有因陆续受邀而不同时倡和的，估计也是巩丰先呈词而请教引起的。宋代词作大兴，但宋代正统理学家们作词却很少。他们把词看作“时髦玩意、茶余酒散聊以消遣耳”。所以吕祖谦与陈亮有所不同(陈亮属例外)，其词作极少。目前只发现其闲游雅逛水帘亭，众人兴起“时髦”一回，潇洒一次，作词！四人各自留下两首和词，词牌各自相同的《江南序》《归途咏》，见于《嘉庆武义县志》卷十一艺文下诗余，又见于清何德润《武川备考》卷九艺文考14诗余。2006年我将之录入《吕祖谦与浙东明招文化》一书，叶一苇2008年有文析之。

朱熹所和《江南序 游水帘亭》：山径崎岖路，危巢步可攀。风飒飒，水潺潺，流泉穿石水回环。乌栖岩下树，龙卧石中潭。我来不觉精神爽，深入帘栊四月寒。

吕祖谦所咏《江南序　游水帘亭》：岩前清漱玉，银线挂珠帘。山隐隐，水涟涟，石峡浮云带断烟。登临旋鸟道，身向白云边。重来曲水三杯酒，坐卧苔矶一醉眠。

吕祖谦词写景状物，清新可爱。写瀑布，写山，写水，写云，无不状尽其妙。更妙之处还在于写到山水间卧着一醉翁，如图如画，情文并茂。

陈亮的《江南序 游水帘亭》：有液垂银溅，珠帘不用钩。山寂寂，水悠悠，石室生寒五月秋。微行苔印履，流水不浮舟。林外夕阳归路急，未知何日再重游？

① 何德润：《武川备考》卷三“建置考古迹”。

② 《东莱集·别集》卷十“答潘叔度”。

陈亮用“钩”“浮”“寒”三字，贴切生动地刻画了水帘亭边上水帘洞、水帘瀑的景象。衬托了窘迫的现实，又用“急”字隐含了自己生计匆忙、无法留恋美景的情景。

巩丰的《江南序 游水帘亭》：石耸泉飞急，渊深流自长。声滴滴，影苍苍，一泓清影泻沧浪。涧草侵人碧，山花绕路香。水帘佳景皆诗句，酒兴无如逸兴狂。

四人写得各有千秋。如今水帘洞、水帘瀑依然，水帘亭却不见，诗人们闻声不见人！

另一首词牌是《归途咏》。

朱熹所和的《归途咏》：樵子村，近黄昏，回首帘亭杳。又见疏松漏月痕，深沉！

吕祖谦吟哦的《归途咏》：白云收，水共流，飞帘犹未卷，回首晚山相对愁，何尤！

陈亮唱和之《归途咏》：日暮天，树宿烟，岩前敲石鼓，潜龙犹自井中眠，多年！

巩丰的《归途咏》：人影稀，咏而归，夕阳帘色白，接天远岫系残晖，几希！

对照起来阅读，更是情景交融、妙趣横生，各大家之心艺风格，迥异毕现！陈亮融情于景，看那种自信、豪迈而又窘困的状貌，宛如眼前。

但是，淳熙八年(1181)以前，无记载朱熹到过武义。有可能，朱熹的两首，不是同时唱和的，比如是淳熙九年(1182)正月朱熹来武义后补和的。或者，根本就是在书信中唱和的。然而，从词句与景观的相契程度来看，朱子是实地所得的。

武义后世有仿朱、吕、陈、巩四先生词《又调江南序·游水帘亭》。①

吕子二词已被收录于《吕祖谦全集·东莱吕太史文集·新增附录吕集佚文》中。

二、吕祖谦两铭《陈同甫厉斋铭》《陈同甫恕斋铭》，可作附录补遗

四库本吕祖谦《东莱集》卷六、《东莱吕太史文集》卷六（宋嘉泰四年吕乔年刻元明递修本），均有吕祖谦两铭，题为《陈同甫厉斋铭》《陈同甫恕斋铭》。

《陈同甫厉斋铭》：参政周公名陈亮同甫之室曰：中。陈子事斯语而知其难，更榜以“厉”。厉也者，所以用力而择乎中也。其友吕某为之铭：溯流之舟，挽之犹迟；下坂之车，梶之犹驰。木火金水，燥湿不齐。有习有积，有居有移。亦能用力，蕲适厥宜。凡此数者，盖阴乘之。潜有所赘，默有所亏，是过不及，察之甚微。凛乎其严，岌乎其危。匪曰设戒，理则如斯。不将不迎，不留不处。敬而无失，大中之矩。

《陈同甫恕斋铭》：实理难精，实德难居，实责难（“副”或“任”），实病难除。实知其难，于人则宽。惟实惟宽，惟恕之端。天地变化，草木蕃芜。迹厥实然，可求其故。陈子作斋，俏坐有勒。匪尚其通，亦尚其塞。

邓广铭先生点校的《陈亮集》增订本卷十中，有陈亮的《妥斋铭》，并附薛季宣《妥斋铭》及相关函件一封。

《陈亮集》陈龙川《妥斋铭》：往则俱往，来则俱来。义苟精矣，动静必偕；心之广矣，亦何惧哉！天下虽大，吾安厥斋。

民国颜虚心《陈龙川年谱》乾道八年壬辰（1172）：薛士龙、吕东莱寄《妥

① 《征文录》卷一一，《（郭洞）双泉何氏宗谱》2005年重修本。

斋铭》。而杜海军《吕祖谦年谱》则将下述"《东莱集》中《与同甫书》"系之于上一年。但《陈亮集》和《东莱集》中均无吕祖谦撰《妥斋铭》。

邓先生对陈、薛、吕之铭做过考察。但最终未对上述两者做出关联。

> 邓先生对陈亮《妥斋铭》作注：陈氏以妥斋名其居，曾请吕东莱及薛季宣为之作铭。《东莱集》中《与同甫书》曾及此事，谓"有暇乃可下笔"，今其集中无有，则似迄未作铭。《浪语集》有《妥斋铭》，附录于后。又卷二十三有《答陈同甫书》，亦及此事，并谈学术，亦附之。

窃以为陈亮《妥斋铭》与吕祖谦两铭，至少与《陈同甫恕斋铭》有因果关系。

> 宋薛季宣《浪语集》卷二十三《答陈同父书》：《妥斋铭》文，本欲相名如周公之与君奭。（陈）君举以为君奭王事表德，朋友之谊也，名近师道，有所不可。不然何惜一换，试更思之。

因为陈傅良（君举）对《妥斋铭》的用意"有所不可"，薛氏建议陈氏可以"更换"。故而有了《陈同甫恕斋铭》等。或许吕、陈在明招山或丽泽堂当面交谈过，未留书证。

但不管如何，卷末附录补遗，恐怕没问题吧。

三、辛弃疾《祭陈同父文》，可作附录补遗

清董兆熊所编《南宋文录录二十四卷》光绪刻本，有辛弃疾《祭陈同父文》一文载于卷二十一。四库本《龙川集》无附录。金华丛书本《龙川文集》诸本未附录。而中华书局1974年本《陈亮集》附录辛文仅四行节选。邓广铭先生点校2003年版《陈亮集》（增订本）附录了叶水心《祭陈同甫文》，却并未附录辛弃疾《祭陈同父文》。

然邓先生对"陈亮""辛弃疾"两人之诗文、交好，均了然过人，无须鄙人

多嘴。邓所著《辛弃疾年谱》中就有“稼轩《祭陈氏文》”末两行节选。

邓先生失采辛弃疾《祭陈同父文》,唯一的可能性,恕吾直言,万密一疏。

> 辛弃疾《祭陈同父文》:呜呼!同父之才,落笔千言。俊丽雄伟,珠明玉坚。人方窘步,我则沛然。庄周、李白,庸敢先鞭。同父之志,平盖万夫。横渠少日,慷慨是须。拟将十万,登封狼胥。彼臧、马辈,殆其庸奴。天于同父,既丰厥禀:智略横生,议论风凛。使之早遇,岂愧衡于伊。行年五十,犹一布衣。间以才豪,跌宕四出。要其所厌,千人一律。不然少贬,动顾规检;夫人能之,同父非短。至今海内,能诵三书,世无杨意,孰主相如!中更险困,如履冰崖。人皆欲杀,我独怜才。脱廷尉系,先多士鸣。耿耿未阻,厥声浸宏。盖至是而世未知同父者,益信其为天下之伟人矣!
>
> 呜呼!人才之难,自古而然。匪难其人,抑难其天。使乖崖公而不遇,安得征吴入蜀之休绩?太原决胜,即异时落魄之齐贤。方同父之约处,孰不望夫上之人,谓握瑜而不宣?今同父发策大廷,天子亲置之第一。是不忧其不用。以同父之才与志,天下之事孰不可为?所不能自为者,天靳之年。
>
> 闽浙相望,信问未绝,子胡一病,遽与我诀!呜呼同父,而止是邪!而今而后,欲与同父憩鹅湖之清阴,酌瓢泉而共饮,长歌相答,极论世事,可复得邪?千里寓辞,知悲之无益而涕不能已。呜呼!同父,尚或临鉴之否?(清董兆熊所编《南宋文录录》二十四卷光绪刻本)

发稿前忽见卢敦基《人龙文虎——陈亮传》,录辛文于《宋名臣言行录》外集卷十六等中。

唯知音相哭、同气相惜而如此!

陈亮的死亡观探微

中国矿业大学马克思主义学院副教授
胡可涛

死亡问题是人生的终极问题,也是哲学无法绕开的一个主题。在以"生命的学问"为核心的中国文化里,虽然诸家对于死亡的态度不一,但是对死亡的关注和思索却是永恒的。作为事功学派的代表人物——陈亮,其学术思想与朱子形成了鲜明的对比,但是对于死亡问题,他们同样非常关注。虽然,陈亮对此问题的认识并不系统,但是其态度和立场却较为鲜明。

陈亮的死亡观主要可以见诸其撰写的祭文、墓志铭、行状以及哀辞等。祭文是祭祀或祭奠时表示哀悼或祷祝的文章,是供祭祀时诵读的。主要为哀悼、祷祝、追念死者生前主要经历,颂扬他的品德业绩,寄托哀思,激励生者。墓志铭用于埋葬死者时,刻在石上,埋于墓中。作为一种悼念性的文体,一般由志和铭两部分组成:志多用散文撰写,叙述逝者的姓名、籍贯、生平事略;铭则用韵文概括全篇,主要是对逝者一生的评价。行状则是叙述死者世系、生平、生卒年月、籍贯、事迹的文章,常由死者门生故吏或亲友撰述,留作撰写墓志或为后人提供立传的依据。哀辞则为诔辞的旁支,其对象主要是"童弱夭折,不以寿终者",同时以抒发生者哀悼之情为主。在传统社会,替人书写悼念性文字,多为文人获得润笔之资的一个重要来源。从《陈亮集》留存的悼念性文字看,陈亮既有为亲朋好友撰写的祭文或者墓志铭,也有应人之邀而作的哀悼性文字。相对而言,前者情感更为真挚,后者则多有格式化的语言,但是其中亦不时流露出他对死亡的看法和认知。

一、死亡的焦虑:岂不冤哉!岂不酷哉!

死亡,具有必然性与确定性,但是死亡于何时、何地以及以何种方式降临，却充满了偶然性与不确定性。死亡的这种“确定性的不确定性”，不仅会给濒死者而且也会给生者带来焦虑、恐惧、不安与痛苦，这些心理反应统称为“死亡焦虑”。正如日本学者岸本英夫所说：“死亡一旦到来，事实上是很快的。它实在是随意地来。不仅随意，而且还旁若无人。死亡即使是在不该来的时候也会来到，在不该出现的地方也不在乎地出现。就像你把客厅打扫得干干净净，它却不脱鞋子，鲁莽地闯了进来。如此蛮横无理，你说过分不过分？你要它稍等一下，它也绝不等待。这人间力量无能阻挡、撼动不了的怪物！”①在这方面，陈亮也有类似的认识：“人谁不死，宁公是逢！又杀吾父，昊天鞠凶，生乃如此，实死与同，俯仰惶惶，未知所终。”②人们对死亡的焦虑并非源于死亡本身，而是源于对死亡的“未知”。通常而言，猝死者多不存在此类问题，往往是人们能够预感到死亡即将到来，有时间去反思死亡问题，却无力获得确定的死亡认知所带来的情绪反应。死亡由此而成为一个问题。死亡的焦虑不仅指向濒死者，而且会笼罩着与死者发生关联的群体或个人。印度哲学家乔德哈利认为死亡的恐惧（焦虑）来源于三个原因：“第一，死亡是一种痛苦的经验，一个垂死的人，通常经历巨大的苦痛。第二，死去之后万事皆空，我们生前孜孜以求的享受、荣誉、地位、财富等等，一切将化为乌有。第三，我们将被周围的人忘却，因此失去我们的骨肉和亲朋挚友。”③在此，姑且将这三种死亡焦虑的原因分别称为“濒死之痛”“幻灭之痛”以及“被抛之痛”。

首先，“濒死之痛”。死亡是人生的必然归宿，但是它的到来却充满了不确定性，这就为死亡焦虑的存在埋下了伏笔。陈亮一生可谓命途多舛，长期饱受穷困之苦，后又经历丧亲之痛、牢狱之灾、仕途失意，虽然晚年中了状元，也一度发了财，但是晚年接连遭受病痛的折磨，这又让他疲惫不堪，使他一度产生一死以求解脱的想法。在《复陆伯寿》的信中，称其“七月二十五日一病，不知人者两月。自此日里不能吃饭，夜间不能上床。……不如早与一

① 岸本英夫著，阚正宗译：《凝视死亡之心》，东大图书股份有限公司 1997 年版，第 114 页。

② 《陈亮集》卷二二，“祭薛士隆知府文”，第 267 页。

③ 转引自陆扬：《中西死亡美学》，华中师范大学出版社 1998 年版，第 6 页。

死为快脆也”[①]。在与勾熙载的信中，称自己“手足俱中风湿”，在与胡德永的书信中，则称自己“偶身上发热，两日不知人”[②]。他还说：“亮衰落至此，不复与世人较是非，苟可以窃旦墓之安，何气之足论！但不容其安而亦莫念之，此其苦殆不可言耳。”[③]“亮平生百事并在人后，只有一健耳。望见暮景，天已与夺之，憔悴病苦，反以求死为快脆，其他尚复何说！”[④]在与章德茂侍郎的信中，他说：“意绪惘惘，殆不知身世之足赖也……侵寻晚景，行将抱之以死矣。”[⑤]在接近生命的终点之时，病痛的折磨，让他产生了“速死”的想法。这种想法看似是想通过死亡来解脱，实际上应该是一种濒死痛苦所导致的焦虑。选择“速死”最好的方式无疑是自杀，但是儒家的价值观念是反对自杀的。故而，陈亮所做的只有等待死亡的来临。对于死亡何时来临，他“又自言：‘岁之十月必死，不死亦止活五年。’俾其子持以为验。余为书之。而叶正则偶然过门，一见而笑曰：‘世宁有是事而子言之乎！’余以为人自分必死而独靳于一言，亦大非人情矣”[⑥]。在陈亮预感到死亡即将来临的时候，他想做一个预言的测验，看看是否准确，叶适则大不以为然。而陈亮则以为，死都不怕了，还怕这样的预言准与不准吗？或可说，这种“死亡预言”的游戏只是为了缓和死亡来临的紧张和焦虑，只是顺乎人情而已，真假倒是次要的。

其次，“幻灭之痛”。死亡是一种毁灭，不论你事业多么成功，拥有多少财富，多么德高望重，死亡将使之灰飞烟灭。王天若父母得享五福，所谓富、寿、好德、康宁、终考。但是，在死亡面前，她的人生依然还有遗憾。“如君虽可以无憾，而人子之心夺之中道，邻壤之敬失之须臾，其为伤嗟，宁有穷已！”[⑦]人生中，一路通达者如此，一路蹉跎者更甚。因为，它意味着理想的终结、责任的放弃以及事业的戛然而止。如此，死亡的焦虑必然会因为这种理想的幻灭而加剧。对陈亮而言，他觉得自己空有“屠龙之技”却一无所用。

---

① 《陈亮集》卷一八，“复陆伯寿”，第267页。

② 《陈亮集》卷二一，“复胡德永”，第337页。

③ 《陈亮集》卷二一，“与尤延之侍郎”，第326页。

④ 《陈亮集》卷一八，“复楼大防郎中”，第315页。

⑤ 《陈亮集》卷二七，“与章德茂侍郎·又书”，第326页。

⑥ 《陈亮集》卷十五，“赠术者宣颠序”，第182页。

⑦ 《陈亮集》卷二四，“祭王天若父母文”，第267页。

他的爱国热血在面对懦弱的南宋小朝廷时，近乎“雨打风吹去”。这份遗憾，尤其对于强调“事功”的陈亮来说，无疑是人生当中极大的痛苦：“腊月间先人之丧，遂见三祥就使亮免丧不死，然五年所学之技大类屠龙，技虽成而无所用，终何以致先人仰恩入地之报于门下，生死负愧，不知所去。”①理想的幻灭，当然使得他觉得枉活一生、愧对先人。当然，失意的绝不仅仅是陈亮，在他众多的祭文中，多有对怀才不遇的悲叹，也有对出师未捷的惋惜，更有对“赍志以殁”的伤感。他在《祭妻叔文》中惋惜他的妻叔：“竟赍志以殁，识者无不为公惜之。”②死亡可分为正常死亡与非正常死亡，尤其后者往往意味着一个人人生的不幸，故而益发增加生命的悲情色彩。而非正常死亡的原因不一而足，疾病、瘟疫、横祸、战争等。有的是不可避免的天灾，有的则是本可以避免，但是最后却没有避免的“人祸”。陈亮所评论的人物或者撰写悼文的对象多有这样的情形。命运何其酷也！死神从来就不会考虑你的才华、能力、德性。死亡常常以诡异的方式终结人的生命，进而以意想不到的方式中止人生的事业，这一点怎么能不引发陈亮的伤感。当然，除了事业之外，陈亮还有其他很多心愿没有达成，这也是幻灭之痛的表现，比如子女未能抚养成人、父母未能送终等。就儒家伦理而言，家庭的责任对于个体而言毋庸置疑也是重要的：“继自今一族之间，幼者谁抚，不率者谁教，病者谁怜，死者谁与经纪之耶！使同族相收、同宗相听之义于兹阙然，亮于公之死盖不能无憾于天也。”③

最后，“被抛之痛”。人作为社会性的动物，在一生当中必然会经历身边亲朋好友逝去的困扰。死亡事件的不断发生，会不时地挑动着生者脆弱的神经，使人产生某种“兔死狐悲”之感。或可说，死亡的阴影不时地笼罩在活人的头顶。以陈亮为例，其曾祖父陈知元追随大将刘元庆，战死在抗金战斗中，其外曾祖父同样因为保卫家乡，血染沙场。虽然这是陈亮出生之前的事情，但是这种家族记忆可通过家谱或者长辈的讲述等形式一直延续下去，使得他必然产生对死亡场景朦胧的印象。死亡其实并不可怕，可怕的是死亡

---

① 《陈亮集》卷二十，“与叶丞相”，第 317—318 页。

② 《陈亮集》卷二二，“祭妻叔文”，第 349 页。

③ 《陈亮集》卷二二，“祭三五伯祖文”，第 347 页。

以猝不及防的方式出现。陈亮的一生可谓命途多舛，这个家族频繁出现且意想不到的死亡事件，使年轻的陈亮遭遇了前所未有的考验。其母十四岁生他，到了三十七岁即短命而亡。在母丧还没有结束的时候，父亲因为家童杀人遭人构陷而被捕入狱，年迈的祖父母经受不住如此打击，在乾道三年(1167)相继离世。此时的陈亮，既要“救生”，也要“送死”，但是拮据的家庭状况，让他感到力不从心。不久，庶弟陈明仅仅二十几岁就病死。可以说，家族成员接连以非自然的方式死亡在某种意义上极大可能加剧了陈亮对生命的悲观情绪。死亡是一场阴阳相隔的彻底分别，而死者未竟的事业以及死者的“死事”被别无选择地抛给了生者。生者也必然因为亲属死亡而面临“生命无法承受之重”。

死亡到来的时候，意味着濒死者必须与其亲朋好友经历一场再无机会见面的诀别。“亮蹉跎暮景，邂逅飘零。白饭青刍，旧游何在！只鸡斗酒，老泪如倾。叹逝者之斯夫，知吾生之永已。临穴不及，朔风而号。”①死亡造成的别离，让活着的人感受到孤独之苦，而逝去的人则担心被活着的人所遗忘。在陈亮的感慨中，可以发现，他不仅因为朋友的日渐凋零而感到孤独，而且自觉这是在提醒他死期将至。这种人生晚景的体验无疑是极其凄凉的。死亡，势必将生者与死者的纽带切割。生者失去了依靠和庇护，而死者则注定要孤独地离去。

“濒死之痛”对于濒死者而言往往意味着肉体和精神的双重折磨，它伴随着“油尽灯枯”的虚弱感与无力感；“幻灭之痛”则涉及存在意义的危机，死亡将对人存在的意义提出考问，并且死亡将以毁灭的方式来挑战人们日常生活建构的价值，它给人带来的往往是人生意义的幻灭感，所谓“死去元知万事空”；至于“抛弃之痛”，则意味着死亡将个体从群体中抽离，以无情的方式抛向一个未知的世界。或可说，死亡的焦虑来源于对未知的恐惧。“濒死之痛”立足当下的生命体验，由身心的无力而引发对即将到来的死亡的焦虑；“幻灭之痛”则意味着死亡对个体过去较为确定的存在价值的挑战，濒死者因对这种“审判”结果的未知而产生死亡焦虑；而“抛弃之痛”，则是指对死亡将个体抛到一个未知世界的恐惧，由此而形成死亡焦虑。当人们无法走

① 《陈亮集》卷二三，“祭潘叔源文”，第356页。

出或者摆脱死亡所带来的阴霾时，死亡就成了一个问题，成为一种困扰。这一点，任何人都无法绕开，陈亮也是如此。

二、死亡的意义：且以识死，且以起生

中国人有着“重生轻死”的传统，这可以追溯到孔子所说的“未知生，焉知死”①。或可说，普通人不太关注死亡问题，对死亡往往缺乏足够的反省。陈亮也观察到这一现象，他说：“然余观世人之奔驰于耳目口腹之欲，而颠倒于是非得丧，利害荣辱之途，大之为天下，浅至于锱铢，率若蚁斗于穴中，生死而不自觉。”②“生死而不自觉”的状态，必然导致人们无法洞察死亡的真实面貌。当死亡真的出现，人们不得不面对死亡的时候，死亡焦虑必然随之渐浓，并影响到个体的死亡质量，所以有“好死不如赖活”之说，无法尊严地接受死亡。

“世人之奔驰于耳目口腹之欲”的生存状态，在德国哲学家海德格尔看来是生命的一种“沉沦态”。人们为感官的欲望所牵引，在颠倒梦想之间欲罢不能；汲汲于名利，由此而宠辱皆惊；锱铢必较，在利益的争斗中耗费自己的生命能量。陈亮认为这就相当于蚂蚁在洞穴里争斗，不知死亡正悄然而至。如果人生是这样的一幅场景，那么这样的人生注定是荒诞的和无意义的。对活着的人而言，仅仅注意到生，而不关注到死亡，势必无法获得生命的意义和价值。然而，这却往往是世俗社会的常态：“第见人事之好乖，不知墓草之几生。”③正如苏格拉底所说：“不经反省的人生，是不值得过的人生。”死亡以近乎残酷的方式，揭露着人生的真相，逼迫着人们思考自己的生命价值。陈亮说的“且以识死，且以起生”，强调“以死观生”，即如果认识不到死亡的价值和意义，那么生命的价值与意义也就无法得到彰显。一旦死亡来临，人们缺乏必要的心理准备和思想认识，往往产生对死亡的恐惧和焦虑。从这个层面而言，死亡有它的现实意义。这就是海德格尔所说的“人是向死

① 《论语·先进篇》。

② 《陈亮集》卷一二，“重建紫霄观记”，第189页。

③ 《陈亮集》卷二二，“祭周参政文”，第346页。

的存在”，即人如果把每一天都当成生命的最后一天过的话，倒是可以催逼人们反思自我的生命的意义和人生的价值。

事实上，死亡终究是一个人面对自己生命的终结而无法逃避的问题。那么，该如何认识死亡呢？陈亮认为要理性地看待死亡，就必须分析死亡存在的客观性。陈亮大胆地发挥想象，比如如果没有死亡，那么我们人类在天地间恐怕无立足之地了。一拨人的离去是为另一拨人挪位置，这是上天的造化之妙。陈亮说：“将死犹欲人之无争，死后犹欲身之不泯。嗟逝者之如斯，与草木而共尽。”①天地造化生生不息，人生有生有死与草木有枯有荣的道理是一样的，人类因为将自己视为“万物之灵”，故而，不能以平常心看待生死，死亡才成为一个困扰人们的问题。认识死亡的真相，走出死亡的困扰，就必须认识到天地“生生不穷”的规律。“天地之生生不穷，则死宁有已。惟其生死不信，是以铭之在此。”②也就是说，既然天地是生生不息的，那么死亡的出现也是理所应当的事情。一旦将死亡视为自然而然的事情，那么必然就不会贪恋“生”，恐惧“死”。并且，只有将生与死放在“生生不穷”的宇宙化生的环节之中，才能跳出生与死的二元对立的思维模式。陈亮所说的“生死不信”，不是说不相信生与死，而是只有跳出生与死的二元对立才能够真正勘破生死的奥秘。

除了将死亡当成生命流程的一个环节之外，还需要认识到死亡是一种命运。所谓“天地鬼神之具在，死生祸福之遂分”③。在天、地、神、人的四重世界中，死生祸福在不同的个体身上有着不同的呈现，这是个人意志无法扭转的。而且，死生祸福的安排，并非人类所能认识，它属于“不可知”的范围；同样，也不是人类能力所能改变的。陈亮说：“天不可以人问，命不可以力争。念躬行之无愧，而事变之适兴。”④人所做的只是顺应天命，如此才能够坦然地接受死亡作为命运的安排。他在评论三国时期的夏侯玄时说：“夏侯太初处生死祸福之际而不动。名不虚得也，而遇非其时矣。二子之死义，乃

---

① 《陈亮集》卷二八，“陈思正墓志铭”，第418页。

② 《陈亮集》卷二七，“孙贯墓志铭”，第399页。

③ 《陈亮集》卷一八，“谢侍郎启”，第244页。

④ 《陈亮集》卷二二，“祭郑景望龙图文”，第348页。

与太初同，尚何憾乎！”[①]夏侯玄运气不太好，遭遇不测。但是，他在死亡面前能够有尊严地面对，这样的人生并没有遗憾。至于“竹林七贤”中的嵇康和阮籍，不屈于司马氏集团的飞扬跋扈，他们知道自己难逃一死，故而勇敢地接受命运的安排：“籍、康以英特之姿，心事荦荦，宜其所甚耻也，而羽翼已成，虽孔孟能动之乎！死生避就之际，因二子之所不屑也。”[②]

“识死”可以“起生”，“起生”亦可以“识死”。也就是说，洞察活着的意义，亦可以推动人们妥善地对待死亡。陈亮在《刘和卿墓志铭》中说：“人生何为，为其有欲，欲也必争，惟日不足。粗足而休，惟君也独，抱此入土，吉不必卜。”[③]刘和卿能够看穿世俗社会的名利，过着简单朴素的生活。这种生活态度，让他获得了生命的本真，从而他的死亡也能绽放出独特的意义，所谓“吉不必卜”。与之相反的是俞景山，他个人的品质没有问题，但是却因为未能把握“天地生生之理”，以至于其死亡成为一种不幸：“以子之端悫静默，知有书卷，而不知有天地之大，日月之过前；知有朋友而不知父母之违离，家室之不可已。此其为志岂小，而偃然卧病于百数十里之外，死以属诸朋友而葬以累其父兄，使天地生生之理颠倒而不可知，抑其所谓不可知者止此，而子独偶逢其适耶！何其所遇之惨也！”[④]

三、死亡的超越：超出生死，是名实相

郑晓江教授说：“‘死亡’是人与生俱来的特质，而超越‘死亡’则是人类永恒的企盼。人类既然是‘万物之灵’，是自然界唯一的能自觉到自己会死以及死亡意义的动物，那么，必能在解决‘生’之问题的同时，消解‘死’，超越‘死’。”[⑤]在陈亮看来，对于生死，不能立足现象界去观察，而是要将生与死融入生命本体中去认识，在跳出生与死的二元对立的思维模式的基础上，履行“人道”，这才是解决死亡问题的关键：“呜呼，既以有生，安得无死！自死自

---

① 《陈亮集》卷一二，“夏侯玄 李丰 张缉”，第 143 页。

② 《陈亮集》卷一二，“嵇康 阮籍”，第 144 页。

③ 《陈亮集》卷二八，“刘和卿墓志铭”，第 425 页。

④ 《陈亮集》卷二三，“祭俞景山文”，第 363 页。

⑤ 郑晓江：《论死亡的超越》，《江西财经大学学报》2001 年第 1 期。

生，滔滔皆是，生既非真，死亦云妄。超出死生，是名实相。惟彼圣贤，其道则殊。不使生死，总之为虚。生如不生，麋鹿与俱；死则死矣，木石之枯，生事爱敬，死事哀戚，人道始终，一用其极。"①如前所述，死亡的焦虑导源于"濒死之痛""幻灭之痛"以及"被抛之痛"，而对于死亡的超越，大体在"尽人道"的基础上，可以通过心理式超越、道德式超越以及族类式超越分别对治之。

首先，心理式超越。濒死者在走向死亡的过程中，往往伴随着身体功能的衰退，甚至伴随着病痛的折磨，其主体意志无疑是脆弱的，对死亡的焦虑感必然非常明显。对于生者而言，除了照顾濒死者的身体和生活之外，还需要帮助濒死者放下一些执念或者通过完成濒死者的愿望来帮助其舒缓紧张的情绪。陈亮的三弟陈明(昭甫)生下来因为家庭的贫困，在百余天的时候被张锐抱养，到了17岁的时候才回到陈家，但是仅仅28岁他就遽然而逝。陈亮在其墓志铭中，特别强调他是陈家的血脉："汝魂未定，尚听我语：衣衾棺椁，我皆主办。岁时祭享，汝终归享于陈氏。我当敕其子孙以无忘吾先人之骨肉，庶几异时有以见汝于地下。呜呼哀哉！"②虽然说这是陈明死后的墓志铭，但是陈亮在其生前定然知道其弟对陈家人身份认同的耿耿于怀，作为兄长势必会加以开导。在儒家的人道关怀之下，濒死者必然会增强其生存意志，从容地面对死亡。

其次，道德式超越。儒家认为人的肉体生命是有限的，而精神生命却是永恒的。这一思想倾向，被叔孙豹归结为"三不朽"："太上立德，其次立功，其次立言，此之谓三不朽。"③"三不朽"具有明显的道德主义色彩，其中"立功"，强调的是有功于民，有功于千秋万代，这是"德"的体现；"立言"也并非仅仅是著书立说，而是必定留下能够嘉惠后人的"德声"；至于"立德"无非是强调成为一个道德楷模，成为后世纪念和学习的榜样。这三点做到一点就可以永垂不朽了。有意思的是，后人还真有人对陈亮做出"三不朽"的评价，清人姬肇燕盛赞陈亮："宇宙之垂以不朽者有三，曰事功，曰气节，曰文章。三者合而分、分而合者也。事功不立，其气节可知；气节不立，其文章可知。

① 《陈亮集》卷二四，"祭妻父何茂宏文"，第365页。

② 《陈亮集》卷二八，"祭庶弟昭甫墓志铭"，第414页。

③ 左丘明：《春秋左传集解》，上海人民出版社1977年版，1011页。

然求之古今，往往难其人。窃谓永邑同甫陈公可以当之。”[①]

陈亮当然也认同“三不朽”的说法，他在《忠臣传序》中说：“嗟夫！忠孝者，立身之大节，为臣而洗君之耻，父仇而子复之，人之至情也。度不可为，不顾而为之者，抑吾之情不可不伸也。逆计而不为，人乌知吾心？生犹愧耳！况卒不免于死，则将借口谓何哉！”[②]他还说：“夫义者，立人之大节，而爱人惮死，人之情也。其不以此而易彼者，诚之所处矣。”[③]陈亮处在南宋初期，此时“靖康耻，犹未雪”，他的祖辈亦因参加抗金而阵亡，身负家仇国恨的他慨叹：“不复国，不复仇，则生不如死，死不瞑目也。”他还感慨英才不见用，故而追溯前贤往事，分成十二门，编纂而成《中兴遗传》，其三为“死节”，其四为“死事”，讴歌历史上“杀身成仁，舍生取义”的英雄豪杰，以此提醒沉湎于酒色歌舞的南宋小朝廷：“人固难于一死，而一死之难又如此。国家遭阳九之厄，能以死拒虏者固自有数，而禁率内溃，人不知义极矣。身为宗室，以当百里之寄，不爱一死以明大义，此圣贤所不得而避者，其死岂不壮哉！”[④]

不仅在民族大义上可以凸显死亡的价值，而且在个人名节方面，死亡亦可以凸显人生的价值。彼时永康的杜氏家族遭遇方腊起义，杜氏女一则为了家族的存续，一则为了个人的名节，选择了悬梁自尽。杜氏女之死，在陈亮看来，实在胜过钢铁男儿，并大为赞叹：“呜呼！学士大夫遭难不屈者，万或一见焉，而谓女子能之乎！方杜氏之不屈以死，犹未足难也。独其雍容处死而不乱，无异乎子路之结缨，是其难也不可及也。”[⑤]在死亡面前，保持一种生命的尊严，可以使死的意义得到彰显。精神性超越，可以获取死亡的尊严。陈亮很推崇李白，称赞他：“脱靴奴使高力士，辞官妾视杨贵妃，此真太白大节处，他人不知吾亦知。歌其什，鬼神泣，解使青冢枯骨立，呼其名，鬼神惊，惟有群仙侧耳听。”[⑥]陈亮认为一个人活着，为了“尽人道”，哪怕是献出生命，也是值得的，所谓“死有遗义”就能“死得其所”，死的光荣恰恰彰显了生的伟大。

---

① 《陈亮集》附录，“姬肇燕序”，第 474 页。

② 《陈亮集》卷一三“忠臣传序”，第 143 页。

③ 《陈亮集》卷一二“义士传序”，第 154 页。

④ 《陈亮集》卷一六“书赵永丰训之行录后”，第 199 页。

⑤ 《陈亮集》卷一三“二烈女传”，第 160 页。

⑥ 《陈亮集》卷一七“谪仙歌”，第 205 页。

再次,族类式超越。儒家文化本质上是一种家文化,强调群体优先于个人。在死亡的处理上也采取这一路径。在儒家看来,个体的生命是有限的,而群体的生命却可以绵长久远。个体生命一旦融入族类生命的洪流之中,有限性就得到了克服。《孟子》中"不孝有三,无后为大"的说法,实际上可以理解为儒家通过繁衍后代来消解个体的有限的努力。虽然这种思想有其消极之处,但是却是个体超越生死的一种表现。对此,陈亮采取了非常肯定的态度:"呜呼,父实生子,子实生孙,孙又生子,子子孙孙,以至于无穷,此固天地生生之理,而亦所以为人道有终之托。少不失父,老不哭子,送往事居,后先更迭,以终于无憾,此固国家大顺之极,而亦所以从一人自遂之私。"[①]对没有儿子的人而言,其逝去是不是作为被抛弃的对象,注定了孤独与游离?陈亮的好友何少嘉二十九岁而亡,其兄之子巳孙被过继给他,虽然不是自己的儿子,但是他们却是同一个祖先、同一个族类,陈亮说:"礼,无子,以兄弟之子为之后。先君之肢体一也,使其一体不废,足矣;天理人情之至,圣人所用以为天下之通制者也。使为之后者更力学以显扬其绪,则死生均可以无憾。……体安归土,魂从其祀。谓君无子,亦既有子。"[②]又说:"兄之子,吾子也;百世之后孰知其为彼为此也!"[③]这种强调"族类"的安排解决了死者"后继有人"的问题,而对于死者往何处去,儒家实际上也是通过族类式的超越赋予死者以恰当的安排:"尊既下世,子亦随往,寡妻弱子,遽失所仗。得罪当路,我困罗网,忍死自明,照临在上。……当与令子,行营高敞。死则同穴,爱此寻丈。沥酒昭诚,魂其来飨。"[④]同乡姚唐佐遭遇"白发人送黑发人之痛",其独子姚怡死后两年,他离开人世。陈亮在其墓志铭中说:"失其子以及其身,世固有途穷之人。死于孙之手而归骨于其子之友,法犹谓之有后。吾将各举畚土于新阡之上,以观造物之处此壤也。"[⑤]《论语》云:"生,事之以礼,死,葬之以礼,祭之以礼。"[⑥]在一整套生命礼仪的配合下,死者得到了很好的安

① 《陈亮集》卷二三"祭朱寿之文",第267页。

② 《陈亮集》卷二七"章晦文墓志铭",第412页。

③ 《陈亮集》卷二八"何少嘉墓志铭",第424页。

④ 《陈亮集》卷二三"祭妹夫周英伯文",第362页。

⑤ 《陈亮集》卷二八"姚唐佐墓志铭",第423页。

⑥ 《论语·为政篇》。

顿，而且死亡不再意味着被抛弃，而是意味着个体获得永久的“安宁”：“天道昭然，归安此土。”[①]此外，死亡也意味着死者与祖先的团聚，并且还能荫庇后世子孙，“尔子尔孙其勿弃”[②]。在这种强调族类联系的格局之下，生与死的对垒不仅被打破，而且竟形成了良好的互动，个体被抛的疏离感于此也得到了消解。

四、结论

陈亮的死亡观实际上延续了传统儒家的死亡观。其家族成员不同寻常的死命以及其个人命途的多舛，使其对死亡倒是有着较为深刻的体验。从陈亮对死亡焦虑的认识来看，大体上这种焦虑主要导源于“濒死之痛”“幻灭之痛”与“被抛之痛”。在陈亮看来，世俗社会的人们沉溺于物质欲望而不能自拔，不能明白生命的意义，更无暇思考死亡问题。而要获得生命的意义，就必须肯定死亡；在认识死亡的基础上，反省活着的意义。进而，在活出意义的基础上，恰恰可以更好地面对死亡。一方面，“识死”可以“起生”；另一方面，“起生”也可以“识死”。进而，在跳出生与死二元对立的思维模式的基础上，人们还需要“尽人道”，以此实现生命的意义，并克服死亡所造成的焦虑。在这方面，有三种超越生死的途径，即心理式超越、道德式超越和族类式超越。作为事功学派的代表人物之一，陈亮非常肯定一个人的建功立业对于生命的意义。当然，他最为关注的就是抗金问题，甚至他认为为了忠君报国，牺牲自我的生命，走向死亡，恰恰在最大程度上实现了生命的价值。很显然，这样的死亡观难免带有明显的政治化与道德化的特征。

罗光认为：“在哲学方面，陈亮没有深入的思想。”[③]这一结论用在陈亮对死亡问题的看法上，大体是适用的。诚然，陈亮没有如朱熹那般在理气的架构之下建构生死问题的形上基础，其对生死问题的思考也缺乏体系性。但是，陈亮对死亡问题的思考却是富有特色的。

---

① 《陈亮集》卷二八“陈府君墓志铭”，第 412 页。

② 《陈亮集》卷二七“先祖府君墓志铭”，第 396 页。

③ 罗光：《中国哲学思想史(宋代篇)》，台湾学生书局 1984 年版，第 927 页。

陈亮哲学、事功伦理、文学、商业、法律思想及其现代价值研究

陈亮哲学思想探索

东南大学教授　魏福明
宁波财经学院讲师　伍强胜

陈亮是南宋时期浙东学派的代表人物，以言事功见长。有文献及相关研究显示，陈亮对于道德性命之说亦有涉猎，并将其融入其哲学思想体系中，维护了儒家“内圣外王”的思想传统。

一、道常行于事物之间

自先秦以降，以“道”为最高哲学范畴是各家各派的共识和思想传统。差别在于各家各派赋予它的内涵和特征有所不同。

> 夫道，非出于形气之表，而常行于事物之间者也。①
>
> 昔者圣人以道揆古今之变，取其概于道者百篇，而垂万世之训。其文理密察，本末具举，盖有待于后之君子。而经生分篇析句之学，其何足以知此哉！……夫盈宇宙者无非物，日用之间无非事。②

在陈亮的视域中，具有超越性的“道”既不能脱离具体变化的事物而存在，也不能作为实际行动的出发点。陈亮将整个世界分为自然界和人类社会两个领域。自然界的根本存在是“物”，人类社会的根本存在是“事”。道与事物都是客观存在的，但是事和物的存在比道的存在更为根本。道具有

① 陈亮：《勉强行道大有功》。

② 陈亮：《六经发题・书》。

超越性，但是道不能离开具体事物，必须借助具体事物这个媒介才能存在，离开具体的事物，它就不存在。与之对照，当时的理学家认为具有超越性的道和理可以脱离具体有形的事物而独立存在，甚至在构成一切事物之质料基础的气之先而存在，即"理在气先，道先于物"。

> 故格物致知之学，圣人所以惓惓于天下后世，言之而无隐也。①
>
> 夫渊源正大之理，不于事物而达之，则孔孟之学真迂阔矣。②

陈亮认为，对于道的认识就是对于事物存在之道的认识。因此，必须从客观的具体事物本身出发，而不能脱离具体事物去分析和认识道。陈亮把具体事物放在最根本的位置，认为道的存在要依据具体事物，同时强调对道的认识必须通过对具体事物本身的认识来达到，真正把具体事物的客观存在落到了实处。

> 古之帝王独明于事物之故，发言立政，顺民之心，因时之宜，处其常而不惰，遇其变而天下安之。今载之《书》者皆是也。要之，文理密察之功用，至于尧而后无慊诸圣人之心。是以断诸《尧典》而无疑。由是言之，删《书》者非圣人之意，天下之公也。③

陈亮认为，具体的事物是最根本的存在，道存在于事物之中，依赖于事物的存在而存在，这是陈亮事功之学的理论基础。由此，王者要想使其"发言立政"在国家社会中产生实际效果，就必须从具体存在的实际情形出发，分析具体情况，找到发言立政的根据，因势利导，因时而变，见诸实际行动。反之，若是从一个抽象的道理出发，甚至仅停留在抽象的道理层面而不见之于行动，当然就不会产生实际效果。这是陈亮事功之学的基本立场，概而言之就是：事功有德有理。

---

① 陈亮：《与应仲实》。
② 陈亮：《勉强行道大有功》。
③ 陈亮：《六经发题·书》。

二、事功有德有理

陈亮事功学说的基本观点是在与朱熹的书信辩论中展开并得到申明的。朱陈之辩的主题关乎历史道德，由此引出王霸、义利的关系问题。陈亮反对程氏以降，重三代之道德而轻汉唐之事功的思想倾向。

> 而近世诸儒，遂谓三代专以天理行，汉唐专以人欲行，其间有与天理暗合者，是以亦能久长。信斯言也，千五百年之间，天地亦是架漏过时，而人心亦是牵补度日，万物何以阜蕃，而道何以常存乎？①

陈亮写道，近世诸多理学家认为三代专以天理行，而汉唐专以人欲行。颇有事功的汉唐，其间仅是与天理有偶然的契合，这样竟也维持了很长时间。对此，陈亮质疑。这落入千五百年间这么长一段时空里，天地“架漏过时”，人心“牵补度日”。倘若此，万物何以支撑生长繁盛？天理又何以常存？以此为入口，陈亮与理学家在“道”问题上的分歧更加清晰。陈亮主张道行事物间，不能脱离具体事物而存在，理学家们则认为道可以脱离具体的事物而存在。

永嘉学派代表人物陈傅良在读了朱陈之间往复辩论义利、王霸问题的书信之后，致书陈亮，并将陈亮的基本主张概括为“功到成处，便是有德；事到济处，便是有理”。“事功有德有理”，既肯定了事功的事实，又肯定了事功的价值。陈傅良的评价是恰当的。

陈亮的思想观点基于针对理学家思想中事功缺失的弊端立论，因理学家立言论事均以伦理道德为主干，故陈亮之论直接触及儒家传统中的义利关系问题，进而招致朱熹的反对与批评。

从某种意义上说，“事功”属“利”，“德”和“理”属“义”。从孔子提出“君子喻于义，小人喻于利”的观点开始，如何区分义利便成为一个热点的问题。

---

① 陈亮：《又甲辰秋书》。

程颢说："天下之事，唯义利而已。"①朱熹说："义利之说，乃儒者第一义。"②上下绵延千余年，重义轻利的思想成为后世儒家思想的主流。孟子反身内求，以尽心、知性、知天的内在超越理路，从理论上建构起一套在现实生活中"何必曰利，亦有仁义而已矣"的道德理想主义。到后世就发展成只要内圣不要外王，只要义不要利。程颐说："利害者，天下之常情也。人皆知趋利而避害，圣人则更不论利害，惟看义当为与不当为。"③简言之，功利在理学家那里是个贬义词。理学家讲究惩忿窒欲、迁善改过的道德修养，讲究在义理、在伦理道德层面上不能亏欠，而对于具体事务则不屑为之。

陈亮"事功有德有理"的观点，包含事实判断和价值判断，回应了儒家义利之辨，否定了理学主张的道德与功利的关系。理学家重义轻利，是为了维护道德的纯粹性，担心功利破坏这种纯粹，造成道德堕落。朱熹特别崇信董仲舒"正其谊不谋其利，明其道不计其功"④。但在陈亮看来，讳言功利完全没有必要，因为功利不会破坏道德。不仅功利不会破坏道德，反而彰显道德；利不但不会破坏义，反而让义变成现实。

> "不失其驰，舍矢如破"，君子不必于得禽也，而非恶于得禽也。范我驰驱而能发必命中者，君子之射也。岂有持弓矢审固而甘心于空返者乎！御者以正，而射者以手亲眼便为能，则两不相值而终日不获一矣。射者以手亲眼便为能，而御者委曲驰骤以从之，则一朝而获十矣。非正御之不获一，射者之不以正也。以正御逢正射，则"不失其驰"而"舍矢如破"，何往而不中哉！孟子之论不明久矣，往往返用为迂阔不切事情者之地。⑤

"不失其驰，舍矢如破"是《诗经·小雅·车攻》中的两句，本用来描述御者按照规矩驾马驱驰，站在车上的射者按规矩射箭，一射便中的情景。陈亮

① 程颢、程颐：《河南程氏遗书》卷一一，"二程集"。
② 朱熹：《与延平李先生书》，《朱子全书》。
③ 程颢、程颐：《河南程氏遗书》卷一七，"二程集"。
④ 班固：《汉书·董仲舒传》。
⑤ 陈亮：《又乙巳春书之一》。

以此为例，说明义利的正常关系。

君子狩猎并非心里只想着收获之多而不择手段，但也不至于讨厌收获猎物。若是按规矩也能获得很多猎物，难道不是好事吗？有谁会甘心出猎而空手而归呢？可以想象几种情况。御者按规矩驾车，车上的射者不按规矩射箭，获利就少。原因不在于御者按规矩驾车，而在于射者不按规矩射箭。若是御者按规矩驾车，射者也按规矩射箭，怎么会获得猎物不多呢？……遵循这个思路，陈亮认为只要是合乎义则必定有利，不能获利，则必定不合乎义。也就是说有理则必定有事功，无事功则必定不合理；合乎道德则必定有功利，无功利则必定无道德。

有学者认为，陈亮这种"不谋不计所导致的就不仅是实际事功的失败，而且也是道德上的失败"①。其实，这类判断是不准确的。陈亮只是说有道德的君子没必要"不谋不计"，他并不认为不谋不计的纯粹道德会导致事功的失败；相反，必定会带来事功的实现。事功的失败则恰恰表明道德上的失败。在这一点上，陈亮与理学家们并无根本上的冲突。由此可见，陈亮的引证是不够的，一直遭到朱熹的反驳。他若是要真正证成"事功有德有理"的观点，就必须论证有功必有理，有利必有义，而不是如同此处论证的"有理必功，有义必有利"。试问陈亮，如何解释不按规矩却反而获利多这种现象呢？这种现象是陈亮所承认的，即存在利多而不义，有功而无理的现象。可惜，陈亮虽然看到了这个现象，但并没有在理论上展开论证。陈亮在与朱熹的义利之争中，理论上终究稍逊一筹。

朱熹把陈亮的观点概括为"义利双行，王霸并用"。朱熹这一概括就陈亮强调天理之常存，又重视事功而言，是对的。但是从陈亮本人的理论自觉来看，又是不对的。陈亮本人并不承认自己是"义利双行，王霸并用"。站在理论自觉角度，陈亮认为自己是王霸、义利、事功、天理的一元论者。

> 谓之杂霸者，其道固本于王也。诸儒自处者曰义曰王，汉唐做得成者曰利曰霸，一头自如此说，一头自如彼做；说得虽甚好，做得亦不恶：如此却是义利双行，王霸并用。如亮之说，却是直上直下，

① 董平、刘宏章：《陈亮评传》。

只有一个头颅做得成耳。①

陈亮主张“本末具举”②“本末感应，只是一理”③。陈亮认为不是自己，反倒是朱熹理学割裂了义利、王霸、事功与天理的关联，本末打断，义利双行。陈亮之说确实触及了理学在理论上的弊端，可惜他并没有很清楚地意识到这个问题，自觉地在理论上进行深入论证和改造。朱熹等理学家亦不曾意识到自身理论上的缺陷。因而朱陈这场辩论一直是各说各话，双方都没有任何理论上的修正和进步。这就是事实，我们暂且不继续去细究。

表面上，陈亮回应了朱熹的质疑。但通过以上的分析，我们发现他并没有很好地从理论上解决理学中的理论问题，反而让人觉得陈亮在理论上与理学并无根本上的冲突。实际上，他没有证成“有事功必有理”，却比较好地证成了“有理必有事功”。

好在陈亮提出的事功学说不限于倡导一种理论、一种思想，它更强调注重社会实际和改造社会状况的实践行为；强调不仅在社会现实中实践，而且还要有功，有成效。这是陈亮事功学说对于后世的最大影响力所在，因此，陈亮事功学说成为明清之际颜元重习行的实学思想的先导之一。

三、心者治之原

陈亮以言事功见长，针对理学家们空谈心性、不办实际事务，他曾提出严厉的批评。

> 今世之儒士，自以为得正心诚意之学者，皆风痹不知痛痒之人也。举一世安于君父之仇，而方低头拱手以谈性命，不知何者谓之性命乎！④

① 陈亮:《又甲辰秋书》。
② 陈亮:《六经发题·书》。
③ 陈亮:《又乙巳春书之二》。
④ 陈亮:《上孝宗皇帝第一书》。

自道德性命之说一兴，而寻常烂熟无所能解之人自托于其间，以端悫静深为体，以徐行缓语为用，务为不可穷测以盖其所无。一艺一能皆以为不足自通于圣人之道也。于是天下之士始丧其所有，而不知适从矣。为士者耻言文章、行义，而曰“尽心知性”，居官者耻言政事、书判，而曰“学道爱人”。相蒙相欺以尽废天下之实，则亦终于百事不理而已。①

在陈亮看来，理学家们高谈性命义理，把学界风气、社会人心弄坏了，使得天下之士以“尽心知性”“学道爱人”相欺蒙，不愿意干实事，“终于百事不理”。面对国恨家仇和腐儒的日渐麻木，陈亮大力提倡一种豪杰人格——“堂堂之阵，正正之旗，风雨云雷交发而并至，龙蛇虎豹变见而出没，推倒一世之智勇，开拓万古之心胸”②。陈亮主张关注社会现实、建立事功，即“勉强行道大有功”。大有功的表现就是“贤者在位，能者在职，而无一民之不安，无一物之不养”③。陈亮强调必须“力行”，不力行就不会有功。力行是陈亮事功学说的应有之义。力行主要是指去实现现实的社会事功，而不是仅指个人力行道德。陈亮提出要“各务其实”④。“为士者”要有良好的德行，“居官者”要能处理好政事，各种职位上的人都要能发挥出他的具体才干和作用，这样社会才能安定和发展，国家才能抗敌雪耻，恢复疆土。

不限于此，陈亮对当时的心学学者也提出了相当严厉的批评。

世之学者，玩心于无形之表，以为卓然而有见，事物虽众，此其得之浅者，不过如枯木死灰而止耳。得之深者，纵横妙用，肆而不约，安知所谓文理密察之道？泛乎中流，无所底止，犹自谓其有得，岂不可哀也哉！⑤

---

① 陈亮:《送吴允成运干序》。

② 陈亮:《又甲辰秋书》。

③ 陈亮:《勉强行道大有功》。

④ 陈亮:《送吴允成运干序》。

⑤ 陈亮:《与应仲实》。

陈亮确认“玩心者”是对于事物“得之浅者”。“玩心者”这里当指以陆九渊为代表的心学学者。他们主张向内自返发明本心，从人心之内而不是从外在事物找根据。故对于外在事物就可以完全视而不见，最后直到《庄子》所言之心如死灰之境……这些都是陈亮不受待见的原因。

而一旦将视角转到君王，陈亮对正心诚意、天道性命等则持积极的态度，不断为帝王“支招”。

> 呜呼！唐虞三代之君臣，夫岂无所用心于为治者？然其平居讲论，惟曰“惟精惟一”，曰“德惟一”，曰“纯亦不已”，曰“之德之纯”。究其言，疑若迂阔而不切事情，及穷其理，则治道无复出乎此。何也？专精纯诚者，合百为于一致；舛驳进退者，散志虑于多端。……又况民以德而化，德以一而进，德不进于己，则化不形于民。民化于德，德化于心；心不一则德不进，德不进则民不化。此其源流本末所在，为君者要在端其本也。①

上述表明，陈亮赞成道德为政治之基础的观念。陈亮认为惟“专精纯诚”才能“合百为于一致”，才能同风俗以正人心，使天下会归于荡荡王道之正；由于“民化于德，德化于心”，因而政治最终归于人主之心。基于此，陈亮之肯定“治国平天下必本于正心诚意”②就特别有意义。

> 夫心者，治之根也；治者，心之影也。其心然，其治必然。③
>
> 一人之心，万化之原也。本原不正，其如正天下何？是故人主不可不先正其心也。此心既正，纯矣而固，一矣而无二三，培事物之根，濬至理之源，择善而固执之，不以他道杂之，虽非常可喜之说欲乘间而进，吾无庸受焉，则终始惟一，无间杂之病，施之治道，岂

---

① 陈亮:《文帝》。

② 陈亮:《问古今治道治法》。

③ 陈亮:《孝景》。

不粹然而明，浑然而全欤！①

夫天下之事，孰有大于人心之与民命者乎？而其要则在夫一人之心也。人心无所一，民命无所措，而欲论古今沿革之宜，究兵财出入之数，以求尽治乱安危之变，是无其地而求种艺之必生也，天下安有是理哉！②

既然人主之心为政治之根本，为治道之本原，则政治就是人主之心的对象化。因此，人主之心是否依据道德本原之地且“纯矣而固”，决定了现实政治是否能“粹然而明，浑然而全”。在陈亮看来，人主之心“终始惟一，无间杂之病”，则其政必为善政，其治必为善治，正所谓“其心然，其治必然”。由此可见，人主之个体道德的完善与作为其外向显现形式的政治之完善是一致的。人主道德的高尚与否，可谓关系重大。陈亮强调“人主之心不可以不仁”③，“同风俗以正人心，清刑罚而全民命，而明效大验，可以为万世无穷之法，其本则止于厚处其身而已”④。就此立论，陈亮又提出“论治必以心”的观点。

继前人之治者，要在识前人之心。心不前人之心，而治欲光前人之治，亦难矣。何也？心者治之原，其原一正，则施之于治，循理而行，自与前人默契而无间。有如本原之地已非其正，则措之政事之间，必有背理伤道而不自知者。⑤

以治论古人，终不若以心论古人。……奚为治不足以论古人邪？盖心有定向，治无定体。治或因于前人则易为力，治或因于身致则难为功，此治无一定之体也。心之宽仁者虽时有忿怒，终不足以胜其宽仁；心之忌刻者虽时有贳贷，终不足以胜其忌刻；此心有一定之向也。苟舍其心而论其治，则治之粗安者可以盖其情实，而

① 陈亮:《文帝》。
② 陈亮:《廷对》。
③ 陈亮:《孝景》。
④ 陈亮:《廷对》。
⑤ 陈亮:《孝景》。

心所向者，万世之下孰能知之？是故天下不可无君子之论也。[①]

由“心为治之原”而引导出以心论古人之治的观点，强调的是动机的纯粹性，即是否“循理而行”。毫无疑问，“以治论古人，终不若以心论古人”之说断然可以为朱熹所赞同，但却与陈亮本人在论辩中所秉持的观点颇有出入。陈亮在《廷对》中显然又将政治最终归原于人主“一人之心”，从而又将人心之一(虚)的重要性置于“论古今沿革之宜，究兵财出入之数”(实)之上，以为人心才是根本，这与他在其他著作中所阐述的基本思想，尤其是在上孝宗诸书、与朱熹诸书以及《问答》《中兴论》等中所阐述的思想，显得并不十分和谐。

但是，陈亮毕竟与朱熹不同，他始终只说“心者治之原”“治原于一心”，却未曾干脆直接地说明“德者治之原”。因为在陈亮这里，“心”还有非纯粹道德意义的内涵，即主观能动性，这一点是理解陈亮观点的钥匙，值得关注。

就“心者治之原”这一命题而言，根据陈亮的阐释，“心”的内涵实际上是指意志。意志有其专注的一贯性，即所谓“心有一定之向”。它既可以是“宽仁”，也可以是“忌刻”；既可以是善，也可以是非善。无论善与非善，只要它表达为君主之意志，就都可能成为政治的本原。因此，所谓政治之本原，就是一般意义上的意志；道德仅为意志之善的指向而已。当君主的意志偏离其善的指向时，它就成为不善之政乃至苛政的本原，“心既扰扰，则以刑罚，说者或以刑罚为务；以征罚，说者或以征罚为务；以聚敛进者，或以聚敛为务：否则心主平嗜欲，主乎便佞，又否则主乎广宫室，广台榭，而天下不胜其扰矣”[②]。因此，“治新于人主之作意，而其弊也，亦自夫作意者遗之也”[③]。“苟其心之所用有间杂之病，则治道纷然无所底丽，而天下有受其弊者矣”，故“人主之心，贵乎纯一而无间杂”[④]，正所谓“人心之危，道心之微，出此入彼，间不容发，是不可一息而但已也”[⑤]。

① 陈亮:《孝景》。

② 陈亮:《文帝》。

③ 陈亮:《孝宣》。

④ 陈亮:《文帝》。

⑤ 陈亮:《勉强行道大有功》。

"心"作为意志的阐释,使"心者治之原"这一命题一方面与儒家文化传统中的德化政治观念相联结,另一方面又使陈亮所一贯坚持的"必定恢复之大计"的主张获得了理论基础。按照陈亮的理解,"必有天下之大志而后能立天下之大事""大凡立天下之大事者,非有天下之大志者不能也"①。意志的决断在君主那里是有其特殊重要性的,它是具体的政治决策得以形成的根本前提,也是这种决策能否在实际贯彻中取得实效的根本前提。恢复中原无疑为"天下之大事",且为当务之急。要实现恢复之业,君主就必须坚定复仇之志。若"圣心"决意于恢复,则一切筹划就必将以此为中心,无须再追问,恢复之业指日可待。若心意不决,踟蹰犹疑,则非但无由济中兴之功,且正为弊政之原。"夫处心不定者,皆害治之本,而执德不回者,乃运化之枢。人主其可不纯用其心也哉!"②在这一意义上,"心者治之原"遂又与《中兴论》及上孝宗诸书保持了观念上的一致。这些篇目都以激励孝宗"励志复仇",启其北向之志,决恢复之大计为主要论点。

意志在个体身上还具体表现为喜怒哀乐爱恶之情。在君主那里,其情感表现与政治风化密切相关。在陈亮看来,情感是政治的某种手段,"夫喜怒哀乐爱恶,人主之所以鼓动天下而用之之具也"。由于六情为意志的表现,因而当人主公其"喜怒忘乐、是非好恶"于天下,"皎然如日月之在天",便有"雷动风行,天下方如草之偃"之势。缘于此,陈亮针对孝宗之不足,表达了相当严厉的批评:

> 乙巳、丙午之间,虏人非无变故,而陛下不独不形诸喜,而亦不泄诸机密之臣;近者非常之变,虏人略于奉慰,而陛下不独不形诸怒,而亦不密其简慢之文。陛下不以喜示天下,而天下恶知机会之可乘?陛下不以怒示天下,而天下恶知仇敌之不可安?弃其喜怒以动天下之机;而欲事功之自成,是闭目而欲行也。③

---

① 陈亮:《汉论·高帝朝》。

② 陈亮:《文帝》。

③ 陈亮:《戊申再上孝宗皇帝书》。

这番议论是直接针对孝宗"机会在面前不敢为翻然之喜,忍事仇而不敢奋赫斯之怒"的懦弱而发的。在陈亮看来,孝宗"泯其喜怒哀乐,杂其是非好恶,而用依违以为仁,戒喻以为义,牢笼以为礼,关防以为智"①,其结果必然为天下皆忘其仇耻而沉湎于苟安之乐,必然为人心日趋涣散而政事日趋凋敝。因此,陈亮竭力主张"陛下用其喜怒哀乐爱恶之权以鼓动天下",使天下人心皆同所向。六情的恰当运用是纯正光明之心的表现,因而就是"行道",有其现实性上的致治之功。"尧舜之'都''俞',尧舜之喜也,一喜而天下之贤智悉用矣;汤武之《诰》《誓》,汤武之怒也,一怒而天下之暴乱悉除矣。此其所以为行道之功也。"②

> 夫喜怒哀乐爱恶,所以受形于天地而被色而生者也,六者得其正则为道,失其正则为欲。……夫道岂有他物哉?喜怒哀乐爱恶得其正而已;行道岂有他事哉?审喜怒哀乐爱恶之端而已。不敢以一息而不用吾力,不尽吾心,则强勉之实也。③
>
> 夫人心之正,万世之常法也。苟其不役于喜怒哀乐爱恶之私,则曲折万变而周道常如砥也。④

陈亮认为情感的正当表现,即当排除了私意小智之掺杂的时候便为道,这一观点丰富了陈亮"天下无道外之事"的基本思想。另一方面,由于陈亮将六情理解为道,因而"心者治之原"这一命题在道的层面上的内涵也获得了升华。以心为政治之本原是陈亮的基本政治观念,"心"所包含的纯粹道德的内容,使之与"内圣外王"的传统政治观获得了一致,而"心"作为意志的阐释,又使它与陈亮所坚持的"恢复"主张保持了统一;六情之正即为道,其展现之实际政治之手段,正是"心者治之原"的合理引申。

---

① 陈亮:《戊申再上孝宗皇帝书》。
② 陈亮:《勉强行道大有功》。
③ 陈亮:《勉强行道大有功》。
④ 陈亮:《问答》。

四、小结

陈亮是中国历史上一位重要的哲学家，以事功学说见称。他的道德性命之学通过对帝王的“支招”而得到呈现，通过“人主之心—意志—六情”的结构展示使其面目清晰起来。毫无疑问，陈亮的思想体系中兼具道德性命与经世之学的双重特色，维护了儒家“内圣外王”的传统。

陈亮天道论人性论之述评

曲阜师范大学孔子文化研究院教授
林桂榛

陈亮《龙川集》里的词汇，“无极”1见，“太极”5见，“阴阳”3见，“五行”7见，“天道”7见，“天行”1见。陈亮的天道论与周敦颐、朱熹等主流道学家的天道论并无实质区别，“有太极而后有阴阳，故易以阴阳而明理；有阴阳而后有五行，故《洪范》以五行而明治道，阴阳五行之变可穷而不可尽也”（《龙川集卷九·扬雄度越诸子》）。这是汉宋间糅合起来并接榫当时理气论风尚的玄乎天道论，并非先秦正统学问中的天道论内涵，尤其“太极”“五行”两词已非古义，而是汉代义与汉代言。

在人性论方面，陈亮改造了朱子派所崇所祖的孟子人性论，把孟子本末颠倒、性义混淆的二性论重新解释颠覆回一元的肉体自然人性论即荀子式本能人性论。陈亮说：“耳之于声也，目之于色也，鼻之于臭也，口之于味也，四肢之于安佚也，性也，有命焉。出于性，则人之所同欲也；委于命，则必有制之者而不可违也。富贵尊荣，则耳目口鼻之与肢体皆得其欲；危亡困辱，则反是。故天下不得自徇其欲也，一切惟君长之为听；君长非能自制其柄也，因其欲恶而为之节而已。叙五典秩五礼以与天下共之，其能行之者则富贵尊荣之所集也，其违之者则危亡困辱之所并也……”（《龙川集卷四·问答》）陈亮对该孟子章句或思想的解释是错误的，是歪曲了孟子的，且陈亮之理论不如孔子、荀子的“性习论/性伪论”精到而完整。

陈亮成熟时期的人性观以及他对社会实际问题的沉痛反省，注定了他与大讲“道德性命—尽心知性”（两词《龙川集》各5见、1见，“性命”14见，“尽心”6见）的道学家走上道不同不相为谋乃至分庭抗礼的思想局面。所以，1193年陈亮对宋孝宗说：“二十年来道德性命之学一兴，而文章政事几于尽废。其说既偏，而有志之士盖尝患苦之矣。十年之间，群起而沮抑之未能止其偏、去其伪，而天下之贤者先废而不用，旁观者亦为之发愤以昌言，则人心何由而正乎?”(《龙川集卷十一·廷对》)而且 1178 年奏宋孝宗时自述自己 1171—1172 年:“始悟今世之儒士自以为得正心诚意之学者，皆疯痹不知痛痒之人也;举一世安于君父之仇而方低头拱手以谈性命，不知何者谓之性命乎?”(《龙川集卷一·上孝宗皇帝第一书》)

陈亮工夫论的两种面向

浙江工商大学马克思主义学院教授
蒋伟胜

陈亮作为南宋浙学的代表，经常以“推倒一世之智勇，开拓万古之心胸”①的理学批判者形象出现在宋学发展史上，其学术也常被视为宋代学术发展的异端，不仅学无师承，还缺乏理论系统，“思想存在着不可思议的矛盾”②，其人其学的意义仅仅在于当理学日趋取得统治地位的时候，以豪迈的气魄发出了反叛的声音，体现出中国古代思想发展的多元性。如果从心性学的形而上学角度去考察陈亮之学，其学确实显得粗疏，对天理性命、道统心传等儒家概念论述常常不充分，激情澎湃的文字间缺乏理论的严密性。但是从工夫论的角度深入研究陈亮之学，却可以发现陈亮之学有着清晰的理论脉络，其学本着本体论、工夫论、境界论一致的原则，依据他所阐述的具有功利与道德双重面向的儒家之道，运用治心用智的内圣工夫与礼乐教化的外王工夫，实现以“成人”为理想人格的境界目标。陈亮的思想不仅系统而完整，而且具有鲜明的学术个性，他认为道具有功利和道德两种面向，与道的两种面向相对应，工夫也有内圣与外王两种面向，在儒家义利关系的传统知识框架内肯定追求功利的工夫实践，认同汉唐之治的历史意义，与道德主义的历史观拉开了距离。工夫论视野下的陈亮哲学体现着“堂堂之陈，正正之旗”③的理论气概，闪耀着不流于世俗的智慧光芒。

---

① 《陈亮集》(增订本)，河北教育出版社2003年版，第269页。

② 束景南：《朱子大传——性的救赎之路》，复旦大学出版社2016年版，第461页。

③ 《陈亮集》(增订本)，河北教育出版社2003年版，第269页。

一、内圣正心工夫

陈亮的王霸义利之道给予功利和霸道以积极的评价，把功利与道德都视为儒家之道的内容，提出"王霸之杂"的命题，明确为施行霸道争取理论与现实的合理性，这意味着陈亮以王霸义利之道为根据的工夫论是以礼乐刑政的事功为主要追求的外王工夫。不过这并不表示陈亮就跳出了儒家传统的内圣外王一体的工夫理论，"专言事功"而不重视内在的心性修养，"在陈亮那里，个体的内在精神或'心'，不仅是事功得以实现的前提，而且在特殊的个体即人君那里，它同时即为政治与教化的本原"①，以心为对象开展内圣工夫，发挥心的先验道德意识功能，扩充心的意志能力、认识能力，在陈亮的工夫理论中有着相当重要的地位，在他看来，正心用智工夫是实现王霸义利之道的重要手段。

在儒家德治传统的政治观念中，道德与政治之间具有一体性的关系，个体道德延伸至公共领域就是政治，程颢以为"王道如砥，本乎人情，出乎礼义，若履大路而行，无复回曲"②，人心情感依据礼义推展开来就是王道政治，个体情感与政治存在着内在的联系，礼义像坦荡如砥的大路一般把人情与王道联结起来。陈亮对此问题的认识也没有越出儒家矩镬，认为政治源于人心，"夫心者治之根也；治者心之影也。其心然，其治必然"③，他把心作为政治的根本，把政治作为人心的投射，心的状态决定政治的面貌。当然普通人的心没有这么大的影响力，只有"一人之心"才能决定政治，"夫天下之事，孰有大于人心之与民命者乎？而其要则在夫一人之心也"。④"一人之心，万化之原也，本原不正，其如正天下何？是故人主不可不先正其心也。此心既正，纯矣而固，一矣而无二三，培事物之根，濬至理之源，择善而固执之，不以他道杂之，虽非常可喜之说欲乘间而进，吾无庸受焉，则终始惟一，无间杂之

① 董平、刘宏章：《陈亮评传》，南京大学出版社1996年版，第210页。

② 《二程集》，中华书局1981年版，第450页。

③ 《陈亮集》（增订本），河北教育出版社2003年版，第154页。

④ 《陈亮集》（增订本），河北教育出版社2003年版，第153页。

病，施之治道，岂不粹然而明，浑然而全欤。”①“一人之心”是政治的根本，政治是“一人之心”的对象化，因此，此心“专务德化”，然后“施之治道”，就可以做到政治“粹然而明，浑然而全”。陈亮认定，“心者治之原，其原一正则施之于治，循理而行，自与前人默契而无间”②，通过正心工夫可以达到理想的尧舜之治。

“一人之心”是政治的根本，正心工夫是建设社会秩序的前提，只是陈亮说的“心”的内容比较宽泛，不仅包含心性学者所说的道德意识，还具有意志品质和认知心的含义，相应地，陈亮的正心工夫就包括了涵养道德、培养意志以及发挥智识的认识能力三个方面。

孟子说，“先王有不忍人之心，斯有不忍人之政矣”（《孟子·公孙丑上》），仁心可以产生仁政，这是因为“天下之本在国，国之本在家，家之本在身”（《孟子·离娄上》），政治实践的逻辑是心为身之主，然后由身而家，由家而国，由国而天下，仁心是仁政的逻辑起点，通过涵养、扩充仁心，使之常为一身之主宰，落实到齐家、治国的政治活动中去，就能施行仁政，实现天下怡然。陈亮基于儒家仁政传统，也认为“人主之心不可以不仁”③，具体就是以“宽厚慈仁”为标准开展养心工夫，陈亮说：

> 夫宽厚慈仁者乃人主养心之本，而忌忍刻薄非为君进德之阶。自夫前人以宽仁涵养斯民，盈成之业已就矣，后人承之，踵其宽仁之厚，而益培其涵养之根，则治道之成必过前人远甚矣。④

陈亮遵循孟子由心而身、由身而家、由家而国的政治实践逻辑，认为通过宽厚慈仁的养心工夫可以扩展到“宽仁涵养斯民”的政治实践，从而实现治道。陈亮认为，从仁政的要求出发，“政宜以恢弘广大为心可也”⑤，心的恢弘广大可以决定政治的宽仁弘厚，统治者最忌讳的是“舍宽厚而染于刻薄之

---

① 《陈亮集》(增订本)，河北教育出版社2003年版，第153页。

② 《陈亮集》(增订本)，河北教育出版社2003年版，第154页。

③ 《陈亮集》(增订本)，河北教育出版社2003年版，第155页。

④ 《陈亮集》(增订本)，河北教育出版社2003年版，第154页。

⑤ 《陈亮集》(增订本)，河北教育出版社2003年版，第153页。

习，去慈仁而逞其忌忍之心”[①]，这样儒家理想的仁政就没有办法落实了。陈亮总结道：

> 君子可不考论其故哉。且以治论古人，终不若以心论古人。夫心者治之根也，治者心之影也，其心然，其治必然。奚为治不足以论古人邪？盖心有定向，治无定体。治或因于前人，则易为力；治或因于身致，则难为功。此治无一定之体也。心之宽仁者虽时有忿怒，终不足以胜其宽仁；心之忌刻者虽时有贳贷，终不足以胜其忌刻。此心有一定之向也。[②]

追随古人的理想政治，不必去模仿古人的具体政治措施，“治无定体”，条件不同，具体政治措施就会有差异。学习古人之治应该从“识前人之心”入手，“继前人之治者，要在识前人之心。心不前人之心，而治欲光前人之治，亦难矣。何也？心者治之原，其原一正，则施之于治，循理而行，自与前人默契而无间”[③]，心是治道之本原，本原正了，治道也就顺了，方法上也容易操作，因为“心有一定之向”，具有道德情感，满足心的道德情感需要，就可以继承前人之治，“唐、虞、三代之君臣，夫岂无所用心于为治者？然其平居讲论，惟曰‘惟精惟一’，曰‘德惟一’，曰‘纯亦不已’，曰‘之德之纯’。究其言，疑若迂阔而不切事情，及穷其理，则治道复无出乎此”[④]，理学家对“人心惟危，道心惟微，惟精惟一，允执厥中”十六字传心诀中的精一工夫对象是有明确解释的，那就是在天理人欲的分辨中彰显天理昭昭，依据天理行事是谓“允执厥中”。在陈亮关于道德与功利相统一的儒家之道中，精一纯粹的内容就是道德。陈亮认为，唐禹三代君臣就是通过满足心的道德情感需要，实现了治道。陈亮建议南宋皇帝要“先正其心”，“此心既正，纯矣而固，一矣而无二三，培事物之根，濬至理之源，择善而固执之，不以他道杂之”[⑤]，一人之

① 《陈亮集》(增订本)，河北教育出版社 2003 年版，第 154 页。
② 《陈亮集》(增订本)，河北教育出版社 2003 年版，第 154 页。
③ 《陈亮集》(增订本)，河北教育出版社 2003 年版，第 154 页。
④ 《陈亮集》(增订本)，河北教育出版社 2003 年版，第 153 页。
⑤ 《陈亮集》(增订本)，河北教育出版社 2003 年版，第 153 页。

心依于天理而行，对普通百姓将起到良好的示范效果，“民以德而化，德以一而进，德不进于己，则化不形于民。民化于德，德化于心，心不一则德不进，德不进则民不化。此其源流本末所在，为君者要在端其本也”①，统治者标榜道德的教化作用，百姓也会积极追随道德，主动以道德改变自身。追求治道的关键是为君者的正心工夫，这是“治道之本原”，人主切不可不纯用其心，“夫处心不定者，皆害治之本；而执德不回者，乃运化之枢”②，如果“一人之心”能够执着于道德，一心一意开展正心工夫，则儒家理想的治道庶几可待矣。

“为君者要在端其本”③，正心的内圣工夫是人主修养的关键，“《大学》之论治国平天下，本于正心诚意，‘自天子至于庶人，壹是皆以修身为本’，宜其无异道”④，人主涵养仁心、实践仁政是开展治国、平天下实践的不二之选，人主的正心工夫与其政权的政治合法性相关，“要以使天命即于人心所可安之地，不然，则吾心岂能尽白于天下，而何以为后世训乎！天命之所在，若决江河……虽圣人不敢以疑贰之心而承之也”⑤。天命流转，“专精纯诚者”得之，人主通过正心工夫落实治道，追慕古人之治，可以得到天命眷顾，维护政治合法性。

陈亮认为，正心工夫作为普遍的工夫方法，不独对“一人之心”有意义，普通人开展正心实践，也可以推动落实治道，“礼达分定，而心有所止。故天下之人各识其本心，亲其亲而亲人之亲，子其子而子人之子，其本心未尝不同也……惟人心一正，则各循其本，而天下定矣”⑥，天下之人都开展“各识其本心”的工夫，“严义利之辨于毫厘之际”⑦，“天下之事，以至公之心处之”⑧。从理想的状态说，可以安定天下，恢复圣人之治；从现实的角度说，“开心见

---

① 《陈亮集》(增订本)，河北教育出版社2003年版，第153页。
② 《陈亮集》(增订本)，河北教育出版社2003年版，第153页。
③ 《陈亮集》(增订本)，河北教育出版社2003年版，第153页。
④ 《陈亮集》(增订本)，河北教育出版社2003年版，第137页。
⑤ 《陈亮集》(增订本)，河北教育出版社2003年版，第27页。
⑥ 《陈亮集》(增订本)，河北教育出版社2003年版，第86页。
⑦ 《陈亮集》(增订本)，河北教育出版社2003年版，第86页。
⑧ 《陈亮集》(增订本)，河北教育出版社2003年版，第131页。

诚，使各奋其所能，各得其所便，豁达明白之风，可以复动中原之心矣”①，如果人人都在正心工夫中努力向善，每个人都充分发挥各自的才能，社会也为个人提供便利，那么社会风气就会越来越好，南宋朝野念兹在兹地恢复中原事业，也可以在“开心见诚”的正心工夫中得到实现。

陈亮倡导宽厚慈仁、各识本心的正心工夫，但他对正心工夫的重视与心性学者的道德理想主义的立场不尽相同，他不认为人主和百姓开展单纯的道德修养工夫就可以实现安定天下的理想，“孝悌忠信常不足以趋天下之变，而材术辩智常不足以定天下之经”②，单纯的道德修养工夫不足以“趋天下之变”，道德必定与功利交相为用，才能实现治道。因此，他的正心工夫不仅以道德为对象，还要求在以物质为手段满足情感需要的功利性工夫实践中，追求儒家理想的治道。

根据陈亮的王霸义利之道理论，道包含道德与功利两方面的内容，并且都与具体事物联系在一起，“天下固无道外之事”：追求道德，满足人们的道德情感需要是实践儒家之道；追求功利，满足人们的功利性需要同样是践行儒家之道。人有喜、怒、哀、乐、爱、恶的情感需要和声、色、货、利的物质欲求，满足人们的情感和物质需求属于功利性内容，同时也是在实践儒家之道。陈亮认为，治道应该从满足人们的物质需要和引导人们正确地表达情感着手，统治者可以利用人们的情感开展宣传鼓动，引导人们追求大中至正之道的理想政治，“夫喜怒哀乐爱恶，人主之所以鼓动天下而用之之具也……弃其喜怒以动天下之机，而欲事功之自成，是闭目而欲行也”③。当然，这个过程中要保持人心之正，杜绝私心，不能为了满足个人私欲而利用人们的情感，“夫人心之正，万世之常法也。苟其不役于喜怒哀乐爱恶之私，则曲折万变而周道常如砥也”④，秉持“天下之公义”，杜绝“厚薄之殊绝之私心”，“不使加私意于其间”，因循人们的喜怒哀乐之情开展政治活动，引导人们追求事功，满足他们的功利性愿望。因人之喜而喜之，人们喜欢什么就帮

---

① 《陈亮集》(增订本)，河北教育出版社 2003 年版，第 131 页。

② 《陈亮集》(增订本)，河北教育出版社 2003 年版，第 337 页。

③ 《陈亮集》(增订本)，河北教育出版社 2003 年版，第 15 页。

④ 《陈亮集》(增订本)，河北教育出版社 2003 年版，第 37 页。

助他们满足欢喜愿望;因人之怒而怒之,人们愤怒什么就帮助他们宣泄愤怒情感,在满足人们喜怒哀乐爱恶的情感过程中,功利性事功得到实现,“周道”也就是儒家理想的三代政治将坦荡如砥般地施行开来。当然,这个过程中需要注意的问题是人们的情感必须是正当的,政治活动追求的是正道而非私欲,美好的理想政治满足人们正当的功利性愿望,而非具有恶的属性的私欲。陈亮对此进行了详细的申论:

> 昔者尧、舜、禹、汤、文、武汲汲,仲尼皇皇。彼皆大圣人也,安行利行,何所不可,又复何求于天地之间而若此其切哉?盖人心之危,道心之微,出此入彼,间不容发,是不可一息而但已也。夫喜、怒、哀、乐、爱、恶,所以受形于天地而被色而生者也,六者得其正则为道,失其正则为欲。而况人君居得致之位,操可致之势,目与物接,心与事俱,其所以取吾之喜、怒、哀、乐、爱、恶者不一端也,安能保事事物物之得其正哉!一息不操则其心放矣。放而不知求,则惟圣罔念之势也。夫道岂有他物哉,喜、怒、哀、乐、爱、恶得其正而已;行道岂有他事哉,审喜、怒、哀、乐、爱、恶之端而已。不敢以一息而不用吾力,不尽吾心,则强勉之实也。①

陈亮认为,人的情感“受形于天地”具有自然的属性,心又是个活物,一念人心,一念道心,出此入彼,尧、舜、禹、汤、文、武、孔子,历代儒家圣人汲汲遑遑开展正心工夫,就是为维护道心,克制人心。所谓“道”就是正当、合理的喜、怒、哀、乐、爱、恶的情感,“六者得其正则为道”;所谓“行道”,就是分辨喜、怒、哀、乐、爱、恶的情感萌芽,使之正当、合理。人们尤其是统治者在满足情感的功利性需要时,要开展正心工夫,对自己的情感进行认真分辨,不然“喜、怒、哀、乐、爱、恶一失其正,则天下之盛举皆一人之欲心也,而去道远矣”②,如果政治追求的是私欲,满足了不正当的情感,政治就有滑入恶的境地,落实治道就没有着落了。

---

① 《陈亮集》(增订本),河北教育出版社2003年版,第79页。

② 《陈亮集》(增订本),河北教育出版社2003年版,第80页。

满足人心喜、怒、哀、乐、爱、恶的情感需要是实践道，人心还会有声、色、货、利的物质欲求，满足物质欲求同样是实践道的表现。陈亮的这一主张与严于天理人欲之辩的心性道学主张相去甚远，所以他进行了详细的论说：

夫渊源正大之理，不于事物而达之，则孔孟之学真迂阔矣，非时君不用之罪也。齐宣王之好色、好货、好勇，皆害道之事也，孟子乃欲进而扩充之：好色人心之所同，达之于民无怨旷，则强勉行道以达其同心，而好色必不至于溺，而非道之害也；好货人心之所同，而达之于民无冻馁，则强勉行道以达其同心，而好货必不至于陷，而非道之害也；人谁不好勇，而独患其不大耳。人心之所无，虽孟子亦不能以顺而诱之也。不忍一牛之心，孟子欲其扩充之，以至于五十之食肉，六十之衣帛，八口之无饥，而谓之王道。孟子之言王道，岂为不切于事情……夫天下岂有道外之事哉！①

陈亮理解的儒家之道包含了道德与功利两方面，所以事功本身就是道，“天下岂有道外之事哉”，包括事功在内的所有事物都是道的内容，所以推行孔孟之道就应该借助具体事物，“即事以求功”，在实践事功的过程中实现儒家价值理想。陈亮认为，孟子劝谏齐宣王行道，就是即事功而言行道。孟子顺着齐宣王好色、好货、好勇的“缺点”扩而充之，因好色而说民无怨旷，因好货而说民无冻馁，因好勇而说人谁不好勇，说明男女相悦、人口繁庶、民无饥寒等功利性目标都是源于声、色、货、利的物质需求，通过满足人们的物质性需要可以实现治道。因此，陈亮建议统治者应当用力于声、色、货、利，并认为从此入手“勉强行道大有功”，他说：

夫道，非出于形气之表，而常行于事物之间者也。人主以一身而据崇高之势，其于声、色、货、利，必用吾力焉，而不敢安也；其于一日万几，必尽吾心焉，而不敢忽也。惟理之徇，惟是之从，以求尽天下贤者之心，遂一世人物之生，其功非不大，而不假于外求，天下

① 《陈亮集》(增订本)，河北教育出版社 2003 年版，第 80—81 页。

固无道外之事也。不恃吾天资之高，而勉强于其所当行而已。①

陈亮的主张表现出浓烈的功利色彩，但是并不能因此把他归为功利主义哲学家，因为正如他强调满足人们正当、合理的喜、怒、哀、乐情感需要才是行道一样，他认为满足人们正当、合理的声、色、货、利的物质欲求，才能称为行道，在强调功利的同时，他也重视道德，要求以正心工夫保证声、色、货、利的欲求的正当性。不过与道学家对心性持有道德理想主义的态度不同，陈亮以为"才有人心便有许多不净洁，革道止于革面，亦有不尽圣人之心者"②，他对人心的阴暗有着充分的认识，对道德教化在改变人心的幽暗意识中能起到的作用，似乎也信心不足。因此，陈亮提出以道德自觉与外在约束两种手段进行"正心"，以保证声、色、货、利等欲望的正当性。陈亮提出"操心"的主张，认为"天下岂有道外之事哉，而人心之危不可一息而不操也。不操其心，而从容乎声、色、货、利之境，以泛应乎一日万几之繁，而责事之不效，亦可谓失其本矣。此儒者之所甚惧也"③，如果不"操心"，人心就会陷溺于声、色、货、利，不仅事功不成，还会丢失本心。操心的具体方法就是"心主于仁"④，让心运行于现实的道德价值判断的基础之上，防止心导向恶的边缘，"一息不操则其心放矣。放而不知求，则惟圣罔念之势也"⑤。陈亮的"操心"之说出自《孟子·告子上》："孔子曰：'操则存，舍则亡，出入无时，莫知其乡，惟心之谓与。'"虽然他也像心性学者那样强调"着实操存，密切体认自己身心上理会"，但是他说的心并不是纯粹的道德意识，也就是所谓义理之心的"道心"，而是掺杂了功利内容的"人心"，除了道德意识之外，还有嗜欲、便佞等非道德的因素，所以陈亮似乎并不很在乎"专精纯诚"的道德自觉力量，而更重视君主权威与制度建设对人心的约束作用，他说：

耳之于声也，目之于色也，鼻之于臭也，口之于味也，四肢之于

① 《陈亮集》(增订本)，河北教育出版社2003年版，第79页。
② 《陈亮集》(增订本)，河北教育出版社2003年版，第279页。
③ 《陈亮集》(增订本)，河北教育出版社2003年版，第79页。
④ 《陈亮集》(增订本)，河北教育出版社2003年版，第154页。
⑤ 《陈亮集》(增订本)，河北教育出版社2003年版，第79页。

安佚也,性也,有命焉。出于性,则人之所同欲也;委于命,则必有制之者而不可违也。富贵尊荣,则耳目口鼻之与肢体皆得其欲;危亡困辱则反是,故天下不得自徇其欲也,一切惟君长之为听。[①]

声、色、货、利的欲求是人的自然之性,人人都有追求声、色、嗅、味、安佚的自然倾向,必须以君主的权威阻止人人都"自徇其欲"的状态,"一切惟君长之为听"。陈亮同时强调制度在"正心"中的作用,"正人心以立国本,活民命以寿国脉,二帝三王之所急先务也"[②],正心诚意的道德修养是为了达成"立国本""寿国脉"的政治目的,仁义礼制的道德修养必须服从经世致用的政治关怀,道德性命要为治道、智术服务,制度对人心的约束比空谈道德性命更为有效。"治天下贵乎实耳:综核名实,信赏必罚,朝行暮效,安用夫大而无当、高而未易行之说哉?"[③]

陈亮突出君主权威、要求以制度约束人心的主张,让人依稀看到了法家思想的影响,但是绝不能因此把陈亮划入法家思想的阵营。在陈亮的观念中,道德无论在本体还是工夫意义上始终居于根本地位,德化为政治之本,通过穷理知本,政治才不至于偏离根本,他要求"一切惟君长之为听"是以"人主之心不可以不仁"[④]为前提的,他重视"综核名实,信赏必罚"的制度建设,是在批评"心蠹于功利,视德化为不急之务"[⑤]的基础上展开的,他对道德的重视并不亚于他的辩论对手。在对功利与政治的双重强调中,体现出陈亮思想的独特意义:当儒学歧为心性之学,"见圣贤之精微常流行于事物,儒者失其指,故不足以开物成务"[⑥]之际,陈亮之学比心性之学更重视道德与政治的相关性,更强调道德必须服务于现实政治,更看重道德修养与政治运行之间的关系,这使南宋乾道淳熙之际的儒学发展表现得更加丰富多彩。

---

① 《陈亮集》(增订本),河北教育出版社 2003 年版,第 32 页。
② 《陈亮集》(增订本),河北教育出版社 2003 年版,第 95 页。
③ 《陈亮集》(增订本),河北教育出版社 2003 年版,第 133 页。
④ 《陈亮集》(增订本),河北教育出版社 2003 年版,第 154 页。
⑤ 《陈亮集》(增订本),河北教育出版社 2003 年版,第 153 页。
⑥ 《陈亮集》(增订本),河北教育出版社 2003 年版,第 417 页。

二、外王礼乐教化

陈亮理解的儒家之道包含道德与功利两方面的内容，他在论述道的道德性内容时经常使用性、命、义、理之类的概念阐述“仁义孝悌为常行”①的伦理命题，他的工夫理论也倡导宽厚慈仁、各识本心的正心工夫，但是陈亮几乎都是在伦理知识或道德修养的意义上使用心、性、义、命等概念，基本不认为这些概念具有先验道德本体的含义，道学关于心性形上本体的主张是陈亮不能认同的。其所以如此的原因是陈亮与心性学者对本体之道的理解不同：心性之学理解的道以道德为内涵，具有形上本体的性质，相应的，心、性、仁、道等概念也就成为形上本体；陈亮理解的道以道德和功利为内涵，只具有经验性的意义，不仅功利是经验的，心、性、义、命等概念也要在经验的层面上进行讨论。此外，还有一层原因是陈亮与心性学者对人性的认定不同：心性学者上接孟子，以仁义为内在，人具有先验的善性，以此为基础赋予心性等概念以形上学含义，形成了具有理想主义色彩的道德形上学；陈亮虽然也推尊孟子，甚至以孟子之德业为“平生之梦寐在”，但是他显然没有接受孟子的人性论主张，反而更倾向于荀子“欲不可去，性之具也”（《荀子·正名》）的自然人性论，他说：

> 耳之于声也，目之于色也，鼻之于臭也，口之于味也，四肢之于安佚也，性也，有命焉。出于性，则人之所同欲也；委于命，则必有制之者而不可违也。富贵尊荣，则耳目口鼻之与肢体皆得其欲；危亡困辱则反是，故天下不得自徇其欲也。②

陈亮以为声、色、嗅、味、安佚的感性欲望就是人的性与命，人都有追求满足感性欲望的倾向，这是合理的诉求，符合道的功利属性。然而，过分的、不正当的欲望具有恶的性质，因此，必须加强对人性欲望的约束与引导，“因

---

① 《陈亮集》(增订本)，河北教育出版社2003年版，第168页。

② 《陈亮集》(增订本)，河北教育出版社2003年版，第32页。

其欲恶而为之节"[1]，把人性欲望节制在合理的范围之内，不能让人"自徇其欲"。具体方式就是以礼乐教化的工夫，信赏明罚，惩恶扬善，陈亮说道：

> 叙五典，秩五礼，以与天下共之。其能行之者，则富贵尊荣之所集也；其违之者，则危亡困辱之所并也。君制其权，谓之赏罚；人受其报，谓之劝惩。使为善者得其所同欲，岂以利而诱之哉！为恶者受其所同恶，岂以威而惧之哉！得其性而有以自勉，失其性而有以自戒。[2]

经典训诫与礼仪制度具有至高无上的地位，"此典礼刑赏所以同出于天"[3]，其价值源头可以追溯至"天"，是人们必须遵循的行为规范。推行五典、五礼，因人性之喜好与厌恶发挥典礼制度的赏善罚恶功能，让行善者得其所欲，获得富贵尊荣，作恶者忍其所恶，遭受危亡困辱，以此促使人们约束感性欲望，用合理的形式表达性与命。陈亮把感性欲望的合理表达称为"得其性"，不然就是"失其性"，经典教化就是以赏罚的形式让人们"得其性"或"复人性"，陈亮说道："孔子之作《春秋》，公赏罚以复人性而已……外赏罚以求君道者，迂儒之论也；执赏罚以驱天下者，霸者之术也。"[4]经典通过赏罚驱动人们"复人性"，让人们追求富贵尊荣心满意足，摆脱危亡困辱得偿所愿，在满足人们的功利性要求中推行"霸者之术"，实现包含道德与功利内容的儒家之道。

道包含王霸义利的复杂内容，实现儒家之道既要开展仁义孝悌的道德引导工夫，也要运用礼乐刑政的礼法约束工夫，两种工夫并行不悖，才能实现儒家理想的王道政治。陈亮说："礼节民心，乐和民声，政以行之，刑以防之。四达而不悖，则王道成矣。吾闻诸圣人者如此。"[5]王道政治包含了礼乐的道德内容和刑政的强制规范，二者缺一不可，"尧舜之所以治天下者，岂能

---

① 《陈亮集》(增订本)，河北教育出版社2003年版，第32页。
② 《陈亮集》(增订本)，河北教育出版社2003年版，第32页。
③ 《陈亮集》(增订本)，河北教育出版社2003年版，第32页。
④ 《陈亮集》(增订本)，河北教育出版社2003年版，第33页。
⑤ 《陈亮集》(增订本)，河北教育出版社2003年版，第34页。

出乎道之外哉，仁义孝悌，礼乐刑政，皆其物也”①，儒家理想的圣王之治就是综合运用柔性的道德教化与刚性的刑政规范，在教化引导与号令驱动中体现“师道”与“君道”的统一，“所谓教化之实，则不可以颊舌而动之矣，仁义孝悌以尽人君之所谓师道可也；所谓号令之意，则不可以权力而驱之矣，礼乐刑政以尽人君之所谓君道可也”②，综合运用道德与法制、感化与强制并用的目的是实现陈亮心中的“王者之治”，“王者之治也，治者，实也；礼乐者，文也。焉有为其实而不能为其文者乎？”③陈亮心中的“王者之治”是包含功利目的的“治道”，道德教化与刑政约束作为工夫手段都是服从于这一根本目的的，礼乐文教是“治道”的表现形式，并起到文饰刑政的作用。

陈亮不仅认为“庆赏刑威，圣人所以奔走天下之具”④，把落实庆赏刑威的制度性规范视为实现治道的必要工夫手段，还把制度教化工夫视为仁义孝悌工夫的制度保障，“夫法度不正则人极不立，人极不立则仁义礼乐无所措，仁义礼乐无所措则圣人之用息矣”⑤，法令制度、行为准则不端正，做人的准则就确立不起来，仁义道德也将失去制度保障，圣人教化世人的用心也就不能实现了。在与朱熹的论辩中，陈亮提到“本领闳阔，工夫至到，便做得三代；有本领无工夫，只做得汉唐”⑥，这里提到的工夫，不仅指道德修养工夫，还应该包括作为道德感化的制度保障的刑政教化工夫。陈亮反复强调制度建设的意义，认为圣人的理想之治就是通过制度规范，“律天下豪杰于规矩准绳之中”，他说：“昔者圣人历观上古之书，商周之典礼，断自唐虞以下，讫于周，叹其前之不足为法，而伤其后之不可复知，所以塞异端之原，而使其流之无以复开也……宜其律天下豪杰于规矩准绳之中，而乃上许管仲以一正天下之仁，下许颜子以四代之礼乐，是殆其他未有以当孔氏之心耳。”⑦孔子遍观历代典籍，删《诗》《书》，持《礼》，作《易》《春秋》，品评历史人物，教育弟

① 《陈亮集》(增订本)，河北教育出版社2003年版，第94页。

② 《陈亮集》(增订本)，河北教育出版社2003年版，第93页。

③ 《陈亮集》(增订本)，河北教育出版社2003年版，第48页。

④ 《陈亮集》(增订本)，河北教育出版社2003年版，第96页。

⑤ 《陈亮集》(增订本)，河北教育出版社2003年版，第203页。

⑥ 《陈亮集》(增订本)，河北教育出版社2003年版，第280页。

⑦ 《陈亮集》(增订本)，河北教育出版社2003年版，第101页。

子等种种行为，都是在强调典章制度的意义，晓谕世人重视制度建设，顺应人们的喜好与厌恶，建立制度以约束人的行为。圣人理想之治是如此，现实的历史也是这样，陈亮以为宋朝自开国以来的太平景象就是通过“规矩准绳”的制度性建设实现的，“艺祖皇帝经画天下之大略……太宗皇帝一切律之于规矩准绳之内，以立百五六十年太平之基”[①]，“艺祖皇帝一兴……举天下皆由于规矩准绳之中，而二百年太平之基从此而立也”[②]，礼乐法度的制度规范是实现理想“治道”与开展现实的社会政治治理的必由途径。

三、理论意义

陈亮对制度性的礼乐教化工夫的重视，与南宋浙学追寻儒家之道的确定性努力相关。在陈亮、陈傅良、叶适等浙东学者看来，心性之学把道与心理情感相联系，使儒家价值追求缺乏客观性的依据，心“自为主持”的主观特点和“出此入彼”的运动属性，让儒家之道成为难以把握的东西，“自道德性命之说一兴，而寻常烂熟无所能解之人自托于其间，以端悫静深为体，以徐行缓语为用，务为不可穷测以盖其所无，一艺一能皆以为不足自通于圣人之道也。于是天下之士始丧其所有，而不知适从矣”[③]。学者以端悫静深、徐行缓语的行为表现替代了对道的内涵探索与实践，没有人真正关心道为何物，更不可能去思索如何为道建立客观性的根据，从而为人们实践道的工夫探索出具有确定性的依据的问题。道是工夫的根据，道的意义不确定，工夫也就失去了客观的依据，没有了确定的工夫路径，儒家工夫不可避免地陷入“原心于秒忽”的主观内省和“万物一体”的神秘体验中。陈亮认为，心性工夫以主观的心性为体认对象，是源于佛教的工夫论，“为释老之徒者……而求识其所谓心性之本根者”[④]，儒家之道的本体与工夫跟佛教有着根本性的差异，“儒释之道，判然两涂，此是而彼非，此非而彼是”[⑤]，是完全对立的两种

---

① 《陈亮集》(增订本)，河北教育出版社 2003 年版，第 10 页。
② 《陈亮集》(增订本)，河北教育出版社 2003 年版，第 4 页。
③ 《陈亮集》(增订本)，河北教育出版社 2003 年版，第 216 页。
④ 《陈亮集》(增订本)，河北教育出版社 2003 年版，第 222 页。
⑤ 《陈亮集》(增订本)，河北教育出版社 2003 年版，第 253 页。

理论,不能混为一谈。针对当时学者忽视儒释之间的差别,认为“儒释深处,所差秒忽尔”“其精微处吻合无间”的观点,陈亮感慨道:“其为人心之害,何止于战国之杨墨也!亮不自顾,尝痛心焉,而力薄能鲜,无德自将,有言不信,徒慨然而止耳。”①心性工夫不仅在理论来源上具有异端色彩,以内在心性对工夫对象,则是对客观事物的忽视,是对制度建设的疏漏,是对功利内容的鄙夷。总之,是缺乏现实关怀,体现不出儒家的现世精神。

陈亮虽然感叹自己力量单薄、才能有限,无力改变人们混淆儒释的现实,但是他依然努力指出泯灭儒佛差别在工夫论上的危害以警醒世人。陈亮指出,心性儒学的工夫论不以客观的事物作为对象,不以现实的功利作为目标,已然形成了两个不利的后果:

一是工夫体验的主观性,使儒家工夫失去了客观性的依据,沦落为“各出意见,自立尺度”的主观臆说,“二十年之间,道德性命之说一兴,迭相唱和,不知其所从来。后生小子读书未成句读,执笔未免手颤者,已能拾其遗说,高自誉道,非议前辈以为不足学矣。世之为高者,得其机而乘之,以圣人之道为尽在我,以天下之事无所不能,能麾其后生以自为高而本无有者,使惟己之向,而后欲尽天下之说一取而教之,顽然以人师自命”②。学者在心性内省的过程中,把个人体验等同于圣人之道,高自标置,以主观的“意见”代替客观的标准,忽视儒家之道的经典依据和历史脉络,脱离客观现实,凭空想象提出各种奇谈怪论,“后生小子不获闻前辈绪论,皆以为天下安有定法,各出意见,自立尺度,惟平者为合律,奇者为出伦耳”③,面对后生小子们缺乏历史依据,丧失现实面向提出的种种所谓“道”,陈亮对此只能连书“岂不悲哉”,为儒家之道丧失客观根据的确定性而连连感叹。

二是工夫境界的神秘性,学者在思索儒家之道的主观体验中形成“得不传之绝学”的神秘境界,并以此相互传递,以为斯文不坠,尽在此中。陈亮揭示道:“因吾眼之偶开便以为得不传之绝学,三二两两,附耳而语,有同告密;画界而立,一似结坛,尽绝一世之人于门外,而谓二千年之君子皆盲眼不可

① 《陈亮集》(增订本),河北教育出版社2003年版,第253页。
② 《陈亮集》(增订本),河北教育出版社2003年版,第215页。
③ 《陈亮集》(增订本),河北教育出版社2003年版,第247页。

点洗，二千年之天地日月若有若无，世界皆是利欲，斯道之不绝者仅如缕耳。”[①]陈亮批评这种形似告密、结坛的工夫方式，“故亮尝以为‘得不传之绝学者’，皆耳目不洪，见闻不惯之辞也”[②]，把神秘体验作为儒家之道，是缺乏感性材料支持的向壁虚构，是学者脱离的活生生的现实生活，是在个人身心领域内的精神独白，没有任何意义。陈亮质疑道：“岂真能以天地万物为一体乎?”[③]万物一体的神秘体验不是以实际存在的客观现实为出发点而展开的修养境界，人们无法在精神上泯灭客观世界的多样性与复杂性，因此，这种修养工夫既无确定性可言，也无可操作性可言，完全不足为法。

为克服心性工夫的不足，陈亮认为应该通过制度建设把礼法作为客观性依据，以礼乐教化的方式使儒家之道获得可靠、确定的理论品格。陈亮说道，“仁义、法制，帝王之所以维持天下之具也……三代之所以为仁义者，井田、封建，其大法也”[④]，仁义的道德修养与法制的制度建设都是帝王治理天下的工夫手段，井田、封建等制度还是道德工夫的保障。先王之所以钟情于制度建设，是因为“上下之间每以法为恃者，乐其有准绳也”[⑤]，礼法制度可以为追求治道的工夫实践提供具有确定性的客观依据。

出于探索儒家之道的确定性需要，陈亮与吕祖谦、陈傅良、叶适等浙东学者一样，非常重视礼制，认为“仁义礼乐，先王所以维持天下之具”[⑥]，礼乐制度是万万不可废弃的，“祀礼废而道家依天神以行其道矣，飨礼废而释氏依人鬼以行其教矣，祭礼废而巫氏依地示以行其法矣。三礼尽废，而天下困于道、释、巫”[⑦]，不重视礼法制度，使异端横行，“民生尽废于道、释、巫之教”，则人将不人矣。

在本体论问题上，陈亮把道理解为包含道德与功利的王霸义利之道，但是坚持儒家立场，以为道德先于功利。在工夫论问题上，陈亮以为必须仁义

---

① 《陈亮集》(增订本)，河北教育出版社 2003 年版，第 280 页。
② 《陈亮集》(增订本)，河北教育出版社 2003 年版，第 275 页。
③ 《陈亮集》(增订本)，河北教育出版社 2003 年版，第 133 页。
④ 《陈亮集》(增订本)，河北教育出版社 2003 年版，第 117 页。
⑤ 《陈亮集》(增订本)，河北教育出版社 2003 年版，第 105 页。
⑥ 《陈亮集》(增订本)，河北教育出版社 2003 年版，第 27 页。
⑦ 《陈亮集》(增订本)，河北教育出版社 2003 年版，第 130 页。

与法制并举，甚至认为礼法制度是展开仁义道德工夫的保障，但这并不意味着陈亮丢失了立场。子曰“人能弘道，非道弘人”（《论语·卫灵公》），人外无道，道外无人，人能够把道扩大，治乱兴废在于人，追求道的人是道得以弘化的关键。同样，陈亮认为有德行的人是法得以施行的前提，“天下不可以无法也，法必待人而后行者也”①，依然坚持了道德先于法制的儒家立场。陈亮说治理天下有任人之法，有任法之法，有人法并行之法等多种形式，法固然不可无，但是人是行法的最重要环节，“任人任法，与夫人法并行之外，又将何所出以正天地之常经耶？……然尝思之：法固不可无，而人亦不可少。闻以人行法矣，未闻使法之自行也。立法于此，而非人不行，此天下之正法也”②，通过“以人行法”才能开展治国平天下的工夫实践，有了人，任人之法、任法之法、人法并行之法等治国方法就可以随时变异，根据实际需要综合运用了，“孰谓任人、任法、与夫人法并行之外而他无其道乎！天下大势之所趋，苟得其人，可以不动声色而易也”③。有道德的人是治国平天下工夫的最重要保障。陈亮的礼乐教化工夫依然是在儒家规矩绳墨之内开展的道德与法制实践。

---

① 《陈亮集》（增订本），河北教育出版社2003年版，第100页。
② 《陈亮集》（增订本），河北教育出版社2003年版，第98页。
③ 《陈亮集》（增订本），河北教育出版社2003年版，第99页。

陈亮经学的传承、解释及其新儒学思想

北京师范大学历史学院教授

姜海军

陈亮(1143—1194)是永康学派的代表人,更是浙东之学的重要一员。陈亮所处的时代,二程性理之学非常盛行,如湖湘学、闽学、陆学等理学诸派作为二程后学,他们多注重道德修身,希望从正心诚意、“格君心之非”入手,借助君主来实现社会政治的治理。相比较而言,浙东学派诸儒淡化修身明道,更强调直接面对现实问题,找出现实问题的解决办法。在浙东学派内部,永康之学的代表陈亮较金华学派、永嘉学派的吕祖谦、薛季宣、陈傅良、叶适等人,更加注重现实问题的解决。不过,他鲜明的个性与激进的事功主张也由此遭到了理学家们尤其是朱熹的激烈批判,并视之为理学之“道”的大敌,如朱熹就曾说:“海内学术之弊,不过两说:江西顿悟,永康事功。若不极力争辨,此道无由得明。”①朱熹对陈亮的批判,不仅只是因为二人政治理念的分歧,而是基于对儒学道统正宗的争夺。以至于,陈亮与朱熹之间的论战,至今都被视为当时学术思想、政治哲学发展史上的典范。其实,陈朱之争在一定程度上只不过是理学家内部的争论,他们都从学理层面尤其是以经典诠释为基础,就当时的社会政治问题发表了自己的看法。从更广阔的视野来看,他们的思想框架都离不开儒家内圣外王之道,只不过陈亮更注重“外王”“用”的一面,而朱熹、陆九渊等人则更注重“内圣”“体”的认知与探索。前贤时哲对于陈亮事功思想、政治理念以及他与朱熹的论争都有一定的探究,但一般多就陈亮的政治思想本身进行分析,如萧公权(1892—1983)《中国政治思想史》、侯外庐《中国思想史》、李泽厚《中国古代思想史论》、漆

① 李幼武编:《宋名臣言行录·外集》卷十二,影印文渊阁《四库全书》本,台北商务印书馆1986年版,第776页。

侠《宋学的发展和演变》、田浩《陈亮论公与法》[①]等，他们多关注陈亮政治思想中对公私、义利关系及具体经济政治社会等问题的态度与思想，实际上他们的观点多受到西方近代政治理论的影响，而忽视了陈亮作为经学家、理学家的那一面。尽管何炳松《浙东学派溯源》、邓广铭《陈龙川传》、董平与刘宏章《陈亮评传》[②]等强调陈亮作为儒家中的一员，但他们并没有对陈亮政治理念的基石——经学诠释及其思想做深入分析。总的来说，以往学者多关注陈亮经世思想本身，而都忽视了陈亮事功思想的内在依据，即对经学诠释及思想的探究，以及其经学诠释与思想建构之间的内在关联。我们通过对陈亮文集进行全面、深入的考察，对陈亮经学诠释及其思想、心性理学与政治理念之间的关联进行条分缕析，包括分析他与同时代陈傅良、叶适、朱熹等人的经学诠释与政治理念的不同，以期对陈亮事功、政治思想做深入而系统的探讨，由此找出陈亮政治理念形成的基石与本质所在。

一、根底二程洛学，重视《四书》之学

陈亮经学及其思想源于数人[③]，他在十八岁的时候，就遇到对他一生产生重要影响的周葵。周葵曾为参知政事，延引陈亮见了一批当时重要的人物。最为主要的是，周葵将《大学》《中庸》传授于陈亮，并告诉他“读此可精性命之学”[④]。《宋史》本传称陈亮“遂受而尽心焉”[⑤]，这对他早年研习性命之学有很大的帮助。陈亮关注与重视道德性命，也符合那个时代的学术特

---

① 萧公权：《中国政治思想史》，新星出版社2005年版。侯外庐主编：《中国思想通史》（第四卷下），人民出版社1960年版，第692—739页。李泽厚：《中国古代思想史论》，生活·读书·新知三联书店2008年版。漆侠：《宋学的发展和演变》，河北人民出版社2004年版，第554—583页。田浩：《陈亮论公与法》，田浩编，杨立华、吴艳红等译：《宋代思想史论》，社会科学文献出版社2003年版，第518—567页。

② 何炳松：《浙东学派溯源》，广西师范大学出版社2005年版。邓广铭：《陈龙川传》，生活·读书·新知三联书店2007年版。董平、刘宏章：《陈亮评传》，南京大学出版社1996年版。

③ 参见方如金、江鹏：《陈亮交游考》，《温州大学学报》2003年第1期。

④ 脱脱等：《宋史》卷四百三十六“陈亮传”，中华书局1977年版，12929页。

⑤ 脱脱等：《宋史》卷四百三十六“陈亮传”，中华书局1977年版，第12929页。

点，如范立舟先生所言："南宋乾道、淳熙之间，是中国历史上少有的学术繁荣、百家争鸣的时代，尤其是理学的传播，对后世产生了无可估量的影响。"[①]无论是湖湘学、闽学还是婺学、浙学，在治学理路上基本上都在二程所建构的新内圣外王框架下进行，陈亮自然也不例外。

陈亮对当时盛行的二程洛学颇为尽心，他甚至还与当时著名学者郑伯熊、郑伯英兄弟关系默契，《宋元学案》就认为陈亮学说思想来源于郑伯熊(1124—1181)，将之视为"郑氏门人"[②]。郑伯熊(1124—1181)是周行己的私淑弟子，是伊洛、周行己之学在永嘉的重要传人，二程之学在永嘉得以传承便是依赖郑伯熊之力。这也说明，作为永康之学代表人物的陈亮在思想渊源上与永嘉之学属于同源，即皆与二程有所渊源。全祖望认为"永康则专言事功而无所承"[③]，实际上陈亮之学祖述二程、张载之学以为己说。正如元人刘埙所言：

> 龙川之学尤深于《春秋》。其于理学则以程氏为本。尝采集其遗言为一书，以备日览，目曰《伊洛正原》。又集二程、横渠所论礼乐、法度为一书，目曰《三先生论事》。……其说如此，则其于理学，固用心矣。岂徒曰功名之士。[④]

刘埙认为陈亮在理学的认识上"以程氏为本"，陈亮对二程、张载等人颇为推崇，曾采集周敦颐、二程、张载的言论，编辑而成《伊洛正源书》一书，以便自己研习，他对性理之学也颇有研究，尤其以二程之学为根底，并兼通张载之学。

的确，通观陈亮文集，发现他早年曾深入研习了二程洛学、张载关学等

① 范立舟：《宋代思想学术史论稿》，澳亚周刊出版有限公司2004年版，第250页。

② 黄宗羲著，全祖望补修：《宋元学案》卷五十六"龙川学案表"，中华书局1986年版，第1827页。

③ 黄宗羲著，全祖望补修：《宋元学案》卷五十六"龙川学案序录"，中华书局1986年版，第1830页。

④ 刘埙：《隐居通议》卷二"龙川学术"，影印文渊阁《四库全书》本，台湾商务印书馆1986年版，第37页。

理学思想，在其文集中，多次援引程、张等人的观点。不仅如此，他还作《书伊川先生春秋传后》极力称赞程颐《春秋传》，“其义甚精，其例类博”①，他还在给朱熹的信中称赞说：

> 自孟、荀论义利王霸，汉、唐诸儒未能深明其说。本朝伊洛诸公辨析天理人欲，而王霸义利之说于是大明。②

他认为尽管从孟子、荀子就开始谈论王霸义利之说，但是汉唐之际的儒者并没有真正理解孟、荀之意，到了北宋二程等人，才真正对天理人欲、王霸义利之说有了深刻体认，使之得以“大明”于世。可以看出，在陈亮的观念中，二程在儒学发展历程上属于非常关键的人物，肯定了他们儒学正统的地位。陈亮对二程之学做了深刻研习之后，发挥二程体用一原、有体有用之思想宗旨，希望将道德性命之学贯注于现实的社会政治实践当中。如：

> 格物致知之学，圣人所以惓惓于天下后世，言之而无隐也。夫道之在天下，何物非道，千涂万辙，因事作则，苟能潜心玩省，于所已发处体认，则知“夫子之道，忠恕而已”非设辞也。亮少不自力，放其心而不知求；行事三十年，始知此事。③
>
> 夫道之在天下，无本末，无内外。圣人之言，乌有举其一而遗其一者乎！举其一而遗其一，则是圣人犹与道为二也。④

陈亮在其经学思想体系中，非常强调《大学》“格物致知之学”，《孟子》

---

① 陈亮：《龙川集》卷十六“书伊川先生春秋传后”，影印文渊阁《四库全书》本，台湾商务印书馆1986年版，第644页。

② 黄宗羲著，全祖望补修：《宋元学案》卷五十六“龙川学案”，中华书局1986年版，第1832页。

③ 陈亮：《龙川集》卷十九“与应仲实”，影印文渊阁《四库全书》本，台北商务印书馆1986年版，第680页。

④ 陈亮：《龙川集》卷十“经书发题·论语”，影印文渊阁《四库全书》本，台北商务印书馆1986年版，第581页。

"求放心"，《易传》道无内外、道器合一的观念，认为这些都是圣人之道的重要体现。他对二程、张载等人所强调的《四书》之学颇为推崇，他曾在《杨龟山中庸解序》中云："世之儒者，揭《易传》以与学者共之，于是靡然始知所向。然予以为不由《大学》《论语》及《孟子》《中庸》以达乎《春秋》之用，宜于《易》未用心之地也。"[①]他认为为学之序应该是先《大学》《论语》《孟子》《中庸》等《四书》，而后再达于《春秋》等诸经之用，只有这样才算真正合于经学旨趣。从此我们可以看出，陈亮早期的治学理路与旨趣和二程、朱熹等人颇为一致。可以说，陈亮秉承二程有体有用的学术旨趣，但没有彻底摒弃性命道德之学，相反他多次引用性命之学，并将之作为自己的理论基础。如云：

> 天下岂有道外之事哉，而人心之危，不可一息而不操也。不操其心，而从容乎声、色、货、利之境，以泛应乎一日万几之繁，而责事之不效，亦可谓失其本矣。此儒者之所大惧也。[②]
>
> 《论语》之书，若之何而读之？曰：用明于内，汲汲于下学，而求其心之所同然者。功深力到，则他日之上达，无非今日之下学也。[③]
>
> 先王之时，礼达分定，而心有所止。故天下之人各识其本心，亲其亲而亲人之亲，子其子而子人之子，其本心未尝不同也。……善观孟子之书者，当知其主于正人心；而求正人心之说者，当知其严义利之辨于毫厘之际。[④]

陈亮认为道心合一，理事一体，道不会脱离具体事务而存在，天下无道外之事。他还将"心"看成政治的本源，认为如果能够"正心"则有助于政事

① 陈亮：《龙川集》卷十四"杨龟山中庸解序"，影印文渊阁《四库全书》本，台北商务印书馆1986年版，第622页。

② 陈亮：《龙川集》卷九"勉强行道大有功"，影印文渊阁《四库全书》本，台北商务印书馆1986年版，第575页。

③ 陈亮：《龙川集》卷十"经书发题·论语"，影印文渊阁《四库全书》本，台北商务印书馆1986年版，第581页。

④ 陈亮：《龙川集》卷十"经书发题·孟子"，影印文渊阁《四库全书》本，台北商务印书馆1986年版，第582页。

的治理,"其心然,其治必然",所以对道的体悟就应当正人心,注重具体的社会政治实践,同时借助经典来规范自己的行为,并最终实现对道的体认。陈亮对"心"的理解与运用,与陆九渊等心学派多有相似之处,不过,对于理本论还是心本论,陈亮并没有给予更多的关注和论证,他对于理学、心学的兼采,其目的是论证事功之学的合理性与必要性而已。总的来看,陈亮在其早期的学习过程中,尽可能地接触了包括心学在内的各种理学思想,并将它们作为自己经世致用的思想资源。

不仅如此,陈亮还大量采集二程、张载等人讲论礼乐、法度之言,编成《三先生论事录》,另外,又集《伊洛礼书补亡》《伊洛遗礼》,他这样做的目的,就是希望同时代的更多学者真正理解二程、张载为学的宗旨:既注重道德心性的修养,也注重礼乐法度的整饬,有体有用,有本有末,"夫道之在天下,无本末,无内外,圣人之言,乌有举其一而遗其一者乎"①。由此纠正世人尤其是张栻、吕祖谦、朱熹等后学弟子对二程、张载之学的误解,如其所谓"世之以是病先生之学者,盖不独今日也。夫法度不正则人极不立,人极不立则仁义礼乐无所措,仁义礼乐无所措则圣人之用息矣"②。可以说,陈亮对二程之学用功甚多,虽然没有师承二程洛学,但他对于二程所言内圣外王之道非常重视,并多次援引二程《四书》学、《易》学的相关论点,且将之作为自己事功之学的理论基础与思想来源。不仅陈亮,同时代的吕祖谦、薛季宣等人都是如此,他们在思想上都可以追溯到二程洛学。如何炳松先生所言:"初辟浙东史学之蚕丛者,实以程颐为先导。……程氏虽非浙人,而浙学实渊源于程氏。浙东人之传程学者有永嘉之周行己、郑伯熊及金华之吕祖谦、陈亮等,实创浙东永嘉、金华两派之史学,即朱熹所目为'功利之学'者也。"③只不过,与当时的朱熹、陆九渊等人相比,陈亮更关注的现实政治,已将治学重心转移到了经制、事功之上,而非道德心性的工夫论,这正如邓广铭先生所言:"伊洛之学也在程氏的讲求之列,然而他所着重的,不是他们的心性义理之

---

① 陈亮:《龙川集》卷十"经书发题·论语",影印文渊阁《四库全书》本,台北商务印书馆1986年版,第581页。

② 陈亮:《龙川集》卷十四"三先生论事录序",影印文渊阁《四库全书》本,台北商务印书馆1986年版,第622页。

③ 何炳松:《浙东学派溯源》,广西师范大学出版社2005年版,自序,第3页。

学一面，却特别偏重在他们讲明法度和是正礼仪的著作。”[①]换句话说，陈亮对二程洛学颇为倾心，并认为真正的道学当是有本有末、体用合一的，所以他在积极吸收道德心性之学的同时，也吸收了吕祖谦、陈傅良、叶适等人注重事功的思想。作为理学家之一的陈亮，可谓强调儒学之“用”，而非儒学之“体”。

总的来说，陈亮早期服膺二程洛学，并基本上体悟到了二程思想之精髓，即体用兼顾、心性事功兼有，但由于陈亮学无师承，加上侧重强调“用”“事功”一面，使得他在二程洛学遍天下的环境中相当孤立，这一点陈亮在其《钱叔因墓志铭》中曾说：

> 广汉张栻敬夫、东莱吕祖谦伯恭，相与上下其论，而皆有列于朝。新安朱熹元晦讲之武夷，而强立不反，其说遂以行而不可遏止。齿牙所至，嘘枯吹生，天下之学士大夫贤不肖，往往系其意之所向背，虽心诚不乐而亦阳相应和。若余非不愿附，而第其品级不能高也。余亦自咎其有所不讲而未敢怨。壬辰、癸巳，而贫日甚，欲托于讲授以为资身之策，乡间识其素而不之信，众亦疑其学之非是也。[②]

可以说，在陈亮所处的时代，道德性命之学非常兴盛，张栻、吕祖谦、朱熹等人相与论学，性命之学“遂以行而不可遏止”。而此时的陈亮，只是一位没有功名与官位的读书人，对于当时性命之学的泛滥颇有意见，并倡言事功之学，与当时学风截然不同，以至于“乡间识其素而不之信，众亦疑其学之非”。《宋元学案》也称：“当乾道、淳熙间，朱、张、吕、陆四君子，皆谈性命而辟功利，学者各守其师说，截然不可犯。陈同甫（亮）掘起其旁，独以为不然。”[③]陈亮为学在当时独树一帜，喜兵制、事功之学，“素所自喜兵法《六韬》，

① 邓广铭：《陈龙川传》，生活·读书·新知三联书店 2007 年版，第 41 页。

② 陈亮：《龙川集》卷二十八“钱叔因墓志铭”，影印文渊阁《四库全书》本，台北商务印书馆 1986 年版，第 785 页。

③ 黄宗羲著，全祖望补修：《宋元学案》卷五十六“龙川学案”，中华书局 1986 年版，第 1850 页。

已而饫闻《中庸》《大学》"①，但其学不为乡闾所信，甚至怀疑其学存在的正确与合理性，"人多疑其说而未信"②。陈亮汲汲于事功，曾多次上书朝廷，并到处宣扬自己的主张，但并没有得到更多人的信从与响应。

二、批判继承性理经学，强调事功治理之道

在陈亮中年之前，道德性命之学在当时颇为盛行，以至于他也毫不例外地研习二程、张载等人的学说，并对当时很多学者只注重道学之"体""心性"的倾向颇为不满：

> 二十年之间，道德性命之说一兴，迭相唱和，不知其所从来。后生小子读书未成句读，执笔未免手颤者，已能拾其遗说，高自誉道，非议前辈，以为不足学矣。世之为高者，得其机而乘之，以圣人之道为尽在我，以天下之事无所不能，能麾其后生，以自为高。而本无有者，使惟己之向，而后欲尽天下之说，一取而教之，颀然以人师自命。③
>
> 二十年来，道德性命之学一兴，而文章、政事几于尽废，其说既偏，而有志之士盖尝患苦之矣。十年之间，群起而沮抑之，未能止其偏，去其伪，而天下之贤者先废而不用。旁观者亦为之发愤以昌言，则人心何由而正乎？④
>
> 自道德性命之说一兴，而寻常烂熟无所能解之人，自托于其间，以端悫静深为体，以徐行缓语为用，务为不可穷测，以盖其所

① 陈亮：《龙川集》卷十七"谢赵同知启"，影印文渊阁《四库全书》本，台北商务印书馆1986年版，第660页。

② 黄宗羲著，全祖望补修：《宋元学案》卷五十六"龙川学案"，中华书局1986年版，第1850页。

③ 陈亮：《龙川集》卷十五"宋王仲德序"，影印文渊阁《四库全书》本，台北商务印书馆1986年版，第632页。

④ 陈亮：《龙川集》卷十一"廷对策"，影印文渊阁《四库全书》本，台北商务印书馆1986年版，第586页。

无。一艺一能皆以为不足自通于圣人之道也，于是天下之士始丧其所有，而不知适从矣。为士者，耻言文章行义，而曰“尽心知性”；居官者，耻言政事、书判，而曰“学道爱人”。相蒙相欺，以尽废天下之实，则亦终于百事不理而已。[①]

在陈亮看来，张栻、吕祖谦、朱熹等人所倡导的道德性命之学在当时风靡一时，但张、吕、朱等人的后学弟子，不专心研习前辈精神，只是“拾其遗说，高自誉道”，而耻言“文章行义”“政事书判”，以至于“天下之士始丧其所有，而不知适从”，“亦终于百事不理”，“文章、政事几于尽废”。陈亮此时批判的矛头所向，只是张、吕、朱等大儒的弟子及后人，而非他们本人，旨在批评指正张栻、吕祖谦、朱熹等后学弟子的不足之处。同样，陈亮还将矛头对准了与佛禅之学颇近的张九成之学。他在给友人的信中说道：

近世张给事学佛有见，晚从杨龟山学，自谓能悟其非，驾其说以鼓天下之学者，靡然从之。家置其书，人习其法，几缠缚胶固，虽世之所谓高明之士，往往溺于其中而不能以自出。其为人心之害，何止于战国之杨、墨也。[②]

张给事即张九成，他曾师从二程高徒杨时，对二程之学颇有发明，其学“亦颇启象山一派”[③]，是陆九渊心学的源泉之一，在当时经学界、理学界都颇有影响，所谓“家置其书，人习其法”，甚至连“高明之士，往往溺于其中而不能以自出”。但陈亮认为，“鼓天下之学者，靡然从之”的张九成之学，并非二程正统，故将他与战国杨子、墨子相提并论，亦即张九成是二程之学的真正敌人。由于张九成倾向佛禅之学，所以他对张九成的仇视，在某种程度上也

① 陈亮：《龙川集》卷十五“送吴允成运干序”，影印文渊阁《四库全书》本，台北商务印书馆1986年版，第633页。

② 陈亮：《龙川集》卷十九“与应仲实”，影印文渊阁《四库全书》本，台北商务印书馆1986年版，第681页。

③ 黄宗羲著，全祖望补修：《宋元学案》卷首“宋元学案序录”，中华书局1986年版，第6页。

算是对当时陆九渊一系的极端仇视。

从陈亮以上这些观点来看，他的目的在于维护纯正的二程洛学系统。这在很大程度上源于他对二程之学的深刻体认。不仅如此，乾道年间，科场失意的陈亮在太学深受吕祖谦的影响，仍旧研习了经学、二程洛学，并颇有心得。以至于乾道八年，吕祖谦曾致书朱熹盛赞陈亮，“陈同甫近一二年来，却翻然尽知向来之非，有意为学，其心甚虚，而于门下乡慕尤切”①。到乾道九年为止，陈亮还在研究二程著述的基础上，撰写了《孟子提要》《经书发题》《伊洛正源书》《伊洛礼书补亡》《三先生论事录》，并刊印了《程氏易传》《杨氏中庸解》等书。后来他还在给张栻之弟的信中自夸道：“乾道间，东莱吕伯恭、新安朱元晦及荆州鼎立，为一世学者宗师。亮亦获承教于诸公后，相与上下其论。”②

随着陈亮与吕祖谦、薛季宣、叶适、陈傅良、倪朴交善，以及互相探讨事功学说的深入③，他开始转向事功之学。其中，陈亮与薛季宣交游较少也较晚，所受影响自然有限。相比而言，陈亮与陈傅良交往更为深入，陈亮曾经称陈傅良为“族兄”，并把他看成吕祖谦之外最为重要的知己。他曾说过“四海相知惟伯恭（吕祖谦）一人，其次莫如君举（陈傅良），自余惟天民、道甫、正则（叶适）耳”④之类的话，而吕祖谦除了研习性命之学，对事功之学也颇为重视。与陈亮交善的倪朴、王自中、喻侃、喻南强等人，也都反对道学家空谈义理，以为道义不能脱离功利，由此形成了以陈亮为代表的士人群体，后世称之为永康之学。倪朴之学“大略近陈同甫，谈兵说剑，耻为无用之学”⑤，他痛恨朝廷御侮无策，曾著《舆地会元志》，记录全国山川险夷形势和户口虚实情况，为积极抗金筹策。他反对道德性命之说而“独与同甫（陈亮）讲明其学，

---

① 吕祖谦：《东莱别集》卷八“尺牍二·与朱侍讲”，影印文渊阁《四库全书》本，台北商务印书馆1986年版，第251页。

② 陈亮：《龙川集》卷二十一“与张定叟侍郎”，影印文渊阁《四库全书》本，台北商务印书馆1986年版，第715页。

③ 参见方如金、江鹏：《陈亮交游考》，《温州大学学报》2003年第1期。

④ 陈亮：《龙川集》卷二十一“与吴益恭安抚”，影印文渊阁《四库全书》本，台北商务印书馆1986年版，第718页。

⑤ 黄宗羲著，全祖望补修：《宋元学案》卷五十六“龙川学案”，中华书局1986年版，第1844页。

凡所著述,但以示同甫”[①]。王自中主张兵农结合以备边防,“其所学大略类同甫”。陈亮弟子喻侃、喻南强均严守师说,曾为营救陈亮脱狱而努力。陈亮正是在陈傅良、叶适、吕祖谦等人事功思想的影响下,将学术重心放在了事功上,并最终与永嘉之学同为南宋事功之学的代表。陈亮的这种思想转向,与他所处的当时严峻的社会政治局势息息相关,如关长龙先生所言:“宋室南渡以后,社会的主要矛盾已转化为宋金民族之间的冲突,而国内诸阶层间的矛盾已降为次要地位。也就是说,对朝廷而言,百姓之存亡已非当务之急,当务之急是国家之存亡。”[②]

淳熙时期,已经即位的孝宗,极力想摆脱高宗的束缚,励精图治,迎接国家生死存亡之挑战,于是在某种程度上他默认当时很多对二程洛学的批判。如淳熙五年(1178),侍御史谢廓然的奏疏中云:“近来掌文衡者,主王氏之说,则专尚穿凿;主程氏之说,则务为虚诞。夫虚诞之说行,则日入于险怪;穿凿之说兴,则日趋于破碎。今省闱引试,乞诏有司公心考校,毋得徇私专尚程、王之末习。”[③]谢廓然认为当时“主程氏之说”者,“务为虚诞”,所以在取士时,要剔除“末习”之人。谢的奏疏被朝廷采纳,这在一定程度上反映了一个重要事实:洛学虽然兴盛,但它的学术主张开始不适应宋孝宗时期的社会政治环境。在这种局势下,淳熙五年,倡导事功的陈亮又一次给朝廷上书,他的《上孝宗皇帝第一书》也极力迎合孝宗励精图治的心理,他说道:“今世之儒士自以为得正心诚意之学者,皆疯痹不知痛痒之人也,举一世安于君父之仇,而方低头拱手以谈性命,不知何者谓之性命乎!”[④]他向孝宗连上三书,开始极力批判道德性命之学。这与此时推崇事功之学的薛季宣、陈傅良、叶适等人遥相呼应,对此《宋元学案》中也称:“永嘉经制之学,其出入于唐、汉

---

① 黄宗羲著,全祖望补修:《宋元学案》卷五十六“龙川学案”,中华书局 1986 年版,第 1845 页。

② 关长龙:《两宋道学命运的历史考察》,学林出版社 2001 年版,第 390 页。

③ 留正:《皇宋中兴两朝圣政》卷五十六,清嘉庆宛委别藏本,第 469 页。

④ 陈亮:《龙川集》卷一“上孝宗皇帝第一书”,影印文渊阁《四库全书》本,台北商务印书馆 1986 年版,第 505 页。

之间，大略与同甫等。”①

陈亮作为浙东事功之学的主要倡导者，自然和陈傅良、叶适等人一样，对张栻、朱熹、张九成、陆九渊等人的道德性命之学持批判态度，而且他较陈、叶更为激进，以至于与当时倡导道德性命之学的宗师朱熹展开论战，论战的核心便是王霸义利之辨。如朱熹《寄陈同甫书十五首》中有云：

> 来教云云，其说虽多，然其大概，不过推尊汉唐，以为与三代不异；贬抑三代，以为与汉唐不殊。而其所以为说者，则不过以为古今异宜，圣贤之事不可以尽以为法，但有救时之志，除乱之功，则其所为虽不尽合义理，亦自不妨为一世英雄。然又不肯说此不是义理，故又须说天地人并立为三，不应天地独运而人为有息。今既天地常存，即是汉唐之君，只消如此，已能做得人底事业，而天地有所赖以至今。其前后反复，虽缕缕多端，要皆以证成此说而已。②

陈亮曾在信中多次说到，朱熹、陆九渊等人所谈的性命道德之学过于空虚，主张以富国强兵的事功来弥补空谈性命道德之学的不足。而朱熹本人则对陈亮多次致书言说王霸之道，已经渐渐有些厌烦，并直接指出陈亮前后反复、缕缕多端、虚与委蛇，其目的便是“推尊汉唐”“贬抑三代”，希望自己改弦更张，将注意力放在当下的治平、戡乱上。朱熹认为陈亮“立心之本在于功利”。不过，陈亮否认朱熹的看法，并始终认定自己所倡导的王霸并用、义利双行才是真正的儒学。可以说，陈亮、朱熹这次争论的实质，不仅仅是意气之争与学术之争，更不是表面上三代王道与汉唐霸道之间孰优孰劣的问题，正如陈亮后来给温州事功学者陈傅良的信中所言：“亮与朱元晦所论，本非为三代、汉唐设。”③他们之间争论的立足点，其实就是以何种方式来解决

---

① 黄宗羲著，全祖望补修：《宋元学案》卷五十六“龙川学案”，中华书局1986年版，第1843页。

② 朱熹：《晦庵集》卷三十六“答陈同甫”，《朱子全书》，上海古籍出版社、安徽教育出版社2002年版，第1585页。

③ 陈亮：《龙川集》卷二十一“与陈君举”，影印文渊阁《四库全书》本，台北商务印书馆1986年版，第720页。

当下的社会政治危机，维护并巩固皇权政治体系，这正如有的学者所言及的，他们之间的对立，“不仅仅是由于理论观点上的分歧，更重要的双方在如何看待和解决现实社会各种危机问题上的不同认识”①。如果从儒学的角度来看，他们争论的是重要的哲学问题与儒学正统问题，亦即谁才是真正的儒家之道。在陈亮看来，他所言的王霸义利是一体的，其哲学依据便是道器不相离，没有超越具体事物的道，道寓于现实的器与务中，如他说：“道之在天下，平施于日用之间。……其平施于日用之间者，与生俱生，固不可得而离也。”②陈亮这种“道”论，与理学宗师二程所言的“体用一原，显微无间”颇为一致。不过，在体用之间，陈亮更强调“用”。以至于在朱熹看来，陈亮所言无非是在强调霸道与事功，也正因为如此，朱熹将陈亮归于永嘉事功之学的行列。

自淳熙十一年(1184)开始，陈亮、朱熹之间展开了王霸义利之辨，双方辩论了两年左右都没有最终达成共识。在当时，由于朱熹所代表的理学信徒甚广，而陈亮势单力薄，支持者甚少。以至于陈亮自认为有用于现实的政治理念，并没有得到多少学者的认同，反而受到围攻，对此《宋元学案》记载说：

> 当乾道、淳熙间，朱、张、吕、陆四君子皆谈性命而避功利，学者各守其师说，皆然不可犯。陈同甫掘起其旁，独以为不然。且谓“性命之微，子贡不得而闻，吾夫子所罕言，后生小子与之谈之不置，殆多乎哉！禹无功，何以成六府？《乾》无利，何以具四德？如之何其可废也！于是推寻孔、孟之志，《六经》之旨，诸子百家分析聚散之故，然后知圣贤经理世故，与三才并立而不废者，皆皇帝王霸之大略。明白简大，坦然易行”。人多疑其说而未信。③

① 陈国灿、吴锡标：《陈亮的反理学思想和“朱陈之辩”》，《浙江学刊》2009 年第 6 期，第 58 页。

② 陈亮：《龙川集》卷十“经书发题·诗经”，影印文渊阁《四库全书》本，台北商务印书馆 1986 年版，第 578 页。

③ 黄宗羲著，全祖望补修：《宋元学案》卷五十六“龙川学案”，中华书局 1986 年版，第 1850 页。

乾道、淳熙年间，二程洛学已经得到了长足的发展，朱熹、张栻、吕祖谦、陆九渊等人在此时也相继完成了自己的理论建构，并分别形成闽学派、湖湘学派、金华学派、心学派，道德性命之学成为这一时期的主流话语，尽管朝廷面临严重的“内忧外患”，但二程所倡导的先明“内圣”，然后实践“外王”的治国理念基本上为士人所接受。叶适的永嘉学派、陈亮的永康之学尽管也是继承周、孔之学，奉行建功立业的思路，提出“圣贤经理世故，与三才并立而不废者，皆皇帝王霸之大略。明白简大，坦然易行”的事功理念，认为“王霸之大略”是解决当时现实社会问题的根本，但这没有得到多少人的拥护，反而在朝野中处于少数派，这说明浙东学派中除了吕祖谦兼采众家之长，得到时人认同之外，永嘉、永康基本上被边缘化。

总的来看，在乾道、淳熙及稍后的年间，经学思想的主导分为两大派别：一个是道德性命之学，一个是经制事功之学。道德性命之学主要是朱熹闽学、陆九渊心学，经制事功之学主要是叶适永嘉之学、陈亮永康之学。其中叶适永嘉之学以其人数众多而与朱、陆并立而三，清代学者全祖望在《宋元学案·水心学案》中说：“乾、淳诸老既没，学术之会，总为朱、陆二派，而水心断断其间，遂称鼎足。”①全祖望认为朱学、陆学和叶适永嘉之学在当时鼎足而三，这其实是基于程学在当时的分歧，因为朱学、陆学、永嘉学派都承接程学，它们之所以不同，只是因为程学内部的分歧。全祖望并没有提及当时影响甚大的永康学派的陈亮，原因在于陈亮在学统上无所承接，虽然也与朱陆对立，但不能成为鼎足之势。所以全祖望在《宋元学案·龙川学案》中说：“永嘉以经制言事功，皆推原以为得统于程氏，永康则专言事功而无所承，其学更粗莽。”②不过在学术宗趣上，陈亮与叶适颇为一致，皆为事功之学，由于彼此在地理位置上皆属于浙江，故称为浙学。故黄百家便说：“永嘉之学，薛、郑具出自程子。是时陈同甫亮又崛兴于永康，无所承接。然其为学，俱以读书经济为事，嗤黜空疏、随人牙后谈性命者，以为灰埃。亦遂为世所忌，

① 黄宗羲著，全祖望补修：《宋元学案》卷五十四“水心学案”，中华书局1986年版，第1738页。

② 黄宗羲著，全祖望补修：《宋元学案》卷五十六“龙川学案”，中华书局1986年版，第1830页。

以为此近于功利，俱目之为浙学。”①

三、基于问题导向，重视六经及其治道

作为永康事功之学的代表陈亮，一生都固执于事功之学，并没有因为他人的迎合或反对而改变自己的志愿，而是始终坚韧地寻求新的治国安邦之道，他多次希望通过上书来倡导事功之学，促使更多的人来关注具体的社会政治、军事经济等事务，而不是潜心致力于道德修身、体悟天理。为了论证自己学说的合理性，同时也是出于解决当下社会现实问题的目的，陈亮极力推崇六经或借助六经来论证注重事功、解决现实问题的必要性：

> 昔者圣人以道揆古今之变，取其概于道者百篇，而垂万世之训。其文理密察，本末具举，盖有待于后之君子。而经生分篇析句之学，其何足以知此哉！②
>
> 《周礼》一书，先王之遗制具在，吾夫子盖叹其郁郁之文，而知天地之功莫备于此，后有圣人不能加毫末于此矣。③
>
> 夫《春秋》，天子之事也，圣人以匹夫而与天子之事，此王法之所当正也，不能自逃于王法而能正人乎？乱臣贼子其有辞矣。④
>
> 天下之理具于《易》，治道之本末着之《洪范》，而《诗》之喜怒哀乐盖学者所以用功于平时，举而措之之大端，而当时之学者载而为《论语》。……帝王继世之用，《书》载之明矣。而三王之损益，夏商文献之不足，而周道独详焉。夫子之所深叹，而《春秋》所以备四王

---

① 黄宗羲著，全祖望补修：《宋元学案》卷五十六“龙川学案”，中华书局1986年版，第1832页。

② 陈亮：《龙川集》卷十“经书发题·书经”，影印文渊阁《四库全书》本，台北商务印书馆1986年版，第578页。

③ 陈亮：《龙川集》卷十“经书发题·周礼”，影印文渊阁《四库全书》本，台北商务印书馆1986年版，第579页。

④ 陈亮：《龙川集》卷十“经书发题·春秋”，影印文渊阁《四库全书》本，台北商务印书馆1986年版，第580页。

之制，百世以俟圣人而不惑者也。[1]

洪荒之初，圣贤继作，道统日以修明，虽时有治乱，而道无一日不在天下也。而战国、秦、汉以来，千五百年之间，此道安在？而无一人能识其用，圣贤亦不复作，天下乃赖人之智力以维持，而道遂为不传之妙物，儒者又何从而得之，以尊其身而独立于天下？六经诸史，反复推究，以见天运人事流行参错之处，而识观象之妙、时措之宜，如长江大河，浑浑浩浩，尽收众流而万古不能尽也。而后知人之识分，圣贤之所用心，而人心之危不可以一息而不操也。苟有用心之地，则凡天下之学皆可因之以资吾之陟降上下焉。[2]

陈亮认为六经才是圣人之道的载体，其中《易》载天下之理之全体，《诗》载圣人之喜怒哀乐，《尚书》载帝王治世之用，《春秋》则是载圣人之法，并认为只有借助六经才能实现对社会政治的治理。此处他虽然没有极力批判四书，但结合之前他对心性道德之学的批判，就说明在陈亮看来，上古三代圣贤去世之后，圣人之道不传，真正能够蕴载圣人之道的经典，传承圣人之道的载体不是道学家所推崇的《四书》，而是六经以及诸史。对于六经诸史的推崇，这与当时的金华之学、永嘉之学颇为相合，这都说明了浙东之学在经史并用、经世致用方面所具有的共同之处。陈亮如此强调六经，除了积极宣扬他所关注的经制、事功思想之外，还有借助六经重续道统、重建儒学思想体系的目的，以此来区别于当时盛行的张、吕、朱等人奉行的以四书为本的道德心性之学。

对于六经的解释，陈亮反对章句训诂之学，认为拘泥于注疏之学只会湮没圣人之道，不明六经治国之要道，他在《经书发题》《传注》《类次文中子引》等文章中都曾有此观点，他说：

---

① 陈亮：《龙川集》卷二十二“祝文 · 告先圣文”，影印文渊阁《四库全书》本，台北商务印书馆1986年版，第727页。

② 陈亮：《龙川集》卷二十八“钱叔因墓志铭”，影印文渊阁《四库全书》本，台北商务印书馆1986年版，第786页。

昔者圣人以道揆古今之变，取其概于道者百篇，而垂万世之训，其文理密察，本末具举。盖有待于后之君子，而经生分篇析句之学，其何足以知此哉?[①]

圣人之于《诗》，固将使天下复性情之正，而得其平施于日用之间者，乃区区于章句训诂之末，岂圣人之心也哉?[②]

六经作而天人之际，其始终可考矣，此圣人之志也，而王仲淹实知之。九师、三传、齐、韩、毛、郑、大戴、小戴，与夫伏生、孔安国之徒，其于六经之文，穷年累岁，不遗余力矣。师友相传，考订是非，不任胸臆矣。而圣人作经之大旨，则非数子之所能知也。[③]

陈亮认为六经思想丰富，它对天人之际、人伦日用、万世政治的洞察都体现了圣人之志，分篇析句、章句训诂之学并不能真正理解圣人之道，所谓“区区于章句训诂之末，岂圣人之心”。尽管有“九师、三传、齐、韩、毛、郑、大戴、小戴，与夫伏生、孔安国之徒”这些汉唐时期的大儒，他们虽然“穷年累岁，不遗余力”“师友相传，考订是非，不任胸臆”，但在陈亮看来，他们也并没有真正领悟“圣人作经之旨”。由此可见，陈亮对汉唐章句训诂、注疏之学持怀疑甚至是否定的态度，而希望在经学诠释上追求圣人本义，探究经书大义，以期解决现实的问题，这些观点实则是对朱熹等重视读经考据“道问学”的不满，更是对陆九渊、张九成注重反省体悟、不重经书“尊德性”的不满，由此可以说，陈亮这种经学态度在一定程度上是对当时拘泥于训诂考据或不习经义两种极端经学风气的纠偏。此时的陈亮，不仅仅只是提醒人们要重视六经及其大义，更是在一定程度上企图解构二程、朱熹等人基于四书而形成的理学建构与政治思想体系，目的是重建以六经为核心经典的理论体系与事功政治理念。

---

① 陈亮:《龙川集》卷十“经书发题・书经”，影印文渊阁《四库全书》本，台北商务印书馆 1986 年版，第 578 页。

② 陈亮:《龙川集》卷十“经书发题・诗经”，影印文渊阁《四库全书》本，台北商务印书馆 1986 年版，第 579 页。

③ 陈亮:《龙川集》卷一一“传注”，影印文渊阁《四库全书》本，台北商务印书馆 1986 年版，第 592 页。

但问题的关键在于，宋代皇权独大，皇帝的知识体系、执政能力与朝廷兴衰、国家存亡直接相关，儒家大夫尽管作为当时文官体系中的主体，并不能像中古时期贵族阶层那样对皇权形成有效制约。而自北宋末年以来理学家所倡导的心性之学已经迎合了社会结构的演变与时代问题的需要，亦即除了应对佛老之学的挑战之外，也构建了一套通过"格君心之非"、提升皇帝自身素养的思维模式来改造现实社会政治，这种理念比较适合当时的现实政治结构。这也正如葛兆光先生所言："始终处于政治权力边缘的理学家们，大约特别会有这种以'道统'制约'政统'、以超越性真理限制现实权力的心情与想法。"①所以，二程、朱熹、陆九渊等人极力强调的"体""君心"思想在当时已经广为人们所认同。② 相比较而言，陈亮脱胎于理学，但他并没有离开理学，只是更强调理学中"外王"的一面，强调理学的"用"的层面，注重社会具体问题的处理与解决。对此，田浩也说："陈亮倾心于程颐思想的只在制度与价值方面，而不是他的思想哲学。"③不仅如此，虽然陈亮已经严重关切事功与现实问题，迎合了当时社会人士革故鼎新、富国强兵的强烈意愿，并产生了极大响应，连朱熹都说"陈同甫学已到江西，浙人信任已多，家家谈王伯"④，但陈亮这种治标不治本的思想依旧没有得到众多儒士的支持，而且随着张栻、吕祖谦的去世，湖湘学与浙学得以整合，功利思想盛行一时，这对二程洛学、朱熹闽学所倡导的理学体系产生了极大的冲击，由此引发了朱熹

---

① 葛兆光：《中国思想史》第2卷，复旦大学出版社2000年版，第345页。

② 二程强调"格君心之非"自不待言，朱熹也是如此，认为解决问题要从根本入手，而非具体的问题，所谓根本问题即是"格君心之非"，他在《答张敬夫》中说道："熹常谓天下万事有大根本，而每事之中又各有要切处。所谓大根本者，固无出于人主之心术；而所谓要切处者，则必大本既立，然后可推而见也。如论任贤相、杜私门，则立政之要也；择良吏、轻赋役，则养民之要也；公选将帅，不由近习，则治军之要也；乐闻警戒，不喜导谀，则听言用人之要也。推此数端，余皆可见。然未有大本不立而可以与此者，此古之欲平天下者所以汲汲于正心诚意以立其本也。若徒言正心而不足以识事物之要，或精核事情而特昧夫根本之归，则是腐儒迂阔之论，俗士功利之谈，皆不足与论当世之务矣。"（《晦庵集》卷二五"答张敬夫"）朱熹的这个观点与陈亮注重具体官制、经济、赋税、军政等问题，在理路上自然不同。

③ 田浩：《陈亮论公与法》，田浩编：《宋代思想史论》，杨立华、吴艳红等译，社会科学文献出版社2003年版，第538页。

④ 黎靖德：《朱子语类》卷一二三"陈君举"，中华书局1986年版，第2966页。

对儒学正统地位的维护，从而使他对陈亮及浙学展开了猛烈的批判，这一点正如束景南先生所说："在张栻和吕祖谦死后，金华学（此时以吕祖俭为代表）转同永嘉学（此时以陈傅良为代表）与永康学（此时以陈亮为代表）打成一片，湖湘学倒戈投入永嘉学的怀抱，永嘉学渗入江西同陆学一脉合流，逐渐成为学派对立分化中三大引人注目的趋势，形成一种功利凌驾道德的文化走向，给闽中的朱学以直接冲击。朱熹转而全力批判浙学也就势在必然了。"①束先生没有点出陈、朱之争的关键，其实一直以儒学正统自许的朱熹从一开始就将批判的矛头指向当时影响巨大的儒宗吕祖谦，随着吕祖谦的去世，便又转向了思想日益事功化的陈亮。这种不间断的批判，并不仅仅只是因为吕祖谦、陈亮及浙学事功学者对事功的倡导在观点上与其相左，而是基于儒学正统地位的争夺与巩固。

四、经史融通，建构异于洛学的新经学、新儒学

在陈亮中晚年，他不但始终没有改变他所认定的事功之学，还不断地借助经学诠释的形式来丰富、完善他的学术思想体系，想彻底解构由程朱等人基于四书所建构的理学思想体系，借助《春秋》《周礼》等六经诠释来重续孔子道统、政统，从而建立以"礼"为核心的思想体系。不仅如此，他还对史学产生了深厚的兴趣，希望借助史学来考察社会治乱兴衰，并从中摄取治国安邦的有利因子，作为自己事功思想的有益补充。陈亮对史学的重视，在一定程度上也是北宋以来史学发展与兴盛的体现，更是浙东学派经史互证、经史并重的一个传统。更为主要的是，他打通经史，旨在在两者之上重建一个有别于程朱理学、浙学的新事功思想体系。正如董平先生所言："金华、永嘉、永康三家之学各有所长，正可相互补充，而若将事功主张作为一种相对独立的思想学说，而并不仅仅是一种治学取向或学术精神，则陈亮无疑更具有代表性。"②

陈亮推重六经，注意发挥六经中切于致用的经义思想。在六经之中，陈

① 束景南：《朱子大传》，福建教育出版社 1992 年版，第 466 页。

② 董平、刘宏章：《陈亮评传》，南京大学出版社 1996 年版，第 441 页。

亮对《春秋》学尤为推重，他说“圣人之所以通百代之变者，一切着之《春秋》”①，元人刘埙亦说“龙川之学尤深于《春秋》”②，在其所上的奏章与书信中，他多次借助《春秋》大义来阐明“尊王攘夷”“尊君卑臣”“大一统”等思想，以此来为朝廷分析治国理政的方法与思路。如他说：

> 孔子伤宗周之无主，痛人道之将绝，而作《春秋》。其书天王之义严矣：书其有所求者，明天王之不可失其柄也。其书讨贼之义严矣：贼不讨不书葬者，明一国之无臣子也；一人讨贼而以众书者，示夫人之皆可得而讨也。天子既不能以保天下之民，而一国各自以有其民。其君之有志于民，而闵雨者必书，无志于民而不闵雨者必书，土功必书，饥馑必书。孔子之心，未尝不庶几天下之民一日之获瘳也。是君道之大端，而圣人望天下与来世者，可谓深切著名矣。③

陈亮认为，孔子所作《春秋》主要通过“春秋笔法”来凸显“微言大义”，其中“正名分”为最重要的一点。他强调《春秋》中的书与不书的“微言大义”，极力强调《春秋》中的尊王、保民等思想，他希望宋廷能够重振纲常名教，建立强大的王权政治，以此来兴复宋王朝中原北方之土地。又如：

> 皇天全付予有家，而半没于外裔，此君天下者之所当耻者。《春秋》许九世复仇，而再世则不问，此为人后嗣者之所当愤也。中国，圣贤之所建置，而悉听于左衽，此英雄豪杰之所当同以为病也。……高宗皇帝春秋既高，陛下不欲大举以惊动慈颜，仰心俯首以致色养，圣孝之盛，书册之所未有也。今者高宗皇帝既已祔庙，

① 陈亮：《龙川集》卷十一“传注”，影印文渊阁《四库全书》本，台北商务印书馆1986年版，第592页。

② 刘埙：《隐居通议》卷二“龙川学术”，影印文渊阁《四库全书》本，台北商务印书馆1986年版，第37页。

③ 陈亮：《龙川集》卷一“上孝宗皇帝第二书”，影印文渊阁《四库全书》本，台北商务印书馆1986年版，第506页。

天下之英雄豪杰皆仰首以观陛下之举动，陛下其忍使二十年间所以作天下之气者，一旦而复索然乎！①

在陈亮看来，《春秋》中多有后世为先祖“复仇”之义，如《春秋公羊传·庄公四年》有云：“《春秋》为贤者讳。何贤乎襄公？复仇也。何仇尔？远祖也。……远祖者，几世乎？九世矣。九世犹可以复仇乎？虽百世可也。……先君之耻，犹今君之耻也；今君之耻，犹先君之耻也。”他多次援引《春秋》“许九世复仇”之义，以此来劝说宋孝宗应当在高宗去世之后，废除和议，兴兵北伐，为宋徽宗、宋钦宗复仇，以此恢复中原被占领的领土。又如：

孔子之作《春秋》，其于三代之道，或增或损，或从或违，必取其与世宜者举而措之，而不必徇其旧典，然于君臣之大义，未之有改也。其讥世卿，盖讥其不择世臣之贤者而用之，甚者遂使世其官，而人人轻视其上，皆有掩而取之之心。其势必至于君臣之不相保，故惓惓于一世之贤者，悉使之附见于册书。如蔡季、纪季、楚屈元、齐高子、鲁季友、叔肸、宋子哀之徒，往往非公族则其世家之旧也。使皆得若人而用之，则何厌于世臣，而欲求天下特起之贤于不可知之际哉！②

陈亮认为孔子作《春秋》虽然对三代礼制皆有损益，但对于君臣相保之义并没有改定，故《春秋》“讥世卿”，是讥讽当时各国君主不能选择世家子弟中的贤者予以任用，所以孔子对于世家子弟中的贤者如蔡季、纪季、楚屈元、齐高子等人十分重视，皆记载于史册，其目的便是劝谏宋王朝要不拘一格，只要是贤者，就不论出身而任用，如此才有助于国家人民。

从上可以看出，陈亮强调《春秋》尊王攘夷、保民利国之思想，认为它是

① 陈亮：《龙川集》卷一“戊申再上孝宗皇帝书”，影印文渊阁《四库全书》本，台北商务印书馆 1986 年版，第 510 页。

② 陈亮：《龙川集》卷三“问答”，影印文渊阁《四库全书》本，台北商务印书馆 1986 年版，第 529 页。

治乱兴衰的体现，有助于治国安邦，所谓“《春秋》，事几之衡石，世变之砥柱也，故《春秋》，《易》之著者也，百王于是取则焉”①。在对《春秋》的解读中，陈亮其实已经超越了将之作为儒家经典的价值与意义，而是从历史治乱兴衰、治国安邦的角度来考虑，希望借此为现实社会政治提供某种借鉴。在他看来，《春秋》就是圣人借助鲁国兴衰的历史来展现圣人之道的，“《春秋》其文则鲁史之旧，其详则天子诸侯之行事，其义则天子之所以奉若天道者”。陈亮在其《春秋比事序》一文中说：

> 圣人经世之志，寓于属辞比事之间，而读书者每患其难通其善，读则曰：“以传考经之事迹，以经考传之真伪。”如此，则经果不可以无传矣。游、夏之徒，胡为而不能措一词也。余尝欲即经以类次其事之始末，考其事以论其时，庶几抱遗经以见圣人之志。②

陈亮曾通过“即经以类次其事”编撰《春秋比事》一书，此书已佚。但是通过这篇序文我们可以看出，陈亮希望通过历史叙述的形式，来体现圣人之道，将具有哲理的“经”与历史叙述性质的“传”有机地结合起来，来表达“圣人之志”，这也是基于对现实的考虑。正如董平先生所言：“陈亮的用意显然不仅仅在阐明孔子之作《春秋》的缘由，而更在以古讽今，以《春秋》大义而对孝宗力加规谏。”③不仅如此，陈亮还汲取《春秋》之精神，亲自撰写了《三国纪年》《汉论》《酌古论》《策问》《史传序》等历史与评论方面的著述，其中大多以汉唐之际的历史史实为依据，采用借古喻今的手法，针对现实的社会政治事务提出了自己的理解和见解，希望执政者与皇帝能够借鉴其说，将圣人治国安邦之理念贯注于历史叙述之中。他甚至将诸史与六经并提，他说：

> 六经诸史，反复推究，以见天运人事流行参错之处，而识观想

① 陈亮：《龙川集》卷十二“三国纪年序”，影印文渊阁《四库全书》本，台北商务印书馆1986年版，第606页。

② 陈亮：《龙川集》卷十四“春秋比事序”，影印文渊阁《四库全书》本，台北商务印书馆1986年版，第622页。

③ 董平、刘宏章：《陈亮评传》，南京大学出版社1996年版，第189页。

之妙、时措之宜，如长江大河，浑浑浩浩，尽收众流而万古不能尽也。①

陈亮将史与经并重，实则是将史学与经学等同起来，将它们视为可以体道、明理、探究古今之变的重要载体，这种经史并重的观念充分体现了作为浙东学派为学注重现实事功的特色，也深刻地展现了陈亮与当时的吕祖谦、陈傅良、叶适等浙东学者所强调的经史并举、经世致用的独特治学理路，更反映了自北宋以来，欧阳修、司马光、王安石等人倡导的经史兼重、经世致用的经世传统传承不绝。但由于陈亮过于强调现实具体问题的解决及事功之成败，最终没有建构出系统的思想体系。正如有学者所言，“永康学派的陈亮，其学理较永嘉为粗豪，也并未建立一完整的理论体系。因此，思想基础之未能及早建立，一方面反映了他们对务实的重视，另一方面则说明了永嘉、永康经世之学终不免于衰竭的内在因素”②。

总之，陈亮对《春秋》的重视，融入了他对华夷之辨、君臣关系以及社会秩序重建的全新考虑，由于《春秋》所蕴含的内在根据是上古三代所盛行的礼制，所以在一定程度上可以看出，陈亮与当时的张栻、吕祖谦、朱熹、陆九渊等注重道德性命之学的理学家有所不同，他更加注重通过社会制度来重新界定、规范君臣关系以及宋朝与少数民族之间的对立性。不仅如此，他还极力降低张、吕、朱等人对经学的关注，并将之与史学并提，由此来降低对道德伦理的依赖，淡化对道德心性的重视，而且强调外在规范对人与社会的重塑意义，他更希望从经史之中探究解决现实社会政治、思想文化的有用资源，并借此重建新的儒学思想体系。陈亮基于现实考虑，甚至认为为了富国强兵可以兼顾上古三代王道政治与汉唐霸业，所谓“义利双行、王霸并用”③，但由此招致朱熹的驳斥，并在论学的信中规劝陈亮：“愿以愚言思之，绌去义

① 陈亮：《龙川集》卷二十八“钱叔因墓志铭”，影印文渊阁《四库全书》本，台北商务印书馆1986年版，第786页。

② 夏健文：《南宋永嘉永康学派之经世致用论》，台北花木兰文化出版社2009年版，第138页。

③ 陈亮：《龙川集》卷二十“又甲辰答书”，影印文渊阁《四库全书》本，台北商务印书馆1986年版，第697页。

利双行、王霸并用之说，而从事于惩忿窒欲、迁善改过之事，粹然以醇儒之道。”[①]朱熹希望他秉承孔孟心性道德反省之说。但陈亮并不同意朱熹的这一看法，认为两者并行不悖，其最终目的是实现王道政治，毕竟“在陈亮那里，王霸之道原不相对抗，道德与功利则相互统一，它们仅仅是某一系统，譬如儒学当中所涵盖的不同层面”[②]。如此一来，陈亮更加走向了张、吕、朱的对立面，从而引发了他与当时倡导道德性命之学的学者之间的紧张关系。作为相对独立的永康学派，在当时的影响范围与流传时间比较有限，尤其是在陈亮去世之后，永康学派便与金华学派合流了。

五、结语

总的来说，事功思想在两宋始终存在，在北宋时期以江西之欧阳修、王安石等人为代表，在南宋则以浙江的唐仲友、薛季宣、叶适、陈亮为代表。其中，陈亮在南宋中期的影响颇大，并直接与当时的理学宗师朱熹发生了正面冲突。尽管如此，事功思想作为心性道德之学的有益补充，仍成为宋代政治思想史上的重要组成部分。按照《宋元学案》的说法，陈亮没有师承，但从其文集来看，他在中年以前，私淑程氏洛学，“以程氏为本”，倡言“体用一原”的道德心性之学，但在中年以后，开始转向对“用”之事功的强调，反对当时的张栻、朱熹、陆九渊等人尤其是他们的后学弟子将心性之学作为解决社会政治问题的唯一出发点，尤其反对单纯地以道德修养“格君心之非”来改变社会现状，而是希望以更加务实、更加具有针对性的政治举措来解决南宋王朝所面临的民族危机与社会政治危机。他的这些观点与同时代的永嘉薛季宣、陈傅良、叶适等人遥相呼应，由此被视为永康事功之学，并与金华学派、永嘉学派并称为浙学。其实，浙学诸儒虽同属一派，但彼此在思想旨趣、政治主张上有些许的分歧[③]，陈亮作为他们中间的佼佼者，更是淡化早年信奉

---

① 朱熹：《晦庵先生文集》卷三十六“与陈同甫”，宋刊浙本，第685页。

② 董平、刘宏章：《陈亮评传》，南京大学出版社1996年版，第209页。

③ 夏健文：《南宋永嘉永康学派之经世致用论》，台北花木兰文化出版社2009年版，第138页。

的四书心性道德之学，强调立足六经来建构他的外王思想体系。

陈亮强调为学要经世致用，表现在经学上，便是注重经学解释立足现实社会政治的需要，发挥六经诸史中经世致用的思想要素，抵制空谈心性、不切现实的经学风气。他与金华学派、永嘉学派一样，都倡导史学，希望发挥史学对经学的补充、论证的功能。不过这遭到了朱熹的批评："看史只如看人相打，相打有甚好看处？陈同甫一生被史坏了。"[①]陈亮推重《春秋》、三礼，希望发挥其中礼制外在规范的精神，重新规范现实中的道德人心，重建新的社会政治秩序，而张栻、朱熹、陆九渊等人重"体"（内圣）轻"用"（外王），陈亮与他们在治学进路与治国安邦的方式上都有很大的不同。也正是因为如此，朱熹对陈亮极言王霸、事功颇有不满，将陈亮事功之学视为敌对学派，他曾说："陈同甫学已行到江西，浙人信向已多，家家谈王霸，不说萧何、张良，只说王猛；不说孔、孟，只说文中子。可畏！可畏！"[②]又说："江西之学只是禅，浙学却专是功利。禅学，后来学者摸索，一旦无可摸索，自会转去。若功利，则学者习之便可见效，此意甚可忧。"[③]又说："海内学术之弊，不过两说，江西顿悟，永康事功，若不极力争辨，此道无由得明。"[④]朱熹这些言语都认为陈亮之学多言"功利""王霸"，在当时容易获得学者的认同，这对程朱性命道德之学的宣扬无疑不利。即使与朱熹学说颇有分歧的、近于禅学的陆九渊心学相比，陈亮事功之学依然可以说是程朱理学的最大威胁，被视为程朱理学的异类，甚至是儒学的异类。也正是因为他们之间出发点、立足点的不同，从而形成了他们在经学诠释上思想与方法的互异：朱熹强调"内圣"，立足四书，强调"道问学"，直追孔孟；而陈亮则注重"外王"、事功，立足六经，强调经史贯通，探究经书大义，希望重建道统、学统；等等。

尽管如此，我们可以说陈亮的经学以经世致用为立足点，极力强调对现实社会政治事务的关注与解决，这"超越了传统儒家泛道德主义的化约论立场，开创了在宋儒注重道德心性修养的价值关怀之外，构建新的思想范式的

---

① 黎靖德编：《朱子语类》卷一百二十三，中华书局1986年版，第2965页。

② 黎靖德编：《朱子语类》卷一百二十三，中华书局1986年版，第2966页。

③ 黎靖德编：《朱子语类》卷一百二十三，中华书局1986年版，第2967页。

④ 李幼武编：《宋名臣言行录·外集》卷十二，影印文渊阁《四库全书》本，台北商务印书馆1986年版，第776页。

途径”①。陈亮希望改变当时注重道德修养的性理之学的主导话语权与重“内圣”轻“外王”的学术风气，希望将儒家的内圣之学与经世致用的“外王”事业紧密结合，体用一贯，不过这种思想并没有脱离儒学的范畴，而是对程颐“体用一原，显微无间”的重新诠释，更是对儒学精神的真正理解与本质回归。这一点正如有的学者所言：“儒学本身就包含着内圣与外王、道德修身与政治事功两方面。两宋时期道学家们以儒学正统自居，发展了儒家思孟学派重内圣、讲修身的一面，而对于富国强兵、政治事功则采取十分轻视的态度，南宋事功学派正是为了矫正这一文化倾向而倡导功利主义的价值标准。”②不只陈亮如此，作为永嘉事功之学的集大成者叶适又何尝不是如此。对此，李泽厚先生就曾说：“陈亮仍讲‘天理人欲’，叶适也提‘人心道心’，他们不能摆脱理学家的哲学控制，而只是反对把心性论谈当作儒学根本。他们虽不是理学家，却仍然是儒家。”③陈亮不但自信己为真正儒家，而且以儒家正统的继承者自居，这一点不仅仅是陈亮作如是想，两宋时期的事功学者基本上都是如此。如陈国灿、吴锡标先生研究后所言：“从宋代学术思想史的角度来看，‘朱陈之辩’以及从中反映出来的事功思潮与理学思潮的冲突，是新的历史环境下从不同角度对传统儒学进行改造和发展的结果。陈亮等事功学者虽然对理学家以及历史上部分儒家学者多有非议和责难，但这并不意味着他们对儒家学说持否定态度。恰恰相反，事功学者处处以正统儒学的继承者自居。”④

---

① 朱晓鹏：《论陈亮思想的特质及其意义》，《浙江学刊》2009年第1期，第47页。

② 朱汉民、章启辉：《中国学术史·宋元卷》，江西教育出版社2000年版，第495页。

③ 李泽厚：《中国思想史论三部曲》，天津社会科学院出版社2007年版，第111页。

④ 陈国灿、吴锡标：《陈亮的反理学思想和“朱陈之辩”》，《浙江学刊》2009年第6期，第59页。

陈亮无神论思想及其对儒教的批判[①]

西北大学中国思想文化研究所博士研究生

刘　育

作为宋代儒学功利主义的典型人物,陈亮曾在20世纪的儒学研究中受到广泛关注,学界均将其视为中国古代唯物主义的代表。与同时期的儒家学者相比,陈亮的思想中表现出明显的无神论特征。陈亮的无神论思想对修正中国古代儒学发展的方向,使其不至于完全偏向宗教神学发挥着重要作用。

目前学术界探讨陈亮的无神论思想,多以"天人关系""鬼神观"为角度进行考察。大多数学者认为,陈亮的无神论主要体现在他的天人关系上:王友三指出,在陈亮眼里,"什么天命鬼神皆不在话下,颇具无神论的战斗气概"[②];王棣堂也认为其"在天人关系上反对天命,破除对天命的迷信,强调人的作为……在鬼神问题上,他虽然没有否定鬼神的存在,但他并不把鬼神看得多么高明……他强调人定胜天"[③]。此种论断已然承认了陈亮思想中的无神论倾向,但他们都未明确指出陈亮的无神论思想对中国古代儒教的揭露与批判。侯外庐等人则直接指出:"在朱熹,人心必须屈服于道心,人欲必须屈服于天理;这其实是一种比较隐蔽的有神论;在陈亮看来,人和自然是对立的,但人可以掌握并驾驭自然。他说的'天地'就是不附加任何观念的自然。可以说,陈亮的理论是当时历史条件之下的战斗的无神论。"[④]侯外庐等前辈学者直接概括了陈亮与朱熹论战的本质,认为陈亮对人的欲求的重视,

---

① 本文系国家社会科学基金西部项目"先秦儒家政治哲学研究"(15XZX006)的阶段性成果。

② 王友三:《中国无神论史纲》,上海人民出版社1986年版,第284页。

③ 王棣堂:《中国无神论史话》,福建人民出版社1986年版,第195页。

④ 侯外庐等:《中国思想通史》第4卷(下册),人民出版社1960年版,第733页。

实际上是对封建传统的一种反叛，正反映出中国古代无神论者对有神论思想的挑战。简要言之，从儒学内部来看，这种无神论思想的实质在于对儒家思想中的宗教神学内容(即儒教)进行攻击。

以任继愈提出的“儒教是教”说为理论基础，学者们对儒学与儒教的关系进行了广泛而深刻的讨论。如何认识与区分儒学与儒教？其答案对立足当下，弘扬中华优秀传统文化具有重要意义。从中国古代儒学自身的发展历程来看，儒学内部的自我反思，无神论者对宗教神学的批判攻击，足以显示儒学与儒教的分野。本文拟以陈亮的无神论思想为切入点，考察其无神论思想中所蕴含的否定儒教神秘因素、肯定人之价值的理论倾向，以此彰显中国古代传统文化中儒学的科学成分与积极因素。

一、“天人之际，昭然可察”：陈亮对儒教神秘因素的否定

在中国无神论史的发展中，天人关系始终是研究重点，其核心命题就是要解决“天命”与“反天命”的斗争问题。① 综观之，儒家的“天”既有自然界(即自然之天)的含义，又被赋予“上帝”(即主宰之天、意志之天)的含义。自汉代董仲舒建立起天人感应、人副天数的儒教理论，儒家“天”论中“主宰之天”的含义便被着重强调了。宋明时期的道学家们，纷纷以改造儒家经典为能事，试图以此种方式构建起一套新的儒教秩序。如周敦颐借助道教《太极图说》，赋予了“无极”本体以“上帝”的地位，为社会重立标准。程颐、朱熹等人抬出“天理”作为“形而上”的本体，其实质仍是要将“天理”与“上帝”结合起来，以此突出“主宰之天”的神秘与超然。由此保证世间的一切秩序标准、行为规则都将被具有意志的“天”所安排，这些理论都具有强烈的有神论色彩。

正确认识天人关系既是中国古代哲学的基本出发点，也是中国古代有神论者与无神论者分野的主要标志之一。陈亮的无神论思想建立在其唯物主义认识论的基础之上。他否定天人之间神秘而不可知的论调，强调“天人

① 牙含章、王友三：《中国无神论史》，中国社会科学出版社1992年版，第11页。

之际，昭然可察而知也”①。在陈亮那里，探究“昭然可察”的天人之际，实际上就是要认识自然界的物理规律。陈亮指出“天地万物之理，未尝不昭然也”②，就是强调探究天人之际必须以科学的观念去考察自然万物的变化，这即是陈亮的唯物主义认识论的基点。因此，在陈亮看来，“天地阴阳之运，阖辟往来之机，患人无毒眼精硬肩胛头耳。长江大河一泻千里，不足多怪也”③，天地的运转、自然万物的变化都不足为怪，这些都是自然的现象，“雨不雨，皆非人力所能为也”④。从无神论的立场认识并定义“天”“道”“天理”等概念，是陈亮破除儒教宗教神学成分的首要任务。

首先，陈亮以唯物主义认识论认识“天”（自然界），并以此来否定儒家圣人与经典的神圣性与神秘性。陈亮作《扬雄度越诸子》一文盛赞扬雄，指出：“因数以明理，是雄之所以自通于圣人者也。安得而不度越诸子哉！”⑤他认为扬雄能够“度越诸子”的原因就在于其能够做到“因数明理”。何谓“因数明理”？陈亮指出：“伏羲氏始画八卦，假象以明理，更数圣人，设爻立象，推义陈辞，以发挥《易》象，使之光明盛大而不可掩……孔孟盖发挥之大者也。扬雄氏犹惧天下之人不足以通知其变，故因天地自然之数，覃思幽眇，著为《太玄》，以阐物理无穷之妙，天道人事之极。天下之人知其为数而已，而乌知其穷理之精一至于此哉！”⑥“因数明理”就是“因天地自然之数”而达到“阐物理无穷之妙”的境界，也就是说，要考察天地万物的自然变化，从中发现万物的自然规律。正是从这种朴素的唯物主义认识论出发，陈亮对孔孟等儒家圣人进行了考察，认为他们之所以为后人所敬重传颂，就是因为他们能够发挥这样的唯物主义认识，为人类社会制定规则。不仅如此，陈亮称扬雄“度越诸子”，即超越自孔孟以来的思想家，并将之归功于扬雄能够以自然的认识去解读《易》等儒家经典。

一方面，陈亮否定圣人的神圣性，旨在消除儒教的偶像崇拜。孔子的神

① 《陈亮集》，中华书局1974年版，第8页。

② 《陈亮集》，中华书局1974年版，第96页。

③ 《陈亮集》，中华书局1974年版，第321页。

④ 《陈亮集》，中华书局1974年版，第274页。

⑤ 《陈亮集》，中华书局1974年版，第96页。

⑥ 《陈亮集》，中华书局1974年版，第95页。

化过程在汉代便已开启，祭孔庙，拜孔教，无不将孔子视为“上天”在人间的代言人，确立了孔子儒教教主的身份。与陈亮同时代的道学家们——朱熹等人进一步神化孔子，发出“天不生仲尼，万古如长夜”[①]的感叹。可见，孔子在道学家那里，已不仅是超越普通人的圣人，更是不可企及的“神”，孔子的言论因此成为儒教信众必须执行的教义。而陈亮指出：“昔者圣人以道揆古今之变，取其概于道者百篇，而垂万世之训，其文理密察，本末具举，盖有待于后之君子。”[②]陈亮认为孔子并不具有神圣性，孔子之所以能够成为圣人是在于他能够根据自然与社会规律，设定社会规则，为人类社会秩序做出开创性贡献。

另一方面，陈亮否定儒家经典的神秘色彩，旨在打破儒教对儒家经典的权威化与神圣化。陈亮曾作《经书发题》对《书》《诗》《周礼》《论语》等儒家经典的主旨进行论述，并着重强调其事功作用与意义。陈亮指出：“文理密察之功用，至于尧而后无慊诸圣人之心。是以断诸《尧典》而无疑。由是言之，删《书》者，非圣人之意也，天下之公也。”[③]在他看来，儒家经典是圣人根据当时社会的实际情况进行编写与删定的著作。陈亮以“因数明理”称赞扬雄，其目的也在于否定《周易》的神秘因素。他认为：“有太极而后有阴阳，故《易》以阴阳而明理，有阴阳而后有五行，故《洪范》以五行而明治道。阴阳五行之变，可穷而不可尽也，而学者犹有遗思焉。则雄之因数明理也，是其时之不可已，而事之不得不然者也。”[④]在他看来，所谓“阴阳”“五行”等概念并不是神秘而不可知的，这些都是先圣用以描述世界运行变化的符号，扬雄能够从这些经典中发现背后隐藏的治世的道理，这才是体会到了圣人著述与编定经典的真正价值。

其次，陈亮对“道”进行无神论诠释，以恢复儒家圣人之道的本质。宋明时期，朱熹等人常被后世称为道学家，就在于他们受道教宗教理论的影响，抬高了“道”的地位，将“道”视为同“天”一样的主宰者，认定人间秩序都由这

① 黎靖德：《朱子语类》第6册，中华书局1985年版，第2350页。

② 《陈亮集》，中华书局1974年版，第100页。

③ 《陈亮集》，中华书局1974年版，第100页。

④ 《陈亮集》，中华书局1974年版，第95—96页。

个“道”进行安排。陈亮则不然，他认为儒家的“道”并没有至高无上的神圣地位。陈亮指出，“夫渊源正大之理，不于事物而达之，则孔孟之学真迂阔矣，非时君不用之罪也”[1]，就是强调“道”如果是深奥的、神圣的，那么就与人类社会完全割裂了，这显然不符合儒学的宗旨。在陈亮看来，“道”并不是什么神秘的事物，“夫道非出于形气之表，而常行于事物之间者”[2]，即表明“道”并不能离开具体的事物而存在。具体而言，“夫道岂有他物哉！喜怒哀乐爱恶得其正而已。行道岂有他事哉！审喜怒哀乐爱恶之端而已”[3]，落实在人生实践的具体层面，“道”就是要人不断去调控自身的自然情感，使“已发”的情感符合人的社会属性。陈亮进一步指出，“道之在天下，平施于日用之间，得其性情之正者，彼固有知之矣”[4]，通过对《诗经》主旨的阐发，陈亮进一步得出结论:《诗经》等儒家经典的意义就是传承这样的“道”，以儒学的方法去指导人进行修养，使人得以“成人”。陈亮说:“世儒之论不破，则圣人之道无时而明，天下之乱无时而息矣。悲夫!”[5]这显然是对当时儒家学者的心性道德学说展开批评，他认为道学家对经典的神秘化诠释遮蔽了真正的圣人之道，而真正的圣人之道的最终目标就是教人“成人”，即成就人的社会人格。

最后，陈亮在对“道”的无神论诠释的基础上，进一步对道学家的“天理”思想进行了猛烈的攻击，表明了中国古代无神论者的基本立场。李申指出:“把天视为理，没有取消上帝的神性，反而是把对天或上帝的敬畏贯彻到了生活的每一方面和每一时刻。同时，朱熹仍然虔诚地保持着汉代以来的天人感应观念。”[6]陈亮与朱熹的论争虽集中于“天理”“人欲”之辩，但却从侧面映射出陈亮对儒教禁欲主义的反对。陈亮在与朱熹的书信中指出:“近世诸儒遂谓三代专以天理行，汉唐专以人欲行，其间有与天理暗合者，是以亦能长久。信斯言也，千五百年之间，天地亦是架漏过时，而人心亦是牵补度日，

---

① 《陈亮集》，中华书局 1974 年版，第 98 页。
② 《陈亮集》，中华书局 1974 年版，第 97 页。
③ 《陈亮集》，中华书局 1974 年版，第 97—98 页。
④ 《陈亮集》，中华书局 1974 年版，第 100 页。
⑤ 《陈亮集》，中华书局 1974 年版，第 33 页。
⑥ 李申:《中国儒教史》，江苏人民出版社 2017 年版，第 1148 页。

万物何以阜蕃而道何以常存乎!"[①]他反对儒教以"天理"的绝对权威压制乃至消灭人的基本欲望,强调"人欲"存在的合理性与必要性。因此,陈亮提倡"义利双行,王霸并用",这是他事功思想的核心内容,也体现了其对实际功用的重视。陈亮反对"天理"的绝对权威,强调"人欲"的合理性,实际上突出了人在实践层面中的主体地位,这反映了中国古代无神论者在天人关系问题上的基本立场就是注重人的价值与作用。

总之,基于唯物主义认识论,陈亮从无神论的角度分析儒家的"天""道""天理"等"形而上"的概念,在他看来,这些"形而上"的概念必定是存在于具体的事物之中的,也就是所谓的"道不离器"。陈亮反对儒教过分强调神秘因素,目的是反对儒教"天命"的绝对权威。陈亮不信"命",他批评当时的学者"终是信命不及,尚未暇其安于义也"[②],这样的认识也促进了陈亮对迷信思想的反对。陈亮曾作《赠术者宣颠序》,对"术者"(算命师)的预测表达了诸多怀疑,他总结道:"中不中皆未可知,而天运果能与人意合乎!"[③]陈亮对"天人之际"中"天"的神学权威的否定,显示的正是对实践哲学的注重。陈亮指出:"夫盈宇宙者无非物,日用之间无非事。"[④]他认为宇宙的形成是由客观的物质形成的,并非来源于"上帝"的意志,因此"形而下"的具体的事物才是儒家学者应当去关注的内容。

二、"道之存亡在人":陈亮对人之价值与作用的肯定

陈亮对儒教神秘主义的否定实则是为了解放人,恢复儒学"人学"的本质。马克思指出:"无神论是对神的否定,并且正是通过这种否定而肯定人的存在。"[⑤]恩格斯也强调:"不应当到虚幻的彼岸,到时间空间以外,到似乎置身于世界的深处或与世界对立的什么'神'那里去找真理,而应当到近在

① 《陈亮集》,中华书局1974年版,第281页。
② 《陈亮集》,中华书局1974年版,第296页。
③ 《陈亮集》,中华书局1974年版,第181—182页。
④ 《陈亮集》,中华书局1974年版,第100页。
⑤ 《马克思恩格斯全集》第42卷,人民出版社1979年版,第131页。

咫尺的人的胸膛里去找真理。”[①]陈亮对儒教的批判，凸显的正是人的价值与能力，这既是儒学“人学”本质的体现，也是中国古代无神论思想的光辉。

在中国古代儒教思想中，人间的灾异与祸乱都来自“天”对人施加的惩罚，这种“天人感应”学说禁锢了人的发展。尤其是在宋明道学家的“天理”约束下，信奉儒学的人就像禁欲的僧侣，必须按照儒教的道德标准与行为规范行事。与朱熹“人不胜天久矣。古今祸乱，莫非天之所为”[②]的“天人关系”相反，陈亮更强调的是人的作用与价值，强调人在实践中发挥出的主观能动性。

换言之，陈亮的“究天人之际”也就是要“该括天地之变，是其事之可究者也……虽一时一日，一分一算之间，莫不有至赜之理，无穷之用。开启思虑，发挥事业，通此心于天地万物，而错综阖辟无不自我”[③]，这就是说，要充分发挥人的主观能动性，通过人的实践能力，去探究自然万物的规律，从而利用规律进行改造世界的实践活动。陈亮认为：“谓道之存亡非人之所能预，则过矣。”[④]“预”即干预，陈亮吸收了柳宗元“天人不相预”的无神论思想，即强调儒家的“道”依赖人的活动而得以存在，即“道之存亡在人”。“道之存亡在人”就是陈亮对朱熹“道之在天下者未尝亡……是皆天命之所为，非人智力所能及也”[⑤]的回应。

从“道之存亡在人”出发，陈亮进一步论证了历史与社会的发展并非“天”的作用，人才是推动历史与社会前进与发展的核心动力。王应麟《困学纪闻》记载：“‘天下大势之所趋，天地鬼神不能易，而易之者人也。’此龙川科举之文，列于古之作者而无愧。”[⑥]陈亮在科举考场上有如此表述，足见他对人可以改造世界的充分肯定。在与朱熹的论辩中，陈亮指出：“人之所以与

① 《马克思恩格斯全集》第 1 卷，人民出版社 1956 年版，第 651 页。

② 朱杰人、严佐之、刘永翔主编：《朱子全书》第 24 册，上海古籍出版社、安徽教育出版社 2002 年版，第 3406 页。

③ 《陈亮集》，中华书局 1974 年版，第 96 页。

④ 《陈亮集》，中华书局 1974 年版，第 286—287 页。

⑤ 朱杰人、严佐之、刘永翔主编：《朱子全书》第 24 册，上海古籍出版社、安徽教育出版社 2002 年版，第 3739—3740 页。

⑥ 《陈亮集·补遗·王应麟困学纪闻三则》，中华书局 1974 年版，第 443 页。

天地并立而为三者，非天地常独运而人为有息也。人不立则天地不能以独运，舍天地则无以为道矣。”[①]他在天、地、人“三才”中强调人的核心作用。此外，陈亮解读《荀子》“不为尧存，不为桀亡”一句，指出：“若谓道之存亡非人所能与，则舍人可以为道，而释氏之言不诬矣。使人人可以为尧，万世皆尧，则道岂不光明盛大于天下！使人人无异于桀，则人纪不可修，天地不可立，而道之废亦已久矣。”[②]他以尧舜为例，认为“道”的好坏来自人的作为，人才是社会发展的决定因素，如果“道”可以离开人而发挥作用，那便沉溺于佛教“人人皆可成佛”的观点。基于此，陈亮有所感怀：“亮不敢有望于一世之儒先，所深恨者，言以人而废，道以人而屈，使后世之君子不免哭途穷于千五百年之间，亮虽死而目不瞑矣！”[③]他尤其痛恨道学家“以人废道”的观点，叹息道：“道泯息而不害天地之常运，而我独卓然而有见，无乃甚高而孤乎！宜亮之不能心服也。”[④]这里的“我”即指代谈玄弄虚的道学家。陈亮反对以“道”(或以儒教的“天”“天理”等)来禁锢人的思想，在他看来，不是“道”决定人，而是人决定“道”。他的这一论述，直揭道学家以“道”“天理”等概念来禁锢人之思想的弊端，因此朱熹言：“鄙意所同，未有多于此段者也；而其所异亦未有甚于此段者也。”[⑤]可见朱熹对陈亮这封书信的内容多有不满。

陈亮认为儒教“以人废道”就是对人的禁锢，因此他对朱熹“醇儒自律”的告诫表达了强烈不满。他说：“故亮以为学者，学为成人，而儒者亦一门户中之大者耳。秘书不教以成人之道，而教以醇儒自律，岂揣其分量则止于此乎？”[⑥]陈亮反对朱熹以儒教的修行方式去强行禁锢个人的思想，认为这与儒学“成人之道”的要义不相符合。

具体而言，陈亮反对道德性命的心性学说，强调功利的实践哲学。他在批评当时的心性学时说道：“始悟今世之儒士自以为得正心诚意之学者，皆

---

① 《陈亮集》，中华书局1974年版，第285页。
② 《陈亮集》，中华书局1974年版，第285—286页。
③ 《陈亮集》，中华书局1974年版，第291页。
④ 《陈亮集》，中华书局1974年版，第290页。
⑤ 《陈亮集》，中华书局1974年版，第304页。
⑥ 《陈亮集》，中华书局1974年版，第282页。

风痹不知痛痒之人也。"[①]陈亮对当时儒家学者都陷入"正心诚意"心性学说的不满，正是从实践哲学的角度出发的。陈亮指出："自道德性命之说一兴，而寻常烂熟无所能解之人自托于其间，以端悫静深为体，以徐行缓语为用，务为不可穷测以盖其所无……相蒙相欺以尽废天下之实，则亦终于百事不理而已。"[②]他认为道学家的道德性命学说理论使人脱离了儒学"求实"的社会实践，使得儒家学者只知"静坐"修养而不知参与实际事务。这种"静坐"工夫旨在通过"克己"来反省自身在道德实践中的不足，然而一旦脱离具体的实践活动，就沦为了儒教教徒的宗教修行仪式，导致了因敬畏"天理"而进行自我禁锢的恶果，不利于个人的长期发展。

如前所述，陈亮在对道学家"天理"思想的攻击中肯定了人欲的合理性。面对朱熹"三代以前无利欲"的说法，陈亮反驳道："今《诗》《书》载得如此净洁，只此是正大本子。亮以为才有人心便有许多不净洁，革道止于革面，亦有不尽概圣人之心者。圣贤建立于前，后嗣承庇于后，又经孔子一洗，故得如此净洁。"[③]在他看来，人人都有欲望，这属于生物本能的自然属性，儒家经典中不体现人欲的内容，是因为这些经典经过了孔子的删改加工，并不能以此断定三代以前的人没有利欲之心。陈亮此言，并非要称赞人欲，也并不是要提倡不加限制地满足欲望。陈亮与儒教的根本分歧就在于如何对待人欲，在陈亮那里，人欲是修养的基础，要合理引导人欲来使人拥有道德；儒教则强调以"天理"的绝对权威压制乃至消灭人欲，以此来进入理想人格的"彼岸世界"。陈亮强调，"人只是这个人，气只是这个气，才只是这个才……故浩然之气，百炼之血气也"[④]，也就是否认"浩然之气"的神秘性，他认为这种"浩然之气"就是人不断调控自己的情欲，不断进行自我提升而形成的一种气质。明代郭士望为《陈龙川集》作序称："同甫之言曰：'浩然之气，百炼之血气也。'此语当入孟氏膏肓，犹谓不精乎？"[⑤]郭士望赞扬陈亮以"百炼之血气"解"浩然之气"直击孟子病症，这一事例反映出陈亮对人的自然属性的肯

① 《陈亮集》，中华书局 1974 年版，第 8 页。

② 《陈亮集》，中华书局 1974 年版，第 179 页。

③ 《陈亮集》，中华书局 1974 年版，第 293 页。

④ 《陈亮集》，中华书局 1974 年版，第 288 页。

⑤ 《陈亮集·补遗·郭士望旧序》，中华书局 1974 年版，第 472 页。

定,以及其对儒教以"理"禁锢人的宗教色彩的批判。

此外,陈亮强调人的价值与作用还表现在其对人主观能动性的大力推崇上。陈亮不信天命而强调人谋的重要性,史载其"尝考古人用兵成败之迹,著《酌古论》"①,陈亮通过对历史人物的考察著《酌古论》,盛赞历史中英雄的作用。他认为"英雄之士,能为智者之所以不能为"②,指出英雄人物是改造世界、推动历史前进的核心因素,即"夫天下有大变,功名之机也。抚其机而不有人以制之,岂大变终已不得平乎"③。陈亮还称赞汉光武帝"中兴之功远过古人者,虽天命,抑人谋也"④,认为光武中兴就是充分发挥人谋的结果。由此可见,陈亮尤为赞赏古代的军事家,在他看来,正是因为在古人的用兵过程中,战争胜败与人的谋略息息相关,而非由天命所左右,这体现了陈亮反对天命而强调人谋的无神论思想色彩。

综上所述,陈亮批判儒教,提倡"成人",要求实现人在实践层面中的作用与价值。这既是陈亮功利主义思想的体现,又是陈亮渴望从儒教中解放出人,以否定神而肯定人的存在的无神论思想。

三、评价:陈亮的无神论思想与儒学的自我修正

与西方中世纪教权高于王权不同,儒教思想始终作为儒学的附属品而出现于统治阶级的视野之中,统治者将儒教思想作为巩固封建统治的工具。儒学本身并不是一种宗教,中国古代的儒学也并未发展成一种完全的宗教。儒学思想作为一种"人学"思想,其积极意义与核心主旨仍旧在于探讨人如何"成人"的问题。个人一方面要通过修养提升自身的素质与道德,另一方面还应积极参与到实践活动中以体现自身价值,此即儒学强调的"与天地参"。总的来说,儒学既有"内圣"的一面,又有"外王"的一面,这些都是儒学思想中的核心内容,亦是中华优秀传统文化中的精华。

---

① 《宋史》第436卷,中华书局2013年版,第12929页。

② 《陈亮集》,中华书局1974年版,第70页。

③ 《陈亮集》,中华书局1974年版,第157页。

④ 《陈亮集》,中华书局1974年版,第51页。

宋明理学的建立，将儒学“内圣”的一面发挥到极致。理学家们建构起“道德形而上学”的体系，从本体论、工夫论等角度对人的言行做出规范，要求个人以道德为准绳约束自身，其核心仍旧是儒学“人学”的本质体现。儒学乃至宋明理学的思想在古代封建社会中被统治者所利用，封建统治者以国教的方式神化王权，利用儒教进行统治，儒家思想反而成为禁锢人的“吃人的礼教”。任继愈指出：“宋明理学体系的建立，也就是中国的儒学造神运动的完成。”①理学家们通过神化孔子，建立偶像崇拜，宣扬“存天理、灭人欲”的理想精神境界（彼岸世界），儒学就这样不可避免地走向儒教。王友三指出：“他们不明讲上帝的意志与天命，而以‘理’与‘心’代替上帝或天的主宰地位。实际上，不管粗俗的神学或唯心主义的思辨哲学，都肯定物质之外有个最高的主宰，这个主宰者，一说是人格神，一说是超物质的精神。”②可以说，古代儒学的发展既受限于古人的科学认识水平，还受到佛教、道教与儒家思想合流的影响，正是在这样的社会思潮下，儒教应运而生并逐渐壮大。

儒学自孔子开创以来，便彰显着中国古代人文精神的觉醒，其早期就对人类社会巫术信仰给予了致命的打击，儒学所提倡的对自然知识的探索、对“人”自身的认知，客观上促进了科学知识与文化在民众之中传播。自孔子强调“敬鬼神而远之”后，儒学内容一直在进行自我的修正与革新，每当儒学被神圣化为一种不可怀疑的信仰时，都会涌现出一群有识之士来进行学术的反思，这从根本上防止了儒学发展成一种完全的宗教。“儒学之所以最终未能发展成为一种宗教……也在于儒家学者中如王安石等无神论者对宗教神学的抨击”③，陈亮对当时的儒学，尤其是对朱熹等道学家思想中宗教神学因素的抨击就发挥了这样的作用。陈亮认识到“儒释之道，判然两涂，此是而彼非，此非而彼是”。④ 他看到了“儒衣儒冠的道家和佛家混进儒家的大门”⑤，认识到儒学思想中掺入了宗教神学因素，因此他对儒教展开了不遗余

① 任继愈：《论儒教的形成》，《中国社会科学》1980 年第 1 期，第 70 页。

② 王友三：《中国无神论史纲》，上海人民出版社 1986 年版，第 248 页。

③ 黄熙：《天人不相与——王安石无神论思想探析》，《科学与无神论》2022 年第 4 期，第 78 页。

④ 《陈亮集》，中华书局 1974 年版，第 260 页。

⑤ 何炳松：《浙东学派溯源》，商务印书馆 1933 年版，第 14 页。

力的批判。尤其是在陈亮与朱熹的论辩中，体现出了中国古代无神论者对有神论者的挑战。这种挑战直击儒教的神学色彩，旨在反对有意志的“天”，要求革除“天理”体系下的神秘主义、消解禁欲的僧侣主义，从而将人从超现实的神的桎梏中解放出来。

值得注意的是，陈亮的无神论思想具有不彻底性，他并未完全否定儒学“天命”的权威。周桂钿即认为陈亮思想主流是唯心主义的天命论①，李申也看到陈亮的儒学思想中仍有以“天”为信仰、祈神等儒教因素②。如陈亮解读《西铭》言“慄慄危惧，畏天也，敬亲也；心广体胖，乐天也，事亲也”③，并多次作祈雨文，从向神求雨、祷告等言行可以看出，他并非全然不畏天命。尽管陈亮思想中残存有迷信的因素，其无神论思想也有不彻底性，但瑕不掩瑜，这并不妨碍陈亮在中国古代无神论思想史中的地位：他认识到了儒教的主张与现实的社会生活不相符合，并致力于批判儒教思想中的不合理成分，对传统儒学进行修正，其对儒学思想中的宗教神学的攻击显示了中国古代无神论者的气概。

四、结语

概而论之，陈亮从其唯物主义认识论角度展开反思，重新对“天人之际”进行探究，实际是要说明“天人关系”并非神秘而不可察的。陈亮站在无神论的立场去分析“天”“道”“天理”等概念，以此来攻击儒教及其宗教神学因素，目的在于从神学束缚中解放出人，肯定人在社会实践中的价值与作用。以陈亮为代表的中国古代无神论者致力于从儒学内部进行修正，一定程度上阻止了儒学的完全宗教化，在中国儒学史上产生了积极影响。正如任继愈所说：“儒教带给我们的是灾难，是桎梏，是毒瘤，而不是什么优良传统。”④在大力弘扬中华优秀传统文化的今天，我们不能因噎废食，而是要着力剔除儒学思想中的宗教神学因素，发掘儒学的优秀成分，以期为新时代文化繁荣发展提供思想养分。

---

① 周桂钿：《陈亮宇宙观剖析》，《浙江学刊》1984年第1期。

② 李申：《中国儒教史》，江苏人民出版社2017年版，第1218—1225页。

③ 《陈亮集》，中华书局1974年版，第168页。

④ 任继愈：《论儒教的形成》，《中国社会科学》1980年第1期，第74页。

论陈亮对义乌富商“义利和合”精神之揭示

浙江海洋大学师范学院教授

程继红

陈亮与朱熹关系密切。朱熹于淳熙九年(1182)在浙东任上，巡历到武义县，往明招山哭祭吕祖谦墓，陈亮闻讯，来会于明招堂，史称朱、陈明招之会。朱、陈王霸义利之辨，滥觞于此会。[①]淳熙十一年(1184)，陈亮被累系狱，得释后，朱熹多次致信陈亮，复论王霸义利之辨。淳熙十二年(1185)春、秋两季，二人书信往返频繁，再论王霸义利之辨，至十二月二人又辨。统计看来，二人就王霸义利论题，四年四辨。历来研究陈亮者，多以陈亮为言利派。今从陈亮与义乌富商交往以及他对这些富商的评价来看，我们发现陈亮其实在义利问题上，是一贯主张义利和合的。

一、陈亮与义乌人士之交游

与吕祖谦比较，陈亮与义乌的关系不仅是学术上的关系，还有姻亲之缘，因此显得更为密切。

(一)陈亮在义乌的一传弟子及其表现

陈亮的一传弟子主要集中在浙江地区，这与吕祖谦大致相同。具体的地理分布如下：

永康：吴深(陈亮女婿)、林慥、陈颐、郎景明、徐硕、孙实、章涛、章渭、章海、章湜、胡括、章椿、章与、章允、周扩、吕约。东阳：楼应元、卢任、周作、何凝、厉仲方。义乌：喻民献、喻侃、喻南强、何大猷(陈亮妻弟)。浦江：钱廓、

① 束景南：《朱熹年谱长编》卷上，华东师范大学出版社2001年版，第724页。

方坦、凌坚。金华:金潚、刘范。[①] 其弟子在浙江的地域分布,较吕祖谦为窄,义乌是其传播的主要县域,而且集中在喻氏、何氏两大家族。除了授学而形成的人际网络,因姻亲关系而形成的又一人际网络,使他与义乌的关系显得更为密切。下面对其义乌弟子稍做介绍。

喻民献,原名汝方。与从子侃入太学为诸生。陈亮为民献母夫人王氏志云:"夫人最爱幼子汝方,勉使为学。"又谓"汝方亦能以学问自见于乡间"。[②]喻民献首从陈亮游,在他的带动下,群从数十人偕相与亮学。[③]

喻侃,字伯经,原名宏。登庆元己未(1199)进士第,累迁隆兴观察推官,签书镇南节度判官,寻升朝奉郎。初侃久从诸缙绅游,幕中多新进少年,议谕多不合,侃叹曰:"吾发已种种,宁能与翩翩小兕较短长哉?"遂请祠而归,筑室夫人峰下,曰芦隐。喻侃性情豪放,好谈论今古,目光如炬,气度轩轩。著有《芦隐类稿》五十卷、《随见类录》二百卷。

喻南强,字伯强,侃之从弟。少负奇气,其父直方,以为与陈亮类,俾从之游。时著录牒者,岁数千百人。南强周旋其间,独能探深索隐。南强读书不为口耳,学必欲见之实践,每至名义可喜事,击节慷慨,谓戾契可致。坐语移日,精锐锋起,陈亮曰:"伯强凛然可畏也。"庆元中贡于乡,入太学,上礼部不第,嘉定间授富阳县尉,转缙云丞。宝庆初,礼部侍郎真德秀以言事去庙堂,德秀舟过富春江,南强亟见且赋诗为饯,人皆壮之。卒年71岁。南强为文善驰骋,下笔辄数千言,不绳削而自合。大篇短章,恣人取去,往往不甚爱惜,唯存《梅隐笔谈》十四卷。[④]

何大猷,字少嘉,陈亮之妇弟。少嘉处宗族以顺,待朋友以信,接乡党以

---

① 黄宗羲:《宋元学案》卷五六"龙川学案",中华书局1986年版。另据卢敦基统计,陈亮学生籍贯,分别为:永康16人;义乌4人;浦江3人;东阳3人;金华2人;缙云2人;丽水1人;黄岩1人;省外1人;籍贯不明者3人。见《人龙文虎——陈亮传》,浙江人民出版社2006年版,第218页。

② 邓广铭点校:《陈亮集》(增订本)卷三七"喻夫人王氏改葬墓志铭",河北教育出版社2003年版,第390页。

③ 黄宗羲:《签判喻芦隐先生侃》,《宋元学案》卷五六"龙川学案",中华书局1986年版,第1850页。

④ 黄宗羲:《县丞喻梅隐先生南强》,《宋元学案》卷五六"龙川学案",中华书局1986年版,第1850—1851页;《金华先民传》;凌迪知:《万姓统谱》卷九十四。

礼，协亲戚以恩。陈亮称其事母孝，事兄敬，而行甚醇谨。从陈亮学，尝曰："吾未知前辈所谓不传之学安在，而敢自弃乎？"①

从以上小传可见，义乌弟子，无论在性情上，还是在性格上，与陈亮都多有相似之处。而义乌弟子在对待陈亮学术和陈亮系狱两大问题上表现出色，体现了义乌士子的担当和勇气，故可视为当时义乌士风的一个缩影。

在对待陈亮学术问题上，义乌弟子不遗余力维护师门，成为当时陈亮的追随者和思想传播者。当乾道、淳熙间，朱、张、吕、陆四君子皆谈性命而辟功利，学者各守其师说，截然不可犯。陈亮崛起永康，独以为不然。其弟子喻侃云："性命之微，子贡不得而闻，吾夫子所罕言，后生小子与之谈之不置，殆多乎哉！禹无功，何以成六府？乾无利，何以具四德？如之何其可废也！于是推寻孔、孟之志，六经之旨，诸子百家分析聚散之故，然后知圣贤经理世故，与三才并立而不废者，皆皇帝王霸之大略。明白简大，坦然易行。"②时人多疑其说而未信。喻侃独出为诸生倡，布礫纲纪，发为词章，扶持而左右之，使陈亮之门，恶声不入于耳，对陈亮学术的维护立下大功。

在对待陈亮系狱问题上，义乌弟子的表现更为可嘉。众所周知，陈亮一生有两次系狱。第一次是在淳熙十一年(1184)，陈亮 42 岁，因受人诬告而入狱。何少嘉营救不遗余力。"浙江风涛之险，一日往返两涉之，几至覆舟，不悔。"③这让陈亮十分感动。当绍熙元年(1190)，陈亮 48 岁，再次被诬下狱，陈亮不由再次想起何少嘉当时奔走营救的情形，而恰在这次狱事紧急之时，少嘉却无疾而死。陈亮为之惊呼曰："我其不免于诏狱乎！少嘉死，是恶证也。"他自述："二年兴狱，而仅能以不死。"④这一次系狱，喻侃与同门也曾极力营解，几陷罗织，终使陈亮脱于万死一生之局。陈亮曾对喻侃曰"生死而

---

① 邓广铭点校：《陈亮集》(增订本)卷三六"何少嘉墓志铭"，河北教育出版社 2003 年版，第 384 页。

② 黄宗羲：《签判喻芦隐先生侃》，《宋元学案》卷五六"龙川学案"，中华书局 1986 年版，第 1850 页。

③ 邓广铭点校；《陈亮集》(增订本)卷三六"何少嘉墓志铭"，河北教育出版社 2003 年版，第 384 页。

④ 邓广铭点校：《陈亮集》(增订本)卷三六"何少嘉墓志铭"，河北教育出版社 2003 年版，第 384 页。

肉骨也”,人多义之。[①] 同时,喻南强在陈亮这次系狱时,也义形于色。事发当初,掌权者欲排善类,指陈亮为根,煅炼刺骨,罪且不测,门人畏其威焰,噤不敢出声。南强义愤填膺,贻书诮责其同门,曰:“先生无辜受祸,吾曹为弟子,当怒发冲冠,乃影响昧昧,是得为士类邪!”于是走东瓯,见叶适诉冤。叶适曰:“子真义士也。”即秉笔为作书数通。南强又持走越,袖见诸台官,诵言无忌,卒直陈亮之冤。[②] 关于陈亮的第二次脱狱,历史上由于辛弃疾与郑汝谐、赵汝愚、罗点等人的交谊,陈氏之脱狱实赖辛弃疾之力援,这在陈亮脱狱后与各方谢启中也有所反映;但有关其弟子参与营救的事实,却少被人们提起,这大概因为辛弃疾知名度太高。

宋濂曾对喻侃、喻南强救师事迹给予高度赞扬,曰:“自道废民散,师弟子之义缺,平居则缪为恭敬,视其影或不敢践,一逢患难,辄反目若不相识,然甚者至更名他师,使侃与南强见之,必将唾去之矣。”[③]这既是对喻侃与喻南强的称赞,也是对义乌士风的肯定。

(二)陈亮与“乌伤四君子”

陈亮与义乌士人的交游,最值得称道的是“乌伤四君子”。“乌伤四君子”这个概念是陈亮首先提出来的,其云:

> 乌伤固多士,而称雄于其间者余熟其四人焉,盖非特乌伤之雄也。喻叔奇于人煦煦有恩意,能使人别去三日念之辄不释,其为文精深简雅,读之愈久而意若新。何茂恭目空四海,独能降意于一世豪杰,而士亦乐亲之,其文壮丽精致,反复开阖,而卒能自阐其意者。陈德先举一世不足以当其意,而人亦不愿从之游,然其文清新劲丽,要不可少。喻季直遇人无亲疏贵贱,皆与之尽,而于余尤好

① 参见黄宗羲:《签判喻芦隐先生侃》,《宋元学案》卷五六“龙川学案”,中华书局1986年版,第1850页;凌迪知:《万姓统谱》卷九四;《浙江通志》卷一八一“人物六”。

② 宋濂:《文宪集》卷十“喻侃传”,《四库全书》本。

③ 宋濂:《文宪集》卷十“喻侃传”,《四库全书》本。

其文蔚茂驰骋，盖将包罗众体，而一字不苟读之亹亹而无厌也。[①]

从陈亮所记可以看出，“乌伤四君子”的主要成就在文学上，其中喻叔奇“为文精深简雅”，何茂恭“其文壮丽精致”，陈德先“其文清新劲丽”，喻季直“其文蔚茂驰骋”，但他们又不仅是文士，还是儒生。

喻良能(1120—?)[②]，字叔奇，号香山。绍兴二十七年(1157)进士。尝任广德蔚，鄱阳丞，绍兴府倅，擢国子监主簿。以国子博士兼工部郎中，除太常寺丞。出知处州，后以朝请大夫致仕。淳熙八年(1181)冬十月，上《忠义传》，起战国王蠋，终五代孙晟，上下一千一百年，所取一百九十人，凡二十卷。请求颁之武学，授之将帅，孝宗嘉之曰：“忠臣义士，不顾一身，可以表厉风俗。”[③]著作除《忠义传》二十卷之外，尚有《家帚编》十五卷，《诸经讲义》五卷[④]，均佚。又有文集《香山集》三十四卷，清四库馆臣自《永乐大典》辑出遗诗编为十六卷，有《四库全书》本。喻良能对金履祥理学颇多重视，曾校勘金氏文集，李清馥云：“乾隆壬午往浙，归途于兰邑书坊中购得《金氏履祥先生文集》钞本共三卷，卷一首帙书‘后学喻良能香山校’。”[⑤]喻良能还与金华吕祖谦[⑥]、上饶赵蕃[⑦]、乐清王十朋[⑧]等知名学者多有交往。据黄溍云，喻良能

① 邓广铭点校：《陈亮集》(增订本)卷二五“题喻季直文编”，河北教育出版社 2003 年版，第 227 页。

② 曾枣庄主编：《中国文学家大辞典·宋代卷》“喻良能”条谓生卒年不详。《文学遗产》2009 年第 5 期，第 43 页，载韩立平《南宋三诗人生年考》对喻良能生年考曰：“喻良能《香山集》(四库本)卷九‘戊子除夕追和陈简斋除夕夜一首’：‘世事年来已饱更，百年今夕两平分。’诗题中‘戊子’为宋孝宗干道四年(1168)，诗中言‘百年今夕两平分’，可知乾道四年为四十九岁，乾道五年为五十岁。依次上推，喻良能出生于徽宗宣和二年庚子(1120)。卷十六‘永佑陵’其三：‘小臣生长宣和初’，与宣和二年出生亦相吻合。”

③ 参见刘时举：《续宋编年资治通鉴》卷十“宋孝宗三”、宋王应麟撰《玉海》卷五十八“淳熙忠义传”、吴师道《敬乡录》卷十“喻良能传”，皆《四库全书》本。

④ 朱彝尊：《经义考》卷二四三“群经”五：“喻氏良能《诸经讲义》，佚。”《四库全书》本。

⑤ 李清馥：《闽中理学渊源考》卷三十七“识熊勿轩先生传后”，《四库全书》本。

⑥ 吕祖谦：《东莱集》卷一“送喻叔奇通判会稽”，《四库全书》本。

⑦ 赵蕃：《淳熙稿》有《寄婺州喻良能叔奇》等诗 5 首，见《四库全书》本。

⑧ 王十朋：《梅溪后集》有《赠喻叔奇县尉》等诗 18 首，见《四库全书》本。

为黄溍五世祖之外甥。①

喻良弼,《浙江通志》卷一百八十一"文苑四"载:"喻良弼,字季直,与兄良能字叔奇俱以古文词有声太学。良能成进士,而良弼仅以特科尉新喻。著有《杉堂集》十卷、《乐府》五卷。"与洪迈、杨万里皆为文字友。②

何恪,字茂恭。绍兴三十年(1160)进士,调官主吉之永新簿,迁徽州录事参军,未赴。纂《恢复二十策》欲以进于朝,与诸公议不合而归。陈亮未显时,何恪奇其才,以其兄何恢之女妻之。陈亮与义乌何氏联姻,对于其学在义乌的传播,起到很大作用。此外,何恪与金华吕祖谦亦有交游。③何恪著有《南湖集》。④

陈炳,字德先。乾道二年(1166)进士,为太平县主簿。著有《易解进卷》、《易讲义》五卷、《岩堂杂稿》,并撰《义乌儒学记》。

从陈亮与"乌伤四君子"的交往中,可以看出他与乾道、淳熙年间的义乌知识圈是相当熟悉的。

(三)陈亮与义乌何氏家族

陈亮与义乌何氏家族的关系,要推到其少年时期。他自称在未冠之时,就曾就学于义乌何子刚馆舍,其云:

> 公家赀数十万,不可谓无力矣;结姻于朝列,不可谓无势矣。而甘心自屈于乡之暴有力者,犹不必其势,悖言恶动,不与其较,则公之诚心为善,尚不以德义自居,而何问势力之所在乎!亮之心降而诚服,不可谓无所自也。方亮未冠时,束书就学于公之馆舍,公不以凡儿待之,岁时之顾遇,杯酒之殷勤,未尝不倍于伦等也。⑤

---

① 黄溍:《文献集》卷四"先世墓铭后记",《四库全书》本。

② 《浙江通志》卷一八一"文苑四"引《人物》六,《四库全书》本。

③ 陈思编:《两宋名贤小集》卷二〇九收吕祖谦《何茂恭母王夫人挽章》一诗可证。

④ 《浙江通志》卷一八一"文苑四"引《金华先民传》,《四库全书》本。

⑤ 邓广铭点校:《陈亮集》(增订本)卷三十一"祭何子刚文",河北教育出版社2003年版,第332页。

据此可知，陈亮的老师何子刚其实是一个在义乌既有钱又有势的人物，但他不倚重钱势，反是求诸诚心，以德义为善，似是一位理学中人。何子刚“不以凡儿”待陈亮，在生活上给予陈亮特殊照顾，当然是欢喜他的才华出众。陈亮方“未冠”时“束书就学”于何子刚，但究竟为何年？颜虚心《陈龙川年谱》系此事于宋高宗绍兴二十八年(1158)，时陈亮16岁，而童振福《陈亮年谱》系此事于绍兴二十九年(1159)，但均未提供具体证据。有一点可以肯定，陈亮19岁因为《酌古论》一举成名，婺州知府周葵一见而奇之，遂延陈亮为座上客，因此，陈亮从学何子刚定在18岁以前是无疑的。[①]或许是因为何子刚是义乌一位有影响的人物，才使得少年陈亮的才华在义乌较早出名。无独有偶，陈亮日后能够与义乌另一支何氏家族的成员联姻，恰恰就是因为他的才气。

陈亮少年时在义乌求学，后来又在义乌授学，这是一段历史的循环，非常有意思。在“乌伤四君子”中，陈亮与何恪，由于有姻亲关系，交往尤其深刻。陈亮在何恪去世后，先后有三篇祭文，其中《祭何茂恭文》对何恪评价曰：

> 公之行义文章，自朝之贤士大夫以及于乡党朋友，翕然推之，莫敢为伍，曾未能出其毫末而遽赍之以入土。[②]

又有《代妻父祭弟茂恭文》对何恪评价云：

> 经史子氏，章分句剖；大雅之文，一一上口。诗不杜而则陈，文出韩而入柳。屈宋不能执《骚》以居前，颜杨相顾释笔而殿后。世精其一，子无遗漏。至于纯明果敢，端方孝友，言动有常，进退有守，爱君忧国，不忘畎亩，皆是天资，而非矫揉。[③]

---

① 方如金、姜鹏：《陈亮交游考》，《温州大学学报》2003年第1期。

② 邓广铭点校：《陈亮集》(增订本)卷三一“祭何茂恭文”，河北教育出版社2003年版，第329页。

③ 邓广铭点校：《陈亮集》(增订本)卷三一“代妻父祭弟茂恭文”，河北教育出版社2003年版，第328页。是文邓先生辑自《永乐大典》卷一四〇五二“祭字韵”，原《龙川集》不载。

从何恪"经史子氏,章分句剖",可见其是一位对经史和诸子皆有研究的学者。而在陈亮《祭妻叔文》中,也有评价:

> 昔公有意圣贤之学,而不为世俗之文,山立玉峙,地负海涵。①

这里更点明何恪"有意圣贤之学"。陈亮与义乌何氏联姻,主要得力于何恪,他是因为看重陈亮的才华,故力劝其兄何恢将次女嫁给陈亮。陈亮记忆力超群,在《喻夫人王氏改葬墓志铭》中,陈亮云:"往时义乌何茂恭以文称,乡人之欲铭其墓者必属笔于茂恭。余犹记乾道初,余就姻茂恭家,见茂恭铭其从母王夫人之墓,其文工甚。茂恭口诵一二过,余能随记其文,复为客道之。茂恭抚掌欢笑:'世有强记如此者!'"当其兄犹豫不决时,何恪在赴任途中,一有暇就写信给何恢,每封信都要提到陈亮,表示了"惧失此士"的急切心情。陈亮在《祭妻叔文》中详细介绍了这段联姻的过程,其云:

> 公之既第,尝以其兄之女归之同年矣;其次固不应属之寒士也。公得官于大江之西,将行,力谓其兄:"必以次女归亮,吾保其可依也。"兄犹疑之。一行二千里,有便必寄书,书必以亮为言:"吾惧失此士。"兄亦奋然曰:"宁使吾女不自振,无宁异日不可以见吾弟。"故次女卒归亮。当是时,虽亮亦笑公与之非其人也。②

某种程度而言,是义乌人最先发现陈亮是一座极具开采价值的"富矿",对于何恢听从了弟弟何恪的劝导,最终将次女嫁给陈亮,甚至连陈亮本人"亦笑公与之非其人也",真是不可思议。而事实证明何恪对陈亮的预期是正确的。早在陈亮未登第之前,其《祭何茂恭文》就已表达了对何茂恭的感激之情:

---

① 邓广铭点校:《陈亮集》(增订本)卷三一"祭妻叔文",河北教育出版社2003年版,第325页。

② 邓广铭点校:《陈亮集》(增订本)卷三一"祭妻叔文",河北教育出版社2003年版,第325页。

呜呼！昔公于某面未觌而神已交，语言未通而肺肝相与，誉之诸公之间，妻以其兄之女。君子或以为难，世俗谓之过举。属憸谗之相间，而至情之疑阻。要不能无遗憾于死生，安得取而投之豺虎！虽此心之昭然，顾有口而莫吐。是用略彩缯纸钱于末俗，具脯果酒淆于罍俎，酹公之神而侑之以韵语。曰：天之生公，意盖有主。俄而夺之，一息千古。匪伤其私，我心独苦。尚想音容，有泪如雨！

这三篇祭文，其中《祭何茂公文》与《代妻父祭弟茂恭文》当作于何恪去世不久，而《祭妻叔文》则作于陈亮考中状元之时，这说明陈亮永远忘不了何恪对他的期许，所以一旦高中，首先想到何恪对他的知遇之恩，因此专门再作一篇《祭妻叔文》以表达对何恪的感激与哀思。

其实，义乌何氏家族在陈亮穷厄之际，给予陈亮许多帮助。在《祭妻祖母夫人王氏文》中，陈亮写道："昔亮之穷，弃不足论。夫人抚之，绨袍之温。一饱有时，解颜以喜。感念之恩，如实出己。"何恢、何恪的母亲是一位极有贤德的女性。她能够做到"察人之所不察，而阃内之情毕见，爱人之所不爱，而一家之势常平"，达成不言自威的境界，做到"子不督而贤，闲言不却而息，长幼不约而亲"，是故"天下之为人妇、为人母、标行义以自见者，比夫人盖犹未足以为贤也"。[①] 这个家族给予陈亮的不仅是亲情与温暖，还有致富而不坠的人文精神。

二、陈亮对孟子"为仁不富"说的质疑

某种情况而言，义乌为陈亮独具个性的学术思想形成提供了丰沃的土壤。他与义乌富商的交游，引发了对仁与富等系列问题的深刻思考，同时也为我们揭示了义乌富商骨子里的儒家精神。义乌香山喻氏，是当时的一个望族，陈亮所交往的是喻夏卿一系。今从《喻夏卿墓志铭》中可知这一系的大概，其云：

① 邓广铭点校：《陈亮集》(增订本)卷三三"祭妻祖母夫人王氏文"，河北教育出版社 2003 年版，第 346 页。

> 昔孟子有取于“为仁不富”之论，而世俗之常言曰“慈不主兵，义不主财”。其说遂以行，而闾巷之奸夫猾子，借是以成其家，虽见鄙于清论，见绳于公法，而人乐其生得以自资，终不为之变也。夏卿孝友慈爱，根于天性，而著见于日用之间，如饮食之不可废。中年与其侄分田，不过百三十亩，卒亦几至于千亩。然而友爱子侄，而计较秋毫之心不萌焉；慈惜里闾，而豪夺力取之事不行焉。“为仁不富”之论，盖至夏卿而废矣。①

陈亮所作墓志铭，有一个观点值得注意，即他从喻夏卿发家史中看出孟子“为仁不富”这一结论其实是不可靠的。喻夏卿中年时与侄分田，由一百三十亩起家，后来发展到千亩，“然而友爱子侄，而计较秋毫之心不萌焉；慈惜里闾，而豪夺力取之事不行焉。为仁不富之论，盖至夏卿而废矣”。

为了更深刻理解陈亮就喻夏卿而提出的“为仁不富”话题，今就其历史解说稍作梳理。汉代人对于“为仁不富”是有两派意见的，一是司马迁，其云：

> 故曰仓廪实而知礼节，衣食足而知荣辱。礼生于有而废于无，故君子富好行其德，小人富以适其力。渊深而鱼生之，山深而兽往之，人富而仁义附焉。富者得势益彰，失势则客无所之，以而不乐。夷狄益甚。谚曰：千金之子，不死于市。此非空言也。故曰：天下熙熙，皆为利来；天下壤壤，皆为利往。夫千乘之王，万家之侯，百室之君，尚犹患贫，而况匹夫编户之民乎！②

一是王符，其云：

---

① 邓广铭点校：《陈亮集》（增订本）卷三六“喻夏卿墓志铭”，河北教育出版社 2003 年版，第 332 页。

② 司马迁：《史记》卷一二九“货殖列传”，中华书局 1997 年版，第 3255—3256 页。

人皆智德，苦为利昏，行污求荣，戴盆望天，为仁不富，为富不仁，将修德行，必慎其原。①

但汉代人关于这个问题的不同看法，就像两股道上跑的马车，各行其是。到了宋代，义利之辨，一如汉代。宋代早期的“言义”派代表人物刘敞的《为仁不富论》一文，对这个命题有最全面的论述：

凡天下有至理：此盈者彼虚，此厚者彼薄，是自然之不可易者也。故为仁者不富，为富者不仁，亦若此矣。夫仁人之为身，必将先义而后利，先德而后禄，以礼为法，以智为辅，以文为表，以义为内。非其道，虽加千乘之利不悦焉；非其志，虽加万锺之禄不取焉。此仁人之所以为身也。此其为身，所以无富之称也。及其为家，则正其居处以应法，薄其奉养以应礼，均其有余以济不足，言其利以去其贪，此仁人之所以为家也。此其为家，所以无富之名也。及其为国爱民而时使之，养民而薄敛之，取民而节用之，币帛宝货与百姓共其利，弗专有也。藏之于民，而上下皆足，此仁人之所以为国也。此其为国，所以无富之号也。故小为一身，大为一国，取予、施舍、进退、行止，必出于仁而无富者矣。虽然，其无富乃所以为大富也。故仁者虽一身而贫贱不能辱，虽一家而万乘不能夺，虽一国而天下不能倾。近者，亲戚安之，宾友归之；远者，四邻怀之，九夷向之，尚非大富乎！彼为不仁者不然，苟为一身而已。力之所及，将无不攘；智之所及，将无不取也。故在下则盗，在上则暴，为仓廪至于使百姓无以食，为府库至于使百姓无以衣，可谓富矣，然而不仁之患，则又至焉。是以昔者蚩尤诛，荣夷灭，桀纣亡，非患财用之乏也，非苦货力之少也，凡以身富而不仁也。是以圣王制税赋，足以养百官备水旱；制朝贡，足以结诸侯通远方。然犹厚往而薄来，轻费而广施，恶不仁也。故天子不言有无，诸侯不商货利，大夫不畜鸡豚，士不问什一，所以远利而近仁也，所以厉风俗而禁淫伪也。

① 王符：《潜夫论》卷十“叙录”第三十六，《四库全书》本。

冉求为季氏宰，不能改于其德而赋粟倍。他日，孔子曰："求，非我徒也。小子鸣鼓而攻之可也。"由是观之，君子之富可知矣。①

刘敞的中心思想无非是"远利近仁"。到朱熹注阳虎"为富不仁矣，为仁不富矣"则云：

阳虎、阳货鲁季氏家臣也。天理人欲，不容并立。虎之言此，恐为仁之害于富也；孟子引之，恐为富之害于仁也、君子小人，每相反而已矣。②

很显然，从孟子到朱熹，都是将"仁"与"富"置于对立面来做理解的。更进一步，朱熹还将仁义升华到天理高度来认识，他在诠释孟子"何必曰利？亦有仁义而已矣"时云：

仁义根于人心之固有，天理之公也。利心生于物我之相形，人欲之私也。循天理，则不求利而自无不利；徇人欲，则求利未得而害已随之。③

有学者将宋代积弱积贫的文化原因归结为理学的求义舍利理论，认为这是一种"贫困文化"，"使宋人对贫困和财富的认识产生了根源性误区"，"理学在精神上给了贫穷人群一种终极关怀，成了一种麻醉意识，成了宋代积贫积弱却被时人视为合理存在的时代心理根源"④。

当然，在宋代言利者也大有人在。宋代"言利"派的早期代表人物李觏云：

---

① 刘敞：《公是集》卷三九"为仁不富论"，《四库全书》本。

② 朱杰人等主编：《孟子集注》，《朱子全书》第六册，上海古籍出版社、安徽教育出版社2002年版，第309—310页。

③ 朱杰人等主编：《孟子集注》，《朱子全书》第六册，上海古籍出版社、安徽教育出版社2002年版，第247页。

④ 袁冬梅：《从宋人的财富观论宋朝的民贫问题》，《许昌学院学报》2004年第4期。

人非利不生，曷为不可言！欲可言乎？欲者人之情，曷为不可言！①

意谓人的生存离不开“利”，那么为何不可以言“利”呢？同样道理，欲望乃人之常情，为何又不敢去提到它呢？王安石进一步认为，精神文明的建立，非得要有物质文明作为基础才行，他说：

夫闵仁百姓，而无夺其时，无侵其财，无耕其力，使其无憾于衣食，而有以养生丧死，此礼义廉耻之所兴。②

这似乎是孟子“十亩之宅”说的翻版。

宋代，义利说的第三派是苏洵的义利和合说。其云：

《干·文言》曰：“利者，义之和。”又曰：“利物足以和义。”呜呼！尽之矣。君子之耻言利，亦耻言夫徒利而已。圣人聚天下之刚以为义，其支派分裂而四出者为直、为断、为勇、为怒，于五行为金，于五声为商。凡天下之言刚者，皆义属也。是其为道决裂惨杀而难行者也。虽然，无之则天下将流荡忘反，而无以节制之也。故君子欲行之，必即于利。即于利，则其为力也易，戾于利，则其为力也艰。利在则义存，利亡则义丧。故君子乐以趋徒义，而小人悦怿以奔利义。必也天下无小人，而后吾之徒义始行矣。呜呼难哉！圣人灭人国，杀人父，刑人子，而天下喜乐之，有利义也。与人以千乘之富而人不奢，爵人以九命之贵而人不骄，有义利也。义利、利义相为用，而天下运诸掌矣。五色必有丹而色和，五味必有甘而味和，义必有利而义和。《文言》之所云，虽以论天德，而《易》之道本

① 李觏：《直讲李先生文集》卷二八，《四库全书》本。

② 王安石：《临川先生文集》卷四九“戒励诸道转运使经画财利”，《四部丛刊》本。

因天以言人事。说《易》者不求之人，故吾犹有言也。①

在北宋，刘敞与苏洵是两位较系统完整地表述对于义利看法的学者，以客观的立场来考虑，我们认为当然是苏洵的义利和合，更为圆融，也更符合社会良性发展的需要。而陈亮的义利观，基本上是属于苏洵一派的。

三、陈亮对义乌富商“义利和合”精神的揭示

我们以前因为陈亮与朱熹有王霸义利之辨，便认为陈亮是一个完全的主利派，其实不然。陈亮的《龙川集》中有许多为富人所作的墓志铭和哀辞，就明白他所尊敬的致富者，其实都是义利和合的实践者。其赞何恢曰：

公之父必欲其二子由科举自奋，公独以其余力助理家事，积累至巨万。公弟恪茂恭，得以专于文学，庶几近世晁张辈流。尝与公同上礼部，茂恭得之，而公不利。公忻然曰：“是足以报吾父矣。”时公父已死数岁，家事一毫以上不使茂恭关心焉。茂恭奉其母汤药惟谨，不问钱物为何事；而公之临财，虽鬼神不欺也，兄弟相与为一体；至其论文，小不合辄争辩，以致辞色俱厉，僮仆往往相语以为笑。②

何恢之父本来想他两个儿子同走科举之路，但何恢毅然弃考而治家，使其弟何恪得以专于文学，而何恢由于出色的经营才能，居然成长为义乌首富。何恪是个不知钱物为何事的人，而何恢则“虽鬼神不欺也”，从来不对何恪有所隐瞒。后来，因何恪早卒，何恢又将整个家产交由何恪之子何大受管理，自己则“从容园池，以小诗自娱”。这都是仁德的体现。

何恢之子何大猷，虽然是个“富二代”，但他富而存仁，“视租户如家人，

---

① 苏洵：《嘉祐集》卷八“利者义之和论”，《四库全书》本。

② 邓广铭点校：《陈亮集》(增订本)卷三六“何茂宏墓志铭”，河北教育出版社2003年版，第373页。

而恤其轻重有无"①，显然是受了其父的影响。除了对义乌人士富而存仁的揭示，陈亮还对义乌周边地区的富而存仁事迹，有所张扬。在《金元卿墓志铭》中，陈亮写道：

君之于余甚谨，以故习知其家事，而得君之为人亦甚详。君读书为士有绳尺，不求苟异于人。内行洁整，于声色淡然，而不求人之知也。及其为家也，以俭勤自将，铢积寸累，迄用有成，而豪取智笼之术一切置不用，故无怨恶于人。晚岁治其室稍华，将以娱其亲之老也。诸子皆使之学，而必欲知辛勤之起家不易。独使濂从四方师友游，劳费皆所不问，而不责其近功也。……富，人所欲；善，吾所独欲也。公之独也同之。②

金大亨，字符卿，金华人。他的发家完全是靠"俭勤自将"，而非"豪取智笼"，故他赞扬金大亨做到了"富"与"善"的统一。在《何夫人杜氏墓志铭》中，陈亮又赞何坚才之家风云：

始余闻东阳何君坚才善为家，积资至巨万，乡之长者皆自以为才智莫能及。然坚才方端居深念，平生为学之志于是不酬矣，遣其子逮从一世士君子游。又招致邵康似之，使造、适、遇、述从之学。似之有声学校中，及为甲辰礼部榜首，世多知其人。似之亦善称其四子，谓足以如坚才志。而坚才死，逮实主家事，帅其四弟以奉母夫人杜氏惟谨，而门户纲纪，一切听之逮，如坚才在时。人往往言逮才有父风，或曰："是四弟为学之验也。"③

① 邓广铭点校：《陈亮集》(增订本)卷三六"何少嘉墓志铭"，河北教育出版社2003年版，第384页。

② 邓广铭点校：《陈亮集》(增订本)卷三六"金元卿墓志铭"，河北教育出版社2003年版，第379页。

③ 邓广铭点校：《陈亮集》(增订本)卷三六"何夫人杜氏墓志铭"，河北教育出版社2003年版，第394页。

何坚才，东阳人，其致富之才乡人莫及，但其家风谨严，纲纪森然，忠孝传家。《吕夫人夏氏墓志铭》记载了永康首富吕师愈的致富情况，其云：

> 夫人初归吕氏，家道未为甚裕，吕君不遗余力，经理其家，至有田数千亩，遂甲于永康。夫人节啬于内，课女工甚悉，以辅成吕君之志。①

这篇墓志铭主要是写夏氏的懿德，赞其“妇人女子之不溺于爱，区处其子切于事情，而无违夫之志”，故陈亮感慨曰“若夫人者能几”。由吕夫人之言行，可推想这位永康首富的家风定是不俗。而在《东阳郭德麟哀辞》一文中，陈亮痛陈国家科举造士，却常对商人出身的士人废置不用，实为“国之一阙”，其云：

> 往时东阳郭彦明徒手能致家资巨万，服役至数千人，又能使其姓名闻十数郡。此其智必有过人者，余不及识，而识其子德麟。德麟承家有父风，而淑其子弟则有光焉。德麟之子曰澄伯清者，历从一世士君子游，异时言诸郭事往往不同，至是而论始定矣。自德麟在时，固尝惴惴焉以前事为未满也，余独以为不然。国家以科举造士，束天下豪杰于规矩尺度之中，幸能把笔为文，则可屈折以自求达。至若乡闾之豪，虽智过万夫，曾不得自齿于程文熟烂之士。及其以智自营，则又为乡闾所仇疾，而每每有身挂宪网之忧，向之所谓士者，常足以扼其喉而制其死命，卒使造化之功有废置不用之处。此亦为国之一阙，而默察天地运动之机，则德麟之所从惴惴前事者，固足以见国家崇儒重道之极功，亦足以动识者为天下大势无穷之虑，非直德麟父子之足念也。夫程文之士既足以为一世所任用而其间有所谓通经笃行者，又自为其徒所尊敬而常若不可及，虽德麟亦既仰望而畏服之矣。余于斯时，方将为之长言，以解德麟之

---

① 邓广铭点校：《陈亮集》（增订本）卷三六“何夫人杜氏墓志铭”，河北教育出版社2003年版，第398页。

惴惴而宁其死，其不讪谤谴斥于一世之士者几希！然使德麟持是以见其父于地下，庶可以相视一笑，而百年之后当有明余心者，其辞曰云云。①

我们之所以要将这篇哀辞全文照录，是因为从郭德麟身上可以照见陈亮本人的遭遇，因为“以智自营”者，总是要“为乡闾所仇疾，而每每有身挂宪网之忧”，并被“所谓士者，常足以扼其喉而制其死命”，陈亮的两次系狱，实为此做了注解。故他之哀郭德麟，实则也是借机会哀自己。

由上可知，陈亮讲功利，也讲仁义，但有学者认为陈亮的财富观事实上是重利而弃义的，比如漆侠先生认为在财富观上陈亮与经年口诵仁义道德的儒生背道而驰，无怪乎朱熹称陈亮“自处于法度之外”“不乐闻儒生礼法之论”等等。为了印证朱熹的批评，他引岳珂《桯史》记载：

东阳陈同父资高学奇，跌宕不羁。尝与客言，昔有一士，邻于富家，贫而屡空，每羡其邻之。旦日，衣冠谒而请焉。富翁告之曰：“致富不易也。子归斋三日而后，予告子以其故。”如言复谒，乃命待于屏间，设高几，纳师资之贽，揖而进之，曰：“大凡致富之道，当先去其五贼。五贼不除，富不可致。”请问其目，曰：“即世之所谓仁、义、礼、智、信是也。”

但漆侠先生省略了岳珂以下一段文字：

士卢胡而退。同父每言及此，辄掀髯曰：“吾儒不为五贼所制，当成何等人耶！”②

这充分说明陈亮所引商人的话，并不代表他也视仁、义、礼、智、信为五

① 邓广铭点校：《陈亮集》（增订本）卷三四“东阳郭德麟哀辞”，河北教育出版社2003年版，第361页。

② 岳珂：《桯史》卷二“富翁五贼”，《四库全书》本。

贼，他其实最终是恪守仁、义、礼、智、信，并以之为基本信条的。另外，漆侠先生还引陈亮《赠楼应元序》中的一段话：

> 夫一有一无，天之所为也。裒多增寡，人道之所以成乎天也。圣人之惓惓于仁义云者，又从而疏其义，曰若何而为仁，若何而为义。非以空言动人也，人道固如此耳。余每为人言之，而吾友戴溪少望独以为："财者人之命，而欲以空言劫取之，其为道甚左。"余又悲之而不能解也。虽然，少望之言，真切而近人情，然而其人者未免乎薄也。①

漆侠先生言陈亮此则认为仁义是劫取人财的"空言"，与前则认为仁、义、礼、智、信是阻碍发家致富的五贼，两则材料是贯通的。②但漆侠先生引文时省略了陈亮最后所言：

> 若余之所以为楼子计者，非不知少望之言可畏也，亦期人以厚而已矣。

这说明陈亮仍然不认为仁义是劫取人财的"空言"，而且还觉得"少望之言可畏"。恰好相反，这两则材料都证明陈亮对于仁、义、礼、智、信并不反对，否则，他就完全站到儒家的对立面去了。

但我们同时也要注意，陈亮的言论为何屡屡与"财富"二字牵连上呢？这大概与他本人的经商经历有很大关系。陈亮的家族本来也是一个"衣食丰足，推其余以及邻里，使一乡无憾于陈氏"的家族，但这个家族在"百四五十年之间"，"大家世族或已沦替而无余"，终于还是衰落了。到了陈亮这里，

---

① 邓广铭点校：《陈亮集》(增订本)卷二四"赠楼应元序"，河北教育出版社2003年版，第217页。

② 漆侠：《浙东事功派代表人物陈亮的思想与朱陈"王霸义利之辨"》，《河北大学学报》2001年第3期。

他父亲死后，已经“葬不克自力，乃从人贷钱以葬”了，其家境可谓衰落到极点。[①]为此，他曾一度经商。陈亮有数次永嘉之行，除了知会薛季宣、陈傅良、叶适等学者之外，其个人目的，其实还有一层经商的需求。据周梦江考证，陈亮分别在淳熙三年(1176)春、淳熙七年(1180)春、淳熙七年(1180)秋、淳熙八年(1181)春有四次永嘉之行，皆可能与经商有关。永嘉为温州首县，工商发达，早在北宋熙宁十年，永嘉县一年的商税就已高达二万五千三百九十一贯六文，是全国各县平均商税的七倍。[②]据此，周梦江推定由于陈亮温州熟人较多，交游较广，“在浙东一带做些小生意，沿途官员、税吏是不敢为难他的”。[③] 陈亮经商致富虽没有明确记载，但他在淳熙五年(1178)夏写给友人石斗文的信中称：“亮为士、为农、为商，皆踏地未稳，天之困人，宁有穷已乎！”这说明陈亮此年有“为商”之举，但尚未脱贫。同年秋天，吕祖谦来信劝告陈亮不要经商，其云：

> 闻便欲为陶朱公调度，此固足少舒逸气。但田间虽曰伸缩自如，然治生之意太必，则与俗交涉，败人意处亦多。久当自知之。恃契爱之厚，不敢不尽诚也。阳羡之行在何时？日望经从相聚。[④]

吕祖谦写此信时在临安，陈亮赴阳羡当要经过临安。由吕祖谦“闻便欲为陶朱公调度”，亦可推知，陈亮此行阳羡，定与经商有关。大概到淳熙十一年(1184)，陈亮家道开始中兴。此年他有第一次狱事，事后在给帮助过他的郑汝谐的信中，对家道中兴有所透露，其曰：

> 身名俱沉，置而不论；衣食才足，示以无求。人真谓其有余，心

① 邓广铭点校：《陈亮集》(增订本)卷三一“先考移灵文”，河北教育出版社 2003 年版，第 327 页。

② 参见《宋会要辑稿·食货》。

③ 周梦江、陈凡男：《陈亮永嘉之行及其目的》，《浙江社会科学》2005 年第 6 期。

④ 黄灵庚主编：《吕祖谦全集》第一册，浙江古籍出版社 2008 年版，第 479—480 页。

固疑其克取。而况奴仆射日生之利，子弟为岁晏之谋。①

到了淳熙十二年(1185)，他的家境已是彻底好转，在给朱熹的一封书信中，他甚至有些夸耀地说：

> 今年不免聚二三十小秀才，以教书为行户。一面治小圃，多植竹木，起数出小亭子。……两地之东有田二百亩，皆先祖先人之旧业，尝属他人，今尽得之以耕。如此老死，亦复何憾。田之有小坡，有园二十亩……屋之东北，又有园二十亩，种蔬植桃李而已。②

陈亮有田二百亩。据漆侠先生计算，当时田价一亩值钱十贯，二百亩田就费资两千贯钱，说明陈亮已是一个经济实力较强的中等地主了，而这还尚不包括京口的别业和芦地。漆侠先生认为，显而易见，单靠教书的微薄收入是置办不了的，只有经商和放高利贷才有可能在不到十年的时间置办这些田地。③事实上，他给朱熹的另一封信中也可找到经商佐证，其云：

> 亮口诵墨翟之言，身从杨朱之道，外有子贡之形，内居原宪之实。④

子贡在孔子的学生中，以善于经商著称，而陈亮自言“外有子贡之形”，明摆着并不避讳自己的经商行为。另外，漆侠先生还据陈亮《谢陈同知启》中所言“一毫以上，通缓急于里闾”，认为这明显地透露了陈亮从事放债活动

---

① 邓广铭点校：《陈亮集》(增订本)卷二六“谢郑侍郎启”，河北教育出版社2003年版，第241页。

② 邓广铭点校：《陈亮集》(增订本)卷二八“又乙巳春书之一”，河北教育出版社2003年版，第271页。

③ 漆侠：《浙东事功代表人物陈亮的思想与陈朱“王霸义利之辨”》，《河北大学学报》2001年第3期。

④ 邓广铭点校：《陈亮集》(增订本)卷二八“又甲辰秋书”，河北教育出版社2003年版，第267页。

的消息。

回顾陈亮家庭的经济状况，在他二十三岁时，就已大不妙。这年他娶义乌何氏，不久母亲亡故，接着家童杀人，父亲入狱，祖父母又相继亡故。“三丧在殡”，陈亮无力营葬。待父出狱，家中“无寸土可耕”。父死，陈亮因为“贫不能自食”之故，乃贷钱以葬。如果从乾道三年(1167)他第一次到永嘉算起，到淳熙十二年(1185)他拥有二百亩田产为止，中间亦不过十八年时间，他就把一个极度贫穷的家庭变成了一个中等地主家庭，曾经失去的土地又回来了。这样的致富经历，其实与喻夏卿、何坚才等极其相似。漆侠先生根据这些实例指出，在浙东一带土地的流转是非常剧烈的。在这样一个复杂多变的经济环境中，陈亮的家道中兴当然使他对于事功的体会要比朱熹深刻得多。而当陈亮在为家道中兴而奔忙的时候，朱熹在武夷山中，过的却是另一种生活，其《答陈同父书》云：

> 更过五七日，便是六十岁人，近方措置种得几畦杞菊，若一脚出门，便不能得此物吃，不是小事。奉告老兄，且莫相撺掇，留取闲汉在山里咬菜根，与人无相干涉，了却几卷残书，与村秀才子寻行数墨，亦是一事。古往今来多少圣贤豪杰，韫经纶事业不得做，只恁么死了底何限，顾此腐儒，又何足为轻重；况今世孔、孟、管、葛自不乏人也耶！来喻“恐为豪士所笑”，不知何处更有豪士笑得？老兄勿过虑也。①

朱熹过的是“山里咬菜根”的生活，这与陈亮对于财富的追求状态完全不同。虽然朱熹也曾为缺钱而苦恼，他甚至还向韩元吉写信借贷，但终究守住了清贫。

淳熙十一年(1184)至十三年(1186)陈亮与朱熹之间的“王霸义利之辨”，恰恰发生在陈亮家庭经济好转的时间段，因此他对义利的看法，不可能会像朱熹那样重义轻利，而应该是义利和合的。

---

① 朱杰人等主编：《晦庵先生朱文公文集》卷二八“与陈同父书”，《朱子全书》第二十一册，上海古籍出版社、安徽教育出版社 2002 年版，第 1220 页。

陈亮还有一句话也值得注意，即其云喻夏卿终其一生，“释老之书未尝问”，这似乎是陈亮特别看重的义乌儒风。前此吕祖谦也非常重视义乌循古礼，革陋俗的风尚，并大加推崇，这与陈亮保持一致。事实上，喻氏家族是一个非常重视儒学教育的家族，诚如陈亮所言，“夏卿其子孙，皆兴于学”。陈亮与该家族的结缘，就因为他是其家族的老师。在《喻夫人王氏改葬墓志铭》中，陈亮云：

> 当淳熙庚子，夫人之夫喻君夏卿将以十月二十日改葬夫人于智者乡雷公山之下，以茂恭旧所为铭文示余，求改葬志。茂恭死八九年，其文愈可贵重，余读其所为铭文，为坠泪久之。余安能志人之墓，况又能于茂恭文外更着笔耶！第以夏卿一子三孙从余学，无辞以却夏卿之请。夏卿四子。次子大方早夭，其孤遐老又夭，妇陈氏守义不去，以桧老为嗣。夏卿与夫人又以长子义方之子槐老重慰安之，下至房帏碎事，夫人不使陈氏有所憾。义方早丧妇，一女又孤，夫人亦命陈氏母之，惟留子柟老一人，故义方安于再娶。知方有喑疾，夫人怜之，亦令得所配。夫人在时，有子梼老，今又有林老者。夫人最爱幼子汝方，勉使为学而已，卒不以一事损其均平之德，独以不及见其有子为恨。今有子四人，曰榉老、榆老、樠老、槿老，而汝方亦能以学问自见于乡闾。柟老今名宏，有俊称；桧老名宪，能经纪家事而不废学；槐老名演，郡以其名上礼部；而夫人皆不能待。两女，嫁商克忠、赵悌，丰约一取命于夏卿，夫人止，计其女功所当为者。彼其一家之所以和平而无间言，虽夏卿处之有道，而夫人之为虑亦甚審。其大略之可言者如此，而余不及知其详也。①

由此可知，何氏与喻氏两家本有亲戚关系，因为喻夏卿夫人王氏，是何

① 邓广铭点校：《陈亮集》（增订本）卷三七“喻夫人王氏改葬墓志铭文”，河北教育出版社2003年版，第332页。

恪的从母。何恪母亲姓王，吕祖谦作《何茂恭母王夫人挽章》亦可证。[1]而夏卿的“一子三孙”皆从陈亮学。

陈亮之学之所以在义乌流行，是因为义乌多儒商；反之，义乌的儒商，也给陈亮义利和合思想提供现实的滋养和资证。一方水土养一方人物，同样道理，一方水土也养一方学术。

① 黄灵庚主编:《何茂恭母王夫人挽章》,《吕祖谦全集》第一册，浙江古籍出版社2008年版，第17页。

"事功思想"岂能等同于"功利主义"

——对田浩教授《功利主义儒家——陈亮对朱熹的挑战》一书的商榷

浙江师范大学资深教授　方如金
永康市陈亮研究会理事　黄宗海

《功利主义儒家——陈亮对朱熹的挑战》(以下简称"田文")系刘东主编、江苏人民出版社旗下"海外中国研究丛书"之一。该书是田浩[①](以下简称田教授)在其1976年的博士论文的基础上扩充而来的,"余英时是我的另一位导师,为我1976年的博士论文的终稿做了非常有价值的修改,并对我将之扩充为一本著作也提出了实质性的建议"[②]。其导师之一余英时对其论文及其扩充为专著提出了"非常有价值的修改"和"实质性的建议",收入丛书时,田教授对姜长苏的译文的某些地方有所增删,目的是"努力使中国读者弄清我的意思"[③],"在阅读并建设性地修改姜先生的译稿时,我得到了现住在亚利桑那的好友俞宗宪先生的很多有价值的帮助"。[④] 尽管作者本人反复强调得到了许多友人的帮助,对书稿进行了"建设性"的修改,但该书中仍有许多明显的错误和有悖于陈亮原著的地方,因此,本文拟从混淆概念、主客颠倒,背弃原著、失信作者,滥用"可能"、有失严谨,以今律古、时空错乱四个方面就田文存在的问题展开商榷,不当之处,切盼田教授及其他方家不吝批评指正。

---

① 田浩(1944—　),美国亚利桑那州立大学国际语言文化学院教授。

② 田浩:《功利主义儒家——陈亮对朱熹的挑战》,江苏人民出版社2012年版,谢辞,第1页。

③ 田浩:《功利主义儒家——陈亮对朱熹的挑战》,江苏人民出版社2012年版,中文版序,第4页。

④ 田浩:《功利主义儒家——陈亮对朱熹的挑战》,江苏人民出版社2012年版,中文版序,第4页。

一、混淆概念、主客颠倒

(一)"事功思想"不能等同于"功利主义"

陈亮,字同甫,号龙川,南宋两浙东路婺州永康县龙窟(今浙江金华永康龙山镇桥二村)人。生于宋高宗绍兴十三年(1143)九月初七,卒于宋光宗绍熙五年(1194)四月初八,享年52岁。他是我国历史上著名的爱国主义思想家、文学家、教育家、史学理论家和军事谋略家,而且还是中国历史上唯一一位杰出的状元思想家。[①] 陈亮所倡言的"事功思想"与朱熹和田教授所言"功利主义"价值取向截然不同,切不可等同视之。朱熹认为陈亮"尊霸贱王"的主要原因在于陈亮专注于史学研究,"看史只如看人相打,相打有甚好看处?陈同甫一生被史坏了"[②]。这正是朱熹与陈亮及浙东学派学者的观点发生分歧的根本所在。故"深斥其所学之误,以为舍六经、《论》、《孟》而尊史迁,舍穷理尽性而谈世变,舍治心修身而喜事功"[③]。陈亮的事功思想是以振兴国势、图谋富强、抗金复国为基本目的的社会改革思潮。陈亮不仅提倡事功,肯定人欲在一定程度上的合理性,"人生何为?为其有欲。欲也必争,惟曰不足"[④],而且强调功利与道德的相互统一。这一表述的结论是:陈亮的"事功思想"与田文所言的"功利主义"有云泥之别。

田文标题中将陈亮归为"功利主义儒家",这与陈亮的辩友朱熹同出一辙,但此显然与陈亮所倡导的"义利双行,王霸并用"的"事功思想"不合。田文将"功利主义"定义为"认为行为的对错由结果的好坏决定的一种学说"[⑤]。"事功"是什么?《周礼注疏》"司勋"条:"事功曰劳,以劳定国,若禹。"意谓"事功"就是要像大禹一样靠勤奋劳作来施行国政,以达"功成、事济"。《中

① 方如金:《陈亮研究论稿》,河北大学出版社2015年版,第1页。

② 《朱子语类》卷一二三。

③ 《朱子年谱》卷三上"淳熙十一年"下。

④ 《陈亮集》(增订本),河北教育出版社2003年版,《刘和卿墓志铭》,第385页。

⑤ 田浩:《功利主义儒家——陈亮对朱熹的挑战》,江苏人民出版社2012年版,导言,第5—6页。

国大百科全书哲学Ⅱ》对“事功之学”的界定是:中国南宋时期反对理学谈论心性而强调事功的学说。浙江永嘉的叶适和永康的陈亮为事功之学的代表人物。陈傅良(1137—1203)引用陈亮的话,把陈亮思想总结为“功到成处,便是有德;事到济处,便是有理”,视事业的成功为言论的标准。叶适也同样重视事功,主张“务实而不务虚”。①

田文试图从中国儒家思想“义利”观的演变来阐释“功利主义”。“中国思想在三个不同但却有机关联的层次上展开:哲学思辨、文化价值和社会政治体制与议论。这些层面为理解不同哲学思想的背景提供了一个框架。一般来说,这三个抽象层面之间的关系通过文化价值这一中间层得以调整,它们的关系不具有因果性,但事实上却是有机关联的。”②我们不妨沿着田文的思维路径从文化价值层面来明确以陈亮为代表的“事功思想”义利观与田文所言“功利主义”义利观的区别。“义”历来是我国传统文化的重要组成部分,“义”的观念对塑造中国人的道德直觉起了至关重要的作用。“义”是由“義”字简化而来的。“甲骨文、金文、篆文和繁体‘義’字由‘羊’和‘我’构成。表示给我羊的行为,由此引申为对他人和社会有好处的道理或举动的含义。”③孔子在《论语》中对“义”“利”多有阐发。“君子之于天下也,无适也,无莫也,义之以比”(《里仁》),“君子喻于义,小人喻于利”(《里仁》),“不义而富且贵,于我如浮云”(《述而》),“义然后取,人不厌其取”(《宪问》),“君子义以为质,礼以行之,孙以出之,信以成之”(《卫灵公》),“君子义以为上。君子有勇而无义为乱,小人有勇而无义为盗”(《阳货》),“不仕无义,长幼之节,不可废也,君臣之义,如之何其废之?……君子之仕也,行其义也”(《微子》)。④分析孔子的“义利”观,不难看出他把“义”看作君子道德修养的主要内容和为人处世的重要准则。随着儒家思想的广泛传播,“义”逐渐被一代又一代的中国文人诠释为更具普遍性也更为社会化的“天下公义”,它突出表现为

---

① 中国大百科全书总编辑委员会编:《中国大百科全书哲学Ⅱ》,中国大百科全书出版社2002年版,第812页。

② 田浩:《功利主义儒家——陈亮对朱熹的挑战》,江苏人民出版社2012年版,第129页。

③ 窦文宇、窦勇:《汉字字源:当代新说文解字》,吉林文史出版社2005年版,第473页。

④ 童昇编译:《论语》,宗教文化出版社1997年版,第69、74、135、276、311、357、367页。

"忧国忧民，利济苍生""以天下为己任"的道德观照。"它制约着人们的思维方法，支配着人们的行为习俗，控制着人们的情感抒发，左右着人们的审美情趣，规定着人们的价值取向，悬置着人们的灵魂归宿。"[①]无论是孔子的"知其不可而为之"，杜甫的"安得广厦千万间，大庇天下寒士俱欢颜"，范仲淹的"先天下之忧而忧，后天下之乐而乐"，陈亮的"吾欲为社稷开数百年之基"，或者顾炎武的"天下兴亡，匹夫有责"，林则徐的"苟利国家生死以，岂因祸福趋避之"，还是毛泽东的"为有牺牲多壮志，敢教日月换新天"，周恩来的"为中华之崛起而读书"，习近平总书记的"我将无我，不负人民"，都是"义"作为一种主体精神的自觉写照。而"功利主义"更多地表现为对"利"即结果的追逐，甚至"见利忘义"。田教授不深入学习理解中华文化，仅凭一孔之见焉能窥"全豹"，怎么可能全面准确地理解中华传统文化的精髓之一"义"的"主体精神的自觉"呢？事实胜于雄辩，在"抗金复国"这个社会大背景之下，自觉以"复仇自是平生志"为己任的陈亮的以"义利并举"为核心价值观的"事功思想"与田文所言的"功利主义"是有本质区别的。

其实，从同为姜长苏译的田教授的论文《陈亮论公与私》[②]中明确可知"功利主义"不能等同于"事功思想"。田教授在"他们（王安石、陈亮）两人的确有些相同的思想，尤其表现在主张功利、事功，以及代表国家利益的行动主义等方面"[③]"有些学者还特别将叶适看作浙江的事功理论与功利思想的集大成者，而他的综合主要以陈亮哲学为根底"[④]和"张伯行是那个时代朱熹正统思想的鼓吹者，他抨击颜元以事功伦理与功利为首务，并批评他攻击朱熹哲学"[⑤]的行文中，是将"事功伦理"与"功利思想"作为两个可以并列的概念的。田教授在该文中还说，"陈亮和英国功利主义者的思想之间有某些类似"[⑥]，田文导言中坦言"功利主义"是"西方概念"，"在运用功利主义、民族主

① 庞朴：《传统文化与文化传统》，《中国社会科学季刊》1993 年第 4 期。

② 田浩：《陈亮论公与私》，社会科学文献出版社 2003 年版，第 518—576 页。

③ 田浩：《陈亮论公与私》，社会科学文献出版社 2003 年版，第 538 页。

④ 田浩：《陈亮论公与私》，社会科学文献出版社 2003 年版，第 555 页。

⑤ 田浩：《陈亮论公与私》，社会科学文献出版社 2003 年版，第 560 页。

⑥ 田浩：《陈亮论公与私》，社会科学文献出版社 2003 年版，第 518 页。

义和唯物主义这些西方概念之前，有必要对它们加以界定”①。不知田教授为何要用一个西方的“类似”概念而不用中国传统文化中已然成熟的“事功思想”这一概念，何况“类似”只是说明他们在某些方面有相同点，但绝对不能等同视之，再看田教授自己怎样阐释二者之间的区别：“当然二者也不尽相同：陈亮的功利主义观较为具体地着眼于公共利益以及满足相同的人类需求的问题，而不主要谈论诸如幸福或愉悦的一般概念。”②但令人费解的是，明知二者不同，田教授为何用“功利主义”来称陈亮的“事功思想”。可是在文中，田教授有时表述为“陈亮的功利主义”③，有时又表述为“陈亮的事功伦理学”④，试问田教授，您究竟想把陈亮“事功思想”表述为什么？

（二）是被迫“应战”而不是主动“挑战”

田文副标题是“陈亮对朱熹的挑战”。在陈亮与朱熹那场持续了三年的震铄古今的“王霸义利之辨”中，陈亮到底是主动向朱熹发起挑战还是被动应战？史实是，淳熙十一年五月，在友人辛弃疾、罗点等人的强力援助下，受尽折磨的陈亮出狱回到家中，看到朱熹四月间的来信，要他“绌去义利双行，王霸并用之说”⑤，并要他做一个“醇儒”时，陈亮被激怒了，并很快写了回信，在信中，陈亮阐明了做一个“推倒一世之智勇，开拓万古之心胸”⑥的人和对汉唐的历史评价问题，这就是著名的《又甲辰秋书》。之后陈、朱二人围绕着“王霸义利”，通过书信你来我往不断交锋，但到最后谁也说服不了谁。此后，田教授也注意到“陈亮仍然在朱熹过寿时呈上诗词与礼品，朱熹回信表示了感激。两位朋友还计划淳熙十五(1188)年冬在紫溪会面，不过朱熹却未能成行”⑦。而朱熹却因陈亮撼动了他的理学权威而大为光火，不断惊叹

① 田浩：《功利主义儒学——陈亮对朱熹的挑战》，江苏人民出版社2012年版，导言，第5页。

② 田浩：《陈亮论公与私》，社会科学文献出版社2003年版，第518—519页。

③ 田浩：《陈亮论公与私》，社会科学文献出版社2003年版，第518页。

④ 田浩：《陈亮论公与私》，社会科学文献出版社2003年版，第519页。

⑤ 《甲辰四月书》，《陈亮集》(增订本)，河北教育出版社2003年版，第284页。

⑥ 《又甲辰秋书》，《陈亮集》(增订本)，河北教育出版社2003年版，第268页。

⑦ 田浩：《功利主义儒家——陈亮对朱熹的挑战》，江苏人民出版社2012年版，第110页。

陈亮“才太高，气太锐，论太险，迹太露”[①]，“陈同甫学，已行到江西，浙人信向已多，家家谈王霸，不说萧何、张良，只说王猛；不说孔孟，只说文中子，可畏！可畏！”[②]并且一个不争的事实是，为了捍卫自己的理学权威，朱熹非常好辩，在与陈亮辩论前，他就与当时心学集大成者陆九渊于淳熙二年(1175)有过“鹅湖之辩”。

对陈朱论战的是非曲直，叶适(1150—1223)有过精辟的论述：“同甫既修皇帝王霸之学，上下二千余年，考其合散，发其秘藏，见圣贤之精微常流行于事物，儒者失其指，故不足以开物成务。其说皆今人所未讲，朱公元晦意有不与而不能夺也。”[③]刘埙(1240—1319)也有公允的评价：“当时性命之说盛，鼓动一世，皆为微言高论，而以事功为不足道，独龙川俊豪开扩，务建实迹……至其雄才壮志，横骛绝出，健论纵横，气盖一世，与文公往复辩论，每书辄倾竭浩荡，河奔海聚，而文公也娓娓焉与之商论，盖一代人物也。”[④]

纵观这场辩论，无论是从辩论的发端、中间借助书信相互往来的辩论抑或辩论之后陈朱的友谊，还是从时人叶适或元代刘埙等人对这场辩论的评价均可看出，陈亮完全是被迫应战而不是主动挑战，田教授，您为何将其表述为“通过分析陈亮思想的范畴与定义，以及挑起论辨的一些文章，我们能够加深对朱熹思想和该论辨自身的理解”[⑤]？这显然是对史实的歪曲。

二、背弃原著、失信作者

无论采用什么方法，从什么角度做学术研究，尊重原著和作者是最基本的前提条件，也是最基本的治学态度。因此我们对陈亮的研究也应该在尊

---

① 《答陈氏甲辰离棘寺归书》，《陈亮集》(增订本)，河北教育出版社2003年版，第285页。

② 《朱子语类》卷一二三。

③ 叶适：《龙川文集序》，《陈亮集》(增订本)，河北教育出版社2003年版，第417页。

④ 刘埙：《隐居通议论陈龙川二则》，《陈亮集》(增订本)，河北教育出版社2003年版，第452页。

⑤ 田浩：《功利主义儒家——陈亮对朱熹的挑战》，江苏人民出版社2012年版，导言，第4页。

重史实、尊重原著和作者的前提下进行。田文中，存在许多不实和有悖于原著之处，举例如下。

(1)田教授关于陈亮的名、字的来由及改名原因的阐释，大多是脱离原著的主观臆断；或前言不搭后语，难圆其说。

第一，关于少年陈汝能名字由来的阐释错误。田文“汝能可以解释为‘你的才能’或‘你很能干’”①。“他的三个名字大致标志思想发展的三个阶段：虽然1178年以后他仍自称‘亮’，但别人基本上尊他叫‘同甫’，‘同甫’是他的字，缘自1178年所用的名字‘同’。”②田文对陈亮名“汝能”和字“同甫”的想当然的解释是完全错误的，且与其另一处叙述“1178年初，他又取名‘同’，表明‘包容与同一’”③相互抵牾。陈亮名“汝能”是因为他祖父在他出生前梦见状元童汝能来投胎，“皇祖、皇祖妣鞠我而教以学，冀其必有立于斯世。而谓其必能魁多士，故常形诸梦寐，状元为童汝能，以为此吾孙也，少则名亮以汝能，而字以同甫。惓惓恳恳之意，虽取笑于乡人而不恤。……我皇祖之梦至是始验，而不知所谓童汝能者果何祥也”④，故给他取名“汝能”，字“同甫”意为把这个孙子与状元童汝能“同哺”，祖父“惓惓恳恳之意”，“虽取笑于乡人而不恤”，令人欣慰的是陈亮虽历经坎坷，但最终于1193年高中状元，“我皇祖之梦至是始验，而不知所谓童汝能者果何祥也”，圆了他祖父的状元梦。

第二，对陈汝能改名原因的解释前后不一，难以自圆其说。田文“通过考试后，汝能改名为亮，取‘明亮’之意”⑤。“陈亮取名‘亮’大概出于他对诸

① 田浩：《功利主义儒家——陈亮对朱熹的挑战》，江苏人民出版社2012年版，第59页。

② 田浩：《功利主义儒家——陈亮对朱熹的挑战》，江苏人民出版社2012年版，第60页。

③ 田浩：《功利主义儒家——陈亮对朱熹的挑战》，江苏人民出版社2012年版，第59页。

④ 《高祖考文》，《陈亮集》(增订本)，河北教育出版社2003年版，第321页。

⑤ 田浩：《功利主义儒家——陈亮对朱熹的挑战》，江苏人民出版社2012年版，第59页。

葛亮的敬重。”[①]从《英豪录序》中的“盖晋武帝称‘安得诸葛亮而与之共治’，正使九原可作，盍亦思所以用之。凡余所以区区于此录者，夫岂徒哉！夫岂徒哉”[②]可以看出陈亮以孔明自况之意。于伦《万历刻本龙川文集序》所说的“王公(王世德)又语余曰：‘予里中传先生(陈亮)少名学能(此处当汝能)后慕诸葛孔明之为人，故改名亮，字同甫。’英雄期许如此，可以知同甫矣”[③]亦可作为陈亮改名“亮”实乃仰慕诸葛孔明之故的有力旁证。

因此，陈亮名字由来及改名原因在翔实的史实和原著面前清楚明了，容不得他人随意曲解或臆断。

(2)讹谬之处极多。

第一，陈亮母亲享年计算错误。田文中“婚后不久，他的母亲得了病，在1165年8月去世，享年36岁”[④]。“(陈亮母亲)享年36岁”的表述明显错误，田教授在中文版序中有言：“与1982年原书中将中国传统的‘岁’转换为西方式的年龄不同，这个中文版重新将西方式年龄换回传统的‘岁’。”[⑤]这说明田教授认可并采用中国按虚岁计算年龄的“中国传统”(出生的那一年就已经1岁了)[⑥]。至于中国人为何喜欢用虚岁计算年龄，林语堂先生在《苏东坡传》一书中有言：“在中国，小儿初生便是一岁，这是中国人历来都愿意早日达到受人尊敬的高龄的缘故。”[⑦]按中国以虚岁计算年龄的传统，陈亮母亲因病而死时年乃37岁，这一点根据“还山而葬，祔于其姑。是为十有四岁而生子，生之二十三年而没，没九年乃葬，其子曰亮、充，而其出则黄氏武经郎讳大圭之女乎”[⑧]和“昔吾母十四岁而生我，又二年而生汝次兄，又二年而一男不育，明

① 田浩：《功利主义儒家——陈亮对朱熹的挑战》，江苏人民出版社2012年版，注释1，第83页。

② 《英豪录序》，《陈亮集》(增订本)，河北教育出版社2003年版，第192页。

③ 《万历刻本龙川文集序》，《陈亮集》(增订本)，河北教育出版社2003年版，第455页。

④ 田浩：《功利主义儒家——陈亮对朱熹的挑战》，江苏人民出版社2012年版，第63页。

⑤ 田浩：《功利主义儒家——陈亮对朱熹的挑战》，江苏人民出版社2012年版，中文版序，第4页。

⑥ 布赖恩·克罗泽：《蒋介石》，内蒙古人民出版社1995年版，第27页。

⑦ 林语堂：《苏东坡传》，群言出版社2010年版，第16页。

⑧ 《先妣黄氏夫人墓志铭》，《陈亮集》(增订本)，河北教育出版社2003年版，第386页。

年遂生汝，自是不复有子。比我年二十有二，而吾母以盛年弃诸孤而去，未终丧而吾父以罥罣困于囚系，我王父王母忧思成疾，相次遂皆不起”①，不难算出其母享年当为37岁。

第二，颠倒陈亮妻子、弟弟被迫离家与其祖父母去世的先后顺序。“亮父系狱期间，陈家的经济状况进一步恶化。陈亮的妻子为了安全被带回娘家，他的弟弟、弟媳也离家出走。陈家只剩下陈亮祖父母、19岁的妹妹和一名女仆，陈亮独自承受着因为父亲带来的社会与政治的压力。”②陈亮妻子被接回娘家和陈亮弟弟一家被迫“就食于道旁一小舍”是在陈亮祖父母逝世前。陈亮在《祭妹文》中讲得非常清楚，“比我年二十有三，而吾母以盛年弃诸孤而去，未终丧而吾父以罥罣困于囚系，我王父王母忧思成疾，相次遂皆不起。三丧在殡，而我奔走以救生者。我妻生长富室，罹此奇祸，其家竟取以归。吾弟亦挟其妻而苟活于道旁之小舍，独汝与一婢守此三丧，忧焉在疚”③。先是其母在他二十三岁时去世，接着其父“以罥罣困于囚系”，再是“王父王母忧思成疾，相次遂皆不起”，在家难累累的境况之下，他的妻子被接回娘家，弟弟也被迫“挟其妻而苟活于道旁之小舍”。显而易见，其妻被带回娘家和弟弟一家被迫“苟活于道旁之小舍”是在“王父王母忧思成疾”去世后，而不是之前。

第三，关于陈亮葬“三丧”的相迄时间计算错误且前后失应。“1173年陈亮才有能力为母亲和祖父母举行体面的葬礼，而此时距他们过世分别已有6年和8年，亮父出狱也有几年光景了。”④田教授自己在文中写道：“婚后不久，他的母亲得了病，在1165年8月去世，享年36岁。”⑤显而易见，“而此时距他们过世分别已有6年和8年”中有两个明显的错误：一是前后对应失当，二是相去

① 《祭妹文》，《陈亮集》(增订本)，河北教育出版社2003年版，第353页。

② 田浩：《功利主义儒家——陈亮对朱熹的挑战》，江苏人民出版社2012年版，第64页。

③ 《祭妹文》，《陈亮集》(增订本)，河北教育出版社2003年版，第353—354页。

④ 田浩：《功利主义儒家——陈亮对朱熹的挑战》，江苏人民出版社2012年版，第64页。

⑤ 田浩：《功利主义儒家——陈亮对朱熹的挑战》，江苏人民出版社2012年版，第63页。

年计算错误。正确表述应该是“而此时距他们过世分别已有 9 年和 7 年”。

第四，曲解《宋史·陈亮传》“孝宗赫然震动，欲榜朝堂以励群臣，用种放故事，诏令上殿，将擢用之”文意，轻率下结论。“孝宗看到第三封上书后，决定授予陈亮官职，但陈亮傲慢地拒绝了皇帝的安置，原因是职位太低——他必须处于决策者的地位。”①孝宗的确赫然震动，欲效种放旧例，榜于朝堂，授予陈亮官职，可是最终并未授予陈亮一官半职，不知田教授“原因是职位太低”之论从何而来？

第五，视严肃的科考取士为儿戏。“幸运的是，他的朋友陈傅良主持这次考试，所以他获得成功。”②1193 年会试的主考官是不是陈傅良尚待进一步考证，此处我们暂放一边，但考试是否成功与谁担任主考官是不可能形成因果关系的。

(3)文中有许多于文无据的主观臆断和捏造。

第一，“陈益还鼓励他（陈亮）敬佩唐代诗人李白（701—762）放荡不羁的性格”③。不知根据在哪？如果有史料则应明确指出，否则就是胡编乱造，万万不可。

第二，牵强附会，肆意发挥。“陈亮与何恪有一致的学术思想与政治抱负。”④综观陈亮文集，无论是与何茂恭有直接关联的《祭何茂恭文》《祭妻叔文》《代妻父祭弟茂恭文》，还是在《喻夫人王氏改葬墓志铭》这类间接提及何茂恭的文章中，根本不见“陈亮与何恪有一致的学术思想与政治抱负”之类的表述，不知田教授此论从何而来？

文中于文无据的主观臆断还有很多很多，均不知作者结论从何而来。比如，“陈亮给一些人看了朱熹的来信以表明他们之间的亲密关系，保护他

---

① 田浩：《功利主义儒家——陈亮对朱熹的挑战》，江苏人民出版社 2012 年版，第 87 页。

② 田浩：《功利主义儒家——陈亮对朱熹的挑战》，江苏人民出版社 2012 年版，第 94 页。

③ 田浩：《功利主义儒家——陈亮对朱熹的挑战》，江苏人民出版社 2012 年版，第 61 页。

④ 田浩：《功利主义儒家——陈亮对朱熹的挑战》，江苏人民出版社 2012 年版，第 63 页。

不受别人的陷害"[1]。又如,"1192年,当时陈亮刚获释不久,他一个人在京口待了一个夏天,准备次年回京参加已失败多次的礼部会试"[2]。限于篇幅,此处不便一一列举。著书立说是一件严肃的大事,要时刻坚持实事求是的原则,切不可凭个人的主观臆断胡编乱造,伪造历史,扰人视听。

三、滥用"可能"、有失严谨

田文中不知出于何故用了许多表估计性判断的"可能""也许""大概""或许""几乎"来立论,几致泛滥。为方便读者,不避冗长照录文中较为集中的断句如下:

> 确定这些文章的写作时期并将它们放入陈亮其他现存作品的集子中又出现一些难题。几乎不存在什么内在根据来确定应试作品的时期。在用他的另外作品作为材料证明其思想趋向定型的过程时,这些策问可能与他思想发展的不同时期相联系。从他另外的作品可以推断《汉论》作于1171—1175年间。在1170—1171年间,陈亮每天要花很多工夫研究汉唐豪杰。随后,他开始教授私塾,并且,由于《汉论》是用作教学资料的,可能就写于这一时期。《汉论》的思想与写作于12世纪70年代前5年的作品一致。《汉论》在逻辑上也可能先于1175年分开出版的《三国纪年》。
>
> 饶辉本有一个问题。就目前我们所知,仅存于饶辉本中的资料可能没有收入陈亮儿子编辑、叶适作序的选本;而且,中国古代权威的目录书也没有收录过饶辉本。可能有人要争辩说,叶适与陈亮的儿子没有收录太学时的策问及《汉论》是因为他们认为这些资料毫无意义。这种论点可能还会因饶辉本没有被现代的研究或

---

① 田浩:《功利主义儒家——陈亮对朱熹的挑战》,江苏人民出版社2012年版,第107页。

② 田浩:《功利主义儒家——陈亮对朱熹的挑战》,江苏人民出版社2012年版,第94页。

主要的传统目录文献，如《宋史》《文献通考》及18世纪的《四库全书》所收或所删书目提及而得到加强，然而这一推断并不完全有说服力。……①

在这不足500字的行文中，田教授连用了6处“可能”和1处“几乎”，田文中另有10处“可能”[分别见“田文”(下同)第18、19、27、99、102、144、169、173、174、178页]，5处“或许”(第3、63、85、180、187页)，3处“大概”(第65、85、185页)，7处“大约”(第14、17、61、68、71、144、188页)，5处“也许”(第85、85、96、102、159页)等表猜测性词语。

无独有偶，“可能”“大概”“或许”等词条在田教授的论文《陈亮论公与法》中也肆意出现，合计达43处之多。其中仅“可能”一词就多达29处[分别见于《陈亮论公与法》一文(下同)第520、521、523、525、528、529、529、541、543、545、546、547、548、551、551、553、554、554、555、556、556、557、561、562、562、562页]，9处“或许”(第530、543、546、553、554、560、560、562、562页)，3处“似乎”(第547、562、562页)，2处“大概”(第519、555页)。下面略举典型处一二驳斥如下：

(1)模糊早有公认的陈、朱“王霸义利之辨”原因。田文“陈亮直到晚年才谋到一官半职，这对他是个打击，或许也正因此才促使他对当时儒家的价值与规范提出挑战”②。田文虽然用了“或许”来立论，但掩盖不了他的错误性。陈亮之所以在淳熙十一年五月第一次出狱后接到朱熹劝他做回一个“醇儒”时被迫与朱熹展开“王霸义利之辨”，完全是陈亮作为心系家国社稷、黎民百姓的中国士人的一种自觉的行为，“怀愚负计，而不以裨上之万一，是忿世也；有君如此，而忠言之不进，是匿情也；己无他心，而防人之疑，是自信不笃也”③。这与谋得一官半职毫无关系，陈亮曾坦言：“吾欲为社稷开数百

① 田浩：《功利主义儒家——陈亮对朱熹的挑战》，江苏人民出版社2012年版，导言，第19—20页。

② 田浩：《功利主义儒家——陈亮对朱熹的挑战》，江苏人民出版社2012年版，导言，第3页。

③ 《〈中兴五论〉序》，《陈亮集》(增订本)，河北教育出版社2003年版，第17页。

年之基，宁用以博一官乎！”[①]详见上文“混淆概念、主客颠倒”。而这也是学界公认的以“义利并举”为核心价值观的“事功思想”与“理学”的决裂。

(2)陈亮25岁时祖父去世。田文“祖父死时，陈亮大约25岁”[②]。此句中的“大约”一词完全是多此一举，以约数代确数，扰人视听。其祖父在陈亮25岁时去世，关于这一点陈亮在《告祖考文》中表述得非常清楚：“及亮二十六岁，易名曰亮，而首贡于乡，而皇祖下世已十阅月，皇祖妣盖整一年又三月矣，皇妣且四年而未葬也。”[③]根据陈亮自己的描述，其二十六岁时参加婺州试得中解元，倒推其祖父母去世时陈亮为25岁，田教授哪来“大约25岁”一说，该作何解？

(3)“和文化”是中国传统文化的精髓，是处理人际关系以及建立理想的社会秩序的基本原则和价值目标。田文“中国人的世界观或许可以用‘和’来标识，但不能用‘同’来概括”[④]。句中“或许”一词完全不必要。从《说文解字》中的“和，相应也”[⑤]可见，“和”由“不同”构成，不同而能共生，是为“和”。和，和谐，协调，中国传统文化强调中和之美。从《说文解字》中的“同，合会也”[⑥]可见，“同”本义为“汇合、聚集”，后引申为“统一、齐一、同一”。故在中国传统文化中，“和”与“同”是相对立的两个概念。无论是从《论语》中的“君子和而不同，小人同而不和”“礼之用，和为贵”[⑦]，还是从《孟子》中的“天时不如地利，地利不如人和”均可看出，“和”是中国传统文化中指导人们处理人际关系以及建立理想的社会秩序的基本原则和价值目标，是事业兴衰成败的决定性因素。

为文立论，无论是下肯定的结论还是做推断，都必须有理有据，忠于史实；对他人著述进行研究阐发更应以尊重作者、尊重原著为前提。不知田教

① 元脱脱等：《宋史·陈亮传》，第12940页。

② 田浩：《功利主义儒家——陈亮对朱熹的挑战》，江苏人民出版社2012年版，第61页。

③ 《告祖考文》，《陈亮集》(增订本)，河北教育出版社2003年版，第321页。

④ 田浩：《陈亮论公与私》，社会科学文献出版社2003年版，第554页。

⑤ 许慎：《说文解字》(校订本)，凤凰出版社2004年版，第78页。

⑥ 许慎：《说文解字》(校订本)，凤凰出版社2004年版，第214页。

⑦ 童昇编译：《论语》，宗教文化出版社1997年版，第262、13页。

授为何要一而再再而三地大量使用“可能”“或许”“也许”“大概”等猜测性词语来立论。

四、以今律古、时空错乱

子在川上曰：“逝者如斯夫，不舍昼夜。”[①]古希腊哲学家赫拉克利特亦说：“人不能两次踏进同一条河流。”时光如白驹过隙，一去不复返是童叟皆知的道理。可是田文中却出现了多处时光倒流的表述。

(1)不知比鲁迅早七百多年的陈亮是怎样体验鲁迅遭受挫折后的无助的？“陈亮一定是体验到了鲁迅(1881—1936)遭受类似挫折后所描绘的那种无助……”[②]田教授在行文中特意注出了鲁迅的生卒年，那么请问田教授：比鲁迅出生早七百多年的陈亮是如何“体验到了鲁迅(1881—1936)遭受类似挫折后所描绘的那种无助”的？

(2)比陈亮早一千一百多年的汉武帝又是如何背弃陈亮所认为的“德行和放任政策”的？“但陈亮却赞扬武帝抗击外族侵略者，他们使汉代初期君主蒙受了屈辱。在抗击中亚匈奴并摧毁沿境的匈奴兵力一事上，武帝‘其功大矣！’不幸的是，他背弃了陈亮所认为的德行和放任政策，这使陈亮不能将之列入真正伟大的汉代君主中。”[③]陈亮赞扬汉武帝是可以的，但要说武帝背弃了“陈亮所认为的德行和放任政策”那可就荒唐至极了，南宋陈亮时期相距西汉武帝时期那可是一千一百多年啊！试问武帝如何背弃比自己晚了一千一百多年的陈亮的“德行和放任政策”？

(3)亡人陈亮、朱熹要怎样去抨击1206年的军事行动？分别卒于1194年、1200年的陈亮和朱熹两个亡人不可能抨击1206年的那场军事行动。“韩(韩侂胄)攻击道学，并且应对1206年的一场军事行动负责，这次行动对南宋王朝是一个灾难性的耻辱。尽管朱熹及陈亮持强硬立场猛烈抨击这次

---

① 童昇编译：《论语》，宗教文化出版社1997年版，第179页。

② 田浩：《功利主义儒家——陈亮对朱熹的挑战》，江苏人民出版社2012年版，第68页。

③ 田浩：《功利主义儒家——陈亮对朱熹的挑战》，江苏人民出版社2012年版，第79页。

失败，失败所带来的真正危险却在于宋金之间断断续续的和平要打破了。"①朱熹和陈亮的生卒年是非常清楚的，田文中文版序第1页也标注得很清楚，朱熹卒于1200年，陈亮卒于1194年，请问田教授：较之于1206年分别已过世6年和12年的朱、陈2个亡人怎能猛烈抨击1206年的那场军事行动（1206年韩侂胄毫无准备的"开禧北伐"）？难道真有人能死而复生，真是令人啼笑皆非。倘若陈亮、朱熹二人九泉之下有知，不知对田教授此言会做何反应？

虽然在文学创作或影视作品中"穿越"轻而易举，但在现实生活中，"穿越"是绝对不可能发生的。田教授为何如此以今律古，错乱时空？难道时光真能倒流，历史可以篡改或开倒车不成？

此外，书中还有一些明显的错别字、标点错误，部分文句存在语病，我们不知道应归责于田教授，还是提请田教授去追究相关的责任编辑的失职，严格地讲无论责任在谁，均应该受到批评和非议。不妨列举一二。

（1）错别字。

"在一封私人信件中，他毫无愧作地描绘出他情感的波动。"②句中"毫无愧作"当写作"毫无愧怍"。

"首先，他通过指责道学家，把对道的连续性的解释复杂化子。"③句中"复杂化子"定当是"复杂化了"之误。

"随着历史的发展，人们很难再赞伺霸作为纯粹的功利主义政治社会伦理的象征。"④句中"赞伺"一词不符合汉语用词的规范，各级各类词典中亦没有收录此词条；而根据上下文看，作"赞同"则文从句顺。

（2）标点错用。

田教授文中标点错用处不少，其中，最为典型的是分号错用。分号的正

---

① 田浩：《功利主义儒家——陈亮对朱熹的挑战》，江苏人民出版社2012年版，第145页。

② 田浩：《功利主义儒家——陈亮对朱熹的挑战》，江苏人民出版社2012年版，第84页。

③ 田浩：《功利主义儒家——陈亮对朱熹的挑战》，江苏人民出版社2012年版，第132页。

④ 田浩：《功利主义儒家——陈亮对朱熹的挑战》，江苏人民出版社2012年版，第190页。

确用法是:“分号主要表示并列关系的分句之间的停顿,起分清层次的作用。在简单的复句中,用逗号也能表示并列之类的层次关系。分句内部已用了逗号,其间的停顿处就用分号来分清层次。”①

“荀子仍然绝对忠实于儒家对王的中庸看法;因此他对那些循理而行不够纯正的霸王样板的态度是矛盾的。”②下句句首连词“因此”告诉我们句中两个分句不是并列关系,且句内没有使用过逗号,故分句间只能用逗号,不能用分号。

“1176 年他最小的弟弟陈明从在 1160 年寄养的张家回来了;也许他弟弟带回一笔钱财。”③句中分号用得毫无道理,两句既不是并列关系,分句内又没有使用过逗号,故只能用“,”表句中停顿。

“二位学者作为文体学家和教师有相当的声誉;因此,饶辉明显期望这部圈点本能在那些参加科举的士子中寻到现成的市场。”④句中“因此”明确告诉我们前后分句是因果关系,而非并列关系,所以句中用于并列分句间的“;”应当改为“,”。

“陈亮没能提供一个充实的替代物以取代朱熹的思想;因此,观点的对立促进了功利主义作为南宋有活力的一个思想流派的衰微。”⑤如上所述,本句中“;”也应当改为“,”。文中非并列分句而误用“;”的例证还有很多。

(3)病句。

“病句,就是有毛病的句子。凡是违反语法结构规律或客观事理的句子都是病句,前者叫语法错误,后者叫逻辑错误。常见的病句种类有:语序不

---

① 黄伯荣、廖序东主编:《现代汉语》(增订四版)下册,高等教育出版社 1991 年版,第 151 页。

② 田浩:《功利主义儒家——陈亮对朱熹的挑战》,江苏人民出版社 2012 年版,第 26 页。

③ 田浩:《功利主义儒家——陈亮对朱熹的挑战》,江苏人民出版社 2012 年版,第 85 页。

④ 田浩:《功利主义儒家——陈亮对朱熹的挑战》,江苏人民出版社 2012 年版,第 19 页。

⑤ 田浩:《功利主义儒家——陈亮对朱熹的挑战》,江苏人民出版社 2012 年版,第 189 页。

当；搭配不当；成分残缺或赘余；表意不明；不合逻辑；句式杂糅。”[①]田教授文中的病句主要有：

①表意不明。“1162年入京之前，陈亮通过漕台考试。漕台是负责运输的地方官。”[②]“漕台是负责运输的地方官”即漕运总督，主管漕粮的取齐、上缴、监押、运输等。“陈亮通过漕台考试”是什么意思呢？

②句式杂糅。“陈亮的妻子为了安全被带回娘家，他的弟弟、弟媳也离家出走。”[③]田教授在前半句关于陈亮妻子的表述中将主动句“陈亮妻子为了安全……”与被动句“……被带回娘家”杂糅，令人费解。我们可以表述为“为了安全，陈亮的妻子被带回娘家”或“陈亮的妻子被带回娘家是为了她的安全”。

五、余论

中国是有着五千年悠久历史的文明古国，传统文化源远流长，底蕴深厚。“文化自信，是更基础、更广泛、更深厚的自信，是更基本、更深沉、更持久的力量。”[④]我们要有高度的文化自信。切忌崇洋媚外，妄自菲薄。无论是谁，要想继承、宣传中国传统文化，首先要虚心学习，研究并掌握中国传统文化的精髓。“他（陈亮）创立的永康学派，强调务实经世，为‘浙江精神’提供了重要的历史文化内涵。”[⑤]要想把陈亮相关思想阐释清楚，除了要掌握其生平事迹、读书求学等基本常识外，更应对与陈亮思想相关的文化渊源、时代背景、交游人物、陈朱论辩、理学与反理学及浙东学派等知识进行全面、深入、系统的学习与掌握，方可就其著书立说，否则就可能犯下混淆概念、颠倒黑白、错乱时空等错误，或出现满纸“可能”“也许”“大概”等主观臆断的荒唐之言，害人害己，贻误后人。

---

① 黄伯荣、廖序东主编：《现代汉语》（增订四版）下册，高等教育出版社1991年版，第109页。

② 田浩：《功利主义儒家——陈亮对朱熹的挑战》，江苏人民出版社2012年版，第63页。

③ 田浩：《功利主义儒家——陈亮对朱熹的挑战》，江苏人民出版社2012年版，第65页。

④ 习近平：《习近平谈治国理政》（第二卷），外文出版社2017年版，第349页。

⑤ 卢敦基、陈永革主编：《陈亮研究——永康学派与浙江精神》，上海古籍出版社2005年版，“贺信与致辞”之贺信。

做学术研究要常怀一颗敬畏之心。要敬畏研究对象，敬畏研究对象所属的文化。学术面前，人人平等。不管是中国学者还是外国学者，尊重研究对象及其相关作品和所属文化，是学术研究的起码要求，倘若想要在此领域站得更高，走得更远，那就必须拥有一颗敬畏之心。文化的发展离不开纵向的积累与创新，同时也离不开横向的沟通与借鉴。中国需要世界，世界同样离不开中国。正如田文出版说明所言："海外学者占有的丰富资料，他们的研究视角和某些方法，对我们认识中国的国情，评估中国文化的传统、心态及其前景，从而推进我国的改革开放和两个文明的建设，都有着启迪和借鉴意义。"①比陈亮稍晚些年的婺州东阳的官至参知政事的乔行简（1156—1241）在《奏请谥陈龙川札子》中说："况如亮者，非所谓一乡一国之士，乃天下之士……"②"中华文化既是历史的，也是当代的，既是民族的，也是世界的。"③我们热烈欢迎更多的学者、专家及陈亮文化爱好者客观、公正、科学、严谨地研究陈亮及其学术思想，使其进一步发扬光大，造福世人。田教授爱好中国文化是值得称道的，发表了不少论文，也出版了数部专著，但究竟质量如何，则有待专家学者、广大读者去评论。要想不犯错误或少犯错误，就需要对中国传统文化做更加深入、科学、系统而又严谨的研究，而不能断章取义或管窥一斑，更不能凭自己的主观臆断而以"可能""或许""大概"等闪烁不定的词语来立论。

笔者与田教授于1985年在杭州大学第一次宋史国际学术研讨会上相识，相交至今已近40年，但无论哪个领域，对错误零容忍是学者、专家必备的严谨治学的品德。理越辩越明，我们恳请田教授能就本论文所提及的问题展开讨论，更欢迎田教授能于百忙之中拨冗对笔者的其他论文著作提出批评指正。孔子曰："益者三友，损者三友。友直，友谅，友多闻，益矣。友便辟，友善柔，友便佞，损矣。"④相信此文会让我与田教授多年的"益友"之谊万古长青。

---

① 田浩：《功利主义儒家——陈亮对朱熹的挑战》，江苏人民出版社2012年版，出版说明。

② 《奏请谥陈龙川札子》，《陈亮集》（增订本），河北教育出版社2003年版，第429页。

③ 习近平：《习近平谈治国理政》（第二卷），第352页。

④ 童昇编译：《论语》，宗教文化出版社1997年版，第330页。

陈亮事功伦理思想探析

浙江旅游职业学院马克思主义学院教授
石　群

一

义利观是陈亮事功伦理思想的核心。陈亮认为人性是自然性与社会性的统一，物质利益的追求与道德规范的显现都是合乎人性的，因此他主张"必有制之者而不可违也"①，肯定了人的物质欲望的合理性，只要各得其正，便是道德的。陈亮还认为在谋求天下之公利的过程中，个人因建功立业而获得利益是正当的。同时，他主张"以义制利"。例如"好色""好货""好勇"，代表了人的自然欲求，统治者本着"己欲立而立人，己欲达而达人"②之心，以己之所欲扩充于民之同欲，可能的"害道之事"便转化为善。他还认为"心主于仁"，道德建立在自然人性的基础之上，对人的自然性起着内在的制约作用，故"己所不欲，勿施于人"③。

在陈亮看来，政治的实际指向是现实的事功，义利统一的价值目标是为社会全体谋福祉，为天下百姓谋利益，使"井邑之间有无相通，缓急相救"，"疾病死丧，民无遗憾；鳏寡孤独，天有全功"，方为"治道之极而圣人之所以赞天地之化育者也"④。使天下"无一民之不安，无一物之不养"，故"五十之

① 陈亮：《陈亮集》(增订本)卷四"问答下"，中华书局1987年版。

② 陈亮：《论语·雍也》。

③ 陈亮：《论语·颜渊》。

④ 陈亮：《陈亮集》(增订本)卷二五"普明寺长生谷记"，中华书局1987年版。

食肉，六十之衣帛，八口之无饥，而谓之王道”①。就“利”而言，陈亮虽将“利”界定为“公利”，但其阶级立场决定了他所说的“利”更多的是指私利，即统治阶级的利益。

陈亮在道德评价中强调效果，但又不否定动机在道德评价中的地位和作用，基本上体现了动机与效果的统一。陈亮主张以“实事实功”为依据，道德不能脱离功利，道德必须达到一定的功效，实现一定的社会物质利益；道德离开功利并与功利相对立，也就失去了道德的价值。陈亮曰：“禹无功，何以成六府？乾无利，何以具四德？”②陈亮认为，富国强兵、抗金复土是当时最大的“实事实功”，对理学家的“性命之学”“不谋其力、不计其功”，陈亮深恶痛绝。“始悟今世之儒士自以为得正心诚意之学者，皆风痹不知痛痒之人也。举一世安于君父之仇，而方低头拱手以谈性命，不知何者谓之性命乎！”③

陈亮注重效果，但并不是朱熹所说的“以成败论是非”的效果论者。他认为动机与功效是统一的，汉、唐之君“彼其初心未有以异于汤、武也”，“而终不失其初救民之心，则大功大德固已暴著于天下矣”④。陈亮反驳朱熹批评汉祖唐宗只不过是“假仁借义”，说“欺人者，人常欺之，罔世者人常罔之，乌有欺罔而可以得人长世者乎”⑤。认为仁义绝不只是个人的内心修养，而必须表现为事功，内在动机和外在效果应当而且能够加以统一。是因与果的关系，决不能将两者割裂开来。在突出功效在道德评价中的地位的同时，陈亮肯定了动机。“仁者天下之公理”，“仁义者人心之同然”，由此做出“心主于仁”的结论。与朱熹的王霸义利之辨中，陈亮认为刘邦、李世民“禁暴戢乱，爱人利物”的霸者行为，反映着他们“见赤子入井之心”的仁义情怀；他们“以位为乐”正是因为“不得其位，则此心何所从发于仁政哉”，以“天下为己物”，是因“不总之于一家，则人心何所底止”⑥。总之，汉祖唐宗的权力追逐，

① 陈亮：《陈亮集》（增订本）卷九“勉强行道大有功”，中华书局 1987 年版。

② 陈亮：《宋元学案》卷五六“龙川学案”。

③ 陈亮：《陈亮集》（增订本）卷一“上孝宗皇帝第一书”，中华书局 1987 年版。

④ 陈亮：《陈亮集》（增订本）卷三“问答上”，中华书局 1987 年版。

⑤ 陈亮：《陈亮集》（增订本）卷二八“又乙巳春书之一”，中华书局 1987 年版。

⑥ 陈亮：《陈亮集》（增订本）卷二八“又乙巳春书之一”，中华书局 1987 年版。

创建事功,均体现了实现仁政的动机。

陈亮的义利统一观是一种建立在公益与私益、人道与物用、公平与效率共同具有存在合理性认识基础上的义利关系状态,是义利统一的第一个阶段即义利共存,它的显著特征是谋利而不损义或谋义而不损利,尽管否定了损人利己、以义灭利等义利对立的非道德行为和状态,在对义利均为合理的认可中迈出了义利统一的第一步,但局限于义利互不损害,是封闭的自给自足的经济形态的产物。

二

陈亮事功思想以人性论和天道观为理论前提。理学家主张性善论,而外在利益的追求必使本性蒙尘,为复归本性,必须"存天理、灭人欲"。对此陈亮是持批驳态度的。其人性论强调人性是自然性与社会性的统一,恢复了人性的本来面目,是对南宋理学"存天理、灭人欲"的背反。他肯定了人的自然本性,陈亮曰:"耳之于声也,目之于色也,鼻之于臭也,口之于味也,四肢之于安佚也,性也,有命焉。出于性,则人之所同欲也;委于命,则必有制之者而不违也。"①"故天下不得自徇其欲也,一切惟君长之为听。君长非能自制其柄也,因其欲恶而为之节而已。叙五典,秩五礼,以与天下共之。"②自然本性让人趋乐避苦,要用道德来制约,而道德感本源于人自身,是人性的组成部分,体现了人性的社会性。陈亮认为个体之欲要通过社会群体的力量来实现,即为群乐群的群己观,个人完善与社会完善统一,人的自然性和社会性也随之达到完美的统一。社会性以自然性为前提,"人心之所无,虽孟子亦不能以顺而诱之也"③。怎样的言行才是道德的,才符合人的社会性角色?在陈亮看来便是忠恕之道,"苟能潜心玩省,于所已发处体认,则知'夫子之道,忠恕而已',非设辞也"④。"忠"代表责任,尽己为人,与敬相连;

① 陈亮:《陈亮集》(增订本)卷二八"又乙巳春书之一",中华书局1987年版。
② 陈亮:《陈亮集》(增订本)卷四"问答下",中华书局1987年版。
③ 陈亮:《陈亮集》(增订本)卷九"勉强行道大有功",中华书局1987年版。
④ 陈亮:《陈亮集》(增订本)卷二七"与应仲实",中华书局1987年版。

“恕”则代表爱人。忠恕之道，体现了爱敬之心；爱和敬又体现着仁和礼的精神，是仁和礼的基础；仁礼体现着“理一分殊”。可见，陈亮的人性论已然跳出了个人“定慧双修”的目的，把目光投向了人与人互动关系的建立，由“己达”而“达人”。

陈亮的天道观不在于提供关于自然界的知识结构，不在于指导人们认识自然及其客观规律，而在于为其事功伦理思想提供理论根据和逻辑依据。何谓道？陈亮云：“夫子之道即尧舜之道，尧舜之道即天地之道。天地以健顺育万物，故生生化化而不穷；尧舜以孝悌导万民，故日用饮食而不知；夫子以天地尧舜之道诏天下故天下以仁义孝悌为常行。”[①]道是天地运行的法则，是万物繁衍的规律。在人类生活中，道体现为伦理法则。陈亮的天道观蕴含着两点内容。首先，“天下固无道外之事”是陈亮所强调的一个重要命题，“夫道之在天下，何物非道！千途万辙，因事作则。”“夫道，非出于形气之表，而常行于事物之间者也。……天下固无道外之事也。”[②]道具有普遍性，无处不在，无时不有。其次，道处于绝对运动之中。“夫阴阳之气，阖辟往来，间不容息。……此天地盈虚消息之理，阳极必阴，阴极必阳，迭相为主而不可穷也。”[③]追寻道的轨迹，要从人类社会的历史发展过程中去探究，道即现实，“道在某一历史阶段所涵盖的现实内容与该历史时期的天人之际，在内涵上便获得了同一，它们都代表了处于某种特定时空结构之中人类现实存在的一般情境及其基本状态”[④]。道即天人之际，只有道体现为天地人三才的辩证关系时，道才是完整的。

三

陈亮的义利统一、注重事功的伦理思想，落实在个体的道德实践和人生理想上，就是“学为成人”。

---

① 陈亮：《陈亮集》（增订本）卷一九“汉论·高帝朝”，中华书局1987年版。
② 陈亮：《陈亮集》（增订本）卷九“勉强行道大有功”，中华书局1987年版。
③ 陈亮：《陈亮集》（增订本）卷二七“与徐彦才大谏”，中华书局1987年版。
④ 董平、刘宏章：《陈亮评传》，南京大学出版社1996年版，第144页。

陈亮的“成人之道”分为修身之道和安人之道两部分，体现了儒家“修身、齐家、治国、平天下”的为人之道。修身之道是求仁、获仁之道，安人之道是获仁后的行仁、践仁之道。安人以修己为根本，修己以安人为归宿。陈亮的修身之道强调“心主于仁”。他认为人心向善，心是个体追求道德的本原，也是个体实施道德、判断善恶的主体。作为价值判断的依据，心受现实世界影响，也有“不净洁”之时，“人心之危不可一息而不操也。不操其心，而从容乎声色货利之境，以泛应乎一日万机之繁，而责事之不效，亦可谓失其本矣”①。只有以行为以及这种行为所导致的实际效果为依据，所获得的个体道德的判断标准才是合理的。个体修养应在实践中历练，知行统一，实践中完成的道德修养令“仁智勇之达德具于一身而无遗”，使人心向善达到自己最大的价值。“心主于仁”不是空中楼阁，它建立在一定的基础之上，“至于以位为乐，其情犹可以察者，不得其位，则此心何所从发于仁政哉？以天下为己物，其情犹可察者，不总之于一家，则人心何所底止？自三代圣人，固已不讳其为家天下矣”②。这种观念和同时代的理学家惩忿窒欲、迁善改过在根本上是不同的，避免了让人的生存之学走入虚妄。

理学家注重道德“学以正己”，而陈亮的修身之道为的是“学以为公”，实现其安人之道。其安人之道是以恢复中原为核心的社会政治抱负，以及对现实人类生存处境的关注。可见陈亮理想人格的塑造即“成人之道”，是具备临“堂堂之阵，正正之旗，风雨云雷交发而并至，龙蛇虎豹变见而出没”③时，“推倒一世之智勇，开拓万古之心胸”④的英雄豪杰之士。他坚决主张人生的完满在于堂堂正正做个人，“夫人之所以与天地并立而为三者，仁智勇之达德于一身无遗也。孟子终日言仁义，而与公孙丑论一段勇如此之详，又自发为浩然之气，盖担当开廓不去，则亦何有于仁义哉！气不足以充其所知，才不足以发其所能，守规矩准绳而不敢有一毫走作，传先民之说而后学有所持循，此子夏所以分出一门而谓之儒也；成人之道宜未尽于此”⑤。“学

① 陈亮：《陈亮集》(增订本)卷九“勉强行道大有功”，中华书局1987年版。

② 陈亮：《陈亮集》(增订本)卷二八“又乙巳春书之二”，中华书局1987年版。

③ 陈亮：《陈亮集》(增订本)卷二八“又甲辰秋书”，中华书局1987年版。

④ 陈亮：《陈亮集》(增订本)卷二八“又甲辰秋书”，中华书局1987年版。

⑤ 陈亮：《陈亮集》(增订本)卷二八“又甲辰秋书”，中华书局1987年版。

者,所以学为人也,而岂必其儒哉!”[1]为造就这种人格,他主张对古往今来的一切人类知识兼容并包,不必拘泥于门户之见,对儒家也进行了实事求是的评判。“成人之道”即是其修身安人理想的最终实现。

陈亮的“成人之道”颠覆了南宋理学家们的能力观,那种反躬自省、孜孜追求“义”即以道德完善为唯一的价值取向,认为正当获利也是能力的象征,特别是为国为民谋利的行为,更是他眼中的“非常之人”建立的“非常之功”。中国封建社会的文化核心是权本位,封建社会阶层的价值标准是“学而优则仕”,由此确立了士农工商的等级制。“仕”为首,人的价值就是他所属等级的价值,权力价值高于一切。陈亮倡导“成人之道”,即造就有真才能实干的人物,要“当得世界轻重有无”,对学为“醇儒”的劝说奋力予以反驳。细细考究其人才观,会发现他并非只将“能者”界定为智力超群之人,而是德才兼备之人。

由于社会形态的局限,陈亮的“能力本位”思想还处于萌发时期,个人的能力发展因社会共同体的发展需要而趋向于“自我牺牲”。

---

① 陈亮:《陈亮集》(增订本)卷二八“又乙巳春书之二”,中华书局 1987 年版。

基于事实的立场

——陈亮的成人说与勇德之发现

辽宁大学哲学院教授、博士生导师
金香花

朱陈之辩以三代与汉唐为历史素材，通过王霸义利问题，展现二者对道、德性与事功之不同理解与倾向。论辩中陈亮主张有别于成圣之道的成人之道，以及勇德、智德对成人的必要性。勇德、智德在陈亮看来是成人的、外王的重要条件，因陈亮本人个性鲜明，他对智德、勇德的讨论往往被人看作才高气粗的豪言，体现与理性生命对照的“英雄情欲生命”（牟宗三语）。实际上，陈亮的批判矛头指向的是主流儒家伦理内圣外王之统合困难。内圣无法开出外王的问题是困扰现代学者的一个重要问题。在宋儒主流伦理思想中，才、智、勇等外王所要具备的内容被涵化到内圣体系中隐而不显。对此，学界也有“政治的归政治，德性的归德性”的声音。陈亮的成人之道与对智勇的讨论是有启发意义的，它为儒家内圣与外王之紧张提供了一种解释。一般而言，由内圣至外王是概念逻辑，而从历史发生学上看，事功不必然由内圣产生。基于事实的立场，陈亮对宋儒塑造的概念逻辑提出了挑战，揭示理学伦理学的仁、义与才、智、勇等外王之德性的分离倾向。这为儒家伦理体系的自我检省提供了有益的思路。

一、陈亮成人之道的论证逻辑

中唐以降，从韩愈、李翱开始，儒家“内圣”之学渐渐突起。到宋代坚执圣学理想成为儒学的主流。张载说：“知人而不知天，求为贤人而不求为圣人，此秦汉以来学者大蔽也。”（《宋史·张载传》）虽然这一成圣思路主张内外交养，但无论是程朱理学还是陆王心学，总体偏向“上达”与“内圣”。“圣贤千言万语，只是欲人将已放之心，约之使反，复入身来，自能寻向上去，下学而上达也。”[1]朱熹说：“大凡为学，且须分个内外……向内便是入圣贤之域，向外便是趋愚不肖之途。”[2]宋儒大抵向往“寂然不动，感而遂通”的悟道之路。朱熹、吕祖谦在《近思录》末章罗列“圣贤气象”，“气象”一词超越具体功用，“圣贤”与“气象”的结合，指向宋儒追求的理想化境界的审美体验。

在这样一个时代精神下，陈亮的成人之道就显得比较特别。陈亮说，“天地人为三才，人生只是要做个人”[3]，“学者所以学为人也，而岂非儒哉”。陈亮的后期思想基本不言天道，而把儒家之道理解为人道，也就是说否认道独立于人而存在，天地人之间起主导和决定作用的是人，而不是天。“人之所以与天地并立而为三者，非天地常独运而人为有息也。人不立则天地不能以独运，舍天地则无以为道矣。夫‘不为尧存，不为桀亡’者，非谓其舍人而为道也。”[4]

陈亮认为先圣如孔子也主张学问之道在于“做人”，反对为学者只去学做圣贤、醇儒，只闭眼俯首读书，不做外王之实践，《论语·宪问》记载孔子谈“成人”。

> 子路问成人。子曰：“若臧武仲之知，公绰之不欲，卞庄子之勇，冉求之艺，文之以礼乐，亦可以为成人矣。”曰：“今之成人者何必然？见利思义，见危授命，久要不忘平生之言，亦可以为成人矣。”

“成人”有人格完备之意，孔子一开始认为成人应集智慧、人品、胆识、才艺于一身，还要以礼乐来调和并表现出来。不过，现实情况中一般人难以兼备孔子列举的德性要素，达到其德性高度。孔子降格以求，说：见到财利想到义的要求，遇到危险能献出生命，长久处于穷困而不忘诺言，这样也可以

---

① 程颢、程颐：《河南程氏遗书》卷第一，《二程集》，中华书局 2004 年版，第 5 页。

② 黎靖德编：《训门人七》，《朱子语类》卷一一九，中华书局 2004 年版，第 2873 页。

③ 陈亮：《又乙巳春书之一》，《陈亮集》卷二〇，中华书局 1974 年版，第 285 页。

④ 陈亮：《与徐彦才大谏》，《陈亮集》卷一九，中华书局 1974 年版，第 253 页。

成为一位完美的人。田浩指出陈亮思想实际以孔子为思想来源。① 陈亮所期望的"成人"是仁、智、勇、才兼备的,不受道德教条束缚的有生命力的"个人",是一个有着社会责任感,爱人利物,能将人的内在价值与外在价值、道德价值与事功价值统一起来的人。

成人之道以对人对欲望的肯定为基础。陈亮强调人身和人性不得离开客观事物而存在,衣食住行等物质生活之事是为了满足人身及人性的客观需要。陈亮肯定人的欲望,肯定人对这些层面的需求。这与理学通常肯定的道德性命有区别。

> 耳之于声也,目之于色也,鼻之于臭也,口之于味也,四肢之于安佚也,性也,有命焉。……使为善者得其所同欲,岂以利而诱之哉!为恶者受其所同恶,岂以威而惧之哉!得其性而有以自勉,失其性而有以自戒。此典礼刑赏所以同出于天,而车服刀锯非人君之所自为也。……孔子之作《春秋》,公赏罚以复人性而已。……外赏罚以求君道者,迂儒之论也;执赏罚以驱天下者,霸者之术也。②
>
> 万物皆备于我,而一人之身,百工之所为具。天下岂有身外之事,而性外之物哉!百骸九窍具而为人,然而不可以赤立也。必有衣焉以衣之,则衣非外物也;必有食焉以食之,则食非外物也;衣食足矣,然而不可以露处也。必有室庐以居之,则室庐非外物也;必有门户藩篱以卫之,则门户藩篱非外物也。……有一不具则人道为有阙,是举吾身而弃之也。然而高卑小大,则各有分也;可否难易,则各有力也。徇其侈心而忘其分,不度其力。无财而欲以为悦,不得而欲以为悦,使天下冒冒焉惟美好之是趋,惟争夺之是务,以至于丧其身而不悔。然后从而告之曰:"身与心内也,夫物皆外也,徇外而忘内,不若乐其内而不愿乎其外也。"是教人以反本,而

---

① 田浩:《功利主义儒家——陈亮对朱熹的挑战》,江苏人民出版社1997年版。

② 陈亮:《问答下》,《陈亮集》卷四,中华书局1974年版,第41页。

非本末具举之论也。[①]

如上第一段引文所见，陈亮对霸者之术持否定的态度，“王霸并用”并非陈亮的态度。欲望是人性本有的，本身并无好坏之分，失其当而有善恶。正确的态度应该是：公赏罚则自然复人性，引导人去恢复符合道的生活，陈亮以此纠正儒家对外部矫正的偏见。

第二段开头处陈亮引用孟子的“万物皆备于我”，确乎与心性论的传统理解不同，以身具内外之需要来解释，显得随意，这可能也是被当时学者看作“粗”的原因。陈亮和理学家观点的区别不在于是否对欲望给予肯定，而在于理学家从理、道德心性去规定人，陈亮则从肯定人的欲望来认识人。人的欲望不再是不体面的需要隐藏的需求，而是堂堂正正的需要正面肯定的需求。如若能做到教化人，能够正确认识和对待欲望，那么其治理之道也就跟西周之常道没有区别。“夫人心之正，万世之常法也。苟其不役于喜怒哀乐爱恶之私，则曲折万变而周道常如砥也。”[②]当然，他希望人们所关心的要超出个人之所欲。如，君子好货好色只要不至于陷溺，并能与民共享便是允许的，即只要其享受不妨害治理好他的臣民。

跟道学抽象的普遍主义道德或严格的道德要求相比，陈亮主张更广地抒发情感的必要性。

今之君子，欲以安坐感动者，是真腐儒之谈也。孔子以礼教人，犹必以古诗感动其善意，动荡其血脉，然后与礼相入；未兴于诗而使立于礼，是真嚼木屑之类耳。[③]

《礼记·乐记》之“七情”和《孟子》的“四端”，都是情的范畴，但因择取不同，作为理论探讨的根基时，形成不同的思路。对“四端”的强调，走向内发的扩充的讨论，而对以“七情”为基础的理论则认为判断是非对错的道在于

① 陈亮：《问答下》，《陈亮集》卷四，中华书局1974年版，第43页。

② 陈亮：《问答下》，《陈亮集》卷四，中华书局1974年版，第46页。

③ 陈亮：《又癸卯秋书》，《陈亮集》卷四，中华书局1974年版，第277页。

适当,也是以“喜怒哀乐之发而中节”为内容。“天运之公,人心之私,苟其相值,公私合一。”陈亮从气的角度,将人情人欲的合理化理解为对公的思考,具有现实性。

值得注意的是,陈亮对情的讨论,多从喜怒哀乐爱恶谈起,跟他对气的讨论是相吻合的。中国传统并非没有重视气、重视人的生命的传统,但是这些从来不是需要阐扬的对象。陈亮重才气,“才气者生命之事也”。故常有“度外之功”“雄伟之士”“担当开阔得开”等字眼,牟先生认为此一境界为天才境界。牟先生的这一观点有点提炼的意思,陈亮实际以汉唐为例谈从政人应有的责任意识与勇气。

> 夫人之所以与天地并立而为三者,以其有是气也。孟子终日言仁义,而与公孙丑论一段勇如此之详,又自发为浩然之气,盖担当开廓不去,则亦何有于仁义哉!气不足以充其所知,才不足以发其所能,守规矩准绳而不敢有一毫走作,传先民之说而后学有所持循,此子夏所以分出一门儿谓之儒也。成人之道,宜未尽于此。①

陈亮“成人”说肯定人的理性与欲望的统一,因此王霸、义利也是统一的,智勇跟仁义即文武之道实际是一道,可谓体用一原、即体即用。

> 文武之道一也,后世始歧而为二:文士专铅椠,武夫事剑楯,彼此相笑,求以相胜。天下无事则文士胜,有事则武夫胜,各有所长,时有所用,岂二者卒不可合耶?吾以谓文非铅椠也,必有处事之才;武非剑楯也,必有料敌之智。才智所在,一焉而已,凡后世所谓文武者,特其名也。②

二程及其后学认为,他们的独特性在于重新发现了已被隐没许多世代的道。程颐说:“窃以圣人之学,不传久矣。臣幸得之于遗经,不自度量,以

---

① 陈亮:《又甲辰秋书》,《陈亮集》,中华书局1974年版,第281页。

② 陈亮:《酌古论序》,《陈亮集》,中华书局1974年版,第49页。

身任道。”[①]而且朱熹在《中庸序》中引用“十六字心传”，心传的内向性特征变得更为明确。对公、私做分辨，最高的公就是跟天地之道保持一致。那么要不断追问体认最高的道，而不是在具体事情中把握道。

故亮尝以为得不传之绝学者，皆耳目不洪，见闻不惯之辞也。人只是这个人，气只是这个气，才只是这个才。譬之金银铜铁只是金银铜铁，炼有多少则器有精粗，岂其于本质之外，换出一般，以为绝世之美器哉！故浩然之气，百炼之血气也。[②]

可见，陈亮对道的理解与此有本质区别，反对骛高远而求之。

二、作为成人之条件的智与勇

陈亮从成人之道出发，主张学者应做一个“才德双行，智勇、仁义交出而并见”之人。如果一个人只有“德”与“仁义”而没有“才”和“智勇”，便只是一个“守规矩准绳而不敢有一毫走作”之儒，而“成人之道，宜未尽于此”[③]。宋儒鲜谈智勇，而陈亮经常将智勇与仁义并举，看作成人的基本德性。

研究义理之精微，辨析古今之同异，原心于秒忽，较礼于分寸，以积累为功，以涵养为正，睟面盎背，则亮于诸儒诚有愧焉。至于堂堂之阵，正正之旗，风雨云雷交发而并至，龙蛇虎豹变见而出没，推倒一世之智勇，开拓万古之心胸，如世俗所谓粗块大脔，饱有余而文不足者，自谓差有一日之长。[④]

陈亮所推崇的“成人”则是指“堂堂之阵，正正之旗”，具备“推倒一世之

① 程颢、程颐：《二程集》，《河南程氏文集》卷六，北中华书局 2004 年版，第 546 页。

② 陈亮：《又乙巳春书之一》，《陈亮集》，中华书局 1974 年版，第 281 页。

③ 陈亮：《又甲辰秋书》，《陈亮集》，中华书局 1974 年版，第 282 页。

④ 陈亮：《又甲辰秋书》，《陈亮集》，中华书局 1974 年版，第 282 页。

智勇，开拓万古之心胸”的英雄豪杰。这样的英雄豪杰仁德与智勇兼备，能“因时而变，顺势而行”，以敢作敢为、勇于探索的气概建立起扭转乾坤、恩泽天下的丰功伟业。才与德、智勇与仁义合而为一全面发展，乃“成人之道”，为孔子所倡，而新儒家的内圣之学便是所谓的“醇儒之道”，醉心义理、沉潜涵养，重德轻才，拘于仁义而略于智勇。正统儒家的伦理观念内向化和现实性的缺乏，无法应对宋时中国人面临的诸多国家和民族的重大问题。出于忧患意识，陈亮上书《中兴论》劝谏孝宗皇帝励精图治，对政治、经济和军事等各方面予以彻底的改革。

陈亮谈勇、谈事功与道德的统一时，确实有着明显的孔子的观点的引用。“智”“仁”“勇”是孔子的“三达德”，“子路问成人”篇中孔子有较为详细的回答，孔子肯定“以直报怨”，当然孔子提过的“仁者不必有勇”也突出仁德所具有的涵盖性，多次敲打子路遏其血气之勇。陈亮对事功与勇的肯定显然从孔子处吸取不少，主张对道德采取更加灵活的理解。孔子评价管仲“器小、不俭、不知礼”；另一方面又肯定管仲“九合诸侯，一匡天下”的历史功绩，从结果上看，管仲将汉人从外来的压制和野蛮中拯救出来，因而赞赏“如其仁”，称许他有仁的德行。其特点是虽有小失，但其德甚大，此德便是公。不唯其仅仅出于纯粹的求圣之心的行为才是符合道德的。要论汉唐与三代之差固然要从工夫上去看，但主要在于“爱人、利物”方面做得尽还是不尽。“爱人、利物”的功业本领才是王道现实化的主要内容。

对于陈亮的这一观点，牟宗三评价陈亮看重概念机能不显，彰显英雄式的个体生命之立体力量。不可否认，陈亮自由奔放，性格狂放，“好伯王大略、兵机利害”。但是，撇开这些个人性格特点，他对道和才智勇的外王路线的肯定值得深思。孔子的“三达德”还有对智、勇的肯定，至孟子而有转折，孟子讲“四德”，孟子后而有“五常”，没了“勇”，“智”也变得越来越少，到宋代则进一步提炼为圣，圣成为宋代的核心话题。跟西方古希腊四主德对照也会发现，中国儒家的德行要求里没有勇德，中国人勇德的缺失是历史形成的过程。勇德对伦理生活的意义在于道德实践、责任意识。儒家伦理的一个困难是我们认同一种道德理论、接受其道德说教，但我们不必然付诸行动，新儒家内圣之学在内在世界不断深化，甚至与天地精神独往来，虽然以礼的形式参与社会，但碰到问题时转向自身反省。智是跟逻辑思维、批判思维相关的德性，中国传统儒学不是不鼓励批判性思考，但这个批判基本是内省和自我批判。这些问题，在朱熹和陈亮的辩论中慢慢浮现出来。这不禁让人联想，儒家德性总体的内向化特点和智、勇等外向性德性的缺失是不是导致内圣与外王之紧张关系的一个重要原因？

内圣无法开出外王的问题，自古有之，但自五四以来，在现实层面的冲击下，成为一个突出的理论问题，牟宗三先生就曾深深困扰于这一问题。牟宗三先生曾指出内圣外王，即内外完备之“圣雄”的人格，但他也承认这是不太可能的。牟先生认为，生命之创造本有两路：一是直接的，此即自生命上立根基；二是间接的，此自理性上立根基。前者为英雄主义，后者为理性主义。同甫是前者，朱子是后者。他认为同甫对朱熹的理性主义思路“全摸不着，故于朱子所说终不心服，而凭其生命与直觉”。陈亮之说特彰着生命一路，直就生命而言开物成务，而修皇帝王伯之学。牟宗三认为，在中国英雄以“气胜”不以“理胜”，故向为儒者所贬。牟宗三还认为朱熹“不善合会”，徒善守以对立，并不济事。如果能做到“眼目既高，复有合会之经路，则可以消融此对立，而足以使人心服”。

牟先生把豪杰看作以气胜、生命力来推动的存在，从而给予次要的考虑。实际陈亮不是不讲理性，他不是纯粹的道德理性主义，而是以理性来权衡。“英雄之主所为置私忿而未尝求复者，非以私忿之不当复，而义有大于私忿者也。当理而后进，审势而后动，有所不为，为无不成，是以英雄之主常无敌于天下。”①

那么事功的伦理判断会不会破坏道德感觉？朱熹提出疑问，如果一切从功利思考，那么人心从根上就会坏：“江西之学（指陆学）只是禅，浙学却专功利。禅学后来学者摸索一上，无可摸索，自会转去。若功利，则学者习之，便可见效，此意甚可忧！”②对于——有所利而为善，有所畏而不为恶，则其入人也亦浅——此类批评，陈亮认为肯定欲、功利的讨论不会从根上破坏道德感觉。陈亮虽然没有对“利”进行具体内涵的规定，从他的语脉中可以看到，利是放在民族大义的角度谈的，即使付诸实践，也不会有那种群起而争利、

---

① 陈亮：《酌古论一》，《陈亮集》卷一，中华书局 1974 年版，第 52 页。

② 朱熹：《陈君举》，《朱子语类》卷一二三，中华书局 1974 年版，第 2967 页。

见利忘义现象的发生。需要说明的是，陈亮的功利主义并非一贯如此的，他早期信从笃实的内圣之学，35岁后从内圣之学转向功利主义。[①] 这个时候他谈的功利、事功，都是大的功与利。陈亮进一步问道："以正御逢正射，则'不失其驰'而'舍矢如破'，何往而不中哉？"[②]正直的射者加上正直的御者就使这一比喻转变为强调"明道谊而计功利"，即坚持功利成为道德的一部分之主张。陈亮综合的现实主义的思路强调对社会的功效。这样的"人"实际上是一种既有"救世之志"又有"除乱之功"的英雄豪杰。而朱熹旗帜鲜明，认为君子要尽心知性"学道爱人"，存天理、灭人欲，在道学修养中成为圣人。

陈亮在论辩中对功业超群的汉唐君主有过讨论。如果说理学伦理学主张的人格以尧舜为标的，以圣人为理想目标，陈亮所主张的人格则赞赏汉武、太宗等英雄豪杰。不过这个尧、舜与汉武、太宗都是终极的理想典型。实际英雄与圣人，可遇不可求。在这个讨论中，会不断澄清这两种人格的非现实性，也思考伦理的应有合理性。

按照"近世诸儒"的说法，义与利、王与霸被分为两截。陈亮反对这种理解。

> 汉唐之君……谓之杂霸者，其道固本于王也。诸儒自处者曰义曰王，汉唐做得成者曰利曰霸，一头自如此说，一头自如彼做；说得虽甚好，做得亦不恶。如此却是"义利双行，王霸并用"；如亮之说，却是直上直下，只有一个头颅做得成耳。(《陈亮集》卷二十八"又甲辰秋书")

真正的儒者一定要发孟子"浩然之气 "，而"慨然有经略四方之志"，用自己的智勇才能来推行仁义。要做一名敢于作为、实事实功的能人。在他看来，豪杰是仁、智、勇具一身且通过实践转为积极事功取向的人格。豪杰与醇儒相比，更重视"智"与"行"，突出了外王的维度。实际孔子智、仁、勇三达

---

① 阮航：《陈亮思想的功利主义转向论析》，《江汉论坛》2020年第11期，第54—60页。

② 陈亮：《又乙巳春书之一》，《陈亮集》卷二十，中华书局1974年版，第286页。

德到孟子心性论的仁、义、礼、智，再到宋明的圣学，儒家在心性论上变得丰富，足以跟佛教抗衡，但与现实制度相配合却也慢慢缩小了对外王的期待。这里似乎显示了中国士人的心态。士大夫一贯的思路无力对抗皇权，也无法跳出期待圣君的心理，也就是刘子建所说的"典型的中国传统历史观：皇帝没能听从儒家的好建议，做了坏决定"①。

陈亮认为一个真正的儒者，应该或有雄才大略，或能持重守成，以辅佐皇帝。他认为儒学缺乏进取精神，远远没有发挥其被赋予的与地位相衬的作用。罗大经《鹤林玉露》记朱子告陈亮之言曰："凡真正大英雄，须是战战兢兢从薄冰上履过去，盖戒其气之锐也。"不过，陈亮也并非否定心性论，从道德的一面滑向非道德的一面，主张应力行求道，加强教化，坚持内在修养和外在教化，以"一人心"来"措民命"，达到治世的目的。

德性与功业的矛盾，或者说内圣与外王的矛盾，牟宗三有过深入思考。

> 客观功业直接为英雄情欲生命所含，而常不是直接为圣贤德性生命所含。德性生命亦并非无宏大之本领，但其本领自别，与英雄生命实不同类。在发展过程中，主观的德性自觉愈强，其原始生命之膨胀即随之而愈弱，而其距客观的功业亦愈远，此如一人若眼光常反观内照，则常见到内面而见不到外面；反之，英雄的膨胀生命愈强，则距客观的功业愈近，而主观的德性自觉亦愈弱，此如一人若常是高视阔步，神采洋溢，则常能外冲而不能内省。此为德性与功业之本质的矛盾相，亦即理性与生命之矛盾相。依辩证的发展说，凡矛盾的皆是一时之现象，依理应可克服而使之归于真实。②

牟宗三曾思考过理性与生命统一、内圣与外王统一的政治主体之形象，就个人来说，须是"圣雄"——既是圣人，又英雄，即儒者所谓内圣外王。而牟宗三认为其最终的解决在个人身上是无法实现的。降格以求，不就个人

---

① 刘子健：《中国转向内在：两宋之际的文化内向》，江苏人民出版社 2002 年版，第 9 页。

② 牟宗三：《政道与治道》，广西师范大学出版社 2006 年版，第 207 页。

兼备说，提出“众志成城之共业说”，但先须有“作理性表现而能见得到之思想家，次须有能认识而承认此理性表现之行动家。众志成城，合而为一圣雄，合而为一内圣外王，此即今日之人权运动、社会运动等所采取之方式也”①。

英雄之士者，必有过人之智。陈亮将“智”看作英雄豪杰所必备的能力，突出了“智”在事功中的作用。不过他也认为，君主不能恃才其智，社会因天下之奸猾者取巧于法规内在的漏洞而丧失诸多活力，受到重大挫折。陈亮对智勇才的肯定并不仅仅是站在豪杰的角度，从成人的角度，他也认为智、勇之德性不可或缺。以当时的历史为背景去讨论这个问题，上述这些思想也是对儒家伦理思想中的一般性内容做出的重要的批评和补充。

三、延伸的伦理思考

现代社会，传统思想不再是屠龙之术，用以庙堂决胜。对现代人而言，传统文化也是加以继承发展的资源，不是不能有任何批判的金科玉律。我们发现，反思陈亮提出的全新的问题意识，对克服传统儒家伦理的一些问题，建构符合现代精神的中国伦理话语有着重要的意义。

（一）概念逻辑还是发生学逻辑

朱陈之辩，牟宗三将其看作“历史哲学中的道德判断与历史判断如何能综和之问题”。这里需要澄清一个事实。是伦理的自我叙事还是发生学逻辑，发生学逻辑和概念逻辑还是两码事。真实的历史是事实在前，后有价值理论的建构，而以发生学逻辑为基础的理论建构也并非全无价值意义。内圣外王是概念逻辑，而不是发生学逻辑，实际情况往往是事功在前，而后有理论建构。汉唐在中国历史上是较为成功的朝代，但宋代是被普遍认为缺乏道德的时代。宋人这种自信主要是来自文人的自负，尤其是以理学、三代作为标准的价值观。实际“无历史判断只有道德判断，则道德判断只是经，

① 牟宗三：《政道与治道》，广西师范大学出版社2006年版，第209页。

而历史只成为经的正反事例”，将“不足以真实化历史”①。

张君劢先生说：

> 所谓唯有尧舜这类人物才能使国家入于治世之说，是中国式的形而上学国家论，这种国家论自孔孟以来即已存在。陈亮只略为道破，还没有加以科学的批判。真正批评的研究和讨论的确是需要的。②

张君劢的科学的批判，我想在今天是可能的。如，我们需要正视复杂科学方法和博弈论方法，以此来重新反思伦理的一元的形而上学思维。儒家的理想是既要内圣还要外王，而不是二者选其一。赵汀阳把外王看作内圣无法完成的一个解决方案。赵汀阳认为任何社会理论都必须解决私的问题。以伦理为主导的儒家方案力量太弱，私的问题决非修身、养性或者内在超越（一个学理不通的概念）能够解决的，身不可能被“修”成无私的。唯一的解决方案只能是在身外之物中去寻找。身外之物的领域大致相当于“外王”的领域，儒家虽然有外王理论，但终究是个未完成的工程。③

基于《大学》的基本逻辑，也主张由内圣开外王。但“内圣”与“外王”可以很容易从逻辑上讲成“一以贯之”，但实际生活中却显得背道而驰或落了个空。心灵安顿与精神卓越依然没有办法与社会责任产生直接的关联。

余英时先生指出：

> 《大学》的“修齐治平”虽是一以贯之，但只存在于理论之中。谈到实践层面，我们只看到修身和齐家这两个层次上的成就，再扩大一点也不过止于一族、一乡和儒生社群之内（如书院）。治国、平天下则往往是落了空的。……修己所得的人在精神上有更丰富的

---

① 牟宗三，《政道与治道》，广西师范大学出版社2006年版，第190页。

② 张君劢：《新儒家思想史》，中国人民大学出版社2006年版，第225页。

③ 赵汀阳：《身与身外：儒家的一个未解问题》，《中国人民大学学报》2007年第1期，第15—21页。

资源，可以从事各种创造性的工作，可以应付人生旅途上种种内在和外在的危机。①

所以，陈亮认为单纯的内圣无以在复杂的现实中单一地起作用，政治策略要根据事实调整，调整得恰到好处便是王道。陈亮痛斥在南宋“安于君父之仇”“低头拱手以谈性命”的新儒学之汲汲于道德性命之说，而不探究解救国家危难之实务。陈亮也博通古今，虽无师承，熟读《春秋》，颇有心得。他并不以三代作为安平之历史。相比主观的道德论题，他更关注客观的现实政治，在他看来，王道是对政治的美化，陈亮宁愿在汉唐，而不愿在上古三代的黄金岁月中寻找政治灵感。当然，政治判断与道德判断是需要分开的。我们不能简单判断当时主战是对的，主和是错的。对金的立场需要充分考虑双方的实力和时机。孝宗遇到在太上皇之位上时间最长的宋高宗，对北伐掣肘严重，同时还遇到能主金世宗，金国国力达到顶峰，实难有机可乘。陈亮不是成熟的政治家，终究是文人论政。避开这些问题，陈亮提出了儒家忽略的重要规范，仍然有其重要的启发意义。

（二）儒家伦理与勇德的相容性

陈亮说朱熹“以秘书之重德，为一世所尊仰。一言之出，人谁敢非”②。陈亮在当时挑战理学权威朱熹是需要勇气的。因为思想一旦成为权威就会反对思考，排除不同观点。牟发松老师有一篇《侠儒论——党锢名士的渊源与流变》，其中写道：“侠儒”，乃指党锢名士。他解释“侠儒”不是“侠”（“任侠之风”）和“儒”（“守文之风”）的简单相加，而是一个偏正词组，意为带有侠风的儒，而且主要用来指东汉末年党锢名士，“侠儒”二字形容陈亮甚为贴切。

牟宗三先生对理学进行辩护，认为“尧舜心法不可轻看”，作为新儒家代表的牟先生对陈亮之说颇有微词，“彼只是英雄主义、直觉主义，只能了解自然生命之原始价值，而非真能引进历史判断以真实化历史者。对于历史，道

① 余英时：《中国传统中的“个人”和“自我”》，《现代儒学的回顾与展望》，生活·读书·新知三联书店，2012年版。

② 陈亮：《又乙巳春书之一》，《陈亮集》卷二〇，中华书局1974年版，第287页。

德判断和历史判断无一可缺”[1]。

“勇”在东西方都是重要的基本美德，是孔子的三达德之一，希腊四主德之一。西方哲人认为，在家庭内受庇护的生活和在城邦内无情地暴露自己之间存在巨大的差别。离开家庭需要勇气，任何进入政治领域的人首先预备着拿他的生命去冒险，过于顾惜生命而放弃自由正是奴性的标志，勇气被看作最优越的政治德性，“勇敢之德乃是最基本的政治态度之一”[2]。

儒家有着宏大的伦理体系却极少谈及勇德、智德，这是值得深思的。主流的儒家伦理，仁义居最高，仁是爱，鼓励反省的价值。孔子经常敲打子路过于骁勇。因为在孔子这里，勇显然不同于本原的“勇”，而是义理之勇。北宫黝、孟施舍是血气之勇，表现为血性，即把由生理所发生的原始的反抗性上升到自己的意志，展现为不顾一切厉害的信心，而孟子谈君子之勇为大勇。儒家的总体倾向是以仁义来涵化“勇”。在生命伦理的崇拜中，仁义又不断与外向性德性拉开距离，最终成为保守和内向化的心性伦理模型。

陈亮恰好给了一个反思儒家伦理的契机。勇气与智慧结合在一起，不仅包含了与自我有关的克制，还包含与自我和与他人有关的公正。或许能达到儒家理想的至诚境界，无须勇。但在一般意义上，勇德的缺失在伦理上易致使意志软弱、道德冷漠，产生知而不行的道德怯懦，使得责任与担当无法得到很好的落实。而将隐忍一切的苦难和内省看作高尚实际是内向性的自我剥夺，削弱人实践的勇气，虽有隐忍的坚韧不拔，但也孕育了保守和不鼓励创新的风气。

总之，若是把终极关怀搁置起来讨论事功与道义的统一，陈亮的观点不但合理，而且颇有点现代气息。儒家一向认为如果不从公心出发，私欲迟早会败坏道德体系。这是过去的基本认知。而今天我们知道，比起从道德理想主义的公心出发，我们有更加合理化的道德考量，我们不会担心这个时代因而走向恶，反而会觉得这个公心很难做到。他对成人之道与智勇的思考，也赋予人以鲜活生动的伦理形象。其对智勇的讨论与儒家伦理批判的关系则是需要进一步深入讨论的问题。

---

① 牟宗三：《政道与治道》，广西师范大学出版社 2006 年版，第 190 页。

② 汉娜 ·阿伦特：《人的境况》，上海人民出版社 2017 年版，第 22 页。

陈亮的英雄气质与文章风格

浙江海洋大学师范学院教授
闵泽平

愈是熟识的事物，其意义愈容易为人们所忽视。陈亮的核心思想，朱熹归结为“义利双行，王霸并用”①，陈傅良理解为“功到成处，便是有德；事到济处，便是有理”，陈亮自以为“却是直上直下，只有一个头颅做得成耳”②，今人则将其所谓“直上直下”简单地称为“功利主义”。无论这些说法之间存在多少抵牾，人们都不会否认“追求事功、讲究实用”为陈亮思想最鲜明的特色。从致用的立场出发来把握陈亮的思想精髓，虽极为精当，但却很难把陈亮与事功派的其他人物区别开来。如果以“英雄情结”来解读陈亮的疾呼恢复、倡言王霸、尊崇功利等所言所行，固然存在着将其犀利的思想简单化、庸俗化的危险，却仍不失为一种最直接的方式、最生动的描述。

一、陈亮的理想人格与追求

陈亮生活在一个呼唤英雄的时代，他也以英雄自勉，从小就立下了鸿鹄之志。陈亮“生而目光有芒，为人才气超迈”，十多岁时，即“独好伯王大略、兵机厉害”，“慨然有经略四方之志”③，殊无意于铅槧之业，事骫骳之文、无根之谈而消磨心志。对于玩弄文法的书生，他极其鄙视。在《戊申再上孝宗皇帝书》一文中，陈亮曾对这类书生进行了无情的嘲弄和抨击：“至于艰难变故之际，书生之智，知议论之当正，而不知事功之为何物？知节义之当守，而不

① 陈亮：《陈亮集》，中华书局1974年版，第299页。
② 陈亮：《陈亮集》，中华书局1974年版，第281页。
③ 陈亮：《陈亮集》，中华书局1974年版，第30页。

知形势之为何用？宛转于文法之中，而无一人能自拔者。”他毕生所追求的，是成为“大有为”的豪杰，成为“风雨云雷”“推倒一世”的英雄，而“非闭眉合眼，朦瞳精神以自附于道学者也”。在《自赞》中，他明确地表达出了自己的这种志向：“其服甚野，其貌甚古。倚天而号，提剑而舞。惟禀性之至愚，故与人而多忤。叹朱紫之未服，谩丹青而貌取。远观之一似陈亮，近视之一似同甫。未论似与不似，且说当今世，孰是人中之龙，文中之虎。”此赞元气淋漓，其自信与自负令人畏服。

陈亮浓郁的英雄情结，使他很早对历史上的风云人物就分外关注。十八九岁时，陈亮写下了著名的《酌古论》，对19位重要的历史人物进行了详细的评判，“能于前史间窃窥英雄之所未及，与夫既已及之而前人未能别白者”，指点得失，臧否人物，巨笔如椽，洋洋洒洒，其目的就在于“使得失较然，可以观，可以戒，大则兴王，小则临敌”，以成就一番伟业。后来陈亮所作的《三国纪年》沿袭了这一传统，品陟其间的英雄豪杰，表现出非凡的见识与惊人的才气。对英雄强烈的兴趣，极大地影响了陈亮的历史观。在朱熹等人看来，作为贯通古今、亘古不灭的“道”，只有在那些具有“道心”的儒者身上才能体现出来，“二千年世界涂涴而光明宝藏独数儒者自得之”[①]，而陈亮认为“道”也体现在那些建功立业的英雄豪杰身上，“后世英雄豪杰之尤者”，“及其开眼运用，无往而非赫日之光明，天地赖以撑拄，人物赖以生育”[②]。为此，他反对朱熹的历史倒退观，即“三代专以天理行，汉唐专以人欲行”，认为汉、唐之君主“本领宏阔，工夫至到”，“大功大德，固已暴著于天下矣。……使汉唐之义不足以接三代之统绪，而谓三四百年之基业可以智力而扶持者，皆后世儒者之论也”[③]。对英雄豪杰的尊崇，使陈亮极力阐发孟子的“浩然之气”，大力弘扬“志在天下”的济世精神，从而形成了自己的理想人格与追求：“研穷义理之精微，辨析古今之同异，原心于杪忽，较礼于分寸，以积累为功，以涵养为正，睟面盎背，则亮于诸儒诚有愧焉。至于堂堂之阵，正正之旗，风雨云雷交发而并至，龙蛇虎豹变见而出没，推倒一世之智勇，开拓万古之心

---

① 陈亮：《陈亮集》，中华书局1974年版，第293页。
② 陈亮：《陈亮集》，中华书局1974年版，第292页。
③ 陈亮：《陈亮集》，中华书局1974年版，第33页。

胸，如世俗所谓粗块大脔，饱有余而文不足者，自谓差有一日之长。”①

这种追求，不仅使陈亮为人慷慨磊落，不肯苟同其他，行事“擎拳撑脚，独往独来于人世间”，其艺术趣味亦独嗜阳刚之美，行文更崇尚爽朗健拔。陈亮志向宏远，眼界阔大，“胸中耿耿”，欲“穷天地造化之初，考古今沿革之变，以推极皇帝王伯之道，而得汉魏晋唐长短之由”②，不屑斤斤于字句之间，着力于眉毛须发，“决裂以为体，饾饤以为词”，所论皆“国家立国之本末”“天下形势之消长”，故具有一种震慑人心、不可阻遏的恢宏气势，所以叶适形容其文“海涵泽聚，天霁风止，无狂浪暴流，而回旋起伏，萦映妙巧，极天下之奇险”③，刘埙《隐居通议论》也极力夸饰陈亮文风的雄肆：“（陈亮）雄才壮志，横骛绝出，气概一世。与文公往复辩论，每书辄倾竭浩荡，河奔海聚。”“风雨云雷”“海涵泽聚”“河奔海聚”等词语，均生动地显示出陈亮的英雄气质与文章特有的审美风格。其立论虽不尽精确，阐述不免失之阔略，但气象之恢宏，文思之奔腾，情感之激越，往往使人心骇目夺。《四库全书总目提要》评其《龙川集》云：“今观集中所载，大抵议论之文为多，其才辨纵横，不可控勒，似天下无足当其意者，使其得志，未必不如赵括马谡狂躁偾辕。但就其文而论，则所谓开拓万古之心胸，推倒一时之豪杰者，殆非尽妄。”陈亮每有所感，亦慷慨作论，径遂直陈，一任忠义之心、婞直之性袒露无遗，少有吞吐嗫嚅，锋芒毕露，展示出他亢直、硬健的笔风，朱熹所言陈亮“才太高、气太锐、论太险、迹太露”④，则是从另一侧面阐述了陈亮文章所具有的阳刚之美。

二、陈亮的散文创作与特色

陈亮的作品被收录在《龙川集》中。其中诗三首，《谪仙歌》并序一首，词七十四阕，共为一卷，其他二十九卷则为书疏、论策、序跋、墓志铭等。陈亮的艺术风格主要展现在他的各类散文之中，其中尤以疏、论、序、跋最具特

---

① 陈亮：《陈亮集》，中华书局1974年版，第208页。

② 陈亮：《陈亮集》，中华书局1974年版，第8页。

③ 《叶适集》，中华书局1962年版，第597页。

④ 陈亮：《陈亮集》，中华书局1974年版，第301页。

色。诗、词于陈亮而言，确实为余事，并不足以代表其艺术特色，历来人们对其诗、词评价也不高，如陈振孙《直斋书录解题》就认为陈亮"平生不能诗，《外集》皆长短句，极不工，而自负以为经纶之意具在，是尤不可晓也"。

陈亮的英雄气质，使其文章往往具有一种震撼人心的恢宏气势。这种气势，在其政论文中体现得尤为突出。乾道五年(1169)，陈亮在礼部考试落第后，随即向孝宗进《中兴五论》，阐述抗金中兴的基本纲领。淳熙五年(1178)，他在一月之内三次向孝宗上书，纵论恢复之道。淳熙十五年(1188)，陈亮再次诣阙上书，以图振动孝宗，收拾河山。此外，陈亮还作有《廷对》《制举》《四弊》《国子》等策文。陈亮的这些政论文，都意在根除时弊，整顿朝纲，激励民心，为南宋王朝收复中原、洗尽前耻而殚思极虑，出谋划策。隆兴和议之后，偏安之势既成，而朝野上下晏然，不思振作，偷生苟且，沉醉在一派和悦之中，置国恨家仇于度外，屡遭羞辱而泰然自若。面对文恬武嬉的局面，陈亮他痛心疾首，愤然而起，大声疾呼，试图唤起人们的斗志："南师之不出，于今几年矣。河洛腥羶，而天地之正气抑郁而不得泄，岂以堂堂中国，而五十年之间无一豪杰之能自奋哉！其势必有时而发泄矣。"①"臣以为拘挛龌龊之中，其势当有卓然自奋于草茅而开悟圣听者。"②他指斥秦桧之流"饰太平于一隅以为欺"，痛责"今世之儒士自以为得正心诚意之学者，皆风痹不知痛痒之人。举一世安于君父之仇，而方低头拱手以谈性命"③，对孝宗"驱委庸人，笼络小儒，以迂延大有为之岁月"亦颇有微词。陈亮的这些言论如石破天惊，给当时的政坛带来不小的震撼。张溥曾经在《宋史纪事总论》中感叹陈亮与贾谊都是旷世奇才，都以风采议论见知人主，最终又同陷坎壈，卒不见用。但贾谊是在汉朝蒸蒸日上、举国上下欢欣鼓舞之时痛哭流涕，危言耸听，极尽铺排夸张之能事，被后人视为迂阔，弃置不用令人不难理解；但陈亮生活在南北对峙之间，倡言恢复亦无用武之地，就更令人惋惜了。在政论文行文风格上，陈亮与贾谊也多相似之处。他们都具有浓厚的忧患意识，对王朝的兴盛和政治得失具有很强的责任心，为人又都颇为自信，故

① 陈亮：《陈亮集》，中华书局1974年版，第2页。

② 陈亮：《陈亮集》，中华书局1974年版，第12页。

③ 陈亮：《陈亮集》，中华书局1974年版，第8页。

其文章往往情感激越，波澜壮阔，一泻千里，逸气纵横，形成了雄丽刚劲的特色。陈文的雄丽刚劲，最直接的表现为篇幅长，内容深厚。陈亮的四上孝宗书，与贾谊诸疏一样，大都写得汪洋恣肆，下笔动辄数千言。如其第一书核心虽只是要求备战抗金，但作者围绕这一主题，深入分析了政治、军事、人才培养等方方面面的应对措施，使其文章无蹈虚之语、盘空之论，所言所论无不有为而发，无不切中时弊。陈亮文章的遒劲，主要体现为文气雄肆、笔力劲健。陈亮慨然以天下自任，言事慷慨激昂，斩钉截铁，故所作奏疏也词锋凌厉，气势逼人，行文惟意所之，极尽跌宕之至。如“一日之苟安，数百年之大患也”等语，令人悚然警醒；“狄夷亦能得民心与天下”之论，令人心惊胆战。其文甚至对于孝宗本人，也少有维护；对投降派的指斥，更是不遗余力，触目皆是“铿锵鼓舞抗坠之声，飞动嫖姚跌宕之势”。陈亮文章的雄丽，还表现为境界阔大、情感浓郁。陈亮尚气任性，文以气生，文以情胜，文如其人。陈亮上疏，“历指其失，颇切事情”，其文章本非为博取官爵而作，往往意在为孝宗出谋划策，为南宋王朝献猷定谳，所以陈亮并没有止步于就事论事，文章的起点高，视野广，见识卓越而立意深厚。当然，有时陈亮只顾行文痛快，也难免使文章中出现疏漏及语意重复之处。

陈亮的英雄气质，使其立论不愿苟同，常多意外之论，言人之所不敢言，论人之所未敢论，斩钉截铁，不容置疑，骇人耳目，耸人听闻，自有一种难以掩饰的逼人光芒。求新求异、反对恪守成规与思想钳制正是贯穿陈亮思想始终的一条主线。所谓“朱陈之辩”，未必不含有陈亮对思想一体化抗争的初衷。在《送王仲德序》一文中，陈亮曾借用苏轼“黄茅白苇”之说，对一体化所导致的思想贫瘠表示出深深的忧虑，“二十年之间，道德性命说一兴，迭相唱和，不知其所从来”，所到之处，如风行草偃，靡不相从，大有席卷天下、囊括九州之势，“欲尽天下之说一取而教之，颁然以人师自命”。他因而十分怀念仁宗时期的“文华日滋、道德日茂、议论日高、政事日新”。他认为文学艺术的繁荣和社会政治的发展是息息相关的，思想的一元会带来议论的枯竭，而士人各奋其所能，“不安于平素”，自然会带来“政事日新”。士人各奋其所能，“各务其实而其极其所至”，表现在具体的文章写作中，就是要自成规模，就是要具有独立自主、求新求变的艺术精神。这种求新求异的宗旨，就是陈亮写作史论文的指导纲领，而他的这些史论文也主要以识见美取胜。和传统的史论文不一样的是,陈亮较少从道德的立场去评价成败得失,而更多着眼于战略战术的正确运用。如对曹操的评判,历代文人多指责其奸诈的品性,而陈亮在《酌古论》中则详细分析了曹操征讨荆州前后的形势,指出曹操不识进取之缓急是其不能一统天下的主要原因。由于角度的新颖,陈亮每每能言人之所未言,新见迭出,烟霞满纸,令人目不暇接。《酌古论》言"光武发高祖之所未能为,为中兴之功远过古人";论刘备私愤兴师,轻敌取败;论孙权能审时度势,切中机会;论邓禹不能随机应变,功败垂成;论马援不懂屡险之术,不能因地制宜等,都无不为卓越之见,显示出陈亮超人的才气,故婺州郡守周葵读后感叹道:"他日国士也。"他总能从习见的材料中得出不寻常的观点,从传统的观点中引发出令人惊讶的结论,如评羊祜胶柱鼓瑟、不事权谲;评邓艾之帅兵轻进、侥幸功成等,初读之下令人瞠目,反复琢磨又无不令人信服。由于陈亮所论皆为风雨云雷的时代英雄,其际遇兴会颇能引起作者共鸣,故其字里行间饱含深情,行文一唱三叹,风神摇曳,如"自古幸而功成者多矣,死而论定,未有如邓艾之欺于后世者也",大有"时无英雄,遂使竖子成名"之幽思。

陈亮的英雄气质,使其文章虽体裁各异,却均任性尚气,无意雕琢,信手直写,不失豪杰本色。《陈亮集》现存其八封与朱熹往来书信,后世所谓"朱陈之辩",即肇始于此,其间的思想意义已为后人阐述详尽。陈亮思想与朱熹相左,观点与之针锋相对,论战丝毫不愿退让,故言辞也颇为激烈。尤其随着论辩的问题越来越集中,陈亮的豪迈不羁个性越来越突出,坎坷的遭遇与时人的误解及有意的诬陷,使其愤激之情难以掩饰,不时喷薄而出,朱熹所言"书中有不平之气",陈亮自己也毫不避讳。他意识到了自己的特立独行及由此付出的沉重代价,但他并不愿意改变自己桀骜的性格以顺庸耳俗目:"亮之生于斯世也,如木出于嵌岩嵚崎之间,奇蹇艰涩,盖未易以常理论。而人力又从而掩盖磨灭之,欲透复缩,亦其势然也。"[①]在袒露心胸而无法沟通之后,陈亮信中的语气逐渐发生变化,由引为知音转变为满腹委屈,由坦诚相见转换为讥讽相加:"世途日狭,所赖以强人意者,惟秘书一人而已。"[②]

① 陈亮:《陈亮集》,中华书局 1974 年版,第 279 页。

② 陈亮:《陈亮集》,中华书局 1974 年版,第 273 页。

"惜其胸中之区区不能自明于长者之前，人微言轻，不为一世所察，秘书虽察之而不详。"①"亮不敢有望于一世之儒先，所深恨者，言以人而废，道以人而屈，使后世君子不免哭途穷于千五百年间，亮虽死而目不瞑矣。"②陈亮的反应越来越激烈，以至于朱熹的善意规劝和"平平之论"有时也被还以冷嘲热讽："'楼台侧畔杨花过，帘幕中间燕子飞'，当时论者以为贫人安得此景致。亮今甚贫，疑此景之可致，故以为可只作富贵者之事业。而来谕便谓'做沂水舞雩意思不得，亦不是抱膝长啸底气象'，如此则咳嗽亦不可矣。"③吕祖谦为陈亮雅相敬重的友人，"亮非复有求于斯世者，独于正字未能自默耳"，故其《与吕伯恭正字》四书，剖示幽愤，抒写怨屈，尽所欲言，略无掩饰，如"亮本欲从科举冒一官，既不可得，方欲放开营生，又恐他时收拾不上；方欲出耕于空旷之野，又恐无退后一着；方欲俯首书册以终余年，又自度不能为三日新妇矣；方欲杯酒叫呼以自别于士君子之外，又自觉老丑不应拍。每念及此，或推案大呼，或悲泪填膺，或发上冲冠，或拊掌大笑。今而后知克己之功，喜怒哀乐之中节，要非圣人不能为也。海内知我者，惟兄一人，自余尚无开口处。虽浮沉里闾，而操舍不足以自救，安得有可乐之事乎？然一夫之忧欢悲乐，在天地间去蚊虻之声无几，本无足云者，要不敢不自列于知我者之前耳"④，将心中的寂寞、苦闷、彷徨展露无遗。辛弃疾等人与陈亮志同道合，其《与辛幼安殿撰》等书，多写慰藉之情，不无凄凉之意，或愤激出于诙诡，或感慨杂之萧闲，沉痛处自在言外。其他交游应酬、随手作答而文字轩昂者，也为数不少。

陈亮对英雄强烈的兴趣，使其文章的主题每每为豪侠所占据，即使那些临别赠人的序论也是如此。这些赠序，写法上以记事为主，多以生动的叙事替代宽泛枯燥的褒扬，不大作议论，偶有议论也是由叙事带出，如同人物传记，常使一怀才负气的英雄奇士跃然纸上。如其《送吴恭父知县序》就颇具传奇色彩。序文以怪文状强士，通篇写吴恭父异人之处：他胸有大志而不拘

---

① 陈亮：《陈亮集》，中华书局1974年版，第292页。
② 陈亮：《陈亮集》，中华书局1974年版，第291页。
③ 陈亮：《陈亮集》，中华书局1974年版，第291页。
④ 陈亮：《陈亮集》，中华书局1974年版，第291页。

小节，“好使酒任气，空所有当摴蒱一掷，不为后掷计，而胜负往来，辄达旦未已。遇其倦时，间引恶色自污，不揖客径寝，有儿抚一世之心”；他嗜酒好赌而又聪慧过人，才气盖世，视功名如囊中之物，考试之日，“（书生）群起就视，相顾无人色。君独凝然遥问侪辈题谓何，已则不复伫思，开卷径书，笔不留行，率至日中辄办。出则歌呼如平时，更数日挂名”。他为官也常“法外出新意”，不受条例拘束，以“肃隶厚民，薄征缓赋”为本，不以利禄为意，我行我素，虽屡受钳制也丝毫不为所动。此序因奇人著为奇文，文以人奇，人以文而益奇，将嫖姚倜傥之概寓于谲绝奇宕之中，其间大笔挥洒处，人物神采踊跃，往往使读者悚然惊服，心慕不已。另外，陈亮《送严起叔之官序》也写得烟波生色。严起叔将赴广州为官而乏行李，陈亮为之作序以求援引。此种文字极易写得气卑词弱，使事主难堪尴尬，但陈亮却写得顾盼自若，盛气足以逼人。序文先写严起叔“奋空拳以自托其身”，形容其豪侠处须眉生动；然后落实到眼前严起叔此行必将有所遇合，必有豪俊加以照应：“堂堂大国，一行数千里，岂无一英特知义之人乎？”这样，陈亮就将本是羞于人言的干求之意写得理直气壮，使人不忍拒绝。

陈亮以一世英豪自勉，睥睨万物，傲视当世，纵横捭阖，不为传统所羁绊，其文章也常摆脱牢笼，不受文体束缚，另取蹊径。墓志铭至南宋，已大致形成了基本的行文程式，主要记逝者世系、爵里、行治、寿年及子孙情况。但陈亮作墓志铭，却往往凭空结撰，不受常规，独出格调，变化诡谲，令人莫测。如《陈春坊墓碑铭》开篇即云：“始余出国北门，弥望沮洳之地，而带以一水，岸行不足以容车马，湖泊往往随在而有。舟至松江，风涛汹涌，虽余亦惧而登焉。小立垂虹之上，四顾而叹曰：是岂戎马驱驰之所乎？”这种细腻的绘景文字，几乎是山水游记所特有的，使人很难把它与墓志联系起来，但却给人留下极为深刻的印象，以下的颂扬和议论正由此展开。又《钱叔因墓碣铭》开篇所云尽是作者的所思所想及所作所为，全文篇幅的四分之一似乎全然与事主没有关联，但作者掉转一笔，写钱廓关键时刻对自己的信任和支持，又用四分之一的篇幅写钱廓前来求学的意义，这样，作者痛惜知音之旨就得到了充分的烘托与铺垫，伤离痛死之情不须描摹已极惨怛，无限感慨和呜咽，饱含文字之间。

陈亮的英雄气质，使其行文如长江大河，奔流直下，而殊乏停蓄委婉之风神，故其说理文，包括政论文与史论文，不同程度上都存在着粗率之弊。由于作者过于追求行文气势的飞扬灵动和观点的独特醒目，立论不免失于谨严，论述不够系统，意之所至，便脱口而出，这在文章论辩甚为精密细微乃至琐碎的南宋，就可能成为另类，从而影响了时人对其观点的吸收。“宋之儒，理有余而气不足者也。同甫其气绰然，足支弱宋，杯酒淋漓，神色悲壮，一世之人鲜不以为怪物，敢大言撼朝廷，坎壈以老，岂足异哉？”叶适对陈亮应该是相当了解的，但他还是在《龙川集序》中说：“予最鄙且钝，同甫微言，十不能解一二。”陈亮自己也曾“恨举世未有肯可其论者”[①]。不过，陈亮之粗豪也未必无针砭时弊、切中肯綮之功效，“余谓宋儒无病，病在太精细；豪之一字，政宋儒对证之药也”[②]。宋儒行文追求平正雅淡，末流便坠入肤弱腐烂，陈亮之亢直慷慨、不肯苟同，也为廓清文坛积弊做出了一定的贡献。

---

① 陈亮：《陈亮集》，中华书局1974年版，第291页。

② 陈亮：《陈亮集》，中华书局1974年版，第472页。

陈亮咏梅词浅论

浙江科技大学教授

胡浙平

对梅花的歌咏，是我国古代诗坛上的一大传统。从《诗经》到汉魏乐府、六朝诗作，直到唐宋诗词，作品众多，屡见佳作。即便是陈亮，虽然他自己曾经说不喜欢作诗，但在他留下来的四首诗歌中，有一首便是咏梅诗，而在其曲子词中，更是存有一部分咏物词，其中咏梅或与梅相关的词就达十一首之多，占其全部词作的七分之一还多。这些词从总体上说虽然同是咏梅，但姿态各异，值得品读。

纵观陈亮的这些咏梅词作，不妨从三个角度加以探赏。

一是重在突出梅花的风韵之美。陈亮咏梅，借用我的老师陆坚先生的总体评价来说，就是"写得比较含蓄"[①]，我自己理解，其中有一点可能是他的咏梅词很少直接写梅花的外表，而是着意渲染梅花所处的环境，以环境烘托梅花。譬如他的《品令·咏雪梅》："潇洒林塘暮。正迤逦，香风度。一番天气，又添作，琼枝玉树。粉蝶无踪，疑在落花深处。深沉庭院，也卷起重帘否？十分春色，依约见了，水村竹坞。怎向江南，更说杏花烟雨。"潇潇洒洒的初春之雪，映带着林塘暮色，梅花是暗香浮动，只见琼枝玉树，一派秀美。虽然不是粉蝶纷飞的时节，但似乎又能让人想见梅色之迷人。在作者看来，粉蝶固然恋梅，而庭院深处的闺房秀女，何尝不想卷帘探梅呢？因为梅报新春，水村竹坞也已是春色诱人，这就不得不让人对杏花烟雨江南的美景而心向往之乃至浮想联翩啊！其实，所有这些，都是在丰富的想象之中，渲染出了梅花所富含的风韵之美。他的另一首词作《滴滴金·梅》也如此吟唱道："断桥雪霁闻啼鸟，对林花，弄晴晓。画角吹香客愁醒，见梢头红小。团酥剪

① 《唐宋诗词评析词典》，浙江人民出版社，第972页。

蜡知多少？向风前，压春倒。江嶂人烟画图中，有短篷香绕。”该词可能是作者旅居杭州之时，某天，伴着晨曦，在西湖断桥边探梅归来所作。词的上阕，是说初春时节，雪后初晴，西湖断桥边寒梅初放，伴随着清晨的鸟鸣声和画角声，自己有幸观赏湖边早梅，顿时消除了客旅之愁。下阕由赏梅联想到百花之中唯有梅花一枝春先放，但只见西湖山水如图似画，湖中的小船之上好像香烟袅袅，正与梅花暗香巧然呼应，由此更加凸显了早梅由作者所赋成的诗情画意。在作者看来，梅花之美，美在韵味。而此种韵味，和他所作的词曲又是浑然一体的。由此可以见出，作者正是以这样丰富生动的联想和高超的艺术手法，突出地表现了梅花内在的风韵之美。

二是重在表现梅花的品格之高。陈亮曾经写过一首小词《丑奴儿·咏梅》："黄昏山驿消魂处，枝丫疏篱。枝丫疏蓠，蕴藉香风蜜打围。隔篱鸡犬谁家舍，门掩斜晖。门掩斜晖，花落花开总不知。”词作于何年，尚不得知，所描写的有可能是中年出外时的行旅之所见，说是自己行旅途中在所住的山中驿站精神尚好，目睹了两幅优美的图画：一幅是一株梅花夹杂在稀疏的篱笆之中，那浓郁的梅香引得蜜蜂密集而来。另一幅是一篱之隔的农舍里鸡犬相鸣，主人似乎是在忙于劳作，或者是在山间见惯了山梅之景，因此，任凭幽静的斜阳映照，而不去领会花开花落。两相对照，情景相映。联系到陈亮跌宕与丰富的人生以及他留存下来的唯一一首《梅花》诗中所说的“一朵忽先变，百花皆后香。欲传春信息，不怕雪埋藏”的句子，这一首小词是否也可以看作他任凭风浪起伏、潇洒看待人事的人生品格呢？他在另一首《汉宫春·梅》的词里也吟唱道："雪月相投，看一枝才爆，惊动香浮。微阳未放线路，说甚来由。先天一着，待劈开，多少旬头。却引取，春工入脚，争教消息停留。官不容针时节，做一般孤庾，无限清幽。随缘柳绿柳白，费尽雕锼。疏林野水，任横斜，谁与妆修？猛认得，些而合处，不堪持献君侯。”品味词意，大概是他送给一位做官的友人的。词的上阕写梅花迎雪绽放，冲寒报春；下阕说友人在官府冗事倥偬，无暇观赏早梅，自己只能以此景致遥祝他如梅花一样保持本色。细想起来，这实际上也是陈亮自己任凭风风雨雨、为人处世始终正气凛然的品格表现。他在《语孟发题》中谈到读《孟子》的体会时说过："善观孟子之书者，当知其主于正人心；而求正人心之说者，当知其严义利之辨于毫厘之际。”正义在胸无所惧，坎坷起伏总由之。陈亮自己也就是这样看待人生的，因此尽管经历了风风雨雨、曲曲折折，但爱民之心、报国之志和研穷义理的本色始终不变，从而也在学术上独树一帜。正是如此，所以读陈亮的咏梅词作，总感觉其中有着一股婉约而又不失豪壮的气势，这也正是明代毛晋所称《龙川词》“不作一妖语媚语”的具体体现。

三是重在展示梅花的色彩之洁。在古今诗人眼中，梅花向以报春和高洁著称，陈亮的《点绛唇·咏梅月》的结句“雨僝云愁，格调还依旧”，写的就是梅花那种不畏严寒早报春的可贵精神，突出了作者重于内在而又不废赞叹的审美情怀。有如他在《柳梢青》一词中所说的：“凭高望断江南，怅千里，疏烟淡月。斗草风流，弄梅情分，教人思忆。”由“弄梅”而及人情，虽是暗写，但总因有观梅的经历在。他的咏梅词就充分体现了这种审美态度。比如，他的《浪淘沙·梅》就写道：“院落晓风酸，春入西园。芳英吹破玉阑干。墙外红尘飞不到，彻骨清寒。清浅小堤湾，瘦竹团栾。水光疏影有无间。仿佛浣纱溪上见，波面云鬟。”上阕既写“芳英”，又写“傲骨清寒”，下阕则以浣纱溪头西施女的著名典故来衬托梅花生长环境中有如“浣纱溪上”见到的“波面云鬟”，既表现了梅花的内在骨格之奇，又赞美了梅花与众不同的外在色彩之美，可谓“极写”了。他的《最高楼·咏梅》也是这样一篇佳作，词曰：“春乍透，香早暗偷传。深院落，斗清妍。紫檀枝似流苏带，黄金须胜辟寒钿。更朝朝，琼树好，笑当年。花不向，沉香亭上看；树不着，唐昌宫里玩。衣带水，隔风烟。铅华不御凌波处，娥眉淡扫至尊前。管如今，浑似了，更堪怜。”这首词上阕擅用比喻，抒写胸臆，说梅花先春而开放，深院传暗香，枝条好像流苏带子一样漂亮，又像金玉一样珍贵，琼树芬芳。下阕用了唐玄宗与杨贵妃沉香亭上欣赏百花和唐昌公主游唐昌观赏玉蕊花的知名典故，以对衬的手法极写梅花的安于寂寞、孤高自存。此中的“铅华不御”“娥眉淡扫”，似乎是语带双关，既是写典故，又是咏梅花，将梅花的色彩之洁表现得更深一层。由上述两首词来看，可以说，陈亮是以高洁的色彩来写梅花的，但越是写其高洁，越是显得梅花的高贵典雅和不同流俗。

诚然，梅花向来是以先于百花绽放从而向人们报道春天而著称的，诗人们乐于吟诵梅花，也多与此相关，但是，用陈亮自己的话来说，所以乐于抒写梅花，是基于他认为作诗者总是具有非同他人的独到眼光的。他的《汉宫春·见早梅呈吕一郎中郑四六监岳》也就是这样叙说和描绘的，且看：“雪满江头。怪一枝不耐，还漏微阳。诗人越样眼浅，早自成章。群葩如绣，到那时，争爱春长。须知是，道未通春信，是谁饱试风霜？堪笑红炉画阁，问从来寒气，损甚容光？枝头有花恁好，映带新妆。寒窗愁绝，嗅清芬，不疗饥肠。都缘是，此君小异，费他万种消详。"这是一首赠人词。吕一郎中、郑四六监岳，不详，待考。这一首词的上阕，同样是写梅花为报春而绽放，不过有一句词直接表白，说"诗人越样眼浅，早自成章"，越样眼浅，似乎是永康方言，有格外羡慕乃至嫉妒的意思，但我以为这里还有特别喜欢和眼光敏感的意味，所以下一句才会说看到江头的雪里梅花迎着微阳而开，胸中的词章就不加做作而自然流露出来了。更与众不同的是，作者以自己的感受高度赞美了梅花为报春所付出的辛苦恣睢、饱尝风霜。下阕更进一步表现了梅花的独特，无论冬天如何寒冷，即便是在画阁之内伴着红炉描绘或欣赏摆放的梅枝，也从来损害不了那种不畏寒冷的本色性格。为什么？梅花只会与"新妆"辉映、为"新妆"添彩。因此，在作者看来，即便梅花的芬芳清澈疗治不了人的饥肠辘辘，但它却能引动人们的绵绵思绪。这些都是因为梅花与凡花截然不同，因为它总能够引起人们由赏梅而产生的种种联想。我们常说诗在言外。依我看来，陈亮写这首词还有可能是要告诉朋友，做人要从梅花身上引出感悟来，既不能因为环境险恶而自感清冷孤寂，又要避免因为一时顺畅而孤高自傲。

陈亮一生，研历史，论时事，创立了以"义利双行""农商并重"而著称的永康学派，独树于理学之外，也是著作等身的学问家、思想家、文学家，受到了时人与后人的高度赞颂，借用宋人葛立方《韵语阳秋》的话来说："自古文人，虽在艰危困踣之中，亦不忘于制述。盖性之所嗜，虽鼎镬在前不恤也。"因此，他的咏梅词连同其留下的其他题材词作总共七十余首，都是性情之作，而且，其中也体现了其高深学问。同是宋人的吕本中就说过："诗词高深要从学问中来。"总之，我们今天品读陈亮的咏梅词，可以见出，这些词作既有其坎坷身世的自觉折射，同时也融进了他对历史与时事的思考，因而是值得我们珍视的一笔遗产。

稼轩词与龙川词比较研究

《长春师范大学学报》编辑部副编审
邱　阳

与辛弃疾（字幼安，号稼轩）同时代或稍后的词人，如陈亮、刘过、戴复古、刘克庄、蒋捷等，或与稼轩有交游唱和，或效稼轩词体追步其踪，从而在词史上形成了声势甚壮、影响深远的一个流派——辛派词人群。最早明确以"派"名稼轩及风格相类词人群体者，当数四库馆臣。《四库提要·东坡词》曰："词自晚唐、五代以来……至柳永而一变，如诗家之有白居易；至轼而又一变……遂开南宋辛弃疾等一派。"①辛派并不是词人为了统一的文学观念而有意识地结合在一起进行文学创作的流派，而只是由于词人性格相近、词作风格类似而被后世学者划归同一流派，故而对于辛派成员的范围，历来并未有统一的界定。

有论者指出："对辛派词人的全面关注应在20世纪以来，主要标志是一系列文学史和词史的出现。"如胡适《国语文学史》第五章"南宋的白话词"多次出现名为"辛派"的表述，"这种称谓对后世文学史起了话语典范作用"②。胡云翼《宋词研究》作为"词学史上第一部系统全面研究宋词的专著"，亦列专章讨论"辛派的词人"。然而尴尬的是，这两部在20世纪具有开山意义的著作对陈亮均采取几乎无视之态度。如胡适《国语文学史》云："南宋的'时代的文学'自然是陆游、杨万里的诗与辛弃疾一派的词。张孝祥（于湖词）、张元干（芦川词）、陈亮（龙川词）、刘过（龙州词）、刘克庄（后村词）都属于这一派。"③除了这句一笔带过的表述外，胡适对龙川词再未着墨。也许因为在

① 《钦定四库全书总目》（整理本），中华书局1997年版，第2782页。

② 蒲芳馨：《辛派词人用典研究》，新疆师范大学2011年版。

③ 胡适：《国语文学史》，文化学社1927年版，第177页。

胡适眼中，“逼真辛派”词人是刘过，故其对陈亮之关注似乎颇为“吝啬”。胡云翼的《宋词研究》则直言：“属于辛弃疾一派的词人，有陆游、刘过、刘克庄。”①陈亮之姓名甚至未见诸笔端。与两位胡氏态度相仿，民国时期的文学史及词史著作谈及辛派词人时对陈亮采取忽视甚至无视态度并非个案，如王易《词曲史》介绍张孝祥、范成大、陆游、刘过与刘克庄词后仅云：“辛派尚有：……陈亮字同甫，永康人，有龙川词。”②郑振铎《插图本中国文学史》第四十一章“南宋词人”将陆游视为与辛弃疾齐名的词人，而对陈亮亦是一语带过。③ 陆侃如、冯沅君《中国文学史简编》叙述辛派词人，亦仅叙“最负盛名”的四人：朱敦儒、陆游、刘过、刘克庄。④ 钱基博《中国文学史》对陈亮微有提及，然仅将其作为朱熹、吕祖谦之附庸，略阐其为学、为文特点且评价不高，对其词则只字未提。⑤ 可见民国时期的文学史家对辛派词人群具体成员的理解虽略有差异，但对陈亮在该群体内的地位认同度不高显然是一普遍现象。

新中国成立后，文学史及词史著作一改此前风貌，陈亮一跃而升至辛派词人群主力成员之位置。刘大杰《中国文学发展史》第十九章“辛弃疾与南宋词人”将陈亮安置在辛派词人最重要成员的理由是他“和辛弃疾同时，并和辛有深密的友谊，有共同的政治抱负，有共同的词风”⑥，而颇受民国文学史家青睐的陆游、刘过退居辛派附庸地位。其后，游国恩等编，人民文学出版社出版的《中国文学史》，章培恒、骆玉明编，复旦大学出版社出版的《中国文学史》，袁世硕等编，高等教育出版社出版的《中国古代文学史》，程千帆、吴新雷著《两宋文学史》，杨海明著《唐宋词史》，陶尔夫、刘敬圻著《南宋词史》，刘扬忠著《唐宋词流派史》等影响较大的文学史、词史著作，均将陈亮视为辛派词人群中除辛弃疾之外的最重要成员。

陈亮在20世纪前后半叶文学史及词史著作中的巨大地位反差，一定程

---

① 胡云翼：《宋词研究》，中华书局1927年版，第149页。

② 王易：《词曲史》，上海书店1989年版，第218页。

③ 郑振铎：《插图本中国文学史》，人民文学出版社1957年版，第585页。

④ 陆侃如、冯沅君：《中国文学史简编》，开明书店1947年版，第124页。

⑤ 钱基博：《中国文学史》，中华书局1993年版，第643页。

⑥ 刘大杰：《中国文学发展史》，中华书局上海编辑所1962年版，第637页。

度上反映了文学史家研究观念的变化，当然也和政治环境的变迁具有相当紧密的关系。抛却外在因素的影响，从文学创作角度出发，探寻其与辛弃疾在作词方面的异同，方能准确地为陈亮进行词史定位。

一、英雄失路与志士失意：稼轩词与龙川词情感态度比较

宋室南渡后，宋金之争成为时代主潮。高宗皇帝畏金如畏虎，磨灭了无数仁人志士的雄心壮志。孝宗即位之初曾锐意恢复，然总体战局之不利及朝野上下的习惯性畏金心理，终使收复旧疆成为遥不可及的梦想。辛弃疾与陈亮主要生活于孝宗时期，积极倡言恢复，极力指斥时弊，其心态亦随着宋金之间的和战而起起伏伏，难有平静。然由于人生经历的不同，二人在词作中展现出来的情感态度也未尽相同。

正如王兆鹏先生所言，"辛弃疾是以英雄的身份登上词坛、载入词史的"[①]。"壮岁旌旗拥万夫，锦襜突骑渡江初。燕兵夜娖银胡䩮，汉箭朝飞金仆姑"[②]，是辛弃疾对自己青年时期率五十余轻骑突入金营活捉叛徒张安国此一惊险经历的生动回忆；"八百里分麾下炙，五十弦翻塞外声。沙场秋点兵。马作的卢飞快，弓如霹雳弦惊"(《破阵子·为陈同甫赋壮词以寄之》)，则反映了稼轩晚年对曾经军营生活的无限追忆与向往。正因为有实际军事才能，又有亲自挥拥万夫指挥战斗的实践经验，故稼轩在词中不时流露出豪迈壮烈的英雄气概，对恢复中原充满万丈豪情。如：

英雄事，曹刘敌。(《满江红·过眼溪山》)

天下英雄谁敌手？曹刘。生子当如孙仲谋。(《南乡子·登京口北固亭有怀》)

袖里珍奇光五色，他年要补天西北。(《满江红·建康史帅致道席上赋》)

---

① 王兆鹏：《唐宋词史论》，人民文学出版社2000年版，第192页。

② 朱德才、薛祥生、邓红梅：《辛弃疾词新释辑评》卷四"鹧鸪天·壮岁旌旗拥万夫"，中国书店2006年版，第1264页。下文所引稼轩词均以此本为据，不再一一注明。

马革裹尸当自誓，蛾眉伐性休重说。（《满江红·汉水东流》）

把诗书马上，笑驱锋镝。（《满江红·贺王宣子平湖南寇》）

千丈擎天手，万卷悬河口。……更千骑弓刀，挥霍遮前后。（《一枝花·醉中戏作》）

陈亮虽然也热切关注时局，极力主张恢复中原，但其缺少辛弃疾那般军事才能，更没有统兵作战的斗争经验。其政论及史论著作虽间或涉及用兵之法、成败之道，毕竟缺少实践支撑，而更像纸上谈兵的书生之见。因而，陈亮词中很难找到抒发英雄情怀的作品，其恢复之愿只能更多地寄望于朝中主战派人士。如：

举目江河休感涕，念有君如此何愁虏！（《贺新郎·同刘元实、唐与正陪叶丞相饮》）

但有君才具，何用问时流！（《水调歌头·和吴允成游灵洞韵》）

当场只手，毕竟还我万夫雄。（《水调歌头·送章德茂大卿使虏》）

北向争衡忧愤在，南来遗恨狂酋失。……诸老尽，郎君出。恩未报，家何恤！念横飞直上，有时还戢。（《满江红·怀韩子师尚书》）

人中龙虎，本为明时而出。……入奏几策，天下里，终定于一。（《三部乐·七月送丘宗卿使虏》）

同样坚决主张抗金，但由于生活经历及才能侧重不同，辛弃疾与陈亮在词中对抗战与恢复话题展现出不同的情感基调：一为英雄的，一为志士的。胡适在评价陆游文学成就时曾言："和辛弃疾一样，（陆游）也是一个很想做点英雄事业的人，不幸没有做事的机会，故他的诗词很可代表当时的爱国志士的文学。"①此语用来评价陈亮同样适合。陈亮一生布衣，屡次上书而不见

① 胡适：《国语文学史》，文化学社1927年版，第175—176页。

用，一腔热血无处发泄，然其报国壮志终不可泯，故在唱和及送别类咏怀词中对友人抱以极大期望。

如辛弃疾般兼具文韬武略之英雄人物在军事斗争非常激烈、政治环境并不清明的现实中尚且时遭贬抑而不能充分施展平生抱负，如陈亮般一介布衣所能做的似乎仅余声嘶力竭的疾呼及难以抑制的悲愤。面对崇高理想与惨痛现实之间的冲突，借词这一文体抒发壮志难酬的不平之气，表达对朝廷妥协苟安政策之不满，成为辛弃疾与陈亮的共同选择。

辛弃疾在南渡词人基础上，将词的情感世界进一步拓宽，个体人生忧患与民族社会忧患的结合在辛词中更紧密，因而表现也更深刻、更震撼人心。面对群小的嫉妒排挤，他感慨，“长门事，准拟佳期又误。蛾眉曾有人妒。……闲愁最苦”（《摸鱼儿 · 更能消几番风雨》）；面对当权者的压制，他悲愤地痛斥，“曹刘辈，能使我，不为公”，痛苦地自嘲，“但觉平生湖海，除了醉吟风月，此外百无功”（《水调歌头 · 我饮不须劝》）。从“落日胡尘未断，西山塞马空肥”（《木兰花慢 · 席上送张仲固帅兴元》）的表述中，我们能体会到英雄的心在滴血。如此不思进取的朝廷，又怎会重用人才！英雄失路，稼轩只能无奈地仰天长啸：“悲天地，为予窄。”（《霜天晓角 · 赤壁》）稼轩忧愁的不是个人功名利禄的得失，而是国家民族的前途命运。因而，其个人忧患与社会忧患在本质上是统一的。

陈亮一生未曾仕宦，兼其性格豪纵，与稼轩相比，其词在抨击当权者时更少有顾忌。面对朝野上下一味宴安享乐而不以偏安为耻的现实，他大加痛斥：“尧之都，舜之壤，禹之封：于中应有，一个半个耻臣戎。万里腥膻如许，千古英灵安在？”（《水调歌头 · 送章德茂大卿使虏》）面对南宋君臣以长江为天堑鸿沟。可保自身平安的可笑想法，他辛辣地加以嘲讽：“鬼设神施，浑认作，天限南疆北界。”（《念奴娇 · 登多景楼》）面对空谈误国的人士，他毫不隐讳地加以斥责：“向来谋国万事，尽出汝书生。”（《水调歌头 · 和赵周锡》）在龙川词中，少有表达个人忧患苦闷的作品，这与南渡词人生活渐安之后的创作情形有些许相似。这种与稼轩相异而遥承南渡词风的特点，并不能理解为陈亮完全沉浸于国家事业而不计个人得失，毕竟其与辛弃疾的生活背景及成长经历是有差异的，在某种程度上反映了布衣陈亮的一丝尴尬。

辛弃疾与陈亮二人对苟安时局不满、对国家民族前途担忧之情最鲜明地表现在相互唱和的几首《贺新郎》中。二人唱和以紫溪之会后陈亮索词、辛弃疾心有灵犀同时作词为开端。稼轩作《贺新郎·把酒长亭说》以二人友情为中心话题,极表思念之情。而龙川和作《贺新郎·寄辛幼安和见怀韵》一改稼轩词之基调,以感叹岁月蹉跎、时局黑暗开篇,表达了心中的愤懑之情。受龙川词情绪感染,稼轩在第二首《贺新郎》("老大那堪说")中继续表达了二人深厚情谊之后,开始抒发忧愤之情:

> 事无两样人心别。问渠侬、神州毕竟,几番离合?汗血盐车无人顾,千里空收骏骨。正目断、关河路绝。我最怜君中宵舞,道"男儿、到死心如铁。看试手,补天裂"。

天下局势与之前相比并无改观,词人的心境却很不同。稼轩纵想神州分合大势,不由感慨万千。英雄无用武之地,欲极目远望以解忧愁,却发现遥远的北方早已不是赵宋天下。词之末尾,稼轩誓言要同好友一道,擎起英雄巨臂,亲手缝合南北分裂的鸿沟。这正是稼轩人格的伟大之处:在逆境中百折不回,始终保持昂扬的斗志。

陈亮的第二首和作(《贺新郎·酬辛幼安,再用韵见寄》)则延续自己此前的基调,通篇洋溢着不可遏抑的悲愤之情:

> 离乱从头说。爱吾民、金缯不爱,蔓藤累葛。壮气尽消人脆好,冠盖阴山观雪。亏杀我、一星星发。涕出女吴成倒转,问鲁为齐弱何年月?丘也幸,由之瑟。
>
> 斩新换出旗麾别,把当时、一桩大义,拆开收合。据地一呼吾往矣,万里摇肢动骨。这话霸,只成痴绝。天地洪炉谁扇鞴?算于中安得长坚铁!淝水破,关东裂。

词作开篇便对北宋以来实行的向辽国进贡岁币及绢缯政策大加挞伐,讽刺统治者将偏安一隅并向敌国纳贡的屈辱行为美化成"爱吾民"。在朝廷制定的妥协投降政策下,南宋臣民"壮气"消失殆尽,面对金人进逼却不思振作,只知通使求和。国势衰微,汉使赴金除了观赏阴山雪景恐怕难有实质作为。词人等白了头，等来的却是不堪忍受的屈辱现实，故借春秋时期的历史典故警告统治者：一味妥协退让不仅不能保长治久安，甚至偏安一隅亦不可得。开头几句，词人设想若由好友辛弃疾带兵北上，定会开创对金斗争的崭新局面。他甚至设想投奔辛弃疾抗金部队以后一展身手的情景，兴奋期待之情溢于言表。然而词人毕竟是理智的，他迅速地从理想回到现实，冷静中包含着无尽的痛苦和失望。梦想幻灭之后，词人慨叹人生犹如炉中铁，消融殆尽不过是瞬间之事。词作以"淝水破、关东裂"六字作结，寄寓陈亮和辛弃疾的共同心声，将全词基调由悲愤升华为壮志不泯，展现了词人强烈的报国热情。

从辛陈唱和之作可见，稼轩词起初尚较温和，注重刻画二人情谊之深厚；龙川词却斩截痛快，直斥当朝统治者的消极防御政策，致无数仁人志士空有报国壮志而在偏安享乐的苟安环境中逐渐消沉。稼轩抨击时局难免将个人忧患打包入内，展示出一个失路英雄形象；龙川以布衣之身，发言无忌，但其心所系纯在国家命运，展现出的则是一个失意志士形象。不论是英雄失路还是志士失意，两者的形象都带有一定的悲剧性。而这种悲剧性是时代造成的，是南宋统治者的政策造成的。二人在如此恶劣的政治环境中没有彻底沉沦，而依然坚定爱国信念，恢复中原之志始终不泯，更显其精神之伟大。

二、使典用事 语意生新：稼轩词与龙川词用典比较

用典是中国传统诗词的一个显著特点。在诗词中引用历史上的人物或事件，不仅能扩充诗词的容量，更具历史感；还能使诗词的抒情、叙事更加含蓄曲折，增加典雅之美。唐五代词多用白描手法，较少用典。入宋以后，词之案头化倾向渐浓，至苏轼始大量用典，但苏词"犹未至用经用史，牵《雅》《颂》入《郑》《卫》也"①。词至稼轩，则几乎发展至时时处处用典之程度，且典故取材之广，词史中无出其右者。称扬者赞其"驱使庄骚经史，无一点斧凿

---

① 刘辰翁：《辛稼轩词序》，辛更儒：《辛弃疾集编年笺注・附录》，中华书局 2015 年版，第 2256 页。

痕,笔力甚峭”(《词林纪事》引楼敬思语)[①];“辛稼轩别开天地,横绝古今。论、孟、诗小序、左氏春秋、南华、离骚、史、汉、世说、选学、李杜诗,拉杂运用,弥见其笔力之峭”[②]。颇有微词者则称:“放翁、稼轩……时时掉书袋,要是一癖。”[③]有学者按四部分类法统计辛词用典来源情况,具体统计结果为:用经部典故141条,史部典故428条,子部典故404条,集部典故638条。[④] 稼轩词用典取材于集部者最多,取材于史部、子部者大略相当,取材于经部者最少,由此可见稼轩涉猎知识面之广、阅读历代典籍兴趣之浓。

与稼轩相比,龙川词作数量远逊,用典取材范围自然亦显得相对狭窄。由于其自幼好读史书,好谈霸王大略、兵机利害,而不甚喜读经,故其词作用典更多取自史部与子部。如《贺新郎·同刘元实、唐与正陪叶丞相饮》:

> 修竹更深处。映帘栊,清阴障日,坐来无暑。水激泠泠知何许,跳碎危栏玉树。都不系,人间朝暮。东阁少年今老矣,况樽中有酒嫌推去。犹著我,名流语。
>
> 大家绿野陪容与,算等闲,过了薰风,又还商素。手弄柔条人健否?犹忆当时雅趣。恩未报,恐成辜负。举目江河休感涕,念有君如此何愁虏!歌未罢,谁来舞?[⑤]

据姜书阁先生考证,此词为陈亮存词中可考见年代最早者,作于淳熙二年(1175)秋。[⑥] 词虽为侍宴之作,却并未沉吟于逢迎颂扬,而是针对国事有感而发,并结合典故表达对丞相叶衡用心国事、大展雄图的期待之情。词之开篇重在景物刻画,营造出一种清凉幽静的宴饮氛围。继而话锋突转,如此良辰美景“都不系,人间朝暮”,化用晋代文学家傅玄《九曲歌》“岁莫景迈群

---

① 张思岩:《词林纪事》,成都古籍书店1982年版,第310页。

② 吴衡照:《莲子居词话》,唐圭璋:《词话丛编 第43种》,中华书局1986年版,第2408页。

③ 刘克庄:《题刘叔安感秋八词》,《宋集珍本丛刊·后村集》。

④ 蒲芳馨:《辛派词人用典研究》,新疆师范大学2011年版。

⑤ 陈亮:《陈亮集》,河北教育出版社2003年版,第401页。

⑥ 姜书阁:《陈亮龙川词笺注》,人民文学出版社1980年版,第5页。

光绝，安得长绳系白日”之意，表达时不我待之感。“东阁”用《汉书·公孙弘传》故事①，代指叶衡，而“东阁少年”无疑是作者自况。作为不入宦籍的年轻后辈，陪丞相宴饮本是莫大荣幸，词人竟然“樽中有酒嫌推去”，在常人看来此举实属严重失礼。况陈亮此时刚迈入而立之年，竟在席间悲慨“今老矣”，岂不大煞风景！词人此番“失态”，必有一番缘由。换头几句，词人以季节转换再次表达时光易逝之悲。“绿野”为唐宪宗时宰相裴度所建别墅之名，白居易、刘禹锡等文士曾在此作诗酒之会②，陈亮在此以白、刘自拟，兼赞叶衡集贤之雅趣。“薰风”则用《史记·乐书》所载舜歌《南风》之典③，点明时节。叶衡丞相对陈亮有私恩，故陈亮内心对叶氏深为感激，又因无以为报、空自蹉跎而深感焦虑。词之结尾，“举目江河休感涕”再用《世说新语》中过江诸人在新亭集会中空自慨叹“风景不殊，正自有山河之异”而流泪之典，呼应上半阕结尾的“犹著我，名流语”，表示孝宗、叶衡等君臣绝非新亭对泣之辈，有其在则何愁金人不灭！将侍宴之作写得如此感奋淋漓、催人奋进，确乎为陈亮所擅长。

此词属陈亮早期作品，已经呈现出鲜明的用典倾向。其所用之典，出自《史记》《汉书》《旧唐书》《世说新语》等，正是陈亮喜读史书、对忠君爱国话题尤感兴趣的鲜明体现。而随着学问的日益精进，其善用历史典故的特点在晚年更趋明显，尤其体现在其与稼轩相互唱和的几首《贺新郎》中。兹以《贺新郎·怀辛幼安用前韵》为例：

话杀浑闲说。不成教、齐民也解，为伊为葛？尊酒相逢成二老，却忆去年风雪。新著了、几茎华发。百世寻人犹接踵，叹只今、

---

① 《汉书·公孙弘传》：“弘……起徒步，数年至宰相封侯，于是起客馆，开东阁以延贤人，与众谋议。”“东阁”遂代指宰相招致、款待宾客之地。

② 《旧唐书·裴度传》：“自是，中官用事，衣冠道丧。度……于午桥创别墅，花木万株，中起凉台暑馆，名曰绿野堂。……与诗人白居易、刘禹锡酣宴终日，高歌放言，以诗酒琴书自乐，当时名士，皆从之游。”

③ 《史记·乐书》：“昔者舜作五弦之琴，以歌《南风》。”裴骃《史记集解》：“王肃曰：‘《南风》，育养民之诗也。其辞曰：南风之薰兮，可以解吾民之愠兮。’”司马贞《史记索隐》已指出《南风》之歌辞实出《尸子》及《家语》。

两地三人月。写旧恨,向谁瑟?

男儿何用伤离别!况古来、几番际会,风从云合。千里情亲长晤对,妙体本心次骨。卧百尺高楼斗绝。天下适安耕且老,看买犁卖剑平家铁。壮士泪,肺肝裂。

此作延续陈亮前两首和作的基调,同样充满空度岁月的愤恨与对朝廷偷安的强烈不满,使典用事却使人不觉。由于此词已是和稼轩的第三首作品,因而开篇便忧愤满怀地发出怨言:话已说尽却等于白说。为何?词人暂时并未明言,而是为下文埋下伏笔。如千古名相伊尹、诸葛亮之辈所成就的功业,一般平民又岂能理解?朝廷北伐遥遥无期,自己及好友却日渐老去。念及此,怎不忧惧万端!"华发"语出《墨子》"华发隳颠,而犹弗舍者,其唯圣人乎",意指白发。"新著了,几茎华发"意谓自从去年一别,年龄又老去一岁,而二人忧国忧民之思始终未曾衰减,故而白发渐多。"百世寻人犹接踵",化用《战国策》语意[①],赞稼轩为千载难遇之才。"两地三人月"则活用李白《月下独酌》"举杯邀明月,对影成三人"语意,形容辛陈二人友情之浓厚及分别之痛苦。换头几句抛却感伤情绪,谓男儿志在四方,无须为离别而伤感。二人虽远隔千里,然相慕情深,犹如时常晤面,故能互知对方心思。"卧百尺高楼斗绝"用《三国志》刘备责许汜之典,影射只为个人打算而不顾国家安危之人。[②]"买犁卖剑"则用《汉书》典故讽刺统治者苟且偷安[③],抒发自己及好友空有报国壮志而无处施展的愤恨之情。

此词用典取自《战国策》《汉书》《三国志》等史书(《战国策》为史、子结合著作),同陈亮早年作词用典多取史、子的风格并无明显变化。这一特点在

① 《战国策·齐策三·淳于髡一日而见七人于宣王》:"千里而一士,是比肩而立;百世而一圣,若随踵而至也。"

② 《三国志·陈登传》:"许汜与刘备并在荆州牧刘表坐,表与备共论天下人,汜曰:'陈元龙湖海之士,豪气不除。'……备问汜:'君言豪,宁有事邪?'汜曰:'昔遭乱过下邳,见元龙。元龙无客主之意,久不相与语,自上大床卧,使客卧下床。'备曰:'君有国士之名,今天下大乱,帝主失所,望君忧国忘家,有救世之意,而君求田问舍,言无可采,是元龙所讳也,何缘当与君语?如小人,欲卧百尺楼上,卧君于地,何但上下床之间邪?'"

③ 《汉书·龚遂传》:"民有带持刀剑者,使卖剑买牛,卖刀买犊。"此为龚遂劝民务农桑之举,陈亮反用其意。

陈亮其他词作中同样有所体现，详见表1（黑体部分为用典之处）。

表1　龙川词用典情况

篇名	用典语句	出处	原典
念奴娇·送戴少望参选	归来何事？**眼光**依旧生碧	子部《乘异记》	陶谷不贿吏而眼睛变深碧（鬼眼）
蝶恋花·甲辰寿元晦	**五湖**却共繁华老	史部《国语·越语下》	范蠡乘轻舟浮于五湖
水调歌头·和吴允成游灵洞韵	本无心，随所寓，**触虚舟**。**东山始末**，且向灵洞与沉浮	子部《庄子》	虚船触舟，虽有惼心之人而不怒
		史部《晋书》	东山之志，始末不渝
念奴娇·至金陵	**邓禹笑人**无限也，冷落不堪惆怅	史部《南齐书》	王融夜叹“邓禹笑人”
念奴娇·登多景楼	因笑王谢诸人，登高怀远，也学英雄涕	子部《世说新语》	过江诸人新亭对泣
	正好长驱，不须反顾，寻取**中流誓**	史部《晋书》	祖逖中流击楫而誓
贺新郎·寄辛幼安，和见怀韵	神奇臭腐	子部《庄子》	神奇、臭腐互化
	夏裘冬葛	子部《淮南子》	冬日之葛，夏日之裘，无用于己
	后死无仇可雪。犹未燥当时生发	史部《宋书》	宋文帝欲取河南故地，魏太武帝拓跋焘怒曰：“我生头发未燥，便闻河南是我家地。”
	但莫使伯牙弦绝	子部《吕氏春秋》	钟子期死，伯牙绝弦而不复鼓，以悼知音
贺新郎·酬辛幼安，再用韵见寄	涕出女吴成倒转	经部《孟子》	齐景公涕出而女于吴
	问**鲁为齐**弱何年月	经部《春秋左传》	齐陈恒弑君，孔子请伐齐，鲁哀公云：“鲁为齐弱久矣。”
	天地洪炉谁扇鞴	子部《庄子》	天地为炉，造化为工
瑞云浓慢·六月十一日寿罗春伯	共道月入**怀中**最贵	子部《搜神记》	孙坚夫人吴氏，孕而梦月入怀
	植根江表，开拓两河，做得**黑头公**未	子部《世说新语》	王导谓诸葛恢“明府当为黑头公”（指少年而居高位者）

续　表

篇名	用典语句	出处	原典
水调歌头·和赵周锡	安识鲲鹏变化？九万里风在下，如许上南溟。斥鷃旁边笑，河汉一头倾	子部《庄子》	北冥有鱼，其名为鲲。化而为鸟，其名为鹏。……是鸟也，海运则将徙于南冥
洞仙歌·追次李元膺韵	梦高唐人困	集部·宋玉《高唐赋》	楚襄王游高唐，梦巫山神女
	似蓬山去后，方士来时，挥粉泪、点点梨花香润。断送得、人间夜霖铃，更叶落梧桐，孤灯成晕	集部·白居易《长恨歌》	唐玄宗与杨玉环爱情故事
南歌子	谁家三弄学元戎	史部《晋书》	桓伊三弄献王子猷
七娘子·三衢道中作	风流家世传张绪	史部《南史》	南朝齐武帝赞太昌灵和殿之柳："此杨柳风流可爱，似张绪当年时。"
	蜀郡归来	史部《史记》	司马相如，蜀郡成都人。梁孝王卒，相如归，家贫，无以自业
	荆州老去	史部《三国志》	（王粲）之荆州依刘表。表以粲貌寝而体弱通侻，不甚重也

可以看出，龙川作词用典多取史部、子部著作，偶用集部之典，取自经部著作的典故则极少。从题材角度而言，其所作咏物词、祝颂词、羁旅词、艳情词、写景词、闺情词、节序词、闲愁词等风格隽逸，用典较少，与其悲歌慷慨、频繁用典的政治咏怀词风格迥异。龙川的用典数量与频率自难比肩稼轩，这固然有两人词作数量相差悬殊的缘故，而词人创作喜好的不同亦是重要原因。稼轩用典最爱集部，兼好史、子；而龙川对史、子著作尤为偏好，对经、集两部所采甚少。从此角度而言，稼轩的文人身份相对更纯粹，龙川以志士身份投入文学创作在此得到进一步确证。

对于稼轩与龙川词中的用典情况，宋末词人刘辰翁给予了判然有别的评价。对于稼轩词用典，他称赞曰："横竖烂漫，乃如禅宗棒喝，头头皆是。又如悲笳万鼓，平生不平事，并尽卮酒，但觉宾主酣畅，谈不暇顾，词至此亦足矣。”而对龙川词用典，他则奚落道：“陈同甫效之，则与左太冲人群嫗相似，亦无面而返。”[①]用语极尽刻薄。龙川词之所以受到后人如此鄙夷，与其散文化及口语化作词倾向有莫大关系，这是李清照深恶痛绝的，却恰恰是稼轩一派“发扬光大”的作词传统。

三、“以文为词”：稼轩与龙川创作方式比较

“以文为词”是以辛弃疾为代表的辛派词人的整体性创作特征。与该特征相伴生的散文化及口语化作词倾向，对词史发展产生了深远影响，亦引发了后世词评家的诸多论争。正如李静先生所说，“以文为词”的影响波及整个乾淳词坛，是乾淳词坛词人的共同选择。只是这种特征在某些词人那里表现得十分明显，而在另外一些词人那里并不显见。[②] 作为辛派词人的中坚，辛弃疾与陈亮将“以文为词”的创作方式发挥得淋漓尽致。而对此种创作方式取得的效果，历代学者表现出明显褒贬不一的态度。

辛弃疾辞世后不久，陈模在《论稼轩词》中称，稼轩词《贺新郎》（绿树听鹈鴂）及《沁园春》（杯汝来前）“乃是把古文手段寓之于词”，并赞潘牥“东坡为词诗，稼轩为词论”之说“固当”[③]，明确指出稼轩以作文手段作词，成为“以文为词”这一词学批评史重要概念的滥觞。陈模、潘牥皆为宋理宗时人，去稼轩生活时代未远，二人对稼轩词的概括评论得到后世众多学者的认同与引用。如明人毛晋曰：“宋人以东坡为词诗，稼轩为词论，善评也。”[④]陆侃如、冯沅君《中国诗史》云：“论者曾说苏词是‘词诗’，辛词是‘词论’，这是很恰切的评语。所谓‘词论’者，便是以散文的作法来写词。”[⑤]程千帆先生则说：“苏

---

① 刘辰翁：《辛稼轩词序》，辛更儒：《辛弃疾集编年笺注·附录》，中华书局2015年版，第2256—2257页。

② 李静：《略论“以文为词”》，《北京大学学报》（哲学社会科学版）2005年第2期。

③ 陈模：《论稼轩词》，辛更儒：《辛弃疾集编年笺注·附录》，中华书局2015年版，第2255—2256页。

④ 毛晋：《跋宋六十名家词本稼轩词》，辛更儒：《辛弃疾集编年笺注·附录》，中华书局2015年版，第2259页。

⑤ 陆侃如、冯沅君：《中国诗史》，百花文艺出版社1999年版，第557页。

轼是以诗为词……辛弃疾是以文为词。”①“以文为词”的概念表述自此被明确提出。

李静先生在《略论“以文为词”》一文中将“以文为词”概括为两个大的方面:“以文法为词”及“以文气为词”。其中,“以文法为词”又包括两个层面:外在结构和内在结构。外在结构的变化主要表现为音律及话语形式的改变;内在结构的变化则主要表现为叙事性特征的凸显。金国正《南宋孝宗词坛研究》一文将辛词的“以文为词”分为三个层面:以文句入词、以文法入词、以文气入词②,总体沿袭了李文的论述框架。

陈亮的政治咏怀词对后世影响较大,其词所论时事往往可以与他的政论文相互印证,故有学者称:“如果说辛弃疾是以文为词,那么,陈亮几乎可以说是‘以词为文’。强烈的现实针对性、鲜明的政治功利性和纵横捭阖的议论性构成了陈亮词最突出的特点。”③这主要是就陈亮的政治咏怀词进行立论的,这部分词作“以气势见长,往往直抒胸臆,语言斩截痛快,风格雄放恣肆”。而辛弃疾的“以文为词”,同样主要体现在其豪放之作中。故而可以说,以议论入词、语言纵横恣肆、充满飞动气势,是辛弃疾与陈亮共同的创作倾向。

辛弃疾援散文笔法为词,增强了词作的叙事性与议论性,开拓了词体的表现力,历来称扬之声不断。如《水调歌头·舟次扬州和杨济翁周显先韵》:

落日塞尘起,胡骑猎清秋。汉家组练十万,列舰耸层楼。谁道投鞭飞渡,忆昔鸣髇血污,风雨佛狸愁。季子正年少,匹马黑貂裘。

今老矣,搔白首,过扬州。倦游欲去江上,手种橘千头。二客东南名胜,万卷诗书事业,尝试与君谋。莫射南山虎,直觅富民侯。

此词乃淳熙五年(1178)夏秋之交稼轩自大理少卿调任湖北转运副使途中泊扬州时所作。上阕主要追忆绍兴三十一年(1161)宋金采石之战的激烈

① 程千帆:《辛词初论》,《武汉大学人文科学学报》1957年第1期。

② 金国正:《南宋孝宗词坛研究》,华东师范大学2006年,第191—199页。

③ 袁行霈:《中国文学史(第三卷)》,高等教育出版社1999年版,第168页。

场面。首二句描绘金兵动地而来的嚣张气势，三、四两句则以宋军舟舰列江的赫赫军威，暗喻己方必胜之战局。下面三句，稼轩用苻坚夸口投鞭断流而致惨败、匈奴冒顿弑父自立、北魏太武帝拓跋焘侵刘宋受挫后死于宦官之手等典故，寓金主完颜亮战败后为部将所杀之下场。上阕结尾，词人以战国著名纵横家苏秦自喻，言当年曾黑裘匹马驰骋疆场。重在铺叙的叙事手法及灵活的散文化句式，使词之上阕呈现出乐观昂扬、意气风发的英雄精神。下阕主要抒发英雄失路的悲慨及思归田园的愿景。过片“今老矣，搔白首，过扬州”，纯用散文句式，透露出壮志难酬、年华虚度的无限怅惘。既已报国无门，词人感慨不如“去江上，手种橘千头”，从而离开这个让人看不到希望的朝廷。此词为和作，故词人最后以周济翁、杨显先二人角度着眼，劝其莫做李广之类的战场“飞将军”，而应做和乐安详的太平官，这显然是以反语讽刺朝廷不思北伐的苟安行径。因而，下阕充满无限悲凉之感与失意之情。此作虽用典较多，却因感情恣肆、句式灵活而毫无涩滞之感。值得指出的是，散文化、口语化的运用，并未影响词作的声律之美。稼轩此词的声律基本符合“水调歌头”词牌的声韵要求。其平仄及用韵具体情形如下：

落日塞尘起（中中中中仄 句），胡骑猎清秋（中仄仄平平 韵）。汉家组练十万（中平平仄中中 句），列舰耸层楼（平仄仄平平 韵）。谁道投鞭飞渡（中仄中平中仄 句），忆昔鸣髇血污（中仄中平中仄 句），风雨佛狸愁（中仄仄平平 韵）。季子正年少（中中中平仄 句），匹马黑貂裘（中仄仄平平 韵）。

今老矣（中中中 句），搔白首（中中仄 句），过扬州（仄中平 韵）。倦游欲去江上（中平中仄中仄 句），手种橘千头（中仄仄平平 韵）。二客东南名胜（中仄中平中仄 句），万卷诗书事业（中仄中平中仄 句），尝试与君谋（中仄仄平平 韵）。莫射南山虎（中仄中平仄句），直觅富民侯（中仄仄平平 韵）。[①]

---

① 按“水调歌头”词牌共有八种格式，稼轩此词格式为：双调九十五字，前段九句四平韵，后段十句四平韵。文中分析乃按康熙《钦定词谱》校验之结果，上阕“组”与“列”二字失律；若按龙榆生《唐宋词格律》校验，则上阕“十”字、下阕“手”字失律。

可以看出，稼轩此作虽散文化及口语化特点明显，然文气灌注其间，感情充沛，且声韵基本合律，从而形成了气韵飞动、沉郁顿挫之效果。

与稼轩作词既善叙事又长于议论相比，龙川"以文为词"更多地体现为以议论为词，这与其"陈经济之怀"的创作追求和"议论风生"的创作才能是分不开的。同时，在口语化入词方面，龙川显然比稼轩有过之而无不及。与此相应，其对声律方面的追求相较稼轩亦更为放松。龙川词名篇《水调歌头·送章德茂大卿使虏》及与稼轩唱和的三首《贺新郎》鲜明体现了"以文为词"、长于议论的创作风格，而其他词作在"以文为词"方面同样有突出的体现。如《念奴娇·送戴少望参选》：

西风带暑，又还是、长途利牵名役。我已无心，君因甚，更把青衫为客？邂逅卑飞，几时高举，不露真消息。大家行处，到头须管行得。

何处寻取狂徒？可能著意，更问渠侬骨。天上人间，最好是、闹里一般岑寂。瀛海无波，玉堂有路，稳著青霄翼。归来何事？眼光依旧生碧。①

此词为淳熙五年(1178)陈亮送戴溪参吏部选官之试而作。散文句法及副词的大量运用，使作品颇似赠别对话而较少词之韵味。在声律格式方面，此词双调一百字，前后段各十句、四仄韵。依《钦定词谱》，词中"是""途""因""最"四字皆不合词调平仄要求，下阕第一韵"骨"字则错用韵部。从词之内容看，陈亮此时由于对科举前途心灰意冷，其对临别之际的友人表现出颇为矛盾的心态：既对其锐意仕进有一丝不解(或曰有些许嫉妒)，又希望其此番赴试能青云得志。然若以词的本体特征为衡量标准，此作或仅能列下品。

陈亮的"以文为词"不仅体现在咏怀词中，在寿词中表现同样明显。陈亮所作寿词约有13首，这对词作数量并不多的陈亮而言已然是一个不小的

① 陈亮：《陈亮集》，河北教育出版社2003年版，第402页。

数目。由于祝寿对象多为亲朋故旧，感情表达相对轻松随意，故寿词中运用散文笔法及口语更为常见。如《瑞云浓慢·六月十一日寿罗春伯》：

蔗浆酪粉，玉壶冰醑，朝罢更闻宣赐。去天咫尺，下拜再三，"幸今有母可遗"。年年此日，共道月入怀中最贵。向暑天，正风云会遇，有恁嘉瑞。

鹤冲霄，鱼得水。一超便直入神仙地。植根江表，开拓两河，做得黑头公未？骑鲸赤手，问如何长鞭尺箠？向来王谢风流，只今管是。①

此词为"瑞云浓慢"词牌所仅见之宋词作品。据姜书阁先生考证，此首寿词或作于绍熙四年(1193)六月，时罗点为兵部尚书。词作几乎通体采用散文句式。首二句渲染寿宴上饮品之清凉，与盛夏时节恰成鲜明映照。继而笔锋转向主人公——"寿星"罗点，以叙事手法，并引用《左传》颍考叔谏郑庄公与母和好如初之典，赞罗点事母至孝。罗点此时身居高位，且老母犹存，故陈亮以"月入怀中"之典兼赞罗母之贤。上阕结尾，言点得光宗垂爱，必将风云际会、扶摇直上。过片承前意，表示对罗点美好前程之祝愿，同时期待其在中兴事业方面有一番成就。若其大显身手，不管金人如何骄横自大亦不能奈宋何。当年王谢风流，成中兴之业，罗点可以与其媲美，于此可见陈亮对罗点、对恢复中原期待之高。

散文句法及口语入词，在一定程度上能增强词体的表现力，使词不局限于声律的严格束缚，有利于充分表达词人的情感。但不可否认的是，过多地运用散文句式或口语，必然会削弱词之美感。"以文为词"的作品，其外在形式终究是词，而不是文，若掌握不好尺度，只会落得一个非文非词之境地。稼轩虽然喜好"以文为词"，但毕竟对声律较为重视，且由于其作词数量甚多，那些"以文为词"并不成功的作品仅占少数；龙川虽然口头上重视声律，其词作却往往并未践行这一主张，词中散文化、口语化过重的语句所在多有，在其为数不多的词作中显得相当"醒目"。如：

---

① 陈亮：《陈亮集》，河北教育出版社2003年版，第405页。

许大乾坤这回大。向上头些子，是雕鹗抟空，篱底下，只有黄花几朵。(《洞仙歌·丁未寿朱元晦》)

怎生诉？欲待细与分疏，其如有凭据。包裹生鱼，活底怎遭遇！(《祝英台近·六月十一日送叶正则如江陵》)

算从头、有多少厚德阴功，人家上、一一旧时香案，瞧经惯。……莫也教、公子王孙眼见！这些儿、颖脱处，高出书卷。经纶自入手，不了判断。(《彩凤飞·十月十六日寿钱伯同》)

世间万宝都成，些儿无欠，只待与黄花为地。好招致。对此郁郁葱葱，新篘未成醉。翻手为云，造物等儿戏。(《祝英台近·九月一日寿俞德载》)

猛认得，些儿合处，不堪持献君侯。(《汉宫春·梅》)

承平当日开多少，笙歌何限，是甚人人！(《暮花天·芍药》)

都缘是，此君小异，费他万种消详。(《汉宫春·见早梅呈吕一郎中郑四六监岳》)

散文化及口语化语句的大肆运用，客观上破坏了词的韵律美感，甚至增加了读者的理解难度，对词体的发展实际是起了消极的作用。今人邱世友在评论苏轼词时曾言："从这历史辩证发展观看，他的部分词疏于声律，成为'句读不葺之诗'，是不必厚非的。但在理论上和创作原则上却不应该肯定，更不应该提倡，因它使词非词化。所谓'曲子中缚不住者'，对词的发展并不起积极作用。"①从声律角度看，稼轩与龙川比苏轼对词体特征的违背程度更大。若易安在世，二人恐亦难逃其批评。因而，有当代学者提出"以文为词"创作和批评标尺的限度："以文为词，应在保持词的艺术特性和艺术风貌的基础上、吸取古文诗赋之菁华，扩大词体文学的表现范围，增强词体的艺术表现力……'以文为词'，只能是'把古文手段寓之于词'，而不是'词文合

① 邱世友：《词论史论稿》，人民文学出版社2002年版，第13页。

流’。”①此论可谓中的。稼轩、龙川“以文为词”的创作手法确在词史上形成了较大影响，也对词体的开拓起过一定的积极作用，然从词史发展大势看，此种创作手法对词的本体特征的破坏直接开启了词家中粗豪叫嚣一派。稼轩以其才力尚能有所节制，然后人学之便不免东施效颦。陈廷焯评价几与稼轩颉颃的陆游词时尚颇为苛刻：“无稼轩才力，无稼轩胸襟，又不处稼轩境地，欲于粗莽中见沉郁，其可得乎。”②宋末辛派词人在其眼中自然更难比肩稼轩。相对而言，龙川词作中真正具有较高艺术价值的恰恰是那些婉约清新、语言天成的作品，如咏物词、羁旅词、艳情词、闺情词等。这些词作放诸婉约词家作品中亦不显逊色，只不过历来论者多留意其政治咏怀词而忽略其婉约词作，甚至热烈推许其“以文为词”之手法，不能不说是一个误区。

① 徐安琪：《论辛弃疾的以文为词》，刘庆云、陈庆元：《稼轩新论》，海风出版社 2005 年版，第 261 页。

② 陈廷焯：《白雨斋词话》，上海古籍出版社 2009 年版，第 28 页。

论陈亮的重商思想与促进民营经济发展

杭州市社会科学院经济研究所助理研究员
刘　航

陈亮(1143—1194),字同甫,世称龙川先生,婺州永康(今浙江永康)人,南宋著名思想家,是浙东事功学派代表人物、永康学派创始人。陈亮既倡事功学说,故其一生执着于建功立业,但终无机会,在状元及第次年就因病丧生。但其思想却在中国历史长河中留下了深刻印迹。陈亮主要生活在南宋孝宗时期,彼时南宋朝廷正处于变局后的喘息之中。北宋因"靖康之变"覆亡,南宋高宗赵构同官僚士夫南下,在杭州建行在以延续宋政权,与此同时,跟随宋政权南来的还有大量北方百姓,于是以杭州为中心的两浙地区就成为人口集中地带。1141年宋金绍兴和议,1165年宋金隆兴和议,使南宋基本处于和平安定的环境之中。在这样社会较为安定、人口较为繁盛的地区,生齿日繁,人地矛盾问题也日益突出,陈亮就说:"士之萃于吴越者肩摩袂错,欲锄无田、欲樵无山者十五六。"①客观形势迫使人们不得不开展商品经济活动,以解决人地矛盾、满足人们的生存需要,也就产生了不少善于经营的富人及大地主等。这样的社会经济基础也就成为浙东事功学说发展的土壤。朱熹就直指"浙学却专是功利"②,这虽是批评的话,但无疑也说明了"浙学"的特点,而陈亮正是其中代表人物。特别是在王霸义利这一中国思想史上的重大问题上,陈亮与朱熹持续近三年的论辩,影响深远,叶适称"朱公元晦意有不与而不能夺也"③。这场论辩也使陈亮超越了中国传统经济思想中的伦理财富观,为其重商思想奠定了哲学基础。

---

① 陈亮:《陈亮集》,上海古籍出版社2022年版,补遗《送友人游武林序》第445页。

② 黎靖德编,王星贤点校:《朱子语类》,中华书局1986年版,第2967页。

③ 陈亮:《陈亮集》附录"书龙川集后",上海古籍出版社2022年版,第457页。

一、朱陈之辩:陈亮对传统伦理财富观的超越

中国传统经济思想中的财富观具有鲜明伦理倾向,也就是从伦理的角度去分析经济活动。对后世影响深远的孔子不仅"罕言利"①,而且在财富观上指出,"君子喻于义,小人喻于利""放于利而行,多怨"②,"不义而富且贵,于我如浮云"③。很明显,在义利关系上,孔子是把道德伦理放在首位的,财富则是次要的。由于儒家思想一直是中国古代社会的官方思想,道德伦理居于首位的财富观也成为中国古代经济思想的主流。到南宋朱熹更是发展出理学思想并成为当时的"显学"。陈亮在朱陈论辩之后回忆当时理学风靡的情况,说:"绍兴辛巳、壬午之间……道德性命之学亦渐开矣。又四五年,广汉张栻敬夫,东莱吕祖谦伯恭,相与上下其论,而皆有列于朝。新安朱熹元晦讲之武夷,而强立不反,其说遂以行而不可遏止。齿牙所至,嘘枯吹生,天下之学士大夫贤不肖,往往系其意之所向背,虽心诚不乐而亦阳相应和。"④而朱熹在义利方面的核心思想就是"圣贤千言万语,只是教人明天理、灭人欲"⑤。反映到财富观上面,就是天理第一,道德伦理第一。而陈亮是不服理学思想的,其称"若余非不愿附,而第其品级不能高也"⑥。陈亮认为,"利之所在,何往而不可为哉"⑦。肯定人欲功利之价值。

就在陈亮因事系狱获释之际,朱熹写给陈亮一封信,揭开了双方有关王霸义利的论战序幕。争论是从双方对上古三代、汉唐历史评价切入,进而进入哲学层面、历史观层面的深层次探讨,其中陈亮对于义利观的认识,足以成为其重商思想的哲学基础。在这封信中,朱熹建议陈亮:"绌去义利双行、王霸并用之说,而从事于惩忿窒欲、迁善改过之事,粹然以醇儒之道自律,则

---

① 杨伯峻译注:《论语译注》,中华书局 2009 年版,第 85 页。
② 杨伯峻译注:《论语译注》,中华书局 2009 年版,第 37 页。
③ 杨伯峻译注:《论语译注》,中华书局 2009 年版,第 69 页。
④ 陈亮:《陈亮集》卷三六"钱叔因墓碣铭",上海古籍出版社 2022 年版,第 407 页。
⑤ 《朱子语类》卷一二"学六 持守",中华书局 1986 年版,第 207 页。
⑥ 陈亮:《陈亮集》卷三六"钱叔因墓碣铭",上海古籍出版社 2022 年版,第 407 页。
⑦ 陈亮:《陈亮集》卷一二"四弊",上海古籍出版社 2022 年版,第 120 页。

岂独免于人道之祸，而其所以培壅本根，澄源正本，为异时发挥事业之地者，益光大而高明矣。”①朱熹将陈亮之思想总结为“义利双行、王霸并用”，并从自身“存天理、灭人欲”的观点出发，建议陈亮摒弃义利双行，要其只行仁义作醇儒。

陈亮则在复信中反驳朱说：“近世诸儒，遂谓三代专以天理行，汉唐专以人欲行，其间有与天理暗合者，是以亦能久长。信斯言也，千五百年之间，天地亦是架漏过时，而人心亦是牵补度日，万物何以阜蕃，而道何以常存乎？故亮以为：汉唐之君，本领非不洪大开廓，故能以其国与天地并立，而人物赖以生息。惟其时有转移，故其间不无渗漏。……谓之杂霸者，其道固本于王也。诸儒自处者曰义曰王，汉唐做得成者曰利曰霸，一头自如此说，一头自如彼做；说得虽甚好，做得亦不恶。如此却是义利双行、王霸并用。如亮之说，却是直上直下，只有一个头颅做得成耳。”②在这里，陈亮一则认为汉唐也是行“王道”，如果汉唐行的是“霸道”，仅仅是因为与“天理暗合”，所以才有功业，那“道何以常存乎”；二则认为自己“却是直上直下，只有一个头颅”并非“义利双行、王霸并用”，也就是说其认为汉唐就是“王道”，只不过“时有转移，故其间不无渗漏”。一言以蔽之，陈亮认为义利是统一的，而朱熹一面说三代行“王道”、汉唐行“霸道”，“霸道”在他们眼里是不会有功业的，但汉唐显然有功业，于是就又解释称这为与“天理暗合”，这才是“义利双行、王霸并用”。

朱熹对此回信并从动机论出发，反驳陈亮，称汉唐乃是“出于人欲”“假仁借义以行其私”③，故其必然是霸道的、功利的。陈亮则称，“至于以位为乐，其情犹可以察者，不得其位，则此心何所从发于仁政哉？以天下为己物，其情犹可察者，不总之于一家，则人心何所底止？自三代圣人固已不讳其为家天下矣”④。陈亮认为，朱熹所说的所谓三代天理，也是有人欲在其中的。三代同汉唐一样也有人欲，为什么就说三代实行的是“王道”、只有“天理”？陈亮就此认为，汉唐虽然也有人欲，但也是行王道仁义。这样，陈亮就清晰

---

① 陈亮：《陈亮集》卷二八“〔附〕寄陈同甫书四”，上海古籍出版社2022年版，第306页。
② 陈亮：《陈亮集》卷二八“又甲辰秋书”，上海古籍出版社2022年版，第289—290页。
③ 陈亮：《陈亮集》卷二八“〔附〕寄陈同甫书六”，上海古籍出版社2022年版，第307页。
④ 陈亮：《陈亮集》卷二八“又乙巳春书之一”，上海古籍出版社2022年版，第295页。

地指出了天理人欲并不矛盾，天理人欲可以并行，义利可以统一，充分肯定了人欲的重大价值。

朱熹再次回信并总结陈亮之说，“但有救时之志，除乱之功，则其所为虽不尽合义理，亦自不妨为一世英雄”①，并批评陈亮是以结果论是否为仁义为王道，并继续重复“汉唐之君虽或不能无暗合之时，而其全体却只在利欲上”②。陈亮则继续辩驳：“秘书以为三代以前都无利欲，都无要富贵底人，今《诗》《书》载得如此净洁，只此是正大本子。亮以为才有人心便有许多不净洁，革道止于革面，亦有不尽概圣人之心者。圣贤建立于前，后嗣承庇于后，又经孔子一洗，故得如此净洁。秘书亦何忍见二千年间世界涂涴、而光明宝藏独数儒者自得之，更待其有时而若合符节乎？”③确认人欲的价值。

通过这场王霸义利之辨，陈亮建立了义利统一的思想，重视对功利人欲的认识，其财富观当然也会突破传统的伦理道德第一。“夫道，非出于形气之表，而常行于事物之间者也。”“夫喜、怒、哀、乐、爱、恶，所以受形于天地而被色而生者也，六者得其正则为道，失其正则为欲。……人君居得致之位，……安能保事事物物之得其正哉！”“夫道岂有他物哉，喜、怒、哀、乐、爱、恶得其正而已；行道岂有他事哉，审喜、怒、哀、乐、爱、恶之端而已。”④也就是说，义理就在利欲之中，利欲“得其正”就体现了道、体现了义理。由此引出，“行道”即是行六欲而已。这样，在义利关系，即伦理与财富的关系方面就实现了义利的统一，也就超越了中国传统经济思想中的伦理第一、财富第二的观念。

二、农商一事：陈亮重商思想的建构

（一）提升商业地位

中国传统经济思想的一个共性特点是“重本抑末”、重农轻商。而且，从

① 陈亮：《陈亮集》卷二八“〔附〕寄陈同甫书八”，上海古籍出版社 2022 年版，第 310 页。

② 陈亮：《陈亮集》卷二八“〔附〕寄陈同甫书八”，上海古籍出版社 2022 年版，第 310 页。

③ 陈亮：《陈亮集》卷二八“又乙巳秋书”，上海古籍出版社 2022 年版，第 300 页。

④ 陈亮：《陈亮集》卷九“勉强行道大有功”，上海古籍出版社 2022 年版，第 85—86 页。

商鞅开始，抑商还成为国家的现实政策。历代王朝以农业生产为根本，这当然是符合我国古代的自然经济形态的，但是在这一“重本抑末”基本政策之外，仍有重商的支流。从先秦汉魏的管桑之术一直到南宋的陈亮都有重商的思想主张。南宋时期，因社会安定，人口繁多，商品经济得到发展。在这种环境之下，也就产生了陈亮对商业价值的新认识，“古者官民一家也，农商一事也。上下相恤，有无相通，民病则求之官，国病则资诸民。商藉农而立，农赖商而行，求以相补，而非求以相病，则良法美意何尝一日不行于天下哉”①。陈亮将农商并立，突破了古代“重本抑末”思想的束缚。归结起来，陈亮认为，一是商业与农业拥有同等地位，陈亮并不是反过来“重末抑本”，而是“农商一事”，既重本又重末。二是农业与商业应融合发展，即“农商互藉”。近千年之前就有产业融合的思想认识，不得不说是卓有眼光的。

另外，陈亮本人是不鄙夷从事商业活动的人的，甚至自己就直接从事商业活动。陈亮在给吕祖谦的信中说：“亮本欲从科举冒一官，既不可得，方欲放开营生，又恐他时收拾不上。”②吕祖谦是陈亮好友，被陈亮视为“海内知我者惟兄一人”，因此，在陈亮生活困顿之时对陈亮多有宽慰，陈亮也因此向吕祖谦表达上述纠结的心理，但也从侧面说明，陈亮本人对“放开营生”从事商业活动没有什么排斥。陈亮在给石天民的信中也说：“亮为士、为农、为商，皆踏地未稳，天之困人，宁有穷已乎！”③这也说明，陈亮是有经商活动的。陈亮在给朱熹的信中提到自己曾和吕祖谦说过：“亮口诵墨翟之言，身从杨朱之道，外有子贡之形，内居原宪之实。”④子贡，名端木赐，是孔子学生，经营商业颇为成功，被司马迁列入《史记·货殖列传》，称其“既学于仲尼，退而仕于卫，废著鬻财于曹、鲁之间，七十子之徒，赐最为饶益”。陈亮既以“外有子贡之形”自比，可知其亦经营商业。

(二)赞扬致富并支持工商业发展

陈亮从青年时期就受知于周葵(时任集英殿修撰知婺州)，成为周的门

---

① 陈亮:《陈亮集》卷一二“四弊”，上海古籍出版社2022年版，第119页。

② 陈亮:《陈亮集》卷二七“与吕伯恭正字”，上海古籍出版社2022年版，第274页。

③ 陈亮:《陈亮集》卷二九“与石天民”，上海古籍出版社2022年版，第335页。

④ 陈亮:《陈亮集》卷二八“又甲辰秋书”，上海古籍出版社2022年版，第289页。

客。后周葵被调为朝官，之后又升为参知政事，周位居要津，时人多与交往，周便常将他们引荐给陈亮，故陈亮一时交游深广。陈亮后曾两入太学，并开塾论学，其交游中不乏工商业者。陈亮对那些能够致富的人并不吝称赞。“大较二十年间，富比他人，而省事过之，此其为富，有慨于余心者。”①“东阳郭彦明徒手能致家资巨万，服役至数千人，又能使其姓名闻十数郡。此其智必有过人者。”②“始相父经纪其家，以镇其里闾。敬老慈少，使诡猾暴横者不得自肆，平民安之，而官事赖以省。”③“余闻公济少颇自豪，家故饶财，入手则净尽不问。既而小用其志能，家道辄如初，又复能藏锋以休。……子勣，字彦功，……为里闾信服，不啻官府，能光显公济余业。此其父子皆有过人者。”④“始余闻东阳何君坚才善为家，积资至巨万，乡之长者皆自以为才智莫能及。”⑤“夫人初归吕氏，家道未为甚裕，吕君不遗余力，经理其家，至有田近数千亩，遂甲于永康。夫人节啬于内，课女工甚悉，以辅成吕君之志。”⑥上述材料仅是《陈亮集》中挑出的几条，其他文中还有不少，但其中“有慨于余心者”“其智必有过人者”“才智莫能及”等评价，足可证明陈亮是赞扬致富的。

陈亮不仅赞扬致富，而且支持工商业发展。其文集中多次提到酿酒行业，陈亮就此反对与民争利，主张发展民间经济。宋朝为满足各个阶层酒的需求并利用酒税缓解财政压力，一直对酿酒行业实行榷酤制度，即政府酒业专卖制度，垄断酒业产销。但南宋除了官营酒务外，还是有一些“买扑坊场”也就是由富户承包经营的酒坊，承包商户每年向政府交纳酒课，而这一酒课经常会使一些商贾破产。⑦ 陈亮指出：“军兴以来，户部始仰榷酤之利以补其乏，蚤夜收所以取赢者，而后争利之风炽矣。……官吏旁午，名曰趁办，而去来无常人，收支无定籍，所得盖不足以偿其费，而民之破家械系者相属也。”⑧

---

① 陈亮：《陈亮集》卷三五“孙天诚墓碣铭”，上海古籍出版社 2022 年版，第 395 页。

② 陈亮：《陈亮集》卷三四“东阳郭德麟哀辞”，上海古籍出版社 2022 年版，第 385 页。

③ 陈亮：《陈亮集》卷三五“蔡元德墓碣铭”，上海古籍出版社 2022 年版，第 387 页。

④ 陈亮：《陈亮集》卷三五“胡公济墓碣铭”，上海古籍出版社 2022 年版，第 393—394 页。

⑤ 陈亮：《陈亮集》卷三八“何夫人杜氏墓志铭”，上海古籍出版社 2022 年版，第 420 页。

⑥ 陈亮：《陈亮集》卷三八“吕夫人夏氏墓志铭”，上海古籍出版社 2022 年版，第 424 页。

⑦ 葛金芳：《南宋手工业史》，上海古籍出版社 2008 年版，第 404 页，第 408—411 页。

⑧ 陈亮：《陈亮集》卷一四“问榷酤之利病”，上海古籍出版社 2022 年版，第 140 页。

就义乌县有关酒课的评论，“设计巧取，而始专与利矣”“剥床及肤，其忧岂不在民乎”①，可以说是在反对盘剥商贾，陈亮因此提出，“罢户部、诸司、州郡之库以风动之，一切听民自卖”②。

（三）保护工商业者

南宋商品经济发达，工商业从业者众，章谊在《劝农疏》中指出：“古之民也四，或为士，或为工，或为商，则农居其一焉……。今之民也九，盖从仕者众，执兵者多，僧道连墙，工商接武，徒隶盈于官府，游惰塞于道途。举是八等之人，其为农者百不一二焉！”③此疏是南宋初所上，意在劝农，故其称“农者百不一二”不免夸张，但也侧面反映了南宋初就有大量工商业从业者。工商业从业者虽多，但受制于传统“重本抑末”，就不免受到封建政府及官吏的盘剥，“今之为官者，……出入则争利于商贾，而关、津不能谁何也”④。作为商贾个人也不免遭遇不测，“置若乡闾之豪，虽智过万夫，曾不得自齿于程文熟烂之士。及其以智自营，则又为乡闾所仇嫉，而每每有身挂宪纲之忧，向之所谓士者，常足以扼其喉而制其死命，卒使造化之功有废置不用之处”⑤。陈亮提出要保护工商业者，并指出富商大贾对于国家治理的重要作用，“抑兼并、困商贾之说，举世言之而莫得其要也。夫民田既已无制，谷不能以皆积；兵民既分，力不能以自卫；缓急指呼号召，则强宗豪族足以庇其乡井；而富商大贾出其所有，亦足以应朝廷仓卒之须”⑥。陈亮指出侵害工商业者权益的“困商贾”政策的不良后果，“商贾之能操其奇赢者盖已如晨星之相望，而平民日以困，货财日以削，卒有水旱，已无足依”⑦。因此，陈亮明确反对侵害工商业者，提倡保护工商业者，要各经济部门“上下有制，末作有察，兵不

---

① 陈亮：《陈亮集》卷二五“义乌县减酒额记”，上海古籍出版社2022年版，第236页。

② 陈亮：《陈亮集》卷一四“问榷酤之利病”，上海古籍出版社2022年版，第140页。

③ 转引自方健：《南宋农业史》，人民出版社2010年版，第57页。

④ 陈亮：《陈亮集》卷一三“问贪吏”，上海古籍出版社2022年版，第131页。

⑤ 陈亮：《陈亮集》卷三四“东阳郭德麟哀辞”，上海古籍出版社2022年版，第385页。

⑥ 陈亮：《陈亮集》卷一三“问汉豪民商贾之积蓄”，上海古籍出版社2022年版，第130页。

⑦ 陈亮：《陈亮集》卷一三“问汉豪民商贾之积蓄”，上海古籍出版社2022年版，第130页。

吾蚀，缁黄不吾蠹。使之各力其力以业其业，休戚相同，有无相通"①。

三、两个结合：陈亮重商思想对发展民营经济的启示

习近平总书记在文化传承发展座谈会上的重要讲话，深刻揭示了"两个结合"的重大意义，深入阐明了"第二个结合"的丰富内涵，明确了"创造性转化、创新性发展"中华优秀传统文化的建设路径。这为中华优秀传统经济思想的创造性转化与创新性发展提供了科学指引。陈亮重商思想与当前促进民营经济发展思想的紧密结合，不仅是"第二个结合"的践行，而且有利于激发中华优秀传统经济思想，回应时代重大关切，支撑解决重大而紧迫的现实问题。

习近平总书记是运用"第二个结合"的先行者。早在浙江工作期间，习近平同志就对以陈亮为代表的"浙学"思想家高度关注。2003 年 7 月 10 日，习近平同志在浙江省委十一届四次全会就指出："古代浙江许多伟大的思想家也都倡导义利并重、注重工商的思想，不仅在中国文化史上独树一帜，而且深深地影响着浙江人的思想观念和行为方式，成为浙江思想文化的重要源泉。"②习近平同志继续指出，陈亮是宋代"永康学派"代表人物，其思想就有"商藉农而立，农赖商而行"。在随后的 7 月 18 日召开的浙江文化体制改革和文化大省建设座谈会上，习近平指出："浙江自古就有义利并重、农商并举的文化传统。这种地域文化哺育了浙江人特别能适应市场经济的思想观念和行为方式，成为发展市场经济的精神动力。"③习近平同志自觉运用"两个结合"，特别是"第二个结合"，对"义利并重、农商并举"等优秀传统文化进行了创造性转化与创新性发展，并运用到发展市场经济中，同样也就为发展民营经济提供了丰厚的传统经济思想资源。

2004 年 10 月，陈亮国际学术研讨会在杭州召开，时任浙江省委书记的

---

① 陈亮：《陈亮集》卷二四"送丘秀州宗卿序"，上海古籍出版社 2022 年版，第 225 页。

② 习近平：《干在实处 走在前列——推进浙江新发展的思考与实践》，中共中央党校出版社 2014 年版，第 316 页。

③ 习近平：《干在实处 走在前列——推进浙江新发展的思考与实践》，中共中央党校出版社 2014 年版，第 318—319 页。

习近平同志专门致贺信:“陈亮是我国著名的爱国主义者,杰出的思想家、文学家。他创立的永康学派,强调务实经世,为‘浙江精神’提供了重要的历史文化内涵。研究陈亮学说,就是要探寻浙江优秀文化传统,在研究浙江现象、总结浙江经验、提炼‘浙江精神’方面取得创造性成果,为浙江经济发展、社会进步、文化繁荣提供重要的精神动力。”贺信内容充分说明了习近平总书记“两个结合”思想在浙江的探索。

直到2022年1月,在省部级主要领导干部学习贯彻党的十九届六中全会精神专题研讨班上,习近平同志提道:“古人说:‘有一定之略,然后有一定之功。略者不可以仓卒制,而功者不可以侥幸成也。’正确的战略需要正确的策略来落实。”①其中“有一定之略,然后有一定之功。略者不可以仓卒制,而功者不可以侥幸成也”同样出自《陈亮集》卷五“酌古论一·光武”。可见习近平总书记对陈亮思想的熟稔。因此,挖掘提炼陈亮重商思想并进行“第二个结合”,将之与民营经济发展联系起来,回应时代重大关切,研究解决重大而紧迫的问题,不仅能够激发中华优秀传统经济思想的生命力,而且能为中国特色社会主义经济建设提供思想支撑。

(一)陈亮重商思想与发展壮大民营经济的思想相契合

“农商一事”“农商互藉”与“两个毫不动摇”内涵一致。在陈亮生活的时代,中国还处于封建自然经济形态,农业是自然经济的根本,但陈亮能突破抑商传统,提出“农商一事”“农商互藉”难能可贵。陈亮认为既要重视农业等基础产业发展,又要重视工商业发展,同时还特别强调产业间的融合发展、相互支撑。当前,坚持“两个毫不动摇”同“农商一事”“农商互藉”内涵一致。毫不动摇地巩固和发展公有制经济是和中国特色社会主义制度相适应的,可以说公有制经济地位就相当于中国古代农业在自然经济中的地位,在建设社会主义进程中,巩固发展公有制经济是保证我国各族人民共享发展成果的制度性保证,也是巩固党的执政地位、坚持我国社会主义制度的重要保证。与此同时,我国非公有制经济,从过去的全面取消到在党的支持下逐

---

① 习近平:《更好把握和运用党的百年奋斗历史经验》,《求是》2022年第13期,第4—19页。

步发展起来，是社会主义市场经济的重要组成部分。中国自古就“重本抑末”，陈亮提出“农商一事”，将工商业放在与农业一样的地位，我们党对发展民营经济的认识也是逐步发展而来的。虽然，舆论场中不时有所谓“民营经济离场论”，但党支持民营经济发展的方针始终如一，在《关于促进民营经济发展壮大的意见》中，就提出，要“坚决抵制、及时批驳澄清质疑社会主义基本经济制度、否定和弱化民营经济的错误言论与做法，及时回应关切、打消顾虑”。而且在发展公有制经济与非公有制经济方面，不是对立矛盾、相互排斥、相互抵消，而是相辅相成、相得益彰。

“义利统一”“末作有察”与“两个健康”要义相通。陈亮基于其“义利统一”的思想观点，必然只会对那些既行仁义而又能致富的商贾予以赞扬，本文第二部分第二节所引证的材料就是明证。而陈亮赞扬的这种仁义致富的商贾，用现在话语理解，就是企业家精神。陈亮提倡保护工商业者，也对商贾提出了要求，认为要“上下有制，末作有察，兵不吾蚀，缁黄不吾蠹”①，从而实现“各力其力以业其业，休戚相同，有无相通”②的目的，其中也蕴含着对工商业者的要求，即“末作有察”，也就是要求工商业者有明辨的能力。当今，对于非公有制经济人士成长，习近平总书记指出：“非公有制经济要健康发展，前提是非公有制经济人士要健康成长。”③这种健康成长就要求民营经济人士加强自我学习、自我教育、自我提升，要求民营企业家讲正气、走正道，做到聚精会神办企业、遵纪守法搞经营，在合法合规中提高企业竞争能力。陈亮对工商业者的要求就与“两个健康”要义相通，存在高度契合性，也就为“第二个结合”创造了条件。

(二)陈亮重商思想对当前发展壮大民营经济的重要启示

一是坚持“两个毫不动摇”坚定发展壮大民营经济。习近平总书记在给“万企帮万村”行动中受表彰的民营企业家的回信中指出：“改革开放40年来，民营企业蓬勃发展，民营经济从小到大、由弱变强，在稳定增长、促进创

① 《陈亮集》卷二四“送丘秀州宗卿序”，上海古籍出版社2022年版，第225页。

② 《陈亮集》卷二四《送丘秀州宗卿序》，上海古籍出版社2022年版，第225页。

③ 《习近平谈治国理政》第三卷，外文出版社2020年版，第267页。

新、增加就业、改善民生等方面发挥了重要作用,成为推动经济社会发展的重要力量。民营经济的历史贡献不可磨灭,民营经济的地位作用更不容置疑,任何否定、弱化民营经济的言论和做法都是错误的。支持民营企业发展,是党中央的一贯方针,这一点丝毫不会动摇。"①要坚定党发展民营经济的一贯方针,坚持信任、团结、服务、引导、教育工作方针,引导民营经济人士坚定不移听党话、跟党走,坚定信心抵御各种风险挑战,促进经济转型升级,努力在危机中育新机、于变局中开新局,实现更高质量、更有效率、更加公平、更可持续、更为安全的发展。同时要在税费、融资等具体举措方面支持民营经济发展。

二是优化营商环境支持民营经济发展。营商环境是企业生存发展的土壤。近千年前的陈亮就旗帜鲜明地反对"困商贾",批评当时封建政府的各类苛捐杂税。因此要发展壮大民营经济必须优化营商环境,要继续优化产权保护、市场准入、公平竞争、社会信用等市场经济基础制度建设,从制度和法律上把对国企民企平等对待的要求真正落实下来,从政策和舆论上鼓励支持民营经济和民营企业发展壮大,反对地方保护和行政垄断,打破各种各样的"卷帘门""玻璃门",提振市场预期和信心,为民营企业发展开辟更多空间。要提高决策科学化水平,防止发生政策"合成谬误",特别是在执行上要避免戴着有色眼镜落实政策,要对各类所有制企业一视同仁。

三是保护民营企业家权益促进"两个健康"。党的二十大报告指出,要"依法保护民营企业产权和企业家权益"②。要大力弘扬企业家精神,营造有利于民营经济发展的舆论环境和尊重企业家、呵护企业成长的社会氛围。同时要引导民营企业家增强爱国情怀、勇于创新、诚信守法、承担社会责任、拓宽国际视野,敢闯敢干,不断激发其创新活力和创造潜能。要大力开展"两个结合",培育新时代浙商、晋商、徽商、儒商等蕴含各地方文化底蕴的新时代商帮文化。要加快构建亲清新型政商关系,积极主动为民营企业服务,听取民营企业反映和诉求,帮助解决实际困难。在促进"两个健康"方面,要

---

① 《习近平回信勉励广大民营企业家 心无旁骛创新创造 踏踏实实办好企业》,《光明日报》2018 年 10 月 22 日第 1 版。

② 《习近平著作选读》第一卷,人民出版社 2023 年版,第 24 页。

发挥党组织的作用，加强民营经济人士思想政治建设，积极吸收进步的民营企业家及民营企业工作人员加入党组织。鼓励民营企业创新党建形式，支持民营企业党组织与国有企业或相关管理部门开展联合共建，充分发挥联合共建党建在推动民营企业发展中的作用。

试论陈亮法律思想的渊源

杭州师范大学沈钧儒法学院教授
余钊飞

一方水土养一方人，思想的生发以及传播，离不开脚底这片土地。陈亮思想形成的缘由、契机，从众多有关陈亮研究的文献中即可以窥见。本文通过叙写陈亮法律思想的渊源，以期能够将陈亮法律思想的形成背景及观念来源更为有针对性地进行展示。

一、陈亮法律思想的间接渊源

“造极于赵宋之世”，这是史学研究在探讨中华文化时喜好引注之语。宋时经济之繁盛、社会之昌明、文化之多元等，都令现世研究者向往不已，也有了颇为丰硕的研究成果。虽如此，本文将着笔墨于陈亮所生活的南宋之经济理念、政治文化及法度变化等因素，探讨陈亮之学说产生、形成的背景。

(一)经济理念:商品经济繁荣及不抑兼并

1.农工商及手工业的迅猛发展

宋朝的农业生产发展突出。由于广大农民不断开垦土地，国家也推行了一些奖励垦田的政策与措施，宋朝的耕地面积较唐朝大为增加。先进农具的推广，生产技术的提高，减轻了耕地、插秧、灌溉等劳动强度，增强了抗御水旱等自然灾害的能力，提高了农业生产的劳动效率，使农田的单位面积产量较前代有所增长，江浙一带的亩产量已居于当时世界的领先地位。特别是由于劳动生产力的发展和社会分工的扩大，产生出一批柑橘户、棉农、花农、蚕农、茶农等专门种植经济作物的专业性农户。[①] 宋代工商业的繁荣在中国封建社会史上是空前的，而两浙路的富裕尤甚，“朝廷经费之源，实本于此”说的就是如此。后高宗南渡，定南宋行都于临安(今杭州)，“虽失旧物之半，犹席东南地产之饶，足以裕国”。宋朝的商业贸易之活跃已不再局限于城市，杭城的郊区镇市同样“民物阜蕃，市井坊陌，铺席骈盛”，浙东地区也先后涌现出明州、越州、温州、婺州、台州等商贸城市。婺州所属各县手工业十分发达，由此也带动了当地商品经济的发展，史称金华县城“民以织作为生，号称衣被天下，故尤富”。相传在唐代，永康的打铁业便已非常出名，永康方岩镇已有打制菜刀、剪刀、锄头和铁耙的产业，生产兴隆，后世的“百工之乡”形孕于此，今天誉满全球的“永康国际五金城”，其渊源可追溯至唐宋。[②] 故在此经济背景下，对财富和利益的追求在不小的范围内已不再是一种禁忌，百姓可以更为大胆而“言利”。

2. 土地私有制的发展及不抑兼并

作为不动产的土地，在两宋已成为当时最大宗的交易商品。“不抑兼并”由来已久，在宋初，太祖诏曰：“初令民典卖土地者，输钱印契。”仅办理好手续，即为合法买卖土地。这种土地政策促成民事交往更为频繁和广泛，及至神宗时有诏：“政事之先，理财为急。”[③]前述陈亮的经济法律思想已简要提及宋时不抑兼并的两点主要危害。大量的无地之人成为佃农，为了生存，佃农需要去租种有钱有势的官僚地主的土地，如此循环往复，使得土地租佃成为一种普遍的现象。[④]

当时，有些地区田宅诉讼之繁多，甚至达到“人户交易田土、投买契书及争讼界至，无日无之”的程度。时人袁采也评论：“官中条令，惟(田宅)交易一事最为详备。”[⑤]在浙江省内尤其是浙东地区的这种繁荣背后，由于人口增长，土地资源更加紧缺，“重本抑末”的思想也让商贾在完成资本积累之际持

① 薛梅卿、赵晓耕主编：《两宋法制通论》，法律出版社 2002 年版，第 327 页。

② 赵瑶丹、方如金：《论陈亮“农商相籍”的重商思想及经商自救活动》，《清华大学学报》(哲学社会科学版)2011 年第 1 期。

③ 脱脱等：《宋史》第 13 册卷一八六“食货下八”，中华书局 1977 年版，第 4558 页。

④ 薛梅卿、赵晓耕主编：《两宋法制通论》，法律出版社 2002 年版，第 281 页。

⑤ 薛梅卿、赵晓耕主编：《两宋法制通论》，法律出版社 2002 年版，第 282 页。

续、大量购置田土[①],农民缺地或者少地的同时,社会上"无业游民"剧增,社会矛盾日益尖锐。有不少人迫于生计改行经商,经商风气对读书求举的传统道路也造成了一定冲击。但不得不说,"不抑兼并"也使得土地的私有和流通在较大程度上能直接按照经济的发展规律运行,受到国家律法的干预较少,也适应了当时社会生产力的发展。总的来说,租佃制[②]的发展推动了土地所有权、占佃权、使用权的分离,由土地所有权派生的永佃权、占佃权、使用权的用益物权也能独立地进行有偿转让;此外,有关于佃户与地主的人身依附关系因此有所削弱,逐渐被租佃契约取代。

(二)政治文化:宋代重文政策及学术发展

有学者认为,如果对有著作存世的宋代著述家做一个整体描述,那就是:"他们之中的几乎全部人都活跃地参与到他们那个时代的现实政治之中,正如参与到智识争鸣之中一样。像马可·奥里利乌斯或西塞罗那样,他们深深地卷入统治活动中,并将其政治抱负理论化。因为他们的思想关涉到他们那个时代的现实问题,所以即使他们的著作看上去是在讨论高度抽象的形而上学问题,但实质上他们还是在讨论现实中的问题或可预期的世俗问题。"[③]在当时可与理学相抗衡的以陈亮为代表的事功之说的总结推广,得益于此前便奠定下基础的科举改革以及浙东地区更为思辨自由的交游环境。

1.两浙地区及永康科举情况

政治上,赵宋太祖、太宗以武力开国,后"崇尚斯文"并"兴文教,抑武事",任用了大批的文官代替原来的武将,随之而来订立的各种政策也使中央集权进一步加强。统治阶层在科举制的创新发展及实施成效方面取得的功绩不可低估。其一,从太祖时期的"锁院制"到太宗时期的"封弥制""别头试",再到真宗时期的"誊录制"和"三级考校制",宋代科举的程序在较大程

---

① 薛梅卿、赵晓耕主编:《两宋法制通论》,法律出版社2002年版,第220页。

② 租佃形式大多为佃户用自家耕牛、农具、种子等而利用地主土地佃作的出租制。

③ 马伯良:《宋代的法律与秩序》,杨昂、胡雯姬译,中国政法大学出版社2010年版,"前言",第Ⅳ页。

度上实现了公平;其二,政策向寒门倾斜,“取士不问家世”,地方政府也设立了“贡士庄”与“贡士库”以资助参加科考的当地士子,使得“读书改变命运”的现实可能性得到了较大幅度的增长。在三百多年的两宋政治舞台上,出现了诸如薛居正、吕蒙正、寇准、王钦若、吕夷简、范仲淹、文彦博、王安石、李纲、文天祥等载于史册的名官,为国家和民族进步做出了贡献。

北宋经学流行,宋神宗改革科举制度主要体现在科举考试内容的变动,“王安石任参知政事后,着手改革科举考试内容,取消诗赋……专以经义、论、策取仕”,士人也由此从注重诗赋转而崇尚经义。在北宋中期文官体制大体确立后,对社会下层的士子来说,通过参加科举入仕做官是家族和个人的期许,参加科考的庞大士人群体,其增长率远远超过录取率,与之相应的是急剧增加的士人落第数。此时大多落第士人面临心理压力与谋生问题的两难局面,回乡务农、教书授道、束修润笔是较为常规的退路,但从事商贾在宋时也成为落第士人的谋生选择之一。[①] 高宗绍兴八年(1138)定行都于临安(今杭州)后,文化重心也得以南移,浙江学子以科举仕进的机会大大增加。据《文献通考·选举考》《宋史》等相关史料,两宋共开科 118 次,其中北宋 69 次,南宋 49 次。有学者对两宋时期的状元按地区进行了统计,在北宋的 69 名状元中,两浙地区仅 7 名;到南宋的 49 名状元中,两浙地区有 25 名,占半数以上(见表 1)。[②]

表 1 两宋状元人数的区域分布情况[③]

时/区	四川	湖北	湖南	安徽	两浙	福建	江西	广东	苏中	不详	北:河南 18、山东 10、河北 1、山西 2、陕西 2
北宋	6	4	1	3	7	6	3	—	1	5	33
南宋	1	—	1	3	25	13	4	1	1	—	—
计	7	4	2	6	32	19	7	1	2	5	33

据永康古籍收藏家稽考并综合历代《永康县志》,永康在两宋约有进士

① 王朝阳:《宋代士人经商研究》,陕西师范大学博士学位论文 2011 年,第 37—38 页。

② 张彬等:《浙江教育发展史》,杭州出版社 2008 年版,第 98 页。

③ 顾宏义:《教育政策与宋代两浙教育》,湖北教育出版社 2003 年版,第 225 页。

160 名，其中南宋有 140 名，平均每 2 年出一名进士；与此相对的则是明朝 7 年一名，清朝 19 年一名；且根据当时所载宋代永康的主客户及主客丁数目，得出宋代进士与人口之比高于全国平均水平。对宋代永康进士进行梳理、考证和对比，可知宋代永康的进士有四大特点：一是进士人数最多；二是著述名作最丰；三是学术影响最大，陈亮的事功之说虽未主导于宋，但在后世影响颇深；四是历史地位最高，北宋胡则少著述，南宋陈亮无政绩，但历史地位崇高。①

2. 海纳百川的较自由社会风尚

宋时学习氛围浓厚。宋代的两浙崇尚学问，通过读书来考取功名的社会氛围浓厚，印刷术的普及也让学习更加平民化。“今吴、越、闽，家能著书，人知挟册”②，人们的学习愿望非常强烈，在文人文集和地方志中有不少宋代浙江地区重学向学的记载，读书应举几乎已成为一种文化自觉行为。③

宋时学术交往频繁。宋真宗的“异论相搅”在一定程度上推动了大家的“畅所欲言”，到南宋初年，思想界并没有明显主导性的思想。④ 孝宗赵昚即位(1162)后力图恢复之道，这位“常恨功业不如唐太宗，富庶不及汉文、景耳”的皇帝，为不少士大夫阐发新的历史观营造了相对高宗朝更为宽松的政治环境，在思想学术上采取兼收并蓄、百家争鸣的政策。如 1168 年，太学录魏掞之攻击“王安石父子，以邪说惑主听，游人心，驯致祸乱”，请宋孝宗废除新学；此举与“百家争鸣”之策相悖，魏掞之因此被贬。在这种学术环境下，士大夫的交游活动非常丰富，宋学开启繁荣局面。以南渡后的行都杭州为中心，浙江成为当时的学术中心，所有各派的学术都无有未到浙江的。学术群体的兴起既是学术繁荣的表现，也是学术得以进一步繁荣的原因。⑤ 浙

---

① 永康市地方志编纂委员会编：《永康市志》第 6 册，上海人民出版社 2017 年版，第 2479、2480 页。

② 叶适：《水心别集》卷九《汉阳军新修学记》，转引自滕复，徐吉军等编：《浙江文化史》，浙江人民出版社 1992 年版，第 305 页。

③ 邓涛：《宋代浙江进士研究》，安徽师范大学硕士学位论文 2015 年，第 70 页。

④ 何俊：《南宋儒学建构》，上海人民出版社 2004 年版，第 103 页。

⑤ 钱茂伟：《元以来浙东学术文化新探》，武汉大学出版社 2019 年版，第 11 页。

学、朱学和陆学对浙江都广有影响。①

宋时不掩求富意识。宋代对财富的公开追求已不再是一种禁忌，当时的儒者也多以较为中肯的态度来评述时人的这种心理，有关于义利惯来的对立意识有所消减。在商品经济较为发达的江浙一带，有一小部分中小地主兼营商业，形成了一个在一定程度上商业化的地主阶层，他们在社会上有一定的经济实力，但仍旧会受到享有特权的官僚大地主的束缚。特别是在南宋与金对峙、南北分裂的情况下，这个阶层的经济利益受到严重损害，故而他们坚决主张对金作战，反对当局的妥协和屈服政策。虽旨在维护地主阶级的利益，但他们特别重视抵御外侮、维护工商的利益以发展商品经济。这种主张通过思想家反映在与时下理学的对抗中，"实事实功"的功利思想的提出，为中国思想史增添了新的内容，时人评价他们的学说是"盖近世儒者之所未讲"。

(三)法度:南宋社会环境互动的法律体现

两宋懂法律和尊重法律的皇帝比中国其他的朝代都多，北宋时有太祖、太宗、真宗、仁宗和神宗，南宋时则有高宗(1127—1162)、孝宗(1163—1189)和理宗(1225—1264)，两宋时期的这8位皇帝在法律制度和司法制度上有不少贡献。② 两宋思想家大抵主张"任人"，以此来指摘帝王"任法"。③ 王安石变法成为前车之鉴，有志于改革的士大夫不敢直言变法之利，只能通过对祖宗之法的再认识与再解读宣扬自身历史观，侧面证明宋廷需要变法才能救亡图存。

1. 重刑倾向及恢复肉刑的讨论

北宋初至仁宗朝末年，立法基本指导思想在于强化中央集权，法律上肯定"削夺其(潘镇、节度使)权，制其钱谷，收其兵"的政策，重在刑事和行政立

---

① 徐吉军:《论浙江历代人才的演变及其原因》,《浙江学刊》1990年第6期。

② 徐道邻:《宋律中的审判制度》,《徐道邻法政文集》,清华大学出版社2017年版，第207页。

③ 赵晓耕、沈玮玮:《再谈南宋陈亮"持法深者无善治"之论》,《人民法院报》2021年7月23日，第5版。

法。肉刑起源于上古时期，最初是作为复仇习惯而存在，后来作为酷刑来震慑百姓、管控社会，最终在汉文帝时颁布《废肉刑诏令》后被正式废除，而后关于肉刑存废的议论就不曾间断。汉唐时侧重于讨论肉刑所起到的实际效果，自宋立朝后，一度以“轻刑”作为其政治号召，但后来又将“刺配”等刑罚应用于司法实践，由此又引发了关于是否恢复肉刑的频繁讨论。① 此时讨论的则是不同于以往的新观念，如肉刑与教化的关系、肉刑与圣人之刑的关系、肉刑与其他制度的合一控制作用等。②

2.繁密倾向及关注经济社会

宋朝立法活动频繁，在律、敕、条、格、式外，还有例、重法等名目，可谓卷帙浩繁、汗牛充栋。杨鸿烈通过前朝与宋代法典数量之比较，指出宋之前的法典大概是每换一次君王编修一次，但宋代则是“每改一年号必有一次至数次的编修，所以宋初到亡国时所历年月无不从事于编纂法典的事业”③。有学者对此现象进行了分析，频繁立法的原因之一便是君王在向士大夫放权的过程中时刻以“疑人”之心提防他们的“二心”，帝国表面上“与士大夫共治天下”，背地却“私其臣之无一事不秉承我者为国利，而忘其仇之无一事不禁切我者为国害”，对士大夫一再用法度约束，并将王法的作用强调到了极致。④

两宋时期民事经济法律关系日益活跃且渐趋复杂，使得民事法律规范不断调整与扩大，为适应封建土地关系、租赁关系、人身依附关系、雇佣关系等方面所发生的变化，有关民事法律制度得到空前的充实与发展。神宗年间“熙丰变法”对官僚、司法体制进行了较大变革，中心工作是改革财政体制，通过法律来调整、适应商品经济的发展，意在缓和立国以来的“三冗”之弊，对宋代的法制建设影响颇大。“利者义之和，义固所以为利也”，与此相适应，思想上由传统的“讳言财利”向“利义均重，利义相辅”转变。⑤

---

① 郭建主编:《中国法律思想史》，复旦大学出版社2007年版，第159页。

② 汪伦举:《宋代士大夫的肉刑法律观》，南昌大学硕士学位论文2017年，第14页。

③ 杨鸿烈编著:《中国法律发达史》，中国政法大学出版社2009年版，第554页。

④ 赵晓耕、沈玮玮:《再谈南宋陈亮“持法深者无善治”之论》，《人民法院报》2021年7月23日，第5版。

⑤ 孔玲主编:《中国法制史》，贵州人民出版社2002年版，第211页。

二、陈亮法律思想的直接渊源

目前对于陈亮的研究，几乎没有关于全祖望所说“陈亮之学无所承接”的情形了。陈亮能够在正史占一席之地，为中国古代思想史树一座丰碑，必然是抓住了时代机遇，承前而可启后。陈亮自小在家学影响下奋发勤学以致仕，陈亮的法律思想的形成有通过阅读典籍对前人的批判继承，也有与同时期师友同好交游论辩的重要方式，本节旨在从陈亮的主要编著、交游、论辩出发，分析其法律思想的理论基石。

(一)基于编著的历史研究

陈亮早年攻读《中庸》《大学》等“四书”，留意于性命之说，以二程为根底，兼通张载之学。[①] 故美国学者田浩说陈亮原是属于“道学群体”[②]，青年时代的陈亮基本坚持宋代新儒学的价值立场。[③] 到了中年，反对空谈性理倡导事功。在为生活所困讲学之际，陈亮创作了两本较为出名的著作，即《类次文中子》《欧阳文忠公文粹》。[④] [南宋科举教材大致可分为三大类型[⑤]：官编、私编(编写者多为学官、举子)、私编(书坊编教材)]陈亮法律思想的哲学观及文学表达范式，很大程度上可以说是学习自文中子和欧阳文忠公。

---

① 姜海军：《宋代浙东学派经学思想研究》，齐鲁书社 2017 年版，第 206 页。

② 田浩：《朱熹的思维世界》，江苏人民出版社 2011 年版，第 205—224 页。

③ 阮航：《陈亮思想的功利主义转向论析》，《江汉论坛》2020 年第 11 期。

④ 邱阳：《陈亮及其文学研究》，东北师范大学博士学位论文 2018 年，第 194—195 页：1173 年编《欧阳文忠公文萃》并作序；1185 年《类次文中子》完稿。

⑤ 第一类为官编，是由教育部门编写的官方教材。选择文章严谨有法度、精粹且有实学。第二类为私编，多由学官、举子编写。编写者虽是公职人员，但举子的私编被认为更次而下之。第三类亦为私编，书商为谋利而编写，即书坊编教材。书坊编写的科举用书多不署名。此为祝尚书在《宋代科举与文学》一文中的分类。参见史婷：《南宋中兴期试策研究》，兰州大学硕士学位论文 2020 年，第 83 页。

1. 编著《类次文中子》:陈亮法律思想的哲学观

陈亮极其推崇孟子一脉,尤其是王通(字仲淹)①。陈亮治学首先学王通,认为他是孟子之后第一人,"独伊川程氏以为隐君子(指王通),称其书胜荀扬。荀扬非其伦也;仲淹岂隐者哉。犹未为尽仲淹者"②。王通以经世为目的的学术归趣尤为陈亮所中意。王通志在经世却不得志,故退而讲学著书。在陈亮看来,王通虽不用于时却不坠其志,虽身处草昧而心存天下,③这份生平实与陈亮本人类似。朱熹曾云:"陈同父学已行到江西,浙人信向已多。家家谈王伯,不说萧何、张良,只说王猛;不说孔孟,只说文中子。可畏!可畏!"董平认为,在当时的浙东,王通之《中说》几成"显学",这与陈亮学说的传播有十分密切的关系。④

(1)道在事中:客观唯物主义世界观。

陈亮思想有其特有之处,其虽不喜做过多的形而上的沉思、空谈性理,但在时下也需要对最基本的哲学观念做出自己的回答。⑤ 陈亮早年致力于研读儒家经典,以尧舜孔孟之道为圭臬,在三十岁左右便已文名远扬,不少生员前来求学,《六经发题》和《语孟发题》就是陈亮当时分析历代帝王盛衰兴亡原因而编写的讲义。⑥ 如陈亮强调"道"与"事""物"是统一的,"道存于物""道在事中"。而王通在其《中说》中认为"道甚大,物不废",道是广大悉备又不游离于事物之外的,只有得天下之道,才可"成天下之务",王通关于道的观念无疑对陈亮有所启发。⑦

在陈亮看来,形而上之道不是脱离于具体事物而存在的,"道"就在具体

---

① 王通,字仲淹,绛州龙门(今山西河津)人,生于隋开皇四年(584),卒于大业十三年(617)。王通出身于儒学名门,其著作因遭隋末大乱,散佚殆尽;流传于世的并不是王通本人的著作,而是他的弟子薛收、姚义所辑集的他与弟子的谈话录,即《中说》十卷,署名"文中子"。"文中子"是王通去世后数百弟子对他的私谥。

② 陈亮:《陈亮集·类次文中子引》,河北教育出版社2003年版,第199页。

③ 董平、刘宏章:《陈亮评传》,南京大学出版社1996年版,第385页。

④ 顾旭明:《宋元时期的东阳理学》,浙江工商大学出版社2019年版,第193页。

⑤ 朱晓鹏:《论陈亮思想的特质及其意义》,《浙江学刊》2009年第1期。

⑥ 方如金:《陈亮事迹著作编年》,河北大学出版社2021年版,第80页。

⑦ 董平、刘宏章:《陈亮评传》,南京大学出版社1996年版,第400页。

万事万物之中，是宇宙间真实、客观的存在，“夫盈宇宙者无非物，日用之间无非事”①。陈亮关于“道在事中”的观念贯穿其短暂且绚烂的一生，在陈亮51岁参加科考时，他在命题“作文”《勉强行道大有功》中再次强调，人们从具体的事情、日用中是可以认识和掌握“道”的，“夫道，非出于形气之表，而常行于事物之间者也”，“夫道岂有他物哉？喜怒哀乐爱恶得其正而已；行道岂有他事哉？审喜怒哀乐爱恶之端而已”，“天下固无道外之事也”。表现出陈亮重视事功的倾向，虽然“道”之表现不离人伦日用，但强调要以“道心”为本，以支配人心；要坚持“用而见其能否”“见其虚实”的实践标准和致用取向。②

(2)通变之道：经即是史的历史观。

通变，也就是通晓变化之理，语出《周易》：“极数知来之谓占，通变之谓事。”“乘时通变”是王通易学思想的精髓所在，也是展开其政治思想与主张的根基所在。③ 王通十分重视通变之道，主张变通某些法规、制度，以实现理想政治，有人向王通请教他早年上隋文帝的十二策时，王通答“时异事变，不足习也”，在学术上也并不拘泥于成说。④ 陈亮也十分推崇通变之道，而当时宋南渡后，大都还是遵循祖宗之制，虽然有稍许调整，但“不足为轻重有无”。

王通通时明变，审势度要，其续经之作，“孔氏之志也”。在陈亮看来，经本为载道通变之书，只是后儒不明白这点，非得在章句训诂中钻研，以致“其事有不可不载，其变有不可不备者，往往汩于记注之书”，于是经书宗旨一去而不返，难以复正。陈亮则继续王通之志而讲经，把经书视为通变明道之书，而不是把经视为考证记注的技术展现。⑤

2. 编著《欧阳文忠公文粹》：陈亮法律思想的文学表达

陈亮从欧阳修的文中选出一百三十篇，编成《欧阳文忠公文粹》，作书后

---

① 陈亮：《陈亮集·六经发题·书》，河北教育出版社2003年版，第82页。

② 朱晓鹏：《论陈亮思想的特质及其意义》，《浙江学刊》2009年第1期。

③ 张明：《乘时通变：文中子易学思想及其政治主张》，《周易研究》2020年第2期。

④ 刘泽华主编：《中国政治思想史(隋唐宋元明清卷)》，浙江人民出版社2020年版，第150页。

⑤ 刘芝庆：《解释世界与改变世界：中国思想史中的知识信仰与人间情怀》，武汉大学出版社2019年版，第109页。

以其事功观作跋——《书欧阳文粹后》篇评赞有三：一是说欧阳修之文章“根乎仁义而达之政理”，二是说欧阳修之志业“独以先王之法度，未尽施于今”，三是说读此文粹“足以得祖宗政治之盛”。① 陈亮希望通过此书，激发人们对欧阳文的兴趣，引起人们对“三代两汉之书”“先王之法度”的重视。②

(1)文以载道。

近代启蒙思想家严复在《致熊纯如函》中说：“古人好读前四史，亦以其文字耳。若研究人心政俗之变，则赵宋一代历史，最宜究心。”③“文以载道”，至北宋中叶，欧阳修领导了第二次古文运动，时人称其“文备众体，变化开阖，因物命意，各极其工”(吴充《欧阳文忠公行状》)。这次古文运动理论上要求恢复韩愈的道统文统，反对空谈，主张文章要为现实政治服务，也即“六经所载，皆人事之切于世者”(欧阳修《答李翊第二书》)。④ 不论在时文还是在古文创作方面，陈亮都希望文章有补世道、振奋人心、补偏救弊等积极作用，并在《书作论法后》称：“大凡论不必作好语言，意与理胜则文字自然超众。”此一主张，与北宋以来积极倡导的宗经明道、经世致用是一脉相承的。

(2)议论说理。

陈亮不以文鸣世，也无意做一文学家，但其文章亦有不容忽视的特色与意义。陈亮祭文、墓志最为突出的特色是将议论贯穿始终，大多议论国事与学理，与其个性有关，陈亮论国事时总是慷慨激昂。北宋末年，国势日颓，文风也因而趋于萎靡；南宋以来，讲学之风日盛一日，使腐迂之气愈来愈浓。陈亮乘弊而起，疾呼恢复，倡言王霸，尊崇功利，一洗文坛空疏之习，而其笔力之矫健、文章之瑰丽、气势之恢宏，如崇岩峭壁、万仞崛起，使时人雕章绘句、吟花弄月、呻吟哀叹之作顿为失色。⑤

陈亮将词亦作为其议论政治的方式，陈亮极富创作个性的词作之一《水

---

① 罗根泽：《中国文学批评史》，商务印书馆2017年版，第873页。

② 邱阳：《陈亮及其文学研究》，东北师范大学博士学位论文2018年，第193页。

③ 严复：《严复集》第3册，中华书局1986年版，第668页，转引自邓小南：《祖宗之法：北宋前期政治述略》，生活·读书·新知三联书店2006年版，第12页。

④ 林凤仪：《陈亮政论文论略——兼说宋代文士的气节与爱国情操》，华南师范大学硕士学位论文2004年，第4页。

⑤ 闵泽平：《南宋理学家散文研究》，齐鲁书社2006年版，第113页。

调歌头·送章德茂大卿使虏》下片:"万里腥膻如许,千古英灵安在,磅礴几时通?"这三句热诚呼唤民族精神,指出万里河山到处充斥着游牧人,而千古的英灵是否还在?浩然正气何时能精神互通?① 希望以振兴之势击败敌人。与此三句有异曲同工之妙的文句也体现在《上孝宗皇帝第一书》中:"南师之不出,于今几年矣,河洛腥膻,而天地之正气抑郁而不得泄。"②陈亮的拳拳爱国之心、光明磊落之襟跃然纸上,其自赞"人中之龙,文中之虎",确是如此。

(二)基于交游的师友互动

大体上说,永康之学与婺学及永嘉之学多为合拍,三方地缘相近使三者在通信、交往、切磋上有更为便利的条件。"永康学派"学术观点比较激进,揭露时弊深刻,但某些言论确有偏激之嫌;"金华学派"较为守常,与传统儒学较接近,与朱熹又有不同。陈傅良、叶适较为温和,与永康、金华不尽相同,有自己的特点。永康章服(1106—1173)、何子刚(1108—1175)、永嘉郑伯熊(1124—1181)、金华吕祖谦(1137—1181),他们皆是当时的社会名流,亦是道德、文章双行的良师,在与陈亮交往的过程中,他们对陈亮的为人、德行、气节、学说均产生了不同程度的影响。陈亮全方位吸收并进一步发展了他们的品行、学问,集百家之长,形成了自己的学术特色,获取了自身更为广阔的学术视野。③

1.师:创"金华学派"的知己吕伯恭

吕祖谦(1137—1181),字伯恭,婺州人,世称"东莱先生"。伯恭承家学渊源,创立"金华学派",该派之学又名"吕学""婺学",后来由吕祖谦弟弟吕祖俭继其学,到元明两代仍有影响,《宋元学案》载:"乾、淳之际,婺学最盛。"当代学者田浩在考证后,认为吕祖谦是南宋第二时期(1163—1181)的主要道学领袖之一。"金华学派"得中原文献之传,以史学为主,这一点与陈亮的

---

① 章锦水,大庸:《樵隐·大庸书画合集》,永康市龙山镇人民政府、陈亮研究会,第108页。

② 陈亮:《陈亮集·上孝宗皇帝第一书》,河北教育出版社2003年版,第2页。

③ 方如金:《陈亮研究十大误区考论》,《河北大学学报》(哲学社会科学版)2014年第6期。

学术精神极相合拍。吕祖谦以思想敏锐与学识广博著称于世，其治学严谨、持论公允，所创学派也以兼容诸说、不主一派为特征，[①]在历史文献之学方面对陈亮的学术影响尤甚。

陈亮视吕祖谦为海内知己，言“四海相知惟伯恭一人”，二人书信往来频繁。[②] 吕祖谦、陈亮秉持“据往知今”的历史观，讲求实事实功，主张从历史中汲取有益经验，整顿社会弊病。[③] 陈亮十八九岁著《酌古论》，从历史中寻求对当今社会问题的解决之道，并在其往后年月的政论、策论或文章中都重视对历史问题的讨论，这与吕祖谦也颇有渊源。吕祖谦在应陈亮之邀阅读其编著《三国纪年》后，在复信中语重心长，“某近日思得著书大是难事，方将一意玩索完养，深求其所未至，虽高明之姿与驽钝者不同，然考之前作者，亦须待经历之久，岁月之晚，然后下笔”[④]。他劝诫陈亮创作需要有积淀，有阅历，深入思考后再动笔。在复信陈亮《类次文中子引》中，亦对部分语句的定论提出建议，“此类恐更须斟酌”；又或是在复信陈亮《书欧阳文粹后》中指出文本的语病，等等，足见吕祖谦在治学上的谨慎、细致，这对陈亮的以史观今的研究颇有裨益。值得一提的是，吕祖谦所提“自应本末并举”对陈亮的“农商一事”之说亦有相当影响，二人在经济法律观上具有一致性。[⑤]

2. 友：扬“永嘉学派”的学侣叶水心

叶适(1150—1223)，字正则，号水心居士，为“永嘉学派”集大成者。陈亮与叶适等永嘉学人交往密切。在《祭陈同甫文》中，叶适称“余早从子”，陈亮曾于淳熙三年(1176)、七年(1180)、八年(1181)[⑥]先后到访永嘉，与陈傅良(1137—1203)、叶适等相聚；陈傅良、叶适等人亦多次到永康探望陈亮。永

---

① 方如金，姜鹏：《陈亮交游考》，《温州大学学报》2003年第1期。

② 现存《吕东莱文集》和《吕太史外集》中就有吕氏写给陈亮的信34封；陈亮写给吕祖谦信，今存《陈亮集》中有4封，据今学者考证有23封。

③ 田志光，梁嘉玲：《镜鉴与变通：宋代士大夫的援史经邦》，《史学史研究》2022年第4期。

④ 陈亮：《陈亮集·答陈同甫书一(吕祖谦)》上册，中华书局1974年版，第149页。

⑤ 徐儒宗：《婺学通论：具有金华地方特色的儒学》，杭州出版社2010年版，第132页。

⑥ 周梦江：《叶适与永嘉学派》，浙江古籍出版社2005年版，第124页。

康之学与永嘉之学较为接近，都倡言事功而批评空谈性理，二者在聚会中交流学术和政见，相互影响、相互促进。[①]

经济思想方面，陈亮肯定永嘉之友戴溪（1141—1215）“财者人之命”之说，指出不要做空手套白狼之徒，用仁义之类的“空言”去“劫取”他人利益，认为戴溪此说“真切而近人情”[②]。叶适也注重物质利益问题，他指出苛捐杂税繁多仍是当时朝廷财政上的最大问题，朝廷通过各种名目的征税来聚敛财富，使国用日乏，他提出了“理财非聚敛”的经济法律思想，与陈亮对“以经总制钱为甚”的税制危害的认识是一致的。同时，叶适也持反对“重本抑末”的思想，他认为士农工商“四民交致其用，而后治化兴”，经济繁荣或没落都会引发这些思想家对时代、制度的思考，对道学家所谓的“仁人正谊不谋利，明道不计功”进行深思，他们会发现这只是看起来非常高尚，但实则已不适于时代发展。叶适同样不喜空谈“性命”“义理”的道学家，他认为真实的道德、道义和功利是相互结合、相互统一的。

但在事功思想上，陈亮与叶适的观点又有些区别，陈亮实际上更坚持了功利主张的彻底性，是真正将其提升为“主义”的。[③] 在表现形式上永康之学更激烈鲜明，仅就朱熹说陈亮“才太高，气太锐，论太显，迹太露”，虽为批评之语，但也恰恰能印证陈亮才华横溢、论调激昂。陈亮的著述得以传世，叶适起了决定性作用，[④]但也由此得见叶适对陈亮尤为坦荡的性情持保留态度，二人虽交情甚笃，但叶适终难免感慨“畴昔之言，余不敢荀”，“同甫微言，十不能解一二”，陈亮与叶适的书信往来在双方文集中并未被收录。不过陈亮关于“道在事中”的世界观对叶适颇有影响，叶适认为陈亮所说是时人从未讲过的，“见圣贤之精微常流行于事物”，足以开物成务。

（三）基于论辩的学术争鸣

陈亮的事功之学在政治、哲学、经济、史学、人才等思想方面，与朱熹理

---

① 方如金：《陈亮事迹著作编年》，河北大学出版社 2021 年版，第 165 页。

② 陈亮：《陈亮集》之《赠楼应元序》，河北教育出版社 2003 年版，第 217 页。

③ 董平、刘宏章：《陈亮评传》，南京大学出版社 1996 年版，第 439 页。

④ 陈亮著，王叔珩选注：《陈亮政论词选注》，山东教育出版社 1996 年版，第 64 页。

学相对立。陈亮在思想史上影响最为深远的则是与朱熹进行的“王霸义利之辨”，其与朱熹往来书信甚多，展开激烈的学术争鸣，陈亮所言王霸、义利本就同出一源，与自古以来对王霸、义利关系的讨论，从哲学意义上便有根本不同，这也是他思想的出发点，构成其法律思想的理论基石之一。

1. 王道与霸道：陈亮法律思想的政治观

王道与霸道是中国古代传统政治中的重要论题。“王道”思想最早见于《书经·洪范》，“无偏无党，王道荡荡”。孟子严格区分王道与霸道，他说：“以力假仁者霸，霸必有大国；以德行仁者王，王不待大。汤以七十里，文王以百里。以力眼人者，非心服也，力不赡也；以德服人者，中心悦而诚服也。”（《孟子·公孙丑上》）王道即行“仁政”“王政”，“养生丧死无憾，王道之始也”（《孟子·梁惠王上》）。西汉初年亦有王霸之论，汉宣帝讲：“汉家自有制度，本以霸王道杂之。”宋初李觏虽有“王霸本一”的说法，但主要从“正名”的角度来反对王霸之辨，并未涉及义理层面，对当时以及后世的影响也较为有限；叶适的王霸观也不同于陈亮的事功取向，说法也与陈亮显然有别。①

故而陈亮对王道与霸道的看法极具创见性。陈亮与朱熹关于王霸义利的争辩集中于1184年至1187年二人的书信往来，陈亮认为朱熹将他此前的一些观点归纳为“义利双行，王霸并用”是不妥当的，因为陈亮坚持的是义利、王霸的一元论，义利、王霸同属一源，而非两个源头。从儒学传统的角度看，在陈亮之前，历史上几乎没有任何一位有影响的儒学家明确断定，王道与霸道没有本质区别。②

2. 义利之辨：陈亮法律思想的价值观

义利之辨是陈亮经济法律思想的立论基础。陈亮虽对“道德性命之学”屡有指责，但从未全盘否定宋代理学的业绩，“诸儒学问各有长处，本不可以埋没”。以朱熹为代表的理学家们倡导“存天理、灭人欲”，其将“理”与“欲”相对立，反对“人欲”的存在。湖湘学派的代表人物之一胡宏的理欲观对陈亮有较大影响，他说：“天理人欲，同体而异用，同行而异情。”二者是一个事

① 黎靖德编：《朱子语类》，中华书局2007年版，第2965—2966页。转引自阮航：《陈亮思想的功利主义转向论析》，《江汉论坛》2020年第11期。

② 阮航：《陈亮思想的功利主义转向论析》，《江汉论坛》2020年第11期。

物的不同方面。[①] 陈亮和吕祖谦均赞成胡宏之论，陈亮认为人追求利益的欲望是人的天性，并不存在脱离人的实际物质利益的超功利的“义理”。[②] 以陈亮为代表的事功学派则肯定“人欲”的正当性和合理性，认为“天理”与“人欲”并行不悖。

与理欲观相承接的是同时期的“义利观”，理学家们在“存理灭欲”的基础上阐发“重义轻利”。陈亮基于其王霸之论，认为义利亦为一道，二者缺一不可。以朱熹为代表的理学家推崇董仲舒“正谊(义)不谋利，明道不计功”的观点，将义和利对立起来，只肯定抽象的义理的价值。陈亮的观点建立在对世风人心的批判上，陈亮作为大多学者眼中著名的“反道学”的代表人物，他认为时人对理学的学习已逐渐背离理学的初衷，只学皮毛而不深思其意义，对此极为反对。他认为:“二十年间，道德性命之说一兴，迭相唱和，不知其所从来，后生小子读书未成句读、执笔未免手颤者，已能拾其遗说，高自誉道，非议前辈，以为不足学矣。”陈亮抨击理学的道德性命之说无益于社会，但他对朱熹本人的渊博学识还是非常尊重的，并希望朱熹能够认同他的观点以正理学之偏颇。

陈亮的义利思想是在同朱熹的所谓“三代专以天理行，汉唐专以人欲行，其间有与天理暗合”的观点论战中体现出来的。陈亮认为，不管是“王”还是“义”，都必须与“霸”“利”相结合。“王”“义”只有具体落实到实践中，才有其存在的价值。他主张正“义”要谋其“利”，明“道”也要计其“功”，“义”在“利”中，“道”在“功”中。

三、结语

新时代的法治文化是中国共产党领导人民在传承中国传统法律文化精华以及借鉴人类法治文明优秀成果的基础上，在进行中国法治建设的实践

---

① 陈代湘:《南宋浙东学派与湖湘学派的学术交流与思想差异》，《船山学刊》2020年第2期。

② 季丽霞:《论南宋浙东事功学派的功利主义法律观——以陈亮、叶适为代表》，苏州大学硕士学位论文2008年，第10页。

过程中形成的。新时代的法治文化是体现着法治精神和理念、原则和制度、思维方式和行为方式的一种进步文化形态。法治发展以文化传承为规律，“不忘记历史才能开辟未来，善于继承才能善于创新。”陈亮法律思想是座巨大宝库，他的家国情怀、民本意识、法治思想和经济理念，是中华优秀传统文化的精髓，与社会主义核心价值观相契合。深入探究陈亮法律思想的渊源，对新时代下法治文化建设的发展具有积极的参考价值，批判性地继承其思想精华，对于繁荣中国法律思想史研究具有积极的意义。

陈亮法律思想研究的基本脉络及其主要内容

——基于学术文献研究的考察

西北政法大学法学博士研究生

罗爱军

陈亮，字同甫，号龙川，婺州永康（今浙江省永康市）龙山人，生于公元1143年（宋高宗绍兴十三年），逝于公元1194年（宋光宗绍熙五年），其历经的高宗朝、孝宗朝均对宋代法制的建设起了重要作用。“永康学派”是由陈亮开拓而成的、注重“实事实功，开物成务”的学术派别，其核心思想是“功到成处，便是有德；事到济处，便是有理”①，也与同时期同样注重事功的“金华学派”“永嘉学派”并称为“事功学派”，在浙学发展史上具有重要的历史地位，其思想在当前“浙江精神”、法治建设与社会治理的实践中焕发着鲜活的生命力。卢敦基认为，陈亮之所以能在正史《宋史》中有一席之地，一是因为上书，陈亮作为平民，历次上书皇帝，畅言恢复大计；二是因为状元，这是其列入正史的身份资格。② 葛荣晋在《中国实学思想史》中评价陈亮：“艰难的人生处境，磨炼了陈亮的品格，使他能‘不恤世间毁誉怨谤’而为实现自己的信念努力。”法治发展以文化传承为规律，不忘历史才可开辟未来，中国法治话语体系的构建，必将以中华优秀传统法律文化为渊源，以中华传统法律思想为活水，否则将是无根之木、无源之水。陈亮品性中的功利主义、斗争精神、辩证思维，使“永康学派”在学术交锋频繁的南宋脱颖而出。千百年来，永康历史上人才辈出，陈亮对永康地域文化的塑造功不可没，其中探讨的“义”“利”之间，在当代法律体系中实则体现为“公正”和“效率”的平衡。如

① 陈亮：《陈亮集·又书·〔附〕致陈同甫书（陈傅良）》，上海古籍出版社2022年版，第333页。

② 卢敦基：《陈亮与治国理政》，《陈亮研究》2021年第2期，第4—5页。

今，陈亮的学说在新时代法治建设与社会治理实践中开启了新篇章，浙江永康涌现出的基层法治建设经验“龙山经验”充满勃勃生机，对其历史文化底蕴的探寻亦提上日程。陈亮有志于“为社稷开数百年之基”，作为有大志有思想的士人，不仅在其他思想领域有所成就，他在法律思想方面也有其颇具特色的思想及表达。本文拟从学术文献之角度，系统梳理陈亮法律思想研究的发展成果和现实状况，并结合陈亮法律思想之内容，以求教于学界方家。

一、陈亮法律思想研究综述

学界有关“永康学派”的专门研究较少，大多都聚焦在对“永康学派”之代表陈亮的研究上。20世纪以来，学界对陈亮的研究出现过三次高潮①：第一次为20世纪30—40年代，有关陈亮的传记作品纷纷问世；第二次为20世纪60—70年代，此阶段中国港台地区的研究者们成为主力军；第三次为20世纪80年代至今，此时的研究视角更为广阔，学科分工日益精细，有关于陈亮的伦理观、法律观、人学思想、宗教思想乃至民族观等，都是学者探讨的对象。本文以“永康学派”或者“南宋陈亮”作为主题词②在中国知网进行文献检索，辅以“读秀”等数据库，对进行陈亮相关研究的研究机构与重点学者，以及文献总量和聚焦度、陈亮法律思想研究成果这三个方面进行探索，以期对陈亮法律思想的总体研究状况做简要的陈述。

（一）研究机构与学者

陈亮是婺州（今金华）永康人，陈亮生于斯、长于斯，并留下了宝贵的思想财富，推动着“浙江精神”的弘扬，本文以“永康学派”或者“南宋陈亮”作为主题词在中国知网进行文献检索。就文献来源分布情况而言，截至2023年

---

① 邱阳：《陈亮及其文学研究》，东北师范大学博士学位论文2018年，第4—10页。

② 结合搜索结果，此处所列并未穷尽可使用的主题词，如使用“陈龙川”“陈同甫”“龙川先生”“永康学派”“事功学派”“浙东学派”（其中，主题词“浙东学派”搜索结果容量巨大，多为对明清时期学者思想或学术的研究）等与陈亮密切相关的代名词，但所示结果大同小异，不太影响要论证的与陈亮法律思想研究相关的结论。

8 月 28 日，对于陈亮的研究，机构、学者以及刊物也大多分布在浙江(图 1)。

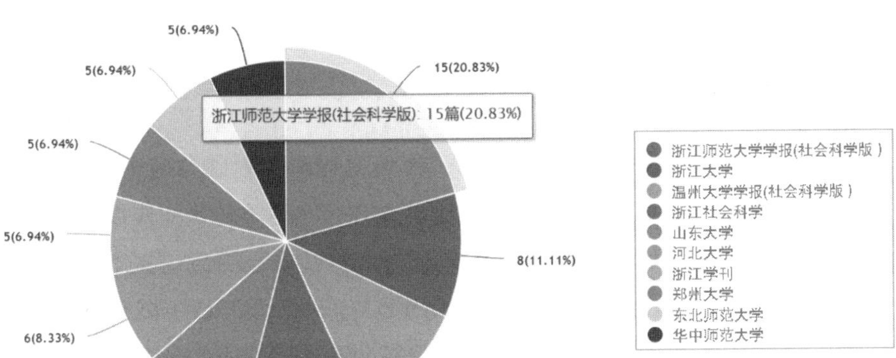

图 1　文献来源分布情况

就研究机构而言，截至 2023 年 8 月 28 日，发文超过 5 篇(不含 5 篇)的研究机构有：浙江师范大学(17 篇)、浙江大学(13 篇)、山东大学(10 篇)、河北大学(9 篇)、武汉大学(8 篇)、东北师范大学(8 篇)、郑州大学(7 篇)、杭州师范大学(6 篇)、首都师范大学(6 篇)。如今，永康、义乌市成立了专门的研究机构，其中永康市陈亮研究会以“龙川文脉”作为其微信公众平台发布较新资讯，并创有内部刊物《陈亮研究》；2014 年，义乌陈氏后裔发起并成立“陈亮文化研究会”，创办会刊《龙川春秋》。

就研究学者而言，最早对陈亮思想进行全面研究的要数邓广铭(1907—1998)，邓就读于北京大学时选修了一门胡适开设的“传记文学实习”课程，以陈亮为传记研究对象，在 1936 年春提交十二万字的毕业论文《陈龙川传》，胡适对此大为赞赏，“逢人满口说邓生”；同时期的童振福于 1936 年 8 月出版的《陈亮年谱》以年代为序，对陈亮的家世、著述等方面做了详细介绍，并附有陈亮与吕祖谦通信年月考证表等考证信息。① 截至 2023 年 8 月 28 日，发文数量排名前十的学者为方如金(浙江师范大学)、邱阳(长春师范大学)、朱晓鹏(杭州师范大学)、赵瑶丹(浙江师范大学)、范伟(首都师范大学)、王宇

① 童振福：《陈亮年谱》，商务印书馆 1936 年版。

(浙江省哲学社会科学院哲学研究所)、连凡(武汉大学)、李春英(山东大学)、陈国灿(浙江师范大学)、陈剑峰(湖州师范学院)。

(二)文献总量和聚焦度

本文以“永康学派”或者“南宋陈亮”作为主题词在中国知网进行文献检索,截至2023年8月28日,知网所载国内共有与之相关的研究成果345篇,其中期刊论文178篇、学位论文139篇、会议论文10篇、报纸论文1篇,图书1本。通过计量可视化分析,在各大主题中与“永康学派”“南宋陈亮”高度关联的第一大主题是“浙东学派”,研究文献多分布于对金华学派代表人物亦是陈亮之至交好友吕祖谦,以及浙东学派、永嘉学派、陈亮与朱熹的“王霸义利之辨”等的研究领域中,如知网上提供的最早一篇研究永康陈亮的文献是1974年发表于《吉林师大学报》的《思复古朱熹传“理学” 讲事功陈亮斥蠢儒》。就研究的延续性而言,20世纪70至80年代关于陈亮的研究是有中断的,在1988年后才保持了基本的研究接续,虽然研究的文献数量不多,但总体可谓欣欣向荣,分别于2011年、2014年、2020年达到研究的小高峰,均超过20篇(图2)。

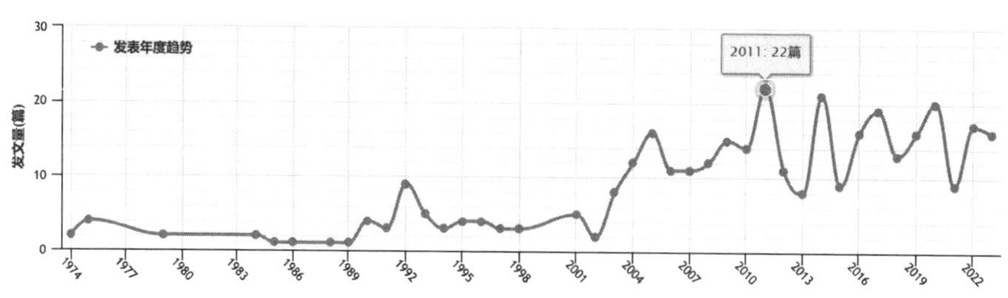

图2 每年的发文数量

陈亮是南宋著名思想家、散文家及词人,历代文人学者予以高度关注,从现有研究成果来说,有关陈亮研究的主要产出领域还是在中国文学(117篇)、哲学(107篇)以及中国古代史(77篇)方向,原因在于大多数学者对陈亮的研究定位聚焦于其“反理学”的思想主张以及“实事实功”之说,其他的思考对陈亮本身来说,都是建立在“事功”之基础上的。故而关于陈亮法律思想的研究(法理、法史8篇)较为缺乏。

著作方面，含有陈亮思想研究的思想史类书籍列举如下。陈钟凡所著《两宋思想述评》，该书在第十六章“金华及永嘉永康诸学派”第一节简单介绍了“陈亮之功利学说”，从陈亮的传略及著书、学说以经世致用为帜志两方面展开；[①]萧公权所著《中国政治思想史》在第十四章“两宋之功利思想”以北宋思想家李觏（1009—1059）、王安石（1021—1086）及南宋陈亮、叶适（1150—1223）四人作为两宋功利思想的代表，对四人的政治思想进行了考察，鲜明地提出宋代政治思想的重心在与理学相反抗之事功思想；[②]谭丕模的《宋元明清思想史纲》是他此前所著《宋元明思想史纲》（1936 年首印）和《清代思想史纲》两书的合编，在“南宋时代哲学思想的各流派”中将叶适、陈亮定位为“小地主”。[③] 侯外庐主编的《中国思想通史》第十五章在目录大标题中突出了陈亮反对思辨哲学的战斗精神，内容上对陈亮的军事、政治、哲学思想等进行了分析，认为朱熹与陈亮之间“是两条路线的理论斗争”。[④] 在 20 世纪 80 年代后，李泽厚的《中国古代思想史论》（1985）在“经世观念随笔”中提及“陈、叶主功利”，将陈亮、叶适定位为“反理学讲求功利”，对朱熹、陈亮的争论与分歧做了列举，指出“他们（陈、叶）虽不是理学家，却仍然是儒家”。此外，韦政通《中国思想史》、董平《浙江思想学术史：从王充到王国维》、张岂之主编《中国思想史》[⑤]等对陈亮思想有一定分析的研究著作也相继问世。

另外还有以陈亮为研究对象的专著书籍：方如金、方同义、陈国灿《陈亮与南宋浙东学派研究》（1996）[⑥]，董平、刘宏章合著《陈亮评传》（1996）[⑦]，美

---

① 陈钟凡：《两宋思想述评》，东方出版社 1996 年版。（首次出版为 1938 年，由商务印书馆出版发行）

② 萧公权：《中国政治思想史》上册，商务印书馆 2011 年版，第 455—460 页。（其中《增订版序言》提及本书成书于 1940 年夏天）

③ 谭丕模：《宋元明清思想史纲》，上海书店出版社 2010 年版，第 81—85 页。

④ 侯外庐主编：《中国思想通史》第 4 卷下，人民出版社 2011 年版。

⑤ 张岂之主编：《中国思想史》，西北大学出版社 2016 年版（2016 年为修订版，原版为西北大学出版社 1993 年版），第五章“陈亮、叶适的功利主义思想”第一节“陈亮的生平及其与朱熹的辩论”。

⑥ 方如金、方同义、陈国灿：《陈亮与南宋浙东学派研究》，人民出版社 1996 年版。

⑦ 董平、刘宏章：《陈亮评传》，南京大学出版社 1996 年版。

国学者田浩《功利主义儒家——陈亮对朱熹的挑战》(1997)[①],卢敦基、陈承革主编《陈亮研究:永康学派与浙江精神》(2005)[②],方如金《陈亮研究论稿》(2015)[③],张焕玲《陈亮》(2017)[④],王维《道德与事功的博弈:陈亮的政治文化哲学研究》(2021)[⑤]等。邓广铭点校版《陈亮集》(1987)对陈亮的著作进行系统整理,在序言《陈龙川文集版本考》中论证陈亮思想"在我们文化史和思想史上极为突出,因而也就都应当占有重要的地位"。[⑥]

田浩在《功利主义儒家——陈亮对朱熹的挑战》一书中围绕陈亮思想与其性格发展之间的密切关联做出研究,首先指出以往的研究在研究主体上主要选择陈亮在1178年至1194年之间的著作,但对陈亮在1168年至1178年之间的作品未予重视,故而先前研究对陈亮思想有认识上的偏见;其次,田浩用陈亮一生中所用的三个名字划分了陈亮在学术和个性发展中的三个阶段,非常具有创见性。[⑦] 该书并不将陈亮法律思想的理论来源局限于从先贤汲取智慧,与同辈的交游、争锋,这些均是陈亮法律思想理论的源泉。

值得一提的是,邱阳形成于2018年的博士学位论文《陈亮及其文学研究》对20世纪初至70年代末、20世纪80年代至今这两大阶段的陈亮思想研究做了较为详细的综述,梳理了每一阶段如传记性文章及专著、年谱编

---

① 田浩:《功利主义儒家——陈亮对朱熹的挑战》,江苏人民出版社2012年版。

② 卢敦基、陈承革主编:《陈亮研究:永康学派与浙江精神》,上海古籍出版社2005年版。

③ 方如金:《陈亮研究论稿》,河北大学出版社2015年版。

④ 张焕玲:《陈亮》,陕西师范大学出版总社2017年版。

⑤ 王维:《道德与事功的博弈:陈亮的政治文化哲学研究》,江苏人民出版社2021年版。

⑥ 陈凯:《陈亮民生法律思想研究》,西南政法大学硕士学位论文2014年。

⑦ 三个阶段三个名字:1143—1168,陈汝能,尽管陈家总处于缥缈风雨之中,但被视为青年才俊的陈汝能肩负着家族中举入仕的希望,与名家缔结姻亲,最后名列州试榜首,获得朝廷的俸禄;1168—1178,陈亮,这是陈亮在道学与政治保守主义的过渡阶段,此阶段受到郑伯熊、芮烨、吕祖谦等人的影响;1178—1194,陈同甫,迈入其功利主义和相对主义阶段,与朱熹进行了交锋。参见卢睿蓉:《美国宋代思想史研究的多视角考察》,浙江大学,博士学位论文2013年,第146页。

纂①、哲学思想②、政治学思想、经济思想、教育思想③以及陈亮对后世影响④等领域的陈亮思想研究代表性成果。方如金所著《陈亮事迹著作编年》出版于2021年，其在前人及本人长年累月的研究成果基础上，按年月编排陈亮事迹和相关大事，以《陈亮集》为基础文本，考定陈亮著作的年代，并对陈亮研究的相关问题设置附录，是供后生研究的具有较高学术价值的专著之一。

（三）陈亮法律思想研究成果

陈亮是我国历史上著名的状元思想家，常见的有关他的研究多见于思想史中，侧重于对陈亮的哲学思想与陈朱“王霸义利之辨”的研究，而对法律思想的阐释则多见于为“法律思想史”的普适性著作或编著中。20世纪80年代，诸多思想史编著简要说明了陈亮的法律思想，同时，在《研究生入学试题选编1981—1987》⑤一书编录的统考科目《中国法律思想史》中，发现考察陈亮的法律思想占比较大，如任选题第四、七题中的任选项，均有“谈谈陈亮的‘义利双行’‘以法为公说的进步性’”；此外有必答题“简释词句并略加评论之‘法深无善治’”。可见，随着改革开放及经济建设对“实”精神的强调，功利主义和经济思想日成主流，陈亮思想中所蕴藏的经世、事功思想在当时得以焕发，如何汲取古人的智慧来推动经济建设，成为当时学者的重要关怀。⑥ 但如今在法学教育中，则较少论及这位独树一帜的思想家。现仅将能搜索到的20世纪80年代至90年代的出版读物梳理如下（表1）。

---

① 邱阳：《陈亮及其文学研究》，东北师范大学博士学位论文2018年，第4、5页。

② 邱阳：《陈亮及其文学研究》，东北师范大学博士学位论文2018年，第9页。

③ 邱阳：《陈亮及其文学研究》，东北师范大学博士学位论文2018年，第10页。

④ 邱阳：《陈亮及其文学研究》，东北师范大学博士学位论文2018年，第14页：陈亮的功利主义思想影响深远，明清时期李贽、黄宗羲、王夫之、颜元、戴震等思想家不同程度地受陈亮思想影响，“经世致用”之学正是由此而发展壮大；陈亮在后世文学方面的影响亦有提及。

⑤ 北京市高等学校招生办公室编选：《研究生入学试题选编1981—1987》，航空工业出版社1987年版，第34页。

⑥ 王锟、金晓刚：《事功与心性的离合：历史、思想语境中的浙东学派建构》，《浙江社会科学》2016年第3期，第133页。

表 1 陈亮法律思想相关出版读物列表

序号	出版年份— 责任者—著作或编著名称—页码	陈亮法律思想的主要观点
1	1982 法学教材编辑部《中国法律思想史》编写组:《中国法律思想史》(高等学校法学试用教材)①第284页	①“义利双行”“以法为公”; ②正纪纲修法度; ③法深无善治
2	1983 栗劲等编著:《中国法律思想史》②第292—299页	①立政为实,赏罚也是为了功利; ②“为公”利民制天下; ③正纪纲,修法度,以格律守天下; ④宽简胜于微密,温厚胜于严厉
3	1985 赵国斌主编:《中国法律思想史》③第242—246页	①正纪纲修法度; ②“法深无善治”
4	1986 李放主编:《法学问题集解》(续编)④第45—46页	①反对朱熹的“天理君权论”和礼、法源于“天理”说; ②反对朱熹“存天理,灭人欲”的观点,主张“义”“利”并行; ③“法深无善治”
5	1989 李笃才编注:《中国古代人物法律思想论点注释》⑤第296—304页	①“立法,本以公天下”; ②“清刑罚以全民命”
6	1991 张岱年主编:《中华思想大辞典》⑥第1076页	法深无善治
7	1991 张光博主编:《简明法学大词典》⑦第892页	参照1982年版《中国法律思想史》
8	1996 董平,刘宏章:《陈亮评传》⑧第230—245页	第四章第六节,“法治与人治”

① 法学教材编辑部《中国法律思想史》编写组:《中国法律思想史》(高等学校法学试用教材),法律出版社1982年版。

② 栗劲、孔庆明、赵国斌等:《中国法律思想史》,黑龙江人民出版社1983年版。

③ 赵国斌主编:《中国法律思想史》,吉林大学出版社1985年版。

④ 李放主编:《法学问题集解》(续编),吉林大学出版社1986年版。

⑤ 李笃才编注:《中国古代人物法律思想论点注释》,天津古籍出版社1989年版。

⑥ 张岱年主编:《中华思想大辞典》,吉林人民出版社1991年版。

⑦ 张光博主编:《简明法学大词典》,吉林人民出版社1991年版。

⑧ 董平、刘宏章:《陈亮评传》,南京大学出版社1996年版。

续 表

序号	出版年份－ 责任者－著作或编著名称－页码	陈亮法律思想的主要观点
9	1997 杨鹤皋编著:《新编中国法律思想史》①第 331—336 页	简法轻刑,严明赏罚 ——简法令、轻刑罚、明赏罚

此外,21 世纪初期对陈亮法律思想详述的思想史代表著作如下。俞荣根《中国法律思想史》②在定型时期的法律思想“社会批判思潮”③章,将陈亮与叶适定位为主张经世致用的“实学”代表,详述了陈亮“王霸并用,义利双行”的法律观。田浩在《宋代思想史论》中的“陈亮论公与法”中,探讨了陈亮对儒学社会政治伦理中公私概念的看法,陈亮的家庭背景和个人经历影响到陈亮思想的形成。他提到,陈亮通过提升“私”使其超越“自私”意涵,寻求调和自我关照的私利与公益,指出陈亮特殊的研究价值。④ 杨鹤皋《中国法律思想通史》在第四篇“宋元明清法律思想”的第五章“南宋时期功利学派的法律思想”中介绍了陈亮以功利为核心的法律思想,从“简法令、轻刑罚、明赏罚”三个方面论述了陈亮的“法深无善治”,肯定了陈亮对中国历史做出的突出贡献及其历史地位。⑤ 薛梅卿、赵晓耕《两宋法制通论》在第一章“法律思想”第四节“南宋理学与反理学法律思想的争论”中,将浙东学派的陈亮和叶适作为与南宋时期处于优势地位的理学思想相抗衡的反理学的主要代表,强调陈亮的法律思想注重事功、力图改革,为当时的立法定制提供了新的精神养料,在思想史上具有不容轻忽的独特地位。⑥

研究陈亮法律思想的已公开硕士学位论文有三篇:季丽霞的《论南宋浙

① 杨鹤皋编著:《新编中国法律思想史》,安徽大学出版社 1997 年版。

② 俞荣根主编:《中国法律思想史》(高等学校法学教材),法律出版社 2000 年版,第 224—229 页。

③ 社会批判思潮以复归儒家人本主义或人文主义原旨为目标,以批判现实和革除政治弊端为己任。

④ 田浩编:《宋代思想史论》,杨立华、吴艳红等译,社会科学文献出版社 2003 年版,第 518—567 页。

⑤ 杨鹤皋:《中国法律思想通史》,湘潭大学出版社 2011 年版,第 759—764 页。

⑥ 薛梅卿、赵晓耕主编:《两宋法制通论》,法律出版社 2002 年版,第 44—49 页。

东事功学派的功利主义法律观》(2008)对"功利"概念进行了厘定并根据前人的研究对事功学派的功利思想进行了综述，在此基础上展开陈亮、叶适的功利主义法律观的内容研究以及他们对南宋民间法律观念的影响；[①]张鑫的《宋代功利主义学派法律思想探析》(2010)亦是以功利主义为文章的关键词，对宋代的功利主义学派进行了概述，在此基础上展开功利主义学派法律思想的基本观点，由此阐述了该学派对宋代立法、法律观念的影响，并延展了其对我国当代法制建设的借鉴意义；[②]陈凯的《陈亮民生法律思想研究》(2014)以陈亮的民生理念为切入点，紧扣陈亮对民生重视的缘由以及其事功哲学思想理论，结合法律制度的构建范式对陈亮的民生法律思想进行了逻辑严密的详述。[③]

研究陈亮法律思想的已公开期刊论文有九篇。陈凯在其硕士学位论文《陈亮民生法律思想研究》中对陈亮法律思想的相关研究做了期刊论文方面的综述，具体为李俊芝、卢国强的《浅谈陈亮的法律思想》[④]，肖建新、李永卉的《陈亮法制思想的特色》[⑤]，王颢的《试论陈亮以事功学说为基础的法律思想》[⑥]，张玉霞的《试述陈亮的法律思想——关于"任人"与"任法"》[⑦]，任锋的

---

① 季丽霞：《论南宋浙东事功学派的功利主义法律观——以陈亮、叶适为代表》，苏州大学硕士学位论文2008年。

② 张鑫：《宋代功利主义学派法律思想探析》，青岛大学硕士学位论文2010年。研究的具体对象为两宋功利主义学派的四位代表人物：北宋李觏、王安石，南宋陈亮、叶适。

③ 陈凯：《陈亮民生法律思想研究》，西南政法大学硕士学位论文2014年。

④ 李俊芝、卢国强：《浅谈陈亮的法律思想》，《衡水师专学报》2003年第2期，第39—40页。陈亮提出政治、法律的改革思想：赏罚亦利、执法公平、宽简刑罚以及法因时而变。

⑤ 肖建新、李永卉：《陈亮法制思想的特色》，《安徽师范大学学报》(人文社会科学版)2004年第6期，第660—665页。归纳如下特色：一是礼法结合、归于王道；二是慎法恤刑、追求公正；三是以法经世、尚功通变。

⑥ 王颢：《试论陈亮以事功学说为基础的法律思想》，《哈尔滨市委党校学报》2006年第2期，第83—84页。陈亮的法律思想以事功学说作为理论基础，在此基础上，阐明陈亮法律思想的两点主张："国家要以恤刑为重、反对恢复肉刑"，"理财非聚敛、更法以裕民"等。

⑦ 张玉霞：《试述陈亮的法律思想——关于"任人"与"任法"》，《黑河学刊》2007年第4期，第87—89页。陈亮从社会功利主义出发，其法律思想体现出除弊兴利、改革现行法度。陈亮提出"任人""任法"的辩证观，突破了中国古代传统"法治"理论的框架。

《时势与公理:陈亮政治思想中的法度观》[①],以及杨翠兰的《论陈亮的功利主义法律思想》[②]6 篇,因公开发表的成果较少,故本文搜索内容与该文所述较为一致。此外,陈景良的《南宋事功学派法制变革思想论析》(1992)以马克思主义法学理论为指导,对以陈亮、叶适为代表的事功学派的法制变革思想做了研讨,认为其理论基础有三,即“道存于人事、‘法随时立,须变而通之’、为政以实”,对纪纲、官制、刑法、经济四个方面的法制改革措施进行论述,并在余论中对传统法思想、法文化与现代法制建设的关系进行了进一步的思考。[③] 白晓霞、范立舟的《陈亮政治思想新探》(2005)认为,陈亮学说建基于“现实原则”的价值判断,追求道义与功利的统一,以功利为判定标准亦为陈亮学说的理论基础,并从陈亮的国家观、法制观、人才观三个角度对陈亮的政治理念进行了阐述。[④] 任锋的《“以法为治”与近世儒家的治道传统》(2017)从陈亮的《汉论》所述出发,认为法度相对于整体的社会秩序自有其边界,真正的治道规模在于充分尊重社会活力,自觉遵守其法度边界,[⑤]此论启发了该文对陈亮法律思想的当代法治价值与法治实践的认识。

截至 2023 年 8 月 28 日,暂无已公开的研究陈亮法律思想的博士学位论文,但沈玮玮的著作《持法深者无善治:中国古代立法繁简之变》脱胎于其未公开发表的博士学位论文。沈玮玮以陈亮法律思想的核心内容之一为引,围绕立法繁简之变,以秦汉、唐宋、明清的立法实践为分期,探讨了约法与深法、法深与善治、尚简与尚繁之间的关系及演变,以小见大,深入揭示我国古典立法“不为”与“不能”的哲学智慧。在此基础上,2021 年沈玮玮与赵晓耕

---

① 任锋:《时势与公理:陈亮政治思想中的法度观》,《浙江学刊》2009 年第 2 期,第 116—122 页。提出一个新视角,即认为陈亮的法度观体现出了两个基本特征,一是“时势性”,二是“公理性”,构成了事功主义政治思想的重要前提,此外,特别分析了陈亮的法律发展的观念。

② 杨翠兰:《论陈亮的功利主义法律思想》,《湖南科技学院学报》2011 年第 3 期,第 121—125 页。从政治、经济和法制建设三个方面总结陈亮的功利主义法律思想,指出其核心是致力于民生和中兴。

③ 陈景良:《南宋事功学派法制变革思想论析》,《法律科学》(西北政法学院学报)1992 年第 1 期,第 18—24 页。

④ 白晓霞、范立舟:《陈亮政治思想新探》,《船山学刊》2005 年第 4 期,第 121—123 页。

⑤ 任锋:《“以法为治”与近世儒家的治道传统》,《文史哲》2017 年第 4 期,第 62 页。

合作《再谈南宋陈亮"持法深者无善治"之论》发表在《人民法院报》上，指出"法深无善治"是南宋士大夫群体在积弊已久的社会中所提炼出的对法律认识的基本经验，达到善治的关键在于立法和用法之人的宽简态度。[①]

以上为现今的陈亮法律思想研究提供了基本的材料。

二、陈亮的法律治理思想："任法"和"任人"的协同共治

宋代对法的重视，使得两宋之际在"任法"与"任人"的问题上产生较大偏颇，当权者偏重"任法"，故在"与士大夫共治天下"的两宋，思想家们对"任人"的理论与实践过于不一而有了更多元的讨论，[②]对法律政令的批判成为两宋时期士大夫的群体意识。[③] 陈亮的法律治理思想具体体现为他对"任法"与"任人"的思考，他认为治理当有"格律"，人的能动作用也不可忽视。陈亮在《人法》开篇就明确提出："自有天地，而人立乎其中矣。人道立而天下不可以无法矣。人心之多私，而以法为公。"此间体现了陈亮对人性的看法，即"人心多私"，故而在法的运行过程中应坚持"以法为公"。陈亮在"任人""任法"的取舍上，并非强调其中一个方面，而是各取所长，所谓"治国用法，行法在人"[④]，二者应综合应用。

(一)陈亮的任法观：以法为公

陈亮在"任法"的观点上提出了他的基本观点，即"以法为公"，其中"以格律守天下"重视制度的作用，"持法深者无善治"涉及法令的宽简运用。在天子与朝臣共操法律的问题上，先秦便已有讨论，较为有代表性的是商鞅所言"法者，君臣之所共操也"。及至宋，在"与士大夫共治天下"的实践指导

---

① 赵晓耕、沈玮玮：《再谈南宋陈亮"持法深者无善治"之论》，《人民法院报》2021年7月23日，第5版。

② 沈玮玮：《持法深者无善治：中国古代立法繁简之变》，法律出版社2016年版，第174页。

③ 沈玮玮：《持法深者无善治：中国古代立法繁简之变》，法律出版社2016年版，第172页。

④ 郭东旭：《宋朝法律史论》，河北大学出版社2001年版，第85页。

下，有关君臣共治天下的论述更加普遍，故陈亮的“以法为公”思想也是宋代大多思想家们的普遍观点。

1. 以格律守天下

陈亮从“道在事中”的朴素唯物主义出发，强调要着眼于解决社会的现实问题，在总结宋代治理经验时提出：“本朝以儒道治天下，以格律守天下，而天下之人知经义之为常程，科举之为正路，法不得自议其私，人不得自用其智，而二百年之太平由此而出也。”[①]他认为理学家只知“空谈”于事无补，凡是王者之治都很重视“各务其实”。

一为法度要修。对于法的起源，陈亮认为君主先于法出，在君臣各当其位时，便有了国家，“及法度既成，而君臣有定位”[②]。为了实现中兴的功业，他强调修法度为当务之急，“法度不正则人极不立，人极不立则仁义礼乐无所措”[③]，只有正纪纲，明法令，才能使太平之基稳固。为此，陈亮在法制方面提出一系列改革措施，如：简法崇礼、严政条明赏罚、“任贤使能”“以绳墨取人”等。[④] 在谈及对贪官污吏“居则争利于平民”“出入则争利于商贾”而郡县、关津无可奈何的看法时，陈亮提出了他独特的看法，现在看来具有相当的超前性。他认为，贪吏的治理要重视制度的效用，“制度之不立，而恃刑以为禁，可杀可辱，而谋利之心终不可夺也”[⑤]。

二为赏罚要明。“立法于此，而非人不行，此天下之正法也。”[⑥]针对以朱熹为代表的理学家从天理人欲不相容、王霸是互相排斥的治国之道的理论，陈亮反驳说：“王霸可以杂用，则天理人欲可以并行矣。”[⑦]陈亮不承认圣人立法具有优先的地位，他指出，“举天下皆由于规矩准绳之中”[⑧]，天下事皆有自身所须遵循的规范及法度，故统治者在立法、行法之时，须有“公天下之心”，

① 陈亮：《陈亮集·戊申再上孝宗皇帝书》，上海古籍出版社2022年版，第17页。
② 陈亮：《陈亮集·问答上》，上海古籍出版社2022年版，第34页。
③ 陈亮：《陈亮集·三先生论事录序》，上海古籍出版社2022年版，第218页。
④ 张光博主编：《简明法学大词典》，吉林人民出版社1991年版，第892页。
⑤ 陈亮：《陈亮集·问贪吏》，上海古籍出版社2022年版，第131页。
⑥ 陈亮：《陈亮集·人法》，上海古籍出版社2022年版，第106页。
⑦ 陈亮：《陈亮集·丙午复朱元晦秘书书》，上海古籍出版社2022年版，第302页。
⑧ 陈亮：《陈亮集·上孝宗皇帝第一书》，上海古籍出版社2022年版，第5页。

不应凭自己的喜怒之心来修法改法。只有这样国家才会统一强盛，否则人君凭自己的“喜怒之私”来治理国家，会造成“刑赏为吾所自有，纵横颠倒而天下皆莫吾违”①，即善恶颠倒、社会混乱的局面。② 陈亮认为自古以来君主制定赏罚也没有离开“利”，但人君不能“以其喜怒之私而制天下”，而要“以法为公”，③这也是他提出的法律的另一重要性质。古人追溯到法家时代，发现他们以“赏罚之道”促使人们遵守各种法律。④ 陈亮在其对《春秋》的解读中谈及他对赏罚妥当或失当的认识，认为赏赐是天命所归，而惩罚是上天讨伐，天子在其中起到“奉天而行”的作用；若赏罚不得当，就是怠慢天意，会产生“慢而至于颠倒错乱，则天道灭矣，灭天道，则为自绝于天”⑤的后果。在赏罚问题上，陈亮承接“宋初三先生”之一孙复的观点，主张明赏罚。孙复精通经学，其治《春秋》的特色在考时之盛衰，推见王道之治乱，认为赏“劝善”、罚“惩恶”，也由此而强调赏罚之用。由此，陈亮在论述赏罚之时亦表达了治国离不开赏罚之观点，并认为赏罚必须顺乎天下民心之公，反对君主按照自己的喜怒或出于一己之私来治理天下，此论亦与苏洵之赏罚观应和，苏氏在其《春秋论》中指出：“赏罚者，天下之公也；是非者，一人之私也。……赏罚人者，天子诸侯事也。”⑥法律以其公正为内核，法律只有在真正被当作天下公理之时，即“勿私赏以格公议，勿私刑以亏国律”，才能够焕发勃勃生机。⑦

---

① 陈亮：《陈亮集·问答下》，上海古籍出版社2022年版，第37页。

② 张鑫：《宋代功利主义学派法律思想探析》，青岛大学硕士学位论文2010年，第14页。

③ 张光博主编：《简明法学大词典》，吉林人民出版社1991年版，第892页。

④ 马伯良：《宋代的法律与秩序》，杨昂、胡雯姬译，中国政法大学出版社2010年版，第24页。

⑤ 陈亮：《陈亮集·六经发题·春秋》，上海古籍出版社2022年版，第91页。

⑥ 《嘉祐集笺注》卷六，上海古籍出版社1993年版。转引自董平、刘宏章：《陈亮评传》，南京大学出版社1996年版，第411页。

⑦ 张鑫：《宋代功利主义学派法律思想探析》，青岛大学硕士学位论文2010年，第27页。

2. 持法深者无善治

陈亮基于宋代现实政治的高度法度化特征，[①]以不同于前人对“法深”之弊的回避态度，从立法技术的角度出发对这个问题进行了深刻反思。[②] 宋“以格律守天下”，士大夫“以议论为政，以绳墨为法”，孝宗“以绳墨取人，以文法莅事”。[③] 与其同时期的叶适也指出，如今朝廷“奉繁密之法”。在法令繁简的问题上，陈亮于《人法》中指出“今日之法可谓密”，针对当时法制混乱、用法严酷、官吏枉法徇私的状况，其批判可谓毫不留情——这种情形只会破坏法律的效力，最终造成事功不成、天下不理，而百姓只能望法兴叹。在这一政治环境下，陈亮从宽民思想出发，主张法令宽简，废除繁法严刑。

早在先秦之际，法家便明确提出“事在四方，要在中央”的法治思想，陈亮在《论执要之道》中对圣上的劝诫承袭此观念，反复建议孝宗以“立政之大体，总权之大纲，专委任”来治理天下，皇帝只需掌握要政，具体的事情要妥当分配，不要事事躬亲包办。这与他所说的“持法深者无善治”是一以贯之的。陈亮说：“风林无宁翼，急湍无纵鳞，操权急者无重臣，持法深者无善治。奸宄之炽，皆由禁网之严；罅漏之多，亦由夫防闲之密。”[④]他以“风林”“急湍”作比喻，强调重刑苦法无助于国家的兴旺与发达。[⑤] 陈亮认为奸恶嚣张、漏洞百出，都是因法网太密、防范太严所致，同老子所述“法令滋彰，盗贼多有”类似。[⑥] “法深”一词可作法律繁多、严苛之意解，法律的无限严厉和庞杂，都会给社会带来不便甚至动荡。“持法深无善治”一直贯穿在古人立法的理念

---

① 任锋：《“以法为治”与近世儒家的治道传统》，《文史哲》2017 年第 4 期，第 55 页。

② 沈玮玮：《持法深者无善治：中国古代立法繁简之变》，法律出版社 2016 年版，第 173 页。

③ 任锋：《时势与公理：陈亮政治思想中的法度观》，《浙江学刊》2009 年第 2 期，第 118 页。

④ 陈亮：《陈亮集·汉论·孝宣》，上海古籍出版社 2022 年版，第 169 页。

⑤ 李光灿、张国华总主编：《中国法律思想通史 2》，山西人民出版社 2000 年版，第 602 页。

⑥ 赵晓耕主编：《观念与制度：中国传统文化下的法律变迁》，湘潭大学出版社 2012 年版，第 72 页。

和行动中，到了宋代，陈亮用自己的语言表达方式将其表述出来。① 他认为单靠严刑峻法来治国是亡国之道。因为“法愈详而弊愈极”，宽简胜于微密，温厚胜于严厉。② 陈亮通过形象比喻，说明“持法深者无善治”的深刻道理，提出改良之法，主张“简法重令以澄其源，崇礼立制以齐其习”③。

(二)陈亮的任人观：以人行法

陈亮认为“法深”的根源在于过度看重“使法之自行”，而忽视“法当以人而行”中人的重要能动作用。由此，陈亮提出了任贤使能、振兴吏治的主张，在法律实施的过程中，强调和发挥人才的重要作用，以此达至天下大治。

1.任贤使能

宋以来的科举、铨选④、荐举等为选拔人才而设置的取士制度因逐渐“变质”，培养了大批因循守旧之士，士大夫“知议论之当正而不知事功之为何物，知节义之当守而不知形势之为何用，宛转于文法之中，而无一人能自拔者”⑤，官吏知晓“议论”追求“节义”，却忽视事功、不解形势，此类儒士“烂熟萎靡”。陈亮认为人才非常重要，“天下大势之所趋，天地鬼神不能易，而易之者人也”；而天下是有人才且足够用于治国理政的，“一世之才自足一世之用”⑥，南宋之所以会面临内外困境的重要原因之一就是“选人不当”“任人不当”。对此，若要改变内忧外困之局面，就应该培养、选拔人才，任贤使能。

首先，陈亮提出当从改革人事制度入手⑦，选取人才必须倡实效、明事功，选取具有真才实学的贤才，主张“选贤能以清官曹，减进士以列选能之科，革任子以崇荐举之实”，对不适当的官员及无法胜任职务的官员进行清

---

① 赵晓耕、沈玮玮：《专业之作：中国三十年(1979—2009)立法检视》，《辽宁大学学报》(哲学社会科学版)2010年第5期，第1页。

② 陈亮：《陈亮集》，上海古籍出版社2022年版，第114、101、102页。

③ 陈亮：《陈亮集·中兴论》，上海古籍出版社2022年版，第21页。

④ 铨选，即量才授官，就是根据考绩的结果，选择其中成绩优异的人给予铨注使之得以升迁来表示奖进的实施办法。古代选士即为选官。

⑤ 陈亮：《陈亮集·戊申再上孝宗皇帝书》，上海古籍出版社2022年版，第17页。

⑥ 陈亮：《陈亮集·问人才》，上海古籍出版社2022年版，第123页。

⑦ 白晓霞、范立舟：《陈亮政治思想新探》，《船山学刊》2005年第4期，第123页。

理整顿或予以摒除，废除“恩荫”制。其次，对于人才的选拔和任用过程也做出说明。第一，在发现和选拔人才上，陈亮坚持实用原则，他在《铨选资格》中指出铨选的弊端，在《制举》中提出革除察举，以制举“待非常之才”。第二，在充分发挥贤才能动作用的原则保障上，陈亮提出“任人之道，非必每事疑之”，要做到用人不疑，对待贤才，“与其位，勿夺其职；任其事，勿间以言”，要给人才施展抱负的空间。第三，在吏治方面，陈亮主张对官吏的政绩进行严格考核，对实际任用效果进行检验，提出“严政条以核名实”“惩吏奸以明赏罚”的原则，只有务实才可复中兴大业。

2. 文武一道

十八九岁的陈亮怀一腔热血，愿抗金救国、天下一统，“考古人用兵成败之迹”，研究总结重要军事人物的政治军事斗争经验①，著《酌古论》。在《酌古论序》中，陈亮感叹于历史上的众多英雄豪杰成功或失败的经验、教训，对此加以总结、学习，是“可以观，可以法，可以戒，大则兴王，小则临敌”②。陈亮结合南宋当时“重文轻武”的国势，提出“文武之道一也”的重要观点，即对一个国家或社会而言，对文武是不可偏颇其一的：“文武之道一也，后世始岐而为二：文士专铅椠，武夫事剑楯，彼此相笑，求以相胜。天下无事则文士胜，有事则武夫胜，各有所长，时有所用，岂二者卒不可合耶？”陈亮此论继承和发展了古代唯物主义思想家传统政治军事思想，认为“文非铅椠也，必有处事之才；武非剑楯也，必有料敌之智”，文官要懂武，应具备处理政事的能力；武官也要懂文，应具备临敌作战的谋略和智慧。③“才智所在，一焉而已”，文、武于国家政治是互相配合、不可或缺的。

三、陈亮的刑事法律思想：“同风俗以正人心”的价值取向

由于南宋统治日趋腐朽，陈亮在仕途上很不得志，他的一些进步主张不

① 耿需要：《〈酌古论〉军事思想研究》，《军事历史》2022年第1期，第87页。

② 陈亮：《陈亮集·酌古论序》，上海古籍出版社2022年版，第44页。

③ 方如金：《陈亮事迹著作编年》，河北大学出版社2021年版，第35页。

仅没有机会为当权者所采纳，[①]陈亮本人也在经历为父亲的狱事游走奔忙典卖祖业后，因所谓的“欺君”或“谋杀”多次[②]入狱，备尝苦难，在这方面，他比其他的士人对宋代的法律制度有更深的感触。[③] 与上文法律宽简相承接，陈亮的刑事法律思想中的刑罚观主张“清刑罚以全民命”，刑罚的目的是保护百姓而非戕害百姓，他坚定地支持恤刑宽民，反对恢复肉刑，因弊变法；在治狱观上主张慎刑谨杀，这里更多的是从他自身的狱中遭遇出发，更加注重在法律实践中尽可能地减少冤案的发生、提高司法效率、保障百姓权益，力求避免法深伤民、法急殃国的弊病。

（一）陈亮的刑罚观：清刑罚以全民命

“清刑罚以全民命”是陈亮刑罚观的特有表达，其核心理念就是传承千年、具有普适性特点的明德慎刑、恤刑慎杀。在以陈亮为代表的思想家的刑法改革理论中，温厚胜于严厉，公平胜于私见的论证占有重要的历史地位。[④]陈亮通过总结历史经验，批判当时“典刑之官遂以杀为能，虽可生者亦傅以死”。并提出温厚的法律胜于严厉[⑤]，将其概括为“清刑罚”思想。通过“清刑罚”来“全民命”，这是先王治国的成功经验，[⑥]后世当以此为借鉴。陈亮坚决反对恢复肉刑，对朱熹等理学家所鼓吹的实行肉刑可以使人知廉耻的论调进行了抨击。

---

① 张岱年主编：《中华思想大辞典》，吉林人民出版社1991年版，第1076页。

② 本文对陈亮系狱次数不作考证及判断。有关陈亮系狱次数，由于史料记载的语焉不详等因素，后人对次数有种种考证及说法，当代学者中持两次说的代表人物有邓广铭、唐圭璋等；持三次说的代表人物有刘文英、束景南等。邱阳分析认为，三四次入狱说由记载之讹误引发，认定陈亮一生之狱为两次。参见邱阳：《陈亮及其文学研究》，东北师范大学博士学位论文2018年，第32、37页。

③ 杨翠兰：《论陈亮的功利主义法律思想》，《湖南科技学院学报》2011年第3期，第124页。

④ 李光灿、张国华总主编：《中国法律思想通史》，山西人民出版社2000年版，第601页。

⑤ 《陈亮集·廷对》：“温厚之胜于严厉也。”

⑥ 栗劲、孔庆明、赵国斌等：《中国法律思想史》，黑龙江人民出版社1983年版，第298页。

1. 刑罚目的:“爱民”而非“戕民”

陈亮反对严刑峻法,主张轻刑罚。他认为,“刑者,圣人爱民之具,而非以戕民也”,古代圣明帝王之所以规定各种刑罚,是为了“塞其不可之涂”。在他看来,古代皋陶作刑颁示天下的主旨就是“轻刑”。他对尧舜之世的轻刑罚实践即“用鞭子来惩罚犯错的官吏,用荆条来教育不听话的学生,用铜就可以赎罪,过失犯罪便可赦免,但犯罪而不知悔改要加重刑罚”表示高度赞同,陈亮结合实际对此做出评价:“后世之轻刑未有如尧舜之世者也。”[①]他希望朝廷“考尧舜之所以轻刑之由”[②],除酷滥兴宽厚,从中吸取经验。他主张凡报批的案件,情节稍轻的,都从宽处理:“其情之疑轻者驳就宽典。”[③]

陈亮以“自然法”之理论,站在顺应天心民意的高度,论述统治者立法行刑必须以天下为公的重要性。他认为“典礼刑赏同出于天,而车服刀锯非人君之所自为”,所谓“圣人之立法,本以公天下,而非以避祸乱”。因而他劝诫皇帝在用刑时,“勿私利以格国律”。为了实行轻刑,他还主张凡遇到疑难案件应当上报中央司法机关处理;处刑凡能从轻的务必从轻;审理案件要根据案情来裁判,不能以个人的喜怒之情为转移。这些主张的目的是挽救南宋摇摇欲坠的统治,在客观上有利于减轻劳动人民遭受司法镇压的痛苦。

2. 刑罚主张:反对肉刑,因弊变法

陈亮站在社会功利主义的立场,要求朝廷以整个地主阶级和商人阶层的利益为重,不为一家一姓的私利所左右,改革刑法,建立为公利民的司法运行机制,以振兴积弊深重的宋代江山。陈亮尖锐地指出,君主在刑罚上恣意妄为是亡国之道,“故私喜怒者,亡国之赏罚也;公欲恶者,王者之赏罚也”[④]。刑罚的目的是“爱民”而非“戕民”,故圣人制刑,为的是消除争夺戕杀之患。肉刑并非出自圣人的本意,不是不可废除的大经大法,没有一成不变的法律,“律法严刻”不是固定不移的,应当根据不同情况,更法易令,“因弊

---

① 陈亮:《陈亮集·廷对》,上海古籍出版社2022年版,第102页。

② 陈亮:《陈亮集·廷对》,第102页。

③ 陈亮:《陈亮集·廷对》,第101页。

④ 陈亮:《陈亮集》之《问答下》,上海古籍出版社2022年版,第37页。

变法”。①

陈亮从轻刑思想出发，极力反对朱熹等人主张的“复肉刑”，并指出儒者向来倡导所谓“以仁恕为本”，而现今的道学家“始倦倦于肉刑”，实在是与之前的用心相悖。陈亮指出，肉刑兴起于苗民，尧时借用以惩戒害民之徒，是“报虐以威”，后世君主亦不常用，到汉文帝时废除。他认为如今肉刑既然已经废除，便不必再恢复了，“独倦倦于圣人之恐其或用者，纵使可用，无乃颠倒其序乎”。他认为，在一些“世儒”看来，“井田、封建、肉刑都是圣人之大经大法，绝对不可以废除”以及“不用肉刑就不能制止犯罪，惟有肉刑，才真正算得上刑罚”等都是奇谈怪论。此处体现了陈亮对法律的认知，即法律只是一种治理手段，而非最终统治目的，如他所言：“使民有耻，则今法足矣。民不赖生，虽日用肉刑尤为无法也。礼节民心，乐和民声，政以行之，刑以防之。四达而不悖，则王道成矣。”所谓“同风俗以正人心，清刑罚以全民命”“以厚处其身，而未薄待天下之人”，只有这样，才能达致“狱讼日简，教化浸行”。②

（二）陈亮的治狱观：慎刑谨杀“得其平”

陈亮从西周的“三国三典”理论中寻求治狱中慎刑谨杀的法理依据。“《周官》之刑平国用中典，盖不欲自为轻重耳？”同时，从国家政治角度出发对此进行分析，指出严刑峻法的危害要比战争更大。③ 陈亮主张慎刑谨杀与其个人经历也非常相关。

1.反冤狱倡公正

古代中国一贯采纠问式之诉讼程序，将口供作为定案的主要证据，故拷讯为获取证据之合法手段。自秦到唐宋对拷讯都在法典上做了规定，然而在宋朝的司法实践中大小司法官员往往不遵守法律之规定，于法定刑罚之

---

① 张岱年主编：《中华思想大辞典》，吉林人民出版社1991年版，第1076页。

② 李光灿、张国华总主编：《中国法律思想通史2》，山西人民出版社2000年版，第602页。

③ 杨翠兰：《论陈亮的功利主义法律思想》，《湖南科技学院学报》2011年第3期，第125页。

外，滥刑拷打，曲杀无辜。陈亮以其切肤之痛体会犹深。李贽《藏书·陈亮传》中“一士欲中亮，以其事首刑部。事下大理，笞掠亮无完肤”，亦可间接看出陈亮在狱中有受刑。陈亮认为“制狱之设，贵得其平”①，而今断案却是“鞫之又鞫，疑于无疑”②，又“谤出事情之外，百喙莫明”③，有口难言。“苟私意皆可致人于死，则圣朝容有倚法之威！”陈亮坚决反对用严刑拷打的办法来鞫问刑狱。

绍熙三年(1192)二月，年近半百的陈亮脱离人生中最后一次牢狱之灾，在陈亮从绍熙元年狱兴到绍熙三年狱结的期间，罗点、赵汝愚、郑汝谐是使其脱狱的直接关键人物，这从陈氏谢启内容即可看出。④ 郑汝谐⑤到任大理寺少卿审查积案时，看到陈亮案卷大为惊异，认为陈亮是“天下之奇材”⑥，并说若国家将无罪之人杀了，“上干天和，下伤国脉矣”。于是主持公道，“力言于光宗”为陈亮洗刷冤屈。⑦ 陈亮对郑汝谐甚为感激，此乃“生死骨肉之恩”“此盖伏遇判部侍郎，以独见之明，持甚平之论”⑧。

2. 禁刑狱淹滞

陈亮最后一次入狱是因死者曾侮辱过陈亮的父亲，死者家属认定是陈亮雇凶杀人并起诉陈亮，县令在未有确凿证据的情形下将凶手和陈亮收监，

---

① 陈亮：《陈亮集·谢梁侍郎启》，上海古籍出版社 2022 年版，第 258 页。

② 陈亮：《陈亮集》之《谢胡参政启》，上海古籍出版社 2022 年版，第 256 页。

③ 陈亮：《陈亮集》之《谢何正言启》，上海古籍出版社 2022 年版，第 260 页。

④ 刘庆云、陈庆元主编：《稼轩新论》，海风出版社 2005 年版，第 89 页。

⑤ 郑汝谐(1126—1205)，字舜举，号东谷居士，浙江青田人。郑氏在其 31 岁(1157)中进士，历任两浙转运判官，江西转运副使，大理寺少卿，吏部侍郎，徽猷阁待制，卒赠开国伯。同南宋著名词人辛弃疾也是好友。郑氏在任大理寺少卿时处理了陈亮当时背负的案件，陈亮感谢他，称郑氏“以独见之明，持甚平之论”。

⑥ 关于陈亮参加科举考试的资格。根据现有文献，可推测陈亮大概是有经商经历的。宋代有放宽对商人参加科举的限制，在宋英宗时允许商人中的“奇才异行者”参加科举，为工商阶层进入仕途提供了法律层面的依据。先勿论陈亮是否具有商人户籍，若陈亮是商人，那他在本次出狱(被认定为“冤狱”)后就去参加了考试，或许原因之一就是他是公认的“奇才”。

⑦ 参见《宋史陈亮传》卷四三六，转引自陈亮：《陈亮集》，上海古籍出版社 2022 年版，第 495 页。

⑧ 陈亮：《陈亮集·谢郑侍郎启》，上海古籍出版社 2022 年版，第 259 页。

“牵连就逮”，一关至短两年半。[①] 陈亮出狱后，在谢启中对刑狱淹滞做了自己的回应，“法如江河，使之易避；人其金玉，是以无瑕。安有皎而易见之情，乃成久而不决之狱！牵连就逮，号泣求伸；世岂无冤，自嗟太甚”[②]。“久而不决之狱”，在我国古代司法实践中唤为“淹滞”，这也是我国古代司法的一个顽疾。[③]

淹滞在宋朝发展得尤为严重。至理宗时，监察御史程元凤[④]上奏说：罪名无论轻重，都送去牢狱；案件无论大小，都会被“稽留”，比如说因为疑犯没有全部抓到而不去过问，或者说以供款不到位而不上报，还有因为书拟不妥当而不判决的，但是狱官对此却习以为常，并且“不顾其迟，狱史留以为利，而惟恐其速”。“……展转迟回，有一二年未报下者，而其人已毙于狱中者；有犯者获贷，而干连病死不一者。”[⑤]刑狱淹滞能直接反映出正常制定的刑狱制度在其间已不起作用，官员在程序上推推躲躲、以拖为常，“迟来的正义不是正义”在此完全可以适用。陈亮建议朝廷清理淹滞，提高司法效能。[⑥] 这对敏速司法[⑦]的倡导亦有效用。

不过陈亮在刑事法律思想方面提出的“恤刑”“宽民”的法律改革思想，并未从根本上脱离汉唐以来儒家法律思想的传统，更何况在封建专制下，所谓“恤刑”“宽民”“行刑以公”，说到底还是要求统治者从地主阶级的整体利益出发，把阶级的压迫维持在劳动人民所能承受的程度上，把法定的权利界定在社会所能容忍的界限内。

---

① 张焕玲：《陈亮》，陕西师范大学出版总社2017年版，第39页。

② 陈亮：《陈亮集·谢梁侍郎启》，上海古籍出版社2022年版，第258页。

③ 蒋铁初：《中国古代的敏速司法研究》，《北方法学》2020年第4期，第141页。

④ 程元凤（1199—1268），字申甫，号讷斋，歙县（今安徽）人，南宋大臣。程元凤出身于书香门第，精通诗词。理宗绍定二年（1229），程元凤考中进士，被予任江陵府教授，以后历任太学博士、宗学博士等职，以忠诚正直著称。

⑤ 脱脱等：《宋史》第15册卷二一〇之《刑法三》，中华书局1977年版，第5015页。

⑥ 李光灿、张国华总主编：《中国法律思想通史 2》，山西人民出版社2000年版，602页。

⑦ 敏速司法是指司法者凭借个人能力又快又准地办理案件，其意义在于节省办案时间与成本，从而减少淹滞之弊。参见蒋铁初：《中国古代的敏速司法研究》，《北方法学》2020年第4期，第141页。

四、陈亮的经济法律思想:“义利双行”的经世济民之思

历代的主流思想依旧是重视农业生产且必须抑制工商业的“重农抑商”观,对大多数百姓来说,农业生产是其经济收入的唯一来源;此外,国家实施“驱民归农”,使得发展农业和繁荣工商业两者被对立起来,维护着封建统治,但并不能真正实现国富民强的目标。① “义利双行”之观的风靡,有利于推动社会思潮的进一步“解放”,故而促进商品经济的发展;同时,它对民事法律关系也产生了积极影响,民事立法得到前所未有的发展。② 陈亮的经济法律思想以“义利双行”为基础,以民本为核心。“民心至易以收拾者。为人上者,亦焉可不重民哉?”③总结起来主要有“农商一事”的本末观和“轻徭薄赋”的宽民观。

(一)陈亮的本末观:“农商一事”以利民

农耕文明承载着中华民族悠久不息的农业历史,在生产发展中,“耕”逐渐与读书应举相结合,形成了“耕读传家”的历史传统,哺育造就着时代英才。张晋藩指出:“单一、封闭、保守的农业文化反映在法律文化上就形成了以下特点:通过法律的形式确认长期推行的重农抑商政策。”④随着商品经济的发展,至政治中心居于商业繁荣之地的南宋,经济思想上的本末观念在部分群体中也有了变化,由“重本抑末”逐步演变为肯定商业的积极作用到“农商皆本”。陈亮把商与官、民、农并列,反映其经济法律思想对商人阶层的重视。

1. 务农重本

宋政权南渡后,有学者对当时土地兼并严重的情形进行了分析,一是危害经济发展。当土地高度集中在各类地主手中时,自耕农减少;同时官僚地

① 陈剑峰:《南宋名儒陈亮的农业经济思想》,《农业考古》2008 年第 3 期,第 11 页。

② 薛梅卿、赵晓耕主编:《两宋法制通论》,法律出版社 2002 年版,第 54 页。

③ 陈亮:《陈亮集·昭帝朝》,上海古籍出版社 2022 年版,第 192 页。

④ 张晋藩:《薪火集:中国法制史学通论》,鹭江出版社 2003 年版,第 336—337 页。

主千方百计逃避赋税，使得财政中的田赋收入相对减少；朝廷为弥补庞大开支，就巧立税目，无孔不入地进行搜刮。二是威胁社会稳定。土地兼并一方面会使大量丧失土地的农民变成佃农，另一方面是会使部分失去土地的百姓被抛到社会上，成为脱离生产的游民。① 广大农民"俯首于田亩，雨耕暑耘，终岁勤勤，而一饱之不继也"②，陈亮注意到这些情况，把重农劝农作为其治国之道的一项基本内容。③

陈亮在《箴铭赞》中提及农民与土地的关系，"农之于田，朝斯夕斯，舍是奚安"④，对于土地兼并引起的问题，陈亮提出的相关主张具体体现在其作品《书林勋〈本政书〉后》中。《本政书》是南宋林勋⑤为解决"今农贫而多失职，兵骄而不可用，是以饥民窜卒，类为盗贼"⑥的问题而作，讲井田之法。陈亮赞此书"考古验今，思虑周密，世之为井牧之学，所见未有能易勋者"，并提出了修正意见。陈亮主张"于山林川泽邑居道路之外"，其余的土地分为三份，"定其一为经数"，在这个范围内行林勋所定之法。"以其二为余夫间田及士工贾所受田。凡朝廷郡县之官，皆使有田，参定其法，别立一官掌之，并使其属以掌山林川泽，大为之制，使民得尽力于其间，而收其贡赋，以佐国用，以苏疲民。"⑦冯友兰认为，陈亮也是自由商人和手工业者的代言人，其在作品中所述的对于工贾的优待办法，是一般讲井田制的人未曾提及的；前人在土地问题上企图缓和农民与地主之间的对抗性的矛盾，但陈亮主张工贾于其本有职业外也可以"受田"，致力于"山林川泽"的"民"也可能是工贾，他们的

---

① 何汝泉：《试论陈亮的经济思想》，《西南师范大学学报》（人文社会科学版）1978年第2期，第34页。

② 陈亮：《陈亮集·问兵农分合》，上海古籍出版社2022年版，第141页。

③ 陈剑峰：《南宋名儒陈亮的农业经济思想》，《农业考古》2008年第3期，第12页。

④ 何汝泉认为此句有二义：一为土地是农民朝夕与共、不能分离的；二为土地是农民安身立命之所，是不可缺少的。

⑤ 林勋，宋广南西路贺州桂岭县人，宋徽宗政和五年（1115）进士及第，为贺州历史上有据可考的最为杰出的政论家、著述家，其最重要的代表作是《本政书》十三卷。对林勋之称许，历来不乏其人，三朝元老许翰在荐举林勋时称若能重用其人，则"可扶民极"；任广南东路转运判官时，制书称其"论议精明，深达治本"。参见陈继任：《宋代杰出政论家林勋生平考略》，《广西地方志》2019年第4期，第35页。

⑥ 脱脱等：《宋史》第36册卷422之《林勋传》，中华书局1977年版，第12605页。

⑦ 陈亮：《陈亮集·书林勋本政书后》，上海古籍出版社2022年版，第219页。

收入实际上可以比农民多得多。陈亮支持为工贾增加收入。[①]

2. 农商互利

南宋商品经济的繁荣，促使国家在制度层面制定相应政策来对经济进行调整，但当时朝廷对商人阶层的态度其实并不尽如人意，大多都认为该群体的壮大将于国本有碍。陈亮在上书宋孝宗时谈及“庆历新政”造成的弊病，“富人无五年之积”而“大商无巨万之藏”，感慨国势日渐困竭，[②]欲以此为劝谏。陈亮认为，大商富人（包括一般地主和兼营商业的地主）是于国家有利的，朝廷不应肆意搜刮富商大贾。陈亮强调农商之间的相互依存关系：“古者官民一家也，农商一事也。上下相恤，有无相通，民病则求之官，国病则资诸民。商藉农而立，农赖商而行，求以相补……则良法美意何尝一日不行于天下哉。”[③]他认为农商互利，二者应相互支持。[④] 农与商的关系既有行业分别又有密切关联，农业生产发达为商业繁荣兴盛提供物质基础和必要条件，反之商业又可促成农业生产的持续稳定。自古以来“靠天吃饭”，农业实则在很大程度上是根据气候等因素来调整具体生产状态的，丰年易出现谷贱伤农，灾年易扰乱社会稳定，而商业经营所获收益，可以在不稳定的局面下提供相应支撑。[⑤] 陈亮的学侣叶适则在此基础上对“重本抑末”的观念表述更加直接：“抑末厚本，非正论也。”[⑥]

支持农商发展的思想，在南宋的经济诉讼中也有体现，如《名公书判清明集》的“人品门”就有一个典例突出了从商之不易以及对商人的保护态度。

---

① 冯友兰著，邵汉明编：《冯友兰文集·第12卷，中国哲学史新编（第五册、第六册）修订版》，长春出版社2017年版，第161—162页。

② 陈亮：《陈亮集·上孝宗皇帝第一书》，上海古籍出版社2022年版，第6页。

③ 陈亮：《陈亮集·四弊》，上海古籍出版社2022年版，第119页。

④ 北京大学哲学系中国哲学史教研室编写：《中国哲学史》下册，中华书局1980年版，第101页。

⑤ 方如金、陈国灿：《论陈亮的商业思想》，《浙师大学报》1995年第6期，第19页。

⑥ 叶适：《习学记言》卷十九，转引自冯友兰著，邵汉明编：《冯友兰文集·第12卷，中国哲学史新编（第五册、第六册）修订版》，长春出版社2017年版，第167页。

南宋著名的士大夫胡颖[①]在判词《治牙侩父子欺瞒之罪》[②]中开篇即提到："大凡求利，莫难于商贾，莫易于牙侩。"商人奔走于买卖路上，且"蒙犯风波之险"，但牙侩"安坐而取之"；商人在经营过程中需要用到数倍的本钱但获利微薄，但凡计算不周或时日不合适，十有八九就亏本了，但牙侩不管商人盈利与否，都可以从中收取到佣金。当然，这种观念现在想来或多或少都有疏漏，比如说如果经营得好，商人也是能获利不少的，有道是"富贵险中求"。但在一直以来受"重本抑末"价值取向影响的时代，胡颖的判词确是体现了其体恤商人的难处。

（二）陈亮的财税观："轻徭薄赋"以宽民

朱熹曾说："古者刻剥之法，本朝皆备。"[③]宋朝除沿用古已有之的税赋名目，还创新了不少繁杂的税收项目。如针对商船的力胜税（又称五谷力胜钱）、因军需而临时措置征收的月桩钱、南宋对府县坊郭户征收的地税钱（又称官地钱、地基钱、地课钱、白地钱等）以及相继税、契税、官牙、经总制钱等，不胜枚举。[④] 陈亮财税观从"宽民力""强国力"出发，根本还是在于减轻百姓负担。[⑤]

1. 批驳繁重的税收

在税制上，陈亮希望统治者"用民，岁不过三日，什一而税"[⑥]，通过减轻赋税来使民休养生息。在批评税赋沉重之余，陈亮进而分析缘由，对各种赋税做深入研究，批判经总制钱："自经总制起科，而郡县无余赢矣；自经总制

---

① 胡颖（1208—1272），字叔献，号石壁，潭州湘潭（今湖南湘潭）人。《宋史》本传记载，胡颖自幼"风神秀异"，"成童即能背诵诸经"，饱读儒家经书。理宗绍定五年（1232）进士及第之后，历官知平江府兼浙西提点刑狱等。胡颖通晓法律，虽无文集传世，但在现存的《名公书判清明集》中有胡的判书76篇，可透视其法治理念和执法精神。

② 周名峰校释：《名公书判清明集校释（人伦门·人品门·惩恶门）》之《卷之十一·牙侩（一一）治牙侩父子欺瞒之罪（胡石壁）》，法律出版社2020年版，第105—106页。

③ 黎靖德：《朱子语类》，中华书局1986年版，第708页。

④ 薛梅卿、赵晓耕主编：《两宋法制通论》，法律出版社2002年版，第264页。

⑤ 赵瑶丹：《论陈亮富民强国的经济思想》，《温州大学学报》2005年第3期，第68页。

⑥ 陈亮：《陈亮集·送丘秀州宗卿序》，上海古籍出版社2022年版，第225页。

立额，而郡县凿空取办矣……然户部亦方困于经总制不及额也。”[①]由此得出结论：在各种赋税中经总制钱[②]是“民生嗷嗷”的最大危害。陈亮希望朝廷能“不立意以罔民利，不喜察以导民争。上下有制，末作有察，兵不吾蚀，缁黄不吾蠹。使之各力其力以业其业，休戚相同，有无相通”[③]，以此发展农业，从根本上解决财用之匮乏、民生之艰辛，稳固国家的政权基础。[④]

除此之外，商人们的商业税也完全可同比于农民的税，随着经济的发展，宋代工商业税收在财政收入中占比越来越重，沉重的赋税造成大量工商业者无力偿还债务而破产；为缓解巨大的财政压力，南宋朝廷依靠政治权力垄断产销经营的利益、商品的流通，对盐、茶、酒、矿产等生活和生产必需品实行严格的专卖制度，通过垄断获取暴利，抑制民间经济自由发展。[⑤] 陈亮出于节省民财的考虑，对专卖制度中榷酤的利弊进行研究。[⑥] 榷酤是汉以后历代政府所实行的酒专卖制度，广义上也可指一切管制酒业、取得酒利的方式。酒业与农业息息相关，制酒原料源自农业生产。时至南宋，宋廷为了增加税收以补充军费，在酒业方面设置私库，放开了生产，刺激了消费。实际上却因经济混乱与管理不善等多重作用，以致酒税的收入并不足以弥合开销，但是百姓因经营酒坊、酒库而破产的现象却愈发严重，也使得当时酗酒之风盛行。陈亮认为酒具有特殊的文化含义，只能在特定的场合饮用，“其他酣饮则有禁，群饮则有杀”，也会造成大量的粮食被浪费，故应当禁饮酒之风，限制酒类生产。

2.“财者天下之大命”

在我国古代，许多极具远见卓识的思想家都非常重视“理财”，并将“理财”提到尤为重要的位置。在事功学派看来，“理财”是发展社会经济的应有

① 陈亮：《陈亮集·问古今财用出入之变》，上海古籍出版社 2022 年版，第 138、139 页。

② 经总制钱为经制钱和总制钱的总称，据《文献通考·征榷考六》记载：经总制钱创立于北宋宣和末，废于靖康年间，到建炎二年十月恢复。经总制钱是南宋朝廷的一笔重要财政收入，也是一种无名杂敛，一种特殊的附加税。

③ 陈亮：《陈亮集·送丘秀州宗卿序》，上海古籍出版社 2022 年版，第 225 页。

④ 梁玉：《陈亮社会思想研究》，重庆师范大学硕士学位论文 2013 年，第 30 页。

⑤ 陈亮：《陈亮集·问汉豪民商贾之积蓄》，上海古籍出版社 2022 年版，第 130 页。

⑥ 陈亮：《陈亮集·问榷酤之利病》，上海古籍出版社 2022 年版，第 140 页。

之义。传统儒家思想常将“理财”与“聚敛”相等同，而区分“理财”与“聚敛”，明确“理财”的真正含义，事关财政经济的法度。陈亮对此指出：“财者天下之大命也。”①理财应以富民为目标，此间包含着经济为政治之基础的确认②，陈亮形成了自己的财政思想，并从光武中兴的历史中学习生财之道：“致之有术，取之有方，成之有次第，不终年而其富百倍。”③

南宋财政政策的出发点是调动全国的人财物来助力收复失地的大业，但统治阶层的行动使之反向而行。南宋一改北宋初期对地方的政策“宽郡县而重守令”，对地方“束之不已”，并“借天下之兵”“括郡县之利”④，使“郡县无遗财，诸司无宽用”⑤，最终“郡县空虚，而本末俱弱”⑥。故陈亮不仅以《问兵农分合》来寻求解决国家困于养兵之弊的方式，提出“无事皆良农，有事皆精兵”的“兵农合一”思想来减省军费开支的理财方式；还在《四弊》中提出两条“增加”的理财对策，一是增加地方的财权，二是增加地方的储备，通过分拨部分杂税留藏于地方以及整顿和恢复传统的常平、义仓制，改变长期以来各级官府借常平、义仓之名变相搜刮百姓的做法，使地方能在预防人祸、备荒济民中充分发挥作用。这样一旦国家处于危急紧急关头，一来中央便不会面临“府库之财，不足以支一旦之用”⑦的困境，二来平时的储备也可使大多数百姓不至陷于困顿。

五、结语

读陈亮，可以发现陈亮对待历史的态度是十分严谨的，他不仅积极总结过去朝代衰落的经验教训，而且充分调查时下南宋的社会问题，是为真正意

---

① 陈亮：《陈亮集・问古今财用出入之变》，上海古籍出版社2022年版，第138页。
② 董平、刘宏章：《陈亮评传》，南京大学出版社1996年版，第271页。
③ 陈亮：《陈亮集・酌古论一・光武》，上海古籍出版社2022年版，第46页。
④ 陈亮：《陈亮集・上孝宗皇帝第一书》，上海古籍出版社2022年版，第5页。
⑤ 陈亮：《陈亮集・问理财》，上海古籍出版社2022年版，第132页。
⑥ 陈亮：《陈亮集・上孝宗皇帝第三书》，上海古籍出版社2022年版，第12页。
⑦ 陈亮：《陈亮集・上孝宗皇帝第一书》，上海古籍出版社2022年版，第6页。

义上的谈古论今。[①] 千百年来，浙江特有的人文地理环境、社会变迁和内外经济文化交融，造就了浙江人民兼有农耕文明、海洋文明和商业文明的特质，孕育了浙江源远流长的“义利并举”理念和重视工商的产业思想，在中国古代思想史上展现出独特、鲜明的地域特点，更滋润着近现代的浙商精神。[②]

当前，陈亮法律思想的地域特征依旧显著，作为在古代中国具有较大影响力、代表性的法律思想，如何回应现代创新性转化的需求、如何应对城市化进程中人民对法治的期盼、如何跟上法律服务数字化的时代步伐，是陈亮法律思想发展创新应思考的重大问题。“大鹏之动，非一羽之轻也；骐骥之速，非一足之力也。”[③]基层治理改革是一项长期的系统工程，需要持之以恒、常抓不懈，不断结合本地经济社会的发展实际，创新路径和方法。

如今，陈亮故里永康在以法治思维和法治方式践行全过程人民民主中创造了一定的实绩，如由永康市人大常委会、永康市人民法院于2019年1月联合设立的“龙山经验”人大代表联络站，充分发挥人大代表密切联系群众的优势，平衡“法理”与“人情”的关系，推动纠纷实质性解决，微电影《三只小猪》即是以联络站为题材的作品，它将联络站化解一件人身损害赔偿纠纷的故事以影像形式展现，通过法院执行干警本色出演，阐释“代表讲情理、法官讲法律”双管齐下的矛盾纠纷化解新路径。研究陈亮法律思想，下一步更应打破观念局限，把法律文化研究与永嘉学派、浙东学派的发展脉络结合起来，与当代中国发展尤其是浙江发展、永康发展的法治实践结合起来，使陈亮思想不断焕发新光彩、滋养生命力，同时也使陈亮文化与浙江永康本土的胡公文化、五金文化得以交相辉映、相得益彰。

---

① 刘静：《我国古代功利主义思想的发展及反思》，吉林人民出版社2017年版，第151页。

② 吴光、曹锦炎、邵鸿烈等编：《浙江文化简览》，浙江人民出版社2018年版，第76页。

③ 王符：《潜夫论·释难》。

试论陈亮法律思想的主要特征

杭州师范大学枫桥经验与法治建设研究中心研究员
张潇丹

陈亮的法律思想以功利主义为主要特征①,陈亮法律思想的倾向性非常明显,最突出的特色就是其功利性与辩证性,这些特点与其个人品性关联甚深。“严于律已,出而见之事功;心乎爱民,动必关夫治道”②,陈亮法律思想既强调礼法结合,以法为公,实事实功;又高举慎法恤刑的旗帜,倾慕德治,关心民生。有学者评价,陈亮把儒法两家的法制思想进行结合,使法度交汇在公理天道之上,认为这是唐宋礼法结合高度发展的反映,但又与同时代的其他思想家对法度的看法有所区别,在结合的归依上侧重礼法各自的合理性,形成了自己的特色。③

一、陈亮法律思想的功利性

西方法律史中以边沁为代表的功利法学极大地影响了西方社会的价值体系,而在古代中国两宋时期也崛起了一种以功利主义为核心的思潮,具有深远的意义。陈亮也是宋代功利主义学派的代表人物之一。陈亮较之吕祖谦门人更加赤裸裸地宣扬功利思想,称“禹无功,何以成六府;乾无利,无以具四德,如之何其可废也”,他“推寻孔孟之志、六经之旨、诸子百家,分析聚散之故,然后知圣贤经理世故,与三才并立而不废者,皆皇帝王霸之大略,明

① 俞荣根主编:《中国法律思想史》,法律出版社2000年版,第225页。

② 陈亮:《陈亮集·谢曾察院启》,上海古籍出版社2022年版,第260页。

③ 肖建新、李永卉:《陈亮法制思想的特色》,《安徽师范大学学报》(人文社会科学版)2004年第6期。

白简大，坦然易行”[1]。体现于社会历史观，则是尊崇汉祖唐宗的王霸功业，明确宣扬功利的王霸之学。

与更为细密的永嘉之学不同，陈亮永康之学对事功效果的强调常常越出了儒家伦常的阈值，以“功到成处，便是有理”的功利为圭臬。永嘉事功思想更多的是对传统儒家经世思想的发扬，但又并非不求利。叶适批评董仲舒“正义不谋利，明道不计功”的观点：“仁人正谊不谋利，朋道不计功，此语初看极好，细看全疏阔。古人以利与人，而不自居其功，故道义光明。后世儒者行仲舒之论，既无功利，则道义者乃无用之虚语尔；然举者不能胜，行者不能至，而反以为诟于天下矣。”[2]就是认为功利思想有其自然合理性。而陈亮则更为激进，其所谓“正欲搅金银铜铁镕作一器，要以适用为主耳”，在实用为主的基础上提出了一些关于法度的主张，如主张要“因时制法”，“法令不必尽酌之古，要以必行”。

（一）实事实功：法是工具而非目的

功利观并非陈亮独有，其他如李觏、王安石、叶适等均从功利入手，在立法、司法、执法、守法等方面形成了思想体系，但陈亮通过其与理学大家朱熹的辩论，将功利观体现得淋漓尽致，使其在中国法律思想史中脱颖而出、熠熠生辉。

应当说，儒家传统中是有经世内涵的，而无论程、朱还是陆、王，都未完全抛弃此传统，理学思想体系中也蕴涵着某些实学的因素，所以明清时期的实学家在批评、否定理学的空谈心性的同时，对其中的某些实学思想也多加肯定和继承。但理学是在反对佛老的“虚无寂灭之教”与汉学“辞章记诵之学”中发展实学的，将追求人间真实的圣贤之学和在现实生活中实践道德之学称为实学，即日本学者所称“追求人间真实之实学”与“道德实践之实学”，而称明末清初的实学为“经世致用之实学”。著名实学研究者源了圆先生提出：“实学乃如具有多种侧面之巨像。”有实践、实用、实证、求实等之学，观其

---

① 宋濂：《宋学士文集四十卷》卷十“喻侃传”，清同治七年至光绪八年永康胡氏退补斋刻民国补刻金华丛书本，第 1156 页。

② 叶适：《习学记言》卷二三，中华书局 1977 年版，第 324 页。

与社会之关系有“经世济民、经世致用”“利用厚生”等之学。“当人们不满意现存之思潮及价值观,社会价值体系发生动摇时,则有些人将支持当时价值观之学问贬为‘虚学’或‘伪学’,而将自己的学问称为‘实学’,以强调其正当性。”说到底,实学就是指实实在在的学问。①

浙东学者有着重实际、讲实用、求实效的共同点,在朱熹看来,“浙学”宣扬功利,与传统儒家的价值观念形成了根本的对立。孔子罕言利,并云“君子喻于义,小人喻于利”;孟子则将二者区分开来,讲“何必言利”和“舍生取义”,董仲舒更是冠冕堂皇地宣扬“正其谊不谋其利,明其道不计其功”。宋代理学家大讲天理人欲之辨,尊性而贱欲,因此严守义利大防。朱熹在注释《论语·里仁》“君子喻于义,小人喻于利”时称:“义者,天理之所宜。”进而将义规定为“心之制”,即,人之所以能使“事”得其所宜,关键在于人内心存理去欲的努力;而“利”则往往是和个人感性欲望联系在一起的。在朱熹看来,陈亮和永嘉学人的功利思想,是一味追求功利而违背了先哲之教,忽略了儒学价值,而且似乎是在蹈王安石之覆辙,也因此屡屡斥浙学为“怪论”“丑陋”“偏狭卑陋”,流露出强烈的敌视情绪。“浙学”学者大多纵横兀傲,与他所主张的学者当先自家身心理会的学术路径迥异,朱熹批评他们“学为英雄之学,务为跅弛豪纵,全不点检身心”②。这也是对所谓“专是功利”作的最好的注脚。宋代理学家自称上承孔孟,将义、利对立起来,而事功学派却特别强调义与利的统一性。他们一方面吸收了儒家思想之外的一些功利思想,陈亮自称“口诵墨翟之言,身从杨朱之道,外有子贡之行,内有原宪之实”③,另一方面是吸收了北宋以来的功利思想,并逐步走向完善和成熟。但不可否认的是,陈亮的理论中有一定的模糊性,缺乏基本概念的界定。如“利”之一字,陈亮并没有明确其具体所指。因此,陈亮的理论一旦被广泛地接纳并付诸实践,则很难制止那种群起而争利、见利忘义现象的发生,故而对此朱熹曾担忧地讲:“江西之学只是禅,浙学却专功利。禅学后来学者摸索一上,无可摸索,自会转去。若功利,则学者习之,便可见效,此意甚可忧。”朱熹的思

① 冯克诚:《“事功”教育思想与教育论著选读》,中国环境科学出版社 2006 版,第 3 页。

② 朱熹:《朱子语类》卷一一六,清同治至民国刻西京清麓从书本,第 5302 页。

③ 陈亮:《陈亮集·又甲辰秋书》,上海古籍出版社 2022 年版,第 289 页。

虑是不乏远见性的。

"功利"这一在正统儒家那里备受贬抑的词汇，虽不足以涵盖"浙学"的全部精神，但朱熹的批评确实揭示出了"浙学"自处于正统理学之外的特异性。

陈亮的永康学派实是朱学、陆学门户之外自具面目的新学统。浙学一贯坚持经世致用的学术价值取向。浙东学人不是穷究心的道学夫子，特别是在南宋内忧外患交迫的时代背景下，他们蒿目时艰，强调学问的振衰起弊意义，反对专骛于心性、闭眉合眼而不求实效的内圣之学。理学宗师朱熹所谓"专是功利"的苛评也主要是针对浙学的这一倾向而发的。吕祖谦多次强调学当以致用为目的。他在一篇《策问》中说："宪虞夏商周之典而建学，合朔越楚蜀之士而群居，上非特为饰治之具，下非借为干泽之地也。所以讲实理、育实材而求实用也。"①指出归本于实学是三代学术的根本精神。其《丽泽论说集录》中也曾经提到："百工制器必贵于有用，器而不可用，工弗为也；学而无所用，学将何为也耶？"②士人致力于学问却百无一用，就违背了从学的初衷。吕氏这种思想，可能是受到激扬事功精神的永嘉和永康学派的影响，不过这种事功思想在吕祖谦那里还显得比较温和。漆侠先生认为"陈亮则是浙东事功学派中最为激进的一个……永嘉诸子如薛季宣、陈傅良和叶适，算是事功派中的温和派"③。

从近世的研究来看，陈亮的法度观可以说是自李觏、王安石以来的深化发展，李觏、王安石都极为推崇《周礼》。李觏的法律思想以"礼"为天下法制之总名，强调刑为礼佐，将刑、乐、政同列，建立起了以礼为核心、涵括儒家仁义刑政的理论体系。王安石用法讲求实事求是，仅就著名的北宋阿云案来说，王安石反对将《春秋》经义作为大经大法，而坚持依律定罪量刑以求刑罚得当；在变法中力言"祖宗之法不足守"④，发动了以富国强兵为目标的激进

---

① 吕祖谦：《吕祖谦全集》第一册《东莱吕太史文集》卷五"太学策问"，浙江古籍出版社，第 84 页。

② 吕祖谦：《吕祖谦全集》第四册《丽泽论说集录》卷十"杂说二"，浙江古籍出版社，第 263 页。

③ 漆侠：《宋学的发展和演变》，《文史哲》1995 年第 1 期。

④ 王安石："天变不足畏，祖宗不足法，人言不足恤。"

改革。① 陈亮在经学思想方面主张经世致用，政治思想方面主张财政、兵制的改革，陈亮、叶适虽然持“重商思想”而对王安石在具体的经济措施方面提出了否定②，但是在求实效、谋实功的精神方面，以及欲矫“祖宗之法”之偏失的思想与王安石甚为相似。③

王安石年少时随父迁徙以及后来多年当地方官吏的经历，使得其格外注重实际。但是，能不能利用这种客观条件来接触实际，还取决于当事者的主观愿望和态度。其中，有个处理经书和实际的关系问题。生活在中国封建社会里的知识分子，都会碰到儒家经典中的教条和现实生活的矛盾。多数人采取回避现实矛盾，躲到书斋里寻章摘句，取悦封建统治者。王安石虽然不敢公开否定“圣人之经”，但与流俗不同，他要从实际当中来“知经”。他在《答曾子固书》中有这么一段话：

> 然世之不见全经久矣，读经而已，则不足以知经。故某自百家诸子之书，至于《难经》《素问》《本草》、诸小说，无所不读；农夫女工，无所不问，然后于经为能知其大体而无疑。盖后世学者，与先王之时异矣。不如是，不足以尽圣人故也。

这里，王安石斥责那些只知死啃经书的人，根本不能真正理解“经”。他把经书之外的各类书籍，“无所不读”，以积累广博知识，和“农夫女工，无所不问”，注重实际调查，以此作为“知经”的必要条件。王安石认为“知经”只要知它的“大体”。这与他在另一些地方所说的“法先王之政”只要“法其意”，是同一个意思。对于封建制度的一些基本原则，他是不敢也不愿背离的。但在贯彻时，他主张应考虑到实际情况，“视时势之可否，因人情之患苦”，要合乎当前“所遭之变”和“所遇之势”。可见，实际情况在王安石心目中的地位是很高的，这同那些死抱着“天理”、鄙视实际的理学唯心主义者是

① 任锋：《时势与公理：陈亮政治思想中的法度观》，《浙江学刊》2009年第2期。

② 李华瑞：《南宋浙东学派对王安石变法的批判》，《史学月刊》2001年第2期。

③ 邓小南：《祖宗之法——北宋前期政治述略》，生活·读书·新知三联书店2006年版，第478—479页。

根本对立的。

王安石哲学思想中的这些特色，对陈亮有着深刻影响。①

陈亮的思想强调做实事、务实效，包括“实事求是”“实干兴邦”“实业兴国”等精神。具体体现在人才培养方面，就是要求人才在其位谋其职，“严于律己”，扎扎实实能做事。陈亮对儒家的道德说教不感兴趣，尤其反感理学家的内圣之说。陈亮认为，培养空谈性命的“醇儒”，既不适应现实的需要，也不符合孔子成人之教的原意。他引孔子的话说：“若臧武仲之知，公绰之不欲，卞庄子之勇，冉求之艺，文之以礼乐，亦可以为成人矣。”可见孔子把知、不欲、勇、艺都看作成人的必备条件，而朱熹等人的所谓“醇儒”，仅仅局限于“不欲”，这显然是错误的。

与识虑精密、心事和平的叶适不同，陈亮由于自身才高气锐，并且对“闭眉合眼”的道学人士极为反感，其往往以气行文，言语斩截，爱憎极明。如下文：

> 研穷义理之精微，辨析古今之同异，原心于秒忽，较礼于分寸，以积累为功，以涵养为正，睟面盎背，则亮于诸儒诚有愧焉。至于堂堂之阵，正正之旗，风雨云雷，交发而并至，龙蛇虎豹，变见而出没，推倒一世之智勇，开拓万古之心胸，如世俗所谓粗块大脔，饱有余而文不足者，自谓差有一日之长。②

陈亮这番自我剖判，可谓骨气铮铮，豪迈慷慨，浩然正大中又有纵横掉厉之态。因此陈亮认为真正的“成人”，应当是文武兼资、博学多能、才智俱全、能够兴利除弊的“一世英雄”。他说：“文武之道一也，后世始歧而为二：文士专铅椠，武夫事剑楯。彼此相笑，求以相胜。天下无事则文士胜，有事则武夫胜。各有所长，时有所用，岂二者卒不可合耶？吾以谓文非铅椠也，必有处事之才；武非剑楯也，必有料敌之智。才智所在，一焉而已，凡后世所

---

① 沈善洪：《中国哲学史概要》，浙江人民出版社 1980 年版，第 218 页。

② 陈亮：《陈亮集》之“陈亮言行录”，上海古籍出版社 2022 年版，第 467 页。

谓文武者,特其名也。"[①]又说:"亮以为古今异宜,圣贤之事,不可尽以为法,但有救时之志,除乱之功;则其所为虽不尽合义理,亦不妨自为一世英雄。"朱熹等人竭力非议"汉唐以智力把持天一下",而陈亮却盛赞汉唐"竞智角力""本领开廓",有"救民之心""匡世之志",成就"大功大德",从而"震动一世"。

陈亮对理学教育的培养目标、教育目的进行尖锐而深刻的批判,虽然言词有夸大偏激之嫌,论证也有时失于粗疏,但确实触及理学教育虚浮无用的弊端。陈亮主张培养德才兼备、智勇仁义双全、文武一道、本领宏大,艺能精熟,能够开拓古今、推倒一世,建功立业的英雄豪杰。

叶适在人才培养方面的意见与陈亮相近,不过其对于道德素质的强调要甚于陈亮。叶适主张培养德才兼备、文武兼资、博学而多能的实用人才。叶适认为,这种人才配称为真正的士。教育就应当培养真正的士。叶适认为,真正的士首先要有道义的修养,要"秉义明道,以此律己,以此化人"。但是道德修养不能作为一种个人的"雅好"或表面的装饰,而要见诸事功。他说:"读书不知接统绪,虽多无益也;为文不能关教事,虽工无益也;笃行而不合于大义,虽高无益也;立志不存于忧世,虽仁无益也。"[②]真正的士,不仅有道德修养,而且要有实际本领。他极力反对重德轻艺、学用脱节的现象,他说:"其平居道先古,语仁义、性与天道者,特雅好耳,特美观耳,特科举之余习耳,一日为吏,簿书、期会迫之于前,而操切无义之术用矣。曰:彼学也,此政也。学与政判然为二。"[③]叶适深刻地揭露和辛辣地嘲讽了道学家"处而学"与"出而仕"严重脱节的痼疾。

叶适认为,真正的士不仅要德才兼备,而且要文武兼资。他认为,长期以来吏治不善,冗官败政,其重要原因是文武分离;要克服冗官败政,改善吏治,就要在教育上实行文武一道,培养文武兼资的人才。他说:"今世之官诚冗矣,不可讳已。夫文武不分则官不冗,官吏不分则官不冗,而自魏晋以来

① 陈亮:《陈亮集》之"酌古论序",上海古籍出版社2022年版,第44页。

② 叶适:《水心集46卷》别集卷二九之"赠薛子长",清同治光绪间瑞安孙氏诒善祠塾刻永嘉丛书本,第1210页。

③ 叶适:《水心集46卷》文集卷四之"经总制钱二",清同治光绪间瑞安孙氏诒善祠塾刻永嘉丛书本,第244页。

始分矣。昔之官,今之吏也,昔之能武者,今不能为文者也。”①这一主张对于克服长期以来在教育上文武分离、重文轻武的弊端,是有积极意义的。

叶适也认为,道学家的教育目的是培养卫道之士,这种人只坐谈空论,无补于世用,又毁坏了人才。这种教育比词赋取士还要坏,比玄学教育更要糟。他说:“昔日专用词赋,摘裂破碎,口耳之学,而无得于心,此不足以知经耳。使其知之,则超然有异于众而可行,故昔日之患小。今天下之士,虽五尺童子,无不自谓知经,传写诵习,坐论圣贤,其高者谈天人,语性命,以为尧舜周孔之道,技尽于此,雕琢刻画,侮玩先王之法言,反甚于词赋。”②“玄之陋,非有益于道也,然当时贵之,预在此学者不为凡流,则是犹能以人守学,后世以性命之学为至贵,而其人不足以守学,百余年间视玄学愈下矣。”③

陈亮、叶适在对朱、陆等理学家的批判中,主张教育应培养明道义、有实学、德才兼备、文武兼资、艺能两全、智勇仁义并求的俊秀之士,这在当时有积极意义,在教育思想发展史上,也占有重要地位。他们继承并发展了我国古代教育史的唯物主义传统,又成为明清之际反理学教育思潮的思想先导。④

陈亮还将国事民瘼和恢复大计作为首务。为此,士人必须自己树立目标,昂扬奋发,他认为“文非丹铅也,必有处世之才”,对宋代文士集团的臃肿庞大、生机凋丧深表痛恨。因此陈亮枕戈待旦,“蚤夜以求皇帝王伯之略”,显示出其直面现实的英雄气概。正是本于此种气度,他将儒门中颇受讥议的管仲、王猛、唐太宗这些挺出乱世的英雄奉为楷模,从他们那里汲取时代亟须的拯世精神,欲以汉唐事功精神改变当下颓弱的国势,反对空言性理。

同时,陈亮强调维护商人阶层利益以调动商人从商积极性,这也是为富国强兵作打算,此举旨在推动商品经济发展,在短时间内(相较于农业生产

① 叶适:《水心集46卷》别集卷三之“官法”,清同治光绪间瑞安孙氏诒善祠塾刻永嘉丛书本,第1320页。

② 叶适:《水心集46卷》别集卷三之“士学”,清同治光绪间瑞安孙氏诒善祠塾刻永嘉丛书本,第1333页。

③ 黄宗羲:《宋元学案》,商务印书馆1933年版,第413页。

④ 冯克诚:《“事功”教育思想与教育论著选读》,中国环境科学出版社2006年版,第170—172页。

"靠天吃饭")实现宋廷国富兵强的目标;而于从事农耕的老百姓来说,"轻徭薄赋"更能减轻百姓身上的部分负担,使之有机会存储一定的财富,正所谓"手中有粮,心中不慌",出现"内外自实,人心自同,天时自顺"的和谐画面才有现实可能性。其对经济财政制度所作的论述便体现了他的立场,国家应保护百姓应得的财利以及从法律层面维护和保障商人的利益。陈亮认为法律是"本末兼通"的工具,把法律看作治理国家的重要手段之一。陈亮关于经济的法律思想,不仅是他对南宋经济法制的改革思想,更是在当时南宋的多元化经济模式下对建立新的经济秩序的一种尝试。

(二)大胆言利:反对绝对平均主义

王安石变法以正法度为号召,在改革官制、财政中起到一定的积极效果,但在实际中却逐渐偏离祖宗立国之本意,最终致使中央的进一步集权,体现在经济制度上则是压制商贾富民。[①] 南宋以来,朝廷基本仍在延续北宋的规模积弊,陈亮也通过对王安石变法中损害商人利益的举措进行批评,对朝廷"折困天下之富商巨室"的做法表示反对。如前所述,陈亮主张农商并重,提出"农商一事""农商相藉"的思想。他引用历史事实说明重农抑商并非自古有之,"古者官民一家,农商一事也。上下相恤,有无相通,民病则求之官,因病则资诸民。商藉农而立,农赖商而行,求以相补,而非求以相病,则良法美意何尝一日不行于天下哉"[②]。他充分肯定了商业具有与农业相同的地位,并且认为农商之间是相互依存、相互发展的。由此可见,陈亮是通过从社会分工体系的视角切入,针对行业中的农商之间的相互关系,抛出针砭时弊的观点。这种思想大大提升了商业和商人的社会地位,对于促进商业的繁荣而言无疑是正确的。

首先,陈亮认为农业与商业的发展不是一种此消彼长的关系,它们都是构成社会经济要素的重要纽带,应平等对待两者的地位。这就需要让"农商一事"的本末观成为大家心中所认同的伦理价值本末观。现实中,农业的发展对商业的繁荣起助推作用,反之,繁荣的商业可为南宋低迷的农业发展创

---

① 任锋:《时势与公理:陈亮政治思想中的法度观》,《浙江学刊》2009年第2期。

② 陈亮:《陈亮集》之"四弊",上海古籍出版社2022年版,第119页。

造良好环境和条件。因而可以说，商业发展的速度实际在激励着农业领域的发展加速前进，“本”与“末”通过互动，从而找到发展目标的共同契合点。实际上，在陈亮看来，两者是互补互利的关系，只有二者协调发展，才能实现国家的繁荣。① 这里要补充的是，陈亮对王安石变法的批评主要出于经济考虑，故而总体上持批评态度。②

唐自肃、代以后，上失其柄，藩镇自相雄长，擅其土地人民，用其甲兵财赋，官爵惟其所命，而人才亦各尽心于其所事，卒以成君弱臣强，正统数易之祸。艺祖皇帝一兴，而四方次第平定，藩镇拱手以趋约束；使列郡各得自达于京师，以京官权知，三年一易；财归于漕司，而兵各归于郡；朝廷以一纸下郡国，如臂之使指，无有留难；自筦库微职，必命于朝廷；而天下之势一矣。故京师尝宿重兵以为固，而郡国亦各有禁军，无非天子所以自守其地也。兵皆天子之兵，财皆天子之财，官皆天子之官，民皆天子之民，纪纲总摄，法令明备，郡县不得以一事自专也。士以尺度而取，官以资格而进，不求度外之奇才，不慕绝世之隽功。天子蚤夜忧勤于其上，以义理廉耻婴士大夫之心，以仁义公恕厚斯民之生，举天下皆由于规矩准绳之中，而二百年太平之基从此而立。

立国之初，其势固必至此。故我祖宗常严庙堂而尊大臣，宽郡县而重守令；于文法之内，未尝折困天下之富商巨室；于格律之外，有以容奖天下之英伟奇杰：皆所以助立国之势，而为不虞之备也。庆历诸臣，亦尝愤中国之势不振矣。而其大要，则使群臣争进其说，更法易令，而庙堂轻矣；严按察之权，邀功生事，而郡县又轻矣。岂惟于立国之势无所助，又从而朘削之。虽微章得象、陈执中以排沮其事，亦安得而不自沮哉！独其破去旧例，以不次用人，而劝农桑，务宽大，为有合于因革之宜，而其大要已非矣。此所以不能洗契丹平视中国之耻，而卒发神宗皇帝之大愤也。王安石以正法度

① 孙仙遇：《陈亮经济伦理思想研究》，浙江财经大学硕士学位论文，2021年。

② 阮航：《陈亮思想的功利主义转向论析》，《江汉论坛》2020年第11期。

之说，首合圣意，而其实则欲籍天下之兵尽归于朝廷，别行教阅以为强也；括郡县之利尽入于朝廷，别行封桩以为富也。青苗之政，唯恐富民之不困也；均輸之法，惟恐商贾之不折也。罪无大小，动辄兴狱，而士大夫缄口畏罪矣；西北两边，至使内臣经画，而豪杰耻于为役矣。徒使神宗皇帝见兵财之数既多，锐然南北征伐，卒乖圣意，而天下之势实未尝振也。彼盖不知朝廷立国之势，正患文为之太密，事权之太分，郡县太轻于下而委琐不足恃，兵财太关于上而重迟不易举。祖宗惟用前四者以助其势，而安石竭之不遗余力。不知立国之本末者，真不足以谋国也。①

陈亮评安石新政，从宋代建国的本原立论，可谓中其症结。他认为王安石变法实际上意在使军权、地方财政等尽归于朝廷，评价青苗法、均输法是困富民、折商贾之制。② 担心富人大贾因朝廷政策失去了财富的积累，使富人处于一种不利境地。加上目前国家实力日渐下降，一旦发生紧急大事，那么整个国家上下就会陷入危险中。陈亮在《问汉豪民商贾之积蓄》中再次对“困商贾之说”提出批判，“井田之法行，民无甚富甚贫之患。阡陌既开，而豪民武断乡曲，以财力相君，富商大贾操其奇赢，动辄巨万，甚者以货自厕于士大夫之后。此言治者之通患，而抑兼并、困商贾之说，举世言之而莫得其要也。夫民田既已无制，谷不能以皆积；兵民既分，力不能以自卫；缓急指呼号召，则强宗豪族犹足以庇其乡井；而富商大贾出其所有，亦足以应朝廷仓卒之需。此汉之所以徙五姓关中，与利田宅，而郡国豪杰赀千万若百万者，皆徙于茂陵云陵之间也”③。如今并非井田制实行的时期，常出现普通百姓无田可耕的状况，导致百姓没有粮食谷物的积累，生存面临危险。然而，从事农业的百姓与当兵者的角色又各自分开，实际用于耕田生产的劳动力十分短缺。每次国家遇到突发事件需要人丁兵力，那么富强的大家族可以出力庇护家乡，而富人亦可出资应对国家的急需以解燃眉之急。反之，“加惠百

① 陈亮:《陈亮集》之“宋史陈亮传”，上海古籍出版社2022年版，第488页。

② 陈亮:《陈亮集》之“上孝宗皇帝第一书”，上海古籍出版社2022年版，第488页。

③ 陈亮:《陈亮集》之“问汉豪民商贾之积蓄”，上海古籍出版社2022年版，第130页。

姓，而富人无五年之积；不重征税，而大商无巨万之藏；国势日以困竭，臣恐尺籍之兵，府库之财，不足以支一旦之用以也”①。

陈亮主张让商人放手经营，发展商业贸易。陈亮认为人离不开物质生活，衣食室庐门户皆非外物，“有一不具，则人道为有缺，是举吾身而弃之也”。

叶适也在《进卷·民事》中论述了富人存在的合理性：

> 小民之无田者，假田于富人；得田而无以为耕，借资于富人；岁时有急，求于富人；其甚者，庸作、奴婢归于富人；游手、末作、俳优、伎艺，传食于富人；而又上当官输，杂出无数，吏常有非时之责，无以应上命，常取具于富人。然则富人者，州县之本，上下之赖也。富人为天子养小民，又供上用，虽厚取赢以自封殖，计其勤劳，亦略相当矣。②

> 今俗吏欲抑兼并、破富人，以扶贫弱者，意则善矣。此可随时施之于其所治耳，非上之所恃以为治也。夫州县狱讼繁多终日之力不能胜大半为富人役耳，是以吏不胜忿，常欲起而诛之。县官不幸而失养民之权，转归于富人，其积非一世也。小民之无田者，假田于富人；得田而无以为耕，借赀于富人；岁时有急，求于富人；其甚者庸作奴婢，归于富人，游手末作俳优伎艺传食于富人，而又上当官输，杂出无数；吏常有非时之责，无以应上命，常取具于富人。然则富人者，州县之本，上下之所赖也。富人为天子养小民，又供上用，虽厚取赢以自封殖，计其勤劳，亦略相当矣。乃其豪暴过甚，兼取无已者，吏当教戒之；不可教戒，随事而治之，使之自改则止矣。不宜豫置疾恶于其心，苟欲以立威取名也。夫人主既未能自养小民，而吏先以破坏富人为事，徒使其客主相怨，有不安之心，此

① 陈亮：《陈亮集》之“问汉豪民商贾之积蓄”，上海古籍出版社2022年版，第130页。

② 叶适：《水心集》别集卷二，清同治光绪间瑞安孙氏诒善祠塾刻永嘉丛书本，第1297页。

非善为治者也。[①]

叶适认为富人是“州县之本,上下之所赖”,不应该以“破坏富人为事”,否则,就“非善为治者”。因此叶适反对抑制富人,反对以赋税手段夺富人之利以归国有,在叶适看来,富人对社会有三大贡献。

第一,养小民。叶适认为古代是君养民,现在君不能养民,那么养民之权就转归于富人了。劳苦百姓要借助富人而生存。他说:“小民之无田者,假田于富人;得田而无以为耕者,借资于富人;岁时有急,求于富人,其甚者,庸作奴婢,归于富人;游手末作,俳优伎艺,传食于富人。”由于他站在富人的立场、替富人说话,所以,本来是“小民”为富人创造了财富,他却认为是富人“养小民”;本来是富人向“小民”索取了巨额利润,叶适却说:“虽厚取赢以自封殖。计其勤劳,亦略相当矣。”

第二,供上用。叶适说:“富人上当官输,杂出无数,吏常有非时之责无以应上命,常取于富人。”换言之,就是说富人不仅养小民,还要养天子,养官吏等。既然连天子、官吏等都离不开富人,那么对富人进行兼并压抑、打击就不应该了。在这里,叶适又在为富人辩解,他没有注意这样一个事实,即国家向富人索取的资财,溯其源头,都来自小民的创造。

第三,执开阖、敛散、轻重之权。叶适认为,古代开阖、敛散、轻重之权均由天子统一掌握,以通货贿均有无,控制物价的高低。现在天子不能统一掌握开阖、敛散、轻重之权,“富人大贾分而有之,不知其几千几百年矣”。既然富人大贾已分执原天子统一掌管的开阖、敛散、轻重之权,承担了一部分通货贿、均有无、调节物价的任务,那么怎么能再去夺取他们的利益归于国有?言外之意,如果在这种情况下,或“遽夺之”,或“嫉其自利而欲为国利”,势必影响货贿的流通、有无的调剂、物价的稳定。这种说法虽然是为“富人大贾”辩解,却不无道理。

在叶适眼中,富户的作用几乎无所不在,既为天子养小民,又为天下养天子,可谓全天下的衣食父母。既然富人对社会有着如此重要的作用,就应

① 叶适:《水心集》别集卷二,清同治光绪间瑞安孙氏诒善祠塾刻永嘉丛书本,第1298页。

该给他们一定的地位并加以保护，并且富人为谋利取财，怎么做也不算过分。因此，叶适反对以赋税手段或以井田制压抑他们、打击他们，反而应该支持他们，使他们更加富裕起来。他幻想通过扶贫不抑富的政策，逐渐缩小贫与富之间的差别，这样十年之后就可以使天下“无甚富甚贫之民，兼并不抑而自己，使天下速得生养之利”。按照叶适设计的模式，似乎只要扶贫不抑富，用不着国家干预，富人兼并贫民的现象就会自然而然地消失，因而不应该实行抑富扶贫的政策，不应该打击他们，更不应该千方百计地夺取他们的利益以归国有。所以他坚决反对熙宁变法时“排兼并，专敛散”的做法。①

陈亮虽然明确维护商人利益，但陈亮看到国家的富强离不开农民与商人的共同作用，其“农商一事”的思想，归根结底是为了实现富民富国的强烈愿望。较之叶适，陈亮对于维护“富人”的程度较为温和。

陈亮重商和保护富商利益的思想本身就是反传统的。历史上大凡讲重农的思想家往往离不开抑商，而讲“爱民”的思想则与打击富人反对兼并相联系。同时，陈亮这种思想既表达了对贫民的同情，又代表了新出现的商人阶层的利益，因而又可称之为具有进步意义的改革纲领。对富人的维护表明陈亮对商人的地位、作用有一个较为明确的认识。在经济发展到一定程度之后，国家已无力完全控制商品流通的时候，就应该充分发挥商人的作用，这已势在必行，而作为一个封建思想家，能够认识并公开承认这一点，也是难能可贵的。

陈亮对商业重要作用的认识源自其实践，这给他的经济法律思想提供了坚实的现实基础②，这是他与功利主义学派其他思想家的思想存在差异的重要原因之一。与“经济”关联甚深的词是“经营”，经营是经济活动的载体，而经营活动中有一个很重要的观念，即“等价交换”。③ 现存《陈亮集》对陈亮是否经商之事未做明确记载，但经学者考证，当时贫困的陈亮若要达至他于1185年给朱熹去信时信中之状态“一面治小圃，多植竹木，起数出小亭子”，

---

① 项怀诚、叶青：《中国财政通史 五代两宋卷》，中国财政经济出版社2006年版，第201—202页。

② 卢敦基：《陈亮与治国理政》，见章锦水主编《陈亮研究》2021年第2期，第13页。

③ 龙文懋、崔永东：《传统文化的沉思：中国传统政治法律文化研究》，内蒙古人民出版社2001年版，第234页。

并将原先变卖的祖业尽数赎回,只有通过经商才可。① 此时所述的"赎"也是交易、交换中的一环,可见"等价交换"作为一种经济观念是广泛存在于社会经济生活中的。但"等价交换"不仅于此,同时它还代表着人们对公平、平等的特殊理解。陈亮的经济法律思想大胆言利,在经济活动中得出对人欲、对贫富等概念的认知,不同于时人对"功利之习"的"羞道"②,陈亮认为追求财富利益、过上美好生活是人的正当欲求,但社会的贫富分化问题不是通过抑兼并、限富贾来解决的,天下应当有豪民富商,社会财富的分配本就不应是平均的;如果忽视其他客观存在的实际而只追求平均,则会使懒散怠惰且庸碌无为之辈坐享其成,而有能力且擅长经营的人受到压制,长此以往社会就会丧失发展的活力和动力。

但由于世俗传统思想对商人持有偏见,自古以来社会上流传着许多有损于商人人格的言论,诸如"为富不仁""为仁不富""无商不奸""慈不主兵,义不主财""商人重利轻别离"等,把商人视为奸诈之徒、洪水猛兽,长期加以抑制。

陈亮对亚圣孟子的"为富不仁"之论提出了疑问:

> 昔孟子有取于"为仁不富"之论,而世俗之常言曰:"慈不主兵,义不主财。"其说遂以行,而闾巷之奸夫猾子,借是以成其家,虽见鄙于清论,见绳于公法,而人乐其生得以自资,终不为之变也。夏卿孝友慈爱,根于天性,而著见于日用之间,如饮食之不可废。中年与其侄分田,不过百三十亩,卒亦几至于千亩。然而友爱子侄,而计较秋毫之心不萌焉;慈恤里闾,而豪夺力取之事不行焉。"为仁不富"之论,盖至夏卿而废矣。③

陈亮认为道德与财富问题并不是对立的,夏卿善于营生,勤劳致富、经商致富,但一直保持仁厚的本性,通过他日常之事便可看出,未富前不与侄

---

① 周梦江、陈凡男:《陈亮永嘉之行及其目的》,《浙江社会科学》2005年第6期。
② 陈亮:《陈亮集·类次文中子引》,上海古籍出版社2022年版,第214页。
③ 陈亮:《陈亮集·喻夏卿墓志铭》,上海古籍出版社2022年版,第406页。

子计较分田利益的多少,“与其侄分田,不过百三十亩”。致富后也对乡亲邻里继续保持慈爱,也从未利用财富做强夺他人的不义之事,甚至对“亲戚故旧之急难,族人子弟之美事”都能热心帮助。陈亮认为,作为谋生的手段,从政、事农、经商都不过是人们赖以谋生的途径而已,没有高下贵贱之分,而且举宋太祖曾重商为例,认为商业对于社会发展与稳定都是有帮助的,不能将少数商人的不义之举看作普遍现象。陈亮认为,财富与仁义不是对立的,所谓“为富不仁”者毕竟是少数,而现实生活中“为仁者富,为富者仁”的现象比比皆是,因而他主张“仁者天下之公理,财者天下之大命”。①

陈亮《龙川集》中有许多为义利和合的实践者所创作的墓志铭和哀辞,其赞何恢曰:

> 公之父必欲其二子由科举自奋,公独以其余力助理家事,积累至巨万。公弟恪茂恭,得以专于文学,庶几近世晁张辈流。尝与公同上礼部,茂恭得之,而公不利。公忻然曰:“是足以报吾父矣。”时公父已死数岁,家事一毫已上不使茂恭关心焉。茂恭奉其母汤药惟谨,不问钱物为何事;而公之临财,虽鬼神不欺也,兄弟相与为一体;至其论文,小不合辄争辩,以致辞色俱厉,僮仆往往相语以为笑。②

何恢之父本来想让他两个儿子同走科举之路,但何恢毅然弃考而治家,使其弟何恪得以专于文学,而何恢由于他出色的经营才能,成长为义乌首富。何恪是个不知钱物为何事的人,而何恢则“虽鬼神不欺也”,从来不对何恪有所隐瞒。后来,因何恪早卒,何恢又将整个家产交由何恪之子何大受管理,自己则“从容园池,以小诗自娱”。这都是仁德的体现。

陈亮强调人为地将义与利、仁与富割裂和对立起来乃主观之迂见。陈亮还从人欲的角度论述了追求财富的合理性、必然性。他认为“人生何为,为其有欲,欲也必争”,每个人都有一定的欲望,“耳之于声也,目之于色也,

---

① 方同义、陈新来、李包庚:《浙东学术精神研究》,宁波出版社2006年版,第211页。

② 陈亮:《陈亮集·何茂宏墓志铭》,上海古籍出版社2022年版,第398页。

鼻之于臭也,口之于味也,四肢之于安佚也,性也,有命焉。出于性,则人之所同欲也”。陈亮强调追求财富的合理性并不是针对任何人的。他认为对于求富欲望而言,对于那些有能力、擅长经营的人来讲,具有现实性,是合情合理的,而对于那些庸庸碌碌无所作为之辈,那些浑浑噩噩的闲散懒汉之流是空想。①

由此,陈亮反对提倡绝对平均主义,提出“高卑小大,则各有分也;可否难易,则各有力也”②的财富分配观念。人的求富欲望有大有小,他们的才能有高有低,人为地、强制地抑巨富、求平均只能使平庸者无自知之明而萌生非分之想,走上犯罪的道路,使社会不得安宁;有才者却无故受制约而无法一展宏图。在《上孝宗皇帝第一书》中,他还把“大商巨富无巨万之藏”列为“国势日以困竭”的重要原因之一。鼓励合法的经商致富和“为富不仁”“为仁不富”是完全不同的概念。陈亮主张君子之财应取之有道,明确反对为求富而不择手段去损害国家和百姓的利益,那才是“为富不仁”的表现。

值得说明的是,陈亮提倡保护的富民,主要是指通过正当途径致富者,例如通过自己辛勤劳动的道义行为获取财富,他曾多次论述到普通民众有“自田间间积勤服业以起家”“少从其夫艰勤以起家”。而豪强恶霸,其财富本身是通过不义获得,对待他们,陈亮比较赞赏吏部侍郎章公德秉公持法,立案调查他们的税籍,没收豪民奸胥的不法所得。③ 尽管有其局限性,但陈亮关于反对绝对平均主义的理念对过往儒家所言的平均主义予以了批判,具有历史进步意义。④

二、陈亮法律思想的辩证性

南宋时与金人的矛盾和阶级矛盾异常尖锐复杂,金人随时可能挥戈南下、侵犯宋境,朝廷内忧外患已十分严重。南宋却“君臣上下苟一朝之安,而

① 方如金:《宋代两浙经济文化史论》,河北大学出版社2019年版,第401页。

② 陈亮:《陈亮集·问答下》,上海古籍出版社2022年版,第39页。

③ 孙仙遇:《陈亮经济伦理思想研究》,浙江财经大学硕士学位论文,2021年。

④ 赵瑶丹、方如金:《论陈亮“农商相籍”的重商思想及经商自救活动》,《清华大学学报》(哲学社会科学版)2011年第1期。

息心于一隅"。陈亮思想一个重要的目的即为抗金复国,这是他区别于同时期思想家的重要方面之一。陈亮重视民生,民生的恢复也将为军事建设提供有利的环境。

(一)家国情怀:恢复经济抗金复国

事功学派的学者同时有着强烈的民族自尊心,高举"实事实功"的旗帜,他们所追求的事功都是关系民族命运的大事,而绝非如道学家所指责的那样"在利欲的胶漆盘里",他们求真务实的态度向世人展示出民族精神的力量。[①] 家国情怀体现在法律思想上则是陈亮以布衣之身上书孝宗,希望其采纳"变而通之"的改革主张,革除旧弊,给中央各部和地方更大的权力来富民,为抗金创造有利条件,建"中兴之功",以扭转南宋在战争中的被动局面。

1.时不我待抗金复国

陈亮曾祖父陈知元作为武官,在宋徽宗宣和年间被派汴京驻扎,靖康元年(1126)金兵破城,陈知元以身殉国。"生而目有光芒"的陈亮从出生起便被父辈寄托着复兴家族的厚望,受家庭环境、社会教育等影响,家恨国仇激发了他炽热的爱国情怀,从小"独好王霸大略,兵机利害",关心国家大事。孝宗即位之初,陈亮也就十八九岁,"慨然有经略四方之志"。[②] 他认为:"有一定之略,然后有一定之功。"[③]"自古英伟之士,乘时而出,佐其君,其所以摧陷坚敌,开拓疆土,使声威功烈暴白于天下者,未有不本于谋者也。"[④]

陈亮于乾道五年(1169)不顾太学生不得上书言事的禁令,[⑤]首次向孝宗接连上书中兴之论,即后世著名的《中兴五论》,批判朝廷主和派苟延时日给国家带来的危害,在治国方略上依次提出开诚、执要、励臣、正体之道。陈亮的目的在于收复故土,提出了具体的抗金计划。陈亮强调要变"通和苟安"为"抗金复仇",抗金复仇、收复失地、一雪"凭陵之耻"是天经地义、"三尺童

---

① 冯克诚:《"事功"教育思想与教育论著选读》,中国环境科学出版社 2006 年版,第 8 页。

② 方如金、毛策:《试论南宋浙东学派的爱国主义》,《浙江师大学报》1993 年第 4 期。

③ 陈亮:《陈亮集·酌古论·光武》,上海古籍出版社 2022 年版,第 45 页。

④ 陈亮:《陈亮集·酌古论·邓艾》,上海古籍出版社 2022 年版,第 57 页。

⑤ 方如金:《陈亮事迹著作编年》,河北大学出版社 2021 年版,第 147 页。

子之所共知"的责任。他认为此时的金朝正处在"虏西庸懦，政令日弛"之际，他们舍弃了能骑善战的长处，染上"中州浮靡之习"，南宋朝廷应抓住这个机遇进行图谋，奋起抗金以恢复中原；①否则"一日之苟安，数百年之大患也"②，一旦金人发生事变，更立英明之主，将丧失这天赐良机；若朝廷只知苟安现状，那一定会有其他的英雄豪杰来破局，取宋而代之。虽陈亮的各种主张被群臣众口所阻碍，被视为"狂怪"，但其在当时南宋朝野引起的震动不可小觑。

陈亮对变化万端的兵机权谋、出奇制胜的谋略也有所见解。比如《酌古论》中论刘备在关羽被害后，激于君臣之义，乃发倾国之兵以伐吴复仇，由于攻守失当，终致丧师。陈亮对刘备这一致命的失误做了一番批评之后，乃提出了自己的主张，即设想刘备先分派水陆两军攻敌不备，声东击西，使敌人疲于奔命，而后深沟高垒，和敌人相持，然后再假魏国之力：

> 乃密遣一辩士，间行至魏，以金币结其贵幸，自谓有谋，求见魏主。魏主知，必召之。既入见，则泛论天下之事，语及吴、蜀，然后徐言曰："臣尝私贺陛下，窃笑陛下，已而又私喜陛下。"彼必问曰："何以贺朕？"则对曰："武皇帝所以不能吞并吴、蜀者，非力不足而智不逮，以吴有长江之阻，蜀有崇山之险，而又相为唇齿之援也。今天相魏，两雄相斗，以资陛下，进取之机，此臣所以贺陛下。"曰："何以笑朕？"则曰："臣闻敌人开阖，必亟入之。今陛下不亟图进取，而猥信吴人之和，彼急则和，缓则去矣。投机之会，间不容发。此臣所以笑陛下。"曰："何以喜朕？"则曰："陛下天资神武，圣断易回，苟见其利，罔有不从，此臣所以喜陛下。"彼必曰："计将安出？"则曰："蜀地僻险，未易卒图。不若遣夏侯尚、曹仁出信陵，贾逵、满宠出东关，或出皖城，或出广陵，东西弥亘，直造长江，因蜀之势，大举攻吴。吴亡则蜀失援，然后徐举而图蜀，天下可一也。"③

---

① 陈亮：《陈亮集·中兴论》，上海古籍出版社2022年版，第20页。

② 陈亮：《陈亮集·上孝宗皇帝第一书》，上海古籍出版社2022年版，第2页。

③ 陈亮：《陈亮集·酌古论·刘备》，上海古籍出版社2022年版，第52页。

这段向壁虚构的奇计，写得极为细密，包括将领的人选、出兵的路线，皆筹划得有条不紊，显示了陈亮对魏、蜀、吴三国鼎立形势的熟谙和超群的想象力。陈亮精心构拟了运用智谋的具体情境，对古人心思的揣摩细致入微，构想双方来言去语犹如亲睹，就像自己在布设棋局，替双方思谋运筹，而预料成败如观乎黑白一般。此外，陈亮认为谢玄袭击苻坚，可以采取前后夹击的断蛇法，或采取诱敌深入的陷虎法①；设想韩信若被陈余置之死地则必出奇计，皆显示了陈亮对于奇谋较深的领悟。

2. 成人谋事志在天下

两宋时期，冗官现象造成的弊病严重，在选拔人才上李觏曾感叹，大量不学无术的子弟通过“恩荫”入仕，科举考试的内容也“以一种言论作标准，以一家之言作定论，以一人之是非为是非”，处庙堂者“前后相推，上下相弊”，李觏也提出根据实际效用来选人。② 陈亮在《问科举之弊》中对目前科举制度所造成的“才智之士，老死于山林”表示愤慨。对人才的选拔更加具有针对性，提出了相关标准。陈亮《酌古论》所贯穿的一个核心思想，即强调人谋在重大事变过程中的决定作用。③ 在陈亮看来，理想人格为做人要做一个过问天下大事之人，做一个能够建功立业的英雄豪杰，④他认为要有“志”，才能有动力去“谋”；有谋之士，也是志在天下的⑤，而不可“守规矩准绳而不敢有一毫走作，传先民之说而后学有所持循”⑥。若没有大智大勇，就谈不上有仁义，德与才、义与利不可偏废。⑦

陈亮认为奇伟之士的决策常常会决定历史方向，是斡转历史的枢机。

① 陈亮：《陈亮集 · 酌古论 · 苻坚》，上海古籍出版社 2022 年版，第 61—63 页。

② 张鑫：《宋代功利主义学派法律思想探析》，青岛大学硕士学位论文 2010 年，第 12 页。

③ 董平、刘宏章：《陈亮评传》，南京大学出版社 1996 年版，第 25 页。

④ 孔祥华：《陈亮“义利双行”刍议》，《山东师范大学学报》（人文社会科学版）2006 年第 3 期。

⑤ 陈亮：《陈亮集 · 酌古论 · 吕蒙》，上海古籍出版社 2022 年版，第 56 页。

⑥ 陈亮：《陈亮集 · 又甲辰秋书》，上海古籍出版社 2022 年版，第 290 页。

⑦ 《陈亮集 · 又甲辰秋书》：“后世所谓有才而无德，有智勇而无仁义者，皆出于儒者之口。才德双行，智勇、仁义交出而并见者，岂非诸儒有以引之乎？”

比如陈亮对中兴之主光武帝摧陷廓清、一统天下的雄奇谋略就尤为推崇。他认为光武帝之所以能成就此功业，正确的战略部署具有决定性的意义。光武帝在据河北而取河内之后，并没有急于攻取刘玄所在的关辅之地，而是直趋燕赵，且命邓禹西征，牵制住了陇西的隗嚣和巴蜀的公孙述，使之不敢轻举妄动；邓禹、冯异破赤眉之后，长安、洛阳稳固，再回头讨平隗嚣和公孙述，终于收海内清平之功。《酌古论》中更多的事迹则是英雄的筹策失算、功败垂成。对于这些人，陈亮指出他们的决策失当之处，并提出自以为正确的决策。陈亮称自己写作《酌古论》："吾鄙人也，剑楯之事，非其所习；铅椠之业，又非所长；独好伯王大略，兵机利害，颇若有自得于心者。故能于前史间窃窥英雄之所未及，与夫既已及之，而前人未能别白者，乃从而论著之，使得失较然，可以观，可以法，可以戒，大则兴王，小则临敌，皆可以酌乎此也。命之曰《酌古论》。"①

陈亮在主张积极投身实践的同时，非常注重人才的培养。他认为人才是实现事功的根本。对于人才的培养，陈亮认为国家所需要的人才绝不是"风痹不知痛痒之人"，而是能够积极投身社会实践，"才德双行，智勇仁义交出"之人。

而这样的人才也是经过千锤百炼、从实践中培养出来的，所谓"自古英豪非履险知艰，往往不能济"。

叶适与陈亮持基本相同的观点，"今夫求天下豪杰特起之士，所以恢圣业而共治功"。叶适反对科举考察专用诗赋的做法，认为这样选拔的人才只有"口耳之学而无得于心"，人才的素养是需要经过培养和锻炼才能具备的，"古者将取士而用之，则必先养之"，叶适进一步谈到修养的形成主要靠"自善"，"师虽有传，说虽有本，然而学者，必自善，自善则庇明有开也，义理有辨也，德行有新也，推之乎万世所共繇不异矣"。自善之外，最主要的是积极参加实践活动，"忠信孝悌，必修于家，必闻于乡；材智贤能，必见于事，必推于友"。吕祖谦在政治上也反对因循守旧，主张革新时弊，认为"祖宗之意，只欲天下安，我措置得天下安，便是承祖宗之意，不必事事要学也"。在人才培养方面，他在《太学策问》中阐发自己的主张"讲实理，育实才，而求实用""大

---

① 陈亮：《陈亮集·酌古论序》，上海古籍出版社2022年版，第44页。

抵为学，不可令虚声多实事少，非畏标榜之祸也，为互相激扬之时，本心已不实，学问已无本矣”。求学本身就是一个求真务实的过程，只有这样才能具备推行事功的能力。事功学派以培养人才作为实现事功的根本，所以在培养人才方面也尽显其求真务实的精神。

（二）民本思想：农商相辅体恤民生

陈亮法律思想有着极强的民本性，体现在恤民心谋民生方面，直言：“天下之事，孰有大于人心之与民命者乎？”

1. 痛陈地方腐败

在宋代重文轻武、封官恩荫等因素的影响之下，宋代冗官甚多，《宋史·职官志》中对宋代官场混乱现象有所描述：

> 宋承唐制，抑又甚焉。三师三公不常置，宰相不专任三省长官。尚书、门下并列于外，又别置中书禁中，是为政事堂，与枢密对掌大政。天下财赋、内庭诸司、中外筦库，悉隶三司。中书省但掌册文、覆奏、考帐；门下省主乘舆八宝，朝会版位，流外考较，诸司附奏挟名而已。台、省、寺、监，官无定员，无专职，悉皆出入分莅庶务。故三省、六曹、二十四司，类以他官主判，虽有正官，非别敕不治本司事。事之所寄，十亡二三。故中书令、侍中、尚书令，不预朝政；侍郎、给事，不领省职；谏议无言责，起居不记注；中书常阙舍人，门下罕除常侍。司谏、正言，非特旨供职，亦不任谏诤。至于仆射、尚书、丞、郎、员外，居其官不知其职者，十常八九。

为了维持各级官吏的优厚俸禄，宋朝财政困难，国库空虚，导致政策上必然导向厚赋于民。“国家自陕西用兵以来，赋役烦重。及近年，转运使复于常赋外进羡钱以助南郊，其余无名敛率不可胜计……今中书主民，枢密主兵，三司主财，各不相知，故财已匮而枢密院益兵不已。民已困而三司取财不已。”①

陈亮把历代的财政经济法度斥责为封建王朝襄敛财富的手段，而且一代比一代沉重，这个批判是深刻的。陈亮主张保护商人利益，调动商人群体的积极性。他认为财富与仁义并不矛盾，商贾以仁义立身、仁义助商贾富裕的情形比比皆是，所以朝廷应重视商贾在社会中的作用，发挥“强宗豪族”“富商大贾”在赈灾、维持地方秩序等方面可以运用的才能，使“富商大贾出其所有，亦足以应朝廷仓卒之须”②，这一卓见切中了宋朝基层管理的要害，是一项降低治国成本的有力措施。③ 陈亮在故友韩子师知婺州之际，给韩子师去信，揭露官吏贪污对婺州百姓的压榨，希望韩子师到任后能够以宽严相济之策，对贪官污吏施以猛政。④

> 亮拜违又见秋矣。僻居与诸生日钻故纸，虽或得味，仅如嚼橄榄尔。怀想促膝对坐，抵掌剧谈之时，每欲颉颃飞动而未能也。比闻有乡邦之命，喜甚至于不寐。自吴明可之去，于今十年，群吏为政久矣。老奸少猾，戮虐无辜，罪恶贯盈，天将诛之。百姓闻贤使君之来，举手加额，以为天眼开矣。吏徒亦耸动碎胆，有望风引去者；而县官之肆为不法者，亦自分于不免。自今以往，一邦清明，亮亦与一幸民之数，喜甚不寐，不独以从游之私也。
>
> 然贤士大夫间有私忧过计，以临安过于严为虑者。亮因语以：“韩丈往数为亮言：作京辇与外郡不同。又见梦锡叶丈言：和州之政平易近民，百姓至今德之如父母。猛非所虑也，正恐其矫枉过直耳。”宇宙虽广，能明贤者之心能几人？本欲一见，面道区区，然乡邦之弊，决不能逃清鉴，老奸少猾锄其甚者，而肆为不法者亦移易一二以动其余，然后一切以平易近民之政行之。邦民非难治，又见

① 脱脱：《宋史》，清乾隆四年武英殿校刻本。

② 陈亮：《陈亮集·问汉豪民商贾之积蓄》，上海古籍出版社2022年版，第130页。

③ 赵瑶丹、方如金：《论陈亮“农商相籍”的重商思想及经商自救活动》，《清华大学学报》(哲学社会科学版)2011年第1期。

④ 方如金：《陈亮研究十大误区考论》，《河北大学学报》(哲学社会科学版)2014年第6期。

贤使君严明如此，皆已存不犯有司之念。因势顺导，殆如反掌，不出一月，政平讼息，必将有以自达于天听者。使贤士大夫无所疑，而点白为黑者无所容其喙，此固畴昔之所望于门下者也。亮于斯时始可以从容间见，相与道旧故以为乐，而他时一邦父母之思，亦将牢而不可解。侍郎于此讲之熟矣，爱贤念旧之心不自知其为僭也。亮方与邦民拭目拱手以观新政，平生之学可以出其一二无疑矣。亮祈望良切。①

其后，秘阁修撰韩公知婺之明年，以“恣行酷政，民冤无告”劾去。陈亮作《送韩子师侍郎序》为其大鸣不平：

去之日，百姓遮府门愿留者，顷刻合数千人，手持牒以告摄郡事。摄郡事振手止之，辄直前不顾；则受其牒，不敢以闻。明日出府，相与拥车下，道中至不可顿足。则冒禁行城上，累累不绝。拜且泣下，至有锁其喉自誓于公之前者。里巷小儿数十百辈罗马前，且泣下。君为之抆泪，告以君命决不应留；辄柴其关如不闻。日且暮，度不可止，则夺刺史车置道旁，以民间小舆舁至梵严精舍，燃火风雪中围守之。其挟舟走行阙告丞相御史者，盖千数百人而未止。又明日，回泊通波亭，乘间欲以舟去，百姓又相与拥之不置，溪流亦复堰断不可通。乡士大夫惧蚁蝼之微不足以回天听，委曲谕之，且却且行。久乃曰：“愿公徐行，天子且有诏矣。”公首肯之。道稍开，公疾驰径去。后来者咎其徒之不合舍去，责诮怒骂，不啻仇敌。

呜呼！大官，所尊也；民，所信也。所尊之劾如彼，而所信之情如此，吾亦不知公之政何如也，将从智者而问之。②

通过对婺州百姓与韩子师分别时动人场景的描述显示民众对惩贪之清官的爱戴之情，韩子师被诬告的冤情不言自明，同时也映衬出陈亮对地方贪

① 陈亮：《陈亮集·与韩子师侍郎》，上海古籍出版社2022年版，第276页。

② 陈亮：《陈亮集·送韩子师侍郎序》，上海古籍出版社2022年版，第230页。

腐势力之强有力的控诉和鞭笞。

陈亮词作中也有揭露官场腐败之作，如《贺新郎·同刘元实、唐与正陪叶丞相饮》一词：

> 修竹更深处。映帘栊、清阴障日，坐来无暑。水激泠泠知何许，跳碎危栏玉树。都不系、人间朝暮。东阁少年今老矣，况樽中有酒嫌推去。犹著我，名流语。大家绿野陪容与。算等闲、过了薰风，又还商素。手弄柔条人健否？犹忆当时雅趣。恩未报、恐成辜负。举目江河休感涕，念有君如此何愁虏！歌未罢，谁来舞？①

此词作于孝宗淳熙元年（1174）至淳熙二年（1175）秋凉之前，是同刘元实、唐仲友二人陪叶衡丞相宴饮之作。然作为应酬之词，陈亮并未单纯唱和，而是以柔毫为剑，直砭当前奢靡之风并表达了抗金宏愿。可见陈亮与把酒色财气作为生活必需的腐败官僚是大为不同的。词作以"修竹更深处"笼罩全篇，"深处"不仅为实际空间深处，更为现实社会深处。大臣宿将府第豪华，一批批新贵上台，权倾朝野，但"东阁少年"空有抱负却无法施展才能，几句写尽了京中高层当权者的腐败。

下阕收拢到宴饮当下，以昂扬意志总结全篇。身虽隐沦此处，而心则无时不驰念旧日故人、往日雅趣。昔年平日家居之地，政治中心，国运民生所系，岂能不眷念于怀，忧思日深。当此虽然万方多难，却非一筹莫展，正因"有君如此何愁虏"，因而情绪高涨，以"歌未罢，谁来舞"之无限期待作结。

全篇以"深处"提起，以"东阁少年今老矣"喟叹而入，中间推出"清阴障日""水激泠泠""危栏玉树""人间朝暮"，意象清俊，放笔而书。"大家绿野陪容与"由勾画景色，进一步收到眼前，扣合宴饮之人。作者"举目江河"，为"故国"的前途和命运忧虑，虽以词吟咏宴饮，而暗扣时势，收纵自如。诗人深挚的爱国激情，与开阖的笔势一道流转，忠愤慷慨，可见陈亮忧国与抗金之心。

---

① 陈亮：《陈亮集·贺新郎·同刘元实、唐与正陪叶丞相饮》，上海古籍出版社2022年版，第427页。

2.关心百姓疾苦

经济是国之命脉,是一切上层建筑的基础。南宋之际商品经济较为繁荣是一方面,但巨额的"三冗"开支、战败议和的赔款等都需要财库来支持,而朝廷无疑贯彻落实"取之于民"之策略,使得百姓的负担愈加沉重。

与陈亮同时期的思想家们生于忧患,基本从农业、商业、土地、税赋等角度对富民强国之道做出探讨。吕祖谦在现实基础上,结合其所历经的多次农民起义,从历史的总结和教训中得出"惜民、量民力而行"的经济民生观念,朝廷的放纵骄奢无所节制,将会造成民生凋敝;叶适亦有废除苛捐杂税以减轻百姓负担的思考,提出了"先宽民力而后可以议进取"。① 陈亮的观察同吕氏较为一致,都是从历史发展趋势出发,指出不可一味地从增加朝廷财政收入来行事,建议统治阶层应吸纳历史上的经验教训,以此来警示统治阶层不要继续掠夺百姓的财富。如秦始皇"重赋苛敛以肆其欲",对民众刻薄,终致民竭而秦亡;汉文帝吸取秦之教训,"不求富国而求富民,故为治之先,勤勤于耕农是劝",从田、税上予以农民便利,使凋敝的经济得以恢复,从而使西汉走向兴盛。② 陈亮进而提出了以裕民利民为基点的改革税制等一系列理财主张,表达了要先富民才能强国的观念。以陈亮为代表的事功学派为古代中国一以贯之的民本思想注入了新的社会因素。陈亮明确提出:

> 自孟荀论义利王霸,汉唐诸儒未能深明其说。本朝伊洛诸公辨析天理人欲,而王霸义利之说于是大明。然谓三代以道治天下,汉唐以智力把持天下,其说固已不能使人心服。而近世诸儒遂谓三代专以天理行,汉唐专以人欲行,其间有与天理暗合者,是以亦能久长。信斯言也,千五百年之间,天地亦是架漏过时,而人心亦是牵补度日。万物何以阜蕃,而道何以常存乎?

陈亮又曰:"天地而可架漏过时,则块然一物也。人心而可牵补度日,则

---

① 张义德:《叶适评传》,南京大学出版社1994年版,第353页。

② 徐军、鲍新山:《陈亮的改革思想新探》,《宁波大学学报》(人文科学版)2008年第2期。

半死半活之虫也。道于何处而常不息哉！惟圣为能尽伦。自余于伦有不尽，而非尽欺人以为伦也。惟王者为能尽制。自余于制有不尽，而非尽罔世以为制也。欺人者人常欺之，罔世者人常罔之。乌有欺罔而可得人长世者乎！”①

陈亮此番论述虽针对宋儒，但实际上亦隐含贬斥孟子“五霸假之”之说。然而深究其意，陈亮又在重申民本之古义以警示人君为君之道。陈亮坚持公心为立国之要素，即使汉唐之主亦能具备，一定程度上提高了君主理想。在这种坚持公心的思想指导之下，陈亮关心民生，推崇农为邦本的思想。提倡积极的赋税、土地等政策，保护农民发展农业经济。

三、结语

在批判与继承相结合的基础上，陈亮形成了颇具特色的法律思想体系，丰富复杂，在其整个思想体系中占有重要的地位，同时也对中国古代社会法律思想发展和演变的研究有着重要意义。整体而言，陈亮的法律思想带有鲜明的功利主义的思想风格，也能够给予国家很大的裨益，并且在一定程度上破除了传统思想对精神的枷锁，转变了人们的价值观念、法律观念。

陈亮兼重义利、农商一事、对物质需求的合理性的肯定，所针对的皆是国家积弊与社会流弊，具有社会的合理性与历史的进步性。实事实功、维护富人、反对平均主义以及以民为本等法律思想特点中，也存在不少合理的因素，同时也反映出去旧立新的观念。今天仍可以从其法律思想中发掘出值得借鉴的部分，以其有益的理论启发和思想资源建设社会主义法治文化。随着学界对陈亮法律思想研究的进一步重视和深入，该方面的研究成果也必将对宋代乃至中国法律思想史的研究提供更加丰富和全面的内容。

---

① 陈亮：《陈亮集·又乙巳春书之一》，上海古籍出版社2022年版，第294页。

陈亮法律思想的历史影响与现实观照

杭州师范大学沈钧儒法学院硕士研究生

李香凝

陈亮将英勇豪迈之气、拳拳报国之志著之于辞章，发之于议论，在理学之风甚炽的时代环境中与大儒朱熹往复辩难，并与吕祖谦、叶适、陈傅良等名儒皆曾有深厚之谊，其思想主张得到充分展现，其学术勇气得到后世诸多赞誉。[①] 值得注意的是，陈亮法律思想所倚仗的“功利主义”并非提倡人民大众追逐功利，但陈亮能在近代资产阶级功利主义出现前四百余年即提出将功利纳入终极原则的思想，实为可贵。[②] 以陈亮为代表的“永康学派”倡导的“躬行践履”“经世致用”观念，在千百年的传承发展中已深深融入当地，对永康以至两浙地域百姓的思维方式、传统风俗和社会风尚都有着重大影响。[③]

在与朱熹等理学家论争的过程中，陈亮突出强调维护国家、民族利益，抵御外敌侵略，其爱国主义情怀溢于言表，这也是后世研究者所充分肯定的。与陈亮思想有直接传承关系的“永康学派”目前已不复存在，但陈亮思想作为星星之火，早已散落在后世的思想草原上并燃起燎原之势。有学者指出，正因有宋代开启的儒家治道传统，明清之际的思想突破才得以实现。[④] 吴春山注意到李贽和戴震对陈亮及其与朱熹论辩的正面评价；姜广辉研究颜李学派创始人颜元(1635—1704)时注意到，颜元在其 34 岁时因读陈亮而转向功利主义的事功伦理学。

---

① 邱阳:《陈亮及其文学研究》,东北师范大学博士学位论文 2018 年,第 301 页。

② 王浦劬、赵滕:《陈亮功利思想辨正》,《中州学刊》2019 年第 6 期。

③ 余钊飞:《“龙山经验”与中国法律文化传统》,《人民法院报》2020 年 6 月 5 日,第 5 版。

④ 任锋:《“以法为治”与近世儒家的治道传统》,《文史哲》2017 年第 4 期。

一、经世致用:对后世的学术传承

明清之际出现的反理学思潮,从学术渊源上看,当追溯到以陈亮为代表所提倡的功利主义思想。明清之际的一些唯物主义思想家经常援引陈亮、叶适的观点,并给予很高评价,足见其思想对他们的影响。①

(一)浙东学派的观念传承

“浙东学派”②是极具地域性的学术派别,当前学者关于“浙东学派”的通行定义主要有二:一是南宋浙学,也即南宋“事功学派”;二是明清之际的浙东学术,以黄宗羲为宗师,中经万斯大、斯同兄弟,邵廷采,全祖望,以章学诚为殿军,统称为“浙东史学”。从两种主要说法可看出,后世的“浙东学派”的思想观念以“明事功”和“重史学”为基本。

事功学派中金华学派、永康学派、永嘉学派三者间对不少问题的认识虽存在差别,但三者对于事功的立场基本一致,即强调实际、务实效。陈亮学说的传播在当时颇为迅速,影响了浙东地区及江西一带的学风转变,学术旨趣也转向治史及对社会实事的关切。在陈亮去世后,永康之学逐渐与金华之婺学合流,以历史研究为主要特色,强调古为今用,主张学术与事功相统一,学术之目的在于经世致用;事功学派成为南宋独树一帜的学术派别。

(二)明清之际的思想传承

朱熹与陈亮之间的辩论在中国思想史上的地位,某种程度上可比于苏格拉底与色拉叙马霍斯之辩在西方思想史上的地位。③ 陈亮所贡献的讨论

---

① 杨鹤皋:《中国法律思想通史》下,湘潭大学出版社2011年版,第769页。

② 有关于对“浙东学派”的定义和划分考证,并非本文的论证范围。早有学者对该概念进行论述,可参见何炳松《浙东学派溯源》一书;此外,杨太辛亦对“浙东学派”的外延和内涵进行了考证。

③ 王英:《黄宗羲立足心学突破朱陈之辩的理论难题》,《社会科学论坛》2015年第11期。

比他个人留下的“遗产”更具重要意义。① 它不仅在当时引起陈傅良(1137—1203)、叶适(1150—1223)与朱子及其门人之间的后续争论,这一辩论还引发元明尤其明末许多思想家的讨论,其中讨论比较深入的就有李贽(1527—1602)、黄宗羲(1610—1695)等。

1. 以李贽为例

明代思想家李贽②崇尚儒家学说,但反对当时把程朱理学作为评价是非的唯一标准的思想,指出时下道学家们满口仁义,“而志在穿窬”;同样也反对“正义不谋利,明道不计功”,提出的“穿衣吃饭,即是人伦物理”对理学家们“存天理、灭人欲”的命题构成了极大的挑战。③ 后世将李贽斥为“异端”,且李贽亦坦然以“异端”自居,这种反对空谈理学、提倡功利主义的一系列言行,与南宋时期陈亮对虚伪道德心性之说的批判是一致的。对于陈朱之辩,他是站在陈亮立场反驳朱熹的。他在《藏书·名臣传》中为陈亮辩护:“(亮)虽与文公游,文公不知也。……堂堂朱夫子,反以章句绳亮,粗豪目亮,悲夫!士唯患不粗豪耳,有粗有豪而后真精细出矣。不然皆假也。”理学诸家多以“粗豪”病陈亮,而李贽却说“士唯患不粗豪”,可见李贽非常崇敬陈亮。④ 在《藏书·儒臣传》中,李贽评朱熹夹注连用两次“胡说”:“永康陈亮以文雄于时,熹与书,箴其义利双行,胡说。王霸并用,且谓汉唐行事,非三纲五常之正。胡说。”以此维护陈亮之学。

2. 以黄宗羲为例

陈亮立足传统“民本主义”提出的思考,陈亮对社会历史及政治权力等方面的阐发,足以彰显他立足传统的“民本”思想,强调其中的属民性质。陈亮的民本价值倾向可以看作民权思想的初步萌发,显示了从传统民本思想

---

① 田浩:《陈亮论公与法》,转引自田浩编:《宋代思想史论》,杨立华、吴艳红等译,社会科学文献出版社2003年版,第560—561页。

② 李贽(1527—1602),字宏甫,福建泉州府人。明代著名思想家、史学家、文学家。李贽仕宦生涯历21年,于万历九年到湖北客居于耿定理家,潜心研究学术。其著作有《焚书》《续焚书》《藏书》《续藏书》等。

③ 余钊飞:《李贽与明末启蒙法律思潮的孕育》,《公民与法》(综合版)2019年第3期。

④ 邱阳:《陈亮及其文学研究》,东北师范大学博士学位论文2018年,第301页。

向近代民权思想转进的趋向，为明清之际具有鲜明反专制集权特点的启蒙思潮的兴起做了铺垫。[①] 黄宗羲对待陈亮思想的态度，既有肯定，也有批判。

陈亮在《问汉唐及今日法制》中提及有关治国大法的理念，认为三代圣王之所以被认为心怀仁义，是因为他们将"井田""封建"作为治国大法，但到了秦朝："秦举先王之法而尽弃之，不二十载为墟。"[②]这种观念对黄宗羲有较为明显的正面影响，[③]被其继承发展。黄宗羲在此基础上对陈亮的观点进行扩充，他认为，先王之法中还包含"学校"等爱民举措，继秦朝之后，元朝再一次破坏了先王之法，"至秦而一尽，至元而又一尽"。故黄宗羲在《明夷待访录·原法》中做出判断："三代以上有法，三代以下无法。"此外，黄宗羲区分不同立场的事功即为天下还是为一家，批评汉唐之功业是为一家一姓的利益，维护朱子的道统论。但是也要注意，对黄宗羲来说，要讲事功，但要看为谁事功，黄宗羲通过对事功本身的肯定，也在一定程度上指出陈亮学说中的积极因素，从而给朱子纠偏。[④]

二、开物成务：对后世的精神传承

2004年10月27日，习近平同志在致"陈亮国际学术研讨会组委会"的贺信中深刻指出了陈亮的重要历史贡献："陈亮是我国著名的爱国主义者，杰出的思想家、文学家。他创立的永康学派，强调务实经世，为'浙江精神'提供了重要的历史文化内涵。研究陈亮学说，就是要探寻浙江优秀文化传统，在研究浙江现象、总结浙江经验、提炼'浙江精神'方面取得创造性成果，为我省经济发展、社会进步、文化繁荣，提供重要的精神动力。"经济发展诚然有其客观规律，但主观能动性是其中重要一环。陈亮为后世提供了重要的爱国、开拓精神，激励着一代又一代浙商、儒商以兴业报国的担当精神、"走遍千山万水、说尽千言万语、想尽千方百计、吃尽千辛万苦"的"四千"精

---

① 朱晓鹏：《论陈亮思想的特质及其意义》，《浙江学刊》2009年第1期。

② 陈亮：《陈亮集·问汉唐及今日法制》，河北教育出版社2003年版，第117页。

③ 张永忠：《黄宗羲政治哲学思想研究》，人民出版社2009年版，第166页。

④ 王英：《黄宗羲立足心学突破朱陈之辩的理论难题》，《社会科学论坛》2015年第11期。

神、敢闯敢冒敢为天下先的“浙商精神”披荆斩棘、奋勇进取！

（一）爱国精神的传承

陈亮作为一介布衣，五次上书，慷慨陈述抗金救国大业，其爱国思想在其个人思想中尤为突出。① 爱国主义是我国民族精神的核心，是凝聚中国人民、中华民族团结一致、奋勇向前的强大力量。近代，陈独秀化用陈亮的“推倒一世之智勇，开拓万古之心胸”，为汪孟邹 1903 年在芜湖开办的“科学图书社”撰写对联一副：推倒一时豪杰，扩拓万古心胸。当时陈独秀的小友邓以蛰②，最服膺陈亮为人处世“极痛快爽直；于人，凡为睟面盎背③的道学先生，攻击无余；于事，凡为两售之地的妄庸之徒，极其鄙视”，而陈独秀个性“龙性岂易驯”，说陈仲甫（陈独秀）“真是南宋陈同甫（陈亮）再世”。④ 如今有学者认为，将此联移赋陈独秀、胡适掀起的新文化运动更为确切，即“推倒一时豪杰”言其破坏，“扩拓万古心胸”言其建设。⑤

纵观陈亮的一生，光芒四射又颠沛流离，唯一不变的是他坚定执着的爱国之心、忧国之志。⑥ 南宋建立于危亡之际，山河沦丧，家国破碎。在战局稍安后，朝廷未将主要精力置于恢复国力之上，而是一味粉饰太平。陈亮就出生在这样一个朝廷内忧外患、水深火热的时代，而且其家庭也正从富足日渐走向衰败没落。家国同患，仕途频频受挫，数度入狱，即便如此，陈亮仍未自怨自艾、放弃希望，他一生饱经磨难，为国家振臂高呼，为抗金复国的历史使

---

① 方如金：《陈亮研究十大误区考论》，《河北大学学报》（哲学社会科学版）2014 年第 6 期。

② 邓以蛰比陈独秀小 12 岁，为清代乾嘉时期书法篆刻大师邓石如的五世孙，1907 年与其兄邓初和苏曼殊、陈独秀同在日本留学，后历任清华、北大哲学教授，两弹元勋邓稼先是其哲嗣。

③ 睟，意谓清和润泽；盎，丰厚盈溢之意。睟面盎背，谓是有德者之仪态。

④ 安庆市陈独秀学术研究会编注：《陈独秀诗存》，安徽教育出版社 2003 年版，第 183 页。

⑤ 石钟扬：《酒旗风暖少年狂——陈独秀与近代学人》，山东画报出版社 2014 年版，第 92 页。

⑥ 金轩：《陈亮的“万古心胸”》，微信公众号“浙江宣传”，https://mp.weixin.qq.com/s/W5VnFb1d8ZIJxaKcxIp2JA。

命而奔波终生。① 怀着治国抗金的报国宏愿，也希望获得施展才能机会，陈亮于淳熙五年(1178)连续三次上书宋孝宗，明确提出一系列关于抗金、收复中原的政治主张和中兴图强的经济、政治和军事策略，虽得到皇帝的肯定，但由于复杂的军事和政治环境，并未得到采纳。反而因为言语激烈而被当朝官员上告刑部，陈亮因此被下狱，在监狱中受到罕见的残酷对待，史料记载“笞亮无完肤”。即便如此，陈亮仍未放弃一腔爱国之情，作为一介平民，他终生为抗金报国、中兴宋室而呕心沥血、执着追求。

习近平总书记强调：“爱国，不能停留在口号上，而是要把自己的理想同祖国的前途、把自己的人生同民族的命运紧密联系在一起，扎根人民，奉献国家。”

家国要共赢的理念，陈亮早在南宋就已践行。作为年轻时就以才名震动四方的一代豪杰，陈亮曾获得开明官员的推荐和朝廷权贵的拉拢，本可以靠与他们结交青云直上。但他不愿为一己私利向权贵低头，不愿放弃对真理和学问的追求，不愿眼睁睁看着自己的国家在金人蹂躏下深处悲惨境地。在他的家国情怀里，个人价值与国家命运是紧密相连的，他将国家利益置于个人利益之上。而如今越来越多的年轻人习惯于强调个人价值的追求，更在意个人权利的维护，处处事事都要求以个人优先，甚至还要求别人认同这种优先，难免落入利己主义的局限之中。要像陈亮一般，将个人的前途命运同国家的前途命运联系在一起，才能真正实现人生价值。时至今日，大国复兴，更是中国年轻人大展宏图之时。陈亮之志，今犹存。

（二）儒商精神的传承

陈亮对儒家传统重新审视，提出“义利并举”，其经济法律思想不仅主张“农商一事”，重视商人的作用，还强调“富且义”，包括商人在内的富人，在自己富有的同时，也应承担相应的社会责任。这对后世儒商精神内涵的丰富提供了宝贵的人文价值。

以张謇为典型例子。张謇(1853—1926)是清末状元，后投身实业，成为

---

① 张焕玲：《陈亮》(大家精要)，陕西师范大学出版社2017年版，第4页。

儒商的杰出代表。其义利思想为“义利双行”,[①]作为实业家,张謇的实践对近代中国产生了重大影响,“义利并举”在清末民初也得以回温发扬。张謇认为“义利”事关人民生计,“两利上也;利己而不利人,次之。若害大多数人而图少数人之利,必不可”。经商是为求“利”,但利己不能损人,否则“必为众弃”。由此可见,近代儒商企业家在坚持“以义取利”的基本原则下再强调利的重要性,建构起近代商业道德的“义利合一”原则。[②] 张謇在中日甲午战争中,首次以朝廷官员的身份直面列强侵华,1895 年,张謇听闻清廷被迫与日签订《马关条约》后,“惶悚痛愤,寝食难安”,认为此举“几罄中国之膏血”,张謇的义利观也由此扩展至国际意识层面,认为日本蓄意瓜分中国的实质是“以我剥肤之痛,益彼富强之资,逐渐吞噬”,并预言西洋各国也将以此为要挟,中国则“事事曲从,无以立国”。于是张謇主张民办工业以自救,认为中国振兴实业的责任在士大夫,后弃官从商,以家乡南通为基地,兴办实业,致力建成一个“新新世界之雏形”。此外,张謇认为实业、教育与自治同时并举,才能真正达到救国的目的。

20 世纪 90 年代以来,随着经济的发展和改革的启动,浙江经济和思想再一次迎来了宽松期,浙江经济得以爆发。永康五金、义乌小商品以烈火烹油般的速度迅速蔓延成长,在短短 30 年间,成为全球至关重要的市场。在 21 世纪初,全国各地的小商品市场都以义乌小商品市场为标杆;全国的五金产品,尤其是保温杯,莫不以永康为尊。此番光景,哪怕隔了千年,尚能感受到陈亮等人思想留下的余温。

(三)教育观念的传承

陈亮一生中曾在永康方岩、五峰书院等处先后授徒讲学过十余年,是一位杰出的教育家,对教育事业倾注了诸多心血。他作为一个具有特殊经历和独特个性的人才,意气风发、才华横溢,却又命运多舛、怀才不遇,因而他

---

① 蒋建民:《张謇的义利思想初探》,《南京工业大学学报》(社会科学版)2004 年第 2 期。

② 徐国利:《中国近代儒商的形成和近代儒商文化的内涵及特征》,《安庆师范大学学报》(社会科学版)2021 年第 1 期。

的教育思想带有强烈的时代色彩。他通过潜心研究历史，审视现实，在长期的教育实践与理论探索中，提出了一系列与众不同的教育和教学理论观点。

1. 学以致用的教育价值观

陈亮强调教育应为现实社会服务，反对"醇儒"式教育，批判以应付考试为目的的教育，提倡把培养能学以致用、可匡时济世的"非常之人"作为教育的宗旨和目标。① 陈亮希望人才"德行、言语、政事、文学"皆具备，以资实事。他深刻认识到教育对于巩固统治、维持国运兴衰的重要作用，曾说"一世之才自足一世之用""有非常之人，然后可以建非常之功"。陈亮向皇帝提出"变通三策"之一就是要重视教育，重视人才培养。陈亮的教育思想受到其哲学和政治思想的影响，他在政治上重视开物成务，主张以实学育事功人才，使受教育者能学以致用，做出一番有利于国计民生的事业。②

法学具有较强的实践性、应用性，学生能否符合社会需求取决于自身的实践能力。"从实践中来，到实践中去"是我国司法工作的重要经验之一。司法机关的调查研究必须结合办案、审判的实际，在办案、审判中发现新问题、研究新情况、解决新问题。在研究如何加强内外监督，保证公正执法，以及在新案例、疑难案例的深入剖析、探讨中，只有坚持理论联系实际，注意围绕实际需要，才能做到调研成果与工作实效并重，而不是就理论而理论，停留于"纸面"上，成为"无用功"。

目前法学教育管理与法律工作应用之间存在着矛盾：提高法学专业学生的实践能力，需要敦促其进入法院、检察院或律师事务所等机关或单位；但此类机关或单位对学生的实践是具有长期性要求的。这是目前法学学科建设中面临的较为严重的问题，反映在学理上，便是教条主义盛行。③ 有关法学学科建设的讨论一直在更新。2023年2月26日，中共中央办公厅、国务院办公厅印发《关于加强新时代法学教育和法学理论研究的意见》对此做出新的回应，对法治人才的培养做出相关要求："坚持立德树人、德法兼修，努力培养造就更多具有坚定理想信念强烈家国情怀、扎实法学根底的法治

---

① 张晋建、张缙红：《试论陈亮的教育思想》，《浙江社会科学》1996年第5卷。

② 张焕玲：《陈亮》（大家精要），陕西师范大学出版社2017年版，第112页。

③ 杜宴林：《当代中国法学人才理论思维的培养》，《法律科学》2022年第4期。

人才。"

2.学为成人的教育目的

陈亮的义利统一、注重事功的伦理思想，在教育方面的体现就是要培养德才兼备、智勇仁义、能为社会所用的实用之人。① 传统儒学把道德修养和心性历练的目的归为"学为圣人"，而陈亮以为设立学校不仅是对人进行道德教育，还应使人掌握各方面的技艺和才能，使其适应社会的各种需要。他说："三代立学于天下，皆所以明人伦也；礼、乐、射、御、书、数，所以广其心而久于其道也。"②"天子设学校于行都，使之群居切磨，朝暮讲究，斥百家之异说而不以为诞，言当今之利害而不以为狂，所以养成其才而充其气也。"③故无论是儒家经典，还是各种史书，抑或诸类兵家、山川形势、量度权衡、官民商农等知识皆应成为教育的内容，以面向现实，切于实事，符合经世致用的要求。

2022年11月召开的中央全面依法治国工作会议首次提出习近平法治思想，其中蕴含着丰富的法学教育和法治人才培养观点，为新时代法学教育和高素质人才培养发展指明了方向、提供了根本遵循。④ 习近平总书记指出，法学教育要坚持立德树人，不仅要提高学生的法学知识水平，而且要培养学生的思想道德素养。⑤ 法学教育五大功能中，排在第一位的就是培养德才兼备的高素质法治人才。⑥ 法治人才不仅强调过硬的法律专业素养、专业技能，更强调人才的政治素养和道德情操。对于法治人才而言，扎实的法学理论功底和法治思维能力是其从事法律职业的基础，而法治精神、人文情怀、科学理性和社会责任感是其做好法律工作的保证。

---

① 张焕玲：《陈亮》(大家精要)，陕西师范大学出版社2017年版，第111页。

② 陈亮：《陈亮集》卷一四"问学校之法"，河北教育出版社2003年版，第134页。

③ 陈亮：《陈亮集》卷二七"与徐彦才大谏"，河北教育出版社2003年版，第266页。

④ 郭为禄：《以习近平法治思想为指引推进高素质法治人才培养》，《法学教育研究》2022年第2期。

⑤ 参见习近平系列重要讲话数据库，人民网2017年5月3日，http://jhsjk.people.cn/article/29252264。

⑥ 徐显明：《高等教育新时代与卓越法律人才培养》，《中国大学教育》2019年第10期。

我国目前法学教育重视课堂教学，注重法学知识和法律理论的教授。相较于过去，我国在兼顾技能教育方面已经取得了显著的进步，但在世界观、价值观、职业道德培养等方面的投入还不够。当前，法学教育的发展应以培养德法兼修的高素质综合型法治人才为目标，把立德树人作为培养人才的中心环节。在具体做法方面，第一，以立德树人为根本，培养优秀的社会主义建设者和接班人。把立德树人融入法学专业课堂教学、社会实践等各个环节，在各个系统、各个领域中整合资源，形成合力。① 推进网络思想政治教育和心理健康教育，使学生形成正确的世界观、人生观、价值观。第二，积极探索协同育人的法学实践教学模式，培养应用型法律人才。构建高校与法律实务部门合作教学平台，共享优质教育资源，培育学生的实践技能。第三，推进法学与其他学科融合发展，培养复合型法律人才，将高校的优势科目融入法学教育中，探讨法治视角下社会运行中的问题。

（四）唯物史观的传承

陈亮一生通过潜心研究历史和审视现实，不仅在史学方面提出了一系列独创性的见解，而且编纂了很多史学论著以表达史学观点。② 他的事功思想在整体上以历史研究为一般基础，著有《酌古论》《策问》《三国纪年》《汉论》等历史著作，体现了他博古通今、古为今用的史学研究思想。③ 他有着深厚的史学基础，在上书中多次引古证今，努力增强其观点的说服力。《酌古论》是陈亮青少年时期的作品，是他对两汉、三国及唐、五代重要历史人物的兵机利害的军事总结，他以朴素的唯物论和辩证法为指导，在书中总结历史上军事斗争的经验教训，借史事以关心抗金复国的大计。在《三国纪年》中，陈亮考究三国君臣、宗室、外戚等人的行事，并对每个人物进行评论。《汉论》是陈亮对两汉帝王政治及功过之评价。早在几千年前，陈亮就已表现出了朴素的唯物史观。

---

① 高新才：《新时代高素质法治人才培养的实践与思考——以河南财经政法大学为例》，《法学教育研究》2020年第1期。

② 张焕玲：《陈亮》（大家精要），陕西师范大学出版社2017年版，第80页。

③ 张焕玲：《陈亮》（大家精要），陕西师范大学出版社2017年版，第80页。

陈亮少年时就博览史书，入经出史，鉴往知来，充分认识到了史学的功能和作用。他认为治史的价值是酌古而理今，这与他的事功思想和经世致用观念一脉相承。他将历史研究与现实政治结合起来，研读六经诸史，推考历代皇帝的王霸之略，探究历史兴亡更替之规律，力图从史学中寻绎出解决当前政治经济问题的种种办法，以挽救南宋危急的时局。① 陈亮的历史观是变通的，他认为研究历史是要为现实服务的，而人类社会在不断地发展变化，应立足特定的社会实际，以历史的发展的眼光衡量事件，注重历史事实和人事的演变，把握历史发展的总趋势，细心地探寻其中的内部规律，为现实政治的运作提供历史借鉴。

中华民族素有重视学习历史和善于总结经验的优良传统。党的十八大以来，习近平总书记多次就“重视历史、研究历史、借鉴历史”做出一系列重要论述。在庆祝中国共产党成立100周年大会上，习近平总书记回顾百年光辉历程，反复强调以史为鉴、开创未来。中华民族有着上下五千年的优良传统，在中华大地上形成了辽远而深邃的历史积淀，滋养着这片土地上的丰富而深厚的文明。在历史传承、革命奋斗、改革创新中，中国拥有了坚定、强大的文化自信。历史发展有其自身的规律，而把握住其规律和趋势，顺势而为，能为我们国家今天的发展提供方向指引。

三、陈亮法律思想的现实观照

田浩认为，“陈亮的观念比较容易转译成今日流行的社会政治术语”②。社会学家韦伯(Max Weber)曾有力指出，观念本身有其独立性，有其影响、形塑经济结构及历史发展的功能。③ 金耀基在探讨传统对中国现代化的作用及意义时提及“中国现代化要有历史的厚度与深度，就必须向历史寻文化的大根”④，现代化是由传统到现代的过程，在当前法治中国、平安中国建设

① 张焕玲：《陈亮》(大家精要)，陕西师范大学出版总社2017年版，第87页。

② 田浩：《陈亮论公与法》，转引自田浩编：《宋代思想史论》，杨立华、吴艳红等译，社会科学文献出版社2003年版，第520页。

③ 金耀基：《从传统到现代》，法律出版社2017年版，第337页。

④ 金耀基：《从传统到现代》，法律出版社2017年版，第325页。

的重要历史时期，陈亮法律思想也因时代的需求被转化应用，为现今的法治理念与法治实践注入深厚的历史文化内涵，在寻求秩序与活力的平衡、公平与效率的兼顾的过程中，与基层法治建设高度关联的永康“龙山经验”①应运而生。

（一）秩序与活力的平衡

习近平总书记强调：“社会治理是一门科学，管得太死，一潭死水不行；管得太松，波涛汹涌也不行。要讲究辩证法，处理好经济活力和法治秩序的关系。”②法治建构涉及国家与社会、政府与市场、集体与个人关系之间的高强度互动，涉及市场、社会、个人如何发挥主体作用，在保持社会稳定的基础上释放人民群众的首创精神和社会活力。平衡好秩序与活力，要知其然，而得其所以然。

活力体现在变通。梁治平指出：“古代地方官的裁判常常是变通的，但是都建立在人情之上，这正是对于法律精神的最深刻的理解。”③社会活力在永康的经济发展中有着充分体现，严谨求实的工匠精神遍及百姓工作生活的方方面面。“熊熊炉火映汗水，走街串巷闯四方”，“五金工匠走四方，府府县县不离康”，经久传唱的民谣道出了永康“工匠精神”④：诚信、专注、认真、细心、敬业、创新。正是凭借“工匠精神”，永康从一个传统的农业小县发展

① “龙山经验”是永康市人民法院在习近平新时代中国特色社会主义思想指导下开创的基层法治建设经验，具有丰富的历史文化底蕴以及务实的实践导向。2020年12月27日于永康召开首届“龙山经验”高峰论坛，专门提到了以陈亮为代表的“永康学派”在目前的法治建设与社会治理中铺展的历史底蕴。

② 付子堂：《2035：法治中国的远景展望》，《人民论坛・学术前沿》2021年第1期。

③ 梁治平：《法意与人情》，广西师范大学出版社2020年版，第165页，转引自蒋铁初：《中国传统司法中的察狱以情及其现代价值》，《中国法学》2022年第5期。

④ 有关“工匠精神”的内涵，永康锡雕大师盛一原这样说：“永康有句行话叫‘府府县县不离康，离康不是好地方’。就是全国每一个角落、每一个村庄，都有永康人。所以我们有一句行话：比如说在火车站或者某个乡镇村庄里面不知道有没有永康人，我们就叫一声‘罗’，就马上会有永康人过来。在我们吃饭或上洗手间时可以帮忙看行担。我觉得这就是工匠精神。”参见浙江永康小组：《永康锡艺科普小课堂》，“美术学”微信公众平台2019年8月25日，https://mp. weixin. qq. com/s/e_edfxCBySbh6mZoboSbqQ，2023年3月13日。

成为制造业大市，从传统的“打铁补锅”作坊发展成为闻名海内外的“五金之都”。① 陈亮强调教育应为现实社会服务，反对“醇儒”式教育，批判以应付考试为目的的教育，提倡把培养能学以致用、可匡时济世的“非常之人”作为教育的宗旨和目标。② 陈亮希望人才“德行、言语、政事、文学”皆具备，以资实事。

实现秩序和活力的平衡，需要理论联系实践。“从实践中来，到实践中去”是我国司法工作的重要经验之一。司法机关的调查研究只有结合办案、审判的实际，才能在办案、审判中发现新问题、研究新情况、解决新问题，才能做到调研成果与工作实效并重，而不是就理论而理论、停留于“纸面”上，成为“无用功”。陈亮并不将法律作为治理国家的唯一手段，“治国用法，以人行法”不仅重视法律在治理中所发挥的稳定秩序等重要作用，且应充分运用人才作为畅通活力的手段之一。“龙山经验”也是以永康人民为主要代表的浙江人民充分且广泛吸收人民群众、一线干部的智慧而开创的基层法治经验，历史先贤以及当下为之努力的好好生活的每个人，都在其中发挥了重要作用。创新发展“龙山经验”是新时代以永康人民为代表的社会主义法治践行者的历史使命，新时期也将立足四个要求实现创新发展：一是深入挖掘“龙山经验”的文化底蕴，二是充分吸收人民群众的智慧，三是深刻感悟法治精神，四是尊重地方文化传统。③

（二）公正与效率的兼顾

陈亮与朱熹关于“王霸义利”之辩论，几乎浓缩了一部宋代乃至古代思想文化史，其中有极为珍贵的精神资源足以灌溉滋润当代的文明建设。陈亮从南宋当时的社会现实出发，以匡救时弊、复兴山河的情怀探讨问题，在法制上提出“以法为公”，此处的“公”比保守的地主阶级思想家所倡导的“公”的蕴含要广泛一些，也包括地主阶级商人阶层的利益。此外，将“倡公

① 赵林：《永康“工匠精神”的三维价值》，《永康金报》2016 年 9 月 26 日，第 26 版。

② 赵瑶丹、夏悦：《永康学派“经世致用”的思想与精神》，载章锦水主编：《陈亮研究》2022 年第 2 期，第 21 页。

③ 许梅、罗爱军：《创新发展“龙山经验”与社会主义法治文化建设同频共振》，《浙江法制报》2021 年 5 月 18 日，第 7 版。

摒私”与“简法恤刑”相关联，作为变革法度的重要措施，这种公义思想具有深远的历史进步性。当代法律体系中的“义”“利”问题，实质上就是“公正”“效率”问题。① 陈亮不仅强调法律在国家社会发展中的重要意义，而且认为法律最重要的功能之一就是其公平性、公正性。

制度背后必定蕴含价值取向，公平正义要求充分体现绝大多数人的利益和意志，有效保障人民权利②；效率主要是进行“得失”也即“收益和成本”的计算，追求的是收益最大化③，亦是使个人利益、社会利益与公共利益等交相融合的重要价值之一，公正、效率都是法治实践的具体体现。20世纪80年代至21世纪初，我国法治建设的重心从社会生活转向经济生活，其以“为经济建设保驾护航”为口号，以构建市场经济所需要的法律体系和制度为目标，“时间就是金钱，效率就是生命”的宣传标语随处可见，大批经济学家如吴敬琏、厉以宁、曹思源等，在这一时期的立法和政策制定过程中发挥着重要作用，使得这一阶段所制定的法律法规在价值取向上存在效率优先、兼顾公平的倾向，效率也由此进入大众视野④；经济的发展再次使社会的价值取向出现明显变动。21世纪初，党面对新形势、新调整，依据国情提出构建和谐社会的奋斗目标，即从注重经济建设转向经济和社会协调发展，在立法的价值取向上，也开始从效率优先兼顾公平转向注重社会公平。⑤ 如在2002年浙江省侦查工作会议上，时任浙江省检察院检察长葛圣平将公正与效率问题作为全省检察机关今后时期的办案原则之一，并指出“司法效率和效益

---

① 余钊飞：《“龙山经验”与中国法律文化传统》，《人民法院报》2020年6月5日，第5版。

② 冯颜利：《中国共产党对马克思主义公平正义观的践行与发展》，《中共中央党校（国家行政学院）学报》2022年第3期。

③ 成凡：《法律认知和法律原则：情感、效率与公平》，《交大法学》2020年第1期。

④ 2021年7月，天津财经大学法学院教授侯欣一受邀至杭州师范大学沈钧儒法学院主讲《中华人民共和国法治建设若干问题研究》，侯教授在提及改革开放四十年中国在法治建设中促进经济发展的做法时，对相关问题进行了分析梳理，启发了学生对这一时期对有关于经济政策导向“效率”与法律价值力倡“公正”之间的思索。

⑤ 侯欣一：《改革开放以来中国法治进程回顾与展望》，《天津法学》2011年第4期。

本身就是司法公正的两个方面，只有既公正又高效，才是真正、现实的公正”，[①]该观点实现了重视实事与实效的统一，是“义利并举”思想在我国司法领域的生动体现。

在我国当前的法治建设中，永康重视传承弘扬陈亮文化及其所提倡的经世致用的“义利观”，以陈亮的号命名了龙川公园、龙川路。[②] 永康法院以陈亮思想作为历史文化基础，催生以“调解先行、诉讼断后、分层过滤”为特征的诉源治理机制——“龙山经验”。“龙山经验”根植于永康传承千百年的传统优秀文化，在对基层法治建设实践的丰富中，对“义利并举”理念进行选择性吸纳，目的就是实现社会公平正义，打造一流的法治环境和营商环境，在这个过程中注重矛盾化解，迅速解决；也就是以系统化流程再造对矛盾分类分阶段进行化解，从源头降低案件成讼量，进而实现淳化民风、保障民生。[③] 陈亮等人留下的思想财富，历千年而仍能滋养后人，是因为他们的思想已经化为后人基因，成为人们自处、经世、济民的行为规范。

四、结语

明清之际出现的反理学思潮中，以陈亮为代表所提倡的功利主义思想对后世产生了很大的学术影响，也得到了李贽、黄宗羲等唯物主义思想家的支持。陈亮为后世提供的爱国、儒商、教育、唯物主义精神，对现代社会的发展也有着十分重要的价值。陈亮法律思想在当前法治中国、平安中国建设的重要历史时期，也因时代的需求被转化应用，为现今的法治理念与法治实践注入了深厚的历史文化内涵。

---

① 浙江省绍兴市人民检察院：《关于印发王幼卿检察长、陈康年副检察长在全市职务犯罪侦查工作会议上讲话材料的通知》，诸暨市人民检察院，2002 年 8 月 2 日，档案编号：J086-W2002-2-00061，第 8 页。

② 王伟建：《省政协文史委来永调研陈亮文化——希望我市做好传承与发展文章，构建崇学尚学之风》，《永康日报》2017 年 11 月 25 日，第 1 版。

③ 余钊飞：《“龙山经验”与中国法律文化传统》，《人民法院报》2020 年 6 月 5 日，第 5 版。

陈亮事功思想对生命教育的启示

徐州工程学院人文学院心学教育研究中心主任
刘蓉蓉

内圣与外王被视作儒家思想的两条重要发展线索，儒家的学者毕生所追求的最高境界即是达到内圣与外王的融汇。孔子之后，儒家思想在内圣与外王两条线索中各自有所发展：孟子继承了儒家思想中以心性为核心的内圣脉络，荀子则继承了外王的脉络。汉代之后，经学蔚为大观，但是后来也导致儒家思想与人的心灵需求越来越远，于是儒家开始式微，佛道二家后来居上。从唐代的韩愈开始，为了对抗佛道思想给儒家带来的冲击，便注重塑造儒家的“道统”，重新回到孔孟的心性儒学中寻找资粮，以儒家的观念重新阐释修养观、宇宙观并发展出内在修养的工夫论。而荀子一脉则由于对内在心性的义理不够重视，随着唐代心性儒学的复兴而被忽视，乃至于到明代时荀子直接被逐出孔庙。儒家道统如何被塑造的问题，关系到儒家思想正统谱系如何书写的根本问题，唐宋时代对此展开过激烈的争辩，孟子与荀子地位的升降，反映着当时儒者的普遍态度。孟子不断被升格，成为儒家道统的正统人物，荀子则在这一时期不断被贬低。但是，在心性儒学蓬勃发展的宋代，荀子的思想在宋代也有其拥趸，陈亮即是荀子思想的继承者。

一

陈亮(1143—1194)，号龙川，世称龙川先生，南宋著名的思想家、词人，他的思想在南宋与朱熹分庭抗礼。《宋史·陈亮传》记载：“为人才气超迈，喜谈兵，论议风生，下笔千言立就。尝考古人用兵成败之迹，著《酌古论》。”①

① 脱脱，阿鲁图：《宋史》卷四三六，中华书局1977年版，第12929页。

这一评价符合陈亮的人生基调，南宋时期有不少的士人都有恢复故土之志，其中不乏实干派，陈亮即是其中之一。他亲自考察各种地理形势，调查各地防务设施，希望有机会光复中原，但是他也如同其他的主战派一样敌不过主和派，最终在不得志的遗憾中病死。陈亮所创立的永康学派力主事功，有明显的社会应用倾向。朱熹的思想固然是重要的，因为有朱熹将宋代新儒家总结成为新的儒家形态，塑造出儒家的道统，才保障了儒家思想绵延不绝的根基。但是朱熹的思想有所缺陷，在儒家内部就引发过争议①，所以后来在明代发展出阳明心学与之对弈；从儒家外部来看，理学家过于强调天理，容易给人造成“平日束手谈心性”，缺乏社会实践的印象。事实上儒家思想从创立之初，便是因应社会现实问题而出现的，孔子有感于春秋时期“礼崩乐坏”的情况，为了解决现实问题，才发展出了儒家的学说。宋代新儒家的形态产生，固然也是为了应对儒佛冲击这个现实问题，但是对于社会政治层面的问题，则需要更深度的经世致用的色彩。以陈亮为代表的永康学派所主张的是针对现实社会的事功。《宋元学案》评价他：“当乾道、淳熙间，朱、张、吕、陆四君子皆谈性命而辟功利。学者各异其师说，截然不可犯。陈同甫崛起其旁，独以为不然。”②

南宋是偏安的王朝，同时也是在文化思想上极其繁荣的王朝，当时的思想家基于探寻真理的目标，不断针对学问义理往复辩论，堪称治学者的典范，朱熹与陆九渊有著名的“鹅湖之会”，朱熹与陈亮也有数年之久的思想大辩论，被称为“朱陈之辩”。陈亮的现实感极强，他甚至批判理学家说：“今世之儒士，自以为得正心诚意之学者，皆风痹不知痛痒之人也。举一世安于君父之仇，而方低头拱手以谈性命，不知何者谓之性命乎！”③天理性命是儒家思想的根基，这是从宋代以来即被视为正统的看法，陈亮排斥理学家成日谈天理性命，也有其现实渊源。南宋丢失了北方大部分土地，偏安一隅，有众多的文人志士视之为奇耻大辱，力图恢复失地，陈亮面对家国危亡的紧迫感，面对“君父之仇”的使命感，才催生出对理学家的强烈批评。但是，陈亮

---

① 衷鑫恣：《宋以来道学人士的心疾问题》，《文史哲》2019年第2期，第117—123页。

② 黄宗羲等：《宋元学案》卷五六“龙川学案”，中华书局1986年版，第1850页。

③ 陈亮：《陈亮集》卷一“上孝宗皇帝第一书”，中华书局1987年版，第9页

并非只有血性没有思想的一介武夫,他的事功思想脱胎于儒家思想,并没有离开儒家的范畴,可以说是与朱熹、陆九渊等人站在同一层面的“对弈者”,他们只是对儒家的“道”的理解不同,陈亮更注重从现实的层面来阐释。

二

与朱熹一样,陈亮也认为天下万事万物皆是“道”的彰显。他说:“夫道,非出于形气之表,而常行于事物之间者也……天下固无道外之事也。”①天下没有道外之事,所以并不是整日坐而论道才是求道,积极用事更是在彰显大道。他的思想中甚至已经显露出“百姓日用即为道”的特点:“道之在天下,平施于日用之间……而其所谓平施于日用之间者,与生俱生,固不可得而离也。”②他还说:“夫子之道即尧舜之道,尧舜之道即天地之道。天地以健顺育万物,故生生化化而不穷;尧舜以孝悌导万民,故日用饮食而不知;夫子以天地尧舜之道诏天下,故天下以仁义孝悌为常行。”③可见,陈亮的“现实感”其源头终究是天地之道、尧舜之道,有其形而上学的理论依据。

陈亮与宋代的理学家所不同的是,他承认人的欲望的存在,主张合理化看待欲望。他认为:“人为何为,为其有欲。欲也必争,惟日不足。”④人的欲望并不是与天理对立的东西,而是人与生俱来的天然共同体:“耳之于声也,目之于色也,鼻之于臭也,口之于味也,四肢之于安佚也,性也,有命焉。出于性,则人之所同欲也;委于命,则必有制之者而不可违也。富贵尊荣,则耳目口鼻之与肢体皆得其欲,危亡困辱则反是。”⑤宋代理学家主张的“存天理、灭人欲”是寄希望于人的内在自我修养,能够以天理为尺度,抛弃不合理的欲望。虽然朱熹也会分辨人的合理需求与欲望的差别,如《朱子语类》卷十三记载:“饮食,天理也,山珍海味,人欲也,夫妻,天理也,三妻四妾,人欲也。”朱熹对天理和人欲的分辨依然是以人的个体为主,而陈亮则把天理和

---

① 陈亮:《陈亮集》卷九“勉强行道大有功”,中华书局1987年版,第100页。
② 陈亮:《陈亮集》卷一〇“六经发题·诗”,中华书局1987年版,第104页。
③ 陈亮:《陈亮集》卷一九“高帝朝”,中华书局1987年版,第212页。
④ 陈亮:《陈亮集》卷三六“刘和卿墓志铭”,中华书局1987年版,第488页。
⑤ 陈亮:《陈亮集》卷四“问答下”,中华书局1987年版,第42页。

人欲的掌控权放置在更外在的层面："故天下不得自循其欲也，一切惟君长之为听。"①君长是掌握奖惩权柄的人，人在社会规则中因为自己的行为而受到奖励或惩罚，本质上就是对其人欲的处置："君制其权，谓之赏罚；人受其报，谓之劝惩。使为善者得其所同欲，岂以利而诱之哉！为恶者受其所同恶，岂以威而惧之哉！"②所以，陈亮也并非完全没有道德修养的意识，君长的权柄放置在现代社会可以视之为社会公约的法律条文。一个人首先是自己行为的决策者，他在明白社会规则的情况下，自主选择或善或恶的行为，进而得到相应的奖励或惩罚，这是另一种意义的"祸福无门，惟人自招"。这种尺度的把握更注重其公众性，而不是仅限于个体层面的适度或过度。

陈亮认为，人有欲望是合理的，更重要的人要合理处置自己的欲望，他说："然而高卑小大，则各有分也；可否难易，则各有力也。循其侈心而忘其分，不度其力，无财而欲以为悦，使天下冒冒焉惟美好之是趋，惟争夺之是务，以至于丧其身而不悔。"③人的欲望要裁度客观条件来进行相应的满足，如果一味纵容自己的欲望，不看自己的财力如何，竭力去争取不属于自己的东西，那么落下的结果就是为了欲望丧身。儒释道三教任何一家的说法中，都认为人生是一场修行，人们不断在自己的生命经验中，通过一系列的修养工夫，完成生命境界的提升。在这个过程中，人需要学习面对生而为人所连接的万事万物的关系，人不是孤立存在的个体，而是作为"关系人"存在的，学者陈复教授认为，人面对各种情境都与其发生"关系"，关系从来都不会只有个人与他人的关系，如将关系归类，计有"天"（天理）、"人"（人际）、"物"（外物）与"我"（本我）这四层关系。④ 那么人和外物的关系，就属于"物我关系主义"，在物我关系中，最重要的法则是"格物"，因为"物我关系"本身具有西方文化主客对立的特征，这种特征也正是我们中华文化的思维方式中所缺乏的，所以应该落实"意诚而后客立"，让"物"在"微观世界"内被客体化，

---

① 陈亮：《陈亮集》卷四"问答下"，中华书局 1987 年版，第 42 页。

② 陈亮：《陈亮集》卷四"问答下"，中华书局 1987 年版，第 42 页。

③ 陈亮：《陈亮集》卷四"问答下"，中华书局 1987 年版，第 44 页。

④ 陈复：《修养心理学：黄光国儒家自我修养理论的问题》，《破解黄光国难题的知识论策略》，五南图书公司 2019 年版，第 119—144 页。

使得格物能顺此发展其解析型的思辨脉络。[①] 这种"客体化"的过程,意即把事情进行客观化的思考,如果人"物我不分",就会误认为全天下凡是自己所喜爱的事物皆可纳入自己囊中,就会放纵欲望作祟,从而引发社会的混乱。但是如果能把自己的能力与外在的事物分别做出客体化的处理,看清楚自己的分际,就可使自己的生命得到合理的安顿,不会为了自己所达不到的事情而苦恼,更不会不惜毁坏自己的生命去追求它们。

为了能在社会层面切实推进事功,陈亮在王霸之道的选择上,也更提倡重视霸道,他说:"本朝专用儒以治天下,而王道之说始一矣。然而德泽有余而事功不足,虽老成持重之士犹知病之,而富国强兵之说于是出为时用,以济儒道之所不及。……今翠华局处江表,九重宵旰以为大耻,儒者犹言王道,而富强之说慷慨可观,天下皆以为不可行,何也?……始之以王道,而卒屈于富强,岂不将贻天下之大忧邪?"[②]王道与霸道的争论自先秦诸子时代便论战不休,王道倡导以仁义道德感化周边的民众,作为王者,自己所掌握的土地不必多,只要占据道德制高点便是"王者"。王道思想是中国政治治理的最高理想,但是把这一思想放置在南宋的政治环境中,颇为不合适,甚至会令人有自欺欺人的感觉。陈亮认为汉唐时代之所以兴盛,正是因为当时的统治者杂以霸王之道。宋朝重文轻武,以儒家思想治天下,缺点就是德泽有余而事功不足,甚至在经历了靖康之耻后,仍然要言必称王道,在现实层面没有寸土之功,就显得不顾实际。陈亮的想法切中时弊,振聋发聩,可惜在现实政治中依然效果甚微。

陈亮思想的先进性还体现在他的公私之辩。他说:"人心之多私,而以法为公,此天下之大势所以日趋于法而不可御也……法者公理也,使法自行者私心也,恃公理而不恃使法自行之私心,则他日必有变通而至于不穷者,孰谓任人、任法、与夫人法并行之外而他无其道乎!天下大势之所趋,苟得其人,可以不动声色而易也"[③]人的心里面难免有私欲,克服私欲不能只依靠

---

① 陈复:《修养心理学:黄光国儒家自我修养理论的问题》,《破解黄光国难题的知识论策略》,五南图书公司2019年版,第119—144页。

② 陈亮:《陈亮集》卷一五"问皇帝王霸之道",中华书局1987年版,第172页。

③ 陈亮:《陈亮集》卷一一"策·人法",中华书局1987年版,第124—125页。

个人的道德修养，以公共认可的法律为准绳，这在当时注重道德修养为主的文化氛围中无疑是进步的。公与私的关系是一个大问题，如前所述中国的社会形态是一种“关系主义”的形态，人要面对各种各样的与外界的关系，铸造中国人基本关系形态的是伦理，我们往往重视以亲缘关系为核心的伦理关系，却并不重视以社会关系为主的伦理关系，中国传统中的“五伦”：父子、夫妇、君臣、长幼、朋友，要么是以血缘为纽带，要么是以感情为纽带，并且属于个体与个体的关系，缺乏个人与外在群体之间的伦理。而今天我们已经从宗族社会转变成现代社会，现代化的标志就是人脱离宗族，以个体的方式生活在社会中，那么就需要相应的符合现代社会运行法则的新伦理出现。陈复教授曾提出“公五伦”与“私五伦”的概念来应对这一问题，“私五伦”即传统的“父子有亲，夫妇有别，君臣有义，长幼有序，朋友有信”，“公五伦”则是“政府选贤，职场举能，社会守法，教育养智，经济共利”。[①] 在“公五伦”的框架下，没有“三纲”这种教条对人的绝对束缚，所有人都被置于法律的管辖范围内，防止有些人产生私心私欲，借助“君”“父”“夫”的身份优势，做出随意伤害人的事情。以“公理”克“私欲”，显然是陈亮思想的现代性。

三

陈亮的思想以儒家思想为根基，强力企图以现实事功的层面实现儒家思想的天道彰显，陈亮的思想值得我们今天学习之处有很多，尤其是他的豪杰人格特征，他的“推倒一世之智勇，开拓万古之心胸”[②]，震慑人的心灵，人心中的私欲怯懦因之扫荡一空。儒家思想的道统观念自宋代新儒家以来已经成为定论，但是同时代的反对声音不可忽视，以陈亮为代表的永嘉学派强烈推崇事功，却也并非一味只知现实不通至道，陈亮曾经说过：“人心之危不可一息而不操也。不操其心，而从容乎声色货利之境，以泛应乎一日万机之

---

① 陈复：《黄光国难题的误区：由案例反思儒家伦理疗愈》，《本土心理学研究》2020年第53期，第181—224页。

② 陈亮：《陈亮集》卷二八“又甲辰秋书”，中华书局1987年版，第339页。

繁,而责事之不效,亦可谓失其本矣。”[①]“人心惟危,道心惟微”的观念他也非常认可,也认为人如果不重视个人的内在修养,而是整日忙于俗务中,容易失却本心,可见他并未遗弃儒家“内圣”的层面。

现代人尤其是青年生活在承平时代,面对生活压力时往往力不从心,既缺乏“内圣”层面的修养,又缺乏“外王”层面的事功企图,宋明儒学思想家的资源正可为解决时代的精神危机提供参考。奥地利心理学家傅朗克(Viktor Frankl)曾创立“意义治疗学”,意即人生命中一定要有不可不完成的事,人的精神是由意义感所牵引和决定的。一般人在世俗的生活中追求感官的快乐和掌握物质的快乐,这并不是根本性的快乐,因为它无关于人应该追求的根本意义。今天的人不以追逐名利为耻,从事功的思想来看也无可非议,但是只追逐名利容易被简单的成功学扭曲心灵,最终功败垂成。如果要追求世俗意义上的成功,陈亮的思想可作为模范版本,即事功不是为了世俗的功业本身,而是最终归于人的内在修养,人通过事功完成内在精神境界的提升,就不至于在世俗的功业中迷失心灵。

① 陈亮:《陈亮集》卷九“勉强行道大有功”,中华书局1987年版,第100页。

陈亮思想蕴含着建设中华民族现代文明的重要启迪

浙江省委党校教授

董根洪

习近平总书记最近在文化传承发展座谈会上，提出了努力建设中华民族现代文明的文化使命。如何建设中华民族现代文明？一个重要途径，就是学习弘扬中华优秀思想文化，为更好建设中华民族现代文明提供借鉴。因为“中华优秀传统文化有很多重要元素，比如，天下为公、天下大同的社会理想……共同塑造出中华文明的突出特性”。不仅如此，“亲仁善邻、协和万邦是中华文明一贯的处世之道，惠民利民、安民富民是中华文明鲜明的价值导向，革故鼎新、与时俱进是中华文明永恒的精神气质，道法自然、天人合一是中华文明内在的生存理念”①。因此，借鉴弘扬中华优秀思想文化，是建设中华文明现代形态的重要内容。而在陈亮的思想中，我们就可以发现，陈亮思想有着丰富深刻的思想资源，可资今天建设现代文明借鉴利用。

一、坚信圣人之道，增强文明自信

我们知道，人类文明从其内涵看，就是人类区别于动物生存样式具有的本质特性，就是相对于动物的野蛮性、愚昧性、原始性的智慧性、聪明性、开化性，是区别于动物的茹毛饮血、弱肉强食、自私排他、冲突扩张的丛林法则而来的刀耕火种、合作互助、团结协同、共存共荣的生存方式。文明从其内容看，包括其思想文明、制度文明、技术文明和物质文明，从中国传统文化

① 习近平：《习近平出席亚洲文明对话大会开幕式并发表主旨演讲》，《人民日报》2019 年 5 月 16 日。

看，即为文明之道、文明之礼、文明之术、文明之器。从人类生存依赖的主要技术手段言，人类有游牧文明、农业文明、工业文明和信息文明。人类还可以从其他层面进行多方面的文明区分。但显然，从人类文明的核心灵魂而言，文明即文明之道，就是文明的哲学思想。这一文明的哲学思想体现了一个时代或一个民族生存发展的根本思维方式，是最高的生存智慧，是"文明的活的灵魂"①，是"文明的基础"，因为它集中反映了人类作为社会性存在物，在生存过程中是如何认识和处理人与神、人与人、人与社会、人与自然的关系的。人类的文明发展历程，作为人类社会的进步过程，本质上体现为人类生存发展中合作互助程度的不断提升，人类共存共荣的发展进步性的不断提升。衡量一个社会文明的核心准则，始终在于人类以什么样的态度和方式去对待和处理其他人、去对待自然万物并提升丰富物质精神生活的价值目标和道德行为，即从根本上优化为何生存、如何生存的行动理念。这是文明作为社会进步和社会发展的集中体现，是人类主体的人类本性不断丰富完善的精髓结晶。显然，从这一文明核心看，人类发展史就是人类不断优化完善人性和生活的历史，是不断从愚昧落后走向开化进步、从野蛮冲突走向和谐合作、从粗劣艰难走向舒适幸福的过程。

中华文明自古以来，文明的核心也集中体现在其文明之道上，儒家、道家、墨家等在《周易》《道德经》诸经典中提出的"道""德""仁"即是中华民族的文明之道、文明之德。中华文明始祖的三皇五帝，其治理之道即圣人之道，也即是文明之道。三皇五帝诸中华文明圣人，他们一方面以自己的系列发明引导百姓摆脱茹毛饮血的原始愚昧生活，使之学会用火、耕种、纺织、舟车，在物质生活和物质文明上提升到人道水平；另一方面以自己的深刻智慧教授百姓摆脱自私争夺的野蛮粗暴兽性，学会礼让、恭敬、孝悌、仁爱，在精神生活和精神文明上提升到人道水平。如虞舜，一方面"耕历山，渔雷泽，陶河滨，作什器于寿丘"，教会百姓文明生活；另一方面以道德治国，"天下明德自虞帝始"，被后世尊为"百孝之先""道德之祖"。而"天下明德"就是天下文明。舜还发明运用了"允执厥中"的中道，以中道治天下，这中道即中和之道，即中华文明之道。《周易》的《乾文言》提出"'潜龙勿用'，阳气潜藏；'见

---

① 《马克思恩格斯全集》第一卷，人民出版社1979年版，第101页。

龙在田'，天下文明。"《周易正义》疏："'天下文明'者，阳气在田，始生万物，故天下有文章而光明也。"显然，这里的"天下文明"本质上指的是一幅天下万物生生而呈现出的多姿多彩（文章）和欣欣向荣（光明）的生命共同体和谐景象。《周易》倡导的天下文明，其实质就是追求天下生生，也即"生生之谓易""天地之大德曰生"，其易道即天地之道，其本质就在于生生，它包括横向维度和纵向维度于一体的天地人万物全面实现永续不绝之生存发展，它反对生存发展上的自私性、排他性、对抗性、冲突性，即不文明性。这就是中华民族的生生之道，即文明之道。而《易》的"贲卦"的"象辞"的"刚柔交错，天文也；文明以止，人文也。观乎天文以察时变，观乎人文以化成天下"，这里的"人文"即指一种人类文明生活的样式，也就是"文明"的目标。总之，中华民族以"生生"为精髓核心的文明之道，在先秦儒家那里，由伏羲开其端，以三皇五帝为群体开创者，经尧舜禹三圣正式形成为圣人之道，并形成文明之道的第一个完成形态，即三圣相授受的中和之道或中道。儒家的这一文明之道，以天地人万物生生为德旨，以大公大同为追求，以中和之道为方法，全面实现天地人万物的和合共生、和谐共荣。显然，这一文明之道高度展现了人类文明具有的和谐进步的卓越特性，体现了人类自身具有的和合生存的优秀人性，包含了"跨越时空、超越国度、富有永恒魅力、具有当代价值的文化精神"。

这一为儒家力倡的文明之道，为南宋思想家陈亮所高度认同和维护。陈亮认为，天地有生生之德，人与天地合其德，即成尧舜孔子圣人之道，亦即文明之道："夫子之道即尧舜之道，尧舜之道即天地之道。天地以健顺育万物，故生生化化而不穷；尧舜以孝悌导万民，故日用饮食而不知；夫子以天地尧舜之道诏天下，故天下以仁义孝悌为常行。"[①]又说"帝王所以备人道而天下为公也"[②]。孔子之道，即尧舜之道，即帝王之道，即圣人之道，即天地之道，也即文明之道，即中华"人道"。这一文明人道高举天下为公旗帜，秉持天地生生顺育，倡导仁义孝悌，实现人与人、人与物、人与社会的和谐共生，这就是儒家的文明之道。在陈亮看来，儒家这一和谐共生的文明之道，因为

① 陈亮：《陈亮集》卷一九，中华书局1987年版，第212页。

② 陈亮：《陈亮集》卷四，中华书局1987年版，第44页。

是天地之道，即客观的普遍规律，因而是不可违背，也是不可灭绝的，只能是主动认识它、顺应它、遵循它、践行它："道之在天下，至公而已矣。……易有太极而生两仪，两仪生四象，四象生八卦，八卦定吉凶，吉凶生大业，故圣人先天而天弗违，后天以奉天时。先天者，所以开此理也，岂逆计预防之云乎！"①

不仅如此，陈亮还进一步认为，文明之道的演进是一个历史的过程，文明社会的进步是一个艰难的历程，中华文明的进程虽然艰难，但在天地人并立为三的完整文明体系中，人类决不会缺席，圣人之道不会废息："夫心之用有不尽而无常泯，法之文有不备而无常废，人之所以与天地并立而为三者，非天地常独运而人为有息也，人不立则天地不能以独运，舍天地则无以为道矣。夫不为尧存，不为桀亡者，非谓其舍人而为道也，若谓道之存亡非人所能与，则舍人可以为道，而释氏之言不诬矣。使人人可以为尧，万世皆尧，则道岂不光明盛大于天下？使人人无异于桀，则人纪不可修，天地不可立，而道之废亦久矣。天地而可架漏过时，则块然一物也；人心而可牵补度日，则半死半活之虫也。道于何处而常不息哉？惟圣为能尽伦，……自余于制有不尽，而非尽罔世以为制也。"②虽然，现实中不可能人人是尧舜，但尧舜之道不曾间断，文明之火不曾熄灭。所以，陈亮在与朱熹论战的过程中，始终坚持一个立场，即圣人之道的中华文明始终是存在的，现实的世界不可能都是违背文明违背天理的人欲所宰制所横行："亮与朱元晦所论，本非为三代、汉、唐设，且欲明此道在天地间如明星皎月，闭眼之人开眼即是，安得有所谓暗合者乎！天理人欲岂是同出而异用？只是情之流为人欲耳，人欲如何主持得世界！"③这里，陈亮坚信文明之道如明星皎月，普照中华大地；文明天理主宰着中华世界，而不是野蛮兽性的"人欲"主持着中华世界，表达着对于中华文明的一种绝对自信。

陈亮面对的国情现状就是国贫兵弱，饱受异族侵凌。但他依据自己对于中华文明本质的深刻认识和对中国古代历史的深度稔熟，表达着中华文

① 陈亮：《陈亮集》卷二八，中华书局1987年版，第281页。

② 陈亮：《陈亮集》卷二八，中华书局1987年版，第273—274页。

③ 陈亮：《陈亮集》卷二九，中华书局1987年版，第309页。

明不可灭亡的一种高度文明自信，他提出："晋虽弱，中国也；秦虽强，夷狄也。自古夷狄之人岂有能尽吞中国者哉？"①陈亮在《酌古论》的"苻坚"篇认为，尽管当时的晋朝看起来更弱，而十六国的前秦看来更为强大，但前秦是夷狄，自古以来没有夷狄可以完全吞并中国的。虽然这一夷夏之辨具有某种用词上的不当之处和历史局限性，但其背后表达的无疑是一种理性信念：中国比周边的"夷狄"是在物质文明和精神文明发展上更为进步的，即使部分暂时可以为"蛮力"所占领，但作为一种更进步发展的文明形态，它具有更强劲的生命力和生存力，它在现实中必将同化征服者，它绝不会长久全面被落后的"夷狄"所征服。陈亮这里展现的就是一种文化自信和文明自信。

上述陈亮对于中华文明之道的认同以及自信，无疑对今天建设中华民族现代文明具有借鉴意义。习近平屡屡强调和赞颂中华文明的优秀和伟大，认为中华文明包含着许多"跨越时空、超越国度、富有永恒魅力、具有当代价值的文化精神"。提出今天"没有文明的继承和发展，没有文化的弘扬和繁荣，就没有中国梦的实现"。近年来，习近平多次明确提出，中华文明延续着我们国家和民族的精神血脉，既需要薪火相传、代代守护，也需要与时俱进、推陈出新。要推动中华文明创造性转化、创新性发展，激活其生命力，把跨越时空、超越国度、富有永恒魅力、具有当代价值的文化精神弘扬起来。强调我们要尊重中华文明，要因中华文明而自豪，要加强文明自信。"一定要通过学习树立对五千多年文明的自豪感，树立文化的自信、民族的自豪感。"显然，我们今天正在走向实现中华民族伟大复兴的重要关头，坚守中华文明之道，坚信中华文明的伟大卓越，将为中华民族提供生存发展的正确方向和强大动力，陈亮的思想精神值得重视弘扬。

二、重视事功实利 建设物质文明

习近平总书记在文化传承发展座谈会上提出，"中华优秀传统文化有很多重要元素……共同塑造出中华文明的突出特性"，而其中的一大重要元素就是"富民厚生、义利兼顾的经济伦理"，也就是说，"富民厚生、义利兼顾的

① 陈亮：《陈亮集》卷七，中华书局1987年版，第55页。

经济伦理”构成中华文明的重要思想底蕴。

为什么“富民厚生、义利兼顾”构成中华文明的重要思想底蕴？从人类文明一般的发展规律而言，人类的文明根本上是一个“人猿相揖别”的过程，即人类文明化的实质在于告别茹毛饮血、弱肉强食的落后愚昧野蛮的动物生存状态，人类文明化的生存方式有赖于人类过上体面的有尊严的生活，人类文明的重要价值目标在于不断提升人类生活水平，推动和促进全体人民过上开心舒适富足的幸福生活，告别贫穷落后的生存状态，这就是文明最基本的内涵。因而，文明就意味着让人民过上富裕厚实的物质生活，国家就必须努力发展经济，不断促进物质生产力发展，不断产生出充分满足人民生活需要的物质生活产品，大力发展硬实力。如果一个国家的人民整体上生活在贫穷之中，人们不能体面地生活，过着饥寒交迫、流离失所的生活，那这个国家就不能算是一个文明国家。因此，贫穷不是文明，发展才能走上文明，一个国家和社会不仅需要重视建设精神文明，还必须大力建设物质文明，否则，一个健全的文明社会就无法建成。就中华文明的发展历程而言，《礼记·礼运》中的“大同”社会就是一个高度文明的社会，就是中华文明的理想样本，而其中就包含着高度发展的物质文明和经济发展水平，试想要做到“老有所终，壮有所用，幼有所长，矜、寡、孤、独、废疾者，皆有所养”，国家没有发达的物质基础和经济水平，怎能做到？而社会没有物资的极大丰富，家家户户没有过上富足的物质生活，人们又怎么可以自觉地做到“货恶其弃于地也，不必藏于己”？如何做到“谋闭而不兴，盗窃乱贼而不作，故外户而不闭”？这也正是孔子提出先富后教的文明发展的内在演进逻辑。而管子也直白道出“仓廪实则知礼节，衣食足则知荣辱”，明确人们日常的文明水平，那种普遍的“知礼节”“知荣辱”的文明道德观念和道德实践，必须有相应的物质文明发展基础，必须有相应的经济发展前提。显然，从上述人类社会文明发展的规律和本质看，南宋思想家陈亮可以说是深谙其中的道理，并做出了堪称具有时代意义的回答。

我们知道，陈亮的思想一般被概之为事功之学，陈亮的好朋友陈傅良曾概括陈亮学说为：功到成处，便是有德；事到济处，便是有理。而既是朋友又是对手的朱熹则评论陈亮的观点为“同甫则谈古论今，说王说霸”“王霸并用，义利双行”。应该说，陈傅良和朱熹对于陈亮思想的概括评价总体上是中肯的准确的。虽然当时为朱熹理学所抨击，但从今天来看，陈亮的重视事功、重视利益、重视霸业的思想观念无疑包含了更多的文明发展的合理性，其事功之学蕴含着独特的文明之道。

我们知道，陈亮身处的南宋是一个特殊的"偏安于江南一隅"的时代，在经历了靖康之难后，其朝廷偏安于东南一隅的临安，人民的生存举步维艰。虽然宋孝宗有意北伐、一雪前耻，但是士大夫集团却已无意抗战，特别是道学家们提出"内修政事，外攘夷狄之道"之法，强调修身立德为根底，空谈心性修养为要务。对此，宋孝宗非常不满，他重视实际的经世致用理路，拟定理财备战的执政计划，正是在此背景下，坚决主张北上收复失地的陈亮提出了他的王霸思想以及治国强兵之策。陈亮对于朱熹等道学家们空谈心性不重事功的空疏学风非常不满，提出："考古今沿革之变，以推极皇帝王伯之道，而得汉、魏、晋、唐长短之由，天人之际，昭昭然可察而知也。始悟今世之儒士自以为得正心诚意之学者，皆风痹不知痛痒之人也。举一世安于君父之仇，而方低头拱手以谈性命，不知何者谓之性命乎！"①陈亮非常反感只会低头拱手空谈心性的那些儒者，认为正是这些人导致了靖康之难，造成了国将不国的局面。为此，陈亮提出了当前实现王道实际是中华文明之道的三部曲，即靖康之仇得报、中华归于一统、人民安居乐业。正是在这种文明理想指引下，陈亮大力提倡被理学家所抛弃的事功与霸道，他在《上孝宗皇帝第一书》中提出了"财自阜""利自兴"等积极发展经济、富裕财政等建议；希望上下能够重视，"讲究立国之本末，而方扬眉吐气以论富强"。只有富强国家，才能恢复河山。所以，陈亮积极倡导以事功强中华，以霸道复王道："本朝以儒道治天下，……而天下之人知经义之为常程，科举之为正路，法不得自议其私，人不得自用其智，而二百年之太平由此而出也。至于艰难变故之际，书生之智，知议论之当正而不知事功之为何物，知节义之当守而不知形势之为何用，宛转于文法之中，而无一人能自拔者。"②在陈亮看来，天道变化，治国之道随而变之，在盛世时，正心诚意可守其道，故能成二百年太平安宁。而今身处乱世，国家危殆，人心纷乱，苍生涂炭，饥寒交迫，流离失所，在

① 陈亮：《陈亮集》卷一，中华书局 1987 年版，第 9 页。

② 陈亮：《陈亮集》卷一，中华书局 1987 年版，第 20 页。

这样的环境下，儒士们只会空谈心性而不懂事功，不能解决切实的社会民生问题，陷入迷途而不能自拔，必须大力纠正。于是，陈亮的事功之学便应运而生。

陈亮倡导以“王霸无异道”为核心内容的事功之学。陈亮提出“治天下贵乎实”，治理天下最紧要的就是要推崇实际实效，而不是空谈虚论。治理天下，安定社会，温饱百姓，都必须实实在在地发展实事实功，义理道德都必须建立在实实在在的事功基础上，只要能够发展经济，在解决民生上做出成绩，成就事业，那就不必拘泥于王、霸之别，那都是天道的体现，都是天道大公的彰显。他说：“一阴一阳之谓道，而三极之立也，分阴阳于天，分刚柔于地，分仁义于人，天地人各有其道，则道既分矣。伏羲神农用之以开天地，则曰皇道；黄帝、尧、舜用之以定人道之经，则曰帝道；禹、汤、文武用之以治天下，则曰王道；王道衰，五霸迭出，以相雄长，则又曰霸道。”①陈亮在这段话中明确表示皇道、帝道、王道、霸道都是不同历史阶段下的产物，并没有本质上的区别。而且盛行于三代时期的王道并不一定适用于后世，后世学者往往因追求三代之治的理想化效果而脱离了现实情况。王道与霸道都是历史选择的结果，在内忧外患的南宋王朝，霸道很显然要更加适用。换句话说王霸的选择在于天人之际，在于因时而异，历史在变化，天道生生不息，因此没有永恒适用的王道，也没有一无是处的霸道。所以陈亮说后世“儒者专言王道，而趋事功者必曰王霸之杂”，“本朝专用儒以治天下，而王道之说始一矣。然而德泽有余而事功不足，虽老成持重之士犹知病之，而富国强兵之说，于是出为时用，以济儒道之所不及”。陈亮提出的观点为：“王霸之杂，事功之会，有可以裨王道之阙而出乎富强之外者，愿与诸君通古今而论之，以待上之采择。”②陈亮这里明确强调了要以富国强兵、王霸事功的事功之学以纠偏“儒道”、裨益“王道”，这就点出了事功之学是有益于文明“王道”的正学正道实质。

也正是从事功出发，陈亮在评价臧否历史人物和时代时，就提出了与理学家不一样的标准。我们知道，朱熹等理学家们持的是动机论，看人评事只

① 陈亮：《陈亮集》卷一五，中华书局1987年版，第172页。

② 陈亮：《陈亮集》卷一五，中华书局1987年版，第136页。

看动机纯不纯，即人心正不正、意念诚不诚、品德高不高，而陈亮更倾向于效果论，主张看人更重要的是要看他的所言所行对于当时推动社会发展和改善民众生活上所立下的功绩。如果一味只是用三皇五帝的圣德去衡量要求一个人，那么，秦汉以下就没有值得记述的人物了。“考论人物，要当循其世变而观之，不可以一律例也。评后世之人物，一绳以帝王之盛德，则自秦汉以下殆无全人矣。”[①]陈亮就肯定两汉刘邦等七帝的巨大历史功绩，七帝可以说，从个人上是功有余而德不足，但对百姓来说，两汉的国家社会是有盛德的。所以，陈亮也肯定“汉唐之贤君”，如高祖、太宗，他们“其本领宏大开廓”。同样，评判一个朝代也必须如此看，对于汉唐盛世，陈亮就肯定两朝所创下的辉煌业绩，特别是体现出来的发达的经济文明、物质文明、政治文明、科技文明等，以及强大的国家硬实力，即霸力。陈亮认为不能否定汉唐盛世霸业带来的社会生产力发展和百姓生活改善，汉唐霸业依然是沿着三王五霸的“道统”发展而来的，他感慨说：“使汉唐之义不足以接三代之统绪，而谓三四百年之基业可以智力而扶持者，皆后世儒者之论也。世儒之论不破，则圣人之道无时而明，天下之乱无时而息矣。悲夫！”[②]肯定汉唐“接三代之统绪”，就是肯定汉唐传承三代圣人之道，就是肯定事功霸业接续着中华文明之道。而陈亮的这一观点显然对于我们今天创造高质量的物质文明以推动建设中华民族现代文明具有重要的启迪意义。它启示我们，必须大力发展现代物质文明，高品质推进经济建设，特别是发展先进的数字经济，大力增强硬实力，提升综合国力，为中华民族现代文明奠定坚实的基础。

三、坚持以民为本 坚守文明价值

习近平在概括中华文明特性时说：“惠民利民、安民富民是中华文明鲜明的价值导向。”确实，中华文明从诞生起就具有鲜明的人民性，一定意义上可以说，中华文明本质上就是一种人民文明；中华文明之道，本质上是人民之道，历来倡导以民为本，追求广大天下百姓的富裕安宁。《周易》记载伏羲

① 陈亮：《陈亮集》卷一七，中华书局1987年版，第151页。

② 陈亮：《陈亮集》卷三，中华书局1987年版，第34页。

黄帝尧舜等圣人终身探道成器，其目标就是为天下之民过上文明的生活，《系辞上》有“是故形而上者谓之道，形而下者谓之器。化而裁之谓之变，推而行之谓之通，举而错之天下之民谓之事业”。圣人们的道器所向和变通所指，都是为了“天下之民”，这就是神圣的文明“事业”。

显然，以接续圣人“道统”为志向的陈亮，也接续了传统的民本思想，并将之得到了有力落实。

陈亮高扬尧舜圣人之道，然而，陈亮将圣人之道、天地之道与百姓日常生活密切相连。陈亮首先不同意朱熹等理学家将“理”与“欲”绝对对立的观点，认为人类对于声色嗅味的自然欲望，是天生的，是人的本性。“道”或“理”不在人类的欲望性情之外，而正存在于人类的日常生活中，存在于人类的欲望活动中。所谓“道”或“理”正是表征着人类的七情欲望以恰到好处的方式得到了满足，即“得其正”：“道之在天下，平施于日用之间，得其性情之正者，彼固有以知之矣。”①“耳之于声也，目之于色也，鼻之于臭也，口之于味也，身之于安佚也，性也，由命焉。出于性，则人之所同欲也。”②“夫道岂有他物哉，喜、怒、哀、乐、爱、恶得其正而已。”③正因为人类合理的欲望正是“道”或“理”的正当必要的体现，因此，陈亮高度重视人类正常欲望需要的满足，其事功之学正是由此而生。而“道在天下”的实质就是“道在天下之民”，因此，以事功满足广大百姓的日常生活需要和基本欲求，就是陈亮事功之学的最大追求，以富民、利民、宽民、爱民、养民为内容的民本思想也就内在构成陈亮思想的重要价值基础。

陈亮在《廷对》中就面呈：“天下之事，孰有大于人心之与民命者乎？”④百姓的生命是天下最大事，由此而来，陈亮进一步提出了他的治理纲领：“正人心，以立国本；活民命，以寿国脉。”⑤把“活民命”提升到了“国脉”即国家命脉的高度加以认识和重视。陈亮要求为政者“其政出于为民”，提出“三代以仁

---

① 陈亮：《陈亮集》卷一〇，中华书局1987年版，第104页。

② 陈亮：《陈亮集》卷四，中华书局1987年版，第42页。

③ 陈亮：《陈亮集》卷九，中华书局1987年版，第101页。

④ 陈亮：《陈亮集》卷一一，中华书局1987年版，第115页。

⑤ 陈亮：《陈亮集》卷二〇，中华书局1987年版，第220页。

义取天下，本于救斯民，而非以位为乐也”①。帝王治理之道的根本目标就是“救斯民”，就是“活民命”。他非常肯定“文景之治”，肯定汉文帝“不求富国而求富民，故为治之先”。认为汉文帝以“富民”为“治之先”、为治国首务非常正确。他还进一步肯定汉文帝、汉武帝实行的“力农”政策，认为“农者天下之大本”，“国以农为本，民以农为重，教以农为先”②，“民力农而国富安”③。为此，陈亮在上宋孝宗的札子中劝孝宗“为民立极”，为百姓谋求幸福生活。同时要求全体官员要有“爱民之心”。陈亮还在《汉论》中肯定汉昭帝减轻百姓负担的举措：“昭帝一摩抚而存恤之，而民心遂安。方其即位之始，举贤良，问民疾苦，止民勿出，给中都官马，罢榷酤官，省乘舆马，蠲马口钱，免贫民口赋，凡一事有不便于民者，汲汲而除之，惟恐而后。于是汉以之兴。”④陈亮评论道：“为人上者，亦焉可不重民哉！”提出“重民”“安民”的思想主张。

我们知道，南宋继承了北宋以来“田制不立”“不抑兼并”的土地政策，土地兼并盛行，政府赋税受损，农田荒废，贫民下户无田可耕，“豪民武断乡曲，以财力相君，富商大贾操其奇赢，动辄距万，甚者以货自厕于士大夫之后”。面对这种情形，陈亮从广大农民的生计考虑，提出了一系列轻徭薄赋、发展农业、兴修水利、改革财政等的“富民”建议对策，希望有利于改善百姓的生活境遇。陈亮希望通过实行地主豪族和失地农民“相收相养之法”，通过土地制度上的变通井田制的“授田制”，从而达到“全民授田”的目标，实现人人有田耕种、家家免于饥寒，以切实改善提升农民的实际生活水平。而为了保护农民生产力，维护农民切身利益，陈亮针对性地提出“节俭裕民力”的建议，提倡君王要节俭不奢侈，切忌动用大量民力修建宫殿，要吸取秦始皇“民力竭而秦亦亡”的惨痛教训，反对赋税繁重、压榨盘剥，“刻农以求富其国，其忘本甚矣”。要求克己爱民心，节俭裕民力。只有节约开支、宽裕民力，农民才能从容耕织、安居乐业。“裕民力而俾之安于耕。”使农民生活稳定、安居

---

① 陈亮：《陈亮集》卷三，中华书局1987年版，第33页。

② 陈亮：《陈亮集》卷二〇，中华书局1987年版，第215页。

③ 陈亮：《陈亮集》卷二〇，中华书局1987年版，第218页。

④ 陈亮：《陈亮集》卷二一，中华书局1987年版，第224页。

乐业。同时，陈亮还提倡学习汉代文景之治，积极发展水利，保护农民田产丰收，使“实利及民而惠足以为政”。另外，宋代自然灾害频仍，广大百姓经常在洪涝灾害后饥寒交迫，流离失所，卖妻鬻子，妻离子散，逃荒要饭，为此，陈亮十分关心救灾济民事宜，重视仓储建设，特别是对常平仓、义仓的设立，他说：“义仓之积盈天下，斯民有所恃赖，盗贼无以生心，此固神宗所以为万世根本之虑也。”①

总之，陈亮期望通过一系列举措，使全民过上和谐温饱的安宁生活，希望全社会呈现出一幅各行各业百姓有序生产、和谐生活、互通有无、友好互助、安居乐业、丰衣足食的幸福文明图景：“使良民相与尽力于南亩，出赋租以衣食之，民生不见去乡井、离妻子之患。”“诚于斯时制民之产，使主客有相依之道，贫富有相收之法，疾病有常医，死丧有常度，室庐器用有常制，吉凶嫁娶有常时，士农工商有常人，山川鬼神有常祀，……”②“井邑之间，有无相通，缓急相救。是以疾病死丧，民无遗憾；鳏寡孤独，天有全功。此治道之极，而圣人之所以赞天地之化育者也。”③“使得以行其意而举其职，展布四体，通其有无，官民农商，各安其所而乐其生，夫是以为至治之极。”④

显然，上述陈亮的民本思想充满着惠民利民、安民富民的中华文明价值导向，这一思想对于今天建设中华民族现代文明具有重要的启迪意义。因为中华民族现代文明的核心精髓就在于它的人民性，我们就是要通过推进中国式现代化，努力建设中华文明的现代形态，更高水平地惠民利民，更高品质地安民富民，让全体中国人民过上现代化的和谐富足的幸福生活，这正是中华民族现代文明的核心真谛。

四、坚持实事求是 展现文明特性

习近平总书记在文化传承发展座谈会上提出了中华文明具有一以贯

---

① 陈亮：《陈亮集》卷一四，中华书局1987年版，第161页。

② 陈亮：《陈亮集》卷一四，中华书局1987年版，第165页。

③ 陈亮：《陈亮集》卷二〇，中华书局1987年版，第222页。

④ 陈亮：《陈亮集》卷一二，中华书局1987年版，第141页。

之、历久弥新的五个“突出特性”，即突出的连续性、突出的创新性、突出的统一性、突出的包容性、突出的和平性。这一科学概括贯通着历史和现代，是对中国文化特性、中华文明精神的全面把握和深刻揭示，也是站在中国式现代化的角度对创造新文化的深刻思考与恢宏擘画，为中华民族现代文明建设指明了方向。

如何深刻理解把握中华文明具有的“突出特性”？我们自然可以从多角度多维度去理解把握，但熟悉并思考陈亮的思想，也不失为一个有价值的维度。因为陈亮思想中包含着可以帮助我们理解中华文明“突出特性”的观点与理念。

比如，中华文明的“突出特性”首先在于它具有突出的连续性。习近平说：“中华文明具有突出的连续性。中华文明是世界上唯一绵延不断且以国家形态发展至今的伟大文明。这充分证明了中华文明具有自我发展、回应挑战、开创新局的文化主体性与旺盛生命力。深厚的家国情怀与深沉的历史意识，为中华民族打下了维护大一统的人心根基，成为中华民族历经千难万险而不断复兴的精神支撑。中华文明的连续性，从根本上决定了中华民族必然走自己的路。如果不从源远流长的历史连续性来认识中国，就不可能理解古代中国，也不可能理解现代中国，更不可能理解未来中国。”

对于中华文明这一突出连续性的特性，在陈亮思想中有鲜明的凸显。

我们知道，儒家有自己的“道统”论，道统者，即传承和统领儒家圣人之道的历史谱系和脉络系统。朱熹在《四书集注·中庸章句序》中有“《中庸》何为而作也？子思子忧道学失其传而作也。盖自上古圣神继天立极，而道统之传有自来矣”。明确了道统就是传承“圣神”的“继天立极”的天地之道或圣人之道的，主要指尧舜禹三圣授受的中道。而对于所传承的谱系，唐代大儒韩愈在《原道》中首次明确：“尧以是传之舜，舜以是传之禹，禹以是传之汤，汤以是传之文武周公，文武周公传之孔子，孔子传之孟轲。轲之死，不得其传焉。”韩愈认为，圣人之道一路传承下来，到了孟子这里就中断了，就没有连续传承下来了。而我们知道，这一圣人之道，在儒家心目中就是“中国”的根蒂，就是“中华”的灵魂，客观上就是中华文明的核心。“继天立极”的“道”失传了，中华文明的支撑倒下了，中国便“万古如长夜”，处于蒙昧野蛮的黑夜之中。所以，《同人卦·彖辞》所谓“文明以健，中正而应”，也从一个侧面表达着文明与中道的一致关系。而对于孟子以后，儒家的圣人之道“不得其传”的观点，在宋代时，为程朱所认同。朱熹就多次表达一个思想，即“三代以道治天下，汉唐以智力把持天下”，认为千五百年来圣人之道没有体现在现实的天下治理中，尧舜禹三代的圣人之道总体上已经不存在。这一观点，实际上包含着一千五百年的历史都是没有贯穿圣人之道的历史，都是不符合圣人之道即文明之道的历史，中华文明中断了一千五百年！面对这样一个大是大非问题，陈亮没有沉默，他多次与朱熹论辩。陈亮的观点就是：道具有连续性，道在历史上是不间断的。这一观点实际上肯定了中华文明的历史延续性。陈亮不同意理学家主张秦汉后不传道统的道统论，陈亮感慨说：“然谓三代以道治天下，汉唐以智力把持天下，其说固已不能使人心服；而近世诸儒，遂谓三代专以天理行，汉唐专以人欲行，其间有与天理暗合者，是以亦能久长。信斯言也，千五百年之间，天地亦是架漏过时，而人心亦是牵补度日，万物何以阜蕃，而道何以常存乎？”①“使汉唐之义不足以接三代之统绪，而谓三四百年之基业可以智力而扶持者，皆后世儒者之论也。世儒之论不破，则圣人之道无时而明，天下之乱无时而息矣。悲夫！”②“心有时而泯灭可也，而谓千五百年常泯可乎？法有时而废可也，而谓千五百年常废可乎？”③“天地之间，任何非道？赫日当空，处处光明。闭眼之人，开眼即是。岂举世皆盲，便不可与共此光明乎？眼盲者摸索得着，故谓之暗合，不应两千年之间有眼皆盲也。”④显然，陈亮力主秦汉以来千五百年的历史中，圣人之道没有中断，依然存在于现实的日常生活中，依然指导着人们的现实政治经济实践。应该说，陈亮的观点更加符合客观的历史事实。而这一观点背后蕴含的更加重大的意义，在于表明了中华文明是连续存在的，是没有中断的。这一思想对于我们今天认识中华文明突出的连续性是一个非常重要的启迪。

不仅如此，陈亮的思想中，对于中华文明的其他的突出的创新性、突出的统一性、突出的包容性、突出的和平性等诸突出特性，也都有相应的丰富

---

① 陈亮：《陈亮集》卷二八，中华书局1987年版，第340页。

② 陈亮：《陈亮集》卷三，中华书局1987年版，第34页。

③ 陈亮：《陈亮集》卷二八，中华书局1987年版，第277页。

④ 陈亮：《陈亮集》卷二八，中华书局1987年版，第279页。

表达，如陈亮的创新性，这突出体现在其力倡的“时措之宜”说。陈亮重视六经，他认为正是在六经中展现出了历代圣人善于根据时代之化时势之变而及时采取相应适宜的新举措，以满足民生需要，这叫“相因时宜以立民极”。而在这种“时措之宜”中，体现出了陈亮的与时俱进、推陈出新的文明创新思想，所以陈亮说：“孔子之作《春秋》，其于三代之道或增或损，或从或违，必取其与世宜者举而措之，而不必徇其旧典。”①他还说：“帝尧始因时立制，可以为万世法程，而百王之纲理世变者，自是而愈详，故裁而为《书》，三代损益之变，后世圣人将有考焉。”②陈亮的这种态度，就包含着圣人之道是与时俱进的、中华文明是创新发展的深刻观念。由此出发，陈亮甚至认为，为孔孟所称道的周公，虽然制礼作乐，创制了周礼，但由于周代历代君王没有能够及时依据时代变化做出相应的创新性变化，不善于“变通”创新，导致了周朝的灭亡：“自伏羲、神农、黄帝以来，顺风气之宜而因时制法，凡所以为人道立极，而非有私天下之心也。盖至于周公，集百圣之大成，文理密察，累累乎如贯珠，井井乎如画棋局，曲而当，尽而不污，无复一毫之间，而人道备矣。人道备，则足以周天下之理，而通天下之变。变通之理具在，周公之道盖至此而与天地同流，而忧其穷哉！夫周家之制既定，而上下维持至于八百余年，诸侯既已擅立，周之王徒拥其虚器，蕞然立于诸侯之上，诸侯皆相顾而莫之或废。彼独何畏而未忍哉？岂非周公之制有以维持其不忍之心，虽颠倒错乱而犹未亡也？当是之时，周虽自绝于天，有能变通周公之制而行之，天下不必周，而周公之术盖未始穷也。”③强调了“变通”创新对于实行圣人之道、传承中华文明的重要性。显然，这样的思想对于我们理解和践行中华文明的突出创新性的特性，具有重要启迪意义。

总之，陈亮的思想丰富而深刻，在今天努力建设中华民族现代文明的进程中，提供了一份不可多得的宝贵的精神资源和思想底蕴，值得我们珍视，值得挖掘利用。

---

① 陈亮：《陈亮集》卷三，中华书局 1987 年版，第 39 页。

② 陈亮：《陈亮集》卷一二，中华书局 1987 年版，第 137 页。

③ 陈亮：《陈亮集》卷一〇，中华书局 1987 年版，第 104—105 页。

陈亮与浙东学派综合研究

略谈南宋浙学的思想史意义

杭州师范大学中国哲学与文化研究所所长、教授
朱晓鹏

南宋浙学的研究一直是中国哲学史、学术思想史上的一个重要问题，以往的有关研究虽然对此做了很重要的资料积累、某些学术思想史梳理和概括，但是目前这方面的研究还有许多不足。我们有必要通过厘清若干思想学术史上的是非和模糊之处，探求南宋浙学独特的思想内涵、历史作用和现代价值，挖掘出南宋浙学及整个浙学中所蕴含的根本性的“本土性问题”及问题意识和解决方案，揭示其所具有的重要的现代性意义和普适性价值。

一、浙学、南宋浙学

浙江在中国历史上一直具有自己鲜明的文化特色和杰出的文化贡献。无论是先秦还是汉唐，浙江的经济文化一直在稳步发展，并逐渐成为全国的中心，尤其是自宋代以来直至近现代，浙江的经济文化更是进入了空前的繁荣状态，并因此造就了许多杰出的大学者、思想家，如王充、吕祖谦、陈亮、叶适、王阳明、刘宗周、黄宗羲、全祖望、章学诚、龚自珍、章太炎、鲁迅、马一浮等；还造就了影响巨大的学说或学派，如天台宗、事功主义、阳明学派、浙东史学等，他们在中国哲学史、思想史上都占据了十分重要的地位。浙江历史上在哲学、思想文化领域所取得的辉煌成就，与浙江这一特定的地域及相关的人文背景是紧密相联的，带有自身的独特气质和面貌，且具有自己的丰富生动、超凡卓绝的蕴含。我们把浙江历史上的这样一种思想学说称为“浙学”。以往人们对“浙学”概念的理解有一个很大的局限性，即它局限于主要指南宋以陈亮、叶适等为代表的事功之学或清代以黄宗羲、章学诚等为代表的浙东学派，还不是一个能包括南宋事功之学和清代浙东学派的统一性概

念，更不是一个能够涵盖整个浙江历史上的学术思想的统一性概念。有鉴于此，我们不妨把原有的“浙学”概念加以改造扩展，使之成为一个不仅能包括南宋事功之学和清代浙东史学的统一性概念，而且是一个能够涵盖整个浙江历史上的学术思想的统一性概念，即浙江自古以来那些杰出的思想家和影响巨大的学说或学派，上溯古越文化、下迄浙东学派，都应属于“浙学”的范围。显然，这是一个广义的“浙学”概念。① 这样，准确地说，南宋以吕祖谦、陈亮、叶适等为代表的事功之学就可以不再称之为“浙学”或浙东学派，而应该称之为南宋浙学。南宋浙学既是传统浙学的延续和创新，更是传统浙学的主体，体现着一种文化传承和创新的浙学范型。虽然叶适、陈亮等人作为中国历史上的著名思想家，其事功之学早已成为整个中国文化传统中的重要组成部分，但由于叶适、陈亮等人的事功之学是与浙江这一特定的地域及其相关的人文背景密切相关的，所以又带有作为浙学自身所特有的气质和面貌。可以说，南宋浙学思想既是浙江的思想文化精神传统及其独特的性格气质的典型体现，又反过来以其特有的思想内涵和精神气质，极大地丰富了浙江固有的历史文化精神，形塑了浙学的优秀传统。

然而，尽管南宋浙学的研究一直是中国哲学史、学术思想史上的一个重要问题，特别是从思想学术史上揭示这种具有地域文化属性的浙学的精神传统及区域人文社会的内在关联性，梳理出其内部演进的思想谱系和价值意蕴，探寻其在当代延续伸展的生长点和可行路径等，具有多方面的意义和价值，但是迄今为止这方面的研究还有许多不足。从历史上黄宗羲、全祖望等人的《宋元学案》，章学诚的《文史通义》，到近现代学者何炳松的《浙东学派溯源》(1932)等，都对此做了很重要的资料积累、某些学术思想史梳理和概括。国内学界从20世纪下半叶特别是80年代以来开始真正深入研究这一课题。随着对宋明理学、浙东学派、浙江思想文化史研究及若干相关个案研究的展开和一些重要原著资料的整理出版，南宋浙学的研究获得了前所未有的推进，也取得了不少成果，出版、发表了不少专著、论文等。不过，这方面的已有研究中也有一些不足和偏颇，即个案研究较多，整体性研究较少；地方性的各自研究较多，宏观性的统一研究较少；阐述性研究较多，以问

① 朱晓鹏：《浙学刍议》，《中国哲学史》2006年第1期。

题为中心的专题研究较少。即使在多达50卷的“南宋史研究丛书”中，也没有一部专门研究南宋浙学的学术专著，这不能不说是一大缺憾。特别是学术界对南宋浙学的形成、理论来源、思想归属、演变机制、总体脉络、思想特质等方面的系统研究仍然较为欠缺，也存在较多的歧见，如绝大多数学者都把南宋浙学看作儒学特别是程朱理学在浙江的传承、发展，以一种传统的泛儒学主义的观念或以朱陆为中心的学术史观来看待、描述南宋浙学的形成和演变及其思想归属等问题，表现出一种学术思想史上的局限性。面对这方面研究的不足，我们有必要通过厘清若干思想学术史上的是非和模糊之处，探求南宋浙学独特的思想内涵、历史作用和现代价值，挖掘出南宋浙学及整个浙学中所蕴含的根本性的“本土性问题”及问题意识和解决方案，揭示其所具有的重要的现代性意义和普适性价值。

二、南宋浙学的思想特质

按照以往中国哲学史和思想史的框架和视野，人们对以叶适、陈亮为代表的事功之学的评价大多持一种比较轻忽的态度，对其在思想史上的重要性和特殊意义认识不够，具体体现为：一是认为其只是一种非主流的、边缘化的思想学说，仅仅具有地区性的意义，其地位和重要性难以与同时期的朱陆诸学相提并论；二是虽然大多数人都承认陈亮等的浙学与以朱熹为代表的理学的分歧乃至对立，却又大多认为其没有超出儒学的范围，把南宋浙学简单地归入传统的儒学系统中去，从而看不到浙学思想所具有的独特性质和意义。显然，这些观点所体现出的处理思想史的方法实有简单化和非历史主义之嫌，既没有充分考虑到陈亮之学等浙学在思想史上作为一个独特个案所具有的复杂性，又没有把它放在一个具体的历史性的情景和过程中去加以把握，因而无法解读出其所具有的丰富蕴涵和思想特质，更难以理解其对浙学传统和当代浙江精神的形塑和发展所具有的重要意义。实际上，我们如果从具体的历史的视角出发，真正深入探讨南宋浙学思想的特质及其意义，是不难发现其新的思想史价值和意义的。

首先，南宋浙学与当时以朱熹为代表的正统理学的基本思想观点是存在根本差异的。以陈亮、叶适为代表的南宋浙学，在哲学基本思想上认为

"道在器内""道在事中""道存于物",主张本体与现象、普遍与特殊相统一的唯物论世界观和辩证法。在价值取向上主张"理欲统一"的道德观和"义利合一"的价值观,在人生观上反对宋儒为学只是为了做圣贤、醇儒的主张,以"学为成人"为普遍的人生追求。在学风上提倡为学务实的学术追求,倡导学与行均要见之事功,特别是要关注现实民生和政治改革。事功学派思想家们的一个突出特点是几乎都十分关注现实民生问题,并将这种关注付诸理论的探讨和行动的实践。在政治上,他们鲜明地反对传统的重农抑商政策和本末对立的观念,主张富民强国的治道观等。①

这些思想观点的独特性是显而易见的,就连与陈亮反复争论的论敌朱熹也一再地表示陈亮的思想"新论奇伟不常,真所创见""纵横奇伟,神怪百出,不可正视,虽使孟子复生,亦无所容其喙"。② 其同道叶适也评论陈亮说:"……(陈亮)其说皆今人所未讲,朱公元晦意有不与而不能夺也。"③陈亮思想的独特性不仅表现在他能以其超凡脱俗的见识向朱熹等理学挑战,试图重建社会秩序和道德秩序的准则,确立新的事功主义的思想范式,而且表现在他在理论上能以非凡的勇气敢于独立提出一系列全新观念、勇于开创许多新的学术研究领域。

其次,陈亮等事功之学超越了传统儒家泛道德主义的化约论立场,开创了在宋儒注重道德心性修养的价值关怀之外构建新的思想范式的途径。我们知道,在南宋思想文化环境中,由于受宋代以来长期偃武修文、崇理尚德思潮的影响,注重道德教化的性理之学成为在社会现实中占主流性地位的学术话语。南宋理学虽然有朱陆之别,但那主要是理学内部的区别,它们的总体特征还是一致的,即都严分理欲、崇尚修养,"皆谈性命而辟功利"(黄宗羲语),强调性命义理之学的优先地位,以修身内圣作为重建社会人心秩序的根本。而陈亮、叶适等事功之学强调经世致用、力辟空谈,反对将理欲、公私、义利切割为绝对对立的"两截",主张以实事实利、治世事功作为评判伦理德性价值和挽救社会现实危机,重建政治、社会秩序的根本依据,从而开

---

① 朱晓鹏:《论陈亮思想的特质及其意义》,《浙江学刊》2009年第1期。

② 陈亮:《陈亮集》(增订本),河北教育出版社2003年版,第283、288页。

③ 陈亮:《陈亮集》(增订本),河北教育出版社2003年版,第417页。

创了在儒家思想的主流话语之外,把知识分子的知识关怀与现实事功紧密地贯通起来的新的思想范式。他们不但积极投入各种新的思想学术领域的研究之中,创造性地开拓了许多具有近现代意义的学科领域,如政治学、经济学、财政学、税收学、社会学、军事学、战略学、管理学等等,而且认为正是这些学问才是真正值得大力发展研究的关涉实事实利、治世事功的真学问、真功夫。也正因为如此,才招致那些理学家以轻视的态度进行贬低,如朱熹就一再讥评永康永嘉之学"大不成学问""没头没尾",认为"浙学"专讲功利,应予以全盘否定。①

最后,南宋浙学的根本思想在于强调实事实功、追求经世致用的外王之道,完全不同于传统儒学及当时理学注重"内圣"的思想旨趣。事功之学的这种异质性思想特征,在永嘉学派那里得到了极为鲜明、自觉的反映。从薛季宣到陈傅良、叶适,永嘉学派重事功而通世变,主张学术与事功统一,强调实事实功、经世致用。他们虽然也与理学家们有一些共同的论题和学术关怀,如他们都十分重视对五经的研究,但永嘉诸子研究经制(五经中记述的制度)更重于研究经义(五经的义理),而且认为研究经制的目的在于治事(治理国家政事)。同样,他们也注意了理、欲、义、利问题的探究,但他们摒弃理学的空谈玄说,反对理学家的"存天理、灭人欲"之论,把理与欲、义与利、道德与事功结合起来,达到了空前的一致。所以,黄宗羲曾经极中肯地指出:"永嘉之学,教人就事上理会,步步着实,言之必使可行,足以开物成务。"②

正是在这种理欲统一、"以利和义"(叶适语)的事功理念和批判求实的基础上,永嘉学派把思想学术的主要兴趣转向了传统所谓外王之道的探讨研究,针对历史和现实中的各种政治、经济、军事等制度问题,历史价值观问题,具体的财政、税收等民生问题都展开了深入系统的研究,并提出了一系列有关经济、政治、军事等各大社会问题的主张和见解。最具有意义的是他们敏锐地发现了制度因素在社会变革中的重要作用,因而十分重视对历代各种制度的研究;同时他们还否定了几千年来的重农轻商、"厚本抑末"的传

① 朱熹:《朱子语类》卷一二三。

② 黄宗羲:《宋元学案》卷五十二"艮斋学案"。

统思想和政策，认为这种思想政策是“非正论”；他们还建议“以国家之力扶植商贾，流通货币”①，发展工商业，认为当时的重税盘剥打击了工商业的正常发展，应该予以改变。永嘉学派这一系列经济、政治、军事等各大社会问题上的主张和见解，不仅极大地拓展了思想学术研究的领域，而且在观点上往往是发前人所未发的独特大胆之见、新颖有益之论。元末明初的婺州学者王袆对此深表赞赏，他说：“自薛氏一再传为陈君举氏，叶正则氏，戴少望氏，而陈氏尤精密，讨论经史，贯穿百氏，年经月纬，昼验夜索，呈事一物咸稽于极，上下千载，珠贯而丝组之，综理当世之务，于治道可以兴滞而补弊，复古而至道条画本末粲如也。此所以永嘉经制之学，要在弥纶以通世变，操术精而致用远，博大宏密，封植深固，足以自名其家也。”②

正因如此，他尤其对永嘉经制之学做了高度肯定，在给元代永嘉学者郑僖的弟子王熙阳《迂论》作的序中，他说：

> 秦汉以来，儒者之学，或泥于训诂，或沦于辞章，或淫于清虚，或滞于功利，其于圣贤致用之道能通焉者鲜矣！至于宋而有永嘉经制之学焉，盖自郑景望氏，薛士龙氏，以及陈君举氏，叶正则氏，先后迭起。其于井牧、卒乘、郊丘、庙社、章服、职官、刑法之类靡不博考，而精讨本末源流，粲然明白，条分缕析可举而行。当其时，吾金华唐与正氏帝王经世之术，永康陈同父氏古今事功之说，与之并出，新安朱子皆所推叹。然于永嘉诸君子之学，独深许之，岂不以经制之讲，固圣贤之所以为道者欤？③

永嘉学派所着力关注和探讨的这些问题，正是传统儒学和正统理学轻视和薄弱的领域，因此可以说这自然构成了与他们在学理上的对立。当代著名思想史家韦政通先生指出：

---

① 叶适：《习学记言序目》卷十九。

② 王袆：《王忠文公集》卷六“送顾仲明序”。

③ 王袆：《王忠文公集》卷七“王氏迂论序”。

> 我们研究思想史，特别注意的是，不论是南宋或清初，重视事功的思想家，在一定程度上都与理学家对立，水心甚至与整个的孔子传统为敌。这绝不能以为只是由于时代环境的刺激，出于意气之言，这种现象实反映着儒学传统中的一个大问题，这个问题的核心，是要求如何解决外王的问题？理学家们，不管对心对性的了解有何不同，他们对外王问题比较忽视，是一无可争辩的事实。先秦儒家当然是重视外王的，孔、孟、荀都是行动型又兼思想型的人物，对社会政治问题都是有高度热情的，但在理论上所表现出来的，是内圣与外王一贯的思想，外王必须以内圣为基础，因此，所谓外王，就是圣德的功化，这是道德的理想主义的看法，不但在现实政治中无法落实，孔、孟、荀在这方面的努力也是失败的。①

如此看来，永嘉学派正是看到了传统儒学及正统理学在思想理论上的严重缺陷，才自觉地转向了外王之道、经世致用之学的探究，从而表现了与正统理学及传统儒学完全不同的思想关怀和学术旨趣。从学术上说，他们不唯书不唯上，具有独立思考的可贵学风，不盲从“道统”，远离学究，超凡脱俗，面向社会，进入深层，富有创见，终成以经世致用为特征的独立学派，可称作发轫于北宋、形成于南宋而兴盛于明清的传统浙学发展的一个关键环节，被后世学术界，尤其是浙东黄宗羲、章学诚等贤哲所继承、发扬。

具有这种独特思想内涵和学术旨趣的永嘉学派，必然无法与当时的理学家们相苟同。事实上，永嘉诸子大多直接或间接地批评了理学乃至整个儒学。例如叶适就对理学及传统儒家进行了深入的批判，正如牟宗三所说：“叶水心不满曾子、子思、孟子、‘中庸’、‘易传’以及北宋诸儒所弘扬之‘性理’，而另关讲学之大旨，以其有合于二帝三王之‘本统’。”他是一个“真正轻忽孔子而与孔子传统为敌者”②。不过，叶适对理学及传统儒学的批判具有自己的鲜明特色，即他的这种批判，恰恰主要是立足自己对外王、事功的深入思考。韦政通认为，叶适的基本思想“与儒家传统着眼于君德与道德动机

① 韦政通：《中国思想史》（下册），台北水牛出版社 1980 年版，第 1210—1211 页。

② 牟宗三：《心体与性体》第一册，台北中正出版社 1968 年版，第 225 页。

的德治主义不同,这在政治问题的思考上是一大转进。他所表现的客观心态,与理学家是对立的,他在外王问题上的思考,有重大的历史意义”①。

三、南宋浙学的思想史地位和意义

南宋浙学的这种新的思想范式,从思想特征来说,是属于事功主义的,以与宋儒特别是正统理学的道德主义相对立;从学派属性上说,是属于“浙学”的,以与朱陆的“闽学”“江西之学”相对应。从思想史来看,不少学者还是承认浙学是可以与朱学、陆学鼎足而立的重要思想学说的。全祖望认为:“乾、淳诸老既殁,学术之会,总为朱、陆二派,而水心龂龂其间,遂称鼎足。”②其实,正像黄百家指出的,叶适、陈亮两派的思想最为接近,“俱以读书经济为事,嗤黜空疏、随人牙后谈性命者,以为灰埃”,故同被称为“浙学”。③ 这样看来,全祖望评论叶适的上述文字,也同样适合于陈亮,可以认为以陈亮、叶适为代表的“浙学”作为一种新的思想范式确实在南宋学术界与朱、陆之学构成了鼎足而立的格局,其重要性和影响并不亚于朱陆诸学。至于“浙学”,此后在学术思想史上长期作为仅仅具有地区性、短时性意义的思想学说处于被轻视、被边缘化的状态,则是与宋明以来以朱陆等为代表的儒学长期占据正统主流的意识形态地位,从而影响到人们在学术思想史的解读上不可避免地采取以朱陆等儒学为中心的学术史观有莫大的关系。

正统理学对包含有鲜明独特的异质思想内涵和学术风格的永嘉之学乃至整个浙学都是采取排斥、否定态度的,甚至进一步视其为“异端”,予以打压。《四库全书总目提要》就曾描述过这种情况:“盖理宗之后,天下趋朝廷风旨,道学日兴,谈心性者谓之真儒,讲事功者谓之杂霸,人情所竞,在彼不在此。”④理学运动兴起后,学者们大力口诛笔伐所谓“异端邪说”,凡是有悖于朱子学说的,都不遗余力地加以排斥和批判,容不得半点争鸣。而包括永

① 韦政通:《中国思想史》(下册),第1221页。
② 黄宗羲:《宋元学案》卷五四“水心学案”。
③ 黄宗羲:《宋元学案》卷五六“龙川学案”。
④ 《四库全书总目提要·宗忠简集》。

嘉学派在内的浙学，自然是其讨伐的重点。王祎在论及永嘉学派的遭遇时说："论者顾谓其说不皆本于性命，以故近时学者一切党同伐异，唯徇世取宠之为务，其学遂废而不讲，而不知穿凿性命，穷高极远，徒骛于空言，其将何以涉事耦变以适世用哉。"①

像朱熹虽和陆象山之间有些鼠牙雀角的异同之争，而对永嘉、永康两派浙学，则独多不满。例如他说：

> 江西之学只是禅，浙学却专是功利。禅学，后来学者摸索一上，无可摸索，自会转去；若功利，则学者习之，便可见效，此意甚可忧！②

世人一般只知朱陆相争，却不知朱熹真正所忧虑、视为大患敌手的却是"浙学"！所以朱熹又说：

> 陆氏之学虽是偏，尚是要去做个人；若永嘉、永康之说，大不成学问！不知何故如此？③

史称"晦翁（朱熹）生平不喜浙学"④。但这里不仅仅是不喜欢，简直是彻底否定它的任何价值了！难怪侯外庐指出：

> 朱熹这寥寥三十二字，提出了思想史上一大公案：他对于陆象山的心学一派，还是有所肯定；而对于"永嘉、永康之说"，则是全盘抹杀。所谓"大不成学问！不知何故如此？"云云，已经把道学家的偏见和对唯物主义的敌视态度活跃在纸上。⑤

---

① 王祎：《王忠文公集》卷六"送顾仲明序"。

② 朱熹：《朱子语类》卷一二三。

③ 朱熹：《朱子语类》卷一二三。

④ 黄宗羲：《宋元学案》卷八六"东发学案"。

⑤ 侯外庐主编：《中国思想通史》第四卷（下），人民出版社 1960 年版，第 749 页。

实际上,朱熹与浙学之间的这一思想史大公案最值得探究的地方就在于:它们实质上是两种完全不同的学术思想范式的冲突和对立。前者固然已达到儒学乃至整个传统学术思想的最高峰,但它终究只是一种传统的学术思想范式的典型;而后者虽然还不够系统成熟,但它却代表着传统学术思想向近代学术思想转换的范式,已具备近现代学科化、专业化学术思想的初步形态,因而标志着重大的历史转折,即标志着他们已充分地认识到传统的以内圣为基点的外王之道已发生"肠梗死",而必须完全另谋他途。李泽厚认为,从传统儒学到现代新儒学都强调道德主义。但从内圣到外王的路径,实际上已走不通了,需要彻底地改变基地:"这种道德至上的伦理主义如不改弦更张,只在原地踏步,看来是已到穷途了。"①但从宋明理学到现代新儒家只固守于儒学传统之中,拼命批评那些讲求功利、"外王"之人,如牟宗三在《心体与性体》中就以大量篇幅痛责了"与孔子传统为敌"的叶适。但正如李泽厚所认为的,这是错误的。尽管那些讲求功利、"外王"的哲学在理论上并没有达到像讲"内圣"之学的宋明理学那种深妙入微的理论高度和鼓舞力量,但从荀子、易传、柳宗元、叶适乃至康有为等人在反映表达和反作用于中华民族的生存发展方面,都具有不可磨灭的重要意义,比之宋明理学毋宁有过之而无不及者。正因此,其中必然还会有可以提炼发挥的东西值得我们今人去挖掘继承。②

从这一意义上说,正是那些超过宋明理学的东西,体现出了包括永嘉学派在内的南宋浙学兴起的必要性和革命性所在! 显然,浙学及明清实学思潮的兴起是一致的,它们都反映了中国文化、思想自身在努力实现从传统到现代的范式转型。而这样一种学术思想史的崭新意义,显然是以传统儒学及正统理学为中心的学术史观所无法理解的,也是一定要极力将其边缘化、扭曲化或理学化和儒学化的。而这恰恰又正是造成永嘉学派及南宋浙学在学术思想史上长期被遮蔽和遗忘的一个重要原因。

由以上分析可见,学术界长期以来把南宋浙学的思想属性归入传统的儒学系统中去,从而在实际上有意无意地抹杀了南宋浙学所具有的独特性

① 李泽厚:《探寻语碎》,上海文艺出版社2000年版,第317—318页。

② 李泽厚:《探寻语碎》,上海文艺出版社2000年版,第318页。

质和意义,这是有简单化和非历史主义嫌疑的处理思想史的方法。正是在朱熹及其门徒们的诋毁、排斥下,浙学几乎被"废而不讲"(王祎语),南宋以后的学术界逐渐被边缘化甚至被遗忘,始终处于民间的、非主流的地位。而另一方面,无论是历史上还是现在的学者,他们大都仍然极力地把陈亮等的事功之学拉回到传统的儒学系统中予以解读,或说明其"以程氏为本",源于程颐理学,把程氏视为整个南宋浙学的开山宗主;或强调事功思想并未超出传统儒学范围,虽与理学对立却并非"反儒学",等等。其实,这种矛盾态度的出现在很大程度上是由事功之学的独特性造成的:由于其作为一种新的思想范式及思想观念的独特性,而不能被当时及以后学术思想界的主流话语系统所接纳、认可,因而必然被排斥、被贬低;也由于其作为一种新的思想范式及思想观念的独特性,毕竟在学术思想史上难以被完全抹杀掩盖,因而只好将它有意无意地拉回到传统的儒学系统甚至理学框架中来解读,以达到抹平其独特性、掩盖其锋芒的目的,而这也正是囿于以儒学为中心的传统学术史观的局限性的典型体现。实际上,历史上浙学中的许多杰出人物往往都无所师承、不傍门户、异军突起、自致通达。他们不怕孤立,敢于突破传统、批判权威,虽处非主流、非正统,甚至被视为"异端"、怪物,但仍然能以"推倒一世之智勇,开拓万古之心胸"的豪杰气概和"狂者气象",坚持创新,特立独行,提出了一系列新知卓识,从而形成一种可贵的浙学传统。而当代浙江的经济社会的较成功发展所展示出来的独立自主、勇于创新、讲求实效等浙江精神,不能不说正是这种浙学传统的一种继承和体现。由此也可见,南宋浙学思想的特有意蕴和价值并没有随着时间的流逝而消失,而是早已经积淀为我们以往的思想文化传统和精神气质的一部分,始终发挥着应有的影响。

总之,在关于南宋浙学的理论来源和思想属性等问题上,我们不赞同许多研究者简单地把它们归于传统儒家的观点,而应摆脱以传统儒家为正统、以朱陆为中心的南宋以来的传统学术史观和学术史面貌的影响与束缚,重新找出南宋浙学本身的形成、演变的固有线索及其规律,阐明以陈亮、叶适等为代表的事功之学在总体上已与传统儒家核心思想有很大距离,而应以一种多元的、开放的学术史观重新解读和梳理浙学史,恢复其作为中国思想史上十分辉煌而独特的、富有光彩的思想学说的本来面目和应有地位，这将是一定程度上对一些传统的说法、“定论”的突破，对于重新理解中国哲学史、思想史，重新梳理、系统总结浙学史以及发展当代浙学都有重要的意义。

浙东事功学的问题与方法

南昌大学哲学系主任、南昌大学江右哲学研究中心副主任、
谷霁光人文高研院副院长
张新国

《易传》讲:“《易》不可见,则乾坤或几乎息矣。是故形而上者谓之道,形而下者谓之器。化而裁之谓之变,推而行之谓之通,举而错之天下之民谓之事业。”(《系辞传上》)可见在这里《易传》的作者主张人对易道的把握并最终将之实行于天下人的具体事业之中去。对易道的把握属于知、观念的范围,实行之于事业,属于行、实践的范围,这里也反映出中国文化对价值目标及其实现方法的并重。孔子儒学思想在价值观念及其对实践运用的追寻这一点上与《易传》的上述观点有一致性。在易学的总视域下,儒学可以说以“仁”为其核心精神价值。陈来先生说:“‘仁’可以说是儒学价值理性的代表和实质性传统的集中体现。”①陈先生认为,在儒学价值序列表上,“仁”应当说是处于最核心的地位,而且从儒学史上来看,仁可以说是儒学之为儒学的精神性因素。因此,包含辨明仁的价值为何以及探究如何实践仁的方法的叙述,充满了整部儒学史。这一“价值”及其“实践方法”指向中国哲学的“体用”思维。张立文教授认为,体用一原是中国哲学探求道体的重要元理。②以体用观儒家之“仁”,可以说仁的价值理论与求仁的工夫实践,贯穿儒学的始末。这种工夫实践,不仅仅是指个人心性修养意识的外化,在更广的意义上,还特别指向社会伦理与政治的理性实践。杨国荣先生说:“在哲学的层面上,儒学所由以展开的社会领域则涉及政治、伦理,以及日常的生活世界。

---

① 陈来:《古代思想文化的世界——春秋时代的宗教、伦理与社会思想》,生活·读书·新知三联书店2009年版,第361页。

② 张立文:《中国哲学元理》,中国人民大学出版社2021年版,第70页。

就人的存在而言，精神世界主要涉及人和自我的关系，社会领域则指向人与人之间的关系。”①即儒学不只是关注人与自我的关系，在其更广与更本然的意义上，指向社会领域中伦理与政治的制度性建设 。这与儒学素来注重“正德、利用、厚生”的精神传统是一致的。

儒学的这种要求经营世务的担当精神，实际上构成儒学的本质内涵，这种精神与本质要求儒学的信仰者注重社会性的实践、行动与工夫开展。对传统儒学史的认识，也应基于这一主调。而如果要发展儒学，也应当清晰明了儒学史中该继承、阐扬的是什么。汤一介先生在《中国儒学史》“总序”中说：“我们逐渐知道，在我们的文化传统中应该发扬什么，应该抛弃什么，以及应该吸收什么。”②他主张反本以开新，认为：“‘反本’与‘开新’是不能分割的，只有深入发掘儒家思想的真精神，我们才可能适时地开拓儒学发展的新局面；只有敢于面对当前人类社会存在的新问题，才能使儒学的真精神得以发扬和更新。”③在这一“反本”与“开新”的具体过程中，包含多元的理论要素，而在其中对解决“人类社会发展的新问题”的现实要求是一条恒在的命脉。这一要求与后来特别是宋明理学中关注内在心性修养的特性是相表里的，而非彼此冲突的。从广义的哲学原理观之，社会实践作为存在为人的认知活动奠定基础。我们对传统儒学史的理解与阐释，需要从文化观念的深层着眼和着手。陈来先生指出：“研究一种思想的起源，首要的是关注此种思想体系的诸元素在历史上什么时候开始提出，如何获得发展，这些元素如何经由文化的历史演进而演化，以及此种思想的气质与取向与文化传统的关联。”④以此观之，对宋代儒学的把握需要学者充分厘清宋代儒学主要概念、范畴内涵的演变，并借此梳理宋代儒学、宋学的发展的路径以及如何获得这样的发展的思想动力。传统宋代儒学研究多注重狭义理学的发掘，对儒学的政治与制度等经世维度关注不足。对儒学全貌的关注，既要关注儒学对人的内在美德的把握，又要从行动与实践维度全面、综合性地进行把

---

① 杨国荣：《何为儒学？——儒学的内核及其多重向度》，《文史哲》2018年第5期。

② 王博：《中国儒学史·先秦卷》，北京大学出版社2011年版，第2页。

③ 王博：《中国儒学史·先秦卷》，北京大学出版社2011年版，第2页。

④ 陈来：《传统与现代——人文主义的视界》，生活·读书·新知三联书店2009年版，第218页。

握。陈来先生说:“中国古代的‘德’字,不仅仅是一个内在意义上的美德的概念,也是一个外在意义的美行的观念,而‘德行’的概念正好将德的这两种意义合并表现出来。”①这一思维对于理解儒学特别是宋代儒学应当是非常贴切的。对这一“德行”的探究,也不能仅仅止于心性论与伦理学等个体性的把握,更重要的是要从外在对儒学义理主张如何运用、展现及其历史样态做综合性的把握。这样来看,这一理论工作也不能脱离传统宋代理学所重点关注的领域,而应将之放在一个思想大范式中予以理解。上述问题与方法不仅适用于对广义浙东学术的研究,也适用于对包含永嘉朱子学在内的永嘉学术的研究。

何炳松先生曾感叹道:“在我国的文化史上要以浙东学派最有光彩,同时亦要以浙东学派的源流为最不分明。”②包括永嘉学派、永嘉朱子学在内的浙东之学,因其内部因素以及外源性思想的综合原因,历史上翻新过多样形态。这部分也反映出浙东之学的活力所在。但同时也反映出一个问题,即浙东学术中一以贯之的东西的清晰度或多或少地受到了限制。我们理解“永嘉朱子学”也必须在这种过程性的思潮中来把握其具体理论,而不能人为地将其想象为一个失去了生命气息的历史静物,以所谓绝对客观而完备的态度去把握其思想本质。我们可以确定的是,浙东学术中儒学经世致用、下学人事以上达天理的思想基调是挥之不去的,或以魂或以体的形式存在于这一健动不息的学术洪流之中。

一、概念与范畴

《庄子》里已有关于“事功”的说法,子贡说:“吾闻之夫子,事可求,功可成,用力少见功多者,圣人之道。”(《庄子·天地》)可见,在道家学者看来,或者说在战国时期学术史总结者看来,孔子儒学主张对成事与成功的追求,主张圣人之道在于以最小的投入得到尽可能多的现实功效。宋代以降,洛学

---

① 陈来:《古代思想文化的世界——春秋时代的宗教、伦理与社会思想》,生活·读书·新知三联书店 2009 年版,第 361 页。

② 何炳松:《浙东学派溯源》,广西师范大学出版社 2005 年版,第 147 页。

集宋代儒学之大成，对后来朱子学、陆王心学、湖湘学派以及浙东学派都有深远的学理影响。在这里，后者浙东学派与前三者至少在三点上具有不同：一是相较于理学派、心学派与性学派注重建构形而上的原则，浙东学派特别注重对学问的社会效用的追求，表现出对“事”及其效验的追寻，在某种意义上可以称之为“事学派”；二是与上述第一条相关，浙东学派不注重对原理本身的阐发，而是注重对儒学原理的运用和实践；三是在前两者的基础上，浙东儒学派没有也不注重师统的建构，在这个意义上也可以说，浙东学派的“学派”标识性并不强，也可以说他们在思想家的地域性以及理论的指向上具有较强的一致性。

张栻曾写信给吕祖谦说道：“薛士龙及陆、徐、薛叔似诸君，比恨未及识。士龙正欲详闻其为人，但所举两说甚偏，恐如此执害事。事功固有所当为。若曰喜事功，则喜字上煞有病。”①吕祖谦也曾致信朱熹说：“薛士龙归途道此，留半月，想来喜事功之说甚锐，今经历一番，却甚知难。”②可见，在张栻看来，“事功”即谋事求功，本来是儒者应当追求的，但不可流于“喜事功”即崇尚单纯地追寻事功。吕祖谦描述说薛季宣“喜事功之说甚锐”与经历具体事情的不易后“甚知难”形成鲜明对比，以后者的情态来批评前者的非理性的一面，暗指喜谈事功者其理论具有不可持续性。其实，与浙东学派相比，洛学到朱子学以及洛学到婺学，非不谈事功，朱熹对于经制事功也说：

> 古者大学之教，以格物致知为先。而其考校之法，又以九年知类通达、强立不反为大成。盖天下之事，皆学者所当知。而其理之载于经者则各有所主，而不能相通也。况今乐经亡，而礼经缺，二戴之记已非正经，而又废其一焉。盖经之所以为教者已不能备，而治之者类皆舍其所难而就其所易，仅窥其一而不及其余，则于天下之事宜有不能尽通其理者矣。若诸子之学同出于圣人，各有所长

① 张栻：《张栻集·新刊南轩先生文集》卷二五“寄吕伯恭”，杨世文点校，中华书局2015年版，第4册，第1134页。

② 吕祖谦：《吕祖谦全集·东莱吕太史别集》卷七“与朱侍讲”，浙江古籍出版社、安徽教育出版社2002年版，第2967页。

而不能无所短，其长者固不可以不学，而其所短者亦不可以不辨也。至于诸史，则该古今兴亡、治乱得失之变。时务之大者，如礼乐制度、天文地理、兵谋刑法之属，亦皆当世所须而不可阙，皆不可以不之习也。(《朱文公文集》卷六十九)

朱子认为做学问当以接触事物获取事物的道理为先。他说从教育方法上看，以九年能达到触类旁通、守护德行而不复返到蒙昧作为成功的标志。他认为学者应当了解天下万事万物的知识与道理，但是不同的经典文本，在其自身主题意义上都有自己关注的思想倾向性，因此彼此呈现差异。在朱子看来，乐经失传、礼经缺失，戴圣与戴德所传之《礼记》已不是礼经本身，这是第一重废弃。因此经典中教化人的精神已不完备，研究经典文献的人往往舍其繁难的而从事于简单的，这就注定对经典的了解是挂一漏万的，那么对于了解天下万事万物的道理也就不可能全面和通贯了。他认为孔门诸位贤达的学问都是传承自孔子，都有自己优长的同时也不可能没有自己不擅长之处。诸子所擅长的固然是我们应当传承的，但其论述偏颇之处也不能不辨明。朱子还谈到，对于包含了古今兴亡以及制度治乱得失经验的以往的历史经典应当深入研究。他把礼乐制度、天文地理、兵谋刑法之类的历史经验，认为是攸关时务的重要部分，是时局中的人应当深入剖析的，不能不加以学习。

南宋吴儆(1125—1183)认为："近来学伊洛者无如朱南康、吕东莱……二公近来大段作实用事业，自三代圣人制田治兵，以至制礼作乐，皆穷其本，可以措而行之天下，不然，伊洛之学遂流而为禅家矣。"吴儆认为，朱熹理学与吕祖谦婺学均为伊洛程子所传。在吴氏看来，朱子理学与吕祖谦婺学是洛学大端，二者实际上也是两种不同路径且有代表性的流派。他将二者均肯认为注重谋事求功的"实用事业"，"实用"言其经世致用的一面，"事业"言其学问追寻的严肃性。吴儆指出，二者不仅注重考查礼乐制度、天文地理、兵谋刑法田亩之类，还注重研究这些实务当中包含的所以然道理，他认为这是儒学没有流于禅佛的根本原因。

以此观之，浙东之学、永嘉之学也是儒学的支流余裔。四库馆臣曾以"事功"与"功利"来分判永嘉之学道：

> 永嘉之学，倡自吕祖谦，和以叶适及傅良，遂于南宋诸儒别为一派。朱子颇以涉于事功为疑。然事功主于经世，功利主于自私，二者似一而实二，未可尽永嘉为霸术。且圣人之道，有体有用。天下之势，有缓有急。①

馆臣认为，永嘉之学，发轫于吕祖谦，后来叶适与陈傅良引为同道，于是形成朱学、陆学与湖湘学之外的一派学问。馆臣注意到朱子以“事功”判永嘉之学，而认为“事功”之学其精神在经营公共世界，馆臣认为这与专以牟私利的“功利”之学不可同日而语，他们认为“事功”之学与“功利”之学看起来一样而实不相同，认为不能将永嘉之学全然判为功利之学。在他们看来，孔孟儒学是有体有用、体用兼举的，而天下的事有义理研求之缓，也有实务要求之急。眼下之意是永嘉之学追寻学理道术之用，无可厚非。四库馆臣在《浪语集》提要中说道：

> 季宣少师事袁溉，传河南程氏之学。晚复与朱子、吕祖谦等相往来，多所商榷。然朱子喜谈心性，而季宣则兼重事功，所见微异。其后陈傅良、叶适等递相祖述，而永嘉之学遂别为一派。盖周行己开其源，而季宣导其流也。其历官所至，调辑兵民，兴除利弊，皆灼有成绩。在讲学之家，可称有体有用矣。②

馆臣说薛季宣年少时师从程子门人袁溉，以传中原洛学。后来薛氏又与朱熹、吕祖谦等往来切磋学问，商讨良多。馆臣认为朱熹“喜谈心性 ”，而认为只有薛季宣的学问才是既谈心性又谈事功即体用兼举的，认为二者的差异是十分细微的。他们认为陈傅良与叶适对薛氏学问方向的发展与扩充，使得永嘉事功之学逐步明朗。从这里可以看出，馆臣对于永嘉之学总体上是回护的，偶尔不乏表现出认为永嘉事功之学技高一筹的意思。但在理

---

① 永瑢等:《四库全书总目》卷一三五“永嘉八面锋”，中华书局1965年影印版，第1148页。

② 永瑢等:《四库全书总目》卷一六〇“浪语集”，第1379页。

学为学术主流的大背景下，其辩护的声音是微弱的和较为隐晦的。馆臣认为，洛学门人周行己在路向上开永嘉之学的源头，而薛季宣顺势导引，认为薛氏卓然成绩是其谋事求功的自觉追求。他们认为薛氏之学才是真正的体用兼举之学。馆臣还引述《宋史·陈傅良传》称道其学问："自周行己传程子之学，永嘉遂自成一派，而傅良及叶适尤为巨擘。……然傅良之学，终于通知成败，谙练掌故为长，不专于坐谈心性。故《本传》又称傅良为学，自三代、秦、汉以下，靡不研究。一事一物，必稽于实而后已。盖记其实也。"还称道说："则傅良虽与讲学者游，而不涉植党之私，曲相附和。亦不涉争名之见，显立异同。在宋儒之中，可称笃实。故集中多切于实用之文……"[①]可见这里馆臣对永嘉之学作为一个独立学派的肯认是逐步进行的，对永嘉学派人物的赞叹也不断做实。他们认为周行己从永嘉传程子洛学开始，永嘉学派就已有了大致精神，认为陈傅良与叶适是永嘉学派的集大成者。馆臣评朱子"喜谈心性"时已显微词，这里在评价陈傅良学问对于历史上的制度成败通晓、谙熟掌故的时候，顺带暗指朱子学专于坐谈心性，而认为陈傅良之学实有所据、实有所指、实有所用。馆臣们赞赏陈傅良不插手朋党，亦不为立学派争名分，认为是宋儒中最为笃实的，认为陈傅良文集中的话"切于实用"。其实这一有失公允或者说至少失之偏颇的看法，本身就隐微地对立了心性之学与事功之学。

金华学者章懋(1436—1521)认为：

> 为学之道，居敬、穷理不可偏废。浙中多是事功，如陈同父、陈君举、薛士龙辈，只去理会天下国家事，有末而无本；江西之学多主静，如陆象山兄弟专务存心，不务讲学，有本而无末。惟朱子之学知行本末兼尽，至正而无弊也。[②]

章懋认为，儒家讲的为学之道的全体内容在于，内心居敬与知识性地格物穷理的综合。他认为浙学者多讲求事功之学，他举了陈亮、陈傅良与薛季

① 永瑢等:《四库全书总目》卷一五九"止斋文集"，第1370页。

② 章懋:《枫山语录·学术》，丛书集成初编本。

宣为证，认为这些学者学问只是例会天下国家之末，忽略了学问之本即居敬仁义的本体与工夫；他又举了象山先生心学，认为象山兄弟只是讲求心之居敬的根本，却又不讲家国天下的制度安排。他认为只有朱子的学问才是既讲本又讲末的、端正而没有弊端的完备学问。

陈黻宸（1859—1917）说："夫事功者为天下，非一己也，出于不得已之心，而非好事之心也。天下太平、国家乂安，民宁其居，乐其业，亦何事功之云。…… 大抵士大夫心性未定，视天下事若一举手投足之劳，无可作为，一遭蹉跌，则又尽丧其勇敢之气，退然不敢复撄其锋，此皆喜事功而不知其难故也。"①陈氏认为，永嘉事功之学着眼点是公共性的天下，所求之功不为一己私利，是出于不得已的，是理应如此，出于道义之当然。他说如果天下太平、国家安定，老百姓安居乐业，哪还需要什么事功之说呢？眼下之意是当时的南宋社会远远不是。在陈黻宸看来，遗憾的是士大夫往往自身心性修养未足，基于其修养来看天下的事，往往臆断为可以一蹴而就的，而一旦遭遇坎坷就气馁放弃、垂头丧气，败下阵来再也不敢往前冲，陈氏认为这是"喜事功"但不知着眼于天下实务的事功学，是充满艰辛的人的思路。对于心性之学，陈黻宸也说："盖心性之学，非空言静坐之谈也，以求夫仁义礼智信之扩充施于天下，一夫不获，时予之辜，愁然终日，不敢有佚乐之心，若舍我必无人任焉。"②从上一节引文我们可以看到，陈黻宸对于心性之学的理解是同情的。他说真正的心性之学，决不能是无视现实的空谈玄奥，而应当是追寻将仁义礼智信这些价值信念实行于天下国家之实务上，就像孟子说的，即便世界上只剩下一个人没有获得解救，就归咎于自我工作的不足，担当天下、力求撑拄天下，先天下之忧而忧，后天下之乐而乐。

曾在北京大学任教的瑞安人林损（1890—1940）专门著《永嘉学派述》《永嘉学派通论》。1919年，林损在发表于《唯是学报》上的《永嘉学派通论》中就说："离心性、事功以为二，道之裂也。独以永嘉诸子之学为经济之学，

---

① 陈黻宸：《南武书院讲学录（1908年）》第三期，陈怀笔录，载陈德溥编：《陈黻宸集》，第642页。

② 陈黻宸：《南武书院讲学录（1908年）》第三期，陈怀笔录，载陈德溥编：《陈黻宸集》，第643—644页。

斯亦学之忧也。”林损不满于以“事功学派”看待永嘉学派，认为将心性之学与经制事功之学割裂开来，相当于在认识论上人为地割裂分离了道与术。这里无疑，他有将心性认为道而将经制事功视为术的意味。他说：“夫务实黜虚、趋赴事功之说，世之人皆以称永嘉诸子者也，而水心以之指斥尹穑、王之望，谓之小人之论，何哉？盖天下惟真经济之学，必不肯空言以自表。彼惟深通其意，知其事之至难，而行险侥幸之至危，故必持之以至慎，养之以至厚，敛之以至密之地，然后放之则弥六合，沛然末之能阻。是皆集义所生，非可以袭取而为也。”首先林损承认永嘉之学是务实黜虚、趋赴事功的，但也认为叶适批判尹穑、王之望之徒不是无的放矢。他解释说真正的经邦济世之学，决非拿空洞的话来表达个人的情绪世界，而一定是要通晓其理、深入把握事务之难的具体处，不是仅此而已去行险侥幸的机会主义，而应该以最为谨慎之心持之以恒，培养自己的认知与毅力到厚重的地步，再收敛其心并待时而动，平素收敛为心性修养，一旦运用展现在国家事务之上就无不合宜，在以身任天下的事业中勇猛精进。他再次强调这种境界是孟子讲的积累道义之行才能慢慢成就的人性能力与人格境界，不是机会主义的捕风捉影所能获得的。这里可见，他的这一种论述实质上特别推崇了人的理性中认知即智性的一面。这是儒学的重要主题，也是最容易为一般的儒学所忽略的。

二、思想与诠释

邓实认为：“有心性之学，有经制之学。心性之学，其学易涉于玄虚，归于寂灭，此无用之学也。经制之学，究心实用，坐言而可以起行，经义而即以治事，此有用之学也。”邓实这里就相当于把心性之学与经制之学对立为两种具有相互背离倾向的学问路径。这些话让我们想起朱子在《大学章句序》中的说法：“俗儒记诵词章之习，其功倍于小学而无用；异端虚无寂灭之教，其高过于大学而无实。”朱子的意思是说儒者之学与一味地注重记诵辞章的考据经学以及虚无寂灭的佛道二教都不同，朱子认为后两者都是没有“实用”的。朱子这里讲的“实用”不是今天字面上物品使用的意思，而主要指向国家社会公共利益与福祉。从这里可见，朱子学是没有轻视学问的实用性的，反而认为像《大学》这样的经典的核心意涵指向的，不外乎学问智慧的社会功用。邓实的说法虽与朱子的相关概念使用是一样的，但其意义已完全不同了。他认为，心性之学与经制之学是学问之大端，他说心性之学容易流入玄虚寂灭的异端之学。邓实的这个说法是怪异的，也是没有逻辑论证的，个中缘由主要是维护事功之学的心太切了。他说与心性之学相比，经制之学，专注于社会效用，坐而论道便可起而实行，留心经典义理但落脚点却在处理具体社会实务、要务与急务之上。在他看来，这才是“有用之学”。这其实正是朱子学所批判的单向度的功利论。

对于邓氏的这一看法，林损表达了不同观点，他认为：“夫邓氏之犁事功予心性为二途，非也。”指出：“我谓永嘉诸子之诵法周、孔，诋排佛老，攘斥新学，与当时诸家之说大体殆不甚相远，亦皆务为治者也。”①林氏认为永嘉学者从根源上还是典型的儒家，即以周公、孔子的礼法仁义思想为宗，即宪章周公、宗师仲尼，抵斥异端佛老，也与讲求功利主义的王安石新学形成对立，他认为永嘉学者的思想与精神与朱子学、象山心学、湖湘学派等正统儒学一样是儒学正宗，都是以社会良善的治理为共同目标。

正像王宇教授所注意到的：“林损也反对全祖望认为的陈埴代表的温州朱子学终结了永嘉学派的观点，认为永嘉学派从王开祖、‘元丰九先生’、郑伯熊、薛季宣、陈傅良、叶适直到陈埴，是一个完整的体系。”②全祖望的看法严格起来其实并非首创。这主要源于一种思维，即试图将特定地域历史上出现的思潮融合起来理解，甚而至于在其中找到某种一以贯之的思想精神。应当说，任何单向地将一种思维固化为某种单一的模式的做法，都是难以自圆其说的。相反，任何思潮不仅都经历了其关键范畴、概念含义的变化，同时这种思潮本身也并非一成不变的，而是有其起承转合与成住坏空的具体历程的。一种学术思潮要获得不断的发展，随着社会文化环境等因素的变化，会不断吸收异质性的思想来调整自身显现的形态。必要的时候，其核心层面，也会发生一些细微的变化。这种细微的变化本身也会累积为所谓质的变化。这属于一种文化思潮自我范式革新的历程。不同的范式之间是不相容的，但新旧两个之间的更替不是一蹴而就的，而是渐次展开的，是隐微

① 林损：《林损集》卷二“永嘉学派述”，黄山书社2010年版，第355页。

② 王宇：《永嘉学派研究》，商务印书馆2022年版，第28页。

的和日常性的。当两种不同范式在其自身的思想史上呈现出来的时候，若说这是两种截然不同的文化思潮，也是不切题的。所以全祖望所理解的从王儒志到永嘉朱子学者，呈现为一个完整的学术体系，并非就可以轻易驳倒的。因为我们确实应当跟随特定思潮思想史的纵深延展放眼看去，试图从更广的视域来理解阶段性的思想和人物，才不失为一种更为妥帖的理解方式和诠释方式。这就不难理解，即便是反对全祖望体系化的理解的林损，自己也承认："潜室视水心稍后出，故水心所论不之及，然水心固以景行勖诸生，岂欲划其时而无望于后来者哉？"[①]林损说，陈埴的思想出于叶适之后，陈埴所讨论的话题，叶适有的没有涉及，但是从思想史来看，叶适从其前辈如周行己等那里继承和发展思想，也还会希望自己的思想被创新性地解释和发展。言下之意是，就永嘉学术来说，思想内部的节点和差异不能被简单地判别为断裂。

当然，个中的边界问题也是我们必须面对的难题。这就涉及什么是"永嘉之学"，什么是"永康之学"，什么是儒学等基础性命题。这种回溯性的确认是必要的，而对这一点的检证将永远不会消解永嘉之学作为儒学的一个独立学派的合法性。关于概念，王宇教授认为："顾名思义，永嘉学派的代表人物的籍贯都隶属宋代温州，但并非所有宋代温州学者都是永嘉学派的成员。"[②]我们今天对所谓永嘉学派成员的选择工作本身，就隐含性地带入了我们对什么是儒学、什么是永嘉之学的某种标准性的东西。这种标准性的东西，可能并非单一的"教旨""宗旨"，在其本然的意义上，往往呈现为一种开放性的意义承诺。这种意义承诺兼顾学问的历史意味，同时也必然性地带有言说者自身存在志向的自我肯认与塑造。王宇说："不仅考察永嘉学派代表人物自己说了什么，还要研究朱熹对这些观点的回应和批判。"[③]对永嘉学派的把握，除了内在性地理解永嘉学者自身的理论之外，还应当从外围尤其是从永嘉学派的批评者的角度来审视永嘉之学。王宇认为："永嘉学派的思

① 林损：《林损集》卷二"永嘉学派述"，黄山书社 2010 年版，第 360 页。

② 王宇：《永嘉学派研究》，商务印书馆 2022 年版，第 36 页。

③ 王宇：《永嘉学派研究》，商务印书馆 2022 年版，第 37 页。

想体系是相当完整的，而其真正的思想价值尚未得到充分的揭示。”①从一个完整和内在融贯的思想体系来揭示永嘉学派的意义，确实还有广阔的理论空间。他认为至少在两个方面，对于永嘉学派的研究还有广阔的空间，他说：“永嘉学派在哲学建构方面已经形成了相对独立的体系，而尚未得到全面研究。”②我们对永嘉学派的研究，首要的就是研究其作为哲学学派的意义。另外，“由于对永嘉学派很多重要观点的阐释尚存在空白，其思想创新的内在价值仍未得到正确的认识”③。他主张在历史脉络里把握永嘉学派的思想逻辑，认为永嘉学派先后经历了五个思想史时期，即“准备期（1049—1155）”“定型期（1155—1173）”“鼎盛期（1173—1195）”“总结期（1195—1223）”“衰落期（1223—1276）”④。对于所谓衰落期，王宇教授认为：“南宋的最后五十多年中，永嘉学派经历了漫长的衰落期，一方面陈傅良、叶适的门人不能继承永嘉学派的思想学术，另一方面程朱理学成为官学正统的步伐不可阻挡，永嘉学派则群龙无首，一度鲜活而与时俱进的‘永嘉学派’逐渐固化为‘永嘉学术’，人与人之间的代际传授逐渐消退。”⑤这其实正是试图将永嘉之学作为一个严密、融贯的系统所面临的一个直接的难题，即师承问题。

师承问题，在儒学中以及在整个中国哲学与文化中，都是一个源远流长且辐射面很广的思想史主题。总体上看，师承问题无外乎呈现为两种样态，即明显的师徒学问与学理授受以及隐形的私淑其人。二者的差异是不难理解的，而二者的相通之处其实更能彰显这一问题的实质性意义，即师承问题的焦点与核心在于知识信念与精神传统的传承。以此观之，在某种意义上可以说，师承问题的核心与本质并不在于是否有严格而明晰的师承身份关系，而在于精神的承接和传递。以此观之，比如就儒家文化来看，道统的传承主要不是靠严密清晰的师承来担保的，而是以儒家精神的传递和弘扬为主线。比如从周公到孔子，从孔子到孟子等，主要不是直接的师承扮演了儒家精神传承与弘扬的角色，而是后者对前者精神的遥契与肯认、承接与传

---

① 王宇：《永嘉学派研究》，商务印书馆2022年版，第34页。

② 王宇：《永嘉学派研究》，商务印书馆2022年版，第34页。

③ 王宇：《永嘉学派研究》，商务印书馆2022年版，第35页。

④ 王宇：《永嘉学派研究》，商务印书馆2022年版，第37—39页。

⑤ 王宇：《永嘉学派研究》，商务印书馆2022年版，第39页。

递。至此，问题就来到了“精神传统”上。换言之，是精神传统让一些思想家共同构成一个面目清晰的学派。进一步说，这种精神传统是先在的还是地方性、时代性知识不断受到外源性与古典性知识、思想与信念影响而不断扩充版图的。如此观之，永嘉学派其实也并非另外一种迥异的故事，也是作为中华文明的具体地方知识、思想与信念，在不断加入的外源性知识激励奋进中成长为的既有形态。其中有师承的一段，也是师承不明显而学问精神传统继续流衍的时期。王宇认为：“地方性与外源性这两种力量在宋元明浙学历史上此消彼长，我们既不可敝帚自珍地认为浙学的萌芽成长是‘自本自根，生天生地’，否认外源性知识的启蒙之用、造化之功；也不能因为外源性知识的存在而将浙学之‘浙’贬低为单纯的地理概念。”[①]他说：“外源性知识一经地方化之后，便成为各种新的地方性知识。”[②]任何一种思潮，包括浙学在内，都在不同程度上和不同时机上是一种外源性知识与本土性信念的综合体，很难说哪一部分在这一思潮的整个时段占据核心地位。外源性知识地方化之后，也将融入地方性精神传统之中。这样看来，这一思潮，相对地，还可以说仍然在基本面貌上呈现出某一种形态和倾向性。正是这种基本形态与思想倾向性，使得这种思潮被称为这种思潮。王宇教授认为：“程朱理学在批判永嘉学派的同时，也吸收借鉴了其学术长处，使得永嘉学派融入了近世儒学思潮，获得了新的生命力。”[③]作为永嘉之学的外源性知识、思想与信念，朱子学的批判作为一个刺激为永嘉之学的自我更新提供了元素与契机，这也正是其“融入了近世思潮”的主要动力。

关于永嘉之学的精神性特色，王宇教授说：“从传统的永嘉学派认知史来看，功利、事功、经制是三个常见的标签，历代研究者基于不同背景和动机，从上述三个术语中取其一二作为永嘉学派的核心主张。可是，如果从周行己至郑伯熊一系看，永嘉学派是二程理学南传的一支；而从薛季宣开始，永嘉学派已经与二程理学公开地分道扬镳，并且遭到朱熹的严厉批评。于是围绕‘性理’与‘事功’两个标签，出现了各种各样的‘组合’：或以为永嘉学

① 王宇：《外源性与地方性：宋元明浙学研究》，浙江人民出版社2022年版，第4页。

② 王宇：《外源性与地方性：宋元明浙学研究》，浙江人民出版社2022年版，第4页。

③ 王宇：《永嘉学派研究》，商务印书馆2022年版，第39页。

派是理学派中偏重事功的一支;或以为永嘉学派与理学彻底决裂,但仍然是儒学内部的一个流派;或以为永嘉学派所持的'功利''计较利害'主张,已经超出了儒学道德伦理的藩篱。"①他认为以上三种观点"都把握到了思想史事实的某一方面,但片面性难以克服"②。就"功利、事功、经制"三个标签来看,前两者更强调学问的目的,而"经制"则更强调学问的具体开展方式与过程。这样来看,实际上是"功利"与"事功"标志了相对于儒学精神的"强功利主义"与"弱功利主义"的倾向。相对地,永嘉学派中作为"强功利主义"的"永嘉功利学派"与作为"弱功利主义"的"永嘉事功学派",无论就其所面向的学者还是具体理论,都包含大量的重合性。但有一个基本共识是永嘉学派的内部学者与外部学者都不能不同意的,那就是永嘉之学是儒学的一支,只是有的学者自认是儒学的"正宗",有的则将其视为所谓儒学主流学问之外的一支。关于"经制",王宇教授认为:"'经制'是关于各个具体学科领域(财政学、地理学、历史学、水利、军事学等)的知识集成。但是,作为动词,'经制'又指通过整顿、管理,确立法度,使某事有条理,经久可行。"③他认为:"经制的名字用法与动词用法,都契合了永嘉学派对'道器'问题的思考,永嘉学派的制度新学就是'道',而通过建设长治久安的制度来改造南宋社会的主张,则是动词用法的'经制'。"④这里作为名词的"经制"与作为动词的"经制",又大致可以分为学术的经制用法与政治的用法之别,而无论哪种用法,都无外乎主张通过考证、评价相关历史经典法度以制作与运行当下的家国法度。

除了本末、体用兼而讲求,朱子学与止斋之学最大的区别不在于是否有体或有用的问题,而是体用本末的次序问题,质言之,是以心性论为本还是以事功为本的问题。朱子说:"君举所说,某非谓其理会不是,只不是次序。如庄子云'语道非其序,则非道也',自说得好。如今人须是理会身心。如一片地相似,须是用力仔细开垦。未能如此,只管说种东种西,其实种得什么物事!"⑤朱子对学问家或者说对儒学者的要求应该说不可谓不高,而对陈傅

---

① 王宇:《永嘉学派研究》,商务印书馆2022年版,第29页。

② 王宇:《永嘉学派研究》,商务印书馆2022年版,第29页。

③ 王宇:《永嘉学派研究》,商务印书馆2022年版,第31页。

④ 王宇:《永嘉学派研究》,商务印书馆2022年版,第32页。

⑤ 黎靖德编:《朱子语类》卷八四,中华书局1986年版,第2180页。

良的评价应当说算比较温和客气的。他认为止斋之学不在于本末与体用是否完备的问题，而在于学问的次序即主要是以心性伦理为本还是以家国法度为本。当然，他自身认为心性伦理价值当然是家国法度设施的根本，即朱子认为心性修养应为家国天下的事功程序奠基。他认为这个次序不可乱，他说就像种庄稼一样，除了应当关注种什么种子，还要注意在什么时节做翻地等必要程序性工作。所以他认为陈傅良的学问是理论次第出现了颠倒问题。1198 年，永嘉弟子沈僩记录朱子说：

> 今于在明明德未曾理会得，便先要理会新民工夫，及至新民，又无那“亲其亲、长其长”的事，却便先萌个计功计获的心，要如何济他？如何有益？少间尽落入功利窠窟里去。固是此理无外，然亦自有先后缓急之序。未曾理会得正心、修身，便先要治国平天下，未曾理会自己上事业，便先要开物成务，都倒了。①

朱子这里实际上将功利之学的思想机制予以说明。他说有的学者在明明德这样的根本和基本事务上还没有探究清楚，就急于去求所谓新民的事业功效。而真正在新民的外王事业中，实际上又没能真正贯彻明德的核心精神，即未以齐家为其治国平天下的行动奠基，急乱中只剩下求功求利之心作祟了。他认为这样的学问路数是没有办法被调整为学术正路的，认为其唯一的归途就是彻底的功利主义。在朱子看来，齐家、治国与平天下本身当然没有任何问题，而问题在于后者都应该以前者为逻辑和思想基础渐次展开，而齐家的基础无疑是正心诚意，没有正心就无以齐家，没有齐家就无以治国，没有治国就无以平定天下人心。他认为不先为正心诚意的伦理工夫，就要求修齐治平的政治与社会外王事业，是倒做了学问。

叶适则认为：“盖周孔圣人以建德为本，以劳谦为用，故其所立能与天地相终始，而吾身之区区不与焉。”②水心辟思孟而尊周孔，他认为最高的圣人之道当以建立德性为根本，以君子的勤勯谦恭为用。叶适认为圣人之道所

---

① 方彦寿：《朱熹书院与门人考》，华东师范大学出版社 2000 年版，第 206 页。

② 叶适：《习学记言序目》卷五〇，中华书局 1977 年版，第 751 页。

挺立的是天地之道，并以人对道德的担当为天地之道流行的前提。永嘉叶适的这一思想，其实也可以在其永嘉前辈那里得到支持。如关于“财用”，永嘉学派早期学者郑伯熊曾说：

> 故财者，有国之司命，理财者非可缓之务，议财者非不急之谈也。高论之士，握孟子仁义之说，闻言利之人，急起而疾击之，不使喘息于其侧，置金谷为猥务，视三司度支为浊流，以钩校簿书为冗职，漫然不肯谁何。于戏，独不以吾之一身一家而思之。夫饥而食，渴而饮，自何而至？仰而事，俯而育，自何而给？彼晋之士大夫以清谈欺其妻孥，果能枵腹而赤立乎？①

郑伯熊认为财用乃国家之命脉，理财是当务之急，对财务的研讨为急务。他说那些迂阔的高论者，仗恃着孟子的仁义学说，一旦听到谈论利益的人，就急忙起来予以攻讦，摆出一副不共戴天的姿态，这些人视财政钱谷之学为卑琐的俗务，视掌管这些事务的部门的行为为污浊道德的行径，认为财会等职务为冗余的，从根本上予以排斥，而独独不假思索于自己一人与一家财用之出处。郑氏说，人饥饿了要吃饭、渴了要喝水，不理财用，这些从哪里来呢？仰而事父母，俯而蓄妻子，又从哪里得到？他巧妙地以魏晋某些士子的言行来揶揄上述那样的人，说有些士大夫以玄学清谈来欺骗家人、逃避养家持家的责任，又有谁能在饿着肚子的情况下有力气站起来呢？意思是自己使用着别人创造出来的财用，却大言不惭地谈论财用乃无用之事。从儒学外部来看，郑氏所说的这一些正是新儒学被诬为“假道学”的主要原因；从儒学内部看，郑氏富于内涵的理解是对儒学之为儒学的再思考。郑氏以上的思考并不能说明其想法是对孟子思想的反对，而是想呈现孟子思想的完整风貌，或者说对什么才是孟子、孔子思想学说要义的思考，尤其是对儒家仁义与利用关系学说的重新思考与诠释。杨泽波将孟子讲的“利”称为“利欲幸福”，认为是值得欲求的，他归纳说：“第一，孟子并不排斥利欲；孟子认

① 郑伯熊：《二郑集》《议财论上》，周梦江校注，上海社会科学院出版社2006年版，第48—49页。

为利欲的满足也是一种幸福。”①德性与幸福是伦理学主题的两个主要话题，毋庸置疑，儒家主张德性是可欲求的，但这并非说儒家认为幸福是不可欲求的。相反，应当说，儒家对于道理、仁义的追寻，本身就是需要在利益的处置得当中彰显的。质言之，儒家并不预设和承诺超越于社会功用的所谓抽象道义。王宇认为：“历史上凡是对人的欲望进行理性思考的学者，都不会支持灭绝欲望，但也不主张放纵欲望。既要肯定人的合理的基本需求，也要高度警惕现实生活中出现的道德失范、腐化堕落的现象，不应过分张扬人的充满欲望的、利己的一面，而忽视人先天具有的道德性。”②叶适也说：

> 武帝《策贤良诏》称唐、虞、成、康，上参尧舜，下配三王，全指说在虚浮处。《诗》《书》所谓“稽古先民”者，皆恭俭敬畏，力行不息，去民之疾，成其利，致其义，而不以身参之。孔子言：“仁者己欲立而立人，己欲达而达人。能近取譬。”盖不特人主见道不实，当时言道者自不实也。③

《汉书》《董仲舒传》载《策贤良诏》赞美三代道：“盖闻五帝三王之道，改制礼乐而天下洽和，百王同之。当虞氏之乐莫盛于《韶》，于周莫盛于《勺》。圣王已没，钟鼓管弦之声未衰，而大道微缺，陵夷至呼桀纣之行，王道大坏矣。”④在叶适看来，三代之美，诚然可贵，但他不同意《策贤良诏》中把三代之美单向度地归结为礼乐。叶适不认为礼乐本身有何问题，但反对抽象地把礼乐文化看成政治的最高成果。他认为，从《诗经》《尚书》等经典来看，真正的圣王应当恭俭可敬以为人民兴利除弊、消除人民的疾苦、成就人民的福利，并以此来显发和实行所谓道义。他主张在位者当从实处见道，言道者也应当从实处来说道，而这个“实”，叶适认为应当理解为对于百姓现实生活福祉的“实功”与“实效”。叶适以此认为，人心有自然欲望是正常的，他说：

---

① 杨泽波：《孟子性善论研究》，上海人民出版社 2016 年版，第 260 页。

② 王宇：《外源性与地方性：宋元明浙学研究》，浙江人民出版社 2022 年版，第 48 页。

③ 叶适：《习学记言序目》卷二一，中华书局 1997 年版，第 322 页。

④ 班固：《汉书》卷五六，中华书局 1962 年版，第 2496 页。

心有可欲，惧其乱也。凡人心实而腹虚，骨弱而志强，其有欲于物者，势也。能使反之，则其无欲于物者，亦势也。圣人知天下之所欲，而顺道节文之，使至于治，而老氏以为抑遏泯绝之，使不至于乱，此有为无为之别也。孔子曰："无为而治者，其舜也与！"夫何为哉？恭己正南面而已。盖美美善善，尚贤贵货，见其可欲，舜之有为而老氏之所病也。①

叶适认为，人心有自然欲望，这是不容否认和无视的，但欲望的过度与紊乱则是可怕的。有欲于物是人心之势，通过教化使之无欲于物，同样也是人心之势。叶适认为，圣人之所以为圣者，在于了解到这一自然事实后，顺应道理本然引导、调理人欲不使之乱，这才是儒家讲的所谓无为而治，而老子却主张遏绝人的自然欲望，说这是儒道与道家有为与无为的根本区别。应当说，《道德经》中不上贤、不贵货，是对儒家式的积极建功立业的政治思维的反思，本身具有合理性。但如果将这一思维绝对化，叶适认为就成问题的了。他赞同儒家舜帝之道，并非不见可欲，而是顺应自然之理而引导、疏导之以达到善，他认为这是比老子无欲学说更高明的。

也有对朱子相关理论提出疑问者，认为朱熹考察义理的思维模式是成问题的，甚至是"混乱"的。杨泽波认为："朱熹理论产生混乱，一个重要原因，是他沿着程颐的路子，把公和私作为判别天理人欲、道心人心的标准。按照孔子和孟子的思路，义和利的区别不在于公和私，义不等于公，利也不等于私，换句话说，检验利是不是正确，标准不在于公和私，而在合不合道。"②而所谓合道，无外乎一种含括个人合理利益的公共利益原则。其实所谓任何原则都不能穷尽"道"的进程性和情境性。这一话题涉及伦理学中如西季威克所讲的实践理性的二元论困境，即求取最大多数人的最大幸福与求取个人利益的最大化的理性矛盾。正像陈江进在谈到功利主义与利己主义时所说："功利主义者要引导个人主义者承认个人的幸福并不具有至高无上的地位，从而接受功利主义的原则，但是利己主义者通常都接受个人分立

① 叶适：《习学记言序目》卷五，中华书局1977年版，第52页。

② 杨泽波：《孟子性善论研究》，上海人民出版社2016年版，第284页。

性，他们有充分的理由否认这一证明。”[①]质言之，功利主义与利己主义，本身都是难以自洽的。功利主义如果最终不能利己，那么这种功利性就是空的；利己主义如果最终不能将利益推向公众，那么这种利益终将变为盲目的并对共同体具有破坏性的。朱熹的理论有没有产生混乱，是另外一个问题，我们暂且不谈，而朱子学对永嘉事功学说提出的质疑应当说是颇具理论威力的，即利益不能作为道德的形上基础。

孟子说：“离娄之明，公输子之巧，不以规矩，不能成方圆；师旷之聪，不以六律，不能正五音；尧、舜之道，不以仁政，不能平治天下。今有仁心仁闻，而民不被其泽，不可法于后世者，不行先王之道也。故曰：徒善不足以为政，徒法不能以自行。”（《孟子·离娄上》）永嘉学者如叶适对孟子的态度是复杂的，但主张伦理的善与政治的法同样应当重视的心理机制是相通的，而无疑这也是朱子学的思想核心，即主张以心性伦理的善为社会政治的法度奠基。

① 陈江进：《功利主义与实践理性》，人民出版社 2013 年版，第 177 页。

陈亮的历史观与浙东学派

杭州师范大学哲学系教授
陈　锐

一

黄宗羲在《明儒学案发凡》中，认为“大凡学有宗旨，是其人之得力处，亦是学者之入门处。天下之义理无穷，苟非定以一二字，如何约之以使其在我。故讲学而无宗旨，即有嘉言，是无头绪之乱丝也。……每见钞先儒语录者，荟撮数条，不知去取之意谓何。其人一生之精神未尝透露，如何见其学术？”[①]黑格尔在其《哲学史讲演录》中认为，“每个哲学系统即是一个范畴”[②]。即每一种哲学都有其特殊的主导环节。但对于像陈亮这样的思想家来说，情况就比较复杂了，人们在追寻其思想渊源或归属时，很难将他与某一种思想派别相联系。朱熹与陈亮在信中反复争论，但陈亮认为“而来教乃有义利双行，王霸并用之说，则前后布列区区，宜其皆未见悉也”[③]。陈亮认为朱熹误解自己，因此“岂敢不往复自尽其说”。在以后的时代中，人们对其思想的特质或宗旨一直很难有可靠的看法。到了近现代，随着程朱理学影响的衰退，人们开始较多将其与儒学传统中的功利主义和实学思潮相联系。侯外庐一方面同意《宋元学案》中关于“永康（陈亮）则专言事功而无所承”的看法，认为“说陈亮学无师承的这种论断是正确的”，同时又相信“陈亮的哲

---

① 沈善洪主编：《黄宗羲全集》第七册，浙江古籍出版社1993年版，第5页。

② 黑格尔：《哲学史讲演录》第一册，生活·读书·新知三联书店1956年版，第38页。

③ 陈亮：《陈亮集》，河北教育出版社2003年版，第269页。

学思想具有一种好的经验论的因素,紧密地接近于唯物主义"[1]。但实际上陈亮明显与儒学中从荀子到李觏和戴震的功利主义传统有差别,朱熹将其归为"义利双行",即以为其思想并不仅仅等同于功利。田浩于1982年在其书中追溯历史,最后说"本书力求矫正一些流行的看法,首先,尽管陈亮在某些方面与一些传统的思想有相类之处,但也不能简单地将他与任一学派牵连起来。例如,萧公权在陈亮与孟子间看到了相似点,而吴春山却将陈亮划归到荀子一路,与孟子思想直接对立。两个看法都不完全正确,但也不完全错。……要将陈亮这种人放入任一传统阵营都会越来越困难"[2]。

不过,尽管陈亮的思想很难归入某一确定的阵营,但至少来说,他与浙东学派诸人还是有一些共通之处的,如果我们也可以将浙东学派作为一个阵营的话。从诸多方面来看,人们对南宋以后的浙东学派的演变及师承可能有不同的看法,尽管章学诚在《浙东学术》中没有提到南宋陈亮、叶适等人,但在他们之间也是可以寻求到一些重要的联系的,例如在他们的思想中都包含了一些双重或矛盾的成分,以致也常很难归入某一确定的阵营,在他们的人格中或多或少地有某种"推倒一世之智勇,开拓万古之心胸"的英雄热情,因此也似乎比其他学派受到更多责难。汉学家本杰明·史华兹说陈亮"是一位受过多方面影响的学者,其观点经常陷于矛盾之中"[3]。叶适的思想与陈亮有较多共通处,倡言功利又不等于功利,在陈亮眼中是"正则学识日以超颖",且又不是"不恤世间毁誉怨谤",但也受到朱熹和以后道学家的激烈指责。直到20世纪,接续宋明理学传统的牟宗三在其颇有影响的《心体与性体》中用80页篇幅对叶适大加批评,认为他如朱熹所说的"高自标置,下视古人",甚至说他"经朱子斥责,不但未能稍有转变,且益增其反动……故后来遂干脆写成《总述讲学大旨》及《习学纪言》,悍然与孔子传统为敌"[4]。以后王阳明、黄宗羲的思想中都包含双重成分。清代的章学诚写《浙东学术》,为浙东学人的谱系和宗旨奠定了基础,他好争辩,其思想如倪德卫所

---

① 侯外庐:《中国思想通史》第四册,人民出版社2011年版,第111页。

② 田浩:《功利主义儒家——陈亮队朱熹的挑战》,江苏人民出版社1997年版,第11页。

③ 田浩:《功利主义儒家——陈亮队朱熹的挑战》,江苏人民出版社1997年版,第8页。

④ 牟宗三:《心体与性体》,吉林人民出版社2013年版,第274页。

说，“一定为两个明显相互抵触的概念留下了余地 ”，“他既是独立性的旗帜，也是正统性的旗帜，他仍然难以琢磨”①。章学诚在乾嘉学派的氛围中被“视为怪物，诧为异类”，其思想在20世纪尽管被梁启超、胡适等人所倡扬，但直到今天仍受到很多批评和误解。

不管如何，探讨陈亮的思想特质或宗旨仍然是需要的，或者说，像那种包含矛盾或双重的成分或许本身就是重要的特色，尽管它至今没有得到应有的关注和研究。探讨这种特质，不仅可以更好地理解和把握陈亮的思想和人格，对浙东学派及浙江现代思想家的理解也是有意义的。萧公权在谈到章太炎时也看到其思想中的矛盾，他说“章氏言‘九世’则满腔热血，述‘五无’之论则一片冰心。寒暖相殊，前后自异” ②。在20世纪，学界则如倪德卫所说主要从史学或经世的角度去研究章学诚及浙东学术，而在哲学史中一直缺少其位置 。但实际上，整个浙东学派也不是史学或经世可以容纳的，他们一方面和当时的时代思潮一样在趋向现实世界，但同时又都在不同程度上保留了对形而上的兴趣，这样就使他们兼有经和史、德性和学问等的多重成分。当章学诚说浙东学术“言性命者必究于史”时，事实上也意指包含了性命与史双重成分。浙东学派的这种特征和态度如叶适所说：“经，理也；史，事也。《春秋》名经而实史也，专于经则虚而无证，专于史则事碍而不通，所以难也。”③此外，不仅在浙东学派中，在欧洲近代思想史上也有类似的现象，即有的人也在某种矛盾中包含了双重的特质。

二

对陈亮来说，其思想中最重要的也许就是在与朱熹争论中所涉及的历史观了。牟宗三会批评浙东学人，但当他借鉴黑格尔的历史哲学以建立自己的思想体系时，也承认陈亮的历史哲学的意义，认为可以补充朱熹之不足。他认为朱熹的道德判断忽视了历史和否定性的东西，因此要在辩证发

---

① 倪德卫：《章学诚的生平与思想》，江苏人民出版社2007年版，第50、179页。

② 萧公权：《中国政治思想史》下册，商务印书馆2015年版，第868页。

③ 叶适：《叶适集》第一册，中华书局1983年版，第221页。

展或良知坎陷中容纳和解释那些否定性，“朱子对于三代以外的断定，只是抹杀。所以他只能说正面的价值，不能说负面的价值。就是说，他的断定不是历史发展精神表现中的估价”。由此他承认陈亮的历史思想以及与朱熹辩驳的意义，认为陈亮要为汉唐争地位，以为“汉唐于默默不觉中对于道亦略有所表现，不能吹毛求疵，一概抹杀”①。但是牟宗三认为陈亮的学力不足，因而必须“把以前的道德判断和历史判断两种综合地统一起来”，但是，陈亮的历史观尽管有其意义，要深入理解也是不容易的，就如对章学诚的“六经皆史”至今仍然有不少歧义和误解一样。从总体上来说，陈亮的辩驳如他自己所说，也许未能“研穷义理之精微”②，但内在的思路与浙东学派诸人是有不少相通之处的，它代表着与朱熹不同的对世界的态度。

首先是对道的理解，陈亮对历史的看法也是与其密切相关的。在这方面，陈亮相信道不能离开事物而存在，“夫道非出于形气之表，而常行于事物之间者也。……天下固无道外之事也”③。“天地之间，何物非道？赫日当空，处处光明，闭眼之人，开眼即是，岂举世皆盲，便不可与共此光明乎？”④“夫道之在天下，何物非道，千涂万辙，因事作则，苟能潜心玩省，于所已发处体认，则知‘夫子之道，忠恕而已’非设辞也。”⑤他认为道学家脱离了现实世界，使世人争务高远以求之，而卒不着实而适用，则诸儒之所以引之者亦过矣。他在给陈傅良的信中解释自己与朱熹的争论：“亮与朱元晦所论，本非为三代、汉、唐设，且欲明此道在天地间如明星皎月，闭眼之人开眼即是，安得有所谓暗合者乎！天理人欲岂是同出而异用？只是情之流乃为人欲耳，人欲如何主持得世界！亮之论乃与天地日月雪冤。”⑥对此韦正通说：“朱子认为道可离事而独存，同甫则认为道必在事中。”⑦

对于陈亮的道的观念的分析，事实上存在着一些复杂性，且从不同的价

① 牟宗三：《生命的学问》，广西师大出版社 2005 年版，第 153、150 页。

② 陈亮：《陈亮集》，河北教育出版社 2003 年版，第 269 页。

③ 陈亮：《陈亮集》，河北教育出版社 2003 年版，第 79 页。

④ 陈亮：《陈亮集》，河北教育出版社 2003 年版，第 279 页。

⑤ 陈亮：《陈亮集》，河北教育出版社 2003 年版，第 253 页。

⑥ 陈亮：《陈亮集》，河北教育出版社 2003 年版，第 309 页。

⑦ 韦政通：《中国思想史》下，上海书店出版社，第 846 页。

值观出发,也可能有不同的侧重。如侯外庐侧重于从唯物主义的角度去理解,认为"陈亮所说的'道',还含有客观规律的意义……这是对于宋儒'得不传之绝学'的神秘主义的批判。陈亮所说的正是朴素的唯物主义命题,其意思是:应按照事物本身固有的性质去认识事物"。而田浩在其书中,则侧重于强调陈亮的"道"中所包含的相对和内在的方面。"在陈亮的文集中,道是一个什么样的概念呢?他将道看作真理——内在的、相对的、以人为中心的、现实的,道从不独立于人的行为或感情,也不是深奥或抽象的。"①不同于侯外庐,田浩尤为强调陈亮的"道"在时间或历史中的意义,"由于道内在于生理-物理世界中,它也内在于历史发展之中","陈亮所要论证的是内在之道随时间的推移而发展变化"②。田浩认为这是一种不同于朱熹的观念,是用时间或历史的变迁消解了朱熹的恒常的道德,"关于道德争论,关键在于价值的性质,尤其是历史变迁对于价值的影响。陈亮用道来摧毁绝对不变的儒家道德价值的可靠性,而朱熹却用它来主张这些基本价值。对陈亮来说,道的延续性意味着一个固有的道受特定时代和环境下人们活动的限定;按照朱熹的观点,道的延续性则表示永恒的道义和道德价值的有效性"。朱熹要求一个恒常的道,因为"如果没有这些恒常的价值,就不会有什么东西来制约暂时性准则的不确定性"③。陈亮在1182年写的第一篇《问答》中认为,道随着时间而变化。在这篇《问答》中,尧"以为非天下之贤圣,不宜在此位",所以尧"取舜禹于无所闻知之人而历试以事",但是"彼其心固以天下为公,而其道终不可常也"。陈亮还认为孔子在当时作《春秋》是顺应时代变化的,"其于三代之道或损,或从或违,必取其与世宜者举而措之,而不必徇其旧典"。田浩则认为"陈亮关于道的内在性概念增强了他强烈的以人为中心

① 田浩:《功利主义儒家——陈亮对朱熹的挑战》,江苏人民出版社1997年版,第111页。

② 田浩:《功利主义儒家——陈亮对朱熹的挑战》,江苏人民出版社1997年版,第112、109页。

③ 田浩:《功利主义儒家——陈亮对朱熹的挑战》,江苏人民出版社1997年版,第109、109页。

的入世观念”①。

陈亮的道内在于历史的观念，其关键在于以历史的变化的观念消解了恒常的道，而这正是朱熹所不能接受的。田浩说，“朱熹将陈亮否认古代道德标准的永恒性当作中心问题”。朱熹在1185年的信中对陈亮的观点进行了归纳，认为历史与价值的关系是其根本所在，认为“其大概不过推尊汉唐以为与三代不异，贬抑三代以为与汉唐不殊。而其所以为说者，则不过以为古今异宜，圣贤之事不可尽以为法”，但这样一来，在陈亮的道内在于历史的观念中就包含着一种相对主义的成分，“朱熹除了反对陈亮的政治结果倾向外，再三抨击他的相对主义，因为相对主义对道学的伦理与标准起了腐蚀作用”②。在朱熹看来，在1500年中正是由于学者皆把道看成相对的，将后世的君主转变成圣人或英雄，因此导致了道德的堕落，“江西之学只是禅，浙学却只是功利”，“譬如人看劫盗公案，看了须要断得他罪恶 ，及防备禁制他，教做不得。他却不要断它罪，及防备禁制他；只要理会得许多做劫盗的道理，待学他做”③。因此朱熹强调道作为价值的独立性和恒常性，“若论道之常存，却又初非人能所御，只是此歌自是亘古亘今常在不灭之物，虽千五百年被人作坏，终殄灭它不得耳”④。

朱熹要维护一个恒常的道这是可以理解的。但是，正由于任何东西都可能被败坏，所以那些那种脱离了物和现实的东西也会走向僵化和虚伪。在陈亮看来，那些理学家“耻言文章、行义，而曰‘尽心知性’；居官者耻言政事、书判，而曰‘学道爱人’。相蒙相欺以尽废天下之实，则亦终于百事不理而已”⑤，“孟子终日言仁义，而与公孙丑论一段勇如此之详，又自发为浩然之气，盖担当开阔不去，则亦何有于仁义哉！气不足以充其所知，才不足以法

① 田浩：《功利主义儒家——陈亮对朱熹的挑战》，江苏人民出版社1997年版，第110、26、31、112页。

② 田浩：《功利主义儒家——陈亮对朱熹的挑战》，江苏人民出版社1997年版，第114、117页。

③ 《朱子语类》卷一二三，第2967、2166页。

④ 陈亮：《陈亮集》，河北教育出版社2003年版，第287页。

⑤ 陈亮：《陈亮集》，河北教育出版社2003年版，第216页。

其所能，守规矩准绳而不敢有一毫走作，此子夏所以分出一门而谓之儒也"[①]。陈亮的看法实际上和王阳明对知行分离的批评是类似的。反之，正由于这种特点，朱熹也对其加以指责，认为"同父才高气粗，故文字不明莹，要之自是心地不清和也"，"若永康永嘉之说，大不成学问"[②]。对于朱熹所指责的内容，陈亮也并不完全否认，但又强调那些缺点和自己的优点都是并存的，"研穷义理之精微，辨析古今之同异，原心于秒忽，较礼于分寸，以积累为功，以涵养为正，睟面盎背，则亮于诸儒诚有愧焉；至于堂堂之陈，正正之旗，风雨云雷交发而并至，龙蛇虎豹变见而出没，推倒一世之智勇，开拓万古之心胸……自谓差有一日之长"[③]。此外，陈亮尽管强调道内在于事物和历史中，注重道德的历史性及其变化，但也意识到了其中的相对成分，因此为了避免极端，他也在一定程度上兼顾或考虑了道的恒常性的一面。在1182年的第一篇《问答》中陈亮强调了历史性以后，紧接着就说"然而君臣之大义，未之有改也"[④]。在讨论《春秋》时，陈亮把《春秋》中的夷夏之辨看作恒常的。"他在讨论《春秋》的名文章中最好地体现了他的相对主义同对某些政治观点采取了那种绝对性的混合。"[⑤]

三

对于陈亮与朱熹的争论及其历史观，仅将其内容加以复述是不够的，或者仅仅将其争论作为道德与事功的对立也会导致一些误解，所需要的是跳出其文字，将其放在更大的视野或整体中，有了更多的参照，或许可以加深对其所学的理解。其中一个重要的参照即浙东学派，因为陈亮的那些思考在浙东学派诸人（如叶适、章学诚等人）那里也有类似的思考。在道与器、义和利等问题上，叶适也和陈亮一样强调道不能离开物而存在，"物之所在，道则在焉。物有止，道无止也。非知道者不能该物，非知物者不能至道，道虽

---

① 《陈亮集》，河北教育出版社2003年版，第270页。

② 《朱子语类》卷一二三，中华书局1984年，第2965、2957页。

③ 《陈亮集》，河北教育出版社2003年版，第269页。

④ 《陈亮集》，河北教育出版社2003年版，第31页。

⑤ 《功利主义儒家——陈亮对朱熹的挑战》，江苏人民出版社1997年版，第117页。

广大，理备事足，而终归之于物，不使散流”(《习学记言序目》卷四十七)。叶适心目中的道是混合了对立面的统一体，“道原于一而成于两，古之言道者必以两，凡物之形，阴阳、刚柔、逆顺、向背、奇耦、离合、经纬、纪纲，皆两也。……然则中庸者，所以济物之两而明道之一者也，为两之所能依而非两之所以能在者也”①。叶适在这里强调的是相合、能依、相禅、交错或“内外交相成之道”。在章学诚的历史哲学中，“《易》曰：‘形而上者谓之道，形而下者谓之器。’道不离器，犹影不离形”。在这个意义上，章学诚也如陈亮、叶适一样不满于道学，认为“宋儒起而争之，以谓是皆溺于器而不知道也。……而其弊也，则欲使人舍器而言道”，“而儒家者流，守其六籍，以为是特载道之书耳。夫天下岂有离器言道，离形存影者哉”②。

从字面上看，他们都强调道不能离开物、事而存在，这构成了他们整个思想的哲学前提，但在如何解释上却可能存在歧义。像侯外庐那样将之解释为唯物主义的立场，明显是有不足的，就如将陈亮、叶适看成纯粹的功利主义也不恰当一样。应当看到，在他们的思考中，关键之点是强调两者不可分离，并在其中融合或兼有了双重的成分。对于这一点，也许何炳松的解释有其合理性，因为在二程兄弟那里也有类似的思考，也强调道和物不可分离，如“诚者合内外之道”“道外无物，物外无道”③。何炳松认为，“程氏对于事和理的关系亦用一元的态度去说明他。他这种事理一致的主张实在开后来浙东学派的宗门”④。当然相对来说，“合内外之道”在二程兄弟那里只是一种思辨或神秘的成分，叶适则以之作为出发点来分析一切的哲学、政治问题，并从历史的角度将这种内外交相成之道作为早期的三代之治或儒家的本原状态，但却在后世被分离了，社会衰乱和道之不明即是由于“天下不知其为两也久矣，各执其一以自遂”⑤。当陈亮纠正朱熹关于王霸、义利的说法时，他也是强调两者不可分，如王阳明那样反对知行分离，“诸儒自处者曰义曰王，汉唐做得成者曰利曰霸，一头自如此说，一头自如此做；说得虽甚好，

---

① 叶适：《叶适集》第三册，中华书局 1983 年版，第 732 页。

② 章学诚：《章学诚遗书》，文物出版社 1985 年，第 11 页。

③ 《二程集》，中华书局 1981 年，第 9、1169、73 页。

④ 何炳松：《浙东学派溯源》，广西师大出版社 2004 年，第 22 页。

⑤ 《叶适集》第三册，中华书局 1983 年版，第 732 页。

做得亦不恶；如此却是义利双行，王霸并用。如亮之说，却是直上直下，只有一个头颅做得成耳"①。叶适在反驳董仲舒时则说："'仁人正谊不谋利，明道不计功'，此语初看极好，细看全疏阔。古人以利与人而不自居其功，故道义光明。后世儒者行仲舒之论，既无功利，则道义者乃无用之虚语尔。"②章学诚的思路在总体上也是类似的，只是更偏重学术史的演变以及其与政治的关系。至于陈亮，他在哲学上强调道不能离开物也是与他对历史的分析密切相关的，田浩说："陈亮反对同时代人对道德性命之学具有强烈的嗜好，而忽视文章、政事。他将自己看作有志于纠正道之一偏的一分子，明确指出在他那个时代，人们对道德理解非圣人之所谓语道。……如果孔子在内在的个人领域与外在的社会政治领域之间做出二分并努力张扬前者的话，就打破了道的基本统一体。如果道是深奥的、遥远的或抽象的，它便与人类无关。'夫渊源正大之理，不于事物而达之，则孔孟之学真迂阔矣，非时君不用之罪也'。"③对此章学诚也说："夫子自述《春秋》之所以作，则云'我欲托之空言，不如见诸行事之深切著明'。则政论典章人伦日用之外，更无别处著作之道，亦已明矣。"④

由此可见，他们对于道的观念是与他们的历史观密切相关的，当他们强调道不能离开事物而存在时，显然不同于那种从荀子到戴震的传统，而是与程颐或道家思想有更多的关联。侯外庐认为陈亮的思想"是对于宋儒'得不传之绝学'的神秘主义的批判"，但实际上，他们的思想倒不如说正与道家或神秘主义有些许关联，因为从庄子、郭象到禅宗和心学，也都在不同的角度上去强调道器不二、心物不二，都反对将超越的存在与经验世界判为两橛。章学诚及浙东学派的精神并不像清儒那样站在一方去反对另外一方，而是在某种领悟中去消解宋学和汉学、理和事、经和史的对立，并又在历史的变迁中将双方都同时包含在自身中，因此在这个意义上与道家具有渊源。对于章学诚的六经皆史，钱锺书将其溯源到庄子或许是有些道理的。他在《谈

---

① 陈亮：《陈亮集》，河北教育出版社2003年版，第270页。

② 叶适：《习学记言序目》，中华书局2009年，第324页。

③ 田浩：《功利主义儒家——陈亮对朱熹的挑战》，江苏人民出版社1997年版，第112页。

④ 章学诚：《章学诚遗书》，文物出版社1985年，第11页。

艺录》中说:“是则以六经为存迹之书,乃道家之常言,六经皆史之旨,实肇端于此。”[①]山口久和不同意其看法,认为在章学诚那里,“‘事’相对于‘道’的价值优势是昭然若揭的,是对道家、宋学式思维的逆转。若是如此,就不得不断定,主张‘六经皆史’实肇端于道家、宋学式思维的钱锺书的看法是根本错误的”[②]。在这里,山口久和对道家与后世的历史主义的理解有不足,他以为“道家视六经为糟粕”就是贬低了事和语言的价值,殊不知庄子思想最内在的东西是与历史上的神秘主义一样去消解一切道和事、言和默的对立,因此其道是“无所不在”“道在稊稗”“非语非默”,而且也正是由此孕育了历史退化和循环的观念,“逮德下衰,及燧人、伏羲始为天下,是故顺而不一……然后附之以文,益之以博。文灭质,博溺心,然后民始惑乱,无以反其性情而复其初。由是观之,世丧道矣”[③]。《庄子·天下》篇会被称作中国第一部学术史,其指导思想即这种“百家往而不返……道术将为天下裂”的过程。对陈亮来说,他也引用庄子来支持自己对三代汉唐的看法,“当其是非未大明之时,老庄氏之心岂能遽废而不用哉!亮深恐儒者之视汉唐,不免如老庄当时之视三代也”[④]。他可能未像章学诚那样引用庄子的道术裂为方术,但在对王通的兴趣中也多少隐含了这种关联,因为在王通那里有道家的影响和历史变化的观念,“子曰:‘通其变,天下无弊法;执其方,天下无善教’”(《周公篇》)。叶适也同样对王通有关注。当陈亮讨论皇帝王霸的演化时,已经表明了这一点,因为皇帝王霸的退化本身就是道家思想的产物,“皇降而帝,帝降而王,王降而霸,各自为道,而道何其多门也邪?无怪乎诸子百家之为是纷纷也。孔子之叙《书》也,上述尧舜而不道其前,则皇道固已不可为法于后世矣”“王通有言,‘《皇坟》《帝典》,吾不得而识字焉,不以三代之法统天下,终危邦也。如不得已,其两汉之制乎!不以两汉之制辅天下者,诚乱也已’”。对此朱熹则予以反驳,认为“帝王本无异道,王通分作两三等,已非知道之言。且其为道,行之则是,今莫之御而不为,乃谓不得已而用两汉之制。

① 钱锺书:《谈艺录》,中华书局 1984 年版,第 265 页。

② 山口久和:《章学诚的知识论》,王标译,上海古籍出版社 2006 年版。

③ 王先谦:《庄子集解》,中华书局 1999 年版,第 136 页。

④ 陈亮:《陈亮集》,河北教育出版社 2003 年版,第 273 页。

此皆卑陋之说，不足援以为据”①。

四

对陈亮的历史哲学以及浙东学派的理解都仍然面临一些重要的问题，需要的是扩大视野，将其放在中国传统乃至整个人类的背景中。在这方面，西方的一些东西也可构成重要的参照。然而在今天，不少人都注意到了西方的观念在应用于中国传统思想时的有效性问题。田浩在他的书中说：“我们应当注意不去使用西方的参照物，否则就会妨碍对中国特定背景之下的问题的理解。……因此，西方的观点不能用来判断或歪曲我们对问题的讨论。”但是，这种说法可以纠正以往的一些偏向，却并没有真正解决问题。在20世纪中，人们所引入的西方思想和概念主要是近代哲学和科学的产物，而不是全部和整体，它们在应用于中国传统时确实带来了一些问题。然而，如果想达成一些可靠的认识，外在的比较和参照仍然是不可缺少的，正是由于比较，才可能将对象放在关系和整体中，孤立的东西是很难认识的。当然，那些作为比较的前提或参照可能是有局限的，就如一切科学的知识也都是相对和有限的一样。在一切认识中，每更换一次参照物，就可能得出不同的看法，因此，需要的是扩大和丰富那些参照物，而不是拒绝参照物。人类世界本是一个共同体，从古代到今天，那些技术和思想都一直在流动中，即使中国传统的思想家，也知道那种东海西海，心同理同，是如孟子所说，“心之所同然者，理也，义也”，如果它不能超越地域的限制，就不能成为普遍的理义。不同的文化或对象间如果不具有共通性，我们也许就永远无法去认识。维柯在他的历史哲学中所要寻求的就是能适用于一切民族的理想永恒的历史。本杰明·史华兹在《功利主义儒家——陈亮对朱熹的挑战》的序言中说：“我们也不应武断地认定这些即使在西方背景下也具有复杂语义史的观念绝对不适合于中国思想。我们在处理中国思想时，可能会发现对有些问题做些调整就容易翻译成西方语言。……正是这样一个事实，相同的问题

① 陈亮：《陈亮集》，河北教育出版社2003年版，第136、277、293页。

可以产生于完全不同的文化背景中。"[①]

事实上，人们以往西方思想的引入也是带有某种选择性的，对不同参照物的选择本身也依赖于我们自己的偏好，如那种起于维柯和浪漫派的历史主义，则在相当程度上被忽略了，而它们对于认识陈亮以及浙东学派的历史哲学倒可能有重要的意义。田浩曾提及浪漫派和陈亮在民族主义问题上可能的异同，汪荣祖泽则将章太炎与德国历史主义相联系。陈亮强调道内在于物和历史中，而在章学诚或德国19世纪历史哲学的潮流中，也渗透着类似的观念。倪德卫视章学诚的历史哲学为"道在历史中的展开"，"道植根在历史进程中。道是个别事件和背后的'所以然'，但它自身并不是一个外在于历史的非时间性的价值模型或标准。它不是'物之所当然'。在此，章学诚以一种非常重要的方式对程朱理学做了修正"[②]。而在浪漫派史学中，道变成了神，神内在于万物和历史中，在这样的基础上，浪漫主义去反对那种唯理论的二元论，反对那种将普遍的真理与变化的具体事物、将文明与野蛮对立起来的观点，"浪漫主义运动的成果，不仅是历史研究的繁荣，而且也是一种文化观念。这种观念在突出知识的各种理论上引起了十分重要的变化。一种文化的各个不同方面，看成是单一精神的种种表现"[③]。朱熹不满于陈亮模糊三代圣贤和后世君王的差别，在浪漫派中，也力图消解野蛮和文明的分野，当他们以这样的态度去看待历史的时候，人类文化的每一个阶段，每一种形式都重新获得了它的意义，"这样去反对那种以抽象理性的名义对过去肤浅地加以蔑视的做法。他并进一步认为没有一个人类时代是不对的，因为每一个人类时代都有它自己的力量和美"[④]。当然在彼此之间肯定有不同，例如它们尽管在内在进程上有相似之处，而浙东学人的那些思考在宋明时代被贬低，在清初和晚清有一些微弱的影响，而在欧洲却被发展为广泛的社会思潮了。

---

① 田浩：《功利主义儒家——陈亮对朱熹的挑战》，江苏人民出版社1997年版，第7页。

② 萧公权：《章学诚的生平与思想》，商务印书馆2015年版，第104页。

③ 哈多克：《历史思想导论》，华夏出版社1989年版，第133页。

④ 克罗齐：《历史学的理论与实际》，商务印书馆1986年版，第215页。

永嘉学派与永康学派事功思想之异同及其价值

温州大学国学研究院院长、教授
温州市叶适与永嘉学派研究会会长
陈安金

作为首批"浙江文化印记"名单中浙东学派的核心流派，永嘉学派和永康学派事功思想是当代浙江人"敢为天下先"创业创新精神的源头活水。它们都从属于"浙东学派"，因皆主张"事功"、反对空谈心性。之所以又分为两派，说明其学术旨趣亦有不同之处。

一、永嘉学派与永康学派事功思想之异

永嘉学派的事功思想涵盖义理、经制二维，叶适总结的"内外交相成""行本于仁义而功见于实事"当是其较为完整准确的阐释。永康学派则长于经制而短于义理。从代表人物陈亮的著作中可见，他将绝大部分的工夫用于从经史中研究解决南宋社会矛盾的可行策略方法，并论证所提方法策略之必要性与合理性。可见两派学说体系的构成存在一定区别。

从陈傅良对朱熹、陈亮王霸义利之辨的评说中也可看出一些端倪。

> 朱丈占得地段平正，有以逸待劳之气，老兄跳踉号呼，拥戈直上，而无修辞之功，较是输他一着也。
>
> 以不肖者妄论，功到成处便是有德，事到济处便是有理，此老兄之说也，如此则三代圣贤枉作工夫；功有适成何必有德，事有偶济何必有理，此朱丈之说也，如此则汉祖唐宗贤于盗贼不远，……则是天命可以苟得，……其弊下有觊觎之臣。二君子立论不免于为骄君乱臣之地，窃所未安也。以兄之奇伟，适不如乐毅论之迂

阔。朱丈之正大，适不如王命论之浅近，是尚为有益于训乎！且朱丈便谓兄贬抑三代，而兄以朱丈使五百年间成大空阔。

这段话中陈傅良从两个角度评论了朱熹与陈亮之辩。

一是朱熹“占得地段平正，以逸待劳”，陈亮“跳踉号呼，拥戈直上，而无修辞之功”。因朱熹祖述尧舜、根植孔孟，由内圣而外王，故而思想体系完备，就其学说本身而言，有稳固之根基，难以被轻易推翻。陈亮则更多立足汉唐史实，急迫陈述南宋应当行大有为之道改制强国、雪耻复国，并激烈批判了理学的空洞虚无和不切实际。然因陈亮对三代圣王及孔孟之说引证较少，从儒家学术的角度言，缺乏足够的经典理论支撑。

二是陈亮主张“功到成处，便是有德；事到济处，便是有理”，导致“三代圣贤枉作工夫”；朱熹主张“功有适成何必有德，事有偶济何必有理”，导致“汉祖唐宗贤于盗贼不远，则是天命可以苟得，其弊下有觊觎之臣”。即就主要思想观点而言：陈亮重行为的结果，认为若君王能奋发有为，施有为之政实现保国安民，那么他就是有大德之君，其无论使用何种手段方法皆正当有理；朱熹重行为的动机与行为人的基础修养，认为君王必须贯彻“修身齐家治国平天下”之工夫次序，先穷理修身，然后治国理政，若心中存有纤毫人欲，则所行之事无论取得怎样的成果皆不正当合理。

陈傅良进一步指出了二人观点之不足处，由此提出了自己的主张。他认为陈亮轻视尧舜孔孟道德义理之学，有失儒者根本，而大力鼓动君王建功立业之心，又有违儒家一贯的克制情欲、致君行道等政治哲学要旨，从而“骄君”。朱熹则否定汉唐以来的历朝事业，将君王禁锢于穷理修身的牢笼中，使得历代明君贤臣有关治国理政的智慧和举措因动机不纯而被全盘否定，难以用于解决现实问题，致使国家失控、社会失序、乱臣并起。陈傅良则兼取二人之长，弥补二人之短，既鲜明地反对空谈心性、主张务实事功，又深研儒家经典对事功进行了合法性论证。在实学实政方面，著《周礼说》《历代兵制》等，系统总结了三代及汉唐以来历朝于政治、军事、民政诸领域的经验智慧，为现实的施政改革提供了重要参考。在儒家经义阐发方面，他给宋光宗讲解《尚书》时强调君王的“保民之责”，言“禹不抑洪水，周公不兼夷狄、驱猛兽，使斯人脱于不安其生之患，而君臣、父子、兄弟、夫妇相保也，则禹、周公之责不塞”。后叶适进一步建构了“皇极、大学、中庸三合一”“内外交相成”的“圣王之道”，由此形成了支撑永嘉学派实政实学的经典依据。

二、永嘉学派与永康学派事功思想之同

永嘉学派与永康学派在学术上的差异并非观点主张的根本分歧，甚至可以说他们在思想上是高度一致的。永嘉学派代表人物薛季宣、郑伯熊、陈傅良、叶适等皆与永康学派代表人物陈亮保持着密切的交往。叶适在《陈同甫王道甫墓志铭》中高度赞扬了陈亮“志复君之仇，大义也；欲挈诸夏合南北，大虑也；必行其所知，不以得丧壮老二其守，大节也。春秋战国之材无是也。吾得二人焉；永康陈亮，平阳王自中”，表达了对陈亮学问、志向和气节的推崇。

今从四个角度言永嘉学派与永康学派之共通性。

首先，同出儒学一源。与理学、心学一样，永嘉学派与永康学派皆是对先秦儒学的继承和发展，只因思想家们之经历、立场、意图不同，故而对先秦儒学的理解、接受和阐发出现了分歧。

其次，皆旗帜鲜明地反对理学空谈心性、倡导事功。朱熹批评“浙学专是功利”，但“功利”与“事功”存在本质的区别。清代全祖望及四库馆臣皆对此有过论断，评薛季宣“其学主礼乐制度，以求见之事功，然观艮斋以参前倚衡言持敬，则大本未尝不整然”；评叶适“永嘉功利之说，至水心始一洗之”；评陈亮“专言事功而无所承”。皆言“事功”而非“功利”。四库馆臣言：“朱子颇以涉于事功为疑。然事功主于经世，功利主于自私，二者似一而实二。”可见，永嘉学派与永康学派的事功思想以圣王之道为根据、以仁义为基础，并未偏离圣王之道和孔孟之学，这是为后世学者所公认的。

陈亮“保民而王”的王道思想，是对《尚书》中“天视自我民视，天听自我民听”思想的继承发展。他认为为君者当勇毅果敢，为臣民做主，担当起应负之责。陈亮言：“孔子伤宗周之无主，痛人道之将绝，而作《春秋》。”即周平王东迁后，累世周王未能担天下之责，使百姓失怙，诸侯并起，天下大乱。久之，人心渐不思周，周遂失天命而亡。因此他提醒宋孝宗，若不吸取东周教训，苟且偷安，不惟已失之北方半壁江山之民不再向宋，南方民心亦将渐失，

宋之天命亡也不远。因此陈亮建议孝宗须有失天命而亡国的急迫感，迁都建康以示进取，选贤任能、整顿吏治军备以富国强军，切实担负起护国安民之责，以寻求巩固天命。陈亮这些观点与永嘉学派相近，如陈傅良言“禹不抑洪水，周公不兼夷狄、驱猛兽，使斯人脱于不安其生之患，而君臣、父子、兄弟、夫妇相保也，则禹、周公之责不塞”。叶适也言“天子以保民为职”“先王之政，以养人为大”。

陈亮伸张周武王和汉高祖推翻暴政、平定天下、保国安民等事迹，但也反对西周、汉代夺取政权后大封亲贵而逞私欲。他强调：“三代以仁义取天下，本于救斯民，而非以位为荣也。……秦合天下以奉一人，恣其所欲为，陈涉因斯民之不忿，徒手大呼，而刘项借之以起。沛公号为宽大长者，三章之约足以动天下而入其心，宜本于为民而起矣。”可见陈亮之说亦不失仁义大本，与永嘉学派诸贤的认识是一致的，而朱熹的评说是片面的。

再次，学说风格一致，皆重视对史书制度的研究，与程朱理学更多依赖“圣人之书”的区别鲜明。《陈亮集》中基本没有经义阐发，但在对历史人物及历史事件的评析方面内容丰富。薛季宣认为“于古封建、井田、乡遂、司马法之制，靡不研究讲画，皆可行于时”。陈傅良认为“自六经外，历代史、天官、地理、兵刑、农末至于隐书小说，靡不搜研采获，不以百氏故废”。叶适亦然。

最后，学术旨趣高度一致，即研实学、行实政、修实德，以富国强军、复国雪耻、中兴大宋为奋斗目标。当南宋之际，女真强敌虎视，君臣士大夫腐朽苟安，国政疲敝，亡国灭种的危机日甚一日。而理学人士虽口言“兴复”，却不思可行之计，无视偏安日久所致天命丧失的巨大隐患，故而陈亮批评他们“风痹不知痛痒”。彼时朝野大部分官员士大夫耽于享乐、苟且偷安，如陈亮所言“士大夫又从而治园囿台榭以乐其生于干戈之余，上下宴安，而钱塘为乐国矣”。理学穷理修身的主张又恰恰能为此人群苟安享乐提供借口，因而学风日益空疏、士风日益颓丧，弃北方百姓于不顾，陷南方百姓于险境。基于此，陈亮主张国家应及时进行改革变法，提出了著名的《中兴五论》。陈亮反对一味地固守祖宗家法，主张因时变通。陈亮言：“艺祖皇帝经画天下之大略，盖将上承周、汉之治。太宗皇帝一切律之于规矩准绳之内，以立百五六十年太平之基。至于今日，而不思所以变而通之，则维持之具穷矣。”永嘉学派诸贤亦激烈批评了腐朽的士风和空疏的学风，从学术、制度多方面提出了变法图强的理论策略，并不失时机地将之付诸实际。如开禧二年(1206)，宋北伐大败，金军乘势南下。叶适临危受命，任宝谟阁待制、知建康府兼沿江制置使、兼节制江北诸州、总揽长江以北军事，他以长期的军事学积累，成功地率领军民粉碎了金军的进攻，巩固了边防，后又在江淮之间措置屯田，教导军民战守之策，提出“坞堡之议”，为南宋政权的维系做出了巨大贡献。

永嘉学派在薛季宣和陈傅良之后，有叶适进一步的理论完善，遂能“一洗功利之说”。永康学派则自代表人物陈亮52岁去世后后继乏人，未能完善其儒学体系建构。但就两派相同的学术旨趣和奋斗目标而言，可以说他们本就从属于同一个儒学体系，即“事功儒学”体系，永嘉学派的内圣之学完全可以用来支撑永康学派的经制之学，故而当时后世将二者合并于“浙东儒学”之中。

三、永嘉学派与永康学派事功思想之当代价值

习近平总书记曾指出：“无论是陈亮、叶适的经世致用……都展示了浙江深厚的文化底蕴，凝聚了浙江人民求真务实的创造精神。”(《浙江文化研究工程成果文库总序》2006年5月30日)永康学派和永嘉学派的精粹学问和伟大精神于南宋一朝弥足珍贵，对当下中国人精神的培养和中国经济社会发展亦有着重要的现实意义。

首先，永嘉学派和永康学派事功思想为“浙江精神”打下了厚重的底色。“浙江精神”之内涵有三：一是“自强不息、坚韧不拔、勇于创新、讲求实效”，二是“求真务实、诚信和谐、开放图强”，三是“干在实处、走在前列、勇立潮头”。三种内涵皆以自强、务实、变通、创新为核心理念，究其文化渊源，与南宋时期浙东学派的兴起紧密关联。隋唐北宋时期，相较于国内大部分地区，浙江一带经济虽有很大的发展，但文化上却仍处于较落后地位，具体体现为，教育及儒学发展不足，既没有影响力的思想家和思想流派，也未形成具有共同思想精神的士大夫群体。南宋时期，在浙江区域兴起了永嘉学派、永康学派等大儒云集、思想精粹、事功精神鲜明的儒学流派。永嘉学派和永康学派诸贤以严谨务实、经世致用的学风塑造了浙江士大夫群体的思想精神。

永嘉学派和永康学派诸贤勇毅笃行，践履事功思想，为浙江士大夫群体树立了精神标杆。永嘉学派和永康学派诸贤通过言传身教，将事功思想根植于浙江士大夫群体的灵魂深处，历数百年沧海桑田，逐渐塑造了浙江人的精神特质，为“浙江精神”打下了厚重的底色。

其次，永嘉学派和永康学派事功思想是当代浙江经济发展背后的文化命脉。改革开放以来，浙江经济快速崛起，GDP 总量和经济增速一直位居全国前列，浙江在经济发展模式、理念等层面均有卓越创建。进入 21 世纪以后，面对发展中的要素性、素质性、结构性矛盾及金融风险，浙江积极推动区域金融综合改革、重构社会信用体系、促进中小企业升级、加强科技创新、淘汰落后产能，有效地化解了区域金融风险，推动了实体经济发展。尤其是“八八战略”实施以来，浙江通过腾笼换鸟、机器换人、空间换地、电商换市等方式，实现了战略性新兴产业、高新技术产业和装备制造业的跨越式发展。在新时代新征程上，浙江省更是被列为“中国特色社会主义共同富裕先行和省域现代化先行”示范区。改革开放以来，浙江人秉承“自强不息、坚韧不拔、勇于创新、讲求实效”“求真务实、诚信和谐、开放图强”“干在实处、走在前列、勇立潮头”等精神艰苦奋斗，方才取得前述诸多举世瞩目的成就和荣誉。追本溯源，永嘉学派和永康学派的事功思想正是当代浙江经济发展背后的文化命脉。

最后，永嘉学派和永康学派事功思想对当下中华优秀传统文化的创造性转化亦具有重要的启示。永嘉学派和永康学派事功思想都是中华优秀传统文化的重要组成部分，两派诸贤立足宋代社会现实对传统文化进行了全面整理与深度阐发，最终形成了具有事功特质的儒学思想体系。相对于“理学”与“心学”之“空无”性、内向性、排斥性和独尊性，永嘉学派和永康学派事功思想呈现出鲜明的务实、经世、兼容并包的特点。张立文先生将永嘉学派哲学精神的体现概括为开放兼容、忧思创新、经世济民、融突和合等八点，也可以说是对永嘉学派与永康学派“双创”思路与实践的恰当概括。两派诸贤因忧思南宋之内外危机而反思社会根源、探索应对之策、开创经世之学。他们本着一切立足实用的原则，广泛吸取传统文化中的有益成分，不问来源、不存门派之见，只看学说是否有助于解决现实问题，以开放包容的胸怀、钩深致远的心态，融通和合百家之学，而成为致广大而尽精微的事功之学。可以说，永嘉学派和永康学派事功思想是两派诸贤立足现实对中华优秀传统文化的创新性发展与创造性转化，其展开思路及学术精神对当下传统文化的“双创”具有积极的启发意义。而中华优秀传统文化精神的觉醒与转型，也必将极大地增强国人的文化自信，并将为新时代中国特色社会主义经济文化的建设提供源源不断的精神动力与智力支持。

永康学派与永嘉学派的交涉

——以陈亮为中心

浙江建设职业技术学院马克思主义学院讲师
邓伟峰

陈亮(1143—1194)作为永康学派创始人,与永嘉学派诸多学者有着密切往来。陈亮一生曾多次到过永嘉,访问永嘉事功学派的代表人物,陈傅良、叶适等人亦几度到永康探望陈亮,《陈亮集》中有大量写给永嘉学者的信、词、祭文和替他们撰的墓志铭,陈亮的思想与永嘉事功学派有着密切关系。淳熙七年(1180)夏秋之间,陈亮拜访永嘉好友,在江心举办的饯别宴上,写下《南乡子·谢永嘉诸友相饯》,赞叹温州人才济济的盛况,词中写道:"人物满东瓯,别我江心识俊游。北尽平芜南似画,中流,谁系龙骧万斛舟?去去几时休?犹自潮来更上头。醉墨淋漓人感旧,离愁,一夜西风似夏否?"据记载,"人物满东瓯"的这场聚会,当时郑伯熊、居家守制的叶适、罢官在家的陈傅良等均在温州,陈亮还带来了吕祖谦致叶适的书信。陈亮与永嘉学派诸人相聚时,"彼此相互有发明""相聚计甚乐",这些交涉背后也说明了陈亮的思想与永嘉事功学派有着密切关系。

一、陈亮与郑伯熊、郑伯英

郑伯熊(1124—1181),字景望,学者称其为"敷文先生",与薛季宣皆以学行闻名,尤精于古人经制治法。绍兴末,与弟伯英、伯海,以振起伊洛之学为己任,由是永嘉学者,多宗郑氏。郑伯熊首先刊行程颢、程颐的著作,并在家乡讲学,使温州成为当时传授理学的中心。郑伯熊有《郑敷文书说》一卷传世,另有《六经口义拾遗》《虃语》《纪闻》《杂著》等,均已佚。陈亮曾为郑伯熊《书说》《杂著》作序。郑伯英(1130—1192),字景元,著有《归愚翁集》二十六卷，曾刻版印行，今已佚。郑伯熊、郑伯英属于永嘉学派学者群体，人称“永嘉二郑公”，全祖望认为“乾淳之间，永嘉学者联袂成帷，然无不以先生兄弟（郑伯熊、郑伯英）为渠率”。郑伯熊、郑伯英兄弟与陈亮的关系介乎师友之间，两人去世后陈亮都为其作过祭文。

郑伯熊最主要的传世著作即议论儒家经典著作《尚书》的《敷文书说》，陈亮为之所作的序中云：

> 余闻诸张横渠曰：“《尚书》最难看。盖难得胸臆如此之大；若只解文义则不难。自孔安国以下，为之解者殆百余家，随文释义，人有取焉。凡帝王之所以纲理世变者，盖未知者其何如也。”永嘉郑公景望与其徒读书之余，因为之说，其亦异乎诸儒之说矣。至其胸臆之大，则公之所自知与明目者之所能知，而余则姑与从事乎科举者诵之而已。①

以陈亮之言观之，《敷文书说》主要是为士子准备科举考试而作，有科举程文之功能。《敷文书说》异于汉唐诸儒之说，不拘泥于经典之字面意义，重在阐发字面背后的微言大义。这既反映出郑伯熊“胸臆之大”，又堪为包括陈亮在内的学子应试之范文。

陈亮在《郑景望杂著序》说：“尚吾郎郑公景望，永嘉道德之望也。朋友间有得其平时所与其徒考论古今之文，见其议论弘博，读之穷日夜不厌，又欲锓木以与从事于科举者共之。”陈亮认为，郑伯熊为永嘉学者道德之望，甚为景仰，其行己、论事皆以圣人、先贤为法。将其议论广布流传，恐将使郑公名声受累，然终不能禁其徒之行，勉为作序。陈亮还说道：“公之行己以吕申公、范淳夫为法，论事以贾谊、陆贽为准，而惓惓斯世，若有隐忧，则又学乎孔孟者也。是直其谭论之余，或昔然而今不尽然者，毋乃反以累公乎？”②

陈亮对郑伯熊名声的爱护程度甚至超过其亲传弟子。淳熙三年（1176）

---

① 陈亮：《陈亮集》卷二三“郑景望书说序”，河北教育出版社2003年版，第206页。

② 陈亮：《陈亮集》卷二三“郑景望杂著序”，河北教育出版社2003年版，第206—207页。

秋，郑伯熊以诏自金华返临安，途经永康龙窟，过陈亮所。淳熙七年(1180)五月，伯熊知宁国府秩满还永嘉，陈亮与徐元德侯之于馆头。淳熙八年(1181)七月，郑伯熊卒，陈亮为作祭文。他撰写《祭郑景望龙图文》，表达痛惜之情："呜呼！丙午之夕，我将哭吾亡友于金华耳。衔冤吁天，谓天不明。癸卯之朝，谁尸死生？黑头如麻，独我良朋。哀哀不寐，踯躅而行。为此邂逅，恍若铭旌。问其前驱，来自建宁。呜呼噫嘻！得非吾郑先生之灵耶！"因郑伯熊与吕祖谦之卒相后先，故陈亮尤为悲痛。陈亮还说道："子曰无父，弟曰无兄。呜呼噫嘻！天不欲使士有遗种，而独不得自附于蚩蚩之氓耶！天不可以人问，命不可以力争。念躬行之无愧，而事变之适兴。八十寿母有不顺之叹，穷乏得我有未竟之情。一世之宏议，不得自尽于其君；而《六经》之妙旨，又几何时而能以道自鸣耶！已矣置之，事固难平。师儒辅导之官，举天下皆以为莫宜于公，而公亦庶几出其一二以上论三代之英。及举手之小异，已多言之足惩。虽去国之不。较，宁有志之竟成！将所存之高而事不下接，抑道之兴废不可以人事为凭耶！"[①]祭文中，陈亮对郑伯熊的儒学成就及地位给予充分肯定，亦为其经世之学未得充分施展深感遗憾。《宋元学案》编撰者王梓材甚至依文中"吾郑先生"一语，将陈亮归入伯熊门下弟子行列。[②]

文献可考的陈亮与郑伯熊的直接会面有三次，与郑伯英的直接会面有两次。淳熙五年(1178)春，陈亮自临安返永康，郑伯熊过访，谈及吴益恭外补事。同年夏秋之际，陈亮与郑伯英有数番书信往来，惜今仅存陈亮回书一封。陈亮于回书中言及徐谊永嘉聚会之邀。陈亮在《与郑景元书》说："比仆子回，辱书为答甚悉。子宜(徐谊)兄相约会永嘉邑中，又得前所。附教，具感相念之意。但别去之久，终是无任耿耿。"接着，陈亮又与郑伯英讨论了永嘉学术："大率永嘉之论，多是相时低昂，终成背时耳，若一成作背时事业，却自无事。契兄试思之！尤延之又论能，宜若眼前更无好况；然天下事正不恁地论，直到黄河一泻千里之势，方无捺住处耳。这些光景岂碌碌者所能当！

① 陈亮：《陈亮集》，河北教育出版社 2003 年版，第 324 页。

② 邱阳：《陈亮与郑伯熊、郑伯英交游考》，《长春师范大学学报》2017 年第 36 卷第 11 期，第 60—62 页。

人亦贵审于量己，亮视此等事已如耳边风。闲居无用心处，却欲为一世故旧朋友作近拍词三十阕，以创见于后来，本之以方言俚语，杂之以街谭巷歌，抟搦义理，劫剥经传，而卒归之曲子之律，可以奉百世豪英一笑；顾于今未能有为我击节者耳。”①

陈亮在为郑伯熊所作祭文中称其为“吾郑先生”，郑伯英卒后，陈亮撰《祭郑景元提干文》称道：“我任我，幽明异歧！我亦漠然，甘与世违。呜呼！兄之文章，有源有委；君之议论，有纲有纪。兄之行事，有张有弛；兄之与人，有同有异。取之不竭，有本如是，道德性命，此外何事！”②郑伯英长陈亮十余岁，一生致力于道德性命之学，堪称“醇儒”，故陈亮对其极尽推崇之意。奇才异能、高科显第、兄弟相辉、朋友相扶，得其一已是人间幸事，而伯英兼有四者，可谓人生畅达。然伯英可贵之处并不止于此，陈亮称其文章有源有委、议论有纲有纪、行事有张有弛、与人有同有异，舍道德性命之外无他事。③总的来看，二郑与陈亮有深刻的思想交流，对陈亮思想的形成产生了一定影响。

二、陈亮与薛季宣、陈傅良

薛季宣（1134—1173），字士龙，号艮斋，学者称其为“艮斋先生”，为永嘉学派创始人。薛季宣博览群书，探究各项制度渊源，施之实用。他著有《浪语集》三十五卷、《书古文训》十六卷等。陈亮曾为薛季宣撰写祭文，见《陈亮集》卷二二。薛季宣为学重事功，开永嘉学派之先声。陈亮从乾道六年（1170）开始，在临安与薛季宣结交，并曾通信论学。吕祖谦致陈亮的信第十七函说：“永嘉之行，势须及秋也。诸公相聚，彼此想互有发明。君举（陈傅良）缺在何时？所谓止为学官则无一事，此语深有味。岂特于君举分上切中其病。尝折肱者尤觉有益耳，然知之非艰，亦望少致意于斯也。知与象先款

① 陈亮：《陈亮集》，河北教育出版社2003年版，第328—329页。

② 陈亮：《陈亮集》卷二九“与郑景元提干”，河北教育出版社2003年版，第308页。

③ 邱阳：《陈亮与郑伯熊、郑伯英交游考》，《长春师范大学学报》2017年第36卷第11期，第60—62页。

语甚善，前此政虑或不甚款耳。士龙(薛季宣)所学固不止于所著书，但终尚有合商量处耳。正则(叶适)且得有嗷饭处，去岁相聚，觉得其慨然有意，若到雁山，必须过存之也。”这封信写于淳熙三年(1176)春天，是陈亮第一次访问永嘉之时，吕祖谦与陈亮讨论永嘉学者群体，信中谈到陈傅良、薛季宣、叶适。淳熙五年，陈亮在《上孝宗皇帝第一书》中批判当时学者空谈性命之学：“辛卯(乾道七年)、壬辰(八年)之间，始退而穷天地造化之初，考古今沿革之变，以推极皇帝王伯(霸)之道，而得汉、魏、晋、唐长短之由，天人之际昭昭然可考而知也。始悟今世之儒士，自以为得正心诚意之学者，皆风痹不知痛痒之人也。举一世安于君父之仇，而方低头拱手以谈性命，不知何者谓之性命乎！”[①]这与永嘉事功之学的宗旨是一致的。薛季宣去世后，陈亮作祭文寄给吕祖谦，作为他撰写《墓志铭》的参考资料。吕祖谦完成《薛季宣墓志铭》初稿，并将其发给陈亮，陈亮提出修改的意见。吕祖谦《与陈同甫书》中谈及薛季宣：“永嘉复报士龙之讣，海内遂失此人，可痛！可痛！春间犹幸相聚半月，语连日夜，所欲相与肆习者，布置甚长。渠亦不谓遽至此也。”陈亮在《与吕伯恭正字四》中说道：“家奴归得所报教发读，足慰尊仰，讯后尊履复何似，示以士龙墓铭，反复观之。布置有统，纪载有法，精粗本末，一般说去。正字虽不以文自名，近世名能文者，要何能如此？”

陈傅良(1138—1203)，字君举，号止斋，永嘉学派重要代表人物之一。陈傅良一生强学笃志，著书明道，主经世致用，著有《止斋文集》《春秋后传》等传世。乾道六年(1170)，陈亮与陈傅良一同参加太学秋试，两人就名满京师，并称“二陈”。两人年岁相仿、学术旨趣相近，一生交游甚密，结下深厚的友谊。陈亮称傅良为“族兄”，将他视为仅次于吕祖谦的挚友，曾有“四海相知惟伯恭一人，其次莫如君举”之语。据周梦江先生考证，自淳熙三年(1176)春至八年夏，陈亮约有四次永嘉之行，“均与陈傅良相值，促膝论学，互有发明”。陈亮与朱熹大辩论时，陈傅良也曾致书于陈亮，从中调停。淳熙十二年(1185)春，陈亮抱膝斋筑成，陈傅良应约为其作《寄题陈同甫抱膝亭》一诗，淳熙十四年九月陈亮四十五岁生辰，陈傅良也有诗为其祝寿。光宗绍熙四年(1193)，陈亮试于礼部，考试后曾拜访陈傅良。陈亮病卒后，被

① 陈亮：《陈亮集》卷一“上孝宗皇帝第一书”，河北教育出版社 2003 年版，第 7 页。

他视为莫逆之交的陈傅良在为友人刘谦之所作悼文中写道："余欲作景元、同父祭文，皆不胜悲，辄止。"

从陈亮的《与陈君举》一文中可以看出其与陈傅良的思想交汇与意见分歧，他说道："尊兄向者所有，已自足以熠伏一世，课进亦非难事，小小得丧殆浮翳耳；直须到'九万里则风斯在下'地位，方可坐视群山千万叠，无不拱揖以为吾用，虽其背去者亦固吾坐下物也。……若极吾人今日之所有，只足以致人之伏耳，其背去者便无奈他何也；足以致吾君一时之喜耳，退则为人一扫净尽，便无一事也。虽然，此非为一世才人智士论也。非如吾兄有地步人，当不信此耳。"陈亮接着谈到与朱熹讨论王霸之事，"亮之论乃与天地日月雪冤，而尊兄乃名(之)以跳踉叫呼，拥戈直上；元晦之论只是与二程主张门户，而尊兄乃名之以正大，且占得地步平正，有以逸待劳之气。嗟乎冤哉"。这可看出陈亮与陈傅良意见的分歧。接着，陈亮在信中称"吾兄为一世儒者巨擘，其论已如此，在亮便应闭口藏舌，不复更下注脚；终念有怀不尽，非二十年相聚之本旨，聊复云云。更录元晦答书与亮前日再与渠书，更为详复看，莫更伸理前说？若其论终不契，自此可以一笔勾断矣"①。

陈亮还叙述了他与陈傅良之间的书信往来，表达出彼此惺惺相惜之谊："如我与兄及天民之相知，自以为庶几莫逆矣，凡所谓未能免俗之事，宜皆可以略去，独惓惓于梔楼之说。亮于兄言固隐然在心，因书又得猛省，此乃正合所望耳。妥齐之教良是，今不复用矣。甚欲得数语相警策，许之而未，何也？大抵朋友书，寒温外要当有善相示，有过相告，使相去千里常若面对讲习，庶不为无谓。监省中魁，本不足多，但世道如此，足为吾党之庆，幸甚至于不寐。盛名在人久矣，自此遂出其为己者以为人。人之望我者厚，而伺其手蹉足跌者亦不少。盛名之兴，古人所戒，兄于此念之熟矣，其善处之！"陈亮又回忆了当初与陈傅良一起参加太学秋试前的情景，"从子充侍郎处共饮，促膝对语，几于达旦，平生之怀亦略尽矣"，最后说道"今日之事，惟当闭门读书，追往念旧以求其新；但三丧未举，朝暮在目，使人肝胆摧裂，如不欲生，手未把卷，心已夺去，奈何，奈何！今岁不问有无，断当随力襄奉云云。

① 陈亮：《陈亮集》卷二九"与陈君举(傅良)·又书"，河北教育出版社2003年版，第309—311页。

状头无以易兄。兄荣归决当取道下里，无更以绍兴故人为辞，甚欲得一见面叙”①。当淳熙十一年间陈亮与朱熹进行“王霸义利之辨”时，陈傅良支持陈亮。陈傅良在调停朱熹与陈亮的辩论时，对陈亮说道：“‘功到成处，便是有德，事到济处，便是有理’，此老兄之说也。如此，则三代圣贤枉作功夫。‘功有适成，何必有德，事有偶济，何必有理’，此朱丈之说也。如此，则汉祖、唐宗贤于盗贼不远。”②这表达出陈傅良对“王霸”问题的认识，认为朱熹和陈亮存在一偏之见，但总体上陈傅良更倾向于陈亮。后人说：“永嘉诸子，止斋最醇恪。”薛季宣、陈傅良的事功之学被叶适进一步发挥，自叶适的《习学记言序目》出，永嘉学派与朱、陆二派成鼎足之势。

三、陈亮与叶适

叶适(1150—1223)，字正则，自号水心居士，学者称其为“水心先生”，永嘉学派集大成者，有《水心文集》《别集》和《习学记言》等著作。陈亮四次永嘉之行都曾与叶适谈文论学。淳熙十二年(1185)秋，陈亮致书王淮举荐叶适。陈亮在《与王季海丞相书》中言道：“亮向尝言叶适之文学与其为人，此众所共知，丞相亦尝首肯之矣。此人极有思虑，又心事和平，不肯随时翻覆，既有时名，又取甲科。今一任回，改官，于格例极易拈掇，丞相若拔擢而用之，必将有为报效者。旧秀才要索事分，若使之隋例久候于逆旅，恐非其所能。今已余两月，承相若于半月间那辍一差遣与之，徐议拔擢，亦无不可。薛叔似文学虽不及适，然识虑精密，心事和平，盖亦不减。向因面对，上亦意其可用，丞相已将顺上意矣。若并收此人，更与一迁，而适代之，上必不以为难。是承相一举而得两士，亦足以厌满天下之公论。亮当以五十口保任其终始可信也。”③叶适因王淮之力而任太学正，后又任太学博士。

陈亮在致朱熹的《又乙巳春书之一》中说：“正则学识日以超颖，非复向

① 陈亮:《陈亮集》卷二九“与陈君举(傅良)·又书”，河北教育出版社 2003 年版，第 309—311 页。

② 黄宗羲:《宋元学案》，中华书局 1986 年版，第 1839—1840 页。

③ 陈亮:《陈亮集》卷二七“与与王季海丞相书”，河北教育出版社 2003 年版，第 246 页。

时建宁相见之正则也。"叶适曾与陈傅良同时受邀为陈亮作抱膝诗，两人多有唱和。绍熙元年(1190)，叶适出任湖北安抚司参议官，经过永康时，陈亮作词《祝英台近·六月十一日送叶正则如江陵》："驾扁舟，冲剧暑，千里江上去。夜宿晨兴，一一旧时路。百年望了旬头，被人馋破；故纸里，是争雄处！怎生诉？欲待细与分疏，其如有凭据。包裹生鱼，活底怎遭遇！相逢樽酒何时？征衫容易，君去也，自家须住。"[①]绍熙四年(1193)春，陈亮状元及第后，在临安(杭州)与叶适欢聚多日。陈亮在与好友吕祖谦的书信中曾说："叶正则闰月二十三日丁忧，尝遣人慰之，连得近书，极无况。居厚病未脱体，来论诚然，谁敢为渠言之？《文海》已编成未？子约在侍傍否？台眷上下均庆，千万为世道崇护！"

陈亮与叶适之间的关系密切，亦可见于陈亮为叶适母亲所撰的《祭叶正则母夫人文》中：

> 昔余识夫人之子于稺年，固已得其昂霄耸壑之气。自其客居永康，每一食未尝不东向凄然，有时继以泪下，曰："吾家甚贫而吾母病，饮食医药宜如何办？又以劳吾父之心，吾将何以为人子！"余于是时，虽未获登堂之拜，固知夫人之甚慈其子，而为之子者固自为可。且余有父不能养，余甚有愧焉。数年以来，夫人之子大放于古今之书，凡圣贤之用心，与夫后来英雄豪杰之行事，观其会通而得其所以与时偕行者。于是四海友朋如夫人之子者可以一二数，而天下之人有以观夫人之为人母也。既而夫人之子又以甲科归拜其亲于庭，并世俗之所谓荣者而并得之，人皆谓夫人之疾宜自是脱然，而竟以不救，岂世俗之是非休戚一不以。撄其心，而由疾至死一一自有条理耶！疾与死非人力之所可为，而所可为者夫人既加于人一等矣，常情之遗憾，又何以陈之夫人之前耶！然夫妇母子，人之至情，死生之际，不可以理譬解，夫人之子与其父，宜何以为心，而朋友之涕亦不自知其潸然也。重冈一水，寓哀于文。匍匐之

① 陈亮：《陈亮集》，河北教育出版社2003年版，第405页。

救，有腼古人。①

陈亮还撰有《祭叶正则外母高恭人翁氏文》："恭人甥馆，第一辈人，亮忝交久，义同弟昆。"从陈亮的这两篇祭文中，我们可以看出其对叶适的学问和为人甚为推崇。陈亮与叶适相交多年，情同兄弟，临终前还曾嘱叶适为其撰墓志铭。陈亮去世后，叶适为他的《龙川集》作序，并为其子请得一官。南宋学者韩淲在《涧泉日记》中说："陈亮，字同父，婺州人。有才气笔力，有议论运略，念世疾邪。……叶适与之为至交。当今天下文章：陈亮、叶适。"②

侯外庐主编《中国思想通史》时认为，由叶适集其大成的永嘉学派，在政治思想和哲学主张上，都和陈亮所代表的永康学派互为同调，而对程朱理学及陆象山心学两派，又都持反对态度；所谓"左袒非朱，右袒非陆"，实乃永嘉和永康两派共同的斗争方向。韦政通著《中国思想史》从社会大背景入手，探讨了陈亮和叶适的关系与思想异同，作者说明朱熹、陆九渊、陈亮、叶适等先贤的出现、往来而不相知，"在残山夕照中，必然更增加他内心的孤零与寂寞"，学者之间又呈现出一番独特的画面。陈亮比叶适年长七岁，虽有永康、永嘉之别，但都属事功派。陈亮在写给吴益恭的信中，提到他平生的几位知己："四海相知，惟伯恭一人，其次莫如君举。自余惟天民、道甫、正则耳。"(《宋元学案·水心学案》附录)并对他们各加评语，对叶适的评语是"正则俊明颖悟，视天下事有迎刃而解之意，但力量不及耳。此君更过六七年，诚难为敌，独未知于伯恭如何?"陈亮与叶适一生友好，推许叶适为当时"第一辈人"。叶适后来为陈亮、王自中合撰墓志，也称赞陈亮是"春秋战国之材无是也"。

四、小结

永嘉、永康诸子举行学术聚会，切磋论辩，通过书信、词、祭文等展示出

---

① 陈亮：《陈亮集》，河北教育出版社 2003 年版，第 348 页。

② 《永乐大典》影印本第 47 册，参见栾贵明辑《四库辑本别集拾遗》下册，中华书局 1983 年版，第 445 页。

他们相互交涉的情境，永嘉学派对陈亮的思想产生直接影响，而陈亮的思想也给永嘉学派以较大的启发，这无疑促进了学术思想的繁荣，推动了南宋“浙学”的形成与发展。陈亮所代表的永康学派与永嘉学派学术思想同中有异，异中有同，这里不详细展开，但同样作为“功利学派”，两派学说相辅而行，“结为理论斗争的盟友”，被正统道学派视为“异端”，但从某种程度上讲，这种学术联盟，既是一种学术共同体，也是思想文化上的认同。淳熙十五年(1188)，当朱熹遭到林栗攻击时，叶适还出面为朱熹开脱、辩解，他在《辩兵部郎官朱元晦状》中说道：“凡栗之辞，始末参验，无一实者，至于其中‘谓之道学’一语，则无实最甚。利害所系，不独朱熹，臣不可不力辩。盖自昔小人残害忠良，率有指名，或以为好名，或以为立异，或以为植党。近创为‘道学’之目……见士大夫有稍慕洁修，粗能操守，辄以道学之名归之。”(《水心文集》卷二)永康、永嘉学派与朱熹思想的冲突，尤其体现在陈亮与朱熹之争论上，这是南宋思想界中的一大事件，然而说到底，是何为“道学”的问题，也是为儒学发展争取共同的生存空间。宋室南渡后，浙江成为全国政治、文化的中心，浙东的学术文化得到蓬勃发展，以吕祖谦为代表的金华学派、以陈亮为代表的永康学派、以叶适为代表的永嘉学派，还有传播陆学的“甬上四先生”和传播朱学的“金华四先生”等，形成了区域性的学术争鸣局面。学术的繁荣依赖于学者之间的思想与情感交流，虽然存在意见的分歧，但这种分歧却成就了不同学派特有的思想特质，使各学派以自己的独特风格著称于世。

《宋元学案》中南宋浙东学派的诠释与评价

——以永嘉学派与永康学派及其同调为中心*

武汉大学哲学学院副教授

连　凡

《宋元学案》中“东南三贤”的学案之后，紧接着便是属于南宋浙东学派的卷五十二“艮斋学案”（薛季宣）、卷五十三“止斋学案”（陈傅良）、卷五十四、五十五“水心学案上、下”（叶适）①、卷五十六“龙川学案”（陈亮）。此外还有属于浙东永嘉学派之同调的卷六十“说斋学案”（唐仲友），以及属于浙东永嘉学派与陆学之同调的卷六十一“徐陈诸儒学案”（徐谊、钱文子、陈葵）。本文以上述学案为中心，探讨编纂者对于南宋浙东学派学术源流的梳理及对其代表人物叶适、陈亮、唐仲友的人品事迹与学术思想的评价。

首先简要叙述一下《宋元学案》中南宋浙东学派的概貌及编纂者（属清代浙东学派）所处的时代背景。从广义上说，南宋“浙东学派”（又称“浙东学术”）包括浙东地域的所有学派，具体来说，主要包括以吕祖谦为代表的“金华学派”（又称“婺学”）、以陈亮为代表的“永康学派”和以薛季宣、陈傅良、叶适为代表的“永嘉学派”三个学派。其中，“金华学派”继承中原文献之学，提倡“经世致用”，主张研治经史以施用于世；“永康学派”与“永嘉学派”（两者

* 基金项目：国家社科基金后期资助项目“比较视域中的宋明儒学诠释路径研究”（21FZXB023）；湖北省哲学社会科学研究重大项目“明末清初以来海内外宋明儒学的研究范式及其转型研究”（21ZD001）；湖北省社科基金一般项目（后期资助项目）“诠释与建构：《宋元学案》中的学案及其学派研究”（HBSK2022YB230）。

① 参见钱怡君：《叶水心论孟疑义探究——从〈总述学大旨〉与〈水心习学记言〉谈起》，孟子研究院编：《孟子思想与邹鲁文明国际学术研讨会论文集》下，山东人民出版社2017年版，第442—456页。该文是以“水心学案”中的文献为基础的研究。

又并称为“事功学派”或“功利学派”[①])则结合经世致用与功利之学，并对朱子学的理气心性之说进行了猛烈的批判。南宋于孝宗乾道(1165—1173)、淳熙(1174—1189)年间迎来其学术文化发展的全盛期。当时以朱熹为代表的闽学、以吕祖谦为代表的婺学、以张栻为代表的湖湘学派三足鼎立。张栻、吕祖谦两位大儒分别于1180年和1181年逝世以后，江西的陆学(心学)与朱学(理学)相鼎立，同时浙东事功学派(永嘉学派与永康学派)也兴盛一时，与朱陆两派相抗衡。[②] 但后来由于朱子学占据了思想界的统治地位，浙东学派长期蒙受批判打压。然而到了明末清初，社会形势与学术思潮都有了很大变化。特别是黄宗羲痛感于明朝灭亡的悲剧，力图纠正明代学术思想的流弊，对明代中期以来空谈心性的风潮感到强烈的不满，指责那些空谈性命而不能读书以经世致用的人为无本无根之人。为了纠偏补弊，他以经术为本体，以史实为应用，以国家经济与人民生活的改善为目的，开创了清代浙东学派的经世致用之学。黄宗羲、黄百家父子在编纂《宋元学案》时当然也贯彻了他们的这种思想立场，为南宋浙东学术的先驱们设立学案，并对其学术思想给予了公允的评价，从而不仅表彰了浙东“经世致用”的学术传统，批判了道学空虚之流弊，也很好地展现了宋代思想界的全貌。

---

① 学界一般称永嘉学派为事功学派或功利学派，杨太辛则指出，所谓事功或功利是朱子学末流对浙东学派的偏见和蔑称，事实上，就叶适与永嘉学派的学术规模和思想体系而言，功利并非其思想的中心，而只是一个环节，是切入点而非制高点；因此，以功利赅事功，以事功赅叶适和永嘉，有以偏概全的嫌疑。参见杨太辛：《叶适功利观的名实问题》，《温州论坛》2001年第6期，第75—80页。杨说甚是。因此我们不称永嘉学派为事功或功利学派，而按地域称浙东学派，包括永嘉学派和永康学派。

② 陈国灿指出，南宋浙东学派是在传统儒家学说的基础上，吸收和发展汉唐以来浙东学术的思想精神和务实学风，进而结合南宋中期的社会现状加以拓展和创新而形成的，从中表现出学术继承的多向性、灵活性和实用性。参见陈国灿：《南宋浙东事功学派学术思想渊源探析》，《孔子研究》1998年第2期，第47—56页。

一、永嘉学派的学术源流及其评价

（一）永嘉学派的学术源流——洛学别派、三大支流

北宋仁宗庆历（1041—1048）之际，除了胡瑗、孙复、“古灵四先生”以外，儒家学统在各地兴起，呈现出一种遍地开花的良好态势。正如全祖望所指出的，“王开祖，字景山，永嘉人也。学者称为儒志先生。……是时伊洛未出，安定、泰山、徂徕、古灵诸公甫起，而先生之言实遥与相应。永嘉后来问学之盛，盖始基之”①。“丁昌期者永嘉人也。学者称为经行先生。永嘉师道之立，始于儒志先生王氏。继之者为塘奥先生林氏，安定、古灵之再传也。而先生参之。”②永嘉（温州）师道之确立始自王开祖（约1035—1068），当时伊洛诸人尚未兴起，而王开祖之讲学实与胡瑗、孙复、石介、陈襄等人相呼应。继而永嘉之林石（塘奥）兴起，他是胡瑗与陈襄的再传弟子。当时丁昌期也辅佐林石而起。③ 其后永嘉学者辈出。因此现在有研究者将南宋浙东永嘉学派（以薛季宣、陈傅良、叶适为代表）的渊源追溯至王开祖、林石、丁昌期。④从地域学风（师道）的养成来看，这种看法无疑有其道理。但永嘉学派的直接渊源则可追溯至二程洛学。

追根溯源的话，宋学的开创者胡瑗提倡明体达用之学，在某种程度上将

---

① 黄宗羲原著、全祖望补修：《宋元学案》第1册，陈金生、梁运华点校，中华书局1986年版，第253页。

② 黄宗羲原著、全祖望补修：《宋元学案》第1册，陈金生、梁运华点校，中华书局1986年版，第255页。

③ 赵世玮指出，黄宗羲、全祖望在《宋元学案》中均以周行己为永嘉学术的开创者而忽视了王开祖、林石、丁昌期等永嘉先儒，晚清孙衣言为此撰《永嘉学案》以补《宋元学案》之备。参见赵世玮：《孙衣言〈永嘉学案〉儒志、唐奥、经行三先生地位考》，《淡江中文学报》2016年第34期，第217—255页。在笔者看来，其实全祖望在《宋元学案》中，一方面以王开祖为永嘉倡导儒学的先师，另一方面以周行己为永嘉最早的洛学传人。这种区分与思想史的实际情况相符，因为永嘉学派在南宋才正式兴起，而源流可追溯至程颐洛学。

④ 周梦江：《叶适与永嘉学派》，浙江古籍出版社2005年版，第34—35页。

"体"与"用"分成了两截，还没有达到体用圆融的理想境界[①]，同时可说给后世理学(道学)与事功之学(浙东学派)的分派埋下了伏笔。理学的奠基人程颐作为胡瑗的高徒继承其明体达用之学，进而提出了"体用一原，显微无间"的主张，但还是不免偏重"体"(道德性理)的方面。特别是从二程洛学派生出来的道南学派(从杨时到罗从彦，再到李侗)在体认本体(所谓"静中体认未发气象")方面有了进一步的深化。[②] 其后李侗的学生朱熹以程颐洛学为基础集宋代理学之大成，程朱理学也成为学术界的主流正统。从洛学派生出来的另外一个支流浙东事功学派则转向了经制事功的方面，开创了浙东学术的经世致用传统。

永嘉学派的学术脉络主要可分为三条支脉[③]，其源头都是二程洛学。第一支的基本传承谱系是从程颐到周行己，再到郑伯熊，最后到叶适。具体说，"黄氏原本"中黄宗羲为"永嘉学派"的先驱周行己(1067—1125)、许景衡(1072—1128)设立了"永嘉学案一"，后来全祖望在其百卷修补本《宋元学案》中将其改称为"周许诸儒学案"。此外，永嘉学派集大成者叶适(1150—1223)原本也附入"永嘉学案一"，后来全祖望将其独立出来，为叶适设立了"水心学案"。关于其学术源流，黄百家在其按语中指出：

百家谨案：伊洛之学，东南之士，龟山、定夫之外，惟许景衡、周

---

① 佐藤仁:《宋代の春秋学——宋代士大夫の思考世界》，东京研文出版2007年版，第306—310页。

② 楠本正继:《宋明時代儒学思想の研究》(修订版)，東京広池学園出版部1964年版，第173—177页。

③ 周梦江最早提出永嘉学派分为三派说，指出一派以郑伯熊为首，而郑伯熊继承的是周行己的思想，此派继承了关学的学以致用的思想以及洛学的道德修养工夫；一派以薛季宣为首，包括陈傅良、叶适等人，此派是通常意义上的永嘉事功学派，具有反道学正统的异端倾向；一派以徐谊为首，包括丁黼、黄中、赵希錧等人，具有陆九渊心学的倾向。参见周梦江:《简论南宋时期的永嘉学派》，《杭州师范学院学报(社会科学版)》1983年第3期，第100—107页。笔者的论述参考了周梦江的三派说，但在具体学派渊源、师承关系及其思想特征的分析上有所不同。周梦江不认可《宋元学案》将叶适列为郑伯熊弟子的做法。笔者则主要依据《宋元学案》中的师承脉络加以论述，并在总结前人时贤相关论述的基础上，对永嘉学派前两派之间(具体来说即薛季宣与叶适)的思想关系及其区别做了进一步的详细探讨。

> 行己亲见伊川，得其传以归。景衡之后不振。行己以躬行之学，得郑伯熊为之弟子，（梓材案：郑先生为浮沚私淑弟子。）其后叶适继兴，经术文章，质有其文，其徒甚盛。①

叙述了永嘉学派之一支由周行己、许景衡传承二程洛学，而郑伯熊（1124—1181）、叶适继承光大的概貌。但实际上其间的过程关系并不如此简单。依据全祖望的考察，永嘉出身的周行己、许景衡、刘安节、刘安上、戴述、赵霄、张辉、沈躬行、蒋元中这九人当时并称为“元丰太学九先生”②，在传承洛学的同时也传承了关学③。具体说来，“九先生”当中有六人（周行己、许景衡、刘安节、刘安上、戴述、沈躬行）曾入程门，而另外三人（赵霄、张辉、蒋元中）则是周行己、许景衡的讲友与程门的私淑弟子。周行己、沈躬行二人又曾师事蓝田吕氏（吕大临兄弟），因而又是张载关学的再传弟子。此外，鲍若雨、谢天申、潘闵、陈经正、陈经邦、陈经德、陈经郛七人中的前五位曾入程门。许景衡的高徒林季仲的思想被认为已有其后陆九渊心学思想的端绪。④周行己、许景衡等“永嘉九先生”之后，绍兴年间二程的高徒杨时、尹焞在浙东金华教授门徒，金华人潘良贵等都师事于杨时，这样浙东地域程门的学脉得以延续下来。⑤ 郑伯熊是周行己的私淑弟子⑥，是永嘉学派由性理之学转

① 黄宗羲原著、全祖望补修：《宋元学案》第2册，陈金生、梁运华点校，中华书局1986年版，第1133页。

② 刘安节、刘安上、许景衡、刘黻：《刘安节集 刘安上集 许景衡集 刘黻集》，“前言”，《温州文献丛书》，上海社会科学院出版社2006年版，第3—15页。

③ 周行己：《周行己集》，“前言”，《温州文献丛书》，上海社会科学院出版社2002年版，第1—7页。《周行己集》卷五“上祭酒书”，（宋）周行己：《周行己集（外一种）》，陈小平点校，《浙江文丛》第312册，浙江古籍出版社2015年版，第69—71页。

④ 黄宗羲原著、全祖望补修：《宋元学案》第2册，陈金生、梁运华点校，中华书局1986年版，第1147页。

⑤ 黄宗羲原著、全祖望补修：《宋元学案》第2册，陈金生、梁运华点校，中华书局1986年版，第964页。相关论述参见施晴：《南宋婺州士人潘良贵研究》，浙江师范大学硕士学位论文2020年，第39—40页。

⑥ 黄宗羲原著、全祖望补修：《宋元学案》第2册，陈金生、梁运华点校，中华书局1986年版，第1127页。

为事功之学的关键人物。[①] 叶适是郑伯熊的弟子，也是永嘉学派的集大成者，正如前述黄百家所指出的，“其后叶适继兴，经术文章，质有其文，其徒甚盛”[②]，其学派当时十分兴盛，与朱熹的理学及陆九渊的心学相颉颃。[③]

“永嘉学派”第二支的基本传承脉络是从程颐到袁溉，再到薛季宣，最后到陈傅良。具体来说，在“黄氏原本”中，黄宗羲为“永嘉学派”的两位代表人物之一，包括程门再传弟子、以礼乐制度为主的浙东永嘉学派创始人薛季宣(1134—1173)，学问纯粹的永嘉学派代表人物之一陈傅良(1137—1203)设立了“永嘉学案二”，其后全祖望在其百卷修补本《宋元学案》中将其分割成了“艮斋学案”(薛季宣)与“止斋学案”(陈傅良)两个学案。[④] 此派是通常意义上的“永嘉学派”。关于其学术源流，黄百家在其按语中指出：

> 百家谨案：汝阴袁道洁溉问学于二程，又传《易》于薛翁。已侍薛于宣，器之，遂以其学授焉。季宣既得道洁之传，加以考订千载，凡夫礼乐兵农莫不该通委曲，真可施之实用。又得陈傅良继之，其徒益盛。此亦一时灿然学问之区也，然为考亭之徒所不喜，目之为功利之学。[⑤]

叙述了永嘉学派另一支的发展脉络，并肯定了薛季宣创立的永嘉学派学问的广博与实用性，同时也反驳了理学派(朱学)对所谓“功利之学”的蔑视。其后全祖望也指出：“永嘉之学统远矣，其以程门袁氏之传为别派者，自艮斋薛文宪公始。艮斋之父学于武夷，而艮斋又自成一家，亦人门之盛也。

---

① 参见周梦江：《永嘉之学如何从性理转向事功(代前言)》，郑伯雄、郑伯谦：《二郑集》，《温州文献丛书》，上海社会科学院出版社2006年版，第3—9页。

② 黄宗羲原著、全祖望补修：《宋元学案》第2册，陈金生、梁运华点校，中华书局1986年版，第1133页。

③ 黄宗羲原著、全祖望补修：《宋元学案》第3册，陈金生、梁运华点校，中华书局1986年版，第1738页。

④ 黄宗羲原著、全祖望补修：《宋元学案》第3册，陈金生、梁运华点校，中华书局1986年版，第1690—1691页。

⑤ 黄宗羲原著、全祖望补修：《宋元学案》第3册，陈金生、梁运华点校，中华书局1986年版，第1691页。

其学主礼乐制度，以求见之事功。”[1]薛季宣的弟子陈傅良一方面继承程门理学，一方面扩展“实事实理”思想，刻苦钻研经制，对自三代两汉而后的井田、王制、兵制、兵法进行详尽考究，将理学与事功之学结合在一起。[2] 依据王梓材的考证，陈傅良也是郑伯熊的门人。[3] 而叶适曾经问学于薛季宣、陈傅良，与陈傅良交往时间尤长。[4] 可知永嘉学派的上述两支到了陈傅良这里已经开始合流，而最终由叶适总其成。叶适继承薛、陈的思想，系统总结经制事功之说，又与陈傅良门人蔡幼学相切磋，与朱、陆两派相抗衡，从而使事功之学与理学、心学形成鼎足之势。[5]

“永嘉学派”第三支的基本传承脉络是从程颐到潘安固，再到徐谊，最后黄中。其中，潘安固是程颐的私淑及周行己、许景衡的学侣。徐谊是潘安固的续传、陈傅良的学侣及陆九渊的同调，其思想与陆九渊心学相接近。[6] 叶适称道徐谊：“公少而异质，自然合道。天下虽争为性命之学，然而滞痼于语言，播流于偏末，多茫昧影响而已。及公以悟为宗，县解昭彻，近取日用之内，为学者开示。修证所缘，至于形废心死，神视气听，如静中寺霆，冥外朗

---

① 黄宗羲原著、全祖望补修：《宋元学案》第3册，陈金生、梁运华点校，中华书局1986年版，第1690页。

② 参见《陈傅良先生文集》附录二“宋故宝谟阁待制赠通议大夫陈公神道碑”（楼钥），陈傅良：《陈傅良文集》，周梦江点校，浙江大学出版社1999年版，第682—690页。陈傅良：《历代兵制（及其他一种）》，《丛书集成初编》，中华书局1991年版。相关论述参见魏凯：《从经学史角度探寻敖继公学统》，《黑龙江史志》2009年第16期，第26—27页。

③ 黄宗羲原著、全祖望补修：《宋元学案》第3册，陈金生、梁运华点校，中华书局1986年版，第1710页。

④ 周梦江：《叶适的功利思想及其渊源》，《温州师范学院学报（哲学社会科学版）》1983年第1期，第34—39页，尤其38—39页。周梦江：《叶适师友考略》，《温州师范学院学报（哲学社会科学版）》1990年第1期，第70—76页和第22页。

⑤ 黄宗羲原著、全祖望补修：《宋元学案》第3册，陈金生、梁运华点校，中华书局1986年版，第1724页。相关论述参见陈远平、肖玉秋：《论叶适经制事功之学的渊源及其与理学的分歧》，《湖南大学学报（社会科学版）》2001年第4期，第9—12页。

⑥ 黄宗羲原著、全祖望补修：《宋元学案》第3册，陈金生、梁运华点校，中华书局1986年版，第1968—1969页。

日，无不洗然自以为有得也。”[①]徐谊的门人有丁黼[②]、黄中、赵希錧[③]。全祖望作黄中小传云：“时徐忠文公方起平阳，于永嘉诸儒中又别为一家，先生从之游。……学禁方严，先生校艺漕闱，发策云：‘平居不以利禄入其心，培植涵养，如木有根，水有源，用之则回既倒之狂澜，不用则唱和寂寞之滨，亦足名世，任此责者谁与？’……平阳弟子以先生为第一。”[④]总之，此一支派是永嘉学派中接近陆氏心学的一支。

此外，还有戴溪[⑤]、钱文子[⑥]、唐仲友（详见下文）三人在卷五十三“止斋学案”中被列为永嘉学派陈傅良的同调[⑦]。戴、钱、唐三人都偏重历史制度的考察研究。戴溪有《易经总说》《曲礼口义》《学记口义》《诗说续》《读诗记》《春秋说》《通鉴笔议》等著作。[⑧] 钱文子有《白石诗传》《补汉兵志》等著作[⑨]。

（二）对永嘉学派代表薛季宣、叶适的评价：内圣与外王相统一、与洛学始同而终异

关于永嘉学派之一支的代表人物薛季宣的学术思想，黄宗羲指出：以薛季宣为代表的永嘉之学教人在事上理会，步步下着实的工夫，言出必定要实

---

① 叶适：《宝谟阁待制知隆兴府徐公墓志铭》，《叶适集》全三册，中华书局2010年版，第405页。

② 黄宗羲原著、全祖望补修：《宋元学案》第3册，陈金生、梁运华点校，中华书局1986年版，第1972—1973页。相关论述参见汪桂海：《丁黼事辑编年》，《文津学志》2010年第1期，第100—114页。

③ 黄宗羲原著、全祖望补修：《宋元学案》第3册，陈金生、梁运华点校，中华书局1986年版，第1971—1972页。

④ 黄宗羲原著、全祖望补修：《宋元学案》第3册，陈金生、梁运华点校，中华书局1986年版，第1974页。

⑤ 黄宗羲原著、全祖望补修：《宋元学案》第3册，陈金生、梁运华点校，中华书局1986年版，第1723页。

⑥ 黄宗羲原著、全祖望补修：《宋元学案》第3册，陈金生、梁运华点校，中华书局1986年版，第1969—1970页。

⑦ 黄宗羲原著、全祖望补修：《宋元学案》第3册，陈金生、梁运华点校，中华书局1986年版，第1722页。

⑧ 杨昭：《戴溪〈春秋讲义〉思想及笔法特色初探》，《华夏文化》2015年第3期，第17—19页。

⑨ 汪桂海：《钱文子生平与著述考》，《文津学志》2003年第1期，第86—97页。

践之，以此方能通晓事物之道理并使之得以施行，从而获得成功，这种主张大抵是有鉴于当时世间一种闭眼朦胧而自附于道学之人对古今事物之变化不知为何物的末流弊病而发，由此出发本可自然至其道，但如果以计较亿测之私意来掩盖大中至正之准则，追逐利害而摒弃是非的话，便会与刑名之学殊途同归了，其中的关键即在于道德心术之正否，而其间的区分往往只在毫厘之间，难以分辨。[①] 由此可知，黄宗羲一方面承认永嘉之学倡导经世致用是为了纠正道学末流的空疏弊病，一方面又指出事功之学自身的流弊，认为如果走向另一个功利极端的话，便会专门计较利害得失而迷失中正之道，因而有陷入唯利是图的刑名之学的危险。其后全祖望指出，薛季宣虽以礼乐制度为主而追求体现于事功之中，但其持敬（主敬）涵养的大本处也是整然的，并不像程朱理学所认为的那样只有事功（末）而缺乏涵养（本）。[②] 也就是说，在全祖望看来，薛季宣的事功之学不只是重视外部事功的所谓“外王”事业，实际上也兼顾了“主一持敬”的“内圣”一面，从而反驳了世俗的偏见。值得注意的是，黄宗羲、全祖望对薛季宣学问的评价中强调内圣与外王的圆融统一，其实蕴含着和会朱、王之学，或者从更大范围来说和会理学、心学与事功之学的意图在里面。[③] 毋庸置疑，黄宗羲、全祖望的上述主张一方面是从宋代以来思想史的经验教训出发，一方面又是基于明清之际社会发展的现实需要。

关于永嘉学派的集大成者叶适的学术思想。全祖望在其按语中指出：叶适比永嘉学派的陈傅良年辈稍晚，其学问始同而终异，永嘉学派的功利之

---

① 黄宗羲原著、全祖望补修：《宋元学案》第 3 册，陈金生、梁运华点校，中华书局 1986 年版，第 1696 页。参见薛季宣《浪语集》卷二十一“与王公明”，（宋）薛季宣：《薛季宣集》，张良权点校，《温州文献丛书》，上海社会科学院出版社 2003 年版，第 270—272 页。

② 黄宗羲原著、全祖望补修：《宋元学案》第 3 册，陈金生、梁运华点校，中华书局 1986 年版，第 1690 页。参见薛季宣《浪语集》卷二十四“答君举书一”、卷二十九“中庸解”，薛季宣：《薛季宣集》，张良权点校，《温州文献丛书》，第 313、399 页。

③ 陈安金：《融会中西，通经致用——论永嘉学派的近代命运》，《哲学研究》2003 年第 7 期，第 43—49 页，尤其第 43—44 页。

说到了叶适方才得以洗濯纯净。① 这是因为叶适洗濯了永嘉之学所受道学的影响，从而使永嘉功利之说更加醇化和系统化了。即叶适一方面批判了朱熹理学与陆九渊心学，尤其否定了道学的道统说，从而将永嘉之学与道学区别开来；一方面又将内圣的道德视作外王事功的根本，从而修正了薛季宣、陈傅良等人重事功而轻内圣的学术偏向，强调在事功上寻求其义理。然而叶适因其天资高而自负，批判古人时有些过头。如叶适反对程朱的道统

① 需要指出的是，我们不能将全祖望提出的所谓“永嘉功利之说至水心始一洗之”的观点理解为叶适反对功利之说。董平指出，叶适反对理学先验主义的修养论(认识论)，而建立了经验主义的知识论路径，因此否定了理学追求所谓形上天道的认识路径，倡导尽人道以实现天道，从而对永嘉事功之学进行理论总结。参见董平：《叶适对道统的批判及其知识论》，《孔子研究》1994年第1期，第67—74页，尤其第74页。事实上，全祖望并不认为叶适抛弃了永嘉的功利之说，而是说叶适修正和完善了薛季宣、陈傅良等永嘉前辈学者的功利之说，也就是董平所指出的叶适倡导尽人道(功利)以实现天道(道德价值)。何隽也梳理了永嘉学派的发展脉络及其不同方向间的差异，指出薛季宣、陈傅良专在经制上下功夫，为事功的宗旨寻找落实处；陈亮主要着力在思想上辩论，为功利正名；叶适则通过否定朱熹的“道统”，将事功思想与建立在历史权威上的道德精神结合起来，从而在理论上使永嘉事功之学趋于完备。参见何隽：《论南宋的永嘉事功学》，《浙江大学学报(人文社会科学版)》1994年第4期，第38—44页。何隽的这一观点与全祖望的观点也是一致的。吴松也赞同全祖望关于叶适与薛季宣、陈傅良的思想始同而终异的看法，指出其分歧主要体现在以下两个方面：其一，在治学路径上，薛、陈走的是治史之路，即从考订史实着手建立可施之实用的功利之学；而叶适则主要采取治经之路，以儒家经典作为其理论出发点，以解经作为其理论阐发的主要形式，并且将经史视作理事关系，强调以经明史，以解经明理来解决社会现实问题；其二，薛、陈二人虽然突破了二程道学的传统，建立了具有功利色彩的独立学派，但在某些命题上仍然沿袭理学观点；而叶适则洗濯了二程道学对永嘉学派的影响，批判了后儒之学、朱熹理学与陆九渊心学，尤其否定了理学的道统说，从而将永嘉功利之学与理学从根本上区别了开来，体现了强烈的批判精神；吴松进而指出，不能将全祖望所谓“永嘉功利之说，至水心始一洗之”误解为叶适反对功利之说，其实全祖望的意思是说叶适清洗了永嘉之学所受到的道学、理学影响，从而使永嘉功利之说更加醇化和系统化了。参见吴松：《学术关怀与事功关怀——略论叶适的文化批判及其超越》，《思想战线》1998年第7期，第43—47页，尤其第41—42页。笔者也赞同全祖望的观点，并认为叶适对道学、理学的批判是有破有立，即在否定理学的道统论及正统地位的同时，又从理论上完善了永嘉功利之学，将功利与道德、外王与内圣结合了起来，从而成为永嘉事功之学的集大成者。这也是黄宗羲、全祖望对叶适之学的评价。

论，否定了曾子、子思以下的道统传承并提出了自己的道统观[①]，不像陆九渊那样只诋毁程颐一人，话虽如此，叶适也有人所未道之卓见，不可以其见解有偏颇而全盘舍弃[②]，同时叶适又工于文章（文学），是宋代著名的文学家，甚至被称为“集本朝文之大成者”[③]，因此其弟子多流于辞章诗赋（如“永嘉四灵”）[④]。全祖望指出，“然自水心传于篔窗，以至荆溪，文胜于学，阆风则但以文著矣”[⑤]，认为永嘉学派经过叶适、陈耆卿（篔窗）、吴子良（荆溪）的传承具有“文胜于学”的特色，到舒岳祥（阆风）则只是以文学著称了。这一论断得到研究者的肯定。[⑥] 在黄宗羲看来，叶适的议论高远阔达，不愿重蹈前人成说，所以时有新见，如叶适说“洙泗所讲，前世帝王之典籍赖以存，开物成务之伦纪赖以著”，肯定了孔子在保存和传承古代文献典籍及制度文化等方面所做的巨大贡献；又说“《易》《彖》《象》，夫子亲笔也。《十翼》则讹矣”，与欧阳修一样质疑《十翼》不是孔子的亲笔著作；又说“《诗》《书》，义理所聚也，《中庸》《大学》则后矣”，认为儒家思想的源头在于《诗经》和《尚书》，《中庸》

① 黄宗羲原著、全祖望补修：《宋元学案》第3册，陈金生、梁运华点校，中华书局1986年版，第1744—1748页。参见叶适《总述讲学大旨》，叶适：《习学记言序目》全二册，中华书局1977年版，第735—741页。

② 董平指出，叶适对理学道统论的批判并非如全祖望所说的是针对某个理学家（像陆九渊批评程颐那样）或为了主张任何门户，而是为了改变当时萎靡不振的士林风气，即心性之学原非圣人之道，而道统的真精神在于内外相成，将内圣修养转换为外王事业，因此叶适从文献依据出发否定了理学道统论的正当性，同时又为永嘉事功之学找到了文献渊源和权威性依据。参见董平：《叶适对道统的批判及其知识论》，《孔子研究》1994年第1期，第67—74页。

③ 叶绍翁：《四朝闻见录》，沈锡麟、冯惠民点校，中华书局1989年版，第35页。

④ 黄宗羲原著、全祖望补修：《宋元学案》第3册，陈金生、梁运华点校，中华书局1986年版，第1738页。

⑤ 黄宗羲原著、全祖望补修：《宋元学案》第3册，陈金生、梁运华点校，中华书局1986年版，第1825页。

⑥ 郑芳祥通过比较叶适与吴子良的文体论指出，吴子良纯粹是谈文论艺，而叶适则在谈艺之外还具有永嘉学术色彩，并且吴氏传承叶氏学说侧重文学相关议题，这都可佐证全祖望在《宋元学案》评价叶适后学“文胜于学”的论断不虚。参见郑芳祥：《永嘉文派“文胜于学”研究——从叶适到吴子良之文体论探析》，《长庚人文社会学报》第8卷第2期，2015年，第381—414页。何跞也指出，叶适的传承反映了由宋代至元代思想家逐渐文人化以及学术走向文学的历史趋势。参见何跞：《元代文学新论——民族性、理学与真性情》，天津人民出版社2017年版，第58页。

《大学》则是后儒的发明和诠释之作，反对道学家对《四书》的过分推崇；又说“曾子不在四科之目，曰参也鲁”，质疑曾子传孔子之学的道统地位；又说“以孟子能嗣孔子，未为过也。舍孔子而宗孟子，则于本统离矣”[①]，认为道学家过分推崇《孟子》（宋代“孟子升格运动”[②]）而舍弃孔子是不明本统。其意图在于扫除后儒的浮泛议论，其言论虽不无过高之处，小问题在所难免，但如果像元代黄溍在其《送曹顺甫序》（见《文献集》卷五）[③]中说叶适只是文士而于学问全无所见，就不免失之浮泛而过于贬低了[④]。黄宗羲与全祖望两人的上述评价可谓公允。后来四库馆臣在《四库全书》子部杂家类杂学之属的《习学记言》提要中，和黄宗羲一样举例指出叶适之议论虽不免有偏执过当之处，但其考核之精博与议论之英伟确实值得称道，在当时很难找出第二位[⑤]，又在《四库全书》集部别集类的《水心集》提要中认为“适文章雄赡，才气奔逸，在南渡后卓然为一大宗。其碑版之作简质厚重，尤可追配作者”，对其文章成就予以高度评价，并指出这是叶适继承韩愈“文必己出”的严谨学术态度使然[⑥]。

目前学术界对于叶适与程朱理学的关系问题还存在不同看法。有学者认为叶适开始受程朱理学的影响，两者的思想大体一致，到了后期叶适自身的事功思想成熟，从而与程朱之间划清了界限。如周梦江在其《叶适与朱熹》一文中持此观点[⑦]；也有学者认为叶适从开始到最终一直与程朱理学相

---

① 以上所引均参见《叶适集》附录一“孙之弘序”，叶适：《习学记言序目》全二册，第759页。

② 徐洪兴：《思想的转型——理学发生过程研究》，上海人民出版社1996年版，第92—138页。

③ 黄溍撰、张俭编：《文献集十卷》，《景印文渊阁四库全书》第1209册，台北商务印书馆1983年版，第367—368页。

④ 黄宗羲原著、全祖望补修：《宋元学案》第3册，陈金生、梁运华点校，中华书局1986年版，第1794页。

⑤ 纪昀、陆锡熊、孙士毅等原著总纂：《钦定四库全书总目》全二册，四库全书研究所整理，中华书局1997年版，第1573页。

⑥ 纪昀、陆锡熊、孙士毅等原著总纂：《钦定四库全书总目》全二册，四库全书研究所整理，中华书局1997年版，第2145页。

⑦ 周梦江：《叶适与朱熹》，《杭州师范学院学报（社会科学版）》1997年第5期，第10—15页。

对立。如何隽在其《叶适与朱熹道统观异同论》一文中持此观点[①]。从"止斋学案"陈傅良小传中的"伊洛之学，东南之士自龟山、廌山之外，绍兴以后，言理性之学者，宗永嘉。艮斋后出，加以考订千载，自井田、王制、《司马法》、《八阵图》之属，该通委曲，真可施之实用。先生既得之，而又解剥于《周官》《左史》，变通当世之治具条画，本末粲如也"来看，[②]永嘉学派是由洛学派生而转向经制事功，要求于经史文献中掌握治道。薛季宣与陈傅良大体宗伊洛而以经制之学加以润色，与伊洛之学相差不远。[③] 而如上所述，叶适与陈傅良始同而终异，并在晚年思想成熟后对理学进行了系统的批判。[④] 由此可知，《宋元学案》的编纂者持前一种观点，即认为叶适与程朱理学始同而终异，并且在批判程朱理学的过程中建构了自己的思想体系。[⑤]

---

① 何隽:《叶适与朱熹道统观异同论》,《学术月刊》1996 年第 8 期,第 25—28 页。

② 黄宗羲原著、全祖望补修:《宋元学案》第 3 册,陈金生、梁运华点校,中华书局 1986 年版,第 1710 页。

③ 如赵世玮指出:"在浙东学术的理论体系中,以永嘉之学为主体的'浙学',不仅能提出明确而有力的解释,说明其具有的宏观理论,同时也能有像二程、朱子所强调的超越性价值根源的支援。永嘉学者所提倡的经制、事功及史学乃是自有其价值根源。"赵世玮:《宋元以降"浙学"概念及其涵义探论》,辅仁国文学报,第 42 卷,2016 年,第 55—89 页。

④ 周梦江也指出:"薛季宣、陈傅良对道学的论说仅是异议,仅是对'义利'等个别观点进行论辩。只有叶适,在晚年的 16 个寒暑的潜心研究经史后,觉察到永嘉之学与道学之分歧是对儒学的经典、宇宙观、道统等等一系列问题的不认同,并认为专谈'心性'的理学,是偏离了儒家的本旨。"参见周梦江:《南宋永嘉学派与道学的分歧》,《河南大学学报(社会科学版)》1992 年第 1 期,第 64—68 页,尤其 67 页。又参见上述吴松:《学术关怀与事功关怀——略论叶适的文化批判及其超越》,第 43—47 页。

⑤ 祝平次指出,叶适前后期的思想,虽然都没有脱离永嘉学派重经制事功的本色,但是从其前期的代表作《进卷》与后期的代表作《习学记言序目》两者的差异来看,在儒家经典作为一种文本传统的意义方面却发生了变化。即《进卷》时期的叶适认为经只不过是治的第二序体现,无法完全记录三代理想政治的全部;然而在晚年的《习学记言序目》中,叶适却还是不得不凭借经典的重新排列组合,来重构儒家的理想之治,以及建立起自己对儒家文本传统的观点,以批判和对抗其他的学术流派(主要指道学);叶适后期思想的这种转变一方面表明儒家文献传统的强大生命力,一方面也可能是由于叶适晚年闲居在家,远离了政治,所以发展出"统纪"之学来综合永嘉学脉与吕祖谦的学术趋向。参见祝平次:《永嘉学派与南宋文化》,台湾"行政院科学委员会"专题研究计划成果报告,台湾成功大学中文系,2001 年,第 3 页。

二、对永康学派代表陈亮的评价：道德与事功兼顾、人品与学问并重

关于“永康学派”的创始人和代表人物陈亮（1143—1194），卷五十六“龙川学案”中黄百家指出：

> 百家谨案：永嘉之学，薛、郑俱出自程子。是时陈同甫亮又崛兴于永康，无所承接。然其为学，俱以读书经济为事，嗤黜空疏，随人牙后谈性命者，以为灰埃。亦遂为世所忌，以为此近于功利，俱目之为浙学。①

他概括了陈亮的思想主旨，并针对朱学的非难而为“浙学”（永嘉学派与永康学派）打抱不平。黄百家与全祖望都认为陈亮的学问无所承接。其后编纂者王梓材则考证指出：“龙川在太学尝与陈止斋等为芮祭酒门人。又先生《祭郑景望龙图文》称之曰‘吾郑先生’，则先生亦在郑氏之门矣。”②可知陈亮师事郑伯熊、芮煜，郑伯熊又是叶适和陈傅良之师，芮煜是陈傅良之师，因此陈亮与前述永嘉学派的二支都可谓同源，而郑伯熊是程颐的再传弟子，因此陈亮的学术渊源也可以追溯到程颐洛学。③ 根据周梦江等人的考察，陈亮

---

① 黄宗羲原著、全祖望补修：《宋元学案》第3册，陈金生、梁运华点校，中华书局1986年版，第1832页。

② 黄宗羲原著、全祖望补修：《宋元学案》第3册，陈金生、梁运华点校，中华书局1986年版，第1830页。

③ 美国学者田浩认为王梓材所说的陈亮与郑伯熊之间师承关系的证据难以令人信服，这也表明陈亮与郑伯熊及程颐之间的联系比较松散。田浩又通过考察陈亮的著述指出陈亮经历了一个与程颐思想紧密相连的阶段，具体来说就是1168年陈亮乡试及第后成为太学中的一名学生，在1168年至1178年这十年间陈亮作为道学弟子，在太学中跟随道学家芮烨和吕祖谦学习，芮、吕二人都强调《四书》中有张载和二程兄弟的形而上学和自我修养的主题。虽然1178年前后陈亮由于科举、政治失意及家庭接连遭遇不幸开始远离和批判道学的修养工夫，但这一阶段对陈亮思想的发展极为关键，使他熟悉了道学老师们的语言和思想，并使他在12世纪80年代能够与道学集大成者朱熹发生激烈的辩论。因此田浩虽然对陈亮、程颐的师承谱系存在疑问，但同时承认陈亮的某些思想与程颐之间存在思想渊源关系。参见田浩：《功利主义儒家——陈亮对朱熹的挑战》，江苏人民出版社1997年版，第7、12、154—157页。由田浩的上述考察可知，就算程颐与陈亮之间没有直系师承关系，也不妨碍陈亮通过学习著作吸收程颐的思想。因为“传经”需要师承，而“传道”则不依赖师承。就连朱熹实际上也是通过阅读二程的著作才得以确立其思想体系并继承伊洛道统的，更不用说二程等道学奠基人都是以继承孔孟不传之绝学（道统）自任的。道（思想）的传承实际上是超越时空限制的。

生平曾数次到永嘉经商和访学，与薛季宣、陈傅良、叶适等永嘉学派代表人物都有交往，彼此切磋学问并相互有所发明。① 由此可见，陈亮与永嘉学派关系密切。

对于宋代思想史上著名的陈亮与朱熹之间的“王霸义利之辨”，永嘉学派的陈傅良在其“答陈同父三”（见《止斋集》卷三十六）②一文中指出，“功到成处，便是有德；事到济处，便是有理”是陈亮的看法，这样的话，则道德高尚的三代圣贤也不过是枉作工夫；“功有适成，何必有德。事有偶济，何必有理”是朱熹的看法，这样的话，则事功卓著的汉高祖、唐太宗比仆区（春秋楚刑书名）也强不了多少。在陈傅良看来，陈、朱二人之说都不免是一偏之见，不能说是完全适当的。黄宗羲在其按语中引述了陈傅良的说法，进而阐明了自己的观点。在黄宗羲看来，朱熹以事功来贬低陈亮，但陈亮正不讳言事功，所以终究难以说服陈亮。针对朱熹所谓“三代专以天理行，汉唐专以人欲行”的退化历史观③，以及陈亮“义利双行，王霸并用”的发展历史观，黄宗羲从发展的历史观出发，认为三代以上的事功与汉唐的事功是完全不同的，汉唐的鼎盛期间海内不免有兵刑之气，即使免于兵刑，汉唐的礼乐风俗与三代也不可能相同；胜残去杀可说是三代的事功，而汉唐则无，朱熹所谓“功有适成，事有偶济”说的也只是汉高祖、唐太宗一身一家的事功，就整个天下来说，还未见其取得了成功，从这点来看，说汉高祖、唐太宗离仆区不远也未尝不可。④ 这样，黄宗羲在承认事功（功利主义）本身的合理性的同时，也从历

① 徐规、周梦江：《陈亮永嘉之行及其与永嘉事功学派的关系》，《杭州大学学报（哲学社会科学版）》1977 年第 2 期，第 81—88、23 页。周梦江、陈凡男：《陈亮永嘉之行及其目的》，《浙江社会科学》2005 年第 6 期，第 162—166 页。

② 陈傅良：《止斋集》，《景印文渊阁四库全书》第 1150 册，台北商务印书馆 1983 年版，第 781—784 页。

③ 三浦国雄指出朱熹的事势（理势）观有两个侧面，一方面是与善恶价值无关、无意志地突进的事势，另一方面是在超越的道理支持下朝向善的事势。由此朱熹的历史观并非天理最终战胜人欲这样简单乐观，天理的实现只不过是朱熹的祈祷和愿望，他既不是乐观主义者，也不是唯心论者，天理不断地被心的恣意所威胁，世界末日也不是不可能有的事情。参见三浦国雄：《朱子と気と身体》，平凡社 1997 年版，第 35—63 页。

④ 黄宗羲原著、全祖望补修：《宋元学案》第 3 册，陈金生、梁运华点校，中华书局 1986 年版，第 1839—1840 页。

史的实际情况出发肯定了朱熹所强调的三纲五常等道德标准的绝对普遍性，并指出了事功的相对局限性。因此黄宗羲一方面主张事功必须以仁义道德为根基，一方面又主张仁义道德必须通过事功体现出来[①]，并将道德与事功视作体用、本末的关系，认为两者不可偏废，从而总结了宋明以来关于学道（仁义）与事功（王霸义利）之间关系的论争。其学术观点在折中理学与事功之学的同时，又稍偏向于陈亮事功之学一边。这是黄宗羲经世致用思想的基本立场[②]，体现了他对浙东学术精神的继承和发展。

从总体上来看，《宋元学案》的编纂者黄氏父子对陈亮及其"永康学派"的学术评价较之"永嘉学派"为低。全祖望在"龙川学案序录"中进一步指出，"永嘉以经制言事功，皆推原以为得统于程氏。永康则专言事功而无所承，其学更粗莽抡魁，晚节尤有惭德"[③]，对陈亮的学问与节操两方面均表示不满，认为陈亮除了学问上不及永嘉学派之外[④]，其人品节操方面也有问题。关于这一点，读了"龙川学案"中陈亮的小传（全祖望修定）与附录中全祖望所作《陈同甫论》就会明白。特别是全祖望在其《陈同甫论》中对陈亮的人品节操进行了详细的论述。在他看来，陈亮在其壮年不过是以豪言壮语来惊世骇俗，即使他能得到重用也未必真能践行其说。陈亮多次参加科举却一直未能中第，这导致他晚年心态失衡而难以自制。当时宋光宗与太上皇孝宗之间因为皇储人选的问题闹僵，两人的关系由此破裂，导致光宗打破了一月四回去重华宫面见太上皇的定例，不愿再见太上皇，进而在太上皇驾崩之后，光宗也拒绝出面主持葬礼，从而引起了朝政上下的动荡不安，于是赵汝愚与韩侂胄等人发起政变，扶立了宁宗而逼使光宗退位。然而陈亮晚年在其科举考试的对策中却迎合光宗的不孝行径，这应当是因其长期困窘而急

① 参见黄宗羲：《南雷文定五集》卷三《姜定庵先生小传》，《南雷诗文集》全三册，《黄宗羲全集》第 19—21 册，《浙江文丛》，浙江古籍出版社 2012 年版，第 271 页。黄宗羲：《南雷文定四集》卷三《国勋倪君墓志铭》，《南雷诗文集》全三册，第 507—509 页。

② 参见李明友：《一本万殊——黄宗羲的哲学与哲学史观》，人民出版社 1994 年版，第 122—124 页。

③ 黄宗羲原著、全祖望补修：《宋元学案》第 3 册，陈金生、梁运华点校，中华书局 1986 年版，第 1830 页。

④ 关于叶适与陈亮的思想异同，详见 Pu Niu，Confucian statecraft in Song China：Ye Shi and the Yongjia school，Ph. D，Arizona State University，1998，pp. 154-188.

于取悦皇帝以获取功名①。与此相反，当时陈傅良②、吴猎③、黄裳④、王介⑤、叶适⑥、赵汝愚⑦、罗点⑧等人均力劝光宗面见太上皇以和好，但光宗终究没有采纳。光宗看了陈亮的对策后十分赏识，亲自将陈亮从进士第三名拔擢为头名状元。这样，陈亮在刚过了五十岁以后终于以状元及第授官，但在赴任途中却突然病故了。⑨ 在全祖望看来，永嘉学派的经制事功之学在出入于汉唐之间这点上与陈亮基本相同，但陈亮的人品节操则远不及陈傅良等人。因此朱熹将陈亮的学问视作“义利双行，王霸并用”之说加以批判，其实以学

---

① 参见陈亮《龙川集》卷十一“廷对”，陈亮：《陈亮集》（增订本）全二册，邓广铭点校，中华书局 1987 年版，第 115—121 页。

② 黄宗羲原著、全祖望补修：《宋元学案》第 3 册，陈金生、梁运华点校，中华书局 1986 年版，第 1710—1711 页。

③ 黄宗羲原著、全祖望补修：《宋元学案》第 3 册，陈金生、梁运华点校，中华书局 1986 年版，第 2375 页。

④ 黄宗羲原著、全祖望补修：《宋元学案》第 3 册，陈金生、梁运华点校，中华书局 1986 年版，第 2417—2418 页。

⑤ 黄宗羲原著、全祖望补修：《宋元学案》第 3 册，陈金生、梁运华点校，中华书局 1986 年版，第 2437 页。

⑥ 陈振主编：《中古时代——五代辽宋夏金时期》下册，白寿彝总主编：《中国通史（修订本）》第七卷，上海人民出版社 2007 年版，第 1826—1827 页。

⑦ 黄宗羲原著、全祖望补修：《宋元学案》第 3 册，陈金生、梁运华点校，中华书局 1986 年版，第 1458 页。

⑧ 黄宗羲原著、全祖望补修：《宋元学案》第 3 册，陈金生、梁运华点校，中华书局 1986 年版，第 1927 页。

⑨ 早坂俊广考察了陈亮阿谀光宗之事的思想根源，指出与朱熹相比，陈亮强调各种存在都有“定分”，朱熹则认为存在由天来支撑和引导，更看重个人自立性和自律性。但由于陈亮一味强调“分”而丧失了超越性，所以产生了英雄主义堕落为奴隶性，现实主义变质为现实追认的可能性。参见早坂俊廣：《陳亮の道學——「西銘説」を中心にして》，《日本中国学会報》第 45 卷，1993 年，第 126—139 页。

问的精粗高下还不足以驳倒陈亮，反而是其人品节操更应该加以批判。[①] 此外，全祖望还在陈亮的学侣倪朴[②]及陈亮的同调王自中[③]的小传中比较了他们与陈亮的人品，并表述了相同的看法。这种兼顾学术思想（才）与人品节操（德）的评价立场是全祖望在《宋元学案》中一贯的主张，除陈亮之外，其对石介[④]、杨简[⑤]等人的评价也无不如此。

三、对永嘉学派同调唐仲友的评价：经制之学功不可没、朱唐交恶平摊责任

南宋孝宗乾道（1165—1173）、淳熙（1174—1189）年间浙东学术非常繁荣。其中以吕祖谦为代表的金华学派（婺学）以性命之学兴起，以陈亮为代表的永康学派以事功之学兴起，以薛季宣、陈傅良、叶适为代表的永嘉学派以礼乐制度之学兴起。永嘉学派的学者与金华学派及永康学派的学者相互切磋学问。而吕祖谦更是在继承东莱吕氏家传的中原文献之学的同时对当时的各个学派采取了兼包并蓄的开放态度。当时同为金华出身的唐仲友（字与正，又称说斋，或悦斋先生，1135？—1187?）也以经史制度之学兴起，可以说是永嘉学派的同调，但却好像与上述浙东永嘉学者没有什么交往，只

---

① 黄宗羲原著、全祖望补修：《宋元学案》第3册，陈金生、梁运华点校，中华书局1986年版，第1842—1843页。方如金反驳了《宋元学案》中全祖望对陈亮人品的攻击，指出陈亮在其答谢光宗提拔赐诗的答和诗中明确表达出其忧国忧民、复仇的志向，老而弥坚，因此陈亮只是想通过取得功名为手段，争取更大的发言权，来实现自己的复仇抗金愿望，而并非像全祖望所指责的那样单纯只是为了个人谋取功名利禄而急于做官。参见方如金：《“复仇自是平生志，勿谓儒臣鬓发苍”——读陈亮〈及第谢恩和御赐诗韵〉》，《陈亮研究论稿》，河北大学出版社2015年版，第266—267页。

② 黄宗羲原著、全祖望补修：《宋元学案》第3册，陈金生、梁运华点校，中华书局1986年版，第1845页。

③ 黄宗羲原著、全祖望补修：《宋元学案》第3册，陈金生、梁运华点校，中华书局1986年版，第1849页。

④ 黄宗羲原著、全祖望补修：《宋元学案》第1册，陈金生、梁运华点校，中华书局1986年版，第112页。

⑤ 黄宗羲原著、全祖望补修：《宋元学案》第3册，陈金生、梁运华点校，中华书局1986年版，第2479—2480页。

是自己独自为学。依据全祖望的考证，薛季宣、陈傅良、叶适的文集中均未见他们与唐仲友交往的文字，只是叶适曾提及其名。[①] 尤其吕祖谦是唐氏之同乡，二人又同讲学于东阳，但吕氏却从未提及唐氏，实在有些不可思议（全祖望此说不确，吕祖谦曾经提到“唐与正丧母”，“与正”即唐仲友的字[②]）。全祖望认为这是唐仲友性格孤僻不愿寄人篱下的缘故。[③]

宋代以来，世人对唐仲友的评价都不高。唐仲友虽曾以经术史学与浙东学派的吕祖谦、陈傅良齐名，但后来浙东的儒者几乎不提唐氏。这是因为唐氏与朱熹之间起过冲突，唐氏虽曾自我辩护，但终因力量不逮而被朱熹所弹劾，最终招致了世人的责难。唐氏因公私事务（尤其是时任台州知府的唐氏与台州官妓严蕊是否有私情的问题）及学术思想的分歧为朱熹所嫉恨，但当时政府的要人（宰相王淮等）袒护唐氏，并最终以“伪学”（所谓“庆元党禁”）的名义攻击打压了朱熹及浙东学派的学者（叶适等）[④]，浙东的学者因此也与唐氏绝交了。但是，正如全祖望所指出的，台州事件（赈灾不力与贪污受贿等）中唐仲友为朱熹所弹劾，其未能很好地约束其手下子弟的罪责虽不可逃，但从朱熹弹劾唐仲友的上奏文书来看，唐仲友也可说有其可谅解之苦衷。况且当时官吏即使被弹劾而一时失势，但之后东山再起也是很正常的。可唐仲友遭弹劾而贬回地方后，却闭门思过且谢绝见客，专心致力于著书而终其一生。由此可见，唐氏并不是贪图富贵之人，不能以一点小过失而掩盖

---

① 参见《水心文集》卷之二十五“修职郎监和剂局吴君墓志铭”：“金华唐仲友，字与正，博学宏词，著作郎，知台州，江西提刑，……”叶适：《叶适集》全三册，刘公纯、王孝魚、李哲夫点校，中华书局2010年版，第498页。

② 参见《东莱吕太史别集》卷第九“与周丞相”，吕祖谦：《东莱吕太史集》，黄灵庚、吴战垒主编：《吕祖谦全集》第1册，浙江古籍出版社2008年版，第444页。

③ 黄宗羲原著、全祖望补修：《宋元学案》第3册，陈金生、梁运华点校，中华书局1986年版，第1954页。

④ 《宋史》卷三百九十六“王淮传”：“初，朱熹为浙东提举，劾知台州唐仲友。淮素善仲友，不喜熹，乃擢陈贾为监察御史，俾上疏言：‘近日道学假名济伪之弊，请诏痛革之。’郑丙为吏部尚书，相与叶力攻道学，熹由此得祠。其后庆元伪学之禁始于此。”参见脱脱、阿鲁图：《宋史》第34册，中华书局1977年版，第12072页。又参见脱脱、阿鲁图：《宋史》第36册，中华书局1977年版，第12756—12757页。

唐氏的功绩及学问。①

因为上述台州事件，唐仲友招致了当时学者，特别是道学领袖朱熹的憎恨，后来尊奉朱子学的《宋史》编纂者也没有为唐仲友立传，直接导致宋代以来很少有人关注唐氏之学问。在全祖望看来，唐氏的著作虽只有一部分留存了下来，且从其所传著作来看，虽不及永嘉学派的薛季宣与陈傅良，但比起叶适的学问则要纯粹一些。因此后来朱熹的私淑弟子王应麟也很重视其经世之学并常引用唐氏之言论（见《玉海·艺文》）②。事实上，唐氏的著述宏富，自《六经解》一百五十卷以下，共达三百六十卷，此外尚有《说斋文集》四十卷。然而，这些著作多有散佚。全祖望曾从《永乐大典》中辑录唐氏的诗文而成《唐说斋文钞》。后来又摘录精华编纂了"说斋学案"中唐仲友的思想资料，包括"愚书"(33条)和"说斋文集"(7条)，均收入"续金华丛书"的《金华唐氏遗书十四卷》③。

同时，围绕着台州事件，唐仲友与朱熹、陈亮之间还出现了诸多风言风语，但在全祖望看来，这些传闻与事实不符，不可信赖。④ 全祖望又指出后世因为朱熹而轻视唐氏之学问，这是不公平的。黄宗羲的"黄氏原本"中本来没有设立"说斋学案"，全祖望对唐仲友生平事迹及其著作的学术进行了考证与评价，并重点分析了唐氏与朱熹产生冲突的原因，认为唐、朱二人应该平摊责任，并同情唐氏所受到的不公正待遇，为了表彰唐氏之学术而特意在《宋元学案》修补本中为其设立了一个学案。

事实上，朱唐交恶事件作为历史上的一大公案，自南宋以后一直聚讼纷纭。除了朱熹和陆九渊等道学家把主要责任推到唐仲友身上之外，南宋洪迈、吴子良、周密，元代吴师道，明代宋濂、苏伯衡、朱右、胡应麟、陈绛，清代

---

① 黄宗羲原著、全祖望补修：《宋元学案》第3册，陈金生、梁运华点校，中华书局1986年版，第1960页。

② 王应麟：《玉海艺文校证》全三册，武秀成、赵庶洋校证，凤凰出版社2013年版，第7、70、729、1031、1084页。

③ 唐仲友：《金华唐氏遗书十四卷（诗解钞一卷、九经发题一卷、鲁军制九问一卷、愚书一卷、悦斋文钞十卷补一卷）》，《丛书集成续编》第184册，台北新文丰出版公司1989年版，第121—223页。

④ 黄宗羲原著、全祖望补修：《宋元学案》第3册，陈金生、梁运华点校，中华书局1986年版，第1960—1961页。

黄宗羲、全祖望、王崇炳、郑柏、章学诚、张作楠等人多替唐仲友辩护。这些学者多为浙东出身。尤其像宋濂还曾作《唐仲友补传》(已亡佚,今存朱右《跋》)①,其后清代张作楠又作《补宋潜溪唐仲友补传》②。现代学者周学武所作的《唐说斋研究》(内容是唐仲友的传记)和《唐仲友年谱》中收录的相关文献最为丰富(但也有不少遗漏)③。朱唐事件除了朱熹、唐仲友两位当事人之外,还涉及三位关键中间人物,即严蕊、陈亮和高文虎(字炳如)。根据

---

① 《宋濂全集》附录二《潜溪录》卷四"经籍考"中辑录了宋濂的《唐仲友补传》,其中写道:"於乎!世固有诬人以理之所有,君子或昧焉。《语》曰:'不逆诈,不亿不信。'予读《唐仲友补传》而窃有感焉。初,仲友以乾道七年守台,同时朱熹提举浙东常平,仲友发粟振饥,抑奸拊弱,创中津浮梁以济艰涉,民至今赖之。永康陈亮以纵横之术,与仲友不相能,然亦未尝信程、朱氏学也。亮揆无以抑仲友,乃设诡计,若为歆艳性学者,朱子遂信之。行部过其家,乘间为飞言中仲友。高文虎为通判,复以旧怨倾之。嫉恶之心,君子为多,于是朱子力摈劾仲友,至六上章,廷议终不决。元修《宋史》,谓仲友为朱子所斥,乃不载之简策。是或非朱子意欤?《春秋》据事直书,善恶自见。今史官宋濂为补此传,有旨哉。"编纂者接着在按语中指出,"中按,张作楠在《补唐仲友补传序》中曰:'宋潜溪作《唐仲友补传》,以《宋史》不立传也。《宋史》不立传,以仲友尝得罪朱子也。然终以朱子之故,学者羞称,今传本久绝矣。夫史家义例,据事直书,善恶自见,无庸讳,亦断不能讳。托克托等能讳之于《宋史》,不能禁潜溪使不补传也。讲学家能废潜溪之书,亦不能尽燔灭各家之记载也。今《悦斋遗书》既仰邀宸翰,朱、唐之狱,亦经馆臣博考论定,公道大昭,乃辑其遗事暨诸家之论悦斋者。仿国史馆集句体,撰补《补传》一篇以补潜溪之亡'云云。今张氏之书行于世,是潜溪《补传》虽亡犹不亡也。况《浙江通志》已列其目于《经籍志》哉"。参见宋濂:《宋濂全集》全5册,黄灵庚编辑校点,《明清别集丛刊》,人民文学出版社2014年版,第2706—2707页。

② 张作楠辑:《补宋潜溪唐仲友补传》,翠微山房道光九年刻本(1829年),第28b—32b页。

③ 周学武:《唐说斋研究》,《台湾大学文史丛刊》第40册,台大出版中心1973年版。周学武:《唐仲友年谱》,《宋人年谱丛刊》第9册,四川大学出版社2003年版,第6253页。

周密的《齐东野语》①及吴子良的《林下偶读》②里的记载，唐仲友刚上任台州知府时，曾在私人聚会上多次邀请当时才艺双绝的台州官妓严蕊来跳舞作词。严

① 《齐东野语》卷十七“朱唐交奏本末”：“朱晦庵按唐仲友事，或云吕伯恭尝与仲友同书会，有隙，朱主吕故抑唐，是不然也。盖唐平时恃才轻晦庵，而陈同父颇为朱所进，与唐每不相下。同父游台，尝狎籍妓，嘱唐为脱籍，许之。偶郡集，唐语妓云：‘汝果欲从陈官人邪?’妓谢，唐云：‘汝须能忍饥受冻乃可。’妓闻，大恚。自是陈至妓家，无复前之奉承矣。陈知为唐所卖，亟往见朱。朱问：‘近日小唐云何?’答曰：‘唐谓公尚不识字，如何作监司?’朱衔之，遂以部内有冤狱，乞再巡按。既至台，适唐出迎少稽，朱益以陈言为信，立索郡印，付以次官，乃摭唐罪具奏，而唐亦作奏驰上。时唐乡相王淮当轴，既进呈，上问王，王奏：‘此秀才争闲气耳。’遂两平其事，详见周平园、王季海日记。而朱门诸贤所著《年谱》《道统录》，乃以季海右唐而并斥之，非公论也。其说闻之陈伯玉式卿，盖亲得之婺之诸吕云。”周密：《齐东野语》，《宋元笔记小说大观》全六册，《历代笔记小说大观》，上海古籍出版社2001年版，第5649—5650页。上面这则材料未具体说明陈亮所狎之营妓是何人，依据下面这则材料则知可能是当时才艺双绝的严蕊。《齐东野语》卷二十“台妓严蕊”：“天台营妓严蕊字幼芳，善琴弈歌舞、丝竹书画，色艺冠一时。间作诗词有新语，颇通古今。善逢迎，四方闻其名，有不远千里而登门者。唐与正守台日，酒边，尝命赋红白桃花，即成《如梦令》云：‘道是梨花不是，道是杏花不是，白白与红红，别是东风情味。曾记、曾记，人在武陵微醉。’与正赏之双缣。又七夕，郡斋开宴，坐有谢元卿者，豪士也，夙闻其名，因命之赋词，以己之姓为韵。酒方行，而已成《鹊桥仙》云：‘碧梧初出，桂花才吐，池上水花微谢。穿针人在合欢楼，正月露、玉盘高泻。蛛忙鹊懒，耕慵织倦，空做古今佳话。人间刚道隔年期，指天上、方才隔夜。’元卿为之心醉，留其家半载，尽客囊橐馈赠之而归。其后朱晦庵以使节行部至台，欲摭与正之罪，遂指其尝与蕊为滥。系狱月余，蕊虽备受棰楚，而一语不及唐，然犹不免受杖。移籍绍兴，且复就越置狱，鞫之，久不得其情。狱吏因好言诱之曰：‘汝何不早认，亦不过杖罪。况已经断，罪不重科，何为受此辛苦邪?’蕊答云：‘身为贱妓，纵是与太守有滥，科亦不至死罪。然是非真伪，岂可妄言以污士大夫，虽死不可诬也。’其辞既坚，于是再痛杖之，仍系于狱。两月之间，一再受杖，委顿几死，然声价愈腾，至彻阜陵之听。未几，朱公改除，而岳霖商卿为宪，因贺朔之际，怜其病瘁，命之作词自陈。蕊略不构思，即口占《卜算子》云：‘不是爱风尘，似被前缘误。花落花开自有时，总赖东君主。去也终须去，住也如何住。若得山花插满头，莫问奴归处。’即日判令从良。继而宗室近属，纳为小妇以终身焉。《夷坚志》亦尝略载其事而不能详，余盖得之天台故家云。”周密：《齐东野语》，《宋元笔记小说大观》全六册，《历代笔记小说大观》，上海古籍出版社2001年版，第5684—5685页。

② 《林下偶读》卷三“晦翁按唐与正”：“金华唐仲友，字与正，博学工文，熟于度数。居与陈同甫为隣。同甫虽工文，而以强辨侠气自负，度数非其所长。唐意轻之，而忌其名盛，一日为太学公试官，故出《礼记》度数题以困之。同甫技穷见黜。既揭榜。唐取同甫卷示诸考官，咸笑其空疏。同甫深恨。唐知台州，大修学，又修贡院，建中津桥，政颇有声，而私于官妓，其子又颇通贿赂。同甫访唐于台州，知其事，具以告晦翁。时高炳如为台州倅，才不如唐。唐亦颇轻之。晦翁为浙东提举，按行至台。炳如前途迓而诉之。晦翁至，即先索州印，逮吏旁午，或至夜半未已，州人颇骇。唐与时相王季海为乡人。先密申朝嫌省避晦翁按章。及后季海为改唐江西宪，而晦翁力请去职。盖唐虽有才，然任数要非端士。或谓晦翁至州，竟按去之足矣。何必如是张皇乎！同甫之至台州，士子奔凑求见。黄岩谢希孟与同甫有故，先一日与楼大防诸公饮巾山上以待之，赋诗有云‘须臾细语夹帘言，说尽尊拳并毒拳’。语已可怪。既而同甫至，希孟借郡中伎乐燕之东湖。同甫在坐，与官伎语，酒至不即饮。希孟怒诘责之，遂相詈击，妓乐皆惊散。明日有轻薄子为谑词，末云‘何时一樽酒，重与细论文’。一州传以为笑。”吴子良：《荆溪林下偶谈四卷》，《景印文渊阁四库全书》第1481册，台北商务印书馆1983年版，第507—508页。

蕊的才艺得到唐仲友等人的称赞。还有一种说法是陈亮到台州后和官妓有交往，陈亮请时任台州知府的唐仲友帮忙将官妓赎身，但唐仲友因为学术上看不起陈亮而故意对官妓说了陈亮的坏话。陈亮因此向时任浙东提举(台州为其管辖范围)的朱熹告状，挑拨朱、唐二人的关系。而唐仲友当时在台州有修桥和管束子弟不力等问题，再加上与严蕊的交往给人以口实。唐的下级高文虎因为私人恩怨趁机落井下石，污蔑唐仲友与严蕊之间有私情。当时规定官方营妓不能到私宅去，也不能参加私人宴会，因此唐仲友邀请严蕊之事确实有失检点，但并无证据说明唐、严之间有私情。后来朱熹将严蕊关押审问，严蕊一直喊冤不曾承认和唐仲友有私情。朱熹前后连上了六份奏折向朝廷弹劾唐仲友。当时的孝宗比较英明，再加上宰相王淮是唐仲友的同乡姻亲也有意袒护，认定朱唐二人的纷争是“秀才争闲气”，于是各打五十大板，之后朱熹被调走，唐仲友被免职。后来新上任的浙东提举岳霖(岳飞之子)在了解事件的来龙去脉后，同情严蕊的遭遇，将其放出并准其“落籍”从良。严蕊后来还嫁给了一位宗室。

全祖望考察上述记载后，认为陈亮作为大儒不会做出这种挑拨离间的小人之事，应当是唐仲友的下级通判高文虎在唐、朱二人之间挑拨离间使然。[①] 四库馆臣在《帝王经世图谱》及《龙川文集》的提要中大体持与全祖望相同的立场，但将挑拨离间的主要责任推到陈亮的身上。[②] 元代官修的《宋史》中未提到严蕊，却在卷三百九十四“高文虎传”中记载高文虎曾在韩侂胄的命令下草拟开启“庆元党禁”的“谕告伪邪之徒改视回听诏书”[③]，因此被尊崇朱子学的《宋史》所贬斥。可知高文虎后来是攻击朱熹的人物[④]。《宋元学案・庆元学案》(成于王梓材之手)中也将高文虎列入“攻庆元伪学者”[⑤]。但

---

① 参见《宋元学案・说斋学案》中全祖望所作的唐仲友小传、按语及所附《唐说斋文钞序》，黄宗羲原著、全祖望补修：《宋元学案》第 3 册，陈金生、梁运华点校，中华书局 1986 年版，第 1952—1954、1960—1961 页。

② 纪昀、陆锡熊、孙士毅等原著总纂：《钦定四库全书总目》全二册，四库全书研究所整理，中华书局 1997 年版，第 1780、2157 页。

③ 文见李心传撰、程荣秀删补：《道命录十卷》，《续修四库全书》第 517 册，上海古籍出版社 1997 年版，第 542 页。

④ 参见脱脱、阿鲁图：《宋史》第 34 册，第 12032—12033、12043—12044 页。

⑤ 黄宗羲原著、全祖望补修：《宋元学案》第 3 册，陈金生、梁运华点校，中华书局 1986 年版，第 3208、3227 页。

严蕊、高文虎之事也并非空穴来风。在朱熹的《晦庵集》卷十八"按唐仲友第三状"及卷十九"按唐仲友第四状""按唐仲友第五状""按唐仲友第六状"中就不断提到严蕊、高文虎与唐仲友的问题。① 而且与朱熹同时的洪迈在周密之前已经在其《夷坚志·夷坚支志》庚第十"吴淑姬严蕊"中记述严蕊之事，只是不像周密记载得那样详细。② 此外，元吴师道《礼部集》卷十八"答陈众仲问吹剑录"③、明胡应麟《少室山房集》卷一百六题跋二十六首④、清代王崇炳《金华征献略》卷四"儒学传·唐仲友"⑤等都论及此事。其中如明代陈绛⑥及近代王国维⑦等对上述周密、吴子良之说提出疑问。总的来看，"严蕊案"及朱唐交恶的是非问题随着政治及学术思潮而产生变化。自宋末以来，朱熹的地位一直不断被抬高，而相应的唐仲友及浙东学派则一直遭到打压，但明末清初反理学思潮兴起后，朱熹的权威和形象又受到挑战，相反地，唐仲友和浙东学派的地位则逐渐被抬高。⑧ 如明末凌濛初的《二刻拍案惊奇》在《齐东野语》及《夷坚志》的基础上把朱熹塑造成了一个睚眦必报、以权谋

---

① 朱熹:《晦庵先生朱文公文集》一，朱杰人、严佐之、刘永翔主编:《朱子全书》第二十册，上海:上海古籍出版社;安徽教育出版社2010年版，第829—859、862—869页。

② 洪迈:《夷坚志一百八十卷》，《续修四库全书》第1265册，上海古籍出版社1997年版，第703页。

③ 吴师道:《礼部集二十卷附录一卷》，《景印文渊阁四库全书》第1212册，台北商务印书馆1983年版，第259—260页。

④ 胡应麟:《少室山房集》，《景印文渊阁四库全书》第1290册，台北商务印书馆1983年版，第768页。

⑤ 王崇炳:《金华征献略二十卷》，《续修四库全书》第547册，上海古籍出版社1997年版，第71—74页。

⑥ 陈绛:《金罍子四十四卷》，《续修四库全书》第1124册，上海古籍出版社1997年版，第540—542页。

⑦ 王国维《人间词话删稿》三八中写道:"宋人小说，多不足信。如《雪舟脞语》谓:台州知府唐仲友眷官伎严蕊奴。朱晦庵系治之。及晦庵移去，提刑岳霖行部至台，蕊乞自便。岳问曰:去将安归? 蕊赋《卜算子》词云:'住也如何住'云云。案此词系仲友戚高宣教作，使蕊歌以侑觞者，见朱子《纠唐仲友奏牍》。则《齐东野语》所记朱唐公案，恐亦未可信也。"参见王国维著，徐调孚注，王幼安校订:《人间词话》，收入《中国古典文学理论批评专著选辑》，人民文学出版社1960年版，第239页。

⑧ 参见张永林:《正统意识形态中政治人物形象的建构与解构——以南宋"严蕊案"中的朱熹为个案》，湖南师范大学硕士学位论文，2018年，第29—38页。

私的假道学先生，把严蕊塑造成一个德才兼备的侠女形象，把唐仲友塑造成一个尽忠职守的清官。[①] 后来全祖望在《宋元学案》中虽然没有这样明目张胆地贬低朱熹，但仍然延续了《齐东野语》的说法，认为朱唐交恶中朱熹也有责任和缺点，从而解构了朱熹的“圣人”形象。全祖望作为清代浙东学派的重要代表人物，深受浙东文化的影响，所以在“说斋学案”中替南宋浙东学派的代表人物之一唐仲友打抱不平是不难理解的。[②] 到目前为止，研究者之间对于唐仲友与朱熹的交恶原因及其是非对错还存在一些争议，意见也不统一。[③] 此事由于牵涉宋代以后理学集大成者朱熹与浙东经制事功之学的代表人物唐仲友之间在学术思想与政治乃至私人恩怨上的复杂交涉关系[④]，因此情况比较复杂，尚待进一步的研究。但全祖望的上述观点无疑可备一说，并且得到了不少现代研究者的肯定。如邓广铭在其《朱唐交忤中的陈同甫》中便持与全祖望大体相同的观点与立场。[⑤] 张继定、毛策在其《唐仲友之悲剧及其成因略考》中也肯定了全祖望的上述看法。[⑥]

---

① 参见凌濛初：《硬勘案大儒争闲气，甘受刑侠女著芳名》，《二刻拍案惊奇》全二册卷之一二，上海古籍出版社 1983 年版，第 245—257 页。

② 王正考察了朱、唐事件相关的各种原始文献资料，指出全祖望在《宋元学案》中替唐仲友辩护所依据的笔记、野史一类的记载多与史实不符(如严蕊被过度美化)，不足为据，从而肯定了朱熹对唐仲友的弹劾，进而指出这桩公案表面上是朱、唐的恩怨，其实背后体现了以理学家朱熹为代表的要求奋发进取恢复江山的理想主义者与以王淮为代表的不作为的职业化官僚集团的水火不相容，而朱熹弹劾唐仲友事件只是这些矛盾冲突的一种折射。参见王正：《朱熹六劾唐仲友新考》，《台州学院学报》2019 年第 4 期，第 1—7 页。

③ 林振礼：《朱熹新探》，中国广播电视出版社 2004 年版，第 75—82 页。束景南：《朱熹研究》，人民出版社 2009 年版，第 125—131 页。

④ 如黄灵庚认为朱唐事件是朱熹借政治打击学术上的异己者，与陈亮等人无关。参见黄灵庚：《唐、朱交恶辨正》，《中国文化研究》2009 年第 3 期，第 70—78 页。

⑤ 邓广铭：《邓广铭治史丛稿》，北京大学出版社 1997 年版，第 532—536 页。

⑥ 张继定、毛策：《唐仲友之悲剧及其成因略考》，梅新林等：《江南文化研究》第 1 辑《吕祖谦与浙东学术研究专辑》，学苑出版社 2006 年版，第 186—189 页。又参见毛策：《唐仲友学说概述》，《浙江师范大学学报》1989 年第 4 期，第 65—70 页。毛策：《唐仲友论纲》，《孔子研究》1995 年第 3 期，第 70—78 页。

南宋事功学派的道器观

河北师范大学马克思主义学院副教授
李雪辰

“道”是中国哲学的一个重要范畴,《说文解字》认为“道”的最初含义为道路,“所行道也。从辵首。一达谓之道”①。《易经》中的“履道坦坦”便是道路平坦之意,这时的“道”尚没有成为一个哲学概念,直至春秋时期,“道”由道路之义引申为规律和准则,开始具有哲学意义,于是有了天道与人道之分,“天道远,人道迩,非所及也,何以知之”(《左传·昭公十八年》)。自然的运行规律是天道,人类社会所遵行的法则为人道。《易传》中明确提出了道与器这对哲学范畴,“形而上者谓之道,形而下者谓之器”(《周易·系辞传》)。道是指无形的宇宙万物之理,器则是指世间形形色色的具体事物。老子对“道”的理解不同于《易传》,他将“道”作为世界的本始,认为天地万物都由“道”产生,道与世界万物的关系类似于母子关系,尽管老子认为道无形无象,但仍然是一种“存在物”。《易传》则从哲学本体论的意义上来规定“道”,认为道是具体事物存在和变动的法则,是一个抽象存在,故而称为“形而上者”。汉代以来,特别是从宋代开始,儒家学者对形上之“道”具体内涵的理解不尽相同,但基本都沿袭了《易传》对“道”的界定,即以事物运行变化的基本法则为道。

一、事功学派对“道”“器”概念的厘定

在宋代学术语境中,与道相对应的概念有器、气、理、心等等,理学家大都将道与理、器与气视为一回事,没有作严格区分,道即是理,器即是气。钱

① 许慎撰,段玉裁注:《说文解字注》,上海古籍出版社1981年版,第75页。

穆指出，“朱子论道与器，实与其论理与气者同条同贯，其间更无区别”[①]。但是，如果详加比较就会发现，朱熹在讨论形上学和本体论时，倾向于使用理与气的概念；在社会文化层面和价值领域内，更多时候使用道与器这对范畴。不过，由于道和理、器和气这两对概念内涵的复杂性，不能对这种区分作绝对化的理解，朱熹明确指出，“理也者，形而上之道也，生物之本也；气也者，形而下之器也，生物之具也”[②]。在朱熹看来，万物化生之“本”在于“道”，有形之万物——“器”仅是道的具体表现形式，尽管二者有形上形下之别，但不能离道言器，亦不能舍器而言道，“器亦道，道亦器，有分别而不相离也”[③]。与理学家相比，事功学派对于道器关系的讨论并没有拘泥于思辨哲学的范围，而是将“道”这一哲学范畴与治国富民之事联系在一起，变道器关系为道事关系，主张通过对具体事物的研究来把握“道”。

事功学派的“道”主要有两方面的含义：一是客观事物存在和发展的规律，这是其一般含义，或者说是形上学内涵；二是儒家的伦理纲常，这是其道德含义，或者说是历史和文化价值内涵。与“道”相对的概念——“事”，则大致相当于《易传》中的“器”，泛指形下层面上的一切具体之“事”和有形之“物”，包括自然、器物、制度、人事等所有与人相关的、有形有迹的东西。叶适对“物”做了唯物主义的理解，他“利用古代的五行说、八卦说及北宋以来的气化说，论证‘物’即客观实在的五行之物、八卦所象之物及弥漫宇宙的气”[④]。“五行”与天、地、水、火、雷、风、山、泽“八物”都是由气构成的，“一气之所役，阴阳之所分、其始为造，其卒为化，而圣人不知其所由来者也”[⑤]。然而，对于道、事、物等概念的哲学分析并不是事功学派的兴趣和所长，在大多数情况下，事功学派所说的“事”都有具体所指，主要是直接与抗金、治国、富民相关的事，“物”则泛指世界上存在的具体的事物。

---

① 钱穆：《朱子新学案》，巴蜀书社 1986 年版，第 291—292 页。

② 朱熹：《晦菴先生朱文公集》卷五八“答黄道夫”，《四部丛刊初编》，第 1044 页。

③ 黎靖德编：《朱子语类》，王星贤点校，中华书局 1986 年版，第 1935 页。

④ 李明友：《叶适的道器观及其对心性之学的批评》，《浙江大学学报（人文社会科学版）》2001 年第 1 期。

⑤ 叶适：《叶适集》，刘公纯、王孝鱼、李哲夫点校，中华书局 1961 年版，第 696 页。

(一)“道”的历史考察

事功学派特别重视史学研究,叶适在对道进行考察时,便将其置于历史的发展变化当中,他指出,孔子之前,“道”没有确切的所指,古人也没有讲明“道”为何物,只是将它与艺结合起来,《易传》与子思、孟子都将道视为“物”,后世对道的界说,亦是众说纷纭。叶适指出:“《周官》言道则兼艺,贵自国子弟,贱及民庶皆教之。其言‘儒以道得民’‘至德以为道本’,最为要切,而未尝言其所以为道者。虽《书》自尧舜时亦已言道,及孔子言道尤著明,然终不的言道是何物。岂古人所谓道者,上下皆通知之,但患所行不至耶?老聃本周史官,而其书尽遗万事而特言道。凡其形貌朕兆,眇忽微妙,无不悉具。余尝疑其非聃所著,不合逻辑或隐者之词也。而《易传》及子思孟子亦争言道,皆定为某物,故后世之于道始有异说,而又益以庄列西方之学,愈乖离矣。今且当以‘儒以道得民’‘至德以为道本’二言为证,庶学者无畔援之患而不失古人之统也。”①

叶适不同意老子离开具体事物,将道说成虚无缥缈、捉摸不定的东西,他批评老子关于道先天地而生的见解,认为道不能先于天、地、人而存在,只能是先有天、地、人的存在,道才能存在并运行于其中。“‘有物混成,先天地生’,老氏之言道如此。按自古圣人,中天地而立,因天地而教、道可言,未有于天地之先而言道者。”②对于《易传》中区分“道”为“形而上者”,“器”为“形而下者”,叶适也提出了批评,认为这种区分实际上把“道”与“器”视作两种不同之物,从而割裂了道与事物的联系,甚至从“形上”与“形下”方面将二者对立起来,使道隐而不显。后世的子思、孟子也犯了同样的错误,将“道”视为一种“物”。

既然道不能是某种“物”,那么它究竟是什么呢?叶适肯定了《易经》对“道”的看法,认为其最合乎古人之意,他说:“古人言天地之道,莫详于《易》,即其运行交接之著明者,自画而推,逆顺取之,其察至于能见天地之心,而其粗亦能通吉凶之变,后世共由,不可改也。今老子徒以孤意妄为窥测,而其

① 叶适:《习学记言序目》,中华书局1977年版,第86页。

② 叶适:《习学记言序目》,中华书局1977年版,第700页。

说辄屡变不同。”[①]叶适认为应当从天地运行变化中把握“道”，他借用《易经》对道的解说，视天地之道为万物“运行交接之著明者”，换言之，叶适从天地万物运行变化的法则和规律意义上来理解道，认为道是事物内部相反方面的对立交替，万物的发展莫不循道而进。

（二）“道”的运行规律

事功学派将唯物主义的道器观引入历史领域，把道的发展与社会历史的发展进程统一起来，力图通过对历史上各朝代的兴衰更替进行理性分析总结，找出可资借鉴的历史经验，为现实的政治、经济变革服务。从这一意义上说，事功学派所理解的“道”是处于运动变化中的历史之道，而非绝对不变的价值之道。叶适从法则和规律的意义上界定“道”，已经触及了道不断运动变化的特性，他与其他事功学者一样，都强调道的存在与客观事物的存在不相分离，其运动变化与客观事物亦是密不可分，“时常运而无息，万物与人亦皆动而不止。《易》虽因事以明随时之义，然终不能尽其变通，而古今憧憧，更起迭仆，如机发轮转而不得停也，可不哀欤”[②]。既然万物与人皆常运而不息不止，那么，就道的存在状态而言，它必然随着历史的演进和事物的运动而不断发展变化。

叶适在解读《中庸》时对道的运动变化做了辩证分析：“道原于一而成于两。古之言道者必以两。凡物之形，阴、阳，刚、柔，逆、顺，向、背，奇、耦，离、合，经、纬，纪、纲，皆两也。夫岂惟此，凡天下之可言者，皆两也，非一也。一物无不然，而况万物；万物皆然，而况其相禅之无穷者乎。”[③]叶适认为事物都存在着相互对立的两个方面，如阴、阳，刚、柔，逆、顺等等，这两个方面的对立斗争推动着事物不断向前发展，那么，对立面之间能否达成和解呢？叶适指出“水至于平而止，道至于中庸而止矣”[④]。道与万物一样，也是在两个对立面的矛盾和斗争中向前发展，当达到中庸的状态时，对立面之间的矛盾获

---

① 叶适：《习学记言序目》，中华书局1977年版，第212页。

② 叶适：《叶适集》，刘公纯、王孝鱼、李哲夫点校，中华书局1961年版，第156页。

③ 叶适：《叶适集》，刘公纯、王孝鱼、李哲夫点校，中华书局1961年版，第732页。

④ 叶适：《叶适集》，刘公纯、王孝鱼、李哲夫点校，中华书局1961年版，第732页。

得暂时和解,道便处于一种相对稳定的状态。叶适把中庸又称为“皇极”,“皇极”的概念出自《尚书·洪范》中的“建用皇极”,“皇”意为大,“极”意为中,意思是说帝王治理国家当用大中之道。叶适对“皇极”的解释与“极”的概念联系在一起,他所谓的“极”大致相当于“道”或“理”,“极”为物之极,也可以说是物之理或物之道,它存在于事物之中,也体现了事物存在的和谐状态,圣人“执大道以冒之,使之有以为异而无以害异,是之谓皇极”①。可见,皇极是指圣王根据事物存在和发展的规律(即道)来进行治理,使万物实现和而不同、异而不相害的和谐状态。

二、道、事、人相统一的道器观

(一)道不离事

事功学派在讨论道与事、物的关系时所指称的“道”,基本上是形上学意义上的“道”。陈亮在研究儒家经典以及与朋友的书信往来中多次表达了道在事中、道不离物的思想,他认为,“夫盈宇宙者无非物,日用之间无非事”②。宇宙之内除了事物之外别无他物,作为事物规律的“道”就存在于这些具体事物之中,“非出于形气之表,而常行于事物之间者也。……天下固无道外之事也”③。永嘉事功派学者在道器关系上与陈亮持相同论调,薛季宣在给陈亮的信中也表达了道在器内的观点,他说:“上形下形曰道曰器,道无形舍,器将安适哉!且道非器可名,然不远物,则常存乎形器之内。昧者离器于道,以为非道遗之,非但不能知器,亦不知道矣。”④陈傅良继承了薛季宣的道器观,同样从形上、形下的角度讲道不离器,他说:“‘形而上者谓之道,形而下者谓之器。’器便有道,不是两样,须是识礼乐法度皆是道理。”⑤陈傅良讲道器与陈亮稍有不同,陈亮着眼于与抗金中兴有关的军事、政治、经济等

---

① 叶适:《叶适集》,刘公纯、王孝鱼、李哲夫点校,中华书局1961年版,第728页。

② 陈亮:《陈亮集》(增订本),中华书局1987年版,第103页。

③ 陈亮:《陈亮集》(增订本),中华书局1987年版,第100页。

④ 薛季宣:《薛季宣集》,张良权点校,上海社会科学院出版社2003年版,第298页。

⑤ 黎靖德编:《朱子语类》,王星贤点校,中华书局1986年版,第2896页。

现实的“事”，道就存在于这些具体的“事”中；陈傅良则从礼制法度层面讲“器”，他关注的重点在制度层面，力主通过变革制度实现宋室中兴的伟业。

叶适视道为事物存在的规律和法则，同样强调不能脱离具体事物来认识道，他指出，“古诗作者，无不以一物立义，物之所在，道则在焉，物有止，道无止也，非知道者不能该物，非知物者不能至道；道虽广大，理备事足，而终归之于物，不使散流，此圣贤经世之业，非习为文词者所能知也”①。“物之所在，道则在焉”是叶适对道事关系的经典概括，与陈亮的“道在事中”、薛季宣的“道不离器”大致相同，都坚持了唯物主义的基本立场。在分析道与物的关系时，叶适有时也用“理”的概念，道与物的关系也就是理与物的关系。“夫形于天地之间者，物也；皆一而有不同者，物之情也；因其不同而听之，不失其所以一者，物之理也；坚凝纷错，逃遁谲伏，无不释然而解，油然而遇者，由其理之不可乱也。”②叶适看到了具体事物的多样性和特殊性，认为理是事物存在的内在依据，理与物的关系是一与多的关系，统一性的理只能存在于多样性的物之中，不能超脱于物或高居具体事物之上。叶适对理与物的认识有些类似于理学家所说的“理一分殊”。陈亮以人的身体为喻来解说这一理学命题，“尝试观诸其身，耳目鼻口，肢体脉络，森然有成列而不乱，定其分于一体也。一处有阙，岂惟失其用，而体固不完矣。是‘理一而分殊’之说也”③。陈亮的解释是：身体作为一个整体，是谓“理一”；人体的组成部分、器官各有其功能，便是“分殊”。尽管陈亮推崇张载的《西铭》，认为“理一分殊”是《西铭》的主要精神，但从这一比喻来看，陈亮的理解与张载有所不同，“张载认为这是一个认识的问题，有这种认识的人可以达到一种精神境界。陈亮所说的整体是一个自然的整体，其中有许多部分，每一部分都有一定的作用”④。可见，陈亮在理解“理一分殊”时仍然是从“形下”处着眼，消解了理学家所理解的形上学意义，变一般与特殊的关系为整体与部分的关系，与“道在事中”“道不离物”的命题是一致的。

---

① 叶适：《习学记言序目》，中华书局 1977 年版，第 702 页。

② 叶适：《叶适集》，刘公纯、王孝鱼、李哲夫点校，中华书局 1961 年版，第 699 页。

③ 陈亮：《陈亮集》(增订本)，中华书局 1987 年版，第 260 页。

④ 冯友兰：《中国哲学史新编》(下卷)，人民出版社 1999 年版，第 259 页。

(二)道不远人

从道与事、物的关系上看,事功学派将道寓于有形事物之间,消解了形上之“道”的神秘性;在道与人的关系上,事功学派将道看作以人为中心的,不独立于人的行为之外,也不违背人的合理情感和欲望。如果说道物关系中的“道”偏重形而上的层面,那么,道与人的关系中的“道”则侧重于历史价值层面,主要指儒家道德的基本原则。

在历史和价值层面上,陈亮认为道是人的各种情感的合理表达和个人欲望的正当满足,“夫道岂有他物哉,喜、怒、哀、乐、爱、恶得其正而已;行道岂有他事哉,审喜、怒、哀、乐、爱、恶之端而已。不敢以一息而不用吾力,不尽吾心,则强勉之实也”①。在陈亮看来,道不仅与事物之理相连,与人之常情亦不悖,不能舍物而言道,也不能舍情而言道,喜、怒、哀、乐、爱、恶这六种情感都“受形于天地”,是人的正常需要,并不是人欲,于道无害。朱熹同样肯定情的合理性和必要性,他批评李翱的灭情复性论,认为“李翱复性则是,云‘灭情以复性’,则非。情如何可灭!此乃释氏之说,陷于其中不自知”②。不过,朱熹对情的理解与陈亮有所不同,他从已发和未发的角度理解情,“以其未发而全体者言之,则性也;以其已发而妙用者言之,则情也”③。性是未发,情是已发,情由性发,如果情发而皆中节则为善,如果不中节便为恶,所以必须对情加以节制,不能任其发动。

陈亮也主张对情加以合理的约制,否则便沦为欲,他指出,喜、怒、哀、乐、爱、恶“六者得其正则为道,失其正则为欲”④。这样一来,通过肯定情的合理性,陈亮为践行儒家之道确立了行为标准,即喜、怒、哀、乐、爱、恶的恰当表达便是道,表达失当便流于人欲。在《勉强行道大有功》中,陈亮批评了齐宣王的好色、好货与好勇,美色、货利和勇敢都是人心之所欲,但如果不加节制地追求,便会流于人欲,成为害道之事。他说:“好色人心之所同,达之

---

① 陈亮:《陈亮集》(增订本),中华书局1987年版,第101页。

② 黎靖德编:《朱子语类》,王星贤点校,中华书局1986年版,第1381页。

③ 黎靖德编:《朱子语类》,王星贤点校,中华书局1986年版,第94页。

④ 陈亮:《陈亮集》(增订本),中华书局1987年版,第101页。

于民无怨旷，则强勉行道以达其同心，而好色必不至于溺，而非道之害也。好货人心之所同，而达之于民无冻馁，则强勉行道以达其同心，而好货必不至于陷，而非道之害也；人谁不好勇？而独患其不大耳。”[①]如果好色而不至于“溺”，好货而不至于“陷”，便是恰当的，不但不会害道，而且正合于道。

三、“道”的践行

（一）以物求道

陈亮和叶适并没有满足于对道、物关系的静态分析，陈亮指出，要认识和把握“道”，就必须“因事作则”，缘物求道，从研究实际事物入手，探明事物的内在机理，因事制宜，因时制宜。叶适将“物在”则“道在”的思想与《大学》中的“格物”工夫结合起来阐发了由物求道的思想，他既不赞成陆九渊的“心即理”说，也不完全同意朱熹的“格物穷理”说，认为研究实际事物不但不会对天理有丝毫损伤，反而是实现“道”的必由之路，“知与物皆天理之害也，余固以为非”[②]。大学之道由格物开始，物格而后知致，进而意诚、心正、身修、家齐、国治、天下平。程朱都特别重视“格物致知”，程氏将“格物”理解为“穷理”工夫，朱熹亦主张“所谓致知在格物者，言欲致吾之知，在即物而穷其理也”[③]。叶适不同意程朱对“格物致知”的理解，他认为，道或理存在于具体事物之中，由物求道只能诉诸“学”的工夫，学以致道而不是相反，这个“学”的工夫就是朱子所说的“致知”，因此，叶适认为“致知格物在心、意之先，为大学之要”[④]，真正的大学之道应当由致知开始，若依程朱所说，由“格物”直接达至“穷理”，固然是一条捷径，可一旦穷尽物理，豁然贯通，天下国家之道必然大明，又何须诚意、正心、修身等方面的工夫？显然，程朱的“即物穷理”之论极易走向神秘主义的认识论，这是崇尚实事实功的叶适所无法赞同的。

---

① 陈亮：《陈亮集》（增订本），中华书局 1987 年版，第 102 页。

② 叶适：《习学记言序目》，中华书局 1977 年版，第 113 页。

③ 朱熹：《四书章句集注》，中华书局 1983 年版，第 6 页。

④ 叶适：《叶适集》，刘公纯、王孝鱼、李哲夫点校，中华书局 1961 年版，第 731 页。

事功学派强调道与事(物)相即不离,这与二程“器亦道,道亦器”①的主张相契合,与朱熹、陆九渊的道器合一的思想也大体一致,都没有割裂二者的关系。然而,道与器哪一个是“实有”,哪一个是“抽象物”?道与器,道与事(物)何者在先?以物求道还是以道观物?事功学者与程朱等理学家有不同的看法。二程与朱熹认为道是具有绝对价值的客观实在,道在器先,万事万物是道的体现,要认识事物,必须从道出发。世界上的具体事物只是道在客观世界中的具体显现,它们只是以不同形式,从不同方面体现着道,这有些类似于亚里士多德所说的“形式”与“质料”的区别。陆九渊也认为道在器先,只不过他将道归于心,认为“心即道”,世间万物的“理”都存在于人的“心”中,因此,要获得事物的认识无须外顾,只要向内求诸“心”即可。事功学者则认为,只有大千世界中的具体事物才具有实在价值,道寓于事物之中,只有借助现实的事和物才能得以体现,故而对道的认识和把握必须遵循由事及道的路径,即事以达义,由器以知道,而不能像程、朱、陆那样以道及物或由心及物。概言之,朱、陆之学与事功学派的道器观各有特色,前者将重心放在道或心上,显现出理论的精妙;事功学派将立足点置于事、物之上,更显平实。

牟宗三对事功学派重视实际事物的平实之论不以为然,认为其消解了儒家思想的超越性,他批评叶适说:“徒封囿于政治措施之即事达义,以器知天,而谓能尽古人言天之体统乎?看似平实,实乃器识之陋也。”②但是,牟宗三也肯定了叶适“以器明道”的道器观在一定程度上符合孔子之后儒家论学的传统,“后来通过孔子后,亦未有离事言义,离器明道者,然此即事即器,乃本乎超越者圆融而言之,非叶水心之只现象地外在地平面地言之也。此不可不辨。鱼目混珠,遂借以为拒谈性命天道之口实矣”③。在叶适与理学之间,牟宗三显然更赞同理学的道器观,他对叶适的评定道出了事功学派对理学超越性追求的反动,虽然这种反动在牟宗三看来只是“外在地”,但这恰恰是事功学派的目的所在,也是其思想的独特之处。追求儒家思想的超越性

① 程颢、程颐:《二程集》,王孝鱼点校,中华书局2004年版,第4页。

② 牟宗三:《心体与性体》(上册),上海古籍出版社1999年版,第194页。

③ 牟宗三:《心体与性体》(上册),上海古籍出版社1999年版,第195页。

固然无可厚非，但应当注意两点：一是不能离开具体人事而空谈超越，无论是内在的心性上的超越，还是外在的形上学的超越，一旦将儒家思想的根基从具体事物中抽出来，设定为某种脱离实际事物的绝对，儒家思想便丧失了固有的经世、外王精神，与佛、老之说混为一路了。正如列宁所说，真理向前迈出一小步，即使是同一方向的一小步，也会变成谬误。程朱理学在改造儒学时的确向前迈了一步，不过这一步迈得有点大了，从而产生了一些荒谬之论，于是才招来事功学派的不满与批评。二是任何理论都必须与一定时期的社会、历史现实相适应，否则便有可能沦为空虚无用之说，甚至走向反动。反观南宋的时局，事功学派强调务实事、求实功的事功思想显然比朱熹一派的性命之学更有助于改变当时国弱民贫的现状。换言之，理学一派过于专注心性修养的做法超越了南宋的历史与现实，极易沦为无益于国计民生的空虚之论。

（二）以人行道

传统儒家向来重视人，以人释“仁”，“仁者，人也”（《中庸》）。在人与道的关系上，孔子明确强调“人能弘道，非道弘人”（《论语·卫灵公》），彰显了人的主体性和能动性。陈亮发挥了《周易》中视天、地、人为“三才”的思想，认为人处于与天、地并立的位置，天地在不断地运行变化当中，人亦应当常运而不息。“人不立则天地不能以独运，舍天地则无以为道矣。”[①]在人—天、地—道这个序列中，人是主体，是天、地、道运行、发展的起点和核心，“人道备，则足以周天下之理，而通天下之变”[②]。

需要指出的是，以人行道的“道”主要是指人道而非形而上之“天道”。叶适区分了天道与人道，主张发挥人的主观能动性，积极地行人道。然而，叶适并不认为天道可以干预人事，这与荀子“明天人之分”的思想相契合。在天人关系上，荀子十分重视发挥人事的作用，认为“天有其时，地有其财，人有其治，夫是之谓能参。舍其所以参，而愿其所参，则惑矣”（《荀子·天论》）。人应当通过尽人事而治天时地财，不能舍人事而求知天意。叶适与

---

① 陈亮：《陈亮集》（增订本），中华书局1987年版，第345页。

② 陈亮：《陈亮集》（增订本），中华书局1987年版，第104页。

荀子一样主张尽人事，但叶适更强调“则天”和“奉天”，不赞成荀子的“官使天地”和“制天命而用之”的说法，认为古之圣人“未尝敢自大其身而曰‘吾能官使天地’者也。……是文王未尝‘制天命而用之’也”①。从叶适对荀子的批评中可以看出，叶适对人自身能动性的理解与荀子稍有差异，多了一分对天的尊重和敬畏，少了一分对天战而胜之的信心和气势。

薛季宣将道赖人以行的观点具体化为道“在我而已”，展现了事功学者在时局危难之时，以重振儒学传统、富国强民为己任的担当意识。所谓道之在我，并不同于孟子的“万物皆备于我”，也不同于陆九渊的“吾心即是宇宙”。陆九渊将事物之“道”或“理”安置于人心中，只要发明本心，便可凭借内心的直觉来体道、行道，这种行道的方式无疑夸大了人的能动性。事功学派尽管也强调人的能动作用，充分彰显了儒学的实践精神和道、人关系中人的主体性，但并不赞成将人的能动性凌驾于人伦物理之上，做出逆天悖理之事。

事功学派与朱、陆两家在道器观上的分歧，可以归结为唯物主义与唯心主义的差别，却无所谓对错、优劣之分，只是思维方式的不同而已。朱熹在思考道与器、道与事、道与人的关系时，实际上是把道从具体的器、事和人中抽离出来，赋予其独立存在的意义与永恒价值，这样一来，道与具体事物便分属于界限分明的两重世界，二者之间的疏离和对立也由此而生。为缓解这种紧张关系，朱熹试图将二者统一起来，以道来裁制事物，使事事物物都合乎道的要求。朱熹绕了一个大弯子，使本来寓于具体事物之中的道重新回到事物当中，成为事物的主宰，这无疑颠倒了道与器物、人事的关系。陆九渊不赞成朱熹将道与器、道与事截然二分的做法，批评朱子学说为“支离事业”，他提出“道外无事，事外无道”②的主张，克服了朱熹将道器二分的弊病，但是，陆九渊没有将道置于器物、人事之中，而是将道和事统统安放在人心当中，从表面上看，体道、行道的工夫变得简易了，但实际上与朱熹一样，都使道脱离了具体事物而变得难以捉摸。事功学派对道器关系的理解不似朱、陆两家般支离和玄妙，他们自始至终都没有将道从具体事物中剥离出

---

① 叶适:《习学记言序目》，中华书局1977年版，第650页。

② 陆九渊:《陆九渊集》，钟哲点校，中华书局1980年版，第474页。

去,既坚持了道器统一观,又将道的根基牢牢地置于具体事物之中。在他们看来,一旦脱离了现实的、具体的事物,道将变成不可理解之物。

其实,无论对道器关系做何种哲学理解,都只是体现了人们认识和把握世界的不同方式,正如马克思所说,“哲学家们只是用不同的方式解释世界,问题在于改变世界”[①]。就此而言,朱熹和陆九渊无疑称得上是哲学家——很好地解释了世界却无法改变世界。相比之下,事功学派更像是试图改变世界的行动家,他们对世界的解释远不如朱、陆精妙,但由事言道的朴素道器观显然对人们有效地改造世界更为有利。尽管朱、陆两派也都试图改变社会现状,但他们不以具体事物为出发点和基础的道器观使其变革现实的努力和希望最终成为镜花水月。

总体来看,从陈亮到叶适,事功学派的道器观在与理学的论争中经历了一个由朴素到逐步深化的过程。这一转变不仅提升了事功学派理论体系的完备性,也为事功学派倡导的“务实事,求实功”的事功伦理奠定了较为坚实的理论基础,一度在与朱子理学的论争中不落下风。从这一意义上说,事功学派的道器观对于理解和把握事功学派的思想主旨和政治、经济主张都有十分重要的意义。

---

① 马克思、恩格斯:《马克思恩格斯选集》第1卷,人民出版社1995年版,第57页。

“事功实学”

——南宋浙学的理论形态

浙江省社会科学院哲学所副所长、研究员
张宏敏

据考证,“实学”一词最早出自东汉时期的浙江籍思想家王充(27—约97,会稽上虞人)的经典名著《论衡·非韩篇》,“韩子非儒,谓之无益有损。盖谓俗儒无行操,举措不重礼,以儒名而俗行,以实学而伪说”①。这里的“实学”,名义上是借韩非子之口批判战国时期一些“俗儒”沽名钓誉、追求名利的不良现象,但是,王充的本义是用“实学”这一概念来指称“儒学”,进而对“儒者”的职责进行界定:“儒者之操,重礼爱义,率无礼义士,激无义之人。”②故而在王充这里,“实学”就是儒家礼义之学的代称。

在浙江学术思想史上,我们虽然称王充为“浙学”的开山祖,但是首先使用“浙学”这一称谓的学者还是南宋大儒朱熹。朱熹发明“浙学”一词,意在指称南宋浙东(永嘉、永康)学派。详而言之,朱熹在与陈亮、叶适等永康、永嘉学者的论战过程中,提出了具有批评意义的“浙学”概念:“近世言浙学者多尚事功”③,“浙学却专是功利”④。故而全祖望在《宋元学案·东发学案序录》中云“晦翁生平不喜浙学”⑤,而“事功”“功利”也就成为南宋“浙学”(浙东学派)的代名词。这是因为到了南宋,出于恢复中原、中兴赵宋王朝的现实需要,在统治集团和士人阶层中出现了一股讲求经世致用、注重事功实学的

① 王充撰,陈蒲清点校:《论衡》,岳麓书社2015年版,第122页。

② 王充撰,陈蒲清点校:《论衡》,岳麓书社2015年版,第122页。

③ 朱熹:《香溪范子小传》,转引自《范浚集》,浙江古籍出版社2014年版,第278页。

④ 黎靖德编,王星贤点校:《朱子语类》,中华书局1986年版,第2967页。

⑤ 黄宗羲著,吴光执行主编:《黄宗羲全集》第3册,浙江古籍出版社2005年版,第45页。

实学思潮，是为“事功实学”。它集中体现为以叶适、陈亮、唐仲友、吕祖谦为代表的浙东经史、经制之学，也是朱熹所说的“多尚事功”的“浙学”①。

本文主要以南宋“浙学”的三大主流学派永嘉学派、永康学派、金华学派为参照，来观照南宋浙学的基本理论特质，进而指出南宋浙东学派就是“事功实学”的卓越代表与学术理论形态。

一、“以经制言事功”的永嘉之学

以薛季宣(1134—1173)、陈傅良(1137—1203)、叶适(1150—1228)为代表的南宋永嘉学派，在哲学本体论上，提出了“道非器可名，然不远物，则常存乎形器之内”②，“物之所在，道则在焉……道虽广大，理备事足，而终归之于物，不使散流，此圣贤经世之业”③的哲学命题，认为充盈宇宙者是“物”、是“器”，而“道”则存在于事物本身。在此，我们可以说，“道不离器”“道不离物”，就是南宋浙东学派“事功实学”的哲学基础。

内圣外王、开物成务，是传统儒者的最大理想与政治抱负。南宋永嘉学派作为儒学的一个分支，为达成恢复中原、富国强兵的目标尤其注重发挥儒学“外王”的一面。永嘉学派成员均有“经世致用，义利并举”的学术主张，进而重视对经史和政制以及田赋、兵制、地形、水利等实务的探究，即通过“借鉴古代的典章制度而为现实政治问题的解决寻找出路，借古代经制的研究而制定出契合于当前实情的治国方略，施之实用，实现事功”④。

比如，师从程颐弟子袁溉的薛季宣，治学重“开物成务之功”⑤，认为只要

---

① 近代浙江思想家宋恕撰文从“浙学故重史”的学术传统角度出发，对南宋“浙学”与以朱熹为代表的“闽学”之间的关联予以阐述：“浙学故重史，而永嘉为最。……南宋浙学虽分数派，然皆根据文献之传，绝异于闽学之虚憍。而永嘉诸先生尤能上下古今自抒伟论，故当其时，浙学诸派皆为闽党所攻，而永嘉被攻尤甚。”(见《中国近代思想家文库·宋恕卷·外舅孙止庵师学行略述》，中国人民大学出版社 2014 年版，第 248 页)

② 薛季宣撰，张良权点校：《薛季宣集》，上海社会科学院出版社 2003 年版，第 298 页。

③ 叶适：《习学记言序目》，中华书局 1977 年版，第 720 页。

④ 董平：《浙东学派及其精神》，载《浙江精神之哲学本源》，浙江古籍出版社 2004 年版，第 6 页。

⑤ 薛季宣撰，张良权点校：《薛季宣集》，上海社会科学院出版社 2003 年版，第 299 页。

通晓天地万物的道理，并按照这些道理行事就会取得成功。陈傅良有“儒者贵知务”的提法①，以通达实际事务作为衡量“儒者”的标准。叶适在《习学记言序目》中有云，“夫行之于身，必待施之于人，措之于治”，“知道德之实而后著见于行事，乃出治之本、经国之要也”。这就突出强调了道德与事功、内圣与外王之间的贯通。叶适还追溯周代及春秋史，指出“周讥而不征，春秋通商惠工，皆以国家之力扶持商贾，流通货币”，而到汉高祖、武帝时期，始行抑商政策，则“（士农工商）四民交致其用而后治化兴，抑末厚本，非正论也”②。此外，叶适倡导经商致富，主张“商贾往来，道路无禁”③，并要求南宋执政者适度改变经济政策，这无疑是对传统“重本抑末”经济政策的颠覆与革新。在《上宁宗皇帝劄子》中，叶适剖析了两宋赋税之利弊，建言宋宁宗“修实政于上，而又行实德于下”④，以革除南宋朝在政治、经济、军事上的积弊，以达到为民谋利、富国强兵、恢复中原的目的。

元明之际的思想家宋濂这样评价永嘉学派诸学者：“（浙）东（永）嘉之学，人或不同，大抵尚经制而求合乎先王，攻礼乐以振拔乎流俗，二者亦一道也。”⑤明清之际的思想家黄宗羲在编纂未竟的《宋元学案》卷五十二“艮斋学案”按语中，也为以“务实不务虚”“弥纶以通世变”为基本特征的“永嘉之学”正名：“永嘉之学，教人就事上理会，步步著实，言之必使可行，足以开物成务。”⑥清末学者李春龢在《水心先生别集・序》中，也对叶适思想中“经世致用”的“实学”理论特质发出“岂徒以救宋之弊哉！士之有志经世者，诚能熟复而精择之，上观宋政以通之时务”⑦的感叹。

---

① 陈傅良著，周梦江点校：《陈傅良先生文集》，浙江大学出版社1999年版，第548页。

② 叶适：《习学记言序目》，中华书局1977年版，第273页。

③ 叶适著，刘公纯等点校：《叶适集》，中华书局1961年版，第642页。

④ 叶适著，刘公纯等点校：《叶适集》，中华书局1961年版，第6—9页。

⑤ 宋濂撰，黄灵庚编校：《宋濂全集》，人民文学出版社2014年版，第2212页。

⑥ 黄宗羲著，吴光执行主编：《黄宗羲全集》第3册，浙江古籍出版社2005年版，第56页。

⑦ 叶适著，刘公纯等点校：《叶适集》，中华书局1961年版，第629—630页。

二、“专言事功”的永康之学

在哲学本体论上，与永嘉学派一样，南宋永康学者陈亮(1143—1194)也承认客观规律之实在，强调“道”就存在于具体的实事实物之中：“天地之间，何物非道”①，“天下岂有道外之事哉……夫道，非出于行气之表，而常行于事物之间者也。……天下固无道外之事也”②。此为陈亮“事功之学”的理论基石与哲学基础。借此，陈亮认可最求“实能、实效”的事功之学：“苟人事皆得其实，是乃应天之实也。人材欲取实能，政事欲取实效。诸所进用，必考其实。”③故而永嘉学者陈傅良在《答陈同父书》中明确指出，陈亮之学的基本特征是：“功到成处，便是有德；事到济处，便是有理。”④

全祖望的《宋元学案·序录》则在比较、批判意义上指出永康之学“专言事功”的基本特征：“永嘉以经制言事功，皆推原以为得统于程氏(程颢、程颐)。永康则专言事功而无所承，其学更粗莽抡魁。”⑤《宋元学案》的另一编纂者黄百家，也有同样的言论：“永嘉之学，薛(季宣)、郑(伯熊)俱出自程子(程颐)。是时，陈同甫亮又崛兴于永康，无所承接。然其为学，俱以读书经济为事，嗤黜空疏、随人牙后谈性命者，以为灰埃。亦遂为世所忌，以为此近于功利，俱目之为‘浙学’。”⑥简言之，永康之学，“以读书经济为事”，崇实黜虚，力图使传统儒家学说切于实用，“开物成务”；缘此之故，朱熹则讥讽永康(包括永嘉)之“浙学”为“功利之学”。

因为陈亮的“功利之学”与朱熹“以醇儒之道自律”的道德性命之学相

---

① 陈亮撰，邓广铭点校：《陈亮集》(增订本)，河北教育出版社2003年版，第279页。

② 陈亮撰，邓广铭点校：《陈亮集》(增订本)，河北教育出版社2003年版，第79页。

③ 陈亮撰，邓广铭点校：《陈亮集》(增订本)，河北教育出版社2003年版，第358页。

④ 陈傅良著，周梦江点校：《陈傅良先生文集》，浙江大学出版社1999年版，第460页。

⑤ 黄宗羲著，吴光执行主编：《黄宗羲全集》第3册，浙江古籍出版社2005年版，第39页。

⑥ 黄宗羲著，吴光执行主编：《黄宗羲全集》第5册，浙江古籍出版社2005年版，第216页。

反,故而朱熹以"义利双行,王霸并用"来评论陈亮之学[①];而为追求真理("实理"),为"事功之学"正名,陈亮同朱熹之间展开了多场学术论辩。[②] 实则早在《上孝宗皇帝第一书》中,陈亮就对"空谈心性""不切事情"的"今世之儒士"表示不满:"始悟今世之儒士,自以为得正心诚意之学者,皆风痹不知痛痒之人也。举一世安于君父之仇,而方低头拱手以谈性命,不知何者谓之性命乎!"[③]在《中兴五论》中,陈亮更是慷慨陈词,讲论开诚之道、执要之道、励臣之道、正体之道等,期望朝廷"留神政事,励志恢复(中原)"。[④] 此外,陈亮的事功哲学同他本人倡导的"要以适用为主"的人生观一脉相连,其在《又乙巳春书之一》中云:"(陈)亮之不肖,于今世儒者无能为役,其不足论甚矣,然亦自要做个人。……正欲揽金银铜铁熔作一器,要以适用为主耳。"[⑤]缘此之故,陈亮推崇"天下豪杰之士",并编辑有歌颂为国家、为社会建功立业的英雄豪杰的《英豪录》;其在《英豪录·序》一文中,对"英豪"作如是界定:"彼英豪者,……饥寒迫于身,视天下犹吾事也。见易于庸人,谓强敌可剿也。信口而言,惟意之为,礼法之不可羁也,生死祸福之不能惧也。……盖其才智过人者远矣。"[⑥]

应该指出,陈亮的事功之学并不否定理学家的"天理性命之说",只是鉴于富国强兵、恢复中原的现实之需,才更加注重道德的现实效用与力行实践,故而将"事功之学"简单混同于"功利主义",但这并非陈亮永康之学的本来意义。故而,明清之际思想家朱舜水特为陈亮"事功之学"作辩护:"仆谓治民之官与经生大异,有一分好处,则民受一分之惠,而朝廷享其功,不专在理学研穷也。晦翁先生以陈同甫为异端,恐不免失当。"[⑦]易言之,南宋事功

① 陈亮撰,邓广铭点校:《陈亮集》(增订本),河北教育出版社2003年版,第267—271页。

② 陈亮与朱熹之间的"学术论战"书信,参阅《陈亮集》(增订本),第263—298页。"论战"缘起及相关内容的解读,可以参阅今人董平教授选注的《陈亮文粹》,浙江古籍出版社2006年版,第232—297页。

③ 陈亮撰,邓广铭点校:《陈亮集》(增订本),河北教育出版社2003年版,第7页。

④ 陈亮撰,邓广铭点校:《陈亮集》(增订本),河北教育出版社2003年版,第17—24页。

⑤ 陈亮撰,邓广铭点校:《陈亮集》(增订本),河北教育出版社2003年版,第275页。

⑥ 陈亮撰,邓广铭点校:《陈亮集》(增订本),河北教育出版社2003年版,第192页。

⑦ 朱舜水著,朱谦之整理:《朱舜水集》,中华书局1981年版,第386页。

哲学就是一种“正德、利用、厚生”之学，是传统儒学“实用理性”抑或“实践理性”的充分彰显，是儒家“价值理性”（道德实践）与“工具理性”（事功实践）的有机统一。

三、“讲实理、育实材而求实用”的金华之学

南宋时期，以吕祖谦（1137—1181）、唐仲友（1136—1188）为代表的“婺学”（后世亦作“金华学派”①），也是提倡事功实学。得“中原文献之传”的吕祖谦②，为学为政均以“践履”为第一义，提倡“学以致用”：“今人为学，多尚虚文，不于著实处下功夫，到临事之际，种种不晓。学者须当为有用之学。”③读有用之书，作有用之文，成有效之事，就是吕祖谦的为学为政之道。故而其《淳熙四年轮对劄子二首》言：“浮华可抑也，繁文可减也，清谈高论不切事情者可黜也。”④显然，这就是一种“崇实黜虚”的主张。在《乾道六年轮对劄子二首》中，吕祖谦建言宋孝宗“求实学”“用真儒”：“夫不为俗学所汩者，必能求实学；不为腐儒所眩者，必能用真儒。”⑤在《太学策问》中，他又主张南宋朝太学教育的基本宗旨应为“讲实理、育实材而求实用”“指实见”“条实事”：“今日所与诸君共订者，将各发身之所实然者，以求实理之所在，夫岂角词章、博诵说、事无用之文哉！”⑥在论学书信中，吕祖谦也是强调“学者以务实躬行为本”⑦，“切要工夫，莫如‘就实’，身体力行”⑧。此外，讲求“性理之学”

---

① 南宋前期，婺州下辖金华、义乌、永康、武义、浦江、兰溪、东阳七县，故而南宋“婺学”既有推崇性理之学的金华吕祖谦、吕祖俭，也有倡导事功之学的永康陈亮，还有专治经制之学的金华唐仲友。

② 吕祖谦研究专家黄灵庚教授认为“中原文献之传”有两层含义：“一是吕祖谦的学问和北宋中原二程之学是一脉相承的，是正统的学问；二是重于文献，考经订史。”参见黄灵庚主编：《浙学读本》，人民文学出版社 2019 年版，第 35 页。

③ 黄灵庚、吴战垒主编：《吕祖谦全集》第 7 册，浙江古籍出版社 2008 年版，第 68 页。

④ 黄灵庚、吴战垒主编：《吕祖谦全集》第 1 册，浙江古籍出版社 2008 年版，第 59 页。

⑤ 黄灵庚、吴战垒主编：《吕祖谦全集》第 1 册，浙江古籍出版社 2008 年版，第 54 页。

⑥ 黄灵庚、吴战垒主编：《吕祖谦全集》第 1 册，浙江古籍出版社 2008 年版，第 84 页。

⑦ 黄灵庚、吴战垒主编：《吕祖谦全集》第 1 册，浙江古籍出版社 2008 年版，第 459 页。

⑧ 黄灵庚、吴战垒主编：《吕祖谦全集》第 1 册，浙江古籍出版社 2008 年版，第 499 页。

的吕祖谦，在与学友朱熹的书信中（《与朱侍讲》），也称颂过永嘉事功学者薛季宣的“确实有用”之学，“（薛季宣）向来喜事功之意颇锐；…… 于世务二三条，如田赋、兵制、地形、水利，甚曾下工夫，眼前殊少见其比”①，“其为人坦平坚决，其为学确实有用”②。或许因为“不欲逞口舌以与诸公角”的吕祖谦对永嘉“事功”之学的认可，朱熹对以吕祖谦为代表的“婺学”颇多微词，全祖望在《宋元学案·东莱学案》“按语”中有云：“小东莱（吕祖谦）之学，平心易气，不欲逞口舌以与诸公角，大约在陶铸同类以渐化其偏，宰相之量也。惜其早卒，晦翁遂日与人苦争，并诋及婺学。”③“婺学”同“浙学”（永嘉、永康之学）一样，在朱熹这里皆是“功利之学”的代名词，具有负面作用。

谢无量的《中国哲学史》在评论南宋浙东学派之时，尤为标举吕祖谦之学，认为吕氏治学深通经术，注重践履；还引用吕祖谦“今人读书，全不作有用看。且如人二三十年读圣人书，及一旦遇事，便与闾巷人无异。或有一听老成人之语，便能终身服行。岂老成人之言过于《六经》哉？只缘读书不作有用看故也”④云云，来说明吕祖谦教人读书的重要方式就是强调“为学与致用为一事”⑤。

唐仲友的经制之学，也是南宋“婺学”的重要组成部分。“经制之学”，就是士大夫治理国家社会的制度方法，主张以经义立治术，旨在经世致用，故其学问关涉国计民生的政事。唐仲友编《帝王经世图谱》，该书之命名，足以说明经制之学的“经世”属性。周必大《帝王经世图谱·题辞》以为，唐仲友治学“凡天文地志、礼乐刑政、阴阳度数、兵农王霸，皆本之经典，兼采传注，类聚群分，旁通午贯，使事时相参、形声相配”⑥。尽管唐仲友与朱熹、陈亮等交恶，但是其本人在台州知府任上也是有所作为的，“发粟赈饥，抑奸拊弱，

---

① 黄灵庚、吴战垒主编：《吕祖谦全集》第1册，浙江古籍出版社2008年版，第412页。

② 黄灵庚、吴战垒主编：《吕祖谦全集》第1册，浙江古籍出版社2008年版，第416页。

③ 黄宗羲著，吴光执行主编：《黄宗羲全集》第5册，浙江古籍出版社2005年版，第5页。

④ 黄灵庚、吴战垒主编：《吕祖谦全集》第2册，浙江古籍出版社2008年版，第254—255页。

⑤ 谢无量：《中国哲学史》，中国人民大学出版2011年版，第422页。

⑥ 转引自黄灵庚主编：《浙学读本》，人民文学出版社2019年版，第167页。

创浮梁以济艰涉,民利赖焉”[①]。全祖望补修《宋元学案》,特立“说斋学案”的原因,就在于唐仲友的经制之学“皆有关经世之学”[②]。

四、余论

明清之际,黄宗羲作为宋明理学的殿军,其治学更是博采众家之长,“以濂、洛之统,综会诸家:横渠之礼教,康节之象数,东莱之文献,艮斋、止斋之经制,水心之文章,莫不旁推交通,连珠合璧,自来儒林所未有也”[③]。由此可见,吕祖谦的“中原文献之学”、薛季宣和陈傅良的“经制之学”、叶适的“文章之学”,即南宋浙学的基本精神等均为黄宗羲所充分继承与发展。此外,黄宗羲还对朱熹宣称的“道学”与“事功”分两途的主张予以纠偏,并提出“事功出于道,道达至事功”[④];进而为陈亮的事功之学正名:“离事功以言道理,考亭(朱熹)终无折永康(陈亮)之论。”[⑤]这就进一步高扬了自南宋以来追求“道德”与“事功”合一的“浙学”传统。据此可知,黄宗羲是南宋浙东“事功实学”的传承者。

通过以上论述,我们有充分的理由认为:南宋永嘉、永康学派提倡的“经制之学”“事功之学”,其理论特质就是“事功实学”。易言之,南宋浙东学派就是“事功实学”的卓越代表与学术理论形态。

---

① 转引自《四库全书总目提要・帝王经世图谱》,见四库全书研究所整理《钦定四库全书总目》,中华书局 1997 年版,第 1780 页。

② 黄宗羲著,吴光执行主编:《黄宗羲全集》第 5 册,浙江古籍出版社 2005 年版,第 357 页。

③ 全祖望:《梨洲先生神道碑文》,载朱铸禹汇校集注:《全祖望集汇校集注》,上海古籍出版社 2018 年版,第 220 页。

④ 黄宗羲著,吴光执行主编:《黄宗羲全集》第 10 册,浙江古籍出版社 2005 年版,第 146 页。

⑤ 黄宗羲著,吴光执行主编:《黄宗羲全集》第 10 册,浙江古籍出版社 2005 年版,第 53 页。

儒者之效
——浙东学派教育家精神的课程解码

淮阴师范学院教育科学学院副教授
贾志国

作为注重经世致用传统的浙东学派的实际创始人，以“讲实理、育实材、求实用”为教育宗旨的教育大家吕祖谦，与专注于内圣修养功夫的其他儒学大师不同，吕祖谦坚持以“儒者之效”作为自己的人才培养标准与课程改革标准，从而与永康陈亮，永嘉陈傅良、叶适等一起，共同推动了宋代致实用功夫体系的形成。以“儒者之效”审视浙东学派的教育家精神与书院教育实践，可以为浙江本土的教育家精神挖掘，提供更多的思想资源与智慧动能。

一、儒者之效：浙东学派教育家精神的区域特征

儒效，也称“儒者之效”，它最早见于《荀子·儒效》，里面记载了荀子与秦昭王讨论“大儒”的作用。除了大儒之外，荀子还论述了圣人、君子、劲士、雅儒、小儒、俗儒、众人、鄙夫几类人的德性。① 随着宋代“重文抑武”政策的实行与士大夫政治主体意识的增强，兼具学者与官员于一身的士大夫开始走向政治舞台的中央，他们以自身的儒者身份践行自己的内圣外王之道。宋人重视“儒者之效”，就是将“儒者”与建功、治国及地方教化联系在一起。理学家也不例外，如吕祖谦“然君子之诚本无息，而儒者之效久不明”②一联，将“儒者之效”与内在的“诚”对举，显然是指外在事功的实践。作为一项人才选拔制度，科举制度从萌芽、发展到成熟完善经历了一个渐进的发展过

① 吕祖谦：《吕祖谦全集》(第一册)，浙江古籍出版社2007年版，第76页。
② 吕祖谦：《吕祖谦全集》(第一册)，浙江古籍出版社2007年版，第76页。

程。与此同时，伴随着科举制度考试科目与内容的变革，科举教育也进行了相应的调整与改变。从一定意义上可以说，围绕着科举考试场域，中央科举政策确定和收缩的过程，也决定着中央和地方科举教育课程的内容和形式变化。反之，地方书院或科举教师自下而上的科举教育内容与形式创新也会对中央科举制度政策与科举考试内容革新产生影响。以政策为中心梳理科举考试内容与科举教育课程的发展演变轨迹，显得既有必要，又有可能，从而为后人站在更大的历史背景前理解浙东学派的科举教育思想与科举教育内容提供契机。

同为儒学大师，吕祖谦、陈亮、陈傅良、叶适等浙东学派与朱熹、张栻、陆九渊一样，把“圣贤气象”作为自身以及弟子的终极修身标的。但是与其他区域儒学大师执着于个体内圣功夫修炼和探索不同，浙东学派坚持体用并举、内圣外王结合，坚持以“儒者之效”为评价标准，推动君子气象、圣贤气象的普遍性目标的落地、扎根与致用化，保证教育教学实践活动的实心、实用、实功的实现。以“儒者之效”作为官、私学课程评价标准，就是把圣贤气象的课程目标与士大夫的践履实践，把整暇技术的完整课程体系与具体的做事效果，把内圣的“未发”功夫与外王的“已发”功夫结合起来，从而以整体性的教育家主旨推进官、私学教育的发展。儒效论的教育家精神要义具体如下。

第一，以儒者气象作为评价个体道德品性的基本底线。“儒效”作为“儒者之效”的简称，个体是否具备一个君子儒基本的品性修养是其前提条件。一个合格的儒者应该是儒服[①]、儒行、儒貌、儒言等外在形象与仁者不忧、智者不惑、勇者不惧等内在品质的完整结合体。

第二，以外在事功作为评价个体政治身份的主要门槛。“儒效”在鼓励士大夫个体完成治心、明理等内向功夫之外，更多地担负起地方行政与社会教化的外向职责。吕祖谦在写给张栻的第一封信中，就表达了他对这位道学同道兼上司的崇敬之意。借称赞张栻，也间接说明了他重视《周易》的原因，“身历世变而独贯盈虚消息之几，心玩至理而处清旷幽闲之地”[②]，非读《易

① 陈来：《儒服·儒行·儒辩——先秦文献中“儒”的刻画与论说》，《社会科学战线》2008年第2期，第239—247页。

② 吕祖谦：《吕祖谦全集》（第一册），浙江古籍出版社2007年版，第394页。

经》不能悟此道。他也希望与张栻合作共事,共同兴学重道,实现严州地区厚风美俗的治理理想,共同见证"儒者之效";此外,他也以"儒者之效"力劝朱熹出知南康军,"吾丈平昔惓惓君民志念未尝少忘……承领朝家美意……泽及一方,使世少见儒者之效"①。

第三,科举社会下系统化的科举课程标准制定至关重要。与唐代社会有限的"科举取士"不同,宋代统治者大大拓宽了寒门士子的上升渠道,使得科举考试逐渐成为全社会的入仕共识。科举制度在凝聚朝野共识,促进阶层上下流动的过程中发挥了越来越重要的作用,与此同时,整个社会的功利性读书氛围也被营造出来。因此,在不能完全废除科举,无法杜绝功利性读书的前提下,积极探索科举课程标准制定与人才培养,选拔出能够真正致力于地方治理与风俗教化的儒者官员,就成为南宋中期以吕祖谦、陈傅良、陈亮、叶适等浙东学术为代表的经世致用学派的重大挑战。

二、"儒者之效"范式的南宋科举课程体系

南宋时期,新旧党争导致北宋官僚体系的不团结与各自为政,这使得南宋的统治者在建立之初,努力强调"大公"政策在指导课程政策中的中立地位,使得南宋统治者放弃某种举业课程标准的指导地位,从而导致南宋时期各种派别的教育家试图在书院教育中渗透自己的影响力,一开始王安石新派仍然具有一定的影响力,后来逐步在南宋科举市场取得主导地位的分别是以吕祖谦为核心的浙东学派与以朱熹及其弟子为标准的道学课程。以吕祖谦为核心的浙东学派可以涵盖以陈傅良、叶适为代表的永嘉与以陈亮为代表的永康,可以归之为儒效范式。以下面图表为契机,在核心人物及其主旨、团队成员、主导时间、课程标准、代表教材、教学方式(包括自学)方面进行分别论述。如表1所示:

① 吕祖谦:《吕祖谦全集》(第一册),浙江古籍出版社2007年版,第426页。

表1　浙东“儒者之效”课程范式

核心人物	主要成员	主导时间	课程标准	代表教材	教学方式	备注
吕祖谦	陈傅良 叶适 陈亮	12世纪60—90年代	自下而上的考试成功标准：事功主义与精英治理	吕祖谦《历代制度详说》《东莱博议》《古文关键》等；陈傅良《永嘉先生八面锋》《待遇集》；叶适《进卷》；陈亮《酌古论》《中兴五论》	情境化、综合化策题 经史并重，泛读（文献考据式阅读）	

(一)核心主旨方面

儒效范式反对空谈性命道德，主张教育改革与中央根本的政治关切（应对北方金国挑战或收复北方失地等）紧密结合，主张人才培养与科举选拔同他们致力的文章写作、制度历史、行政决策以及经史子集的文本分析等广泛的学术传统教育结合起来。经世致用范式的孕育与成熟离不开早期儒学的“实用”基因、史官文化的加持、现实的政治关切以及代表人物的强烈道德使命感与责任感。

吕祖谦课程评价的儒效论，主要体现在如下三个方面。

第一，强化“明体达用”人才培养标准。作为经史并重的一代儒学大师，吕祖谦对宋儒出现的空谈性命之学进行了深刻反思，对“格物致知”实质意义予以洽化，赋予“格致”以现实“经济”精神。[①] 对其来说，经世致用的实际才干应该属于圣贤气象不可或缺的重要组成部分。内圣之学固然首要，但个体化的“尊德性”和“道问学”并不能自然地派生出秩序重建的“外王”，其对于只专注于内圣功夫修炼的行为忧心忡忡，儒者应重视外在事功实践。“百工治器，必贵于有用；器而不可用，工弗为也，学而无所用，学将何

① 南木子：《格物致知：明招经济教育的文化脉络——东莱经国济世思想对浙东文化的影响》，中华明招文化研究院编：《明招文化论文集（第三辑）》，九州出版社2018年版，第21页。

为也?”①

第二,系统推进科举课程标准改革。鉴于风俗、教化两张皮的残酷现实,吕祖谦与同时代其他儒学大师一样,积极借助兴办教育来推动世风、学风改进。而与其他儒学大师的不同之处在于,吕祖谦以更为积极的态度看待科举教育与经世致用人才培养之间关系。受南宋中央政府“大公”政策的影响,加上自身在科举考试中取得过巨大成功,吕祖谦以“儒者之效”为标准投入科举考试辅导教材编写、太学策问出题以及官私学课程改革等,从而推动了有竞争性的经世致用课程标准的成功。

第三,以致实用改进弟子功夫实施方向。在功夫方向上,吕祖谦除了希望弟子加强德性涵养之外,也要求弟子注重“务实”“躬行”“磨炼”,“学者以务实躬行为本”②。他要求学生先从日常“孝悌”行为出发,才能进到“仁”的“正理”,“是理在我则习矣而著,行矣而察。……曰为仁,见学者用力处”③。必须从现实出发,立足现实问题的解决,他告诫学生,“观史当如身在其中,见事之利害,时之祸患,心掩卷自思,使我遇此等事,当如何处之,如此观史,学问亦可进,知识亦可以高,方为有益”。吕祖谦重视史学的教学实践,显示了他“求实学,不为腐儒所眩”的独到之处。④ 总之,吕祖谦提出的“掩卷自思”“出窠臼外”“作有用看”等史学学习正是为了以史为鉴,提升弟子的经世济用才干。

(二)灵魂人物及其团队

吕祖谦在儒效范式团队中处于灵魂地位,主要不是源于他排他性的思想、政治主张,更多的是他独得中原文献之传的学术宗师地位,积极支持提携他人学术旨趣的奉献精神,与永嘉、永康学派积极互动的学术对话精神,

---

① 吕祖谦:《丽泽论说集录》,浙江古籍出版社2008年版,第263页。

② 吕祖谦:《吕祖谦全集》(第一册),浙江古籍出版社2007年版,第459页。

③ 南木子:《格物致知:明招经济教育的文化脉络——东莱经国济世思想对浙东文化的影响》,中华明招文化研究院编:《明招文化论文集(第三辑)》,九州出版社2018年版,第23页。

④ 李光生:《吕祖谦的教育实践及影响》,《河北师范大学学报(教育科学版)》2010年第11期,第31—35页。

和与他们共同的历史、制度、政策与古文研究热情。更重要的是，吕祖谦本人作为科举范例成功的巨大声望，积极参与科举教育活动（明招书院讲学、丽泽书院讲学、严州州学讲授与担任太学博士等）与编写科举辅导书籍（《东莱博议》《古文关键》《历代制度详说》），同时与永嘉、永康等浙东地区同频共振，使得婺州、温州成为最具活力的考试文化的策源地与聚集地。

除了吕祖谦之外，浙东地区的永嘉学派也在科举教育领域享有盛誉。永嘉学术与一群12世纪在永嘉和温州其他各县活跃的教师分不开，在陈傅良和叶适出现的12世纪60年代和70年代之前的思想界，周行己（1067—1125）、郑伯熊（1127—1181）以及薛季宣（1134—1173）就已经在古典学术、制度史和行政研究方面树立了声望。陈傅良、叶适相继延续了这种学术传统，其特点就是形成一套共通的行政原则，借助制度史分析提出政策建议，以及对11世纪主流士人传统（主要是程氏兄弟的“洛学”和苏氏父子的“蜀学”）产生了兴趣。永嘉学术传统因其主要代表人物之间的师徒关系而得到持续性加强。郑伯熊和薛季宣作为陈傅良的老师，而叶适又曾拜陈傅良为师。陈（1172年进士甲等）、叶（1178年殿试榜眼）在各自取得科举成功之前，就已经以科举教师的身份任教乡里。作为永嘉学派的两大巅峰，陈、叶二人有着相似的成长经历。他们都出身寒微，父亲都是靠讲授基本的识字和初级课程谋生的乡村教师，社会地位和收入有限。陈、叶二人都很早就开始从事教书职业以支持自己的学业，即使在通过科考后他们仍热衷于举业课程。宋孝宗隆兴元年（1163），陈傅良担任永嘉城南茶院学塾讲席，从学者数百人。作为论体文之父，陈傅良受益于由永嘉前辈周行己、郑伯熊和薛季宣所奠定的永嘉学术传统。陈傅良论体文注重历史脉络和政策分析，这跟当地教师所形成的制度史造诣保持一致。不过由于陈傅良的出色工作，永嘉作为举业中心的声望在12世纪60—70年代达到了顶峰。叶适在12世纪60年代师从陈傅良，他在陈傅良的墓志铭中谈到陈氏让“诸老先生传科举旧学”相形见绌，并推断陈傅良的盛名缘于他教学中所鼓励的杰出诠释能力和创新论点。陈傅良与吕祖谦同龄。1172年陈傅良太学游学期间与时任太学博士吕祖谦一见如故，两人兴趣相似，关系在友、师之间，陈曾多次向吕祖谦请教宋朝的典章制度及其演变,“祖谦为言本朝文献相承条序”①。吕祖谦充分肯定陈傅良那种放下一切“如初学人”般的好学精神,并预言其前途不可限量:“陈君举最长处是一切放下,如初学人,正未易量。”②同年,吕祖谦担任主考官的进士考试,陈傅良与他的学生蔡幼学(1154—1217)双双登科。

叶适十六岁时开始教书。他在教学的同时还继续跟其他学者学习。叶适于1169年拜访陈傅良老师薛季宣,于1175年与吕祖谦见面。他继续在永嘉执教到1178年(该年度叶适荣登殿试榜眼)为止,仅在1173年和1174年之间有短暂的中断。如同12世纪70年代初的陈傅良一样,叶适在12世纪70年代中期开始建立自己作为科举教师的声望。作为新科榜眼,集中反映其经世思想的《进卷》备受科考士子青睐,逐渐成为写作各种策题的入门手册。陈傅良和叶适在1170年至1190年间的教学出版活动体现了永嘉经世致用之学的吸引力,也再次展示了12世纪举业中时事内容的重要性。而最主要的两个时事问题就是如何恢复北方失地和如何解决道学运动兴起以来所导致的党争。永嘉教师对这些问题的看法逐渐使他们的策文成为12世纪后30年的科考范文。他们对这些问题的立场解释了他们的作品一度遭到政府查禁的原因,同时又面临着12世纪90年代末期道学领袖的批评。以吕祖谦、陈傅良、叶适等为代表的浙东教师在书院教学方面的异同显示了南宋中前期考试场域的两个特点:地域性教师在制定考试标准上的影响力以及他们对举业课程的参与。带有功利性质的举业课程逐渐成为各方学者辩论科举标准和精英身份的角力场。吕祖谦为代表的婺州和陈、叶为代表的温州陆续在科考试场奠定自己的霸主地位。据相关统计,温州府在南宋拥有的进士人数全国第二,婺州也有类似的成功纪录。汉学家包弼德曾经估计1150年之后每次科举考试都有大概九位或者十位婺州考生获得进士。③ 温州、婺州以及旁边的台州逐渐形成了充满活力的考试文化。吕祖谦、陈傅良等教师身边聚集了几百名考生,还有更多的人购买或者抄写这些名师或其

① 潘富恩、徐余庆:《吕祖谦评传》,南京大学出版社1992年版,第57页。

② 潘富恩、徐余庆:《吕祖谦评传》,南京大学出版社1992年版,第57页。

③ 魏希德:《义旨之争:南宋科举规范之折冲》,胡永光译,浙江大学出版社2015年版,第97页。

弟子编写的辅导书籍。

此外，还有一人值得注意，那就是与永嘉陈傅良、叶适同属“事功”学派的永康学派代表人物陈亮(1143—1194)。不过，相比于吕祖谦、陈傅良与叶适的仕途之路来说，陈亮的一生比较曲折坎坷，屡经磨难。其在十九岁时(1161)，考察古人用兵成败之际，撰《酌古论》，受到时任婺州郡守周葵的赏识并成为其座上宾，获“他日国士”赞誉。该书后来也得到吕祖谦的高度评价，其中《邓耿赞》“断句抑扬有余味，盖得太史公笔法”，另一篇《武侯赞》“拈出许多靖康成事”，更是得到吕氏拍案称奇，称其“尤有补于世教”。[①] 后来，陈亮又陆续撰有《中兴论》《论开诚之道》《论执要之道》《论励臣之道》《论正体之道》等《中兴五论》，以及《伊洛正源书序》《三先生论事录序》《伊洛礼书补亡序》《杨龟山中庸解序》《胡仁仲遗文序》《西铭说》《书伊洛遗礼后》《书伊川先生春秋传后》等道学文章。陈亮与志同道合的吕祖谦来往最为频繁，受吕氏的影响也最大，在思想学术方面渐生向往道学之心，性格气质方面逐渐由豪放不羁渐趋温润平和。陈亮于三十岁(1172)左右，开始招收门徒，作《六经发题》和《论孟发题》。在阐述《孟子》一书之微言大义时，陈亮第一次明确提出要“严义利之辨于毫厘之际”，这显然属于道学家的思想格局。[②] 陈亮对隋朝文中子王通赞赏有加，认为其接续孔子之志作《续经》，使得通晓圣人平定天下、安定百姓之道复明天下。陈亮于五十一岁(1193)时，最后一次参加科举考试，被擢升为状元；一年之后，病卒于家。陈亮虽然在科举教育方面成果有限，但是其主张培养广通博洽、义利双行、经世致用的实用人才教育思想与浙东其他学者异曲同工。陈亮比其他成员更加注重教育的工具属性，在其目标培养体系中最高层次是培养“非常之人”，也即能开拓古今、建功立业的“雄伟豪杰之人”；最低层次也要达到“学为成人”，具备“智”“勇”“艺”等基本条件，担起“世界轻重有无”[③]之责。教育务必使每一学成之人“长短大小，各见诸用，德行、言语、政事、文学，无一之或废”[④]。总之，陈亮以

① 吕祖谦：《吕祖谦全集》(第一册)，浙江古籍出版社 2007 年版，第 468—469 页。

② 罗雪飞：《德性主义抑或事功主义：朱熹陈亮王霸义利之争及其政治思想史意义》，武汉大学 2014 年博士论文。

③ 陈亮：《陈亮集》，中华书局 1987 年版，第 346 页。

④ 陈亮：《陈亮集》，中华书局 1987 年版，第 117 页。

“适用为主”[①]的学以致用的事功特色的教育价值观在教育史上影响深远。

（三）主导时间

儒效团队在12世纪60—90年代取得南宋科举考试的主导地位，与吕祖谦、陈傅良、叶适等浙东教师本人科举考试取得的巨大成功以及他们积极的科举教育实践活动（编写教材与授徒讲学）紧密相关。隆兴元年（1163），吕祖谦一年连中博学宏词科与甲等进士，名闻朝野。随后吕祖谦陆续积极开展讲学与科举教材（《左氏博议》《古文关键》《历代制度详说》）编撰活动，使得婺州地区成为科举教育的中心；随后，1172年陈傅良中举，1178年叶适中举，以及他们二人中举前后的科举教育实践（《永嘉先生八面锋》《进卷》），使得温州地区的科举教育也不遑多让。12世纪60年代和70年代，从婺州和温州发展出来的备课课程在12世纪晚期成为影响科举结果的关键因素。[②]浙东教师在12世纪60—90年代取得的科举教育范式的成功也同南宋中央政府“大公”政策主导下鼓励地方精英积极参与科举考试标准制定与举业课程实践密切相关。举业课程也成为各方学者辩论科举标准和精英身份的角力场。

（四）自下而上的学术型课程标准

11世纪后期（以王安石为首）和12世纪初期（以蔡京为首）的新党派政府均秉持“干预主义”的教育策略[③]，当这一政策取消之后，中央政府对考试内容的影响力也随之减弱。贯穿整个宋代，儒家经典和一些唐宋注疏都是官学学生的必读之物[④]，但是南宋政府并没有制定出一套符合考生更多要求

---

① 陈亮：《陈亮集》，中华书局1987年版，第347页。

② 魏希德：《义旨之争：南宋科举规范之折冲》，胡永光译，浙江大学出版社2015年版，第96页。

③ 魏希德：《义旨之争：南宋科举规范之折冲》，胡永光译，浙江大学出版社2015年版，第276页。

④ 袁征：《宋代教育》，广东高等教育出版社1991年版，第7—76页。概述了宋代官学课程的变迁，他的论述几乎全部集中在儒家经典和注疏之上。经学不过只是考试会涉及的几项内容之一而已。

的科目表。官方法规定义了科举的基本结构和过程细节，但是朝廷与王安石改革的做法不同，不再指定必读的注疏和其他作品。在南宋统治中前期，南宋君臣都把自己呈现为“学术多样性”和“思想多元化”的保护者，拒绝支持某一派的课程内容。[①] 南宋初期政府坚持考试内容的“不干涉”政策，削弱了其在科考资料市场上的地位。再加上北宋末期出现南宋时期异常发达的私人书坊业，使得北宋时期(直到11世纪末)国子监在经书、史书和韵书上的市场垄断地位被打破。12世纪制定考试标准的主要权威人士是教师。[②] 当政府失去其举业变化趋势的主要引领者身份之后，不同学派教师逐渐占据考试场域的权威地位。不断增加的考生数目和登科之后与此成正比的无业率都使“教书”作为一项“临时”或“永久”职业越来越具有吸引力。[③] 一位科举教师的成功度取决于其科场上的成功和其教学资历，比如太学经验、学生人数以及学生的考场表现。儒效学派在南宋科举教育“课程标准”的确立与完善过程，与其代表人物在竞争性的科举场域所取得的巨大成功密不可分。

(五)自下而上的考试成功标准

吕祖谦、陈傅良等著名科举教师都成功地借助科举考试实绩，赢得了太学盛誉，也成功地吸引了几百名的追随者。吕祖谦曾在多种场合承认他作为一名教师主要归因于他的举业课程，其经、史讲座吸引了大量士子。他既编纂历史工具书，又注重教导写作方法。陈傅良则是因其《春秋》和《诗经》的学术成果、对制度史和行政决策的精通以及改变了当下论体文模式的出色古文写作而出名。由于12世纪私人书坊的大量涌现及随之而来的相对低廉的教师授课资料与时文评注版本，使得教师对考试标准的影响力大大超出了讲座与举业课程等传统渠道范畴。无论是吕祖谦、陈傅良、叶适抑或陈亮，他们积极的科举教师角色与科举标准形成过程，源于他们更积极的科举

① 魏希德:《义旨之争:南宋科举规范之折冲》，胡永光译，浙江大学出版社2015年版，第277页。

② 魏希德:《义旨之争:南宋科举规范之折冲》，胡永光译，浙江大学出版社2015年版，第278页。

③ 魏希德:《义旨之争:南宋科举规范之折冲》，胡永光译，浙江大学出版社2015年版，第278页。

教育角色意识，他们把科举考试视为造就有经世致用才干的理想的官员选拔过程，因此他们的课程标准更为看重士大夫的行政决策能力、制度（历史）掌握能力、时文（修辞技巧）写作能力，并且有相应的科举教材与私人讲学活动进行辅助实施。可以说，坚持价值中立取向的社会（问题）中心型课程标准，是其科举教育价值定位的鲜明底色。

1.行政决策能力

严峻的北方形势及恢复北方的使命感，是浙东经世致用学派乃至南宋所有学术派别不可回避的政治担当。婺学、永嘉学、永康学，都坚持认为培养实际才干之人是重中之重。除了吕祖谦道学背景之外，永嘉、永康学派都以浓烈的"事功"（中国的实用主义）思想示人，即行政问题的最好解决方案是那种能给社会和国家带来最大利益的选择。决定利益最大化的基础是评估那些政策带来的正面、负面效应，而不是看它们是否符合某套道德准则。陈傅良经由私人书坊广泛流传的《永嘉先生八面锋》就是这一方面的杰作。

《永嘉先生八面锋》体现了"永嘉"事功学派的中心特点，即"计利病"①。根据"永嘉"模式，政府管理者在面对任何治理挑战时，都要以国家和人民利益最大化为目标。利益最大化的策略要求分析一切积极和消极因素。这本书让士大夫沉浸在一种思考模式之中，即政府官员随时面临一个是否应该采取某种干预行动的局面，"他们需要把可能的政策方向和宏观的政治环境联系起来。手边的事物和其他事情要彼此衡量，一丝不苟地考虑某项政策的可能后果"②。只有当政策收益超过损失时，政治行动才会被鼓励：

> 天下未尝有百全之利也。举事而待其百全，则亦无时而可矣。圣人之举事也，利一而害十，有所不忍为。利十而害一，当有所必为。利害之相当，有所不能为。以其害之相当，虽得其利，而其为

① 魏希德:《义旨之争:南宋科举规范之折冲》，胡永光译，浙江大学出版社2015年版，第98页。

② 魏希德:《义旨之争:南宋科举规范之折冲》，胡永光译，浙江大学出版社2015年版，第98页。

害亦足以偿矣。不若安于无事之为愈也。①

《永嘉先生八面锋》提供的行政原则及相关收录文章体现了财政保守主义、中央政府职能削减以及地方机关的某种自主决策权等政治、思想上的改革观点。该书的一项重要观念就是认为学生应当参与政策讨论。“永嘉”学者相信并不只有官员才能参与政治，他们的信念是共享治理及士大夫阶层在行政事务上的主观能动性。

2.制度(历史)掌握能力

儒效学派以巨大的热情投入历史和制度研究中去。吕祖谦更是以“经史并重”“六经皆史”②理念指导其学术研究。其《历代制度详说》《大事记》等史学著作就是其重视史学教育、融经于史，重塑科举教育乃至书院教育范式，推动经世致用人才培养的有益尝试。同时，吕祖谦也对浙东学派其他成员的制度研究予以肯定与支持，并以其“中原文献之传”渊博学术功底支持其他学者的制度研究。永嘉学派前辈薛季宣就曾出版一本有关汉代兵制的作品。他的学生陈傅良则完成了一部从周到宋兵制演变的总论。在12世纪晚期和13世纪上半叶，浙东地区师生编纂了大量类书，收录了有关制度研究方面的广泛信息。③

制度史对于准备策题的考生尤其有意义。策题常常包含详细的副标题列表，要求考生解释创立制度规章背后的动机，并评估它们在各朝各代中的实施效果。《历代制度详说》就提供了一个少见的了解儒效团队制度史教学的机会。

这本十五卷手册覆盖了政府规章制度方面的广泛内容：科举、学校、税收、粮运、食盐专卖、酒专卖、货币、救灾、土地分配、军事征服、兵制、马政、人事考察、皇室以及祭礼。这部私撰类书的教学目的可以从其题目组织的方

① 魏希德:《义旨之争:南宋科举规范之折冲》，胡永光译，浙江大学出版社2015年版，第98页。

② “六经皆史”最终的提出者为清代学者章学诚，但是思想最早萌芽其实源自理学大师吕祖谦。

③ 魏希德:《义旨之争:南宋科举规范之折冲》，胡永光译，浙江大学出版社2015年版，第105页。

法显示出来。每一章或每一项条目都被分成两节:原始文献引证及其注释。第一节从与题目相关的原始文献引证文字,通常按照副标题和时代排序。注释部分则回顾历史上此一制度的演变趋势,这部分概述制度的历史,同时提出过去和现在实行此制度时遇到的问题。

《历代制度详说》一书的组织方法可以展示儒效团队制度史课程的结构。其中"原始文献"与"注解"之间的关系就像课堂中讲义与具体授课内容之间的关系。① 吕祖谦在该书中详细介绍了教育、经济、军事以及政治上各项制度史所需使用的重点原始文献,而每一卷都可以找到一个按年代排序的引文列表。这些引文偶尔出自经书和子书,大多汇编自历代正史、杜佑《通典》(801)、司马光《资治通鉴》(1084),以及有关晚近发展演变的宋代官方材料(比如《会要》)。吕祖谦致力于把不同历史时期的各式资料分门别类地放到一起,以便展示历史发展脉络。以制度在历史各代发展为背景,期望学生学习如何针对当下问题来比较各种不同制度的优劣得失。

《历代制度详说》体现了吕祖谦一贯的历史教学理念以及历史学习方法论,"史当自左氏(《左传》,前4世纪)至五代史,依次读则上下首尾洞然明白……若杂然并列于前,今日读某书,明日读某传,习其前而忘其后,举其中而遗其上下,未见其有成也"②。其另外一本历史教材《大事记》是对公元前481年至公元前90年历史的简略概括。此外,他还编写了两部奏议合集,即《历代奏议》与《国朝名臣奏议》,前者主要收录宋代以前的作品,而后者主要收录宋代名臣作品。

吕祖谦认为若要实现上古理想,最佳办法就是全面理解历史发展过程,而不是纯粹依赖道德教化。道德教化在《历代制度详说》中居于"次要角色"③。作者主要研究三代之后的制度转型及因制度变化的长期影响而产生的当下问题。而道德教化在吕祖谦名下其他的一些举业用书中扮演了"中

---

① 魏希德:《义旨之争:南宋科举规范之折冲》,胡永光译,浙江大学出版社2015年版,第106页。

② 潘富恩、徐余庆:《吕祖谦评传》,南京大学出版社1992年版,第435页。

③ 魏希德:《义旨之争:南宋科举规范之折冲》,胡永光译,浙江大学出版社2015年版,第110页。

心”角色。[①]《左氏博议》是吕祖谦为科考士子准备的应举范文。吕祖谦努力把二程的道德哲学和他自己的考试教学整合起来，但受到朱熹的委婉批评，“论孟圣贤之言不使学者读，反使读左传”[②]。朱熹提醒吕祖谦在其教学中多注重五经、《论语》和《孟子》，这些书能够给学者带来处理历史问题所需的道德见识。不过对吕祖谦来说，了解历史兴衰成败才更为重要：

> 呜呼！文武周公之泽既竭，仲尼之圣未生，是数百年间，中国所以不沦于夷狄者，皆史官扶持之力也！[③]

吕祖谦试图在历史研究中运用二程的道德哲学。与道学团队不同，儒效团队虽然也熟悉二程作品，但并不把道德哲学作为他们教学的基础。在一篇馆职策中，吕祖谦流露出其无意深入阐述道德规条。他批评贾谊(前201—169)和姚崇(651—721)这两位皇家红人没能教导他们所服侍的皇帝“治之大原”，即君者修心的道理。但他也说：“讲大原之所在，间燕咨访，将有人焉，愚不敢躐等而议。”[④]道学团队对此颇有不同意见，他们意图参与此话题，对理学基本概念提出一套系统化的论述。

3.时文(修辞技巧)写作能力

除了行政决策和制度历史，儒效团队举业课程的第三项重点就是写作——修辞技巧的学习。写作教学体现在其他所有科目中。教师在行政决策和制度史的课程及辅导手册中收录了修辞方法的训练内容。儒效教师教导学生如何阅读、分析范文，在他们自己的写作中训练他们使用修辞技巧的能力。古文在举业教学中的独特地位与独立领域，就同吕祖谦的教学活动

---

① 魏希德:《义旨之争:南宋科举规范之折冲》，胡永光译，浙江大学出版社2015年版，第110页。

② 魏希德:《义旨之争:南宋科举规范之折冲》，胡永光译，浙江大学出版社2015年版，第111页。黎靖德:《朱子语类(全八册)》，中华书局1986年版，第2960页。

③ 魏希德:《义旨之争:南宋科举规范之折冲》，胡永光译，浙江大学出版社2015年版，第112页。

④ 魏希德:《义旨之争:南宋科举规范之折冲》，胡永光译，浙江大学出版社2015年版，第112页。

密不可分。在吕祖谦看来,文章内容与表达形式完全可以分离。吕祖谦相信古文对考生有用,因为它可以教导士子面对考题时如何用修辞手法来系统阐述有说服力的观点。吕氏的教学努力有助于12世纪晚期和13世纪中古文正典的形成。吕祖谦写作各种文体文章所用的风格主要来自吕祖谦本人对古文作品的研读,特别是韩愈、柳宗元、欧阳修和三苏的作品。

(六)"'博''巧'济'用'"的专题性教学方式

更加突出应时浃洽的实际行政才干培养的儒效范式,坚持"'博''巧'济'用'"的专题性教学方式,主要从价值观指导、经典文本注疏与阅读方式、策题出题方式、史学作品定位、作文技巧教学等方面引领了南宋中期的科举教育思潮。

1.价值中立

儒效范式坚持"价值中立"的取士原则,反对用某种特定倾向性的价值立场而导致优秀人才流失及其社会治理困境。吕祖谦就曾根据《周易·小畜》中"九二,牵复吉"的"象传"及其《程氏易传》解析,要求弟子反思"元祐诸贤不可过刚"的深意①;永嘉学派的行政决策过程也特意否认区分"君子"和"小人"的意义②。比如"论体文之父"陈傅良就曾在他广受好评的范文《使功不如使过》中阐述过这一原则:一个深谋远虑的君主会使用位子不稳的官

① 道学运动的先驱人物——北宋元祐时期诸贤(如司马光、程颢、程颐、吕公著、苏轼等)作为保守派人士,因为某种特定的原则和价值立场而反对王安石变法,他们在变法派当政时期采取不合作主义(导致官场上充斥更多势利小人,他们只是为了谋取个人利益而并非真心支持王安石变法,王安石本人道德品性无可挑剔却不得不依靠这些小人集团),等他们上台后(北宋哲宗元祐年间)又全面废除新法——为了否定而否定,不管新法里面是否存在某些利国利民措施。以上两点可能是吕祖谦所提及的元祐诸贤"过刚"的重要表现,吕祖谦也同大多数南宋初期政府官员及永嘉、永康等浙东学派一样,认为北宋时期无休止的新旧党争与朝廷分裂,是导致北宋灭亡的重要原因。该条目具体内容如下。"《小畜》:'九二,牵复吉。'《象》曰:'牵复在中,亦不自失也。'《易传》云:'二、五皆阳刚,为阴所畜,俱欲上复。'阳之复,其势必强。二以处中,故虽强于进,亦不至于过刚。元祐诸贤似当深体此义(原文小号字标注)。"详见吕祖谦:《吕祖谦全集(第一册)》,《东莱吕太史别集卷第十二·己丑课程》,浙江古籍出版社2008年版,第536页。

② 魏希德:《义旨之争:南宋科举规范之折冲》,胡永光译,浙江大学出版社2015年版,第176页。

员，从而受益于他们因恐惧而产生的能力。① 这个原则背后的逻辑是说，一个有“污点”的人反而更有动机证明自己；这种情况下用人是基于心理学考量和利益的计算，而不是道德价值。② 基本可以说，浙东经世致用学派学者希望通过他们的教学灌输一种信仰，即任何能写出行政方面有说服力文章的考生都应该获取功名。③

2. “博”“巧”专题性

儒效团队延续北宋胡文定公胡瑗太湖教法的基本精神，坚持从经、实并举的多元化人才培养策略出发，坚持广泛的知识教育与学术教育。即使是在经学教育方面，也坚持“经”时“济”用的社会（问题）中心教育。作为广义意义上的道学中人，吕祖谦特别推崇程颐《易传》，把其视为分析历史问题与社会问题的重要思维工具；吕祖谦也对《左氏春秋》推崇备至，其为士子所创作的《左氏博议》，不仅仅展示了其广博的知识背景与学术旨趣，更因其“博”“巧”的观点视野，而成为士人临摹作文与践履德性的重要载体。同属儒效团队的永嘉学派学者的“经典注解”（对于12世纪的士人）也很有吸引力，因为他们有新鲜的创见。④ 他们通过在段落之中和人物周围构建场景与对话来创造新的含义：

> 又问：“春秋如何说？”滕云，“君举云：‘世人疑左丘明好恶不与圣人同，谓其所载事多与经异，此则有说。且如晋先蔑奔，人但谓先蔑奔秦耳。此乃先蔑立嗣不定，故书“奔”以示贬。”曰：是何言语！先蔑实是奔秦，如何不书‘奔’？且书“奔秦’，谓之‘示贬’；不书奔，则此事自不见，何以为褒？昨说与吾友，所谓专于博上求之，不

① 魏希德：《义旨之争：南宋科举规范之折冲》，胡永光译，浙江大学出版社2015年版，第176页。

② 魏希德：《义旨之争：南宋科举规范之折冲》，胡永光译，浙江大学出版社2015年版，第176页。

③ 魏希德：《义旨之争：南宋科举规范之折冲》，胡永光译，浙江大学出版社2015年版，第178页。

④ 魏希德：《义旨之争：南宋科举规范之折冲》，胡永光译，浙江大学出版社2015年版，第178页。

反于约，乃谓此耳。是乃于穿凿上益加穿凿，疑误后学。”①

永嘉看文字，文字平白处都不看，偏要去注疏小字中，寻节目以为博。②

朱熹对“永嘉”学者的经典文本注疏方式不屑一顾。但是这种提倡“尽可能从各种层次探寻意义”“在细读短文时展现的创造力”的经典文本阅读方式赢得了那些练习经书类文章的考生的欢迎。③ 无论是经义场的考题，还是论体文的题目，都常常是从经书中摘取的五到十个字的短语。不过这种追求创新与实用的经书教学模式遭到了道学范式代表人物朱熹的强烈谴责。朱熹主要怀疑这种有“下学”的“博”（想象式解读细节）的阅读原则可能对“上达”的“约”（整合理解原始文本）的要求不利，应警惕（永嘉学派）把“经书看作一组互不相连的短文”④。

三、走向“儒者之效”的课程解码行动

地方书院的广泛建立，理学的地方化，士绅阶层的逐步形成，都应该是“儒者之效”发挥作用的结果。以吕祖谦为例，走向“儒者之效”的课程解码行动具体如下。

（一）儒者气象下的经典阅读指南

吕祖谦继承吕氏家族不名一师、不主一说的家学传统，但是对其先祖溺于佛老的倾向并没有接受，他一直排斥佛老的斗争姿态，坚持以儒者气象为

① 魏希德：《义旨之争：南宋科举规范之折冲》，胡永光译，浙江大学出版社2015年版，第178页。

② 魏希德：《义旨之争：南宋科举规范之折冲》，胡永光译，浙江大学出版社2015年版，第178—179页。

③ 魏希德：《义旨之争：南宋科举规范之折冲》，胡永光译，浙江大学出版社2015年版，第179页。

④ 魏希德：《义旨之争：南宋科举规范之折冲》，胡永光译，浙江大学出版社2015年版，第111页。

目标开展自身的修身与教育实践。为此，吕祖谦从经世致用的儒者气象出发，为自己及其儒学弟子制定了一套循序渐进、先经后史、经史文并重的终身化经典阅读指南——《读书记》。其主要内容如下：

> 《六艺》之文，学之大端也，天地之间备矣。其次则习静一室，读《诗》及《书》，以涵养性情。每念古人君臣父子之间，反覆规诲，词意恳恻，想见当时忠厚气象，使人感动，为之出涕。观《春秋》见圣人之于治乱、名义之间，凛乎其不可犯也。……及参于《左氏传》，见一时良大夫能持友其国者，又皆一出于礼，而国之安危，人之寿夭，又皆以礼观之……余尝考《通鉴》效《左传》，而《目录》仿《春秋》，此司马公不言之意也，余固发之。自余无可留意者，惟西汉书、杜子美诗、韩退之、柳子厚文，读之容丽雄深，可以起发人意。因以间作诗文以为游息之地，而学者之事于是小成。嘻！使予之学得用于世，则以是行之，亦足以有立。不然，以是自乐，亦可以无愧于俯仰间也。①

吕祖谦在上述《读书记》中深刻地指明了要具备儒者气象的功夫的修炼过程。读书治学有其内在的规律顺序，对儒家传统六艺（诗、书、礼、易、乐、春秋）的学习过程应保持必要的连续性与开放性，儒者在学习内容、学习意义与学习方法上的进阶路径如下。第一，应该从读《诗》与《书》开始，意在"涵养性情"与厚植"忠厚气象"，方法上主要从"习静一室"勤奋阅读起步。第二，阅读《春秋》并参照《左氏传》（即《左氏春秋传》）。教育目的旨在理解《春秋》的"正名"大义，"见圣人之于治乱、名义之间，凛乎其不可犯也"。《春秋》大义可以参考《左氏传》，在参考《左氏传》的过程中理解良士大夫"持礼"治国安民的兴衰成败。第三，在阅读《左氏传》后自然引出《周官》（即《周礼》）及其《戴记》（即《大戴礼记》与《小戴礼记》）的学习。《周官》学习意在理解"兴王之大典"，《戴记》学习意在"多格言"中修身体道。学习方法上需要加强日常"素习"（《周官》）及"守言""充道"（《戴记》）。第四，老而学《易》，意

① 吕祖谦：《吕祖谦全集》（第一册），浙江古籍出版社 2007 年版，第 870—871 页。

在深刻领悟“圣人忧世之语”，学习方法以“尽心”为主。第五，在先“经”后“史”原则指导下，加强对《资治通鉴》这本编年体史书的学习，旨在借助编年法“考知治体隆污之渐”意义，编年体史书的学习方法可以借助“志一人一事之本末”以观“国家之大体，天下之常势，首尾贯穿，兴废存亡之迹可以坐照”。第六，在经、史学习之余，吕祖谦重点推荐“读之容丽雄深”的“西汉书、杜子美诗、韩退之、柳子厚文”等诗文学习作为调剂。总之，在《诗》《书》《春秋》（辅之于《左氏传》）《周礼》（杂之于《戴记》）《易经》等经书依次学习的基础上，续之史（编年体史书《资治通鉴》）、文（西汉书、杜子美诗、韩退之、柳子厚文），吕氏谓之“小成”；唯有学以“经世”“行己”，才足以“有立”“自乐”。见表2。

表2　儒者气象下的吕祖谦经典学习指南

学习次序	学习内容	学习意义	学习方法	备注
1	六艺之文：诗、书、礼、易、乐、春秋	学之大端		
2	读《诗》及《书》	涵养性情 忠厚气象	习静一室	
3	观《春秋》及辅之于《左氏传》	正名、持礼		
4	《周礼》《戴记》	兴王大典（外王化）；多格言	《周礼》：素习 《戴记》：守其言；充其道	
5	归老于《易》	素志；圣人忧世之语	尽心	
6	除迁、固外浩博史书；司马光《资治通鉴》	文字猥併、事实破散；编年法考知治体隆污之渐	国家之大体，天下之常势，首尾贯穿，兴废存亡之迹可以坐照	余尝考《通鉴》效《左传》，而《目录》仿《春秋》，此司马公不言之意也，余固发之
7	惟西汉书、杜子美诗、韩退之、柳子厚文	读之容丽雄深，可以起发人意	因以间文诗文以为游息之地	小成
8	学以经世、行己	有立 自乐		

(二)“薄俗”刺激下的强集体规约

吕祖谦制定的《乾道四年九月规约》与《乾道五年规约》基本上可以被视为私人书院教育史上最早的两个学规。他在后一个学规中开宗明义地强调“凡与此学者,以讲求经旨,明理躬行为本”①。这种以儒学大师为主导的学习制度实践,就是要把讲明经旨、阐明义理、守望道统作为其重要的文化使命,以此推动弟子们的切己躬行,乃至引领整个社会的全民文化实践。

对学习行为的指导与严格管理是学规之所以产生与问世的重要动因。学规产生之前,学习行为之所以发生往往有两种直接的现实原因:一种是读书人循着孔孟诸贤足迹,树立崇高志向,博学广闻,见微知著,从而不断完善自身理想人格的“学以为己”之路;另外一种则是青年人在外在环境的诱惑下,逐功名,或嗜利,不断地练习应举之学的“学以为人”之路。以上两种带有自发性质的学习动机与学习过程往往受到学习者自身主观意志的影响,从而难以产生普遍意义的学习教化与世俗变迁。而书院教育者通过学习行为立法,严格管理学习过程,加强学习指导,从而克服自发学习流于惰性,难以持久的可能弊端,从而使孤立自发的自我学习行为成为一个同窗间相互切磋、相互砥砺,甚至相互监督的群体性学习过程,以引领整个地方学习风气的向善、向正转向。吕祖谦《乾道五年规约》关于“学习行为”的规范如下:

> 肄业当有常,日纪所习于簿,多寡随意。如遇有干辍业,亦书于簿。……凡有所疑,专置册记录。同志异时相会,各出所习及所疑,互相商榷,仍手书名于册后。怠惰苟且,虽漫应课程,而全疏略无叙者,同志共摈之。②

由王安石变法、元祐党争所滥觞的“义利”之辨的文化危机,宋室统治者南迁的深刻政治危机,使得吕祖谦与张栻、朱熹以及稍后的陆九渊一道,开

① 吕祖谦:《吕祖谦全集》(第一册),浙江古籍出版社2007年版,第360页。

② 吕祖谦:《吕祖谦全集》(第一册),浙江古籍出版社2007年版,第360—361页。

始自觉地承担起“儒者之效”的教化责任——加强道学群体内部的思想团结与精神重建，并率先从教师主体立法的高度（订立“学规”），加强对士人群体的组织约束与行为规训，从而完成道学群体内部的凝聚与扩大。在“行为操履”的整体要求上，吕祖谦强调同道学人之间必须加强彼此之间的尊敬与共勉，“闻善相告，闻过相警，患难相恤，游居必以齿，相呼不以丈，不以爵，不以尔汝”①。而在具体的行为规范上，吕祖谦不厌其烦，娓娓道来，要求弟子们时时刻刻以一名“学以为己”“学以移（世）俗”的醇儒、乡贤形象检视自身、约束自身，有所应为，有所不为。具体如下：

> 凡预此集者，……会讲之容，端而肃；群居之容，和而庄。（箕踞、跛倚、喧哗、拥并，谓之不肃；狎侮、戏谑，谓之不庄）旧所从师，岁时往来，道路相遇，无废旧礼。毋得品藻长上优劣，訾毁外人文字。郡邑正事，乡闾人物，称善不称恶。毋得干谒、投献、请托。毋得互相品题，高自标置，妄分清浊。语毋亵、毋谀、毋妄、毋杂。（妄语，非特以虚为实，如期约不信，出言不情，增加张大之类，皆是；杂语，凡无益之谈皆是）毋狎非类。（亲戚故旧或非士类，情礼自不可废，但不当狎昵）毋亲鄙事。（如赌博、斗殴、蹴踘、笼养朴淳、酣饮酒肆、赴试代笔及自投两副卷、阅非僻文字之类，其余自可类推）……不修士检，乡论不齿者，同志共摈之。同志迁居，移书相报。②

不同于官办学校功利化、应试化、举业化的内容、管理设定，私人书院的创立，一开始就同创办者的教育旨趣、学术视野、文化使命与精神追求息息相关。吕祖谦最早在书院教育中制定“学规”，并明确把“惩戒规程”纳入其中，就是希望内外兼修、双管齐下，造就更多求学上进、思想雅正、行为规范的地方醇儒、乡贤，从而实现书院教育与地方风俗美化间的良性互动。书院教育者创办或维持学规，明确教育惩戒规程，既是“学规”发挥其应有作用的重要保障，也体现了教师主体参与“教育立法”，促进“教育合法化”运行的巨

---

① 吕祖谦：《吕祖谦全集》（第一册），浙江古籍出版社2007年版，第359页。

② 吕祖谦：《吕祖谦全集》（第一册），浙江古籍出版社2007年版，第359—360页。

大优势。他在《乾道四年九月规约》中明确指出,“既预集而或犯,同志者,规之;规之不可,责之;责之不可,告于众而共勉之;终不悛者,除其籍”①。“规—责—告众共勉—除籍”这种由轻到重的惩戒程序,既显示了惩戒手段的硬约束效应,又在某种程度上给了学生最大限度的改过自新机会。“制度是必不可少的恶”,没有这些明确的士人学习规约,也就无法在思想混杂、诱惑不断的现实生活中造就有担当有情怀的士人群体(或更纯粹的道学家群体),从而真正实现儒家社会“移风易俗”,实现地方“良治”的文化基础。

(三)“经疑”类型的策题出题方式

同为道学家,吕祖谦不同于朱熹把经典研读与举业考试分开的立场,吕祖谦一直致力于把二程的道德哲学与其自身的考试教学整合起来。② 因此,除了在有关行政事务、制度和历史方面的策题要求学生全面理解历史发展过程并衡量学生行政能力之外,吕祖谦在有关经文方面的策题也注重考察学生对经、史、子、书及其注疏传统的宏观熟悉程度。策题从一种或多种书中挑选若干段落,排列出来,要求学生解释其晦涩与矛盾的观点。下面的这个题目就展示了这种技巧。作为考官的吕祖谦让学生讨论《论语》《孟子》《周礼》中一系列有关仁和圣的互相抵触的看法:

> 问孔门之论圣与仁。虽夫子,有所不敢居。其道至大固非它人之所能与也。而周公只制周礼列仁圣于智义中和之间。并举以教人而无所轻重。夫子犹不敢以此自居,而周公乃以此待天下之学者,周孔岂二道邪?
>
> 子贡问博施济众而孔子对以何事于仁必也圣乎。是仁与圣果有优劣耶?仁之一字号为夫子所罕言。然其立言其答问及于仁者不可缕数。安在其为罕言耶?

---

① 魏希德:《义旨之争:南宋科举规范之折冲》,胡永光译,浙江大学出版社 2015 年版,第 111 页。

② 吕祖谦:《吕祖谦全集》(第一册),浙江古籍出版社 2007 年版,第 359 页。魏希德:《义旨之争:南宋科举规范之折冲》,胡永光译,浙江大学出版社 2015 年版,第 59 页。

至于圣初非夫子之所罕言。在载于论语反不若言仁之多，抑又何也？

夫子许伯夷以仁，止目之以贤。孟子许伯夷以仁，遽目之以圣。其说复安在耶？此皆疑而未喻者。愿明以告我。

这类题目有意呈现几种经书自身在用词或观点上看似矛盾或不一致的地方。不过此类“疑经”思潮反映的是宋儒知识分子一种普遍性的文化思潮。在11、12世纪，对某部经书自身不一致的地方(用词或观点)或者对经典之间的差异进行批判性研究成为当时古典学术上的趋势。[①] 一些注释家在作品中批判性地分析古典传统中语言语义一致性，从而开始对正典文本的真实性产生怀疑。但是，吕祖谦在策题中列出相互矛盾的章节主要目的不是引导学生对经书质疑，而是试图用这样的提问技巧来测试考生对“文本传统是否涉猎广泛、是否具有考据功底以及能否解决经书之间矛盾所在”[②]。作为主张“儒者之效”的道学教师，吕祖谦策题体现出“把矛盾简化为佯谬、把经书解释为协调一致的道德哲学的能力”[③]这一明显特点，从而对应试儒者提出了远高于一般士人的知识、德性要求。

(四)家国同构伦理下的“官箴”教化

吕祖谦家庭官箴教育思想，书写了为官的基本规范。这不仅仅是吕祖谦家庭教育的重要组成部分(被吕祖谦收入《家范》第六卷)，更是大大拓展了家庭教育的内涵，成为吕氏家族继承吕氏先人为官履职经验的重要载体，同时也为彻底的内圣外王儒家传统提供重要的家庭文化资本支持。其主要包括吕祖谦本人的《官箴》、吕氏五世祖吕希哲的《荥阳公家塾广记》、伯祖吕本中的《舍人官箴》以及吕祖谦为官范例摘录的《择善》等。吕氏《官箴》，既

---

① 魏希德：《义旨之争：南宋科举规范之折冲》，胡永光译，浙江大学出版社2015年版，第59页。

② 魏希德：《义旨之争：南宋科举规范之折冲》，胡永光译，浙江大学出版社2015年版，第59页。

③ 魏希德：《义旨之争：南宋科举规范之折冲》，胡永光译，浙江大学出版社2015年版，第178—179页。

是世家大族吕氏总结吕氏祖先为官处世优秀品德的必要样辙，又是吕氏家族加强内部约束，提升全体成员家国一体共识的必要一环。

四、启示

作为对自身课程标准思想的精准表达，“儒者之效”在浙东学派调和道学内部各派之间教人之法矛盾和推动书院教育实践创新方面发挥了稳定的指挥棒作用。可以说，“儒者之效”是浙东学派对气象类的普遍性目标的现实关切与实然认定。只有在“儒者之效”的意义上：“学以为己”“学以致圣”的普遍性目标才有外在尺度与社会标准。“儒者之效”基本可以视为我国宋代科举社会成熟时期成人标准、成己标准与成才标准的三位一体。由此，“课程标准的儒效论”不仅成为理解浙东学派教育家精神的关键锁钥，而且成为理解南宋中期以来所有地方性书院课程教育教学实践的必要尺度与理想高地。

作为注重经世致用传统的浙东学派的实际创始人，以“讲实理、育实材而求实用”为教育宗旨的教育大家吕祖谦，与专注于内圣修养功夫的其他儒学大师不同，吕祖谦坚持以“儒者之效”作为自己的人才培养标准与课程改革标准，从而与永康陈亮、永嘉陈傅良、叶适等一起，共同推动了宋代致实用功夫体系的形成。而儒效论与纯儒论课程评价标准的比较及其各自特点、吕祖谦儒效论具体评价对策与方法，都对当前新时代教育评价改革落地扎根产生积极影响。

（一）儒者之效：新时代人才培养标准的应有高度

“儒者之效”作为一种人才标准，意谓真正的儒者必须把内在德性修炼与外在建功、治国与地方教化结合起来，从而推动厚风美俗与自身的德性完善。以“儒者之效”审视当前社会，跟我们国家提倡的“又红又专”的人才培养标准有异曲同工之妙。《新时代教育改革评价方案》出台后，探索多元化、个性化与科学化的人才培养方案成为国家的重中之重。而吕祖谦关于“儒者之效”的人才培养标准对现代社会有重要启示意义。

第一，以君子气象作为评价个体道德品性的基本底线。在一个日益复杂而多元的现代社会，拥有共同的底线应该成为每个学校对学生的最低要求。以“君子气象”作为底线要求，意味着学校的人才底线应该远高于社会底线，应该为社会提供一个具备仁者不忧、智者不惑、勇者不惧等内在品质的儒者，从而推动社会整体文明素质的提升。

第二，以外在社会服务活动作为评价个体政治身份的主要门槛。人是天生的政治动物。每个人都应该是政治人，都应该成为社会的一分子，都应该在某种意义上成为促进社会良善转型的重要一员。

第三，推进课程标准科学化设计。对吕祖谦来说，科举某种程度上激发了社会的功利化氛围，但是在不可避免的前提下，尽可能采取多种方法让真才实学的人脱颖而出。比如吕祖谦就策题提倡的“尽可能从各种层次探寻意义”“在细读短文时展现创造力”的经典文本阅读方式赢得了那些练习经书类文章的考生的欢迎。[①] 要求学生根据其提供的多样化文献进行辩证分析，以考察学生的读书经历与综合应用。

(二)多元化社会下加强学规等隐性课程建设

作为一代儒学大师，吕祖谦积极推进地方教化事业，他认为时事艰难、风俗浇薄完全是讲学不明导致的，“窃尝思时事所以艰难，风俗所以浇薄，推其病源，皆由讲学不明之故”[②]。讲学既可以自上而下，由荣达之人自上而下形成移风易俗，又可以通过固穷的善类之人发挥聚群效应，逐渐“气焰必大”，遂成“薰蒸上腾”而变美俗。[③] 正是有感于“薄俗”的时代风气刺激，吕祖谦虽赞同“有教无类”，但在实际的操作层面上，他提到，“圣门固自有可语上、不可语上之辨……恐尤须谨严”也，为此，他制定了《乾道四年九月规约》《乾道五年规约》《乾道五年十月关诸州在籍人》《乾道六年规约》《乾道九年直日须知》等系列学规，加强对同道中人的强约束。

市场经济的发展及其多元化的社会现实，使得功利性的社会风气仍然具有很大的市场。因此，学校与教师应该加强教育惩戒与学习制度等方面

① 吕祖谦:《吕祖谦全集》(第一册)，浙江古籍出版社2007年版，第505页。
② 吕祖谦:《吕祖谦全集》(第一册)，浙江古籍出版社2007年版，第505页。
③ 吕祖谦:《吕祖谦全集》(第一册)，浙江古籍出版社2007年版，第404页。

隐性课程建设，推动整个校园风气的改进。传承师道精神，实施一定的教育惩戒势在必行。但是，应该对教育惩戒的操作程序及其运用限度进行明确规定，这既是传统社会教师主体教育立法的责任担当，更是对自身道德境界提升的自我规训。勇于参与现代社会教育惩戒的法律尺度探讨，这不仅仅是要求教师积极对相关国家教育立法进行“建言献策”，更是希望教师率先身体力行，以崇高德性与底线德性审视教育现场，心怀敬畏与勇于担当，把“长善救失”“惩恶黜邪”当作自身的应有本分。

从学派到文派

——宋元时期浙东学派转型及其影响

杭州市西湖区灵隐街道办事处副主任、复旦大学文学博士
朱光明

自宋代以来,浙东学派①便是古代中国最为重要的学术流派之一,对中国学术思想的发展,乃至中国古代文学的演变,都产生了不容轻忽的作用。浙东学派虽是一个地域性的学术流派,却是中国学术史的重要组成部分,对中国古代学术影响深远。值得注意的是,在中国学术史上,浙东学派并非一成不变的,而是在不同的阶段呈现不同的特色,这也使得浙东学派呈现出丰富性和多元性。本文主要探讨南宋至明初,浙东学派的演变及其对元明之际文坛格局的影响。浙东学派转型有两条线索值得注意:一个方面是以叶适为中心的文学创作群体的形成,包括叶适及其弟子以及再传弟子等人;另一个方面是浙东地区文学活动的开展,以陈亮及其后学为代表,是浙东学派转型的促进因素。

一、宋代浙东学派的兴起及转型的悄然进行

自北宋四明庆历五先生杨适、杜醇、楼郁、王致、王说及永嘉王开祖,经过周行己、许景衡、沈躬行、刘安节、刘安上、戴述、赵霄、张辉、蒋元中等永嘉"元丰九先生"的发展,到乾淳之际,浙东学派已经发展成为声势浩大、影响广泛的学术流派。此时期的浙东学派主要包括以吕祖谦为代表的金华学

① 一般而言,浙东学派有狭义和广义之分。狭义的指清代以黄宗羲等为代表的浙东学派,广义的指宋代至明清浙东地区各学派的统称。本文所言浙东学派均指广义的浙东学派。

派，以陈亮为代表的永康学派，以薛季宣、陈傅良、叶适等为代表的永嘉学派，浙东诸子崛起于东南，蔚为大观。浙东学派诸子不但长于经史之学，而且有着较高的文名，在南宋时期便引起士子的注意。不少士子来向吕祖谦、陈亮、陈傅良、叶适等人请益问学，他们对文章的切磋琢磨，乃至互相之间的往复辩难，推动了浙东学者对文章的做法、宗尚等方面的认识和理解。吕祖谦《宋文鉴》《古文关键》等文章选本的编纂，促进了南宋对文章的探讨，也为文章选本的编纂提供了一定的参考。陈亮"喜谈兵，议论风生，下笔数千言立就"①，其文豪迈雄放，志存经济，学者多归之②。永嘉诸子中，陈傅良长于作文，"初患科举程文之病，思出其说为文章，自成一家，人争传诵，从者云合，由是其文擅当世"③，其弟子蔡幼学亦有文名，"年十八，试礼部第一……月书上祭酒芮烨及吕祖谦，连选拔，辄出傅良右，皆谓幼学之文过其师"④。浙东学派虽以学术知名于世，然不废辞章，文章与学术互为表里，互相补充，相得益彰。

叶适注重经制之学，敢言直谏，为文多能切中时弊，"志意慷慨，雅以经济自负"⑤，"士多从之游"⑥，曾向丞相举荐陈傅良等三十四人，皆被召用，时称得人。⑦ 在南宋末期，叶适可谓浙东学术的集大成者。黄宗羲在《宋元学案》中云，"乾、淳诸老既殁，学术之会，总为朱、陆二派，而水心龂龂其间，遂称鼎足"⑧，并且叶适长于文学创作，"然水心工文，故弟子多流于辞章"⑨。在一定意义上，叶适及其后学的文学创作促使浙东学派的学术色彩有所淡化，加速向文学流派的转型。

先来看叶适弟子的文学创作实绩。陈耆卿，字寿老，号篔窗，临海人，长

① 脱脱，阿鲁图等:《宋史》卷四三四"陈亮传"，中华书局1977年版，第12929页。
② 脱脱，阿鲁图等:《宋史》卷四三四"陈亮传"，中华书局1977年版，第12929页。
③ 脱脱，阿鲁图等:《宋史》卷四三四"陈傅良传"，中华书局1977年版，第12888页。
④ 脱脱，阿鲁图等:《宋史》卷四三四"蔡幼学传"，中华书局1977年版，第12895页。
⑤ 脱脱，阿鲁图等:《宋史》卷四三四"叶适传"，中华书局1977年版，第12894页。
⑥ 脱脱，阿鲁图等:《宋史》卷四三四"叶适传"，中华书局1977年版，第12889页。
⑦ 脱脱，阿鲁图等:《宋史》卷四三四"叶适传"，中华书局1977年版，第12890页。
⑧ 黄宗羲:《宋元学案》卷五四"水心学案"(上)，中华书局1986年版，第1738页。
⑨ 黄宗羲:《宋元学案》卷五四"水心学案"(上)，中华书局1986年，第1738页。

于文学创作,“水心殁后,先生之文遂岿然为世所宗”[①]。王象祖,字德甫,临海人,真德秀极重之,为文简古老健,耆卿亦畏之。[②] 王汶,字希道,黄岩人,“援笔为文,日数千百言,伯仲陈耆卿、吴子良之间”[③]。邵持正,字子文,平阳人,“工于诗歌骈体”[④]。戴栩,字文子,永嘉人,“高于文”[⑤]。吴子良,师从陈耆卿和叶适,字明辅,号荆溪,临海人,合朱、张、吕、陆诸家学说为一,具有重要影响力。吴子良弟子舒岳祥、刘庄孙,均为一时文学大家,在全国文坛颇负盛名。舒岳祥,字舜侯,一字景薛,宁海人。刘庄孙,字正仲,宁海人。黄宗羲在《宋元学案》中称“自水心传于篔窗,以至荆溪,文胜于学,阆风则但以文著矣”[⑥]。舒岳祥门人戴表元,为东南文章大家,著声于文坛。

值得注意的是,在南宋中后期,叶适对永嘉四灵的“发现”与表彰,具有重要的学术史与文学史价值。在某种程度上,这不但说明了浙东学派内部由学派向文派的转型在悄然进行,也可以视作浙东学派转型的一个富有代表性的标志。此一代表性的事件便是叶适亲自为永嘉四灵编选《四灵诗选》。永嘉四灵为徐照、徐玑、翁卷和赵师秀,均出自叶适的门下。永嘉四灵主张向贾岛、姚合等人学习,提倡“晚唐体”,在南宋后期引起了较为广泛的关注。叶适对他们的诗学主张表现出了浓厚的兴趣,多加揄扬。戴表元曾在《洪潜甫诗序》中谈道:

> 永嘉叶正则倡四灵之目,一变而为清圆。清圆之至者亦可唐,而凡枵中捷口之徒,皆能托于四灵而不暇为唐。[⑦]

此处谈到叶适表彰四灵,倡导学唐,诗歌变为“清圆”,并产生较大影响。

---

① 黄宗羲:《宋元学案》卷五四“水心学案”(下),中华书局1986年版,第1806页。
② 黄宗羲:《宋元学案》卷五四“水心学案”(下),中华书局1986年版,第1806页。
③ 黄宗羲:《宋元学案》卷五四“水心学案”(下),中华书局1986年版,第1807页。
④ 黄宗羲:《宋元学案》卷五四“水心学案”(下),中华书局1986年版,第1814页。
⑤ 黄宗羲:《宋元学案》卷五四“水心学案”(下),中华书局1986年版,第1818页。
⑥ 黄宗羲:《宋元学案》卷五四“水心学案”(下),中华书局1986年版,第1825页。
⑦ 戴表元著,陆晓冬,黄天美点校:《戴表元集》卷九“洪潜甫诗序”,浙江古籍出版社,第196页。

永嘉四灵的文学创作，呈现出不同于此时期仍在流行的江西诗派的特色。在内山精也先生看来，江西诗派和永嘉四灵的区别在于："前者象征着传统或者传承，后者则象征着新变或者变革，一般认为后者能更鲜明地映射出南宋后期这个时代的特性。"①以永嘉四灵为代表的浙东文士在诗学上呈现的此种新变，在某种意义上，是浙东学派转型的典型例子。南宋嘉定四年，叶适在《徐道晖墓志铭》中谈到徐照与徐玑、翁卷、赵师秀共同倡导唐诗，诗歌创作取法于唐，尽管有"厌之者，谓其纤碎而害道，淫肆而乱雅，至于庭设九奏，广袖大舞，而反以浮响疑宫商，布缕缪组绣，则失其所以为诗矣"②，"然则发今人未悟之机，回百年已废之学，使后复言唐诗自君始"③。在徐照的墓志铭中，叶适直言有文士不喜永嘉四灵的诗风，原因主要是"纤碎而害道""淫肆而乱雅"等，而这也恰恰从另外一个方面说明永嘉四灵等人的文学创作与"道"的疏离，与主流"宋诗"的疏离，呈现出更多的唐人气象。其著述也基本都是文学作品，呈现在世人面前的是一个文学流派的面貌。嘉定七年，徐玑逝世。次年，叶适作《徐文渊墓志铭》云：

> 初，唐诗废久，君与其友徐照、翁卷、赵师秀议曰："昔人以浮声切响单字只句计巧拙，盖风骚之至精也。近世乃连篇累牍，汗漫而无禁，岂能名家哉！"四人之语遂极其工，而唐诗由此复行矣。④

叶适借为徐玑写墓志铭之机，表彰永嘉四灵在文学上的贡献，尤其是对唐诗的再度流行贡献良多。永嘉四灵在浙东学派转型过程中是一个重要的文人群体，此后，南宋浙东学派的弟子和再传弟子表现出了更多诗文家的气质。

如果说诗学的转变仅仅是一个方面，那么，在宋末元初的浙东文士著述中，我们可以看到抒发内心情感、寄托心志的抒情性诗文的比例明显上升，

---

① 内山精也撰，张淘译：《作为职业的诗人——宋末元初诗坛发生了什么?》，《四川大学学报(哲学社会科学版)》2017年第6期，第9页。

② 叶适：《叶适集》卷一七"徐道晖墓志铭"，中华书局2010年版，第322页。

③ 叶适：《叶适集》卷一七"徐道晖墓志铭"，中华书局2010年版，第322页。

④ 叶适：《叶适集》卷二一"徐文渊墓志铭"，中华书局2010年版，第410页。

甚至在不少浙东学派成员那里，文学作品所占的比重远远超过学术著述，更甚的是被称为“纯粹的文人”。略举数例，以见概貌。如舒岳祥“以文学师表一代”、戴表元“以文章大家，名重一时”、袁桷“一代文章之巨公”等。南宋末年，浙东不少文士有感于辞章之不振，欲有所革新，以改变其弊。宋濂在纂修《元史》期间，曾获睹戴表元之文，并将其录为《剡源集》传示诸人。明洪武四年(1371)，宋濂作《剡源集序》表彰戴氏其人其文，“初，先生既擢第，悯宋季辞章之陋，即濯然自异。久之，四方人士争相师法，故至元大德间，东南文章大家，皆归之先生无异辞”①，称其文章特点为“新而不刻，清而不露，如晴峦出云，姿态横逸，而联翩弗断；如通川萦纡，十步九折，而无直泻怒奔之失”②。宋濂此文不谈戴表元之学术，而对其文章特色赞不绝口，在某种程度上，是对其文学创作成就的认可。

二、元中叶：浙东学派完成由学派向文派的转型

除了叶适，陈亮亦是浙东学派的杰出代表。陈亮的诗词文章成就较高，韩淲称其：

> 有才气笔力，有议论远略……吕祖谦伯恭、朱熹元晦，皆与之议论上下。南涧翁亦爱其文而怜其才。叶适与之为至交。当今天下文章，陈亮、叶适。③

可见，在韩淲看来，陈亮为南宋一流的文学大家。④ 陈亮弟子吴深，其孙

---

① 宋濂：《宋濂全集》卷二二“剡源集序”，人民文学出版社2014年版，第448页。

② 宋濂：《宋濂全集》卷二二“剡源集序”，人民文学出版社2014年版，第448页。

③ 参见《永乐大典》卷三千一百五十六“陈”字韵、第15b页所引韩淲：《涧泉日记》，据明嘉靖钞本《永乐大典》影印，中华书局1986年版，第1971页。

④ 对于陈亮文学思想及词作的分析，参见董平、刘宏章：《陈亮评传》第七章“文学思想及其词作”，南京大学出版社1996年版，第351—379页。方如金先生近年来新发现不少陈亮诗作，并阐发陈亮诗歌成就，值得注意。参见方如金、黄宗海：《诗词文章如江河之流—驳“(陈)亮平生不能诗”》，《河北大学学报(哲学社会科学版)》2018年第2期，第1—10页。

为吴思齐，方凤与思齐为讲友，而黄溍、柳贯、吴莱皆为方凤之弟子，宋濂为方凤之再传弟子。陈亮的《龙川学案》学术承传脉络大致如此。

以书院为中心，浙东文士文学活动的开展，加速学派的转型。值得一提的是以浦江月泉书院（宋咸淳年间，王霖龙所建月泉书堂，元代置书院山长）为联系纽带的吴思齐、方凤、吴渭、谢翱等人创办的月泉吟社。月泉吟社以征诗的形式联系海内文士，声势浩大。“浦江吴渭，宋时尝为义乌令，元初退食于吴溪，延致乡遗老方韶父与闽谢皋羽、括吴思齐主于家，始作月泉吟社。四方吟士从之，三子者乃为其评较、揭赏云。”①于此可以看出，月泉吟社是一个比较成熟的诗社。月泉吟社会告知题目，通知参加人员在规定时间内上交作品，并有专门人员进行评较，最后排定名次，颁发奖品。在命题及上交方面，“本社预于小春月望命题，至正月望日收卷，月终结局，请诸处吟社用好纸，楷书以便誊副而免于差舛。明书州里姓号，以便供赏而不致浮湛，切望如期差人来问”②；在发布名次方面，“俟评校毕，三月三日揭晓，赏随诗册分送”③。同时，还会对所出题目进行解释，以便参加者得以揣摩、写作，并给出评诗之标准。④ 现存《月泉吟社》1卷，收作者六十人，为后世学者所重视。文学社团的兴盛，促进了浙东学派转型的加速。

除了金华地区的遗民有较为频繁的文学活动外，四明地区也有着类似的唱和。四明以宁海的赤城书堂为活动中心，主要有舒岳祥、王应麟、胡元叔、胡三省、孙钧、刘庄孙等文士。赤城书堂建成于元至元二十九年正月，并举行开堂典礼，为纪念宁海大儒罗适而取此名。舒岳祥作《壬辰正月，胡子持、孙平叔、刘正仲诸友于雁苍建赤城先生祠，赋唐律一十韵以纪其事》以记

---

① 吴渭编：《月泉吟社》，《丛书集成新编》第57册，台北新文丰出版公司1985年版，第524页。

② 吴渭编：《月泉吟社》，《丛书集成新编》第57册，台北新文丰出版公司1985年版，第527页。

③ 吴渭编：《月泉吟社》，《丛书集成新编》第57册，台北新文丰出版公司1985年版，第527页。

④ 吴渭编：《月泉吟社》，《丛书集成新编》第57册，台北新文丰出版公司1985年版，第527—528页。

之，于此诗可知赤城书堂同时也是纪念罗适的祠堂。① 王应麟《赤城书堂记》云：

> 台之宁海，其先贤曰赤城先生罗公，德业为元祐名臣，道义为一乡师表。教思无穷，逾二百年，清风肃然，闻者兴起。旧祠于学，犹未特祀，邑之宿儒前进士胡君元叔倡率乡人，仿古闾塾之制，即公游息之地创为书堂，令乡之俊秀子弟而淑艾之。诹诸旦评，延笃学方闻之彦，前进士舒君岳祥为之长，前进士孙君钧、赵君孟礼、胡君三省、前太学陈君应嵩、刘君庄孙为之录。训之以孝悌敬逊，其规约如蓝田丽泽；而稽经订史，种学绩文，务为有用之。衿佩济济，弦诵洋洋，邹鲁之风蔼如也。②

于此，可知舒岳祥为书堂负责人，胡元叔、胡三省、孙钧、赵孟礼等著名文士为教学人员，"衿佩济济，弦诵洋洋"说明从学之人众多。如此多的文士相聚在一起，文学酬唱活动是必不可少的。

全祖望谈到四明地区的文学活动，在咸淳之后，文学活动亦极为频繁，"礼部尚书高衡孙、军器少监陆合、知汀州汪之林而下四十余人，一月为一集"③。宋亡后，遗民唱和不断。其在《句余土音序》中云：

> 宋之亡也，遗老自相唱酬，时则深宁王公为主盟，陈西麓尤工诗，寓公则舒阆风、刘正仲之徒咸与焉。已而有陈子翚、郑奕夫、徐本原、章坌诸君嗣之。清容学士之家居也，鹿眠山人袁以兄弟相应

① 舒岳祥《阆风集》卷五，《景印文渊阁四库全书》第1187册，台北商务印书馆1986年版，第383页。

② 王应麟：《深宁先生文钞摭余编》卷一"赤城书堂记"，上海书店1994年版，第1098页。

③ 全祖望：《鲒埼亭集》外编卷二五"句余土音序"，上海古籍出版社2000年版，第1233页。

和，而蒋远静辈皆为故家之良。[①]

此处所提及的王应麟、舒岳祥、刘庄孙、戴表元等人均为宋元之际的诗文大家。在某种意义上，南宋灭亡是一个重要的刺激因素，大批遗民不约而同选择诗文作为表达情感的方式，抒发内心的怆楚之情，缅怀故国，助推了浙东学派向文派的转型。

在叶适之后，浙东学派影响最大的为何基、王柏、金履祥和许谦，他们四人被称为北山四先生。北山四先生传黄榦（号勉斋）之学，是朱子学的重要传承人，浙东地区亦是朱子学传播的核心区域之一。正如全祖望所说："勉斋之传，得金华而益昌。说者谓北山绝似和靖，鲁斋绝似上蔡，而金文安公尤为明体达用之儒，浙学之中兴也。"[②]按照全祖望的逻辑，浙东学派在宋末之时是衰落的，至何基、王柏、金履祥方中兴。此时的浙东学派融合诸家，最强盛的一支即北山四先生一脉，主要传承朱子之学，呈现为朱学的特色。

对于许谦之后的学术传承，黄百家的按语折射出了丰富的信息。黄百家在《宋元学案》卷八二《北山四先生学案 · 文定何北山先生基》后所加的按语为：

北山一派，鲁斋、仁山、白云既纯然得朱子之学髓，而柳道传、吴正传以逮戴叔能、宋潜溪一辈，又得朱子之文澜，蔚乎盛哉！[③]

黄百家明确指出北山四先生传承朱子之"学髓"，柳贯、吴师道传至戴良、宋濂，得朱子之"文澜"。他在《文宪宋潜溪先生濂》后进一步加按语：

金华之学，自白云一辈而下，多流而为文人。夫文与道不相离，文显而道薄耳，虽然道之不亡也犹幸有斯。[④]

---

① 全祖望：《鲒埼亭集》外编卷二五"句余土音序"，上海古籍出版社 2000 年版，第 1233—1234 页。

② 黄宗羲：《宋元学案》卷八二"北山四先生学案"，中华书局 2000 年版，第 2725 页。

③ 黄宗羲：《宋元学案》卷八二"北山四先生学案"，中华书局 2000 年版，第 2727 页。

④ 黄宗羲：《宋元学案》卷八二"北山四先生学案"，中华书局 2000 年版，第 2801 页。

此处，黄百家所揭示的浙东学派从学派向文派转变的脉络甚为清晰。非惟黄百家有这样的看法，全祖望亦持有此种观点。全祖望在《宋文宪公画像记》中云：

> 予尝谓婺中之学，至白云而所求于道者，疑若稍浅。观其所著，渐流于章句训诂，未有深造自得之语，视仁山远逊之，婺中学统之一变也。义乌诸公师之，遂成文章之士，则再变也。至公而流于佞佛者流，则三变也。①

全祖望则把浙东学派由学派转变成文派的时间节点，定在义乌诸公这里，更为清晰明了。义乌诸公，指黄溍等人在全祖望之前的元末明初，已有类似观点产生。王袆在《送胡先生序》中云：

> 有元以来，仁山金文安公以其传于北山何文定公、鲁斋王文宪公者，传之白云许文懿公，实以道学名其家，而司丞永康胡公、待制浦阳柳公、侍讲乌伤黄公以及礼部兰溪吴公、翰林东阳张公则以文章家知名。虽若门户异趋，而本其立言之要道，皆著于文，文皆载乎道，固未始有不同焉者。②

此处，王袆所用的措辞为“以文章家知名”，说明其学术已为文名所掩盖。值得重视的是王袆指出黄溍、柳贯、吴师道等人以文章知名于世，浙东学派呈现出文学创作为主的特色。赵友同在为戴良所作的《故九灵先生戴公墓志铭》中称：

> 时柳文肃公贯、黄文献公溍、吴文贞公莱，皆以文章鸣浙水东，

① 全祖望：《鲒埼亭集》外编卷一九“宋文宪公画像记”，上海古籍出版社，第1098页。

② 王袆：《王忠文公文集》卷七“送胡先生序”，据明嘉靖元年张齐刻本影印，收入《北京图书馆古籍珍本丛刊》第98册，书目文献出版社1998年版，第130页。

先生往来受业门下，尽得其阃奥。[①]

此处赵友同亦指出柳贯、黄溍以文章知名。元至正十一年，宋濂为其师柳贯编定《柳待制文集》，并作《柳待制文集后记》，谈道：

> 先生素涵匡济之学，郁而不能大振，于是悉敛其英华，发之于文，震荡汪洋，自成一家之言。[②]

在此文中，宋濂对柳贯的文章成就评价颇高，称其"自成一家之言"，同时不无自豪地讲到"天历以来，海内之所宗者，惟雍虞公伯生、豫章揭公曼硕、乌伤黄公晋卿及先生四人而已，识者以为名言"[③]。类似观点还有，明张瓒为洪武文臣刘三吾文集作《新刊刘翰林斐然稿题辞》，称黄溍等人"相次奋起，号称大家，皆以文传"[④]。黄宗羲在《宋元学案》中称："水心之学，至阆风师弟后，无复存矣。"[⑤]章懋对浙东学派转变为文派则说得更为直接，其在《与韩知府》中对韩焘的《乡贤祠志》中所列的乡贤发表了看法，认为规模大体已善，但具体细节尚待完善。章懋谈道：

> 傅寅、马之纯、孙道子、胡长孺、柳贯、黄溍、张枢、胡助、陈樵、宋濂皆不过文章之士，恐当以文学目之。如此分别，庶几游夏文学不混于颜闵之科，使后人无得而议焉。[⑥]

在此，柳贯、黄溍等人既没被归入圣贤之学，亦没有被归入儒林，而是被

---

① 戴良：《九灵山房集》卷三〇，清乾隆间戴氏传经书屋刻本，第 8a 页。

② 宋濂：《宋濂全集》卷四"柳待制文集后记"，人民文学出版社 2014 年版，第 88 页。

③ 宋濂：《宋濂全集》卷四"柳待制文集后记"，人民文学出版社 2014 年版，第 88 页。

④ 刘三吾：《刘翰林先生斐然稿》之张瓒《新刊刘翰林斐然稿题辞》，清钞本，复旦大学图书馆古籍部藏。

⑤ 黄宗羲：《宋元学案》卷五四"水心学案"（下），中华书局 1986 年版，第 1826 页。

⑥ 章懋《枫山集》卷二"与韩知府"，《景印文渊阁四库全书》第 1254 册，台北商务印书馆 1986 年版，第 52 页。

划入文学中。在章懋看来，柳贯、黄溍等人已经是比较纯粹的文士。值得注意的是，把黄溍、柳贯比作唐代的古文大家韩愈、柳宗元，在明代已经是比较普遍的称呼了。张俭称：

> 吾乡金华黄文献公与其友柳文肃公均以文名于时，世称黄、柳如唐退之之于子厚也。①

此处的"世称"说明这种说法已为人们所认可，并广泛流行。宋濂、王袆、刘基等更多地继承前辈学者诗文方面的主张，学术色彩逐渐淡化，真正呈现为文学之士。可以说，到元中叶，在黄溍等人这里，浙东学派由学派到文派的转变基本完成。为表述的方便，我们统称之为浙东文派。②

三、浙东文派与元明之际文坛格局

浙东学派完成转型后，在文学创作方面的成就非常突出，引领着天下文学创作的潮流。元代儒林四杰中，浙东文派占据一半，分别为黄溍和柳贯。加上浙东文派的吴莱、胡翰、苏伯衡、王袆等成员，浙东文派在诸多方面对这一时期的文坛产生重要影响。现择其要者，绍述如下。

（一）主导文坛格局，引领天下士子的文学创作

在很大程度上，就文学创作而言，元代中叶以后，黄溍可谓文坛领袖。

---

① 张俭：《圭山近稿》卷一"重刊黄文献公文集序"，《仙居丛书》本，民国二十三年铅印本，第1b页。

② 关于文派之称，查洪德教授指导的博士罗海燕梳理金华地区的文学创作，称之为金华文派，认为金华文派的第一代作家为黄溍、柳贯、吴莱等人，参见罗海燕：《金华文派研究》，南开大学博士论文2012年；李建军先生把北宋中叶至宋元之际流衍于浙东地区的散文流派，称为宋代浙东文派，参见李建军：《宋代浙东文派研究》，中华书局2013年版。笔者认为，浙东学派转型为浙东文派的时间节点定在元代中叶较为合适，主要以浙东文士黄溍等人为代表。

胡翰在为王祎文集所作的序中称："逮至正以后，黄公犹秉笔居中朝。"[1]黄溍的弟子宋濂则是明初文坛领袖，影响着有明一代的文学走向。清代文人薛熙称：

> 明初之文之盛，潜溪开其始；明季之文之乱，亦潜溪成其终。盖潜溪之集不一体，有俊永之文，有平淡之文，有涂泽之文。洪、永以及正、嘉朝之诸公善学潜溪者得其俊永而间以平淡，此明文之所以盛也；隆、万以及启、祯朝之诸公，不善学潜溪者得其涂泽而间以平淡，此明文之所以乱也。[2]

薛熙明确指出宋濂对一代明文发展的影响，把"明初之文之盛"和"明季之文之乱"都归结到宋濂身上，虽不无夸大之嫌，却可见宋濂在明代文学中的地位。同时，浙东文派所开展的一系列文学活动，丰富着文坛的文学书写。元末钱塘宗阳宫聚会，是浙东文派王祎、徐一夔、郭公葵、朱右等人倡导发起的重要诗会，十一年后的元至正二十四年，徐一夔对此还念念不忘，作《题永思亭卷后》。据此文交代，当时参加聚会的有："同郡朱右伯言、陶凯中立、郭公葵秉心、陈秉彝性初、南阳堵简无傲、金华王祎子充会于钱塘宗阳宫，时止善请论著其永思之亭，而伯言实为之记，中立、秉心、性初、无傲、子充暨一夔六人者为之赋诗。"[3]这次诗会令徐一夔等人追怀不已，其文采风流不难相见。另外，元末影响较大的还有"续兰亭会"，朱右等浙东文派多位成员参加。[4] 入明后，浙东文派在京师的文学活动，塑造着明王朝的形象。明洪武八年(1375)八月七日，朱元璋大会儒臣，君臣唱和，极一时之盛。朱元璋强使宋濂醉，宋濂醉不能成步，朱元璋赋《楚辞》一章以赐，并令侍臣赋《醉学士歌》。桂彦良的《续赋醉学士歌》、华克勤的《应制赋醉学士歌》、张唯的

---

① 王祎：《王忠文公文集》之胡翰《王忠文公文集序》，据明嘉靖元年张齐刻本影印，收入《北京图书馆古籍珍本丛刊》第98册，书目文献出版社1998年版，第4页。

② 薛熙：《明文在·凡例》，清康熙三十二年古渌水园刻本，第1a—1b页。

③ 徐一夔：《徐一夔集》卷五"陶尚书文集序"，浙江古籍出版社2017年版，第54页。

④ 邱江宁、宋启凤：《论元代"续兰亭会"》，《江苏社会科学》2013年第6期，第185—190页。

《续赋醉学士歌》、林温的《续赋醉学士歌》、宋善的《应制赋醉学士歌》等唱和作品流传后世。这塑造了君臣和谐融洽的良好形象，有利于明朝的文化建设。

（二）倡导馆阁文风，形成颂圣美政的潮流，开“台阁体”先声

山林与馆阁之辨，早已有之。宋濂之师黄溍便探讨过这一问题。黄溍《贡侍郎文集序》认为所居之地不同，导致文辞有别，两者并无高低优劣之分。① 到了洪武三年(1370)，宋濂开始褒美台阁之文而贬低山林文章，强调台阁文章“美教化而移风俗”②的功能。创作馆阁文章的一个有效作用便是恢弘治道，黼黻太平，增强大明王朝的认同感，团结由元入明的儒士，增强凝聚力。③ 宋濂不但提倡馆阁文风，而且亲自创作，多种体裁均有尝试，且数量巨大。方孝孺、郑叔度曾对此加以选择，编成《宋学士续文粹》十卷。在方孝孺看来，此书是宋濂对明朝文化建设的重要贡献，“后有贤者考论国朝之所由兴而追惟德业之盛，以歌咏太平之治于无穷，太史公之功庶几可白于后世”④。宋濂鼓扬馆阁文风，响应者甚多。其弟子王绅、刘刚便创作了名闻天下的歌颂朱元璋的馆阁文学作品。如王绅的《拟大明铙歌鼓吹曲》十二首，讴歌朱元璋从龙兴到开国的文治武功。⑤ 刘刚(字养浩，义乌人)的作品在当时影响更大，有宋濂、胡翰、苏伯衡、方孝孺等人的题跋。刘刚所作的《铙歌鼓吹曲》，由明初著名书法家杜叔循书写，文辞与书法俱为文士推许。苏伯衡在《题刘养浩铙歌鼓吹曲》中称：“养浩文辞有名缙绅间，而此十二曲，材雄气昌，辞与事称，有古作者之风，尤为诸老所推，固无藉乎叔循之翰墨以传。

---

① 黄溍：《金华黄先生文集》卷一九“贡侍郎文集序”，清同治三年刻本，第7a—7b页。

② 宋濂：《宋濂全集》，人民文学出版社2014年版，第460页。

③ 并非所有由元入明的儒士都认可朱元璋政权，不少士子心怀故元，参见宫崎市定：《明清》之《洪武から永乐へ：初期明朝政权の性格》，收入《宫崎市定全集》第13册，东京岩波书店1992年版，第40—65页。钱穆先生亦有类似论述，参见钱穆先生：《读明初开国诸臣诗文集》，收入《钱宾四先生全集》第20册，台北联经出版事业公司1998年版，第101—223页。

④ 方孝孺：《逊志斋集》卷一二“宋学士续文粹序”，《四部丛刊》影印明嘉靖王可大台州刊本，第20b页。

⑤ 王绅：《继志斋集》卷上“拟大明铙歌鼓吹曲”，清同治三年刻本，第1a—3b页。

然叔循早已书法入侍春坊，大为皇太子所眷。其书流辈中亦未见其比焉。远方畯士诵养浩之作，观叔循之书，不独可以想见今天子圣德神功巍巍、荡荡天之为大，而国家多士济济，材艺臻极，抑亦可见矣。"[①]认为其文章与书法并存，诚为洪武朝的一段佳话。宋濂的《书刘生铙歌后》中云：

> 乌伤刘生刚，从余学经，为文颇久，近制国朝《铙歌》十二曲，传于远迩，士君子称之。[②]

宋濂肯定刘刚所作《书刘生铙歌后》的水平，并指出其传播范围之广。胡翰中《刘养浩铙歌鼓吹曲后跋》云："今刚此歌篇次体制皆承子厚之旧，而才气横发、音节铿锵，则得之潜溪，又将追步其武，而骎骎其前矣。"[③]胡翰点明刘刚的创作和宋濂的渊源关系，并赞扬了其创作。方孝孺在《题刘养浩所制本朝铙歌后》中曰："今天子起布衣，除群雄，十余年统一四海，与汉高祖无异。吾太史公以闳博奇伟之文，居迁、固之任，为士者莫不慕之。公之门人金华刘君养浩亦奋然自喜，以为此难遇之时，不可漫无所述，乃考徵征伐之次第，为铙歌十二篇，以宣扬国家之功烈。其事信，其辞奇，其取尚于世可必也。"[④]刘刚的祖上曾经贵显，其先祖刘公亮以中奉大夫致仕，朝廷所赐诰命一直保存到明初。[⑤] 因此，刘刚对大明王朝的建立有一种难言的喜悦，主动创作铙歌十二篇。

不但宋濂弟子创作馆阁文章，而且浙东文派的其他成员也积极响应，如王景，"仰思朝廷声教轶于前代，撰《铙歌》二十、《平云南颂》一，铺扬圣德以

---

① 苏伯衡：《苏平仲集》卷一〇"题刘养浩铙歌鼓吹曲"，《四部丛刊》影印明正统七年刊本，第21a页。

② 宋濂：《宋濂全集》，人民文学出版社2014年版，第460页。

③ 胡翰：《胡仲子集》卷八"刘养浩铙歌鼓吹曲后跋"，《景印文渊阁四库全书》第1229册，台北商务印书馆1986年版，第103页。

④ 方孝孺：《逊志斋集》卷一八"题刘养浩所制本朝铙歌后"，《四部丛刊》影印明嘉靖王可大台州刊本，第26a—26b页。

⑤ 方孝孺：《逊志斋集》卷一八"跋刘氏家藏诰命后"，《四部丛刊》影印明嘉靖王可大台州刊本，第34a—b页。

润色鸿业”①，并把此种文风延续到永乐年间。永乐年间，浙东文派仍具有强大影响力。王景任《永乐大典》总裁，潘畿、叶砥任副总裁，足见浙东文派在永乐时期的影响力。② 王景，字景彰，自号常斋，浙江松阳人，洪武年间任凤阳怀远教谕、山西右布政使司，后被诬贬官云南临安，建文即位，被召入翰林，恰逢太夫人项氏卒，守制于家，太宗即位，授翰林侍讲、翰林学士、奉政大夫，亦任《太祖高皇帝实录》总裁，“居清华之地，掌丝纶之命，日承顾问，宠眷

---

① 徐纮：《皇明名臣琬琰录》卷一三，陈链《翰林院学士王公景彰墓碑铭》，《丛书集成续编》第30册，上海书店1994年版，第290页。

② 陈链：《翰林院学士王公景彰墓碑铭》记载王景“及修《太祖高皇帝实录》与《永乐大典》俱为总裁”，见徐纮：《皇明名臣琬琰录》，《丛书集成续编》第30册，上海书店1994年版，第290页。王圻的《续文献通考》卷一七二“经籍考”：“十一年丁亥十一月，《永乐大典》成。先是令解缙于天下百家，凡天文、地志、阴阳、医卜、僧道、技艺为一书，赐名《文献大成》。已而，上览之谓其多有未备者，乃复命太子少师姚广孝、刑部侍郎刘季篪及解缙督其事，学士王景、王达、祭酒胡俨、洗马杨溥、儒士陈济为总裁，侍讲邹辑等二十人副之，简中外官及四方宿儒有文学者充纂修、缮写，几三千人，凡四历寒暑而成，计二万二千九百卷、一万一千一百本，更赐名《永乐大典》。上亲制序文。”《续修四库全书》第765册，据明万历三十年松江府刻本影印，上海古籍出版社2002年版，第377—378页。黄虞稷的《千顷堂书目》卷一五子部“丛书类”中记载：“《永乐大典》二万二千二百一十一卷。永乐元年闰七月丙子朔，上谕翰林学士解缙等曰：天下古今事物散载诸书，篇帙浩繁，不易检阅，朕意欲采各书所载事物类聚之而统之以韵，以便考索。尝观《韵府》《四溪》二书，事虽有统而采摭不广，纪载太略，尔等其如朕意。凡书契以来经史子集百家之书，至于天文、地理、阴阳、医卜、僧道、技艺之言备，编辑为一书，毋厌浩繁。二年十一月丁巳书成，赐名《文献大成》。既而帝览以为未备，遂命重修而敕太子少师姚广孝、刑部侍郎刘季篪及翰林学士兼右春坊大学士解缙总之，命翰林学士王景、侍读学士王达、国子祭酒胡俨、司经局洗马杨溥、儒士陈济为总裁，翰林院侍讲邹辑、修撰王褒、梁潜、吴溥、李贯、杨观、曾棨、编修朱纮、检讨王洪、潘畿、王偁、苏伯厚、张伯颖、典籍梁用行、庶吉士杨相、左春坊左中允尹昌隆、宗人府经历高得旸、吏部郎中叶砥、山东按察司签事晏璧为副总裁，命礼部简中外官及四方宿学老儒有文学者充纂修，简国子监及在外郡县举能书生员缮写，开馆于文渊阁，命光禄寺给朝暮酒馔。永乐五年十一月书成，更赐名《永乐大典》。帝自制序以冠之。”《丛书集成续编》第67册，上海书店1994年版，第278页。缪荃孙《永乐大典考》所考证总裁、副总裁与《千顷堂书目》所记的人员相同，其所考的卷数为二万二千八百七十七卷，凡例、目录六十卷，共为一万二千册，参见《艺风堂文续集》卷四，《续修四库全书》第1574册，据中国科学院图书馆藏清宣统二年刻民国二年印本影印，上海古籍出版社2002年版，第211页。在总裁的排序中，王景排在第一位，潘畿、叶砥任副总裁，也在一定程度上表明浙东文派的地位。

益隆……两典文衡，去取至公”[1]，“一时诏敕皆出于景”[2]。同时，王景还举荐周景辰等人入京，扩大浙东文派的实力。周景辰，一名焕，以字行，号东蒙生，“永乐中学士王景彰荐入文渊阁纂修国史”[3]。同时，馆阁重臣黄淮、陈敬宗等人亦把浙东文派的影响力推向新的高度。

(三)标举“唐宋八大家”与唐宋文统之梳理

浙东文派形成后，重新审视与梳理古文统绪。吕祖谦所梳理的唐宋八大家文章谱系受到格外关注。现存吕祖谦所编的《古文关键》两卷，选韩、柳、欧、三苏、曾巩、张耒八家文章，虽未选王安石之文，却对其文章评价甚高，称“王文纯洁，学王不成，遂无气焰”[4]。朱右接续吕祖谦开创的传统，在元末明初编选唐宋八大家的文章选本。其在《新编六先生文集序》中云：“文所以载道也，立言不本于道，其所谓文者妄焉耳。”[5]同时，他进一步强调“六先生之文断断乎足为世准绳”[6]，无疑向人们呈示作文之法。贝琼在《唐宋六家文衡序》中阐述作文之法为“务合于道，非徒以其词高一世为工也。若六家者，虽于道有浅深，皆本诸经为说，铲驳而复纯，于此求之其至于古无难者，是伯贤之志也”[7]。《唐宋六家文衡》旗帜鲜明地向世人列出了唐宋八大家(三苏合为一家)，并认为这是学习古文的典范，“足为世之准绳”。朱右弟

---

① 徐纮：《皇明名臣琬琰录》卷13陈链《翰林院学士王公景彰墓碑铭》，《丛书集成续编》第30册，上海书店1994年版，第290页。

② 吕耀钤等修、高焕然等纂：《松阳县志》卷九“王景”，民国十五年木活字本，第58a页。

③ 吕耀钤等修、高焕然等纂：《松阳县志》卷九“周景辰”，民国十五年木活字本，第58b页。

④ 吕祖谦：《古文关键》，收入黄灵庚、吴战垒主编《吕祖谦全集》第11册，浙江古籍出版社2008年版，第2页。

⑤ 朱右：《白云稿》卷五“新编六先生文集序”，《续修四库全书》第1326册，据北京图书馆藏明初刻本影印，上海古籍出版社2002年版，第268页。

⑥ 朱右：《白云稿》卷五“新编六先生文集序”，《续修四库全书》第1326册，据北京图书馆藏明初刻本影印，上海古籍出版社2002年版，第269页。

⑦ 贝琼：《清江文集》卷二八“唐宋六家文衡序”，《景印文渊阁四库全书》第1228册，台北商务印书馆1986年版，第477页。

子、与方孝孺有着十余年交情的唐之淳,“年二十余已有声于浙水东”①,“为文蔚赡有俊气”②,以文评的形式标举唐宋文章八大家,与朱右的唐宋八家文章选本相互配合,堪称“双璧”。唐之淳的《文断》采用朱右“六先生”的说法称唐宋八大家(三苏合为一家),其在《凡例》中云:“是书之编,凡言唐人文、宋人文者,专指唐宋诸杂家,韩、柳、欧、曾、王、苏六先生不与焉。”③在此,唐之淳把唐宋八大家文章单独作为一个系统进行评论,这种文学批评态度值得重视。④ 对唐宋文统的梳理,尤其是从吕祖谦到朱右、唐之淳对唐宋八大家的标举,在浙东文统中具有独特的学术价值,且对后世有深远影响。四库馆臣在《唐宋八大家文钞》提要中称:“世传唐宋八家之目,肇始于是集。考明初朱右已采录韩、柳、欧、曾、王、三苏作为八先生文集,坤盖有所本也。”⑤可以看出,浙东文派梳理的唐宋文统的影响力随着时间的推移而逐渐增强。

---

① 方孝孺:《逊志斋集》卷二二“侍读唐君墓志铭”,《四部丛刊》影印明嘉靖王可大台州刊本,第32a页。

② 方孝孺:《逊志斋集》卷二二“侍读唐君墓志铭”,《四部丛刊》影印明嘉靖王可大台州刊本,第32b页。

③ 陈广宏、龚宗杰编校:《稀见明人文话二十种》,上海古籍出版社2016年版,第32页。

④ 龚宗杰:《唐之淳〈文断〉考论》,《古籍研究》2017年第1期,总第65卷,第25—31页。

⑤ 茅坤:《唐宋八大家文钞》,《景印文渊阁四库全书》第1383册,台湾商务印书馆1986年版,第12页。

浙东学术向明代气学的渗透与流贯

——以陈亮对王廷相“事功思想”的影响为例

同济大学哲学系中国哲学专业博士研究生

牛　伟

学界一般论及明代气学的典型代表王廷相的经世致用之学，必然要提到浙东学术中陈亮、叶适的“事功之学”。例如葛荣晋先生曾指出，宋元明清时期一些哲学家的思想表现出很强的“实学”性质，与正统的理学存在很大差异，他把宋代陈亮、叶适与明代王廷相归为“发扬儒家的经世传统，提倡积极的入世精神”的“实学家”一系，与“追求道德性命之学，重实体而略达用”的程、朱、陆、王等理学家相对待、相区别。① 高令印、乐爱国两位先生虽把王廷相视为“经世致用之学的开拓者”，但也将此思想的开端追溯到陈亮、叶适、吕祖谦等人。② 台湾学者杨儒宾在评述近世东亚学术时也指出，占主流的固然是广义的理学，但基本上与此同时存在着“反理学”的思潮。这种思潮起源于陈亮、叶适的“事功之学”，但直到王廷相才蔚然成风。③ 对上述诸先生的研究暂不评价。提请注意的是，诸先生立论角度虽不尽相同，但均提出一条思想史的线索，即点明了陈亮、叶适与王廷相的哲学在理论形态层面呈现出很高的相似性。这一论断对于推进陈、叶、王的哲学研究非常关键。遗憾的是，直至今日却不见学术界证实陈亮、叶适与王廷相的哲学存在学术关联，也不见学术界细致剖判陈、叶与王廷相哲学的同异。笔者认为，王廷相气论哲学确实受到了陈亮、叶适事功之学的感染。从浙东学术发展的整体历程来看，陈亮所创立的“永康之学”、叶适所弘扬的“永嘉之学”作为浙东

① 葛荣晋主编：《中国实学思想史》(上)，首都师范大学出版社 1994 年版，第 1—24 页。

② 高令印、乐爱国：《王廷相评传》，南京大学出版社 1998 年版，第 294—295 页。

③ 杨儒宾：《异议的意义》，台大出版中心 2012 年版，第 1 页。

学术重要分支，通过浙东学术流派的代际传衍，经由谢铎、黄绾等人的媒介作用，从而影响到王廷相气论哲学的构建。在某种程度上说，王廷相的气论哲学是历史悠久的浙东学术在明代的一种表现形态。

一、浙东学术向王廷相代际传衍的可能性路径

论定两位哲学家虽相隔数百年之久仍然遥遥相契，即王廷相可能受到陈亮、叶适等的启发和影响，不能仅凭所谓“心态相应”便可。遍检现存的王廷相文献资料，并不见王廷相与浙东学派如陈亮、叶适等人存在直接关联的相关文字。① 但是，仍然可在王廷相的学术历程与交游活动中，察见一些迹象。《王廷相集》现存《方石先生墓志铭》一文，透露出浙东学派向王廷相的思想渗透极有可能是通过谢铎这条途径。

谢铎（1435—1510），字鸣治，号方石，浙江台州太平（现浙江台州温岭）人。官至礼部右侍郎，掌国子祭酒事。茶陵诗派的中坚人物。《明史》立《谢铎传》述其生平事迹较详。谢铎曾作《伊洛渊源续录》，溯朱子学渊源至罗从彦、李侗二人；兼及与朱熹交好的张栻、吕祖谦；罗列朱熹弟子及再传弟子十六人。谢铎的意图非常明确，衔接朱熹《伊洛渊源录》，以学术史方法树立朱熹为宗主，发明朱子学“授受源委”和“出处履历”，刻画、厘定朱子学门庭谱系，可见其服膺朱熹、推崇朱学之切，也可见其强烈的“道统”意识。后世有学者将谢铎《伊洛渊源续录》看作朱熹《伊洛渊源录》的重要补充，而将二《录》合刻刊行于世。② 综上，尽管谢铎在发明和推阐朱子学义理方面建树不大，但谢铎对促进朱熹理学在明代的传播具有一定作用毫无疑义。值得注意的是，谢铎在《伊洛渊源续录》后，详细梳理了洛学南传历程和“婺学”“台学”源流，勾勒和强调了浙东学术在理学史上的地位。③ 与之相辅相成的是，谢铎还付出很多心血、历经多年整理浙东学术相关文献——《赤城新志》《赤

① 在《王廷相集》中，未见王廷相曾阅读陈亮、叶适等人书籍的相关资料，也未见王廷相对陈亮、叶适等人的评价。

② 朱杰人、严佐之、刘永翔主编：《朱子全书》（第12册），第1120—1122页。

③ 谢铎著，林家骊点校：《谢铎集》（下），浙江古籍出版社2012年版，第669页。

城论谏录》《赤城别录》《赤城集》《尊乡录》《逊志先生文集》等，注重凸显洛学南传之后的本土化[①]，这也奠定了谢铎在浙东学术史上的一席地位。通过上述分析可知，谢铎不仅尊奉朱子学，而且颇为关注洛学南渡一宗以及浙东学术各条支脉流衍和散布，深受浙东学术传统的浸染，因此“重经史”和“重致用”成为谢铎哲学思想的重要组成部分。这方面早已为学界所属意[②]。谢铎以史学视角检讨中庸之“诚”，以具体的历史上的政治得失诠释“诚”，侧重以史证今，求“诚”之达用。谢铎此论与朱熹理学以道体论“诚”，厘定“诚”的本质为“真实无妄之谓，天理之本然”[③]，以“合内外之道”之工夫而达用，完全不是一个思想系统。

谢铎弟子黄绾，视谢铎与王廷相为师生关系，并以此为由请王廷相为谢铎撰写墓志铭。这是王廷相作《方石先生墓志铭》的由来。此文作于嘉靖九年(1530)，是时王廷相任职南京兵部尚书，谢铎已经去世20余年。文末署名“门人仪封王廷相子衡谨志”[④]。谢、王的关系，有两个方面的情况需要讨论，一是二人交际的具体情况及时间，二是二人可能探讨的主题。就第一个问题讲，关于谢、王二人的交好，一说是王廷相有参加会试时拜谒谢铎的经历，进而断定“黄绾与王廷相同系谢铎门人”；一说是王廷相会试不第后入太学读书时曾问学于谢铎门下。[⑤] 两种说法都肯定谢、王两人曾有师徒关系，也都为合理性推测结论。由此可见，王廷相以谢铎门人自居不无缘由，展现了王廷相对谢铎的尊重，也是对谢、王曾经有过一段师生之谊的肯定。关于谢、王交好的具体时间，上引前说定为明弘治十二年(1499)至弘治十五年(1502)间；上引后说定为弘治九年(1496)、十二年(1499)、十五年(1502)三次会试期间。两说都有可能。1502年至1505年谢铎与王廷相同在京城做

---

① 林家骊、孙宝：《谢铎的理学思想与浙东学派》，《浙江社会科学》2005年第3期。

② 林家骊、孙宝：《谢铎的理学思想与浙东学派》，《浙江社会科学》2005年第3期。

③ 朱熹：《四书章句集注》，收入《朱子全书》(第6册)，上海古籍出版社，第48页。

④ 今本《王廷相集》《谢铎集》均收录此铭文，但均不存落款。《桃溪谢氏宗谱》所录此铭文下具“嘉靖九年岁次庚寅冬十月望日参赞机务南京兵部尚书门人仪封王廷相子衡谨志”。见林家骊：《谢铎及茶陵诗派》，中华书局2008年版，第12、618—621页。

⑤ 张宏敏持前一种观点，胡栋材持后一种观点。见张宏敏：《黄绾道学思想研究》，中国社会科学出版社2017年版，第175—177页。胡栋材：《明儒王廷相师友、门生及后学考论——兼论王廷相气论思想的形成与特点》，《唐都学刊》2016年第4期。

官,因此也不能排除二人在此期间仍有交往。就第二个问题讲,目前没有任何资料确证谢、王谈论的具体内容。但主题可能为程朱理学、文学诗歌、浙东学术等多个方面。需要提及的是,王廷相作为明代文学"前七子"的重要人物,与谢铎有共同的文学爱好,擅长诗歌创作,留下大量的文学作品,而且与谢铎有着共同的诗歌主张,反对"台阁体",提倡"复古"。二人在文学方面的共同爱好以及在文学理论方面的相近主张,可能是推动二人关系融洽的催化剂。综上,谢铎晚年、王廷相早年曾有过一段时间的交往。这个阶段,谢铎的思想早已成熟、定型,王廷相尚未形成其哲学体系。王廷相在向谢铎问学的过程中,很有可能受到谢铎影响,当中应包括浙东学派的重经史、重经世的学术传统。后文的分析将逐步呈现浙东学派通过谢铎向王廷相的流贯与传衍。

二、《督学四川条约》及其所确立的"为学"指归

正德十二年(1517)是王廷相政治生活中较为顺遂的一年,先有春由宁国知府擢松江府同知,后有冬升四川按察司提学佥事,由此开启长达3年余督学四川的政治生涯。王廷相政治生涯始于1502年(29岁),终于1541年(68岁)。在长达39年的时间内,王廷相前后两次入川为官,此是王廷相首次入川。抵川之初,王廷相便作《督学四川条约》[①](以下简称《条约》),提出其对教育的看法与主张:国家教育事业的根本任务是培养"治理天下"的人才;学者读书求学、考取功名的目的是"经国济世"。在此,其对学者提出"以治世为本,为有用之学"的要求。值得注意的是,此《条约》多延承谢铎任职南京国子祭酒期间提出的有关教育的规则,兹举例如下。此《条约》文首,王廷相"择儒师以立教"与谢铎提出的"教化六事"之第一事"择师儒以重教化之职"说法极为相似[②]。此《条约》规定各地祭奠先圣先贤贵在"礼乐品物,物在丰美",与谢铎"正祀典以端教化之本"[③]重视文庙祭祀思路基本相同。此

① 王廷相:《王廷相集》(第4册),中华书局1989年版,第1167—1174页。

② 谢铎:《论教化六事疏》,《谢铎集》(下),第599页。

③ 谢铎:《论教化六事疏》,《谢铎集》(下),第599页。

《条约》中的“男女婚姻，人伦之大，风教之源”“冠婚丧祭，有家之礼，所以厚风俗，植德教”与谢铎“人伦，风教所先，人伦不可以不明”[①]重风教的观念基本一致。由此可见，王廷相此《条约》深受其师谢铎的启发应为比较确定之事实。

进一步说，王廷相以“治世”与“有用”作为人才培养目标的思想，应该也是在其师谢铎的影响下形成的。谢铎对科举制度的评论体现出很强的经世致用的理论色彩，“是故今之科举，罢诗赋而先之经义，以观其穷理之学，则其本立矣。次制诏论判而终之以策，以观其经世之学，则其用见矣”[②]。谢铎认为明代科举制度“穷理”与“经世”为不可分割的两个方面，不可偏废任何一方。“穷理”为本，然而必须通贯至“经世”之实用；“经世”为用，然而必须以“穷理”为根据。他批评明代学者陷溺于追求科举功名的窠臼，泛滥于“浮谈冗说”，专修“无用之虚文”，罔顾个体身心和国家利益。谢铎对此时科举状况的观察和评析，以能否“经世致用”为衡量标准。这与王廷相具有很多相通之处。王廷相《督学四川条约》总结了当时学者的三大通病：崇尚“靡文”，不务“实学”；专求“伦理”，脱离“躬行”；考究“圣谟”，缺乏“体验”。因此他拟定二十一条具体的规章制度，以达至成就“圣贤经世之学”，变革风俗、礼乐兴盛的美好愿景。由此可见，谢铎、王廷相都着重从“经世致用”维度考量科举制度下的为学之方，认为是时学者沉迷于“空疏”之学，割裂了修身与齐家、治国、平天下之间的本质关联。

倘若向上追溯，谢铎“穷理立本，经世见用”、王廷相“为有用之学”的观念可在宋代浙东学派找到底据。永康学派陈亮曾指出科举制度的本质是国家选拔人才“必取于虚文”[③]，这决定了此项制度具有不可避免的弊端：从国家层面讲，不能根据事业的需要选取适合的人才，导致国家的发展受阻；从人才层面讲，很多才智之士因不得被发现和被举荐而老死于山林之中，造成人才资源的巨大浪费。“虚文”即是指学者“猎取一二花言巧语”特意编撰而

① 谢铎：《维持风教疏》，《谢铎集》（下），浙江古籍出版社 2018 年版，第 615 页。

② 谢铎：《科举私说》，《谢铎集》（下），浙江古籍出版社 2018 年版，第 627 页。

③ 陈亮：《问科举之弊》，陈亮撰，邓广铭点校：《陈亮集》，河北教育出版社 2003 年版，第 123 页。

成的应付科举考试的虚浮文章。[①] 在陈亮看来,"虚文"的唯一作用是欺骗官吏,为学者顺利取得功名铺垫道路,实际上完全脱离社会实际,一无是处。因此他上书陈言用人之计,建议广开用人渠道,选拔有真才实学的人才,充盈各级官吏队伍。永嘉学派叶适也持相同论调,他认为取士关系到国家、民众之命运,世道的治乱兴衰。叶适细致分析了宋代科举、制科、词科、荐举、荫补诸种取士规章制度的得失,坚决抵制设置特科取士,倡导学校培养官吏,主张改革科举制度。叶适的上述探讨,强调指出应重视"求天下豪杰特起之士",最终目的是"恢圣业而共治功"[②]。与陈亮交好、晚年深受陈亮影响的金华学派吕祖谦,在品评历史人物时曾将孔门弟子和管仲对比,认为从道德修养和道德境界维度看,孔门弟子固然超出管仲很多层次,但从政治担当和事功维度看,孔门弟子与管仲所取得的成就根本无可比拟。此正突显了吕祖谦与陈亮具有相同的功利主义倾向。吕祖谦在此思维进路基础上,提出"学者须当为有用之学"的论题,强调读书学习应以达治国理政"实用"之功为目的。其主张"学、用一体","学而无所用,学将何为",把"学"与"用"紧密连接,指明读书、修身之"学"的目的在建立事功之"用"。通过梳理不难看出,王廷相、谢铎注重"为学"的事功之用的思想,与宋代浙东学术事功学派陈亮、叶适,以及金华学派吕祖谦之间确实存在较强的内在一致性。这也印证了王廷相通过谢铎而浸染了浙东学术。

王廷相首次入川时期,是王廷相哲学思想形成的关键时期。在此期间,王廷相撰成多篇重要的哲学名篇。[③] 这与入川前王廷相的著述多与文学有关而几无哲学文章形成较为鲜明的对比。在这个意义上讲,首次入川期间是王廷相关注重心由文学逐渐转换到哲学的时期。入川之初,王廷相即作《督学四川条约》。此篇充满事功色彩的文章所体现出的王廷相与浙东学术的思想关联颇值得关注。而以往对王廷相哲学的研究恰恰轻忽了这条线索,也未曾追溯王廷相事功哲学思想之所以形成的可能性根源。通过上文

---

① 陈亮:《问学校之法》,《陈亮集》,河北教育出版社2003年版,第124页。

② 叶适:《科制》,《叶适集》(下),中华书局2010年版,第801页。

③ 王廷相这一时期写作的哲学文章有《答许廷纶》《答何仲默》《深衣论》《深衣本篇解》《夏小正解》《华阳稿》《乡射礼图注》《数辩》等,详考见葛荣晋:《王廷相生平学术编年》,河南人民出版社1987年版,第51—88页。

的梳理可见，在王廷相哲学思想形成过程中，包括陈亮、谢铎在内的浙东学术传统具有很大的推动作用。浙东学术"注重事功"的观念已然深深嵌入王廷相的思维之中，影响着王廷相的哲学创造。

三、道的变与不变

与其他宋明理学家一致，王廷相对"道"的认知和厘定，思想依据是《易经》"一阴一阳之谓道"的经典表述。然而，与其说王廷相强调"道"与"阴阳"的不相离合，不如说其强调"道"以"阴阳"为存在基础，申明"道"在"阴阳"上见，道非在别处而在气中，气中必然充盈、含蕴着道，道与气本是一体。气学所谓"气中有道"与程朱理学理气"不离不杂"不同。气学所论道与气，无论是本原层面，还是构成层面，气、道始终一贯。气为道的承载者，道展现在气上。没有气的载体，道茫然无着落；没有道的蕴含，气便没有规则和条理。程朱理学所谓理与气不离不杂，区分本原与构成之间的分别。本原层面上，理固然不能离开气，终归要推上去察见理在气之先。构成层面，气承载着理而运动造作，理附着在气之上。然而，无论是气学抑或是理学，他们考究道与气关系是为解决社会伦理问题，而不是自然科学问题。哲学家们对道、气的分殊必然要进入他们对社会领域的观察和分析。

王廷相说，"或谓气有变，道一而不变，是道自道，气自气，歧然二物，非一贯之妙也"①，此显然是王廷相对朱子学提出的反对意见。朱熹在与陈亮论道是否有变化时说，"若论道之常存，却又初非人所能预，只是此个自是亘古亘今常在不灭之物，虽千五百年被人作坏，终殄灭他不得"②。在朱熹理气论模式下，形而下存在界中的人、物并不能影响到形而上本体界中的道。道依附气化而存在于具体的人、物之中，尽管形而下之气有生有灭，气化而生成的人、物有始有终，但道是亘古亘今常存常在之物，并不会因人、物的灭失而灭失。朱熹的这种说法，令陈亮质疑，"夫道，非出于形气之表，而常行于

---

① 葛荣晋：《王廷相生平学术编年》，河南人民出版社 1987 年版，第 51—88 页。

② 朱熹：《寄陈同甫书》(六)，《陈亮集》，河北教育出版社 2003 年版，第 286 页。

事物之间者也"①。陈亮同意朱熹道无生灭，指出道存在的必然性。但他不同意朱熹所持人事无法干预道的存在的说法，而是举董仲舒"勉强行道大有功"为例，从汉唐气论维度试图证明天地人三才并立共存、相互影响。他也不同意朱熹所持的道超越于人事之外的说法，而是认为道就存在天下事之中，天下之事无非道的具体表现，即陈亮强调道不可能离开人、事、物而独立存在。叶适也有类似论述，"物之所在，道则在焉……道虽广大，理备事足，而终归之于物，不使散流"②，认为形而上与形而下相贯通，虽然道具有形而上的超越性和绝对性，物具有形而下的有限性和相对性，但是有形而上必有形而下，只说形而上而不及形而下将使道归于虚无与隐匿之境，因为道无法脱离具体的事物。王廷相与陈亮、叶适思路基本一致，均从道与气是否"一物"维度分析朱熹对亘古亘今常在之道与有生有灭之气的关系的界定有无合理性。

在王廷相的哲学中，现代意义上的自然界、人类社会等一切现象、一切事物，都需要置于"气"的视域中观察。王廷相说："有气即有道。气有变化，是道有变化。气即道，道即气，不得以离合论者。且夫道莫大于天地之化，日月星辰，有薄食彗孛；雷霆风雨，有震击飘忽；山川海渎，有崩亏竭溢；草木昆虫，有荣枯生化，群然变而不常矣，况人事盛衰得丧，杳无定端，乃谓道一而不变，得乎？气有常有不常，则道有变有不变，一而不变，不足以该之也。为此说者，庄老之余者也。"③王廷相再次重申了气与道为一体的关系，这是王廷相哲学思想的根本宗旨，也是其考察和评价人类社会与人的行为活动的根本依据。王廷相认为，气始终处于变动不居的周流状态之中，在气之本然和气之化育之间不停不止、循环往复。因此一切事物都是气之流变和演化。不仅天地日月、山川云雨等一切自然现象如此，人以及由人所组成的社会，包括人类独有的伦理纲常、典册制度等文明形态亦是如此。自然界作为气化的结果，其中存在自然之道。人类社会同样也是气化的结果，其中存在人伦之道。从气化的产物层面看，自然界与人类社会并不存在本质区别。

---

① 陈亮：《勉强行道大有功》，《陈亮集》，河北教育出版社2003年版，第79页。

② 叶适：《习学记言序目》（下），中华书局1977年版，第702页。

③ 王廷相：《雅述》，《王廷相集》（第3册），中华书局1989年版，第848页。

然而，无论是自然之道抑或是人伦之道，都无法脱离作为其承载者的自然界和人类社会而独立存在。并且在王廷相看来，道蕴含在气中，气为道的载体。气有变与不变之分，与之相应有变与不变之别。气的变化必然导致道的变化，道的变化的根源是气的变化。必须指出的是，“气有变化，是道有变化”，强调“是气”与“是气之道”，“是气”处于“有常”状态时，“是气之道”亦不变，可谓之“道之常”。“是气”处于“无常”状态时，“是气之道”必然有变，可谓之“道之变”。人、物处于气的流变之中，人、物之道也在不断流衍，因此王廷相说“一而不变，不足以该之”，实是认为朱熹只见“道之常”而不见“道之变”是不全面的。王廷相认为，气无生灭、无终始，因此气中之道也必然亘古亘今。在肯定道常存常在存在方面，王廷相与朱熹无本质区别。

更进一步说，对于朱熹“道亘古亘今”之论，陈亮批评他类似佛教之言，王廷相认为他接老庄之续余、叶适批评他与老氏“道在天地之先”相仿，都是意在指摘朱熹哲学把气与道的关系界定为“不离不杂”。他们认为朱熹哲学中道亘古亘今、常存常在，气有生有灭、有终有始，过于强调道的超越性、绝对性，突显气的有限性和相对性，表现出很高的道、气二元论的倾向，最终将道、气相分离。总而言之，陈亮、叶适、王廷相都肯定了朱熹哲学中道、气不够圆融，存在陷入佛、老玄虚之学的可能。在这方面，王廷相与陈亮、叶适事功学派的思路是一致的。客观而言，以往多将事功学派陈亮、叶适，和明代气学代表王廷相作为朱熹的对立面，陈亮三人的“反理学”性质，也多对“反理学”的哲学家无好感，即较多关注“反理学”流派哲学家的反向作用和负面影响。实际上，就三人察觉和指出朱熹理气论哲学的二元论倾向而言，他们与明初朱子学学者反思朱学、积极修正朱学理气论所做的工作很相近。对于朱熹的理气论，薛瑄开宗明义地说，无论是从时间维度看抑或从空间维度看，理（道）无穷无尽，气也无穷无尽，理、气都实实在在地存在着，从而否定了朱熹理无生灭、气有生灭的观念，也否定了所谓的“理生气”的观念。进而他指出“天地万物，浑是一团理气”[①]，天地万物即是理、气；“理、气之外无一物”[②]，理、气即是天地万物。此即是说，朱子学者对朱熹理气论的省思，与所

① 薛瑄：《读书录》，《薛瑄全集》（第 2 册），三晋出版社 2015 年版，第 734 页。

② 薛瑄：《读书续录》，《薛瑄全集》（第 3 册），三晋出版社 2015 年版，第 961 页。

谓“反理学”流派哲学家对朱熹理气论的批评，所起到的理论推动作用是极为相近的。当然，也必须看到，陈亮、叶适与王廷相，与朱熹以及其他朱子学者对理（道）的认知的差异。朱熹以及其他朱子学者，理论目的重在确立形而上的本体，为存在界奠定形而上的根据。理（道）是超越的、圆满的、无限的本体。陈亮、叶适、王廷相等哲学家，理论目的重在寻得存在界中的具体事物之理，为现实的人类活动提供指导。理（道）是具体的、个别的、殊异的“物理”，与现代哲学中的“规律”更为接近。两个学派对理（道）的理解不同，做出的理论设置也不同。对陈亮、叶适、王廷相来说，不同的事物所具有的理（道）存在区别。即使同一事物所处的环境有变化，其中的理（道）也将发生变化。因此他们必然认为“道有变有不变”。对朱子学者来说，形而上的本体理（道）超越于具体事物之上，超越于言语表达之外，无法以变与不变对其进行限定和约束，因为本体自身即是无限、即是圆满，变亦是不变，不变亦是变。

四、几与势、时

“几”首出自《周易》，后因被宋明哲学家普遍关注、持续讨论而成为理学的哲学概念。在《周易·系辞传》“几者，动之微”[①]的论述中，“几”指细微、隐幽的“动”，是指从无至有、由静转动的中间阶段和重要环节。“几”虽是已经发动，但是还处于刚刚萌生的“动”的纤微阶段，因此也是不易被察觉的“动”。汉唐注疏认为“几”不仅指具体事件的隐微阶段，而且指心的发用的杳冥阶段，强调“几”作为细微、隐幽的“动”，与显著、呈露的“动”存在重大区别。因为“几”“未形”“未名”，难以把捉，因此“知几”是比较困难的事情。在此意义上，“知几”被称为“神”。

周敦颐从“动而未行，有无之间者”的维度理解“几”[②]，与《周易》指明“几”的杳深无形以及有无转换较为一致。值得注意的是，周敦颐突出了汉唐注疏中“几”为“心动”的一面，将“几”发展成为心性论的重要内容。把

---

① 王弼、韩康伯、孔颖达等注疏：《周易正义》，第363页。

② 周敦颐：《通书》，《周敦颐集》，岳麓书社2002年版，第17页。

“几”作为“诚体”寂然不动至感而遂通的中间状态，前承接性体之本然未发，后接性体之发用流行。周敦颐特别看重“诚体”发用过程中的“几”的阶段，这主要是由于“几”的阶段和善与恶密切联结在一起。“几，善恶”①，按照周敦颐的观念，诚作为本体超越于现实的善恶之上，但诚体在发用流行过程中，有为善和为恶两个截然相反的方向。周敦颐此论一方面挺立诚体，为人人皆可“成圣”提供了本体论的根据，另一方面点明“几”，为普通人“成圣”提供了工夫论的路径。即“成圣”的关键是识别本体到发用之“几”，在“几”处明确趋善与趋恶的倾向，作为善去恶的工夫，使本体的发用全然为善。客观地说，周敦颐创造性地发展了汉唐《周易》注疏所言的“心动”的面向，把识“几”作为心性工夫论的重要内容，开创了理学重视“几”的局面，此大有功。然而周敦颐这样一来的结果，在一定程度上轻忽了“事动”的一面，窄化了汉唐注疏中“几”的内涵。

朱熹进一步把周敦颐心性论意义上的“几”发挥到极致，并将其放在“天理”视域中加以观照，将周敦颐“几”是诚体走向或善或恶的关键节点，阐释为天理、人欲的分限之处，“天理人欲之分，只争些子，故周先生只管说‘几’字”②。在朱熹哲学中，“心”同时概括知觉的主体和知觉的内容两个层面的含义。当天理作为内容被心知觉到并存贮在心中时，此心便是“道心”；当人欲作为内容被心知觉到并呈现在心之中时，此心便是“人心”。但“道心”“人心”终究是同一个“心”所知觉到的不同的内容，因此朱熹以“只争些子”形容二者的差别，实是指出“心”或朝向天理之明或流于人欲之恶，仅在一念之间，而此一念之间即是“几”。朱熹认为，恰当地处理“几”在成圣的工夫中占有重要位置，他取《周易》“研几”对此进行解释，“曰：‘知止，是知事物所当止之理。到得临事，又须研几审处，方能得所止。如《易》所谓“惟深也故能通天下之志”，此似知止。“惟几也故能成天下之务”，此便是能虑’”③，“能虑则随事观理，极深研几”④，朱熹的工夫论强调先后、次第、首末的条贯，“知止”

① 周敦颐：《通书》，《周敦颐集》，岳麓书社2002年版，第16页。

② 黎靖德编：《朱子语类》（第1册），中华书局1986年版，第224页。

③ 黎靖德编：《朱子语类》（第1册），中华书局1986年版，第280页。

④ 黎靖德编：《朱子语类》（第2册），中华书局1986年版，第380页。

是穷理，在次第上在先，是“能虑”的基础。“能虑”并非指心所具有的思维功能，而是指外物来与我交接之时，我能以此前所穷得的“理”思考此事究竟应当如何应对，故“能虑”在“知止”之后。也就是说，朱熹强调在做工夫时，主体应随时观察和思虑外物的变化，以寻得恰当的内外方式。在此过程中，“理”作为形上根据，始终规范着工夫主体的行为。工夫主体通过“虑”的关节，把“理”转化为如“理”的具体行为。简要之，朱熹虽然涉及主体与外物的交接，但他对“几”的规定基本上仍然在工夫论的范围之内，强调“研几”在做工夫时的重要意义，与周敦颐对“几”的理解基本一致。这样的理论陈述，与一些哲学家把“几”定位为存在物的某个发展阶段和重要时间节点，存在较大差别。

王廷相一段论“几”的文字，具有较高的典型性。“窃闻欲成天下之事者，在得天下之宜。所谓宜者，事几之谓也”①，甚是明朗，王廷相论“几”是以汉唐《周易》注疏所言的“事动”面向为基础，是指事刚刚萌发时的某种动向和趋势。其致思的出发点和落脚点在“天下之事”，其致思的重点在强调把握“事中之几”。按照王廷相所说，“事”实是处于气化流行中之“物”，伴随着气化的推进而不断发展。因为气化的作用，“事”必须表现为一定的“象”与“数”，此即是“事几”。通过观察“象”与“数”，可以得知“事”发展的阶段性特征，也可以根据“象”与“数”等推测和预判“事”未来的发展方向，此即是“得天下之宜”。在此基础上，可以“成天下之事”。值得注意的是，一方面王廷相是从做事的效果维度理解《周易》“几者，动之微”命题，注重考察实践主体究竟如何做，才能保证在处理具体的事件时取得较为圆满的结果，体现出强烈的“事功论”色彩。将王廷相与周敦颐、朱熹相比较便可发现，王廷相是从“事功论”论述“几”，“几”为外在于我的物之中。其重视“几”的目的在是否能“达治几”，较为突显“外王”的层面。周敦颐、朱熹是从“工夫论”讨论“几”，“几”为内在于我的工夫之中，其重视“几”的目的在是否能“别善恶”，较为侧重“内圣”的层面。王廷相与周敦颐、朱熹论“几”在两个不同的维度。事功论视域中的“几”与工夫论视域中的“几”的区别截然分明。

---

① 王廷相：《呈盛都宪公抚蜀七事》，《王廷相集》（第2册），浙江古籍出版社2018年版，第468页。

王廷相哲学中,“事几”与“势”内在相连。众所周知,唐代柳宗元运用“势”揭示社会历史领域的现象,被后世哲学家沿用,王廷相也不例外。在上引“事几”之文后,王廷相展开论述说,“故物理人情,当其事,有轻重之势;际其会,有缓急之时。势有轻重,权而称之则不爽;时有缓急,酌而驭之则不迷”①,即“事几”包含“轻重之势”和“缓急之时”两个部分的内容,也是把“事几”分为两种不同的情况。轻重之势是就某个具体的事件而言;缓急之时是就多个事件在时间上重叠时而言。因此道理比较简单,若实现所谓成就天下事的目标,必须权衡具体事件中的轻与重的力量,分清多个事件中的缓事与急事,以及将权衡轻重与分清缓急两者进行结合。细审之,王廷相“几—势—时”论,有两个方面值得注意。首先,把“几”与“势”结合起来的做法,并非始自王廷相。在此之前,谢铎已经有类似论述,“天下事必有其几,识其几而谨之,则天下无难事矣。几之所在,势之所必至也”②。谢铎认为事物存在与发展必须展现为具体的历程。此历程中存在诸多影响事物发展的节点——“几”。“几”决定着事件未来发展的趋势和走向。如果能够识别事物发展之“几”,谨慎处理诸多“几”,则整件事情便在掌控之中。据此可知,王廷相关于“几”与“势”的说法,可能受到谢铎的启发和影响。其次,王廷相“几—势—时”论较为关注“时”的观念,可能与叶适有关。“事之未立,则曰‘乘其机也’。不知动者之有机,而不动者之无机矣;纵其有机也,与无奚异?功之未成,则曰‘待其时也’。不知为者之有时,而不为者之无时矣;纵其有时也,与无奚别?”③从事功论维度,阐明“时”与“势”之关系。但王廷相以气论为思想根底,对“时”的认知更为清晰和深刻。王廷相认为阴阳两种力量的交互作用以及气所固有的神妙本性,使得气的运动成为必然,气本与气化之间的往复周流不得已、不容已也不止息,“阴阳也者,气之体也。阖辟动静者,性之能也。屈伸相感者,机之由也。缊细而化者,神之妙也。生生不息,亹亹如不得已者,命之自然也”④。如此一来,单个的物必然展现出生成、存

① 王廷相:《呈盛都宪公抚蜀七事》,《王廷相集》(第 2 册),第 468 页。

② 谢铎:《正俗编序》,《谢铎集》(下),第 428 页。

③ 叶适:《应诏条奏六事》,叶适:《叶适集》(下),中华书局 2010 年版,第 839 页。

④ 王廷相:《慎言》,《王廷相集》(第 3 册),第 754 页。

在与毁灭的历时性，不同的物之间必然展现出时间上的先后之序。职是之故，"时"成为判断"势"和"几"的重要参考标准。从某种程度上说，王廷相把社会历史理解为一种气化的"自然历史过程"。

五、余论

黄宗羲在论述王廷相哲学时说，"先生主张横渠之论理气，以为气外无性，此定论也"①，似乎是指出王廷相哲学的思想渊源定然为张载。细思之则不尽然。黄宗羲此说，实是申明王廷相与张载在理气一体方面比较一致，其他方面并非一定如此。正如黄氏后文对王廷相"仍未知性"的批评，从中便可以看出张载与王廷相二人巨大的思想差异。台湾学者杨儒宾以"先天性气学"与"后天性气学"分辨张载的哲学与王廷相的哲学，也正是着眼于张、王二人的思想差异。② 王廷相撰《横渠理气辩》的理论目的是与朱熹辨理气是否一体，受张载影响颇深。但在面对何栢斋指斥他与张载气论都是老氏之见时，"横渠之论，与愚见同否，且未暇辩"③，说明王廷相本人对他与张载的哲学的异同是非常明晰的。所有这些都在提示，界定王廷相哲学的思想渊源需要审慎。如前所述，学界将王廷相事功之学的思想渊源上溯至浙东学术的永康、永嘉两派，恰巧说明了这一点。本文的分析也表明，王廷相的事功之学与浙东学术中的陈亮、叶适事功之学确实一脉相承，而谢铎很可能是浙东学术向王廷相渗透与流贯的中间媒介。即是说，王廷相哲学既有受张载气论的影响，也有受浙东学术事功之学的启发。此外，浙东学术事功学派的人性论也与王廷相的人性论有很多相似之处，王廷相的人性论受到事功学派的影响不无可能。此即是说，张载哲学是王廷相的重要思想来源，但并非王廷相的唯一思想来源。这在一定程度上也可以帮助我们理解为何王廷相与张载同是主张理气一体、气外无性，却在人性论上呈现出如此大的理论差异。

---

① 黄宗羲：《明儒学案》(下)，第487页。

② 杨儒宾：《异议的意义》，台大出版中心2012年版，第127—168页。

③ 王廷相：《答何栢斋造化论十四首》，《王廷相集》(第3册)，第964页。

如何在更为宏阔的视域中观察和评析陈亮、叶适对王廷相产生影响这一现象，同样是值得思考的问题。黄百家对《宋史》编纂者分列《儒林》和《道学》二传颇为不满，“十七史以来，止有《儒林》，至《宋史》别立道学一门，在《儒林》之前，以处周、程、张、邵、朱、张及程、朱门人数人，以示隆也。于是世之谈学者，动云周、程、张、朱，而诸儒在所渺忽矣”①。从《宋史》编纂者的立场出发，他们表彰道家，本无可厚非，因为道学传中各位儒家学者较之前代，更为缜密阐发了儒家道德形上学，推动儒学发展至新的阶段，而“道学”与“儒学”在理论形态上说也确有差异。从黄氏父子的立场出发，他们反对《宋史》枚举诸儒的体例，是由于他们认为载于《道学》《儒林》二传中的哲学家同为儒家学者，每位儒者的思想亦各有其理论创建之功。所持立场不同，所见也有不同，但都有合理性也都有所失。简要之，所谓“反理学”不应是一个贬义词，也应明了“反理学”不是“反儒学”。宋明理学有其存在的价值和意义。所谓的“反理学”流派陈亮、叶适、王廷相等，注重事功之学，突出发展了儒家“外王”的面向，作为儒学的一种，其存在有其必然性。站在理学立场贬抑“反理学”流派，抑或站在“反理学”流派立场反对理学，都难免失之偏狭。

① 黄宗羲：《宋元学案》，《黄宗羲全集》（第3册），世界书局2009年版，第159页。

陈亮研究学术史的回顾与展望

邓广铭与《陈龙川传》

浙江大学历史学院博士研究生
胡潮晖

邓广铭(1907—1998),字恭三,山东临邑人,1936 年毕业于北京大学史学系,先后执教于复旦大学、北京大学,曾任北京大学历史学系主任、北京大学中国中古史研究中心主任、中国史学会主席团成员、中国宋史研究会会长等。邓广铭是学界公认的"20 世纪海内外宋史第一人",他的研究范围非常广泛,涉及两宋政治、制度、文献、经济、学术以及辽金史等诸多方面。而在邓广铭的众多著述当中,《陈龙川传》具有特别的地位。

一

邓广铭幼年接受过传统的私塾教育,1920 年考入临邑县立第一高等小学,1923 年考入山东省立第一师范学校。在这两所学校就读期间,邓广铭开始接触胡适、陈独秀、钱玄同、周作人等新文化运动主将的著述。

作为新文化运动的策源地,北京大学成为邓广铭心中向往的学府。1931 年,邓广铭第一次报考北京大学未被录取,考入辅仁大学英语系。1932 年,他再次报考北京大学,考入北大史学系。当时的北大可谓大师云集,不免令人有"天下之学术聚乎北大"之感叹,陈垣、顾颉刚、钱穆、胡适、傅斯年、蒋廷黻、郑天挺、蒙文通等知名学者都曾执教于北大史学系。不过,大学低年级时期的邓广铭更像一位"文学青年",他曾与李广田(时为北京大学英文系学生)、王余侗(时为北平师范大学中文系学生)共同创办校园文学刊物《牧野》旬刊。除三位发起人以外,后来成为著名诗人的卞之琳、何其芳也是《牧野》的主要撰稿者。邓广铭对罗曼·罗兰的《贝多芬传》特别推崇。根据邓广铭的自述,《贝多芬传》使他"对历史上一些建立了大功业、具有高亮奇伟志节的英雄人物起了无限憧憬之情”，这大概可以解释他后来为何特别钟情于自称具有“推倒一世之智勇，开拓万古之心胸”的南宋思想家陈亮。

大学三年级时，邓广铭选修了蒙文通开设的宋史课程，并获得92.5分的高分，这是他大学断代史课程中的最高分。据1934—1935年度的《国立北京大学史学系课程一览》，蒙文通开设的宋史课程要讲两个学期，一周三个课时。蒙文通当时最关心的问题是宋代学术思想史，尤其是浙东学派的学术思想。在写给柳诒征的一封信中，蒙文通自述“文通暑期中在平，略读东莱(吕祖谦)、水心(叶适)、龙川(陈亮)、止斋(陈傅良)诸家书，欲以窥宋人史学所谓浙东云者”，并初步提出了“北宋之学，洛、蜀、新三派鼎立，浙东史学主义理、重制度，疑其来源即合北宋三派以熔于一炉者也”这一观点。目前，虽然尚无直接证据说明蒙文通宋史课程的具体讲授内容，但就课程大纲而言，蒙文通当时开设的宋史课程与中国史学史课程皆与浙东学派有着密切的关联，邓广铭对浙东学派以及陈亮的学术兴趣或由此而来。

二

升入大学四年级后，邓广铭面临毕业论文选题的问题。在此之前，他曾系统阅读了何炳松《浙东学派溯源》一书，并认为何氏立论多有谬误之处。1935年8月29日，邓广铭在《益世报·读书周刊》上发表《浙东学派探源——兼评何炳松〈浙东学派溯源〉》一文。据邓广铭自述，这篇文章“系对浙东各人学问作总括的叙述者，又系专为针对何炳松先生的书而发”。因此，邓广铭打算对浙东学派做一整体通贯性的研究。从《北京大学周刊》1935年10月19日公布的史学系四年级学生毕业论文信息可知，邓广铭当时上报的选题为“浙东学派研究”。不过，在选修了胡适为北大国文系研究生开设的“传记专题实习”课程之后，邓广铭改变了主意。当时，胡适提供了三组九位人物供学生作传，分别是文学家白居易、苏轼、袁枚，思想家陈亮、李贽、颜元以及政治家范仲淹、王安石、张居正。在写给胡适的信中，邓广铭表示：“前读何炳松先生《浙东学派溯源》，觉其立论颇多牵强过甚之处，嗣即对此问题加以注意，并以之作毕业论文题目。现因选定‘传记文学实习’，又愿缩小范围，先尽力为陈龙川个人作一传，然后再及其他诸人。”

邓广铭的本科毕业论文《陈亮传》原稿现藏于北京大学中国古代史研究中心，封面题“史四邓广铭试作”，《陈亮传》这一题目也与后来正式出版时使用的《陈龙川传》有所不同。原稿共二十一章，在章节的划分、标题和顺序上亦与后来正式出版的版本有所区别。邓广铭怀抱“理解之同情”，施以融铸贯串之力，栩栩如生地勾勒出一个时代的轮廓，展现出陈亮鲜活明朗的人格。与邓广铭后来创作的三部宋人传记《辛弃疾传》《岳飞传》《北宋政治改革家王安石》相比，《陈龙川传》最大的特点是采用纯叙述的体裁，不夹杂考证和议论的成分在内，这使得传记叙述的文思酣畅淋漓而一以贯之。邓广铭写作《陈龙川传》时，不过是一名大四学生，尚未完全走上史学专业化的道路，加上之前文学活动和当时时代环境的影响，采用激情飞扬的文学表述实乃一种非常自然的选择。而随着研究的深入以及研究对象的改变，邓广铭传记作品中的文学色彩逐渐淡化，可以说是逐渐由“传记文学”走向了“传记史学”。

三

邓广铭的本科毕业论文完成之后得到了指导教师胡适的高度赞扬，最终获得 95 分的高分。胡适在评语中写道：“这是一本可读的新传记……写朱陈争辩王霸义利一章，曲尽双方思致，条理脉络都极清晰。”不仅如此，胡适还不停地向身边人夸奖邓广铭，“逢人满口说邓生”，这对于初出茅庐的邓广铭来说是一个极大的鼓励。这件事情对邓广铭未来的学术道路产生了非常重要的影响，诚如邓广铭的弟子刘浦江教授所言，“一部《陈龙川传》，基本上决定了邓广铭一生的学术方向”。邓广铭后来主攻宋史，终成一代宗师。

邓广铭本来想请胡适将《陈龙川传》介绍给商务印书馆出版，后因抗日战争爆发、胡适离开北平而未能如愿。《陈龙川传》后于 1944 年由重庆的独立出版社正式出版。在序言中，邓广铭写道：“如果我们这时代还多多少少有些和南宋相似之处，那么，这本书多多少少也还该发生一些警惕作用的吧。”

《陈龙川传》出版后，迅速得到史学界的好评，例如《图书季刊》评介曰：“邓君这书纯用叙述体裁，不杂考证或议论成分。其叙述亦不偏于陈氏立场而有所别择，无恭维之语，亦不用惊叹语气。即陈氏之所短，亦不曲为之讳。平静客观两事，可于是书中求得之……书凡二十五短章，于同甫之身世，其所处环境，其师友，其思想主旨，其志行，皆以生动之笔写出，使数百年之人读之，如亲接其人。诚传记中之佳构也。"文学界对《陈龙川传》也颇为赞赏。《陈龙川传》的第一章曾在《辅仁文苑》第2期（1939年12月）先行刊出，编者按语称此传"文字既极生动切至，考核也极精密详审"。"一代词宗"夏承焘在晚年写给邓广铭的信中也说自己读《陈龙川传》时颇受触动，"读龙川与东莱交情，弟几为之失声"。

大概是由于觉得陈亮与自己"性情相投"，直至晚年，邓广铭一直都在关注、研究陈亮。改革开放后，邓广铭发表了两篇与陈亮直接相关的重要论文，分别是《陈亮反儒问题辨析》(1984)、《朱陈论辨中陈亮王霸义利观的确解》(1990)，并整理出版了《陈亮集》(增订本)(1987)。邓广铭晚年还曾计划将《陈龙川传》重新改写一遍，但由于疾病而未竟其志。

邓广铭先生《陈龙川传》读记

——古典学视域下的理学重构

扬州大学哲学系副主任、副教授

樊沁永

人类文明的知识从来都有显隐两种存在方式以成其太极生生的活力。现代学科建构的知识谱系是显性的学科应对时代的需求和问题。隐性的“文献”(经典文字系统和传承者)以更为复杂的样态呈现着各种歧出的理论资源。哲学视域下的理学作为传统正史中的史传和私家著述的学案的现代呈现形态,对历史的理解呈现了时代性的哲学史、观念史、思想史形态。前辈学者最为典型的诸如冯友兰先生,建构中国哲学史学科的过程已经成为现代中国思想的一部分,塑造了当代中国学术哲学训练的基本底色。20 世纪前叶,显性的时代需求和问题是回应西方,抉择宋明理学是因为其融摄佛老的文化经验具有极大的参照。近代学术的显学从共生的角度分别从程朱、陆王,裹挟着佛学对抗和消化着西方。这很大程度构成了我们今天哲学界理解中国传统的基本样态。同时,文学和历史专业除了现代显性的建构之外,还保留了一定的隐性的传统,仍然在跨学科的时代呼声中,回荡起对传统学术整全性的复归。

邓广铭先生《陈龙川传》的研究恰恰在此处提供了一个绝佳的切入点,可以让我们在 21 世纪的学术敏感中开发出一种重构的可能。即古典学意义上对中华文明道统的重塑,而不只是哲学史中耳熟能详的理学家的道统。

一

《陈龙川传》初稿《陈亮传》完成于 1936 年,是邓广铭的本科毕业论文,指导老师是胡适。书稿改定于 1943 年。中华书局 2017 年版,全书除序及邓小南教授编后记，共二十五章，附录三篇考证文章。时值亡国灭种的危机，邓先生从陈亮研究入手，进而完成四传两谱，其史学研究有非常直接的对时代家国天下命运的关切。岳飞、王安石、辛弃疾、韩世忠、陈亮的抗战精神树立了坚持正义战争的德性典范，与时代理学思潮内敛的儒学略有差异，后世《宋元学案》的记载从理学架构的义利、王霸角度定位陈亮，实则把中华文明中史学乾健的功能遮蔽到了狭义的儒学之下，史学进路思考道统则以时间为轴，纵贯道理，是一条可以尝试从子学的个性化回到经学的普遍性的进路。

邓先生的宋史研究续接了司马迁的志向，反映了古典史学的旨趣。其《陈龙川传》重视事实，详述陈亮的才略，但也不回护缺陷；再者，精微辨析，不混淆驰骛功名与陈亮主张的事功。虽传统学案的叙事无法脱离理学的底色，但传主本身重视史学，实则反映了中华传统古典史观，其借鉴魏晋，考察实地，多次上书，复仇的决心击破了容忍家国破碎的心性学在实践上的虚伪和冷漠。此外，其“学以成人”的立场破除了“学以成儒”的狭隘，在此意义上正可消解后世理学家对他的定位。由此透出的衔接中华文明的特质才使得邓先生的写作具备了本文所述的古典学的开阔性，生发了更多的现实动力。

邓先生述传主先介绍其籍贯地理，考察其先世荣光，远追东汉末年隐居荆山的陈寔。由陈寔六代下述六代陈逵，南迁世居江南。十六代至陈霸先，短暂地沾得一点天子气。永康陈国皇族的厚陵被永康陈姓六族奉为祖先。陈亮的直系家祖陈知元也遭到金人杀戮，陈氏一族烙上了国难志印。1143年出生的陈亮，因为祖父梦中状元名童汝能，故字之“同甫”。因为祖父的状元梦，陈亮自然被安排走读书显扬的道路。虽其家族已经无特别显豁的支持，但陈亮得到了乡里富豪何子刚的赏识和栽培。逐渐明理的陈亮将外曾祖、曾祖抗争外侮而死的伤痛归结为国家的治乱，如何解决？史策成为他寻求对策最为重要的研究材料。邓先生的绍述延续的是慎终追远的孝道对陈亮的塑造，可以说，孝是陈亮“学以成人”的终极标准，陈亮一生的动力和目标都在此。

《酌古论》汇集了陈亮十八九岁修习王霸大略和兵机利害的思考，共二十篇，借鉴古人处理变局的经验。邓先生分君主、功臣策士逐一介绍要点，特别指出陈亮针对现实，借鉴历史展示自己的韬略，为用世应变做准备。

陈亮稍后遇到了在和与战问题上观念不同的周葵，其时周葵知婺州军州事，赏识陈亮并规劝其学习《大学》《中庸》的精义。但陈亮并没有趋向明心见性和考究义理，其抱负不同于世之儒者。上书‘中兴五论’无果之后，陈亮退而讲学，其间创作《三国纪年》，一贯旨趣当是延续《酌古论》。讲学束脩稍减其贫，长辈得以安葬。陈亮又开始了新一轮的上书，其热衷仕途并不是为了个人功名利禄，更多的还是家国之仇未忘，仍力图报效国家，恢复一统，血洗耻辱。在《上孝宗皇帝第一书》中，他提出了“正气论”。虽然引起了孝宗的注意，但是在寻求见孝宗的过程中，被层层阻隔，陈亮也不愿污身以进，故不得不在连续上书之后选择了东归退隐。

二

陈亮的这次退隐也并没有完全失去斗志，挚友吕东莱的劝慰鼓励、浙东师友也多有往来，呵护着陈亮的心火。关于陈亮的史论，吕祖谦也有知己间敏锐的判断，“示及近作，展玩数过，不能释手，如邓耿赞断句，抑扬有余味，盖得太史公笔法。武侯赞拈出许靖、康成事，尤补世教”①。邓广铭先生的这一引述实则不只是吕祖谦对陈亮的认可，更是对其自身史家价值关切的表白。

此外，邓广铭先生特别提到：“在浙东诸人之外，以意气、志节、事功或学问而为陈氏所佩服或与陈氏成了很好的朋友的，也还大有人在。可以特别举数出来的，如辛弃疾、吴儆、尤袤、韩彦古、周必大、范仲艺、章森、刘过等人均是。而结识得最为不伦不类，实际上却又非常影响了陈氏后半生的生活和思想的，是陈氏和朱子的友好关系。”②“不伦不类”作为对陈朱关系的定位，较为独特，吕祖谦去世之后，陈亮与朱熹才正式有初次的会晤，且加深了互相了解，但陈亮后续和朱熹的书信往来，特别是读了朱熹赠书后，也非常直接地表达了自己的看法：

---

① 邓广铭：《陈龙川传》，中华书局 2017 年版，第 66 页。

② 邓广铭：《陈龙川传》，中华书局 2017 年版，第 87 页。

> 居法度繁密之世，论事正不当如此。此亦一述朱耳，彼亦一述朱耳，欲以文书尽天下事情，此所以为荆扬之化也。度外之功岂可以论说而致，百世之法岂可以辏合而行乎。
>
> 天下大物也，须是自家气力可以斡得动、挟得转，则天下之智力，无非吾之智力，形同趋而势同利，虽异类可使不约而从也。若只欲安坐而感动之，向来诸君子固已失之偏矣，今欲斗钉而发施之，后来诸君子无乃又失之碎乎。论理论事若箍桶然，此某所不解也。①

此处陈亮的批判不可谓不尖锐，而所指涉的朱熹论理论事在论说上无懈可击，但缺乏事功上的动力。陈亮在《上孝宗皇帝第一书》中表达过他的“正气论”：

> 中国天地之正气也，天命所钟也，人心所会也，衣冠礼乐所萃也，百代帝王之所相承也，岂天地之外夷狄邪气之所可奸哉！不幸而能奸之，至于挈中国衣冠礼乐而寓之偏方，虽天命人心犹有所系，然岂以是为可久安而无事也！使其君臣上下苟一朝之安而息心于一隅，凡其志虑之经营，一切置中国于度外，如元气偏注一肢，其他肢体，往往萎枯而不自觉矣，则其所谓一肢者，又何恃而能久存哉！天地之正气，郁遏于腥羶而久不得骋，必将有所发泄，而天命人心固非偏方所可久系也。②

粗看，此“正气”与张载“民胞物与”的气论相似，但是本质上有差别。《乾称篇》以气充塞宇宙建构了君臣百姓外物的关系，以儒家圣贤的历史塑造了一个形而上与历史兼备的立身行事之道。但是，心有未体，则身为有外。历史的展开还有空间的维度，南宋偏安的政治格局使得张载的气论不能以整全的方式得以呈现。陈亮的“正气—邪气”论虽然在多民族国家的当

---

① 邓广铭：《陈龙川传》，中华书局2017年版，第88—89页。

② 陈亮：《陈亮集》（上），中华书局1974年版，第1页。

代理解上有其狭隘的一面，但是从身体整全性的角度比喻正气和邪气，又纠正了自身的偏颇。由此，道体的时间性和空间性在经验上此在的诉求把“民胞物与”的抽象理想落在了“正气论”上，这个正气本身带有正义的事功诉求，需要血洗耻辱，复仇统一。由此，正气论直接针对和诉说的对象必然是“王”。精研历史以图治的陈亮对自身道统使命的追寻与“王”的道合一，正气论的乍现是原初的文明道统经由史官、孔子分殊到民间后的返本回响。此道必然突破儒家的界范而开出“乾健不息”的行动力。

附带说，宋代重文轻武由来已久，张载年少醉心军事，也曾得到范仲淹的劝诫，大体两宋时风，以《中庸》为心法，是儒学的通行标准。张载的气论自有其艰苦卓绝的践履，对于后学，作为志向的开拓，有提升激发之功。但工夫上手，则显粗略，口辩虽敌佛老，终不能在气上直觉道的整体则会空大其心，反而生出弊病。是以陈亮气论实则从自身家族情感血气生发，经验与道理不分的气论反而持有气论最为重要的志力，生命为正义而发动的血性超越了道学家的议论和内养。

由此，陈亮讨论的正气论可以宽泛地说是哲学需要关注的对象，但因为哲学史学科架构的理学背景，容易含混其间精粗的分辨。有必要借助史学对这一理解的认识有足够的反思，邓广铭先生认为陈亮“走上与道学家多少相反的道路”①，实则已经把陈亮从理学框架的束缚中调到了外围，由此，我们可以进一步超出儒家的范围理解陈亮。

三

陈亮与朱熹的交往在陈亮第一次冤狱后，展开了著名的王霸义利之辨。邓广铭先生在这段辩难的开头寥寥数语，澄清了陈亮夹在缝中的处境。一则是人要打压道学，以陈亮为朱熹门徒同党。另则，朱熹以陈亮为浙东驰骛功名风尚败坏之端绪，必擒王而后可正风气。故对陈亮的冤狱也未加营救，在陈亮出狱前，朱熹听到传闻陈亮被释，便写信慰问并劝其反省，放弃“义利双行，王霸并用”的主张。其实陈亮一个月后才被释放，还没有看到这封朱

① 邓广铭：《陈龙川传》，中华书局 2017 年版，第 17 页。

熹的来信，陈亮出狱便书信一封，告之朱熹自己入狱原委，表达自己的心灰意冷，这封信可见陈亮在吕祖谦去世后，将朱熹当作了知己，也并未因朱熹不营救自己有任何介怀。但稍后看到的朱熹先前这封信，激发起了陈亮战斗的状态。

朱熹对陈亮的误解也是“事功”标签的必然。陈亮所求“事功”有其自身的标准，但就邓广铭先生介绍的陈亮的际遇，大体还是能够区辨其特殊的性格和志向。但凡不坚持自己的原则和信念，陈亮也有多次机会出人头地，“岂有欲开社稷数百年之基，乃用以博一官乎”①，甚至不需要等到将要去世之时，才考得了功名。陈亮与吕祖谦谈及的对自身的认识也可视为一条重要的参照：“亮口诵墨翟之言，身从杨朱之道，外有子贡之形，内居原宪之实。”②不同于一般士人，陈亮虽然也尊崇儒家圣人，但不以儒门为限，同样推崇墨子和杨朱，或者进一步说，他的人生理想并没有受制于门户，在与朱熹的书信中，他直接表达过这一观点，“夫人之所以与天地并立为三者，以其有是气也。仁智勇之达德具于一身而无遗也。孟子终日言仁义……气不足以充其所知，才不足以发其所能，守规矩准绳而不敢有一毫走作，传先民之说而后学有所持循，此子夏所以分出一门而谓之儒也，成人之道宜未尽于此。故后世所谓有才而无德，有智勇而无仁义者，皆出于儒者之口，才德双行，智勇仁义交出而并见者，岂非诸儒有以引之乎。故亮以为学者学为成人，而儒者亦一门户中之大者耳。秘书不教以成人之道，而教以醇儒自律，岂揣其分量则止于此乎”③。尤其值得注意的是，倘若是贪图功名外显的优越感和成就感，他则不会以孔门原宪自期了。

平心而论，在他意志消沉时，吕伯恭和朱熹与之学术上的论辩也激发了他的志气和心力。如果不是这两位的重视，陈亮的心气也有可能在现实生活和理想不能实现的双重困境下消弭殆尽。陈亮的事功之志源于家仇国难，经由史书和兵书的操练，在宋朝理学的大背景下敢于独立思考，因此具备了独特的人格魅力，也是此志未申，从而造就了陈亮思想上永恒追寻的精

---

① 邓广铭：《陈龙川传》，中华书局2017年版，第62页。

② 邓广铭：《陈龙川传》，中华书局2017年版，第72页。

③ 邓广铭：《陈龙川传》，中华书局2017年版，第107—108页。

神价值。

回到王霸义利之辨，邓广铭先生摘录双方书信往来，直至两人不再讨论，得失功过俱在。哲学史的辨析集中在论理，实则陈亮反对将道理陷在讲学中，不为箍桶之论，凸显的是在史学品评人物时要落在对现实的改造上。张栻批评朱熹议论太过也是同样道理，只是张栻强调要落实在心性实在的修养，议论口说太过，不重践履，容易败坏德性。陈亮是落在整全性上理解内圣外王本来只是一事，王霸义利对于朱熹来说是要区别取舍，但对陈亮，只是“直上直下，只有一个头颅做得成”①。“做得成”才是陈亮的重点，此成就必然在中华文化的大历史中归为道统一贯的践履，并非狭义儒学的系统理论体系。

高宗逝后，金人的无礼态度再次刺激了陈亮，他又上书复仇心志，同样没有得到气血已衰、明哲保身的南宋君臣的回应。无处着力的陈亮又收获了辛弃疾的友谊。存养正气，一如年少。此后的生活也不太平，再次系狱后，终于在绍熙四年以前半生的阅历求取了状元及第。但是，光宗是否能“动”，他自己的生命已经奋斗到了终点，不及有所见了。

四、结论

通过学习邓广铭先生的《陈龙川传》，笔者在传统中国哲学史视角下对陈亮的认知得到了刷新。回归中华文明的道统，吾华文明汇聚于文字教化之显象，静态知识成其一端；动态的流变亦非某家某派叙事的“道统”，道无不摄，隐显由人，观其显而知其隐，更从叙事之动静外，归原太极，才能源源不断复归大本，生发自家宝什，应世化用。传统史学今日也日趋技术化，回溯史家旨趣和功能的努力愈发珍贵。从陈亮的事功和历史的理解可以看到一种回归历史功能本性的道统渊源。宋学气象因有陈亮而得到独特的补正，借此复归原始，正可在直观的而不是建构的整全性上重新打开。

① 邓广铭：《陈龙川传》，中华书局 2017 年版，第 107 页。

中国台湾地区陈亮研究综述

浙江大学哲学学院特聘研究员
李明书

宋儒陈亮(1143—1194)是儒家事功学派的代表人物之一,其理论体系虽不如朱子来得博大精深,但借由与朱子的对话,及其鲜明的爱国、重视事功的立场,使其研究在许多领域仍具有一定的价值,并且不断有学者关注。若以中国大陆与台湾两地的研究概况而言,中国大陆的研究成果体量较为丰硕,在陈亮的文学、经学、哲学、思想史、文献等各领域均持续出现成果,而台湾地区的陈亮研究也涉及各个领域,然而数量却十分有限,而且近期的研究似有颇为乏力的现象。

由于近年来中国台湾地区已无研究陈亮的专著①,是故本文尝试整理1982—2020 年台湾地区出版的陈亮研究的期刊论文与硕博士论文,以呈现台湾地区的研究概况,并思索未来可以展开的研究方向。检索范围是以题目与关键词中出现陈亮一词为主,以表示陈亮研究在该文中具有一定程度的重要性。以下将陈亮研究的期刊论文整理为表 1、硕博士论文整理为表 2,将相关研究分为文学、思想与哲学研究,以及其他等三类进行分析。

表 1　陈亮研究期刊论文一览表(按出版时间排序)

序号	论文名称	作者	收录期刊	卷期	出版时间
1-1	论朱熹、陈亮“汉唐之争”	施忠贤	文藻学报	第 9 期	1995-03

① 我国台湾地区出版的陈亮专著仅有两本,一者是为简介陈亮与朱熹等其他中国思想家而作,一者则是陈亮文集的编纂,参阅陆宝千、姚荣松:《朱熹・吕祖谦・陆九渊・陈亮・邱处机・叶适・真德秀》,台北商务印书馆 1999 年版;杨家骆编:《陈亮集》,台北鼎文书局 1978 年版。

续 表

序号	论文名称	作者	收录期刊	卷期	出版时间
1-2	陈亮政论词研究	苏淑芬	国文学志	第 4 期	2000-12
1-3	从朱熹与陈亮之辩论朱熹之价值观	傅玲玲	哲学与文化	第 32 卷第 7 期	2005-07
1-4	陈亮《念奴娇·登多景楼》战争思想研究	林玉玫	问学集	第 14 期	2007-06
1-5	试论陈亮《龙川词》的情感义蕴	林于盛	东海中文学报	第 19 期	2007-07
1-6	“成人”与“醇儒”——论陈、朱之辩中儒学理想的分歧	郑伊庭	有凤初鸣年刊	第 5 期	2009-10
1-7	论南宋事功派的军事防御思想——以陈亮、叶适为研究对象	赵雨乐	台湾师大历史学报	第 47 期	2012-06
1-8	“分”与“量”:朱熹、陈亮论辩背后的孟、荀观念及其知识系谱	周志煌	儒学研究论丛	第 5 期	2012-12
1-9	陈亮经学述义	刘芝庆	东华汉学	第 17 期	2013-06
1-10	从“汉唐之辩”谈陈亮对王通思想之承继与开展	王诗萍	台北大学中文学报	第 17 期	2015-03
1-11	船山对朱陈“义利之辩”二元对立模式之辨正	陈力祥、杨　超	哲学与文化	第 45 卷第 3 期	2018-03

表 2　陈亮研究博硕士论文一览表(按出版时间排序)

序号	论文名称	作者	出版单位	出版时间
2-1	陈亮与朱熹之辩论	简贵雀	台湾师范大学中国文学研究所硕士论文	1982
2-2	陈亮散文研究	张美娥	台湾师范大学国文学系硕士论文	1997
2-3	陈亮经世思想之发展研究	区万鸿	新亚研究所史学组硕士论文	2001

续　表

序号	论文名称	作者	出版单位	出版时间
2-4	叶适思想研究——从对程朱道统观的批判谈起	孙华璟	台湾师范大学国文研究所硕士论文	2001
2-5	陈亮《龙川词》研究	卢雯慧	政治大学中等学校教师在职进修国文教学硕士学位班硕士论文	2003
2-6	朱熹与陈亮“三代汉唐之辨”思想之比较研究	林庆忠	辅仁大学哲学研究所硕士论文	2003
2-7	陈亮与吕祖谦学术思想异同——思想合流契机	许修嘉	逢甲大学中国文学所硕士论文	2003
2-8	南宋论政词研究	蓝淑珠	台湾师范大学国文学系在职进修硕士论文	2008
2-9	论南宋浙学于儒学发展中之意义	孙华璟	台湾师范大学国文学系博士论文	2011
2-10	英雄主义——陈亮人才观与事功思想研究	谢婉馨	彰化师范大学国文学系硕士论文	2012
2-11	王霸问题研究——从孟子到朱陈之辩	林育民	“中央”大学哲学研究所硕士论文	2013
2-12	荻生徂徕学说之“道”的功利性思想研究——与陈亮的事功学说的比较为中心	黄　豪	淡江大学日本语文学系硕士论文（此文以日文撰写）	2020

一、陈亮文学研究

依据表1与表2的整理，可归为文学研究的计有1-2、1-5、2-2、2-5、2-8。陈亮的文学研究一般集中于对其词作的分析上，由于陈亮力主抗金，因此其词作特别表现出爱国的情怀，以及政治上的抱负，如1-2将陈亮的政论词独立成一类研究，认为其词具有“以词论宋金局势”“以词论地理战略形势”“以词论抗金时机。怒吼直玉，词风豪放”“他的怀友、送别词，也有爱国期许”等四个特色；[①]2-8 以南宋论政词[②]为研究范围，亦收录了陈亮的词作，可见这一类研究是陈亮文学研究的一项特点。

1-5、2-2、2-5 分别研究陈亮的散文与《龙川词》，除了 1-5 突出《龙川词》的情感意义之外，2-2 与 2-5 的主题均较为宽泛，与近年来学术研究逐渐精致化的趋向明显不符。

二、陈亮思想与哲学研究

陈亮的思想与哲学研究具有比较多的数量，计有 1-1、1-3、1-6、1-7、1-8、1-10、1-11、2-1、2-3、2-4、2-6、2-7、2-9、2-10、2-11、2-12。从这些主题来看，其中有专门研究陈亮本身的思想，例如 1-4、2-3、2-10；也有涉及陈亮与时人（如朱熹、叶适等）的比较，例如 1-1、1-3、1-6、1-7、1-8、1-11、2-1、2-6、2-7、2-11；亦有以思想史为脉络的研究，例如 1-8、1-10、1-11、2-9、2-11。这些研究有时不限于一种视角，而是从多种角度切入，例如 2-11 不仅探讨孟子“王霸之辨”本身的理论问题，也探讨了孔子对于“王”“霸”概念的解释，并以此考察朱熹与陈亮在“王霸之辨”观点上的分歧。

其中还有一个特点是陈亮研究出现在与日本儒学家荻生徂徕（1666—1728）的比较之中，2-12 以功利思想作为陈亮与荻生徂徕的理论共通点，在儒家强调道德修养的观点之上，重视政治作为的意义与价值。虽然在此文中陈亮是用于衬托荻生徂徕的理论价值的，但也打开了陈亮研究的一个特别的维度，亦即往域外汉学的领域发展，进入东亚研究的广大视域之中。

三、陈亮其他研究

以上以文学、思想与哲学分类陈亮研究，旨在突出主要研究领域，并且以既有的学科进行分类；然而，陈亮研究有时涉及多个领域，或者有其特殊

---

① 苏淑芬：《陈亮政论词研究》，《国文学志》2000 年第 4 期，第 165 页。

② 不同学者使用“政论词”与“论政词”的概念，表示的是同样的词作类型，指的均是以陈亮词作中论陈政治得失与理想抱负的内容，是故本文未将两者分开讨论。

的研究视角尚未被类型化,仅有极少数成果,表1中的1-4、1-9两篇论文即是如此。1-4虽是在分析陈亮《念奴娇·登多景楼》词作的内容,但主要不在于文学的分析,而是该词所凸显的思想,也可以说是更为聚焦于对陈亮某一阕政论词的研究。

1-9与1-11主要在于研究陈亮的经学观,1-9一文从大量研究文献与朱陈之辩证明,陈亮的经学观有其独特的观点以及思想史上的地位,但历来研究均从经学角度出发。陈亮的经学观点亦非独立于文、史之外,而是上承孔子之道,并且重视历史的发展,是"以史续经而观世变"①,而非抽离于时空之外的哲学论证。

四、陈亮研究的未来展望

从以上扼要的梳理可以明显看出目前我国台湾地区陈亮研究的许多不足之处,而这不足之处亦是未来可以持续发展的研究方向,以弥补这些研究上的缺口。以下从延续性、专题研究、提升能见度与培养长期从事陈亮研究的学者等四个方面,提出研究方向上的建议。

(一)开展陈亮研究的延续性

虽然本文所列出的陈亮研究论文,在主题上具有一定程度的特殊性,而且时间跨度也比较大,然而,这些作者无一重复,在陈亮研究上均是仅以一篇或一本论文作为代表,显见延续性不足,未能从既有的研究中开展出新的议题。除此之外,这些研究中亦有些重复,例如1-2研究陈亮的政论词,2-5研究陈亮的《龙川词》,2-8研究南宋的政论词,其实均是以宽泛的概念对于陈亮的著作进行整体性的把握,后来的研究未能从既有的研究中提出更有价值、更具特殊性的主题。相对而言,1-5一文聚焦于陈亮《龙川词》中的情感义蕴,是从陈亮的词作中抽出专属的主题进行研究,可惜的是后续未见有抽绎出其他主题的讨论。有鉴于此,未来或可从陈亮的文学作品之中,开发出更多值得探讨的议题,或者通过与其他人的比较,呈现陈亮文学作品的研

① 刘芝庆,《陈亮经学述义》,《东华汉学》2013年第17期,第93页。

究价值。

(二)开发陈亮专题研究的价值

在思想与哲学的研究方面特别明显的情况是专门研究陈亮的成果特别少见,从本文的整理可以看出,陈亮研究几乎都是附属于朱熹、思想史发展过程中的一个环节,甚至是用以凸显其他哲学家(如荻生徂徕)的价值,关于陈亮的独立研究比较罕见。在哲学上,以陈亮为主的专题研究一般会以田浩(Hoyt Tillman)的《功利主义儒家——陈亮对朱熹的挑战》①一书为代表,但在台湾地区这样的研究并不多见。1-9 一文专门探讨陈亮的经学价值,以及 2-10 以英雄主义概括陈亮思想即是一种相对崭新的视角,但仍然具有延续性不足的问题,后续并未再有更多的专题讨论陈亮的经学观与英雄主义的意义。

若以上述为借鉴与参考,结合更为新颖的研究方法,当可从各个不同的视角切入,阐述出以往未被注意到的观点。例如陈亮的哲学系统除了功利主义之外,是否还可被建构为其他的理论?又如 1-9 以陈亮经学涵盖其史观与道统观,但是否有可能以史观作为其理论核心的建构?诸如此类议题,或可作为延伸思考的方向。

(三)提升陈亮研究的能见度

就客观的学术评比而言,目前我国台湾地区的陈亮研究在较高级别期刊的发表数量稍显不足,博士论文与专著数量也十分稀少。以表 1 而言,收录1-3与 1-11 的《哲学与文化》为 A&HCI 期刊论文,收录 1-5 的《东海中文学报》、1-7 的《台湾师大历史学报》、1-9 的《东华汉学》与 1-10 的《台北大学中文学报》为台湾地区核心期刊,②收录 1-4 的《问学集》与 1-6 的《有凤初鸣年刊》为研究生期刊,其余则为无学术评比的期刊。在表 2 之中,除了 2-9 为博士论文之外,其余皆为硕士论文,而且 2-9 亦非以陈亮为主所做的专题研

---

① 田浩:《功利主义儒家——陈亮对朱熹的挑战》,江苏人民出版社 2021 年版。

② 台湾地区核心期刊分为三级,收录 1-5《东海中文学报》与 1-10 的《台北大学中文学报》为第 3 级,收录 1-7 的《台湾师大历史学报》与 1-9 的《东华汉学》为第 2 级。

究，只是将陈亮置于南宋浙学发展中的一环而论。

当然，期刊学术评比与硕博士论文之别不能代表论文本身的质量，笔者亦非仅基于论文出版期刊与硕博士论文定位即对其进行评价，只是在学术的能见度与引用率上确实会受到出版期刊与硕博士论文定位的影响，是故如何将陈亮研究的论文更普遍地刊载于高水平的学术期刊，以及如何带领研究生撰写高质量的硕博士论文，实为台湾学者们有待花费更多心力投入的工作。

(四)培养长期从事陈亮研究的学者

从论文出版的时间看来，台湾地区在2020年之后已无陈亮研究的专论，而且既有的成果通常也都相隔一段时间才出现，足见固定且长期研究陈亮的学者并不多见。受限的具体原因不得而知，是故或可借助如上述各种研究现象的分析，找出可长期研究的主题，并鼓励学者长期从事陈亮的研究。

本文尚未收集中国台湾地区出版的论文集，以及各哲学史中涉及陈亮的论述，还有朱熹及其同时期哲学家的研究专著中涉及陈亮的部分，实为本文的不足之处。期待未来能够收集得更为完整，并进行系统化的分析与整理，以更清楚地呈现台湾地区研究陈亮的特色。

陈亮研究的新进展

浙江省人民政府地方志办公室副研究员　吕克军
浙江省社会科学院哲学所研究员　张宏敏

永康学派是以南宋时期婺州永康人陈亮为代表的学派，因学者称陈亮为龙川先生，故又称“龙川学派”。永康学派与永嘉学派并称为事功学派；因永康、永嘉在地理位置上位于浙江也就是钱塘江的东岸，也称南宋浙东学派。强调经制、事功的浙东学派与以朱熹为代表的道德性命之学相对立，主张“义利双行，王霸并用”。永嘉学派著名学者陈傅良，特别强调陈亮学术思想的特质：“功到成处，便是有德；事到济处，便是有理。”（《止斋文集·致陈同甫书》）也的确如此，陈亮治学，厌烦空谈说教，努力使孔孟儒家学说切于实用，“开物成务”。一时从学者甚众，永康学派的主要成员还有喻民献、喻侃、喻南强、吴深等。

近年来（本文主要以 2018 年至 2023 年的研究为关注重点）的陈亮研究，呈现出亮点纷呈、选题多元的基本特征。学术界主要围绕陈亮的生平事迹、学术思想的定位以及他的哲学、伦理（事功、功利）思想、政治思想、经济思想、军事思想、教育思想、文学思想（词论）、豪杰人格、“成人”思想，还有陈亮与朱熹的比较研究以及陈亮的学术交游，陈亮文献的辑佚与编校等主题而展开，并取得了丰硕的研究成果。这也为我们下一步开展陈亮学术思想的综合研究以及陈亮思想在新时代的创造性转化、创新性发展，做足了学术研究的铺垫。我们也深信，在永康市陈亮研究会的组织协调下，在学界同人的共同努力下，陈亮与永康学派的学术研究事业能取得更大的业绩，进而建构新时代的“永康事功学派”。

一、陈亮的生平事迹与永康学派综合研究

目前学界已经有陈亮生平事迹的综合研究，主要有：1924年，李家瑞在《北京大学日刊》第1467期发文《反理学学派的鼻祖：陈亮》；同年，又在《北京大学日刊》第1469至1472期发文《反理学学派的鼻祖：陈亮（一续、二续、三续、四续）》。

1936年，邓广铭（邓恭三）先生在北京大学史学系读书时的毕业论文就是《陈龙川传》，当时得到指导教师胡适先生的高度称赞。1944年，邓广铭的《陈龙川传》在独立出版社出版。这部《陈龙川传》基本决定了被誉为“20世纪海内外宋史第一人”的邓广铭先生一生的学术方向，“以宋代历史为主要研究方向，以撰著宋代杰出人物谱传为治学生涯的重要内容”（邓小南语）。2007年，生活·读书·新知三联书店出版了邓广铭先生的《陈龙川传》。1935年，上海《民族》期刊第三卷十一期刊登何格恩的论文《〈宋史·陈亮传〉考证及陈亮年谱》；同年，《国衡半月刊》第一卷第六期刊发唐圭璋的《民族英雄陈龙川》。1936年，商务印书馆出版暨南大学童振福的《陈亮年谱》。1940年，商务印书馆出版了颜虚心的《陈龙川年谱》；1980年，颜虚心的《宋陈龙川先生亮年谱》在台湾商务印书馆再版。

1993年，浙江人民出版社出版了浙江省社会科学院王凤贤研究员与丁国顺教授合撰的《浙东学派研究》一书，其中，专辟章节对“以陈亮为代表的‘永康学派’”予以论述。① 1996年，南京大学出版社出版了由时任浙江省社会科学院哲学所副研究员董平与中共中央党校哲学教研部刘宏章教授合撰的《陈亮评传》（《中国思想家评传丛书》之一）。该书是一部研究陈亮生平事迹及其思想学说的专门性著作。作者在充分占有史料的基础上，重新考订了陈亮的生平，匡正了有关记载之误；系统地研究了其史学、政治、哲学、伦理、军事、文学等方面的思想内涵，并论述了陈亮之学的历史渊源及其与朱子学、婺学及永嘉之学的相互关系，在许多理论问题上提出了新的见解。②

① 王凤贤、丁国顺：《浙东学派研究》，浙江人民出版社1993年版，第150—167页。

② 董平、刘宏章：《陈亮评传》，南京大学出版社1996年版。

2006 年，浙江古籍出版社出版了董平教授选注的《陈亮文粹》一书。

永康乡贤为陈亮研究也是付出了巨大的心力。比如已故的永康籍中国哲学史家、中国人民大学哲学系教授方立天于 1993 年 10 月撰文《弘扬陈亮的精粹思想》，他参加了在永康举办的纪念陈亮诞辰 850 周年的“全国首届陈亮学术研讨会”。2004 年 10 月在杭州、永康两地举办的纪念陈亮逝世 810 周年的“陈亮国际学术研讨会”上方立天教授也有精彩发言，他说：“作为永康籍的学者，我因有陈亮这位同乡前贤而骄傲。我自幼在家乡就耳闻陈状元的故事，在我幼年的心灵里他是一颗耀眼的明星，学习的楷模，攀登的目标。陈亮的顽强奋发、务实求真、开拓创新、爱国爱民的精神，一直鼓舞我在人生道路上开拓前进。”①

再有就是永康乡贤、浙江省社会科学院卢敦基研究员对陈亮的研究。2004 年，上海社会科学院出版社出版了他的《陈亮传》；2006 年，浙江人民出版社出版了他的《人龙文虎：陈亮传》(2021 年重版)。此外，2004 年 10 月，卢敦基研究员与同为永康乡贤的浙江省社会科学院哲学所陈永革研究员合作策划了在杭州、永康两地召开的“陈亮国际学术研讨会”，主编的会议论文集《陈亮研究：永康学派与浙江精神》，2005 年 12 月由上海古籍出版社出版。

1996 年，人民出版社出版了永康乡贤、浙江师范大学方如金教授等合著的《陈亮与南宋浙东学派研究》(朱瑞熙教授作序)一书，开辟了宋代人物与学术流派综合研究的新路径。② 2015 年方如金教授的《陈亮研究论稿》，作为“宋史研究丛书”第四辑之一种，在河北大学出版社出版。该书是方如金教授毕生研究陈亮的代表性论文选集，对陈亮及南宋浙东学派的政治、经济、军事、法制、文化、教育、人才、史学、妇女、宗教等思想及陈亮的交游活动、五次上书、陈朱论辩、朱唐台州事件、与永嘉学派的频繁交往、诗词文章、陈亮研究十大误区等问题，进行了较为全面、深入的研究和探讨。同时对陈亮研究的相关问题，特设附录进行介绍。一为著者在有关陈亮研究大会上的三次讲话、邓广铭教授临终前夕给著者关于陈亮研究的两封信以及著者

① 卢敦基、陈永革主编：《陈亮研究：永康学派与浙江精神》，上海古籍出版社 2005 年版，第 10 页。

② 方如金、方同义、陈国灿：《陈亮与南宋浙东学派研究》，人民出版社 1996 年版。

对恩师徐规教授的怀念;二为对著者的《陈亮与南宋浙东学派研究》的评价;三为记者对著者有关陈亮研究问题的专题采访;四为著者在中外文化交流中有关陈亮研究的学术活动等,以增加和扩大陈亮研究的学术信息和视野,是陈亮专题研究论文的补充、拓展和延伸。[①] 该书是一部完整的陈亮研究论著,也是著者继《陈亮与南宋浙东学派研究》一书之后有关陈亮研究的第二部学术著作。相关书评文章有赵瑶丹、黄宗海的《一竿明月半床书,两度梅香毕生缘——评方如金教授〈陈亮研究论稿〉》。[②]

2021年,河北大学出版社出版了方如金教授《陈亮事迹著作编年》一书,作为"宋史研究丛书"第五辑之一种出版。该书按年月编排陈亮事迹和相关大事,考定了陈亮著作的年代,钩沉和辑录了陈亮的佚文、佚词、佚诗、佚匾、佚联、佚名,纠正了史籍和前人的一些错误记载,进一步阐述了陈亮的事功思想、抗金统一和批判程朱理学的贡献及其在历史上的地位。同时,该书对陈亮研究的相关问题特设附录,如《永乐大典》所载的《元一统制・陈亮传》考释、《宋史・陈亮传》、《朱熹寄陈同甫书十五首》、陈亮关于《重建紫霄观记》的问题、《历代学者对陈亮的评论》、《陈亮交游考略》、《陈亮研究十一大误区考论》等,以增加和扩大陈亮研究的学术信息和视野,是对《陈亮事迹著作编年》的拓展、延伸和深化。[③] 该书是著者继《陈亮与南宋浙东学派研究》《陈亮研究论稿》之后的第三部关于陈亮研究的学术专著。

时任永康市陈亮研究会副会长成立海、会长陈广寒先生,耗时十余载,六易其稿,校勘十多次,厥成总字数近70万的《陈亮年谱长编》一书。该书史料丰盈,体式宏大,见解明晰,论说沉静,客观、翔实、完整地将陈亮的一生娓娓道来,为读者呈现出一个丰满立体的先贤形象。[④] 2021年11月,数十名陈亮研究专家学者、陈亮后人齐聚永康,参加《陈亮年谱长编》研讨会,共同挖掘、弘扬、传承陈亮文化,探寻其当下的价值和现实意义。永康市陈亮研究会会长章锦水强调,陈亮文化是一座思想富矿,它所呈现的以事功学说为脉

---

① 方如金:《陈亮研究论稿》,河北大学出版社2015年版。

② 赵瑶丹、黄宗海:《一竿明月半床书,两度梅香毕生缘——评方如金教授〈陈亮研究论稿〉》,《温州大学学报(社会科学版)》2016年第4期。

③ 方如金:《陈亮事迹著作编年》,河北大学出版社2021年版。

④ 成立海、陈广寒:《陈亮年谱长编》,浙江古籍出版社2021年版。

络的宋韵文化具有独特的韵味、鲜明的标识。过往已有过不少的研究，但在其文化核心的内涵与外延上还须进行更加科学、系统的阐释与挖掘，而在转化与利用上，也要解放思想，拓宽思路，以求实事实功，经世济用，不负这个伟大的时代。

二、陈亮学术思想的定位及其理论来源研究

关于陈亮学术思想的定位一直是学界热议的话题。方立天教授在1993年就在《弘扬陈亮的精粹思想》一文中指出，以往学者多认为陈亮片面强调事功，是一种功利主义思想，属于功利学派。有的学者认为，对于陈亮思想的上述概括是很不确切，也不妥当的，其主要论据是，陈亮承认儒学，承认儒家道德，并非片面强调事功。有的学者强调，朱熹称陈亮主张“义利双行、王霸并用”是不准确的，陈亮是“王道霸道一元论者”和“仁义功利一元论者”。有的学者指出，陈傅良把陈亮思想概括为“功到成处，便是有德；事到济处，便是有理”，违背了陈亮的原意，颠倒了因果关系，对后世的影响很坏；同时又批评了把陈傅良的这一概括当作陈亮本人言论的错误。看来，全面而准确地把握陈亮对道德与事功关系的全部论述，分析陈亮对道德与事功关系的含义和实质，是摆脱分歧，获得正确论断的理论出路。①

此外，董平教授在《陈亮评传》、卢敦基研究员在《陈亮传》、方如金教授在《陈亮研究论稿》中，均对陈亮的“事功”思想予以辨正。在2004年10月召开的“陈亮国际学术研讨会”上，与会的不少学者对陈亮的“事功之学”的特质予以阐释，比如董平教授的《陈亮的哲学与事功学》、方如金教授的《论陈亮的事功、气节和文章》、陈永革研究员的《论陈亮事功之学的思想特质》、陈国灿教授的《南宋浙东事功之学的再认识》。②

鉴于中国哲学和思想史研究中对陈亮思想的特质及其意义的认识仍然很不够，杭州师范大学朱晓鹏教授撰文《论陈亮思想的特质及其意义》，通过

---

① 赵敏、胡国钧主编：《陈亮研究论文集》，杭州大学出版社1994年版，第4页。

② 卢敦基、陈永革主编：《陈亮研究：永康学派与浙江精神》，上海古籍出版社2005年版，第28—68页。

对陈亮思想中的“理欲统一”的道德观和“义利合一”的价值观等几个基本特征的阐述分析，表明了陈亮作为浙学史上的著名思想家，其事功之学不仅具有地区性的意义，更具有普遍性的意义，而且它已超越了传统儒学泛道德主义的化约论立场，因而不能简单地归入传统的儒学系统中。陈亮之学开创了在宋儒注重道德心性修养的价值关怀之外构建新的思想范式的途径，同时又以其所具有的丰富蕴涵和思想特质，极大地丰富了浙江固有的历史文化精神，形塑了浙学的优秀传统。①

马克思主义理论研究和建设工程重点教材《中国哲学史》(第二版)，认为陈亮的事功之学在思想上高举实事实功的旗帜，反对“皆谈性命而辟功利”(《宋元学案・龙川学案》)，同以朱熹为代表的理学正统论展开激烈论辩，成为宋明哲学发展中的一个重要环节。②

李壮以《陈亮学术论衡》为题完成硕士学位论文。该文指出，陈亮毕生的学术宗旨，在于究心王霸之学以实现国家长久的富强安定。但受其豪放性格的影响，其学术风格表现出明显的粗疏色彩。在理学心性之学昌盛的时代，陈亮高擎建立实事实功的大纛，坚决抵制空谈道德性命的风气，力图复归儒家内圣外王合一的刚健进取传统。以此为出发点，他对儒家经典进行了解读。明理致用是其解经路向，由《语》《孟》通达《春秋》，对《周易》义理的运用则是其解经次第。按照其解经路向与次第，陈亮对孔孟之精神与《五经》之宗旨作了独到的阐释，成为其王霸之学的坚实学术基础。陈亮的王霸之学以对道的体认为前提，在道器观上，他主张道不离器，认为道的实际内涵是以三才为基本要素的天人系统的现时结构状态，强调人是影响道之存亡的唯一因素。在心性论上，他不作天理、人欲之分，认为人心若不受私欲蒙蔽，所发之情皆能中节合道，并且肯定合理的利欲追求。正是因其对人之价值的凸显，陈亮强调人在天人关系中发挥关键作用，重视人的才智。进而强调人要用智行权以实现世界的合理措置，呼吁人们承认权变的价值。而用智行权的最高原则，是至公无私。其王霸之学具体落实为根据时代现实

---

① 朱晓鹏:《论陈亮思想的特质及其意义》,《浙江学刊》2009年第1期。

② 本书编写组:《中国哲学史》(第二版)下册，人民出版社、高等教育出版社2021年版，第73页。

的具体情况对政治制度做出相应的损益与变通，借鉴前代制度上合理的、成功的实践经验，使现实政治制度能够通古今之变而与时偕行。①

王浦劬、赵滕在其合撰的《陈亮功利思想辨正》一文中指出，陈亮与朱熹的“王霸义利之辨”，反映了当时事功政治思想的脉动。然而，学界对陈亮功利思想的解读却存在偏颇倾向。科学准确地把握陈亮的功利思想，应该遵循历史唯物主义，延沿儒家基本思想脉络，联系南宋时期程朱理学的天理思想背景，从清楚认知陈亮“气一元二面向”的世界观出发，深入评析其伦理观在道德优先框架下的功利合理性，进而揭示陈亮“义利双行、王霸并用”的义利统一逻辑，由此管窥陈亮义利统一观，以为其功利思想评价之辨正。②

王子剑在《“至公时行”与“理一分殊”：陈亮之王道观及其本体论根据》一文中认为，陈亮不仅反对朱熹将历史截然划分为王道与霸道两个世界，而且主张从实然世界出发的“时行”与“随分点化”等王道实现策略。但据此便将其说轻易判为“义利双行，王霸并用”尚欠妥当，毕竟陈亮之王道观不仅是以“至公”为其根本的价值追求，而且以“礼”作为王道实现的制度支撑与基本途径。陈亮之“道”与“至公”并非单纯的终极价值预设，而是以“理一分殊”为其本体层面上之理论根据。这也说明陈亮之说绝非应激之论，而是出于其一贯之逻辑与完整之体系。陈亮之“至公”来源于周敦颐与程颐，而“理一分殊”则分明取自他对张载《西铭》的独特诠释。可见，从概念与理论溯源来看，武断地将陈亮之学斥为反理学或者反道学也是不客观的。③

杨自平在《陈亮事功学析论——兼论牟宗三先生对陈亮事功学的评价》一文中指出，学界讨论陈亮事功学，或讨论浙东学术，常援引牟宗三对陈亮的评述，且多关联牟氏谈朱子、陈亮之辨。该文聚焦陈亮的事功学，将牟氏的论法作为诠解的重要依据，并略加调整，指出牟氏论点的独特处，并提出陈亮事功学的特色与价值。该文结论指出，牟氏认为陈亮事功学是以道德价值为必要条件，但以英雄才力为理想事功的充分条件。陈亮关注政治家

---

① 李壮：《陈亮学术论衡》，内蒙古大学硕士学位论文，2019 年。

② 王浦劬、赵滕：《陈亮功利思想辨正》，《中州学刊》2019 年第 6 期。

③ 王子剑：《“至公时行”与“理一分殊”：陈亮之王道观及其本体论根据》，《中国哲学史》2021 年第 6 期。

的重要性，体认到圣王难求，但能建立德业事功的英雄亦能对时代有深远的影响。陈亮的思想虽杂糅各家，但仍符合儒家行仁政的理想。陈亮事功学的特色是就政治谈政治，关注好的政治家如何在政治、经济、军事等面向为社会做出贡献。此外，陈亮通过解释历史，提供后人建立功业的参考。陈亮的事功学及史论可为现今纷乱的世局，提供宝贵借鉴。①

西北大学中国思想文化研究所博士研究生刘育在《陈亮无神论思想及其对儒教的批判》一文中，对陈亮的无神论思想予以解读。该文指出，陈亮从唯物主义认识论的角度出发，对“天”“道”“天理”等儒学概念进行考察，反对“天人之际”神秘而不可知的论调，消除了儒教中的神秘因素，促进了传统儒学的健康发展。以否定儒家圣人的神圣性与儒家经典的神秘性为理论基础，陈亮对儒教的批判落实于对人的价值的突出与强调，他肯定人的合理欲求，强调人在改造世界及其社会具体活动中的作用，渴望从神学的束缚中解放个人，以此来否定神而肯定人的存在。以陈亮为代表的中国古代无神论者致力于从儒学内部进行学术修正，在一定程度上阻止了儒学的宗教化，对当今传承中华优秀传统文化具有重要启示。②

对陈亮学术思想的溯源，也是学者关注的一个议题。刘宏章、董平合撰的《陈亮评传》第八章“陈亮思想的历史来源”中，以“陈亮对王通之学的继承”“陈亮与北宋诸子”为例，对陈亮思想的来源予以钩沉。③ 齐成龙的硕士学位论文《陈亮的经世思想及其思想渊源研究》，考究了陈亮经世思想的渊源，即从传统儒学中的经世思想、先秦儒家经典、王通之学、洛学以及吕祖谦、叶适的思想等方面都做了较为详细的论述。④

师亚笑的硕士学位论文《陈亮对王通思想的继承与发展研究》，聚焦陈亮的思想来源，着重探讨陈亮对王通思想的继承与发展，彰显王通对陈亮思想的影响。陈亮的思想来源复杂，他以传统儒家经世思想为基础，广泛吸收

---

① 杨自平：《陈亮事功学析论——兼论牟宗三先生对陈亮事功学的评价》，《华夏文化论坛》辑刊，2021年卷。

② 刘育：《陈亮无神论思想及其对儒教的批判》，《科学与无神论》2023年第3期。

③ 刘宏章、董平：《陈亮评传》，南京大学出版社1996年版，第380—420页。

④ 齐成龙：《陈亮的经世思想及其思想渊源研究》，首都师范大学硕士学位论文，2009年。

王通之学、北宋功利之学等学派和学者的思想，尤其对王通思想的继承与发展最为明显。首先，陈亮继承了王通“王道”的政治思想，认为要“以人为本”进行政治改革，坚持王霸并用。在此基础上，陈亮提出了“义利统一”的观点。其次，在“中道”思想的继承与发展之上，陈亮十分重视“变通”观念。他以此为基础，提出了农商一事、兵农合一等多项改革措施，涉及了政治、军事、经济等多方面。再次，陈亮继承了王通“经即史”的观念，将三经扩展为六经，从经书中为改革寻找依据，使之成为改革的助推力。最后，陈亮继承了王通以人为天地间主体的思想，并将人提升至“道”的主体，为改革打下了坚实的哲学基础。陈亮在继承王通思想时并不是全盘接收，而是结合时代的要求有所选择，十分注重因时制宜以及本质精神的传承，真正做到了扬弃。回顾陈亮的事功思想，可以看出陈亮思想中注重实际、提倡改革的精神促进了经世之学的发展，使得经世之学在宋代焕发了生机与活力。他对个人主体意识、主观能动性的重视具有一定的思想启蒙作用，为明清浙东学派的发展奠定了基础，在思想发展史上具有重要地位，并且陈亮思想中的“崇实”“变通”等观念在当今社会主义现代化建设中也发挥着积极的作用。①

三、陈亮的哲学、伦理思想研究

陈亮经世致用的事功哲学、功利主义的伦理思想，一向受到学者的关注。据不完全统计，学界公开发表的250余篇陈亮研究论文中，就有30多篇探讨陈亮的事功哲学、功利主义伦理思想。代表性论文有：邓元时的《陈亮功利主义行政思想探略》②，漆侠的《浙东事功派代表人物陈亮的思想与朱陈“王霸义利之辨”》③，陈义新、廖明的《试论陈亮的功利主义思想》④，石群的

① 师亚笑：《陈亮对王通思想的继承与发展研究》，曲阜师范大学硕士学位论文，2022年。

② 邓元时：《陈亮功利主义行政思想探略》，《贵州文史丛刊》1996年第5期。

③ 漆侠：《浙东事功派代表人物陈亮的思想与朱陈“王霸义利之辨”》，《河北大学学报（哲学社会科学版）》，2001年第3期。

④ 陈义新、廖明：《试论陈亮的功利主义思想》，《重庆职业技术学院学报》2003年第3期。

《"义利双行"、功利主义,还是"义利统一"——陈亮义利观研究评述》[①],徐庆利的《功利与道义之间——陈亮、叶适对朱熹的挑战》[②],杨翠兰的《论陈亮的功利主义法律思想》[③],童付超的《南宋理学家陈亮功利主义观念的后世影响力》[④],谢倩玉的《陈亮的"事功"思想与西方功利主义的区别》[⑤],王壮壮、赵炎峰的《论陈亮、叶适的事功之学》[⑥]。

近年来,研究陈亮哲学、伦理思想的论文,主要有以下几篇。

裘伟健在其硕士学位论文《基于"王霸义利之辩"的陈亮思想研究》中指出,研究陈亮思想的学者,多从朱子学视角出发,以朱子道学的道德超越性视角来评价陈亮其人其学。陈亮"王霸并用,义利双行"的观点在近代被冠以"功利主义"后,这种定性就显得更加确凿。如果从朱子天理本体的视角出发,道德和事功、三代和汉唐、王与霸之间必然存在着对立性的本质差异,两者本质属性的对立,导致无论陈亮如何诠释"王霸并用,义利双行",都不可能被朱子所接纳。后学沿着这种思路出发,对陈亮思想的评价,自然而然地就走向极端的方向。深入分析,就会发现陈亮思想内涵绝不仅仅局限于"功利主义"这一简单的西方抽象化概念。因此,该文通过陈亮、朱子的"王霸义利之辨",解读陈亮的思想内涵、对陈亮思想加以重新理解,这对研究陈亮哲学思想乃至宋明理学都具有重要的理论价值和现实意义。陈亮思想的表达方式有其独特之处,虽然著述众多,但他并没有一套完整的哲学理论体系,也没有清晰的思想进路,他的思想理论大多以观点的形式出现在书信、史评、奏疏、祝文祭文,甚至词作中。但任何思想都不可能是无根之木,研究

---

① 石群:《"义利双行"、功利主义,还是"义利统一"——陈亮义利观研究评述》,《湖南医科大学学报(社会科学版)》2005年第4期。

② 徐庆利:《功利与道义之间——陈亮、叶适对朱熹的挑战》,《大连海事大学学报(社会科学版)》2009年第2期。

③ 杨翠兰:《论陈亮的功利主义法律思想》,《湖南科技学院学报》2011年第3期。

④ 童付超:《南宋理学家陈亮功利主义观念的后世影响力》,《兰台世界》2015年第12期。

⑤ 谢倩玉:《陈亮的"事功"思想与西方功利主义的区别》,《重庆科技学院学报(社会科学版)》2015年第6期。

⑥ 王壮壮、赵炎峰:《论陈亮、叶适的事功之学》,《河南科技大学学报(社会科学版)》2017年第6期。

表明，陈亮的学术思想具有深刻的时代背景与历史渊源，其思想根植于儒家经典及先秦两汉诸家的思想学说。虽然陈亮对理学主反思的形上倾向十分排斥，主张力行、实用，但其思想特质的形成，不仅来源于社会政治现实，更与孔孟之学说有着内在一致性。其思想的完整形成离不开对儒家传统的继承，同时也受到了同时代各家思想的影响。“王霸义利之辨”从客观上是对陈亮思想影响力最大的代表作，而从主观上也是对陈亮思想最好的阐发。陈朱之辩由朱子对陈亮“王霸义利观”的批评延伸到三代之治与汉唐之盛为焦点展开。通过朱陈的这场辩论，可以发现，虽然两者争论的主题中不乏“三代汉唐”这一经典的历史命题，但其核心则是从现实关怀的视角上与道德理想超越性上进行的一次针锋相对的激烈对抗。陈亮“王霸义利”观的出发点绝不是以“功利主义”或者“英雄主义”为根源，而是一种从自然人性出发带来的现实关怀。对现实关注的缺乏导致了理学体系“内圣强而外王弱”的倾向，陈亮的现实关怀从很大程度上关注到了理学没有达到的范围。而两者之间该如何实现互补而不是继续排斥，则正是这一争论为我们所提出的最重大的理论价值。[①]

董湛在其硕士学位论文《陈龙川经世致用哲学研究》中指出，南宋时期，学术的主流是以朱熹为代表的理学，这一流派补充了传统儒学对于本体论内容的缺失，并革新了整个中国哲学，而且在后来的时代中被列作官方意识形态。然而在陈亮看来，理学对解决当时的现实问题并无帮助，只会让士大夫阶层成为空谈心性，风痹不知痛痒之人。由于理念上的不同，陈亮和朱熹二人对义利问题进行了很长一段时间的争辩，这也就是后来所说的“王霸义利之辨”。该文在第一章节中，主要介绍南宋的时代背景，这一时代背景分为两个方面：一方面是政治经济背景，主要是北宋立国之初时的政策对于后世的影响，其中有利有弊，弊是南宋时面临的现实威胁无法解决，利是为文化昌盛打下基础；另一方面是文化背景，主要论及理学的哲学思想，因为陈亮哲学思想的特点是反理学的，所以我们首先要理解理学昌盛的大概脉络。之后讲陈亮的生平和其交友，陈亮一生颠沛流离，但他不失本心，一直在为

① 裘伟健：《基于“王霸义利之辨”的陈亮思想研究》，陕西师范大学硕士学位论文，2018 年。

北伐恢复大业而努力，他的意志坚决，所以整个哲学思想也和他的人生诉求保持高度一致。第二个章节主要谈到陈亮哲学思想的具体内容，分为本体论、天人关系、知识论、功与德的关系、学为成人五个方面。本体论的内容主要谈陈亮对于道的看法，他认为道不离日用之间，反对将道看作形而上的，这正和理学家们的表述相反。由于反对道的绝对性表述，陈亮的本体论是一种反本体论，但同时他并没有明确的唯物主义思想，他认为对于道的认识需要结合人的实践，万事万物统一于人的实践当中。在天人关系上，他讲天地人三才并立，但他主要强调人的主体性，认为“人不立则天地不能以独运”。知识论上，陈亮强调经验的重要作用，虽然他也同意格物致知这种获得知识的方法，但他不认为其最终获得的是形而上学的理。他把知识看作无限的，人的一生无法穷尽知识，但是一生都要为追求知识而努力。在探讨功与德关系的问题上，从四个方面来论述，分别为自然人性和社会人性的人性观，主体精神统一原则，道德来源问题以及调和道德功利。“学为成人”是他应对朱熹要求他做醇儒的问题而发的，这一思想正是体现了他不择细流的实用主义态度。第三个章节将朱熹陈亮的王霸义利之辨的主要内容列举出来，由于陈亮的反本体论的态度，他的思想没有经过哲学上的提炼，通常显得零碎而不系统，但是他在和朱熹二人王霸义利之辨的过程中，集中表述了他自己对于一些问题的独到看法，并且准确回应了朱熹的诘难，所以从中我们可以总结出陈亮哲学的大概脉络。在最后的结语中，我们简要地探讨陈亮思想在当时的得失利弊问题以及在当代我们面对他所主张的观点的一些思考。①

允春喜、金田野在其合撰的《道义政治的公利重塑：陈亮功利主义政治哲学新论》中指出，陈亮的政治思想并不是对儒家传统道德哲学的背叛，而是通过思维起点反思和思维方式跃迁，使天理的必然性在思维的逻辑中得以继续，让政治生活的道德法则在功利的追求中得以保留。陈亮批判朱熹理学“不免于二”的命定分裂，揭露出“理一”和“气异”的逻辑矛盾，展示出形上天理作为至善尺度的消极边界；用“体一”代替“理一”，使有限绝对的天理获得了整体性超越，实现了道学逻辑起点的更替；以“定”为中介将分殊组织

① 董湛：《陈龙川经世致用哲学研究》，安徽大学硕士学位论文，2018年。

为“体一”,达成了思维方式从两极向中介的转变。陈亮重新发现人在公共生活中的自我规定,使道德和功利在政治生活中得到和解,在公利中使道义政治得以重塑。①

谭斯浩在其硕士学位论文《陈亮事功思想及其对现代企业发展的启示》中指出,陈亮的“事功”思想体系的根源可以追溯至中国的儒家文化的传统之中,他在儒家文化“内圣外王”的基础上进一步发展,从更加现实的层面出发,形成了独特的事功思想体系。陈亮事功思想对现实的政治、经济、文化各个方面都有着积极的意义,他提倡社会改革创新,求真务实,充分考虑公民和国家的利益,促进南宋的统一,这些思想不仅仅对整个南宋有着重要的意义,他的“事功”思想内涵对现代社会也具有极高的价值。②

阮航在《陈亮思想的功利主义转向论析》一文中认为,陈亮的前后期思想存在极大的区别。其早期思想追随宋代新儒学,坚持以内圣之学为本的基本价值立场;而至迟于1178年,陈亮已从内圣之学的信徒转变为一名激进的功利主义者。这一转向的发生,主要源自陈亮的性格特质、科举失败与仕途挫折、参与政治途径的改变,以及师友群体的变化。这一转向是从新儒学内部发生的。它既是对新儒学的反叛,也是基于对新儒学的深切理解,折射出儒学发展过程中内圣之学与外王之学之间的紧张关系。陈亮基于其功利主义立场而与朱熹展开的王霸义利之辨,也对后世儒学思想的发展产生了深远的影响。③

中国人民警察大学王维的《道德与事功的博弈:陈亮的政治文化哲学研究》一书,是其博士学位论文的修改版。该书梳理了陈亮生活的时代背景和两宋儒学的发展脉络,阐明了两宋社会积贫积弱的困境,简述了陈亮生平与学术之路及其独特的成长经历和求学历程。同时,系统研究了陈亮的哲学思想:本体论领域的道器论,落实到现实领域的义利之辨,具体到政治领域的王霸之辨,进而追溯三代礼乐之“人的发现”主题,做出了事功经世的价值

① 允春喜、金田野:《道义政治的公利重塑:陈亮功利主义政治哲学新论》,《道德与文明》2018年第2期。

② 谭斯浩:《陈亮事功思想及其对现代企业发展的启示》,湘潭大学硕士学位论文,2020年。

③ 阮航:《陈亮思想的功利主义转向论析》,《江汉论坛》2020年第11期。

选择,阐述了陈亮期许的英雄人格之内涵和事功型士阶层主体意识之自觉。①

应雨桦在《陈亮功利观与韦伯工具理性对比研究》一文中指出,作为儒家功利思想的重要分支,陈亮的功利观在中国历史上具有深远的影响。西学东渐以来,在西方"理性"哲学影响之下逐步走向现代化,而韦伯的工具理性思想则很大程度上形塑了人们对现代社会的认识,是现代化理论的经典范式。陈亮功利观和韦伯工具理性均为注重实务、看重目的和收益的思想,同样参与我国现代性的构建,但两者在思想内涵、历史源流等方面的差异造就了两者的互补性。在西方工具理性主导的现代价值观念体系里,将两种思想进行比较,有助于中西哲学平等对话、互相借鉴,同样有助于儒家思想在现代社会的创造性转化,为我国的现代化建设提供理论参考。②

四、陈亮的经济思想研究

对于陈亮经济思想的研究,当以方如金、赵瑶丹教授的研究最具代表性,其在二人合撰的《论陈亮"农商相藉"的重商思想及经商自救活动》一文中指出,在宋代社会经济繁荣发展的情况下,为了摆脱生活困境,陈亮从事经商活动以自救,并在经商活动中,逐步形成系统的商业思想。陈亮在充分肯定农业重要性的同时,强调重视商业,提出"农商相藉"的思想,主张国家应采取有利于商业发展的政策、措施,确保商业正常发展,肯定商业的合法性,呼吁正确认识商人的作用,提高商人的社会地位,保护商人利益。他对"为富不仁""为仁不富"的观点提出批驳,褒扬商业精英、楷模。在应举读书的强烈社会文化氛围中,在因经商致富而遭狱事后,陈亮感悟到商人的社会地位明显不如士人,他再度参加科举考试,以实现"复仇自是平生志,勿谓儒

---

① 王维:《道德与事功的博弈:陈亮的政治文化哲学研究》,江苏人民出版社2021年版。

② 应雨桦:《陈亮功利观与韦伯工具理性对比研究》,《大众文艺》2023年第16期。

臣鬓发苍”的宏愿。[①] 赵瑶丹又撰有《论陈亮富民强国的经济思想》一文。[②]

近年来，湖南科技大学人文学院的祁琪对陈亮的商业思想进行了关注，撰写了两篇文章。其中《陈亮的商业思想新探》一文中认为，面对海内涂炭、政令日驰、浮靡之习日盛的内忧外患格局，他矢志不渝，一生以富民强国为志，以事功之学为本源，曾五次上孝宗书，提出一系列关于经济改革的主张，其中就有商业思想。[③] 其在《论陈亮“理财贵宽民”的农业赋税观》一文中指出，陈亮虽以事功之学闻名于世，但其农业赋税思想亦非常突出。他以独特的视角剖析农业赋税的内在关联，继承了传统儒家“藏富于民”的富民思想，从“取”和“用”的关系命题出发，提出了“合财权于一司”“复兵农合一制”的制财之法。陈亮的农业赋税观不仅体现了他对传统重农思想、民本思想的继承，亦对当今新时代下农业赋税改革有一定的借鉴意义。[④]

五、陈亮的政治、军事思想研究

李耀仙、张丽平合撰的《读陈亮〈酌古论〉：一部研究古代战争史的科学著作》一文认为，陈亮《酌古论》可谓其军事理论的典型代表作。从内容和作用上看，《酌古论》通过对历史人物军事活动的分析，把兵书和史书结合起来，从中吸取经验教训，为当时抗金的现实斗争服务，是进步的、爱国的。陈亮在《酌古论》中提出了政治决定战争胜负的原则、战争服从于战略的原则、战术的制定必基于“善量彼己之势”的原则和国内战争应当自力更生不借外援的经验教训，在研究战争和战争史上做出了重要贡献。[⑤]

刘治立在《陈亮的诸葛亮论》一文中指出，陈亮对诸葛亮充满了敬仰之

---

① 赵瑶丹、方如金：《论陈亮“农商相籍”的重商思想及经商自救活动》，《清华大学学报（哲学社会科学版）》2011 年第 1 期。

② 赵瑶丹：《论陈亮富民强国的经济思想》，《温州大学学报》2005 年第 3 期。

③ 祁琪：《陈亮的商业思想新探》，《江南论坛》2018 年第 11 期。

④ 祁琪：《论陈亮“理财贵宽民”的农业赋税观》，《宁夏师范学院学报》2018 年第 3 期。

⑤ 李耀仙、张丽平：《读陈亮〈酌古论〉：一部研究古代战争史的科学著作》，《西华师范大学学报（哲学社会科学版）》2020 年第 2 期。

情，在其著作中，采用比较、以意逆志等方法，高度评价诸葛亮的功业，分析诸葛亮的卓越谋略，驳斥"妄儒"对诸葛亮的各种非议，推断诸葛亮的志意，对诸葛亮予以同情和理解。对诸葛亮知其不可而为之的北伐行动充满了首肯和仰慕，原因是多方面的，既有特定时代的社会背景，又有其自身的勇毅性格和强烈的责任担当意识。①

六、陈亮的文学思想(词论)研究

《龙川词》一直以来是学界关注的热门话题。今人言及陈亮多谈其政论文章，选其词作亦局限于婉约绮丽之作，其实陈亮作为辛弃疾之知交，他的抗金北伐之气概、爱国愤世之豪情与辛同矣，其词作亦为豪放一派，《龙川词》之雄放恣肆之气甚至在稼轩词之上，语出肺腑，少矫饰，词艺亦有精致独到之处。1982年，上海古籍出版社出版夏承焘先生校笺的《龙川词校笺》；1980年，人民文学出版社出版姜书阁笺注的《陈亮龙川词笺注》。

近年来，学界关于陈亮文学思想主要是词论的研究，也有不少论文发表。

徐永东在《论龙川词的"幽秀"风格》一文中指出，陈亮的龙川词历来以排宕豪放著称，而《词苑》以为其词具备"幽秀"的特点。龙川词的"幽秀"首先在于语言层面雅丽之语的书写，具体表现为用典之雅和用字之丽两个方面。其次在于意象层面清寂之象的呈现，具体表现在花之意象群、暮色和梦之意象群。最后还有意蕴层面婉曲之情的表达。"幽秀"之风的实现促成了龙川词多样风格的形成，同时对其文学地位的确认具有重要意义。②

鄢景妮在其硕士学位论文《二陈词比较研究》一文中指出：词史上"二陈"指的是陈亮和陈人杰。陈亮是南宋前期词人，其《龙川词》刚健有力，议论纵横，声宏调激，历来被划入辛派词人行列。陈人杰作为南宋中后期词人，其名气虽稍逊于陈亮，但其《龟峰词》却慷慨而歌，充满着少年英气，后世评述也多将其划入辛派后期词人群体中。两人同处辛派阵营，在创作上呈

① 刘治立：《陈亮的诸葛亮论》，《湖北文理学院学报》2022年第6期。

② 徐永东：《论龙川词的"幽秀"风格》，《四川职业技术学院学报》2018年第5期。

现许多相似处，但由于时代、个性、经历的不同，他们的创作又在相似中彰显各自特色。①

方如金、黄宗海在其合撰的《诗词文章如江河之流：驳“（陈）亮平生不能诗”》一文中指出，从陈亮诗歌成就、陈亮为他人诗集作序、陈亮的诗歌创作标准、陈亮生活的时代环境及其诗词创作偏重词的原因等方面考察，陈亮不仅能诗，而且有很高的成就。②

郭帅帅《陈亮与辛弃疾咏物词之比较》一文认为，陈亮与辛弃疾的咏物词喻托明确、立意高远、壮美与柔美并存，与姜派咏物词形成了鲜明的对比。但是，陈亮与辛弃疾的咏物词也表现出诸多不同：龙川咏物词题材保守、狭窄，稼轩咏物词题材开拓、广阔；龙川咏物词风格庄重，稼轩咏物词则庄谐杂出；龙川咏物词偏于冷静思索，稼轩咏物词则偏于直接感发；陈亮单纯咏物，所用典故不过是在为咏物服务，而辛弃疾则将咏物与咏史结合在一起，典故本身常常成为吟咏对象。综合来看，稼轩咏物词的水平远在龙川咏物词之上。③

庄国瑞《论陈亮散文之成就：兼议其文章经典化为何未能成功》一文认为，陈亮的文章在南宋中兴时期文坛独树一帜，突出成就在于：注重事功策略，具有指向未来的独特思想取向；文气宏劲言辞尖锐，具有以气驱遣辞章的特点；为文善于摆脱庸常表达，这源于其学术修养深厚、行文注意把握章法与节奏变化、遣词用语能在学古中创新。陈亮散文在其生活时代所获的影响及其自我评价，与在后世产生的传播效果之间有较大差距，他的文章在南宋后未能持续走上“经典化”的道路，究其原因在于南宋散文整体受到轻视，且南宋诸人对于北宋六家的创新未实现更大突破，此外，陈亮具有代表性的文章文学性不够突出，而且其学术与后世主流学术取向相异，故缺少传

---

① 鄢景妮：《二陈词比较研究》，江西师范大学硕士学位论文，2018 年。

② 方如金、黄宗海：《诗词文章如江河之流：驳“（陈）亮平生不能诗”》，《河北大学学报（哲学社会科学版）》2018 年第 2 期。

③ 郭帅帅：《陈亮与辛弃疾咏物词之比较》，《河北广播电视大学学报》2019 年第 1 期。

承者发扬其学术与文章。①

周超在《陈亮词与永康学派之事功思想》一文中指出，陈亮重视词的社会功用，通过作词来抒发自己的经济之怀。在词的创作中，陈亮以政论入词，通过直抒己见、借用典故、词文互鉴的方法将永康学派的事功思想与词紧密结合在一起，使部分词作中透露出强烈的政治功利色彩，而这一结合打破了传统，对于提高词的地位也有着重要影响。②

陈心澈在《陈亮爱国词中蕴含的"英雄意志"与崇高体验》一文中指出，陈亮爱国词是其词作中占比最大、最富特色也最具艺术感染力的部分，"英雄意志"的外延即指人的精神意志力量，陈亮词继承英雄先辈的生命意志，并将自我献身于意志追求中，是"英雄意志"的极致展现。③

孙超在《论陈亮哀诔文的艺术特色》一文中指出，陈亮的事功思想渗透于包括哀诔文在内文章的方方面面。陈亮现存哀诔文共118篇，具有"言之有物，新见频出""旁见侧出，详略得当""理直气壮，与情相生"的特点。④

郁玉英、秦凌宇在其合撰的《酒圣诗狂与人中龙虎：语汇棱镜中陈亮〈龙川词〉的双重心态论析》一文中指出，语言是主体情思的载体，《龙川词》中的语汇选择反映了陈亮复杂而矛盾的双重心态。《龙川词》的空间语汇更大程度透露出陈亮在面对人生挫折时采取的行乐放达的态度；人事语汇选择更倾向彰显陈亮对功业的自负和期许，契合其主张事功的人生哲学思想；人物类语汇选择更典型地体现了陈亮"酒圣诗狂"和"人中龙虎"相糅合的放达与进取的两种心态。语汇棱镜中陈亮的双重心理，折射的是一个复杂而立体的生命。⑤

---

① 庄国瑞：《论陈亮散文之成就：兼议其文章经典化为何未能成功》，《江西社会科学》2020年第10期。

② 周超：《陈亮词与永康学派之事功思想》，《名作欣赏》2020年第32期。

③ 陈心澈：《陈亮爱国词中蕴含的"英雄意志"与崇高体验》，《大众文艺》2020年第8期。

④ 孙超：《论陈亮哀诔文的艺术特色》，《今古文创》2023年第36期。

⑤ 郁玉英、秦凌宇：《酒圣诗狂与人中龙虎：语汇棱镜中陈亮〈龙川词〉的双重心态论析》，《湖北科技学院学报》2023年第2期。

七、陈亮的豪杰人格与“成人”思想研究

周建在其硕士学位论文《论陈亮的豪杰观》中指出，在南宋理想人格不断内圣化之际，陈亮一反主流声音，将豪杰作为理想人格。对此，朱熹还曾劝陈亮以“醇儒之道”自律，但陈亮并未接受朱熹的劝诫。在他看来豪杰是仁、智、勇具一身且通过实践展现为积极事功取向的人格。豪杰这种外王与事功取向实际上根植于陈亮对道与人性的理解中。陈亮认为“道在事中”，故把握“道”离不开人的实践，同时自然欲望在生活中具有现实性，由此他主张人性自然。但他也看到了人心往往有趋向私欲的一面，因此提出以“公”来节制人的不当欲望来使理欲达到统一。同时在符合“公”的情况下，陈亮认为事功是造福百姓的手段，可以达到义利之间的统一。由此事功便得到了合理的论证，而豪杰便是积极的事功承担者。陈亮将仁、智、勇、行作为豪杰人格的四个明显特征，其中“勇”是豪杰人格的先决条件，表现为主体的自由选择，“智”则表现为解决实际问题的能力，“仁”是豪杰的根本品质，但这里“仁”多以“公”为内容，“行”则是将“仁智勇”美德的外化手段，表现出较强的事功取向，同时“行”还具有检验豪杰的功能。豪杰与醇儒相比，更重视“智”与“行”，突出了外王的维度。陈亮在当时提出豪杰人格无疑对心性儒学的内圣趋向有纠偏作用，同时也可看到陈亮提倡的豪杰人格实际上是以“公”为价值取向的。①

杨颖、史永霞在其合撰的《论龙川词与陈亮“成人”思想的联系》一文中指出，陈亮因提倡事功观念，在所处的浙东学派自成体系，其事功思想也与程朱理学所主张的观点有所出入。该文主要以当时“朱陈之辩”中传达出的成人思想为基础，挖掘陈亮在“成人”方面的反理学思想，阐释其与龙川词的联系。②

朱婧在其硕士学位论文《陈亮“成人”思想研究》中指出，陈亮在继承前

---

① 周建：《论陈亮的豪杰观》，华东师范大学硕士学位论文，2019年。

② 杨颖、史永霞：《论龙川词与陈亮“成人”思想的联系》，《汉字文化》2021年第19期。

人“成人”思想的基础上，发展并开创了自己独具事功特色的“成人”学说。在与朱熹著名的“朱陈之辩”中，陈亮首次较为系统全面地提出了其“成人之道”，并在与朱子的数次论辨中对之进行了修正与完善，最终与主流理学分道扬镳，形成了具有显著事功特色、偏向外王的“成人”思想。[①]

八、陈亮的学术交游与朱熹的比较研究

陈亮与朱熹之间的学术论辩即二人的比较研究一直是学界关注的重点。1949年至改革开放初期的中国大陆学术界，陈亮是唯物主义思想家，朱熹是唯心主义哲学家；“文革”时期，“儒法斗争”研究视域下的朱熹与陈亮，也是学者的热议话题，陈亮代表法家，朱熹则是儒家。这一时期的代表性研究论文有：《南宋时期儒法两家的一场大论战——略论陈亮与朱熹的斗争》[②]《思复古朱熹传“理学”，讲事功陈亮斥蠢儒》[③]《陈亮对朱熹投降主义哲学的批判》[④]《陈亮与朱熹的“王霸义利”之辩——评南宋时期儒法两家的一场大论战》[⑤]《陈亮和朱熹的论战》[⑥]《陈亮哲学的基本倾向是唯物主义，还是唯心主义？》[⑦]，大意是说，南宋时期杰出的法家代表人物、坚定的爱国主义者陈亮，曾与孔孟之道的忠实维护者、反动理学的主要代表朱熹，展开了一场以王道与霸道为中心论题的大论战。这场我国政治思想史上著名的“王霸义利之辨”，集中地反映了儒法两家之间革新与守旧，前进与倒退，爱国与卖国的两条路线的斗争，是宋明进步思想家反理学斗争的一场激战。

---

① 朱婧：《陈亮“成人”思想研究》，苏州科技大学硕士学位论文，2019年。

② 施议对：《南宋时期儒法两家的一场大论战——略论陈亮与朱熹的斗争》，《福建师大》1974年第4期。

③ 佚名：《思复古朱熹传“理学”，讲事功陈亮斥蠢儒》，《吉林师大学报》1974年增刊。

④ 佚名：《陈亮对朱熹投降主义哲学的批判》，《破与立》1975年第5期。

⑤ 石众志：《陈亮与朱熹的“王霸义利”之辩——评南宋时期儒法两家的一场大论战》，《浙江师院学报》1975年第1期。

⑥ 佚名：《陈亮和朱熹的论战》，《广东师院学报(哲学社会科学版)》1975年第2期。

⑦ 卢育三、王成竹：《陈亮哲学的基本倾向是唯物主义，还是唯心主义？》，《河北大学学报(哲学社会科学版)》1979年第4期。

1985 年，美国亚利桑那州立大学历史系教授田浩（Hoyt Cleveland Tillman）在浙江省社科联主办的《探索》（《浙江社会科学》的曾用名）期刊上发文《从南宋末期〈圈点龙川水心二先生文粹〉的〈汉论〉看陈亮与宋儒道学的关系》。[①] 与此同时，田浩的成名之作《功利主义儒家——陈亮对朱熹的挑战》（"海外中国研究丛书"）一书也在撰写。他根据新发现的陈亮文献，具体探讨了陈亮思想的演变过程，尤其是在宋代的特定历史背景下，参照陈亮、朱熹两位论辩对手的具体阅历及性格，展示了陈亮、朱熹间的"道德与事功"之辩，从而再现了中国思想的丰富性、复杂性和历史性。[②] 缘此，该书被海外汉学宗师、田浩的导师史华慈（Benjamin J. Schwartz）推许为自己所读到的"以西方语言叙述宋代儒学思想多种特征的生动、易理解的作品之一"。

1990 年，《陈亮集》的整理者邓广铭教授撰写了一篇《朱陈论辨中陈亮王霸义利观的确解》的论文，大意是说，陈亮同朱熹关于王霸义利的一场争论，开始于宋孝宗淳熙十一年（1184），持续了将近三年之久，最终还只是一个不了了之的结局。然而它是南宋思想界一个重要事件，对当时的思想界既搅起了一大波澜，也对以后的思想界具有很大影响。陈亮是一个才气横溢，在生活作风上有些不拘小节的人物。他同朱熹相识，大概是在淳熙五六年（1178、1179）内。介绍他们认识的是金华学者吕祖谦。此后二人便不断有些来往。而淳熙五年（1178），陈亮在写给宋孝宗的一道奏章中，对当时的儒者们做了严厉的批评，写道："今世之儒士，自以为得正心诚意之学者，皆风痹不知痛痒之人也。举一世安于君父之仇，而方低头拱手以谈性命，不知何者谓之性命乎！"这些话当然会为朱熹所不满。到淳熙八年（1181）冬，吕祖谦去世了，陈亮在祭吕文中写有"孝悌忠信常不足以应天下之变，而材术辩智常不足以定天下之经"等话语，朱熹闻知之后，更认为这些言论太违背了儒家的伦理规范，过分地离经叛道了。[③]

2001 年，邓广铭先生的高足、河北大学宋史研究中心主任漆侠先生在其

---

① 田浩：《从南宋末期〈圈点龙川水心二先生文粹〉的〈汉论〉看陈亮与宋儒道学的关系》，《探索》1985 年第 4 期。

② 田浩：《功利主义儒家：陈亮对朱熹的挑战》，江苏人民出版社 1997 年版。

③ 邓广铭：《朱陈论辨中陈亮王霸义利观的确解》，《北京大学学报（哲学社会科学版）》1990 年第 2 期。

撰文的《浙东事功派代表人物陈亮的思想与朱陈“王霸义利之辨”》中指出，宋学到南宋发生一个重大变化，即理学（道学）兴盛，成为显学。与之相对的浙东事功派，亦兴盛起来，形成了与居于主导地位的朱熹所代表的正统派理学之间的对立。事功派的代表人物陈亮具有功利主义的哲学思想，与朱熹展开了“王霸义利之辨”。就历史观而言，陈亮坚持历史进化论，以效果论来辨析“王霸义利”，属于唯物主义认识论。①

1992 年，浙江大学束景南教授在《朱子大传》一书第十二、十四、十九章中分别以“浙东的三学角逐”“义利王霸之辨”“横流独抗：与浙学的新论战”为题，对朱熹与陈亮之间的学术辩论予以考述。② 2004 年，何俊教授在《南宋儒学建构》一书中对陈亮与朱熹之间的诸多关联予以阐发。③

马克思主义理论研究和建设工程重点教材《中国哲学史》（第二版），认为朱熹与陈亮之间的书信论辨，反映了正统理学与事功之学的根本差异，也体现了陈亮关注现实、以事功之学来批评与改造理学的尝试。二者之间的论争，实际体现了儒学内部道德主义和事功主义在拯世救国的思想方针上不同。④

岳娇娇的硕士学位论文《陈亮、朱熹“成人”之辩研究》基于比较分析，专探陈亮、朱熹二人在成人之道上的认识分歧，分析产生分歧的主客观原因及南宋儒者的家国情怀，通过原因分析揭示 12 世纪末期士人阶层的精神风貌及道学的演进变化，探讨“成人”之辩在历史上的影响，凸显“成人”之辩的重要意义。朱熹、陈亮作为南宋儒学的代表人物于 12 世纪末期展开了激烈的争辩，“成人”之辩就是其中之一。“成人”之辩由陈亮首先发起。陈亮为反对朱熹醇儒式的理想人格，提出了带有英豪性格色彩的“成人”理想。陈亮认为舍人无道，人性本身无所谓善恶，坚持义利双行，王霸并用，认为成人的理想应当是兼具仁、智、勇的成人。朱熹将成圣作为最高理想，把道理解为

---

① 漆侠：《浙东事功派代表人物陈亮的思想与朱陈“王霸义利之辨”》，《河北大学学报（哲学社会科学版）》2001 年第 3 期。

② 束景南：《朱子大传》，福建教育出版社 1992 年版。

③ 何俊：《南宋儒学建构》，上海人民出版社 2004 年版。

④ 本书编写组：《中国哲学史》（第二版），人民出版社、高等教育出版社 2021 年版，第 78 页。

超越的，将人性理解为纯善的，因而强调革除私欲，学为醇儒。陈亮与朱熹在成人之道上的认识分歧通过对汉唐的不同评价展现出来。在王霸义利视域下，陈亮高扬汉唐君主的才能功业，把成人理想塑造为开拓一世的英豪，朱熹则否定汉唐君主的价值，认为其不合王道，不能成为理想人格的典范。“成人”之辩是儒者关于理想人格的第一次辩论，它不仅是朱熹、陈亮二人思想碰撞的见证，也是时代发展的产物。陈亮和朱熹生活在一个民族与文化出现危机的时代。南宋自建立起就面临着金国的军事威胁，国家动荡不安，人心涣散，士人群体也弥漫着衰颓的风气。同时，学风逐渐由宽容走向对立，学派间的界限日渐分明。陈亮、朱熹有感于当时颓靡的士风，顺应学风转变的趋势，基于对儒学的深刻理解提出了自己的成人之道。由于二人学术背景、经历及性格的不同，因而二人在成人理想的塑造上各有侧重。“成人”之辩加速了道学内部的分化，引领了明清之际批判道学、经世致用的学术思潮。论辩使得陈亮、朱熹的思想日趋成熟，扩大了二人的影响。陈亮的思想在论辩过程中得到迅速传播，加快了浙东学派脱离道学的趋势。论辩结束后，以朱熹为代表的程朱理学被推崇为官方正统思想，直至元明清三代，“醇儒”理想都被士人当作追求的典范。由于“醇儒”理想过分强调性命天道，忽视现实状况，因而在与科举制度结合后只能成为虚幻不实的美好想象。明清之际，政治衰微，士人不满于醇儒式的成人理想，开始寻找具有实干精神的人格模型。陈亮的“成人”思想推崇英豪人格，注重实效与才干，有助于儒者反思程朱理学的流弊，从性命义理之学中跳脱出来。基于此，陈亮的成人理想受到了后世儒者的极力推崇，引领了经世致用的学术思潮。①

近年来，对陈亮与朱熹及同时代其他学人交游研究用功最勤、学术成果最为丰硕的专家是《长春师范大学学报》编辑部副编审邱阳先生，主持有吉林省社科基金项目“陈亮与南宋孝宗朝文学研究”、吉林省教育厅人文社科研究项目“南宋浙东文派作家交游研究”，同时在《东北师大学报》《古籍整理研究学刊》《历史文献研究》《关东学刊》等刊物发表了一系列陈亮研究新论，比如《陈亮系狱问题述考》《朱熹唐仲友交恶事件中陈亮角色考辨》《陈亮生卒年及卒因问题述考》《陈亮生平与家世相关文献与研究综述》《辛弃疾与陈

① 岳娇娇：《陈亮、朱熹“成人”之辩研究》，南京大学硕士学位论文，2019 年。

亮交游考述:兼论陈亮朱熹思想之差异》《陈亮与吕祖谦交游考》《陈亮与陈傅良交游考》《陈亮与郑伯熊、郑伯英交游考》《略论陈亮的词学思想》《略论陈亮咏物词》,兹择要综述如下。

邱阳在《陈亮与朱熹交游考述:兼论陈亮朱熹思想之差异》(《学术探索》2021年第12期)一文中指出,陈亮与朱熹在宋金对峙时代背景下皆力主抗金救国,然思想立场的根本差异决定了其政治主张亦呈现巨大分歧。作为吕祖谦之共同好友,陈亮与朱熹在吕氏生前并未谋面。然经吕氏介绍,二人已有一定程度的互相了解,并于淳熙八年(1181)在浙东明招山吕祖谦墓旁初会。淳熙十年(1183)朱熹蛰伏武夷山中时,对陈亮时文中表达的观点提出批评,昭示二人思想论战已然萌芽。淳熙十一年春至淳熙十三年秋,陈亮与朱熹展开激烈的王霸义利之辩。思想立场的差异不仅使论辩无果而终,亦在一定程度上妨碍了二人之私谊。追根溯源,陈亮朱熹思想差异之根源,不仅在于家学背景不同,二人性格相差甚大亦为重要原因。陈亮朱熹思想论争引发历代学者的无数评说,在中国思想史上影响甚为深远。

邱阳在《朱熹唐仲友交恶事件中陈亮角色考辨》一文中指出,朱熹与唐仲友在南宋孝宗淳熙年间的交恶事件不仅引起官场震动,且因二人在学术上的较大影响力,引发当时及后世学者的极大关注。身为一介布衣的陈亮同样以学术思想名重当时,且与朱、唐二人颇有往来,关系微妙。对于朱唐交恶事件,历来众说纷纭、莫衷一是。鉴于此,该文从梳理相关文献记载入手,结合当事人之亲述及其人品行事风格,探求事件之原貌,力图对各当事人给予客观公正的评价。①

邱阳在《陈亮与郑伯熊、郑伯英交游考》一文中指出,南宋孝宗时期,浙东地区学派林立,文人数量及文学规模居全国之冠。作为永康学派创始人,陈亮与金华、永嘉学派诸多学者、文人交游酬唱颇为密切。永嘉学者中,陈傅良、叶适与陈亮关系较密切,而早期代表人物郑伯熊、郑伯英兄弟亦与陈亮相善。由于郑氏兄弟著作多有散佚,其生平事迹亦乏史料记载,今人对其交游之况难知其详。该文对陈亮与郑伯熊、郑伯英兄弟交游情况做一简要

① 邱阳:《朱熹唐仲友交恶事件中陈亮角色考辨》,《古籍整理研究学刊》2021年第4期。

梳理，并力图匡正前人考证疏误之处，以期对南宋浙东学派研究有所裨益。①

邱阳在《陈亮与吕祖谦交游考》一文中指出，南宋时期，浙东地区之学术与文学不论规模还是成就皆领全国之风骚。陈亮与吕祖谦二人作为浙东学派的核心人物，力倡经世致用之学，为学派成为与朱熹理学、陆氏心学鼎峙之学术势力贡献甚巨。陈亮生性豪迈，却于诸友中对蔼然和善之吕祖谦最为服膺。吕氏作为兄长，不论在为人还是在为学方面皆曾对陈亮给予真诚的帮助与指导，故陈氏视其为海内唯一知己。惜吕祖谦英年早逝，失却兄长教导的陈亮其后遂与性格同样并不平和的朱熹爆发了思想史上著名的“王霸义利之辩”。探寻陈亮与吕祖谦交游之迹，对于了解二人尤其是陈亮的思想演变历程不失为一有效途径。②

邱阳在《辛弃疾与陈亮交游考述》中指出，辛弃疾与陈亮作为辛派词人群的主要成员，因心系故国、力言恢复中原而成为南宋以来爱国志士的精神楷模。辛陈二人之交游行迹及相互酬唱被历代学者文人津津乐道，然由于文献遗失，学界对二人定交、铅山之会、考亭之会等重要交游事件之发生时间争议颇多。结合前贤研究成果，通过史料考辨，可以推定辛弃疾与陈亮初识于孝宗乾道六年(1170)；第二次会面于江西铅山，事在孝宗淳熙十四年(1187)；第三次会面于福建考亭，事在光宗绍熙三年(1192)。③

九、陈亮文献整理的新进展

对于陈亮传世文献的整理，以宋史专家、北京大学历史系教授邓广铭先生用功最勤。1974 年，中华书局出版标点本《陈亮集》；1987 年，中华书局出版《陈亮集》(增订本)；2005 年，河北教育出版社再次出版《陈亮集》(增订本，收录于《邓广铭全集》第 5 册)。2012 年，北京大学出版社出版的《儒藏》精华编第 238 册收录邓广铭先生的《陈亮集》。2022 年，上海古籍出版社出版的

---

① 邱阳:《陈亮与郑伯熊、郑伯英交游考》,《长春师范大学学报》2017 年 11 期。

② 邱阳:《陈亮与吕祖谦交游考》,《历史文献研究》辑刊,2020 年卷。

③ 邱阳:《辛弃疾与陈亮交游考述》,《东北师大学报(哲学社会科学版)》2022 年第 2 期》。

《永康文献丛书》，收录的第一部文献就是邓广铭先生点校的《陈亮集》。此次再版，在前版数次修订的基础上，又参考近年来陈亮研究的一些新成果，进行了进一步的完善，并对陈亮的亡佚诗文进行了进一步的辑佚工作。

2004 年，浙江古籍出版社刊印出版了由陈广寒、成立海编校的仿古线装的 40 卷本的《龙川文集》点校本，浙江师范大学方如金教授作序；2015 年，陈广寒、成立海点校的《龙川文集》在重新校勘并增补若干篇附录之文后，由中国文联出版社出版。

武胜鑫在《南宋浙东事功学派陈亮所撰碑志文探究》一文中指出，陈亮所撰碑志文呈现出明显的两浙地域性和平民性的特点。其中，碑志中富民的"善士"形象不仅生动展现了两浙平民的生活图景，而且深刻蕴含着陈亮"义利统一"的思想观念。同时，碑志中妇女的"家政"形象不但与墓主的生活阶层密切相关，而且和陈亮简化闺门常平之事的撰写原则紧密相连。总之，陈亮所撰碑志文体现其灵活写实的撰写原则，传递出"义利统一"的浙东事功思想观念。①

邱阳在《陈亮致叶衡四书作年考辨》一文中指出，陈亮与其父陈次尹系狱期间，以丞相叶衡为代表的一众官员纷纷施以援手，使陈氏父子得以全躯脱狱。陈亮脱狱之后，对叶衡等人之慷慨相救感恩备至并致书答谢。由于陈亮别集乃由其后人编定，诸多谢启书札并未严格按照作年顺序进行排列，引起后世学者诸多争议。今据史料进行辨析，认为今本《陈亮集》所收陈亮致叶衡四书之写作顺序依次为第二书、第一书、第四书、第三书。②

沈晁君在《陈亮〈龙川文集〉崇文书局刊本考述》一文中指出，陈亮作为永康学派创始人，其著作《龙川文集》经由陈沆编撰、叶适刊行，为后世理学批评永康学派的学术思想研究等提供了丰富的史料。《龙川文集》现存世诸多版本，其中清崇文书局刊本刊行量大、普及性高，对陈亮思想的传播有重要意义。本文依据苏州大学图书馆馆藏信息，对目见的《龙川文集》崇文书

① 武胜鑫:《南宋浙东事功学派陈亮所撰碑志文探究》,《保定学院学报》2022 年第 2 期。

② 邱阳:《陈亮致叶衡四书作年考辨》,《古籍整理研究学刊》2022 年第 2 期。

局刊本进行考述,以期为这一版本提供更多参考。①

十、余论

通过对2018年学界关于陈亮研究学术成果的盘点以及2018年以前的研究的大致回溯。我们知道:20世纪上半叶以及1949年以来至改革开放前的陈亮研究,尤其是《陈亮集》的点校整理与数次增订出版,主要集中在北京大学宋史专家邓广铭先生身上。1936年,邓广铭先生在北京大学史学系读书时的毕业论文就是《陈龙川传》,当时得到指导教师胡适先生的高度称赞。这部《陈龙川传》基本决定了邓广铭先生一生的学术方向。2007年,生活·读书·新知三联书店重版了邓广铭先生的《陈龙川传》。

1949年至2023年,中国大陆学者编校整理陈亮诗文集4部,研究著作有13部(邓广铭1部,方如金教授3部,董平教授1部,卢敦基研究员2部,成立海、陈广寒1部,王维1部,陈亮研究论文集2部),中文译著1种。期刊上公开发表的研究陈亮著作及其思想的学术论文有250余篇:1974年2篇、1975年5篇、1977年1篇、1978年3篇、1979年2篇、1980年2篇、1981年1篇、1982年1篇、1983年2篇、1984年6篇、1985年3篇、1986年3篇、1987年3篇、1988年3篇、1989年3篇、1990年4篇、1991年3篇、1992年7篇、1993年7篇、1994年3篇、1995年2篇、1996年3篇、1997年3篇、1998年3篇、1999年3篇、2000年5篇、2001年3篇、2002年2篇、2003年9篇、2004年13篇、2005年25篇、2006年13篇、2007年12篇、2008年23篇、2009年33篇、2010年30篇、2011年17篇、2012年6篇、2013年13篇、2014年15篇、2015年12篇、2016年14篇2017年15篇、2018年12篇、2019年11篇、2020年12篇、2021年20篇、2022年16篇、2023年13篇(截至2023年10月6日)。这些论文主要刊发在《浙江学刊》(13篇)、《浙江师范大学学报(社会科学版)》(13篇)、《温州大学学报(社会科学版)》(5篇)、《古籍整理研究学刊》(5篇)、《浙江社会科学》(5篇)、《河北大学学报(哲学社会科学版)》(5篇)、《上饶师范学院学报》(5篇)、《东北师大学报(哲学社会科学版)》(4

① 沈晁君:《陈亮〈龙川文集〉崇文书局刊本考述》,《今古文创》2023年第36期。

篇)、《宁波大学学报(人文科学版)》(4篇)、《江西社会科学》(3篇)、《中国哲学史》(3篇)上。研究内容主要涉及陈亮与朱熹的“王霸义利之辨”,陈亮的“事功”“事功主义”“功利主义”“龙川词”“理想人格”“成人之道”,陈亮与叶适、陈亮与辛弃疾、陈亮与浙东学派,陈亮的理学思想、道学思想、政治思想、法律思想、教育思想、伦理思想、义利观,陈亮的思想来源等多个角度。

“文革”期间的陈亮研究主要基于“批林批孔”“儒法斗争”的特殊背景而展开,陈亮是南宋时期杰出的法家代表人物、坚定的爱国主义者,与孔孟之道的忠实维护者、反动理学的主要代表朱熹,展开了一场以王道与霸道为中心论题的大论战。这场我国政治思想史上著名的“王霸义利之辨”,集中地反映了儒法两家之间革新与守旧,前进与倒退,爱国与卖国的两条路线的斗争,是宋明进步思想家反理学斗争的一场激战。代表性的学术论文主要有:《南宋时期儒法两家的一场大论战——略论陈亮与朱熹的斗争》①《思复古朱熹传“理学”,讲事功陈亮斥蠢儒》②《陈亮对朱熹投降主义哲学的批判》③《陈亮与朱熹的“王霸义利”之辩——评南宋时期儒法两家的一场大论战》④《陈亮和朱熹的论战》⑤《陈亮哲学的基本倾向是唯物主义,还是唯心主义?》⑥。

陈亮是南宋时期的著名法家,也是一个坚定的爱国主义者。也正为此,他敢于对当时极其腐朽反动的意识形态——程朱理学,进行无情的揭露,与朱熹展开针锋相对的斗争,正气凛然,突出地表现出他是一个战斗的朴素唯物论者。他的奏疏、书信等散文,处处充满这种战斗的激情,他的诗词也是抒发其“平生经济之怀”,在词史上是独放异彩的一页。为此,浙江师范学院成立《陈亮诗文选注》小组,选注和研究陈亮诗文。⑦ 浙江师范学院《陈亮诗

---

① 施议对:《南宋时期儒法两家的一场大论战——略论陈亮与朱熹的斗争》,《福建师大》1974年第4期。

② 佚名:《思复古朱熹传“理学”,讲事功陈亮斥蠢儒》,《吉林师大学报》1974年增刊。

③ 佚名:《陈亮对朱熹投降主义哲学的批判》,《破与立》1975年第5期。

④ 石众志:《陈亮与朱熹的“王霸义利”之辩——评南宋时期儒法两家的一场大论战》,《浙江师院》1975年第1期。

⑤ 佚名:《陈亮和朱熹的论战》》,《广东师院学报》(哲学社会科学版)1975年第2期。

⑥ 卢育三、王成竹:《陈亮哲学的基本倾向是唯物主义,还是唯心主义?》,《河北大学学报(哲学社会科学版)》1979年第4期。

⑦ 《陈亮诗文选注》小组:《陈亮著作选注》,《浙江师院学报》1975年第1期。

文选注》小组还发表有《试论陈亮》的学术论文。[①] 这也说明浙江师范大学陈亮研究的底蕴深厚。

与此同时，上海市建工局工人理论组选注的《陈亮诗文选注》于 1977 年在上海人民出版社出版。

"文革"结束后，第一篇学术研究意义上的陈亮研究论文是 1977 年杭州大学历史系徐规教授与温州师专周梦江教授合作撰写的《陈亮永嘉之行及其与永嘉事功学派的关系》[②]。周梦江教授的成名之作《叶适与永嘉学派》第八章就是"陈亮永嘉之行及其与永嘉事功学派的关系"[③]。同时也应该指出的是，改革开放初期的浙江师范学院（现浙江师范大学）学者的陈亮研究也在进行探索，即努力走出"唯物主义、唯心主义对立模式"的研究范式，以"爱国主义的思想家"陈亮为基点，关注陈亮的哲学思想。1983 年，孙音音在《浙江师范学院学报》上发表的《陈亮爱国主义思想的哲学基础》一文就是例证。其在这篇文章中指出，作为地主阶级中的有识之士，陈亮不仅能在朝廷积弱不振、社会矛盾尖锐之时表现出"为社稷开数百年之基"的爱国主义积极倾向；更值得一提的是，他的爱国主义思想及活动同其朴素的唯物主义思想紧密地联系在一起，以朴素唯物主义思想解释和论证他的政治态度和政治活动，从而使他的爱国主义思想具有更深刻的思想深度、更进步的社会意义、更广泛的政治影响。慷慨而不轻狂、深沉而不消极，就是陈亮思想的最大特色。[④]

1984 年第 1 期的《浙江学刊》（浙江省社会科学院主办）刊发了一组"陈亮研究"的论文：周桂钿的《陈亮宇宙观剖析》、何汝泉的《陈亮的变通思想》、舒平的《陈亮事功之学的基本特点》。[⑤] 这组文稿的刊发以及学术文风的转换，足以说明哲学社科界的陈亮研究摆脱了意识形态的束缚，转向了遵循学

---

① 《陈亮诗文选注》小组：《试论陈亮》，《浙江师院学报》1975 年第 2 期。

② 徐规、周梦江：《陈亮永嘉之行及其与永嘉事功学派的关系》，《杭州大学学报（哲学社会科学版）》1977 年第 2 期。

③ 周梦江：《叶适与永嘉学派》，浙江古籍出版社 1992 年版。

④ 孙音音：《陈亮爱国主义思想的哲学基础》，《浙江师范学院学报》1983 年第 4 期。

⑤ 周桂钿：《陈亮宇宙观剖析》，《浙江学刊》1984 年第 1 期；何汝泉：《陈亮的变通思想》，《浙江学刊》1984 年第 1 期；舒平：《陈亮事功之学的基本特点》，《浙江学刊》1984 年第 1 期。

术规律的研究范式。

改革开放以来至21世纪初期的陈亮与永康研究学派学术机构主要是：浙江省社会科学院哲学所、越文化研究所（以王凤贤、吴光、董平、滕复、卢敦基、徐吉军、陈永革的学术成果为代表）与浙江师范大学历史系（以方如金、方同义①、陈国灿②、龚剑锋教授等为代表）。③ 与此同时，海外汉学家田浩教授也推出了自己的学术成名之作——《功利主义儒家——陈亮对朱熹的挑战》。1985年，美国亚利桑那州立大学历史系教授田浩（Hoyt Cleveland Tillman）在浙江省社科联主办的《探索》（《浙江社会科学》的曾用名）期刊上发文《从南宋末期〈圈点龙川水心二先生文粹〉的〈汉论〉看陈亮与宋儒道学的关系》。④ 1990年，北京大学历史系邓广铭教授基于自己整理的《陈亮集》文本，撰写了一篇《朱陈论辨中陈亮王霸义利观的确解》的论文，并在《北京大学学报》刊登。⑤

而近年来学界的陈亮研究，当以浙江师范大学教授赵瑶丹、《长春师范大学学报》副编审邱阳的研究最具代表性，学术成果也最为丰硕。一个可喜的学术现象是，自2004年至2022年，高校科研机构研究生硕士学位论文以

---

① 方同义教授是方如金教授领衔撰著的《陈亮与南宋浙东学派研究》（人民出版社1996年版）的作者之一，同时撰有陈亮研究论文3篇：《历史化的道德和道德化的历史——陈亮、朱熹历史哲学比较》，《学术月刊》1993年第5期；《陈亮义利观辨析——简论陈亮与朱熹道德价值观的分歧》，《中国哲学史》1993年第1期；《陈亮的人才观》，《浙江师大学报》1992年第2期。

② 陈国灿教授的代表性论文有《陈亮的反理学思想和"朱陈之辩"》（《浙江学刊》2009年第6期）、《关于陈亮著作版本的几个问题——兼及陈亮部分佚作辑补》（《古籍整理研究学刊》2000年第5期）、《论陈亮的学术风格》（《安徽大学学报》1998年第2期）。

③ 浙江旅游职业技术学院石群教授在2005年至2006年间连续发表研究陈亮伦理思想的学术论文4篇，分别是《论陈亮事功伦理的现代意义》（《宁波大学学报（人文科学版）》2006年第6期）、《陈亮事功伦理思想探析》（《浙江学刊》2006年第6期）、《"义利双行"、功利主义，还是"义利统一"——陈亮义利观研究评述》（《湖南医科大学学报（社会科学版）》2005年第4期）、《陈亮人学思想及其借鉴意义》（《安徽工业大学学报（社会科学版）》2005年第5期）。

④ 田浩：《从南宋末期〈圈点龙川水心二先生文粹〉的〈汉论〉看陈亮与宋儒道学的关系》，《探索》1985年第4期。

⑤ 邓广铭：《朱陈论辨中陈亮王霸义利观的确解》，《北京大学学报（哲学社会科学版）》1990年第2期。

陈亮思想研究为选题的论文多达36篇[①]，还有3篇是博士学位论文[②]。

---

① 林凤仪的《陈亮政论文论略——兼说宋代文士的气节与爱国情操》(华南师范大学硕士学位论文2004年)、杨朋的《陈亮叶适德育思想研究》(武汉大学硕士学位论文2004年)、李小山的《论陈亮的人格与陈亮词》(郑州大学硕士学位论文2005年)、潘文竹的《陈亮词与词论研究》(青岛大学硕士学位论文2005年)、历昕明的《评陈亮的功利主义政治思想》(中共中央党校2007年)、杨帆的《陈亮功利主义伦理思想研究》(江西师范大学硕士学位论文2007年)、吝婷的《陈亮政论散文略论》(陕西师范大学硕士学位论文2008年)、季丽霞的《论南宋浙东事功学派的功利主义法律观——以陈亮、叶适为代表》(苏州大学硕士学位论文2008年)、韩静的《陈亮道德修养论探析》(河北师范大学硕士学位论文2009年)、齐成龙的《陈亮的经世思想及其思想渊源研究》(首都师范大学硕士学位论文2009年)、林海霞的《醇儒与英雄——朱熹陈亮论辩研究》(苏州大学硕士学位论文2009年)、李逢玲的《陈亮的历史哲学》(山东大学硕士学位论文2009年)、余武丞的《陈亮功利思想新探》(华中科技大学硕士学位论文2009年)、谢贤聪的《陈亮的事功之学——以陈朱"王霸义利"之辩为参照》(兰州大学硕士学位论文2010年)、任佳怡的《辛弃疾、陈亮词与南宋浙东学派》(复旦大学硕士学位论文2011年)、赵静的《陈亮"成人之道"思想研究》(曲阜师范大学硕士学位论文2012年)、张燕的《试论陈亮、叶适道统思想》(山西大学硕士学位论文2012年)、林雄的《陈亮事功思想与浙商精神的重塑研究》(西南政法大学硕士学位论文2012年)、汪洋的《陈亮事功伦理思想研究》(西北师范大学硕士学位论文2012年)、思皓月的《南宋陈亮"事功"政治思想及其精神价值的探究》(云南大学硕士学位论文2014年)、陈宇的《南宋浙东实学派的收入分配思想研究——以吕祖谦、陈亮、叶适为中心》(西南大学硕士学位论文2014年)、王麒的《陈亮民族观研究》(吉林师范大学硕士学位论文2015年)、陈凯的《陈亮民生法律思想研究》(西南政法大学硕士学位论文2015年)、梁玉的《陈亮社会思想研究》(重庆师范大学硕士学位论，2016年)、胡汪凯的《陈亮治理思想初探》(南京大学硕士学位论文2016年)、狄晓胭的《陈亮祭文研究》(重庆师范大学硕士学位论文2016年)、朱婧的《陈亮"成人"思想研究》(苏州科技大学硕士学位论文2020年)、岳娇娇的《陈亮、朱熹"成人"之辩研究》(南京大学硕士学位论文2019年)、李壮的《陈亮学术论衡》(内蒙古大学硕士学位论文2019年)、周建的《论陈亮的豪杰观》(华东师范大学硕士学位论文2019年)、裘伟健的《基于"王霸义利之辩"的陈亮思想研究》(陕西师范大学硕士学位论文2019年)、祁琪的《陈亮民生思想研究》(湖南科技大学硕士学位论文2020年)、谭斯浩的《陈亮事功思想及其对现代企业发展的启示》(湘潭大学硕士学位论文2021年)、乔千的《陈亮事功伦理思想探析》(辽宁大学硕士学位论文2022年)、师亚笑的《陈亮对王通思想的继承与发展研究》(曲阜师范大学硕士学位论文2023年)、孙仙遇的《陈亮经济伦理思想研究》(浙江财经大学硕士学位论文2023年)。

② 王维的《英雄实然生命视野下的经世济民之道——陈亮的政治文化哲学研究》(山东大学博士学位论文2010年)、罗雪飞的《德性主义抑或事功主义——朱熹陈亮王霸义利之争及其政治思想史意义》(武汉大学博士学位论文2017年)、邱阳的《陈亮及其文学研究》(东北师范大学博士学位论文2021年)。

永康籍的乡贤学者是推动陈亮学术思想研究的主力，方立天、方如金教授①和卢敦基研究员的相关研究就是例证。

永康市委、市政府以及永康市陈亮研究会一直是陈亮与永康学派研究的重要推手。1993年10月21日，时值陈亮诞辰850周年，永康市委、市政府主办的"全国首届陈亮学术研讨会"在永康召开②，并于1994年在杭州大学出版社出版了署名"永康市陈亮研究会编，赵敏、胡国钧主编"的《陈亮研究论文集》。1994年，永康市委、市政府举办"《陈亮研究论文集》首发式和纪念陈亮诞辰逝世800周年大会"。1994年10月，永康市人民政府在方岩五峰书院丽泽祠前竖立了一尊陈亮石雕像。2004年10月，永康市委、市政府联合浙江省社会科学院越文化研究所、哲学所，在杭州、永康两地召开了"陈亮国际学术研讨会"；2005年12月，会议论文集《陈亮研究：永康学派与浙江精神》在上海古籍出版社出版。2015年，永康市陈亮研究会会长陈广寒、副会长成立海合编了《龙川文集》；2020年，成立海、陈广寒合著的《陈亮年谱长编》在浙江古籍出版社出版。

2021年5月24日，永康市陈亮研究会第四次会员代表大会召开，选举永康市人大常委会副主任章锦水担任新一届会长、陈向阳担任执行会长。③为了推进陈亮与永康学派"经世致用"的基本精神，2022年11月2日，"永康学派"与陈亮思想文化沙龙在杭州师范大学沈钧儒法学院陈亮厅举行。杭州师范大学沈钧儒法学院副院长余钊飞简要介绍了陈亮厅的功能以及接下来建设规划，强调在青年群体学生中要加大陈亮厅的宣传，传播经世致用精神，进一步弘扬优秀传统文化。永康市委宣传部部长施礼干强调了挖掘和传播陈亮思想的重要性，主张要积极传播陈亮文化思想并使其在新时代焕发出新光芒。永康市陈亮研究会会长章锦水对陈亮厅建设给予了高度评价，并详细介绍了陈亮先生的诗词以及相关事迹，期待与杭州师范大学沈钧儒法学院的后续进一步合作。11月8日，"陈亮、胡公文化展示中心概念设

① 方如金教授对于陈亮与南宗浙东事功学派研究的汇辑，详参《陈亮事迹著作编年》附录十二《著者近年有关陈亮与南宋浙东事功学派研究的论著、评价、获奖及转载等一览》，河北大学出版社2021年版，第518—523页。

② 萧文：《全国首届陈亮学术讨论会综述》，《浙江学刊》1994年第1期。

③ 章锦水主编：《陈亮研究》2021年第1期，第3—20页。

计咨询会”在杭州举行。与会专家指出，陈亮和胡公是永康市文化工程的两张“金名片”，谋划好、打造好文化展示中心具有重要意义。应该从宏观角度和客观站位打造陈亮、胡公文化展示中心，建筑环境要契合文化内核，展陈内容要基于永康特色，功能布局要做到互补共促，促进文化资源活化利用，兼具实用价值。

与此同时，永康市陈亮研究会高标准办好学会会刊《陈亮研究》的编辑与刊印。截至 2023 年 10 月，编印了 18 期(2023 年第 3 期)。同时，永康市陈亮研究会创办了“龙川文脉”的微信公众号，及时宣传学界关于陈亮研究的最新动态。

2023 年正值陈亮诞辰 880 周年，10 月 9 日至 15 日，永康市陈亮研究会承办的“纪念陈亮诞辰 880 周年:宋韵・浙学溯源陈亮主题书画作品展”在浙江展览馆开展。10 月 21 日，值陈亮 880 周年诞辰日，永康市陈亮研究会与浙江省社会科学院哲学所联合承办的纪念陈亮诞辰 880 周年暨永康学派与中华民族现代文明学术研讨会在杭州召开，来自全国各地高校科研机构的学者百余人参会，畅谈陈亮事功哲学的新时代价值。

最后要指出的是，通经致用、经世致用，一直是南宋浙学的优良学统，时至今日，对陈亮思想的创造性转化、创新性发展的研究，一直是一个历久弥新的学术课题，值得深入挖掘。我们也深信，在永康市陈亮研究会的组织协调下，在学界同人的共同努力下，陈亮与永康学派的学术研究事业能取得更大的业绩，进而建构新时代的“永康事功学派”。

附录　媒体报道

百余位专家学者齐聚西子湖畔论道

人民日报客户端浙江频道　2023-10-22

10 月 21 日恰逢陈亮先生诞辰 880 周年纪念日，由中共金华市委宣传部，金华市社科联，永康市委、市政府主办的纪念陈亮诞辰 880 周年暨永康学派与中华民族现代文明学术研讨会在杭州举行，来自山东大学、南开大学、复旦大学、华东师范大学、北京师范大学、厦门大学、浙江大学等浙江省内外知名高校、研究机构的 120 多位专家学者济济一堂，围绕主题展开热烈讨论。

永康学派创始人陈亮，是南宋著名的爱国主义者，杰出的思想家、政治家、文学家。他提倡注重事业功利之“事功学说”，反对空谈道德性命与朱熹展开“王霸义利之辩”，主张“王霸并用，义利双行，农商互藉”。其倡导的“义利并举、农商并重”“实事实功、经世致用”思想，与永嘉学派、金华学派中的一些核心思想，深刻地影响了南宋以来浙江经济社会文化的发展。

当天下午，与会专家学者还分组围绕陈亮与永康学派文化开展多视角、跨学科研讨，深入探讨陈亮思想的精神实质、价值追求、当代意义、创新转化与文化传播等问题。专家学者们结合研究陈亮与永康学派的家国情怀、民本意识、法治理念、经济与文学思想等领域，在新时代建设中华民族现代文明中，就如何坚持守正创新，传承陈亮与永康学派的优秀传统文化，并推动其创造性转化、创新性发展提出了很多建设性的意见和建议，并对永康市委、市政府高度重视陈亮文化研究工作、开展纪念陈亮诞辰 880 周年的系列活动给予了充分肯定。

与会嘉宾提出，永康要在新的发展征程中以文铸魂，擦亮陈亮文化这张“金名片”，为建成“世界五金之都 品质活力永康”做出卓著的贡献，陈亮研究要赓续文化自信自强的历史根脉，激活中华优秀传统文化的强大生命力；要聚集时代发展的现实需要，把优秀文化历史意义转化为当下社会价值，为加快建设中华民族现代文明提供强大思想引领，陈亮研究要注重文本的研究，加强挖掘和阐发，深度解码文化基因，提炼、萃取传统文化精华。

纪念陈亮诞辰 880 周年暨永康学派与中华民族现代文明学术研讨会在杭州举行

中央广电总台国际在线　2023-10-23

10 月 21 日(农历九月初七)恰逢陈亮先生诞辰 880 周年纪念日，由中共金华市委宣传部，金华市社科联，永康市委、市政府主办的纪念陈亮诞辰 880 周年暨永康学派与中华民族现代文明学术研讨会当日在杭州举行，来自山东大学、南开大学、复旦大学、华东师范大学、北京师范大学、厦门大学、浙江大学等省内外知名高校、研究机构的 120 多位专家学者济济一堂，围绕主题展开热烈讨论。

研讨会现场　摄影　永轩

永康学派创始人陈亮(1143—1194)，是南宋著名的爱国主义者，杰出的思想家、政治家、文学家。他提倡注重事业功利之“事功学说”，反对空谈道德性命与朱熹展开“王霸义利之辩”，主张“王霸并用，义利双行，农商互藉”；

其倡导的“义利并举、农商并重”“实事实功、经世致用”思想，与永嘉学派、金华学派中的一些核心思想，深刻地影响了南宋以来浙江经济社会文化的发展。

浙江省政协原党组副书记、副主席、省慈善文化研究院院长陈加元，浙江省政协常委、省社科联主席盛世豪，浙江省人大常委会副秘书长、代表与选举任免工委副主任陈安，浙江省社会科学院副院长许军，金华市委宣传部部务会议成员、新闻出版局局长戴敦建，金华市社科联党组书记、主席郑春跃，以及永康市委副书记王海涛，永康市委常委、宣传部部长施礼干，永康市人大常委会副主任、陈亮研究会会长章锦水等出席研讨会。

陈加元在研讨会上致辞，他对永康市委、市政府高度重视陈亮文化研究工作，以及开展纪念陈亮诞辰880周年的系列活动给予了充分肯定。他强调，永康要在新的发展征程中以文铸魂，擦亮陈亮文化这张“金名片”，为建成“世界五金之都 品质活力永康”做出卓著的贡献。陈亮研究要赓续文化自信自强的历史根脉，激活中华优秀传统文化的强大生命力。聚集时代发展的现实需要，把优秀文化历史意义转化为当下社会价值，为加快建设中华民族现代文明提供强大思想引领。陈亮研究要注重文本的研究，加强挖掘和阐发，深度解码文化基因，提炼、萃取传统文化精华。

盛世豪说，陈亮文化与“永康学派”作为宋韵文化不可或缺的一部分，值得深入的溯源与探索。专家学者要以陈亮文化为序，追溯浙学之源、共谱浙学新篇，不断为浙江以“两个先行”打造“重要窗口”贡献社科力量。

王海涛说，陈亮所倡导的“义利并举、农商并重”的学术主张与永康五金文化一脉相承，“实事实功、经世致用”的思想内核与新时代五金精神相辅相成。希望专家学者以本次研讨会为契机，探寻陈亮学术理论的历史意义与现实价值，彰显文化风貌，传播文化品牌，扩大陈亮文化的当代影响。

研讨会上，吴光、陈卫平、葛荃、高瑞泉、何俊、周膺、邱阳、潘广俊等8位专家学者，分别作了主旨发言。

当天下午，与会专家学者还分组围绕陈亮与永康学派文化开展多视角、跨学科研讨，深入探讨了陈亮思想的精神实质、价值追求、当代意义、创新转化与文化传播等问题。专家学者们结合研究陈亮与永康学派的家国情怀、民本意识、法治理念、经济与文学思想等领域，在新时代建设中华民族现代文明中，就如何坚持守正创新，传承陈亮与永康学派的优秀传统文化，并推动其创造性转化、创新性发展提出了很多建设性的意见和建议。他们一致认为，陈亮是我国具有重大影响的历史人物，探寻永康学派与中华民族现代文明学术理论有着很大的历史意义与现实价值。

本次研讨会还得到了浙江省社科联、浙江省社科院的精心指导。研讨会由永康市委宣传部、永康市社科联、永康市文联和永康市陈亮研究会承办，并得到浙江省哲学社科领军人才培育专项课题“浙学的创造性转化和创新性发展研究”课题组的学术支持。

（文　永轩）

全国百名专家学者在杭开研讨会
主角是 880 年前的这个永康人

潮新闻　2023-10-22

10 月 21 日，农历九月初七，这一天是永康学派创始人陈亮诞辰 880 周年纪念日。由金华市委宣传部，金华市社科联，永康市委、市政府主办的纪念陈亮诞辰 880 周年暨永康学派与中华民族现代文明学术研讨会在杭州举行。

研讨会现场

围绕陈亮思想的精神实质、价值追求、当代意义等问题，来自浙江大学、复旦大学、南开大学、山东大学、厦门大学、北京师范大学、华东师范大学等省内外知名高校、研究机构的 120 多位专家学者济济一堂，展开热烈讨论。

陈亮画像

“浙学”中一个绕不开的名字

“浙学”这个词，近年来逐渐火热。浙江省社科院研究员、浙江省文史研究馆馆员吴光认为，从广义上来讲，“浙学”指的是渊源于古越、兴盛于宋元明清而绵延于当代的浙江学术思想传统与人文精神传统。而说到“浙学”，陈亮是绕不开的名字。

陈亮(1143—1194)，浙江永康人，字同甫，世称“龙川先生”。他是南宋著名的爱国主义者，杰出的思想家、政治家、文学家，由其创立的永康学派，和吕祖谦创立的金华学派，以及以叶适为代表的永嘉学派，构成了南宋“浙学”的重要思想基础。

陈亮生于宋室南渡之后，一生致力于呼吁抗金、恢复中原、改革中兴，曾提出一系列富民强国、抗金雪耻的政治、军事主张。他提倡注重事业功利之

"事功学说",反对空谈道德性命;与朱熹展开"王霸义利之辩",主张"王霸并用,义利双行,农商互藉"。

特别是陈亮倡导的"义利并举、农商并重""实事实功、经世致用"思想,深刻地影响了南宋以来浙江经济社会文化的发展。这些思想,也是改革开放以来,浙江之所以能从一个资源小省发展成为经济大省的重要文化源流和文化基因。

吴光认为,当代浙江创业者"干在实处、走在前列、勇立潮头"的浙江精神,便是以开拓进取的"事功思想"为学术"基本功",是活力浙江经久不衰的发展动能。

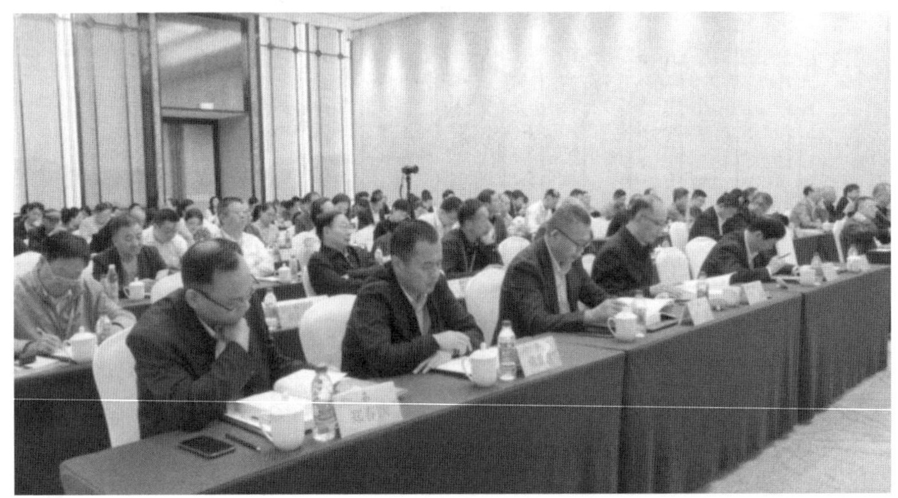

研讨会现场

"实事求是"的先行者

"实事求是"这个词,想必大家都很熟悉。

华东师范大学哲学系教授陈卫平认为,中国哲学史上存在着实事求是的优秀传统,而陈亮恰恰是这个传统的代表人物。

陈亮提出了"重实事""讲实学",致力于"济时、救国、经世、致用"的"事功"之学。"事功"这两个字,既有以事实为认识出发和落脚点的实事求是精神,又有注重行动和效果的经世致用取向。

这也就有了陈亮在诸多方面的思想精粹。如政治学方面，陈亮提倡“学与道合，人与德合”；“实政与实德双修”认为杰出人物的“实行”是在“实政”的活动中培养出来的，强调“讲实理、育实才而求实用”。

经济学方面，陈亮反对传统的“重农抑商”思想和政策，认为“商藉农而立，农赖商而行”，提倡“农商并重”，主张以国家之力扶持商贾，扩大流通，提倡大力发展商品经济。

史学方面，陈亮力主以史为鉴。著作有《书疏》《酌古论》《策问》《三国纪年》《汉论》《史传序》等。总结天下兴亡原因，体现史为今效、古为今用的史学研究思想。

这些思想，无一不是“实事求是”精神的体现。与会专家认为，陈亮主张的“道在物中”“学以适用”和“行重于知”等理念，千百年来影响着浙江人民，形成了独具特色的浙江精神文化内核。

研讨会现场

陈亮思想的当代价值

不论是“道以物中、理以事中”的唯物观点，还是“志存经济、农商并重”的发展理念，以及“实事实功、经世致用”的事功学说，陈亮思想对12世纪中国社会政治、经济、文化事业的发展产生了巨大影响。时至今日，陈亮思想仍有着积极而深远的借鉴意义。

浙江省政协原党组副书记、副主席、省慈善文化研究院院长陈加元认为，通过陈亮研究，有利于赓续文化自信自强的历史根脉，激活中华优秀传统文化的强大生命力，把优秀文化历史意义转化为当下社会价值。

浙江省政协常委、省社科联主席盛世豪说，陈亮文化与“永康学派”作为宋韵文化不可或缺的一部分，值得深入溯源与探索，要以陈亮文化为序，追溯浙学之源、共谱浙学新篇。

中国政治思想史研究会会长、南开大学滨海学院教授葛荃也认为，陈亮“倡行事功”思想既是现代浙江精神的深厚文化底蕴，也是中华优秀传统文化的体现，应予以发掘、弘扬。

研讨会上，专家学者们还结合研究陈亮与永康学派的家国情怀、民本意识、法治理念、经济与文学思想等，提出了弘扬陈亮思想的建设性意见和建议，并为浙学的创造性转化与创新性发展研究建言献策。